| 편리하고 완벽하게 해설한 |

품질관리
기술사

예문사

PREFACE
PROFESSIONAL ENGINEER QUALITY CONTROL

기술사는 해당 기술분야에 관해 고도의 전문지식과 실무경험에 입각한 응용능력을 보유한 사람이라고 기술사법 제2조에 명시되어 있습니다. 21세기 글로벌 경쟁시대에는 해당 분야의 전문가를 양성하는 일이 무엇보다 중요하고, 이는 나아가 기업 및 국가경제 발전에 크게 이바지할 것이라 여겨집니다.

본서는 이러한 전문가로 거듭날 수 있도록 품질관리기술사를 준비하는 수험생들에게 보탬이 되는 현장의 실무경험 및 노하우를 토대로 기출문제를 보강하여 정리하고, 최근 개정된 ISO 9001, ISO 14001, KS인증에 대한 내용과 최근 기출문제를 선별 보강하여 구성하였으므로 전략적 접근이 필요한 분들에게 많은 도움이 될 것이라 기대합니다.

저자 나름대로 내용과 구성에 많은 노력을 기울였으나 미흡한 부분이 있을 것입니다. 이러한 부분은 지속적으로 수정·보완할 것을 약속드립니다.

본서가 나오기까지 독려와 제안으로 지원해주신 온라인 교육기관 '주경야독'의 윤동기 대표님과 다구치 기법과 마하라노비스의 판별분석에 관한 풍부한 자료를 제공해 주신 서경대학교 이상복 교수님, 그리고 (사)한국품질기술사회 유영학 회장님께서 물심양면으로 도와주신 덕분에 본서가 완성되었습니다. 진심으로 감사의 말씀을 전하며, 개인 시간을 할애하여 적극 도와주신 여러 품질관리기술사께도 거듭 감사 말씀을 드립니다.

2024년 7월

품질관리기술사 **한재훈**

INFORMATION

품질관리기술사 기본정보

1 개요

오늘날과 같은 무한경쟁시대에는 품질관리를 통한 생산성 향성과 고품질의 제품을 생산하는 것이 무엇보다 중요하다. 이에 따라 기업의 경쟁력을 높이고 효율적이고 과학적인 품질관리를 위해 전문지식과 풍부한 실무경험을 갖춘 기술인력 양성이 요구되어 자격제도를 제정하였다.

2 변천과정

1974년 생산관리기술사(품질관리)로 신설되었고, 1983년 품질관리기술사로 개정되어 현재까지 유지되고 있다.

3 수행직무

품질관리분야에 관한 고도의 전문지식과 실무경험에 입각한 계획, 연구, 설계, 분석, 시험, 운영, 시공, 평가 또는 이에 관한 지도, 감리 등의 기술업무를 수행한다.

4 시험과목

품질계획 및 설계, 품질관리조작, 통계적 품질관리, 품질원가 관리 및 산업 표준화, 기타 품질관리에 관한 사항

5 출제경향

- 품질관리와 관련된 실무경험, 전문지식 및 응용능력
- 기술사로서의 지도감리능력, 자질 및 품위

6 진로 및 전망

기업체의 품질관리부서, 제조업체의 생산부서, 연구소의 연구개발부서, 사업 및 경영 컨설팅 업체, 공공관리직, 학계 등 다양한 분야로 진출할 수 있다. 경제·사회발전에 따라 소비자의 욕구가 가격중심에서 고품질, 다양한 디자인, 충실한 A/S 및 안전성 등으로 변화하고 있다. 이에 따라 기업의 경쟁력 창출요인도 변화하고 있으며 기업경영의 근본요소로 품질경영체제의 적극적인 도입과 확산이 요구되고 있다.

특히 품질은 생산성 및 기업의 이윤에 막대한 영향을 미칠 뿐만 아니라, 선진국에 비해 기술력 수준이나 기술개발 투자의 절대규모가 적은 우리나라로서는 품질향상을 통한 경쟁력 확보가 최우선과제이다. 이와 더불어 KS, ISO9000, EQ 등 법적 규제의 강화에 의해 해당 분야 전문기술인력에 대한 수요가 지속적으로 증가할 전망이다. 또한 기술사와 같은 전문기술인력은 해당 분야의 전문지식을 바탕으로 엔지니어링 및 관련기술서비스업, 기술시험, 검사 및 분석관련 업무 등으로 진출하는 데도 매우 유리할 전망이다.

품질관리기술사 시험정보

1 시험일정

구분	필기 원서접수 (인터넷)	필기시험	필기합격 (예정자)발표	실기원서접수	실기시험	최종 합격자 발표일
133회	24.04.16~ 24.04.19	24.05.18	24.06.19	24.05.28~24.05.31 24.06.25~24.06.28	24.07.20~ 24.08.02	24.08.21
134회	24.07.02~ 24.07.05	24.07.27	24.09.04	24.08.12~24.08.16 24.09.10~24.09.13	24.10.26~ 24.11.06	24.12.04

2 시험수수료

- 필기시험 : 67,800원
- 실기시험 : 87,100원

3 검정방법

- 필기 : 단답형 및 주관식 논술형(매 교시 100분, 총 400분)
- 면접 : 구술형 면접(30분 정도)
- 합격기준(필기 및 실기) : 100점을 만점으로 하여 60점 이상

INFORMATION

4 합격률

연도	필기			면접		
	응시	합격	합격률(%)	응시	합격	합격률(%)
2023	147	38	25.9%	96	42	43.8%
2022	130	36	27.7%	94	40	42.6%
2021	155	73	47.1%	97	39	40.2%
2020	147	8	5.4%	32	19	59.4%
2019	198	52	26.3%	115	58	50.4%
2018	192	54	28.1%	105	44	41.9%
2017	208	44	21.2%	101	60	59.4%
2016	198	84	42.4%	149	57	38.3%
2015	180	33	18.3%	72	30	41.7%
2014	151	32	21.2%	71	30	42.3%
2013	117	35	29.9%	70	31	44.3%
2012	113	39	34.5%	80	32	40%
2011	81	38	46.9%	81	36	44.4%
2010	95	33	34.7%	48	22	45.8%
2009	84	37	44%	48	31	64.6%
2008	91	8	8.8%	10	8	80%
2007	83	7	8.4%	21	15	71.4%
2006	67	23	34.3%	36	16	44.4%
2005	104	6	5.8%	24	16	66.7%
2004	75	14	18.7%	37	17	45.9%
2003	69	23	33.3%	44	10	22.7%
2002	55	4	7.3%	17	7	41.2%
2001	55	13	23.6%	22	8	364%
1977~2000	550	76	13.8%	128	66	51.6%
계	3,345	810	24.2%	1,598	734	45.9%

5 원서 접수방법

- **수험원서 접수**

    가. 수험원서 접수방법(인터넷 접수만 가능)
    원서접수 홈페이지 : www.Q-net.or.kr

    나. 수험원서 접수시간
    원서접수 첫날 10 : 00부터 원서접수 마지막 날 18 : 00까지

    다. 수험원서 접수기간
    - 필기시험 대상자 : 해당 종목의 필기시험 원서접수기간
    - 면접시험 대상자 : 해당 종목의 면접시험 원서접수기간

    - 기타 대상자
        - 필기시험 면제자 : 해당종목의 실기시험 원서접수기간
        - 면접시험 면제자 : 해당종목의 필기시험 원서접수기간

- 종목에 따라 시행일정이 다르므로 응시하고자 하는 종목의 "검정시행일정" 및 "등급 및 종목별 시행회"를 정확히 확인하여 시험 준비에 착오 없으시기 바랍니다.

- 필기시험 시험시간은 다음 표와 같으니 참고하시기 바랍니다.

구분	시험시간	비고
입실 및 시험안내	08 : 30 ~ 09 : 00	※ 입실시간(시험시작 30분전)
1교시	09 : 00 ~ 10 : 40	
2교시	11 : 00 ~ 12 : 40	
중식	12 : 40 ~ 13 : 40	
3교시	13 : 40 ~ 15 : 20	
4교시	15 : 40 ~ 17 : 20	

INFORMATION

- 기술사 필기시험 합격예정자는 당회 응시자격 서류제출 기간 이내에 소정의 응시자격서류를 원본으로 제출하여야 하며 지정된 기간 내에 제출하지 아니할 경우에는 필기시험 합격예정이 무효처리되니 착오 없으시기 바랍니다.

  ※ 단, 당회 실기시험에 응시하고자 하는 수험자는 실기시험 원서접수 전까지 제출바랍니다.

  - 근로기준법 제39조에 따른 사용증명서, 자체 경력증명서는 재직기간, 소속, 직위 및 담당 업무의 내용이 구체적으로 기재된 것에 한함
  - 외국서류 구비 사유로 기간 내 제출할 수 없는 경우에는 본인의 신청에 따라 응시자격 증빙 서류 제출을 최종합격자 발표 7일 전까지 연장할 수 있음
  - 제출된 응시자격서류는 D/B로 구축하여 보관·관리하므로 응시자격서류 제출기간 이전에 도 제출할 수 있음(단, 경력서류는 4대보험 가입증명이 가능한 경우)
    ※ 응시자격 서류심사 접수신청서 또는 국가기술자격법 시행규칙 별지 제7호 서식에 따른 경력증명서 제출 시 행정정보 공동이용에 대해 동의하면 공단 직원이 행정정보(국민연금, 건강보험) 확인 가능(동의하지 않는 경우 제출인이 직접 관련 서류 제출)
  - 응시자격서류로 병적증명서 또는 부대장이 발급한 경력증명서 제출 시 주특기코드, 주특기명, 군기술경력 사항(기간)은 명시되어 있어야 함
  - 응시자격서류심사의 기준일은 응시자격 심사기준일을 참고하시기 바람
  - 응시자격서류심사 종료 후 서류심사 불합격자(자격미달, 미제출자)에 대하여는 인터넷(Q-NET)에서 확인 가능하니 반드시 확인 바랍니다.

- 필기시험 면제기간 관련 안내
  - 필기시험의 면제 기간은 관련 법령에 따라 필기시험 합격자 발표일로부터 2년간 면제되고 있으며, 실기시험 원서접수 시점에 면제 기간이 만료된 경우 실기시험 원서접수 불가

- 신분증, 공학용 계산기 등 관련 규정 안내
  - 공단 인정 신분증 미지참자는 당해시험 정지(퇴실) 및 무효처리됩니다.
  - 주관식 답안 작성 시 검은색 필기구만 사용 가능합니다.(연필, 유색 필기구 등 사용 불가)
    - 주관식 필기시험(필답시험)답안 정정 시 수정테이프 사용 가능
    - 지워지는 볼펜류 답안 작성 시 사용 불가

- 기타 안내사항
  1. 필기시험 합격(예정)자 및 최종합격자 발표시간은 해당 발표일 09 : 00입니다.
  2. 접수된 응시자격서류 등은 일체 반환하지 않습니다.
  3. 수수료 환불 및 접수취소 관련 사항은 큐넷(www.q-net.or.kr)을 참고하시기 바랍니다.
  4. 수험원서 및 답안지 등의 허위, 착오기재, 이중기재 또는 누락 등으로 인한 불이익은 일체 수험자 책임입니다.

5. 접수된 응시자격서류가 허위 또는 위조한 사실이 발견될 경우에는 불합격처리 또는 합격을 취소합니다.
6. 필기시험 면제기간 산정 기준일은 당회 필기시험 합격자 발표일로부터 2년간이오니, 원서접수에 착오 없으시길 바랍니다.
7. 천재지변, 응시인원 증가, 감염증 확산 등 부득이한 사유 발생 시에는 시행일정을 별도로 지정할 수 있습니다.
8. 작업형 실기시험의 경우 종목에 따라 시행일정이 다를 수 있으므로 해당 종목의 종목별, 회별 시행현황을 반드시 확인하시기 바랍니다.
9. 원서접수 시 특정일·특정장소의 접수인원이 일정 인원 미만일 경우, 해당 시험일정이 통폐합됨에 따라 시험일 및 시험장소의 변경이 발생할 수 있습니다.
10. 모든 응시자격 서류는 원본제출이 원칙입니다.
11. 실기시험 접수기간과 응시자격서류 제출기간이 다르므로 반드시 확인하시기 바랍니다.
12. 소지품 정리시간 이후 전자 및 통신기기[휴대용 전화기, 휴대용 개인정보 단말기(PDA), 휴대용 멀티미디어 재생장치(PMP), 휴대용 컴퓨터, 휴대용 카세트, 디지털카메라, 음성파일 변환기(MP3), 휴대용 게임기, 전자사전, 카메라 부착펜, 시각표시 외의 기능이 부착된 시계]를 소지·착용 시는 당해시험 무효 처리(퇴실) 및 부정행위 처리되고, 관련 법령에 따라 처벌받을 수 있습니다.
    ※ 시각표시 외의 기능이 부착된 시계는 통신·결제기능(블루투스 등) 및 전자식 화면표시기(LCD, LED 등)가 모두 없는 시침, 분침(초침)으로만 구성된 아날로그 시계 이외의 모든 시계를 의미함
13. 전자 및 통신기기를 이용한 부정행위 방지를 위해 필요시 수험자에게 금속탐지기를 사용하여 검색할 수 있으니, 시험응시에 참고하시기 바랍니다.
14. 기타 문의사항은 HRD고객센터(☎1644-8000) 또는 우리 공단 소속기관으로 문의바랍니다.

이책의 차례

PART 01 용어의 정의

PART 02 공업통계일반

Section 01 통계학 ·········· 25
    01 데이터의 개념 ·········· 25
    02 사용목적에 따른 분류 ·········· 25
    03 데이터의 척도에 의한 분류 ·········· 26
    04 모집단(Population)의 정보 ·········· 26
    05 통계량의 수리 해석 ·········· 29

Section 02 확률과 확률분포 ·········· 36
    01 확률(Probability) ·········· 36
    02 확률변수(Random Variable) ·········· 38
    03 확률분포 ·········· 41

Section 03 검정과 추정의 개념 ·········· 58
    01 검정의 개념 ·········· 58
    02 추정의 개념 ·········· 58
    03 계량치의 검정과 추정 ·········· 60
    04 계수치의 검정과 추정 ·········· 68

Section 04 상관(Correlation), 회귀(Regression) 분석 ·········· 76
    01 상관분석(Correlation Analysis) ·········· 76
    02 회귀분석(Regression Analysis) ·········· 82

Section 05 실전문제 ·········· 87

PART 03. 관리도

Section 01 관리도의 개념 ········· 103
   01 관리도의 역사 ········· 103
   02 관리도의 정의 ········· 103
   03 관리도의 기본적인 이론적 근거 ········· 104
   04 목적에 따른 분류 ········· 104
   05 관리도의 사용순서 ········· 104
   06 관리도의 작성순서($\overline{X}$ 관리도) ········· 105

Section 02 관리도의 종류 ········· 106
   01 계량형 관리도 ········· 106
   02 계수형 관리도 ········· 111

Section 03 관리도의 해석 ········· 115
   01 관리상태의 판정 ········· 115
   02 공정해석 ········· 117
   03 군내변동과 군간변동 ········· 118
   04 검출력(Test Power) ········· 119
   05 관리도의 재작성 ········· 120
   06 평균치 차이의 검정 ········· 121

Section 04 실전문제 ········· 123

PART 04 실험계획법

Section 01 실험계획법의 개념 ········· 137
  01 실험계획법의 개요 ········· 137
  02 분산분석 ········· 139
  03 모수인자와 변량인자 ········· 141

Section 02 실험계획법의 분류 ········· 142
  01 1원 배치법 ········· 142
  02 2원 배치법 ········· 147
  03 3원 배치법 ········· 155
  04 기타 사항 ········· 158
  05 방격법 ········· 161
  06 분할법 ········· 165
  07 계수형 분산 분석 ········· 171
  08 직교배열표 ········· 174
  09 k^n 요인 실험(k^n Factorial Design) ········· 177
  10 교락법과 일부실시법 ········· 180
  11 기타의 실험계획법 ········· 182

Section 03 실전문제 ········· 184

PART 05 샘플링 검사

Section 01 검사 ········· 207
- 01 검사의 정의 ········· 207
- 02 검사의 목적 ········· 207
- 03 검사의 분류 ········· 208
- 04 검사계획 ········· 210
- 05 관능검사 ········· 211

Section 02 샘플링 검사 ········· 213
- 01 샘플링 검사의 개요 ········· 213
- 02 오차(Error) ········· 215
- 03 샘플링 방법 ········· 218
- 04 샘플링 검사의 분류 및 형식 ········· 223
- 05 샘플링 검사의 형태 ········· 226
- 06 검사 특성 곡선(Operating Characteristic Curve) ········· 226

Section 03 샘플링 검사의 형태 ········· 228
- 01 규준형 샘플링 검사 ········· 228
- 02 연속로트에 대한 AQL 지표형 샘플링 검사(KS Q ISO 2859-1) ········· 234
- 03 고립로트에 대한 LQ 지표형 샘플링 검사(KS Q ISO 2859-2) ········· 240
- 04 스킵로트(Skip-lot) 샘플링 검사(KS Q ISO 2859-3) ········· 242

Section 04 실전문제 ········· 246

CONTENTS

PART 06 신뢰성 공학

Section 01 신뢰성 ·· 259
    01 신뢰성 기초개념 ·· 259
    02 신뢰성 이론의 발견 ·· 259
    03 신뢰성의 필요성 ·· 259
    04 고유신뢰성과 사용신뢰성 ·· 260
    05 고유신뢰성 증대방법 ·· 260
    06 사용신뢰성 증대방법 ·· 260
    07 신뢰성 증대방법 ·· 261
    08 신뢰성의 척도와 계산 ·· 261

Section 02 신뢰성 시험과 신뢰성 추정 ·· 263
    01 신뢰성 시험 ··· 263
    02 지수분포의 신뢰성 추정 ·· 263
    03 정규분포의 신뢰성 추정 ·· 266
    04 Weibull 분포의 신뢰성 추정 ·· 267
    05 Gamma 분포의 신뢰성 추정 ··· 269
    06 Erlang 분포의 신뢰성 추정 ··· 269
    07 대수정규분포 ··· 269

Section 03 가속수명시험 ·· 270
    01 개요 ·· 270
    02 가속수명시험 데이터 해석 ·· 270
    03 아레니우스(Arrhenius) 모델 ·· 271
    04 아이링(Eyring) 모델 ··· 272
    05 10℃ 법칙 ··· 272
    06 α승 법칙 ··· 272

Section 04 고장률과 고장밀도함수 및 신뢰도 함수 ·· 273
    01 고장률 곡선의 일반형태 및 고장원인 ··· 273
    02 조치 ·· 274
    03 $R(t)$, $f(t)$, $\lambda(t)$ 해당 분포 ·· 275

Section 05 보전도와 가용도(Maintainability & Availability) ·············· 276

Section 06 System의 신뢰성 ·· 279
 01 정 신뢰도(Static Reliability) ·· 279
 02 동 신뢰도(Dynamic Reliability) ····································· 282

Section 07 신뢰성 설계 및 심사 ·· 285
 01 신뢰성 설계절차 ··· 285
 02 신뢰성 설계기술 ··· 285
 03 설계심사 ··· 286

Section 08 고장 해석 방법 ·· 287
 01 FMEA(Failure Mode and Effect Analysis) ····················· 287
 02 FTA(Fault Tree Analysis) ·· 291
 03 MQ 분석(Machine Quality Analysis) ··························· 292
 04 MTBF 분석 ·· 292

Section 09 예방정비 ·· 293
 01 정비의 주요 결정사항 ·· 293
 02 예방정비의 필요조건 ··· 293
 03 예방정비비가 고장정비비보다 적은 원인 ······················· 293
 04 예방정비의 분류 ··· 294

Section 10 신뢰성 샘플링 검사 ·· 295
 01 신뢰성 샘플링 검사의 특징 ··· 295
 02 신뢰성 샘플링 검사 방식과 품질관리의 샘플링 검사 방식의
   다른 점 ·· 295
 03 계수 1회 샘플링 검사(MIL – STD – 19500C) ··············· 296
 04 계량 1회 샘플링 검사(DOD – HDBK H108) ················· 296
 05 계수축차 샘플링 검사 ·· 297

Section 11 신뢰도 평가법(RACER법) ··· 298

Section 12 간섭이론과 안전계수 ·· 299

Section 13 실전문제 ·· 300

PART 07. 품질경영의 추진전략 및 기획

Section 01 6시그마 경영시스템 ··· 309
    01 6시그마의 의미 ··· 309
    02 6시그마의 발달 ··· 309
    03 6시그마의 메커니즘 ··· 310
    04 마이클 해리 박사의 6시그마 정의 ··· 310
    05 6시그마 추진목표 ··· 311
    06 6시그마와 기존 품질관리의 차별성 ··· 311
    07 6시그마 경영목표 4가지 요소 ··· 312
    08 기존 품질운동과 6시그마의 비교 ··· 313
    09 6시그마 달성을 위한 5단계 추진기법 ··· 313
    10 6시그마 성공전략 ··· 314
    11 6시그마 핵심역할 '벨트(Belt)' ··· 315
    12 시그마 수준별 부적합 정도 사례 ··· 316

Section 02 말콤 볼드리지 경영품질 ··· 317
    01 말콤 볼드리지는 누구인가? ··· 317
    02 말콤 볼드리지 기준의 채점방식 ··· 317
    03 말콤 볼드리지상과 다른 품질경영상의 차이 ··· 319
    04 MB상 재단(Foundation for the MBNQA) ··· 320

Section 03 벤치마킹(Bench Marking) ··· 321
    01 벤치마킹 방법론 ··· 321
    02 벤치마킹 기본단계 ··· 321
    03 벤치마킹 방법론의 중대한 양상 ··· 322
    04 벤치마킹 운영방법 ··· 322

Section 04 품질의 정의 ··· 324

Section 05 품질의 분류 ··· 325
    01 목표품질 ··· 325
    02 설계품질 ··· 325
    03 제조품질(적합품질) ··· 325

　　　　04 시장품질 ·· 326
　　　　05 제품 이외의 서비스 품질 ·· 326
　Section 06 리엔지니어링(Reengineering) ·· 327
　　　　01 리엔지니어링의 필수요소 ·· 327
　　　　02 리엔지니어링의 배경 ·· 328
　　　　03 리엔지니어링의 정의 ·· 329
　Section 07 고장모드영향분석(FMEA) ·· 331
　　　　01 FMEA의 목적 ·· 331
　　　　02 FMEA의 효과 ·· 331
　　　　03 FMEA의 실시시기 ·· 331
　　　　04 FMEA의 종류 ·· 332
　　　　05 설계 FMEA의 실시절차 ·· 332
　Section 08 결함나무분석(FTA) ··· 333
　　　　01 결함나무분석 절차 ·· 333
　　　　02 게이트 및 사건기호 ·· 333
　Section 09 품질기능전개 ··· 334
　Section 10 고장분석(Failure Analysis) ·· 336
　　　　01 고장분석의 접근방법 ·· 336
　　　　02 고장분석의 접근방법 및 내용 ·· 336
　　　　03 고장분석 절차 ·· 337
　Section 11 제조물책임법 ··· 338
　　　　01 제조물책임법의 의미 ·· 338
　　　　02 제조물책임법 대응시스템의 구축방법 ······························ 339
　Section 12 품질코스트(Q-COST) ··· 341
　　　　01 품질코스트의 구성 ·· 341
　　　　02 품질코스트의 분류 ·· 342
　　　　03 평가비용의 절감대책 ·· 343
　　　　04 실패비용의 절감대책 ·· 344
　Section 13 ISO 22000(식품안전경영시스템) 인증 ·· 345
　　　　01 식품안전경영시스템의 핵심 요구사항 ······························ 345
　　　　02 필요성 및 효과 ·· 345

CONTENTS

Section 14 ISO 14001(환경경영시스템) 인증 ········· 346
    01 도입의 필요성 ········· 347
    02 ISO 14001 규격 요구사항 ········· 347
    03 ISO 14001 : 2015 주요 변경사항 ········· 348
    04 인증의 효과 ········· 348

Section 15 IATF 16949(자동차 생산 및 관련된 서비스 부품 조직을 위한 품질경영시스템) 인증 ········· 349
    01 IATF 16949 개정방향 ········· 349
    02 IATF 16949 표준의 요구사항 ········· 350
    03 IATF 16949 품질경영시스템 구성 ········· 355
    04 IATF 16949 요구사항별 변경사항 ········· 355

Section 16 ISO 9001(품질경영시스템) 인증 ········· 360
    01 ISO 9001 인증의 필요와 그 효과 ········· 360
    02 ISO 9001 규격 요구사항 ········· 361
    03 ISO 9001 : 2015 개정목적 및 방향 ········· 362
    04 ISO 9001 : 2015 주요 변경사항 ········· 362
    05 품질경영 원칙의 개정 ········· 363
    06 프로세스 접근방법의 의미 ········· 363

Section 17 KS 인증 ········· 364
    01 KS 인증제도 관련법 ········· 364
    02 2015년 KS 인증제도 주요 개선사항 ········· 365
    03 KS 인증절차 및 방법의 KS 표준제정현황 ········· 367
    04 KS 공장심사 평가항목 ········· 368

Section 18 국가통합인증마크(KC) ········· 374
    01 국가통합인증마크의 필요성 ········· 374
    02 국가통합인증마크의 기대효과 ········· 375

Section 19 국립표준기술원(NIST ; National Institute of Standard and Technology) ········· 376

Section 20 미국품질협회(ASQ ; American Society for Quality) ········· 377

Section 21 다구치 기법 ········· 378
    01 품질공학에서 품질의 정의 ········· 378
    02 품질에 대한 사고방식 ········· 378

03 종전의 품질과 손실에 대한 사고 ···································· 379
　04 손실함수 : 품질과 손실에 대한 다구치 박사의 생각 ········ 379
　05 산포감소에 의한 손실효과 ··· 380
　06 Noise와 대책 ··· 381
　07 Noise의 분류와 대응책 ·· 381
　08 품질공학에서의 대응책 예시 ·· 382
　09 직교배열표를 이용한 실험 ··· 382
　10 직교배열표의 구성과 배치 ··· 383
　11 직교성(직교배열표를 사용하는 이유) ······························· 383
　12 직교표의 효용 ··· 384
　13 다구치 기법 적용예제 ·· 384
　14 직교배열표에 의한 다구치 실험계획법 ···························· 390
　15 다구치 기법 사례 ··· 392

Section 22 Single PPM ·· 396
　01 Single PPM 품질혁신운동의 성과와 개선방안 ················ 396
　02 Single PPM 품질인증제도의 현황 ··································· 397
　03 Single PPM 품질인증제도 ··· 397

Section 23 마하라노비스 – 다구치 기법(MTS) ···························· 400
　01 판별분석의 기초 마하라노비스 거리 ································ 400
　02 마하라노비스 – 다구치 기법(MTS) ·································· 400
　03 MTS의 건강진단 적용예제 ·· 401
　04 MTS 기법 계산순서 ··· 402
　05 다수의 관리항목을 한 개의 관리항목으로 통합하는 방법
　　　(T^2관리도) 연구 ··· 404
　06 T^2관리도의 특징 ·· 404
　07 T^2관리도의 의미 ·· 405

Section 24 TRIZ 기법 ··· 408
　01 TRIZ란 무엇인가? ··· 408
　02 TRIZ의 기본요소 ··· 410
　03 TRIZ의 분석도구와 지식베이스 ······································· 411

Section 25 분임조 활동 ·· 412
　01 분임조 활동 ·· 412
　02 기본이념 ··· 412

CONTENTS

  03 단계별 문제해결 과정(QC 스토리) ·· 412
  04 분임토의 시 적용기법 ··· 413
  05 테마를 정하는 원칙 ··· 413

Section 26 균형성과 관리지표(BSC) ·· 414
  01 BSC ·· 414
  02 BSC의 4가지 요소 ·· 414

Section 27 측정시스템 분석(MSA) ··· 415
  01 측정시스템의 개요 ·· 415
  02 측정시스템 변동의 유형 및 원인 ·· 415
  03 게이지 R&R ··· 419

Section 28 표준화 ··· 420
  01 표준화 목적 ··· 420
  02 표준화의 원리 ··· 420
  03 표준화 공간 ··· 421
  04 표준화의 3S ··· 421
  05 표준화의 효과 ··· 422
  06 사내표준화의 필요성 ·· 423
  07 사내표준화의 요건 ·· 423

PART 08 기출(예상) 문제풀이 / 425

- **부록 01** 필기시험 답안지 양식 ·· 1211
- **부록 02** 관련 수치표 ··· 1225

PART 01

용어의 정의

01 용어의 정의

SECTION 01 용어의 정의

001 신인성(Dependability)

신인성은 아이템의 가용성과 그에 영향을 미치는 요인들을 설명하기 위해 사용되는 총체적 용어(IEC 60050-191)로 신뢰성, 보전성과 보전 지원성을 포함하는 용어이다.

※ 미 국방규격에서는 신인성에 대한 정의를 다음과 같이 다르게 하고 있다. 신인성은 아이템이 임무를 시작할 때 가용하다는 조건하에서 특정한 임무수행 중에 요구기능을 수행할 수 있는 능력의 정도를 나타내는 척도이다.

002 신뢰성(Reliability)의 구성요소

① 아이템 ② 주어진 기간 ③ 주어진 조건 ④ 요구기능

003 보전성(Maintainability)

주어진 조건에서 규정된 절차와 자원을 사용하여 보전이 수행될 때 요구기능을 수행할 수 있는 상태로 유지 또는 복원되는 아이템의 능력

004 보전지원성(Maintenance Support)

규정된 보전정책과 주어진 조건에서 아이템을 보전하는 데 필요한 자원을 적시에 지원할 수 있는 보전조직의 능력을 말하며, 주어진 조건은 아이템 자체와 아이템이 사용 및 유지되는 조건에 관련된다.

005 가용성(Availability)

필요한 외부 자원이 제공된다고 가정하였을 때 어떤 시점 또는 기간에 걸쳐 주어진 조건에서 요구 기능을 수행하는 상태에 있는 아이템의 능력을 말하며, 가용성은 신뢰성, 보전성, 보전지원성에 영향을 받는다. 보전 자원 이외의 외적 자원들은 아이템의 가용성에 영향을 미치지 않는다.

006 고장(Failure)

IEC 60050-191은 아이템이 요구 기능을 수행하지 못하게 되는 사건(Event)을 "고장"이라고 정의하고 있다. 여기서 "요구 기능을 수행하지 못함"이란 아이템의 기능 중에서 특정 기능을 수행할 수 없는 경우만을 의미하는 것은 아니며, 아이템이 기능을 수행하지만 성능이 요구

수준(보통 설계 엔지니어에 의하여 결정된 성능 규격을 의미함)을 만족하지 못하는 경우도 포함한다. 예를 들어 전화기는 송신, 수신 및 부가기능을 갖는다. 만일, 전화를 수신할 수 없으면 수신기능을 수행할 수 없는 고장이 발생한 것이다. 그러나 수신을 할 수는 있어도 잡음이 심하여 통화 지장이 있으면 고장이 발생한 것이다. 한편, 기능을 수행할 수 없는 것은 성능규격을 벗어난 특별한 경우로 볼 수 있으므로 고장은 다음과 같이 포괄적으로 정의할 수 있다.

아이템이 요구 기능을 수행하지 못하게 되거나 요구 성능을 만족하지 못하게 되는 사건이 발생할 때까지의 기간을 고장시간(Failure Time) 또는 수명(Life, Life Time)이라 한다. - 수리불가능 아이템은 고장시간과 수명이 동일하다. 그러나 수리가능 아이템은(자동차 등 시스템) 고장시간이 수명이라 할 수 없으며, 더 이상 수리가 불가능한 고장이 발생할 때까지의 기간을 수명이라 할 수 있다.

일반적으로 소비자들이 인식하는 고장시간과 아이템의 실제 고장시간과는 다를 수 있다. 특히, 성능이 저하되어 발생하는 고장은 소비자들이 고장이라고 인식하기 훨씬 이전에 설계 성능 규격을 벗어나는 것이 일반적이며, 이 경우 설계관점에서는 이미 고장 난 상태라고 할 수 있다.

007 욕조곡선(Bathtub Curve)

욕조곡선은 사용 중에 일반적으로 나타나는 고장률을 시간의 함수로 나타낸 곡선으로 초기고장(Early Failure) - DFR -, 우발고장(Random Filure) - CFR -, 마모고장(Wear - Outfailure) - IFR - 의 3부분으로 나누어진다.

008 초기고장기간

아이템이 시장에 처음 출하되면 잠재적인 설계나 제조상의 결함으로 인하여 초기 고장률이 높게 된다. 이러한 결함은 출하검사에서는 정상적인 양품으로 판정되지만 저장, 물류, 설치 및 소비자 사용에 이르는 과정에서 스트레스를 받아 결함이 드러나서 고장이 발생한다. 이러한 초기고장은 원인을 조사하여 시정조치(설계 및 제조변경을 통한 원인제거)를 하며, 결함이 시정된 이후에 출하되는 제품의 고장은 감소하게 된다. 따라서 고장률은 시간에 따라 감소하는 형태로 나타나게 된다.

초기고장의 원인 및 예방책은 다음과 같다.

| 고장의 원인 | • 표준 이하의 재료 사용
• 표준 이하의 작업자 숙련도
• 부적절한 제조기술
• 조립상의 실수
• 부적절한 설치
• 저장 및 운송 중의 파손
• 제조 능력을 고려치 못한 설계 | • 불충분한 품질관리
• 불충분한 디버깅(Debugging)
• 부적절한 가공 및 취급기술
• 오염
• 부적절한 시동
• 부적절한 포장 및 수송 |

예 방 책	• 철저한 품질관리 • 에이징(Ageing) • 번인/ESS/HASS

초기고장 기간은 감소하는 DFR(Decreasing Failure Rate) 기간이다.

초기고장 기간에서 발생하는 고장은 제조과정에서 제품에 혼입된 큰 결점(Macro Defect)이나, 작업 실수, 설치나 운반 미숙 등에 의하여 발생하는 경우가 많다. 즉, 품질관리 미숙에서 발생하는 고장이 많으므로 품질고장(Quality Failure)이라고도 부른다.

초기고장기간을 유아사망(Infant Mortality)기간이라고 부른다. 또한 기업에서는 초기유동기간 또는 품질안정화 기간이라고도 부른다.

009 우발고장기간

설계나 제조상의 결함이 제거되어 품질안정화가 이루어지면 고장률은 일정하게 된다. 이 기간을 우발고장기간이라 한다. 우발고장기간에는 설계과정에서 예상치 못한 과부하(Overstress)와 사용자의 실수 등 고장이 우발적으로 발생한다. 즉, 이 기간 동안 고장의 발생은 아무도 미리 예측하기 어렵고 확률적으로만 예측이 가능한 기간이라고 할 수 있으며, 이것이 우발고장기간의 의미라고 할 수 있다. 우발고장기간은 일정한 CFR(Constant Failure Rate)기간이다. 따라서 이 기간의 고장시간은 지수분포로 모형화될 수 있다. 신뢰성 공학에서 신뢰도 예측을 위한 MIL-HDBK-217과 Telcordia SR-332의 경험적 모델들은 지수분포를 가정하고 있다. 이는 우발고장기간의 일정 고장률을 예측하기 위한 모델이라고 할 수 있다.

고장의 원인	• 부식 및 산화 • 마멸 및 피로 • 노화 및 퇴화 • 불충분한 정비 • 부적절한 완전분해정비(Overhaul) 등
예 방 책	• 장비의 고장률 감소를 위한 예방보전 • 수명이 낮은 부품 개선 • 좋은 재질의 부품을 선택한 설계

010 마모고장기간

마모고장기간은 증가하는 IFR(Increasing Failure Rate) 기간이다. 고장률이 허용할 수 없을 정도로 높거나 결함으로 인하여 아이템이 수리가 불가능하다고 여겨질 때까지의 기간을 유용수명(Useful Life)이라 한다. 유용수명을 내구수명(Endurance Life) 또는 내구한계(Endurance Limit)라고도 부른다.

011 파국고장(Catastrophic Failure)

아이템의 기능이 순간적으로 정지하는 고장

012 열화고장(Degradation Failure)

아이템의 성능이 시간에 따라 저하되어 발생하는 고장

013 파국고장의 원인

파국고장은 이론적으로 외부의 응력(이를 신뢰성 공학에서는 스트레스라고 부른다.)에 견딜 수 있는 힘, 즉 강도(Strength)가 불충분하여 발생하는 것으로 알려져 있다. 따라서 대부분의 제품은 외부에서 가해지는 스트레스나 부하(Load)를 예측하여 강도를 그보다 크게 설계한다.

014 열화고장의 원인

열화고장은 아이템을 오래 사용하여 성능 특성치가 요구 수준보다 상당히 저하되어 사용할 수 없는 경우, 주로 스트레스의 영향이 누적되어 내구한계를 벗어나서 발생한다.

015 고장의 분류

고장을 분류하는 방법에는 파국고장과 열화 고장 이외에도 여러 가지 방법이 있다.
① 초기고장, 우발고장, 마모고장 : 제품이 출하되어 사용되어지는 기간에 따른 분류(007 욕조곡선 참조)
② 내재적 고장(Intrinsic Failure)과 외재적 고장(Extrinsic Failure)
  ㉠ 내재적 고장 : 제품이나 부품의 내부 문제(설계 오류, 재료선정 등)로 인한 고장
  ㉡ 외재적 고장 : 외부에서 작용하는 스트레스로 인한 고장
  ㉢ 치명고장, 중대고장, 사소한 고장, 무시할 만한 고장 : 고장 발생이 미치는 영향의 심각도(Criticality)에 의한 분류

016 치명고장(Critical Failure)

고장의 발생이 안전, 기능의 안전정지와 같은 심각한 문제를 야기할 때

017 중대고장(Major Failure)

사고를 유발하지 않으나 기능이나 성능에 중대한 영향을 미치는 고장

018 사소한 고장(Minor Failure)

기능이나 성능에 약간 영향을 주는 고장

019 무시할 만한 고장(Negligible Failure)

기능이나 성능에 영향을 주지 않으나 소비자의 만족도를 저하시키는 고장

020 기타 고장

① 오용고장(Misuse Failure) : 사용 중 아이템의 규정된 능력을 초과하는 스트레스에 의한 고장
② 취급부주의고장(Mishandling Failure) : 아이템의 부적절한 취급 또는 부주의에 의한 고장
③ 취약고장(Weakness Failure) : 아이템의 규정된 능력 이내의 스트레스에 놓이더라도 아이템 자체의 취약점에 의한 고장
④ 설계고장(Design Failure) : 아이템의 부적절한 설계에 의한 고장
⑤ 제조고장(Manufacturing Failure) : 제조과정에서 아이템의 설계 또는 규정된 제조공정과의 불일치에 의한 고장
⑥ 에이징고장(Ageing Failure), 마모고장(Wear-out Failure) : 아이템의 고유한 고장 메커니즘들의 결과로 발생확률이 시간에 따라 증가하는 고장
⑦ 돌발고장(Sudden Failure) : 사전 시험이나 모니터링에 의해 예견될 수 없는 고장
⑧ 점진고장(Gradual Failure) : 아이템의 주어진 특성이 시간에 따른 점진적인 변화에 의해 발생하는 고장
⑨ 연관고장(Relevant Failure) : 시험 또는 운용결과를 해석하거나 신뢰성 척도를 계산하는 데 포함되어야 하는 고장
⑩ 비연관고장(Non-Relevant Failure) : 시험 또는 운용결과를 해석하거나 신뢰성 척도를 계산하는 데 제외되어야 하는 고장
⑪ 일차고장(Primary Failure) : 다른 아이템의 고장 또는 결함에 의해 직접 또는 간접적으로 야기되지 않는 아이템의 고장
⑫ 2차 고장(Secondary Failure) : 다른 아이템의 고장 또는 결함에 의해 직접 또는 간접적으로 야기되는 아이템의 고장
⑬ 완전고장(Complete Failure) : 모든 요구기능을 완전히 수행할 수 없게 하는 고장
⑭ 부분고장(Partial Failure) : 요구 기능 중 일부 기능을 수행할 수 없게 하는 고장
⑮ 공통원인고장(Common Cause Failures) : 어떤 하나의 사건으로부터 발생한 여러 아이템의 고장
⑯ 보통모드고장(Common Mode Failures) : 고장모드가 동일한 아이템의 고장
⑰ 간헐고장(Intermittent Failure) : 매우 짧은 시간 동안 일부 기능이 상실되는 고장으로 즉시 완전한 작동 상태로 환원된다.

⑱ 지속고장(Persistent Failure) : 일부 부품을 수리하거나 교체할 때까지 지속되는 고장

021 치명결함(Critical Fault)
인체 손상, 물적 손상 또는 다른 받아들일 수 없는 결과를 초래할 것으로 평가되는 결함

022 비치명결함(Non-Critical Fault)
인체 손상, 물적 손상 또는 다른 받아들일 수 없는 결과를 초래하지 않을 것으로 평가되는 결함

023 중결함(Major Fault)
중요하다고 여겨지는 기능에 영향을 주는 결함

024 경결함(Minor Fault)
중요하다고 여겨지는 어떤 기능에도 영향을 주지 않는 결함

025 오용결함(Misuse Fault)
사용 중 아이템의 규정된 능력을 초과하는 스트레스에 의한 결함

026 취급부주의 결함(Mishandling Fault)
아이템의 부적절한 취급 또는 부주의에 의한 결함

027 취약결함(Weakness Fault)
아이템이 규정된 능력 이내의 스트레스에 놓이더라도 아이템 자체의 취약점에 의한 결함

028 설계결함(Design Fault)
아이템의 부적절한 설계에 의한 결함

029 제조결함(Manufacturing Fault)
제조과정에서 아이템의 설계 또는 규정된 제조공정과의 불일치에 의한 결함

030 노화결함(Ageing Fault), 마모결함(Wear-out Fault)
어떤 명령들을 특정한 순서로 수행한 결과로써 나타나는 결함

031 프로그램 민감결함(Program – Sensitive Fault)

어떤 명령들을 특정한 순서로 수행한 결과로서 나타나는 결함

032 데이터 민감결함(Data – Sensitive Fault)

특정한 데이터를 처리한 결과로서 나타나는 결함

033 완전결함(Complete Fault), 기능방해결함(Function Preven Ti Ng Fault)

아이템의 모든 요구 기능을 완전히 수행할 수 없게 하는 결함

034 부분결함(Partial Fault)

아이템의 요구 기능 중 일부 기능을 수행할 수 없게 하는 결함

035 지속결함(Persistent Fault)

개량 보전 활동이 수행될 때까지 지속되는 아이템의 결함

036 간헐결함(Intermittent Fault)

보전 활동이 없이 아이템이 요구 기능을 수행하는 능력을 회복한 후 제한된 기간 동안 지속되는 아이템의 결함

037 확정결함(Determinate Fault)

어떤 작용에 대하여 어떤 반응을 하는 아이템에서 모든 작용에 대하여 동일한 반응을 나타내는 결함

038 불확정결함(Indeterminate Fault)

어떤 작용에 대하여 어떤 반응을 하는 아이템에서 반응에 영향을 주는 오차가 적용된 작용에 의존하는 결함

039 잠재결함(Latent Fault)

존재하지만 아직 인식되지 않는 결함

040 수명(Life)

수명은 생물의 생명 존속기간으로 보통 사고나 병에 의하지 않는 자연사까지의 연한을 말한다. 그러나 신뢰성 공학에서는 수리불가능 아이템의 고장 때까지의 시간 또는 수리가능 아이템의 더 이상 수리할 수 없는 고장이 발생할 때까지의 기간을 수명이라 부른다.

041 고장밀도 함수(Failure Density Function)

고장밀도함수(또는 수명밀도 함수)는 단위 시간당 고장 나는 제품의 비율을 나타내는 함수

042 신뢰도 함수(Reliability Function)

신뢰도는 아이템이 주어진 기간 동안 주어진 조건에서 요구 기능을 수행할 수 있는 확률로 정의된다.

043 누적분포 함수(Cumulative Density Function)

누적분포 함수는 아이템이 특정 시간까지 고장 날 확률을 나타내는 함수이다.

044 B수명(B Life)

B수명은 특정 비율의 제품이 고장 나는 시간으로 백분위수를 달리 표현하고 부르는 것이라고 할 수 있다.

045 고장률 함수(Hazard Function)

고장률 함수는 주어진 구간의 시점까지 고장 나지 않는 아이템이 순간적으로 고장 날 조건부 확률로서 고장 메커니즘에 관한 정성적 해석에 중요한 척도이다.

046 누적 고장률 함수(Cumulative Hazard Function)

누적 고장률 함수는 특정 시간까지 고장률을 누적한 합으로, 수학적 정의는 다음과 같다.

047 평균수명(Mean Life)

아이템의 고장시간의 평균값으로 수리불가능 아이템의 경우 MTTF(Mean Time to Failure), 수리가능 아이템의 경우 MTBF(Mean Time Between Failures)라고 부른다.

048 와이블 분포(Weibull Distribution)

와이블 분포는 스웨덴 물리학자 Waloddi Weibull이 1937년 재료의 파괴강도를 분석하면서

고안한 확률 분포로 금속 및 복합재료의 강도, 전자 및 기계부품의 수명분포를 나타내는 데 적합한 확률 분포로 알려져 있다. 와이블 분포는 형상(Shape), 척도(Scale) 및 위치(Location) 모수의 값에 따라 다양한 분포를 표현할 수 있어 신뢰성 데이터 분석에 가장 널리 사용된다.

049 정규분포(Normal Distribution)

자연현상에 대한 관측자료, 자연과학, 공학 실험자료 또는 사회 경제 현상에 대한 조사자료들은 일반적으로 정규분포를 따르는 것으로 알려져 있다. 또한 자료들이 정규분포를 따르지 않더라도 많은 자료(보통 30 이상)들의 평균은 정규분포에 가깝게 되는 성질(이를 중심극한 정리라 한다.)이 있으므로 정규분포는 우리가 접하는 여러 확률분포 중에서 가장 널리 사용되는 분포라 할 수 있다.

050 대수정규분포(Lognormal Distribution)

대수정규분포는 와이블 분포와 함께 신뢰성 Data 분석에서 자주 사용되는 확률 분포로 금속재료의 피로수명(Metal Fatigue Life), 전기절연체의 수명분포 등에 널리 사용된다.

051 신뢰성 시험(Reliability Test)

일반적으로 시험은 기능/성능시험, 환경시험, 신뢰성 시험 및 안전시험으로 구분할 수 있다. 기능/성능시험은 목표로 하는 아이템의 기능과 성능이 구현되었는지를 확인하기 위한 시험이고 환경시험은 특정 환경조건에서 아이템의 내환경성을 확인하기 위한 시험이며, 안전시험은 아이템의 설계에 안전상의 문제가 없는지를 평가하는 시험이다. 보통 환경시험은 특정 환경조건(온/습도, 고온, 저온, 열충격, 온도사이클, 진동, 충격 등)에서 일정시간 동안 시험을 하고 시험 후 기능/성능상의 이상 또는 열화가 없어야 다음 단계(설계에서 양산, 양산에서 출하)로 진행될 수 있는 합부판정을 위한 시험이다. 기능/성능시험과 환경시험은 개발과정에서 만족되어야 하는 최소한의 요건이라고 할 수 있으며 이를 만족하지 못하면 시장에서 품질 문제가 발생하므로 품질인증시험이라고도 한다. 한편 신뢰성 시험은 제품의 수명 또는 고장률을 평가하기 위한 시험으로 개발 및 제조과정에서 신뢰성 향상, 평가, 보증을 위하여 실시되는 모든 시험을 의미한다.

052 신뢰성 시험의 종류

① **정형시험과 비정형시험** : 정형시험은 IEC, DS, KS, DIN, JIS, MIL 등에 규정된 전자부품, 기계, 재료 등에 대한 표준화된 시험을 의미한다. 비정형시험은 신규성이 높고, 고장 메커니즘이 불분명하며, 필드정보가 충분하지 않은 시험을 의미한다.

② **신뢰성보증시험(Reliability Qualification Test)** : 신뢰성보증시험(Reliability Qualification Test, RQT)은 계약 또는 설계 초기 단계에서 설정된 신뢰성 목표를 달성하였는지를 평가하기

위해 수행하는 시험이다. 즉 RQT에 합격되었다는 것은 소비자가 아이템을 사용하도록 생산자가 제품을 출하할 수 있음을 의미한다. RQT는 신뢰성 문제에 대한 정보를 제공하여 시험에서 불합격된 아이템의 시정과 합격된 제품의 향상에 도움을 준다.

③ 일정기간시험(Fixed-Length Test) : 일정한 기간 동안 시험하고 측정된 고장 개수를 이용하여 합격/불합격 판정을 내리는 시험을 일정기간시험이라 한다. 직관적으로 보더라도 일정기간 동안 고장이 많이 나면 신뢰성이 떨어지고 고장이 적게 발생하면 신뢰성이 높다고 볼 수 있다. 이 시험은 제품의 수명이 지수분포에 따라 고장률이 일정하다고 가정하여 결정되었으며 판정위험과 판별비의 여러 값에 대한 시험방법의 표준이 정리되어 있다.

④ 축차시험(Sequential Test) : 일정기간시험에서 판정위험 또는 판별비의 값이 작으면, 시험기간이 매우 길어진다. 시험기간을 줄이기 위해서는 더 많은 시료를 시험하거나 가속 수명시험을 할 수 있지만 축차시험을 적용할 수도 있다.

⑤ 신뢰성수락시험(Production Reliability Acceptance Test) : 신뢰성수락시험(Production Reliability Acceptance Test, PRAT)은 설계단계에서 결정된 제품의 신뢰성이 양산과정에서 저하되지 않아 유지됨을 보증하기 위해 또는 제품이 소비자의 신뢰성 요구 및 기대를 충족함을 보장하기 위하여 수행된다. 시장에 출하된 제품에 신뢰성 문제가 있고 이를 해결하는 데 오랜 시간이 걸리면 그에 비례하여 소비자들의 불만은 증가한다.

이는 보통 많은 비용과 심각한 결과를 낳을 수도 있으며 소비자가 제품을 사용하는 중에 발견된 심각한(발견되지 않고 아직 해결되지 않은) 신뢰성 문제는 기업에 막대한 피해를 줄 수 있다. PRAT는 적시에 신뢰성 문제에 대한 경고와 시정조치에 필요한 데이터를 제공하여 생산과정에서 발생할 수 있는 신뢰성 문제의 영향을 최소화하기 위하여 계획된다.

053 고장률보증시험(Failure Rate Qualification Test)

고장률보증시험은 신뢰성보증시험 중 하나이지만 다른 시험과는 다른 설계기준을 사용하고 있어 따로 설명하기로 한다. 이 시험은 MIL-STD 690C(Failure Rate Sampling Plans and Procedures)에 제시되어 있다.

054 가속시험(Accelerated Test)

시간을 단축시킬 목적으로 사용조건보다 가혹한 조건에서 수행하는 시험을 총칭하여 가속시험이라 한다. 가속시험은 가속수명시험(Accelerated Life Test)과 가속스트레스시험(Accelerated Stress Test)으로 구분할 수 있다.

055 가속수명시험(Accelerated Life Test)

가속수명시험은 제품의 실사용조건보다 가혹한 조건(가속조건)에서 시험하여 고장을 촉진시키고, 가속조건에서 관측된 데이터로부터 수명 스트레스 관계를 추정하고 이를 사용 조건으로 외삽(Extrapolation)하여 사용조건에서의 수명을 빨리 추정하기 위한 시험이다.

056 가속계수(Acceleration Factor)

가속계수는 사용조건에서의 수명과 가속조건에서의 수명의 비(Ratio)로 정의된다.

057 가속수명시험 모형(Accelerated Life Test Model)

가속수명시험을 통하여 사용조건에서의 수명을 추정하기 위해서는 모형이 필요하다. 이 모형은 가속수명시험 조건에서의 데이터를 분석하기 위한 수명분포와 가속조건에서의 신뢰성 정보를 사용조건으로 외삽하기 위한 수명 스트레스 관계로 구성된다.

가속수명시험 모형의 구성요소를 타나낸 것으로 수명분포와 수명 스트레스 관계의 조합에 따라 여러 가지 모델이 있을 수 있다. 예를 들면, 지수-아레니우스 모형, 와이블-역승 모형 등이 있다.

058 아레니우스 모형(Arrhenius Model)

아레니우스 모형은 온도에 의한 가속 수명 시험에서 가장 널리 사용되는 수명-스트레스 관계이다. 스웨덴의 화학자 Svant August Arrhenius(1859~1927)는 액체, 기체 또는 고체가 화학반응을 할 때 발생되는 활성화 에너지와 온도의 반응율에 대한 연구를 통하여 아레니우스 방정식을 발표하였다.

059 역승모형(Inverse Power Model)

역승 모형은 전압 부하 등 온도 이외의 스트레스를 이용하여 절연체, 베어링, 백열전구 등 가속 수명시험에 널리 사용되는 수명-스트레스 모형으로 고장시간과 스트레스의 관계를 가정한다.

$$\tau(V) = \frac{A}{V}\gamma$$

여기서, V : 스트레스
A, γ : 재료, 제품의 구조 및 시험방법 등에 따른 상수

060 아이링 모형(Eyring Model)

아이링(Eyring) 모형은 아레니우스 모형과 함께 온도에 의한 가속수명시험에 사용되는 수명-스트레스 관계식으로 전기장에 의한 가속, 화학적 열화 반응에 적용 할 수 있는 모형이다.

$$\tau = \frac{A}{T}exp\left(\frac{B}{kT}\right)$$

여기서, τ : 평균수명
T : 절대온도
A, B : 재료, 제품의 구조 및 시험방법 등에 따른 상수

061 부하 – 강도분석(Stress – strength Analysis)

부하 – 강도모형(Stress – strength Model)은 아이템에 인가된 부하(전압, 전류, 온도, 응력 등의 스트레스)가 제품의 강도를 초과했을 때 고장이 발생한다고 가정하는 모형이다. 일반적으로 설계 과정에서 부하를 고려하여 설계 여유를 두고 강도를 결정한다. 그러나 시간이 지남에 따라 강도는 저하되고 부하가 강도보다 커지면 고장이 발생한다고 볼 수 있다. 시간이 지남에 따라 강도가 저하되어 고장이 발생하는 것을 의미하며 여기서 부하가 강도보다 커지는 영역의 면적이 고장발생 확률을 나타낸다. 한편, 강도의 저하에 의하여 고장이 발생하는 것을 역으로 부하를 증가시킴으로써 발생하게 할 수 있다.

062 설계심사(Design Review)

신뢰성 보전성 및 보전 지원성 요구조건과 용도에 대한 적합성 및 잠재적 개선에 영향을 줄 수 있는 요구조건과 설계에서의 결점들을 찾아 수정하기 위한 기존 또는 제안된 설계에 대한 공식적이고 독립적인 조사를 설계심사(DR : Design Review)라 한다.

신뢰성을 개선하기 위한 디자인 변경을 권유할 목적으로 시스템의 개발과 직접적인 관련이 없는 전문가가 디자인의 전체나 일부를 공식적이고 체계적으로 분석하는 것으로 이 평가는 계획된 요구사항에 맞게 초대의 신뢰성에 도달하기 위하여 적어도 비용, 보전성, 성능, 생산성, 스케줄, 크기, 무게와 같은 디자인 기준을 검토한다.

제품이 사용 중에 그것이 나타내고 함축하고 있는 성능의 요구사항을 만족할 것인지 확신하기 위하여 실시하는 제품 디자인에 대한 계획된 점검을 위한 미팅, 단계 점검(Phase Review)과 비교하여 설계심사는 발생하는 계획의 단계에 근거하여 수명주기에서 발생순으로 분류되거나 명명된다.
- 개념 또는 준비, 가시성, 모형, 원형, 시제품, 제작품, 완성품

063 신뢰성 설계(Design For Reliability)

신뢰성 설계란 개발된 시스템의 신뢰도가 사용자가 요구하거나 또는 사전에 규정된 신뢰성 목표를 만족할 수 있도록 수행하는 제반활동을 의미한다.

064 중복(Redundancy)

아이템의 구성품 일부가 고장 나더라도 요구 기능을 수행할 수 있도록 두 개 이상의 구성품으로 요구 기능을 수행하도록 하는 신뢰성 설계 방법을 중복이라 한다. 중복을 위한 구성품은 반드시 동일할 필요는 없으며, 주로 안전이 중요한 항공, 원자력 발전소, 철도와 통신시스템의 신뢰성 향상을 위하여 사용된다.

065 부하경감(Derating)

통상규격의 표준부품을 제품의 구성부품으로 사용할 경우 고장률을 대폭적으로 저하시키기 위해서는 부하를 정격값의 몇 분의 1로 줄이는 것이 좋다. 이와 같이 구성부품에 걸리는 부하의 정격값에 여유를 두고 설계하는 방법을 부하경감(Derating)이라고 한다.

066 신뢰도 배분(Reliability Apportionment)

신뢰도 배분이란 전체 시스템에 요구되는 신뢰도 목표 값을 서브시스템이나 더 낮은 수준의 아이템의 신뢰도 목표 값으로 배정하는 과정이다. 이렇게 배정된 신뢰도 목표 값은 시스템을 설계하는 과정에서 부품의 선택, 서브시스템이나 더 낮은 수준의 아이템의 구조 등을 결정하는 근거자료가 된다.

067 결함마스킹(Fault Masking)

서브아이템에 결함이 있더라도 아이템의 구조적 특성이나 그 서브 아이템의 다른 종류의 결함 또는 다른 아이템의 결함으로 인하여 해당 서브아이템의 결함을 발견할 수 없는 상태를 결함마스킹이라 한다.

068 결함허용(Fault Tolerance)

결함허용은 하나 이상의 결함이 아이템 내에 존재함에도 불구하고 사용자에게 요구기능이나 서비스를 지속적으로 제공하는 아이템의 특성을 말한다. 고장안전(Fail Safe), 풀 프루프(Fool-proof)

069 신뢰도 예측(Reliability Prediction)

신뢰도 예측은 아이템(부품 또는 시스템)의 운용 및 사용조건을 고려하여 고장률 또는 MTTF와 같은 신뢰성 척도의 값을 예측하는 과정이다.

070 누적수율(RTY : Rolled Throughput Yield)

하나의 제품이 전 공정을 단 하나의 부적합품 없이 합격될 확률

$RTY = Y_1 \times Y_2 \times \ldots\ldots \times Y_n$

071 Normalized한 수율

연속하는 공정의 단위 공정당 평균 수율로 RTY의 기하 평균값으로 계산한다.

072 DPU(단위당 결함수 Defects Per Unit)

하나의 Unit에 존재하는 모든 Defects로 Claim 양식에 10칸의 적는 난 중에 두 군데가 틀렸다면 $\frac{2}{1} = 2DPU$

073 DPMO(Defects Per Million Opportunities)

백만당 결함수로 DPO 수치에 1,000,000을 곱한 값으로 Sigma Scale로 전환
$DPMO = Z_1 t$이므로 $DPMO + 1.5 = Zst$로 이를 σ수준이라 한다.

074 DMAIC(6 Sigma Step)

Define(정의) : 고객 Project Scope, CTQ 선정, Team 구성, (Y선정)

075 등산법(Box-wilson)

최대 경사법을 사용하여 최고점이 있는 지역을 찾아가고, 그 다음 단계로 적절한 반응 표면분석, 중심합성계획, 회전계획 등)에 의하여 최고점을 찾아내는 일련의 통계적 방법을 말하며, 일명 Box-wilson 법이라고도 한다.

076 등분산 검정(Test for Equal Variances, TFE)

여러 개의 집단 간 분산이 다른가 또는 같은가의 검정으로 주로 2개의 집단에 대해서는 F-Test, 2개 이상의 집단이 r이 동일한 경우 Bartlett's Leven's Test가 있다.

077 독립성 검정(Test of Independence)

어떤 하나의 조사 대상으로부터 추출한 표본자료들이 A와 B로 분류되었을 때 이를 A와 B의 특성 간 어떤 연관성이 있는지를 검정하는 것을 말한다.

078 동일성 검정(Test of Homogeneity)

두 개 이상의 모집단에서 추출한 각 표본 A와 B가 범주형으로 있을 때 이들 모집단의 분포가 서로 동일한가를 검정하는 것

079 랜덤 샘플링(Random Sampling)

모집단을 구성하고 있는 단위체나 단위량이 모두 동일한 확률로 샘플 속에 있도록 샘플을 취하는 방법으로 무작위 추출이라고도 한다.
랜덤으로 뽑혀진 샘플을 랜덤 샘플, 임의 표본이라고도 한다.

080 랜덤의 원리

뽑혀진 인자 외에 기타 원인들의 영향이 실험결과에 편의 되게 미치는 것을 없애기 위함. 실험계획법에서 교락을 피하는 방법이 실험순서의 랜덤화이다.

081 몬테카를로 시뮬레이션(Montecarlo Simulation)

컴퓨터를 이용, 결과변수 Y와 영향을 주는 요인 변수 X_i 간의 최적함수식을 산출, 공정원인 변수의 확률분포 (중심과 산포)를 입력하고 Simulation하여 결과 Y특성인 확률 분포를 예측하는 방법을 말한다.

082 베스트 프랙티스(Best Practices)

혁신 노력에 대한 현실적이며 달성 가능한 목표를 수립하는 데 이용될 수 있는 모범적인 경영활동을 말한다.

083 분할법

실험 전체의 Random화가 곤란한 경우 몇 단계로 나누어서 실시하는 실험계획법으로서 해석 및 검정방법이 다원배치법과 다르다.
종류로는 단일분할법, 2단 분할법, 이방 분할법, 자분실험법이 있다.

084 BPI(Business Process Innovation)

기존 업무 프로세스의 급격한 변화를 통해 품질, 시간, 비용 등 업무성과나 실적을 급진적으로 향상시키려는 Process 지향의 접근방법

085 TRIZ 창조적 해결과제 이론

구소련에서 1945년 창조성이 특출한 특허 과제해결의 규칙성과 원리를 발견 절차화한 방법론. 체계화된 과학과 공학 분야의 다양한 지식으로부터 과제해결 Idea를 얻는 방법을 말한다.

086 FTA : Fault Tree Analysis – 고장목 분석

바람직하지 않은 사건의 발생을 일으키거나 시스템의 성능, 안전 등에 영향을 미치는 요인과 발생시키는 조건들을 분석하여 정량적으로 평가하는 기법

087 BAP(Business Alignment Plan)

6시그마 Project 선정을 위해서 회사 전반적인 매출, 이익, 시장 점유율, 원가 등의 상황을 분석

하여 6시그마 Project의 목표 산출물(Target Project)을 선정하는 것을 말한다.

088 VOC(Voice of Customer)

제품이나 서비스에 대한 고객의 반응으로 불평과 불만, 칭찬, 반품, 타사 제품 선호 계약파기, 시장 변화율의 변화 등을 말하는 것으로서 6시그마 Project는 고객으로부터 받은 정보와 고객과의 Interview를 통해 고객의 목소리를 파악하는 것으로 시작하여 자사 내 제품 특성에 반영하는 일련의 고객요구사항을 의미한다.

089 CCR(Critical Customer Requirement)

VOC는 때때로 모호한 감정적인 경우가 있다. 따라서 그러한 고객의 소리를 세분화 또는 통합하여 명확하고 측정이 가능한 고객 요구사항으로 변환하고 이 중에 중요도가 높은 핵심요구사항을 의미한다.

090 CTQ(Critical to Quality)

고객의 요구사항을 만족시키기 위해 핵심적으로 관리해야 할 상품이나 서비스의 특성을 말한다. 측정가능하며 정량화할 수 있어야 한다.

091 VOB(Voice of Business)

회사 내부의 목소리를 말하며 공정 내부의 원가, 순환주기 생산량 등과 같이 고객의 관점이 아닌 회사의 이익과 관계되어 나타나는 문제를 측정, 정량화할 수 있어야 한다.

092 CBR(Critical Business Requirement)

VOB를 세분화 또는 통합하여 측정 가능한 요구사항으로 변환하고 이 중 중요도가 높은 사항을 선별, 사업에 가장 큰 영향을 미치는 기업 내부의 핵심 요구사항을 말한다.

093 CTP(Critical to Process)

회사 비즈니스를 만족시키기 위해 관리해야 할 공정의 특성을 말하며, 측정 가능하며 정량화할 수 있어야 한다.

094 QPA(Quality Process Analysis) 정성 공정 분석

이익을 빨리 얻을 수 있는 대상을 찾기 위해 공정에 대한 측정과 분석 이전에 하는 공정 제작(Process Mapping)이나 가치분석(VA) 등의 분석 방법. Data에 의한 분석 방법과는 달리 경험이나 현상 파악에 의한 판단이 분석의 기준이 된다.

095 Core Process : 핵심 공정

기능이 서로 교차하면서도 경계를 갖는 연속적인 개별공정들로 이루어진다. 고객에게 최종 제품이나 서비스를 생산하여 보내는 공정

096 Enabling Process : 가능 공정

연속적인 개별 공정으로 핵심공정의 성능을 유지시켜주기 위해 필요한 공정(전기, 물, 가스 공급을 해주는 설비 등)

097 Prameter Design

제품의 성능, 특성치에 영향을 주는 제어 가능한 인자를 의미, 제품 품질 변동(잡음)에 둔감하면서 목표 품질을 가질 수 있도록 Parameter들의 최적 조건을 찾는 실험 계획법을 말한다.

098 Tolerance Design

Parameter 설계에서 품질 특성치의 변동이 만족한 경우가 아닐 때 허용차 설계를 수행, 품질변동에 큰 영향을 주는 원인을 찾아내어 허용차를 줄이는 방법을 강구하는 실험 계획법을 말한다.

099 교호작용(Interation)

두 개 이상의 변수가 있을 때 변수 간의 조합에 의해 나타나는 효과로서 변수 A, 변수 B가 만나 나타나는 효과를 $A \times B$ 효과로 본다.

100 교락(Confounding)

두 개 이상의 원인이 뒤섞여 분리되지 않는 것으로 혼돈이라고도 하며 대체로 다중의 교호작용을 구할 필요가 없을 때 Block에 흡수시켜 하나의 오차로 활용하기도 하는데 이를 교락법이라고 한다.

101 COPQ(Cost of Poor Quality = Hidden factor)

저품질로 인한 총 Cost이고 검사공수, 재작업, 반품, 폐품 등의 눈에 보이는 Cost와 Brand 이미지 실추, 배출기회 손실, 재발주비용, 재설계비용 등이 있다.

102 심플렉스 탐사법(Simplex Search Method)

축차적으로 반복해서 점차로 최적조건을 찾아가는 실험 계획법

103 EVOP(Evolutionary Operation)

현장에서 실제로 생산을 하면서 공정의 최적 조건을 찾기 위하여 생산 Line을 대상으로 실험할 수 있도록 하는 기법

104 추측 통계학(Inferential Statistics)

모집단으로부터 표본을 추출하여 모집단 전체의 특성을 추측하고 모집단에 대한 일련의 의사결정 방법을 연구하는 분야

105 기술 통계학(Descriptive Statistics)

자료를 의도와 목적에 적합하게 정리 요약해서 자료에 담겨진 정보를 손쉽게 파악하는 분야

106 Contingency Engineering - 콘틴젠시 엔지니어

개발 Project 수행에 수반되는 위험과 기회라고 하는 불확실 요인의 매니지먼트가 기본적인 축이 되어 보다 큰 위험이 있는 창조적 작업으로 구성되는 제품 기획까지의 효율화 Concept이다.

107 디버깅(Debugging)

ITEM을 사용 전, 초기 동작시켜서 결점을 검출, 제거하는 행위

108 번인(Burn-in)

장기간 모의 상태에서 많은 구성품을 동작시켜 이때 무사히 통과한 구성품만 골라 장치에 적용하는 행위. 번인의 사전적 의미는 전처리(Preconditioning)로 정의하고 있다 즉, 아이템의 특성을 안정시키기 위해 일정 스트레스를 인가하여 동작시키는 것을 말한다. 일반적인 번인은 사용조건보다 고온에서 일정기간 동안 전원을 인가하여 동작시키거나 또는 무부하 상태로 방치한다.

109 SCM(Suppy Chain Management) 공급 사슬 경영

원재료 공급 업체에서 최종 소비자에 이르기까지의 Flow 체계를 통합 System으로 보고 이를 최적화하는 기업의 전략적 경영방법을 말한다.

110 컨조인트 분석(Conjoint Analysis)

신제품의 개념평가, 포지셔닝, 경쟁분석, 가격결정, 시장 세분화 등에 적용되며 제품 또는 Service가 갖고 있는 속성(Attribute) 각각에 고객이 부여하는 효용을 추정함으로써 그 고객이

선택할 제품이나 서비스를 예측하기 위한 분석

111 오차(Error)

모집단의 참값과 그것을 추정하기 위해 얻어진 측정 Data와의 차이

112 신뢰성(Reliability)

시스템이나 제품, 부품 등이 규정된 사용 조건하에서 의도하는 기간동안 만족하게 작동하는 시간적 안정을 나타내는 정성적 의미

113 신뢰도(Reliability)

시스템이나 제품, 부품 등이 규정된 사용 조건하에서 의도하는 기간동안 만족하게 기능을 발휘할 확률을 나타내는 정량적 의미

114 정밀도(Precision)

측정치들의 흩어짐에 의한 작은 정도로 우연오차에 의해 발생

115 정확도(Accuracy)

참값과 측정평균값의 차이로 계통적 오차에 의해 발생

116 회귀분석

어떠한 현상을 유발시키는 시스템의 구조를 밝히기 위한 연구는 과학분야, 사회분야 등 많은 분야에서 행해지고 있다. 그러나 이러한 현상은 정도의 차이는 있지만 고정된 상태로 남아있지 않고 관찰시점, 실험조건, 환경 등에 따라 변하기 때문에 현상의 구조적인 특성을 파악하는 것은 매우 어렵고, 시간과 비용이 들어가지만 많은 사람들이 모형화 작업을 통하여 현상을 지배하고 있는 변수나 인자의 효율적인 관계식을 밝히고 이러한 변수들의 관계를 기술하고 형태를 파악하는 통계적 기법

117 다속성 모형(Multi Attribute Model)

개인의 속성과 신념의 형성과정을 설명하는 심리학 분야의 기법에서 유래한 것으로, 소비자들은 그들이 갖고자 하는 속성이나 기능을 가진 제품을 구매하며, 중요한 속성에서 뛰어난 성과를 보이는 브랜드를 선택하게 될 것이라는 것에 기초한 소비자의 만족도를 측정하는 모형

118 SN비

로버스트한 제품/공정을 만들기 위한 인자의 수준을 최적화하는 실험설계에서 사용되는 방정식이며, 로버스트 설계문제를 최적설계 문제에 적용할 때, 목적함수가 되는 척도

119 SWOT 분석

기업의 경영전략을 계획을 수립할 때, 기업의 강점과 약점이 무엇인가? 사업 환경에서 어떤 기회와 위협이 존재하는가? 이런 질문에 답을 얻을 수 있는 분석기법

120 RFID(Radio Frquecncy Identification)

최근 자동인식시스템은 서비스산업, 구매 및 유통, 재고관리 산업분야, 제조업 및 자재유통 등 다양한 분야에서 보편화되어 가고 있다. 제품에 부착된 칩의 정보를 주파수를 이용해 읽고 쓸 수 있는 무선주파수 인식으로 사람, 상품, 차량 등을 비접촉으로 인식하는 기술

PART 02 공업통계 일반

01 통계학
02 확률과 확률분포
03 검정과 추정의 개념
04 상관(Correlation), 회귀(Regression) 분석
05 실전문제

SECTION 01 통계학

통계학이란 관심 있는 대상에 대한 자료를 취합·정리·요약하여 제한된 자료나 정보를 근거로 불확실한 사실에 대하여 합리적이고 과학적인 판단을 내릴 수 있도록 그 방법과 절차를 제시하여 주는 학문을 말한다.

- **기술통계학**(Descriptive Statistics) : 자료를 수집·정리하고 요약하는 통계적 원리와 절차를 다루는 분야이다.
- **추측통계학**(Inferential Statistics) : 표본에 내포된 정보를 분석하여 모집단의 여러 가지 특성에 대하여 과학적으로 추론하는 방법을 다루는 분야이다.

01 데이터의 개념

품질관리는 사실을 나타내는 데이터에 의한 관리를 말하며, 특정 모집단에 대한 정보를 얻기 위해 취한 시료를 관측한 것을 데이터라 한다.

02 사용목적에 따른 분류

① 현상파악을 목적으로 하는 Data
② 통계해석을 목적으로 하는 Data
③ 검사를 목적으로 하는 Data
④ 관리를 목적으로 하는 Data
⑤ 기록을 목적으로 하는 Data

:: 03 데이터의 척도에 의한 분류

(1) 계수치(Discrete Data)
데이터의 수치가 원리적으로 이산되어 있어 개수로 셀 수 있는 특성의 값이다.

(2) 계량(Continuous Data)
데이터의 수치가 원리적으로 연속적으로 측정될 수 있는 품질특성의 값이다.

:: 04 모집단(Population)의 정보

(1) 모집단(Population)의 기본 정리
모집단(N)이란 어떤 관심의 대상이 되는 모든 개체의 관측값이나 측정값들의 집합을 말한다.

> - 무한 모집단(Infinite Population) : 크기가 무한대라고 생각되어지는 집단을 말한다.
> - 유한 모집단(Finite Population) : 크기를 헤아릴 수 있는 유한대라고 생각되어지는 집단으로 로트로 처리되는 집단이 대표적인 예로 볼 수 있다.

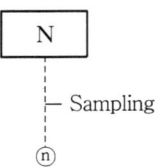

- 모평균(μ) : 분포의 중심 위치를 나타내는 척도
- 모분산 (σ^2) : 분포의 산포를 나타내는 척도
- 모표준편차(σ) : 분포의 흩어짐을 나타내는 척도

1) 모집단의 특징

① 무한집단으로 간주되어 조사가 불가능하다고 본다.
② 편차는 0이 아닌 집단이다. ($\sigma \neq 0$)
③ 평균(기대가)과 편차를 갖지만 구할 수는 없다.

2) 모집단의 기대치와 분산

$$\text{Data} : X_1, X_2, X_3 \cdots\cdots\cdots\cdots X_N$$

① 기대치(중심, 평균) : Expectation, Expected Value

$$E(X) = \mu = \frac{X_1 + X_2 + X_3 + \cdots\cdots + X_N}{N} = \frac{\sum_{i=1}^{N} X_i}{N}$$

② 편차 : Deviation

$$D(X) = \sigma$$

편차 = 변량 − 변량의 기대치

여기서, 편차 : Data와 Data가 갖는 거리
  개개의 Data와 평균과의 거리

③ 편차들의 평균(표준편차)

$$\frac{\sum D(X_i)}{N} = 0$$

편차는 음의 값을 취하지 않으므로 절대값 및 제곱을 부여한다.

㉠ 절대값을 사용하는 경우

$$D(X) = \sigma = \frac{|\sum D(X_i)|}{N}$$

㉡ 제곱을 사용하는 경우

$$\sigma = \sqrt{\frac{(X_1 - \mu)^2 + (X_2 - \mu)^2 + \cdots\cdots + (X_N - \mu)^2}{N}}$$

$$= \sqrt{\frac{\sum_{i=1}^{N}(X_i - \mu)^2}{N}}$$

④ 분산(편차의 제곱) : Variance

$$V(X) = \sigma^2$$
$$= \frac{(X_1 - \mu)^2 + (X_2 - \mu)^2 + \cdots\cdots + (X_N - \mu)^2}{N}$$
$$= \frac{\sum_{i=1}^{N}(X_i - \mu)^2}{N}$$

(2) 제1종 오류(α) 제2종 오류(β)

	H_0 채택	H_0 기각
H_0 참	옳음	1종 오류 α - 위험
H_0 거짓	2종 오류 β - 위험	옳음

1) 위험률(α, β의 정의)

① 제1종 오류(Error Ⅰ Type) : α
  참을 참이 아니라고(거짓이라고) 판정하는 오류를 말한다.

② 제2종 오류(Error Ⅱ Type) : β
  참이 아닌 것을 참이라고 판정하는 오류를 말한다.

2) 중심화 경향

참을 참이라고 말할 수 있는 확률은 크고 거짓을 거짓이라고 말할 수 있는 확률은 적다.

① α와 β의 관계
  α를 고정(Fix)시킨 상태에서(n과 σ 일정)
  $\alpha \uparrow$ (증가) : $\beta \downarrow$ (감소) ($\alpha \downarrow$ (감소) : $\beta \uparrow$ (증가)) : 서로 반비례 관계

② β값을 고정시키는 방법
  ㉠ α값을 일정 작은 값으로 고정시킨다.
  $\alpha = 0.05$
  $\alpha = 0.01$

ⓒ α값에 따라 β도 고정된다.

ⓒ β를 줄이려면

$n \uparrow$ (시료수를 증가) or $\alpha \downarrow$ (편차를 감소): $(1-\beta) \uparrow$ (검출력 증가)

- $1-\beta$(검출력) : 거짓을 거짓이라고 판정하는 능력을 말한다.
- $1-\alpha$(신뢰율) : 참을 참이라고 판정하는 능력을 말한다.

:: 05 통계량의 수리 해석

통계량(Statistic)이란 표본 Data로부터 계산되는 표본의 특성값으로 시료수 n에 의해 표시되어진다.

$$\text{Data} : x_1, x_2, x_3 \cdots\cdots\cdots\cdots x_n$$

(1) 중심적 경향(Center Tendency)

중심 위치를 나타내는 1차 개념의 척도(1차 적률)이다.

1) 산술평균(Arithmetic Mean), 시료평균, 평균 : $\overline{X}$

산술 평균은 n개의 데이터값의 합을 개수 n개로 나눈 개념이다.

$$\overline{X} = \frac{X_1 + X_2 + \cdots\cdots + X_n}{n} = \frac{\sum_{i=1}^{n} X_i}{n}$$

※ 주의 : 이질적 데이터가 혼입되면 μ를 대신하는 능력(정도)이 떨어진다.

2) 중앙값(Median) : $\widetilde{X}$

데이터를 크기순으로 나열했을 때 정 중앙에 위치하는 Data 값으로 군이 홀수이면 중앙에 위치한 데이터의 값을 중앙값으로 취한다.

$$\text{Data: } X_1, X_2, X_3, X_4, X_5, X_6, X_7$$
$$\downarrow$$
$$\widetilde{X}$$

중앙값은 이질적인 Data 혼합 시 $\overline{X}$보다 더 정도가 높고 계산이 간단하나, 산술평균에 비해 전체 Data를 활용하는 효율성이 다소 떨어진다. 주로 시료 수가 10 미만인 경우에 많이 사용되며 군이 짝수이면 중앙에 위치한 두 데이터의 평균치를 중앙값으로 한다.

$$\text{Data: } X_1, X_2, X_3, [X_4, X_5], X_6, X_7, X_8$$
$$\widetilde{X} = \frac{X_i + X_{i+1}}{2}$$

3) 범위의 중앙값(Mid-range) : M

Data의 최대치($X_{\max}$)와 최소치($X_{\min}$)의 평균치를 말한다.

$$M = \frac{X_{\max} + X_{\min}}{2}$$

※ 좌우대칭이 되지 않으면 정도가 떨어진다.

4) 최빈값(치), 모우드(Mode) : M_o

① 정리된 자료(도수분포표)에서는 도수가 최대인 계급의 대표치이다.
② 정리되지 않은 자료인 경우에는 출현빈도가 많은 Data 값이다.

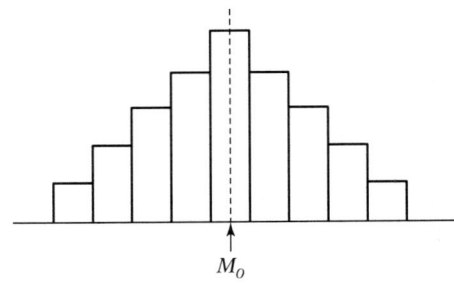

5) 기하평균(Geometric Mean) : G

기하급수적으로 변화하는 측정치 또는 시간경과에 따라 변화하는 측정치의 평균을 계산한 것으로, 이는 일반적으로 데이터들이 모두 양인 경우에만 사용된다.

$$\log G = \frac{1}{n} \sum \log X_i$$

$$G = (X_1 \cdot X_2 \cdot \cdots \cdot X_n)^{\frac{1}{n}} = \sqrt[n]{X_1 \cdot X_2 \cdot \cdots \cdot X_n}$$

6) 조화평균(Harmonic Mean) : H

조화평균은 각 변량의 역수를 산술평균하여 이를 다시 역으로 나타낸 값이다.

① 단순조화평균 : $H = \dfrac{1}{\frac{1}{n}\sum \frac{1}{X_i}} = \dfrac{n}{\sum \left(\frac{1}{X_i}\right)}$

② 가중조화평균 : 평균속도, 평균가격에 대한 계산 $H = \dfrac{n}{\sum \left(\frac{f_i}{X_i}\right)}$

7) 절사평균(Trimmed Mean) : T

이상점으로 인한 대표값의 왜곡을 막기 위해 가장 큰 값과 가장 작은 값을 제외하고 나머지 Data를 산술평균으로 구한 값이다.

예상문제 01 다음 Data로부터 산술평균, 중앙값, 범위의 중앙값을 구하시오.

> Data : 10.1 10.5 11.0 10.5 10.6 10.5 10.8

[해설]

㉠ 산술평균

$$\overline{X} = \frac{X_1 + X_2 + \cdots + X_n}{n} = \frac{\sum X_i}{n} = 10.571$$

정답 10.571

㉡ 중앙값(Medium)는 데이터를 크기순으로 나열했을 때 정중앙에 위치하는 Data 값이므로 10.5가 된다.

정답 10.5

㉢ 범위의 중앙값(Mid-Range) $= \dfrac{X_{\max} + X_{\min}}{2}$ 이므로 $= 10.55$

정답 10.55

(2) 산포의 경향(Tendency of Fluctuation)

여기서 산포(Fluctuation)라 함은 Data가 퍼져 있는 상태를 의미하는 것으로 변동(S), 분산(σ^2), 표준편차(σ), 불편분산(s^2), 분편분산의 제곱근($\sqrt{V}$), 혹은 시료편차(s), 범위(R)로 표시된다.(단, $\sqrt{V}$는 통계학에서 s로 표시하기도 한다.)

다음 그림을 살펴볼 때 Data들은 크기에 따라 Random하게 흩어져 있다.

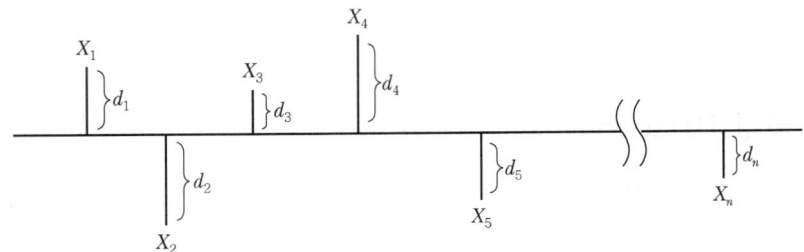

이러한 n개의 Data들의 평균을 $\overline{X}$라 하고 개개의 Data와 평균의 차이를 d_i라고 하면 n개의 d_i가 생기게 되는데 평균보다 작은 쪽의 데이터들은 편차가 음의 값을 취하게 된다. 따라서 편차의 합 $\sum d_i = 0$이 되는데 평균편차($\overline{d}$)도 $\sum d_i/n$이므로 0이 된다. 따라서 표준편차를 계산하려면 음의 값을 취하는 편차에 제곱을 하여 계산하게 되는데 이에 따른 통계량은 다음과 같다.

1) 편차제곱합 또는 변동(Variation, Sum of Square) : S

변동은 개개의 데이터에서 나온 편차를 제곱하여 합친 값으로 "편차의 제곱합"이라고 하기도 한다. $S = \sum d_i^2$로 정의된다.

변동(S)을 간편하게 정리하면 다음과 같다.

$$S = d_1^2 + d_2^2 + d_3^2 + \cdots + d_n^2$$
$$= \sum d_i^2$$
$$= \sum (X_i - \overline{X})^2$$
$$= \sum (X_i^2 - 2X_i \cdot \overline{X} + \overline{X}^2)$$
$$= \sum X_i^2 - 2\overline{X} \cdot \sum X_i + n\overline{X}^2$$
$$= \sum X_i^2 - 2 \cdot \overline{X} \cdot n\overline{X} + n\overline{X}^2$$
$$= \sum X_i^2 - n\overline{X}^2$$
$$= \sum X_i^2 - (\sum X_i)^2/n$$
$$= \sum X_i^2 - CT$$

※ 변동에 대한 수리적, 논리전개 방법은 반드시 이해할 필요가 있다.

2) 불편분산(Unbiased Variance) : V

불편분산이란 변동의 값을 $n-1$(데이터 수 -1)로 나눈 값인데 여기서 $n-1$을 자유도(ν)라고 정의한다.

$$V = \frac{S}{n-1} = \frac{\sum (X_i - \overline{X})^2}{n-1} = \frac{S}{\nu}$$

> • 자유도(Degree of Freedom) : ν
> 자유도란 분산을 정의하기 위한 최소한의 데이터 수를 말하는 것으로 평균은 데이터가 1이라도 정의되지만, 분산은 최소한의 데이터 수가 2개 이상이어야 구할 수 있다. 따라서 $n = 2$ 이상을 정의하는 것이다.
> $\nu = n - 1 \ (n \geq 2)$

3) 불편분산의 제곱근(Square Root of Unbiased Variance) : $\sqrt{V}$

분산을 불편분산으로 처리했을 때 표준편차에 해당하는 것으로 시료편차라고 하기도 한다. 이러한 $\sqrt{V}$나 V는 모집단의 σ(모편차), σ^2(모분산)의 값을 대신하기 때문에 모수 추정치라고도 한다.

$$\sqrt{V} = \sqrt{\frac{S}{n-1}} = \sqrt{\frac{S}{\nu}}$$

※ $n \geq 30$이면 $\sqrt{V}$나 s은 큰 차이는 없으므로, $\sqrt{V}$ 대신 s을 사용하여도 상관없다.

4) 시료분산(Variance) : s^2

Data 집단에서 구한 변동(S)를 데이터수($n-1$)으로 나눈 값으로 Data 1개당 변동의 값을 나타낸 것을 의미한다.

$$s^2 = \frac{S}{n-1} = \frac{\sum (X_i - \overline{X})^2}{n-1}$$

5) 시료표준편차(Standard Deviation) : s

기호로는 "s"로 표시되며 데이터의 개당 편차를 표시하는 산포의 척도인데 분산에 제곱근을 하여 구한 값이다.

$$s = \sqrt{\frac{S}{n-1}} = \sqrt{\frac{\sum (X_i - \overline{X})^2}{n-1}}$$

6) 범위(Range) : R

n개의 Data 중 최대치(X_{max})와 최소치(X_{min})의 차이를 말하는 것으로 음의 값을 취할 수 없다.(2개 이상의 데이터의 차의 값에 절대치를 부여한 값)

$R = X_{max} - X_{min}$

범위를 이용하여 모편차를 추정하는 법이 있는데 다음과 같다.

$\hat{\sigma} = \dfrac{\overline{R}}{d_2}$ (모표준편차의 추정값 - 관리도 계수치 참고)

① $\overline{R} = \dfrac{R_1 + R_2 + \cdots + R_n}{k} = \dfrac{\sum R_i}{k}$

② d_2 : n(군 크기)에 의해 결정되는 거리를 나타내는 상수

7) 변동계수(Coefficient of Variation) : CV, V_C

표준편차를 산술평균으로 나눈 값으로, 단위가 다른 두 집단의 산포상태를 나타내는 척도로 사용된다.

$V_C = \dfrac{s}{x} \times 100(\%)$ or $V_C = \dfrac{\sqrt{V}}{x} \times 100(\%)$ (변동 계수는 보통 % 로 나타낸다.)

※ 상대 분산 $(V_C)^2 = \left(\dfrac{s}{x}\right)^2$

(3) 수치변환(Numerical Transformation)

주어진 데이터에 어떤 상수를 더하거나 뺀 값을 어떤 상수로 곱하거나 나누어서 변환시킴. 이렇게 함으로써 변동이나 분산 등을 간편하게 구할 수 있다.

※ $X_i = (X_i - X_0) \cdot h$로 수치변환을 시키는 경우 다음과 같다.

---

① $X_i = X_0 + \dfrac{X_i}{h}$

② $S_x = \dfrac{1}{h^2} \cdot S_X$

③ $V_x = \dfrac{1}{h^2} \cdot V_X$

| 예상문제 | **01** 아래의 데이터를 보고 물음에 답하시오.

> Data : 5.2, 5.3, 5.4, 5.7, 5.9, 6.0, 5.8

① 변동을 구하시오.
② 분산과 불편분산을 구하시오.
③ 범위를 구하시오.

해설

① 변동은 $\sum X_i^2 - \dfrac{(\sum X_i)^2}{n}$ 이므로

$$S = \sum X_i^2 - \dfrac{(\sum X_i)^2}{n}$$
$$= 5.2^2 + 5.3^2 + \cdots + 6.0^2 + 5.8^2 - \dfrac{(5.2 + 5.3 + \cdots + 6.0 + 5.8)^2}{7}$$
$$= 0.5885 \fallingdotseq 0.589$$

정답 0.589

② 분산은 변동을 n으로 나눈 값이고 불편분산은 $n-1$로 나눈 값이므로 불편분산이 분산보다 큰 값이 된다.

㉠ 분산

$$s^2 = \dfrac{S}{n} = \dfrac{\sum X_i^2}{n} - \overline{X}^2 = 0.084$$

정답 0.084

㉡ 불편분산의 제곱근

$$s = \sqrt{\dfrac{S}{n-1}} = \sqrt{\dfrac{S}{\nu}} = 0.098$$

정답 0.098

③ 범위(R)

$$R = X_{\max} - X_{\min} = 6.0 - 5.2 = 0.8$$

정답 0.8

SECTION 02 확률과 확률분포

:: 01 확률(Probability)

(1) 표본공간과 사상

① 시행(Trial) : 실험이 똑같은 조건하에서 수없이 반복될 수 있는 실험이나 관측조사
② 원소(Element) : 어떤 집합을 구성하는 데 필요한 조건을 만족시키는 대상물
③ 표본공간(Sample Space) : 통계적인 실험에서 발생 가능한 서로 다른 모든 결과의 집합
④ 사상(Event) : 표본공간의 부분집합(예 A, B, C, D … 로 표시)
⑤ 근원사상(Elementary Event) : 매 시행마다 나타나는 가장 기본적인 결과
⑥ 배반사상(Exclusive Event) : 두 개의 사상 A와 B를 나타내는 부분집합들이 서로 동일한 근원사상을 포함하고 있지 않는 경우
⑦ 합집합(Union) : $A \cup B$
⑧ 교집합, 공통집합(Intersection) : $A \cap B$
⑨ 보집합, 여집합, 여사상(Complement) : $\overline{A}$, A', A^c
⑩ 부분집합(Subset) : $A \subset B$

예상문제 01 한 개의 동전을 두 번 던지는 시행에서 앞면이 나타나면 H, 뒷면이면 T라고 한다.

① 표본공간 S를 구하라.
② 첫 번째 던진 동전의 결과가 앞면이 되는 사상 A를 구하라.
③ 두 번째 던진 동전의 결과가 뒷면이 되는 사상 B를 구하라.
④ 사상 A와 B는 서로 배반인가?
⑤ $A \cup B$, $A \cap B$와 A'를 구하라.

[해설]
① $S = \{(H,H),(H,T),(T,H),(T,T)\}$
② $A = \{(H,H),(H,T)\}$
③ $B = \{(H,T),(T,T)\}$
④ A와 B는 동일한 근원사상(H, T)을 가지고 있으므로 서로 배반이 아니다.

⑤ $A \cup B = \{(H,H), (H,T), (T,T)\}$
$A \cap B = \{(H,T)\}$
$A' = \{(T,H), (T,T)\}$

(2) 확률의 합의 법칙

① $0 \leq P(A) \leq 1$
② $P(A+B) = P(A) + P(B)$
③ $P(A \cup B) = P(A) + P(B) - P(A \cap B)$
④ if, A, B가 서로 배반적이면 $P(A \cup B) = P(A) + P(B)$, $P(A \cap B) = 0$
⑤ $P(\phi) = 0$
⑥ $P(A') = 1 - P(A)$
⑦ $P(\overline{A \cup B}) = P(A' \cap B') = 1 - P(A \cup B)$
⑧ $P(A \cup B \cup C) = P(A) + P(B) + P(C) - P(A \cap B) - P(B \cap C) - P(A \cap C)$
$\qquad - P(A \cap B \cap C)$
⑨ $P(S) = P(A \cup A') = P(A) + P(A') = 1$

(3) 조건부 확률과 곱의 법칙

① 사상 B가 일어난다는 조건하에서 사상 A가 일어날 확률

$P(A \mid B) = \dfrac{P(A \cap B)}{P(B)}$ 단, $P(B) > 0$

② $P(A) > 0$, $P(B) > 0$ 일 때

$P(A \cap B) = P(B \mid A) \cdot P(A) = P(A \mid B) \cdot P(B)$

③ 만약 사상 A, B가 서로 독립이면

$P(A \cap B) = P(A) \cdot P(B)$

$P(A \mid B) = \dfrac{P(A) \cdot P(B \mid A)}{P(B)} = \dfrac{P(A) \cdot P(B)}{P(B)} = P(A)$

(4) 베이스의 정리(Bayes' Rule, Baysian Theorem)

사상 B가 일어났다고 가정했을 때 사상 A가 일어날 확률을 $P(A \mid B)$라고 표시하고 이

를 사상 B를 조건으로 하는 B의 조건부 확률이라고 한다면,
사상 B_1, B_2, $\cdots$, B_k를 표본공간 S의 분할이라고 할 때 임의사상 A가 나타난 후에 특정사상 B_j에 속할 확률로서 다음과 같다.

$$P(B_j \mid A) = \frac{P(B_j \cap A)}{\sum_{i=1}^{k} P(B_i \cap A)} = \frac{P(B_j) \cdot P(A \mid B_j)}{\sum_{i=1}^{k} P(B_i) \cdot P(A \mid B_i)}$$

02 확률변수(Random Variable)

(1) 확률변수의 정의

어떤 시행의 표본공간을 S라 하고, 이 표본공간에서 각각의 근원사상 e에 대하여 일정 규칙에 따라 하나의 실수값을 대응시킬 때 이 관계를 $X(e)$로 표시하면, 이는 표본공간에서 정의된 하나의 수치함수가 된다. 이 함수 X를 확률변수라 한다.

(2) 확률변수의 분류

1) 이산확률변수(Discrete Random Variable)

유한개의 값을 갖거나, 무한개라도 하나하나 셀 수 있는 값을 취하는 확률변수를 뜻한다.

2) 연속확률변수(Continuous Random Variable)

제품 크기나 중량처럼 취할 수 있는 값이 무한이면서 동시에 셀 수 없는 값을 취하는 확률변수를 뜻한다.

① 이산 확률변수의 $p.d.f$의 성질
  ㉠ $P(X) \geq 0$
  ㉡ $\sum P(X) = 1$
  ㉢ $P(a \leq X \leq b) = \sum_{x=a}^{b} P(X)$

② 연속 확률변수의 $p.d.f$의 성질
  ㉠ $f(X) \geq 0$

ⓒ $\int_{-\infty}^{\infty} f(X)dx = 1$

ⓒ $P(a \leq X \leq b) = \int_a^b f(X)dx$

③ 누적 확률변수의 $c.d.f$의 성질

$F(x) = P(X \leq x)$: X가 주어진 실수 x보다 작거나 같은 확률을 나타낸다.

㉠ 만약 $x_1 \leq x_2$이면 $F(x_1) \leq F(x_2)$

㉡ $F(x)$는 비감소 함수(Non-decreasing Function)이다.

㉢ $F(-\infty) = 0$, $F(\infty) = 1$

㉣ $f(a \leq X \leq b) = F(b) - F(a)$

3) 기대치와 분산

① 기대치와 분산의 정의

㉠ 이산형

$$E(X) = \sum X \cdot p(X) = \mu$$
$$V(X) = \sum (X-\mu)^2 p(X)$$
$$= \sum X^2 \cdot p(X) - (\sum X \cdot p(X))^2$$
$$= \sum X^2 p(X) - \mu^2$$

㉡ 연속형

$$E(X) = \int_{-\infty}^{\infty} X \cdot f(X)dx = \mu$$
$$V(X) = \int_{-\infty}^{\infty} (X-\mu)^2 f(X)dx$$
$$= \int_{-\infty}^{\infty} X^2 \cdot f(X)dx - \left(\int_{-\infty}^{\infty} X \cdot f(X)dx\right)^2$$
$$= \int_{-\infty}^{\infty} X^2 \cdot f(X)dx - \mu^2$$
$$= \sigma^2$$

- 분산의 일반 정의

$E((X-\mu)^2) = E(X^2 - 2X\mu + \mu^2) = E(X^2 - 2\mu \cdot E(X) + \mu^2) = E(X^2) - \mu^2$

∴ $E(X^2) = \mu^2 + \sigma^2$

② 기대치와 분산의 법칙

　㉠ 기대치의 법칙

$$E(aX \pm b) = E(aX) \pm E(b) = aE(X) \pm b = a\mu \pm b$$

　　※ 상수의 기대가는 상수이다.

　㉡ 분산의 법칙
- $V(aX) = a^2 V(X) = a^2 \sigma^2$
- $V(aX \pm b) = a^2 V(X) + 0 = a^2 \sigma^2$

　　※ 상수의 분산은 0이다.

　　증명

$$V(b) = E(b - E(b))^2$$

여기서, $E(b) = b$ 가 되므로 $V(b) = E(b-b)^2 = 0$

∴ $V(b) = 0$ 이다.

　㉢ $V(X) = E(X - E(X))^2 = \sigma^2$

　㉣ $V(aX \pm bY)$
- X, Y가 서로 독립일 때
$$V(aX \pm bY) = a^2 V(X) + b^2 V(Y) = a^2 \sigma_X^2 + b^2 \sigma_Y^2$$
- x, y가 서로 종속일 때
$$V(aX \pm bY) = a^2 V(X) + b^2 V(Y) - 2ab\, Cov\, V(X, Y)$$

4) 공분산과 상관계수

$$\begin{aligned} Cov(X, Y) &= \sigma_{XY}^2 \\ &= E[(X - \mu_X)(Y - \mu_Y)] \\ &= E(XY) - \mu_X \mu_Y \end{aligned}$$

if : X, Y가 상호독립이면 $Cov(X, Y) = 0$

$$\begin{aligned} Corr(X, Y) &= \frac{Cov(X, Y)}{\sqrt{V(X) \cdot V(Y)}} \\ &= \frac{E((X - \mu_X)(Y - \mu_Y))}{\sqrt{E(X - \mu_X)^2 \cdot E(Y - \mu_Y)^2}} \\ &= \frac{\sigma_{xy}^2}{\sigma_x \cdot \sigma_y} = \rho \end{aligned}$$

5) Chebyshev의 정리

확률변수 X값이 평균 (μ)으로부터 표준편차(σ)의 k배 이내에 있을 확률 $1-\dfrac{1}{k^2}$보다 작지 않다.

※ $P(\,|X-\mu|\,< K\sigma) \geq 1-\dfrac{1}{k^2}$ (단, $k = Z > 0$, $\sigma > 0$)
$= P(\mu - K\sigma < X < \mu + K\sigma) \geq 1-\dfrac{1}{k^2}$
$= \displaystyle\int_{\mu-k\sigma}^{\mu+k\sigma} f(X)dx \geq 1-\dfrac{1}{k^2}$

03 확률분포

분포(Distribution)는 취하고 있는 확률변수의 성질이 연속적 특성(Continuos Type)인가 계수적 특성(Discrete Type)인가에 따라 연속형 분포(Continuos Probability Distribution)와 계수형 분포(Discrete Probability Distribution)로 나누어지게 된다.

여기서 취급하는 계량형 분포에는 정규 분포, t분포, χ^2분포, F분포, 지수분포 등이 있고 계수형 분포에는 베르누이 분포, 이항 분포, 푸아송 분포, 초기하 분포가 있다.

▼ 확률분포(Probability Distribution)

Data	확률변수	확률분포	검정과 추정	관리도	샘플링검사
계수치	이산확률변수	이산형	계수치	계수치	계수샘플링
계량치	연속확률변수	연속형	계량치	계량치	계량샘플링

(1) 이산형 분포(Discrete Probability Distribution)

1) 베르누이 분포(Bernoulli Distribution)

① 개념

어느 실험 또는 관찰을 독립적으로 반복해서 시행하는 경우에 매 시행마다 오직 두 개의 결과만이 일어나며, 각 시행이 서로 독립적인 것을 베르누이 시행이라고 한다.

② 베르누이 분포의 확률

임의의 확률변수 X가 두 가지의 값 0, 1만 취하고 그 확률은 $P(X=1) = P$, $P(X=0) = 1-P$ 라고 하면, 이 확률변수 X의 p.d.f는
$P(X) = P^X \cdot (1-P)^{1-X}$ (단, $X = 0, 1$)

③ 기대치와 분산

　㉠ 기대치 : $E(X) = P$

　　증명

　　$E(X) = \sum X \cdot P(X)$
　　　　　$= 0 \cdot P(X=0) + 1 \cdot P(X=1)$
　　　　　$= 0 \cdot (1-P) + 1 \cdot P$
　　　　　$= P$

　㉡ 분산 : $V(X) = P(1-P) = P \cdot q$

　　증명

　　$V(X) = \sum [X - E(X)]^2 \cdot P(X)$
　　　　　$= (0-P) \cdot P(X=0) + (1-P) \cdot P(X=1)$
　　　　　$= P^2 \cdot (1-P) + (1-P)^2 \cdot P$
　　　　　$= P(1-P) \cdot (P + (1-P))$
　　　　　$= P(1-P)$

2) 이항분포(Binomial Distribution)

① 개념

부적합률이 P인 무한 모집단에서 비복원 추출을 하거나, 또는 부적합률이 P인 유한 모집단에서는 복원추출 방식으로 취한 크기 n의 랜덤 시료 중에서 발견되는 부적합개수 X의 출현 확률을 나타낸 것을 이항분포라고 한다.

② 이항분포의 확률

이항분포를 따르는 확률변수 X의 $p.d.f$는

$P(X) = {}_nC_X \, P^X (1-P)^{n-X}$ 이다.(단, ${}_nC_X = \dfrac{n!}{X!(n-X)!}$)

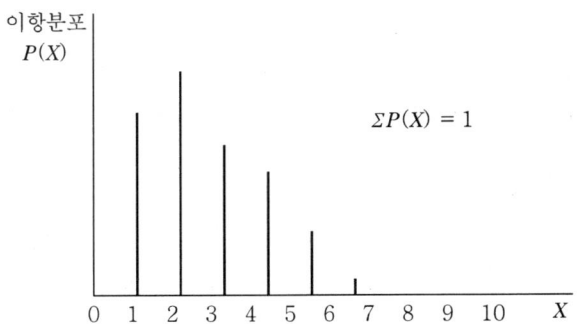

증명

㉠ 1개 뽑아 그것이 부적합일 확률은 $\dfrac{NP}{N} = P$

㉡ 1개 뽑아 그것이 양품일 확률은 $\dfrac{N-NP}{N} = (1-P)$

㉢ 연속해서 부적합이 X개 나올 확률(확률의 연속사건)을 구하면
(연속사건의 확률은 개개 확률의 곱이다.)
$$\underbrace{P \cdot P \cdot P \cdot \cdots \cdot P}_{X회\ 계속} = P^X$$

㉣ 연속해서 양품이 $n-X$개 출현할 확률을 구하면
$$\underbrace{(1-P) \cdot (1-P) \cdot \cdots \cdot (1-P)}_{(n-X)회\ 계속} = (1-P)^{n-X}$$

㉤ 연속해서 부적합이 X개 나오고 그 이후로 양품이 $n-X$개 나올 확률은 $P^X \cdot (1-P)^{n-X}$이다.

$$\underbrace{\underbrace{P \cdot P \cdot P \cdot \cdots \cdot P}_{X개} \quad \underbrace{(1-P) \cdot (1-P) \cdot \cdots \cdot (1-P)}_{(n-X)개}}_{n개}$$

㉥ 하지만 이항분포는 n개의 샘플 중 부적합과 양품의 출현 순서는 어떻든 상관이 없고 n개 중 부적합이 X개만 나타나면 되므로 n개중 X개를 배열시키는 방법의 가짓수는 아래 그림과 같은 $_nC_X$개다.

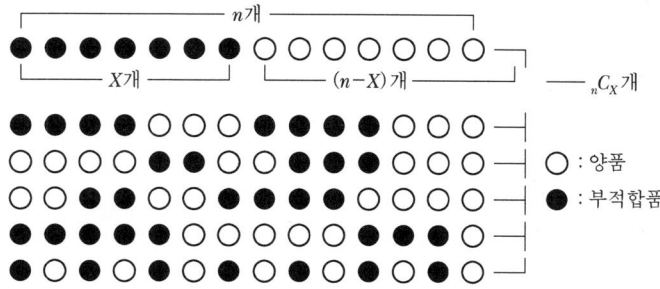

여기서 이 하나하나의 배열이 $P^X \cdot (1-P)^{n-X}$씩의 확률을 가지고 있으므로 "그 중 어느 것이 되어도 좋을 때 어떤 것이 나타날 확률은 개개의 사상이 일어날 확률의 합계이다."라는 "확률의 가법정리"로부터 $P(X) = {_nC_X}\, P^X \cdot (1-P)^{n-X}$이 된다.

※ X를 r로 표시하기도 한다.

③ 기대치와 분산
  ㉠ 부적합 개수 $X(r)$의 기대치와 분산
    • 기대치(Expectation)

    $$E(X) = E(X_1 + X_2 + X_3 + \cdots + X_n)$$
    $$= E(X_1) + E(X_2) + E(X_3) + \cdots + E(X_n)$$
    $$= P + P + P + \cdots + P$$
    $$= n \cdot P$$

    • 분산(Variance)

    $$V(X) = V(X_1 + X_2 + X_3 + \cdots + X_n)$$
    $$= V(X_1) + V(X_2) + V(X_3) + \cdots + V(X_n)$$
    $$= P(1-P) + P(1-P) + P(1-P) + \cdots + P(1-P)$$
    $$= n \cdot P(1-P) = n \cdot P \cdot q$$
    $$\therefore D(X) = \sqrt{V(X)} = \sqrt{n \cdot P(1-P)}$$

  ㉡ 부적합률 p의 기대치와 분산
    • 기대치(Expectation)

    $$E(p) = E\left(\frac{X}{n}\right)$$
    $$= \frac{1}{n} \cdot E(X)$$
    $$= n \cdot \frac{P}{n} = P$$

    • 분산(Variance)

    $$V(p) = V\left(\frac{X}{n}\right) = \frac{1}{n^2} \cdot V(X)$$
    $$= \frac{1}{n^2} \cdot n \cdot P(1-P)$$
    $$= \frac{P(1-P)}{n}$$

④ 특징
  ㉠ 초기하분포 계산의 근사치로 사용된다.
    (전제조건 : $N > 10n$ 이거나 N이 알려져 있지 않을 경우)

ⓒ 부적합 개수, 부적합률, 결근률 등의 계수치는 이항분포를 따른다.
ⓒ 분포가 이산적이다.
ⓔ $P = 0.5$일 때 평균치에 대해 좌우대칭인 분포를 한다.
($nP \geq 5$, $n(1-P) \geq 5$이면 좌우대칭의 분포를 한다.)
ⓜ $P \leq 0.5$, $nP \geq 5$일 때 정규분포에 근사한다.
ⓗ $P \leq 0.1$, $nP = 0.1 \sim 10$일 때 푸아송분포에 근사한다.
ⓢ $N/n < 10$(유한 모집단)일 때는 초기하분포로 변한다.

예상문제 02

부적합률이 10%인 공정이 있다. 이 공정에서 시료를 10개 샘플링한다면 다음 각 경우에 답하시오.

① 부적합이 1개 나타날 확률은?
② 부적합이 2개 나타날 확률은?
③ 부적합이 2개 이하로 나타날 확률은?
④ 부적합이 3개 이상일 확률은?

[정리]
부적합이 10%(부적합이 큰 집단)이고 모집단이 명시되어 있지 않은 경우이므로 이항분포를 이용한다. 다음에 나오겠지만 부적합이 극히 적은 집단일 경우는 푸아송 분포, 유한 모집단인 경우는 초기하 분포를 적용한다.

[해설]
① 부적합이 1개 나타날 확률

$$P(X=1) = {}_nC_X P^X \cdot (1-P)^{n-X}$$
$$= {}_{10}C_1 \; 0.1^1 \times (1-0.1)^{10-1}$$
$$= 0.348$$

② 부적합이 2개 나타날 확률

$$P(X=2) = {}_nC_X P(1-P)^{n-X}$$
$$= {}_{10}C_2 \; 0.1^2 \cdot (1-0.1)^{10-2}$$
$$= 0.387$$

③ 부적합이 2개 이하일 확률
부적합이 2개 이하일 확률은 부적합이 0개, 1개, 2개 중 어느 것이 나타나도 좋은 경우이므로 확률의 가법정리를 이용하여 풀면
$$P(X \leq 2) = P(0) + P(1) + P(2)$$

$$\therefore P(X \leq 2) = {}_{10}C_0\ 0.1^0 \times (1-0.1)^{10-0} + {}_{10}C_1\ 0.1^1 \times (1-0.1)^{10-1}$$
$$+ {}_{10}C_2\ 0.1^2 \times (1-0.1)^{10-2}$$
$$= 0.348 + 0.387 + 0.194$$
$$= 0.929$$

④ 부적합이 3개 이상일 확률, 확률의 여사건을 이용하여 풀면
$$1 - P(X \leq 2) = 1 - [P(0) + P(1) + P(2)]$$
$$= 1 - [{}_{10}C_0\ 0.1^0 \times (1-0.1)^{10-0} + {}_{10}C_1\ 0.1^1 \times (1-0.1)^{10-1}$$
$$+ {}_{10}C_2\ 0.1^2 \times (1-0.1)^{10-2}]$$
$$= 1 - 0.929$$
$$= 0.071$$

3) 푸아송 분포(Poisson Distribution)

이항분포에서 $nP = m$을 일정하게 하고 $n \to \infty\ (N \geq 10n)$, $p \to 0$로 한 극한분포로서 푸아송분포를 따르는 확률변수 x의 $p.d.f$는 아래와 같다.

$$P(X) = \frac{e^{-m} \cdot m^X}{X!} \text{(단, } m > 0,\ X = 0,\ 1,\ 2,\ 3 \cdots n,\ m = nP \text{이다.)}$$

※ 결함수, 결점수, 결점률과 같은 계수치는 푸아송분포에 따른다.

① 기대치와 분산
  ㉠ $E(X) = nP = m$
  ㉡ $V(X) = nP = m$
    ※ 결점 X는 또 다른 기호로 C로 쓰기도 한다.
    ※ m을 λ로 표기하기도 한다.

② 특징
  ㉠ 기대치와 분산은 같다.
  ㉡ $m \geq 5$일 때는 정규분포에 근사하다.
  ㉢ m이 작을 때는 왼쪽으로 기운 비대칭 분포가 되나 m이 커짐에 따라 대칭에 가까워진다.
  ㉣ $P \to 0$(즉, $P \leq 0.1$이면 푸아송분포를 따른다.)일 때의 이산형 분포이다.

4) 초기하 분포(Hypergeometric Distribution)

모집단(N)의 크기가 유한집단일 때 사용하는 이항분포의 파생분포로서 이항분포가 복원추출 방식이라면 초기하 분포는 비복원 추출 방식을 따른다.

따라서 부적합률 P인 N개의 물품에서 비복원 추출로 n개의 시료를 뽑았을 때, 그 중의 부적합 개수 X는 $X = x$가 되는 확률 $P(x)$를 따른다.

$$P(x) = \frac{{}_{NP}C_x \cdot {}_{N-NP}C_{n-x}}{{}_{N}C_n}$$

① 기대치와 분산
  ㉠ 기대치 $E(X) = nP$
  ㉡ 분산 $V(X) = \left(\frac{N-n}{N-1}\right) \cdot n \cdot P \cdot Q$(단, $Q = 1 - P$ 이다.)

② 특징
  ㉠ 분포가 이산적이다.
  ㉡ $N \to \infty$ 접근시키면 이항분포에 근사한다.
  ㉢ $P = 0.5$이면 좌우대칭의 분포이다.
  ㉣ 유한수정계수 $\frac{N-n}{N-1}$를 갖는다.(단, $\frac{N-n}{N-1} \leq 1$이다.)

(2) 연속형 분포(Continuous Probability Distribution)

연속형 분포는 연속적 분포라고 하기도 하는데 어느 일정구간 내에 포함될 수 있는 확률 변수가 무한대로 이루어지는 분포로서 확률변수 X가 어떠한 구간[a, b]에 속할 확률이 $\int_a^b f(X)dx$와 같이 표시되는 분포이다. 이렇듯이 연속형 분포는 어느 일정구간 내의 확률 면적을 적분으로 구할 수 있는 확률변수 X의 확률 밀도 함수(Probability Density Function)이다.

1) 정규분포(Normal Distribution)

① 개념

확률변수 X가 다음의 확률 밀도 함수($p.d.f$)를 가질 때 평균이 μ분산이 σ^2을 갖는 평균을 중심으로 좌우대칭을 하는 분포로서 $N(\mu, \sigma^2)$로 표현된다. 확률 밀도 함수는 다음과 같이 정의되며 산포의 척도 σ에 의하여 결정되는 확률 면적은 적분에 의해 가능하다.

㉠ 확률밀도함수

$$f(X) = \frac{1}{\sqrt{2\pi}\,\sigma}\, e^{-\frac{(X-\mu)^2}{2\sigma^2}}$$

(단, $-\infty \leq X \leq \infty$, $e = 2.71828$, $\pi = 3.141592$이다.)

㉡ 기대치와 분산

$$E(X) = \mu, \quad V(X) = \sigma^2$$

② 정규분포의 구간확률 : $X \sim N(\mu,\ \sigma^2)$

㉠ $P(\mu - 1\sigma \leq X \leq \mu + 1\sigma) = 0.6827$
㉡ $P(\mu - 2\sigma \leq X \leq \mu + 2\sigma) = 0.9545$
㉢ $P(\mu - 3\sigma \leq X \leq \mu + 3\sigma) = 0.9973$

※ $\mu - \sigma$에서 $\mu + \sigma$까지의 확률 면적은 $\int_{\mu-\sigma}^{\mu+\sigma} f(X)dX$로 적분하면 된다.

③ 시료 평균($\overline{X}$)의 분포

평균이 μ이고 편차가 σ인 모집단에서 시료(n)를 k번 추출할 때 시료에서 구한 $\overline{X}$(평균)들이 이루어내는 분포로서 X의 분포와 비교하면 평균은 μ로 같으나 편차가 $\frac{\sigma}{\sqrt{n}}$로 폭이 좁은 정규분포를 시료평균의 분포라고 한다.

㉠ 확률밀도함수

$$f(\overline{X}) = \frac{1}{\sqrt{2\pi}\,\cdot\,\frac{\sigma}{\sqrt{n}}}\, e^{-\frac{(\overline{X}-\mu)^2}{\frac{2\sigma^2}{n}}} \quad (-\infty \leq \overline{X} \leq \infty,\ e = 2.71828)$$

(단, $\overline{X} = \frac{X_1 + X_2 + \cdots + X_n}{n} = \frac{\sum X_i}{n}$ 이다.)

㉡ 기대치와 분산

$$E(\overline{X}) = \mu,\ V(\overline{X}) = \frac{\sigma^2}{n},\ D(\overline{X}) = \frac{\sigma}{\sqrt{n}}$$

증명

• 기대치

$$E(\overline{X}) = E[(X_1 + X_2 + \cdots + X_n)/n]$$
$$= 1/n \cdot E(X_1 + X_2 + \cdots + X_n)$$

$$= 1/n \cdot [E(X_1) + E(X_2) + \cdots + E(X_n)]$$
$$= 1/n \cdot (\mu + \mu + \mu + \cdots + \mu)$$
$$= 1/n \cdot n\mu$$
$$= \mu(단, \ X_1, \ X_2, \ X_3, \ \cdots, \ X_n 은 \ 서로 \ 독립이다.)$$
$$\therefore \ E(\overline{X}) = \mu$$

- 분산

$$V(\overline{X}) = V[(X_1 + X_2 + \cdots + X_n)/n]$$
$$= 1/n^2 \cdot V(X_1 + X_2 + \cdots + X_n)$$
$$= 1/n^2 \cdot [V(X_1) + V(X_2) + \cdots + V(X_n)]$$
$$= 1/n^2 \cdot (\sigma^2 + \sigma^2 + \sigma^2 + \cdots + \sigma^2)$$
$$= 1/n^2 \cdot n\sigma^2$$
$$= \sigma^2/n(단, \ X_1, \ X_2, \ X_3, \ \cdots, \ X_n 은 \ 서로 \ 독립이다.)$$
$$\therefore \ V(\overline{X}) = \sigma^2/n$$

④ 표준정규분포와 중심극한정리

확률변수 X가 정규분포 $N(\mu, \sigma^2)$을 따르면 X의 함수를 Z, 역시 $\overline{X}$의 함수를 같이 Z이라고 정의하면 확률변수 Z은 표준정규분포 $N(0, 1^2)$을 따른다.

확률변수 $Z = \dfrac{X-\mu}{\sigma} = \dfrac{\overline{X}-\mu}{\sigma/\sqrt{n}}$ 는 확률밀도함수가 다음과 같이 정의된다.

$$f(Z) = \dfrac{1}{\sqrt{2\pi}} e^{-\frac{1}{2}z^2} \sim N(0, \ 1^2)$$

㉠ 표준화단위(수치변환단위)
㉡ 표준화 확률분포의 구간확률

$$Z = \begin{cases} \dfrac{X - E(X)}{D(X)} = \dfrac{X-\mu}{\sigma} \\ \dfrac{\overline{X} - E(\overline{X})}{D(\overline{X})} = \dfrac{\overline{X}-\mu}{\sigma/\sqrt{n}} \end{cases} \quad \begin{array}{l} P(-1 \leq Z \leq 1) = 0.6827 \\ P(-2 \leq Z \leq 2) = 0.9545 \\ P(-3 \leq Z \leq 3) = 0.9973 \end{array}$$

※ 평균($\overline{X}$)에 대한 표준화는 그 편차에 대한 중심극한 정리로 설명하여야 한다.

⑤ 정규분포의 특징

㉠ 평균치(μ)를 중심으로 좌우대칭의 분포를 한다.
㉡ 편차가 분포의 폭을 결정한다.

ⓒ 계량치 관리도와 계량 샘플링 검사의 기초가 되는 분포이다.
ⓔ 중심극한정리를 이용하여 통계적 검정과 추정에 많이 쓰인다.

⑥ 표준정규분포에서의 백분위수

위험률(α)	$Z_{1-\alpha/2}$(양측)	$Z_{1-\alpha}$(편측)
0.01	2.58	2.33
0.05	1.96	1.645
0.1	1.645	1.282

⑦ 정규분포의 확률

$X \sim N(\mu, \sigma^2), Z \sim N(0, 1^2)$

㉠ $P(X \leq b) = P(\frac{X-\mu}{\sigma} \leq \frac{b-\mu}{\sigma}) = P(Z \leq \frac{b-\mu}{\sigma})$

㉡ $P(a \leq X \leq b) = P(\frac{a-\mu}{\sigma} \leq \frac{X-\mu}{\sigma} \leq \frac{b-\mu}{\sigma})$

$= P(Z \leq \frac{b-\mu}{\sigma}) - P(Z \geq \frac{a-\mu}{\sigma})$

㉢ $P(X \geq a) = P(Z \geq \frac{a-\mu}{\sigma}) = 1 - P(Z < \frac{a-\mu}{\sigma})$

예상문제 03 어떤 공정(파이프)의 평균이 25cm이고 공정전체의 편차가 0.5cm이다. 이때 규격은 25±1.5cm라면 이 공정에서 부적합 개수는 얼마인가?(단, lot 단위 생산량은 10,000개이다.)

해설
평균 $\mu = 25$cm, 편차 $\sigma = 0.5$인 정규분포를 하는 집단이다.
부적합률$(P) = P(X < 23.5) + P(X > 26.5)$
$= P(X < 23.5) + P(X > 26.5)$
$= P\left(Z < \frac{23.5-\mu}{\sigma}\right) + P\left(Z > \frac{26.5-\mu}{\sigma}\right)$
$= P\left(Z < \frac{23.5-25}{0.5}\right) + P\left(Z > \frac{26.5-25}{0.5}\right)$
$= P(Z < 3) + P(Z > 3)$
$= 1 - P(-3 \leq Z \leq 3)$
$= 0.27\%$

정답 부적합개수 : $N \cdot P(X) = 10,000 \times 0.0027 = 27$개

2) t분포(t – Distribution) : W. S. Gosset

$N(\mu, \sigma^2)$인 집단에서 σ를 모를 때 σ 대신 s를 사용하면 통계량 $\overline{X}$가 변환된 규준화 단위를 표준정규확률변수 Z라고 하지 않고 t라고 정의하는데, 이러한 확률변수 t는 자유도 ν에 의해 분포의 모양이 정의되는 좌우대칭의 분포로서 자유도(ν)가 무한대로 가면 정규분포에 근사하게 된다.(단, $n < 30$일 때의 분포로서 $n > 30$이면 s가 σ 값에 근사하므로 t값은 의미가 없다.)

$$t = \frac{\overline{X} - E(\overline{X})}{D(\overline{X})} = \frac{\overline{X} - \mu}{\frac{s}{\sqrt{n}}}$$

※ σ 대신 s를 사용하면 분포의 정도가 떨어져 t분포는 폭이 넓어지게 된다.

① 기대치와 분산

  ㉠ $E(t) = 0$

  ㉡ $s^2(t) = \dfrac{\nu}{\nu - 2}$ (단, $\nu > 2$ 이다.)

  ㉢ $D(t) = \sqrt{\dfrac{\nu}{\nu - 2}}$

② 특징

  ㉠ 1차 연속형 확률변수 X나 $\overline{X}$가 σ 미지일 때 이루어내는 좌우대칭의 분포이다.
  ㉡ 자유도에 따라 분포의 폭이 결정되는 분포이다.

$$t = \frac{\overline{X} - \mu}{s/\sqrt{n}} \quad \Rightarrow \quad \frac{\overline{X} - \mu}{\frac{\sigma}{\sqrt{n}}} = Z$$

$$\uparrow$$
$$\nu \to \infty$$

  - ν가 ∞에 가까우면 t분포는 정규분포에 근사한다.
  - ν가 ∞에 가까우면 분포의 폭은 좁아진다.
  - ν가 1에 가까우면 분포의 폭은 완만하게 넓어지고 t값은 상대적으로 커진다.

  ㉢ 정규분포보다 정도가 떨어지는 폭이 넓은 분포이다.

③ t분포의 확률

t분포는 ν(자유도) $= n - 1$에 의해 분포의 폭이 정의되기 때문에 확률변수 t값은 자유도 ν와 부분확률 면적(빗금부분) α에 의해 정의된다.

3) χ^2 분포(Chi-Square Distribution)

정규 분포를 하는 집단 $N(\mu, \sigma^2)$에서 시료를 취해 변동을 구한 후 모분산(σ^2)으로 나눈 값을 χ^2라고 하는데 이러한 통계량 χ^2는 좌우대칭의 분포를 하지 않고 자유도 (ν)에 의해 분포의 모양이 결정되는 좌우비대칭의 분포를 한다.

$$\chi^2 = \frac{S}{\sigma^2} = \frac{(n-1)s^2}{\sigma^2} \sim \chi^2_{1-\alpha/2}(\nu) \qquad N(\mu, \sigma^2)$$

$$\begin{array}{c} \boxed{N} \\ \vdots \\ \text{ⓝ} \quad S = \Sigma(X_i - \overline{X})^2 \\ = (n-1) \cdot s^2 \end{array}$$

① 정규분포와 χ^2분포와의 관계

$$\sum_{i=1}^{n}(X_i - \mu)^2 = \sum_{i=1}^{n}[(X_i - \overline{X}) + (\overline{X} - \mu)]^2$$

$$= \sum_{i=1}^{n}(X_i - \overline{X})^2 + \sum_{i=1}^{n}(\overline{X} - \mu)^2 + 2(\overline{X} - \mu) \cdot \sum_{i=1}^{n}(X_i - \overline{X})$$

$$= \sum_{i=1}^{n}(X_i - \overline{X})^2 + n(\overline{X} - \mu)^2$$

여기서 양변을 σ^2으로 나누면

$$\sum_{i=1}^{n}\frac{(X_i - \mu)^2}{\sigma^2} = \sum_{i=1}^{n}\frac{(X_i - \overline{X})^2}{\sigma^2} + \frac{n(\overline{X} - \mu)^2}{\sigma^2} \text{ 가 된다.}$$

여기서 $\sum_{i=1}^{n}\frac{(X_i - \mu)^2}{\sigma^2}$이 자유도 n인 χ^2분포를 할 때,

$$\sum_{i=1}^{n}\frac{(X_i - \overline{X})^2}{\sigma^2} = \frac{(n-1)s^2}{\sigma^2} \text{는}$$

자유도 $n-1$인 χ^2분포를 따르고, $\frac{n(\overline{X} - \mu)^2}{\sigma^2}$는 자유도 1인 χ^2분포를 한다.

따라서 $\nu = 1$ 일 때 $\chi^2_{1-\alpha}(1) = (Z_{1-\alpha/2})^2$ 가 된다.

② 기대치와 분산

X가 자유도 $\nu = n-1$인 χ^2분포를 따른다면

㉠ $E(X) = \nu$

㉡ $V(X) = 2\nu$

③ 특징

㉠ χ^2의 값은 음의 값을 취할 수 없다.($0 \leq \frac{S}{\sigma^2} \leq \infty$ 이므로 0의 값을 가질 수 없다.)

㉡ χ^2의 분포는 ν에 따라 분포의 모양이 정의된다.

㉢ $\nu \to \infty$에 가까우면 좌우 대칭의 분포가 된다.

㉣ 자유도가 증가하면 χ^2분포는 오른쪽으로 꼬리가 긴 좌우비대칭의 분포가 된다.

㉤ σ 기지일 때 산포에 관한 분포이다.

④ χ^2 분포의 확률

χ^2 분포는 ν가 커질수록 비대칭이 되는 산포에 관한 분포인데 분포에 일정 확률 α를 지정했을 때 해당되는 χ^2값이 생긴다. 그림은 확률 α를 양쪽에 $\alpha/2$씩 나누어 배치한 형태인데 이때 생기는 상측의 χ^2값을 χ^2_U라고 하고 하측에 생기는 χ^2값을 χ^2_L이라고 하는데 $\chi^2_U = \chi^2_{1-\alpha/2}(\nu)$, $\chi^2_L = \chi^2_{\alpha/2}(\nu)$로 표에서 찾는다.

자유도(ν)와 확률(α)에서 정해지는 χ^2값을 일반적으로 $\chi^2_{1-\alpha}(\nu)$라고 하는데 자유도(ν)가 13, 확률(α)이 0.05일 때 χ^2 표를 이용하면 χ^2가 22.4가 됨을 알 수 있다.

4) F 분포(F – Distribution)

동일 모집단으로부터 취한 2조의 시료에 대해서 구한 불편비 혹은 분산이 동일한 2개의 정규모집단으로 부터 각각 랜덤으로 n_1, n_2를 추출하여 각각 불편분산을 구한 후 s_1^2과 s_2^2의 비를 확률변수 F라고 정의하는데 이러한 2차 적률 함수값의 F 분포는 자유도 ν_1, ν_2에 의해 정의되는 좌우비대칭의 분포이다. 이러한 분산비의 분포를 F 분포라고 한다.

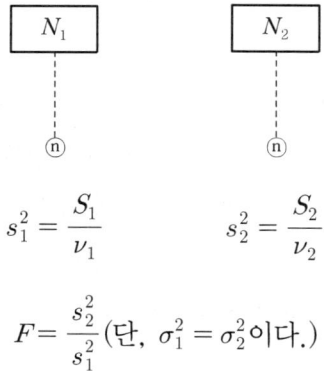

$$s_1^2 = \frac{S_1}{\nu_1} \qquad s_2^2 = \frac{S_2}{\nu_2}$$

$$F = \frac{s_2^2}{s_1^2} \text{(단, } \sigma_1^2 = \sigma_2^2 \text{이다.)}$$

① F분포의 정의

㉠ F통계량은 두 개의 서로 독립인 확률변수 χ^2의 비로 나타낸다.

$$F = \frac{\frac{\chi_1^2}{\nu_1}}{\frac{\chi_2^2}{\nu_2}} = \frac{\frac{\nu_1 \cdot \frac{s_1^2}{\sigma_1^2}}{\nu_1}}{\frac{\nu_2 \cdot \frac{s_2^2}{\sigma_2^2}}{\nu_2}} = \frac{\frac{s_2^2}{\sigma_2^2}}{\frac{s_1^2}{\sigma_1^2}} = \frac{s_1^2 \cdot \sigma_1^2}{s_2^2 \cdot \sigma_2^2} \sim F_{1-\alpha}(\nu_1, \nu_2)$$

㉡ $X_1 \sim N(\mu_1, \sigma_1^2)$, $X_2 \sim N(\mu_2, \sigma_2^2)$에서 자각 시료를 n_1, n_2를 추출하면

$$F = \frac{\frac{s_1^2}{\sigma_1^2}}{\frac{s_2^2}{\sigma_2^2}} \sim F_{1-\alpha}(\nu_1, \nu_2)$$

만약 $\sigma_1^2 = \sigma_2^2$이면 $F = \frac{s_1^2}{s_2^2}$

㉢ $F_\alpha(\nu_1, \nu_2) = \frac{1}{F_{1-\alpha}(\nu_2, \nu_1)}$, $F_\alpha(\nu_1, \infty) = \frac{\chi_\alpha^2(\nu)}{\nu}$

② 기대치와 분산

확률변수 F가 자유도(ν_1, ν_2)인 F분포를 한다면

㉠ $E(F) = \frac{\nu_2}{\nu_2 - 2}$ (단, $\nu_2 > 2$)

㉡ $V(F) = \left(\frac{\nu_2}{\nu_2 - 2}\right)^2 \cdot \frac{2(\nu_1 + \nu_2 - 2)}{\nu_1(\nu_2 - 4)}$ (단, $\nu_2 > 4$))

③ F분포의 특징

㉠ F의 값은 음의 값을 취할 수 없다. ($0 \leq F \leq \infty$)

㉡ ν_1을 고정시키고 ν_2를 증가시키면 F값은 감소하고 좌우 대칭형이 된다.

㉢ 정규분포를 따르지 않고 ν_1, ν_2에 따라 변하는 분포(산포에 관한 분포)이다.

㉣ ν_1에 비해 ν_2가 분포에 더 큰 영향을 준다.

㉤ σ 미지일 때 산포에 관한 분포이다.

④ F분포의 확률

일반적으로 자유도 ν_1(분자), 자유도 ν_2(분모) : 확률 α의 F값을 $F_\alpha(\nu_1,\ \nu_2)$로 정의하는데 χ^2분포와 같이 확률 α를 양쪽에 배치할 때와 한쪽에 배치할 때 각각 F값이 변하게 된다.

확률 α를 한쪽 즉 상측에 배치했을 때 F값은 $F_{1-\alpha}(\nu_1,\ \nu_2)$로 표시하고, 상·하측 양쪽에 배치를 했을 때 $F_U = F_{1-\alpha/2}(\nu_1,\ \nu_2)$, $F_L = F_{\alpha/2}(\nu_1,\ \nu_2)$로 표시하는데 하측값 F_L은 F분포표에서 찾을 수 없으므로 $F_{\alpha/2}(\nu_1,\ \nu_2) = \dfrac{1}{F_{1-\alpha/2}(\nu_2,\ \nu_1)}$

즉, 자유도를 바꾸고 α의 역측을 취한 값의 역수값으로 구한다.

이식을 이용하여 $\alpha = 0.95,\ 0.99,\ 0.975$의 값을 구할 수 있다.

5) 지수분포(Exponential Distribution)

지수분포는 신뢰성과 대기시간 혹은 대기행렬 등의 분야에 적용되는 분포로서 $\lambda(t)$를 고장률, 즉 시간 t를 지정하여 그 시점에서 고장이 아닌 것이 다음 단위 동안에 얼마나 고장 날 것인가에 대한 시간당 고장률을 뜻한다.

① $\lambda(t) = \lambda$로 할 때, 고장발생시간의 $p.d.f$

$f(t) = \lambda\,e^{-\lambda t}$

(단, $t \geq 0$)(단위시간당 전체의 몇%가 고장 났는가의 상대빈도 표시)

② 고장까지의 평균시간(수명) 및 분산

㉠ $E(t) = \dfrac{1}{\lambda}$

㉡ $V(t) = \dfrac{1}{\lambda^2}$

- 고장 나면 수리를 할 수 없는 제품(예 전구, 컴퓨터 칩, 다이오드 등)

  $E(T) = \dfrac{1}{\lambda} = MTTF$: 평균수명

- 고장 나도 수리를 해서 쓸 수 있는 제품(예 자동차, 컴퓨터, TV 등)

  $E(T) = \dfrac{1}{\lambda} = MTBF$: 평균고장간격

③ 어떤 t시간 후에 고장 나 있을 확률

$$F(t) = \int_0^t f(x)dx = \int_0^t \lambda e^{-\lambda t}dx = 1 - e^{-\lambda t}$$

④ t시간 후에 고장 나지 않고 남아 있을 확률

$$R(t) = 1 - F(t) = e^{-\lambda t}$$

⑤ 특징
  ㉠ 평균 이상보다 평균 이하에서 더 많은 발생빈도를 가지는 경우에 사용한다.
  ㉡ 신뢰성 이론의 기초가 되는 분포이다.

6) 각 분포의 특징과 관계

① 정규분포와 t분포의 관계(평균의 분포)

자유도가 ∞인 t분포는 정규분포에 근사한다.

$$t = \frac{\overline{X} - \mu}{\frac{s}{\sqrt{n}}} \rightarrow Z = \frac{\overline{X} - \mu}{\frac{\sigma}{\sqrt{n}}}$$

$$\nu = \infty$$

※ $t_{1-\alpha}(\infty) = Z_{1-\alpha}$

② 정규분포와 χ^2분포의 관계(σ 알 때)

정규분포 확률변수 Z^2의 분포는 $\nu = 1$인 χ^2분포를 따른다.
$Z \sim N(0, 1)$일 때 $Z^2 \sim \chi^2_{1-\alpha}(\nu)$이므로
$(Z_{1-\alpha/2})^2 = \chi^2_{1-\alpha}(1)$

증명

χ^2분포 참조

③ t분포와 F분포의 관계(σ 모를 때)

t분포의 확률 변수 t^2의 분포는 $\nu_1 = 1$인 F분포를 따른다.

$$t_{1-\alpha/2}(\nu) = \sqrt{F_{1-\alpha}(1, \nu)}$$

$$[t_{1-\alpha/2}(\nu)]^2 = F_{1-\alpha}(1, \nu)$$

증명

$$[t_{1-\alpha/2}(\nu)]^2 = \left[\frac{(\overline{X}-\mu)}{\frac{s}{\sqrt{n}}}\right]^2$$

$$= \frac{(\overline{X}-\mu)^2}{\frac{s^2}{n}}$$

$$= \frac{n(\overline{X}-\mu)^2}{s^2} = \frac{\frac{n(\overline{X}-\mu)^2}{1}}{\frac{S}{n-1}} = \frac{s_1^2}{s_2^2}$$

$$= F_{1-\alpha}(1, \nu)$$

$$\therefore t_{1-\alpha/2}(\nu) = \sqrt{F_{1-\alpha}(1, \nu)}$$

④ χ^2분포와 F분포의 관계(산포의 분포)

자유도 $\nu = n-1$로 나눈 χ^2분포는 $\nu_2 = \infty$인 F분포를 따른다.

$$\frac{\chi^2_{1-\alpha}(\nu)}{\nu} = F_{1-\alpha}(\nu, \infty)$$

증명

$$\frac{\chi^2}{\nu} = \frac{1}{\nu} \times \frac{S}{\sigma^2} = \frac{s^2}{\sigma^2} = F_{1-\alpha}(\nu, \infty)$$

$$\therefore \frac{\chi^2_{1-\alpha}(\nu)}{\nu} = F_{1-\alpha}(\nu, \infty)$$

SECTION 03 검정과 추정의 개념

:: 01 검정의 개념

모집단의 모수 값이나 확률분포에 대하여 어떤 가설(Hypothesis)을 설정하고 이 가설의 성립 여부를 표본의 데이터로 판단하여 통계적 결정을 내리는 것을 통계적 가설검정(Statistical Hypothesis Testing)이라 한다.

① 귀무가설(Null Hypothesis : H_0)
  검정의 대상이 되는 가설로 기준가설이라 하며 영가설이라고 한다.

② 대립가설(Alternative Hypothesis : H_1)
  귀무가설에 반하는 가설로서 가급적 채택하고 싶은 가설이다. 연구가설이라고도 한다.

③ 가설검정의 결과(제1종 오류, 제2종 오류)

결과 \ 현상	H_0(참)	H_0(거짓)
H_0 채택	옳은 결정($1-\alpha$)	제2종 오류(β)
H_0 기각	제1종 오류(α)	옳은 결정($1-\beta$)

:: 02 추정의 개념

모집단으로부터 제한된 규모의 표본을 추출하고, 표본의 정보로부터 모수의 값을 추측하는 절차를 통계적 추정(Statistical Estimation), 또는 모수에 대한 추정(Estimation of Population Parameter)이라 한다.

(1) 점 추정치(Point Estimate)

표본의 데이터로부터 모수를 추정할 때 단일의 값이 되도록 추정하는 추정량을 점 추정이라 하고 점 추정량의 값을 점 추정치라 한다.

(2) 신뢰구간(Confidence Interval)

모수가 추정하는 것을 구간추정이라 하고 이 구간이 모수를 포함시킬 확률을 신뢰율이라 하며, 이 구간을 신뢰구간이라 한다.

(3) 검정의 일반적 순서

1) 기본가정의 만족 여부를 파악한다.

① 모집단의 편차(σ)를 알고 있는지 또는 모르고 있는지의 여부를 파악한다.
② 모편차(σ)를 알고 있다면 편차가 변화되었는가의 여부를 파악한다.
③ 변화 여부의 파악은 한 개의 모분산에 관한 검정으로 실시한다.

2) 귀무가설과 대립가설을 세운다.

① 귀무가설(Null Hypothesis) : H_o ; $\mu = \mu_o$

② 대립가설(Alternative Hypothesis)
 ㉠ $H_1 : \mu \neq \mu_o$ (양쪽 검정인 경우)
 ㉡ $H_1 : \mu > \mu_o$ 또는 $\mu < \mu_o$ (한쪽 검정인 경우)
 ※ 여기서 μ_0는 관찰된 모집단의 평균이므로 수치값으로 대신할 수 있다.

③ 유의수준(α)을 설정한다.
 유의수준이란 제1종 오류의 영역으로서 보통 0.05, 0.01 혹 0.10을 사용한다.
 ※ 제1종 오류(α) : 귀무가설이 옳은데도 불구하고 귀무가설이 옳지 않다고 판정하는 통계적 오류다.

④ 검정통계량을 계산한다.
 ㉠ σ 기지인 경우
$$Z_o = \frac{\text{변수} - E(\text{변수})}{D(\text{변수})}$$
$$= \frac{\overline{X} - E(\overline{X})}{D(\overline{X})}$$
$$= \frac{\overline{X} - \mu}{\frac{\sigma}{\sqrt{n}}}$$

 ㉡ σ 미지인 경우
$$t_o = \frac{\text{변수} - E(\text{변수})}{D(\text{변수})}$$
$$= \frac{\overline{X} - E(\overline{X})}{D(\overline{X})}$$
$$= \frac{\overline{X} - \mu}{\frac{s}{\sqrt{n}}}$$

⑤ 기각역을 구한다.

유의수준 α로서 부록의 표준 정규분포표를 참조하여 구한다.

예 $Z_{0.95} = 1.645$, $Z_{0.975} = 1.96$, $Z_{0.90} = 1.282$

$Z_{0.99} = 2.326$, $Z_{0.995} = 2.58$

⑥ 검정 통계량의 값과 기각치를 비교하여 판정을 내린다.

㉠ σ 기지인 경우
- 양쪽 검정인 경우

  $H_1 ; \mu \neq \mu_0$일 때 $|Z_o| \geq Z_{1-\alpha/2}$이면 H_o를 기각한다.

- 한쪽 검정인 경우

  $H_1 : \mu > \mu_o$일 때 $Z_o \geq Z_{1-\alpha}$이면 H_o를 기각한다.

  $H_1 : \mu < \mu_o$일 때 $Z_o \leq -Z_{1-\alpha}$이면 H_o를 기각한다.

㉡ σ 기지인 경우
- 양쪽 검정인 경우

  $H_1 : \mu \neq \mu_o$일 때 $|t_o| \geq t_{1-\alpha/2}(\nu)$이면 H_o를 기각한다.

- 한쪽 검정인 경우

  $H_1 : \mu > \mu_o$일 때 $t_o \geq t_{1-\alpha}(\nu)$이면 H_o를 기각한다.

  $H_1 : \mu < \mu_o$일 때 $t_o \leq -t_{1-\alpha}(\nu)$이면 H_o를 기각한다.

:: 03   계량치의 검정과 추정

(1) 한 개의 모분산에 관한 검·추정

1) 한 개의 모분산 검정

① 귀무가설과 대립가설을 설정한다.

㉠ $H_o : \sigma^2 = \sigma_o^2$

㉡ $H_1 : \sigma^2 \neq \sigma_o^2$(양쪽 검정인 경우)

㉢ $H_1 : \sigma^2 > \sigma_o^2$ 또는 $\sigma^2 < \sigma_o^2$(한쪽 검정인 경우)

② 유의수준을 정한다.($\alpha = 0.05$ 또는 0.01)

③ 검정 통계량을 계산한다.

$$\chi_o^2 = \frac{S}{\sigma_o^2} = \frac{\nu \cdot s^2}{\sigma_o^2}$$

④ 기각역을 구한다.

⑤ 검정 통계량의 값과 기각치를 비교하여 판정을 내린다.

   ㉠ 양쪽 검정인 경우

      $H_1 : \sigma^2 \neq \sigma_o^2$ 일 때 $\chi_o^2 \geq \chi_{1-\alpha/2}^2(\nu)$ 또는 $\chi_o^2 \leq \chi_{\alpha/2}^2(\nu)$이면 H_o를 기각한다.

   ㉡ 한쪽 검정인 경우

     • $H_1 : \sigma^2 > \sigma_o^2$ 일 때 $\chi_o^2 \geq \chi_{1-\alpha}^2(\nu)$이면 H_o를 기각한다.

     • $H_1 : \sigma^2 < \sigma_o^2$ 일 때 $\chi_o^2 \leq \chi_{\alpha}^2(\nu)$이면 H_o를 기각한다.

2) 한 개의 모분산 추정

$$1 - \alpha = P\left[\chi_{\alpha/2}^2(\nu) \leq \frac{S}{\sigma^2} \leq \chi_{1-\alpha/2}^2(\nu)\right]$$

$$= P\left[\frac{\chi_{\alpha/2}^2(\nu)}{S} \leq \frac{1}{\sigma^2} \leq \frac{\chi_{1-\alpha/2}^2(\nu)}{S}\right]$$

$$= P\left[\frac{S}{\chi_{1-\alpha/2}^2(\nu)} \leq \sigma^2 \leq \frac{S}{\chi_{\alpha/2}^2(\nu)}\right]$$

따라서 $\frac{S}{\chi_{1-\alpha/2}^2(\nu)} \leq \sigma^2 \leq \frac{S}{\chi_{\alpha/2}^2(\nu)}$ 가 된다.

(2) 한 개의 모평균에 관한 검·추정

1) 한 개의 모평균 검정

① 기본 가정을 파악한다.(σ 기지 또는 σ 미지)

② 귀무가설과 대립가설을 설정한다.

   ㉠ $H_o : \mu = \mu_o$

   ㉡ $H_1 : \mu \neq \mu_o$(양쪽 검정인 경우)

   ㉢ $H_1 : \mu > \mu_o$ 또는 $\mu < \mu_o$(한쪽 검정인 경우)

③ 유의수준을 정한다.($\alpha = 0.05$ or 0.01)

④ 검정 통계량을 계산한다.

　㉠ σ 기지인 경우　　　　　　　　㉡ σ 미지인 경우

$$z_o = \frac{\overline{X} - \mu_o}{\frac{\sigma}{\sqrt{n}}} \qquad\qquad t_o = \frac{\overline{X} - \mu_o}{\frac{s}{\sqrt{n}}}$$

⑤ 기각역을 구한다.

표본의 크기 n과 유의수준 α를 확정하고, 기각역을 정하기 위해 표준 정규분포표 또는 t분포표를 참조한다.

⑥ 검정 통계량의 값과 기각치를 비교하여 판정을 내린다.

　㉠ σ 기지인 경우

　　• 양쪽 검정인 경우

　　　$H_1 : \mu \neq \mu_o$일 때 $|Z_o| > Z_{1-\alpha/2}$이면 H_o를 기각한다.

　　• 한쪽 검정인 경우

　　　$H_1 : \mu > \mu_o$일 때 $Z_o > Z_{1-\alpha}$이면 H_o를 기각한다.

　　　$H_1 : \mu < \mu_o$일 때 $Z_o < -Z_{1-\alpha}$이면 H_o를 기각한다.

　㉡ σ 미지인 경우

　　• 양쪽 검정

　　　$H_1 : \mu \neq \mu_o$일 때 $|t_o| > t_{1-\alpha/2}(\nu)$이면 H_o를 기각한다.

　　• 한쪽 검정

　　　$H_1 : \mu > \mu_o$일 때 $t_o > t_{1-\alpha}(\nu)$이면 H_o를 기각한다.

　　　$H_1 : \mu < \mu_o$일 때 $t_o < -t_{1-\alpha}(\nu)$이면 H_o를 기각한다.

2) 한 개의 모평균 추정

① σ 기지인 경우

$$1 - \alpha = P\left(-Z_{1-\alpha/2} \leq \frac{\overline{X} - \mu}{\sigma/\sqrt{n}} \leq Z_{1-\alpha/2}\right)$$
$$= P\left(-Z_{1-\alpha/2}\frac{\sigma}{\sqrt{n}} \leq \overline{X} - \mu \leq Z_{1-\alpha/2}\frac{\sigma}{\sqrt{n}}\right)$$

$$= P\left(\overline{X} - Z_{1-\alpha/2}\frac{\sigma}{\sqrt{n}} \leq \mu \leq \overline{X} + Z_{1-\alpha/2}\frac{\sigma}{\sqrt{n}}\right)$$

$$\therefore \mu = \overline{X} \pm Z_{1-\alpha/2}\frac{\sigma}{\sqrt{n}}$$

② σ 미지인 경우

$$1-\alpha = P\left(-t_{1-\alpha/2}(\nu) \leq \frac{\overline{X}-\mu}{s/\sqrt{n}} \leq t_{1-\alpha/2}(\nu)\right)$$

$$= P\left(-t_{1-\alpha/2}(\nu)\frac{s}{\sqrt{n}} \leq \overline{X}-\mu \leq t_{1-\alpha/2}(\nu)\frac{s}{\sqrt{n}}\right)$$

$$= P\left(\overline{X} - t_{1-\alpha/2}(\nu)\frac{s}{\sqrt{n}} \leq \mu \leq \overline{X} + t_{1-\alpha/2}(\nu)\frac{s}{\sqrt{n}}\right)$$

$$\therefore \mu = \overline{X} \pm t_{1-\alpha/2}(\nu)\frac{s}{\sqrt{n}}$$

[정리]

$$E(\overline{X}) = \overline{X} \pm Z_{1-\alpha/2}\sqrt{V(\overline{X})}$$
$$E(\overline{X}) = \overline{X} \pm t_{1-\alpha/2}\sqrt{V(\overline{X})}$$

추정의 일반정리

$$E(확률변수) = 확률변수 \pm Z_{1-\alpha/2}\sqrt{V(확률변수)}$$
$$E(확률변수) = 확률변수 \pm t_{1-\alpha/2}(\nu)\sqrt{V(확률변수)}$$

(3) 대응 있는 두 조의 모평균차에 관한 검·추정

1) 대응 있는 두 조의 모평균차 검정

① 기본가정을 파악한다.(σ_d 기지 또는 σ_d 미지)

② 귀무가설과 대립가설을 설정한다.
  ㉠ $H_o : \delta = 0$ (즉, $\mu_1 - \mu_2 = 0$)
  ㉡ $H_1 : \delta = 0$ (양쪽 검정인 경우)
  ㉢ $H_1 : \delta > 0$ 또는 $\delta < 0$ (한쪽 검정인 경우)

③ 유의수준을 정한다.($\alpha = 0.05$ or 0.01)

④ 검정 통계량을 계산한다.

㉠ σ_d 기지인 경우

$$Z_o = \frac{\overline{d} - \delta}{\frac{\sigma_d}{\sqrt{n}}}$$

㉡ σ_d 미지인 경우

$$t_o = \frac{\overline{d} - \delta}{\frac{s_d}{\sqrt{n}}}$$

(단, $\overline{d} = \frac{\sum d_i}{n}$, $\sqrt{V_d} = \sqrt{\frac{\sum d_i^2 - (\sum d_i)^2}{n-1}}{n}}$ 이다.)

⑤ 기각역을 구한다.

⑥ 검정 통계량의 값과 기각치를 비교하여 판정을 내린다.

㉠ σ_d 기지인 경우
- 양쪽 검정인 경우

  $H_1 : \delta \neq 0$ 일 때 $|Z_o| > Z_{1-\alpha/2}$ 이면 H_o를 기각한다.

- 한쪽 검정인 경우

  $H_1 : \delta > 0$ 일 때 $Z_o > Z_{1-\alpha}$ 이면 H_o를 기각한다.

  $H_1 : \delta < 0$ 일 때 $Z_o < -Z_{1-\alpha}$ 이면 H_o를 기각한다.

㉡ σ_d 미지인 경우
- 양쪽 검정인 경우

  $H_1 : \delta \neq 0$ 일 때 $|t_o| > t_{1-\alpha/2}(\nu)$ 이면 H_o를 기각한다.

- 한쪽 검정인 경우

  $H_1 : \delta > 0$ 일 때 $t_o > t_{1-\alpha}(\nu)$ 이면 H_o를 기각한다.

  $H_1 : \delta < 0$ 일 때 $t_o < -t_{1-\alpha}(\nu)$ 이면 H_o를 기각한다.

2) 대응 있는 두 조의 모평균차 추정

① σ_d 기지인 경우

$$\delta_{U.L} = \overline{d} \pm Z_{1-\alpha/2} \frac{\sigma_d}{\sqrt{n}}$$

② σ_d 미지인 경우

$$\delta_{U.L} = \overline{d} \pm t_{1-\alpha/2} \frac{s_d}{\sqrt{n}}$$

(4) 두 모분산비에 관한 검·추정

1) 두 모분산비 검정

① 귀무가설과 대립가설을 설정한다.
  ㉠ $H_o : \sigma_1^2 = \sigma_2^2$
  ㉡ $H_1 : \sigma_1^2 \neq \sigma_2^2$ (양쪽 검정인 경우)
  ㉢ $H_1 : \sigma_1^2 > \sigma_2^2$ 또는 $\sigma_1^2 < \sigma_2^2$ (한쪽 검정인 경우)

② 유의수준을 정한다. ($\alpha = 0.05$ or 0.01)

③ 검정 통계량을 계산한다.

$$F_o = \frac{s_1^2}{s_2^2} \quad (\text{단, } s_1^2 > s_2^2 \text{이다.})$$

④ 기각역을 구한다.

⑤ 검정 통계량의 값과 기각치를 비교하여 판정을 내린다.
  ㉠ 양쪽 검정인 경우
   $H_1 : \sigma_1^2 \neq \sigma_2^2$ 일 때 $F_0 > F_{1-\alpha/2}(\nu_1, \nu_2)$ 이면 H_o를 기각한다.
   ※ 하한 기각역 $F_{\alpha/2}(\nu_1, \nu_2)$는 1보다 작으므로 기각역에 의미가 없다.
  ㉡ 한쪽 검정인 경우
   $H_1 : \sigma_1^2 > \sigma_2^2$ 일 때 $F_o > F_{1-\alpha}(\nu_1, \nu_2)$ 이면 H_o를 기각한다.

2) 두 모분산비 추정

※ $F_0 = \dfrac{\dfrac{s_1^2}{\sigma_1^2}}{\dfrac{s_2^2}{\sigma_2^2}} = \dfrac{s_1^2}{s_2^2} \cdot \dfrac{\sigma_2^2}{\sigma_1^2}$ 의 정의로부터

$$1-\alpha = P[F_{\alpha/2}(\nu_1, \nu_2) \leq F \leq F_{1-\alpha/2}(\nu_1, \nu_2)]$$

$$= P\left[F_{\alpha/2}(\nu_1, \nu_2) \leq \frac{s_1^2}{s_2^2} \cdot \frac{\sigma_2^2}{\sigma_1^2} \leq F_{1-\alpha/2}(\nu_1, \nu_2)\right]$$

$$= P\left[\frac{s_2^2}{s_1^2} \cdot F_{\alpha/2}(\nu_1, \nu_2) \leq \frac{\sigma_2^2}{\sigma_1^2} \leq \frac{s_2^2}{s_1^2} \cdot F_{1-\alpha/2}(\nu_1, \nu_2)\right]$$

$$= P\left[\frac{s_1^2}{s_2^2} \cdot \frac{1}{F_{\alpha/2}(\nu_1, \nu_2)} \leq \frac{\sigma_1^2}{\sigma_2^2} \leq \frac{s_1^2}{s_2^2} \cdot \frac{1}{F_{1-\alpha/2}(\nu_1, \nu_2)}\right]$$

따라서 $\dfrac{F_o}{F_{1-\alpha/2}(\nu_1,\nu_2)} \leq \dfrac{\sigma_1^2}{\sigma_2^2} \leq \dfrac{F_o}{F_{\alpha/2}(\nu_1,\nu_2)}$ 이다.

(단, $F_o = \dfrac{s_1^2}{s_2^2}$ 이며 $\dfrac{1}{F_{\alpha/2}(\nu_1,\nu_2)} = F_{1-\alpha/2}(\nu_2,\nu_1)$ 이다.)

(5) 두 평균 차에 관한 검·추정

1) 두 평균차 검정

① 기본 가정을 파악한다.(σ_1, σ_2 기지 또는 미지)

② 귀무가설과 대립가설을 설정한다.
  ㉠ $H_o : \mu_1 = \mu_2 (\delta = \mu_1 - \mu_2)$
  ㉡ $H_1 : \mu_1 \neq \mu_2$(양쪽 검정인 경우)
  ㉢ $H_1 : \mu_1 > \mu_2$ 또는 $\mu_1 < \mu_2$(한쪽 검정인 경우)

③ 유의수준을 정한다.($\alpha = 0.05$ or 0.01)

④ 검정 통계량을 계산한다.
  ㉠ σ_1, σ_2 기지인 경우

  $$Z_o = \frac{(\overline{X}_1 - \overline{X}_2) - \delta}{\sqrt{\dfrac{\sigma_1^2}{n_1} + \dfrac{\sigma_2^2}{n_2}}} \text{(단, } \delta = \mu_1 - \mu_2 \text{ 이다.)}$$

  ㉡ σ_1, σ_2 미지인 경우

   • $\sigma_1^2 = \sigma_2^2$ 일 때

   $$t_o = \frac{(\overline{X}_1 - \overline{X}_2) - \delta}{\sqrt{s^2\left(\dfrac{1}{n_1} + \dfrac{1}{n_2}\right)}} \text{(단, } S^2 = \frac{S_1 + S_2}{\nu_1 + \nu_2}, \delta = \mu_1 - \mu_2 \text{ 이다.)}$$

- $\sigma_1^2 \neq \sigma_2^2$ 일 때

$$t_o = \frac{(\overline{X}_1 - \overline{X}_2) - \delta}{\sqrt{\dfrac{s_1^2}{n_1} + \dfrac{s_2^2}{n_2}}}$$

⑤ 기각역을 구한다.

⑥ 검정 통계량의 값과 기각치를 비교하여 판정을 내린다.

㉠ σ_1, σ_2 기지인 경우
- 양쪽 검정인 경우

    $H_1 : \mu_1 \neq \mu_2$ 일 때 $|Z_o| \geq Z_{1-\alpha/2}$ 이면 H_o를 기각한다.

- 한쪽 검정인 경우

    $H_1 : \mu_1 > \mu_2$ 일 때 $Z_o > Z_{1-\alpha}$ 이면 H_o를 기각한다.

    $H_1 : \mu_1 < \mu_2$ 일 때 $Z_o < -Z_{1-\alpha}$ 이면 H_o를 기각한다.

㉡ σ_1, σ_2 미지인 경우
- $\sigma_1^2 = \sigma_2^2$ 일 때
    - 양쪽 검정인 경우

        $H_1 : \mu_1 \neq \mu_2$ 일 때 $|t_o| > t_{1-\alpha/2}(\nu^*)$ 이면 H_o를 기각한다.

    - 한쪽 검정인 경우

        $H_1 : \mu_1 > \mu_2$ 일 때 $t_o > t_{1-\alpha}(\nu^*)$ 이면 H_o를 기각한다.

        $H_1 : \mu_1 < \mu_2$ 일 때 $t_o < -t_{1-\alpha}(\nu^*)$ 이면 H_o를 기각한다.

        (단, $\nu^* = \nu_1 + \nu_2 = n_1 + n_2 - 2$ 이다.)

- $\sigma_1^2 \neq \sigma_2^2$ 일 때
    - 양쪽 검정인 경우

        $H_1 : \mu_1 \neq \mu_2$ 일 때 $|t_o| > t_{1-\alpha/2}(\nu^*)$ 이면 H_o를 기각한다.

    - 한쪽 검정인 경우

        $H_1 : \mu_1 > \mu_2$ 일 때 $t_o > t_{1-\alpha}(\nu^*)$ 이면 H_o를 기각한다.

        $H_1 : \mu_1 < \mu_2$ 일 때 $t_o < -t_{1-\alpha}(\nu^*)$ 이면 H_o를 기각한다.

(단, ν^*(등가자유도) $= \dfrac{\left(\dfrac{s_1^2}{n_1}+\dfrac{s_2^2}{n_2}\right)^2}{\dfrac{\left(\dfrac{s_1^2}{n_1}\right)^2}{\nu_1}+\dfrac{\left(\dfrac{s_2^2}{n_2}\right)^2}{\nu_2}}$ 이다.)

2) 두 평균차 추정

① σ_1, σ_2 기지인 경우

$$|\mu_1 - \mu_2| = |\overline{X}_1 - \overline{X}_2| \pm Z_{1-\alpha/2}\sqrt{\dfrac{\sigma_1^2}{n_1}+\dfrac{\sigma_2^2}{n_2}}$$

② σ_1, σ_2 미지인 경우

㉠ $\sigma_1^2 = \sigma_2^2$ 일 때

$$|\mu_1 - \mu_2| = |\overline{X}_1 - \overline{X}_2| \pm t_{1-\alpha/2}(\nu^*)\sqrt{s^2\left(\dfrac{1}{n_1}+\dfrac{1}{n_2}\right)}$$

(단, $\nu^* = \nu_1 + \nu_2 = n_1 + n_2 - 2$ 이다.)

㉡ $\sigma_1^2 \neq \sigma_2^2$ 일 때

$$|\mu_1 - \mu_2| = |\overline{X}_1 - \overline{X}_2| \pm t_{1-\alpha/2}(\nu^*)\sqrt{\dfrac{s_1^2}{n_1}+\dfrac{s_2^2}{n_2}}$$

(단, ν^*(등가자유도) $= \dfrac{\left(\dfrac{s_1^2}{n_1}+\dfrac{s_2^2}{n_2}\right)^2}{\dfrac{\left(\dfrac{s_1^2}{n_1}\right)^2}{\nu_1}+\dfrac{\left(\dfrac{s_2^2}{n_2}\right)^2}{\nu_2}}$ 이다.)

04 계수치의 검정과 추정

(1) 한 개의 모부적합률에 관한 검·추정

1) 한 개의 모부적합률 검정

① 기본 가정을 파악한다.

$nP_o \geq 5$이고, $n(1-P_o) \geq 5$일 때는 정규분포 근사법을 이용한다.

② 귀무가설과 대립가설을 설정한다.
　㉠ $H_o : P = P_o$
　㉡ $H_1 : P \neq P_o$ (양쪽 검정인 경우)
　㉢ $H_1 : P > P_o$ 또는 $P < P_o$ (한쪽 검정인 경우)

③ 유의수준을 정한다. ($\alpha = 0.05$ or 0.01)

④ 검정 통계량을 계산한다.

$$Z_o = \frac{\hat{p} - P_o}{\sqrt{\dfrac{P_o(1-P_o)}{n}}}$$

(단, $E(P) = P$, $V(P) = \dfrac{P(1-P)}{n}$, $D(P) = \sqrt{\dfrac{P(1-P)}{n}}$ 이다.)

⑤ 기각역을 구한다.

⑥ 검정 통계량의 값과 기각치를 비교하여 판정을 내린다.
　㉠ 양쪽 검정인 경우
　　$H_1 : P \neq P_o$ 일 때 $|Z_o| > Z_{1-\alpha/2}$ 이면 H_o를 기각한다.
　㉡ 한쪽 검정인 경우
　　$H_1 : P > P_o$ 일 때 $Z_o > Z_{1-\alpha}$ 이면 H_o를 기각한다.
　　$H_1 : P < P_o$ 일 때 $Z_o < -Z_{1-\alpha}$ 이면 H_o를 기각한다.

2) 한 개의 모부적합률 추정

$$\begin{aligned}
1 - \alpha &= P\left(-Z_{1-\alpha/2} \leq Z \leq Z_{1-\alpha/2}\right) \\
&= P\left(-Z_{1-\alpha/2} \leq \frac{\hat{p} - E(\hat{p})}{D(\hat{p})} \leq Z_{1-\alpha/2}\right) \\
&= P\left(\hat{p} - Z_{1-\alpha/2}\sqrt{\frac{\hat{p}(1-\hat{p})}{n}} \leq E(\hat{p}) \leq \hat{p} + Z_{1-\alpha/2}\sqrt{\frac{\hat{p}(1-\hat{p})}{n}}\right)
\end{aligned}$$

$$\therefore\ P_{U.L} = \hat{p} \pm Z_{1-\alpha/2} \sqrt{\frac{\hat{p}(1-\hat{p})}{n}}$$

(2) 한 개의 모결점수에 관한 검·추정

1) 한 개의 모결점수 검정

① 기본 가정을 파악한다.
$m_o \geq 5$이면 정규분포 근사법을 이용한다.

② 귀무가설과 대립가설을 설정한다.
㉠ $H_o : m = m_o$
㉡ $H_1 : m \neq m_o$ (양쪽 검정인 경우)
㉢ $H_1 : m > m_o$ 또는 $m < m_o$ (한쪽 검정인 경우)

③ 유의수준을 정한다. ($\alpha = 0.05$ or 0.01)

④ 검정 통계량을 계산한다.
$$Z_o = \frac{C - m_o}{\sqrt{m_o}}$$

⑤ 기각역을 구한다.

⑥ 검정 통계량의 값과 기각치를 비교하여 판정을 내린다.
㉠ 양쪽 검정인 경우
$H_1 : m \neq m_o$ 일 때 $|Z_o| > Z_{1-\alpha/2}$ 이면 H_o를 기각한다.

㉡ 한쪽 검정인 경우
$H_1 : m > m_o$ 일 때 $Z_o > Z_{1-\alpha}$ 이면 H_o를 기각한다.
$H_1 : m < m_o$ 일 때 $Z_o < -Z_{1-\alpha}$ 이면 H_o를 기각한다.

2) 한 개의 모결점수 추정

$m_{U.L} = C \pm Z_{1-\alpha/2} \sqrt{C}$

※ 단위당 결점수의 추정

$\overline{U} \pm Z_{1-\alpha/2} \sqrt{\dfrac{\overline{U}}{n}}$ (단, $\overline{U} = \dfrac{\sum C}{\sum n}$ 이다.)

(3) 두 개의 모부적합률차에 관한 검·추정

1) 두 개의 모부적합률차 검정

① 기본 가정을 파악한다.(n_1, n_2가 상당히 크다.)

② 귀무가설과 대립가설을 설정한다.
   ㉠ $H_o : P_1 = P_2$
   ㉡ $H_1 : P_1 \neq P_2$(양쪽 검정인 경우)
   ㉢ $H_1 : P_1 > P_2$ 또는 $P_1 < P_2$(한쪽 검정인 경우)

③ 유의수준을 정한다.($\alpha = 0.05$ or 0.01)

④ 검정 통계량을 계산한다.
$$Z_o = \frac{(p_1 - p_2) - \delta}{\sqrt{\hat{p}(1-\hat{p}) \cdot \left(\frac{1}{n_1} + \frac{1}{n_2}\right)}} \text{(단, } \delta = P_1 - P_2 \text{ , } \hat{p} = \frac{x_1 + x_2}{n_1 + n_2} \text{ 이다.)}$$

⑤ 기각역을 구한다.

⑥ 검정 통계량의 값과 기각치를 비교하여 판정을 내린다.
   ㉠ 양쪽 검정인 경우
      $H_1 : P_1 \neq P_2$일 때 $|Z_o| > Z_{1-\alpha/2}$이면 H_o를 기각한다.
   ㉡ 한쪽 검정인 경우
      $H_1 : P_1 > P_2$일 때 $Z_o > Z_{1-\alpha}$이면 H_o를 기각한다.
      $H_1 : P_1 < P_2$일 때 $Z_o < -Z_{1-\alpha}$이면 H_o를 기각한다.

2) 두 개의 모부적합률차 추정

$$\delta_{U.L} = |p_1 - p_2| \pm Z_{1-\alpha/2} \sqrt{\frac{p_1(1-p_1)}{n_1} + \frac{p_2(1-p_2)}{n_2}}$$

(4) 두 모결점수 차에 관한 검·추정

1) 두 모결점수차 검정

① 기본 가정을 파악한다.
   $m_1 \geq 5$, $m_2 > 5$이면 정규분포 근사법을 이용한다.

② 귀무가설과 대립가설을 설정한다.
　㉠ $H_o : m_1 = m_2$
　㉡ $H_1 : m_1 \neq m_2$ (양쪽 검정인 경우)
　㉢ $H_1 : m_1 > m_2$ 또는 $m_1 < m_2$ (한쪽 검정인 경우)

③ 유의수준을 정한다. ($\alpha = 0.05$ or 0.01)

④ 검정 통계량을 계산한다.
$$Z_o = \frac{(C_1 - C_2) - \delta}{\sqrt{C_1 + C_2}} \text{ (단, } \delta = m_1 - m_2 \text{ 이다.)}$$

⑤ 기각역을 구한다.

⑥ 검정 통계량의 값과 기각치를 비교하여 판정을 내린다.
　㉠ 양쪽 검정인 경우
　　$H_1 : m_1 \neq m_2$ 일 때 $|Z_o| > Z_{1-\alpha/2}$ 이면 H_o를 기각한다.
　㉡ 한쪽 검정인 경우
　　$H_1 : m_1 > m_2$ 일 때 $Z_o > Z_{1-\alpha}$ 이면 H_o를 기각한다.
　　$H_1 : m_1 < m_2$ 일 때 $Z_o < -Z_{1-\alpha}$ 이면 H_o를 기각한다.

2) 두 모결점수차 추정

$$\delta_{U.L} = |C_1 - C_2| \pm Z_{1-\alpha/2} \sqrt{C_1 + C_2}$$

(5) 적합도의 검정

어떤 도수분포가 주어져 있는 경우에 그 도수분포에 대응하는 모집단의 확률분포가 어떤 특정한 분포라고 보아도 좋은가 어떤가를 조사하고 싶을 때 이용한다.

1) 확률 p_i의 가정된 값을 정해주는 경우

① 귀무가설과 대립가설을 설정한다.
　$H_o : p_1 = p_2 = p_3 = \cdots = p_k$
　$H_1 : p_1 \neq p_2 \neq p_3 \neq \cdots \neq p_k$

② 유의수준을 정한다.($\alpha = 0.05$ or 0.01)

③ 검정 통계량을 계산한다.

$$\chi_o^2 = \sum \frac{(측정도수 - 기대도수)^2}{기대도수}$$
$$= \sum \frac{(O_i - E)^2}{E}$$
$$= \frac{\sum (X_i - m)^2}{m}$$

④ 기각역을 구한다.

⑤ 검정 통계량의 값과 기각치를 비교하여 판정을 내린다.
$\chi_o^2 \geq \chi_{1-\alpha}^2 (k-1)$이면 H_o를 기각한다.

2) 확률 p_i의 가정된 값이 완전히 정해지지 않은 경우

① 귀무가설과 대립가설을 설정한다.
H_o : Data는 어떤 특정분포를 따른다.
H_1 : Data는 어떤 특정분포를 따르지 않는다.

② 유의수준을 정한다.($\alpha = 0.05$ or 0.01)

③ 검정 통계량을 계산한다.

$$\chi_o^2 = \sum \frac{(측정도수 - 기대도수)^2}{기대도수}$$
$$= \sum \frac{(O_i - E_i)^2}{E_i}$$
$$= \frac{\sum (X_i - m_i)^2}{m_i}$$

④ 기각역을 구한다.

⑤ 검정 통계량의 값과 기각치를 비교하여 판정을 내린다.
$\chi_o^2 \geq \chi_{1-\alpha}^2 (k-p-1)$이면 H_o를 기각한다.
(단, p는 추정모수의 수이다.)

(6) 독립성의 검정

1) $r \times c$ 분할표에 의한 독립성의 검정

table의 두 속성 간에 독립관계의 여부를 결정하는 검정이다.

① 귀무가설과 대립가설을 설정한다.

$H_o : p_{ij} = p_i. \cdot p_{.j}$
$H_1 : p_{ij} \neq p_i. \cdot p_{.j}$
(단, $i = 1, 2 \cdots l, j = 1, 2, \cdots m$)
$p_{ij} = p(A_i B_j)$: A_i와 B_j에 동시에 속하는 확률이다.
$p_i. = p(A_i)$: A_i에 속하는 확률이다.
$p_{.j} = p(B_j)$: B_j에 속하는 확률이다.

② 유의수준을 정한다.($\alpha = 0.05$ or 0.01)

③ 귀무가설이 옳을 때에 $p_{ij} = p(A_i B_j)$의 추정치를 구한다.

$$p_{ij} = p_i. \cdot p_{.j} = \frac{n_i.}{n} \cdot \frac{n_{.j}}{n} = \frac{n_i. \cdot n_{.j}}{n^2}$$

∴ $A_i B_j$의 추정된 기대도수 $E_{ij} = n \cdot p_{ij} = \dfrac{n_i. \cdot n_{.j}}{n}$ 이다.

④ 검정통계량을 계산한다.

$$\chi_o^2 = \sum\sum \frac{(O_{ij} - E_{ij})^2}{E_{ij}}$$

⑤ 검정 통계량의 값과 기각치를 비교하여 판정을 내린다.
$\chi_o^2 \geq \chi_{1-\alpha}^2[(l-1)(m-1)]$이면 H_o를 기각한다.

2) $r \times c$ 분할표에 의한 동일성의 검정

각 속성에 속하는 비율이 모든 부차 모집단에 대해 동일하다고 보아도 좋은가의 검정이다.

① 귀무가설과 대립가설을 설정한다.

$H_o : p_{1j} = p_{2j} = p_{3j} = \cdots = p_{lj} = p_j$
$H_1 : p_{1j} \neq p_{2j} \neq p_{3j} \neq \cdots \neq p_{lj} \neq p_j$ (단, $j = 1, 2, 3, \cdots, m$)

② 유의수준을 정한다.($\alpha = 0.05$ 또는 0.01)

③ 귀무가설이 옳을 때에 A_iB_j에 속하게 되는 추정된 기대도수이다.

$$E_{ij} = (A_i\text{의 표본크기}) \times (\text{주어진 } A_i\text{에서 } B_j\text{에 속하게 되는 확률의 추정치})$$
$$= n_{i\,.} \cdot p_{ij} = \frac{n_{i\,.} \cdot n_{.\,j}}{n}$$

④ 검정 통계량을 계산한다.

$$\chi_o^2 = \sum\sum \frac{(O_{ij} - E_{ij})^2}{E_{ij}}$$

⑤ 검정 통계량의 값과 기각치를 비교하여 판정을 내린다.
$\chi_o^2 \geq \chi_{1-\alpha}^2[(l-1)(m-1)]$이면 H_o를 기각한다.

3) 2×2 분할법(Yates의 추정)

A \ B	B_1	B_2	합계
A_1	a	c	T_1
A_2	b	d	T_2
합계	T_A	T_B	T

① 귀무가설과 대립가설을 설정한다.

$H_o : p_1 = p_2$
$H_1 : p_1 \neq p_2$

② 유의수준을 정한다.($\alpha = 0.05$ or 0.01)

③ 검정 통계량을 계산한다.

$$\chi_o^2 = \frac{\left(\,|ad-bc| - \dfrac{T}{2}\right)^2 \cdot T}{T_1 \cdot T_2 \cdot T_A \cdot T_B}$$

④ 기각역을 구한다.

⑤ 검정 통계량의 값과 기각치를 비교하여 판정을 내린다.
$\chi_o^2 \geq \chi_{1-\alpha}^2(1)$이면 H_o를 기각한다.

SECTION 04 상관(Correlation), 회귀(Regression) 분석

대응되는 두 변량(X, Y)의 관계를 정의하는 것으로 두 변량의 관계를 상관으로 정의한다면, 일 변량이 또 다른 일 변량에 영향을 주는 상태를 회귀로 정의한다.

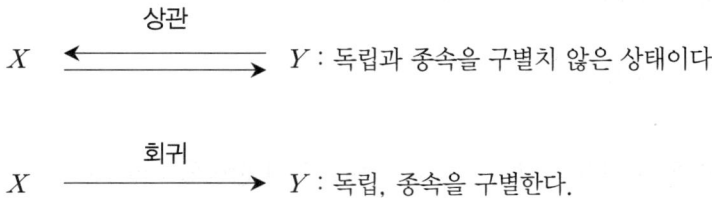

01 상관분석(Correlation Analysis)

(1) 산포도(산점도)

서로 대응되는 두 개의 짝으로 된 데이터를 그래프용지 위에 점으로 나타낸 그림이다.

〈산포도 작성 후 검토사항〉
① 점들의 분포로부터 X와 Y 사이에 관계가 있는지 검토한다.
② X와 Y가 직선 관계인가 곡선 관계인가 살펴본다.
③ 이상 Data가 없는지 확인한다.
④ 점들이 뚜렷하게 층별되는 경우가 있는지 검토한다.

1) 정상관(양상관)

일 변량이 증가하면 대응되는 일 변량이 증가하는 상태이다.

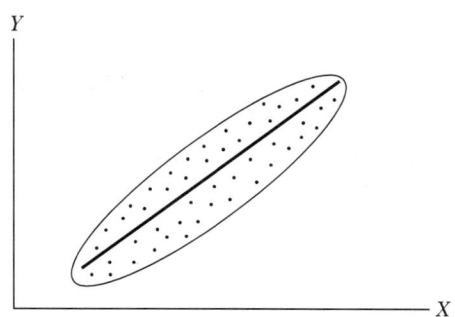

2) 부상관(음상관)

일 변량이 증가하면 또 다른 일 변량이 감소하는 상태이다.

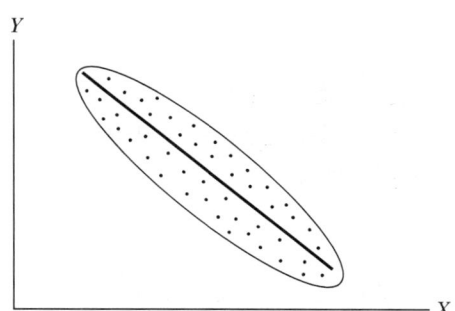

3) 무상관

두 변량 간에 아무런 관계도 존재치 않은 상태이다.

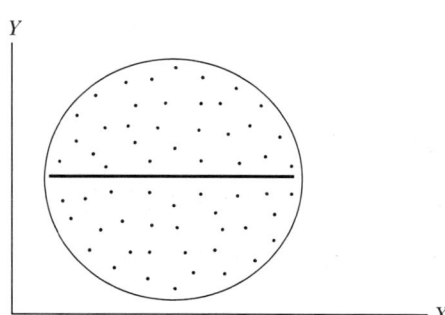

(2) 표본 상관계수 : r

두 변량의 관계를 정의하는 산포의 척도로서 $n \geq 3$ 이어야만 정의가 가능하다.

1) 시료 상관계수

$$r = \frac{S(XY)}{\sqrt{S(XX) \cdot S(YY)}}$$

$r = 0$: 무상관
$r < 0$: 음상관
$r > 0$: 양상관

2) 무상관 계수

$$\sigma = \frac{\sigma_{XY}^2}{\sigma_X \cdot \sigma_Y}$$

(단, $\sigma_{XY}^2 = \dfrac{S(XY)}{n-1}$

$\sigma_X^2 = \dfrac{S(XX)}{n-1}$

$\sigma_Y^2 = \dfrac{S(YY)}{n-1}$ 이다.)

※ r의 특성
- r의 범위는 $-1 \leq r \leq 1$ 이다.
- r의 값은 X, Y 간의 선형 관계를 나타내는 척도이다.
- r의 값이 ± 1로 가까이 갈수록 일정 경향선으로부터 산포는 작아진다.(완전상관)
- 수치변환을 해도 r은 변하지 않는다.

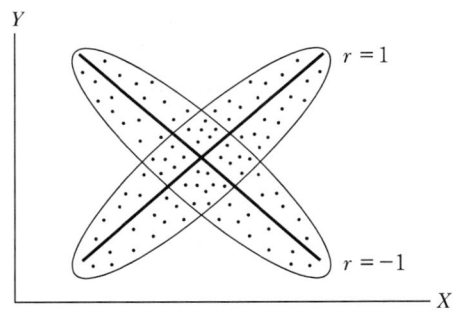

3) γ분포(γ - Distribution)

γ분포는 자유도($\nu = n - 2$)에 의해서 정의되는 분포로서 자유도가 적을 때는 $+1$, -1에 치우치고 자유도가 충분히 커지면 ρ값을 중심으로 좌우대칭의 분포를 한다.

① γ분포
㉠ $E(\gamma) = \sigma$

ⓛ $E(\gamma) = E\left[\dfrac{S(XY)}{\sqrt{S(XX) \cdot S(YY)}}\right]$

$= E\left[\dfrac{\dfrac{S(XY)}{\nu}}{\sqrt{\dfrac{S(XX) \cdot S(YY)}{\nu}}}\right]$

$= \dfrac{E(V_{XY})}{E\left[\sqrt{V_X \cdot V_Y}\right]}$

$= \dfrac{\sigma_{XY}^2}{\sigma_X \cdot \sigma_Y}$

따라서 $\sigma = \dfrac{\sigma_{XY}^2}{\sigma_X \cdot \sigma_Y}$ 이다.

γ분포표 : $\gamma_{1-\alpha/2}(\nu)$

② Z변환 분포

γ을 자연로그를 사용하여 수치 변환한 값을 Z라고 정의 할 때 Z가 이루는 분포로 자유도가 적어도 기대가를 중심으로 좌우대칭의 분포를 한다.

$Z = \dfrac{1}{2} \ln \dfrac{1+r}{1-r} = \tanh^{-1} r$

※ 기대치와 분산

- $E(Z) = \dfrac{1}{2} \ln \dfrac{1+\rho}{1-\rho} + \dfrac{\rho}{2(n-1)} \doteq \dfrac{1}{2} \ln \dfrac{1+\rho}{1-\rho} = \tanh^{-1} \rho$
- $V(Z) = \dfrac{1}{n-3}$
- $D(Z) = \dfrac{1}{\sqrt{n-3}}$

4) 상관유무의 검정($\rho = 0$ 검정)

모집단이 상관관계를 갖는가의 여부를 입증하려는 검정방법이다.

$\rho \neq 0$: 양쪽 검정
$\rho > 0$: 한쪽 검정
$\rho < 0$: 한쪽 검정

$r = \dfrac{S(XY)}{\sqrt{S(XX) \cdot S(YY)}}$

① 귀무가설과 대립가설을 설정한다.(양쪽 가설인 경우)

$H_o : \rho = 0$

$H_1 : \rho \neq 0$

② 유의수준을 정한다.($\alpha = 0.05$ 또는 0.01)

③ 검정 통계량을 계산한다.

㉠ γ표가 주어진 경우($n \geq 12$)

$$|\gamma_o| = \frac{S(XY)}{\sqrt{S(XX) \cdot S(YY)}}$$

㉡ t표가 주어진 경우(γ표가 주어지지 않았을 때 : $n < 12$)

$$t_o = \frac{\gamma}{\sqrt{\frac{1-\gamma^2}{n-2}}} = \frac{\gamma\sqrt{n-2}}{\sqrt{1-\gamma^2}}$$

④ 기각역을 구한다.

㉠ γ표가 주어진 경우

$\gamma_{1-\alpha/2}(\nu)$(단, $\nu = n-2$이다.)

㉡ t표가 주어진 경우

$t_{1-\alpha/2}(\nu)$(단, $\nu = n-2$이다.)

⑤ 검정 통계량의 값과 기각치를 비교하여 판정을 내린다.

㉠ γ표인 경우

$H_1 : \rho \neq 0$일 때 $|\gamma_o| > \gamma_{1-\alpha/2}(\nu)$이면 H_o를 기각한다.

㉡ t표인 경우

$H_1 : \rho \neq 0$일 때 $|t_o| > t_{1-\alpha/2}(\nu)$이면 H_o를 기각한다.

5) 모 상관계수의 검정($\rho \neq 0$ 검정)

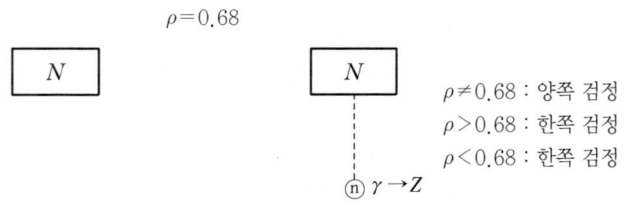

① 귀무가설과 대립가설을 설정한다.

$H_o : \rho = 0.68$

$H_1 : \rho \neq 0.68$

② 유의수준을 정한다. ($\alpha = 0.05$ or 0.01)

③ 검정 통계량을 계산한다.

$$Z_o = \frac{Z - E(Z)}{\sqrt{V(Z)}}$$

㉠ $Z = \frac{1}{2}\ln\frac{1+\gamma}{1-\gamma}$

㉡ $E(Z) = \frac{1}{2}\ln\frac{1+\rho}{1-\rho}$

㉢ $V(Z) = \frac{1}{n-3} \quad \left[D(Z) = \frac{1}{\sqrt{n-3}}\right]$

④ 기각역을 구한다.

$Z_{1-\alpha/2} = Z_{0.975} = 1.96$

⑤ 검정 통계량의 값과 기각치를 비교하여 판정을 내린다.

$H_1 : \rho \neq 0.68$일 때 $|Z_o| > Z_{1-\alpha/2}$이면 H_o를 기각한다.

6) 모 상관계수(ρ)의 추정

$$E(Z) = Z \pm Z_{1-\alpha/2} \cdot D(Z)$$
$$= Z \pm Z_{1-\alpha/2} \cdot \frac{1}{\sqrt{n-3}}$$

$E(Z_L) \leq E(Z) \leq E(Z_U)$

따라서 $E(Z)$을 ρ로 변환하면 $\tanh E(Z_L) \leq \rho \leq \tanh E(Z_U)$가 된다.

02 회귀분석(Regression Analysis)

회귀분석은 변수들 간의 함수적인 관련성을 규명하기 위하여 어떤 수학적 모형을 가정하고, 이 모형을 측정된 변수들의 자료로부터 추정하는 통계적 분석방법이다.

$$X \longrightarrow Y$$
독립변량 　　　　　　종속변량

X	$x_1\ x_2\ x_3\ \cdots\ x_n$	$\sum X_i$
Y	$y_1\ y_2\ y_3\ \cdots\ y_n$	$\sum Y_i$

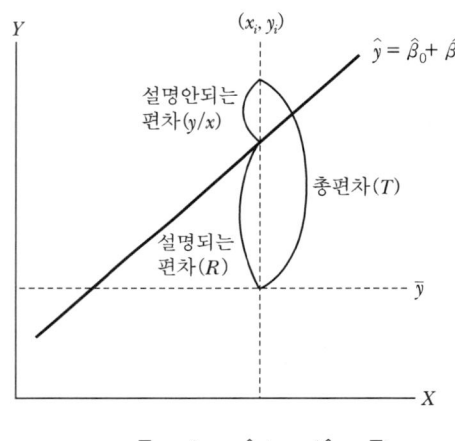

여기서, $S_T = [S(yy)]$: 총변동

　　　　S_R : 1차회귀의 변동(회귀에 기인하는 변동)

　　　　$S_{y/x}$: 회귀로부터의 변동(잔차변동)

$$\underbrace{y_i - \overline{y}}_{T} = \underbrace{(y_i - \hat{y}_i)}_{y/x} + \underbrace{(\hat{y}_i - \overline{y})}_{R}$$

※ plot된 점이 n개이면 성향 분해는 최대 $n-1$차까지 가능하다.

$$S_T = S_1 + S_2 + S_3 + S_4 + \cdots + S_{(n-1)} + S_E$$

(1) 1차 회귀분석

1) 귀무가설과 대립가설을 설정한다.

　　$H_o : \beta_1 = 0$ (의미 없다.)

　　$H_1 : \beta_1 \neq 0$ (1차 회귀로 볼 수 있다.)

2) 유의수준을 정한다. ($\alpha = 0.05$ 또는 0.01)

3) 검정 통계량을 계산한다.

$$F_o = \frac{V_R}{V_{y/x}} > 1$$

① 변동의 분해

$$S_T = S_R + S_{y/x}$$

여기서, S_R : 1차 회귀의 변동(회귀에 기인하는 변동)

$S_{y/x}$: 회귀로부터의 변동(잔차변동)

⇒ 수치변환을 해도 상관계수 값은 변함이 없다.

㉠ $S_T = S(YY) = \sum Y_i^2 - \dfrac{(\sum Y_i)^2}{n}$

㉡ $S_R = \dfrac{[S(XY)]^2}{S(XX)}$

- $S(XX) = \sum X_i^2 - \dfrac{(\sum X_i)^2}{n}$
- $S(XY) = \sum X_i Y_i - \dfrac{\sum X_i \cdot \sum Y_i}{n}$
- $S_{y/x} = S_T - S_R$

② 자유도 분해

㉠ $\nu_T = \nu_{yy} = n - 1$
㉡ $\nu_R = 1$
㉢ $\nu_{y/x} = \nu_T - \nu_R = n - 2$

4) 기각역을 구한다.

$F_{1-\alpha}(1, n-2)$

5) 검정 통계량의 값과 기각치를 비교하여 판정을 내린다.

$H_1 : \beta_1 \neq 0$ 일 때 $F_o > F_{1-\alpha}(\nu_R, \nu_{y/x})$ 이면 H_o를 기각한다.(1차 회귀로 볼 수 있다.)

(2) 단순 회귀직선의 추정

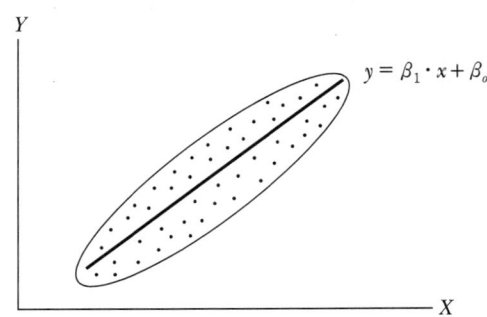

※ 일정 경향선으로부터 점들의 산포가 최소로 되게 직선을 추정한다.

- 최소 자승법

$$y - \bar{y} = \hat{\beta}_1 (x - \bar{x})$$

① $\bar{x} = \dfrac{\sum x_i}{n}$ ② $\bar{y} = \dfrac{\sum y_i}{n}$ ③ $\hat{\beta}_1 = \dfrac{S(xy)}{S(xx)}$

(3) 결정계수 : R^2

총변동에서의 회귀변동의 구성비를 나타낸 계수로 회귀의 기여율이라고 하며, 상관계수의 제곱을 시킨 값과 동일하게 된다.

$$R^2 = \dfrac{S_R}{S_T}$$

$$= \dfrac{\dfrac{[S(XY)]^2}{S(XX)}}{S(YY)}$$

$$= \dfrac{[S(XY)]^2}{S(XX) \cdot S(YY)}$$

$$= \left(\dfrac{S(XY)}{\sqrt{S(XX) \cdot S(YY)}} \right)^2$$

$$= r^2$$

여기서 단순회귀로부터 구해진 결정계수 R^2으로부터 상관계수 r을 구하려면 $r = \pm \sqrt{R^2}$으로 $\hat{\beta}_1$이 음의 값이면 $r = -\sqrt{R^2}$이고, $\hat{\beta}_1$이 양의 값이면 $r = +\sqrt{R^2}$으로 된다.

(4) 방향계수($\hat{\beta}$)의 검정

1) 귀무가설과 대립가설을 설정한다. (양쪽가설인 경우)

$H_o : \beta = 1.2$
$H_1 : \beta \neq 1.2$

2) 유의수준을 정한다. ($\alpha = 0.05$ 또는 0.01)

3) 검정 통계량을 계산한다.

$$t_o = \frac{\hat{\beta} - E(\hat{\beta})}{D(\hat{\beta})}$$

㉠ $E(\hat{\beta}) = \beta$

㉡ $D(\hat{\beta}) = \sqrt{\dfrac{V_{y/x}}{S(XX)}}$

※ 방향계수는 $\nu = n-2$의 t분포를 따른다.

4) 기각역을 구한다.

$t_{1-\alpha/2}(n-2)$

5) 검정 통계량의 값과 기각치를 비교하여 판정을 내린다.

$H_1 : \beta \neq 1.2$ 일 때 $|t_o| > t_{1-\alpha/2}(\nu)$이면 H_o를 기각한다.

(5) 방향계수($\hat{\beta}$)의 추정

$$E(\hat{\beta}) = \hat{\beta} \pm t_{1-\alpha/2}(\nu)\sqrt{V(\hat{\beta})}$$
$$= \hat{\beta} \pm t_{1-\alpha/2}(n-2)\sqrt{\frac{V_{y/x}}{S(XX)}}$$

(6) $E(y)$의 검정

1) 귀무가설과 대립가설을 설정한다.

$H_o : E(y) = \eta_o$
$H_1 : E(y) \neq \eta_o$

2) 유의수준을 정한다. ($\alpha = 0.05$ or 0.01)

3) 검정 통계량을 계산한다.

$$t_o = \frac{\hat{y} - E(\hat{y})}{\sqrt{V(\hat{y})}} = \frac{(\hat{\beta}_o + \hat{\beta}_1 \cdot x_o) - \eta_o}{\sqrt{V_{y/x} \cdot \left(\frac{1}{n} + \frac{(x_o - \overline{x})^2}{S(xx)}\right)}}$$

4) 기각역을 구한다.

$t_{1-\alpha/2}(n-2)$

5) 검정 통계량의 값과 기각치를 비교하여 판정을 내린다.

$H_1 : E(y) \neq \eta_o$ 일 때 $|t_o| > t_{1-\alpha/2}(n-2)$이면 H_o를 기각한다.

(7) $E(y)$의 추정

$$E(\hat{y}) = \hat{y} \pm t_{1-\alpha/2}(\nu)\sqrt{V(\hat{y})}$$
$$= (\hat{\beta}_o + \hat{\beta}_1 \cdot x_o) \pm t_{1-\alpha/2}(n-2)\sqrt{V_{y/x} \cdot \left(\frac{1}{n} + \frac{(x_o - \overline{x})^2}{S(XX)}\right)}$$

▼ 회귀 모수 추정치의 분산

모수	점 추정치	분산
β_o	$\hat{\beta}_o = \hat{y} - \hat{\beta} \cdot \overline{x}$	$\left(\frac{1}{n} + \frac{(\overline{X})^2}{S(XX)}\right) \cdot \sigma_{y/x}^2$
β_1	$\hat{\beta}_1 = \frac{S(XY)}{S(XX)}$	$\frac{\sigma_{y/x}^2}{S(XX)}$
$E(\hat{y})$	$\hat{y} = \hat{\beta}_o + \hat{\beta}_1 \cdot x_o$	$\left(\frac{1}{n} + \frac{(x_o - \overline{x})^2}{S(XX)}\right) \cdot \sigma_{y/x}^2$

※ 여기서 $\sigma_{y/x}^2$ 대신 시료잔차분산인 $V_{y/x}$를 사용한다.

SECTION 05 실전문제

01 확률변수 X의 확률 분포가 다음과 같다.

X	1	2	4	7	11	계
$P(X=x)$	0.1	0.2	0.4	0.2	0.1	1.00

(1) $P[3 \leq X \leq 7]$을 구하시오.
(2) $E(X), V(X)$를 구하시오.
(3) $Y = 3X - 3$이라 할 때 $E(Y)$를 구하시오.(단, 소수점 2자리까지 구하시오.)

[풀이]

이산확률변수 X의 $p.d.f$를 $p(x)$라 할 때

(1) $P_r[3 \leq X \leq 7] = \sum\limits_{2 \leq x \leq 8} p(x) = 0.4 + 0.2 = 0.60$

(2) $E(X) = \sum x \cdot p(x)$
$= 1 \times 0.1 + 2 \times 0.2 + 4 \times 0.4 + 7 \times 0.2 + 11 \times 0.1 = 4.6$

$V(X) = \sum x^2 \cdot p(x) - \mu^2$
$= 1^2 \times 0.1 + 2^2 \times 0.2 + 4^2 \times 0.4 + 7^2 \times 0.2 + 11^2 \times 0.1 - (3.84)^2 ≒ 8.04$

(3) $E(Y) = E(3X-3) = 3E(X) - 3 = 3 \times 3.84 - 3 = 10.8$

02 어느 케미컬공장에서 제조하는 약품의 순도규격은 90% 이상이었다. 이미 $X \sim N(96\%, 2.0^2)$을 따르는 공정임을 알고 있을 때 부적합품이 나올 확률은 얼마인지 구하시오.

[풀이]

$$P(X < 90) = P\left[Z < \frac{S_L - \mu}{\sigma}\right]$$
$$= P\left[Z < \frac{90 - 96}{2.0}\right]$$
$$= P(Z < -3.0)$$
$$= 0.0013 (0.13\%)$$

03 어떤 제철소에서 제조하는 주물 괴의 무게는 다음 공정에서 전류효율에 영향을 미치므로 한 매당 중량의 규격치를 200±5kg으로 하고 있다. 이제 어떤 로트의 평균치가 197.5kg이었다면, 규격 외로 나가는 비율은 얼마인가?(단, 공정은 정규분포를 따르며 표준편차가 2.0kg이다.)

풀이

$S_U = 205\text{kg}$, $S_L = 195\text{kg}$이므로

$P = P(X > 205) + P(X < 195)$

$= P\left[Z > \dfrac{S_U - \mu}{\sigma}\right] + P\left[Z < \dfrac{S_L - \mu}{\sigma}\right]$

$= P\left[Z > \dfrac{205 - 197.5}{2.0}\right] + P\left[Z < \dfrac{195 - 197.5}{2.0}\right]$

$= P[Z > 3.75] + P[Z < -1.25] = 0 + 0.106 = 0.106$

04 부적합품률 p가 5.0%인 어느 공정에서 시료($n = 10$)개를 랜덤하게 채취하였을 때 그 안에 부적합품의 수 X가 2개 이상 나올 확률은 얼마인가?

풀이

확률변수 X는 이항분포를 따르고, 따라서 X의 $c.d.f$는 다음과 같다.

$P(X \geq x) = 1 - P(X < 2)$

$\qquad = 1 - \displaystyle\sum_{x_i < 2} p(x_i)$

$\qquad = 1 - [p(0) + p(1)]$

$\qquad = 1 - \left[\dbinom{10}{0}(0.05)^0(0.95)^{10} + \dbinom{10}{1}(0.05)^1(0.95)^9\right]$

$\qquad = 1 - (0.5987 + 0.3151) = 0.0862(8.62\%)$

05 부적합품률 p가 1.0%인 컨베이어 라인에서 $n = 10$의 랜덤샘플링을 하였을 때 샘플 속에 부적합품이 1개 포함되어 있을 확률은 얼마인가?

풀이

$N/n \geq 10$, $p = 1.0\% < 10\%$이므로 부적합품의 수 X는 푸아송 분포를 따른다.

$m = np = 10 \times 0.01 = 0.1$이므로

$P(X = 1) = p(1) = \dfrac{e^{-m}m^x}{x!} = \dfrac{e^{-0.1}(0.1)^1}{1!} \fallingdotseq 0.03678(3.678\%)$

06 어떤 제조공장에서 제조되는 부품의 특성치는 $\mu = 40.1\text{mm}$, $\sigma = 0.08\text{mm}$인 정규분포를 하고 있다. 이 제조공정에서 오늘 제조한 부품 중 25개의 샘플을 구한 뒤 특성치를 측정한 결과 $\bar{x} = 40.12\text{mm}$가 되었다. 신뢰수준 95%로 모평균에 차이가 있는지를 검정하시오. (단, $\alpha = 0.05$이다.)

[풀이]

① $H_0 : \mu = 40.1\text{mm}$, $H_1 : \mu \neq 40.1\text{mm}$

② $\alpha = 0.05$

③ 검정통계량 : $|Z_0| = \dfrac{|\overline{X} - \mu_0|}{\sigma/\sqrt{n}} = \dfrac{|40.12 - 40.10|}{0.08/\sqrt{25}} = 1.25$

④ 기각역 $Z_{1-\alpha/2} = Z_{0.975} = 1.96$

⑤ 판정 : $|Z_0| = 1.25 < Z_{0.975} = 1.96$이므로 H_0을 기각할 수 없다. 따라서 $\alpha = 0.05$로 모평균에 차이가 있다고 할 수 없다.

07 A사 제조품과 B사 제조품의 재료로부터 각각 8개, 12개씩 랜덤 샘플링하여 강도를 측정한 결과 다음 데이터가 나왔다. A사와, B사의 모평균에 대한 차이가 있다고 할 수 있겠는가? (단, A사의 표준편차는 4kg, B사의 표준편차는 5kg이고 $\alpha = 0.05$이다.)

A사	50	44	40	37	46	44	45	47				
B사	39	39	43	46	37	44	40	38	39	41	39	36

[풀이]

① $H_0 : \mu_A = \mu_B$, $H_1 : \mu_A \neq \mu_B$

② $\alpha = 0.05$, $\sigma_A = 4$, $\sigma_B = 5$이고 $n_A = 8$, $n_B = 12$

③ 검정통계량의 계산

$$|Z_0| = \dfrac{|\overline{x_A} - \overline{x_B}|}{\sqrt{\dfrac{\sigma_A^2}{n_A} + \dfrac{\sigma_B^2}{n_B}}} = \dfrac{\left(\dfrac{353}{8}\right) - \left(\dfrac{481}{12}\right)}{\sqrt{\dfrac{(4)^2}{8} + \dfrac{(5)^2}{12}}} = \dfrac{44.125 - 40.083}{2.02} \fallingdotseq 2.00$$

④ 기각역 : $Z_{1-\alpha/2} = Z_{0.975} = 1.96$

⑤ 판정

$|Z_0| = 2.00 > Z_{0.975} = 1.96$이므로 H_o을 기각할 수 있다. 즉, $\alpha = 0.05$로 A사와 B사의 모평균에 차이가 있다고 할 수 있다.

08 원료 A와 원료 B에 대한 매일 매일의 제품의 순도(%)는 다음과 같다. 원료 A와 원료 B에서 순도의 모평균치에 차이가 있겠는가를 유의수준 5%로 검정하시오.(단, 원료 A와 원료 B에서 순도의 모분산은 잘 모르지만 같다고 가정한다.)

원료 A	74.9	73.9	74.7	74.3	75.8	74.2
원료 B	75.2	75.0	75.3	76.9	75.0	

[풀이]

① $H_0 : \mu_A = \mu_B \quad H_1 : \mu_A \neq \mu_B$

② σ_A^2, σ_B^2은 미지이나 $\sigma_A^2 = \sigma_B^2 = \sigma^2$이고, $\alpha = 0.05$, $n_A = 6$, $n_B = 5$이며,

$$S_A = \sum X_A^2 - \frac{(\sum X_A)^2}{n_A} = 33,523.08 - \frac{(447.8)^2}{6} = 2.273$$

$$S_B = \sum X_B^2 - \frac{(\sum X_B)^2}{n_B} = 28,488.74 - \frac{(377.4)^2}{5} = 2.588$$

$$\therefore s^2 = \frac{S_A + S_B}{\nu_A + \nu_B} = \frac{2.273 + 2.588}{(6-1) + (5-1)} = 0.540$$

③ 검정통계량의 계산

$$|t_0| = \frac{|\overline{X_A} - \overline{X_B}|}{\sqrt{s^2 \left(\frac{1}{n_A} + \frac{1}{n_B}\right)}} = \frac{|(447.8/6) - (377.4/5)|}{\sqrt{0.540 \left(\frac{1}{6} + \frac{1}{5}\right)}}$$

$$= \frac{|74.63 - 75.48|}{0.445} = 1.91$$

④ 기각역 : $t_{1-\alpha/2}(n_A + n_B - 2) = t_{0.975}(9) = 2.262$

⑤ 판정 : $|t_0| = 1.91 < t_{0.975}(9) = 2.262$이므로 H_0을 기각할 수 없다. 따라서 $\alpha = 0.05$로 두 모집단 간의 순도의 모평균치에 차이가 있다고 할 수 없다.

09 25마리의 젖소를 키우는 목장에서 2종류 사료가 우유 생산량에 미치는 영향을 비교하려고 한다. 25마리 가운데 임의로 선택된 13마리에게는 한 종류의 사료를 주고 나머지에게는 다른 종류의 사료를 주어 3주일간 조사한 결과가 다음과 같이 나타났다.

(1) 사료에 따른 우유 생산량에 차이가 있는가 없는가를 유의수준 5%로 가설검정(양측검정)하시오.(단, 사료에 따른 우유 생산량의 분포는 σ가 같은 정규분포를 하고 미지이다.)

(2) (1)에서 얻은 결론에 따른 경우 이들 사료의 종류에 따른 우유생산량의 차이에 대한 95% 신뢰구간을 구하여 보시오.

시료 1	44	44	56	46	47	38	58	53	49	35	46	30	41
시료 2	35	47	55	29	40	39	32	41	42	57	51	39	

풀이

(1) 두 개의 모평균차의 검정

① $H_0 : \mu_1 = \mu_2$, $H_1 : \mu_1 \neq \mu_2$

② $\alpha = 0.05$이고 σ미지이며, $n_1 = 13$ $n_2 = 12$ 등분산 $(\sigma_1 = \sigma_2)$ 경우이다.
 $\nu = n_1 + n_2 - 2 = 23$이므로

③ 기각역 $R : |t_0| > t_{1-a/2}(v) = t_{0.975}(23) = 2.069$

④ 검정통계량의 계산

$$|t_0| = \frac{|\overline{X_1} - \overline{X_2}|}{\sqrt{s^2\left(\frac{1}{n_1} + \frac{1}{n_2}\right)}} = \frac{45.15 - 42.25}{\sqrt{(69.91)\left(\frac{1}{13} + \frac{1}{12}\right)}} \fallingdotseq \frac{2.90}{3.347} \fallingdotseq 0.866$$

위에서 $\overline{X_1} = 45.15$, $\overline{X_2} = 42.25$ 이며

또한 $S_1 = \sum X_1^2 - (\sum X_1)^2/n_1 = 27{,}273 - (587)^2/13 \fallingdotseq 767.69$

$S_2 = \sum X_2^2 - (\sum X_2)^2/n_2 = 22{,}261 - (507)^2/12 \fallingdotseq 840.25$ 이므로

$$s^2 = \frac{S_1 + S_2}{\nu_1 + \nu_2} = \frac{767.69 + 840.25}{(13-1) + (12-1)} \fallingdotseq 69.91$$

⑤ 판정 : $|t_0| = 0.866 < t_{0.975}(23) = 2.069$이 성립되므로 유의수준 5%로 H_0을 채택한다. 즉, 사료에 따른 우유 생산량에 차이가 있다고 할 수 없다.

(2) 두 모평균차의 신뢰구간 추정

$$\therefore \widehat{\mu_1 - \mu_2} = (\overline{X_1} - \overline{X_2}) \pm t_{1-a/2}(n_1 + n_2 - 2)\sqrt{s^2\left(\frac{1}{n_1} + \frac{1}{n_2}\right)}$$

$$= (45.15 - 42.25) \pm t_{0.975}(23)\sqrt{(69.91)\left(\frac{1}{13} + \frac{1}{12}\right)}$$

$$= 2.90 \pm (2.069)(3.347) = 2.90 \pm 6.92 = (0,\ 9.82)$$

10 어떤 회로에 사용되는 특수 자기의 소성 수축률은 지금까지 장기간에 걸쳐서 관리상태에 있으며, 그 표준편차는 0.10%이다. 원가절감을 위해 A회사의 원료를 사용하는 것이 어떤가를 검토하고 있다. A회사의 원료의 소성 수축률을 시험하였더니 〈표〉(단위 : %)와 같았다. 이 데이터에 의해서 소성 수축률의 산포가 지금까지의 값에 비해 달라졌는가의 여부를 유의 수준 5%로 검정하시오. 또한 모분산의 신뢰율 95%로 구간 추정하시오.

| 2.2 | 2.4 | 2.1 | 2.5 | 2.0 | 2.8 |
| 2.4 | 2.5 | 2.3 | 2.9 | 2.7 | |

[풀이]

(1) 1개의 모분산에 관한 검정

① $H_0 : \sigma^2 = 0.10^2 (\sigma_0^2)$ $H_1 : \sigma^2 \neq 0.10^2$

② $\alpha = 0.05$, $n = 11$

③ 검정통계량

$$\chi_0^2 = \frac{S}{\sigma_0^2} = \frac{0.805}{0.10^2} = 80.5$$

위에서 $S = \sum X^2 - (\sum X)^2 / n = 66.1 - (26.8)^2 / 11 = 0.805$

④ 기각역 $\chi_0^2 > \chi_{1-a/2}^2 (\nu) = \chi_{0.975}^2 (10) = 20.5$

또는 $\chi_0^2 < \chi_{a/2}^2 (v) = \chi_{0.025}^2 (10) = 3.25$

⑤ 판정 : $\chi_0^2 = 80.5 > \chi_{0.975}^2 (10) = 20.5$이 성립되므로 유의수준 5%로 H_0을 기각한다. 즉, 소성수축률의 산포가 달라졌다고 할 수 있다.

(2) ① 모분산의 95% 신뢰상한 U

$$\sigma_U^2 = \frac{S}{\chi_{0.025}^2 (10)} = \frac{0.805}{3.25} = 0.248 (\%)$$

② 모분산의 95% 신뢰하한 L

$$\sigma_L^2 = \frac{S}{\chi_{0.975}^2 (10)} = \frac{0.805}{20.5} = 0.039 (\%)$$

따라서 모분산의 신뢰율 95% 신뢰구간은 다음과 같다.

$0.039\% \leq \sigma^2 \leq 0.248\%$

11 A, B 두 회사로부터 구입한 동일 품종의 금속재료가 있다. 각각의 인장강도를 조사한 결과 다음의 데이터를 얻었다. (단, 단위는 kg/mm^2)

(1) 양 재료의 모분산에 유의차가 있는가? $\alpha = 0.05$로 검정하시오.
(2) 양 재료의 모평균에 유의차가 있는가? $\alpha = 0.05$로 검정하시오.

재료 A	52	47	50	51	46	51	51	50	49
재료 B	53	56	54	54	58	52	50		

풀이

(1) 〈등분산의 검정〉

① $H_0 : \sigma_A^2 = \sigma_B^2$, $H_1 : \sigma_A^2 \neq \sigma_B^2$

② $\alpha = 0.05$, $\nu_A = n_A - 1 = 9 - 1 = 8$, $\nu_B = n_B - 1 = 7 - 1 = 6$이고

$$V_A = \frac{S_A}{\nu_A} = \frac{1}{\nu_A}\left[\sum X_A^2 - \frac{(\sum X_A)^2}{n_A}\right] = \frac{1}{8}\left[22{,}233 - \frac{(447)^2}{9}\right] = 4$$

$$V_B = \frac{S_B}{\nu_B} = \frac{1}{\nu_B}\left[\sum X_B^2 - \frac{(\sum X_B)^2}{n_B}\right] = \frac{1}{6}\left[20{,}345 - \frac{(377)^2}{7}\right] = 6.81$$

③ 검정통계량 $F_0 = \dfrac{V_B}{V_A} = \dfrac{6.81}{4} = 1.70$ $(V_B > V_A)$

④ 기각역 $F_{1-\alpha/2}(\nu_B, \nu_A) = F_{0.975}(6, 8) = 4.65$

또는 $F_{\alpha/2}(\nu_B, \nu_A) = F_{0.025}(6, 8) = \dfrac{1}{F_{0.975}(8, 6)} = \dfrac{1}{5.60} \fallingdotseq 0.179$

⑤ 판정 : $F_{0.025}(6, 8) = 0.0179 < F_0(=1.70) < F_{0.975}(6, 8) = 4.65$가 성립되므로 유의수준 5%로 H_0를 채택한다. 즉, 양 재료의 모분산에 유의차가 없다.

(2) 두 집단 간 모평균차의 검정 (등분산)

① $H_0 : \mu_A = \mu_B$, $H_1 : \mu_A \neq \mu_B$

② $\alpha = 0.05$, $\sigma_A^2 = \sigma_B^2$이고 σ미지, $\overline{X_A} \fallingdotseq 49.667$, $\overline{X_B} \fallingdotseq 53.857$이며

$$\therefore s^2 = \frac{S_A + S_B}{\nu_A + \nu_B} = \frac{\nu_A V_A + \nu_B V_B}{\nu_A + \nu_B} = \frac{8 \times 4 + 6 \times 6.81}{8 + 6} \fallingdotseq 5.20$$

③ 검정통계량의 계산

$$|t_0| = \frac{|\overline{X_A} - \overline{X_B}|}{\sqrt{s^2\left(\dfrac{1}{n_A} + \dfrac{1}{n_B}\right)}} = \frac{|49.667 - 53.857|}{\sqrt{5.20\left(\dfrac{1}{9} + \dfrac{1}{7}\right)}} = \frac{4.190}{1.149} \fallingdotseq 3.647$$

④ 기각역 $t_{1-a/2}(v_A + v_B) = t_{0.975}(14) = 2.145$

⑤ 판정 : $|t_0| = 3.647 > t_{0.975}(14) = 2.145$ 이므로 H_0 기각한다. 따라서 $\alpha = 0.05$로 양 재료의 인장강도는 다르다고 할 수 있다.

12 어느 주물공장에서 종래 공정의 부적합품은 12%였다. 주입방법을 변경하여 부적합품률이 감소했는가를 알아보기 위해 변경 후의 제품을 120개 검사해 본 결과 부적합품이 2개 발견되었다.

(1) 변경 후의 공정 부적합품률이 종래의 부적합품률보다 감소했는가를 검정하시오. ($\alpha = 0.05$)
(2) 변경 후의 공정 부적합품률을 신뢰율 95%로 구간 추정하시오.

풀이

(1) 검정

① $H_0 : p \geq 0.12(p_0), \ H_1 : p < 0.12$

② $\alpha = 0.05, \ np_0 = 120 \times 0.12 = 14.4 > 5$ 이므로 정규분포근사법을 이용한다.

③ 검정통계량의 계산

$$\hat{p} = \frac{\sum nP}{n} = \frac{2}{120} \fallingdotseq 0.017$$

$$\therefore Z_0 = \frac{\hat{p} - p_0}{\sqrt{\dfrac{p_0(1-p_0)}{n}}} = \frac{0.017 - 0.12}{\sqrt{\dfrac{(0.12)(0.88)}{120}}} = -3.47$$

④ 기각역 $-Z_{1-a} = -Z_{0.95} = -1.645$

⑤ 판정 : $Z_0 = -3.47 < -Z_{0.95} = -1.645$가 성립되므로 H_0을 유의수준 5%로 기각한다. 즉, 종래의 부적합품률보다 감소했다고 할 수 있다.

(2) $\alpha = 0.05, \ \hat{p} = 0.017$ 이므로

$$\therefore p = \hat{p} \pm Z_{1-a/2}\sqrt{\dfrac{\hat{p}(1-\hat{p})}{n}} = 0.017 \pm Z_{0.975}\sqrt{\dfrac{0.017(1-0.017)}{120}}$$
$$= 0.017 \pm (1.96)(0.0118) = 0.017 \pm 0.023 = (0, \ 0.040)$$

13 어떤 감광지 제조공장에서 농도가 다른 용액 A, B에 의한 변색 정도를 알아보기 위해서 감광지의 시험시편을 연속 투입하여 실험한 결과는 표와 같았다. 용액의 농도 A, B에 따라 부적합품 매수의 출현에 차이가 있다고 할 수 있겠는가를 유의수준 5%로 검정하시오.(단, 정규분포 근사법으로 하시오. 즉 $n_A p_A \geq 5$, $n_B p_B \geq 5$ 모두 만족시킨다.)

농도	적합품 매수	부적합품 매수	합계
A	738	62	800
B	570	30	600
합계	1,308	92	1,400

[풀이]

① $H_0 : p_A = p_B \qquad H_1 : p_A \neq p_B$

② $\alpha = 0.05$, $\hat{p} = \dfrac{X_A + X_B}{n_A + n_B} = \dfrac{62 + 30}{800 + 600} = 0.0657$

$\hat{p_A} = \dfrac{X_A}{n_A} = \dfrac{62}{800} = 0.0775$

$\hat{p_B} = \dfrac{X_B}{n_B} = \dfrac{30}{600} = 0.05$

③ 검정통계량

$|Z_0| = \dfrac{|\hat{p_A} - \hat{p_B}|}{\sqrt{\hat{p}(1-\hat{p})\left(\dfrac{1}{n_A} + \dfrac{1}{n_B}\right)}} = \dfrac{|0.0775 - 0.05|}{\sqrt{0.0657(1-0.0657)\left(\dfrac{1}{800} + \dfrac{1}{600}\right)}} = 2.055$

④ 기각역 $Z_{1-\alpha/2} = Z_{0.975} = 1.96$

⑤ 판정 : $|Z_0| = 2.055 > Z_{0.975} = 1.96$이 성립되므로 H_0을 유의수준 5%로 기각할 수 있다. 즉, 용액의 농도 A, B에 따라 부적합품 매수의 출현에 차이가 있다고 할 수 있다.

14 어떤 공장에서 5대의 기계를 운전하고 있는 제품공정이 있다. 각 기계마다 일정기간 내의 고장횟수를 조사하였더니 아래와 같다. 기계에 따라 고장횟수가 다르다고 할 수 있는지 검정하시오.(단, $\alpha = 0.05$)

기계	A	B	C	D	E
횟수	10	9	15	7	12

[풀이]

① $H_0 : p_A = p_B = p_C = p_D = p_E$
  H_1 : 기계에 따라 고장횟수가 다르다.

② $\alpha = 0.05$, $k = 5$, $n = 53$

③ 검정통계량

	A	B	C	D	E	합계
측정횟수(n_i)	10	9	15	7	12	53(n)
가정된 확률(p_{i0})	1/5	1/5	1/5	1/5	1/5	1.00
기대횟수(np_{i0})	10.6	10.6	10.6	10.6	10.6	53
$(n_1 - np_{i0})^2 / np_{i0}$	0.034	0.242	1.826	1.223	0.185	3.510(x_0^2)

④ 기각역 : $\chi^2_{1-\alpha}(k-1) = \chi^2_{0.95}(4) = 9.49$

⑤ 판정 : $\chi^2_0 = 3.510 < \chi^2_{0.95}(4) = 9.49$이 성립되므로 유의수준 5%로 H_0를 채택한다. 즉, 기계에 따라 고장횟수가 다르다고 할 수 없다.

15 두 개의 회사로부터 납품된 원료의 성분 함유율을 인수 검사한 결과가 다음과 같다. 회사 간의 부적합품률에 차이가 있다고 할 수 있는지를 Yates 공식을 이용하여 검정하시오. (단, $\alpha = 0.05$)

회사 \ 적·부	적합품	부적합품	계
A	120	30	150
B	175	25	200
계	295	55	350

[풀이]

① $H_0 : p_A = p_B$, $H_1 : p_A \neq p_B$

② $\alpha = 0.05$

③ 검정통계량의 계산

$$\chi^2_0 = \frac{\left(|ad-bc|-\frac{T}{2}\right)^2 \cdot T}{T_1 \cdot T_2 \cdot T_A \cdot T_B} = \frac{\left(|120 \times 25 - 30 \times 175| - \frac{350}{2}\right)^2 (350)}{295 \times 55 \times 150 \times 200} = 3.096$$

④ 기각역 : $\chi^2_{1-a}(1) = \chi^2_{0.95}(1) = 3.84$

⑤ 판정 : $\chi^2_0 = 3.096 < \chi^2_{0.95}(1) = 3.84$가 성립되므로 유의수준 5%로 H_0를 기각할 수 없다. 즉, 두 회사 간의 부적합품률에 차이가 있다고 할 수 없다.

16 협력업체 A, B, C, D사로부터 납품된 부품을 1급, 2급, 3급품으로 분류하였더니 다음 표와 같은 데이터가 얻어졌다. 협력업체에 따라 각 등급품이 나오는 것이 다르다고 할 수 있는가?(단, 위험률 5%)

	1급품	2급품	3급품	계
A	17	17	12	46
B	8	11	19	38
C	7	14	28	49
D	9	11	13	33
계	41	53	72	166

[풀이]

독립성의 검정

① $H_0 : P_{ij} = P_{i\cdot} \cdot P_{\cdot j}$, $H_1 : P_{ij} \neq P_{i\cdot} \cdot P_{\cdot j}$(단, $i=1$: 1급, $i=2$: 2급, $i=3$: 3급, $j=1$: A사, $j=2$: B사, $j=3$: C사, $j=4$: D사)

② $\alpha = 0.05$이고 $r=3$, $c=4$이므로 $\nu = (r-1)(c-1) = 6$

③ 검정통계량

		A($j=1$)	B($j=2$)	C($j=3$)	D($j=4$)	합계
1급품 ($i=1$)	n_{1j}	17	8	7	9	41($T_{1\cdot}$)
	E_{1j}	11.36	9.39	12.10	8.15	
	$(n_{1j}-E_{1j})^2/E_{1j}$	2.800	0.206	2.150	0.089	5.245
2급품 ($i=2$)	n_{2j}	17	11	14	11	53($T_{2\cdot}$)
	E_{2j}	14.69	12.13	15.64	10.54	
	$(n_{2j}-E_{2j})^2/E_{2j}$	0.363	0.105	0.172	0.020	0.660
3급품 ($i=3$)	n_{3j}	12	19	28	13	72($T_{3\cdot}$)
	E_{3j}	19.95	16.48	21.25	14.32	
	$(n_{3j}-E_{3j})^2/E_{3j}$	3.168	0.385	2.144	0.122	5.819
합 계		46($T_{\cdot 1}$)	38($T_{\cdot 2}$)	49($T_{\cdot 3}$)	33($T_{\cdot 4}$)	166(T)

$$\chi_0^2 = \sum_{i=1}^{r} \sum_{j=1}^{c} \frac{(n_{ij}-E_{ij})^2}{E_{ij}} = 11.724 \qquad 단, \ E_{ij} = \frac{T_{i\cdot} \cdot T_{\cdot j}}{T}$$

④ 기각역 $\chi_{1-\alpha}^2(\nu) = \chi_{0.95}^2(6) = 12.59$

⑤ 판정 : $\chi_0^2 = 11.724 < \chi_{0.95}^2(6) = 12.59$이 성립되므로 유의수준 5%로 H_0을 기각할 수 없다. 즉, 협력업체에 따라 각 등급품이 나오는 비율이 다르다고 할 수 없다.

17

어떤 화학반응에서 생성되는 반응량(Y)이 첨가되는 어떤 촉진제의 양(X)에 따라 어떻게 변하는가를 실험을 통하여 측정하였더니 다음 데이터를 얻었다.

(1) 상관계수 r을 구하시오.
(2) 직선회귀식 $\hat{y} = \hat{\beta_0} + \hat{\beta_1} \cdot x$를 최소자승법에 의하여 구하시오.

X	1	2	3	5	6	7
Y	3	4	6	7	8	12

풀이

(1) $S_{(XX)} = \sum X^2 - \frac{(\sum X)^2}{n} = 124 - \frac{(24)^2}{6} = 28$

$S_{(XY)} = \sum XY - \frac{(\sum X)(\sum Y)}{n} = 196 - \frac{(24)(40)}{6} = 36$

$S_{(YY)} = \sum Y^2 - \frac{(\sum Y)^2}{n} = 318 - \frac{(40)^2}{6} = 51.33$

$\therefore \ r = \frac{S_{(XY)}}{\sqrt{S_{(XX)} \cdot S_{(YY)}}} = \frac{36}{\sqrt{(28)(51.33)}} \fallingdotseq 0.9496$

(2) 여기서 $\overline{X} = \frac{\sum X}{n} = \frac{24}{6} = 4, \ \overline{Y} = \frac{\sum Y}{n} = \frac{40}{6} = 6.67$이므로

$\hat{\beta_1} = \frac{S_{(XY)}}{S_{(XX)}} = \frac{36}{28} \fallingdotseq 1.2857$

$\hat{\beta_0} = \overline{y} - \hat{\beta_1}\overline{x} = 6.67 - 1.2857 \times 4 = 1.5272$

$\therefore \ \hat{y} = 1.5272 + 1.2857x$

18 다음의 데이터는 원료의 양(X)과 생성물의 수량(Y)의 관계를 나타낸 표이다.

원료(X)	1.5	2.0	3.5	4.3	5.0
수량(Y)	30	35	66	66	87

(1) X와 Y에 대한 공분산을 구하시오.
(2) X에 대한 Y의 회귀식을 구하시오.
(3) X와 Y 간의 상관계수를 구하시오.

[풀이]

(1) $V_{XY} = \dfrac{S_{(XY)}}{n-1}$

$= \dfrac{1}{n-1}\left[\sum XY - \dfrac{(\sum X)(\sum Y)}{n}\right]$

$= \dfrac{1}{5-1}\left[1,064.8 - \dfrac{(16.3)(284)}{5}\right]$

$= 34.74$

(2) x에 대한 y의 추정회귀직선식

$\hat{y} = \hat{\beta_0} + \hat{\beta_1}x$에서

$\overline{X} = \dfrac{\sum X}{n} = \dfrac{16.3}{5} = 3.26$

$\overline{Y} = \dfrac{\sum Y}{n} = \dfrac{284}{5} = 56.8$

$S_{(XY)} = 138.96$

$S_{(XX)} = \sum X^2 - (\sum X)^2/n = 61.99 - (16.3)^2/5 = 8.852$ 이므로

$\therefore \hat{\beta_1} = \dfrac{S_{(XY)}}{S_{(XX)}} = \dfrac{138.96}{8.852} ≒ 15.6981$

$\hat{\beta_0} = \overline{y} - \hat{\beta_1}\overline{x} = 56.8 - (15.6981)(3.26) ≒ 5.6242$

따라서 추정회귀직선식은 다음과 같다.

$\hat{y} = 5.6242 + 15.6981x$

(3) $r = \dfrac{S_{(XY)}}{\sqrt{S_{(XX)}S_{(YY)}}} = \dfrac{138.96}{\sqrt{(8.852)(2,274.8)}} = 0.9793$

위에서 $S_{(YY)} = \sum Y^2 - \dfrac{(\sum Y)^2}{n} = 18,406 - \dfrac{(284)^2}{5} = 2,274.8$

PART 03 관리도

01 관리도의 개념
02 관리도의 종류
03 관리도의 해석
04 실전문제

SECTION 01 관리도의 개념

01 관리도의 역사

① 1924년 W.A. Shewhart에 의해 '관리도'란 용어 최초 사용
② 1931년 Shewhart가 "Economic Control of Quality of Manufactured Product"를 출판
③ 1933년 E.S. Pearson의 "The Application of Statistical Method to Industrial Standardization and Quality Control"을 영국 규격 BS 600으로 제정하여 품질관리를 보급
④ 1942년 Pearson의 저서 "대량생산 관리와 통계적 수법"이 번역되어 일본에 관리도가 소개됨
⑤ 1954년 일본 국가규격으로 JIS-Z 9021(관리도법)이 제정
⑥ 1961년 9월 「공업표준화법」이 공포되어 이에 따른 KS표시허가제도 실시
⑦ 1963년 5월 한국 공업규격으로 3201(관리도법)이 제정

02 관리도의 정의

공정의 상태를 나타내는 특성치에 관해 나타낸 그래프로서, 공정을 관리 상태로 유지하고 공정의 관리상태 유무를 분석·조사하기 위해 활용된다.

〈품질의 변동원인〉
① 우연원인(Chance Cause)이란 생산, 작업조건이 엄격하게 관리된 상태하에서도 발생되는 피할 수 없는 변동 유발 원인을 말한다.(일자별 차이, 작업환경의 차이, 작업자 숙련도 차이 등)
② 이상원인(Assignable Cause)이란 만성적으로 존재하는 것이 아니고 산발적으로 발생하여 품질 변동을 일으키는 원인을 말한다.(작업자의 부주의, 규정 미준수, 생산설비의 이상, 부적합한 자재의 사용 등)

03 관리도의 기본적인 이론적 근거

정규분포에서 평균으로부터 편차(Deviation)의 3배의 거리 안의 구성 확률은 99.73%이다. 만약 공정의 산포가 우연원인에 의한 산포로만 구성된다면 $E(x) \pm 3D(x)$를 벗어나는 확률이 0.27%에 불과한데 이러한 것에 관리도는 기초를 두고 있다.
여기서 $E(x) \pm 3D(x)$를 UCL(Upper Control Limit), LCL(Lower Control Limit)이라 하며 Plot시킨 점이 관리한계를 벗어나면 공정은 이상 원인에 의한 산포가 존재하고 있다고 본다. 그러나 이러한 판정에는 0.27%의 오류가 있을 수 있는데 이것을 제1종 과오(α)라고 하며 공정이 관리상태에 있는데도 불구하고 관리상태가 아니라고 판정하는 과오가 0.27%라는 것이다.

04 목적에 따른 분류

(1) 해석용 관리도

공정 상태는 어떠한지, 어떤 원인으로 어떤 산포가 생기고 있는가를 조사하기 위해서 작성한다.

(2) 관리용 관리도

해석용 관리도를 근거로 하여 작성하는 것으로서, 작업을 하면서 관리도에 의해서 체크하고, 이상이 있으면 원인을 추구하여 제거하기 위해 작성한다.

05 관리도의 사용순서

① 관리하고자 하는 제품이나 종류를 결정한다.
② 관리해야 할 항목 선정 : 비용, 시간, 노동을 고려하여 항목을 선정한다.
③ 관리도를 선정한다.
④ 일정기간 동안 예비자료를 채취하여 관리도를 작성한다.

⑤ 관리 상태를 조사한다.
⑥ 공정이 안정 상태이면 관리선을 연장하여 공정관리용으로 사용한다.
⑦ 일정하게 Data를 채취하여 관리도에 Plot한다.
⑧ 이상 원인이 발견되는 즉시 원인을 규명하고 조치를 한다.
⑨ 일정기간 후 새로운 관리도를 작성한다.

06 관리도의 작성순서($\overline{X}$ 관리도)

① Data를 채취한다.(일반적으로 $n = 3 \sim 5$개, $k = 20 \sim 25$개)

② 각 군의 평균을 구한다.

$$\overline{X}_i = \frac{\sum X_i}{n}$$

③ 각 군의 범위를 구한다.($R_i =$ 각 군의 $X_{\max} - X_{\min}$)

④ 관리도 용지를 준비한다.(각 점을 Plot시킨다.)

⑤ 중심선을 구한다.

$$\overline{\overline{X}} = \frac{\sum \overline{X}_i}{k}, \quad \overline{R} = \frac{\sum R_i}{k}$$

⑥ 관리한계선을 계산하여 점으로 기입한다.(UCL, LCL)

⑦ 판정을 한다.(기사란에 기입)

SECTION 02 관리도의 종류

관리도의 종류는 계량치 관리도와 계수치 관리도로 구분되며, 그 대표적인 관리도는 다음과 같다.

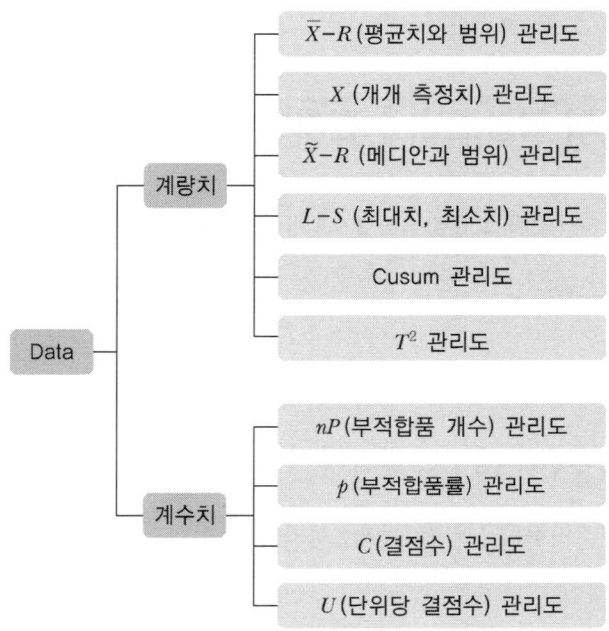

:: 01 계량형 관리도

(1) $\bar{X}-R$ 관리도

1) 관리대상

길이, 무게, 시간, 강도, 성분과 같이 Data가 연속적인 계량치인 경우에 사용한다.
예) 축의 지름, 실의 인장강도, 아스피린 순도, 전구 소비전력, 바이트의 소입온도

2) 공식

　① $\overline{X}$ 관리도

　　㉠ 중심선(Center Line) : CL

$$\overline{\overline{X}} = \frac{\sum \overline{x}_i}{k}$$

　　㉡ 관리한계선(Control Limit) : UCL, LCL

　　　• $UCL = \overline{\overline{X}} + A_2 \overline{R}$
　　　• $LCL = \overline{\overline{X}} - A_2 \overline{R}$

　② $\overline{R}$ 관리도

　　㉠ 중심선(Center Line) : CL

$$\overline{R} = \frac{\sum R_i}{k}$$

　　㉡ 관리한계선(Control Limit) : UCL, LCL

　　　• $UCL = D_4 \overline{R} = D_2 \sigma$
　　　• $LCL = D_3 \overline{R} = D_1 \sigma$

3) 수리적 한계

　① $\overline{X}$ 관리도

$$E(\overline{X}) \pm 3D(\overline{X}) = \overline{\overline{X}} \pm 3\frac{\sigma}{\sqrt{n}} = \overline{\overline{X}} \pm A\sigma_x$$

$$= \overline{\overline{X}} \pm \frac{3}{\sqrt{n}} \cdot \frac{\overline{R}}{d_2} = \overline{\overline{X}} \pm A_2 \overline{R}$$

$$= \overline{\overline{X}} \pm 3\frac{s}{c_4 \sqrt{n}} = \overline{\overline{X}} \pm A_1 \overline{s}$$

(단, $A = \frac{3}{\sqrt{n}}$, $A_1 = \frac{3}{c_4 \cdot \sqrt{n}}$, $A_2 = \frac{3}{d_2 \cdot \sqrt{n}}$)

② $\overline{R}$ 관리도

$$E(R) \pm 3D(R) = \overline{R} \pm 3d_3\sigma$$
$$= (d_2 \pm 3d_3)\sigma$$
$$= \left(1 \pm 3\frac{d_3}{d_2}\right)\overline{R}$$

(단, $D_4 = 1 + 3\frac{d_3}{d_2}$, $D_3 = 1 - 3\frac{d_3}{d_2}$, $D_2 = d_2 + 3d_3$, $D_1 = d_2 - 3d_3$)

※ 값은 시료 수 n에 따라 정해진다.

(2) X 관리도

1) 관리대상

데이터를 군으로 구분하지 않은 개개의 측정치를 그대로 사용하여 공정을 관리할 경우에 활용된다. 데이터를 얻는 간격이 크거나, 군 구분의 의미가 없거나 또는 정해진 공정에서 한 개의 측정치밖에 얻을 수 없을 때 사용한다.

예 시간 소요 많은 화학 분석치, 알코올 농도, Batch 반응, 1일 전력소비량

① 합리적인 군으로 나눌 수 있는 경우($x - \overline{x} - R$관리도)
 ㉠ $\overline{X} - R$ 관리도와 병용하면 유익한 정보를 얻을 수 있다.
 ㉡ 이상 원인을 조기에 발견할 수 있다.

② 합리적인 군으로 나눌 수 없는 경우($x - R_s$관리도)
 ㉠ 1로트 또는 1batch로부터 1개의 측정치만 얻을 수 있을 때
 ㉡ 정해진 공정의 내부가 균일하여 많은 측정치가 필요치 않을 때
 ㉢ 측정치를 얻는 데 시간이나 경비가 많이 소요되는 경우

2) 공식

① 합리적인 군으로 나눌 수 있는 경우
 [X 관리도]
 ㉠ 중심선(Center Line) : CL

$$\overline{\overline{X}} = \frac{\sum \overline{X}_i}{k}$$

ⓛ 관리한계선(Control Limit) : UCL, LCL
- $UCL = \overline{\overline{X}} + E_2 \overline{R}$
- $LCL = \overline{\overline{X}} - E_2 \overline{R}$

(단, $E_2 = \dfrac{3}{d_2} = \sqrt{n} \cdot A_2$이며, E_2는 n(군 크기)에 정의되는 상수 값)

② 합리적인 군으로 나눌 수 없는 경우

[X 관리도]

㉠ 중심선(Center Line) : CL

$$\overline{X} = \frac{\sum X_i}{k}$$

ⓛ 관리한계선(Control Limit) : UCL, LCL
- $UCL = \overline{X} + 2.66 \overline{R_s}$
- $LCL = \overline{X} - 2.66 \overline{R_s}$

(단, 2.66은 $n = 2$일 때 E_2값이다.)

※ $\overline{R}_s = \dfrac{R_{s1} + R_{s2} + \cdots + R_{s(k-1)}}{k-1}$

※ $R_{si} = (i\text{번째 측정치}) - (i+1\text{번째 측정치})$

3) 3σ 수리한계

$$E(X) \pm 3D(X) = \overline{X} \pm 3\sigma_X$$
$$= \overline{X} \pm 3\frac{\overline{R}}{d_2}$$
$$= \overline{X} \pm E_2\overline{R}$$

(3) $\widetilde{X} - R$ 관리도

1) 관리대상

① 평균치 $\overline{X}$를 계산하는 시간과 노력을 줄이기 위해서 사용한다.
② Out-lier(이질적 데이터)의 영향을 배제할 수 있다.

2) 공식

   $[\tilde{X}\ 관리도]$

   ① 중심선(Center Line) : CL

   $$\bar{\tilde{X}} = \frac{\sum \tilde{X}_i}{k}$$

   ② 관리한계선(Control Limit) : $UCL,\ LCL$

   ㉠ $UCL = \bar{\tilde{X}} + m_3 A_2 \bar{R}$
   ㉡ $LCL = \bar{\tilde{X}} - m_3 A_2 \bar{R}$

3) 3σ 수리한계

$$E(X) \pm 3D(X) = \mu \pm 3m_3 \frac{\sigma_X}{\sqrt{n}}$$
$$= \bar{\tilde{X}} \pm 3m_3 \frac{1}{\sqrt{n}} \cdot \frac{\bar{R}}{d_2}$$
$$= \bar{\tilde{X}} \pm m_3 A_2 \bar{R}$$

(4) $L-S$ 관리도

1) 관리대상

   계량치의 데이터를 군으로 구분했을 때, 군에서 최대치(L)와 최소치(S)를 한 개의 표에 Plot해 나가는 관리도로서, 공정의 변동을 민감하게 감지할 수 있는 관리도이다.

2) 공식

   $[L-S\ 관리도]$

   ① 중심선(Center Line) : CL

   $$\overline{M} = \frac{\bar{L} + \bar{S}}{2}$$

   ② 관리한계선(Control Limit) : $UCL,\ LCL$

   ㉠ $UCL = \overline{M} + A_9 \bar{R}$
   ㉡ $LCL = \overline{M} - A_9 \bar{R}$

3) 3σ 수리한계

① L의 분포 $E(L) = \mu + \dfrac{d_2}{2}\sigma$ $D(L) = e_3\sigma$

② S의 분포 $E(S) = \mu - \dfrac{d_2}{2}\sigma$ $D(S) = e_3\sigma$

③ L에 대한 UCL과 S에 대한 LCL을 취하면

$$\begin{aligned}
{UCL \atop LCL} &= \mu \pm \frac{d_2}{2}\sigma \pm 3e_3\sigma \\
&= \frac{\overline{L}+\overline{S}}{2} \pm \left(\frac{d_2}{2} + 3\,e_3\right)\sigma \\
&= \frac{\overline{L}+\overline{S}}{2} \pm \left(\frac{d_2}{2} + 3\,e_3\right)\cdot \frac{\overline{R}}{d_2} \\
&= \frac{\overline{L}+\overline{S}}{2} \pm \left(\frac{1}{2} + 3\frac{e_3}{d_2}\right)\overline{R} \\
&= \overline{M} \pm A_9\overline{R}\,(\text{단},\ A_9 = \frac{1}{2} + 3\left(\frac{e_3}{d_2}\right))
\end{aligned}$$

:: 02 계수형 관리도

(1) nP 관리도

1) 관리대상

① 공정을 부적합개수(nP)에 의해 관리할 때 사용하며, 이 경우에는 각 군의 시료 크기(n)가 일정해야 한다.

② 시료군의 크기는 시료 중 부적합 개수가 1~5개 정도 되는 것이 적당하므로 $n = 1/p$ ~ $5/p$로서 부적합품률이 5%이면 n은 20~100개가 된다.

> **예** 볼펜 볼심의 부적합 개수, 가스레인지의 부적합 개수, 컴퓨터 액정의 표면결함 개수

2) 공식

[nP 관리도]

① 중심선(Center Line) : CL

$$n\overline{P} = \frac{\sum nP}{k}$$

② 관리한계선(Control Limit) : UCL, LCL
- ㉠ $UCL = n\overline{P} + 3\sqrt{n\overline{P}(1-\overline{p})}$
- ㉡ $LCL = n\overline{P} - 3\sqrt{n\overline{P}(1-\overline{p})}$

3) 3σ 수리한계

$$E(nP) \pm 3D(nP) = n\overline{P} \pm 3\sqrt{n\overline{P}(1-\overline{p})}$$

(2) p 관리도

1) 관리대상

① 공정을 부적합률(P)에 의해 관리할 경우에 사용한다.
② 시료의 크기가 다를 때는 n에 따라 한계의 폭이 변한다.

2) 공식

[p 관리도]

① 중심선(Center Line) : CL

$$\overline{p} = \frac{\sum nP}{\sum n}$$

② 관리한계선(Control Limit) : UCL, LCL
- ㉠ $UCL = \overline{p} + 3\sqrt{\dfrac{\overline{p}(1-\overline{p})}{n}}$
- ㉡ $LCL = \overline{p} - 3\sqrt{\dfrac{\overline{p}(1-\overline{p})}{n}}$

3) 3σ 수리한계

$$E(p) \pm 3D(p) = E\left(\frac{X}{n}\right) \pm 3D\left(\frac{X}{n}\right)$$
$$= \bar{p} \pm 3\sqrt{\frac{\bar{p}(1-\bar{p})}{n}}$$

(3) c 관리도

1) 관리대상

일정 단위 중 나타나는 결점 수를 취급할 때 사용한다.
① 결점 수에 대해 n이 일정할 때
② 같은 단위로 되어 있을 때
③ 물품 한 개 중에 결점 수가 적을 때는 일정 개수 중의 결점 수를 사용해도 된다.
   예 라디오 한 개 중 납땜 부적합 개수

2) 공식

① C 관리도
   ㉠ 중심선(Center Line) : CL

   $$\bar{C} = \frac{\sum C}{k}$$

   ㉡ 관리한계선(Control Limit) : UCL, LCL
   - $UCL = \bar{C} + 3\sqrt{\bar{C}}$
   - $LCL = \bar{C} - 3\sqrt{\bar{C}}$

3) 3σ 수리한계

$$E(C) \pm 3D(C) = m \pm 3\sqrt{m}$$
$$= \bar{C} \pm 3\sqrt{\bar{C}} \, (m \text{ 대신 } \bar{C}\text{를 사용})$$

(4) U 관리도

1) 관리대상

검사하는 시료의 면적이나 길이 등이 일정치 않은 경우에 사용한다.

예 직물의 m^2당 얼룩 수, 에나멜동선의 핀홀 수

2) 공식

[U 관리도]

① 중심선(Center Line) : CL

$$\overline{U} = \frac{\sum C}{\sum n}$$

② 관리한계선(Control Limit) : UCL, LCL

㉠ $UCL = \overline{U} + 3\sqrt{\dfrac{\overline{U}}{n}}$

㉡ $LCL = \overline{U} - 3\sqrt{\dfrac{\overline{U}}{n}}$

3) 3σ 수리한계

$$E(U) \pm 3D(U) = \frac{\overline{C} \pm 3\sqrt{\overline{C}}}{n}$$

$$= \frac{n\overline{U} \pm 3\sqrt{n\overline{U}}}{n}$$

$$= \overline{U} \pm 3\sqrt{\frac{\overline{U}}{n}} = \overline{U} \pm A\sqrt{\overline{U}}$$

SECTION 03 관리도의 해석

:: 01 관리상태의 판정

(1) 공정관리상태의 판정 기준

① 점이 관리한계선을 벗어나지 않은 상태이다.
② 점의 배열에 어떤 주기성 및 습관성이 없다.
  ㉠ 제1종 과오(α) : 관리 상태에 있는데도 관리 상태에 있지 않다고 판단하는 과오이다.
  ㉡ 제2종 과오(β) : 관리 상태에 있지 않은데도 관리 상태에 있다고 판단하는 과오이다.

(2) 점과 관리한계선과의 관계에서 공정관리상태(Main Method)

① 연속 25점 모두가 관리한계선 내에 위치
② 연속 35점 중 한계를 벗어나는 점이 1점 이내
③ 연속 100점 중 한계를 벗어나는 점이 2점 이내

(3) 점의 배열에서 이상 상태(Subject Method)

① 연(Run)이 나타난다.
② 경향(Trend)이나 주기성(Cycle)이 있다.
③ 중심선의 한쪽에 점이 많이 나타난다.
④ 점이 관리한계선에 접근하여 여러 개 나타난다.

  ㉠ 연(Run)
    중심선의 한쪽에 연속해서 나타난 점을 연이라 한다. 최장연을 척도로 삼아 배열에 습관성이 있는지 없는지를 판단한다.
    • 5의 연 : 공정의 진행에 주의한다.
    • 6의 연 : Action을 준비한다.
    • 7의 연 : Action을 취한다.

ⓒ 경향(Trend) : 점이 점차 올라가거나 내려가는 상태를 말한다.
(길이 7의 상승 경향과 하강 경향은 연과 동일하게 판정한다.)

ⓒ 주기(Cycle)
점이 주기적으로 상하로 변동하여 파형을 나타내는 경우 주기변동의 원인 추구와 동시에 관리 목적에 따라 군 구분의 방법, 시료채취방법, 데이터를 얻는 방법 또는 데이터의 수정방법을 재검토해야 한다.

② 점이 중심선 한쪽에 편향될 때
- 중심선 한쪽으로 7점 이상이 계속될 때
- 연속된 11점 중 10점 이상이 계속될 때
- 연속된 14점 중 12점 이상이 계속될 때
- 연속된 17점 중 14점 이상이 계속될 때
- 연속된 20점 중 16점 이상이 계속될 때

ⓜ 점이 관리한계선에 접근해서 나타날 때(이상 상태)
- 연속 3점 중 2점 이상
- 연속 7점 중 3점 이상
- 연속 10점 중 4점 이상

(4) 공정의 비관리상태 판정기준 8가지

① 3σ이탈점이 1점 이상 나타난다.
② 9점이 중심선에 대하여 같은 쪽에 나타난다.
③ 6점이 연속적으로 증가 또는 감소한다.
④ 14점이 교대로 증가 또는 감소한다.
⑤ 연속하는 3점 중 2점이 중심선 한쪽으로 2σ를 넘는 영역에 나타난다.
⑥ 연속하는 5점 중 4점이 중심선 한쪽으로 1σ를 넘는 영역에 나타난다.
⑦ 연속하는 15점이 $\pm 1\sigma$ 영역 내에 나타난다.
⑧ 연속하는 8점이 $\pm 1\sigma$를 넘는 영역에 나타난다.

02 공정해석

(1) 공정해석의 순서

① 공정에 요구되는 특성치 검토, 기술적으로 중요한 것. 해석을 위한 특성은 되도록 많게 하고 수량화가 쉬운 것을 선택한다.
② 특성치와 관계있는 요인을 선정한다.
③ 특성치와 요인의 관계 조사를 한다.
④ 공정실험을 실행한다.
⑤ 해석결과를 표준화한다.
⑥ 표준에 따라 작업을 실행하고 그 결과를 체크한다.

(2) 군 구분의 원칙

① 군 내는 가능한 한 균일하게, 우연 산포만 존재토록 한다.
② 군내산포에 의한 원인과 군간산포에 의한 원인이 기술적으로 구별되게 한다.
③ 공정에서 관리하려는 산포를 군간산포로 나타낼 수 있게 한다.(검출력 증대)

(3) 공정능력 지수의 계산(Process Capability Index)

① S_U와 S_L이 동시에 주어진 경우

$$C_p = \frac{S_U - S_L}{6\sqrt{V}} = \frac{S_U - S_L}{6\sigma}$$

② S_U만 주어진 경우

$$C_p = \frac{S_U - \overline{\overline{X}}}{3\sqrt{V}}$$

③ S_L만 주어진 경우

$$C_p = \frac{\overline{\overline{X}} - S_L}{3\sqrt{V}}$$

④ 판정

C_p	판정	판단	대책
$C_p \geq 1.67$	특급	지나치게 충분	관리 간소화, Cost 절감 강구
$1.67 > C_p \geq 1.33$	1급	충분	현 상태 유지
$1.33 > C_p \geq 1.0$	2급	양호	필요에 따라 공정능력 개선
$1.0 > C_p \geq 0.67$	3급	부족	공정의 관리 개선
$0.67 > C_p$	4급	지나치게 부족	긴급대책, 규격 재검토

:: 03 군내변동과 군간변동

일반적으로 로트 내의 산포는 군 내의 변동(σ_w^2)이고 로트 간의 산포는 군 간의 변동(σ_b^2)을 의미한다.

(1) 군내변동과 군간변동의 관계식

관리도의 $\overline{X}$의 움직임은 군 내변동의 $\dfrac{1}{n}$과 군간변동의 합성으로 이루어진다.

※ $\sigma_{\overline{X}}^2 = \dfrac{\sigma_w^2}{n} + \sigma_b^2$ (군내변동과 군간변동의 합성)

① 군내산포 : $\sigma_w = \dfrac{\overline{R}}{d_2}$

② 각 군의 평균산포 : $\sigma_{\overline{X}}^2 = \dfrac{\sum (\overline{X}_i - \overline{\overline{X}})^2}{k-1}$

③ 군간변동 : $\sigma_b^2 = \sigma_{\overline{X}}^2 - \dfrac{\sigma_w^2}{n}$

④ 전체 Data의 산포 : $\sigma_H^2 = \sigma_w^2 + \sigma_b^2$

(2) 변동의 비교

① 완전관리 상태인 경우($\sigma_b = 0$)

$$\sigma_{\overline{X}}^2 = \frac{\sigma_w^2}{n} \quad \Rightarrow \quad n\sigma_{\overline{X}}^2 = \sigma_w^2$$

$$\sigma_H^2 = \sigma_w^2$$

$$\therefore \ n\sigma_{\overline{x^2}} = \sigma_H^2 = \sigma_w^2$$

② 완전관리 상태가 아닌 경우($\sigma_b \neq 0$)

$$n\sigma_{\overline{X}}^2 \geq \sigma_H^2 \geq \sigma_w^2$$

※ 관리도에서 한계를 벗어나는 점이 많을수록 $\sigma_{\overline{X}}^2$은 크게 된다. 이는 σ_w^2은 같고 σ_b^2이 크게 되기 때문이다.

(3) 관리계수(C_f)

$$C_f = \frac{\sigma_{\overline{X}}}{\sigma_w}$$

판정

$C_f > 1.2$: 군간변동이 크다.
$0.8 < C_f < 1.2$: 관리 상태
$C_f < 0.8$: 군 구분이 잘못

:: 04 검출력(Test Power)

이상 원인의 작용 시 관리도로서 이상 원인이 있다고 판단할 수 있는 능력이다.
(공정에 이상 원인이 존재할 때 관리도로서 비관리 상태를 판단하는 능력)

(1) 산포가 변화되지 않았을 경우($\sigma = \sigma'$)

① 상향이동

$$1 - \beta = P[\overline{X} \geq UCL] + P[\overline{X} \leq LCL]$$

$$= P[Z \geq (UCL - \mu')/(\sigma/\sqrt{n}\,)]$$
$$= P[Z \geq 3 - k\sqrt{n}\,] \text{ (단, } \mu' = \mu + k\sigma\text{)}$$

② 하향이동

$$1 - \beta = P[\overline{X} \leq LCL] + P[\overline{X} \geq UCL]$$
$$= P[Z \leq (LCL - \mu')/(\sigma/\sqrt{n}\,)]$$
$$= P[Z \leq -3 + k\sqrt{n}\,] \text{ (단, } \mu' = \mu - k\sigma\text{)}$$

(2) 산포가 변화되었을 경우

① 상향이동

$$1 - \beta = P[\overline{X} \geq UCL] + P[\overline{X} \leq LCL]$$
$$= P[Z \geq (UCL - \mu')/(\sigma'/\sqrt{n}\,)] + P[Z \leq (LCL - \mu')/(\sigma'/\sqrt{n}\,)]$$

② 하향이동

$$1 - \beta = P[\overline{X} \leq LCL] + P[\overline{X} \geq UCL]$$
$$= P[Z \leq (LCL - \mu')/(\sigma'/\sqrt{n}\,)] + P[Z \geq (UCL - \mu')/(\sigma'/\sqrt{n}\,)]$$

05 관리도의 재작성

해석용 관리도에서 비관리 상태인 경우 원인을 규명하여 조치를 한 후 비관리 상태인 점을 제거한 후 관리용 상태의 관리도로 변환을 시키게 되는데 해석용 관리도를 관리용 관리도로 연결시키기 위한 전제조건의 관리도이다.

(1) $\overline{X}$ 관리도

① 중심선(Center Line) : CL

$$\overline{\overline{X}}' = \frac{\sum \overline{X}_i}{k'}$$

② 관리한계선(Control Limit) : UCL, LCL

　㉠ $UCL = \overline{\overline{X'}} + A_2\overline{R'}$

　㉡ $LCL = \overline{\overline{X'}} - A_2\overline{R'}$

(2) $\overline{R}$ 관리도

① 중심선(Center Line) : CL

$$\overline{R'} = \frac{\sum R_i}{k'}$$

② 관리한계선(Control Limit) : UCL, LCL

　㉠ $UCL = D_4\overline{R'}$

　㉡ $LCL = D_3\overline{R'}$ (음의 값 $n \leq 7$)

06 평균치 차이의 검정

시료군의 크기(n)가 같은 두 관리도에서 두 평균치의 유의차를 검정한다.

(1) 전제조건

① 관리도가 모두 완전한 관리상태에 존재할 것
② 두 관리도의 시료군의 크기(n)가 동일할 것
③ k_A, k_B가 충분히 클 것
④ $\overline{R_A}$, $\overline{R_B}$에 차이가 없을 것
⑤ 본래 대략적인 정규분포를 하고 있을 것

(2) 검정

① $H_o : \mu_A = \mu_B$　　$H_1 : \mu_A \neq \mu_B$

② 유의수준 α 설정 : $\alpha = 0.0027$

③ $Z_o = \dfrac{|\bar{\bar{x}}_A - \bar{\bar{x}}_B|}{\dfrac{\bar{R}}{d_2 \cdot \sqrt{n}} \sqrt{\dfrac{1}{k_A} + \dfrac{1}{k_B}}}$ (단, $\bar{R} = \dfrac{k_A \bar{R}_A + \bar{R}_B k_B}{k_A + k_B}$ 이다.)

④ **기각역** : $Z_{0.9973} = 3$

⑤ **판정** : $Z_o \geq 3$ 이면 H_o 를 기각한다. (두 관리도의 평균치에는 차이가 있다.)

증명

$$Z_o = \dfrac{|\bar{\bar{x}}_A - \bar{\bar{x}}_B|}{\sqrt{\dfrac{\sigma_A^2}{k_A n_A} + \dfrac{\alpha_B^2}{k_B n_B}}}$$

여기서, $n_A = n_B$, $\sigma_A^2 = \sigma_B^2$

$$Z_o = \dfrac{|\bar{\bar{x}}_A - \bar{\bar{x}}_B|}{\sqrt{\dfrac{\sigma^2}{n}\left(\dfrac{1}{k_A} + \dfrac{1}{k_B}\right)}}$$

σ 대신 $\bar{R}/d_2$를 대입하면

$$Z_o = \dfrac{|\bar{\bar{x}}_A - \bar{\bar{x}}_B|}{\dfrac{\bar{R}}{d_2 \cdot \sqrt{n}} \sqrt{\dfrac{1}{k_A} + \dfrac{1}{k_B}}}$$

$Z_o \geq Z_{1-\alpha/2}$ 이면 유의차가 있다고 할 수 있으므로 $\alpha = 0.0027$일 때 Z값 3을 대신하면

$$Z_o = \dfrac{|\bar{\bar{x}}_A - \bar{\bar{x}}_B|}{\dfrac{\bar{R}}{d_2 \cdot \sqrt{n}} \sqrt{\dfrac{1}{k_A} + \dfrac{1}{k_B}}} \geq 3$$

$\therefore \ |\bar{\bar{x}}_A - \bar{\bar{x}}_B| > 3 \dfrac{\bar{R}}{d_2 \cdot \sqrt{n}} \sqrt{\dfrac{1}{k_A} + \dfrac{1}{k_B}}$

따라서 $|\bar{\bar{x}}_A - \bar{\bar{x}}_B| > A_2 \bar{R} \sqrt{\dfrac{1}{k_A} + \dfrac{1}{k_B}}$

(단, $A_2 = \dfrac{3}{d_2 \cdot \sqrt{n}}$, $\bar{R} = \dfrac{k_A \bar{R}_A + k_B \bar{R}_B}{k_A + k_B}$ (층별하기 전의 R의 평균치))

SECTION 04 실전문제

01 합리적인 군으로 나눌 수 있는 $\overline{X}$ 관리도 Data Sheet로부터 다음과 같은 자료를 얻었다. $\overline{X}$ 관리도의 관리상·하한선을 계산하시오.

$$[n=4,\ \sum R_i = 30,\ k=20,\ \sum \overline{X_i} = 100]$$

풀이

$n=4$일 때 $A_2 = 0.729$이고 (관리도용 계수표에서), $\overline{\overline{X}} = \dfrac{\sum \overline{X_i}}{k} = 5$, $\overline{R} = \dfrac{\sum R_i}{k} = 1.5$이므로

$UCL = \overline{\overline{X}} + A_2 \overline{R} = 5 + 0.729 \times 1.5 = 6.094$

$LCL = \overline{\overline{X}} - A_2 \overline{R} = 5 - 0.729 \times 1.5 = 3.906$

02 합리적인 군으로 나눌 수 없는 경우의 X관리도에서 UCL, LCL을 구하라.(단, $E_2 = 2.66$, $\overline{X} = 4.93$, $Me = 0.739$, $\overline{R} = 0.29$이다.)

풀이

합리적인 군으로 나눌 수 없는 경우의 X 관리도에서

$UCL = \overline{X} + 2.66\overline{R} = 4.93 + 2.66 \times 0.29 = 4.93 + 0.77 = 5.70$

$LCL = \overline{X} - 2.66\overline{R} ≒ 4.93 - 0.77 = 4.16$

03 시료군의 크기가 5, 군의 수가 20인 $\overline{X} - R$ 관리도의 자료가 $\sum \overline{X} = 590$, $\sum R = 546$일 때 $\overline{X}$ 관리도의 UCL과 LCL을 구하시오.

풀이

$n=5$일 때 $d_2 = 2.326$이므로

$UCL = \overline{\overline{X}} + 3 \dfrac{\overline{R}}{\sqrt{n} \cdot d_2}$

$= \dfrac{\sum \overline{X}}{k} + 3 \dfrac{\sum R / k}{\sqrt{n} \cdot d_2}$

$= \dfrac{590}{20} + 3 \dfrac{546/20}{\sqrt{5} \times 2.326}$

$$= 29.5 + 15.75$$
$$= 45.25$$
$$LCL = \overline{\overline{X}} - 3\frac{\overline{R}}{\sqrt{n} \cdot d_2} = 29.5 - 15.75 = 13.75$$

04 K 부품의 내경연마공정에서 공정의 상태를 파악하기 위하여 관리도를 그려 보기로 하였다. 우선 해석용 관리도를 작성하기 위해 과거 자료로부터 K 부품의 내경(단위 : mm)을 군의 크기 $n=5$, 군의 수 $k=25$의 데이터를 구하여 $\sum_{i=1}^{25}\overline{X_i}=1{,}240$, $\sum_{i=1}^{25}R_i=248$을 얻었다. $\overline{X}-R$ 관리도의 관리상·하한선을 구하시오.(단, $n=5$일 때 $d_2=2.326$, $d_3=0.864$이다.)

풀이

㉠ $\overline{X}$ 관리도

$$\overline{\overline{X}}=\frac{\sum \overline{X}}{k}=\frac{1{,}240}{25}=49.60, \quad \overline{R}=\frac{\sum R}{k}=\frac{248}{25}=9.92 \text{이므로}$$

$$UCL=\overline{\overline{X}}+3\cdot\frac{\overline{R}}{\sqrt{n}\cdot d_2}=49.60+3\frac{9.92}{(\sqrt{5})(2.326)}\fallingdotseq 49.60+5.72=55.32$$

$$LCL=\overline{\overline{X}}-3\cdot\frac{\overline{R}}{\sqrt{n}\cdot d_2}\fallingdotseq 49.60-5.72=43.88$$

㉡ R 관리도

$$UCL=\left(1+3\frac{d_3}{d_2}\right)\overline{R}=\left(1+3\times\frac{0.864}{2.326}\right)\times 9.92 \fallingdotseq 20.97$$

$$LCL=\left(1-3\frac{d_3}{d_2}\right)\overline{R}=-(\text{고려하지 않음})$$

05 $\overline{X}-R$ 관리도에서 군간변동 $\sigma_b^2=17.6$, $\sigma_{\overline{X}}=5.2$, $n=5$라고 할 때 이 공정의 군내변동(σ_w^2)을 구하시오.

풀이

$\overline{X}-R$ 관리도에서

$\sigma_{\overline{X}}^2 = \sigma_b^2 + \frac{\sigma_w^2}{n}$ 이므로 $(5.2)^2 = 17.6 + \frac{\sigma_w^2}{5}$

$\therefore \ \sigma_w^2 = 47.2$

06 관리상태에 있는 두 공정 A, B의 평균치의 차이를 검정하기 위하여 $\overline{X}-R$ 관리도를 작성하여 다음과 같은 결과를 얻었다.

| $n_A = 5$ | $k_A = 25$ | $\overline{R}_A = 16.23$ | $\overline{\overline{X}}_A = 122.66$ |
| $n_B = 5$ | $k_B = 25$ | $\overline{R}_B = 17.64$ | $\overline{\overline{X}}_B = 121.03$ |

모분산의 차이를 검정한 결과 산포에 차이가 없다고 한다면 다음 공식을 이용하여 평균치의 차이가 있는지를 검정하시오.

$$|\overline{\overline{X}}_A - \overline{\overline{X}}_B| > A_2 \overline{R} \sqrt{\frac{1}{k_A} + \frac{1}{k_B}}$$

풀이

① $H_0 : \mu_A = \mu_B \qquad H_1 : \mu_A \neq \mu_B$

② 기각치

$n = 5$일 때 $A_2 = 0.577$이고

$\overline{R} = \dfrac{k_A \overline{R}_A + k_B \overline{R}_B}{k_A + k_B} = \dfrac{25 \times 16.23 + 25 \times 17.64}{25 + 25} = 16.935$

$\therefore A_2 \overline{R} \sqrt{\dfrac{1}{k_A} + \dfrac{1}{k_B}} = 0.577 \times 16.935 \sqrt{\dfrac{1}{25} + \dfrac{1}{25}} \fallingdotseq 2.76$

③ 검정통계량

$|\overline{\overline{X}}_A - \overline{\overline{X}}_B| = 122.66 - 121.03 = 1.63$

④ 판정

$|\overline{\overline{X}}_A - \overline{\overline{X}}_B| < A_2 \overline{R} \sqrt{\dfrac{1}{k_A} + \dfrac{1}{k_B}}$ 이 성립되므로 H_0을 기각할 수 없다.

즉, 공정 A, B의 평균치에 차이가 있다고 할 수 없다.

07 $UCL = 43.45$, $LCL = 16.55$, $n = 15$인 $\overline{X}$ 관리도에서 공정의 분포가 만약 $N(30, 10^2)$이라면 이 관리도에서 $\overline{X}$가 관리한계 밖으로 나올 확률은 얼마가 되겠는가?

풀이

㉠ $\overline{X}$ 관리도에서 $\overline{X}$가 UCL을 벗어날 확률

$P(\overline{X} > UCL) = P\left(\dfrac{\overline{X} - \mu}{\sigma/\sqrt{n}} > \dfrac{UCL - \mu}{\sigma/\sqrt{n}}\right)$

$$= P\left(Z > \frac{43.45 - 30}{10/\sqrt{5}}\right) = p(Z \geq 3.00) = 0.0013$$

ⓒ $\overline{X}$ 관리도에서 $\overline{X}$가 LCL을 벗어날 확률

$$P(\overline{X} < UCL) = P\left(\frac{\overline{X} - \mu}{\sigma/\sqrt{n}} < \frac{LCL - \mu}{\sigma/\sqrt{n}}\right)$$

$$= P\left(Z < \frac{16.55 - 30}{10/\sqrt{5}}\right) = P(Z \leq -3.00) = 0.0013$$

ⓒ $\overline{X}$ 관리도에서 $\overline{X}$가 한계 밖으로 나올 확률

$$P(\overline{X} > UCL) + P(\overline{X} < LCL) = 0.0013 + 0.0013 = 0.0026$$

08 $n = 4$의 $\overline{X} - R$ 관리도에 $\overline{\overline{X}} = 18.50$, $\overline{R} = 3.09$로 관리상태에 있었다. 지금 공정평균이 15.49로 변했다고 하면 처음의 3σ 관리한계에서 벗어나는 비율($1 - \beta$)은 얼마나 되는가?

풀이

① $\overline{X} - R$ 관리도용 계수표에서 $n = 4$일 때 $d_2 = 2.059$이므로 $\hat{\sigma} = \frac{\overline{R}}{d_2} = 1.50$이고

$$UCL = \overline{\overline{X}} + 3 \cdot \frac{1}{\sqrt{n}} \cdot \frac{\overline{R}}{d_2} = 18.50 + 3\frac{1}{\sqrt{4}} \cdot \frac{3.09}{2.059} = 18.50 + 2.25 = 20.75$$

$$LCL = 18.50 - 2.25 = 16.25$$

② 변한 공정평균을 $\mu_1 = 15.49$라 하면

$$1 - \beta = P(\overline{X} > UCL) + P(\overline{X} < LCL)$$

$$= P\left(Z > \frac{UCL - \mu}{\sigma/\sqrt{n}}\right) + P\left(Z < \frac{LCL - \mu}{\sigma/\sqrt{n}}\right)$$

$$= P\left(Z > \frac{20.75 - 15.49}{1.50/\sqrt{4}}\right) + P\left(Z < \frac{16.25 - 15.49}{1.50/\sqrt{4}}\right)$$

$$= P(Z > 7.01) + P(Z < 1.01)$$

$$= 0 + 0.1562 = 15.62\%$$

09 $\overline{X} - R$ 관리도에서 $n = 5$, $k = 40$이고 $C_f = 1.4$이었다면 이때의 공정은 어떤 상태인지 판정하시오.

풀이

$C_f = 1.4 > 1.2$이므로 군간변동이 크다.

10 다음은 np 관리도 자료표의 데이터 시트이다. np 관리도의 UCL, LCL을 구하시오. (단, 샘플의 크기는 $n=50$으로 일정하다.)

로트 번호	1	2	3	4	5	6	7	8	9	10	11	12	13	14	15	16	17	18	19	20	21	22	23	24	25	계
부적합품수 (np)	5	6	5	8	7	4	3	5	4	7	8	2	0	1	3	5	4	3	2	5	4	5	2	3	4	

풀이

$k=25$, $\sum n = kn = 25 \times 50 = 1{,}250$, $\sum np = 105$이고

$\bar{p} = \dfrac{\sum np}{\sum n} = \dfrac{105}{1{,}250} = 0.084$, $n\bar{p} = \dfrac{\sum np}{k} = \dfrac{105}{25} = 4.2$이므로

① $UCL = n\bar{p} + 3\sqrt{n\bar{p}(1-\bar{p})} = 4.2 + 3\sqrt{(4.2)(1-0.084)} \fallingdotseq 4.2 + 5.88 = 10.08$

② $LCL = n\bar{p} - 3\sqrt{n\bar{p}(1-\bar{p})} = 4.2 - 5.88 = -$ (고려하지 않음)

11 부적합수를 관리하기 위해 20개 로트에서 일정한 면적마다 핀 홀수를 조사하였다. 각 로트마다의 크기는 일정하였으며, 계산 결과 $\sum C = 80$을 얻었다. 관리상한과 관리하한을 구하시오.

풀이

C 관리도에서 $k=20$, $\sum C = 80$이므로 $CL = \bar{C} = \dfrac{\sum C}{k} = \dfrac{80}{20} = 4$

$UCL = \bar{C} + 3\sqrt{\bar{C}} = 4 + 3\sqrt{4} = 10$

$LCL = \bar{C} - 3\sqrt{\bar{C}} = 4 - 3\sqrt{4} = -$ (고려하지 않음)

12 $X-R$ 관리도가 무엇인지를 간단히 설명하시오.

풀이

① 1로트 또는 1배치로부터 1개의 측정값밖에 얻을 수 없을 때 사용한다.
② 측정값을 얻는 데 시간이나 경비가 많이 들어, 정해진 공정으로부터 현실적으로 1개의 측정치밖에 얻을 수 없을 때에는 $\bar{X}-R$ 관리도를 사용할 수 없으며 또한 합리적인 군 구분이 어려운 경우이므로, 이 경우에는 R(이동범위)관리도와 함께 $X-R$ 관리도를 사용한다.

여기서 X 관리도의 관리한계선은 다음 식으로 계산한다.

$UCL = \bar{X} + 2.66\bar{R}$
$LCL = \bar{X} - 2.66\bar{R}$

그리고 R 관리도의 관리한계선은 다음 식으로 계산한다.

$$UCL = D_4 \overline{R} = 3.27 \overline{R}$$

$$LCL = D_3 \overline{R} = - (\text{고려하지 않음})$$

13 관리도의 관리한계를 구하는 기본식을 플롯한 통계량을 X라 하면 3σ법의 경우 $E(X) \pm 3D(X)$이다. (단, $D(X)$는 X의 표준편차이다.)

(1) $\overline{X}$ 관리도의 관리한계식을 유도하시오.
(2) X 관리도의 관리한계식을 유도하시오.
(3) $\overline{X}$ 관리도의 관리한계식을 구하는 계수 A_2와 X 관리도의 계수 E_2에 대하여 쓰시오.

[풀이]

(1) X가 $N(\mu, \sigma^2)$의 정규분포를 하면, $\overline{X}$ 역시 $N\left(\mu, \dfrac{\sigma^2}{n}\right)$의 정규분포를 하고 따라서 3σ 관리한계선은 다음 식이 된다.

$$UCL = E(\overline{X}) + 3D(\overline{X}) = \mu + 3\dfrac{\sigma}{\sqrt{n}}$$

$$LCL = E(\overline{X}) - 3D(\overline{X}) = \mu - 3\dfrac{\sigma}{\sqrt{n}}$$

실제로는 μ, σ가 미지이므로 각각을 다음과 같이 추정한다.

$$\hat{\mu} = \overline{\overline{X}} = \dfrac{\sum \overline{X}}{k}, \quad \hat{\sigma} = \dfrac{\overline{R}}{d_2}$$

따라서 $\overline{X}$ 관리도의 3σ 관리한계선은 다음과 같다.

$$UCL = \overline{\overline{X}} + 3 \cdot \dfrac{1}{\sqrt{n}} \cdot \dfrac{\overline{R}}{d_2} = \overline{\overline{X}} + A_2 \overline{R} \quad (\text{여기서, } A_2 = \dfrac{3}{\sqrt{n} \cdot d_2} \text{이다.})$$

$$LCL = \overline{\overline{X}} - 3 \cdot \dfrac{1}{\sqrt{n}} \cdot \dfrac{\overline{R}}{d_2} = \overline{\overline{X}} - A_2 \overline{R}$$

(2) X가 $N(\mu, \sigma^2)$의 정규분포를 할 때 X 관리도의 3σ 관리한계선은 다음과 같다.

$$UCL = E(X) + 3D(X) = \mu + 3\sigma$$

$$LCL = E(X) - 3D(X) = \mu - 3\sigma$$

$\hat{\mu} = \overline{X} = \dfrac{\sum X}{n}$, $\hat{\sigma} = \dfrac{\overline{R}}{d_2}$이고, $n = 2$일 때 $d_2 = 1.128$, $\overline{R} = \dfrac{\sum R}{k-1}$을 이용하면

$$\hat{\sigma} = \dfrac{\overline{R}}{d_2} = \dfrac{\overline{R}}{1.128} \text{이 된다.}$$

따라서 $\overline{X}$ 관리도의 관리한계선은 다음의 식으로 된다.

$$UCL = \overline{\overline{X}} + 3\left(\frac{\overline{R}}{d_2}\right) = \overline{\overline{X}} + \frac{3}{1.128}\overline{R} = \overline{\overline{X}} + 2.66\overline{R}$$

$$LCL = \overline{\overline{X}} - 3\left(\frac{\overline{R}}{d_2}\right) = \overline{\overline{X}} - \frac{3}{1.128}\overline{R} = \overline{\overline{X}} - 2.66\overline{R}$$

(3) $A_2 = \dfrac{3}{\sqrt{n}\cdot d_2} = E_2 \dfrac{1}{\sqrt{n}}$, $E_2 = \dfrac{3}{d_2} = \sqrt{n}\,A_2$

14 25로트로부터 각각 5개의 샘플을 취하여 다음과 같은 자료를 얻었다. 이때 군간변동 σ_b는 얼마인가?(단, $\overline{R} = 23.7$, $\sigma_{\overline{X}} = 21.3$이다.)

풀이

관리도용 계수표에서 $n=5$일 때 $d_2 = 2.326$이므로 $\overline{X} - R$ 관리도에서

$\hat{\sigma}_w = \overline{R}/d_2$이고 $\sigma_{\overline{X}}^2 = \sigma_b^2 + \dfrac{\sigma_w^2}{n}$, $\sigma_b \geq 0$이므로

$(21.3)^2 = \sigma_b^2 + \dfrac{(23.7/2.326)^2}{5}$

∴ $\sigma_b \fallingdotseq 20.8$

15 어떤 제품의 제조공정에서 제조순서에 따라 40로트를 택하여 그 각각으로부터 크기 $n=4$인 시료를 택하여 $\overline{X} - R$ 관리도를 작성키로 했다. 다음 물음에 답하시오. (단, $\Sigma \overline{X} = 120$, $\Sigma R = 50$이다.)

(1) $\overline{X}$ 관리도의 UCL, LCL을 구하시오.
(2) R 관리도의 UCL, LCL을 구하시오.
(3) 군내변동 $\hat{\sigma}_w$을 구하시오
(4) $\hat{\sigma}_{\overline{X}}^2 = 0.2250$일 때 군간변동 $\hat{\sigma}_b$는 얼마인가?

풀이

(1) $\overline{X}$ 관리도에서

$\overline{\overline{X}} = \dfrac{\Sigma \overline{X}}{k} = \dfrac{120}{40} = 3$, $\overline{R} = \dfrac{\Sigma R}{k} = \dfrac{50}{40} = 1.25$이고 $n=4$일 때 $A_2 = 0.729$이므로

① $UCL = \overline{\overline{X}} + A_2 \overline{R} = 3 + 0.729 \times 1.25 \fallingdotseq 3 + 0.91 = 3.91$

② $LCL = \overline{\overline{X}} - A_2 \overline{R} \fallingdotseq 3 - 0.91 = 2.09$

(2) R 관리도에서

　　$n = 4$ 일 때　$D_4 = 2.282$,　$D_3 = (-)$이므로

　　① $UCL = D_4 \overline{R} = 2.282 \times 1.25 ≒ 2.85$

　　② $LCL = D_3 \overline{R} = -$(고려하지 않음)

(3) $\hat{\sigma}_w = \dfrac{\overline{R}}{d_2} = \dfrac{1.25}{2.059} ≒ 0.6071$

(4) $\sigma_{\overline{X}}^2 = \sigma_b^2 + \dfrac{\sigma_w^2}{n}$ 이고, $\sigma_b \geq 0$ 이므로

　　$0.2250 = \sigma_b^2 + \dfrac{(0.6071)^2}{4}$

　　$\therefore \sigma_b ≒ 0.3645$

16
관리상태에 있는 2개의 공정 A, B의 평균치의 차이를 검정하기 위하여 층별한 $\overline{x} - R$ 관리도를 작성하니 다음과 같은 결과를 얻었다.

$$n_A = 6,\quad k_A = 10,\quad \overline{R}_A = 29.0,\quad \overline{\overline{X}}_A = 315.58$$
$$n_B = 6,\quad k_B = 10,\quad \overline{R}_B = 28.1,\quad \overline{\overline{X}}_B = 343.78$$

다음 공식을 사용하여 평균치의 차이를 검정하기 위한 필요조건을 검토한 후 이 공식을 사용하여 평균치의 차이가 있는지를 검정하라.

$$\left|\overline{\overline{X}}_A - \overline{\overline{X}}_B\right| > A_2 \overline{R} \sqrt{\dfrac{1}{k_A} + \dfrac{1}{k_B}}$$

풀이

(1) 평균치의 차이 검정을 위한 필요조건

　　① 2개의 공정 A, B가 관리 상태에 있으며

　　② $n_A = n_B = 6$ 이고

　　③ $k_A = k_B = 10$ 으로서 충분히 크다고 할 수 있고

　　④ 공정 A, B의 평균치를 $\overline{X} - R$ 관리도에 의하여 관리하고 있으므로, 평균치는 계량치로서 정규분포를 하고 있다고 볼 수 있다.

　　⑤ $\overline{R}_A$ 와 $\overline{R}_B$ 사이의 유의차 검정 : "$k_A ≒ k_B$ 인 경우의 $\overline{R}$ 의 비와 표"를 이용할 수 있으나, 주어져 있지 않으므로 "범위 R 을 사용한 검정의 보조표(v 와 C 의 값)"를 이용한다.

$n=6$, $k=10$일 때 $C=2.55$이므로

$$s_A^2 = \left(\frac{\overline{R}_A}{C_A}\right)^2 = \left(\frac{29.0}{2.55}\right)^2 = 129.335$$

$$s_B^2 = \left(\frac{\overline{R}_B}{C_B}\right)^2 = \left(\frac{28.1}{2.55}\right)^2 = 121.432$$

$$\therefore F_0 = \frac{s_A^2}{s_B^2} = 1.065$$

그리고 $n=6$, $k=10$일 때 $v=44.9$이므로
$F_{1-a/2}(v_A,\ v_B) = F_{0.975}(44.9,\ 44.9) < F_{0.975}(40,\ 40) = 1.88$
따라서 $F_0 = 1.065 < F_{0.975}(44.9, 44.9)$가 되므로 유의수준 5%로 유의적이 아니며, $\overline{R}_A$와 $\overline{R}_B$ 사이에는 유의차가 없다.(즉, 각 층의 산포에 차가 있다고 할 수 없다.)

(2) 평균치 차의 검정

① $|\overline{\overline{X}}_A - \overline{\overline{X}}_B| = |315.58 - 343.78| = 28.20$

② $\overline{R} = \dfrac{k_A \overline{R}_A + k_B \overline{R}_B}{k_A + k_B} = \dfrac{10 \times 29.0 + 10 \times 28.1}{10+10} = 28.55$

또한 관리도용 계수표에서 $n=6$일 때의 $A_2 = 0.483$이므로

$$\therefore A_2 \overline{R} \sqrt{\frac{1}{k_A} + \frac{1}{k_B}} = 0.483 \times 28.55 \sqrt{\frac{1}{10} + \frac{1}{10}} = 6.167$$

③ 판정

위의 계산결과로 볼 때 $|\overline{\overline{X}}_A - \overline{\overline{X}}_B| > A_2 \overline{R}\sqrt{\dfrac{1}{k_A} + \dfrac{1}{k_B}}$ 이 성립되므로, 따라서 A, B의 평균치 사이에는 유의차가 있다고 할 수 있다.

17 어느 공정 특성을 X 관리도, $\overline{X}-R$ 관리도($n=5$)를 병용하여 양자의 검출력을 비교하고 있다. 즉, 각 관리한계는 아래와 같으며, 각 관리도별 공정평균이 95가 되었을 때 관리한계 밖으로 나갈 확률은 얼마인가?(단, R 관리도는 관리상태이다.)

X 관리도	$CL=100.0$,	$UCL=130.0$,	$LCL=70.0$
$\overline{X}$ 관리도	$CL=100.0$,	$UCL=113.4$,	$LCL=86.6$
R 관리도	$CL=23.3$,	$UCL=49.3$,	$LCL=-$

(1) X 관리도

(2) $\overline{X}$ 관리도

[풀이]

(1) X 관리도

$$3\sigma_X = \frac{(UCL-LCL)}{2} = \frac{(130.0-70.0)}{2} \text{이므로 } \sigma_X = 10.0$$

$$P(X > UCL) + P(X < LCL) = P\left(Z > \frac{UCL-\mu}{\sigma}\right) + P\left(Z < \frac{LCL-\mu}{\sigma}\right)$$

$$P\left(Z > \frac{130.0-95}{10}\right) + P_r\left(Z < \frac{70.0-95}{10}\right) = P(Z > 3.5) + P(Z < -2.5)$$

$$= 0.0002326 + 0.0062 = 0.64326\%$$

(2) $\overline{X}$ 관리도

$$3 \cdot \frac{\sigma_X}{\sqrt{n}} = \frac{UCL-LCL}{2} \text{에서 } 3 \cdot \frac{\sigma_X}{\sqrt{5}} = \frac{113.4-86.6}{2} \text{이므로 } \sigma_X = 9.99$$

$$P(\overline{X} > UCL) + P(\overline{X} < LCL) = P\left(Z > \frac{UCL-\mu}{\sigma/\sqrt{n}}\right) + P\left(Z < \frac{LCL-\mu}{\sigma/\sqrt{n}}\right)$$

$$= P\left(Z > \frac{113.4-95}{9.99/\sqrt{5}}\right) + P\left(Z < \frac{86.6-95}{9.99/\sqrt{5}}\right)$$

$$= P(Z > 4.12) + P(Z < -1.88)$$

$$= 0 + 0.0301$$

$$= 0.0301(3.01\%)$$

18 어떤 제품의 규격은 $6.4 \sim 6.47$mm이고 시료의 크기 $n = 5$, 군의 크기 $k = 20$의 데이터를 취하고 $\overline{X} - R$ 관리도를 작성하여 다음의 데이터를 얻었다. 공정능력치 및 공정능력지수를 구하시오.

Data : $\overline{\overline{X}} = 6.4297$, $\overline{R} = 0.0273$

[풀이]

① 공정능력치

$n = 5$일 때 $d_2 = 2.326$이고, $\hat{\sigma} = \overline{R}/d_2$ 이므로

∴ 공정능력치 $\pm 3\hat{\sigma} = \pm 3\dfrac{\overline{R}}{d_2} = \pm 0.0352$

② 공정능력지수 C_p

$$C_p = \frac{S_U - S_L}{6\sigma} = \frac{6.47-6.4}{6(\overline{R}/d_2)} = \frac{6.47-6.4}{6(0.0273/2.326)} = 0.994$$

19 어떤 제조공정에서 샘플의 크기 $n=200$인 2σ 관리한계를 가진 p 관리도를 적용하기 위해 조사한 공정 평균 부적합품률 $\bar{p}=0.04$이었다. 다음 물음에 답하시오.

(1) UCL과 LCL을 구하시오.
(2) 이때 제1종 과오를 범할 확률은 얼마인가?

풀이

(1) UCL 및 LCL

$$UCL = \bar{p} + 2\sqrt{\bar{p}(1-\bar{p})/n}$$
$$= 0.04 + 2\sqrt{0.04 \times 0.96/200}$$
$$= 0.04 + 0.028$$
$$= 0.068$$

$$LCL = \bar{p} - 2\sqrt{\bar{p}(1-\bar{p})/n} = 0.04 - 0.028 = 0.012$$

(2) 제1종 과오를 범할 확률

$$\alpha = P\left(\frac{X}{n} > UCL\right) + P\left(\frac{X}{n} < LCL\right)$$
$$= P\left(\frac{X}{200} > 0.068\right) + P\left(\frac{X}{200} < 0.012\right)$$
$$= P(X > 13.6) + P(X < 2.4)$$
$$= P\left(Z > \frac{13.6 - 200 \times 0.04}{\sqrt{200 \times 0.04(1-0.04)}}\right) + P\left(Z < \frac{2.4 - 200 \times 0.04}{\sqrt{200 \times 0.04(1-0.04)}}\right)$$
$$= P(Z > 2.02) + P(Z < -2.02)$$
$$= 0.0217 + 0.0217$$
$$= 0.0434 \, (4.34\%)$$

PART 04 실험계획법

01 실험계획법의 개념
02 실험계획법의 분류
03 실전문제

SECTION 01 실험계획법의 개념

:: 01 실험계획법의 개요

(1) 정의

실험에 대한 계획방법으로, 해결하고자 하는 문제에 대해 실험을 어떻게 행하고 데이터를 어떻게 취하며, 어떤 통계적 방법으로 Data를 분석하면 최소의 실험 횟수에서 최대의 정보를 얻을 수 있는가를 계획하는 것

(2) 목적

① 어떤 요인이 반응에 유효한 영향을 주고 있는지를 파악하고 그 영향 정도를 알기 위하여 실시한다.(검정과 추정)
② 작은 영향을 미치는 요인의 전체적 영향 정도를 파악하기 위해 실시한다.(오차항 추정)
③ 유효한 영향을 미치는 요인이 가장 바람직한 반응을 하는 조건을 파악하기 위하여 실시한다.(최적반응 조건 결정)

(3) 순서

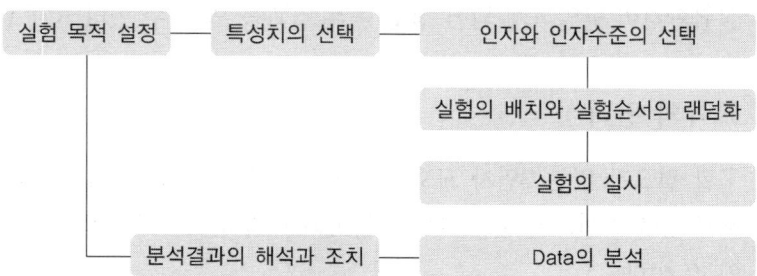

(4) 실험에 사용되는 데이터의 종류

① 종전 방법으로 취한 과거의 Data
② 해석하기 쉽도록 취한 평소의 Data
③ 새로 실험계획적으로 취한 Data

(5) 사용되는 분석방법

① 분산분석(Analysis of Variance)
② 상관분석(Correlation Analysis)
③ 회귀분석(Regression Analysis)

(6) 실험계획법의 기본 원리

1) 랜덤화의 원리

선택된 인자 외에 기타 원인들의 영향이 실험결과에 편기되게 미치는 것을 없애기 위한 방안으로서 실험순서를 무작위 결정하는 원리이다.
① 완전 랜덤화법 : 1원, 2원, 3원, 다원 배치법
② 부분 랜덤화법 : 분할법

2) 반복의 원리

동일 조건하의 실험을 2회 이상 행하여 실험의 정도를 높이려는 원리. 반복을 시켜줌으로써 오차항의 자유도를 크게 해 줄 수 있으며, 오차분산이 정도 좋게 추정됨으로써 실험결과의 신뢰성을 높일 수 있다.

3) 블록화의 원리

실험 전체를 시간적, 공간적으로 분할하여 블록으로 만들어 주면, 각 블록 내에서는 실험환경이 균일하게 되어 정도 좋은 결과를 얻을 수 있다. (예 난괴법)

4) 교락의 원리

구할 필요가 없는 2인자 교호작용이나 고차의 교호작용을 블록과 교락시키는 방법으로 검출할 필요가 없는 요인이 블록의 효과와 교락하게 됨으로써 실험의 효율을 높일 수 있다.

5) 직교화의 원리

요인 간에 직교성을 갖도록 실험계획하여 Data를 구하면, 같은 실험횟수라도 검출력이 더 좋은 검정을 할 수 있고 정도 높은 추정을 할 수 있다.

02 분산분석

표본자료로부터 측정한 전체 변동을 각 변동성분으로 분해하여 각 변동성분의 원천을 찾고, 각 변동성분이 전체 변동에 미치는 영향 및 각 변동성분 간의 차이를 파악하는 분석방법이다.

1) 과정

모형 설정 → 가정의 설정 → 가설의 설정 → 계산 → 분산분석표 작성 → 통계적 의사결정

2) 순서

① 각 열의 합계 : T_i, 각 열의 평균치 : $\overline{X}_i$, 총합계 : T, 총평균 : $\overline{\overline{X}}$ 를 구한다.

② CT(수정항) = $\dfrac{T^2}{l\,r} = \dfrac{T^2}{N}$ 를 구한다.

③ 전변동 $S_T = \sum\sum (X_{ij} - \overline{\overline{X}})^2$ 를 구한다.

④ 급간 변동 $S_A = \sum\sum (\overline{X}_i - \overline{\overline{X}})^2$ 를 구한다.

⑤ 급내 변동 $S_E = \sum\sum (X_{ij} - \overline{X}_i)^2$ 를 구한다.

⑥ 각 변동의 자유도를 계산한다.
$\nu_T = lr - 1 = N - 1$, $\nu_A = l - 1$, $\nu_E = \nu_T - \nu_A = l(r-1)$

⑦ 분산분석표를 작성한다.

⑧ 검정을 한다.
$F_o \geq F_{1-\alpha}(\nu_A,\ \nu_E)$

3) 분산분석법의 종류

① 인자수에 의한 분류
- 1원 배치 : 실험을 하기 위해 채택된 인자가 1개
- 2원 배치 : 실험을 하기 위해 채택된 인자가 2개
- 3원 배치 : 실험을 하기 위해 채택된 인자가 3개
- 다원 배치 : 실험을 하기 위해 채택된 인자가 3개 이상

② 구조모형에 의한 분류
- 모수모형 : 인자의 수준을 기술적으로 지정할 수 있는 경우 실험을 하기 위해 채택된 인자가 모수일 때(각 수준의 모평균을 문제로 삼음)
- 변량모형 : 인자의 수준을 기술적으로 지정할 수 없는 경우 실험을 하기 위해 채택된 인자가 변량일 때(수준 간의 산포를 문제로 삼음)
- 혼합모형 : 모수인자와 변량인자가 혼합된 모형

③ 랜덤화에 의한 분류
- 완전 랜덤화법 : 실험 자체의 모든 순서를 랜덤화한다.
- 분할법 : 부분적으로 랜덤화한다.

④ 실험배치에 의한 분류
- 완비형 계획 : 인자 각 수준의 모든 조합에서 실험이 행해지며 실험의 순서가 랜덤하게 행해지는 실험
  (완전무작위화법, 난괴법, 라틴방격법, 그레코라틴방격법, 초방격법)
- 불완비형 계획 : 같은 실험의 장에서 비교하고자 하는 인자 수준의 조합이 들어 있지 않고 완전 랜덤화가 곤란한 경우의 실험
  (교락법, 분할법, 일부실시법, 불완비라틴방격법, 불완비블록법)

03 모수인자와 변량인자

(1) 모수인자와 변량인자의 비교

모수인자	변량인자
• 수준이 기술적 의미를 가지며 실험자에 의해 미리 정해진다. • a_i는 고정된 상수이다. $E(a_i) = a_i$, $V(a_i) = 0$ • a_i들의 합은 0이다. $\sum a_i = 0$, $\bar{a} = 0$ • a_i들 간의 산포의 척도로서 $\sigma_A^2 = \dfrac{\sum a_i^2}{l-1}$	• 수준이 확률적이며 수준 선택이 랜덤으로 이루어진다. • a_i는 랜덤으로 변하는 확률변수 $E(a_i) = 0$, $V(a_i) = \sigma_A^2$ • a_i들의 합은 0이다. $\sum a_i \neq 0$, $\bar{a} \neq 0$ • a_i들 간의 분포의 분산은 $\sigma_A^2 = E\left[\dfrac{1}{l-1}\sum(a_i - \bar{a})^2\right]$

(2) 인자의 분류

1) 제어인자

몇 개의 수준을 설정하고 그 가운데서 최적의 수준을 선택하기 위해 취한 인자로서 기술적인 의미가 있는 인자이다.(반응온도, 시간, 품종, 작업방법 등)

2) 표시인자

제어인자와 마찬가지로 몇 개의 수준을 설정하지만, 주 효과는 의미가 없다. 즉, 최적수준을 고르는 것은 무의미하며, 최적수준을 결정하는 것이 목적이 아닌 인자이다.(제어인자와의 교호작용이 실험에 의미 있는 인자)

3) 블록인자

실험의 정도를 올릴 목적으로 실험의 장을 층별하기 위해서 채택한 인자를 말한다. 수준의 재현성은 없고, 따라서 제어인자의 교호작용을 찾아내도 쓸모가 없다.(날짜, Lot, 작업자 등)

4) 보조인자

수준, 교호작용 및 주 효과 등의 존재는 의미가 없는 인자로 실험에 배치하지 않으며 해석상 첨가하면 유리한 인자이다.

SECTION 02 실험계획법의 분류

:: 01 1원 배치법

One-way Factor Design은 실험의 특성치에 대하여 영향을 주는 원인들 중 하나의 인자를 실험에 채택하여 인자의 영향을 조사하기 위하여 쓰이는 완전임의배열법으로서 가장 간단한 실험계획법의 배치방식이다.

(1) 특징

① 인자의 각 수준이 처리(Treatment)가 된다.
② 수준수와 반복수에는 별로 제한이 없다.(수준 3~5개, 반복수 3~10개)
③ 반복수는 모든 수준에 대해 동일하지 않아도 된다.
④ 모든 특성치는 랜덤하게 구해야 한다.
⑤ 결측치가 있어도 그대로 해석이 가능하다.

$$T_{i\cdot} = \sum_{j=1}^{r} X_{ij}, \quad T = \sum_{i=1}^{l}\sum_{j=1}^{r} X_{ij}, \quad \overline{X_{i\cdot}} = \frac{T_{i\cdot}}{r}, \quad \overline{\overline{X}} = \frac{T}{lr} = \frac{T}{N}$$

(2) 데이터 구조모형

$X_{ij} = \mu + a_i + e_{ij}$ (단, μ : 전체의 평균)

여기서, a_i : 수준의 효과(수준과 수준의 편기 정도)
　　　　e_{ij} : 수준에 있어서 j번째 데이터에 부수되는 오차

(3) 오차항의 특성

$E(e_{ij}) = 0, \quad Var(e_{ij}) = \sigma_E^2$

$\sigma_E^2 = E[e_{ij} - E(e_{ij})]^2 = E(e_{ij} - 0)^2 = E(e_{ij}^2)$

① 정규성(Normality) : $N(0, \sigma_E^2)$의 정규분포를 한다.
② 독립성(Independence) : 모든 e_{ij}는 서로 독립이다.

③ 불편성(Unbiasedness) : 오차 e_{ij}의 기대치는 0이고 편기는 없다.
④ 등분산성(Equal Variance) : 모든 ij에 대해 e_{ij}의 분산은 σ_E^2이다.

(4) 변동의 분해

$$(X_{ij} - \overline{\overline{X}}) = (X_{ij} - \overline{X}_{i.}) + (\overline{X}_{i.} - \overline{\overline{X}})$$

$$\sum\sum(X_{ij} - \overline{\overline{X}})^2 = \sum\sum[(X_{ij} - \overline{X}_{i.}) + (\overline{X}_{i.} - \overline{\overline{X}})]^2$$

$$= \sum\sum(X_{ij} - \overline{X}_{i.})^2 + \sum\sum(\overline{X}_{i.} - \overline{\overline{X}})^2$$

$$+ 2\sum\sum(X_{ij} - \overline{X}_{i.})(\overline{X}_{i.} - \overline{\overline{X}})$$

따라서 $\sum\sum(X_{ij} - \overline{\overline{X}})^2 = r\sum(\overline{X}_{i.} - \overline{\overline{X}})^2 + \sum\sum(X_{ij} - \overline{\overline{X}})^2$

$S_T = S_A + S_E$

① $S_T = \sum_{i}^{l}\sum_{j}^{r}(X_{ij} - \overline{\overline{X}})^2$

$$= \sum\sum(X_{ij}^2 - 2\overline{\overline{X}} \cdot X_{ij} + \overline{\overline{X}}^2)$$

$$= \sum\sum X_{ij}^2 - 2\overline{\overline{X}}\sum\sum X_{ij} + lr(\overline{\overline{X}})^2$$

$$= \sum\sum X_{ij}^2 - lr(\overline{\overline{X}})^2$$

$$= \sum\sum X_{ij}^2 - \frac{T^2}{lr}$$

$$= \sum\sum X_{ij}^2 - CT$$

② $S_A = \sum\sum(\overline{X}_{i.} - \overline{\overline{X}})^2$

$$= r\sum(\overline{X}_{i.}^2 - 2\overline{\overline{X}} \cdot \overline{X}_{i.} + \overline{\overline{X}}^2)$$

$$= r\sum\overline{X}_{i.}^2 - 2r \cdot \overline{\overline{X}}\sum\overline{X}_{i.} + lr\overline{\overline{X}}^2$$

$$= r\sum\left(\frac{T_i}{r}\right)^2 - lr\overline{\overline{X}}^2 = \sum\frac{T_{i.}^2}{r} - \frac{T^2}{lr}$$

$$= \sum\frac{T_{i.}^2}{r} - CT$$

③ $S_E = \sum\sum (X_{ij} - \overline{X}_{i.})^2$

$\quad = \sum\sum (X_{ij}^2 - 2\overline{X}_{i.} \cdot X_{ij} + \overline{X}_{i}^2)$

$\quad = \sum\sum X_{ij}^2 - r\sum \overline{X}_{i.}^2$

$\quad = \sum\sum X_{ij}^2 - \sum \dfrac{T_{i.}^2}{r} = S_T - S_A$

1) 반복 일정한 모수모형인 경우

전체 Data의 변동을 급내, 급간 변동으로 나누어 급간 변동을 Zero로 볼 수 있는가의 여부를 결정한다. 즉, 실험인자가 특성치에 영향을 미치는지의 여부를 파악하려는 1원 배치의 실험이다.

① 분산분석표

요인	S	ν	V	$E(V)$	F_o	$F(\alpha)$
A	S_A	$l-1$	S_A/ν_A	$\sigma_E^2 + r\sigma_A^2$	V_A/V_E	$F_{1-\alpha}(\nu_A, \nu_E)$
e	S_E	$l(r-1)$	S_E/ν_E	σ_E^2		
T	S_T	$lr-1$				

〈변동분해〉

㉠ $S_A = \sum \dfrac{T_{i.}^2}{r} - CT$

㉡ $S_T = \sum\sum X_{ij}^2 - CT$

㉢ $S_E = S_T - S_A$

$$\text{요인변동} = \sum \dfrac{\text{수준합}^2}{\text{반복수}} - \text{수정항}$$

〈F-검정에서의 가설 설정〉

$H_o : \sigma_A^2 = 0$ (수준 간에 특성치의 차이가 없다.)

$H_1 : \sigma_A^2 \neq 0$ (수준 간에 특성치의 차이가 있다.)

② 추정
　㉠ 각 수준의 모평균 추정
　　• 점추정치 : $\mu_{i.} = \mu + a_i = \overline{X}_{i.}$
　　• 신뢰구간 : $\overline{X}_{i.} \pm t_{1-\alpha/2}(\nu_E)\sqrt{\dfrac{V_E}{r}}$

　㉡ 각 수준 간 모평균차의 추정
　　$H_o : \mu_i = \mu_i'$　　$H_1 : \mu_i \neq \mu_i'$

　　• 점 추정치 : $\mu_i - \mu_i' = (\mu + a_i) - (\mu + a_i)' = \overline{X}_{i.} - \overline{X}_{i.}'$
　　• 신뢰구간 : $(\overline{X}_{i.} - \overline{X}_{i.}') \pm t_{1-\alpha/2}(\nu_E)\sqrt{\dfrac{2V_E}{r}}$

　㉢ 실험 전체 모평균 추정
　　• 점 추정치 : $\mu = \overline{\overline{X}}$
　　• 신뢰구간 : $\overline{\overline{X}} \pm t_{1-\alpha/2}(\nu_E)\sqrt{\dfrac{V_E}{lr}}$

　㉣ 오차분산의 추정
　　$\dfrac{S_E}{\chi^2_{1-\alpha/2}(\nu_E)} \leq \sigma_E^2 \leq \dfrac{S_E}{\chi^2_{\alpha/2}(\nu_E)}$

2) 반복이 다른 모수모형인 경우

〈반복이 일정한 것과 다른 점〉

① $N = \sum r_i$

② $S_A = \sum \dfrac{T_i^2}{r_i} - CT$

③ $E(V_A) = \sigma_E^2 + \dfrac{\sum r_i a_i^2}{l-1}$

④ $\dfrac{S_A}{\chi^2_{1-\alpha/2}(\nu_A)} \leq \sigma_A^2 \leq \dfrac{S_A}{\chi^2_{\alpha/2}(\nu_A)}$

⑤ $\dfrac{S_E}{\chi^2_{1-\alpha/2}(\nu_E)} \le \sigma_E^2 \le \dfrac{S_E}{\chi^2_{\alpha/2}(\nu_E)}$

⑥ 각 수준의 모평균 추정

$$\overline{X}_{i\cdot} \pm t_{1-\alpha/2}(\nu_E)\sqrt{\dfrac{V_E}{r_i}}$$

⑦ 각 수준 간 모평균차의 추정

$$(\overline{X}_{i\cdot} - \overline{X}'_{i\cdot}) \pm t_{1-\alpha/2}(\nu_E)\sqrt{V_E\left(\dfrac{1}{r_i}+\dfrac{1}{r'_i}\right)}$$

3) 변량모형인 경우

인자가 변량인자인 때는 인자의 각 수준에서의 모평균의 추정은 별로 의미가 없고 분산의 추정치가 산포의 정도를 추정하는 방법으로 이용된다. 즉, 급간 분산의 검정과 각 분산성분의 추정을 행한다.

① $X_{ij} = \mu + a_i + e_{ij}$

② $\hat{\sigma}_A^2 = (V_A - V_E)/r$

③ $\dfrac{(F_0/F_2)-1}{F_0-1} \cdot \hat{\sigma}_A^2 \le \hat{\sigma}_A^2 \le \dfrac{(F_0/F_1)-1}{F_0-1} \cdot \hat{\sigma}_A^2$

(단, $F_0 = \dfrac{V_A}{V_E}$, $F_1 = \dfrac{1}{F_{\alpha/2}(\nu_E, \nu_A)}$, $F_2 = F_{1-\alpha/2}(\nu_A, \nu_E)$)

4) 1원 배치법과 단순회귀

① 분산분석표

요인	S	ν	V	F_0
직선회귀	S_R	1	S_R/ν_R	V_R/V_E
나머지(고차회귀)	$S_r = S_A - S_R$	$l-2$	S_r/ν_r	V_r/V_E
A	S_A	$l-1$	S_A/ν_A	V_A/V_E
E	S_E	$n-1$	S_E/ν_E	
T	$S_T = S_{YY}$	$n-1$		

:: 02 2원 배치법

Two-way ANOVA는 특성치에 영향을 주는 2개 인자에 대하여 그 영향을 조사하고자 할 때 사용하는 분산분석법으로서 2인자의 교호작용이 있다고 판단될 때에는 반복 있는 실험을 한다.

(1) 반복 없는 모수모형의 경우

B \ A	A_1	A_2	A_3	$\cdots$	A_i	$\cdots$	A_l	$T_{\cdot j}$	$\overline{X}_{\cdot j}$
B_1	x_{11}	x_{21}	x_{31}	$\cdots$	x_{i1}	$\cdots$	x_{l1}	$T_{\cdot 1}$	$\overline{X}_{\cdot 1}$
B_2	x_{12}	x_{22}	x_{32}	$\cdots$	x_{i2}	$\cdots$	x_{l2}	$T_{\cdot 2}$	$\overline{X}_{\cdot 2}$
$\vdots$	$\vdots$	$\vdots$	$\vdots$		$\vdots$		$\vdots$	$\vdots$	$\vdots$
B_j	x_{1j}	x_{2j}	x_{3j}	$\cdots$	x_{ij}	$\cdots$	x_{lj}	$T_{\cdot j}$	$\overline{X}_{\cdot j}$
$\vdots$	$\vdots$	$\vdots$	$\vdots$		$\vdots$		$\vdots$	$\vdots$	$\vdots$
B_m	x_{1m}	x_{2m}	x_{3m}	$\cdots$	x_{im}	$\cdots$	x_{lm}	$T_{\cdot m}$	$\overline{X}_{\cdot m}$
$T_{i\cdot}$	$T_{1\cdot}$	$T_{2\cdot}$	$T_{3\cdot}$	$\cdots$	$T_{i\cdot}$	$\cdots$	$T_{l\cdot}$	T	
$\overline{X}_{i\cdot}$	$\overline{X}_{1\cdot}$	$\overline{X}_{2\cdot}$	$\overline{X}_{3\cdot}$	$\cdots$	$\overline{X}_{i\cdot}$	$\cdots$	$\overline{X}_{l\cdot}$		$\overline{\overline{X}}$

1) Data의 구조

① $X_{ij} = \mu + a_i + b_j + e_{ij}$ ② $\overline{X}_{i\cdot} = \mu + a_i + \overline{e}_{i\cdot}$
③ $\overline{X}_{\cdot j} = \mu + b_j + \overline{e}_{\cdot j}$ ④ $\overline{\overline{X}} = \mu + \overline{\overline{e}}$
(단, $e_{ij} \sim N(0, \sigma_E^2)$ $\sum a_i = 0$, $\sum b_j = 0$)

2) 분산분석표

요인	S	ν	V	$E(V)$	F_0	S'	ρ
A	S_A	$l-1$	S_A/ν_A	$\sigma_E^2 + m\sigma_A^2$	V_A/V_E	$S_A - \nu_A \cdot V_E$	$(S_A'/S_T) \times 100$
B	S_B	$m-1$	S_B/ν_E	$\sigma_E^2 + l\sigma_B^2$	V_B/V_E	$S_B - \nu_B \cdot V_E$	$(S_B'/S_T) \times 100$
E	S_E	$(l-1)(m-1)$	S_E/ν_E	σ_E^2		$S_r - S_A - S_B$	$(S_E/S_T) \times 100$
T	S_T	$lm-1$					$100(\%)$

※ 변동분해

① $S_A = \sum \dfrac{T_{i\cdot}^2}{m} - CT$ ② $S_B = \sum \dfrac{T_{\cdot j}^2}{l} - CT$

③ $S_E = S_T - S_A - S_B$ ④ $S_T = \sum\sum X_{ij}^2 - CT$

3) 추정

① 인자 A의 모평균 추정

㉠ 점 추정치 : $\mu(A_i) = \mu + a_i = \overline{X}_{i\cdot}$

㉡ 신뢰구간 : $\overline{X}_{i\cdot} \pm t_{1-\alpha/2}(\nu_E)\sqrt{\dfrac{V_E}{m}}$

② 인자 B의 모평균 추정

㉠ 점 추정치 : $\mu(B_j) = \mu + b_j = \overline{X}_{\cdot j}$

㉡ 신뢰구간 : $\overline{X}_{\cdot j} \pm t_{1-\alpha/2}(\nu_E)\sqrt{\dfrac{V_E}{l}}$

③ 인자 A의 수준 간 모평균차의 추정

㉠ 점 추정치 : $\mu(A_i) - \mu(A_i') = (\mu + a_i) - (\mu + a_i') = \overline{X}_{i\cdot} - \overline{X}_{i\cdot}'$

㉡ 신뢰구간 : $|\overline{X}_i - \overline{X}_i'| \pm t_{1-\alpha/2}(\nu_E)\sqrt{\dfrac{2V_E}{m}}$

㉢ A인자 i수준과 B인자 j수준에서의 모평균 추정(2인자 조합평균의 추정)

• 점 추정치 : $\mu(A_iB_j) = \mu + a_i + b_j = \mu + a_i + \mu + b_j - \mu$
$= \overline{X}_{i\cdot} + \overline{X}_{\cdot j} - \overline{\overline{X}}$

• 신뢰구간 : $(\overline{X}_{i\cdot} + \overline{X}_{\cdot j} - \overline{\overline{X}}) \pm t_{1-\alpha/2}(\nu_E)\sqrt{\dfrac{V_E}{N_e}}$

(단, N_e(유효반복수)$= \dfrac{lm}{(\nu_A + \nu_B + 1)} = \dfrac{lm}{(l+m-1)}$ 이다.)

(2) 반복 없고 혼합모형인 경우(난괴법)

난괴법은 농사시험에서 유래된 것으로서 R.A. Fisher가 도입하였다. 1원 배치 실험에서 실험의 반복을 하나의 변량인자(블록인자)로 취하여 1원 배치의 실험 정도를 높이기 위하여 사용되는 실험이다. 분산분석 과정은 2원 배치와 동일하지만 해석을 할 때는 모수인자만 해석하므로 1원 배치의 해석이 되는 실험이다.

1) 난괴법의 특징

① 완전 랜덤화이므로 정도가 높다.
② 해석 시에는 블록인자의 산포를 오차항에 Pooling시켜서 해석을 한다.
③ 처리수의 다소에 구애되지 않으며 통계적 분석이 가능하다.
④ 처리별 반복수가 동일해야 한다.

2) Data의 구조(A인자모수, B변량인자)

① $X_{ij} = \mu + a_i + b_j + e_{ij}$ ② $\overline{X}_{i.} = \mu + a_i + \overline{b} + \overline{e}_{i.}$
③ $\overline{X}_{.j} = \mu + b_j + \overline{e}_{.j}$ ④ $\overline{\overline{X}} = \mu + \overline{b} + \overline{\overline{e}}$

단, $\sum a_i = 0 \quad \sum b_j \neq 0, \quad e_{ij} \sim N(0, \sigma_E^2), \quad b_j \sim N(0, \sigma_B^2)$이다.

3) 분산분석표

반복 없고 모수모형인 경우와 동일하며 $E(V)$도 모수모형과 동일하다.

4) 추정

① 변량인자 B의 분산성분 추정

$$\widehat{\sigma_B^2} = \frac{V_B - V_E}{l}$$

② 모수인자 A의 모평균 추정
  ㉠ 점 추정치 : $\overline{X}_{i.} = \mu + a_i + \overline{b} + \overline{e}_{i.}$

  ※ $V(\overline{X}_{i.}) = V(\mu + a_i + \overline{b} + \overline{e}_{i.}) = V(\overline{b}) + V(\overline{e}_{i.})$

  $$= \frac{\widehat{\sigma_B^2}}{m} + \frac{\widehat{\sigma_E^2}}{m} = \frac{1}{m}\frac{(V_B - V_E)}{l} + \frac{1}{m}(V_E)$$

  $$= \frac{V_B + (l-1)V_E}{lm}$$

ⓒ 신뢰구간 : $\overline{X}_{i \cdot} \pm t_{1-\alpha/2}(\nu_E^*) \sqrt{\dfrac{V_B + (l-1)V_E}{lm}}$

(단, $\nu_E^* = \dfrac{[V_B + (l-1)V_E]^2}{\dfrac{V_B^2}{\nu_B} + \dfrac{[(l-1)V_E]^2}{\nu_B}}$ 이다.(등가자유도))

③ 모수인자 A의 수준 간 모평균차의 추정

ⓐ 점 추정치 : $\mu(A_i) - \mu(A_i') = (\mu + a_i) - (\mu + a_i') = \overline{X}_{i \cdot} - \overline{X}'_{i \cdot}$

ⓒ 신뢰구간 : $|\overline{X}_{i \cdot} - \overline{X}'_{i \cdot}| \pm t_{1-\alpha/2}(\nu_E) \sqrt{\dfrac{2V_E}{m}}$

※ B인자 간의 산포가 상쇄되어 2원 배치와 동일하다.

(3) 반복 있고 모수모형인 경우

1) 반복의 이점

① 교호작용을 분리하여 구할 수 있다.
② 인자의 효과에 대한 검출이 좋아지고 실험오차를 단독으로 구한다.
③ 반복한 Data로부터 실험의 재현성과 관리상태를 검토할 수 있다.
④ 수준수가 적어도 반복수의 크기를 조절하여 검출력을 높일 수 있다.

※ 교호작용 $A \times B$가 존재하는 경우

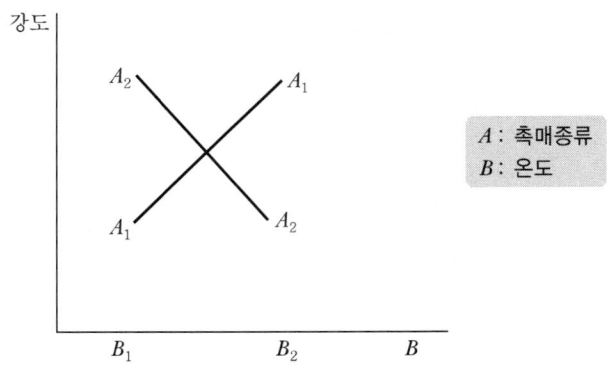

▼ 반복 있는 2원 배치의 Table

B \ A		A_1	A_2	$\cdots$	A_i	$\cdots$	A_l	계	평균
B_1	1 2 $\vdots$ r	X_{111} X_{112} $\vdots$ X_{11r}	X_{211} X_{212} $\vdots$ X_{21r}	$\cdots$	X_{i11} X_{i12} $\vdots$ X_{i1r}	$\cdots$	X_{l11} X_{l11} $\vdots$ X_{l1r}	$T_{\cdot 1 \cdot}$	$\overline{X}_{\cdot 1 \cdot}$
B_2	1 2 $\vdots$ r	X_{121} X_{122} $\vdots$ X_{12r}	X_{221} X_{222} $\vdots$ X_{11r}	$\cdots$	X_{i21} X_{i22} $\vdots$ X_{i2r}	$\cdots$	X_{l21} X_{l21} $\vdots$ X_{l2r}	$T_{\cdot 2 \cdot}$	$\overline{X}_{\cdot 2 \cdot}$
$\vdots$		$\vdots$	$\vdots$	$\cdots$	$\vdots$	$\cdots$	$\vdots$	$\vdots$	$\vdots$
B_j	1 2 $\vdots$ r	X_{1j1} X_{1j2} $\vdots$ X_{1jr}	X_{2j1} X_{2j2} $\vdots$ X_{2jr}	$\cdots$	X_{ij1} X_{ij2} $\vdots$ X_{ijr}	$\cdots$	X_{lj1} X_{lj2} $\vdots$ X_{ljr}	$T_{\cdot j \cdot}$	$\overline{X}_{\cdot j \cdot}$
$\vdots$		$\vdots$	$\vdots$	$\cdots$	$\vdots$	$\cdots$	$\vdots$	$\vdots$	$\vdots$
B_m	1 2 $\vdots$ r	X_{1m1} X_{1m2} $\vdots$ X_{1mr}	X_{2m1} X_{2m2} $\vdots$ X_{2mr}	$\cdots$	X_{im1} X_{im2} $\vdots$ X_{imr}	$\cdots$	X_{lm1} X_{lm2} $\vdots$ X_{lmr}	$T_{\cdot m \cdot}$	$\overline{X}_{\cdot m \cdot}$
계		$T_{1 \cdot \cdot}$	$T_{2 \cdot \cdot}$	$\cdots$	$T_{i \cdot \cdot}$	$\cdots$	$T_{l \cdot \cdot}$	T	
평균		$\overline{X}_{1 \cdot \cdot}$	$\overline{X}_{2 \cdot \cdot}$	$\cdots$	$\overline{X}_{i \cdot \cdot}$	$\cdots$	$\overline{X}_{l \cdot \cdot}$		$\overline{\overline{X}}$

2) 데이터의 구조

① $X_{ijk} = \mu + a_i + b_j + (ab)_{ij} + e_{ijk}$

② $\overline{X}_{ij \cdot} = \mu + a_i + b_j + (ab)_{ij} + \overline{e}_{ij \cdot}$

③ $\overline{X}_{i \cdot \cdot} = \mu + a_i + \overline{e}_{i \cdot \cdot}$

④ $\overline{X}_{\cdot j \cdot} = \mu + b_j + \overline{e}_{\cdot j \cdot}$

⑤ $\overline{\overline{X}} = \mu + \overline{\overline{e}}$

단, $\sum (a_i) = \sum (b_j) = \sum (ab_{ij}) = 0$, $(ab)_{ij}$: A, B 교호작용의 효과, $e_{ijk} \sim N(0, \sigma_E^2)$ 이다.)

3) 분산분석표

요인	S	ν	V	$E(V)$	F_0	$F_{1-\alpha}$
A	S_A	$l-1$	V_A	$\sigma_E^2 + mr\sigma_A^2$	V_A/V_E	$F_{1-\alpha}(\nu_A, \nu_E)$
B	S_B	$m-1$	V_B	$\sigma_E^2 + lr\sigma_B^2$	V_B/V_E	$F_{1-\alpha}(\nu_B, \nu_E)$
$A \times B$	$S_{AB} - S_A - S_B$	$(l-1)(m-1)$	$V_{A \times B}$	$\sigma_E^2 + r\sigma_{A \times B}^2$	$V_{A \times B}/V_E$	$F_{1-\alpha}(\nu_{A \times B}, \nu_E)$
E	$S_T - S_{AB}$	$lm(r-1)$	V_E	σ_E^2		
T	S_T	$lmr-1$				

※ 변동 분해

① $S_{AB} = \sum \dfrac{T_{ij\cdot}^2}{r} - CT$

② $CT = \dfrac{T^2}{N} = \dfrac{T^2}{lmr}$

③ $S_E = S_T - S_A - S_B - S_{A \times B} = S_T - S_{AB}$

4) 추정

① 인자 A의 각 수준 모평균 추정

　㉠ 점 추정치 : $\mu(A_i) = \mu + a_i = \overline{X}_{i\cdot}$

　㉡ 신뢰구간 : $\overline{X}_{i\cdot} \pm t_{1-\alpha/2}(\nu_E)\sqrt{\dfrac{V_E}{mr}}$

② 인자 B의 각 수준 모평균 추정

　㉠ 점 추정치 : $\mu(B_j) = \mu + b_j = \overline{X}_{\cdot j}$

　㉡ 신뢰구간 : $\overline{X}_{\cdot j} \pm t_{1-\alpha/2}(\nu_E)\sqrt{\dfrac{V_E}{lr}}$

③ 인자의 수준 간 모평균차의 추정

　㉠ 점 추정치 : $\mu(A_i) - \mu(A_i)' = (\mu + a_i) - (\mu + a_i)' = \overline{X}_{i\cdot\cdot} - \overline{X}'_{i\cdot\cdot}$

　㉡ 신뢰구간 : $\overline{X}_{i\cdot\cdot} - \overline{X}'_{i\cdot\cdot} \pm t_{1-\alpha/2}(\nu_E)\sqrt{\dfrac{2V_E}{mr}}$

④ 두 인자 수준조합에서의 모평균 추정

㉠ 교호작용이 유효한 경우

- 점 추정치 : $\overline{X}_{ij\cdot} = \mu + a_i + b_j + (ab)_{ij} + \overline{e}_{ij\cdot} = \dfrac{T_{ij\cdot}}{r}$

- 신뢰구간 : $\overline{X}_{ij\cdot} \pm t_{1-\alpha/2}(\nu_E)\sqrt{\dfrac{V_E}{r}}$ (단, $V_E = \dfrac{S_E}{\nu_E}$ 이다.)

㉡ 교호작용이 무시되는 경우

- 점 추정치 : $\mu(A_iB_j) = \mu + a_i + b_j$
$= (\mu + a_i) + (\mu + b_j) - \mu$
$= \overline{X}_{i\cdot\cdot} + \overline{X}_{\cdot j\cdot} - \overline{\overline{X}}$

- 신뢰구간 : $(\overline{X}_{i\cdot\cdot} + \overline{X}_{\cdot j\cdot} - \overline{\overline{X}}) \pm t_{1-\alpha/2}(\nu_E^*)\sqrt{\dfrac{V_E^*}{N_e}}$

(단, $N_e = \dfrac{lmr}{\nu_A + \nu_B + 1} = \dfrac{lmr}{l + m - 1}$, $V_E^* = \dfrac{S_E + S_{A \times B}}{\nu_E + \nu_{A \times B}}$ 이다.)

(4) 반복 있고 혼합모형인 경우(A : 모수, B : 변량)

1) Data의 구조

① $X_{ijk} = \mu + a_i + b_j + (ab)_{ij} + e_{ijk}$ ② $\overline{X}_{ij\cdot} = \mu + a_i + b_j + (ab)_{ij} + \overline{e}_{ij\cdot}$
③ $\overline{X}_{i\cdot\cdot} = \mu + a_i + \overline{b} + \overline{(ab)}_{i\cdot} + \overline{e}_{i\cdot}$ ④ $\overline{X}_{\cdot j\cdot} = \mu + b_j + \overline{e}_{\cdot j\cdot}$
⑤ $\overline{\overline{X}} = \mu + \overline{b} + \overline{\overline{e}}$

단, $\sum a_i = 0$, $\sum b_j \neq 0$, $b_j \sim N(0, \sigma_B^2)$, $(ab)_{ij} \sim N(0, \sigma_{A \times B}^2)$, $e_{ijk} \sim N(0, \sigma_E^2)$ 이다.

2) 분산분석표

요인	S	ν	V	$E(V)$	F_0	$F_{1-\alpha}$
A	S_A	$l-1$	V_A	$\sigma_E^2 + r\sigma_{A \times B}^2 + mr\sigma_A^2$	$V_A/V_{A \times B}$	$F_{1-\alpha}(\nu_A, \nu_{A \times B})$
B	S_B	$m-1$	V_B	$\sigma_E^2 + lr\sigma_B^2$	V_B/V_E	$F_{1-\alpha}(\nu_B, \nu_E)$
$A \times B$	$S_{A \times B}$	$(l-1)(m-1)$	$V_{A \times B}$	$\sigma_E^2 + r\sigma_{A \times B}^2$	$V_{A \times B}/V_E$	$F_{1-\alpha}(\nu_{A \times B}, \nu_E)$
E	S_E	$lm(r-1)$	V_E	σ_E^2		
T	S_T	$lmr-1$				

3) 추정

① 변량인자의 분산성분 추정

㉠ $\hat{\sigma}_B^2 = \dfrac{V_B - V_E}{lr}$

㉡ $\hat{\sigma}_{A \times B}^2 = \dfrac{V_{A \times B} - V_E}{r}$

② 인자 A의 각 수준에서의 모평균 추정

㉠ 교호작용이 유의하지 않은 경우

- 점 추정치 : $X_{i..} = \mu + a_i + \bar{b} + \bar{e}_{i..}$

- 신뢰구간 : $\overline{X}_{i..} \pm t_{1-\alpha/2}(\nu_E^*) \sqrt{\dfrac{V_B + (l-1)V_E^*}{lmr}}$

 (단, $\nu^* = \dfrac{[V_B + (l-1)V_E]^2}{\dfrac{V_B^2}{\nu_B} + \dfrac{[(l-1)V_E]^2}{\nu_B}}$, $V_E^* = \dfrac{S_E + S_{A \times B}}{\nu_E + \nu_{A \times B}}$ 이다.)

㉡ 교호작용이 유의한 경우

- 점 추정치 : $\overline{X}_{i..} = \mu + a_i + \bar{b} + \overline{(ab)} + \bar{e}_{i..}$

- 신뢰구간 : $\overline{X}_{i..} \pm t_{1-\alpha/2}(\nu_E^*) \sqrt{\dfrac{V_B + lV_{A \times B} - V_E}{lmr}}$

 (단, $\nu^* = \dfrac{[V_B + lV_{A \times B} - V_E]^2}{\dfrac{V_B^2}{\nu_B} + \dfrac{(lV_{A \times B})^2}{\nu_{A \times B}} + \dfrac{(-V_E)^2}{\nu_E}}$ 이다.)

③ 인자의 수준 간 모평균차의 추정

- 점 추정치 : $\mu(A_i) - \mu(A_i)' = (\mu + a_i) - (\mu + a_i)' = \overline{X_i} - \overline{X_i'}$

- 신뢰구간 : $\overline{X}_{i..} - \overline{X}_{i..} \pm t_{1-\alpha/2}(\nu_E) \sqrt{\dfrac{2V_E}{mr}}$

03 3원 배치법

(1) 반복 없고 모수모형인 경우

1) 데이터의 구조

$$X_{ijk} = \mu + a_i + b_j + c_k + (ab)_{ij} + (bc)_{jk} + (ac)_{ik} + e_{ijk}(단, \ e_{ijk} \sim N(0, \sigma_E^2) 이다.)$$

2) 분산분석표

요인	S	ν	$E(V)$	F_0	$F_{1-\alpha}$
A	S_A	$l-1$	$\sigma_E^2 + mr\sigma_A^2$	V_A/V_E	$F_{1-\alpha}(\nu_A, \nu_E)$
B	S_B	$m-1$	$\sigma_E^2 + ln\sigma_B^2$	V_B/V_E	$F_{1-\alpha}(\nu_B, \nu_E)$
C	S_C	$n-1$	$\sigma_E^2 + lm\sigma_A^2$	V_C/V_E	$F_{1-\alpha}(\nu_C, \nu_E)$
$A \times B$	$S_{AB} - S_A - S_B$	$(l-1)(m-1)$	$\sigma_E^2 + n\sigma_{A \times B}^2$	$V_{A \times B}/V_E$	$F_{1-\alpha}(\nu_{A \times B}, \nu_E)$
$A \times C$	$S_{AC} - S_A - S_C$	$(l-1)(n-1)$	$\sigma_E^2 + m\sigma_{A \times C^2}$	$V_{A \times C}/V_E$	$F_{1-\alpha}(\nu_{A \times C}, \nu_E)$
$B \times C$	$S_{BC} - S_B - S_C$	$(m-1)(n-1)$	$\sigma_E^2 + l\sigma_{B \times C}^2$	$V_{B \times C}/V_E$	$F_{1-\alpha}(\nu_{B \times C}, \nu_E)$
E	S_E	$(l-1)(m-1)(n-1)$	σ_E^2		
T	S_T	$lmn-1$			

※ 변동 분해

① $S_{AB} = \sum\sum \dfrac{T_{ij\cdot}^2}{n} - CT$ ② $S_{AC} = \sum\sum \dfrac{T_{i\cdot k}^2}{m} - CT$

③ $S_{BC} = \sum\sum \dfrac{T_{\cdot jk}^2}{l} - CT$ ④ $S_E = S_T - S_A - S_B - S_C - S_{A \times B} - S_{A \times C} - S_{B \times C}$

3) 추정

① 주 효과만 유의한 경우(교호작용들을 모두 오차항에 Pooling)
  ㉠ 각 인자 수준에서의 모평균 추정

- $\mu(A_i) = \overline{X}_{i\cdot\cdot} \pm t_{1-\alpha/2}(\nu_E^*)\sqrt{\dfrac{V_E^*}{mn}}$

- $\mu(B_j) = \overline{X}_{\cdot j\cdot} \pm t_{1-\alpha/2}(\nu_E^*)\sqrt{\dfrac{V_E^*}{ln}}$

- $\mu(C_k) = \overline{X}_{\cdot\cdot k} \pm t_{1-\alpha/2}(\nu_E^*)\sqrt{\dfrac{V_E^*}{lm}}$

ⓒ 수준 조합 $A_iB_jC_k$에서의 모평균 추정
- 점 추정치 : $\mu(A_iB_jC_k) = \mu + a_i + b_j + c_k$
$= \mu + a_i + \mu + b_j + \mu + c_k - 2\mu$
$= \overline{X}_{i..} + \overline{X}_{.j.} + \overline{X}_{..k} - 2\overline{\overline{X}}$

- 신뢰구간 : $\mu(A_iB_jC_k) = (\overline{X}_{i..} + \overline{X}_{.j.} + \overline{X}_{..k} - 2\overline{\overline{X}}) \pm t_{1-\alpha/2}(\nu_E^*)\sqrt{\dfrac{V_E^*}{N_e}}$

(단, $N_e = \dfrac{lmn}{\nu_A + \nu_B + \nu_c + 1} = \dfrac{lmn}{l+m+n-2}$ 이다.)

② 주 효과와 교호작용의 일부($A \times B$)가 유의한 경우

ⓐ 수준 조합 $A_iB_jC_k$에서의 모평균 추정
- 점 추정치 : $\mu(A_iB_jC_k) = \mu + a_i + b_j + c_k + (ab)_{ij}$
$= \mu + a_i + b_j + (ab)_{ij} + \mu + c_k - \mu$
$= (\overline{X}_{ij.} + \overline{X}_{..k} - \overline{\overline{X}})$

- 신뢰구간 : $\mu(A_iB_jC_k) = (\overline{X}_{ij.} + \overline{X}_{..k} - \overline{\overline{X}}) \pm t_{1-\alpha/2}(\nu_E^*)\sqrt{\dfrac{V_E^*}{N_e}}$

(단, $N_e = \dfrac{lmn}{\nu_{A \times B} + \nu_A + \nu_B + \nu_C + 1}$ 이다.)

③ 모든 요인이 유의한 경우

ⓐ 점 추정치

$\mu(A_iB_jC_k) = \mu + a_i + b_j + (ab)_{ij} + (ac)_{ik} + (bc)_{jk}$
$= \mu + a_i + b_j + (ab)_{ij} + \mu + a_i + c_k + (ac)_{ik} + \mu + b_j + c_k + (bc)_{jk}$
$\quad - \mu + a_i - \mu + b_j - \mu + c_k + \mu$
$= \overline{X}_{ij.} + \overline{X}_{i.k} + \overline{X}_{.ik} - \overline{X}_{i..} - \overline{X}_{.j.} - \overline{X}_{..k} + \overline{\overline{X}}$

ⓑ 신뢰구간

$\mu(A_iB_jC_k) = (\overline{X}_{ij.} + \overline{X}_{i.k} + \overline{X}_{.ik} - \overline{X}_{i..} - \overline{X}_{.j.} - \overline{X}_{..k} + \overline{\overline{X}})$
$\pm t_{1-\alpha/2}(\nu_E)\sqrt{\dfrac{V_E}{N_e}}$

(단, $N_e = \dfrac{lmn}{\nu_A + \nu_B + \nu_C + \nu_{A \times B} + \nu_{A \times C} + \nu_{B \times C} + 1}$ 이다.)

(2) 반복 없고 혼합모형인 경우(C인자는 변량인자)

1) 데이터의 구조

$$X_{ijk} = \mu + a_i + b_j + ck + (ab)_{ij} + (bc)_{jk} + (ac)_{ik} + e_{ijk}$$

(단, $e_{ijk} \sim N(0, \sigma_E^2)$, $\sum a_i = 0$ $\sum b_j = 0$ $\sum c_k \neq 0$이다.)

2) 분산 분석표

요인	S	ν	V	$E(V)$	F_0
A	S_A	$l-1$	V_A	$\sigma_E^2 + m\sigma_{A \times C}^2 + mn\sigma_A^2$	$V_A/V_{A \times C}$
B	S_B	$m-1$	V_B	$\sigma_E^2 + l\sigma_{B \times C}^2 + ln\sigma_B^2$	$V_B/V_{B \times C}$
C	S_C	$n-1$	V_C	$\sigma_E^2 + lm\sigma_C^2$	V_C/V_E
$A \times B$	$S_{A \times B}$	$(l-1)(m-1)$	$V_{A \times B}$	$\sigma_E^2 + n\sigma_{A \times B}^2$	$V_{A \times B}/V_E$
$A \times C$	$S_{A \times C}$	$(l-1)(n-1)$	$V_{A \times C}$	$\sigma_E^2 + m\sigma_{A \times C}^2$	$V_{A \times C}/V_E$
$B \times C$	$S_{B \times C}$	$(m-1)(n-1)$	$V_{B \times C}$	$\sigma_E^2 + l\sigma_{B \times C}^2$	$V_{B \times C}/V_E$
E	S_E	$(l-1)(m-1)(n-1)$	V_E	σ_E^2	
T	S_T	$lmn-1$			

3) 추정

① 변량인자의 분산성분 추정

㉠ $\hat{\sigma}_c^2 = \dfrac{V_C - V_E}{lm}$ ㉡ $\hat{\sigma}_{A \times C}^2 = \dfrac{V_{A \times C} - V_E}{m}$ ㉢ $\hat{\sigma}_{B \times C}^2 = \dfrac{V_{B \times C} - V_E}{l}$

② 모평균의 추정

㉠ 교호작용 $A \times C$가 유의한 경우

- $\overline{X}_{i \cdot \cdot} = \mu + a_i + \overline{c} + \overline{(ac)}_{i \cdot} + \overline{e}_{i \cdot \cdot}$

- $V(\overline{X}_{i \cdot \cdot}) = V(\overline{c} + \overline{(ac)}_{i \cdot k} + \overline{e}_{i \cdot \cdot}) = \dfrac{\sigma^2 c}{n} + \dfrac{\sigma_{A \times C}^2}{n} + \dfrac{\sigma_E^2}{mn} = \dfrac{V_C + lV_{A \times C} - V_E}{lmn}$

- 신뢰구간 : $\mu(A_i) = \overline{X}_{i \cdot \cdot} \pm t_{1-\alpha/2}(\nu_E^*)\sqrt{\dfrac{V_C + lV_{A \times C} - V_E}{lmn}}$

(단, $\nu^* = \dfrac{[V_C + lV_{A \times C} - V_E]^2}{\dfrac{V_C^2}{\nu_C} + \dfrac{(lV_{A \times C})^2}{\nu_{A \times C}} + \dfrac{(-V_E)^2}{\nu_E}}$ 이다.)

ⓒ 교호작용 $A \times C$가 유의하지 않은 경우
- $\overline{X}_{i..} = \mu + a_i + \overline{c} + \overline{(ac)}_{i.} + \overline{e}_{i..}$
- $V(\overline{X}_{i..}) = \dfrac{V_C + (l-1)V_E}{lmn}$
- 신뢰구간 : $\mu(A_i) = \overline{X}_{i..} \pm t_{1-\alpha/2}(\nu_E^*)\sqrt{\dfrac{V_C + (l-1)V_E^*}{lmn}}$

04 기타 사항

(1) 오차항에의 Pooling

분산분석표에서 F_0 검정을 한 결과 유의치 않은 교호작용을 오차항에 포함시켜서 새로운 오차항을 만든다.

[Pooling 시의 고려할 점]
① 실험의 목적을 고려한다.
② 교호작용의 중요성을 고려한다.
③ 기술적 · 통계적인 면을 고려한다.
  ν_E 와 $\sigma_{A \times B}^2$의 계수 r를 고려하여 결정한다.
  ⊙ $\nu_E > 20$인 경우
    교호작용이 유의치 않으면 Pooling하여도 ν_E가 상당히 크므로 실질적으로 큰 변화가 없다.
  ⓒ $\nu_E \leq 20$인 경우
    $F_0 = \dfrac{V_{A \times B}}{V_E} \leq 1$이면 Pooling시키고 $1 < F_0 \leq F_{0.9}$일 때는 r이 크면($r \geq 3$) Pooling하고 $r = 2$이고 $F_{0.95} > F_0 > F_{0.9}$이면 기술면을 고려한다.
④ 제2종 오류를 고려한다.
  제2종 오류를 범하는 것이 큰 잘못일 때는, $F_0 \leq 1$인 경우에만 Pooling한다.

---

(2) 반복 없는 2원 배치법에 결측치의 취급(Yates 방법)

1) $A_i B_j$에서 결측치(y)가 있을 경우

$$y = \frac{lT'_{i.} + mT'_{.j} - T'}{(l-1)(m-1)}$$

2) 결측치 y_1과 y_2가 생긴 경우

$$(l-1)(m-1) \cdot y_1 + y_2 = lT'_{i.} + mT'_{.j} - T' \quad \cdots\cdots\cdots\cdots (1)$$

$$(l-1)(m-1) \cdot y_2 + y_1 = lT''_{i.} + mT''_{.j} - T' \quad \cdots\cdots\cdots\cdots (2)$$

위의 두 식 (1), (2)를 연립방정식으로 푼다.

※ 결측치가 있는 경우는 결측치의 수만큼 오차항의 자유도와 총변동의 자유도에서 뺀다.

(3) 회귀분석과 직교분해

1) 1원 배치법에서의 단순회귀 분석

요인	S	ν	V	F_0
R(직선회귀)	S_R	l	S_R/ν_R	V_R/V_E
r(고차회귀)	S_r	$l-2$	S_r/ν_r	V_r/V_E
A	S_A	$l-1$	S_A/ν_A	V_A/V_E
E	S_E	$l(r-1)$	S_E/ν_E	
T	S_T	$lr-1$		

[변동분해]

① $S_T = S_{(YY)} = \sum\sum Y_{ij}^2 - CT$

② $S_R = \dfrac{S_{(XY)}^2}{S_{(XX)}}$

③ $S_A = \dfrac{\sum T_{i.}^2}{r} - CT$

④ $S_r = S_A - S_R$

⑤ $S_E = S_T - S_A$

2) 직교분해

① 직교분해의 전제조건

㉠ 배치된 인자는 모수모형이어야 한다.
㉡ 수준의 간격은 등간격이어야 한다.
㉢ 각 수준의 반복수(r)는 같아야 한다.

② K차 회귀계수의 추정식

$$\beta_k = \frac{\sum W_i T_i}{(\lambda \cdot S)\, r \cdot h^k} \quad (단,\ r=반복수,\ h=수준의\ 간격,\ k=차수)$$

③ K차 회귀의 변동

$$S_k = \frac{[\sum W_i T_i]^2}{(\lambda^2 \cdot S) \cdot r}$$

④ K차 회귀계수 β_k의 구간 추정식의 신뢰구간의 폭

$$\pm \sqrt{\frac{F_{1-\alpha}(1,\nu_E)}{r \cdot S \cdot h^{2k}}}$$

(배치법의 신뢰 한계)

$$\pm \sqrt{\frac{F_{1-\alpha}(l,\nu_E)}{N_e}} \quad (단,\ \frac{1}{N_e} = D = \sum r_i\, C_i^2 이다.)$$

(4) 대비와 직교 분해

1) 1원 배치 또는 반복 없는 2원 배치의 경우

① n개의 측정치의 1차식($X_1,\ X_2,\ \cdots,\ X_n$)

㉠ 선형식 : $L = C_1 X_1 + C_2 X_2 + \cdots + C_n X_n$
㉡ 단위수 : $D = C_1^2 + C_2^2 + \cdots + C_n^2$
㉢ L의 변동 $S_L = \dfrac{L^2}{D}$ (단, 단위수 D는 계수 제곱합이다.)

② 인자 A의 각 수준의 합($T_1,\ T_2,\ \cdots,\ T_l$)

㉠ 선형식 : $L = C_1 T_1 + C_2 T_2 + \cdots + C_l T_l$
이때, $C_1 + C_2 + \cdots + C_l = 0$가 되면 선형식 L은 대비한다.

ⓒ 대비의 변동 : $S_L = \dfrac{L^2}{D} = \dfrac{L^2}{(\sum C_i^2)\,r}$

③ 두 대비 L_1과 L_2의 직교 조건
  ㉠ $L_1 = C_1 T_1 + C_2 T_2 + \cdots + C_l T_l$
  ㉡ $L_2 = C_1' T_1 + C_2' T_2 + \cdots + C_l' T_l$
  ㉢ 직교 조건 : $C_1 C_1' + C_2 C_2' + \cdots + C_l C_l' = 0$

④ 반복이 일정치 않은 1원 배치의 경우
  ㉠ 대비조건 : $\sum r_i C_i = 0$
  ㉡ 직교조건 : $\sum r_i C_i C_i' = 0$
  ㉢ 대비의 변동 : $S_L = \dfrac{L^2}{(\sum C_i^2)\cdot r_i}$

2) 반복 있는 2원 배치의 경우

① $L = C_1 T_{1..} + C_2 T_{2..} + \cdots + C_l T_{l..}$
  ㉠ 대비조건 : $\sum C_i = 0$
  ㉡ 대비의 변동 : $S_L = \dfrac{L^2}{(\sum C_i^2)\cdot mr}$

② $L = C_1 T_{.1.} + C_2 T_{.2.} + \cdots + C_m T_{.m.}$
  ㉠ 대비조건 : $\sum C_i = 0$
  ㉡ 대비의 변동 : $S_L = \dfrac{L^2}{(\sum C_i^2)\cdot lr}$

05 방격법

(1) 라틴방격법(Latin Squares)

15C 수학적 유희인 라틴방격을 사용한 배치방법으로, k개의 숫자 또는 글자를 어느 행, 열에도 하나씩만 있도록 나열하여 k개씩의 4각형이 되도록 한 것으로 난괴법이 한 방향의 블록을 고려하는 반면에 방격에서는 양 방향 블록을 동시에 고려하는 실험배치이다.

1) 특징

① 주효과를 분석하기 위한 배분이다.(즉 교호작용은 무시한다.)
② 행과 열은 정4각형이다.(인자의 수준수와 반복수가 동일하다.)
③ 행과 열에 또는 숫자 문자의 배열이 중복됨이 없어야 한다.
④ 분산분석은 이원배치의 분산분석을 행한다.

2) 총방격(가능한 배열방법수)

총방격법 = (표준 Latin Square의 수) $\times k! \times (k-1)!$

$k \times k$ 라틴방격	표준방격수	배열수
3×3	1	12
4×4	4	576
5×5	56	$56 \times 5! \times 4!$
6×6	9,408	$9,408 \times 6! \times 5!$

3) Data의 구조

① $X_{ijk} = \mu + a_i + b_j + c_k + e_{ijk}$
② $\overline{X}_{ij\cdot} = \mu + a_i + b_j + \overline{e}_{ij\cdot}$
③ $\overline{X}_{\cdot jk} = \mu + b_j + c_k + \overline{e}_{\cdot jk}$
④ $\overline{X}_{i\cdot k} = \mu + a_i + c_k + \overline{e}_{i\cdot k}$

단, $\Sigma a_i = 0$, $\Sigma b_j = 0$, $\Sigma c_k = 0$, $e_{ijk} \sim N(0, \sigma_E^2)$이다.

4) 분산분석표

요인	S	ν	V	$E(V)$	F_0	$F_{1-\alpha}$
A	S_A	$k-1$	V_A	$\sigma_E^2 + k\sigma_A^2$	V_A/V_E	$F_{1-\alpha}(\nu_A, \nu_E)$
B	S_B	$k-1$	V_B	$\sigma_E^2 + k\sigma_B^2$	V_B/V_E	$F_{1-\alpha}(\nu_B, \nu_E)$
C	S_C	$k-1$	V_C	$\sigma_E^2 + k\sigma_C^2$	V_C/V_E	$F_{1-\alpha}(\nu_C, \nu_E)$
E	S_E	$(k-1)(k-2)$	V_E	σ_E^2		
T	S_T	k^2-1				

5) 추정

① A_i 수준에서의 모평균 추정

㉠ 점 추정치 : $\mu(A_i) = \mu + a_i = \overline{X}_{i..}$

㉡ 신뢰구간 : $\overline{X}_{i..} \pm t_{1-\alpha/2}(\nu_E)\sqrt{\dfrac{V_E}{k}}$

② A_iC_k에서의 모평균 추정(A, C는 유의, B는 무시)

㉠ 점 추정치 : $\mu(A_iC_k) = \mu + a_i + c_k = \overline{X}_{i..} + \overline{X}_{..k} - \overline{\overline{X}}$

㉡ 신뢰구간 : $(\overline{X}_{i..} + \overline{X}_{..k} - \overline{\overline{X}}) \pm t_{1-\alpha/2}(\nu_E)\sqrt{\dfrac{V_E}{N_e}}$

(단, $N_e = \dfrac{k^2}{2k-1}$ 이다.)

③ $A_iB_jC_k$에서의 모평균 추정

㉠ 점 추정치 : $\mu(A_iB_jC_k) = \mu + a_i + b_j + c_k = \overline{X}_{i..} + \overline{X}_{.j.} + \overline{X}_{..k} - 2\overline{\overline{X}}$

㉡ 신뢰구간 : $(\overline{X}_{i..} + \overline{X}_{.j.} + \overline{X}_{..k} - 2\overline{\overline{X}}) \pm t_{1-\alpha/2}(\nu_E)\sqrt{\dfrac{V_E}{N_e}}$

(단, $N_e = \dfrac{k^2}{3k-2}$ 이다.)

(2) 그레코라틴 방격법(Graeco Latin Squares)

직교하는 두 개의 라틴방격을 조합한 방격, 두 개의 라틴방격을 겹치어 조합했을 때 한 번 나온 조합이 반복되어 나오지 않으면 두 개의 라틴방격은 서로 직교한다. 4인자 A, B, C, D의 실험에 사용되고 K^2개의 총실험 횟수를 갖는다.

1) Data의 구조

$X_{ijkl} = \mu + a_i + b_j + c_k + d_l + e_{ijkl}$

(단, $\sum a_i = 0$, $\sum b_j = 0$, $\sum c_k = 0$, $\sum d_l = 0$, $e_{ijkl} \sim N(0, \sigma_E^2)$이다.)

2) 분산

요인	S	ν	V	$E(V)$	F_0	$F_{1-\alpha}$
A	S_A	$k-1$	V_A	$\sigma_E^2 + k\sigma_A^2$	V_A/V_E	$F_{1-\alpha}(\nu_A, \nu_E)$
B	S_B	$k-1$	V_B	$\sigma_E^2 + k\sigma_B^2$	V_B/V_E	$F_{1-\alpha}(\nu_B, \nu_E)$
C	S_C	$k-1$	V_C	$\sigma_E^2 + k\sigma_C^2$	V_C/V_E	$F_{1-\alpha}(\nu_C, \nu_E)$
D	S_D	$k-1$	V_D	$\sigma_E^2 + k\sigma_D^2$	V_D/V_E	$F_{1-\alpha}(\nu_D, \nu_E)$
E	S_E	$(k-1)(k-3)$	V_E	σ_E^2		
T	S_T	k^2-1				

3) 추정

① 각 인자의 수준에서의 모평균 추정

㉠ 점 추정치 : $\mu(A_i) = \mu + a_i = \overline{X}_{i\cdots}$

㉡ 신뢰구간 : $\overline{X}_{i\cdots} \pm t_{1-\alpha/2}(\nu_E)\sqrt{\dfrac{V_E}{k}}$

② 두 인자의 수준조합에서 모평균 추정

㉠ 점 추정치 : $\mu(A_iB_j) = \mu + a_i + b_j = \overline{X}_{i\cdots} + \overline{X}_{\cdot j\cdot\cdot} - \overline{\overline{X}}$

㉡ 신뢰구간 : $(\overline{X}_{i\cdots} + \overline{X}_{\cdot j\cdot\cdot} - \overline{\overline{X}}) \pm t_{1-\alpha/2}(\nu_E)\sqrt{\dfrac{V_E}{N_e}}$

(단, $N_e = \dfrac{k^2}{2k-1}$ 이다.)

③ 세 인자의 수준조합에서 무평균 추정

㉠ 점 추정치 : $\mu(A_iB_jC_k) = \mu + a_i + b_j + c_k = \overline{X}_{i\cdots} + \overline{X}_{\cdot j\cdot\cdot} + \overline{X}_{\cdot\cdot k\cdot} - 2\overline{\overline{X}}$

㉡ 신뢰구간 : $(\overline{X}_{i\cdots} + \overline{X}_{\cdot j\cdot\cdot} + \overline{X}_{\cdot\cdot k\cdot} - 2\overline{\overline{X}}) \pm t_{1-\alpha/2}(\nu_E)\sqrt{\dfrac{V_E}{N_e}}$

(단, $N_e = \dfrac{k^2}{3k-2}$ 이다.)

④ 네 인자의 수준조합에서 모평균 추정
  ㉠ 점 추정치 : $\mu(A_iB_jC_kD_l) = \mu + a_i + b_j + c_k + d_l$
  $= \overline{X}_{i\cdots} + \overline{X}_{\cdot j\cdot\cdot} + \overline{X}_{\cdot\cdot k\cdot} + \overline{X}_{\cdots l} - 3\overline{\overline{X}}$

  ㉡ 신뢰구간 : $(\overline{X}_{i\cdots} + \overline{X}_{\cdot j\cdot\cdot} + \overline{X}_{\cdot\cdot k\cdot} + \overline{X}_{\cdots l} - 3\overline{\overline{X}}) \pm t_{1-\alpha/2}(\nu_E)\sqrt{\dfrac{V_E}{N_e}}$

  (단, $N_e = \dfrac{k^2}{4k-3}$ 이다.)

(3) 초 방격법(초 그레코라틴방격)

① 서로 직교하는 라틴방격을 3개 조합하여 만든 방격이다.
   일반적으로 k가 반우수(2로 나눠서 홀수가 되는 수 : 2 또는 6)가 아닌 한 $k \times k$ 라틴방격에 있어서 서로 직교하는 $(k-1)$개의 라틴방격이 있다.
② $\nu_E = (k-1)(k-4)$, 초방격에서는 $k \leq 4$인 경우에는 오차항의 자유도가 존재할 수 있도록 반드시 반복실험을 해야 한다.

:: 06 분할법

실험 전체를 완전 랜덤화하는 것이 곤란한 경우 실험 전체를 몇 개의 단계로 나누어 확률화하는 실험형태로서 실험조건을 1단 또는 2단 이상으로 분할하는 실험이다. 원래 농사시험에서 각 지구를 다시 몇 개의 지구로 분할하여 거기에 다른 인자를 배치하기 위하여 고안되었다.

※ 특징
① 실험의 완전 랜덤화가 곤란한 경우에 쓰인다.
② 오차분산이 단계별로 분할된다.
③ 정도가 좋게끔 추정하고 싶은 인자는 고차단위에 배치한다.
④ 일차 단위의 인자에 대해서는 다원배치실험보다 소요되는 원료량을 줄일 수 있다.
⑤ 인자의 수준변경에 수반되는 비용을 절감할 수 있다.
⑥ 주요 요인효과에 대하여 정보의 정도를 향상시킨다.

(1) 단일 분할법

1) 1차 단위가 1원 배치인 경우

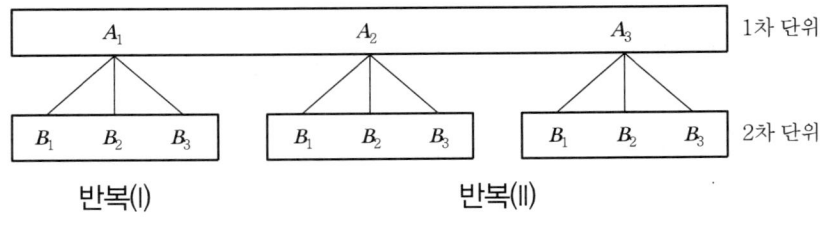

B\A	A_1	A_2	A_3	A_4
B_1	X_{111}	X_{211}	X_{311}	X_{411}
B_2	X_{121}	X_{221}	X_{321}	X_{421}
B_3	X_{131}	X_{231}	X_{331}	X_{431}
$T_{i \cdot 1}$	$T_{1 \cdot 1}$	$T_{2 \cdot 1}$	$T_{3 \cdot 1}$	$T_{4 \cdot 1}$
				$T_{\cdot \cdot 1}$

B\A	A_1	A_2	A_3	A_4
B_1	X_{112}	X_{212}	X_{312}	X_{412}
B_2	X_{122}	X_{222}	X_{322}	X_{422}
B_3	X_{132}	X_{232}	X_{332}	X_{432}
$T_{i \cdot 2}$	$T_{1 \cdot 2}$	$T_{2 \cdot 2}$	$T_{3 \cdot 2}$	$T_{4 \cdot 2}$
				$T_{\cdot \cdot 2}$

① Data의 구조

$$X_{ijk} = \mu + a_i + r_k + e_{(1)ik} + b_j + (ab)_{ij} + e_{(2)ijk}$$

(단, $e_{(1)ik} \sim N(0, \sigma_{E1}^2)$, $e_{(2)ik} \sim N(0, \sigma_{E2}^2)$ 이다.)

② 분산분석표

1단 요인과 2단 요인으로 분할되며, 각 단마다 실험오차가 분리되어 나오는 특성이 있다.

요인	S	ν	V	$E(V)$	F_0
A	S_A	$l-1$	V_A	$\sigma_{E2}^2 + m\sigma_{E1}^2 + mr\sigma_A^2$	V_A/V_{E1}
R	S_R	$r-1$	V_R	$\sigma_{E2}^2 + m\sigma_{E1}^2 + lm\sigma_B^2$	V_R/V_{E1}
E_1	S_{E1}	$(l-1)(r-1)$	V_{E1}	$\sigma_{E2}^2 + m\sigma_{E1}^2$	V_{E1}/V_{E2}
AR	S_{AR}	$lr-1$			
B	S_B	$m-1$	V_B	$\sigma_{E2}^2 + lr\sigma_B^2$	V_B/V_{E2}
$A \times B$	$S_{A \times B}$	$(l-1)(m-1)$	$V_{A \times B}$	$\sigma_{E2}^2 + r\sigma_{A \times B}^2$	$V_{A \times B}/V_{E2}$
E_2	S_{E2}	$l(m-1)(r-1)$	V_{E2}	σ_{E2}^2	
T	S_T	$lmr-1$			

[변동분해]

㉠ $S_A = \sum \dfrac{T_{i..}^2}{mr} - CT$

㉡ $S_B = \sum \dfrac{T_{.j.}^2}{lr} - CT$

㉢ $S_R = \sum \dfrac{T_{..k}^2}{lm} - CT = \dfrac{1}{T}(T_{..2} - T_{..1})^2$

㉣ $S_{AR} = \sum \dfrac{T_{i.k}^2}{m} - CT$

㉤ $S_{E1} = S_{AR} - S_A - S_R$

㉥ $S_{A \times B} = S_{AB} - S_A - S_B$

㉦ $S_{E2} = S_T - S_{A \times B} - S_B - S_{AR}$

㉧ $S_T = \sum\sum\sum x_{ijk}^2 - CT$

③ 추정

㉠ R, E_1이 유의치 않은 경우에는 E_2에 Pooling한다. (2원 배치 반복 있는 경우와 동일)

㉡ R, E_1이 유의한 경우

ⓐ A_i 수준에서의 모평균 추정

- 신뢰구간 : $\overline{X}_{i..} \pm t_{1-\alpha/2}(\nu_E^*)\sqrt{\dfrac{V_R + (l-1)V_{E1}}{lmr}}$

$E(\overline{X}_{i..}) = \mu + a_i + \overline{r} + \overline{e}_{(1)i.} + \overline{e}_{(2)i..}$

$V(\overline{X}_{i..}) = V(\overline{r}) + V(\overline{e}_{(1)i}) + V(\overline{e}_{(2)i..})$

$= \dfrac{\hat{\sigma}_R^2}{r} + \dfrac{\hat{\sigma}_{E1}^2}{r} \dfrac{\hat{\sigma}_{E2}^2}{mr}$

$= \dfrac{1}{lmr}[V_R + (l-1)V_{E1}]$

ⓑ B_j 수준에서의 모평균 추정

- 신뢰구간 : $\overline{X}_{.j.} \pm t_{1-\alpha/2}(\nu_E^*)\sqrt{\dfrac{V_R + (m-1)V_{E2}}{lmr}}$

ⓒ A_iB_j 수준에서의 모평균 추정(교호작용 유의한 경우)

- 신뢰구간 : $\overline{X}_{ij.} \pm t_{1-\alpha/2}(\nu_E^*)\sqrt{\dfrac{V_R + (l-1)V_{E1} + l(m-1)V_{E2}}{lmr}}$

$$E(\overline{X}_{ij.}) = \mu + a_i + \overline{r} + \overline{e}_{(1)i.} + b_j + (\overline{ab})_{ij} + \overline{e}_{(2)ij.} = \dfrac{T_{ij.}}{r}$$

$$V(\overline{X}_{ij.}) = V(\overline{r}) + V(\overline{e}_{(1)i}) + V(\overline{e}_{(2)ij}) = \dfrac{\hat{\sigma}_R^2}{r} + \dfrac{\hat{\sigma}_{E1}^2}{r} + \dfrac{\hat{\sigma}_{E2}^2}{r}$$

2) 1차 단위가 2원 배치인 경우

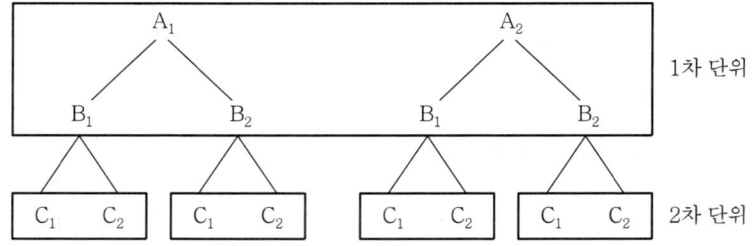

① Data의 구조

$$X_{ijk} = \mu + a_i + b_j + e_{(1)ij} + c_k + (ac)_{ik} + (bc)_{jk} + e_{(2)jk}$$

② 분산분석표(A, B, C 모수)

요인		S	ν	V	$E(V)$	F_0
1차 단위	A	S_A	$l-1$	V_A	$\sigma_{E2}^2 + n\sigma_{E1}^2 + mn\sigma_A^2$	V_A/V_{E1}
	B	S_B	$r-1$	V_B	$\sigma_{E2}^2 + n\sigma_{E1}^2 + \ln\sigma_B^2$	V_B/V_{E1}
	E_1	$S_{E1} = S_{A \times B}$	$(l-1)(m-1)$	V_{E1}	$\sigma_{E2}^2 + n\sigma_{E1}^2$	V_{E1}/V_{E2}
2차 단위	C	S_C	$(n-1)$	V_C	$\sigma_{E2}^2 + lm\sigma_c^2$	V_C/V_{E2}
	$A \times C$	$S_{A \times C}$	$(l-1)(m-1)$	$V_{A \times C}$	$\sigma_{E2}^2 + m\sigma_{A \times c}^2$	$V_{A \times C}/V_{E2}$
	$B \times C$	$S_{B \times C}$	$(m-1)(n-1)$	$V_{B \times C}$	$\sigma_{E2}^2 + l\sigma_{B \times C}^2$	$V_{B \times C}/V_{E2}$
	E_2	$S_{E2} = S_{A \times B \times C}$	$(l-1)(m-1)(n-1)$	V_{E2}	σ_{E2}^2	
T			$lmn-1$			

2) 2단 분할법

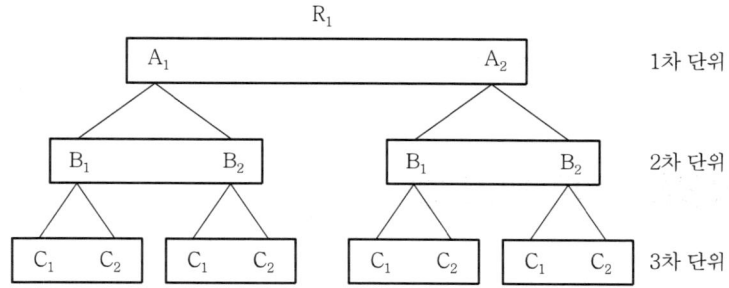

① Data의 구조

$$X_{ijkp} = \mu + a_i + r_p + e_{(1)ip} + b_j + (ab)_{ij} + e_{(2)ijp} + c_k + (ac)_{ik} + (bc)_{jk} + (abc)_{ijk} + e_{(3)ijkp}$$

　　　1차 단위　　　2차 단위　　　　　　3차 단위

(단, $e_{(1)ip} \sim N(0, \sigma_{E1}^2)$, $e_{(2)ijp} \sim N(0, \sigma_{E2}^2)$, $e_{(3)ijkp} \sim N(0, \sigma_{E3}^2)$ 이다.)

② 분산분석표(A, B, C 모수, R 변량)

요인	S	ν	V	$E(V)$
A	S_A	$l-1$	V_A	$\sigma_{E3}^2 + n\sigma_{E2}^2 + mn\sigma_{E1}^2 + mnr\sigma_A^2$
R	S_R	$r-1$	V_B	$\sigma_{E3}^2 + n\sigma_{E2}^2 + mn\sigma_{E1}^2 + lmn\sigma_A^2$
E_1	S_{E1}	$(l-1)(r-1)$	V_{E1}	$\sigma_{E3}^2 + n\sigma_{E2}^2 + mn\sigma_{E1}^2$
B	S_B	$m-1$	V_B	$\sigma_{E3}^2 + n\sigma_{E2}^2 + \ln r\sigma_{B1}^2$
$A \times B$	$S_{A \times B}$	$(l-1)(m-1)$	$V_{A \times B}$	$\sigma_{E3}^2 + n\sigma_{E2}^2 + nr\sigma_{E1}^2$
E_2	S_{E2}	$l(m-1)(r-1)$	V_{E2}	$\sigma_{E3}^2 + n\sigma_{E2}^2$
C	S_C	$(n-1)$	V_C	$\sigma_{E3}^2 + lmr\sigma_C^2$
$A \times C$	$S_{A \times C}$	$(l-1)(n-1)$	$V_{A \times C}$	$\sigma_{E3}^2 + mr_{A \times C}^2$
$B \times C$	$S_{B \times C}$	$(m-1)(n-1)$	$V_{B \times C}$	$\sigma_{E3}^2 + lr\sigma_{B \times C}^2$
$A \times B \times C$	$S_{A \times B \times C}$	$(l-1)(m-1)(n-1)$	$V_{A \times B \times C}$	$\sigma_{E3}^2 + r\sigma_{A \times B \times C}^2$
E_3	S_{E3}	$lm(n-1)(r-1)$	V_{E3}	σ_{E3}^2
T	S_T	$lmn-1$		

[변동분해]

㉠ $S_{E1} = S_{AR} - S_A - S_R$

㉡ $S_{E2} = S_{ABR} - (S_R + S_A + S_B + S_{E1} + S_{A \times B})$

㉢ $S_{E3} = S_T - (S_{ABR} + S_C + S_{A \times C} + S_{B \times C} + S_{A \times B \times C})$

㉣ $S_{AR} = \sum\sum \dfrac{T_{ip\cdot}^2}{mn} - CT$

㉤ $S_{ABR} = \sum\sum\sum \dfrac{T_{ijp\cdot}^2}{n} - CT$

(3) 지분실험법(다단계분할법)

1) 특징

로트 간 또는 로트 내의 산포, 기계 간의 산포, 작업자 간의 산포, 측정의 산포 등 여러 가지 샘플링 및 측정의 정도를 추정하여 샘플링 방식의 설계를 하거나 측정방법을 검토하기 위해 사용된다.

① 일반적으로 변량인자들에 대한 실험계획으로 많이 사용
② B 인자의 수준은 A 인자의 수준이 정해진 후 A 인자의 각 수준으로부터 지분됨
③ B_j 수준의 효과를 $b_{j(i)}$ 라 하면, A_1 수준의 B_1 의 효과 $b_{1(1)}$ 과, A_2 수준의 B_1 의 효과 $b_{1(2)}$ 는 같은 것은 아니다. 또한 B 가 A 인자에서 갈라져 나왔으므로 교호작용 $A \times B$ 를 구하는 것은 무의미하다.
④ 이 실험은 다단계의 위쪽 인자들이 작은 자유도를 갖고 아래 인자들이 큰 자유도를 가지므로 분산측정을 할 때 아래쪽 인자들의 분산이 정도 좋게 추정된다.

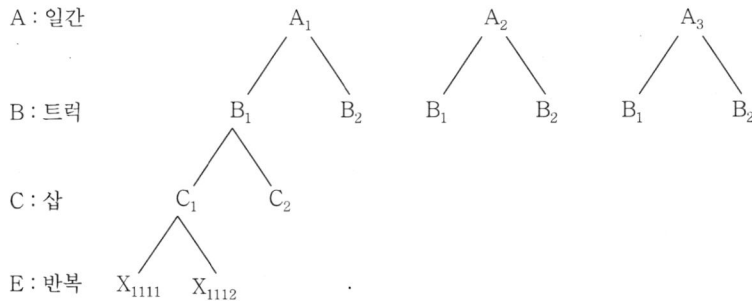

2) 데이터의 구조

$$X_{ijkp} = \mu + a_i + b_{j(i)} + c_{k(ij)} + e_{p(ijk)}$$

(단, $e_{p(ijk)} \sim N(0, \sigma_{E2}^2)$, $a_i \sim N(0, \sigma_A^2)$, $b_{j(i)} \sim N(0, \sigma_{B(A)}^2)$, $c_{k(ij)} \sim N(0, \sigma_{c(AB)}^2)$) 이다.)

3) 분산분석표

요인	S	ν	V	$E(V)$	F_0
A	S_A	$l-1$	V_A	$\sigma_E^2 + r\sigma_{C(AB)}^2 + nr\sigma_{B(A)}^2 + mn_A^2$	$V_A/V_{B(A)}$
$B(A)$	$S_{AB} - S_A$	$l(m-1)$	$V_{B(A)}$	$\sigma_E^2 + r\sigma_{C(AB)}^2 + nr\sigma_{B(A)}^2$	$V_{B(A)}/V_{C(AB)}$
$C(AB)$	$S_{ABC} - S_{AB}$	$lm(n-1)$	$V_{C(AB)}$	$\sigma_E^2 + r\sigma_{C(AB)}^2$	$V_{C(AB)}/V_E$
E	$S_T - S_{ABC}$	$lmn(r-1)$	V_E	σ_E^2	
T	S_T	$lmnr-1$	V_E		

4) 추정

① $\hat{\sigma}_E^2 = V_E$

② $\hat{\sigma}_{C(AB)}^2 = \dfrac{V_{C(AB)} - V_E}{r}$

③ $\hat{\sigma}_{B(A)}^2 = \dfrac{V_{B(A)} - V_{C(AB)}}{nr}$

④ $\hat{\sigma}_A^2 = \dfrac{V_A - V_{B(A)}}{mnr}$

07 계수형 분산 분석

취하고 있는 Data가 불연속형(이산형)인 경우로서 계량형의 분석과 해석은 동일하다.

(1) 계수형 1원배치

	A_1	A_2	A_3	A_4
부적합품	20	15	10	15
양품	180	185	190	185
합계	200	200	200	200

1) 분산분석(ANOVA)

① 변동 분해

㉠ $S_T = \sum_{i=1}^{k}\sum_{j=1}^{n} X_{ij}^2 - CT$

$= \sum_i \sum_j X_{ij} - CT$ (1의 제곱은 1이므로)

$= T - CT \left(CT = \dfrac{T^2}{N} \right)$

예 $S_T = 60 - \dfrac{60^2}{800} \;(= T - CT)$

예 $S_T = 1^2 + 1^2 + \cdots + 1^2 + 0^2 + 0^2 + \cdots + 0^2 - CT$
$= 1 + 1 + \cdots + 1 + 0 + 0 + \cdots 0 - CT$

㉡ $S_A = \dfrac{\sum_i T_{i\cdot}^2}{n} - CT = \dfrac{20^2 + \cdots + 15^2}{200} - \dfrac{60^2}{800}$

㉢ $S_E = S_T - S_A$

② 자유도 분해

㉠ $\nu_T = kn - 1 = 800 - 1 = 799$

㉡ $\nu_A = k - 1 = 4 - 1 = 3$

㉢ $\nu_E = \nu_T - \nu_A = 796$

③ 분산분석표

	S	ν	V	F_0
A	S_A	ν_A	V_A	V_A / V_E
E	$S_T - S_A$	ν_E	V_E	
T	$T - CT$	ν_T		

㉠ $\chi_0^2 = \dfrac{\sum_i (0_i - E_i)^2}{E_i}$ $\quad \dfrac{\chi_{1-\alpha}^2(\nu)}{\nu} = F_{1-\alpha}(\nu, \infty)$

㉡ F_0 검정 : $F_0 = \dfrac{V_A}{V_E} \geq F_{1-\alpha}(\nu_A, \nu_E)$

※ F 분포에서 v가 무한대로 크면 폭이 좁은 좌우대칭의 정규분포이다.

2) 각 수준 모부적합의 추정

$$P(A_i) = \hat{P}(A_i) \pm t_{1-\alpha/2}(\nu)\sqrt{\frac{V_E}{n}}$$
$$= \hat{P}(A_i) \pm Z_{1-\alpha/2}\sqrt{\frac{V_E}{n}}$$

(2) 계수형 2원 배치

B \ A	A_1	A_2	A_3	A_4	$T_{\cdot j\cdot}$
B_1	5	12	3	20	40
B_2	10	20	8	22	60
$T_{i\cdot\cdot}$	15	32	11	42	100

$r = 120$개인 경우

1) Data 구조 모형

$$X_{ijk} = \mu + a_i + b_j + e_{(1)ij} + e_{(2)ijk}$$ (단, $X_{ijk} = 0$: 적합품, $X_{ijk} = 1$: 부적합품이다.)

2) 분산분석표

요인	S	ν	V	F_0	$F_{(0.05)}$	$F_{(0.05)}$
A	2.641	3	0.8803	34.79**	9.28	29.50
B	0.416	1	0.4160	16.44*	10.10	34.10
E_1	0.076	3	0.0253	0.28	2.60	
E_2	86.450	952	0.0908			
T	89.583	956				

※ E_1이 유의치 않으면 E_2에 Pooling시켜 분산분석표를 재작성한다.

요인	S	ν	V	F_0	$F_{(0.05)}$	$F_{(0.05)}$
A	2.641	3	0.8803	9.716**	8.60	3.78
B	0.416	1	0.4160	4.592*	3.84	6.63
e^*	86.526	955	0.0906			
T	89.583	959				

3) 추정

① 모부적합률의 추정

㉠ $P(A_i) = \hat{P}(A_i) \pm Z_{1-\alpha/2}\sqrt{\dfrac{\bar{p}(1-\bar{p})}{n}}$

㉡ $P(B_j) = \hat{P}(B_j) \pm Z_{1-\alpha/2}\sqrt{\dfrac{\bar{p}(1-\bar{p})}{n}}$

② 조합 평균의 추정

$$P(A_iB_j) = \hat{P}(A_iB_j) \pm Z_{1-\alpha/2}\sqrt{\dfrac{V_E^*}{Ne}}$$

(단, $Ne = \dfrac{lmr}{l+m-1}$, $V_E^* = \dfrac{S_{E2}+S_{E1}}{\nu_{E2}+\nu_{E1}}$ 이다.)

08 직교배열표

(1) 개념

① 서로 직교하는 행렬에서 어느 두 열에서나 사건이 똑같이 나타나도록 한 배열표이다.
② 주 효과와 기술적으로 있을 것 같은 2인자 교호작용을 검출하고 기술적으로 없을 것 같은 고차의 교호작용의 정보를 희생시켜 실험횟수를 적게 한 것이다.
③ 제품의 부적합을 적게 하거나 품질산포를 작게 하려는 실험조사에서는 고려할 요인이 많다. 이런 경우 직교 배열표를 활용하여 주된 영향을 주는 몇 가지 원인을 파악하는 데 이용된다.

(2) 특징

① 기계적 조작으로 이론을 잘 모르고도 일부실시법, 분할법, 교락법 등의 배치가 용이하다.
② 요인변동의 계산이 용이하고, 분산분석표 작성이 쉽다.
③ 실험횟수를 변화시키지 않고도 많은 인자를 배치할 수 있고 실험 실시가 용이하다.

1) 2수준계 직교배열표

① $L_N 2^{N-1}$(또는 $L_{2^m}(2^{2^m-1})$)(단, L ; Latin Square)

여기서, N : 실험횟수, 행의 수, 실험 크기
$N-1$: 열의 수, 인자의 수
m : 2 이상의 정수값

▼ $L_8(2^7)$ 표

열 \ 행	1	2	3	4	5	6	7	실험값
1	0	0	0	0	0	0	0	X_1
2	0	0	0	1	1	1	1	X_2
3	0	1	1	0	0	1	1	X_3
4	0	1	1	1	1	0	0	X_4
5	1	0	1	0	1	0	1	X_5
6	1	0	1	1	0	1	0	X_6
7	1	1	0	0	1	1	0	X_7
8	1	1	0	1	0	0	1	X_8
성분	a	b	a b	c	a c	b c	a b c	$\sum X$

② 특징
㉠ 어느 열이나 0, 1의 수가 반반이다. ㉡ 가장 작은 배열표는 $m=2$인 $L_4(2^3)$이다.
㉢ 어느 열이나 자유도는 1이다. ㉣ $a^2 = b^2 = c^2 = 1$
㉤ 교호작용은 곱이 있는 열에 나타난다.

③ 선점도
선점도는 3인자 교호작용은 무시하고 주 효과와 2인자 교호작용의 관계를 도시한다.
점이나 열은 하나의 열을 표시하며, 점 간의 선은 교호작용열을 표시한다.
㉠ $L_8(2^7)$형 선점도

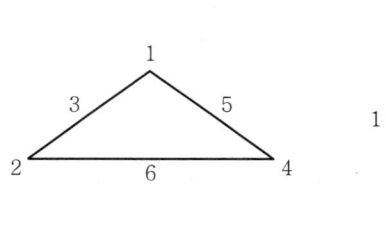

ⓒ $L_4(2^3)$형 선점도

```
1━━━━━3━━━━━2
```

④ 각 열의 효과와 변동

㉠ 열(요인)효과 $= \dfrac{1}{2^n/2}$ [(수준 1의 합) $-$ (수준 0의 합)]

$= \dfrac{1}{r}$ [(수준 1의 합) $-$ (수준 0의 합)]

ⓒ 열(요인)변동 $= \dfrac{1}{2^n}$ [(수준 1의 합) $-$ (수준 0의 합)]^2

$= \dfrac{1}{N}$ [(수준 1의 합) $-$ (수준 0의 합)]^2

(단, $r =$ 반복 수, $N = 2^n =$ 실험 총수이다.)

(2) 3수준계 직교배열표

1) $L_{3^m}(3^{(3^m-1)/2})$

(단, 3^m : 실험의 크기(N), $(3^m-1)/2$: 열의 수)

▼ $L_9(3^4)$ 표

열 \ 행	1	2	3	4	실험값(X)
1	1	1	1	1	X_1
2	1	2	2	2	X_2
3	1	3	3	3	X_3
4	2	1	2	3	X_4
5	2	2	3	1	X_5
6	2	3	1	2	X_6
7	3	1	3	2	X_7
8	3	2	1	3	X_8
9	3	3	2	1	X_9
성분	a	b	ab	ab^2	ΣX

2) 특징

① 각 열의 자유도는 2이다.

② $a^3 = b^3 = c^3 = 1$
$a^2b = (a^2b)^2 = a^4b^2 = ab^2$

③ 두 열의 성분을 x, y라 하면, 두 열의 교호작용은 성분이 $x \cdot y$인 열과 $x \cdot y^2$인 열에 나타난다.
$AB = ab^2 \times ab^2c^2 = a^2b^4c^2 = (a^2b^4c^2)^2 = a^4b^8c^4 = ab^2c$
$AB = ab^2 \times (ab^2c)^2 = ab^2 \times a^2b^4c^4 = a^3b^6c^4 = c$

3) 각 열의 변동

$$변동 = \frac{1}{N}[(1수준합)^2 + (2수준합)^2 + (3수준합)^2] - CT$$

09 k^n요인 실험(k^n Factorial Design)

(1) 특징

① 인자의 수가 n, 인자의 수준 수가 k이다.
② 반복이 없어도 k^n개의 실험이 존재하며 모든 요인효과(인자효과와 교호작용)를 추정할 수 있다.
③ 2수준이면 0, 1로, 3수준이면 0, 1, 2로 나타낸다.
④ 모든 인자 간의 수준조합에서 실험이 이루어진다.

(2) 2^n요인 실험

1) 주 효과

$$주\ 효과 = \frac{1}{2^{n-1} \cdot r} \qquad [(1수준합) - (0수준합)]$$

예 A의 효과 $= \dfrac{1}{2^{n-1}}(ab + a - b - 1)$

2) 2인자 교호작용

① 효과 = $\dfrac{1}{2^{n-1} \cdot r}$ {(인자 수준조합이 짝수인 처리조합 데이터의 합) − (인자 수준조합이 홀수인 처리조합 데이터의 합)}

② 변동 = $\dfrac{1}{N}(T_1 - T_0)^2 = \dfrac{1}{2^n \cdot r}(T_1 - T_0)^2$

3) 3인자 교호작용

① 효과 = $\dfrac{1}{2^{n-1} \cdot r}$ {(인자 수준조합이 홀수인 처리조합 데이터의 합) − (인자 수준조합이 짝수인 처리조합 데이터의 합)}

② 각 인자의 변동 = $\dfrac{1}{2^n \cdot r}$ (대비)^2

③ 2인자 교호작용의 변동 = $\dfrac{1}{2^n \cdot r}$ (대비)^2

④ 3인자 교호작용의 변동 = $\dfrac{1}{2^n \cdot r}$ (대비)^2 (단, $2^n \cdot r = N$이다.)

(3) 3요인 실험

1) 대비에 의한 변동의 분해

$x_{ij} = \mu + a_i + b_j + e_{ij}$

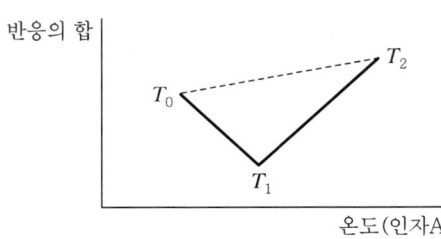

B \ A	인자 A			계
	A_0	A_1	A_2	
인자 B B_0	00	10	20	$T_{\cdot 0}$
B_1	01	11	21	$T_{\cdot 1}$
B_2	02	12	22	$T_{\cdot 2}$
계	$T_{0 \cdot}$	$T_{1 \cdot}$	$T_{2 \cdot}$	T

① 1차 효과(하나의 대비)

$C_L = (T_{1 \cdot} - T_{0 \cdot}) + (T_{2 \cdot} - T_{1 \cdot}) = T_{2 \cdot} - T_{0 \cdot}$

② 2차 효과(하나의 대비)
$$C_Q = (T_{2.} - T_{1.}) + (T_{1.} - T_{0.}) = T_{2.} - 2T_{1.} + T_{0.}$$

③ 3수준의 대비

▼ 3수준의 대비표

구분	$T_{0.}$	$T_{1.}$	$T_{2.}$
1차 효과	-1	0	1
2차 효과	1	-2	1

인자 A의 l수준에서 $(l-1)$개의 직교하는 대비를 만들 경우 각 대비의 변동의 합은 S_A이다.
$$S_A = S_{AL} + S_{AQ}$$

㉠ $S_{AL} = \dfrac{(T_{2.} - T_{0.})^2}{[(-1)^2 + (0)^2 + (1)^2] \cdot 3}$

$\qquad = \dfrac{1}{6}(T_{2.} - T_{0.})^2$

㉡ $S_{AQ} = \dfrac{(T_{2.} - 2T_{1.} + T_{0.})^2}{[(-1)^2 + (-2)^2 + (1)^2] \cdot 3}$

$\qquad = \dfrac{1}{18}(T_{2.} - 2T_{1.} + T_{0.})^2$

(단, $C_L = C_0 T_{0.} + C_1 T_{1.} + C_2 T_{2.} = (-1)T_{0.} + (-0)T_{1.} + (1)T_{2.}$
$C_Q = C_0' T_{0.} + C_1' T_{1.} + C_2' T_{2.} = (1)T_{0.} + (-2)T_{1.} + (1)T_{2.}$
$\sum C_i C_i' = (-1)(1) + (0)(-2) + (1)(1) = 0$이다.)

2) 교호작용의 분해($S_{A \times B}$)

① B_j수준에서 A의 1차 효과와 변동
$$L = (-1)T_{0j.} + (0)T_{1j.} + (1)T_{2j.}$$
$$S_{AL \times B} = \dfrac{(L_0)^2 + (L_1)^2 + (L_2)^2}{2r} - \dfrac{(L_0 + L_1 + L_2)^2}{6r}$$

② B_j수준에서 A의 2차 효과와 변동
$$Q = (1)T_{0j.} + (-2)T_{1j.} + (1)T_{2j.}$$

$$S_{AQ \times B} = \frac{(Q_0)^2 + (Q_1)^2 + (Q_2)^2}{6r} - \frac{(Q_0 + Q_1 + Q_2)^2}{18r}$$

↑ 블록 Ⅰ　　↑ 블록 Ⅱ

:: 10 교락법과 일부실시법

(1) 교락법(Confounding Method)

1) 교락법의 특징

① 실험횟수를 늘리지 않고 실험 전체를 몇 개의 블록으로 나누어 배치시켜 동일 환경 내의 실험 횟수를 적게 한 배치법이다.
② 실험오차를 줄일 수 있으므로 실험의 정도를 높일 수 있다.
③ 고차의 교호작용을 블록에 교락시켜 실험의 정도를 향상시킬 수 있다.

2) 2^n교락법

① 2^3형

$$A(\text{주 효과}) = \frac{1}{N/2}(a-1)(b+1)(c+1)$$
$$= \frac{1}{4}[(a+ab+ac+abc) - (1+b+c+bc)]$$

$$A \times B(\text{교호작용}) = \frac{1}{N/2}(a-1)(b-1)(c+1)$$

(단, $\frac{1}{N/2}$은 각 요인의 수준에서 본 반복 수이다.)

② 2^4형

$$ABCD(\text{교호작용}) = \frac{1}{N/2}(a-1)(b-1)(c-1)(d-1)$$
$$= \frac{1}{8}[(1+ab+ac+ad+bc+bd+cd+abcd)$$
$$- (+a+b+c+d+abc+abd+acd+bcd)]$$

※ 변동 $= \frac{1}{N}\{(2수준합) - (1수준합)\}$이다.

3) 종류

① 단독교락

블록이 2개로 나누어지는 교락법으로 블록에 교락되는 교호작용이 하나이다.

② 2중교락

블록이 4개로 나누어지는 교락법으로 블록에 교락되는 교호작용이 두 개이다.

③ 완전교락

교락실험을 몇 번 반복해도, 어떤 반복에서나 동일 요인효과가 교락되어 있는 경우를 완전교락이라 한다.

④ 부분교락

각 반복마다 블록효과와 교락시키는 요인이 다른 경우를 부분교락이라 한다.

B \ A	A_1	A_2
B_1	(1)	a
B_2	b	ab

2^2형 실험

B	C \ A	A_1	A_2
B_1	C_1	(1)	a
B_1	C_2	c	ac
B_2	C_1	b	ab
B_2	C_2	bc	abc

2^3형 실험

(2) 일부실시법

1) 개념

불필요한 교호작용이나 고차의 교호작용을 구하지 않고 실험의 크기를 작게 할 수 있도록 인자의 조합 중 일부만을 실험하는 방법이다.

2) 특징

① 각 효과의 추정식이 같을 때 각 요인은 별명관계에 있다.
② 1반복의 일부만을 실시하는 실험배치이다.
③ 의미가 적은 고차의 교호작용을 희생시켜 실험횟수를 적게 한 실험이다.
④ 별명은 정의대비에 요인효과를 곱하여 구할 수 있다.
⑤ 별명 중 어느 한쪽의 효과가 존재하지 않는 경우에 사용 가능하다.
⑥ 주 효과와 2인자 교호작용의 별명은 3차 이상의 고차의 교호작용으로 배치한다.

11 기타의 실험계획법

(1) EVOP(Evolutionary Operation) 법

1) 개념

현장에서 생산을 진행하면서 공정 최적조건을 찾기 위해 생산라인을 대상으로 실험할 수 있도록 짜여 있다.

2) 특징

① 공정 자체에서 실험한다.(실험을 위한 특별한 장치가 필요치 않다.)
② 공정조건을 조금씩 변화시켜 최적조건을 찾는 진화적 공정조법(한 Cycle의 실험으로 결론을 내리지 않는다.)
③ 인자는 계량인자이며 인자 간 교호작용의 검출이 가능하다.
④ 인자의 수는 주로 두 개를 사용한다.
⑤ 부적합이 나와서는 안 된다.
⑥ 수준 간의 간격은 좁게 한다.(적은 비용)
⑦ EVOP법은 주로 평면을, 그리고 반응표면 분석법은 곡면을 생각한다.
  ※ 반응표면 분석법에는 단일요인법(Single Factor Method), 요인실시법(Factorial Method), 최대 경사법(Method of Steepest Ascent)이 있다.

(2) 심플렉스 탐사법

1) 개념

심플렉스 실험계획은 축차적으로 반복하여 사용해 나가면서 점차로 최적 조건을 찾아가는 방법으로, 최근에는 현장에서도 사용되고 있다.

2) 특징

① 계산이 간단하다.(행렬, 편미분의 사용이 필요 없다.)
② 최적점이 시간과 더불어 움직이는 공정에 유효하다.
③ 실험횟수가 적고 차원 수의 증가가 용이하다.
④ 반응치가 계량치가 아니고 계수치라도 우선순위를 줄 수 있으면 된다.

3) 기본적인 3가지 방법

① 정규 심플렉스 탐사법
② 비정규 심플렉스 탐사법
③ 수정된 정규 심플렉스 탐사법

(3) 등산법

1) 개념

최대 경사법을 사용하여 최고점이 있는 지역을 찾아가고, 그 다음 단계로 적절한 반응표면 실험계획(중심합성계획, 회전계획)에 의하여 최고점을 찾아가는 통계적 방법이다.

2) 특징

① 작업이 표준화되어 있지 않은 경우에 사용한다.
② 일명 Box-wilson법이다.
③ 실험이 축차적으로 행해진다.
④ 최적 수준을 조사하는 실험계획법이다.

SECTION 03 실전문제

01 어떤 직물의 가공 시 처리액의 농도 A를 인자로 하여 $A_1 = 3\%, A_2 = 3.3\%, A_3 =$, $3.6\%, A_4 = 4.2\%$에서 반복 각 4회씩 계 16회를 랜덤하게 처리한 후 인장강도를 측정한 바, 다음의 데이터를 얻었다. 그런데 A_2 수준의 4번째 실험은 실패하여 데이터를 얻지 못하였다. 물음에 답하시오.

(단위 : kg/cm²)

반복 \ 수준	A_1	A_2	A_3	A_4
1	46	50	48	58
2	48	58	40	62
3	51	52	42	60
4	55		54	60

(1) 인자 A는 모수인자인가, 변량인자인가?
(2) 분산분석을 하여 분산분석표를 작성하시오.
(3) 수준 간에는 차이가 있다고 할 수 있는가?($\alpha = 1\%$)
(4) 수준 A_3의 모평균 신뢰구간을 신뢰율 95%로 추정하시오.

[풀이]

(1) 처리액의 농도 A는, 그의 각 수준이 기술적으로 미리 정해진 것이고, 따라서 기술적인 의미를 가지고 있으므로, 모수인자이다.

(2) 분산분석표 작성

① 변동의 계산

$$CT = \frac{T^2}{N} = \frac{(784)^2}{15} ≒ 40,977.0667$$

$$S_T = \sum\sum X_{ij}^2 - CT = 41,606 - CT = 628.9333$$

$$S_A = \sum \frac{T_{i\cdot}^2}{r_i} - CT$$

$$= \left[\frac{1}{4}(200)^2 + \frac{1}{3}(160)^2 + \frac{1}{4}(184)^2 + \frac{1}{4}(240)^2\right] - CT = 420.2666$$

$$S_e = S_T - S_A = 208.6667$$

② 분산분석표

요인	SS	DF	MS	$E(MS)$	F_0	$F_{0.99}$
A	420.2666	3	140.0889	$\sigma_e^2 + \frac{1}{3}\sum r_i \alpha_i^2$	7.38**	6.22
e	208.6667	11	18.9697	σ_e^2		
T	628.9333	14				

(3) 검정

① $H_0 : \sigma_A^2 \le 0 \qquad H_1 : \sigma_A^2 > 0$

② $F_0 = 7.38 > F_{0.99}(3, 11) = 6.22$가 성립되므로, 처리액의 농도 A는 유의수준 1%로 수준 간에 차가 있다. 즉, 인자 A는 매우 유의하다.

(4) A_3의 모평균(μ_3)의 95% 신뢰구간의 추정

$$\hat{\mu}_3 = (\overline{X}_{3.}) \pm t_{1-a/2}(v_e)\sqrt{\frac{V_e}{r_i}} = \left(\frac{184}{4}\right) \pm t_{0.975}(11)\sqrt{\frac{18.9697}{4}}$$

$$= 46 \pm (2.201)(2.1777) \fallingdotseq 46 \pm 4.8 = (41.2, \ 50.8)$$

02 어떤 화학공장에서 제품의 수율(%)에 영향을 미칠 것으로 생각되는 반응온도(A)와 원료(B)를 인자로 하여 반복이 없는 2원배치의 실험을 하였다. 물음에 답하시오.

(1) 분산분석표를 작성하시오.
(2) 수준조합 A_2, B_3의 95% 신뢰구간을 구하시오.

인자 B \ 인자 A	A_1	A_2	A_3	A_4
B_1	7.6	8.6	9.0	8.0
B_2	7.3	8.2	8.0	7.7
B_3	6.7	6.9	7.9	6.5

풀이

(1) 분산분석표 작성

① 변동의 계산

$T_{1.} = 21.6, \quad T_{2.} = 23.7, \quad T_{3.} = 24.9, \quad T_{4.} = 22.2$이고

$T_{.1} = 33.2, \quad T_{.2} = 31.2, \quad T_{.3} = 28.0, \quad T = 92.4$이므로

$CT = \dfrac{T^2}{N} = \dfrac{(92.4)^2}{12} = 711.48 \quad S_T = \sum\sum X_{ij}^2 - CT = 717.7 - CT = 6.22$

$$S_A = \sum \frac{T_{i\cdot}^{\,2}}{m} - CT = \frac{1}{3}[(21.6)^2 + (23.7)^2 + (24.9)^2 + (22.2)^2] - CT = 2.22$$

$$S_B = \sum \frac{T_{\cdot j}^{\,2}}{l} - CT = \frac{1}{4}[(33.2)^2 + (31.2)^2 + (28.0)^2] - CT = 3.44$$

$$S_E = S_T - S_A - S_B = 0.56$$

② 분산분석표의 작성

요인	SS	DF	MS	E(MS)	F_0	$F_{0.95}$	$F_{0.99}$
A	2.22	3	0.74	$\sigma_E^2 + 3\sigma_A^2$	7.96*	4.76	9.78
B	3.44	2	1.72	$\sigma_E^2 + 4\sigma_B^2$	18.49**	5.14	10.9
E	0.56	6	0.093	σ_E^2			
T	6.22	11					

위의 결과로 볼 때 반응온도(A)와 원료(B)는 모두 유의차가 있다. 따라서 두 인자 모두 제품의 수율에 영향을 미친다.

(2) $\mu(A_2 B_3)$의 95% 신뢰구간의 추정

인자 A, B가 모두 유의하고 유효반복 수

$$n_e = \frac{lm}{l+m-1} = \frac{4 \times 3}{4+3-1} = 2 \text{이므로}$$

$$\therefore \hat{\mu}(A_2 B_3) = (\overline{X}_{2\cdot} + \overline{X}_{\cdot 3} - \overline{\overline{X}}) \pm t_{1-a/2}(\nu_E)\sqrt{\frac{V_E}{n_e}}$$

$$= \left[\left(\frac{23.7}{3}\right) + \left(\frac{28.0}{4}\right) - \left(\frac{92.4}{4 \times 3}\right)\right] \pm t_{0.975}(6)\sqrt{\frac{0.093}{2}}$$

$$\fallingdotseq 7.2 \pm (2.447)(0.216) \fallingdotseq 7.2 \pm 0.53 = (6.67,\ 7.73)$$

03 반복이 없는 2원배치실험에서 1개의 결측치가 나타났다. 결측치를 추정하고 분산분석 표를 작성하였을 때 총 자유도 ν_T와 오차의 자유도 ν_E는 얼마인가?

B \ A	A_1	A_2	A_3	A_4
B_1	-2	0	3	5
B_2	-4	-2	ⓨ	3
B_3	-4	-1	1	2

풀이

(1) 결측치 y의 추정

$T_{3.}' = 4$, $T_{.2}' = -3$, $T' = 1$ 이므로

$$\therefore y = \frac{lT_{3.}' + mT_{.2}' - T'}{(l-1)(m-1)} = \frac{4 \times 4 + 3 \times (-3) - 1}{(4-1)(3-1)} = 1$$

(2) 총 자유도 $v_T = (lm-1) -$ 결측치 1개 $= (12-1) - 1 = 10$

(3) 오차자유도 $v_E = (l-1)(m-1) -$ 결측치 수 $= (4-1)(3-1) - 1 = 5$

04 물의 존재 아래에서 카프로락탐의 중합을 행할 때 산을 첨가시킴으로써 중합이 촉진되느냐의 여부를 알아보기 위하여 여러 가지 반응시간에 대하여 중합률을 측정한 결과 다음의 결과를 얻었다. 그런데 $A_2 B_3$ 수준조합에서의 실험은 실패하여 데이터를 얻지 못하였다. 다음 물음에 답하시오. (단, y로 놓음)

(1) 결측치 y를 추정하시오. (단, 소수점 2자리에서 반올림하시오.)
(2) 추정치 y를 대입하여 분산분석표를 작성하시오. (단, 불편분산의 기대치는 생략하시오.)
(3) 수준조합 $A_1 B_2$에 대한 모평균을 신뢰율 95%로 구간 추정하시오.

⟨실험조건⟩

인자 A(첨가제 종류)	인자 B(반응시간)
A_1 : 첨가제 없음	B_1 : 2시간
A_2 : 아미노카프론산	B_2 : 4시간
A_3 : 안식향신	B_3 : 6시간
A_4 : 세바신산	

⟨데이터⟩ : 중합률(%)

B \ A	A_1	A_2	A_3	A_4
B_1	12.5	60.0	68.2	41.5
B_2	27.3	63.0	78.4	52.6
B_3	71.5	y	83.2	74.3

풀이

(1) 결측치를 제외한 $T_{2.}'$, $T_{.3}'$ 및 T'를 구하면

$T_{2.}' = 123.0$, $T_{.3}' = 229.0$, $T' = 632.5$

$$\therefore y = \frac{lT_{2.}' + mT_{.3}' - T'}{(l-1)(m-1)}$$

$$= \frac{(4)(123.0) + (3)(229.0) - 632.5}{(4-1)(3-1)} \fallingdotseq 91.1$$

(2) 분산분석표 작성

① 변동의 계산

$$CT = \frac{T^2}{N} = \frac{(723.6)^2}{(4 \times 3)} = 43,633.08$$

$$S_T = \sum\sum x_{ij}^2 - CT = 49,611.54 - CT = 5,978.46$$

$$S_A = \sum \frac{T_{i\cdot}^2}{m} - CT = \frac{1}{3}(111.3^2 + 214.1^2 + 229.8^2 + 168.4^2) - CT = 2,831.29$$

$$S_B = \sum \frac{T_{\cdot j}^2}{l} - CT = \frac{1}{4}(182.2^2 + 221.3^2 + 320.1^2) - CT = 2,525.56$$

$$S_E = S_T - S_A - S_B = 621.61$$

② 자유도의 계산

$$\nu_A = l - 1 = 4 - 1 = 3, \quad \nu_B = m - 1 = 3 - 1 = 2$$

$$\nu_E = (l-1)(m-1) - 결측치\ 수 = 3 \times 2 - 1 = 5,$$

$$\nu_T = (lm - 1) - 결측치\ 수 = 11 - 1 = 10$$

③ 분산분석표의 작성

요인	SS	DF	MS	F_0	$F_{0.95}$	$F_{0.99}$
A	2,831.29	3	943.76	7.59*	5.41	12.1
B	2,525.56	2	1,262.78	10.16*	5.79	13.3
E	621.61	5	124.32			
T	5,978.46	10				

(3) 추정

$$\hat{\mu}(A_1 B_2) = (\overline{X}_{1\cdot} + \overline{X}_{\cdot 2} - \overline{\overline{X}}) \pm t_{1-a/2}(\nu_E)\sqrt{\frac{V_E}{n_e}}$$

$$= \left(\frac{111.3}{3} + \frac{221.3}{4} - \frac{723.6}{12}\right) \pm t_{0.975}(5)\sqrt{\frac{124.32}{2}}$$

$$= 32.125 \pm (2.571)(7.884)$$

$$= 32.125 \pm 20.270 = (11.855,\ 52.395)$$

위에서 $n_e = \dfrac{lm}{l+m-1}$

$$= \frac{4 \times 3}{4 + 3 - 1} = 2$$

05 어떤 화학공정에서 제품의 수율에 영향을 미칠 것으로 생각되는 인자로서, 원료의 종류(A)와 반응온도(B)의 2인자를 택해, A를 3수준, B를 4수준으로 하고 반복 없는 이원배치의 실험을 하여, 다음의 데이터를 얻었다.(단, 데이터는 $X_{ij} = (x_{ij} - 75)$로 수치변환한 것이다.)

▼ 데이터 수율(X_{ij})

A\B	B_1	B_2	B_3	B_4
A_1	1	11	7	-2
A_2	2	5	6	0
A_3	-3	9	3	-3

(1) 다음의 분산분석표를 완성하시오.

요인	SS	DF	MS
A			7.75
B			
e			
계	240.0		

(2) $F_{0.99}(2, 6) = 10.9$, $F_{0.99}(3, 6) = 9.78$, $F_{0.99}(2, 7) = 9.55$, $F_{0.99}(3, 7) = 8.45$이다. 유의수준 1%로 검정을 하고 그 결과를 구체적으로 기술하시오

(3) 인자 B의 수준에서 최적수준을 선정하고 최적수준의 모평균을 신뢰율 95%로 추정하시오.

(4) $A_1 B_2$ 조합의 모평균 μ_{12}를 신뢰율 95%로 추정하시오.

(5) 인자 B의 기여율 $\rho_B(\%)$는 얼마인가?

풀이

(1) 분산분석표 완성
  ① 변동의 계산

$$CT = \frac{T^2}{N} = \frac{(36)^2}{4 \times 3} = 108 \qquad S_T = \sum\sum X_{ij}^2 - CT = 348 - 108 = 240$$

$$S_A = \sum \frac{T_{i\cdot}^2}{m} - CT = \frac{1}{4}[(17)^2 + (13)^2 + (6)^2] - 108 = 15.5$$

$$S_B = \sum \frac{T_{\cdot j}^2}{l} - CT = \frac{1}{3}[0^2 + (25)^2 + (16)^2 + (-5)^2] - 108 = 194$$

$$S_e = S_T - (S_A + S_B) = 240 - (15.5 + 194) = 30.5$$

② 자유도 계산

$$\nu_A = l - 1 = 3 - 1 = 2$$
$$\nu_B = m - 1 = 4 - 1 = 3$$
$$\nu_T = lm - 1 = 3 \times 4 - 1 = 11$$
$$\nu_e = \nu_T - (\nu_A + \nu_B) = 11 - (2 + 3) = 6$$

③ 분산분석표 완성

$$V_B = \frac{S_B}{\nu_B} = \frac{194}{3} = 64.67 \qquad V_e = \frac{S_e}{\nu_e} = \frac{30.5}{6} = 5.08$$

위의 계산 결과를 정리하면, 분산분석표는 아래와 같다.

요인	SS	DF	MS
A	15.5	2	7.75
B	194	3	64.67
E	30.5	6	5.08
T	240.0	11	

(2) 검정

① 검정 통계량 F_0의 계산

$$F_{0(A)} = \frac{V_A}{V_e} = \frac{7.75}{5.08} = 1.53 \qquad F_{0(B)} = \frac{V_B}{V_e} = \frac{64.67}{5.08} = 12.73$$

② 기각역 R

$$R_A : F_{0(A)} \geq F_{0.99}(\nu_A, \nu_e) = F_{0.99}(2, 6) = 10.9$$
$$R_B : F_{0(B)} \geq F_{0.99}(\nu_B, \nu_e) = F_{0.99}(3, 6) = 9.78$$

③ 판정

㉮ $F_{0(A)} = 1.53 < F_{0.99}(2, 6) = 10.9$

따라서 인자 A는 유의수준 1%로 수율에 영향을 미치지 않는다.

㉯ $F_{0(B)} = 12.73 > F_{0.99}(3, 6) = 9.78$

따라서 인자 B는 유의수준 1%로 수율에 영향을 미치는 것이 확실하다.

(3) 인자 B의 모평균의 추정

① 최적수준의 선정

$$\hat{\mu}(B_j) = \widehat{\mu + b_j} = \overline{X}_{\cdot j}$$

따라서 $\hat{\mu}(B_j) = \overline{X}_{\cdot j}$을 최대로 하는 B_j가 최적수준을 나타낸다.

$$\overline{X}_{\cdot 1} = 75 + \frac{0}{3} = 75, \qquad \overline{X}_{\cdot 2} = 75 + \frac{25}{3} = 83.33$$

$$\overline{X}_{\cdot 3} = 75 + \frac{16}{3} = 80.33, \qquad \overline{X}_{\cdot 4} = 75 + \frac{(-5)}{3} = 73.33$$

위의 결과에 의하여 B_2가 제품의 수율에 가장 큰 영향을 미치므로 최적수준이라 할 것이다.

② B_2 모평균의 95% 신뢰구간의 추정

$$\overline{X}_{\cdot j} \pm t_{1-a/2}(\nu_e)\sqrt{\frac{V_e}{l}} = \overline{X}_{\cdot 2} \pm t_{0.975}(6)\sqrt{\frac{5.08}{3}}$$

$$= 83.33 \pm 2.447 \times \sqrt{\frac{5.08}{3}}$$

$$= 83.33 \pm 3.18 = (80.15,\ 86.51)$$

(4) 모평균 μ_{12}의 95% 신뢰구간의 추정

① 점 추정치

$$\hat{\mu}_{12} = \hat{\mu}(A_1 B_2) = \widehat{\mu + a_1 + b_2} = \widehat{\mu + a_1} + \widehat{\mu + b_2} - \hat{\mu} = \overline{X}_{1\cdot} + \overline{X}_{\cdot 2} - \overline{\overline{X}}$$

$$= \left(75 + \frac{17}{4}\right) + \left(75 + \frac{25}{3}\right) - \left(75 + \frac{36}{3 \times 4}\right) = 84.58$$

② 신뢰폭의 계산

$$t_{1-a/2}(\nu_e)\sqrt{\frac{V_e}{n_e}} = t_{1-a/2}(\nu_e)\sqrt{\frac{V_e}{lm/(l+m-1)}}$$

$$= t_{0.975}(6)\sqrt{\frac{5.08}{(3 \times 4)/(3+4-1)}} = 2.447\sqrt{\frac{5.08}{2}} = 3.90$$

③ 95% 신뢰구간의 추정

$$\therefore\ \widehat{\mu_{12}} = (\overline{X}_{1\cdot} + \overline{X}_{\cdot 2} - \overline{\overline{X}}) \pm t_{1-a/2}(\nu_e)\sqrt{\frac{V_e}{n_e}}$$

$$= 84.58 \pm 3.90 = (80.68,\ 88.48)$$

(5) $\rho_B(\%)$의 계산

$$S_B' = S_B - \nu_B V_e = 194 - 3 \times 5.08 = 178.76$$

$$\therefore\ \rho_B = \frac{S_B'}{S_T} \times 100 = \frac{178.76}{240.0} \times 100 = 74.48(\%)$$

06 합금에 표면 처리를 함으로써 내산성이 증가하는가의 여부를 알아보고자 하여 합금 중에 크롬이 포함된 양이 다른 것에 대하여 실험을 반복 있는 2원배치로 실시한 결과 다음 데이터를 얻었다. 분산분석을 하시오. (단, $F_{0.95}(3, 8) = 4.07$, $F_{0.99}(3, 8) = 7.59$, $F_{0.95}(1, 8) = 5.32$, $F_{0.99}(1, 8) = 11.30$, $F_{0.95}(3, 3) = 9.28$, $F_{0.99}(3, 3) = 29.50$)

크롬양(A) 표면 처리(B)	A_1 1%	A_2 2%	A_3 3%	A_4 4%
실시 전 B_1	1.2 1.3	1.0 0.9	0.8 0.7	0.8 0.7
실시 후 B_2	1.1 1.1	1.2 1.3	0.9 1.0	1.0 0.9

[풀이]

① 변동의 계산

〈 $T_{ij\cdot}$의 보조표 〉

	A_1	A_2	A_3	A_4	$T_{\cdot j\cdot}$	$\overline{X}_{\cdot j\cdot}$
B_1	2.5	1.9	1.5	1.5	7.4	1.85
B_2	2.2	2.5	1.9	1.9	8.5	2.125
$T_{i\cdot\cdot}$	4.7	4.4	3.4	3.4	15.9	
$\overline{x}_{i\cdot\cdot}$	2.35	2.2	1.7	1.7		

$$CT = \frac{T^2}{N} = \frac{(15.9)^2}{(4 \times 2 \times 2)} = 15.80$$

$$S_T = \sum\sum\sum X_{ijk}^2 - CT = 16.37 - 15.80 = 0.57$$

$$S_A = \sum \frac{T_{i\cdot\cdot}^2}{mr} - CT = \frac{1}{2 \times 2}(4.7^2 + 4.4^2 + 3.4^2 + 3.4^2) - 15.80 = 0.3425$$

$$S_B = \sum \frac{T_{\cdot j\cdot}^2}{lr} - CT = \frac{1}{4 \times 2}(7.4^2 + 8.5^2) - 15.80 = 0.07625$$

$$S_{AB} = \sum\sum \frac{T_{ij}^2}{r} - CT = \frac{1}{2}(2.5^2 + 1.9^2 + \cdots + 1.9^2 + 1.9^2) - 15.80 = 0.535$$

$$S_{A \times B} = S_{AB} - S_A - S_B = 0.11625$$

$$S_E = S_T - S_{AB} = 0.035$$

② 분산분석표의 작성

요인	SS	DF	MS	F_0	$F_{0.95}$	$F_{0.99}$
A	0.3425	3	0.11417	26.096**	4.07	7.59
B	0.07625	1	0.07625	17.429**	5.32	11.3
$A \times B$	0.11625	3	0.03875	8.857**	4.07	7.59
E	0.035	8	0.004375			
T	0.57	15				

위의 결과에서 인자 A, B 및 교호작용, $A \times B$가 매우 유의하다.

07 두 종류의 고무배합(A_0, A_1)을 두 종류의 mold(B_0, B_1)를 사용하여 타이어를 만들 때 얻어지는 타이어 Balance를 4회씩 측정한 결과는 다음 표와 같다. 아래 물음에 답하시오. (단, A, B인자는 모수인자)

(1) 각 주 효과와 교호작용 효과를 구하시오.
(2) 각 변동을 구하시오.

	A_0	A_1	합계
B_0	31, 46, 46, 43 } 165	85, 110, 88, 72 } 352	517
B_1	22, 21, 18, 23 } 84	30, 37, 38, 29 } 134	218
합계	249	486	735

풀이

(1) 주 효과와 교호작용 효과

$$주\ 효과\ A = \frac{1}{2r}[T_{1..} - T_{0..}] = \frac{1}{2 \times 4}(486 - 249) = 29.625$$

$$주\ 효과\ B = \frac{1}{2r}[T_{.1.} - T_{.0.}] = \frac{1}{2 \times 4}(218 - 517) = -37.375$$

$$교호작용\ 효과\ AB = \frac{1}{2r}[T_{11.} + T_{00.} - T_{10.} - T_{01.}]$$
$$= \frac{1}{2 \times 4}(134 + 165 - 352 - 84) = -17.125$$

(2) 변동

$$S_A = r(주\ 효과\ A)^2 = 4(29.625)^2 = 3,510.5625$$
$$S_B = r(주\ 효과\ B)^2 = 4(-37.375)^2 = 5,587.5625$$
$$S_{A \times B} = r(교호작용\ AB)^2 = 4(-17.125)^2 = 1,173.0625$$
$$S_T = \sum\sum\sum Y_{ijk}^2 - CT$$
$$= (31^2 + \cdots + 29^2) - \frac{(735)^2}{2 \times 2 \times 4}$$
$$= 45,035 - 33,765.0625 = 11,270.9375$$
$$S_E = S_T - (S_A + S_B + S_{A \times B}) = 999.75$$

08 아래 데이터를 보고 요구에 답하시오.

기억력 X	11	10	14	18	10	5	12	7	15	16
판단력 Y	6	4	6	9	3	2	8	3	9	7

(1) X와 Y에 대한 공분산을 구하시오.
(2) X에 대한 Y의 회귀방정식을 구하시오.
(3) X에 대한 Y의 상관계수를 구하시오.
(4) 기여율(R^2)을 구하시오.

풀이

(1) 공분산 계산

$$V_{XY} = \frac{S_{(XY)}}{n-1} = \frac{1}{n-1}\left[\sum XY - \frac{(\sum X)(\sum Y)}{n}\right]$$
$$= \frac{1}{10-1}\left[756 - \frac{(118)(57)}{10}\right] = 9.2667$$

(2) X에 대한 Y의 추정 회귀직선식을 $\hat{Y} = \hat{\beta_0} + \hat{\beta_1}X$로 두면

$\overline{X} = 11.8,\ \overline{Y} = 5.7$이고

$S_{(XY)} = 83.5$

$S_{(XX)} = \sum X^2 - \frac{(\sum X)^2}{n} = 1,540 - \frac{(118)^2}{10} = 147.6$이므로,

$$\hat{\beta_1} = \frac{S_{(XY)}}{S_{(XX)}} = \frac{83.4}{147.6} = 0.565$$

$$\widehat{\beta_0} = \overline{y} - \widehat{\beta_1}\,\overline{x} = 5.7 - (0.5650)(11.8) = -0.967$$

$$\therefore \widehat{Y} = -0.967 + 0.565X$$

(3) $r = \dfrac{S_{(XY)}}{\sqrt{S_{(XX)} \cdot S_{(YY)}}} = \dfrac{83.4}{\sqrt{(147.6)(60.1)}} = 0.8855$

위에서 $S_{(YY)} = \sum Y^2 - \dfrac{(\sum Y)^2}{n} = 385 - \dfrac{(57)^2}{10} = 60.1$

(4) $r^2 = \dfrac{S_R}{S_{(YY)}} = \dfrac{\dfrac{[S_{(XY)}]^2}{S_{(XX)}}}{S_{(YY)}} = \dfrac{\dfrac{(83.4)^2}{147.6}}{60.1} \fallingdotseq 0.7841$

09 어떤 약품의 합성에 있어서 촉매의 양을 3수준으로 잡아 4회씩 반복 실험하였더니 수량(%)은 다음과 같았다. 분산분석을 이용하여 직선회귀의 유의성을 검정하시오. ($\alpha = 0.05$)

반복(y_i) \ 수준(x_i)	A_1(2%)	A_2(3%)	A_3(4%)
1	7.4	7.3	8.6
2	7.0	6.7	8.5
3	6.8	8.4	8.6
4	7.9	8.0	8.7

[풀이]

일원배치법과 단순회귀의 분산분석

(1) 일원배치의 분산분석

① 변동의 계산

$T_{1\cdot} = 29.1, \quad T_{2\cdot} = 30.4, \quad T_{3\cdot} = 34.4, \quad T = 93.9$이고

$CT = \dfrac{T^2}{N} = \dfrac{(93.9)^2}{3 \times 4} = 734.7675$

$S_A = \sum \dfrac{T_{i\cdot}^2}{r} - CT = \dfrac{1}{4}\left[(29.1)^2 + (30.4)^2 + (34.4)^2\right] - 734.7675 = 3.815$

$S_T = \sum\sum y_{ij}^2 - CT = \left[(7.4)^2 + (7.0)^2 + \cdots + (8.6)^2 + (8.7)^2\right] - 734.7675 = 6.2425$

$S_E = S_T - S_A = 2.4275$

② 분산분석표의 작성

요인	SS	DF	MS	F_0	$F_{0.95}$
A	3.815	2	1.9075	7.07**	4.26
E	2.4275	9	0.2697		
T	6.2425	11			

위의 결과에서 인자 A의 효과가 유의하므로, 회귀분석을 함에 의미가 있다.

(2) 일원배치법과 단순회귀의 분산분석

① 변동의 계산

$$S_{(XX)} = \sum X^2 - \frac{(\sum X)^2}{n}$$

$$= 4[(2)^2 + (3)^2 + (4)^2] - \frac{[4(2+3+4)]^2}{3 \times 4} = 8$$

$$S_{(XY)} = \sum XY - \frac{(\sum X)(\sum Y)}{n}$$

$$= [(2)T_{1.} + (3)T_{2.} + (4)T_{3.}] - \frac{4(2+3+4) \cdot (93.9)}{3 \times 4}$$

$$= (2 \times 29.1 + 3 \times 30.4 + 4 \times 34.4) - \frac{(36)(93.9)}{12}$$

$$= 287 - 281.7 = 5.3$$

직선회귀에 의한 변동 $S_R = \frac{[S_{(XY)}]^2}{S_{(XX)}} = \frac{(5.3)^2}{8} = 3.51125$

나머지(고차회귀) 변동 $S_r = S_A - S_R = 3.815 - 3.51125 = 0.30375$

② 분산분석표 작성

요인	SS	DF	MS	F_0	$F_{0.95}$
직선회귀(R)	3.51125	1	3.51125	13.02*	5.12
나머지(고차회귀)(r)	0.30375	1	0.30375	1.13	5.12
A	3.815	2	1.9075	7.07*	4.26
E	2.4275	9	0.2697		
T	6.2425	11			

위의 계산결과에서 볼 때 인자 A와 직선회귀는 유의하며, 고차회귀는 유의하지 않다. 따라서 X와 Y 사이의 관계는 회귀직선으로 설명될 수 있다.

10 어떤 공장에서 부품의 공차에 재료(A), 전(전)처리의 유무(B), 기계의 유무(C), 가공의 외주선(D)이 유의한가를 살펴보기 위해 실험을 하였다. 교호작용으로서는 $A \times B$만 고려하고, 실험의 결과를 $L_8(2^7)$ 직교배열표의 측정값의 난에 기입하였다. 분산분석표를 작성하시오.

	1	2	3	4	5	6	7	측정값
1	1	1	1	1	1	1	1	9
2	1	1	1	2	2	2	2	12
3	1	2	2	1	1	2	2	8
4	1	2	2	2	2	1	1	15
5	2	1	2	1	2	1	2	16
6	2	1	2	2	1	2	1	20
7	2	2	1	1	2	2	1	13
8	2	2	1	2	1	1	2	13
성분	a	b	a b	c	a c	b c	a b c	106
배당	B	A		D			C	

풀이

(1) 교호작용 $A \times B$는 성분의 곱의 열에 나타난다.
즉, $A \times B \rightarrow b \times a = ab$(3열)

(2) 변동의 계산

$$S_A = \frac{1}{8}[(\text{수준 2의 데이터의 합}) - (\text{수준 1의 데이터의 합})]^2$$

$$= \frac{1}{8}[(8+15+13+13)-(9+12+16+20)]^2 = 8$$

$$S_B = \frac{1}{8}[(16+20+13+13)-(9+12+8+15)]^2 = 40.5$$

$$S_C = \frac{1}{8}[(12+8+16+13)-(9+15+20+13)]^2 = 8$$

$$S_D = \frac{1}{8}[(12+15+20+13)-(9+8+16+13)]^2 = 24.5$$

$$S_{A \times B} = \frac{1}{8}[(8+15+16+20)-(9+12+13+13)]^2 = 18$$

$$S_T = \sum X_i^2 - \frac{T^2}{N} = 1{,}508 - \frac{(106)^2}{8} = 103.5$$

$$S_e = S_T - (S_A + S_B + S_{A \times B} + S_C + S_D) = 4.5$$

(3) 분산분석표의 작성

요인	SS	DF	MS	F_0
A	8	1	8	3.56
B	40.5	1	40.5	18.0
C	8	1	8	3.56
D	24.5	1	24.5	10.89
$A \times B$	18	1	18	8
e	4.5	2	2.25	
T	103.5	7		

11 어떤 제품을 제조할 때 원료 투입량을 A인자(4수준), 처리온도를 B(4수준), 처리시간을 C인자(4수준)로 잡고 라틴방격법을 실시하였다. 실험결과 데이터는 다음과 같다. 물음에 답하시오.

(1) 분석분석표를 작성하시오.

(2) A의 2번째 수준의 모평균을 신뢰도 95%로 신뢰한계를 구하시오.

B \ A	A_1	A_2	A_3	A_4
B_1	$C_2(8)$	$C_4(7)$	$C_1(8)$	$C_3(8)$
B_2	$C_1(6)$	$C_2(5)$	$C_3(8)$	$C_4(7)$
B_3	$C_4(7)$	$C_3(9)$	$C_2(6)$	$C_1(8)$
B_4	$C_3(8)$	$C_1(6)$	$C_4(9)$	$C_2(6)$

풀이

(1) 분산분석표의 작성

① 변동의 계산

㉠ $T_{i..}$의 계산

$T_{1..} = 29$, $T_{2..} = 27$, $T_{3..} = 31$, $T_{4..} = 29 \, (T = 116)$

㉡ $T_{\cdot j \cdot}$의 계산

$T_{\cdot 1 \cdot} = 31$, $T_{\cdot 2 \cdot} = 26$, $T_{\cdot 3 \cdot} = 30$, $T_{\cdot 4 \cdot} = 29$

㉢ $T_{\cdot\cdot k}$의 계산

$T_{\cdot\cdot 1} = 28$, $T_{\cdot\cdot 2} = 25$, $T_{\cdot\cdot 3} = 33$, $T_{\cdot\cdot 4} = 30$

위의 값을 이용하여 다음과 같이 변동을 구한다.

$$CT = \frac{T^2}{k^2} = \frac{(116)^2}{(4)^2} = 841$$

$$S_T = \sum\sum\sum X_{ijk}^2 - CT = 862 - 841 = 21$$

$$S_A = \sum \frac{T_{i\cdot\cdot}^2}{k} - CT = \frac{1}{4}(29^2 + 27^2 + 31^2 + 29^2) - 841 = 2$$

$$S_B = \sum \frac{T_{\cdot j\cdot}^2}{k} - CT = \frac{1}{4}(31^2 + 26^2 + 30^2 + 29^2) - 841 = 3.5$$

$$S_C = \sum \frac{T_{\cdot\cdot k}^2}{k} - CT = \frac{1}{4}(28^2 + 25^2 + 33^2 + 30^2) - 841 = 8.5$$

$$S_e = S_T - (S_A + S_B + S_C) = 7$$

② 분산분석표의 작성

요인	SS	DF	MS	F_0	$F_{0.95}$
A	2	3	0.667	0.57<1	4.76
B	3.5	3	1.167	1.00	4.76
C	8.5	3	2.833	2.43	4.76
e	7	6	1.167		
T	21	15			

위의 결과에서 요인 A, B, C는 모두 유의하지 않다.

(2) $\hat{\mu}(A_2) = \overline{X}_{2\cdot\cdot} \pm t_{0.975}(6)\sqrt{\frac{V_e}{k}}$

$= 27/4 \pm (2.447)\sqrt{\frac{1.167}{4}}$

$= 6.75 \pm 1.32 = (5.43, \ 8.07)$

12 반복이 있는 2원배치 A가 2수준, B가 3수준, 반복이 100인 2원배치 실험에서 부적합품의 수를 데이터로 얻었다. 부적합품이 나오는 방식에 다름이 있는지 분산분석표를 작성하고 교호작용효과가 유의하지 않으면 풀링(Pooling)하시오. 또한 최적조건을 구하시오.

A \ B	B_1	B_2	B_3	계
A_1	5	6	4	15
A_2	15	11	8	34
계	20	17	12	49

(1) 분산분석표 작성

① 변동의 계산

$$CT = \frac{T^2}{N} = \frac{(49)^2}{(2 \times 3 \times 100)} = 4.00$$

$$S_A = \sum \frac{T_{i\cdot\cdot}^2}{mr} - CT = \frac{1}{3 \times 100}(15^2 + 34^2) - CT = 0.60$$

$$S_B = \sum \frac{T_{\cdot j\cdot}^2}{lr} - CT = \frac{1}{2 \times 100}(20^2 + 17^2 + 12^2) - CT = 0.165$$

$$S_{AB} = \sum\sum \frac{T_{ij\cdot}^2}{r} - CT = \frac{1}{100}(5^2 + 6^2 + \cdots + 11^2 + 8^2) - CT = 0.87$$

$$S_{E_1} = S_{A \times B} = S_{AB} - S_A - S_B = 0.105$$

$$S_T = \sum\sum\sum X_{ijk}^2 - CT = \sum\sum\sum X_{ijk} - CT = 49 - 4.00 = 45.00$$

$$S_{E_2} = S_T - S_{AB} = 44.13$$

② 분산분석표의 작성

요인	SS	DF	MS	F_0
A	0.60	1	0.60	11.429
B	0.165	2	0.0825	1.571
$E_1(A \times B)$	0.105	2	0.0525	0.707 < 1
E_2	44.13	594	0.0743	
T	45.00	599		

위의 결과에서 요인 $A \times B$의 교호작용은 있다고 볼 수 없으므로 E_1을 E_2에 풀링한 후의 분산분석표는 다음과 같다.

요인	SS	DF	MS	F_0	$F_{0.95}$	$F_{0.99}$
A	0.60	1	0.60	8.086**	3.84	6.63
B	0.165	2	0.0825	1.112	3.00	4.61
E	44.235	596	0.0742			
T	45.00	599				

위의 결과에서 인자 A는 고도로 유의하나, 인자 B는 유의하지 않다.

(2) 부적합품률이 가장 적은 최적조건의 검색

① $p(A_i)$의 점 추정치

$$\hat{p}(A_1) = \frac{15}{300} \times 100 = 5\% \qquad \hat{p}(A_2) = \frac{34}{300} \times 100 = 11.33\%$$

② $p(B_j)$의 점 추정치

$$\hat{p}(B_1) = \frac{20}{200} \times 100 = 10\% \qquad \hat{p}(B_2) = \frac{17}{200} \times 100 = 8.5\%$$

$$\hat{p}(B_3) = \frac{12}{200} \times 100 = 6\%$$

③ 최적조건 : A인자 영향만 유의하므로 최적조건은 A_1이다.

13 자동차 부품을 열처리하여 온도에 따른 인장강도의 변화를 조사하기 위해 $A_1 = 550℃$, $A_2 = 555℃$, $A_3 = 560℃$, $A_4 = 565℃$의 4조건에서 각각 5개씩의 시험편에 대하여 측정한 결과가 다음과 같을 때, A의 주 효과에 몇 차의 다항식을 끼워 맞출 것인가를 조사하기 위해 A의 주 효과를 1차, 2차, 3차의 성분으로 분해하여 검정하고자 한다. 분산분석표를 작성하고 검정하시오.(단, $\alpha = 0.05$)(여기서, 〈직교다항식 계수표〉가 주어진다.)

▼ 인장강도의 데이터 (단위 : kg/mm)

A의 수준	데이터					계
$A_1(550℃)$	43	50	45	45	47	230
$A_2(555℃)$	41	42	45	45	47	220
$A_3(560℃)$	32	38	40	40	40	190
$A_4(565℃)$	32	34	34	35	35	170

풀이

(1) 변동의 계산

$$S_{(1)} = \frac{(\sum W_i^{(1)} \cdot T_{i.})^2}{(\lambda^2 S)_1 \cdot m} = \frac{[(-3)(230) + (-1)(220) + (1)(190) + (3)(170)]^2}{20 \times 5} = 441$$

$$S_{(2)} = \frac{(\sum W_i^{(2)} \cdot T_{i.})^2}{(\lambda^2 S)_2 \cdot m} = \frac{[(1)(230) + (-1)(220) + (-1)(190) + (1)(170)]^2}{4 \times 5} = 5$$

$$S_{(3)} = \frac{(\sum W_i^{(3)} \cdot T_{i.})^2}{(\lambda^2 S)_3 \cdot m} = \frac{[(-1)(230) + (3)(220) + (-3)(190) + (1)(170)]^2}{20 \times 5} = 9$$

$$S_A = \sum \frac{T_{i\cdot}^2}{m} - CT = \frac{1}{5}(230^2 + \cdots + 170^2) - \frac{(230 + \cdots + 170)^2}{4 \times 5} = 33{,}260 - 32{,}805 = 455$$

$$S_T = \sum\sum x_{ij}^2 - CT = 33{,}366 - 32{,}805 = 561$$

$$S_{E_2} = S_T - S_A = 561 - 455 = 106$$

(2) 분산분석표의 작성

요인	SS	DF	MS	F_0	$F_{0.95}$	$F_{0.99}$
A	455	$l-1=3$	151.667			8.53
⎰ 1차	$S_{(1)} = 441$	1	$V_{(1)} = 441$	66.566**	4.49	
⎨ 2차	$S_{(2)} = 5$	1	$V_{(2)} = 5$	0.755<1	4.49	
⎱ 3차	$S_{(3)} = 9$	1	$V_{(3)} = 9$	1.358	4.49	
E	106	$l(r-1)=16$	6.625			
T	561	$lr-1=19$				

위의 결과에서 요인 A의 1차만이 유의적이고, 2차 및 3차는 유의하지 않다.
따라서 인장강도와 온도의 관계가 직선회귀로서 매우 유의하게 설명되고 있다.

14

2^4형 실험에서 2개의 블록으로 나누어 교락법 실험을 하려고 한다. 최고차 항의 교호작용 $ABCD$를 블록과 교락시켜 실험을 하는 경우의 실험배치를 하시오.

풀이

2^4형 실험에서 교호작용 $ABCD$를 블록과 교락시키려면 다음과 같이 블록 Ⅰ, Ⅱ에 실험을 배치한다.

$$ABCD = \frac{1}{8}(a-1)(b-1)(c-1)(d-1)$$

$$= \frac{1}{8}[(abcd + ab + ac + ad + bc + bd + cd + (1))$$

$$- (a + b + c + d + abc + abd + bcd + acd)]$$

∴ 블록Ⅰ : (1), ab, ac, ad, bc, bd, cd, $abcd$
블록Ⅱ : a, b, c, d, abc, abd, bcd, acd

15 2^4형 요인실험에서 크기 4의 Block 4개로 하여 실험계획을 세우고 Block과 ABC, ABD를 교락시키고 싶다. 정의 대비를 적으시오.

[풀이]

$$\left.\begin{array}{l}\text{정의대비 } I = ABC \\ \text{정의대비 } I = ABD\end{array}\right\} \text{ 및 정의대비 } I = CD$$

16 직교배열표 $L_9(3^4)$로 인자를 랜덤하게 배치한 결과 다음의 표를 얻었다.

No.	인자배치 열	A	C		B	실험데이터	x^2
		1	2	3	4	x	
1		1	1	1	1	8	64
2		1	2	2	2	12	144
3		1	3	3	3	10	100
4		2	1	2	3	10	100
5		2	2	3	1	12	144
6		2	3	1	2	15	225
7		3	1	3	2	22	484
8		3	2	1	3	18	324
9		3	3	2	1	18	324
	계					125	1,909

(1) 인자 A와 오차항의 변동을 구하시오.
(2) 분산분석표를 작성하라.

[풀이]

(1) 변동의 계산

① $S_A = \frac{1}{3}[(\text{수준 3의 데이터의 합})^2 + (\text{수준 2의 데이터의 합})^2$
    $+ (\text{수준 1의 데이터의 합})^2] - CT$

$= \frac{1}{3}[(22+18+18)^2 + (10+12+15)^2 + (8+12+10)^2] - \frac{(125)^2}{9} = 141.56$

② $S_E = \frac{1}{3}[(10+12+22)^2 + (12+10+18)^2 + (8+15+18)^2] - \frac{(125)^2}{9} = 2.89$

(2) 분산분석표 작성

① 변동의 계산

$S_A = 141.56, \qquad S_E = 2.89$

$$S_B = \frac{1}{3}[(10+10+18)^2 + (12+15+22)^2 + (8+12+18)^2] - CT = 26.89$$

$$S_C = \frac{1}{3}[(10+15+18)^2 + (12+12+18)^2 + (8+10+22)^2] - CT = 1.56$$

$$S_T = \sum X_i^2 - CT = S_A + S_B + S_C + S_E = 172.90$$

② 분산분석표의 작성

요인	SS	DF	MS	E(MS)	F_0	$F_{0.95}$
A	141.56	2	70.78	$\sigma_E^2 + 3\sigma_A^2$	48.98**	19.0
B	26.89	2	13.445	$\sigma_E^2 + 3\sigma_B^2$	9.30	19.0
C	1.56	2	0.78	$\sigma_E^2 + 3\sigma_C^2$	0.54<1	
E	2.89	2	1.445	σ_E^2		
T	172.90	8				

위의 결과에서 요인 A만 유의수준 5%로 유의적이다.

PROFESSIONAL ENGINEER QUALITY CONTROL

PART

05

샘플링 검사

01 검사
02 샘플링 검사
03 샘플링 검사의 형태
04 실전문제

SECTION 01 검사

01 검사의 정의

(1) KS

물품을 어떠한 방법으로 측정한 결과를 판정기준과 비교하여 개개의 제품에 대해서는 양호/부적합, 로트에 대해서는 합격/불합격의 판정을 내리는 것

(2) MIL – STD – 105D 검사

측정, 점검, 시험 또는 게이지에 맞추어 보는 것과 같이 제품의 단위를 요구조건과 비교하는 것

(3) 쥬란 검사

제품이 계속되는 다음의 공정에 적합한 것인가 혹은 최종 제품의 경우에는 구매자에게 발송하여도 좋은가를 결정하는 활동이다.

02 검사의 목적

(1) 다음 공정이나 고객에게 부적합품이 전달되는 것 방지

① 좋은 lot와 나쁜 lot를 구분하기 위하여
② 적합품과 부적합품을 구별하기 위하여

(2) 품질에 대한 정보 제공

① 공정의 관리 및 해석을 위하여
② 공정의 변화 여부 판단과 공정의 규격한계 일치 여부를 파악하기 위하여
③ 제품의 부적합이나 결점 정도를 파악하기 위하여

④ 검사원의 정확도를 평가하기 위하여
⑤ 측정기기의 정밀도를 평가하기 위하여
⑥ 제품설계에 필요한 정보를 얻기 위하여
⑦ 공정능력을 측정하기 위하여

(3) 생산자의 생산의욕 고취 및 소비자에 대한 신뢰감 고양

03 검사의 분류

(1) 검사공정에 의한 분류

① 인수검사(구입검사)
재료, 반제품, 제품을 받아들이는 경우 행하는 검사이다.

② 공정검사(중간검사)
앞의 제조공정이 끝나서 다음 제조 공정으로 이동하는 사이에 행하는 검사로 공정 간 검사방식이라고도 한다.

③ 최종검사(완성검사)
완성된 제품에 대해서 행하는 검사(제품검사)이다.

④ 출하검사(출고검사)
제품을 출하하는 경우에 행하는 검사이다.

(2) 검사장소에 의한 분류

1) 정위치 검사

검사에 특별한 장치가 필요하거나, 특별한 장소에 물품을 운반하여 행하는 검사이다.

① 집중방식
② 공정 간 방식

2) 순회검사

도중에 검사공정을 넣지 않고 검사원이 적시에 현장을 순회하여 물품을 검사한다.

3) 출장검사(입회검사)

외주업체나 타 공정에 나가서 타 책임자의 입회하에 검사한다.

(3) 검사성질에 의한 분류

① 파괴검사

시험을 하면 물품의 상품가치가 없어지는 검사이다. 반드시 샘플링 검사를 실시하여야 한다.(전구수명검사, 인장시험, 냉장고 수명시험 등)

② 비파괴검사

물품 조사 후에도 상품가치가 없어지지 않는 검사이다.
(전구점등시험, 도금판 핀홀 검사, 브레이크 작동시험 등)

③ 관능검사

인간 자신이 측정기기가 되어 감각에 의해서 하는 검사이다.
(미각, 시각, 청각, 촉각, 후각을 이용한 검사)

(4) 검사방법(판정대상)에 의한 분류

① 전수검사

검사 로트를 전부 조사하는 검사이다.(파괴검사를 요할 때는 사용치 않음)

② lot별 샘플링 검사

판정하려는 집단에서 추출된 시료의 판정에 의해 집단의 상태를 판정하려는 검사이다.

③ 관리 샘플링 검사

제조공정관리, 공정검사의 조정, 검사의 체크를 목적으로 하여 행하는 검사이다.

④ 무검사

제품의 품질을 간접적으로 보증해 주는 방법이다.

04 검사계획

(1) 어떤 물품을 검사할 것인가?

N : 검사 단위(Lot)의 크기
a : 개당 검사비용
b : 무검사 시 개당 손실 비용
c : 재가공 비용
d : 폐각 처리비용
P_b : 임계 부적합률

P_b는 $aN = bPN$ 에서 P에 대해 정리한 것이다.

$$P_b = \frac{aN}{bN} = \frac{a}{b}$$

$$= \frac{a}{b-c} = \frac{a}{b-d}$$

따라서 $P > P_b$: 검사가 이익이다.
$\quad\quad\,\, P < P_b$: 무검사가 이익이다.

(2) 어떤 점을 검사항목으로 할 것인가?

① **계량치 Data** : 무게, 길이, 부피, 순도 등
② **계수치 Data** : 부적합 개수, 흠의 수 등

(3) 어떤 검사방법을 사용할 것인가?

① 전수검사를 할 것인가 또는 샘플링 검사를 할 것인가를 선택한다.
② 샘플링 검사 시에는 어떤 방법을 사용할 것인가를 선택한다.

샘플링 형식	샘플링 방법	샘플링 형태
1회 샘플링	랜덤 샘플링	규준형 샘플링 검사
2회 샘플링	2단계 샘플링	선별형 샘플링 검사
다회 샘플링	층별 샘플링	조정형 샘플링 검사
축차 샘플링	취락 샘플링	연속생산형 샘플링 검사

(4) 언제, 어디에서 검사할 것인가?

05 관능검사

(1) 관능검사의 개념

관능검사는 품질을 평가할 때 인간의 감각(청각, 시각, 후각, 미각, 촉각)을 이용하여 판정하는 검사방법으로 인간의 관능 한계를 측정하는 것이다.
① 관능적 분석에 중요한 요소 : 강도와 재현성
② 한계감미량 : 자극에 대한 특유한 성질이 인지되는 강도에 있어서 더 이상 증가하지 않는 자극의 크기

(2) 관능검사의 특징

① 오차가 크지만 관리방법을 이용하는 데 따라 해결될 수 있다.
② 전문가가 아니라도 훈련 후 실시 가능하다.
③ 사람만이 한다.

(3) 패널(Panel) 선정 시 고려사항

① 식별, 검출능력이 뛰어날 것
② 안정성, 재현성이 뛰어날 것
③ 표현력, 객관적 판단이 뛰어날 것
④ 생리적 결함이 없을 것

(4) 관능 품질의 표시방법

① 양, 부적합의 정도를 수치로 표시
② 말(언어)로 표시
③ 도면이나 카탈로그를 이용
④ 검사표본으로 표현

(5) 관능검사에 이용되는 검사 견본

① 표준견본
② 한도견본
③ 요구견본

(6) 차이 식별검사의 종류

① 단일 표시법
② 2점 대비법 : 두 종류를 섞어 두고 2종류를 구분케 하는 검사
③ 1, 2점 대비법 : 같은 종류의 조와 다른 종류의 조를 섞어 두고 같은 종류의 조인지 다른 종류의 조인지를 구별하는 검사
④ 3점 대비법

(7) 질과 양의 검사 종류

① 순위법
② 채점법
③ 기호 척도법
④ 묘사법
⑤ 희석법

(8) 관능검사의 패널(Panel)

① 공정패널
② 위원회 패널
③ 기호 조사 명부

(9) 관능검사의 환경조건

① 후각에 호소하는 검사 : 시향실을 마련해야 함
② 청각에 호소하는 검사 : 주위의 소음을 피한다.
③ 미각에 호소하는 검사 : 수세설비를 마련해야 한다.
④ 시각에 호소하는 검사 : 채광, 조명에 주의한다.
⑤ 촉각에 호소하는 검사 : 온도, 습도에 주의한다.

SECTION 02 샘플링 검사

:: 01 샘플링 검사의 개요

(1) 샘플링 검사의 정의

로트로부터 시료를 발췌하여 시험한 후 그 결과를 판정기준과 비교하여, 그 로트의 합격, 불합격을 판정하는 검사이다.

(2) 전수검사가 필요한 경우

1) 부적합품이 1개라도 혼입되면 안 될 경우

① 부적합품이 혼입되면 경제적으로 큰 영향을 미칠 때(보석의 경우)
② 부적합품이 다음 공정에 넘어가면 큰 손실을 미칠 때
③ 안전에 중요한 영향을 미칠 때(브레이크 작동시험, 고압용기의 내압시험)

2) 전수검사를 쉽게 행할 수 있을 때

(3) 샘플링 검사가 필요한 경우

① 파괴검사의 경우(인장강도 시험, 제품수명 시험)
② 연속체 또는 대량품인 경우(석탄, 약품, 전선, 가솔린)

(4) 샘플링 검사가 유리한 경우

① 다수, 다량의 것으로 어느 정도 부적합품이 섞여도 허용되는 경우
② 검사 항목이 많을 경우
③ 불완전한 전수검사에 비해 높은 신뢰성이 얻어질 때
④ 검사비용을 적게 하는 편이 이익이 되는 경우
⑤ 생산자에게 품질 향상의 자극을 주고 싶을 때

(5) 샘플링 검사의 실시 조건

① 제품이 로트로써 처리될 수 있을 것
② 합격 로트 속에 어느 정도의 부적합 혼입이 허용될 수 있을 것
③ 시료의 샘플링이 랜덤하게 실시될 것
④ 품질기준이 명확할 것
⑤ 계량 샘플링 검사에서는 로트의 검사단위의 특성치 분포를 대략 알고 있을 것

(6) 샘플링 방법의 선택조건

① 실시방법이 성문화되고 누구에게나 이해될 수 있을 것
② 공정이나 대상물 변화에 따라 바꿀 수 있을 것
③ 샘플링하는 사람에 따라 차이가 없을 것
④ 목적에 알맞고, 경제적인 면을 고려할 것
⑤ 실시하기 쉽고 관리하기 쉬울 것

(7) 검사 단위의 품질 표시방법

1) 양호, 부적합에 의한 표시방법

① **치명부적합** : 인명에 위험을 주거나 설비를 파괴할 우려가 있는 경우
② **중부적합** : 물품을 소기의 목적에 사용할 수 없게 하는 경우
③ **경부적합** : 물품의 성능이나 수명을 감소시키는 것
④ **미부적합** : 물품의 가치를 저하시키지만 성능, 능률에는 영향을 주지 않는 것

2) 결점 수에 의한 표시방법

① 치명결점
② 중결점
③ 경결점
④ 미결점

3) 특성치에 의한 표시방법

검사단위의 특성을 측정하여 그 측정치에 의해서 품질을 표시하는 방법으로 치수, 무게, 강도, 열량, 전기적 성질 등을 사용한다.

4) 로트의 품질 표시방법

① 로트의 부적합률로 표시
② 로트 내 검사단위당 평균 결점 수
③ 로트의 평균치
④ 로트의 표준편차

5) 시료의 품질 표시방법

① 시료 내의 부적합 개수
② 시료 내의 검사 단위당 평균 결점 수
③ 시료의 평균치
④ 시료의 표준편차
⑤ 시료의 범위

02 오차(Error)

(1) 오차의 개념

오차는 모집단의 참값과 그것을 추정하기 위하여 얻어지는 측정 데이터와의 차이라고 할 수 있다. 통계적 품질관리에서 관심이 있는 오차는 측정오차(Observation Error)와 샘플링 오차(Sampling Error)이며, 이 오차의 성질을 분석할 때에는 신뢰성, 정밀성, 정확성으로 나누어 생각할 수 있다.

1) 신뢰성(Reliability)

데이터를 신뢰할 수 있는가의 문제로 샘플링을 작업표준에서 지시한 대로 하였는가, 분석방법에 잘못이 있지 않았는가, 또는 계기에 잘못이 있지 않았는가 하는 등의 문제이다. $R(t)$로 표시하며 정밀도의 신뢰성과 정확성의 신뢰성으로 구분할 수 있다.

2) 정밀도(Precision)

어떤 일정한 측정법으로 동일 시료를 무한히 반복 측정하면 그 데이터는 반드시 어떤 산포를 하게 된다. 이 산포의 크기를 정밀도라 한다.

정밀도의 종류는 다음과 같다.

① **평행 정밀도(반복 정밀도) :** σ_{M1}
같은 사람이 같은 날에 같은 장치로 평행하여 측정했을 때의 정밀도이다.

② **재현 정밀도(같은 실험실 내) :** σ_{M2} (σ_{M1}의 3~5배)
일반적인 정밀도로, 다른 사람이 다른 날에 다른 장치로 측정했을 때의 정밀도이다.

③ **재현 정밀도(다른 실험실 내) :** σ_{M3} (σ_{M2}의 2~3배)
다른 장소에서 다른 사람이 다른 날, 다른 장치로 측정했을 때의 정밀도이다.
※ 표시방법 : 표준편차, 분산, 변동계수, 범위, 신뢰구간, F검정
예 신뢰구간으로 표시하는 정밀도

$$\beta = \pm Z_{1-\alpha/2} \frac{\sigma}{\sqrt{n}}$$
$$= \pm t_{1-\alpha/2}(\nu) \frac{\sqrt{V}}{\sqrt{n}}$$

3) 치우침, 정확도(Bias, Accuracy)

동일 샘플링 방법 또는 동일 측정법으로 모집단에서 반복 데이터를 취하였을 때 그 데이터의 평균치와 모집단의 참 평균치와의 차를 말한다.

① 편차 = 잔차 = $|X_i - \overline{X}|$
② 오차 = $|X_i - \mu|$
③ 치우침 = 정확도 = $|\overline{X} - \mu|$

(2) 오차의 검토 순서

① 먼저 신뢰성을 검토하여야 한다.
② 두 번째로 정밀도를 검토하여야 한다.
③ 세 번째로 정확도를 검토하여야 한다.

(3) 샘플링 오차와 측정오차의 관계

샘플링 오차는 시료를 랜덤하게 샘플링하지 못함으로써 발생되는 오차이고, 측정오차는 측정계기의 부정확, 측정자의 측정기술 부족으로 발생하는 오차이다.

1) 단위체의 경우(축분, 혼합이 행해지지 않을 때)

   ① 단위체 1개를 취하여 1회 측정 시의 데이터 구조식

   $\overline{X} = \mu + s + m$

   $E(s) = 0, \ E(m) = 0, \ V(s) = \sigma_s^2, \ V(m) = \sigma_m^2$ 이라 가정할 때

   $E(\overline{X}) = \mu, \ V(\overline{X}) = \sigma_s^2 + \sigma_m^2 = \sigma_p^2 + \sigma_s^2 + \sigma_m^2$

   (단, σ_s^2 : 샘플링 오차, σ_m^2 : 측정오차, σ_p^2 : 공정의 산포)

   ② 시료를 n개 취해 각 1회씩 측정하여 평균하는 경우

   $V(\overline{X}) = \dfrac{1}{n}(\sigma_s^2 + \sigma_m^2)$

   ③ 시료를 n개 취해 각 시료를 K회 측정하여 평균하는 경우

   $V(\overline{X}) = \dfrac{1}{n}\left(\sigma_s^2 + \dfrac{\sigma_m^2}{k}\right)$

2) 집합체인 경우(축분, 혼합이 행하여질 때)

   ① 인크리멘트를 1개 취하여 이것을 축분하여 1회 측정했을 때의 데이터 구조식

   $\overline{X} = \mu + s + r + m$

   $E(s) = 0, \ E(r) = 0, \ E(m) = 0, \ V(s) = \sigma_s^2, \ V(r) = \sigma_r^2, \ V(m) = \sigma_m^2$ 이라 가정할 때

   $E(\overline{X}) = \mu, \ V(\overline{X}) = \sigma_s^2 + \sigma_r^2 + \sigma_m^2$

   (단, σ_s^2 : 샘플링 산포, σ_m^2 : 측정산포, σ_r^2 : 축분산포)

   ② 시료를 n개 취해 각 1회씩 축분, 분석하여 평균하는 경우

   $V(\overline{X}) = \dfrac{1}{n}(\sigma_s^2 + \sigma_r^2 + \sigma_m^2)$

   ③ 시료를 n개 취해 각 1회씩 축분하여 k회 분석하여 평균하는 경우

   $V(\overline{X}) = \dfrac{1}{n}\left(\sigma_s^2 + \sigma_r^2 + \dfrac{\sigma_m^2}{k}\right)$

④ 시료를 n개 취하여 각 시료로부터 k개의 분석용 시료를 조제하여 각 시료를 1회씩 분석하는 경우

$$V(\overline{X}) = \frac{1}{n}\left[\sigma_s^2 + \frac{1}{k}\left(\sigma_r^2 + \sigma_m^2\right)\right]$$

⑤ ④에서 각 분석용 시료를 L회씩 분석하여 평균하는 경우

$$V(\overline{X}) = \frac{1}{n}\left[\sigma_s^2 + \frac{1}{k}\left(\sigma_r^2 + \frac{\sigma_m^2}{l}\right)\right]$$

⑥ 시료를 n개 취하여 전부를 혼합하여 혼합시료를 만들고, 그것을 1회 축분 분석하는 경우

$$V(\overline{X}) = \frac{1}{n}\sigma_s^2 + \sigma_r^2 + \sigma_m^2$$

03 샘플링 방법

(1) 랜덤 샘플링(Random Sampling) – KS A 3151

모집단의 어느 부분이라도 목적하는 특성에 관하여 같은 확률로 시료 중에서 뽑히도록 하는 샘플링으로 시료가 증가할수록 샘플링 정도가 높아진다.

1) 단순 랜덤 샘플링(Simple Random Sampling)

모집단의 크기 N개 중 1개를 $\frac{1}{N}$ 확률로 뽑고, 나머지 $N-1$개 중 1개를 $\frac{1}{N-1}$ 확률로 뽑아서 시료 n개가 뽑힐 때까지 반복하는 샘플링 방법이다.

① $E(\overline{X}) = \mu$

② $V(\overline{X}) = \dfrac{N-n}{N-1} \cdot \dfrac{\sigma^2}{n}$: 유한모집단인 경우

  $= \dfrac{\sigma^2}{n}$: 무한모집단인 경우

※ 랜덤 샘플링을 하기 위한 원칙
    ㉠ 시료채취 관계자에게 샘플링의 목적과 중요성을 인식시킨다.
    ㉡ 샘플링은 책임 있는 사람의 입회하에 실시한다.
    ㉢ 제품 생산에 종사하는 사람에게 샘플링을 맡겨서는 안 된다.
    ㉣ 샘플링은 대상물의 이동 중에 실시한다.

2) 계통샘플링(Systematic Sampling)

N개의 물품이 일련으로 배열되어 있을 때, 첫 K개 중 1개를 뽑고 그로부터 매 K번째를 선택하여 n개의 시료를 추출하는 Sampling 방법이다.

※ 특징
    ㉠ 시간적·공간적으로 층별 샘플링 효과가 있다.
    ㉡ 층간 변동(σ_b^2)은 샘플링 정밀도에 거의 영향을 주지 않는다.
    ㉢ n이 같으면 단순 랜덤 샘플링보다 정밀도가 좋다.
    ㉣ 제품 생산에 주기성이 있으면 사용치 못한다.
    ㉤ 단순 Random Sampling보다 시료 채취의 용이성이 없다.

3) 지그재그 샘플링(Zigzag Sampling)

계통 샘플링에서 주기성에 의한 치우침이 들어갈 위험을 방지하도록 하나씩 걸러서 일정한 간격으로 샘플을 취하는 방법으로, Sampling 채취 간격이 주기성보다 길거나 짧으면 단순 Random Sampling을 사용해야 한다.

(2) 2단계 샘플링(Two-stage Sampling)

모집단(Lot)이 N_i개씩의 제품이 포함되는 M상자로 나누어져 있을 때, 랜덤하게 m상자를 취하고 각각의 상자로부터 n_i개의 제품을 랜덤하게 채취하는 샘플링 방법으로 Sampling을 실시하기에 용이성을 갖고 있다.

1) 특성

① 일반적으로 랜덤 샘플링보다 추정 정밀도가 나쁘다.
② 샘플링 조작이 용이하다.
③ 샘플링 비용이 저렴하다.
④ Sampling 오차분산이 층내변동과 층간변동의 합성으로 이루어진다.

2) 오차분산

① 무한모집단인 경우 ($N \geq 10n, M \geq 10m$)

$$V(\overline{X}) = \sigma_{\overline{X}}^2 = \frac{\sigma_w^2}{m\overline{n}} + \frac{\sigma_b^2}{m}$$

② 유한모집단인 경우 ($\overline{N} \leq 10n, \overline{M} \leq 10m$)

$$V(\overline{X}) = e_w \cdot \frac{\sigma_w^2}{m\overline{n}} + e_b \cdot \frac{\sigma_b^2}{m}$$

(단, $n = m\overline{n}$, $e_b = \frac{\overline{M} - \overline{m}}{\overline{M} - 1} = 1 - \frac{\overline{m}}{\overline{M}}$, $e_w = \frac{\overline{N} - \overline{n}}{\overline{N} - 1} = 1 - \frac{\overline{n}}{\overline{N}}$ 이다.)

3) 랜덤 샘플링과의 분산 비교

$$a = \frac{V_T(\overline{X})}{V_R(\overline{X})} = \left(\frac{\sigma_w^2}{m\overline{n}} + \frac{\sigma_b^2}{m} \right) / \frac{\sigma^2}{n}$$

$$= \frac{\sigma_w^2 + n\sigma_b^2}{\sigma^2}$$

∴ $\sigma_X^2 = \sigma_w^2 + \sigma_b^2$ 이므로

$n = 1$ 일 때 ⇒ $\alpha = 1$ 로 정밀도가 동일하다.

$n \geq 2$ 일 때 ⇒ $\alpha \geq 1$ 로 2단계 샘플링 정밀도가 나쁘다.

(3) 층별 샘플링(Stratified Sampling)

모집단을 몇 개의 층으로 나누어 각 층마다 각각 랜덤으로 시료를 추출하는 방법으로 층 간의 차는 가능한 한 크게 하고, 층 내는 균일하게 층별함을 원칙으로 한다.

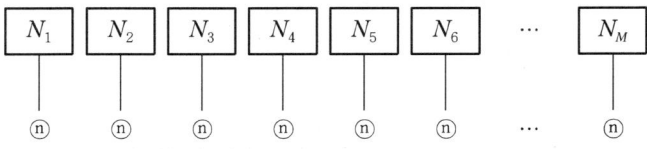

$M = m$ 이므로, $e_b = 1 - \frac{m}{M} = 0$ 이다. 즉, 층간산포가 영향을 미치지 않는다.

1) 특징

① 랜덤 샘플링보다 시료 수가 적어도 같은 정밀도를 얻을 수 있다.
② 층 내는 균일하게, 층 간은 불균일하게 한다.
③ 정밀도가 좋고 샘플링 조작이 용이하므로 공장에서 활용할 만한 것이다.
④ Sampling 오차분산($\sigma_{\overline{X}}^2$)이 층내변동(σ_w^2)에 의해 결정된다.(층별이 되면 될수록 Sampling 정도가 높아진다.)

2) 오차분산

① 무한모집단인 경우($\overline{N} \geq 10\overline{n}$)

$$V(\overline{X}) = \frac{\sigma_w^2}{m\overline{n}}$$

② 유한모집단인 경우

$$V(\overline{X}) = e_w \cdot \frac{\sigma w^2}{m\overline{n}}$$

3) 랜덤 샘플링과의 분산 비교

$$\alpha = \frac{V_S(\overline{X})}{V_R(\overline{X})} = \frac{\sigma_w^2}{m\overline{n}} \bigg/ \frac{\sigma^2}{n}$$

$$= \frac{\sigma_w^2}{\sigma^2} \leq 1$$

4) 종류

① **층별 비례 샘플링**
각 층의 크기가 일정하지 않을 때 층의 크기에 비례하여 시료를 취하는 방법이다.

② **네이만 샘플링**
각 층의 크기와 표준편차에 비례하여 샘플링한다.

③ **데밍 샘플링**
각 층으로부터 샘플링하는 비용까지도 고려하여 샘플링한다.

(4) 취락 샘플링(Cluster Sampling)

모집단을 몇 개의 층으로 나누어 그 층 중에서 시료(n) 수에 알맞게 몇 개의 층을 랜덤 샘플링하여 그 취한 층 안의 모든 것을 측정, 조사하는 방법이다.

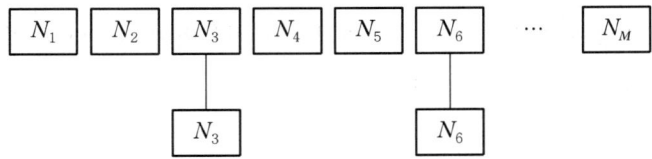

1) 특징

① 층 내는 불균일, 층 간은 균일해질 수 있도록 취락군을 형성한다.
② 일반적으로 σ_b^2이 적어질수록 샘플링 정밀도가 높아진다.
③ Sampling 오차분산($\sigma_{\overline{X}}^2$)이 층간변동(σ_b^2)에 의해 결정된다.

2) 오차와 분산

$\overline{n} = \overline{N}$이므로 $e_w = 1 - \dfrac{\overline{n}}{\overline{N}} = 0$, 즉 층내산포가 영향을 미치지 않는다.

$V(\overline{X}) = e_b \cdot \dfrac{\sigma_b^2}{m}$ (유한 모집단의 경우)

$V(\overline{X}) = \dfrac{\sigma_b^2}{m}$ (무한 모집단의 경우)

3) 랜덤 샘플링과의 분산 비교

$$\alpha = \dfrac{V_C(\overline{X})}{V_R(\overline{X})} = \dfrac{\sigma_b^2/m}{\sigma^2/n}$$

$$= \dfrac{n\sigma_b^2/m\overline{n}}{\sigma^2/n}$$

$$= \dfrac{n\sigma_b^2}{\sigma^2} = \dfrac{n\sigma_b^2}{\sigma_w^2 + n\sigma_b^2}$$

만약, σ_b^2이 커지면 $\sigma_b^2 > \sigma^2$으로 $\alpha > 1$이므로 랜덤 샘플링 정밀도가 좋다.

04 샘플링 검사의 분류 및 형식

(1) 샘플링 검사의 분류

내용＼구분	계수 샘플링 검사	계량 샘플링 검사
품질의 표시방법	양호, 부적합 또는 결점 수로 표시	특성치로 표시
검사방법	• 숙련을 요하지 않는다. • 소요시간이 짧다. • 설비가 간단하다. • 기록이 간단하다.	• 숙련을 요한다. • 소요시간이 길다. • 설비가 복잡하다. • 기록이 복잡하다.
적용 시 이론상의 제약	샘플링 검사를 적용하는 조건이 쉽게 만족될 수 있다.	시료 채취에 랜덤성이 요구되며 그 적용범위가 정규분포를 하는 경우 혹은 특수한 경우로 제한된다.
판별능력과 검사개수	검사 개수가 같은 경우 계량보다 판별능력이 낮으므로 검사개수가 상대적으로 크다.	검사 개수가 다소 적어도 계수와 판별능력이 같으므로 검사개수가 상대적으로 적다.
검사기록의 이용	다른 목적에 이용되는 정도가 낮다.	다른 목적에 이용되는 정도가 높다.
적용해서 유리한 경우	검사의 내용이 적은 것, 즉 검사 시간, 설비, 인원을 많이 요하지 않는 것	검사 비용이 높은 것, 즉 시간, 설비, 인원을 많이 요하는 것. 파괴검사에 유리하다.

(2) 샘플링 검사의 형식

1) 1회 샘플링 검사

모집단(Lot)에서 시료를 단 1회 추출하여 판정기준과 비교한 후 Lot의 합격, 불합격을 결정하는 샘플링 방식으로 Sampling 형식 중에서 가장 간편하다.

예 $N=500$에서 $n=50$을 추출하여 부적합이 2개 이내이면 Lot 합격, 3개 이상이면 불합격시킨다.

n	합격 판정계수(Ac)	불합격 판정계수(Re)
50	2	3

2) 2회 샘플링 검사

1회에서 지정된 시료를 구해서 검사한 결과 판정을 내리지 못할 때 다시 2차 시료를 채취하여 1차 결과와 누계하여 이에 따라 Lot의 합격, 불합격을 판정하는 방식이다.

① 판정절차

```
                   합격                           합격
              X₁ ≤ c₁  (P_a1)           X₁ + X₂ ≤ c₂  (P_a2)
  로트   ⓝ ── c₁ < X₁ < c₂ ── ⓝ
                      n₂ 추출
              X₁ > c₂  (P_r1)           X₁ + X₂ > c₂  (P_r2)
                   불합격                          불합격
```

② 확률계산

㉠ 로트가 첫 번째 시료(n_1)에 의하여 합격되는 확률

$$P_{a1} = P_r(X_1 \leq c_1)$$

$$= \sum_{X_1=0}^{c_1} \frac{e^{-n_1 p} \cdot (n_1 p)^{X_1}}{X_1!}$$

㉡ 로트가 첫 번째 시료(n_1)에 의하여 불합격하는 확률

$$P_{r1} = P_r(X_1 > c_1) = 1 - P_r(X_1 \leq c_1)$$

$$= 1 - \sum_{X_1=0}^{c_2} \frac{e^{-n_1 p} \cdot (n_1 p)^{X_1}}{X_1!}$$

㉢ 로트가 두 번째 시료(X_2)에 의하여 합격되는 확률

$$P_{a2} = P_r(X_1 + X_2 \leq c_2)$$

$$= \sum_{X_1=c_1+1}^{c_2} \sum_{X_2=0}^{c_2-X_1} \frac{e^{-n_1 p} \cdot (n_1 p)^{X_1}}{X_1!} \cdot \frac{e^{-n_2 p} \cdot (n_2 p)^{X_2}}{X_2!}$$

㉣ 로트가 두 번째 시료(X_2)에 의하여 불합격되는 확률

$$P_{r2} = P_r(X_1 + X_2 > c_2) = 1 - P_{a1} - P_{r1} - P_{a2}$$

3) 다회 샘플링 검사

2회 샘플링 검사를 3회 이상의 샘플링 검사의 형식으로 확장한 것이다. 이는 각 회의 샘플링을 조사한 결과를 일정 기준과 비교하여 합격, 불합격, 검사속행의 3종으로 분류하면서, 어느 일정 횟수까지는 합격, 불합격 판정을 결정하는 형식이다.

4) 축차 샘플링 검사

일정 개씩 혹은 1개씩 시료를 검사하면서, 그 누계 결과를 그때마다 판정기준과 비교하여 합격, 불합격, 검사속행의 판정을 하는 것으로, 1개씩인 경우를 각개 축차 샘플링 검사, 일정 개수씩인 경우를 군축차 샘플링 검사라고 한다. 이는 가장 적은 시료로서 검사를 행할 수 있다.

▼ 각 샘플링 형식의 비교

구분		1회 샘플링 형식	2회 샘플링 형식	다회 샘플링 형식 (군축차)	각개 축차 샘플링 형식
검사 로트당의 평균 검사 개수		대	중	소	최소
검사 로트마다의 검사 개수의 변동		없다.	조금 있다.	있다.	있다.
검사 비용	필요에 따라 자유로이 시료를 채취, 시험할 수 있는 경우	대	중	소	소
	처음부터 전 시료를 채취하지 않으면 안 될 경우라든가 전 시료를 동시에 시험하지 않으면 안 되는 경우	소	중	대	대
실시 및 기록의 번잡성		간단	중간	복잡	복잡
심리적 효과(신중하다는 느낌)		나쁘다.	중간.	좋다.	좋다.
검사비용과 검사 개수		검사단위의 검사비용이 싼 경우	검사단위의 검사비용이 조금 비싸서 주로 검사 수를 줄이고 싶은 경우	검사단위의 검사비용이 비싸서 검사 수를 줄이는 것이 몹시 요구될 경우	검사단위의 검사비용이 아주 비싸서 검사 수를 줄이는 것이 절대적으로 요구될 경우

05 샘플링 검사의 형태

형태	품질 보증	특징
규준형	$(P_0,\ P_1,\ \alpha,\ \beta)$ $(m_0,\ m_1,\ \alpha,\ \beta)$	• 사는 자와 파는 자 양자를 동시에 보호 • 새로운 구입처로부터 물품을 구입하거나 이따금 거래하는 경우와 같이 품질의 예비지식이 없을 때 사용
선별형	AOQL, LTPD	• 파는 쪽을 마음대로 선정할 수 없고 동일한 납품업자로부터 구입할 수밖에 없는 경우 • 불합격 로트는 검사원 또는 작업원이 선별하도록 요구
조정형	AQL, LQP	• 같은 종류의 제품을 지속적으로 구입하는 경우나 파는 쪽을 마음대로 선택할 수 있는 경우 • 사는 쪽이 가장 유리한 형태
연속생산형	AOQL	컨베이어를 통해 계속적으로 물품이 흘러나오는 경우에 검사가 요구될 때 적용

06 검사 특성 곡선(Operating Characteristic Curve)

(1) OC 곡선

① 로트 부적합률 $P(\%)$를 가로축에, 로트가 합격할 확률 $L(P)$을 세로축에 잡는다.
② 실용상으로는 H.F. Dodge와 H.G. Romig의 도수분포나 푸아송 분포표를 이용한다.
③ OC 곡선을 관찰함으로써 그 샘플링 방식(즉 $N,\ n,\ c$)으로는 로트를 어느 정도의 비율로 합격시키기 위해 로트 부적합률은 어느 정도가 되어야 하는가 등을 알 수 있다.

(2) $L(P)$ 계산방법

① 초기하 분포

$$L(P) = \sum \frac{{}_{NP}C_X \cdot {}_{N-NP}C_{n-X}}{{}_{N}C_n}$$

② 이항분포

$$L(P) = \sum_{X=0}^{c} {}_nC_X \cdot p^X(1-p)^{n-X} \quad \text{(조건)} : N \geq 10n \text{인 경우}$$

③ 푸아송 분포

$$L(P) = \sum_{X=0}^{c} \frac{e^{-m} \cdot m^X}{X!} \quad \text{(조건)} : N \geq 10n \quad p < 10\%, \ pn < 10 \text{인 경우}$$

(3) $L(P)$와 OC 곡선

- P_o : 가급적 합격시키고 싶은 lot의 부적합률
- P_1 : 가급적 불합격시키고 싶은 lot의 부적합률
- α : 합격시키고 싶은 lot가 불합격될 확률
- β : 불합격시키고 싶은 lot가 합격될 확률

(4) OC 곡선의 성질

① n, c 일정하고 N이 변할 때

N은 OC 곡선에 별로 영향을 미치지 않으며 $N \geq 10n$이면 생산자 위험을 작은 수준으로 유지할 수 있는 샘플링 방식이 가능하고 검사비용을 절감할 수 있다.
그러나 N이 너무 크면 불합격에 따른 위험이 크다.

② N, n이 일정하고 c가 변할 때

c가 증가할수록 OC 곡선은 오른쪽으로 기울기가 완만하게 변하며 β가 증가하고 α는 상대적으로 감소한다.
($c = 0$ Sampling 검사는 OC 곡선의 기울기가 급격해지므로 그리 좋은 방식의 Sam-pling 검사라고 할 수 없다.)

③ N, c가 일정하고 n이 변할 때 n이 증가할수록 OC 곡선은 기울기가 급격히 변하며 β가 감소한다. 즉 품질이 나쁜 로트가 합격할 수 있는 확률이 대단히 적어지는 Sampling 검사이나 합격시키고 싶은 로트 쪽에서의 불합격할 확률 α는 변화폭이 그다지 커지지 않는다.

④ 퍼센트 샘플링($\frac{c/n}{N}$ = 일정)

로트의 크기가 달라지면 품질보증 정도가 달라지므로 일정한 품질의 보증을 얻을 수 없다.(N이 증가하는 비율만큼 Sampling의 정도가 향상되지 않는다.)

SECTION 03 샘플링 검사의 형태

:: 01 규준형 샘플링 검사

> ※ **특징**
> 파는 쪽에 대한 보호와 사는 쪽에 대한 보호의 두 가지를 규정하여, 파는 쪽과 사는 쪽의 요구에 동시에 만족하도록 되어 있다.
> - (파는 쪽의 보호) : 부적합률 p_0, 평균치 m_o 또는 σ_o인 품질 좋은 로트가 검사에서 불합격으로 되는 확률 α를 일정한 작은 값으로 정하여 보호한다.
> - (사는 쪽의 보호) : 부적합률 p_1, 평균치 m_1 또는 σ_1인 품질 나쁜 로트가 검사에서 합격으로 되는 확률 β를 일정한 작은 값으로 정하여 보호한다.

(1) 계수 규준형 1회 샘플링 검사

Lot에서 1회만 시료를 채취하여 시료 중의 검사단위를 조사하여 이를 품질 기준과 비교하여 적합, 부적합을 구분하고, 시료 중 부적합 수를 조사하여 부적합 수가 합격 판정개수 이하이면 합격, 이상이면 불합격으로 하는 검사이다.

1) 특징

① 최초 거래 시에 사용한다.
② 생산자와 구매자 양쪽 모두 불만이 없도록 설계되어 있다.
③ 파괴검사와 같이 전수검사가 불가능할 때 사용한다.

2) α, β 계산

① $\alpha = 0.05$를 중심으로 $\alpha = 0.03 \sim 0.07$에서 정한다.
② $\beta = 0.1$을 중심으로 $\beta = 0.04 \sim 0.13$에서 정한다.

※ 구체적으로 계수규준형 샘플링 검사의 OC 곡선 확률은 아래의 연립방정식으로 구한다.

$$1 - \alpha = \sum_{x=0}^{c} {}_nC_x \; p_0^x \cdot (1-p_o)^{n-x}$$

$$\beta = \sum_{x=0}^{c} {}_nC_x \; p_1^x \cdot (1-p_1)^{n-x}$$

3) 검사의 설계

① 구매자, 공급자의 합의에 의해 p_0, p_1을 결정한다. (α, β 지정)

경제적 사정, 여건, 능력을 고려하여 정하며, 이론적으로 $p_1/p_0 > 1$이 되어야 하지만, 이것이 1에 가까우면 n이 커지므로 $p_1/p_0 > 3$이 좋다.

② 로트를 형성한다.

③ p_0, p_1이 지정되면 계수 규준형 샘플링 설계표에서 p_0와 p_1이 만나는 란에서 n, c를 구한다. (만약 $n \geq N$이면 전수검사, *가 있으면 검사보조표를 이용한다.)

㉠ $n = \left(\dfrac{14.6}{\sqrt{p_0/p_1} - 1} \right)^2 \cdot \dfrac{1}{p_0}$

㉡ $c = \left(\dfrac{1.46}{\sqrt{p_0/p_1}} + 0.82 \right)^2$

④ 로트를 처리한다.

반송, 전수검사, 교환을 사전에 결정해 둔다.

(2) 계량 규준형 샘플링 검사(σ 기지)

로트에서 1회 샘플링한 시료평균 $\overline{X}$를 기지의 표준편차로서 계산한 합격 판정치, $\overline{X}_U$, $\overline{X}_L$과 비교하여 Lot의 합격, 불합격을 판정하는 것이다.

1) 로트 평균치를 보증하는 방법

① 검사설계

㉠ 구매자와 판매자가 합의하여 m_o, m_1를 결정한다.

㉡ σ를 구한다.

㉢ $\left| \dfrac{m_o - m_1}{\sigma} \right|$를 계산하여 표에서 G_o, n를 구한다.

㉣ 합격 판정선을 구한다.

- $\overline{X}_U = m_o + G_o \sigma$
- $\overline{X}_L = m_o - G_o \sigma$

㉤ 판정을 내린다.

② $\overline{X}_U$를 지정하는 경우(특성치가 낮을수록 좋은 경우)
  ㉠ 합격 판정선($\overline{X}_U$)

  - $\overline{X}_U = m_o + Z_{1-\alpha} \dfrac{\sigma}{\sqrt{n}}$ (좋은 로트에 대한 식)

  - $\overline{X}_U = m_1 - Z_{1-\beta} \dfrac{\sigma}{\sqrt{n}}$ (나쁜 로트에 대한 식)

  (단, $\dfrac{Z_{1-\alpha}}{\sqrt{n}} = G_o$라 하면 $\overline{X}_U = m_o + G_o \sigma$이다.)

  ㉡ 검사개수

  $$n = \left(\dfrac{Z_{1-\alpha} + Z_{1-\beta}}{m_1 - m_o}\right)^2 \cdot \sigma^2$$

  ㉢ 판정
  $\overline{X} \leq \overline{X}_U$이면 로트를 합격시킨다.
  $\overline{X} > \overline{X}_U$이면 로트를 불합격시킨다.

③ $\overline{X}_L$을 지정하는 경우(특성치가 높을수록 좋은 경우)
  ㉠ 합격 판정선($\overline{X}_L$)

  - $\overline{X}_L = m_o - Z_{1-\alpha} \dfrac{\sigma}{\sqrt{n}}$ (좋은 로트에 대한 식)

  - $\overline{X}_L = m_1 + Z_{1-\beta} \dfrac{\sigma}{\sqrt{n}}$ (나쁜 로트에 대한 식)

  (단, $\dfrac{Z_{1-\alpha}}{\sqrt{n}} = G_o$라 하면 $\overline{X}_L = m_o - G_o \sigma$이다.)

  ㉡ 검사개수

  $$n = \left(\dfrac{Z_{1-\alpha} + Z_{1-\beta}}{m_1 - m_o}\right)^2 \cdot \sigma^2$$

  ㉢ 판정
  $\overline{X} \geq \overline{X}_L$이면 로트를 합격시킨다.
  $\overline{X} < \overline{X}_L$이면 로트를 불합격시킨다.

④ 로트 평균치 보증에 대한 OC 곡선

　ⓐ $\overline{X}_U$인 경우

$$\overline{X}_U = m_1 - Z_{1-\beta}\frac{\sigma}{\sqrt{n}} \Rightarrow m_1 = \overline{X}_U + Z_{1-\beta}\frac{\sigma}{\sqrt{n}}$$

여기서 $m_1 \to m$, $Z_{1-\beta} \to k_{L_{(m)}}$으로 하면

$$k_{L_{(m)}} = \frac{(m - \overline{X}_U)\cdot\sqrt{n}}{\sigma}$$ 이다.

　ⓑ $\overline{X}_L$인 경우

$$\overline{X}_L = m_1 + Z_{1-\beta}\frac{\sigma}{\sqrt{n}} \Rightarrow m_1 = \overline{X}_L - Z_{1-\beta}\frac{\sigma}{\sqrt{n}}$$

여기서 $m_1 \to m$, $Z_{1-\beta} \to k_{L_{(m)}}$으로 하면

$$k_{L_{(m)}} = \frac{(\overline{X}_L - m)\cdot\sqrt{n}}{\sigma}$$ 이다.

2) 로트 부적합률을 보증하는 방법

① 검사의 설계

　ⓐ p_0, p_1을 지정한다.

　ⓑ p_0, p_1 표에서 대응하는 k를 구한다.

　　※ 마크가 있을 때는 $n = \left(\dfrac{2.9264}{k_{p_0} - k_{p_1}}\right)^2$, $k = 0.562073\, k_{p1} + 0.43793\, k_{po}$

　ⓒ σ를 구한다.

　ⓓ $\overline{X}_U$, $\overline{X}_L$을 구한다.

　ⓔ 판정을 한다.

② S_U가 주어진 경우

　ⓐ 합격 판정선

$$\overline{X}_U = S_U - k\sigma$$

　ⓑ 검사개수

$$n = \left(\frac{Z_{1-\alpha} + Z_{1-\beta}}{Z_{1-p_0} - Z_{1-p_1}}\right)^2$$

ⓒ 합격판정계수

$$k = \frac{Z_{1-p_0} \cdot Z_{1-\beta} + Z_{1-p_1} \cdot Z_{1-\alpha}}{Z_{1-\alpha} + Z_{1-\beta}}$$

ⓔ 판정

$\overline{X} \geq \overline{X}_L$ 이면 로트를 합격시킨다.

$\overline{X} < \overline{X}_L$ 이면 로트를 불합격시킨다.

(단, $k\sigma = Z_{1-p_0}\sigma - Z_{1-\alpha}\dfrac{\sigma}{\sqrt{n}}$, $k\sigma = Z_{1-p_1}\sigma + Z_{1-\beta}\dfrac{\sigma}{\sqrt{n}}$ 이다.)

③ S_L가 주어진 경우
  ㉠ 합격 판정선

  $\overline{X}_L = S_L + k\sigma$

  ㉡ 검사개수

  $$n = \left(\frac{Z_{1-\alpha} + Z_{1-\beta}}{Z_{1-p_0} - Z_{1-p_1}}\right)^2$$

  ㉢ 합격판정계수

  $$k = \frac{Z_{1-p_0} \cdot Z_{1-\beta} + Z_{1-p_1} \cdot Z_{1-\alpha}}{Z_{1-\alpha} + Z_{1-\beta}}$$

  ㉣ 판정

  $\overline{X} \geq \overline{X}_U$ 이면 로트를 합격시킨다.

  $\overline{X} < \overline{X}_U$ 이면 로트를 불합격시킨다.

  (단, $k\sigma = Z_{1-p_0}\sigma - Z_{1-\alpha}\dfrac{\sigma}{\sqrt{n}}$, $k\sigma = Z_{1-p_1}\sigma + Z_{1-\beta}\dfrac{\sigma}{\sqrt{n}}$ 이다.)

(3) 계량 규준형 1회 샘플링 검사(σ 미지)

Lot 표준편차 σ 미지이고 규격치가 상한 또는 하한의 어느 한쪽만으로 주어지는 경우에 적용하는 것으로, 시료 평균치 $\overline{X}$ 및 불편분산 제곱근 $s_e = \sigma_e = \sqrt{V}$를 계산하여 로트의 합격, 불합격을 판정하는 것이다.

1) 검사설계
   ① 품질기준을 설정한다.(S_U, S_L을 결정한다.)
   ② P_0, P_1을 지정한다.($\alpha = 0.05, \beta = 0.1$)
   ③ 로트를 형성한다.
   ④ 합격 판정선을 구한다.

2) S_U가 주어진 경우

   σ가 기지일 때 $\overline{X}_U = S_U - k\sigma$에서 $\sigma \to \sqrt{V}(s_e)$로 대신하면

   ① 합격 판정선

   $$\overline{X}_U = S_U - k\,s_e$$

   ② 판정

   $\overline{X} + k\,s_e \leq S_U$이면 로트를 합격시킨다.
   $\overline{X} + k\,s_e > S_U$이면 로트를 불합격시킨다.

3) S_L가 주어진 경우

   σ가 기지일 때 $\overline{X}_L = S_L + k\sigma$에서 $\sigma \to s_e$로 대신하면

   ① 합격 판정선

   $$\overline{X}_L = S_L + k\,s_e$$

   ② 판정

   $\overline{X} - k\,s_e \geq S_L$이면 로트를 합격시킨다.
   $\overline{X} - k\,s_e < S_L$이면 로트를 불합격시킨다.

4) 합격판정계수와 검사개수

   ① $k = \dfrac{Z_{1-p_0} \cdot Z_{1-\beta} + Z_{1-p_1} \cdot Z_{1-\alpha}}{Z_{1-\alpha} + Z_{1-\beta}}$

   ② $n = \left(1 + \dfrac{k^2}{2}\right) \cdot \left(\dfrac{Z_{1-\alpha} + Z_{1-\beta}}{Z_{1-p_0} - Z_{1-p_1}}\right)^2$

   ※ σ미지인 경우가 σ기지인 경우보다 n이 $\left(1 + \dfrac{k^2}{2}\right)$배로 증가한다.

:: 02 연속로트에 대한 AQL 지표형 샘플링 검사(KS Q ISO 2859-1)

합격품질수준(AQL)을 미리 정하여 놓고 최초에는 보통검사(Normal Inspection)로 시작하지만, 계속되는 로트의 검사성적이 AQL보다 나쁜 생산자에게는 까다로운 검사(Tightened Inspection)로 바꾸어 나쁜 품질의 합격을 막고, 반대로 검사성적이 AQL보다 좋은 생산자에게는 수월한 검사(Reduced Inspection)로 바꾸어서 검사량의 감소를 꾀하는 검사방식이다.

(1) AQL 지표형 샘플링 방식(KS Q ISO 2859-1)의 기능 및 샘플링표의 구성상 특징

① 검사의 엄격도 조정에 의하여 품질 향상의 자극을 준다.
② 장기적인 안목에서 품질을 보증한다.
③ 불합격 로트의 처리는 소관 권한자가 결정한다.
④ 로트의 크기에 따라(β를 작게 하기 위해서) 생산자위험 α가 일정하지 않다.
⑤ 샘플링 형식으로 1회, 2회 및 다회 샘플링의 3종류가 정해져 있다.
⑥ 검사수준으로 통상검사(General Inspection)는 3수준(Ⅰ, Ⅱ, Ⅲ), 특별검사(Special Inspection)는 4수준(S-1, S-2, S-3, S-4)으로 구분되어 있다.
⑦ 검사수준이 지정되면 로트의 크기(N)로부터 시료의 크기(n)를 나타내는 시료문자(Sample Size Code Letter)가 분명하게 정해져 있다.
⑧ AQL과 시료의 크기에는 $\sqrt[5]{10} = 1.585$를 공비로 하는 등비수열이 채택되어 있다.

(2) AQL의 설정

보통의 제품에 대하여는 일어날 수 있는 모든 부적합 또는 부적합품의 각 등급별로 다음 사항에 유의하여 AQL(합격품질수준 : Acceptable Quality Level)을 설정한다.
① 요구품질에 맞추어 정한다.
② 부적합의 등급에 따라 정한다.
③ 프로세스 평균에 근거를 둔다.
④ 공급자와 협의한다.
⑤ AQL의 값은 계속적으로 검토한다.

(3) 전환규칙 및 절차

1) 최초의 검사는 원칙적으로 보통검사를 적용한다.
2) 전환절차는 부적합 또는 부적합품의 각 등급에 대하여 독립적으로 적용하며, 분리합격 판정계수의 1회 샘플링 방식에도 적용된다.
3) 사용 중인 보통검사, 까다로운 검사 또는 수월한 검사는 계속하여 다음 로트에 대해서도 적용 실시한다.
4) 전환규칙 중 보통검사에서 수월한 검사로의 전환 절차
   ① 보통검사가 실시되고 있을 때 다음 조건의 모두가 만족될 경우
      ㉠ 전환 스코어의 현상값이 30 이상
      ㉡ 생산진도가 안정
      ㉢ 수월한 검사가 바람직하다고 소관 권한자가 판단

   ② 전환스코어의 계산 및 갱신규칙
      ㉠ 보통검사의 개시 시점에서 전환 스코어의 계산을 시작
      ㉡ 보통검사의 초기 검사 후에 그때마다 전환 스코어를 갱신
      ㉢ 전환 스코어의 갱신과 0으로의 재설정은 합부판정 후에 한다.
         ⓐ 1회 샘플링 방식
            • 당초의 합격판정계수 A_c가 다음과 같을 때 로트가 합격되면 전환 스코어에 2를 더하고, 그렇지 않으면 전환 스코어를 0으로 되돌린다.
              − 당초의 $A_c = 0$ 또는 1인 때, 로트가 합격되면
              − 당초의 $A_c = \frac{1}{2}$ 또는 $\frac{1}{3}$인 때, 로트가 합격되면
            • 당초의 $A_c \geq 2$일 때, 만일 AQL이 1단계 엄격해진 경우에도 로트가 합격되면 전환스코어에 3을 더하고, 그렇지 않으면 전환 스코어를 0으로 되돌린다.

         ⓑ 2회 또는 다회 샘플링 방식
            다음과 같을 때에는 전환 스코어에 3을 더하고 그렇지 않으면, 전환스코어를 0으로 되돌린다.
            • 2회 샘플링 방식을 사용할 경우 제1샘플에서 로트가 합격된 때
            • 다회 샘플링 방식을 사용할 경우 제3샘플까지 로트가 합격된 때

▼ 분수 합격판정계수의 샘플링 방식의 사용 예(샘플링 방식이 일정하지 않은 경우)

로트 번호	N	샘플 문자	n	당초의 A_c	합부 판정 스코어 (검사 전)	적용하는 A_c	부적합품 수 d	합부 판정	합부 판정 스코어 (검사 후)	전환 스코어	샘플링 검사의 엄격함 (검사 후)
1	180	G	32	1/2	5	0	0	합격	5	2	보통 검사로 시작
2	200	G	32	1/2	10	1	1	합격	0	4	보통 검사로 속행
3	250	G	32	1/2	5	0	1	불합격	0	0	보통 검사로 속행
4	450	H	50	1	7	1	1	합격	0	2	보통 검사로 속행
5	300	H	50	1	7	1	1	합격	0	4	보통 검사로 속행
6	80	E	13	0	0	0	1	불합격	0^*	0	까다로운 검사로 이행
7	400	H	50	1	7	1	1	합격	0	−	까다로운 검사로 속행
8	240	G	32	1/2	5	0	0	합격	5	−	까다로운 검사로 속행
9	80	E	13	0	5	0	0	합격	5	−	까다로운 검사로 속행
10	300	H	50	1	12	1	0	합격	12	−	까다로운 검사로 속행
11	100	F	50	1/3	15	1	1	합격	0^*	−	보통 검사로 복귀
12	250	G	32	1/2	5	0	0	합격	5	2	보통 검사로 속행
13	600	J	80	2	12	2	1	합격	0	5	보통 검사로 속행
14	80	E	13	0	0	0	0	합격	0	7	보통 검사로 속행
15	200	G	32	1/2	5	0	0	합격	5	9	보통 검사로 속행
16	500	H	50	1	12	1	0	합격	12	11	보통 검사로 속행
17	100	F	20	1/3	15	1	0	합격	15	13	보통 검사로 속행
18	120	F	20	1/3	18	1	0	합격	18	15	보통 검사로 속행
19	85	E	13	0	18	0	0	합격	18	17	보통 검사로 속행
20	300	H	50	1	25	1	1	합격	0	19	보통 검사로 속행
21	500	H	50	1	7	1	0	합격	7	21	보통 검사로 속행
22	700	J	80	2	14	2	1	합격	0	24	보통 검사로 속행
23	600	J	80	2	7	2	0	합격	7	27	보통 검사로 속행
24	550	J	80	2	14	2	0	합격	0^*	30	수월한 검사로 전환
25	260	G	32	1/2	5	0	0	합격	5	−	수월한 검사로 속행

〈주〉 *는 엄격도 전환 후의 합부판정 스코어이다.

(4) 부적합 수에 의한 검사

KS Q ISO 2859-1에서 부적합 수에 부과한 AQL은 100단위당의 부적합 수로 나타내고 있다. 어느 한 가지 종류의 부적합에 대해서도 불합격이 나면, 로트는 불합격이 된다.

① **치명부적합(Critical Defect)**

사용자에게 위험 또는 안전치 못한 상황을 초래할 것으로 예상되는 부적합, 하나 이상의 치명부적합이 있는 검사단위는 치명부적합품이다.

② **중부적합(Major Defect)**

치명부적합 정도는 아니지만, 검사단위의 실용성을 실질적으로 저하시켜서 소기의 목적을 달성하기 곤란하다고 예상되는 부적합, 하나 이상의 중부적합이 있는 검사단위는 중부적합품이다.

③ **경부적합(Minor Defect)**

검사단위의 실용성 또는 유효한 사용조작 등에는 아무런 지장이 없다고 예상되는 부적합. 하나 이상의 경부적합이 있는 검사단위는 경부적합품이다.

(5) 검사수준

① 통상검사수준으로 보통 수준 Ⅱ가 많이 사용된다. 검사수준 Ⅰ, Ⅱ, Ⅲ의 시료의 크기 비율은 대략 0.4 : 1.0 : 1.6으로 되어 있다.

검사수준을 Ⅰ→Ⅲ으로 높게 하면 좋은 로트와 나쁜 로트의 판별력이 좋아진다. 검사수준이 변경되면 생산자위험 α의 변화는 비교적 적고, 소비자위험 β가 상당히 변화한다.

② 검사수준은 개별 적용 시에 소관 권한자가 결정한다.

③ 보통검사, 수월한 검사 및 까다로운 검사 사이에 전환이 있어도, 지정된 검사수준은 변경되지 않으며, 각 검사수준마다 전환 규칙을 별개로 적용한다.

④ 소시료검사에 사용되는 특별검사수준으로서 S-1이 가장 작은 시료의 크기를 가진다. 가장 큰 시료를 갖는 S-4도 일반검사수준 Ⅰ보다는 시료의 크기가 더 크지는 않다.

(6) 샘플링 형식

샘플링 형식의 선택은 관리상의 곤란함과 사용할 샘플링 형식의 평균검사개수의 비교에 기초하여 결정한다. 동일한 AQL, 동일 샘플문자의 경우에는 1회, 2회, 다회의 어느 샘플링 형식을 취하여도 OC 곡선은 실용상 거의 일치한다.

① 2회 샘플링 형식은 이에 대응하는 1회 샘플링 형식보다도 1단계 작은 시료의 크기 ($0.63n_0$)를 채택하고 있다.

$$n_1 = n_2 = \frac{1}{\sqrt[5]{10}} n_0 = 0.63\, n_0$$

(단, n_1 및 n_2 : 제1시료 및 제2시료의 크기

n_0 : 대응하는 1회 샘플링의 시료의 크기)

② 다회 샘플링 형식은 대응하는 1회 샘플링 형식보다도 3단계 아래의 것을 사용하고 있다.

(7) 샘플링 방식

① 규정된 AQL과 주어진 샘플문자의 조합을 사용해서 보통 검사, 까다로운 검사, 수월한 검사의 각 부표에서 샘플링 방식(n, A_c, R_e)을 구한다.
② 사용할 샘플 크기 n은 원래의 샘플문자가 아닌, 새로운 샘플문자에 대한 것이다. (정수합격판정계수의 경우)
③ 소관 권한자가 지정하거나 승인한 때에는 $A_c = 0$인 샘플링 방식 대신에 $A_c = 1$인 샘플링 방식을 사용할 수 있다.
④ 소관 권한자가 승인한 때에는 분수 합격판정개수의 1회 샘플링 방식을 사용할 수 있다. 정수 합격판정계수의 샘플링 방식에서 A_c가 0과 1 사이에 있어도 분수 A_c의 1회 샘플링 방식을 사용하는 경우에는 AQL과 샘플문자의 조합에서 샘플문자의 변경과 그에 따른 샘플 크기의 변경이 필요 없게 된다.

(8) 로트의 합격판정기준

1) 1회 샘플링 방식

① 정수 A_c의 경우

샘플 중의 부적합품 수(부적합 수) $d \leq A_c$이면 로트 합격, 샘플 중의 부적합품 수(부적합 수) $d \geq R_e$이면 로트 불합격

② 분수 A_c의 경우

㉠ 샘플링 방식(n, A_c, R_e)이 일정한 때

ⓐ $d = 0$이면 로트 합격

ⓑ $d = 1$인 경우 로트가 합격되는 경우

- $A_c = \dfrac{1}{2}$: 직전 1개 로트에 부적합품이 없다.

- $A_c = \dfrac{1}{3}$: 직전 2개 로트에 부적합품이 없다.

- $A_c = \dfrac{1}{5}$: 직전 4개 로트에 부적합품이 없다.

ⓒ 샘플링 방식이 일정하지 않은 때

합부판정 스코어를 사용하여 '당초의 A_c'를 '새로 적용하는 A_c'로 바꾼 후 샘플 중의 부적합 수 d와 비교하여 판정한다.

ⓐ 검사 전의 합부판정 스코어 ≤ 8이면, 적용하는 A_c = (분수 A_c를) 0
검사 전의 합부판정 스코어 ≥ 9이면, 적용하는 A_c = (분수 A_c를) 1
단, 당초의 A_c가 정수이면, 적용하는 A_c도 정수로 한다.

ⓑ 적용하는 $A_c \geq d$이면, 로트 합격
적용하는 $A_c < d$이면, 로트 불합격

검사 전의 합부판정스코어		검사 후의 합부판정 스코어		
당초의 $A_c = 0$이면	전회의 검사 후 스코어와 동일	보통검사, 수월한 검사, 까다로운 검사의 개시 시점에는		스코어를 0으로 되돌린다.
당초의 $A_c = \dfrac{1}{5}$이면	전회의 검사 후 스코어 + 2	엄격도 전환 시점에는		
당초의 $A_c = \dfrac{1}{3}$이면	(위와 동일) + 3	$d \geq 1$인 때		
당초의 $A_c = \dfrac{1}{2}$이면	(위와 동일) + 5	$d = 0$인 때		검사 전의 스코어와 동일
당초의 $A_c \geq 1$이면	(위와 동일) + 7			

2) 2회 샘플링 방식

$d_1 \leq A_{c1}$이면, 로트 합격

$d_1 \geq R_{e1}$이면, 로트 불합격

$A_{c1} < d_1 < R_{e1}$이면, 제2샘플 n_2를 검사한다.

$d_1 + d_2 = d$라 할 때

$d \leq A_{c2}$이면, 로트 합격

$d \geq R_{e2}$이면, 로트 불합격

3) 다회 샘플링 방식

2회 샘플링 방식에서와 같은 합부판정 절차가 5회까지 연장된다.

(9) 불합격 로트의 처리

이는 소관 권한자가 결정하며, 그 처리방법에는 폐기, 선별, 수리, 재평가 등이 있다.

(10) 기타 합부판정 관련 사항

① 로트가 합격되었어도 검사 도중에 부적합품으로 판명된 아이템을 불합격으로 하는 권리를 소관 권한자가 갖고 있다.
② 부적합 또는 부적합품을 등급 A, 등급 B와 같이 2개 이상의 등급으로 나누어 판정할 수 있다. 이 경우 샘플크기는 같고, 합격판정계수는 각 등급마다 다르다.
③ 소관 권한자는 치명적인 중요도를 가지는 특정한 등급의 부적합 항목에 대하여 로트 중의 전 아이템을 검사하도록 요구할 수 있으면, 특정한 등급의 부적합이 하나라도 발견된 경우에는 그 로트를 즉시 불합격으로 하는 권리를 유보한다.
④ 재제출된 로트의 검사 시에 까다로운 검사로 할 것인가, 모든 등급의 부적합을 검사할 것인가, 최초의 불합격의 원인이 된 등급의 부적합만을 검사할 것인가는 소관 권한자가 결정한다.

03 고립로트에 대한 LQ 지표형 샘플링 검사(KS Q ISO 2859-2)

(1) 개요

① 이 샘플링 방식은 한계품질(LQ ; Limiting Quality)을 지표로 하고 있으며, KS Q ISO 2859-1(AQL지표형 샘플링 검사방식)과 병용은 가능하지만 전환규칙을 적용할 수 없는 경우로서 고립상태에 있는 로트의 검사를 위해 설계된 것이다.
② LQ는 로트가 고립상태에 있다고 생각되었을 때 샘플링 검사에서 합격확률(P_a)이 낮은 값으로 제재되는 듯한 품질수준을 말하며, 이 규격에서는 LQ에서의 소비자 위험 (β)이 통상 10% 미만, 나빠도 13% 미만이다.

③ 샘플링 검사 절차에는 절차 A와 절차 B가 있으며, 각 절차는 다음의 경우에 적용한다.
- 절차 A : 공급자와 소비자 모두가 로트를 고립상태로 간주하는 경우에 사용한다. 절차 B를 사용한다는 특별한 지시가 있는 경우를 제외하고 절차 A를 적용한다.
- 절차 B : 공급자는 로트를 연속 시리즈의 하나로 간주하는 반면, 소비자는 로트를 고립 상태로 받아들이는 경우에 적용한다. 절차 B를 적용할 때에는 생산자는 KS Q ISO 2859-1에서와 같은 절차를 유지할 수 있다.

(2) 검사 절차

1) 샘플링 검사 절차의 선택

절차 A와 절차 B 중에서 사용할 절차를 결정한다. 계약이나 규정에서 별도로 결정되어 있지 않을 경우에는 절차 A를 사용한다.

절차 A	절차 B
• 제조가 단일 로트로 간주되는 경우 • $A_c = 0$의 샘플링 방식이 요구되는 경우	• 제조가 연속 시리즈 로트로 간주되는 경우 • $A_c \geq 1$의 샘플링 방식이 요구되는 경우

2) 샘플링 검사절차를 위한 척도의 선택

① 한계품질 LQ

이 샘플링 방식에서는 LQ의 지표로 0.50, 0.80, 1.25, 2.0, 3.15, 5.0, 8.0, 12.5, 20.0, 31.5(10개)의 시리즈를 표준값으로 하고 있다.
- LQ는 바람직한 품질의 최소 3배로 한다.
- 비표준값인 LQ가 이미 규정되어 있는 경우에는 부표 C에서 LQ의 비표준값을 포함하는 구간에 대응하는 표준값을 구하여 사용한다.

② 검사수준(절차 B 적용 시)
- 소비자가 LQ의 표준값에 따른 보호에 만족하고 있거나, 프로세스 평균이 LQ보다 훨씬 낮은 경우에는 샘플 크기가 작도록 낮은 검사수준을 사용할 수 있다.
- 특별한 지정이 없으면 검사수준 Ⅱ를 사용한다.
- 소비자가 LQ보다 실제의 품질에 관심이 있거나 샘플링 검사비용을 부담하는 경우에는 높은 검사수준, 특히 검사수준 Ⅲ은 반드시 유리하지 않다.

3) 샘플링 방식의 선택

① 1회 샘플링 방식의 지정
- 절차 A(부표 A) 적용 시
  샘플링 방식($n,\ A_c$)은 부표 A를 사용하여 로트 크기 N 및 LQ로부터 구한다.
- 절차 B(부표 B1~부표 B10) 적용 시
  샘플링 방식($n,\ A_c$)은 부표 B1~부표 B10을 사용하여 N, LQ 및 검사수준(보통검사수준 Ⅱ)에서 구한다.

② 2회 및 다회 샘플링 방식의 지정
절차 A 및 절차 B의 샘플링 방식 중 $A_c \geq 1$인 것은 부표 D3 및 부표 D4를 사용하여 2회 및 다회 샘플링 방식(n, A_c, R_e)을 구한다.

4) 로트의 합부판정

① 판정기준(1회 샘플링 방식)
- $d \leq A_c$이면, 로트 합격
- $d > A_c$이면, 로트 불합격

② 로트가 합격된 경우라도 검사 도중에 발견된 부적합품은 불합격으로 한다.
③ 불합격 로트의 재 제출은 소관 권한자의 동의가 있어야 하며, 재제출 로트의 합부판정방법(LQ, 검사수준) 및 검사대상 부적합의 범위는 소관 권한자가 결정한다.

04 스킵로트(Skip-lot) 샘플링 검사(KS Q ISO 2859-3)

(1) 개념

스킵로트 검사(Skip-lot 검사)는 연속해서 제출된 시리즈 중의 일부 로트를 검사 없이 합격으로 하는 합부판정 샘플링 절차로서 규정된 수의 직전 로트에 대한 샘플링 검사결과가 정해진 기준(관련 수치표-〈표 2〉 스킵로트 검사의 개시, 계속, 재개를 위한 합격 판정 수)을 만족시켰을 때 적용한다.

(2) 스킵로트 자격

1) 자격심사

① 공급자 자격 심사항목
  ㉠ 제품 품질과 설계변경의 관리를 위한 문서화된 시스템(품질관리시스템)을 갖추고 유지하는 것
  ㉡ 품질수준의 변동을 검출, 수정하고 프로세스의 변화를 감시하는 시스템의 설치
  ㉢ 품질 저하를 초래할 우려가 있는 조직 변경이 없을 것

② 제품자격 심사항목
  ㉠ 안정된 설계에 따른 제품일 것
  ㉡ 쌍방이 합의한 기간 동안에 실질적 연속생산의 상태하에서 제조된 제품일 것
  ㉢ 제품자격 심사기간 중에는 통상검사 수준 Ⅰ, Ⅱ, Ⅲ에서 보통검사, 수월한 검사 또는 보통검사와 수월한 검사의 조합이 적용되고 있을 것
  ㉣ 쌍방이 합의한 안정기간 동안에 AQL 또는 이보다 좋은 품질이 유지될 것
  ㉤ 다음의 품질요구사항을 만족시킬 것
   • 직전 10로트 이상이 로트별 검사에서 합격될 것
   • 직전 10로트 이상이 (관련 수치표 – 〈표 1〉 스킵로트 검사적용을 위한 최소 누계 샘플 크기)의 요구사항을 만족시킬 것
   • 최근의 2로트 각각이 (관련 수치표 – 〈표 2〉 스킵로트 검사의 개시, 계속, 재개를 위한 합격 판정 수)의 요구사항을 만족시킬 것

2) 자격 유지

최근에 검사받은 1로트가 (관련 수치표 – 〈표 2〉 스킵로트 검사의 개시, 계속, 재개를 위한 합격 판정 수)의 요구사항(판정기준)에 합치(합격)할 것

3) 자격 중단

① 최근 1로트가 (관련 수치표 – 〈표 2〉 스킵로트 검사의 개시, 계속, 재개를 위한 합격 판정 수)의 판정기준에 합치하지 않았거나
② 2회 샘플링 방식하에서 제2샘플이 필요하게 되었다.

4) 자격 재심사

① 연속 4로트가 로트별 검사에서 합격하고
② 최근 2로트 각각이 (관련 수치표 – 〈표 2〉 스킵로트 검사의 개시, 계속, 재개를 위한 합격 판정 수)의 요구사항을 만족시킨다.

5) 자격 상실

① (상태 3에서)로트별 검사 시 검사로트의 불합격이 발생하는 경우
② (상태 3에서)로트별 10로트 검사 시 상태 3을 벗어나지 못하는 경우
③ 쌍방이 합의한 기간 동안에 생산 활동이 없는 경우(합의 없을 시 2개월)
④ 공급자가 문서화되고 승인된 품질관리 절차를 현저히 이탈하거나 공급자가 공급자격 심사항목과 제품자격 심사항목 중 기타요구사항을 만족시키지 못한 경우
⑤ 소관 권한자가 로트별 검사로 되돌아오는 것을 희망하는 경우

(3) 스킵로트 검사절차

스킵로드 검사의 절차는 기본적으로 3개의 기본적 상태가 존재하는데 다음과 같다.
① 상태 1 : 로트별 검사상태
② 상태 2 : 스킵로트 검사상태
③ 상태 3 : 스킵로드 중단상태

(4) 스킵로트 빈도

1) 초기 빈도의 결정

초기빈도	자격 취득 시에 사용된 로트의 수		비고
	〈표 1〉 요구사항 충족에 사용된 로트의 수	〈표 2〉 요구사항의 충족에 사용된 로트의 수	
1/2	20개 로트를 초과함	(고려하지 않음)	1/5은 초기 빈도로 사용하지 않음
1/3	20개 로트 이하	20개 이하 로트 중 일부	
1/4	20개 로트 이하	20개 이하 로트 전부	

2) 상태 2에서 검사빈도의 감소 : 다음 단계의 낮은 검사빈도 사용

① 직전의 검사빈도 변경 이후에 연속 10로트 이상의 각각 (관련 수치표 – 〈표 2〉 스

킵로트 검사의 개시, 계속, 재개를 위한 합격 판정 수)의 판정기준에 합격하고 (관련 수치표 – 〈표 1〉 스킵로트 검사적용을 위한 최소 누계 샘플 크기)의 요구사항을 만족시킨다.

② 소관 권한자가 검사빈도의 변경(감소)을 승인한다.

③ 자격 재취득 시 검사빈도의 증가 : 스킵로트 검사 중단 이전의 검사빈도보다 높은 단계의 검사빈도 사용

(5) 검사의 실시

1) 검사할 로트의 선택 – 상태 2에서

검사 빈도	정육면체 주사위를 사용해서 검사할 로트를 선택하는 방법
$\frac{1}{2}$	주사위의 눈이 홀수일 때만 검사한다.
$\frac{1}{3}$	주사위의 눈이 1 또는 2가 나올 때만 검사한다.
$\frac{1}{4}$	주사위의 눈이 1이면 검사하고, 2, 3, 4이면 합격으로 하며, 5, 6이면 주사위를 다시 흔든다.
$\frac{1}{5}$	주사위의 눈이 1이면 검사하고, 2, 3, 4, 5이면 합격으로 하며, 6이면 주사위를 다시 흔든다.

2) 검사의 실시

① 쌍방이 합의한 기간(최소 2개월) 내에 최소 1로트는 검사하여야 한다.

② 상태 2에서 검사받은 로트의 비율이 스킵로트 빈도와 같도록 검사할 로트를 선택한다.

③ 상태 2와 상태 3의 기간 중에 제출되는 로트의 평균 크기는 자격심사기간 중의 평균로트 크기와 같은 정도이어야 한다.

3) 로트 합부판정기준

상태 1, 상태 2, 상태 3의 전 기간 중에 개개 로트에 대한 합부판정기준은 KS Q ISO 2859 – 1 규격상의 보통검사, 통상검사수준 Ⅰ, Ⅱ, Ⅲ에 대한 것으로 동 규격의 부표 2 – A(2회 샘플링 방식)를 이용하여 적절한 AQL과 샘플크기 n의 조합에서 구한다.

SECTION 04 실전문제

01 종래 납품되고 있던 기계부품의 치수는 표준편차 0.15cm이었다. 이번에 납품된 로트의 평균치를 신뢰율 95%, 정밀도 0.10cm로 알고자 한다. 몇 개의 샘플을 뽑는 것이 좋은가?(단, 정수로 나타낼 것)

풀이
$\sigma = 0.15$, $\alpha = 0.05$, $Z_{1-a/2} = 1.960$, $\beta_{\overline{X}} = \pm 0.10$이므로

$\pm \beta_{\overline{X}} = \pm Z_{1-a/2} \cdot \dfrac{\sigma}{\sqrt{n}}$ 에서 $\pm 0.10 = \pm 1.960 \cdot \dfrac{0.15}{\sqrt{n}}$ $\therefore n \fallingdotseq 9$

02 15kg 들이 화약약품이 60상자 입하되었다. 약품의 순도를 조사하려고 우선 5상자를 랜덤 샘플링하여 각각의 상자에서 6인크리먼트식 랜덤 샘플링하였다.(단, 1인크리먼트는 15이다.)

(1) 약품의 순도가 종래의 실험에서 상자 간 산포 $\sigma_b = 0.20\%$, 상자 내 산포 $\sigma_w = 0.35\%$임을 알고 있을 때 샘플링의 정밀도($\alpha = 0.05$)를 구하라.

(2) 각각의 상자에서 취한 인크리먼트는 혼합 축분하고 반복 2회 측정하였다. 이 경우 순도에 대한 모평균의 추정 정밀도($\alpha = 0.05$)를 구하라.(단, 축분정밀도 $\sigma_R = 0.10\%$, 측정정밀도 $\sigma_M = 0.15\%$임을 알고 있다.)

풀이
(1) 집합체에서 2단계 샘플링하는 경우이다.
  $M = 60$, $m = 5$, $\overline{n} = 5$, $\overline{N} = 1{,}000$이므로
  $\sigma_S^2 = \dfrac{\sigma_b^2}{m} + \dfrac{\sigma_w^2}{m \cdot n} = \dfrac{(0.20)^2}{5} + \dfrac{(0.35)^2}{5 \times 6} = 0.012$

(2) $k = 2$이므로
  $V_{(\overline{X})} = \sigma_S^2 + \sigma_R^2 + \dfrac{\sigma_M^2}{k} = 0.012 + (0.10)^2 + \dfrac{(0.15)^2}{2} \fallingdotseq 0.033$

03 다음의 검사특성 곡선을 보고 물음에 답하시오.

(1) $n = 40$, $c = 2$의 샘플링 검사방식에 대하여 어떤 로트가 95%의 확률로 합격하기 위해서는 그 로트의 부적합품률은 몇 %가 되어야 하는가?

(2) 자사 로트의 부적합품률이 5%였을 때 A사에 납품한다면 $n = 40$, $c = 2$의 샘플링 검사방식을 통하여 몇 %의 비율로 합격되는가?(단, 푸아송 분포로 가정)

(3) 자사 로트의 부적합품률이 5%라면 $n = 40$, $c = 2$의 검사방식이 적용될 때 로트가 95% 비율로 합격하기 위해서는 자사 로트의 부적합품률을 몇 % 더 낮추어야 하는가?

(4) $n = 40$, $c = 2$의 샘플링 검사방식에서 $n = 40$, $c = 3$의 검사방식으로 옮긴다면 생산자위험 및 소비자위험은 어떻게 되겠는가?

풀이

(1) 로트가 95%의 확률로 합격하기 위한 부적합품률(%)

$p = 0.01(1\%)$ 일 때 $np = 0.4$, $L(p) = \sum_{X=0}^{2} \frac{e^{-0.4}(0.4)^X}{X!} = 0.992$

$p = 0.02(2\%)$ 일 때 $np = 0.8$, $L(p) = \sum_{X=0}^{2} \frac{e^{-0.8}(0.8)^X}{X!} = 0.952$

$p = 0.03(3\%)$ 일 때 $np = 1.2$, $L(p) = \sum_{X=0}^{2} \frac{e^{-1.2}(1.2)^X}{X!} = 0.879$

따라서 $L(p) = 0.95$로 하는 부적합률은 $p = 0.02(2\%)$라고 할 수 있다.

(2) $p = 0.05$일 때 $np = 2.0$이고 이 때 $L(p) = \sum_{X=0}^{2} \frac{e^{-2.0}(2.0)^X}{X!} = 0.677(67.7\%)$

(3) (1)과 (2)에서 $L(p) = 0.95$로 하기 위해서는 $p = 5\%$를 $p = 2\%$ 수준으로 3%를 더 낮추어야 한다.

(4) 생산자위험 및 소비자위험

① 생산자위험(α)의 계산

$p_0 = 2\%$이므로 $np_0 = 0.8$이고

$n = 40$, $c = 2$일 때 $L(p) = 0.952$ ∴ $\alpha = 1 - L(p) = 0.048$

$n = 40$, $c = 3$일 때 $L(p) = 0.991$ ∴ $\alpha = 0.009$

따라서 검사방식을 바꾸면 생산자위험(α)은 $0.048 - 0.009 = 0.39(3.9\%)$가 더 감소한다.

② 소비자위험(β)의 계산

$p_1 = 5\%$이므로 $np_1 = 2.0$이고

$n = 40$, $c = 2$일 때 $\beta = L(p) = 0.677$

$n = 40$, $c = 3$일 때 $\beta = L(p) = 0.857$

따라서 검사방식을 옮기면 소비자 위험(β)이 $0.18(18\%)$ 더 커진다.

04 로트의 크기 $N=1,000$이고, 시료의 크기 $n=10$, 합격판정계수 $c=1$인 샘플링검사방식에서 부적합률 $p=5\%$ 로트가 합격할 확률 $L(p)$은 얼마가 되겠는가?(단, 이항분포로 풀 것)

풀이

이항분포를 이용하여 $L(p)$를 구할 때

$$L(p) = \sum_{X=0}^{c}\binom{n}{x}p^X(1-p)^{n-X} = \sum_{X=0}^{1}\binom{10}{X}(0.05)^X(0.95)^{10-X}$$

$$= \binom{10}{0}(0.05)^0(0.95)^{10} + \binom{10}{1}(0.05)^1(0.95)^9 ≒ 0.599 + 0.315 = 0.914$$

05 철제의 인장강도는 클수록 좋다. 지금 평균치가 47kg/mm^2 이상의 로트는 통과시키고 44kg/mm^2 이하의 로트는 통과되지 않게 하는 n과 $\overline{X_L}$를 구하시오. 이때 로트의 표준편차 $\sigma = 5\text{kg/mm}^2$이고 $\alpha = 0.05$, $\beta = 0.10$으로 하여 샘플링 검사방식을 구하시오. (단, KS A 3103의 표를 이용하시오.)

풀이

σ 기지의 계량형 샘플링 검사에서 특성치가 높을수록 좋은, 로트의 평균치를 보증하는 경우이다. 이 경우의 검사방식은 $(n, \overline{X_L})$로 결정된다.

여기서 $m_0 = 47$, $m_1 = 44$, $\sigma = 5$이므로

$$\frac{|m_0 - m_1|}{\sigma} = \frac{47-44}{5} = 0.600$$

이 계산결과에 따라 KS A 3103의 표(m_0, m_1을 근거로 하여 n과 G_0을 구하는 표)에서 $n=25$, $G_0 = 0.329$을 구하여 $\overline{X_L}$을 계산하면 다음과 같다.

$\overline{X_L} = m_0 - G_0 \cdot \sigma = 47 - (0.329)(5) ≒ 45.4$

따라서 검사방식은 $(n=25, \overline{X_L}=45.4)$이고, 로트에서 $n=25$의 시료를 샘플링하여 그 평균치 $\overline{X}$를 구한 후 로트를 다음과 같이 판정한다.

$\overline{X} \geq \overline{X_L} = 45.4$이면, 로트 합격

$\overline{X} < \overline{X_L} = 45.4$이면, 로트 불합격

06
제품에 사용되는 유황의 색도는 낮을수록 좋다고 한다. 그래서 제조자와 협의하여 $m_0 = 3\%$, $m_1 = 6\%$로 하고 표준편차 $\sigma = 5\%$일 때 다음 물음에 답하시오.

(1) $\alpha = 0.05$, $\beta = 0.10$을 만족하는 샘플링 방식을 결정하시오.
(2) 만약 n개의 시료를 측정한 결과 $\overline{x} = 4.620\%$가 되었다면 이 로트에 대한 판정을 하시오. (단, m_0, m_1을 근거로 하여 n과 G_0을 구하는 표를 이용할 것)

풀이

(1) σ 기지의 계량형 샘플링 검사에서 특성치가 낮을수록 좋은, 로트의 평균치를 보증하는 경우이다. 이 경우의 검사방식은 $(n, \overline{X_u})$로 결정된다.

여기서 $m_0 = 3$, $m_1 = 6$, $\sigma = 5$ 이고, $\dfrac{|m_1 - m_0|}{\sigma} = \dfrac{6-3}{5} = 0.60$이므로,

KS A 3103의 m_0, m_1을 근거로 하여 n과 G_0을 구하는 표에서
$n = 25$, $G_0 = 0.329$를 얻었다.

∴ $\overline{X_U} = m_0 + G_0 \cdot \sigma = 3 + (0.329)(5) = 4.645$

따라서 샘플링 방식은 $(n = 25, \overline{X_u} = 4.645)$이고, 로트에서 $n = 25$의 시료를 샘플링하여 그 평균치 $\overline{x}$를 구하여, 다음과 같이 로트를 판정한다.

$\overline{X} \leq 4.645$이면 로트 합격, $\overline{X} > 4.645$이면 로트 불합격

(2) $\overline{X} = 4.620$이라면
$\overline{X}(= 4.620) < \overline{X_u}(= 4.654)$이므로, 로트를 합격으로 판정한다.

07
로트의 평균치가 0.9ton 이하이면 합격이고 1.3ton 이상이면 불합격시키도록 할 때 n, G_0, $\overline{X_U}$를 구하시오. (단, $\sigma = 0.3$, $K_\alpha = 1.65$, $K_\beta = 1.28$, $\alpha = 0.05$, $\beta = 0.10$)

(1) n (2) G_0 (3) $\overline{X_U}$

풀이

$m_0 = 0.9$, $m_1 = 1.3$, $\sigma = 0.3$이므로

(1) $n \geq \left(\dfrac{Z_{1-\alpha} + Z_{1-\beta}}{m_1 - m_0}\right)^2 = \left(\dfrac{1.65 + 1.28}{1.3 - 0.9}\right)^2 \times 0.3^2 = 4.829$ ∴ $n = 5$

(2) $G_0 = \dfrac{Z_{1-\alpha}}{\sqrt{n}} = \dfrac{1.65}{\sqrt{4.829}} = 0.751$

(3) $\overline{X_U} = m_0 + G_0 \sigma = 0.9 + 0.751 \times 0.3 ≒ 1.125$

08 평균치 400g 이하인 로트는 될 수 있는 한 합격시키고 싶으나, 평균치 420g 이상인 로트는 될 수 있는 한 불합격시키고 싶다. 과거의 데이터로부터 판단하여 볼 때 품질 특성치는 정규 분포를 따르고 표준편차는 10g으로 믿어진다. 이때 $\alpha = 0.05$, $\beta = 0.10$을 만족시키는 계량규준형 1회 샘플링 검사방식을 구한 결과 $n = 3$이고, 3개의 시료를 랜덤하게 샘플링하여 측정한 결과 418g, 420g, 434g이었다. 이 로트의 합격여부를 결정하시오. (단, $Z_{1-\alpha} = 1.645$, $Z_{1-\beta} = 1.282$이다.)

풀이

α 기지의 계량규준형 1회 샘플링 검사에서 특성치가 낮을수록 좋은 로트의 평균치를 보증하는 경우이고, 이 경우의 검사방식은 $(n = 3, \overline{X_u})$로 결정된다.

여기서 $m_0 = 400$, $m_1 = 420$이고, $Z_{1-\alpha} = 1.645$, $Z_{1-\beta} = 1.282$이므로

$$\overline{X_U} = \frac{m_0 \cdot Z_{1-\beta} + m_1 \cdot Z_{1-\alpha}}{Z_{1-\alpha} + Z_{1-\beta}} = \frac{(400)(1.285) + (420)(1.645)}{4.645 + 1.282} \fallingdotseq 411.24(g)$$

따라서 검사방식은 $(n = 3, \overline{X_U} = 41.24)$이고, 로트에서 $n = 3$의 시료를 로트에서 샘플링하여 그 평균치 $\overline{X}$를 구하면

$\overline{X} = \frac{\sum x}{n} = \frac{1,272}{3} = 424(g)$이므로

$X(= 424) > \overline{X_U}(= 411.24)$로 되어, 로트를 불합격으로 판정한다.

09 어느 재료의 안장강도가 75kg/mm^2 이상으로 규정된 경우 검사를 실시하였다. 즉, 계량규준형 1회 샘플링 검사에서 $n = 8$, $k = 1.74$의 값을 얻어 데이터를 취했더니 아래와 같다. 이 결과에서 로트의 합격, 불합격을 판정하시오. (단, $\sigma = 2\text{kg/mm}^2$)

| 79.0 | 75.5 | 77.5 | 76.5 |
| 77.0 | 79.5 | 77.0 | 75.0 |

풀이

σ 기지의 계량규준형 1회 샘플링 검사에서 하한규격치 S_L이 주어진 로트의 부적합률을 보증하는 경우이다. 이 경우의 검사방식은 $(n, \overline{X_L})$로 결정된다.

$S_L = 75$, $\sigma = 2$, $k = 1.74$이므로 $\overline{X_L} = S_L + k\sigma = 75 + (1.74)(2) = 78.48$

따라서 검사방식은 $(n = 8, \overline{X_L} = 78.48)$이고,

로트에서 $n = 8$의 평균치 $\overline{X}$는 $\overline{X} = \frac{\sum X}{n} = \frac{617}{8} = 77.125$이다.

여기서 $\overline{X}(= 77.125) < \overline{X_L}(= 78.48)$이므로 로트를 불합격으로 판정한다.

10 금속판의 표면경도의 상한규격치 S_U가 로크웰 경도 65 이하로 규정되어 있고 표준편차 $\sigma = 2$일 때 로크웰 경도 65를 넘는 것이 1% 이하인 로트는 통과시키고 그것이 5% 이상인 로트는 통과시키지 않도록 하는 샘플링 방식 n 및 $\overline{X_U}$를 구하시오. (단, $\alpha = 0.05$, $\beta = 0.10$)

$p(\%)$	Z_{1-p}
10.0	1.28
5.0	1.65
2.5	1.96
1.0	2.33
0.5	2.58

풀이

σ 기지의 계량규준형 1회 샘플링 검사에서 상한규격치 S_U가 주어진 로트의 부적합률을 보증하는 경우이다. 이 경우의 검사방식은 $(n, \overline{X_U})$로 결정된다. 여기서 표를 이용하면 $Z_{1-\alpha} = 1.65$, $Z_{1-\beta} = 1.28$이고, 또 $p_0 = 1\%$, $p_1 = 5\%$ 이므로 $Z_{1-p_0} = 2.33$, $Z_{1-p_1} = 1.65$가 된다.

① $n \geq \left(\dfrac{Z_{1-\alpha} + Z_{1-\beta}}{Z_{1-p_0} - Z_{1-p_1}}\right)^2 = \left(\dfrac{1.65 + 1.28}{2.33 - 1.65}\right)^2 = 18.566$ $\quad \therefore \ n = 19$

② $k = \dfrac{Z_{1-p_0} \cdot Z_{1-\beta} + Z_{1-p_1} \cdot Z_{1-\alpha}}{Z_{1-\alpha} + Z_{1-\beta}} = \dfrac{(2.33)(1.28) + (1.65)(1.65)}{1.65 + 1.28} \fallingdotseq 1.95$

③ $\overline{X_U} = S_U - k\sigma = 65 - (1.95)(2) = 61.10$

따라서 검사방식은 $(n = 19, \ \overline{X_U} = 61.10)$이고, 로트에서 $n = 19$의 시료를 채취하여 그 평균치 $\overline{X}$를 구해서, 다음과 같이 로트를 판정한다.
$\overline{X} \leq 61.10$이면 로트 합격,
$\overline{X} > 61.10$이면 로트 불합격

11 계량규준형 1회 샘플링 검사는 n개의 샘플을 취하여 측정치의 평균치 $\bar{x}$와 합격판정치를 비교하여 로트의 합격, 불합격을 판정하는 방법이다. 로트의 평균치를 보증하는 경우는 KS A 3103(표준편차 기지)에 규정되어 있다. 다음 물음에 답하시오.(단, KS A 3103 계량규준형 1회 샘플링 검사표에서 m_0, m_1을 근거로 하여 n, G_0를 구하는 표가 주어진다.)

(1) 드럼통에 들어 있는 고체 가성소다에 함유된 산화철분은 낮을수록 좋다. 로트의 평균치가 0.0045% 이하이면 합격으로 하고 0.0055% 이상이면 불합격이 될 수 있게 하는 n과 $\overline{X_U}$를 구하시오.(단, $\sigma = 0.0005\%$ 임을 알고 있다.)

(2) 철재의 인장강도는 클수록 좋다. 인장강도가 $78\,\mathrm{kg/mm^2}$ 이상으로 규정되어 있는 경우의 검사에서 $n=8$, $k=1.74$의 계량 1회 샘플링 검사를 실시한 결과 다음과 같은 측정치를 얻었다. 로트의 판정은?(단, $\sigma = 0.5\,\mathrm{kg/mm^2}$)

Data : 74, 75, 76, 77, 78, 78, 79, 79

[풀이]

(1) $\dfrac{|m_1 - m_0|}{\sigma} = \dfrac{|0.0055 - 0.0045|}{0.0005} = 2$ 이므로,

KS A 3103의 표에서 $n=3$, $G_0 = 0.950$

∴ $\overline{X_L} = m_0 + G_0 \cdot \sigma = 0.0045 + 0.950 \times 0.0005 = 0.004975\,(\%)$

(2) (계량규준형 1회 샘플링 검사에서 로트의 부적합률을 보증하는 방식에서 S_L이 주어진 경우)

$\overline{X_L} = S_L + k\sigma = 78 + 1.74 \times 0.5 = 78.87$ $\overline{X} = \dfrac{\sum X}{n} = \dfrac{616}{8} = 77$

따라서 $\overline{X} = 77 < \overline{X_L} = 78.87$이 성립되어 로트 불합격을 판정한다.

12 AQL 지표형 샘플링 검사의 전환규칙 및 절차를 기입하시오.

[풀이]

① 까다로운 검사에서 5로트 불합격
② 연속 5로트 중 2로트 불합격
③ 연속 5로트 합격
④ 전환스코어 현상 값이 30 이상
⑤ 1로트라도 불합격
⑥ 생산의 불규칙, 정체

13 AQL 지표형 샘플링 검사의 전환규칙 및 절차에 대해 수월한 검사에서 보통검사로 넘어갈 때 3가지 조건을 설명하시오.

[풀이]
① 1로트라도 불합격되었다.
② 생산이 불규칙하게 되었거나 정체되었다.
③ 다른 조건에서 보통검사로 복귀할 필요가 생겼다.

14 계수값 축차 샘플링 검사(KS A 8422)에서 A와 R을 구해 보니 $A = -2.319 + 0.059n_{cum}$, $R = 2.702 + 0.059n_{cum}$ 이었다. 어느 로트에서 1개씩 샘플링하여 40개의 샘플을 시험한 결과 7번째와 17번째, 27번째, 37번째의 샘플이 부적합품이라고 판정되었다. 현재 로트의 조치는 어떻게 취하면 좋겠는가?

[풀이]
$n_{cum} = 40$이고, 누계 카운트 $D = 4$
합격판정계수 $A = -2.319 + 0.059n_{cum} = -2.319 + 0.059 \times 40 ≒ 0$
불합격판정계수 $R = 2.702 + 0.059n_{cum} = 2.702 + 0.059 \times 40 = 5.062 \Rightarrow 6$
따라서 $A < D < R$이 성립되므로 검사를 속행한다.

15 과거에 납품되고 있던 전자부품의 치수의 표준편차는 0.12cm이었다. 이번에 새로이 납품된 로트의 모평균 치수를 신뢰율 95%, 신뢰구간의 폭(정밀도) 0.05cm로 알고자 한다. 모표준편차를 종전과 같다고 가정한다면 표본(샘플)은 몇 개로 하는 것이 적당한가?

[풀이]
여기서 신뢰구간의 폭 $\beta_{\overline{X}} = \pm 0.05$이고, $\sigma = 0.12$ $\alpha = 0.05$이므로
$Z_{1-\alpha/2} = 1.960$이 되고
$\pm \beta_{\overline{X}} = \pm Z_{1-\alpha/2} \cdot \dfrac{\sigma}{\sqrt{n}}$ 에서 $\pm 0.05 = \pm 1.960 \dfrac{0.12}{\sqrt{n}}$ $\therefore n ≒ 23$

16 부선으로 광석이 입하되었다. 부선은 5척이고, 각각 약 500, 700, 1500, 800, 600톤씩 싣고 있다. 각 부선으로부터 광석을 풀 때 100톤 간격으로 인크리먼트를 떠서 이것을 대형 시료로 혼합할 경우 샘플링의 정밀도는 얼마나 되는가?(단, 이 광석은 100톤 내의 인크리먼트 간의 산포가 $\sigma_w = 0.8\%$인 것을 알고 있다.)

풀이
층별 비례샘플링으로서 비례할당하고 있다.

여기서 $\dfrac{n_i}{N_i}$ = 일정, $\dfrac{n_i}{N_i} = 0.01 < 0.1$이므로

시료의 크기 $n = \dfrac{500 + 700 + 1,500 + 800 + 600}{100} = 41$

$V(\overline{X}) = \dfrac{\sigma_w^2}{n} = \dfrac{(0.8)^2}{41} \fallingdotseq 0.0156(\%)$

17 인구가 각각 $N_1 = 40$만, $N_2 = 20$만, $N_3 = 30$만인 세 도시에서 $n = 400$명의 표본을 층별 샘플링하여 이 세 도시에 살고 있는 주민들의 평균키를 알고자 한다. 표본의 크기 n_i를 $N_i \sigma_i$에 비례하도록 할당하시오. (단, $\sigma_1 = 20, \sigma_2 = 12, \sigma_3 = 14$(단위 : cm)임을 알고 있다.)

풀이
층별 비례샘플링에서 σ_i들 간에 차이가 많을 경우에 채택하는 최적할당이다.

$n_i = n \cdot \dfrac{N_i \cdot \sigma_i}{\sum_{i=1}^{m} N_i \cdot \sigma_i}$에서

① $n_i = n \cdot \dfrac{N_1 \cdot \sigma_1}{\sum_{i=1}^{3} N_i \cdot \sigma_i} = 400 \times \dfrac{(40 \times 20)}{(40 \times 20) + (20 \times 12) + (30 \times 14)} \fallingdotseq 219$

② $n_2 = 400 \times \dfrac{(20 \times 12)}{1,460} \fallingdotseq 66$

③ $n_3 = 400 \times \dfrac{(30 \times 14)}{1,460} \fallingdotseq 115$

18 $N = 1{,}000$의 로트에서 시료의 크기 $n = 120$의 시료를 샘플링하여 합격판정계수 $c = 2$, 1회 샘플링 검사를 행할 때 $\begin{pmatrix} p_0 = 1\% & \alpha = 0.05 \\ p_1 = 0.05 & \beta = 0.10 \end{pmatrix}$의 OC곡선을 그려라.

[풀이]

$L_{(p)}$의 계산

N이 매우 크고 $p < 10\%$이므로 푸아송 분포를 사용하여 $L_{(p)}$를 근사계산한다.

$(n = 120, c = 2)$이고, $p(\%) = 1, 2, 3, 4, 5$일 때 np의 값은 1.2, 2.4, 3.6, 4.8, 6.0이 된다.

$p(\%)$	np	$\sum_{X=0}^{c} e^{-np}(np)^X/X! = L_{(p)}$
1	1.2	$\sum_{X=0}^{2} e^{-1.2}(1.2)^X/X! = 0.879$
2	2.4	$\sum_{X=0}^{2} e^{-2.4}(2.4)^X/X! = 0.570$
3	3.6	$\sum_{X=0}^{2} e^{-3.6}(3.6)^X/X! = 0.303$
4	4.8	$\sum_{X=0}^{2} e^{-4.8}(4.8)^X/X! = 0.143$
5	6.0	$\sum_{X=0}^{2} e^{-6.0}(6.0)^X/X! = 0.062$

19 어떤 식료품에 포함되어 있는 A성분은 중요한 품질특성이다. 지금 이 식료품에 대해 인수검사를 함에 있어서 A성분의 평균치가 47% 이상인 로트는 되도록 합격시키고자 하나, 평균치가 44% 이하인 로트는 불합격시키고 싶다. 종래의 경험으로 이 성분은 정규분포를 하며, 표준편차는 3%임을 알고 있다.(단, $\alpha = 0.05$, $\beta = 0.10$)

(1) 계량규준형 샘플링 검사방식 $(n, \overline{X_L})$을 설계하시오.

(2) 만약 샘플의 평균치가 45.20%이면 합격인가, 불합격인가?

[풀이]

σ 기지의 계량규준형 샘플링 검사에서 특성치가 높을수록 좋은 로트의 평균치를 보증하는 경우이며, 이 경우의 검사방식은 $(n, \overline{X_L})$로 결정된다. 여기서 $m_0 = 47$, $m_1 = 44$, $\sigma = 3$이고, $Z_{1-\alpha} = 1.645$, $Z_{1-\beta} = 1.282$이므로

① $n = \left(\dfrac{Z_{1-\alpha} + Z_{1-\beta}}{m_0 - m_1} \right)^2 \cdot \sigma^2 = \left(\dfrac{1.645 + 1.282}{47 - 44} \right)^2 (3)^2 \fallingdotseq 9$

② $\overline{X_L} = \dfrac{m_0 \cdot Z_{1-\beta} + m_1 \cdot Z_{1-\alpha}}{Z_{1-\alpha} + Z_{1-\beta}} = \dfrac{(47)(1.282) + (44)(1.645)}{1.645 + 1.282} \fallingdotseq 45.31$

따라서 검사방식은 $(n = 9,\ \overline{X_L} = 45.31)$이고, 로트에서 $n = 9$의 시료를 샘플링하여 그 평균치 $\overline{X}$를 구해서, 다음과 같이 로트를 판정한다.

$\overline{X} \geq \overline{X_L}$이면 로트 합격,

$\overline{X} < \overline{X_L}$이면 로트 불합격

따라서, $\overline{X} = 45.20 < \overline{X_L} = 45.31$이므로 로트를 불합격으로 판정한다.

20 어떤 시계 레일의 토크(Torque)는 75kg/cm 이하로 규정되어 있다. KS A 3103에 의하여 $n = 8$, $k = 1.74$의 계량규준형 1회 샘플링 검사를 행한 결과 다음의 데이터를 얻었다. 이 결과로부터 로트의 합격, 불합격을 판정하시오.(단, 표준편차는 $\alpha = 1.4$g/cm임을 알고 있다.)

| 73.2, | 74.5, | 73.8, | 76.0, | 74.0, | 72.8, | 73.5, | 75.2 | 단위(g/cm) |

풀이

σ 기지의 계량규준형 1회 샘플링 검사에서 로트의 부적합률을 보증하는 방식에서 S_U가 주어진 경우이다.

① $\overline{X} = \dfrac{\sum X}{n} = \dfrac{593}{8} = 74.125$

② $\overline{X_U} = S_U - k\sigma = 75 - 1.74 \times 1.4 = 72.564$

③ 판정 : $\overline{X} = 74.125 > \overline{X_u} = 72.564$이므로, 로트를 불합격으로 판정한다.

PART 06

신뢰성 공학

01 신뢰성
02 신뢰성 시험과 신뢰성 추정
03 가속수명시험
04 고장률과 고장밀도함수 및 신뢰도함수
05 보전도와 가용도(Maintainability & Availability)
06 System의 신뢰성
07 신뢰성 설계 및 심사
08 고장 해석 방법
09 예방정비
10 신뢰성 샘플링 검사
11 신뢰도 평가법(RACER법)
12 간섭이론과 안전계수
13 실전문제

SECTION 01 신뢰성

01 신뢰성 기초개념

신뢰성은 시스템, 제품 또는 부품이 규정된 조건하에서 의도된 기간 동안 만족하게 동작하는 시간적인 안전성을 나타내며, 신뢰도란 시스템, 제품 또는 부품이 규정된 조건하에서 의도된 기간 동안 정해진 기능을 수행할 확률을 말한다.

02 신뢰성 이론의 발견

① 1943년 VTDC(Vacuum Tube Development Committee)를 결성하였다.
② 1946년 ARINC(Aeronautical Radio Incorporated)를 설립하여 신뢰성 연구를 시작하였다.
③ 1952년 AGREE(Advisory Group on Reliability of Electronic Equipment)를 구성하여 신뢰성 측정방법과 신뢰성을 고려한 시방서 작성방법 등을 기술하였다.
④ 1958년 NASA(National Aeronautics and Space Administration)를 창설하여 인공위성과 Roket 시스템의 신뢰성 해석, 신뢰도 예측, FMEA(Failure Mode and Effect Analysis), FTA(Fault Tree Analysis) 등 중요기법을 개발하였다.
⑤ 현재에는 하나의 학문으로 체계가 완성되었다.

03 신뢰성의 필요성

① 시스템이나 제품의 고장이 커다란 손실을 발생
② 시스템이나 제품의 복잡화 또는 방대화로 인한 고장기회가 증대
③ 시스템이나 제품의 기능상의 요구 실현을 위하여 경제적 기술적으로 합리적인 기술이 필요
④ 기술개발 속도가 빨라짐으로 인하여 사전평가나 예측을 시간 지연 없이 보충하기 위하여
⑤ 시스템이나 제품이 복잡하여 사람의 과실이 고장이나 사고로 연결

04 고유신뢰성과 사용신뢰성

작동의 신뢰성(R_o : Operational Reliability)은 고유 신뢰성(R_i : Inherent Reliability)과 사용신뢰성(R_u : Use Reliability)의 곱으로 표시된다.
R_i는 시스템의 기획, 품질, 재료구입, 설계, 시험, 제조, 검사 등 제품이 만들어지는 모든 과정을 의미하며 R_u는 사용자에게 넘어가는 과정으로 포장, 수배송, 보관에서 사용 시 취급조작, 보전기술, 보전방식, 조업기술, A/S, 교육훈련 등을 가리킨다.

05 고유신뢰성 증대방법

① 사용방식, Stress를 고려
② 사용 신뢰성과의 관계를 명확히 할 것
③ 보전성, 안전성, 사용 용이성을 고려
④ 고장 Data를 Feedback할 것
⑤ 병렬이나 대기설계
⑥ 제품 단순화, 표준화
⑦ 고신뢰로 제품사용

06 사용신뢰성 증대방법

① 예방보전, 사후보전
② A/S 제공
③ 사용자 manual 배포
④ 조작방법에 대한 교육실시

07 신뢰성 증대방법

① 병렬 및 대기 리던던시(중복) 설계방법의 활용
② 고장률 감소
③ 연속작동시간의 감소
④ 수리시간의 감소
⑤ 안전성 제고

08 신뢰성의 척도와 계산

신뢰성의 척도는 신뢰도 함수이며 이것은 신뢰도를 사용시간 t의 함수로 나타낸 것으로 그의 값은 시점 t에서 잔존 확률이다. 이러한 신뢰성 척도는 신뢰도 $R(t)$, 불신뢰도 $F(t)$, 고장률 $h(t)$, 고장밀도함수 $f(t)$, 평균수명 $MTTF$으로 표시된다.

① 신뢰도

$$R(t_i) = \frac{n(t_i)}{N}$$

여기서, N : 초기 표본수, $n(t_i)$: t_i 시점에서 잔존수

② 불신뢰도

시점 t_i까지 고장 난 것의 누적확률은 $F(t_i) = 1 - R(t_i) = 1 - \dfrac{n(t_i)}{N}$

③ 고장밀도함수, 고장률

일반적으로 수명 Data로부터 $f(t)$, $h(t)[\lambda(t)]$를 구할 때에는
고장밀도 함수 $t_i < t \leq t_i + \Delta t$

- $f(t) = \dfrac{[n(t_i) - n(t_i + \Delta t)]/N}{\Delta t}$

- $h(t) = \dfrac{[n(t_i) - n(t_i + \Delta t)]/n(t_i)}{\Delta t} = \dfrac{f(t)}{R(t_i)}$: 순간고장률, 고장률 함수

④ 메디안 랭크(Median Rank)법

위 경우는 샘플수가 비교적 많은 경우이지만, 만일 Sample 수가 적은 경우는 Bernard가 고안한 메디안 랭크(Median Rank)법을 사용한다.

- $F(t_i) = \dfrac{i - 0.3}{n + 0.4}$

- $R(t_i) = 1 - F(t_i) = \dfrac{n - i + 0.7}{n + 0.4}$

- $f(t_i) = \dfrac{1}{(n + 0.4)(t_{i+1} - t_i)}$

- $h(t_i) = \dfrac{1}{(n - i + 0.7)(t_{i+1} - t_i)}$

여기서, n : sample수
i : 고장순번
t_i : i번째 고장 발생시간

⑤ 수명분포를 알고 있는 경우

- $R(t) = P_r[T \geq t] = \displaystyle\int_t^\infty f(t)dt = e^{-\int h(t)dt}$

- $F(t) = P_r[T < t] = \displaystyle\int_o^t f(t)dt = 1 - R(t)$

- $f(t) = \dfrac{dF(t)}{dt} = -\dfrac{dR(t)}{dt}$

- $h(t) = \displaystyle\lim_{\Delta t \to 0} \dfrac{P_r[(t \leq T \leq t + \Delta t) \ / \ T > t]}{\Delta t}$
  $= \dfrac{f(t)}{R(t)}$

SECTION 02 신뢰성 시험과 신뢰성 추정

01 신뢰성 시험

위 시험방법 중 가장 많이 사용되는 방법은 정상수명시험으로 신뢰성을 정확히 구하려면 동일 lot의 제품을 모두 관측하는 전수 시험을 원칙으로 하고 있다. 그러나 경제성 면에서 볼 때 전수시험의 검사비용이 많이 들어 일정 수의 Sample을 발췌하여 신뢰성의 척도인 $f(t)$, $F(t)$, $R(t)$, $h(t)$ 및 평균수명을 구하게 된다. 이와 같이 Sampling 시험에 의거하여 제품의 신뢰성 척도를 알아내기 때문에 신뢰성 추정이라 한다. 만약, 예정된 시험시간 내에 Sample이 모두 고장 나지 않으면 시험시간을 연장하게 되므로 검사비용이 증가되어 비경제적이다. 그 문제점을 해결하기 위하여 (1) 중도중단시험(Censored Test)을 하거나 (2) 사용조건을 정상조건보다 강화하여 고장 발생시간을 단축하는 가속수명시험을 하여 신뢰성을 추정한다. 중도중단시험에는 정시중단시험(Type Ⅰ Censored Test)과 정수중단시험(Type Ⅱ Censored Test)이 있다.

02 지수분포의 신뢰성 추정

(1) 정시중단시험(Type I Censored Test)

① 교체 안 하는 경우

$$MTTF = \frac{\sum t_i + (n-r) \cdot t_o}{r} = \frac{T}{r}$$

② 교체하는 경우

$$MTBF = \frac{n \cdot t_o}{r} = \frac{T}{r}$$

③ 양쪽 구간 추정

- 하한 : $\dfrac{2 \cdot r \cdot MTTF}{\chi^2_{1-\alpha/2}(2(r+1))}$ $(r \cdot MTTF = T)$

- 상한 : $\dfrac{2 \cdot r \cdot MTTF}{\chi^2_{\alpha/2}(2r)}$ $(r \cdot MTTF = T)$

④ 한쪽 구간 추정(Q_2)

$$\theta_L = \dfrac{2 \cdot r \cdot MTTF}{\chi^2_{1-\alpha}(2(r+1))}$$

(2) 정수중단시험(Type II Censored Test)

Sample m개를 발췌하여 r개가 고장 날 때까지 시험하여 평균수명을 추정한다.

① 교체 안 하는 경우

$$MTTF = \dfrac{\sum t_i + (n-r) \cdot t_r}{r} = \dfrac{T}{r}$$

② 교체하는 경우

$$MTTF = \dfrac{n \cdot t_r}{r} = \dfrac{T}{r}$$

③ 양쪽 구간 추정

- 하한 : $\dfrac{2 \cdot r \cdot MTTF}{\chi^2_{1-\alpha/2}(2r)}$ $(r \cdot MTTF = T)$
- 상한 : $\dfrac{2 \cdot r \cdot MTTF}{\chi^2_{\alpha/2}(2r)}$ $(r \cdot MTTF = T)$

④ 한쪽 구간 추정(Q_2)

$$\theta_L = \dfrac{2 \cdot r \cdot MTTF}{\chi^2_{1-\alpha}(2r)}$$

(3) 고장개수 $r = 0$인 경우

단위시간 동안 발생하는 고장 개수는 Poisson 분포를 따르게 되어 고장개수가 c개 이하일 확률은 $\sum_{r=0}^{c} \dfrac{e^{-m} \cdot m^r}{r!} = \alpha$ $(m = \lambda T)$

$r = 0$이면 $e^{-\lambda T} = \alpha$가 된다.

① 신뢰수준이 90%이면

$$e^{-\lambda T} = 0.1 \quad \lambda = \frac{2.3}{T} \quad \therefore MTTF_L = \frac{T}{2.3}$$

② 신뢰 수준이 95%이면

$$e^{-\lambda T} = 0.05 \quad \lambda = \frac{2.99}{T} \quad \therefore MTTF_L = \frac{T}{2.99}$$

(4) 일정한 시간 간격으로 점검하고 고장 난 것(r_i)과 고장 날 만한 것(k_i)의 개수를 조사한 후 이것을 모두 새것으로 교체하는 경우

$$MTTF = \frac{\sum r_i t_i + \sum k_i t_i}{r}$$

여기서, t_i : i번째 점검시간
r_i : t_i 시간에서 고장 개수
k_i : t_i 시간에서 고장 날 만한 개수
r : 전체 고장 개수

(5) $R(t)$, $F(t)$, $h(t)$, $f(t)$의 계산

① $f(t) = \lambda e^{-\lambda t}$

② $R(t) = P_r[T \geq t] = \int_t^\infty \lambda e^{-\lambda t} dt = e^{-\lambda t}$

③ $F(t) = P_r[T < t] = \int_o^t \lambda e^{-\lambda t} dt = 1 - e^{-\lambda t}$

④ $MTTF = E(t) = \int_o^\infty t \cdot f(t) dt = \frac{1}{\lambda} \leftarrow \int_o^\infty R(t) dt$

⑤ $h(t) = \frac{f(t)}{R(t)} = \lambda$

:: 03 정규분포의 신뢰성 추정

고장밀도함수 $f(t)$가 정규분포에 따르는 경우는 고장률이 증가형 고장률일 때로서 정규분포의 모수인 모평균 μ는 평균수명이 된다.

(1) 단순회귀법

$$R(t_i) = \prod \frac{N_i + 1 - r_i}{N_i + 1}$$

여기서, N_i : t_i 시점에서 생존개수

r_i : t_i 시점에서 고장개수

$t_i = \mu + \sigma y_i$

$\sum t_i = r\mu + \sigma \sum y_i$ ·················· ①

여기서, r : 전체 고장개수

$\sum t_i y_i = \mu \sum y_i + \sigma \sum y_i^2$ ·················· ②

①과 ②의 연립방정식을 풀면 $\sigma = \dfrac{r\sum t_i y_i - \sum t_i \sum y_i}{r\sum y_i^2 - (\sum y_i)^2}$

$\mu = MTTF = \dfrac{\sum t_i}{r} - \dfrac{\sum y_i}{r} \cdot \sigma$

(2) 정규확률 용지에 의한 방법

① 고장시간 t_i에서 $F(t_i) = \dfrac{i}{n+1} \times 100$ (i : t_i에서 누적고장개수)

② t_i에 대응하는 $F(t_i)$를 정규확률지에 plot한다.

③ plot된 점을 통과하는 회귀선을 긋는다.

④ 회귀선과 $F(t_i) = 0.5$인 선과 만나는 점의 t값이 $MTTF$가 된다.

⑤ 회귀선과 $F(t_i) = 0.84$인 선과 만나는 점의 t값은 $\mu + \sigma$이고 여기서 $\sigma = t - \mu$가 된다.

04 Weibull 분포의 신뢰성 추정

(1) 통계기법

$$f(t) = \frac{m}{\eta}(\frac{t-r}{\eta})^{m-1} \cdot e^{-(\frac{t-r}{\eta})^m} \text{ (단, } o \leq t \leq \infty\text{)}$$

여기서, η : 척도모수(Scale Parameter)
m : 형상모수(Shape Parameter)
r : 위치모수, $t_o = \eta^m$

일반적으로 $r = 0$이다.

① $f(t) = \dfrac{m}{t_o} \cdot t^{m-1} \cdot e^{-\frac{t^m}{t_o}}$

② $R(t) = P_r(T \geq t) = \displaystyle\int_t^\infty f(t)dt = e^{-\frac{t^m}{t_o}}$

③ $F(t) = 1 - R(t) = 1 - e^{-\frac{t^m}{t_o}}$

④ $\lambda(t) = \dfrac{f(t)}{R(t)} = \dfrac{m}{t_o} \cdot t^{m-1}$

⑤ $MTTF = t_o^{\frac{1}{m}} \Gamma(1 + \dfrac{1}{m}) = \eta \Gamma(1 + \dfrac{1}{m})$, $\Gamma(\alpha) = \displaystyle\int_o^\infty y^{\alpha-1} \cdot e^{-y} dy$

⑥ $\sigma^2 = t_o^{\frac{2}{m}} \left[\Gamma(1+\dfrac{2}{m}) - \Gamma^2(1+\dfrac{1}{m}) \right] = \eta^2 \left[\Gamma(1+\dfrac{2}{m}) - \Gamma^2(1+\dfrac{1}{m}) \right]$

(2) 간편법

1) 형상모수 m의 추정

① 고장시간 Data를 이용한다.

$$\bar{t} = \frac{\sum t_i}{n}$$

$$V = \frac{\sum (t_i - \bar{t})^2}{n-1}$$

② 변동계수(CV)를 구한다.

$$CV = \frac{\sqrt{V}}{\bar{t}}$$

③ CV에 대응하는 m의 값을 표에서 구한다.

CV	m	CV	m
2	0.55	0.5	2.1
1.5	0.71	0.45	2.35
1	1	0.35	3.11
0.75	1.35	0.25	4.55

2) 척도모수 η 산정

① 샘플이 모두 고장 나는 경우

$$t_o = \frac{\sum t_i^m}{n} \rightarrow \eta = t_o^{\frac{1}{m}}$$

② 샘플 중 r개가 고장 나는 경우

$$t_o = \frac{t_1^m + t_2^m + \cdots t_r^m + (n-r) \cdot t_r^m}{r} \rightarrow \eta = t_o^{\frac{1}{m}}$$

$$MTTF = \eta\, \Gamma\left(1 + \frac{1}{m}\right)$$

$$\sigma^2 = \eta^2 \left[\Gamma\left(1 + \frac{2}{n}\right) - \Gamma^2\left(1 + \frac{1}{m}\right) \right]$$

(3) Weibull 용지에 의한 방법

① 고장시간 t_i에 대한 $F(t_i) = \frac{i}{n+1} \times 100$

② t_i에 대응하는 $F(t_i)$를 Weibull용지에 plot한다.

③ Plot된 점을 통과하는 회귀선을 긋는다.

④ m추정점 $[\ln t = 1$과 $\ln\ln\frac{1}{1-F(t)} = 0]$으로부터 회귀선과 평행선을 긋고 이 평행선이 $\ln t = 0$인 선과 만나는 점의 우측 눈금의 부호를 바꾸면 m의 추정값이 된다.

⑤ 특성수명 η는 $F(t) = 0.63$과 회귀선과 만나는 하측 눈금이 된다.

05 Gamma 분포의 신뢰성 추정

① $f(t) = \lambda e^{-\lambda t} \dfrac{(\lambda t)^{k-1}}{P(k)}$ $k > 0$ 실수

② $R(t) = P_r(T \geq t) = \displaystyle\int_t^\infty f(t)dt$

③ $MTTF = \bar{t} = \dfrac{k}{\lambda}$ $\sigma^2 = \dfrac{k}{\lambda^2}$ (단, $k=1 \rightarrow$ 지수분포)

06 Erlang 분포의 신뢰성 추정

① $f(t) = \lambda e^{-\lambda t} \dfrac{(\lambda t)^{n-1}}{(n-1)!}$

② $R(t) = P_r(T \geq t) = \displaystyle\sum_{k=o}^{n-1} \dfrac{(\lambda t)^k \cdot e^{-\lambda t}}{k!}$

③ $MTTF = \dfrac{n}{\lambda}$ $\sigma^2 = \dfrac{n}{\lambda^2}$ (단, Gamma 분포(k가 정수일 때) $\rightarrow$ Erlang 분포)

07 대수정규분포

장비의 수명 t, $y = \ln t \sim$ 정규분포

$R(t) = P_r(T \geq t) = P_r(\ln T \geq \ln t) = P_r\left(u > \dfrac{\ln t - \mu_y}{\sigma_y}\right)$

여기서, $\mu_y = \dfrac{\sum \ln t_i}{n}$, $\sigma_y = \dfrac{\sum(\ln t_i - \mu_y)^2}{n-1}$

SECTION 03 가속수명시험

01 개요

가속수명시험(Acceleration Life Test)이란 기계적 부하나 온도, 습도, 전압 등 정상사용 조건보다 강화된 사용조건으로 수명시험을 하여 고장시간을 단축시키는 시험이다.

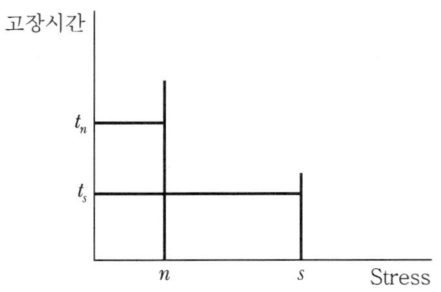

- 정상조건(n)에서 고장시간 : t_n
- 가속조건(s)에서 고장시간 : t_s
- 가속계수 : (AF ; Acceleration Factor)$=\dfrac{t_n}{t_s}$

02 가속수명시험 데이터 해석

(1) 지수분포

정상수명(θ_n) $= AF \times$가속수명(θ_s)

정상수명고장률(λ_n) $= \dfrac{1}{AF} \times$가속수명고장률(λ_s)

(2) 정규분포

$\theta_n = AF \cdot \theta_s$

$\sigma_n = \sigma_s$

(3) 와이블 분포

$$m_n = m_s$$
$$\eta_n = AF \cdot \eta_s$$
$$\lambda_n(t) = \left(\frac{1}{AF}\right)^m \cdot \lambda_s(t)$$
$$\theta_n = AF \cdot \theta_s$$

03 아레니우스(Arrhenius) 모델

온도가 제품수명에 중요한 영향을 미치는 모델로서 50%가 고장 나는 시간 T_{50}을 다음과 같이 표현한다.

$$T_{50} = A \cdot e^{\frac{\Delta H}{kT}}$$

여기서, $A, \Delta H$: 미지의 상수
k : Boltzman 상수(8.617×10^{-5} EV/K $= 1.38 \times 10^{-16}$ ergs/K)
T : Kelvin도로 측정된 온도(Kelvin도=섭씨도+273.16)

T_{50}은 와이블 분포에서는 η로, 지수분포 경우는 $\frac{1}{\lambda}$로 나타낼 수 있다.

[가속계수(AF)]

$$\begin{aligned} AF &= \frac{T_{50}(\text{at } T_1)}{T_{50}(\text{at } T_2)} \\ &= \frac{A \cdot e^{\frac{\Delta H}{kT_1}}}{A \cdot e^{\frac{\Delta H}{kT_2}}} \\ &= e^{\frac{\Delta H}{k}\left(\frac{1}{T_1} - \frac{1}{T_2}\right)} \\ &= e^{\Delta H \cdot TF} \end{aligned}$$

04 아이링(Eyring) 모델

온도 외의 다른 스트레스까지 포함시킨 모델

$$T_{50} = AT^\alpha \cdot e^{\frac{\Delta H}{kT}} \cdot e^{(B+\frac{c}{T})s_1} \cdot e^{(B+\frac{c}{T})s_2} \cdots$$

예 온도와 전압을 고려한다면($\alpha=0$, $c=0$, $S_1=\ln V$)

$$T_{50} = A \cdot e^{\frac{\Delta H}{kT}} \cdot V^{-B}$$

05 10℃ 법칙

$$\theta_n = 2^\alpha \cdot \theta_s$$

여기서, α : 10℃ 단위의 온도차의 수

06 α승 법칙

압력 또는 전압을 가속조건으로 사용하는 경우

$$\theta_n = V^\alpha \cdot \theta_\alpha, \quad AF = \left(\frac{V_n}{V_s}\right)^\alpha$$

여기서, V : 압력 또는 전압

(콘덴서 : $\alpha=5$, 전구필라멘트 : $\alpha=13$, 유기절연물 : $\alpha=13$, 볼베어링 : $\alpha=13$)

SECTION 04 고장률과 고장밀도함수 및 신뢰도 함수

:: 01 고장률 곡선의 일반형태 및 고장원인

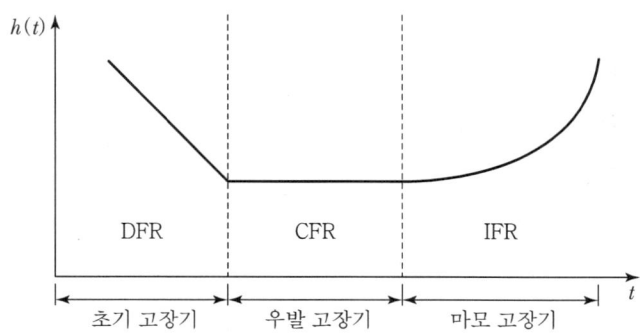

(1) 초기 고장기의 원인

① 표준 이하의 재료 사용
② 불충분한 품질관리
③ 표준 이하의 작업자 솜씨
④ 불충분한 Debugging
⑤ 빈약한 가공 및 취급기술
⑥ 조립상의 과오
⑦ 오염
⑧ 부적절한 조치
⑨ 부적절한 시동
⑩ 저장 및 운반 중의 부품고장
⑪ 부적절한 포장 및 수송

(2) 우발 고장기의 원인

① 안전계수가 낮기 때문에
② Stress가 Strength보다 크기 때문에
③ 사용자의 과오 때문에

④ 최선의 검사방법으로도 탐지되지 않은 결함 때문에
⑤ 디버깅 중에도 발견되지 않은 고장 때문에
⑥ 예방보전에 의해서도 예방될 수 없는 고장 때문에
⑦ 천재지변에 의한 고장 때문에

(3) 마모 고장기의 원인

① 부식 또는 산화
② 마모 또는 피로
③ 노화 및 퇴화
④ 불충분한 정비
⑤ 수축 또는 균열

02 조치

(1) 초기 고장기

① 보전예방(MP : Maintenance Prevention)
② Debugging Test : 시스템, 제품을 사용개시 전에 작동시켜 결점을 찾아 수정하여 초기에 높은 고장률을 줄인다.
③ Burn-in Test : 장시간 모의실험을 하여 무사통과한 구성품을 시스템에 사용

(2) 우발 고장기

① 극한 상황을 고려한 설계
② 안전계수를 고려한 설계
③ Derating 설계 : 구성부품에 걸리는 부하의 정격치에 여유를 두고 설계
④ 사후 보전(BM : Break-down Maintenance)
⑤ 개량 보전(CM : Corrective Maintenance) : 고장 난 후 설계변경, 재료의 개선으로 수명 연장이나 수리가 용이하도록 설비 자체의 체질 개선

(3) 마모 고장기

예방보전(PM ; Preventive Maintenance)

:: 03 $R(t), f(t), \lambda(t)$ 해당 분포

고장률	$R(t)$	$f(t)$	$h(t)$	해당 분포
감소형 (DFR ; Decrease Failure Rate)	↘	↘	↘	$k<1$ Gamma 분포 $m<1$ Weibull 분포
일정형 (CFR ; Constant Failure Rate)	↘	↘	—	지수분포
증가형 (IFR ; Increase Failure Rate)	↘	∧	↗	$k>1$ Gamma 분포 $m>1$ Weibull 분포 Normal 분포

SECTION 05 보전도와 가용도 (Maintainability & Availability)

(1) 평균수리시간(MTTR ; Mean Time to Repair)

① $MTTR = \sum t_i / r$

$\mu = \dfrac{1}{MTTR}$

여기서, t_i : i번째 고장수리시간
 r : 고장회수
 μ : 수리율

(2) 평균정지시간(MDT ; Mean Down Time)

$$MDT = \dfrac{\text{총보전작업시간}}{\text{총보전작업건수}} = \dfrac{f_p M_p + f_c M_c}{f_p + f_c}$$

여기서, f_p : 예방보전빈도
 f_c : 사후보전빈도
 M_p : 평균 예방보전시간
 M_c : 평균 사후보전시간

※ 사후보전만 실시할 경우 MDT = MTTR이 된다.

(3) 보전도(Maintainability)

수리행위가 수행될 때 임의의 t 이전에 수리가 완료될 확률

$M(t) = P_r(T \leq t) = \displaystyle\int_o^t f(t)dt$

수리시간 ~ 지수분포 : $f(t) = \mu e^{-\mu t}$, μ = 수리율

$M(t) = 1 - e^{-\mu t}$

1) 보전의 3요소

장치 그 자체의 보전품질, 보전과 관계된 인간요소, 보전시설과 조직의 질

2) 보전성 결정요소

보전시간, 설계상 판단, 보전방침, 보전요원

3) 보전조직의 유형 및 장단점

① **지역보전** : 특정 지역에 보전요원이 분산배치

장점	단점
집중보전의 단점	• 노동력의 유효이용 곤란 • 인원배치의 유연성 제약 • 보전용 설비공구의 중복

② **집중보전** : 보전요원이 한 사람의 관리자 밑에 있음

장점	단점
• 기동성 • 인원배치의 유연성 • 노동력의 유효이용 • 보전용 설비 공구의 유효이용 • 보전된 기능 향상의 유리성 • 보전비 통제의 확실성 • 보전기술자 육성의 유리성 • 보전책임의 명확성	• 운전자의 일체감 결함 • 현장감독의 곤란 • 현장 왕복시간 증대 • 작업일정 조정의 곤란성 • 특정 설비에 대한 습숙의 곤란성

③ **부분보전** : 보전요원이 각 부서의 관리자 밑에 배치

장점	단점
지역보전의 장점	• 생산우선에 의한 보전 경시 • 보전기술의 향상이 곤란 • 보전책임의 분할

④ **절충보전** : 집중보전, 부분보전과 지역보전을 결합

장점	단점
• 집중그룹의 기동성 • 지역그룹의 운전자 일체	• 집중그룹의 보행손실 • 지역그룹의 노동효율

(4) 가용도(Availability)

임의의 시점 t에서 시스템이 가동될 확률을 뜻한다.

1) 시간의 가용도($t = \infty$)

$$A = \frac{MTTF}{MTTF + MTTR} = \frac{\mu}{\lambda + \mu} \left(MTTF = \frac{1}{\lambda},\ MTTR = \frac{1}{\mu} \right)$$

2) 장비의 가용도

① 수리 가능 : $A(T;t) = R(T) + F(T) \cdot M(t)$

② 수리 불가능 : $A(T) = R(T)$

여기서, T : 총 작동시간
t : 수리제한시간

3) 신뢰도와 가용도를 동시에 증가시킬 수 있는 구조 → 병렬

SECTION 06 System의 신뢰성

::01 정 신뢰도(Static Reliability)

(1) 직렬구조(Series Structure)

Input → 부품 1 → 부품 2 → … → 부품 n → Output

$X_n \to n$번째 부품이 작동 $\overline{X}_n \to n$번째 부품의 고장

$$R = p(x_1 \cdot x_2 \cdots x_n)$$
$$= p(x_1) \cdot p(x_2/x_1) \cdot p(x_3/x_1 x_2) \cdots p(x_n/x_1 x_2 \cdots x_{n-1})$$
$$= \prod_{i=1}^{n} R_i$$

(2) 병렬구조(Parallel Structure)

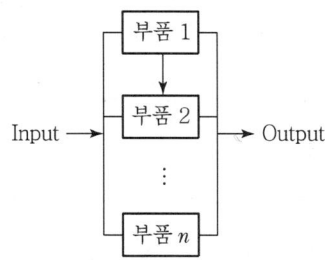

$$R = 1 - p(\overline{x_1} \overline{x_2} \cdots \overline{x_n})$$
$$= 1 - p(\overline{x}) \cdot p(\overline{x}/\overline{x_1}) - p(\overline{x_3}/\overline{x_1} \overline{x_2}) \cdots p(\overline{x_n}/\overline{x_1} \overline{x_2} \cdots \overline{x_{n-1}})$$
$$= 1 - p(\overline{x_1}) \cdot p(\overline{x_2}) \cdots p(\overline{x_n})$$
$$= 1 - \prod_{i=1}^{n}(1 - R_i)$$

(3) n 중 k 구조(k Out of n)

① n개의 부품 중 k 이상만 작동하면 system이 작동($k=1$ 병렬구조, $k=n$ 직렬구조)

② $(n-k)$ 이하 고장

$$P_n(m) = {}_nC_m \cdot r^{n-m} \cdot (1-r)^m \rightarrow m\text{개가 고장 날 확률}$$

$$R = \sum_{m=0}^{n-k} {}_nC_m \cdot r^{n-m} \cdot (1-r)^m = \sum_{m=k}^{n} {}_nC_m \cdot r^m \cdot (1-r)^{n-m}$$

예 5 중 4 구조의 신뢰도 $R = \sum_{m=0}^{1} {}_5C_m \cdot r^{5-m} \cdot (1-r)^m$

(4) 복잡한 구조

1) 가략 구조의 신뢰도

$$p[(x_1+x_2)(x_3+x_4)] = p(x_1+x_2) \cdot p(x_3+x_4)$$
$$= [p(x_1) + p(x_2) - p(x_1x_2)] \cdot [p(x_3) + p(x_4) - p(x_3x_4)]$$
$$= [2r - r^2][2r - r^2] = (2r - r^2)^2$$

$$p[x_1x_2 + x_3x_4] = p(x_1x_2) + p(x_3x_4) - p(x_1x_2x_3x_4)$$
$$= 2r^2 - r^4$$

$$p[x_1(x_2 + x_3x_4)] = p[x_1x_2 + x_1x_3x_4]$$
$$= p[x_1x_2] + p[x_1x_3x_4] - p[x_1x_2x_3x_4]$$
$$= r^2 + r^3 - r^4$$

2) 비가략 구조의 신뢰도

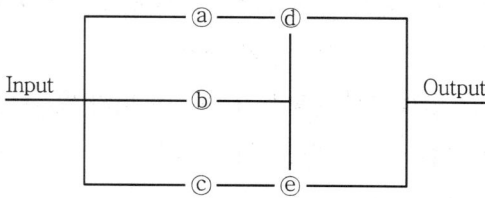

① 사상 – 공간 방법(Event – space Method)
  ㉠ 시스템에서 모든 가능한 경우를 나타낸다.
  ㉡ 시스템에서 작동 가능한 경우 ┐
  ㉢ 시스템에서 작동 불가능한 경우 ┘ 신뢰도 계산

$$R = P[E_1 + E_2 + E_3 + E_4 + \cdots + E_{15} + E_{18} + E_{20} + E_{21} + E_{24}]$$
$$= 1 - P[E_{16} + E_{17} + E_{19} + E_{22} + E_{23} + E_{25} + E_{26}$$
$$+ E_{27} + E_{28} + E_{29} + E_{30} + E_{31} + E_{32}]$$
$$= 1 - P^3(1-P)^2 + 6P^2(1-P)^3 + 5P(1-P)^4 + (1-P)^2$$
$$= P^5 - P^4 - 3P^3 + 4P^2$$

② 경로 – 추적 방법(Path – tracing Method)
  작동 경로를 나타내는 데 반드시 필요한 부품들로 구성(최소한의 부품수)

$$R = p(ad + bd + be + ce)$$
$$= p(ad) + p(bd) + p(be) + p(ce) - p(abd) - p(bde) - p(bce) - p(acde) - p(bcde)$$
$$+ p(abcde)$$
$$= p^5 - 3p^4 - 3p^3 + 4p^2$$

③ 분해 방법(Decomposition Method)

$$R = p(x) \cdot p(\text{시스템 작동} \mid x) + p(\overline{x}) \cdot p(\text{시스템 작동} \mid \overline{x})$$

  여기서, x : Key Component

$$R = p(b) \cdot [1 - p(de)] + p(\overline{b}) \cdot p[ad + ce]$$
$$= p[1 - (1-p)^2] + (1-p)[2p - 4p]$$
$$= p^5 - p^4 - 3p^3 + 4p^2$$

④ Cut-set and Tie-set method

　　┌ Tie-set : 입력에서 출력까지 연결시켜 주는 가지들의 집합
　　└ Minimal Tie-set : 부품수가 최소
　　┌ Cut-set : 입력에서 출력까지 연결이 되지 않는 가지들의 집합
　　└ Minimal Cut-set : 부품수가 최소

㉠ Minimal Tie-set
$$R = 1 - p(ad + bd + be + ce) = p^5 - p^4 - 3p^3 + 4p^2$$

㉡ Minimal Cut-set
$$R = 1 - p(de + abc + abe + bcd) = p^5 - p^4 - 3p^3 + 4p^2$$

02 동 신뢰도(Dynamic Reliability)

시간 t에 따라 변하는 신뢰도

(1) 직렬구조

Input → 부품 1 → 부품 2 → ⋯ → 부품 n → Output

$$R(t) = P[T_1 > t, T_2 > t \cdots T_n > t]$$

$$= P[T_1 > t] \cdot P\left[\frac{T_2 > t}{T_1 > t}\right] \cdot P\left[\frac{T_3 > t}{T_1 > t, T_2 > t}\right]$$

$$\cdots P\left[\frac{T_n > t}{T_1 > t, T_2 > t, \cdots T_{n-1} > t}\right]$$

$$= R_1(t) \cdot R_2(t) \cdots R_n(t)$$

$$= \Pi R_n(t)$$

$$R(t) = e^{-\lambda_1 t} \cdot e^{-\lambda_2 t} \cdots e^{-\sum_{i=1}^{n}\lambda_i t} \Rightarrow \text{지수분포}$$

$$MTTF = \int_0^\infty R(t)\,dt = \int_0^\infty e^{-\sum_{i=1}^{n}\lambda_i t}\,dt = \frac{1}{\sum \lambda_i}$$

(2) 병렬구조(여사상으로 계산)

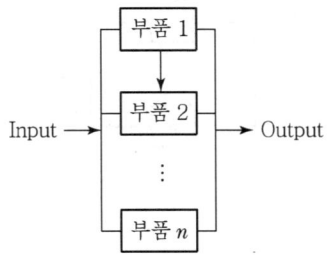

$$R(t) = 1 - p[T_1 \le t, T_2 \le t \cdots T_n \le t]$$
$$= 1 - p[T_1 \le t] \cdot p\left[\frac{T_2 \le t}{T_1 \le t}\right] \cdot \left[\frac{T_3 \le t}{T_1 \le t, T_2 \le t}\right]$$
$$\cdots P\left[\frac{T_n \le t}{T_1 \le t, T_2 \le t, \cdots T_{n-1} \le t}\right]$$
$$= 1 - \Pi F_i(t) = 1 - \Pi (1 - R_i(t))$$

예 각각 λ_1, λ_2의 고장률을 갖고 있는 부품이 병렬로 연결되었을 때 평균수명은?

$$MTTF = \int_o^\infty R(t)dt$$
$$= \int_o^\infty e^{-\lambda_1 t} + e^{-\lambda_2 t} + e^{-(\lambda_1 + \lambda_2)t} \, dt$$

$$R(t) = 1 - \Pi (1 - R_i(t))$$
$$= 1 - (1 - e^{-\lambda_1 t})(1 - e^{-\lambda_2 t})$$
$$= e^{-\lambda_1 t} + e^{-\lambda_2 t} - e^{-(\lambda_1 + \lambda_2)t}$$
$$= \frac{1}{\lambda_1} + \frac{1}{\lambda_2} - \frac{1}{\lambda_1 + \lambda_2}$$

(3) n 중 k 구조

$$R(t) = \sum_{m=k} {}_nC_m [R_i(t)]^m \cdot [1 - R_i(t)]^{n-m}$$

(4) 대기 구조(Standby System)

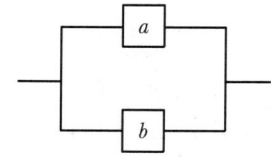

$$R(t) = 1 - p(\overline{a} \cdot \overline{b})$$
$$= 1 - p(\overline{a}) \cdot (\overline{b})$$
$$= 1 - (1 - e^{-\lambda_a t})(1 - e^{-\lambda_b t})$$

$$T = Max(T_1 \cdot T_2)$$

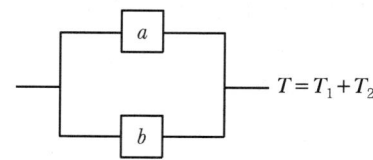 — $T = T_1 + T_2$

$$R(t) = 1 - p(\overline{a} \cdot \overline{b})$$
$$= 1 - p(\overline{a}) \cdot p(\overline{b}/\overline{a})$$
$$f(t) = \lambda \cdot e^{-\lambda t} \frac{(\lambda t)^{n-1}}{(n-1)!} \to \text{Erlang}$$

(5) 예비품 보유

$$R(t) = e^{-N\lambda t} \cdot \left[1 + N\lambda t + \frac{(N\lambda t)^2}{2!} + \frac{(N\lambda t)^3}{3!} + \cdots + \frac{(N\lambda t)^n}{n!} \right]$$

(N개가 직렬, $n \to$ 예비품수, $\lambda \to$ 고장률)

SECTION 07 신뢰성 설계 및 심사

:: 01 신뢰성 설계절차

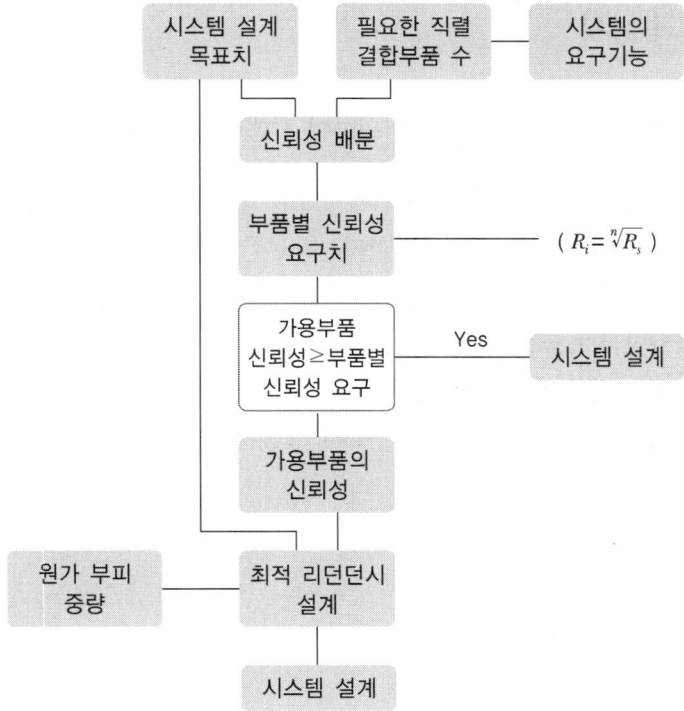

:: 02 신뢰성 설계기술

① 리던던시 설계
② 부품의 단순화와 표준화
③ 최적 재료의 선정
④ 디레이팅 설계
⑤ 내환경성 설계

⑥ 인간 공학적 설계와 보전성 설계
- Fail Safe 설계 : 조작상 과오로 기기 일부에 고장이 발생한 경우 그 피해가 다른 부분으로 확대되는 것을 방지
- Fool Proof 설계 : 사용자의 잘못된 조작으로 인한 고장 방지

03 설계심사

제조원가, 사용조건, 작동을 보증하기 위하여 시행한다. 설계심사 원칙은 다음과 같다.

① 최고의 전문가, Manager로 편성한다.
② 설계에 전혀 관계없는 사람이 참가한다.
③ 신뢰성뿐 아니라 생산성, 보전성, 서비스의 원인도 포함한다.
④ 시방 요구사항, Check List와 같이 결정된 기준에 입각하여 행한다.
⑤ 발견된 문제는 전부 문서화한다.
⑥ 심사는 설계개시, 상세설계, 생산개시 시 시행한다.

SECTION 08 고장 해석 방법

:: 01 FMEA(Failure Mode and Effect Analysis)

시스템이나 기기의 고장모드를 찾아내어 상향식(Bottom-up)으로 그 상위 Item에 미치는 영향을 조사·해석한다.

(1) FMEA의 실시 절차

① 시스템이나 기기의 구성과 임무
② 분석 레벨 결정
③ 기능별 블록 결정
④ 신뢰성 블록도 작성
⑤ 블록별로 고장모드 열거
⑥ 고장모드의 검사
⑦ 추정원인 기입
⑧ FMEA양식에 결과 기입
⑨ FMEA의 등급 결정
⑩ 대책 또는 개선안 수립

(2) 고장등급 결정방법(4등급으로 분류)

1) 고장 평점법

$$C_s = (C_1 \cdot C_2 \cdot C_3 \cdot C_4 \cdot C_5)^{1/5}$$

여기서, C_1 : 기능적 고장의 영향중요도
C_2 : 영향을 미치는 시스템 범위
C_3 : 고장 발생빈도
C_4 : 고장방지 가능성
C_5 : 신규설계의 정도

▼ 도표 C_1의 평가점

기능적 고장의 영향의 중요도	평가점
임무 달성 불능	10
임무 달성 불능, 대체 방법에 의해 일부만의 달성 가능	9
임무의 중요한 부분 달성 불능	8
임무의 중요한 부분 달성 불능, 보조 수단을 쓰면 달성 가능	7
임무의 일부 달성 불능	6
임무의 일부 달성 불능, 보조 수단을 쓰면 달성 가능	5
임무의 경미한 부분 달성 불능	4
임무의 경미한 부분 달성 불능, 보조 수단을 쓰면 달성 가능	3
외관 기능을 저하시키는 경미한 고장	2
임무에 전혀 영향이 없음	1

▼ 도표 C_2의 평가점

영향을 미치는 범위	평가점
실외 및 공장 외에서의 사망 사고	10
실내 및 공장 내에서의 사망 사고, 가옥 및 공장 외에 피해	9
실내 및 공장 내에서의 사망 사고, 가옥 및 공장 내에 피해	8
중상, 가옥 및 공장 내에 피해	7
경상, 가옥 및 공장 내에 피해	6
인재 없음, 가옥 및 공장 내에 피해	5
인접한 설비 및 장치에 피해	4
접속된 장치의 일부에 피해	3
외벽의 진동, 고온, 외관 변색	2
전혀 피해 없음	1

▼ 도표 C_3의 평가점

고장 발생의 빈도(시간 또는 횟수)	평가점
10^{-2} 이상	10
$10^{-2} \sim 3 \times 10^{-3}$	9
$3 \times 10^{-3} \sim 10^{-3}$	8
$10^{-3} \sim 3 \times 10^{-4}$	7
$3 \times 10^{-4} \sim 10^{-4}$	6
$10^{-4} \sim 3 \times 10^{-5}$	5
$3 \times 10^{-5} \sim 10^{-5}$	4
$10^{-5} \sim 10^{-6}$	3
$10^{-6} \sim 10^{-7}$	2
10^{-7} 이하	1

고장등급	C_s
I	7점 이상~10점
II	4점 이상~7점
III	2점 이상~4점
IV	2점 미만

고장등급	고장 구분	판단기준	대책내용
I	치명고장	임무 수행 불능, 인명손실	설계 변경 필요
II	중대고장	임무의 중대한 부분 불달성	설계의 재검토 필요
III	경미고장	임무의 일부 불달성	설계 변경 불필요
IV	미소고장	영향이 전혀 없음	설계 변경은 전혀 불필요

2) 치명도 평점법

$$C_E = F_1 \cdot F_2 \cdot F_3 \cdot F_4 \cdot F_5$$

여기서, F_1 : 고장의 영향 크기
F_2 : 시스템에 미치는 영향의 정도
F_3 : 발생 빈도
F_4 : 방지 가능성
F_5 : 신규설계 여부

항목	내용	계수
F_1 (고장의 영향의 크기)	치명적인 손실을 주는 고장	5.0
	약간의 손실을 주는 고장	3.0
	기능이 상실되는 고장	1.0
F_2 (시스템에 미치는 영향의 정도)	기능이 상실되지 않는 고장	0.5
	시스템에 2가지 이상의 중대한 영향을 준다.	2.0
	시스템에 한 가지 이상의 중대한 영향을 준다.	1.0
	시스템에 미치는 영향은 그렇게 크지 않다.	0.5
F_3 (발생빈도)	발생 빈도가 높다.	1.5
	발생 가능성이 있다.	1.0
	발생 가능성이 적다.	0.7
F_4 (방지의 가능성)	불능	1.3
	방지 가능	1.0
	간단히 방지된다.	0.7
F_5 (신규 설계 여부)	약간 변경된 설계	1.2
	유사한 설계	1.0
	동일한 설계	0.8

3) FMECA(치명도 해석법, Failure Mode Effects and Critical Analysis)

FMECA를 실시한 결과 고장 등급이 높은 (Ⅰ, Ⅱ)고장모드의 상위 item에 대한 치명도 해석을 포함시키는 정량적인 평가방법

$$C_r = \sum (\alpha \cdot \beta \cdot K_A \cdot \lambda_G \cdot t)\, n$$

여기서, C_r : 치명도 지수

n : 구성품의 치명적 고장 모드의 번호

K_A : 운용 시의 고장률 보정계수

K_E : 운용 시의 환경조건의 수정계수

λ_G : 기준 고장률

t : 임무당 동작시간

α : λ_G 중에 당해 고장이 차지하는 비율

β : 당해 고장이 발생하는 경우에 치명적 영향이 발생할 확률

02 FTA(Fault Tree Analysis)

시스템의 고장을 발생시키는 사상(Event)과 그의 원인과의 인과관계를 논리회로(AND & OR)를 사용하여 고장목을 만들어 하향식(Top-down)으로 시스템의 고장을 정량적으로 해석하고 신뢰성을 평가하는 방법이다.

(1) FTA의 절차

① 고장목을 작성한다.
② 최하위의 고장원인 기본사상에 대한 고장확률 추정
③ System의 고장확률을 계산하고 문제점을 찾음
④ 문제점의 개선 및 신뢰성 향상책 강구

(2) 고장목 작성 절차

① System의 최상위의 고장상태를 규정
② 최상위의 고장상태를 일으키는 차순위의 고장원인을 찾아내어 논리회로 결합
③ 분해할 수 없는 최하위의 기본사상이 될 때까지 반복한다.

(3) 고장목 작성의 기본적인 기호

- AND GATE : 병렬구조 방식
- OR GATE : 직렬구조 방식

예

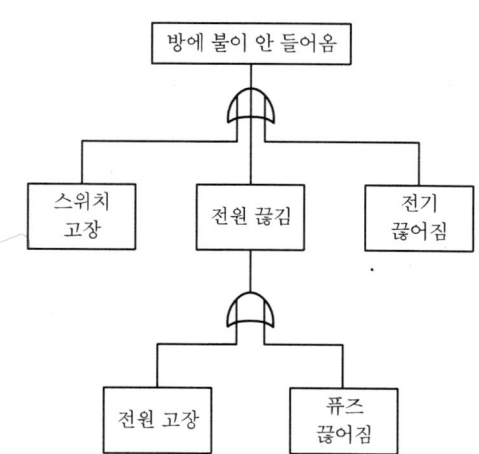

※ AND GATE : $R_t = 1 - \prod_{i=1}^{n}(1-R_i)$

OR GATE : $R_t = \prod_{i=1}^{n} R_i$

(4) 고장 확률 계산

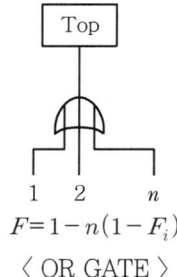
$F = 1 - n(1 - F_i)$
⟨ OR GATE ⟩

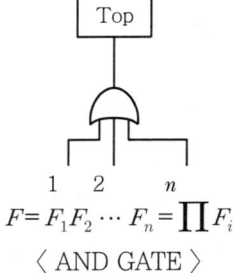
$F = F_1 F_2 \cdots F_n = \prod F_i$
⟨ AND GATE ⟩

03 MQ 분석(Machine Quality Analysis)

품질변동이 어느 공정의 설비조건과 가공조건에 관계하는가를 분석하고 설비보증을 위한 설비보전이나 일상 보전방식을 표준화하는 것

04 MTBF 분석

물리적 정지형 고장이나 성능저하의 실태를 분석하여 작업자의 행동을 표준화

09 예방정비

01 정비의 주요 결정사항

① 예방정비(계획정비) 대 고장정비(비계획정비)
② 자체 정비와 외부 위탁 정비
③ 수시계약 대 기간계약
④ 장비수리 혹은 대치
⑤ 교환 부품의 재고관리
⑥ 정비작업 관리

02 예방정비의 필요조건

① 고장수명분포가 마모를 나타냄
② 고장 전 교환비 < 고장 시 교환비

03 예방정비비가 고장정비비보다 적은 원인

① 대기시간이 짧다.
② 부품 교환이 쉽고 다른 부품까지 고장 나게 하는 경우가 발생하지 않는다.
③ 기회상실비용이 적다.

04 예방정비의 분류

① 수명 교환(Age Replacement)
   각각의 부품이 수명시간 T 이전에 고장 나거나, 대체 후 T 시간이 지나면 고장과 관계없이 부품을 교환하여 준다. 주로 고가품에 사용된다.

② 일제 교환(Block Replacement)
   부품의 교환주기 kT 이전에 고장 나면 교환하고, 교환주기 kT 시점에서 고장과 관계없이 모든 부품을 전부 교환하는 정책으로 저가품에 사용한다.

③ 수리사용 후 교환(Minimum Repair and Replacement)
   제품의 교환주기 kT 이전에 고장 나면 수리하여 쓰고, 교환주기에 제품을 교환한다. 주로 복잡한 시스템에 적용한다.

SECTION 10 신뢰성 샘플링 검사

:: 01 신뢰성 샘플링 검사의 특징

① 척도로서 MTBF와 λ을 사용한다.
② 위험률 $\alpha(30\%)$와 $\beta(40\%)$의 값을 크게 취한다.
③ 지수분포 또는 Weibull 분포를 주로 사용한다.
④ 정시중단 또는 정수중단 방식을 채용한다.
⑤ Sampling 검사방식

분류	샘플링 검사명	가정한 고장분포
계수 1회	DOD – Hand Book H 108	지수분포
	MIL – STD – 19500C	지수분포
	Good와 Kao의 표	와이블 분포
	GE사의 샘플링 검사표	와이블 분포
계량 1회	DOD – Hand Book H 108	지수분포
계량축차	DOD – Hand Book H108	지수분포

:: 02 신뢰성 샘플링 검사 방식과 품질관리의 샘플링 검사 방식의 다른 점

① 부적합률(P) → 고장률(λ)
② $P_o \to \gamma_o$, $P_1 \to \gamma_1$
③ AQL → ARL 또는 AFR
④ LTPD → LTFR
⑤ 부적합 개수 → 고장 개수

03 계수 1회 샘플링 검사(MIL-STD-19500C)

γ_1(LTFR)을 소비자위험 β를 보증하는 것으로 시험시간 t와 합격판정계수 c를 이용하여 샘플 수 n을 결정하는 방식으로 t시간 동안 고장개수 r이 c 이하이면 lot를 합격시킨다. 보통 검사표에 나와 있는 γ_1은 $\frac{1}{10^3}$(%)이다. 시험시간 t가 줄어들면 샘플 수 n이 증가하고 시험시간 t가 늘어나면 샘플 수 n이 감소한다.

04 계량 1회 샘플링 검사(DOD-HDBK H108)

MTBF를 θ, MTBF의 상한값을 θ_U, MTBF의 하한값을 θ_L, MTBF의 추정값을 $\hat{\theta}$로 쓰기로 한다.

① 정수중단시험

$\frac{\theta_L}{\theta_U}$, α, β의 행이 만나는 칸의 r과 $\frac{C}{\theta_U}$를 사용하여 n개의 Sample 중 r개가 고장 나면 시험을 중단하여 $\hat{\theta}$의 값이 C 이상이면 lot를 합격시킨다.

이때 C값을 표를 이용하여 구하기도 하지만 수식에 의하면

$$C = \frac{\theta_U \chi^2_{1-\alpha}(2r)}{2r}$$ 가 된다.

② 정시중단시험

$\frac{\theta_L}{\theta_U}$, α, β, $\frac{T}{\theta_U}$(T : 시험시간)가 만나는 칸에서 r과 n를 찾아 n개의 Sample을 T까지 시험하여 고장개수가 r 이하이면 lot를 합격시킨다.

05 계수축차 샘플링 검사

처음부터 많은 수의 샘플을 취할 수 없는 경우 적용하는 검사로 확률비를 이용해서 합부판정을 하기 때문에 확률비 축차시험(Probability Ratio Sequential Test)라 부른다.

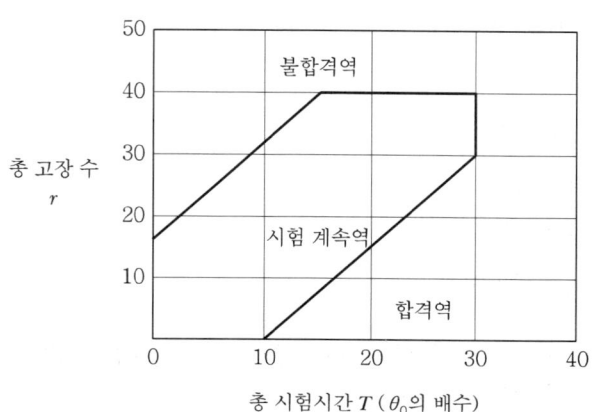

- 합격선 : $Ta = sr + ha$
- 불합격선 : $Tr = sr - hr$

$$S = \frac{\ln\left(\dfrac{\lambda_1}{\lambda_0}\right)}{(\lambda_1 - \lambda_0)}$$

$$ha = \frac{\ln\left(\dfrac{1-\alpha}{\beta}\right)}{(\lambda_1 - \lambda_0)}$$

$$hr = \frac{\ln\left(\dfrac{1-\beta}{\alpha}\right)}{(\lambda_1 - \lambda_0)}$$

만일 시험 계속영역에 있어 계속시험을 해야 하는 경우 $r_{\max}$ 과 $T_{\max}$ 에 이르면 샘플링 검사를 종결시킨다.

① $r_{\max}$ 에 이르면 불합격

② $T_{\max}$ 에 이르면 합격

   $r_{\max} = 3r$, $T_{\max} = sr_{\max}$

   $\dfrac{\lambda_0}{\lambda_1} = \dfrac{\theta_1}{\theta_0} \leq \dfrac{x^2(2r, 1-\alpha)}{x^2(2r, \beta)}$ 를 만족하는 r 을 구한다.

SECTION 11 신뢰도 평가법(RACER법)

RACER법은 부표, 제표, 시스템에 대하여 다음과 같이 5가지를 평점한다.

① Reliability(신뢰도)
② Availability(이용도)
③ Compatability(적응성)
④ Economy(경제성)
⑤ Reproducibility(재생산성)

이러한 5가지를 평점하여 용도에 따라 가중치를 붙여 총합평점에 의해 부품, 제품 또는 서비스를 선정할 것인가를 결정하는 방법이다.

SECTION 12 간섭이론과 안전계수

전자부품은 CFR 개념을 이용하고 기계부품은 IFR 개념을 사용한다.

부하 $\sim N(\mu_x \quad \sigma_x^2)$ 강도 $\sim N(\mu_y \quad \sigma_y^2)$

① 안전계수 $(n) = \dfrac{\mu_y - n_y\,\sigma_y}{\mu_x + n_x\,\sigma_x}$

② 불신뢰도 $= P_r(\text{부하} - \text{강도} > 0) = P_r\left(u \geq \dfrac{\mu_y - \mu_x}{\sqrt{\sigma_x^2 + \sigma_y^2}}\right)$

SECTION 13 실전문제

01 고장률이 일정하다고 생각되는 시스템의 고장시간 간격을 측정한 결과 다음과 같았다. 고장률 λ와 MTBF를 추정하시오.

1,670   60   3,400   790   630   2,300(단위 : 시간)

[풀이]

지수분포를 따르므로

① $\lambda = \dfrac{r}{T} = \dfrac{6}{1,670 + 50 + 3,400 + 790 + 630 + 2,300} = \dfrac{6}{8,840}$
$= 6.79 \times 10^{-4}/\text{시간}$

② $MTBF = \dfrac{1}{\lambda} = \dfrac{8,840}{6} ≒ 1473(\text{시간})$

02 다음 데이터는 설계를 변경한 후 만든 어떤 전자기기장치 10대를 가속수명시험에 걸어, 고장수 $r = 7$에서 정수중단시험한 결과이다. 이 데이터를 와이블 확률지에 타점하여 보니 형상 파라미터 $m = 1$이 되었다. 물음에 답하시오.

Data : 3,   9,   12,   18,   27,   31,   43(시간)

(1) 이 장치의 $MTBF$를 추정하시오.
(2) 고장률을 추정하시오.
(3) 이 장치의 시간 $t = 10$에서의 신뢰도를 구하시오.
(4) $MTBF$가 28이라고 하면, 변했다고 할 수 있나?($\alpha = 0.05$)

[풀이]

정수중단시험에서 교체하지 않는 경우이다. $m = 1$이므로 지수분포를 따른다.

(1) $\widehat{MTBF} = \hat{\theta} = \dfrac{\sum t_i + (n-r)t_r}{r} = \dfrac{143 + (10-7) \times 43}{7} = 38.86(\text{시간})$

(2) $\lambda = \dfrac{1}{MTBF} = \dfrac{1}{38.86} = 0.0257$

(3) $R(t=10)e^{-\lambda \cdot t} = e^{-(1/38.86) \times 10} = 0.773$

(4) ① $H_0 : MTBF = 28$, $H_1 : MTBF \neq 28$

② $\alpha = 0.05$

③ 기각역 $R : \chi_0^2 \geq \chi_{1-a/2}^2(2r) = \chi_{0.975}^2(14) = 26.1$ 또는
$\chi_0^2 \leq \chi_{a/2}^2(2r) = \chi_{0.025}^2(14) = 5.63$

④ 검정통계량
$$\chi_0^2 = \frac{2T}{MTBF} = \frac{272 \times 2}{28} = 19.428$$

여기서, $T = \sum t_i + (n-r)t_i = 143 + (10-7) \times 43 = 272$(부품을 교체하지 않을 때)

⑤ 판정 : $\chi_{0.025}^2(14) < \chi_0^2 = 7 < \chi_{0.975}^2(14)$가 성립되므로 H_0을 채택한다.
즉, MTBF가 28이라고 할 수 있다.

03

가속시험온도인 125℃에서 얻은 고장시간은 평균수명 θ_s가 4,500시간인 지수분포에 따른다. 이 부품의 정상사용온도는 25℃이고, 이 두 온도 간의 가속계수(A)의 값이 35라면 정상조건에서의 평균고장률과 정상조건에서 40,000시간 사용할 경우의 누적고장확률은 얼마인가?

(1) 정상조건에서의 평균고장률
(2) 누적고장확률(40,000시간 사용 시)

풀이

(1) 정상조건에서의 $\theta_n = A \times \theta_s = 35 \times 4,500 = 157,500$
$$\therefore \lambda_n = \frac{1}{\theta_n} = \frac{1}{157,500} = 6.35 \times 10^{-6}/(\text{시간})$$

(2) 누적고장확률 $F_n(40,000) = 1 - e^{-\lambda_n \cdot t} = 1 - e^{-(6.35 \times 10^{-6}) \times 40,000}$
$$= 1 - e^{-0.254} = 0.2243 (22.43\%)$$

04 다음과 같이 구성된 시스템이 있다. 전체 신뢰도 $R_s = 0.85$로 하고자 할 때 R_5의 신뢰도는 얼마인가?

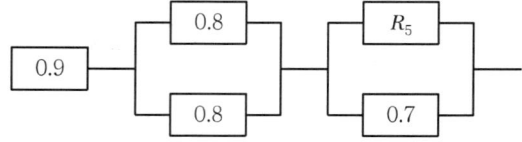

[풀이]

① 신뢰도 0.8의 부품 2개로 병렬 결합된 부분의 신뢰도 R_{P1}

$$R_{P1} = 1 - (1-0.8)^2 = 0.96$$

② 신뢰도 R_5, 0.7의 부품 2개로 병렬 결합된 부분의 신뢰도 R_{P2}

$$R_{P2} = 1 - (1-R_5)(1-0.7) = 0.7 + 0.3R_5$$

③ 시스템의 신뢰도 R_5

$$R_5 = R \times R_{P1} \times R_{P2} = 0.9 \times 0.96 \times (0.7 + 0.3R_5) = 0.85$$

$$\therefore R_5 = 0.946$$

05 샘플수 $n=8$에서 얻은 데이터는 다음의 표와 같다. 이를 이용하여 각 t_i에서의 $R(t)$, $F(t)$, $f(t)$ 및 $\lambda(t)$를 계산하라.

(단위 : 시간)

고장번호	1	2	3	4	5	6	7	8
고장까지의 시간	190	245	265	300	320	325	375	400

[풀이]

샘플수가 적으므로 Bernard의 메디안 순위(Median Rank)법을 이용한다.

① $t_i = 190$에서

$$F(t=190) = \frac{i-0.3}{n+0.4} = \frac{1-0.3}{8+0.4} = 0.083$$

$$R(t=190) = 1 - F(t=190) = 0.917$$

$$f(t=190) = \frac{1}{(n+0.4)(t_{i+1}-t_i)} = \frac{1}{(8+0.4)(245-190)} = 2.2 \times 10^{-3}$$

$$\lambda(t=190) = \frac{1}{(t_{i+1}-t_i)(n-i+0.7)} = \frac{1}{(245-190)(8-1+0.7)} = 2.4 \times 10^{-3}/\text{시간}$$

② $t_i = 245$에서

$$F(t=245) = \frac{2-0.3}{8+0.4} = 0.202$$

$$R(t=245) = 1 - F(t=245) = 0.798$$

$$f(t=245) = \frac{1}{(8=0.4)(265-245)} = 6.0 \times 10^{-3}$$

$$\lambda(t=245) \frac{1}{(265-245)(8-2+0.7)} = 7.5 \times 10^{-3}/\text{시간}$$

위와 같은 요령으로 각 t_i에서의 $R(t)$, $F(t)$, $f(t)$ 및 $\lambda(t)$을 계산, 정리하면 다음 표와 같다.

고장순번	t	$F(t)$	$R(t)$	$t_{i+1}-t_i$	$f(t)$	$\lambda(t)$
1	190	0.083	0.917	55	2.2×10^{-3}	2.4×10^{-3}
2	245	0.202	0.798	20	6.0×10^{-3}	7.5×10^{-3}
3	265	0.321	0.679	35	3.4×10^{-3}	5.0×10^{-3}
4	300	0.440	0.560	20	5.9×10^{-3}	1.71×10^{-2}
5	320	0.560	0.440	5	2.48×10^{-2}	—
6	325	0.679	0.321	45	2.5×10^{-3}	8.2×10^{-3}
7	370	0.798	0.202	30	4.0×10^{-3}	1.98×10^{-2}
8	400	0.917	0.083	—	—	—

06 우발고장을 일으키는 부품이 있다. 고장률은 $\lambda = 0.006/$시간이다. 다음 물음에 답하라.

(1) MTTF는 얼마인가?
(2) 100시간에서의 신뢰도는?
(3) 100시간에서 고장개수가 2개 이내일 확률은 얼마인가?
(4) 신뢰도 0.99 이상을 가지기 위한 사용시간은 얼마인가?

풀이

(1) $MTTF = \frac{1}{\lambda} = \frac{1}{0.006} ≒ 166.7$시간

(2) $R(t=100) = e^{-\lambda t} = e^{-(0.006 \times 100)} = 0.5488$

(3) $m = \lambda t = 0.006 \times 100 = 0.6$이고, $c=2$이므로 누적 푸아송 분포표를 이용한다.

$$P_r(r \leq 2) = P_{(0)} + P_{(1)} + P_{(2)} = 0.977(97.7\%)$$

(4) $R(t) \leq e^{-\lambda t}$에서　$0.99 \leq e^{-0.006 \times t}$

$\ln 0.99 \leq -0.006 \times t$　∴ $t \geq 1.675$(시간)

07 평균고장률 $\lambda = 0.001$/시간인 지수분포에 따르는 제품 10개를 100시간 사용하였다. 고장 개수를 구하라.

[풀이]

$F(t) = 1 - e^{-\lambda t} = 1 - e^{-0.001 \times 100} = 1 - e^{-0.1} = 1 - 0.90 = 0.10$

∴ 제품 10개 중의 고장개수 $= 10 \times 0.10 = 1$개

08 MTBF가 20,000km인 어떤 차량이 있다. 이 차량의 신뢰도를 90%로 하기 위해서는 차량의 연사용시간을 얼마로 하는 것이 좋은가?

[풀이]

$\lambda = \dfrac{1}{MTBT} = \dfrac{1}{20,000} = 5 \times 10^{-5}$

또 $R(t) = e^{-\lambda t} = e^{-(5 \times 10^{-5}) \times t} = 0.9$에서

$-(5 \times 10^{-5}) \times t = \ln 0.9$ ∴ $t = 2,107$(시간)

09 8개의 스프링에 대하여 수명시험을 한 결과 고장이 발생한 사이클 수는 다음과 같다. 95% 신뢰수준에서 평균수명에 대한 구간을 추정하라. (단, $\chi^2_{0.975}(16) = 28.85$, $\chi^2_{0.025}(16) = 6.91$, $\chi^2_{0.975}(18) = 31.53$, $\chi^2_{0.025}(18) = 8.23$)

8,712	21,915	39,400	54,613
79,000	110,200	151,208	204,312

[풀이]

8개 모두 교체

$T = \sum t_i = 669,360$

$r = n = 8$이므로 95% 양쪽 신뢰구간은(정수중단의 경우와 같이)

$\dfrac{2T}{\chi^2_{1-a/2}(2r)} \leq \theta \leq \dfrac{2T}{\chi^2_{a/2}}$ 에서 $\dfrac{2 \times 669,360}{\chi^2_{0.975}(16)} \leq \theta \leq \dfrac{2 \times 669,360}{\chi^2_{0.025}(16)}$

즉, $\dfrac{1,338,720}{28.85} \leq \theta \leq \dfrac{1,338,720}{6.91}$ ∴ $46,403 \leq \theta \leq 193,736$

10 10개의 제품으로 수명시험을 하여 5개가 고장 났을 때 시험을 중단하였다. 고장 난 제품의 고장시간이 50, 75, 120, 250, 300시간이었다면, 이 제품의 평균고장률은 얼마인가?

풀이
정수 중단, 교체 안 하는 경우
$$\hat{\theta} = \widehat{MTBF} = \frac{\sum t_i + (n-r)t_i}{r} = \frac{795 + (10-5)(300)}{5} = 459(시간)$$
$$\therefore \lambda = \frac{1}{MTBF} = \frac{1}{459} = 2.18 \times 10^{-3}/시간$$

11 10개의 부품으로 구성된 기기를 1,000시간 사용하였을 때의 기기의 신뢰도를 0.9로 하고 싶다. 10개의 부품 중 어느 하나가 고장 나면 이 기기는 기능을 상실한다. 부품 한 개당 평균고장률은 얼마여야 되는가?

풀이
① 기기 전체의 고장률을 λ_s라 하면
$$R_S(t) = e^{-\lambda_s \cdot t} = e^{-\lambda_S \times 1,000} = 0.9$$
$$\ln 0.9 = -\lambda_S \times 1,000$$
$$\therefore \lambda_S = 105 \times 10^{-6}/시간$$

② 부품 한 개당 평균고장률을 λ_i라 하면
$$\lambda_S = \sum_{i=1}^{10} \lambda_i \text{에서}$$
$$105 \times 10^{-6} = 10\lambda_i$$
$$\therefore \lambda_i = 1.05 \times 10^{-5}/시간$$

12 다음의 고장목에 대하여 각 기본사상의 고장확률 $F(C_1) = F(C_2) = F(C_3) = F(C_4) = \frac{1}{4}$이라 놓고, 방에 불이 안 들어올 확률 $F(A)$를 구하면 얼마인가?

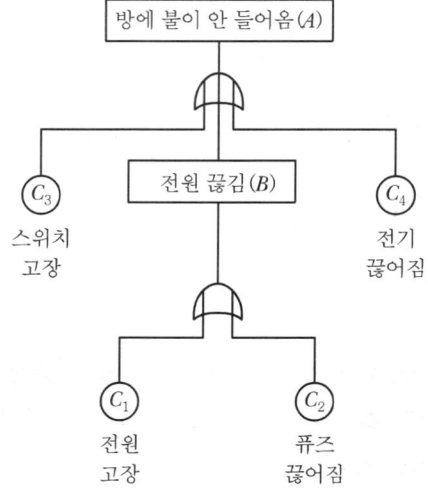

풀이

① $F(B) = 1 - [1 - F(C_1)][1 - F(C_2)] = 1 - \left(1 - \frac{1}{4}\right)^2 = 0.4375$

② $F(A) = 1 - [1 - F(C_3)][1 - F(B)][1 - F(C_4)]$
$= 1 - \left(1 - \frac{1}{4}\right)(1 - 0.4375)\left(1 - \frac{1}{4}\right) = 0.6836$

PART 07
품질경영의 추진전략 및 기획

01 6시그마 경영시스템
02 말콤 볼드리지 경영품질
03 벤치마킹
04 품질의 정의
05 품질의 분류
06 리엔지니어링
07 고장모드영향분석(FMEA)
08 결함나무분석(FTA)
09 품질기능전개
10 고장분석
11 제조물책임법
12 품질코스트(Q-Cost)
13 ISO 22000 인증
14 ISO 14001 인증
15 IATF 16949 인증
16 ISO 9001 인증
17 KS 인증
18 국가통합인증마크(KC)
19 국립표준기술원(NIST)
20 미국품질협회(ASQ)
21 다구치 기법
22 Single PPM
23 마하라노비스-다구치 기법(MTS)
24 TRIZ 기법
25 분임조 활동
26 균형성과지표(BSC)
27 측정시스템 분석(MSA)
28 표준화

SECTION 01 6시그마 경영시스템

01 6시그마의 의미

6시그마란 제품의 에러 발생률을 1백만 개당 3.4회로 한다는 아주 높은 차원에 목표를 두고 있는 전사적 경영 혁신 활동을 의미한다.(본래의 6시그마는 편기가 없다는 전제하에서 10억 분의 1의 에러를 의미한다. 그러나 통계학적인 의미에서 공정 간의 변동 ±1.5시그마를 감안했을 때 4.5시그마이므로 에러율 3.4ppm이 된다.) 또한 6시그마는 단순히 품질관리 부문에만 머무는 것이 아니라 마케팅, 개발, 제조, 서비스 등 경영활동 전반을 대상으로 하고 있는 것이 특징이다.

02 6시그마의 발달

6시그마는 모토로라의 정부용 전자기기 사업부문에서 근무하던 통계학자 마이클 해리(Michael J. Harry)에 의해 1987년 창안되었다. 마이클 해리는 어떻게 하면 품질을 획기적으로 향상시킬 수 있을 것인가를 고민하던 중 통계지식을 활용하자는 착안을 하게 되었고 이 통계적 기법과 제품 품질에 대한 위기감에서 1970년대 말부터 사내에 공유되어온 밥 갈빈 회장이 시작한 품질개선 운동과 결합하여 탄생한 것이 바로 6시그마 운동이다. 마이클 해리는 1990년도 모토로라 사내에 설치된 「Motorola College」 내에 '6시그마 인스티튜트'를 열고 연구를 거듭하여 6시그마 콘셉트에 의한 높은 수준의 엔지니어링 기법을 개발해 나갔고, 관련 기술을 체계화하여 수준 높게 발전시켰다. 그 결과 6시그마는 모토로라 이외의 기업에도 적용 가능한 경영기법으로 확립되었으며 제품품질은 획기적으로 좋아진 것은 물론이고 이후 텍사스 인스트루먼트, ABB, GE, IBM, SONY, Nokia, LG(주), 삼성전자(주), KT 등에서 성공적으로 적용되었다.

03 6시그마의 메커니즘

시그마(σ)는 통계용어로 표준편차라고 불리며 산포 정도, 즉 에러나 미스의 발생 확률을 말한다. 통계학에선 1백만 회의 Opportunity(또는 기회) 중 3.4회 에러가 나는 수준을 6시그마로 규정하고 있다. 6시그마 수준의 에러 발생 확률이면 거의 모든 품질, 경영 관리 목표로 충분하다고 생각한 발안자가 '6시그마'라는 기준으로 한 것이다. 따라서 6시그마는 상당히 엄격하고 이보다 한 단계 아래인 5시그마보다 무려 68.5배의 성과이다.

04 마이클 해리 박사의 6시그마 정의

(1) 첫째, 통계적 측정치(Statistical Measurement)

객관적인 통계수치로 나타나기 때문에 제품이나 업종, 업무 및 생산 Process가 다르더라도 비교할 수 있다는 뜻이다. 따라서 고객만족(CS)의 달성 정도와 방향 등을 정확히 알 수 있게 해주는 척도가 된다. 즉, 제품과 서비스, 공정의 적합성을 재는 탁월한 척도라는 것이 그의 정의다.

(2) 둘째, 기업 전략(Business Strategy)

경쟁 우위를 갖게 해주기 때문이다. 시그마 수준을 높이는 만큼 제품품질이 높아지고 원가는 떨어진다. 그 결과 고객만족 경영을 달성할 수 있게 된다.

(3) 셋째, 철학(Philosophy)

6시그마는 기업 내의 업무에 대한 사고방식을 바꿔 버린다. 무조건 열심히 일하는 것보다는 '스마트하게' 일하도록 하는 철학이 바로 6시그마다. 이 활동은 제품을 생산하는 제조 방식에서부터 구매 오더를 작성하는 방식까지 모든 작업에서 발생할 수 있는 에러를 줄이는 일이다.

:: 05 6시그마 추진목표

6시그마 운동이라 칭하는 새로운 개념의 '경영품질 운동'은 종래의 품질 운동이 추구했던, 제품과 생산 공정에만 국한되지 않고 모든 관리 시스템과 서비스의 전 분야에까지 적용함으로써, 경영관리의 총체적 프로세스에 내재된 모든 종류의 부적합 요소를 제거하고, 부적합과 관리 시스템의 착오가 유발하고 있는 엄청난 규모의 경영 손실을 획기적으로 극소화시키는 데 역점을 두고 있다.

21세기는 흔히 '무한경쟁의 시대'라 불린다. 경쟁이 기업 경영의 전 분야에 걸쳐서 장소와 시간에 구애됨이 없이 벌어진다는 의미다. 무한경쟁의 시대엔 기업 경쟁력은 단순히 코스트를 줄이거나 품질을 향상시키는 것만으로 높아지지 않는다.

따라서 과학적인 분석 기법을 사용하여 제품과 서비스 및 전 관리 프로세스를 분석, 개선하여 무결점에 가까운 품질 수준으로 향상시킴으로써 조직의 손실을 극소화시키고 이윤을 극대화시켜야만 총체적으로 경쟁력이 올라갈 수 있어 제품이나 서비스 중 부적합품이나 에러 발생률을 1백만 개당 3,4개로 줄이는 6시그마의 목표를 달성할 수 있는 것이다.

현재 인간의 힘으로 달성할 수 있는 최고 경지인 6시그마는 그저 공장의 일부 공정을 바꾸거나 최신 기계를 설치한다고 도달할 수 있는 게 아니다. 따라서 경영 관리의 총체적 프로세스는 물론 전 종업원의 가치관도 바뀌어야만 가능하다.

:: 06 6시그마와 기존 품질관리의 차별성

6시그마는 QC(품질관리), TQC(전사적 품질관리), TQM(전사적 품질경영) 등 전통적 품질관리 기법과는 큰 차이가 있다. 과거 품질관리 기법이 대량생산 시대에 부합하는 공장 중심의 운동이었다면 6시그마는 정보화 사회에 알맞은 21세기형 전방위 경영혁신 운동으로 요약할 수 있다.

(1) '부적합품'에 대한 개념의 차별성

전통적 품질관리 운동의 목표는 고객에게 인도되는 최종 생산품의 부적합품(또는 부적합률)을 줄이는 것이었다. 제조 공정에서 부적합품이 나오는 것엔 별 관심이 없었고 회사 밖으로 나가는 제품에 대해서 부적합품이 있는지 여부를 따졌다. 여기에 문제가 있었다. 회사 내에서 실제로 제조된 제품은 출하된 제품의 평균 3배에 달한다.

그만큼 '실패비용'이 크다는 것으로 결과적으로 수익이 나빠지는 것은 당연하다. 이에 비해 6시그마는 부적합품이 발생할 수 있는 원인을 근본적으로 제거하는 기법으로서 회사 내의 전 부문에서 오류가 발생할 수 있는 구조, 프로세스, 시스템 그 자체를 손을 본다는 데 강점이 있다.

이는 곧 코스트와 시간을 줄이고 고객에게 언제나 변함없는 품질을 제공할 수 있는 기반을 마련한다는 획기적인 의미를 지닌다. 6시그마는 또 진정한 의미의 '전사적인 품질운동'이다. 80년대 일본 제조업체의 품질수준을 개선하는 데 큰 역할을 담당한 QC는 생산제조현장에 국한된 것이다. 특정 공정을 대상으로 숙련도를 향상시키는 데 초점이 맞춰져 있으며 자동차나 가전 공정 등에 '라인 밸런싱(흐름식 공정)'을 도입한 것도 QC운동의 일환이었다. TQC와 TQM은 QC의 한계를 극복하기 위해 품질운동의 대상범위를 확대했으나 부분적인 데 그쳤다. 반면 6시그마는 특정 부문의 '개선'이 아니라 경영 전반을 대상으로 한 '혁신' 활동이다. 개선과 혁신은 언뜻 보면 유사해 보이지만 실제에선 엄청난 차이가 있다. 생산 공장 해외이전을 예로 들어보자. 대부분의 기업들은 본국에서 파견된 기술자가 일정한 시간을 두고 현지 채용 인력을 교육해 가며 생산 프로세스를 바꿔간다. 그러나 6시그마로 전개할 경우 사전에 완벽하게 디자인된 생산 시스템을 그대로 수출해 'Turn-key 방식'으로 곧바로 조업에 들어갈 수 있는 것이다. 한마디로 회사 전 부문의 수준을 측정할 수 있는 통계적인 기법을 통해 비효율적인 업무를 최대한 제거하고 가장 적절한 업무 프로세스를 고안해 내는 것이다. 특히 이 같은 방식은 생산현장은 물론 구매·판매·총무·회계 등 간접부문에서도 큰 효과를 낼 수 있는 장점이 있다. 6시그마는 또 QC 등이 분임조를 바탕으로 한 '아래에서 위로(Bottom-up)' 방식인 데 비해 '위에서 아래로(Top-down)' 방식을 취한다는 점도 특징이며 경영능력이 검증된 최고 경영자가 뚜렷한 목표를 향해 강력한 추진력을 동원할 때 전사적인 효과를 낼 수 있다.

07 6시그마 경영목표 4가지 요소

① 부적합품 감소
② 생산성 향상
③ 고객만족 개선
④ 순이익 증가

08 기존 품질운동과 6시그마의 비교

구분	기존 품질운동	6시그마
측정지표	%(부적합률)	σ(시그마)
목표	제조공정 만족	고객만족
품질수준	현상의 품질	경영의 질
개선기법	임기응변적 대처	경영 프로세스 총체적 디자인
추진방법	버텀-업(Bottom-up)	톱-다운(Top-down)
적용범위	제조공정	구매/마케팅/서비스 등 전 부문

09 6시그마 달성을 위한 5단계 추진기법

1단계 정의(Define)	• 주요 고객 정의 • 고객 요구사항 파악 • 개선 프로젝트 선정
2단계 측정(Measure)	• 부적합 정도 파악 • 문제에 대한 계량적 규명 • 프로세스 매핑 • % Gage R&R
3단계 분석(Analyze)	• 부적합 형태와 원인 규명 • 부적합의 잠재 원인들에 대한 자료 확보
4단계 개선(Improve)	• 프로세스 개선 방법 모색 • 브레인 스토밍 • 가능한 해결 방법의 실험적 실시
5단계 통제(Control)	• 개선프로세스의 지속방법 모색 • 새 프로세스에 대한 절차 제도화 • 적절한 프로세스의 측정 방법 확인

10 6시그마 성공전략

기본적으로는 품질관리 운동이지만 차원이 기존의 품질운동과 다르다. 대상이 제품이 아니라 제품 설계에서 출하까지의 모든 경영활동 과정이다. 6시그마의 이러한 속성은 성공을 위한 여러 가지 조건을 요구하고 있다.

6시그마 운동을 성공시키기 위해서는 우선 최고경영자의 강력한 리더십이 필요하다. 6시그마 운동으로 괄목할 만한 성과를 거두고 있는 GE는 잭 웰치라는 '카리스마' 경영자를 보유하고 있다. 그는 6시그마 운동을 펴면서 교육을 승진, 승급과 연계시키며 전 사원의 참여를 유도하였다. 6시그마에 대한 그의 믿음은 거의 신앙에 가까웠다. 모토로라의 캘빈 회장도 회의를 직접 주재하는 등 의지를 보임으로써 더욱 강력해질 수 있었다.

두 번째 요건은 정확한 데이터에 근거한 관리이다. 현상을 객관적이고 정확하게 파악해야 이해집단으로부터 거부당하지 않으면서 정확한 진단을 내릴 수 있기 때문이다. 이를 위해 6시그마 운동을 시작하기 전에 각종 데이터를 완벽하게 수집하고 관리할 수 있도록 조직을 정비해야 한다.

세 번째 성공 요소는 직원들에 대한 교육과 훈련이다. 교육과 훈련은 어떤 캠페인이든지 필요하지만 6시그마 운동에서 특히 강조되고 있다. 6시그마가 일종의 의식개혁 운동이라는 점에서 그렇다. 모토로라와 GE는 6시그마 운동을 성공시키기 위해 전 사원을 대상으로 교육을 시켰다. 또 6시그마 운동을 주도할 블랙벨트를 수천 명씩 양성했다. 교육과 훈련은 현장 직원들의 거부감을 없애기 위해서도 필요하다.

6시그마 운동이 일상적인 경영활동으로 전개될 수 있도록 시스템을 구축하는 것도 중요하다. 매일 아침에 하는 부서회의나 식사시간과 같은 일상생활의 하나라는 인식을 가져야 정착될 수 있다는 것이다.

또 부품을 조달하는 회사의 경우 협력업체들도 이 운동에 참여시켜야 한다. 모토로라는 부품 업체들이 너무 많아 6시그마를 달성하는 데 어려움을 겪었다. 이 회사는 최근 협력업체수를 10분의 1 수준으로 줄이기까지 하고 있다.

이 밖에 운동에 들어가기 전 직원들에게 왜 6시그마 운동을 해야 하는가를 이해시켜야 한다. 회사의 품질 수준이 현재 몇 시그마인지를 사내에 알려 직원들이 도전의식을 갖도록 해야 한다. 전문가들은 6시그마 운동을 시작하기 전에 6개월 이상의 준비기간을 가질 필요가 있다고 지적하고 있다.

▼ 6시그마의 5대 성공요소

5대 요소	세부사항	
최고경영자의 리더십	6시그마에 대한 신념	강력한 통솔력 필요
데이터에 의한 관리	정확한 데이터의 수집	데이터를 효과적으로 적용
직원들에 대한 교육/훈련	전 직원을 대상으로 한 교육	전문기관에 위탁 또는 전문가 초청
시스템 구축	6시그마운동/경영활동의 하나로 정착	전 직원을 대상으로 함
직원들의 이해, 충분한 준비	현재의 품질수준과 목표를 명확히 함	6개월 이상 준비기간 필요

11 6시그마 핵심역할 '벨트(Belt)'

6시그마 추진에서 핵심 역할을 하는 것은 '벨트(Belt)'로 불리는 품질 전문가들이다. 이들이 6시그마 확산을 위한 교육을 맡고 각종 프로젝트를 지휘하기 때문이다. 벨트는 각 기업들이 사정에 따라 이름을 다르게 붙이거나 단계를 나누고 있지만 일반적으로 화이트벨트(WB), 그린벨트(GB), 블랙벨트(BB), 마스터블랙벨트(MBB) 등으로 나뉜다.

벨트라는 명칭은 태권도나 일본의 가라데의 '띠'에서 따왔다. 이 제도를 창안한 모토로라 6시그마 사내대학이 동양권에 있는 현지법인의 이해와 참여도를 높이기 위해 붙이게 되었다고 한다.

화이트벨트는 태권도에 비유하면 품새를 익히는 초보 단계의 자격증이다. 6시그마를 이해하는 입문단계인 셈이다. 삼성전관은 모든 임직원들에게 화이트벨트를 따도록 하고 있다. 이 자격을 못 따면 승진을 생각할 수 없도록 제도화했다.

그린벨트는 태권도에서 대련을 할 수 있는 단계의 자격증이다. 6시그마 프로젝트를 직접 하고 문제를 해결할 수 있는 능력을 갖추었다고 인증하는 것이다. 현업에 종사하면서 이 과정을 통과하도록 하고 있다. 삼성전관은 간부사원이 되려고 하는 경우 반드시 이 자격증을 따도록 하고 있다.

블랙벨트는 태권도의 "검은띠" 유단자 자격이다. 이 벨트 소지자는 지도 능력을 갖추고 화이트, 그린벨트를 교육하는 역할을 한다. 또 그린벨트가 어떤 프로젝트를 시행할 때 지도하는 기능도 맡는다. 블랙벨트는 100% 6시그마를 전담하며 Project의 주체가 된다. GE는 블랙벨트를 취득하지 못하면 사업팀장(임원)으로 승진할 수 없도록 하고 있다.

마스터블랙벨트는 태권도 도장을 운영하는 사범격의 자격증이다. 6시그마 최고과정에 이른 사람으로 블랙벨트가 수행하는 프로젝트 관리와 지도를 맡는다. 블랙벨트와 마스터블랙벨트는 승진 시 가산점수가 부여된다. GE는 마스터블랙벨트에 40%의 스톡옵션을 받을 수 있는 혜택을 주기도 한다.

6시그마의 벨트체계는 기능상 마스터블랙벨트까지만 있다. 그러나 일부에서는 마스터블랙벨트 위에 챔피언이라는 자격을 두기도 하는데 챔피언은 최고경영자 위치에서 전체를 관리하면서 달성해야 할 목표나 제도를 정해주는 사람으로서 GE의 잭 웰치 회장은 챔피언 중의 챔피언으로 그랜드챔피언으로 불린다.

12 시그마 수준별 부적합 정도 사례

구분	3시그마	4시그마	5시그마	6시그마
면적	소규모 상점 넓이	평균 거실의 넓이	전화기가 놓인 면적	다이아몬드 알 크기
오자 수	책 1장당 1.5개	책 30장당 1개	백과사전 한 질당 1개	소규모 도서관의 소장 도서들 중 1개
10억 달러당 부채	2백70만 달러	6만7천 달러	5백70달러	2달러
거리	미주대륙횡단	45분 드라이브 거리	주변 주유소까지 거리	4발짝 거리

SECTION 02 말콤 볼드리지 경영품질

01 말콤 볼드리지는 누구인가?

1980년 12월 11일 로널드 레이건 대통령에 의해 상무부 장관으로 지명되었으며, 다음해 1월 22일 상원의 인준을 받았다. 장관 재임 중 일반 무역정책을 개발하고 실행하는 데 있어서 큰 기여를 하였으며, 중국 및 인도와의 기술이전에 관련된 여러 가지 난제들을 성공적으로 해결하였다. 또한 소련과의 장관급 협상을 처음으로 성사시키고 7년 동안 지속한 결과, 미국 기업들이 소련 시장에 더욱 많이 진출할 수 있게 되었다. 불공정 무역관행들을 찾아내어 이를 종식시킬 수 있는 여러 가지 대안들을 마련하고, 국내의 독점금지법을 개혁하는 데 앞장섰다. 또한, 그가 장관으로 있는 동안 부서 예산을 30% 이상 절감하고 행정직원을 25% 이상 감축하여, 상무부 조직을 작고 효율적으로 재구축하였다.

그는 소년시절 로데오 선수였으며, 1980년 '올해의 전문 로데오맨'으로 선정된 바 있다. 1984년에는 오클라호마 시에 있는 국립 카우보이 명예의 전당에 올랐다. 1987년 7월 25일 캘리포니아에서 로데오를 즐기던 도중 사망할 때까지 6년 반 이상을 장관으로 재임한 역대 최장수 상무장관 중 한 명이었으며, 또한 국민들로부터 가장 사랑받는 장관 중 하나였다.

02 말콤 볼드리지 기준의 채점방식

MB상의 채점방식을 간략히 설명하면 다음과 같다. 심사항목별 채점에는 3가지 차원(접근방법, 전개, 성과)의 평가가 포함되며, 채점 시 각각의 세부영역(Areas to Address)은 동일한 비중으로 채점에 반영되는 것이 아니라 심사 대상 업체의 사업에 얼마나 중요한 것인가가 고려된다. 또한 채점은 상기와 같은 가이드라인에 따라 이루어진다. 심사항목별 채점에 포함되는 3가지 차원은 다음과 같다.

(1) 접근방법(Approach)

"접근방법"이란 심사항목별 요구사항을 실행하기 위하여 사용하고 있는 방법들을 지칭한다.

접근방법을 평가하는 데 사용되는 요소들은 다음과 같다.

① 사용되는 방법들의 적합성

② **사용되는 방법들의 유효성**
- 얼마나 체계적이고 일관성 있게 적용되고 있는가?
- 평가/개선/학습 사이클이 어느 정도까지 구체적으로 반영되고 있는가?
- 토대가 된 데이터나 정보의 신뢰성은 어느 정도인가?
- 혁신의 증거 또는 다른 기업 또는 분야에서 사용되는 접근방법들을 자사에 맞도록 창조적으로 모방하였는가?

(2) 전개(Deployment)

"전개"는 위의 심사항목의 접근방법이 적용되고 있는 범위(정도)를 말한다.
전개를 평가하는 데 사용되는 요소들은 다음과 같다.

① 사업과 항목별 요구사항을 다룰 때 접근방법의 활용
② 관련된 모든 조직부서에서 접근방법의 활용

(3) 성과(Results)

"성과"란 심사항목의 목적을 성취한 결과를 지칭한다. 이를 평가하는 데 사용되는 요소들은 다음과 같다.

① 현재의 성과
② 경쟁상대 및 벤치마크와 비교한 상대적 성과
③ 성과개선의 속도, 폭 및 중요도
④ 지속될 수 있는 개선의 입증 또는 지속될 수 있는 높은 성과

MB 평가기준의 7가지 심사범주 중 6가지는 접근방법과 전개를 함께 다루고 있는데, 이것은 접근방법이 조직의 필요한 부분에 반드시 전개되어야 한다는 것을 강조하고 있다. 마지막 7번째 심사범주인 사업성과는 이러한 접근방법과 전개의 실질적인 효과를 평가하기 위한 것이다.
이상에서 기술한 접근방법, 전개, 성과의 3가지 평가차원은 모두 평가 및 피드백에 있어서 매우 중요한 요소이지만, 어떤 사항들의 개선이 평가 대상 업체의 사업에 특히 중요

한 것인지를 채점 시 반영해야 한다. 사업의 성공에 특히 중요하다고 생각되는 사항들은 신청서의 사업개요(Business Overview) 부분과 평가항목 2.1(전략개발 과정), 3.1(고객과 시장 정보), 6.1(제품 및 서비스 프로세스의 관리) 및 7.5(기업 고유의 성과)에 반드시 언급되어야만 한다. 고객의 주요 요구사항 및 핵심적 전략 및 실행계획이 특히 중요하게 고려되어야 한다.

03 말콤 볼드리지상과 다른 품질경영상의 차이

우리나라의 경우 1975년부터 국가적 품질포상 제도를 운영하고 있다. 이것은 미국의 MB상보다 13년 앞선 것이지만, 일본과학기술연맹(JUSE)이 1951년부터 시행하고 있는 데밍상을 모방한 것이었다. 1993년 우리 정부(당시 공업진흥청)는 제조업을 대상으로 한 현장분임조 중심의 품질관리(QC)에서 서비스업을 포함하는 보다 광범위한 조직을 대상으로 한 경영자 주도의 품질경영(QM)으로의 전환을 적극적으로 추진하였다. 이를 위해 동년 12월 27일 기존의 '공산품 품질관리법'을 '품질경영촉진법'으로 대체하였다. 그 이듬해인 1994년부터는 기존의 '품질관리대상' 제도를 '품질경영상'으로 변경하고, 심사기준도 기존의 데밍상 유형에서 MB상 유형으로 바꾸었다. 우리나라 품질경영상의 심사기준이 MB상과 유사하고, 국가품질상 제도 및 운영책임이 정부(우리나라의 경우는 산업자원부, 미국의 경우는 상무부)에 있고, 품질상 운영과 관련된 사무지원을 민간 기관에 위탁(우리나라의 경우는 한국표준협회, 미국의 경우는 미국품질협회)하고 있는 것과 같은 몇 가지 외형상의 공통점 때문에, 우리나라의 품질경영상과 미국의 MB상이 일견 유사한 것으로 생각할 수 있다. 그러나 실제로는 몇 가지 주요한 차이가 있는데, 우리는 다음과 같은 점들을 눈여겨 볼 필요가 있다.

(1) 일본의 품질상

데밍상은 1951년에 JUSE가 제정[민간 차원의 수상]하여 심사진행하고 심사기준은 10가지 항목으로 되어 있고, 데밍상 본상(개인), 데밍상 실시상(단체), 본품질관리대상(69년 신설)으로 구분하여 실시한다.

① MB상과 데밍상의 비교
- 유사점 : 전 조직(경영자~하부조직, 고객, 공급자)이 함께 품질향상을 추구
- 차이점 : 국가품질상(민간차원의 상), 품질경영의 개선(SQC)에 중점, 수상업체에 제한(부문별 2개 업체까지, 심사기준 통과 업체)

② JQA(Japan Quality Award)
- MB상을 벤치마킹하여 1995년에 제정하였다.
- 심사기준(2000년) : 8개 범주로 평가하고 특징은 리더십과 고객중심 등은 배점이 높으나 기업 활동의 성과는 낮다.

(2) 유럽의 품질상

유럽의 대표적인 14개 다국적 업체가 설립한 EFQM(The European Foundation for Quality Management)이 1991년부터 EQA(European Quality Award)를 제정, 운영하고 있으며, 4부문(대기업, 사업부, 공공기관 및 중소기업)으로 신청 접수 후 1개 조직에 EQA를, 심사기준을 통과한 일정 기업에 대해서는 European Quality Prize를 수여하고 있다. 심사는 크게 9개의 범주로 나뉜다. 과정 지표(50%)와 결과 지표(50%)로 구분하여 심사하고 있으며 MB와 매우 유사하게 심사를 진행하는 것이 보통이다. 심사항목은 리더십, 정책과 전략, 종업원 관리, 자원관리, 프로세스, 고객만족, 종업원 만족, 사회공헌, 경영성과로 나눈다.

04 MB상 재단(Foundation for the MBNQA)

미국 정부는 MB상을 위한 예산을 책정하지 않았었다. 1988년 설립된 이 재단의 기본목적은 국가품질상 프로그램을 육성하고, 영구적으로 운영하기 위한 기금을 마련하는 것이다. 미국 산업계의 유명한 지도자들이 이 재단의 이사로 참여하여 재단의 설립목적이 성취될 수 있도록 봉사하고 있다. 재단이사들의 헌신적 노력으로 1,000만 달러 이상의 기금이 모금되었다. 기부금을 낸 조직은 규모와 업종 면에서 매우 다양한데, 이들은 각종 사업 및 산업단체의 대표적 선도자들이다. MB상 선정과정의 독립성이 보장될 수 있도록, 이 재단은 NIST의 국가품질기획부와는 완전히 별도로 운영되고 있다.

SECTION 03 벤치마킹(Bench Marking)

그 산업의 리더로 인식되는 기업이나 또는 강한 경쟁자와의 비교를 통하여 제품, 서비스, 영업과정을 계속적으로 측정하는 과정으로, '우위의 경쟁적인 성과를 이끌어 내어 더 나은 실무의 적용과 그를 지속적으로 탐색하는 것'이 그 목적이다.

01 벤치마킹 방법론

벤치마킹 방법론의 기본적인 면은 일반적으로 동일하다. 내용은 다음과 같이 나타낼 수 있다.

① 순차적인 면
② 비교 가능성
③ 교정
④ 이전능력

02 벤치마킹 기본단계

① 결정적인 성공요인을 이해하고 측정하는 것
② 비교를 하기 위한 적정기업을 찾는다.
③ 과정성과를 측정하고 성과 차이를 분석한다.
④ 성과 차이의 근본적인 원인을 결정한다.
⑤ 최선의 실무사례를 선택한다.
⑥ 관리상에 최선의 실무사례를 적용한다.

03 벤치마킹 방법론의 중대한 양상

① 성과의 비교 가능성
② 최선의 실무 확인
③ 최선의 실무의 이전능력(적용성)

04 벤치마킹 운영방법

(1) 과정 한계의 정의

각각의 기업들은 다른 시각에서부터 과정에 대한 정의를 내릴 수 있다. 이 차이점은 사용된 기술, 전략 또는 조직적 구조에 의해 나타날 수 있다. 과정 접근법에서는 다음과 같은 벤치마킹의 기회를 창조해낼 수 있다.

① 교차기능적인 최선의 실무를 확인하는데 기회는 활동과 관계가 있고, 다양한 과정에서 통합된다.
② 가치 기준분석을 위한 기회는 다양한 과정의 원가, 시기, 질 차원에서 전환한다.

(2) 과정의 세분화

과정의 세분화는 두 가지의 기본적인 대체안을 가지고 있다. 하나는 국면, 다른 하나는 거시적 활동에 의한 세부분화이다. 국면에서의 과정 세분화는 과정의 흐름을 강조하고, 활동 사이의 관계를 확인하는 데 도움을 준다. 거시적 활동에 의한 과정 세분화는 기술의 적용을 위한 동종의 업무를 집합하는 것이다. 이는 원가, 시기, 질을 위한 영역을 확인하는 데 도움을 준다.

(3) 성과벡터의 정의

이 단계에서는 3가지의 결정적인 선택으로 나타낼 수 있다.

① 가치 – 관련 과정 성과 측정
② 다른 기업들 사이의 기본적인 지표의 비교 가능성

③ 다각적 수준의 성과측정시스템을 위한 구조

(4) 최선의 실무 분석

과정의 결정적인 영역의 경영상에서 채택된 실무 분석을 상세하게 하는 것이다. 시작점은 실무의 정의를 명확하게 하는 것이다. 실무는 단일의 활동을 관리한다든지, 또는 관련된 다른 활동들을 관리한다든지 하는 구조화된 조직적 해결방안으로서 정의를 내릴 수 있다.

(5) 실무관리 재설계

실무는 정보적인, 인식력 있는, 관리적인 통합을 증가시키는 해결방안이다. 벤치마킹은 최선의 실무에 관한 확인을 도와줄 수 있다. 일부 기업들은 가능한 한 모순과 의심을 깨달을 수 있는 회계원을 만드는 데 초점을 두는 최선의 실무를 채택한다.

04 품질의 정의

품질이란 제품의 유용성을 결정하는 성질 또는 제품의 사용목적을 다하기 위해서 구비해야 할 성질이다. 따라서 제품의 품질은 그것을 사용할 소비자에 의하여 평가되며 소비자의 사용목적이나 조건에 맞는 품질이 결국 좋은 품질이다. '최고, 최상'의 품질이 아니라 '최적'의 품질이 좋은 품질인 것이다.

품질에 관한 KS규격을 비롯한 여러 가지 정의를 정리하면 다음과 같다.

① 파이겐바움(A.V Feigenbaum) : 사용되는 제품이 고객의 기대를 어느 정도 충족시켜 주는가를 나타내는 생산된 제품의 복합적인 특성
② 주란(J.M Juran) : 사용상의 적합성
③ 크로스비(P.B Crosby), 그루콕(J.M Groocock) : 요구한 조건과의 일치성
④ 그리나(F.M Gryna) : 고객만족
⑤ 세게지(H.D Seghezzi) : 시방과의 일치성
⑥ 데밍(W.E Deming) : 현재와 미래의 고객 요구조건의 충족도
⑦ 다구치(Taguchi) : 제품이 출하된 시점으로부터 성능특성치의 변동과 부작용으로 인하여 사회에 끼친 총손실
⑧ ISO 8402(1986) : 명시된 요구사항을 어느 정도 만족시켜 주는가를 나타내는 제품이나 서비스의 총체적 성능
⑨ KS A 3001(2002) : 제품 또는 서비스가 명시적 또는 묵시적 요구(Needs)를 만족시키는 능력이 있는 특징 또는 특성의 총체
⑩ ISO 9000(2000) : 고유 특성의 집합이 요구사항을 충족시키는 정도
⑪ ISO 9000(2015) : 대상의 고유 특성의 집합이 요구사항을 충족시키는 정도

SECTION 05 품질의 분류

01 목표품질

소비자의 기대품질로서 당연히 있어야 할 품질을 의미한다. 따라서 이것은 바로 그 제품에 대한 소비자의 요구라고 할 수 있다. 소비자의 요구를 정확하고 광범위하게 조사하고, 이것을 그 제품이 당연히 가지고 있어야 할 품질 특성을 규정한 후 이것이 품질에 실현되도록 노력할 필요가 있다.

02 설계품질

목표품질 중 자사의 기술수준과 공정능력상 실현이 가능하다고 생각되어 제품의 설계에 반영된 품질 특성을 말한다. 다시 말하면 목표품질을 실현하기 위해 제품을 기획하고 그 결과를 시방으로 정리하여 표현화한 품질을 말하는 것이다.

03 제조품질(적합품질)

제조품질은 적합품질 또는 합치품질이라고도 하며 실제로 제조된 품질 특성, 즉 실현되는 품질을 의미한다. 현장의 품질관리는 제조품질을 설계품질에 합치시키기 위한 노력이라고도 말할 수 있으며, 제조품질이 설계품질의 허용공차를 벗어날 때, 이것이 부적합품이 되는 것이다. 제조품질의 적정 부적합률(P_0)는 총비용이 최저가 되는 부적합률이다. 부적합률의 변화는 총비용의 증가를 가져온다.

04 시장품질

제조품질과 설계품질이 합치된 합격품이 출하되어 소비자의 사용 상태에 있는 동안 만족을 주는 품질을 말한다. 이러한 품질을 사용품질이라고도 한다. 특히, 시장품질은 물리적·화학적 특성만이 아니라 가격, 소비자의 취향, 소득수준, 심리적 요인 등이 복합적으로 반영되기 때문에 최적품질 수준결정이 어려운 것도 이 때문이다. 시장품질을 높이기 위해서는 사용방법의 교육 등의 서비스 비용의 증액이 필요하다.

05 제품 이외의 서비스 품질

제품을 직접 취급하지 않는 기업도, 자사가 제공하는 서비스 등을 품질이라 생각하는 것이 현재의 추세이다. 제품(하드웨어)에 따르는 서비스(소프트웨어)도 결국은 전체적으로 기능을 제공하고 있는 것이다. 운송, 통신, 정보 등도 이것이 사용자에게 기능을 제공하는 것이므로 제품의 품질과 기본적으로 같다.

SECTION 06 리엔지니어링(Reengineering)

성과를 크게 증가시키기 위하여 주요 공정에서 근본적인 변화를 만드는 공정을 말한다. 이것은 또한 경영 공정 리엔지니어링 또는 경영 공정 재디자인(BPR)이라고도 불린다. 1980년대 후반에 많은 조직은 경쟁에서 뒤지지 않기 위하여 그들의 가장 중요한 경영 공정을 리엔지니어링해야만 했다. 리엔지니어링의 이유에는 새로운 기술, 과학에서의 중요한 발견, 그리고 세계적인 시장의 출현이 있다.

01 리엔지니어링의 필수요소

많은 리엔지니어링을 하는 회사는 주요 변화에 대한 복합적인 접근을 하기 위해 필요한 많은 구성요소를 보여준다. 이는 다음과 같다.

① 변화의 공정, 기술, 인간, 문화, 조직의 면을 고려하는 다차원 접근
② 리엔지니어링 업무와 기술을 설계하기 위한 틀 구조
③ 리더, 관리자, 리엔지니어링 팀, 촉진자와 컨설턴트를 중심으로 한 팀워크
④ 인간, 문화, 조직적 변화의 효과적인 관리
⑤ 조직의 전략 고려
⑥ 건실한 경영 계획
⑦ 높은 성과 해결을 찾기 위해 리엔지니어링을 하는 사람들에게 억지로 시키는 성과목적
⑧ 성과목적을 설립할 때 고객의 소리 청취
⑨ 현재 상황을 이해하기 위해 소비하는 시간과 자원 최소화
⑩ 어떻게 옳은 접근을 선택하는지 이해

02 리엔지니어링의 배경

1990년대에 들어서면서 세계경제는 급속한 기술변화, 제품수명주기(Product Life Cycle)의 단축, 소비자 취향의 급격한 변화, 기업 조직구조의 변화 등으로 보다 경쟁이 심화되는 현상이 뚜렷이 나타났다.

미국에서는 80년대부터 전반적인 여러 경영문제가 나타나기 시작하였는데, 그 핵심 원인은 대기업 병의 폐해에 있었다. 즉 아담 스미스가 주창하고 헨리 포드사가 실현시킨 분업 시스템으로 인해 조직은 너무 세분화(Fragmented)되어 버렸다. 또한 일선업무는 분산화되었으며, 통제와 견제를 위해 수많은 직무계층이 생겨났고, 간접 관리비 증가, 관료주의적 풍토, 의사소통 부재, 책임소재의 불명확화 등 수많은 부정적 증상이 나타났다. 그 결과 기업 경영자들은 가장 중시해야 할 고객에 집중하지 못할 뿐만 아니라 고객이 원하는 바를 따라잡지 못하였다. 이로 인해 생산비용은 높아지고 품질은 낮아지면서 서비스 수준은 악화되었다. 또한 자산의 회전율을 높이는 것이 중요한 이 시기에, 재고자산의 보유수준은 수개월간의 판매량을 초과하고 있는 상황이었다.

그러나 문제의 심각성은 생산성 향상을 위해 전통적으로 사용되어온 공정 합리화나 자동화 개념이 위와 같은 경영성과의 개선을 가져다주지는 못한다는 데 있다. 특히 지금까지 많은 기업에서 정보기술을 도입하고 이에 따른 막대한 투자비를 지출하였으나 실제 기대에 못 미치는 성과만을 갖고 왔다. 즉 대부분의 경우 기존의 업무를 그대로 유지한 채, 단지 업무처리를 신속하게 하기 위하여 컴퓨터를 이용했던 것이다. 그러나 업무처리 과정의 신속화만을 추구하다 보면 보다 근본적인 문제인 업무 자체에 대한 처리과정상의 결함을 발견하지 못하고 그대로 지나쳐 버리는 수가 대부분이다.

실제로 현재 우리가 사용하고 있는 작업설계, 업무흐름, 통제기능 및 조직구조에 대한 개념은 이미 컴퓨터가 기업경영에 활용되기 전, 즉 현재와는 현저히 다른 경쟁 환경하에서 출현한 것으로서, 대부분의 개념들이 조직의 효율성과 통제를 목적으로 도입된 것들이다. 이러한 경영환경의 변화를 살펴보면 보다 뚜렷한 혁명적인 변화의 흐름을 볼 수 있다.

첫째, 시장의 경계가 없어지는 세계화 현상이다.
둘째, 정보기술(IT ; Information Technology)과 컴퓨터 네트워크의 발달이다.
셋째, 19세기 이래 기업 활동을 지배해 온 분업과 전문화의 원리 및 수직적 계층구조가 와해되는 상황을 들 수 있다.

:: 03   리엔지니어링의 정의

리엔지니어링의 정의는 '전무(全無)에서 출발한다(Starting From Scratch).'는 것이다. 즉, 과거 경험을 파괴하는 근본적인 개혁을 요구하는 것으로, 이는 근본적인 사고방식의 전환을 의미하며, 지금까지 조직에 속해 있으면서 습관적으로 익숙해져 있던 모든 절차와 제도로부터 벗어나 원점에서 새롭고 고객을 만족시키는 모든 프로세스를 재설계하는 것이다. 리엔지니어링은 일시적인 응급처치수단이 아니며, 제품이나 서비스의 품질을 향상시키거나 비용을 절감하는 기법도 아니다. 이는 기존 기업 운영방식의 혁명적인 변화를 뜻한다. 따라서 이를 수행하기 위해 다음의 네 가지 핵심어가 있다.

(1) 기본적인(Fundamental)

리엔지니어링을 수행함에 있어서 기업인들은 그들의 기업에 대해, 그리고 그 기업이 어떻게 운영되는가에 대해 다음과 같은 가장 기본적인 질문부터 다시 생각해 보아야 한다. "왜 우리는 지금 이러한 일을 하고 있는가?" "왜 우리는 이 일을 이러한 방법으로 하고 있는가?" 이런 기본적인 질문을 해 보면 사람들은 그들이 그들의 업무를 수행하는 방법 밑에 놓여 있는 암묵적인 규칙과 가정들을 눈여겨보게 된다. 그리고 종종 이러한 규칙들이 이미 진부한 것이거나, 문제점이 많고 또는 부적절한 것임을 깨닫게 된다. 리엔지니어링은 아무런 가정과 사전에 주어진 명제 없이 시작한다. 즉, 실제로 리엔지니어링을 수행하는 기업들은 대부분의 프로세스에 이미 깊숙이 박혀 있는 가정들을 경계해야 한다. 예를 들어, "고객 신용상태를 보다 효율적으로 조회할 수 있는 방법은 없을까?"라고 묻는 것은 이미 고객의 신용상태를 조회하여야 한다는 것을 가정하고 있다. 실제로 많은 경우에 있어서, 조회비용이 조회를 하지 않아서 생기는 대손금을 초과하는 경우도 많이 있다. 리엔지니어링을 할 때는 먼저 기업이 무엇을 해야 할지를 결정하고, 그 다음 그것을 어떻게 할지를 결정해야 한다. 리엔지니어링에서는 아무것도 당연한 것으로 여기지 않는다. 리엔지니어링에서는 '지금 있는 것'을 무시하고 '반드시 있어야 할 것'에 집중하는 것을 근본 실천과제로 하고 있다.

(2) 근본적인(Radical)

근본적인 재설계는 어떤 업무의 근간에 이르는 것, 즉 피상적인 변화를 행하거나 이미 적절한 곳에 있는 것을 만지작거리는 것이 아니라 낡은 것을 내버리는 것을 의미한다. 리엔지니어링에서 근본적인 재설계는 현존하는 모든 구조와 절차를 버리고 완전히 새로운 업무처리 방법을 만들어 내는 것을 의미한다. 리엔지니어링은 업무를 개선·향상·변경시키는 것이 아니라 다시 만들어 내는 것이다.

(3) 극적인(Dramatic)

리엔지니어링은 점진적인 변화를 이루는 것이 아니라, 업무성과를 극적으로 높이는 것이다. 기업의 업무성과가 기대한 것에 비해 10% 모자란다면, 원가가 10% 더 들었다면, 품질이 10% 낮다면, 고객서비스를 10% 끌어올릴 필요가 있다면, 그 기업은 리엔지니어링을 할 필요가 없을 것이다. 종업원들을 열심히 일하게 하고, 점진적인 품질개선계획 등을 동원하는 전통적인 방법이 기업을 10%의 수렁에서 끌어낼 수 있다.

리엔지니어링은 오직 확실한 개혁이 필요할 때에만 사용해야 한다. 점진적인 개선은 미세조정을 필요로 하지만, 극적인 개선은 구태와 현재의 상황을 날려 버리고 새로운 어떤 것으로 대체해야만 이룰 수 있다.

(4) 프로세스(Process)

가장 중요한 단어이자 또한 대부분의 기업 경영자들이 가장 어려워하는 것이기도 하다. 대부분의 기업인들은 '프로세스 지향적'이지 않다. 즉, 그들은 프로세스가 아니라 과업, 직무, 사람, 구조 등에 초점을 맞추고 있다. 프로세스란 '하나 이상의 입력(Input)을 받아들여 고객에게 가치 있는 결과(Output)를 산출하는 행동들의 집합'이다. 일을 가장 단순한 작업으로 세분하고 이 각각을 전문가에게 할당하는 애덤 스미스의 사고의 영향으로, 현대의 기업과 그 경영자들은 주문서 접수, 제품의 반출 등 프로세스의 개별적인 작업에 집중하고, 제품을 주문한 고객에게 그 제품을 제공한다는 보다 큰 목표는 보지 못하고 있다. 프로세스 내의 개별 작업들이 중요하기는 하지만, 전체 프로세스가 움직이지 않는다면, 즉 전체 프로세스가 제대로 작동하지 못하면, 어떠한 작업도 고객에게는 전혀 중요하지 않은 것이다. 다시 말해서, 재설계(Redesign)는 업무가 처리되는 방법, 즉 프로세스의 설계가 매우 중요하다는 것을 말하고 있다.

SECTION 07 고장모드영향분석(FMEA)

고장모드영향분석(FMEA ; Failure Mode and Effect Analysis)은 1950년대 초 프로펠라 추진항공기가 제트엔진 항공기로 전환되면서 유압장치가 전기장치로 구성되는 복잡한 조종 시스템을 가진 제트기의 신뢰성 설계를 위해 사용된 것을 효시로 하여 1960년대에는 NASA에서 우주선 개발 시 각 부품의 오기능을 브레인스토밍 방법으로 예측하려는 활동에 사용하였으며 1990년대 이후 ISO 9000, QS 9000, 6시그마 등에서 품질개선 및 신뢰성 관리의 필수적 요건으로 간주되고 있는 분석 기법이다.

01 FMEA의 목적

① 시스템의 설계와 제조에 있어서 잠재적 고장모드, 원인 및 영향 도출 및 전개
② 잠재적 고장의 발생을 감소시키거나 제거하기 위한 활동방법 제시
③ ①과 ②의 과정을 문서화
④ 고객을 만족시키기 위한 설계 요구조건 및 사양을 확실하게 정의

02 FMEA의 효과

① 잠재적인 결함과 고장모드를 미리 제거할 수 있는 체계적인 접근을 할 수 있다.
② 신뢰성 시험항목을 결정할 수 있다.
③ 문제해결(Trouble Shooting) 매뉴얼을 개발하는 기초 자료를 제공한다.
④ 고장진단 및 시스템 성능 감시를 위한 기초를 제공한다.
⑤ 유사 시스템을 설계할 때 고장예방을 위한 노하우(Know-how)를 축적할 수 있다.

03 FMEA의 실시시기

일반적으로 FMEA는 제품 및 공정설계 단계에서 적용한다. 그러나 FMEA는 분석 도구

(Tool)이므로 품질개선 활동, 고장원인 분석, 신뢰성 시험항목 결정 등 FMEA가 효과적으로 적용될 수 있는 경우에 실시할 수 있다.

04 FMEA의 종류

적용 대상에 따라 다음과 같이 여러 가지 종류의 FMEA가 있다.
① **시스템 FMEA** : 개념설계와 예비설계 단계에서 시스템과 서브시스템을 대상으로 적용
② **설계 FMEA** : 상세설계 단계에서 부품선정 이후의 분석
③ **공정 FMEA** : 제조공정설계 단계의 분석
④ **설비 FMEA** : 설비를 대상으로 하며, 주로 설비관리 측면에서 접근
⑤ 기타 소프트웨어를 대상으로 한 S/W FMEA, 서비스 산업에서의 서비스 FMEA도 있다.

05 설계 FMEA의 실시절차

(1) 팀 구성

FMEA는 브레인스토밍(Brainstorming)에 기초한 팀 활동이므로, 설계담당자 이외에 QC, 생산기술, 제조, 자재, 서비스, 영업 등 폭넓은 경험을 가진 여러 명의 구성원들로 팀을 구성한다. 이때 브레인스토밍을 수행함에 있어 구성원들 간의 의견을 존중하고 많은 아이디어를 도출하는 것이 중요하다.

(2) 자료 준비

대상 시스템이나 제품에 관한 설계 요구 품질표, 도면, 부품리스트, 실험보고서, 개발이력 등과 유사부품의 클레임 정보, 품질정보 및 고장이력 리스트 등 관련 자료들을 준비한다.

(3) 분석범위 결정

설계 FMEA를 실시할 범위를 결정한다. 시스템 전체를 대상으로 하여 분석하면 시간이 오래 걸리므로 중요 아이템이나 설계변경 부분을 분석 범위로 선택한다.

SECTION 08 결함나무분석(FTA)

결함나무분석(FTA ; Fault Tree Analysis)은 Bell 연구소의 H.A.Watson이 고안하고 1965년 Boeing 항공회사의 D.F.Haasl이 보완해 실용화되기 시작한 기법이다.
FTA는 시스템의 고장을 발생시키는 사상과 그 원인의 인과관계를 논리기호(AND 또는 OR)를 사용하여 나뭇가지 모양의 그림으로 나타낸 결함나무를 만들고 이에 의거, 시스템의 고장 확률을 구함으로써 문제가 되는 부분을 찾아내어 시스템의 신뢰성을 개선하는 계량적 결함해석 및 신뢰성 평가방법이다.

01 결함나무분석 절차

① 결함나무(Fault Tree)를 작성한다.
② 최하위의 고장원인인 기본사상에 대한 고장확률을 추정한다.
③ 기본사상에 중복이 있으면 Boolean 대수공식에 의하여 고장목을 간소화하고 그렇지 않으면 절차 ④로 간다.
④ 시스템의 고장확률을 계산하고 문제점을 찾는다.
⑤ 문제점의 개선 및 신뢰성 향상책을 강구한다.

02 게이트 및 사건기호

게이트 기호는 사상(또는 사건)들의 인과관계에 따라 사상들을 연결시키는 것으로 주로 AND게이트와 OR게이트가 사용된다.

SECTION 09 품질기능전개

제품설계나 제품계획에서 가장 중요하며 먼저 이루어져야 하는 것은 고객의 요구, 기대사항을 파악하고 구현하는 체계적인 방법을 마련하는 것이다. 이를 위해 먼저 해당 제품 또는 서비스의 고객을 정의하고 고객이 원하는 것이 무엇인지를 파악해야 할 것이다. 이렇게 파악된 고객의 요구사항을 충족시킬 수 있는 제품을 설계, 생산하는 것이 필요한데 이를 위한 체계적인 방법으로 개발된 것이 품질기능전개(QFD ; Quality Function Deployment)이다.

QFD는 제품구상으로부터 설계, 제조, 유통, 사용을 통한 제품의 수명주기를 통해 고객의 요구사항이 구현될 수 있도록 하기 위한 도구로서 다음과 같이 정의된다.
품질기능전개는 제품 구상에서부터 제품의 설계, 개발을 통해 제조, 유통, 초기화, 마케팅, 판매, 서비스에 이르기까지 모든 단계에서의 고객 요구를 회사 내에서의 요구로 변환하는 시스템이다.

QFD는 고객의 요구를 충족시키는 기술이며 제품의 수명주기, 즉 개념설계로부터 부품설계, 공정과 제조, 사용에 이르기까지의 모든 단계를 통해서 고객의 요구사항이 실현, 향상될 수 있도록 체계적이며 지속적인 정보교환을 위한 효과적인 방안이라고 할 수 있다. 이는 제품생산에 제한되지 않으며 서비스 품질관리를 위해서도 효과적으로 이용 가능하다.

QFD는 신뢰성 요구사항을 포함하는 고객의 요구를 기술적 특성으로 변환하는 시스템이므로 내용을 상세히 설명하기는 어렵다. 여기에서는 QFD의 기본적 개념과 신뢰성 시험에 응용하는 방법을 중심으로 설명하기로 한다.

QFD에서는 품질표 : 품질의 집, House of Quality(HOQ)를 이용한다.
품질표에는 각각 다음과 같은 내용을 입력한다.

요구품질	중요도	③ 기술적 특성	⑤ 기술적 특성의 상호관계
①	②	④ 요구품질과 기술특성의 관계	⑥ 타사 비교
기술적 특성 비교		⑦	
기술특성 중요도		⑧	
기술특성 목표값		⑨	

①	요구품질		설문조사, 개별면담, 전시회 참가, 계획된 실험 등 여러 가지 방법을 통해 추출된 고객의 요구사항
②	중요도		고객의 요구사항의 상대적 중요도
③	기술적 특성		요구사항에 대응하는 제품의 품질특성, 요구품질에 영향을 미치는 정량적으로 측정 가능하고 고객인식에 직접 영향을 미치는 설계 변수
④	요구품질과 기술적 특성의 관계		요구품질과 기술적 특성의 상관관계(양,음)와 상관강도(강,중,약)
⑤	기술 특성의 상호관계		기술적 특성들 간의 상관관계
⑥	타사 비교		자사제품과 경쟁제품에 대한 요구 품질의 고객 인지도 비교
⑦	기술적 특성 비교		자사제품과 경쟁제품의 현재 기술특성값
⑧	기술특성의 중요도		기술적 특성의 상대적 중요도
⑨	기술특성 목표값		요구품질과 기술적 특성의 관계와 기술적 특성의 상대적 중요도를 곱하고 이를 종합

QFD를 2단계(Two Stage)로 적용함으로써 신뢰성 시험 항목을 도출할 수 있다.
(이를 2단계 QFD라고도 부름) 단계 1에서는 고장모드, 메커니즘과 스트레스의 관계를 평가하고 단계 2에서는 고장모드/메커니즘과 시험방법을 평가하여 어떤 시험을 해야 신뢰성 평가를 효과적으로 할 수 있는지 시험방법들을 결정할 수 있다.

SECTION 10 고장분석(Failure Analysis)

:: 01 고장분석의 접근방법

고장분석은 고장이 일어났을 때 메커니즘(Mechanism)을 밝히기 위하여 고장발생 개소에 대하여 수행하는 물리적, 화학적 원인 규명을 말한다.
MIL-STD-883에서는 「고장분석은 보고된 고장을 확인하고 고장모드 또는 메커니즘을 규정하기 위해, 전기적 특성, 물리, 금속, 화학적 최신 분석기술에 의하여 고장 발생 후에 고장원인을 조사하는 것이다.」로 정의하고 있다.

한편, 고장분석은 협의적인 원인규명과 함께 설계, 제조 또는 사용 측면의 기술적인 면과 더불어 관리적인 측면까지, 고장이 발생한 원인을 분석하는 것을 일컫는 경우도 있다. JIS Z 8115는 개발단계에서의 사전분석(Prognosis)에서 고장 발생 후의 사후 분석까지를 포함한 광의적 의미로 고장분석을 다음과 같이 정의하고 있다. 아이템의 잠재적 또는 나타난 고장메커니즘, 발생률 및 고장의 영향을 검토하고 시정 조치를 검토하기 위한 계통적인 조사 연구이다.

고장은 외부의 응력(Stress) 및 사용 환경조건 변화에 따라 제품 내부에서의 물리적, 화학적 변화로 인하여 발생하며, 제품의 외부의 전기적 특성 변화로 관찰된다. 고장분석을 위한 수단으로서는 전기적, 물리적, 금속학적, 화학적인 분석기술을 구사한다.

:: 02 고장분석의 접근방법 및 내용

접근방법	내용
통계적 접근	• 고장현상을 정량적으로 파악하고 개선 포인트와 우선순위를 명확히 하기 위해고장이 발생할 때마다 발생일시, 제품(부품)명칭, 고장상황, 고장원인, 조치, 대책 등에 관한 데이터를 파악하고 소정기간의 수집된 데이터를 통계적으로 분석 • 개선포인트와 우선순위가 명확하게 됨으로써 효율적 보전활동의 전개가 가능하게 된다.

접근방법	내용
고장물리적 접근	• 고장 전의 상황(작업기록, 수리기록, 점검기록 등), 고장발생 시의 상황(제품 동작 기록, 고장전파상황 등), 고장 후의 상황(손상부품의 상세상황, 제품의 위치, 상태 등) 등 종합적인 데이터를 기초로 고장의 근본원인과 메커니즘을 규명 • 고장의 근본원인을 알게 되고 이를 토대로 대책을 적용할 때 확실한 성과로 연결됨. 그렇지 않으면 고장이 재발한다.
관리적 접근	• 고장방지를 위한 관리적 접근으로서 설계도면의 수정, 검사표준서, 점검표준서의 개정, 운전매뉴얼의 개정 등에 따라 고장의 재발을 확실하게 방지하는 수단을 강구하는 것 • 고장 직후의 대책은 충분하게 실시되었지만 몇 년 경과 후 동일한 고장이 발생된다면 충분한 방지 대책이라고 볼 수 없다.

03 고장분석 절차

고장분석 순서는 매우 중요하다. 제조공정을 다르게 하면 제품을 만들 수 없듯이 고장분석 순서를 다르게 하면 정확한 분석을 할 수 없다. 제품은 다시 만들 수 있지만 고장분석 순서가 잘못되면 목적하는 분석을 다시 할 수 없는 경우가 일반적이다.
그 이유는 고장원인, 메커니즘을 규명하는 작업은 기본적으로 불가역적인 파괴적 요소가 포함되어 있으므로 고장을 재현하는 것이 어렵기 때문이다.

고장분석 기술은 부품의 신뢰성 향상에 매우 중요한 역할을 한다. 클레임에 대한 고장분석이나 부품을 구입할 때 양품분석을 통해 고장원인이나 고장 메커니즘에 관한 자료와 정보를 축적함으로써 신뢰성 향상을 위한 대책을 수립하는 것이 중요하다.
개별 부품마다 고장분석 순서와 상세 사항은 다르지만 일반적인 전자부품의 고장분석은 통상 고장 발생을 출발점으로 하여 고장품 상태를 보존하면서 비파괴분석에서 파괴분석 순으로 실시한다.

SECTION 11 제조물책임법 (PL ; Product Liability)

제품이 갖추어야 할 안전성이 결여되어 소비자가 피해를 입었을 경우, 제조자가 부담해야 할 손해배상책임을 말한다. 즉, 제조물책임은 제품의 결함으로 인해 발생한 인적·물적·정신적 피해를 공급자가 부담하는 한 차원 높은 손해배상제도이다.

01 제조물책임법의 의미

(1) 제조물의 안전성 강화

기업이 제조물을 제조·판매함에 있어서 사후의 손해배상책임의 성립 여부를 고려하여 「제조물의 개발·설계·기획·구매·제조·검사·판매·표시·사후서비스 등의 과정에서 제조물의 결함」의 존재 여부 등의 여러 가지 문제를 둘러싼 제조물책임의 성립 여부가 중요한 역할을 수행하게 된다. 즉 결함제품으로 인해 배상금을 지불하기보다는 안전한 제품을 만드는 쪽이 이득이므로 안전성 향상 노력을 기울이기 때문에 제품의 안전성이 높아진다.

(2) 고객만족 경영의 실현(소비자보호)

소비자 입장에서 보면 제조물책임법은 제조물 사고피해에 대한 구제를 용이하게 한다는 점에서 절차나 결함 입증의 곤란으로 구제받지 못한 클레임이나 재판 및 분쟁건수가 증가된다. 이에 따라 기업은 결함 제품으로 인한 분쟁이나 소송을 대비한 개발 및 설계가 이루어지고 자연히 고객만족(소비자보호)의 사상에 입각한 기업경영을 이행할 것으로 예상된다.

(3) 기업의 경쟁력 강화

기업의 입장에서는 제품의 안전대책이 기업경영의 중요 관심사항이 되므로 보다 안전한 제품의 생산과 판매경쟁이 이루어질 것이며, 소비자는 가격, 품질 이외에 제품안전이라는 요소로 제품을 구매하게 되므로 제조물책임(PL)에 대비하여 제품을 생산하는 기업은 자연히 경쟁력 강화가 이루어진다. 기업은 단순히 제조물책임의 방어(PLD)라는 관점에서가 아니라, 적극적으로 제품사고를 방지하는 제조물책임 예방대책(PLP)과 제품의 안전대책(PS)의 수립과 실행을 해야 한다.

(4) 기업의 책임 분산

제조물책임법이 없으면 과실책임(불법행위책임)에 의지할 수밖에 없지만, 제조물책임법이 시행되면 제품결함에 대한 입증은 과실의 입증보다는 훨씬 용이하므로 기업의 책임은 무거워진다. 하지만 기업은 PL보험을 통해 사고비용의 부담을 분산시킬 수는 있다.

(5) 사고재발의 방지

현대와 같은 소비사회에서는 제품의 안전으로 인한 사고는 어느 정도 불가피하다. 이러한 소송이나 분쟁으로 인해 기업은 제품안전에 대한 사전예방대책 및 방어대책이 가능해지고 사고재발의 방지가 가능하게 된다.

02 제조물책임법 대응시스템의 구축방법

(1) 제조물책임법의 대응방안

① 제조물책임 예방대책(PLP ; Product Liability Prevention)
② 제품안전대책(PS ; Product Safety)
③ 제조물책임 방어·소송대책(PLD ; Product Liability Defence)

PLP, PS, PLD의 3자의 관계에 대하여는 대체로 PLP를 PS와 PLD의 총칭으로 이해하는 것이 일반적이라 할 수 있다. 따라서 사전예방과 사후대응이라는 두 가지 측면에서의 대응책을 포괄하는 것이라 할 수 있다.

(2) 제조물책임 예방대책(PLP)활동의 전개

① 제품안전(PS)전문가 양성 및 활용
② 소비자 안전확보 3스텝
③ 제반 환경 요구사항

(3) 안전성 확보의 방안

제조물 책임 대응의 핵심은 안전설계이다. 설계 입력단계부터 안전설계를 하면 70~80%의 위험을 줄일 수 있다.(제품 에러방지) 제품 안전설계를 위하여 현재 가장 보편적으로 사용하는 방법은 위험분석방법이 있다.
3단계를 기본적으로 적용하고 있다.

① 1단계 : 제품 설계 시 위험이 있으면 그 위험을 제거하라. 위험을 차단 및 제거함으로써 사용자의 이용 시 위험과의 완벽한 격리를 요구하고 있다.
② 2단계 : 위험을 완전히 제거할 수 없다면 안전장치를 사용하여 안전성을 확보하라. 설계 시 위험요소가 불가피할 경우 안전장치를 설치하여 위험발생이 다른 설비에 의해 안전성을 확보하는 것이다.
③ 3단계 : 그래도 제거가 불가하면 표시로써 경고하라. 제품 고유의 기능이나 특별한 경우에 위험 요소가 불가피할 경우 경고 표시 및 매뉴얼을 통해 충분히 사용자에게 알려야 된다.

SECTION 12 품질코스트(Q-COST)

품질코스트에 의한 품질관리활동의 효과와 경제성을 평가하는 방법도 품질관리의 관리기능과 동일한 절차로 품질관리활동에 사용된 제반 비용을 기간원가로 집계하고, 이것을 분석함으로써 문제점을 발견하여 개선하며, 차기의 품질관리활동의 계획과 예산편성의 기초자료로 활용하는 데 목적을 두는 기법이다.

01 품질코스트의 구성

화이겐바움의 분류방법에 따른 품질코스트의 구성은 다음과 같다.

예방코스트 (Prevention Cost : P-Cost)	처음부터 부적합이 생기지 않도록 하는 데 소요되는 비용
평가코스트 (Appraisal Cost : A-Cost)	제품의 품질을 정식으로 평가함으로써 회사의 품질수준을 유지하는데 드는 비용
실패코스트 (Failure Cost : F-Cost)	소정의 품질수준을 유지하는 데 실패하였기 때문에 생긴 부적합품에 의한 손실

화이겐바움은 미국의 경우 일반적으로 제조원가에 대한 품질코스트의 적정 비율을 약 9%로 보았으며, 다시 이것을 100으로 놓았을 때 예방코스트가 5%, 평가코스트가 25%, 실패코스트 70%라고 하여도 큰 착오는 없을 것이라고 하였다. 한편 제조원가에 대한 품질코스트의 비율은 대체로 6~7%가 적당하다고 하였다.

02 품질코스트의 분류

▼ 예방코스트(P-Cost)

구분	내용	산출비목
QC계획코스트	TQM 계획 및 시스템을 입안하기 위한 조사, 교섭, 입안, 심의 등에 소요되는 비용	조사비, 계획비
QC기술코스트	QC스태프가 하는 평가, 입증, 권고, 기술지원, 회의 등의 비용과 다른 부문이 하는 QC비용도 여기에 포함	통계사무비 내외 사무비, 교섭비
QC교육코스트	TQM의 보급 선전, 종업원 교육 및 스태프 교육에 쓴 비용	PR비 전사교육비, 스태프교육비
QC사무코스트	문방구, 사무용 기기, 통계용 기구, 통신비 등의 모든 잡비를 포함	사무용품비, 모든 잡비

▼ 평가코스트(A-Cost)

구분	내용	산출비목
인수검사 코스트	구입제품, 부품 및 가공 외주품, 조립품의 인수검사에 소요된 비용 (단, 시험적인 비용은 여기에 포함되지 않음)	검사감리비, 검사작업비, 검사준비비, 검사자재비, 검사사무비
공정검사 코스트	부품가공 공정 또는 조립공정 검사에 들어간 비용 (단, 시험비는 포함되지 않음)	위와 같음
완성품검사 코스트	완성품의 최종 검사 및 입회 검사에 들어간 비용, 인도검사나 시험 등의 비용을 포함	검사감리비, 검사작업비, 검사준비비, 검사자재비, 검사사무비, 입회검사비, 장비검사비
시험 코스트	검사로서가 아니라(최종목적이 합/불합격 판정이라 할지라도) 검사 이외 또는 검사 부문이 특정의 프로젝트로서 실시한 시험에 들어간 비용	재료시험비, 기능시험비, 환경시험비, 신뢰도시험비
PM 코스트	시험기, 측정기 및 지그(JIG) 공구의 인수검사, 정기검사, 조정 수리 또는 기준기의 검정 시험 등에 들어간 비용	인수검사비, 정기검사비, 검정시험비, 보전비

▼ 실패코스트(F-Cost)

구분	내용	산출비목
폐각 코스트	사용자(고객)에게 납품하기 이전에 부적합 폐각이 될 요인이 사내의 생산 공정에 있을 때의 손실 코스트의 전부	재료비 작업, 검사비, 간접경비
재가공 코스트	고객에게 납품하기 이전에 재가공 원인이 사내의 생산 공정에 있을 때의 손실 코스트의 전부	작업, 검사비, 간접경비
외주부적합 코스트	고객에게 납품하기 이전에 수입단계에 있어서 외주 품의 불합격 때문에 입은 손실 코스트	지급재료비, 검사비, 부적합조달비
설계변경 코스트	설계 변경에 의해(수요자 요구는 포함하지 않는다.) 회사가 입은 손실 코스트(부적합저장품 또는 서비스용으로 전용될 수 있는 구품처리비는 포함하지 않음)	설계변경비, 구품처리비, 지그공구의 제조 또는 수리비
현지서비스 코스트	납기 후에 발생한 무상 서비스에 속한 것으로 보증 기간의 유무 또는 초과 여하를 막론하고 당사의 책임에 의하여 발생한 서비스코스트로서 고객측에 출장했을 때의 손실코스트 전부	출장여비 출장기간 중의 급여 및 경비
대품서비스 코스트	이미 납품한 것이 고장이기 때문에 대품을 고객에게 송부할 때의 손실코스트	대품가격, 모든 운임
부적합대책 코스트	부적합대책을 위한 회의, 시험 또는 조치 등에 들어간 코스트	대책회의비, 대책시험비, 대책조치비

:: 03 평가비용의 절감대책

① 제조공정순서상 현 검사시점의 적절성 여부에 대한 검토
② 현 검사방법의 경제적 검토
③ 검사의 자동화 가능성의 검토
④ 검사자료처리의 자동화 가능성의 검토
⑤ 부적합품 발생 예방을 위한 현 공정관리방법의 적절성 검토
⑥ 경제적인 외주시험방법의 유무 검토

04 실패비용의 절감대책

① 고비용 요소의 원인분석에 의거 부적합품 발생공정의 식별, 설비 및 제조기술상의 원인 식별, 자재별 원인식별 등을 행하고 식별된 원인의 책임 부서에의 통보
② 통보한 부적합원인에 대한 교정조치의 실행 여부의 확인
③ 반품률이 높은 부문의 발견과 이에 대한 교정조치
④ 교정조치가 설계변경과 치공구 변경에까지 광범위하게 시행되었는지의 여부 확인
⑤ 보상비의 타당성 검증의 실시 여부에 대한 확인
⑥ 반환품의 취급(운반, 수리 및 폐기)이 경제적으로 실시되었는지의 여부에 대한 확인
⑦ 경제적인 A/S의 실시 여부의 확인
⑧ 제반 개선조치에 대한 관련 부서의 협조와 참여여부의 확인
⑨ 품질개선업무가 문서와 회의 등에 의거 실시되었는지의 여부에 대한 확인

SECTION 13. ISO 22000 (식품안전경영시스템) 인증

식품의 모든 취급단계에서 발생할 수 있는 위해요소를 효과적으로 관리하기 위하여 ISO/TC34/WG8 주도로 ISO 회원국 및 CODEX, GFS(국제식품안전협회), BRC 등 식품공급기관이 공동으로 개발한 국제규격이다.

식품공급 사슬 내의 모든 이해관계자들이 적용할 수 있도록 CODEX의 HACCP 원칙과 ISO 경영시스템을 통합한 인증규격으로서 식품 안전 위해요소 관리능력을 실증하기 위한 식품안전경영시스템의 요구사항을 규정한 제도를 말한다.

01 식품안전경영시스템의 핵심 요구사항

① 상호의사소통(Interactive Communication)
② 시스템 경영(System Management)
③ HACCP 원칙(HACCP Principles)
④ 선행여건 프로그램(Prerequisite Program)

02 필요성 및 효과

① 소비자들의 식품안전성 요구에 적극적으로 대응 가능
② HACCP 및 기타 기존의 식품안전 프로그램의 한계 극복
③ ISO 22000을 통한 국제적 통용성 제고 및 비용 절감
④ ISO 9001, 14001 규격 등과의 범용성으로 인해 기 인증업체들의 전환/확장이 용이

SECTION 14 ISO 14001(환경경영시스템) 인증

ISO 14001 규격은 기업 활동의 전 과정에 걸쳐 지속적인 환경성과를 개선 또는 혁신하는 경영활동을 위해서 국제표준화기구인 ISO에서 제정한 환경경영시스템에 관한 국제 규격이며 환경경영체제 인증제도는 조직이 구축한 환경경영시스템이 이 규격에 적합한지를 제3자 인증기관에서 객관적으로 평가하여 인증해 주는 제도로서 1996년 제정되었고, 2004년 1차 개정, 현재 2015년 9월 15일 2차 개정되었다. EU 또는 일본 등의 국제 환경규제와는 달리 기업 활동의 전반에 걸친 환경경영시스템을 평가하여 객관적인 인증을 부여하여 기업이 해당 환경법규 또는 규제기준을 준수하고 있는가의 차원을 넘어 기업이 얼마나 환경방침, 추진계획, 실행 및 운영, 점검 및 시정조치 경영검토, 지속적 개선 등의 포괄적인 환경경영을 실시하고 있는가를 평가하는 제도로 ISO 9001 등의 시스템과 맞물려 기업이 변경 운영하는 대표적인 시스템이다.

구분	내용	규격번호
환경경영시스템(EMS)	환경경영시스템 요구사항을 규정	ISO 14001/4
환경심사(EA)	환경경영시스템 심사원칙, 심사절차와 방법, 심사원 자격을 규정	ISO 19011
환경성과평가(EPE)	조직활동의 환경성과에 대한 평가기준 설정	ISO 14031 ISO/TR 14032
전과정평가(LCA)	제품, 공정, 활동의 전 과정에 대한 환경영향을 평가하고 개선하는 방안을 모색하는 영향평가방법	ISO 14040/41/42/43 ISO/TR 14047 ISO/TR 14048 ISO/TR 14049
환경라벨링(EL)	제3자 인증을 위한 환경마크 부착 지침 및 절차, 자사 제품의 환경성, 자기주장의 일반지침 및 원칙들을 규정	ISO 14020/21/24 ISO/TR 14025
용어정의	환경용어 정의	ISO 14050
지구온난화가스	지구온난화 가스 배출, 측정, 보고 및 검증에 대한 규정(현재 규격 제정 중)	ISO/AWI 14064

01 도입의 필요성

① 환경경영을 통한 생산제품 경쟁력 강화
② 이해관계자 요구사항
③ 국제시장에서의 환경경영에 대한 압력
④ 환경오염에 대한 기업의 책임 확대
⑤ 환경 중요성 증대에 따른 소비자 환경의식의 개선으로 환경친화 기업의 제품이나 환경친화 제품에 대한 호감도 증대
⑥ 지구환경보호

02 ISO 14001 규격 요구사항

ISO 14001 : 2004		ISO 14001 : 2015	
1. 적용범위		1. 적용범위	
2. 인용표준		2. 인용표준	
3. 용어와 정의		3. 용어 및 정의	
4. 환경경영시스템 요구사항	4.1 일반 요구사항 4.2 환경방침 4.3 기획 4.4 실행 및 운영 4.5 점검 4.6 경영검토	4. 조직의 정황	4.1 조직 및 조직정황의 이해 4.2 이해관계자의 니즈 및 기대의 이해 4.3 EMS의 적용범위 결정 4.4 환경경영시스템
		5. 리더십	5.1 리더십 및 공약 5.2 환경방침 5.3 조직의 역할, 책임 및 권한
		6. 품질경영시스템 기획	6.1 위협 및 기회에 관련되는 리스크를 다루기 위한 조치 6.2 환경목표와 환경목표를 달성하기 위한 기획
		7. 지원	7.1 자원 7.2 역량/적격성 7.3 인식 7.4 의사소통 7.5 문서화된 정보

ISO 14001 : 2004		ISO 14001 : 2015	
	8. 운영	8.1 운영기획 및 관리	
		8.2 비상상태 대비 및 대응	
	9. 성과평가	9.1 모니터링, 측정, 분석 및 평가	
		9.2 내부심사	
		9.3 경영검토	
	10. 개선	10.1 부적합 및 시정조치	
		10.2 지속적 개선	

03 ISO 14001 : 2015 주요 변경사항

① 조직의 상황을 반영한 전략적 환경경영 요구사항 추가
② 리더십 요구사항 추가
③ 환경보호를 위한 사전예방적 활동의 차원에서의 환경경영 강조
④ 지속적인 개선을 위해 환경성과의 개선 강조
⑤ 전과정 사고방식(Life cycle Thinking) 도입
⑥ 내부 및 외부 의사소통을 동등하게 취급하는 의사소통전략 개발 요구
⑦ 문서화된 정보(Documented Information)가 문서와 기록을 대체
⑧ 조직 스스로 절차의 필요성을 판단하도록 융통성 부여

04 인증의 효과

① 환경성과와 환경상태 개선
② 환경영향의 지속적인 감소 및 관리
③ 이해관계자(정부, 주민, 보험사, 채권은행 등)의 관계 개선
④ 원자재, 에너지 및 폐기물 처리비용의 절감
⑤ 환경친화적 기업으로 이미지 개선
⑥ 환경법령/법규 위반 가능성 및 사고의 감소
⑦ 환경개선에 의한 자긍심 고취

SECTION 15. IATF 16949(자동차 생산 및 관련된 서비스 부품 조직을 위한 품질경영시스템) 인증

IATF 16949는 국제 자동차 협의회(IATF ; International Automotive Task Force)에 의해 각 국가의 자동차 업종 품질경영시스템 요구사항을 표준화하여 통합한 자동차 분야 품질경영시스템 요구사항을 의미한다.

이 규격의 탄생과정은 먼저 ISO/TS 16949 초판이 1993년 3월에 발행되었으며, 개정2판이 2002년 3월에 주요개정을 단행하여 발행되었다. 이후 2009년 6월에 일부 개정을 단행하였으며, 이번 IATF 16949로 바뀌어 2016년10월 현대적 요구사항을 반영하여 개정을 단행하게 되었다.

IATF 즉, 국제자동차 협의회는 전 세계 자동차 산업분야 이해관계자들로 구성되어 1997년에 창설되었다. 협의회 구성원들은 완성차 기준 BMW, Daimler-Chrysler, Fiat, Ford, General Motors, PSA Peugeot Citroen, Renault SA, Volkswagen 등이 참여하였다. 각 국가별 자동차 협의회 는 미국 AIAG, 이탈리아 ANFIA, 독일 VDA, 프랑스 FIEV, 영국 SMMT 로 전 세계 완성차 업계를 대표하고 있는 협회들이다.

01 IATF 16949 개정방향

ISO9001 : 2015 개정판 요구사항에 따른 IATF16949 : 2016 개정판은 2016년 10월에 발행되었다. 이 개정판의 개정방향은 경영시스템 표준에 따라 상위레벨구조인 HLS(High Level Structure) 구조를 도입하여 전 조항이 10개 조항으로 구성되었으며, 전 조항에 리스크 기반사고 즉 RBT(Risk Based Thinking) 기반을 강조하고 있다.

리스크 기반사고는 효과적인 품질경영시스템을 달성하기 위하여 필수적인 내용으로 전 조항에 걸쳐 언급되고 있다. 따라서 향후 기업에서는 HLS 구조를 기반으로 한 RBT를 고려하여 품질경영매뉴얼과 프로세스를 구축해 나가야 할 것이다.

02 IATF 16949 표준의 요구사항

* : 자동차요구사항

ISO/TS16949 : 2009		IATF16949 : 2016	
1. 적용범위	1.1 일반사항 1.2 적용	1. 범위	1.1 범위-ISO9001 : 2015에 대한 자동차산업 보충사항
2. 인용표준		2. 인용표준	2.1 인용 및 유용한 정보 자료
3. 용어와 정의	3.1 자동차산업 용어와 정의	3. 용어 및 정의	3.1 자동차 산업을 위한 용어 및 정의
		4. 조직상황	4.1 조직과 조직상황의 이해 4.2 이해관계자의 니즈와 기대 이해 4.3 품질경영시스템 범위 결정 4.3.1 품질경영시스템의 범위 결정-보충사항* 4.3.2 고객지정 요구사항* 4.4 품질경영시스템과 그 프로세스 4.4.1.1 제품 및 프로세스에 대한 적합성* 4.4.1.2 제품안전*
4. 품질경영 시스템	4.1 일반 요구사항 4.1.1 일반요구사항-보충사항* 4.2 문서화 요구사항 4.2.1 일반사항 4.2.2 품질매뉴얼 4.2.3 문서관리 4.2.3.1 엔지니어링 시방서* 4.2.4 기록관리 4.2.4.1 기록보유*	5. 리더십	5.1 리더십과 의지표명/실행의지 5.1.1 일반사항 5.1.1.1 기업책임* 5.1.1.2 프로세스 효과성 및 효율성* 5.1.1.3 프로세스 책임자* 5.2 방침 5.2.1 품질방침 수립 5.2.2 의사소통 및 품질방침 5.3 조직의 역할, 책임 및 권한 5.3.1 조직역할, 책임 및 권한-보충사항* 5.3.2 제품요구사항과 시정조치에 대한 책임 및 권한*
5. 경영책임	5.1 경영의지 5.1.1 프로세스 효율성* 5.2 고객 중심 5.3 품질 방침 5.4 기획 5.4.1 품질목표 5.4.1.1 품질목표-보충사항* 5.4.2 품질경영시스템 기획 5.5 책임, 권한 및 의사소통 5.5.1 책임 및 권한 5.5.1.1 품질책임* 5.5.2 경영대리인	6. 기획	6.1 리스크와 기회를 다루는 조치 6.1.2.1 리스크 분석* 6.1.2.2 예방조치* 6.1.2.3 비상계획* 6.2 품질목표와 품질목표 달성 기획 6.2.2.1 품질목표와 품질목표를 달성 기획 -보충사항* 6.3 변경의 기획

ISO/TS16949 : 2009		IATF16949 : 2016	
5. 경영책임	5.5.2.1 고객대리인* 5.5.3 내부 의사소통 5.6 경영검토 5.6.1 일반사항 5.6.1.1 품질경영시스템 성과* 5.6.2 검토입력 5.6.2.1 검토입력 – 보충사항* 5.6.3 검토출력		
6. 자원관리	6.1 자원확보 6.2 인적자원 6.2.1 일반사항 6.2.2 적격성, 교육훈련 및 인식 6.2.2.1 제품설계 숙련도* 6.2.2.2 교육훈련* 6.2.2.3 직무 교육훈련* 6.2.2.4 종업원 동기부여 및 활력화* 6.3 기반구조 6.3.1 공장, 시설 및 장비 기획* 6.3.2 비상계획* 6.4 업무환경 6.4.1 제품 요구사항에 대한 적합성 달성을 위한 인원안전* 6.4.2 현장청결*	7. 지원	7.1 자원 7.1.1 일반사항 7.1.2 인원 7.1.3 기반구조 7.1.3.1 공장, 시설 및 장비 기획* 7.1.4 프로세스 운용 환경 7.1.4.1 프로세스 운용 환경 – 보충사항* 7.1.5 모니터링자원 및 측정자원 7.1.5.1 일반사항 7.1.5.1.1 측정시스템 분석* 7.1.5.2 측정 소급성 7.1.5.2.1 교정/검증 기록* 7.1.5.3 시험실 요구사항* 7.1.5.3.1 내부 시험실* 7.1.5.3.2 외부 시험실* 7.2 역량/적격성 7.2.1 역량/적격성 – 보충사항* 7.2.2 역량/적격성 – 직무 교육훈련* 7.2.3 내부심사원 역량/적격성* 7.2.4 2자 심사원 역량/적격성* 7.3 인식 7.3.1 인식 – 보충사항* 7.3.2 종업원 동기부여 및 역량강화* 7.4 의사소통 7.5 문서화된 정보 7.5.1 일반사항 7.5.1.1 품질경영시스템 문서화* 7.5.2 작성 및 갱신 7.5.3 문서화된 정보의 관리 7.5.3.2.1 기록보유* 7.5.3.2.2 엔지니어링 시방서*

ISO/TS16949 : 2009		IATF16949 : 2016	
7. 제품실현	7.1 제품실현의 기획 7.1.1 제품실현의 기획 – 보충사항* 7.1.2 합격 판정기준* 7.1.3 기밀유지* 7.1.4 변경관리* 7.2 고객관련 프로세스 7.2.1 제품과 관련된 요구사항의 결정 7.2.2.1 고객 – 지정 특별특성* 7.2.2 제품과 관련된 요구사항의 검토 7.2.2.1 제품과 관련된 요구사항의 검토 – 보충사항* 7.2.2.2 조직 제조타당성* 7.2.3 고객과의 의사소통 7.2.3.1 고객과의 의사소통 – 보충사항* 7.3 설계 및 개발 7.3.1 설계 및 개발 기획 7.3.1.1 전문분야협력 접근방법* 7.3.2 설계 및 개발 입력 7.3.2.1 제품 설계입력* 7.3.2.2 제조공정 설계입력* 7.3.2.3 특별특성* 7.3.3 설계 및 개발출력 7.3.3.1 제품 설계출력 – 보충사항* 7.3.3.2 제조공정 설계출력* 7.3.4 설계 및 개발 검토 7.3.4.1 모니터링* 7.3.5 설계 및 개발 검증 7.3.6 설계 및 개발 실현성확인/타당성확인 7.3.6.1 설계 및 개발 실현성확인/타당성확인 – 보충사항* 7.3.6.2 시작품 프로그램* 7.3.6.3 제품승인 프로세스* 7.4 구매 7.4.1 구매 프로세스 7.4.1.1 법적 및 규제적 적합성*	8. 운용	8.1 운용 기획 및 관리 8.1.1 운용 기획 및 관리 – 보충사항* 8.1.2 기밀유지* 8.2 제품 및 서비스 요구사항 8.2.1 고객과의 의사소통 8.2.1.1 고객과의 의사소통 – 보충사항* 8.2.2 제품 및 서비스에 대한 요구사항의 결정 8.2.2.1 제품 및 서비스에 대한 요구사항의 결정 – 보충사항* 8.2.3 제품 및 서비스에 대한 요구사항의 검토 8.2.3.1.1 제품 및 서비스에 대한 요구사항의 검토 – 보충사항* 8.2.3.1.2 고객 – 지정 특별특성* 8.2.3.1.3 조직 제조타당성* 8.2.4 제품 및 서비스에 대한 요구사항의 변경 8.3 제품 및 서비스의 설계와 개발 8.3.1 일반사항 8.3.1.1 제품 및 서비스의 설계와 개발 – 보충사항* 8.3.2 설계와 개발기획 8.3.2.1 설계와 개발기획 – 보충사항* 8.3.2.2 제품설계 스킬* 8.3.2.3 소프트웨어가 내장된 제품의 개발* 8.3.3 설계와 개발입력 8.3.3.1 제품설계 입력* 8.3.3.2 제조공정설계 입력* 8.3.3.3 특별특성* 8.3.4 설계와 개발관리 8.3.4.1 모니터링* 8.3.4.2 설계 및 개발 실현성확인/타당성확인* 8.3.4.3 시작품 프로그램* 8.3.4.4 제품승인 프로세스* 8.3.5 설계와 개발출력 8.3.5.1 설계와 개발출력 – 보충사항* 8.3.5.2 제조공정설계출력* 8.3.6 설계와 개발변경 8.3.6.1 설계와 개발변경 – 보충사항*

ISO/TS16949 : 2009		IATF16949 : 2016	
7. 제품실현	7.4.1.2 공급자 품질경영시스템 개발*	8. 운용	8.4 외부에서 제공되는 프로세스, 제품 및 서비스의 관리
	7.4.1.3 고객-승인 공급처*		8.4.1 일반사항
	7.4.2 구매정보		8.4.1.1 일반사항-보충사항*
	7.4.3 구매한 제품의 검증		8.4.1.2 공급자선정-프로세스*
	7.4.3.1 수입제품 요구사항에 대한 적합성*		8.4.1.3 고객-직접 출처(또한 "직접-구매"로 알려진)*
	7.4.3.2 공급자모니터링*		8.4.2 관리유형과 정도
	7.5 생산 및 서비스 제공		8.4.2.1 관리의 유형과 정도-보충사항*
	7.5.1 생산 및 서비스 제공의 관리		8.4.2.2 법적 요구사항 및 규제적 요구사항*
	7.5.1.1 관리계획서*		8.4.2.3 공급자 품질경영시스템 개발*
	7.5.1.2 작업지침서*		8.4.2.3.1 자동차 산업 제품-관련 소프트웨어 또는 소프트웨어가 내장된 자동차 산업 제품*
	7.5.1.3 작업셋업 검증*		
	7.5.1.4 예방 및 예측보전*		
	7.5.1.5 생산 치 공구 관리*		8.4.2.4 공급자 모니터링*
	7.5.1.6 생산 일정계획*		8.4.2.4.1 2자심사*
	7.5.1.7 서비스로부터 정보의 피드백*		8.4.2.5 공급자 개발*
			8.4.3 외부 공급자를 위한 정보
	7.5.1.8 고객과의 서비스 계약*		8.4.3.1 외부 공급자를 위한 정보-보충사항*
	7.5.2 생산 및 서비스 제공에 대한 프로세스의 실현성 확인/타당성확인		8.5 생산 및 서비스 제공
			8.5.1 생산 및 서비스 제공의 관리
	7.5.2.1 생산 및 서비스 제공에 대한 프로세스의 실현성확인/타당서확인-보충사항*		8.5.1.1 관리계획서*
			8.5.1.2 표준화된 작업-작업지침서 및 시각적 표준*
			8.5.1.3 작업 셋업검증*
	7.5.3 식별 및 추적성		8.5.1.4 생산 가동정지 후 검증*
	7.5.3. 식별 및 추적성-보충사항*		8.5.1.5 총체적 예방보전*
	7.5.4 고객재산		8.5.1.6 생산 치공구와 제조, 시험, 검사 치공구 및 장비의 관리*
	7.5.4.1 고객-소유 생산 치공구*		
	7.5.5 제품의 보존		8.5.1.7 생산 일정계획*
	7.5.5.1 보관 및 재고*		8.5.2 식별 및 추적성
	7.6 모니터링 장치 및 측정 장치의 관리		8.5.2.1 식별 및 추적성-보충사항*
			8.5.3 고객 또는 외부공급자에게 속한 자산
	7.6.1 측정시스템분석*		8.5.4 보존
	7.6.2 교정/검증 기록*		8.5.4.1 보존-보충사항*
	7.6.3 시험실 요구사항*		8.5.5 인도 후 활동
	7.6.3.1 내부 시험실*		8.5.5.1 서비스로부터 정보의 피드백*
	7.6.3.2 외부 시험실*		8.5.5.2 고객과의 서비스 계약*

ISO/TS16949 : 2009		IATF16949 : 2016	
8. 측정, 분석 및 개선	8.1 일반사항 8.1.1 통계적 도구의 파악* 8.1.2 기본적인 통계적 개념의 지식* 8.2 모니터링 및 측정 8.2.1 고객만족 8.2.1.1 고객만족-보충사항* 8.2.2 내부심사 8.2.2.1 품질경영시스템 심사* 8.2.2.2 제조공정 심사* 8.2.2.3 제품 심사* 8.2.2.4 내부심사계획* 8.2.2.5 내부심사원 자격부여* 8.2.3 프로세스의 모니터링 및 측정 8.2.3.1 제조공정의 모니터링 및 측정* 8.2.4 제품의 모니터링 및 측정 8.2.4.1 정밀검사 및 기능시험* 8.2.4.2 외관품목* 8.3 부적합제품의 관리 8.3.1 부적합 제품의 관리-보충사항* 8.3.2 재작업 제품의 관리* 8.3.3 고객통보* 8.3.4 고객면제* 8.4 데이터의 분석 8.4.1 데이터의 분석 및 이용* 8.5 개선 8.5.1 지속적 개선 8.5.1.1 조직의 지속적 개선* 8.5.1.2 제조공정 개선* 8.5.2 시정조치 8.5.2.1 문제해결* 8.5.2.2 실수방지* 8.5.2.3 시정조치 영향* 8.5.2.4 불합격제품 시험/분석* 8.5.3 예방조치	8. 운용 9. 성과평가	8.5.6 변경관리 8.5.6.1 변경관리-보충사항* 8.5.6.2 공정관리의 임시변경* 8.6 제품 및 서비스 불출/출시 8.6.1 제품 및 서비스의 불출/출시-보충사항 8.6.2 정밀검사 및 기능시험 8.6.3 외관품목 8.6.4 외부에서 제공된 제품 및 서비스에 대한 적합성의 검증 및 수용 8.6.5 법적 및 규제적 적합성 8.6.6 합격 판정기준 8.7 부적합 출력/산출물의 관리 8.7.1.1 특채를 위한 고객 승인* 8.7.1.2 부적합 제품의 관리-고객-지정 프로세스* 8.7.1.3 의심 제품의 관리* 8.7.1.4 재작업된 제품의 관리* 8.7.1.5 수리된 제품의 관리* 8.7.1.6 고객통보* 8.7.1.7 부적합 제품 처분* 9.1 모니터링, 측정, 분석 및 평가 9.1.1 일반사항 9.1.1.1 제조공정의 모니터링 및 측정* 9.1.1.2 통계적 도구의 파악* 9.1.1.3 통계적 개념의 적용* 9.1.2 고객만족 9.1.2.1 고객만족-보충사항* 9.1.3 분석 및 평가 9.1.3.1 우선순위화* 9.2 내부심사 9.2.2.1 내부심사 프로그램* 9.2.2.2 품질경영시스템 심사* 9.2.2.3 제조공정 심사* 9.2.2.4 제품심사* 9.3 경영검토/경영평가 9.3.1 일반사항 9.3.1.1 경영검토-보충사항* 9.3.2 경영검토 입력 9.3.2.1 경영검토 입력-보충사항 9.3.3 경영검토 출력 9.3.3.1 경영검토 출력-보충사항

ISO/TS16949 : 2009	IATF16949 : 2016	
	10. 개선	10.1 일반사항 10.2 부적합 및 시정조치 10.2.3 문제해결 10.2.4 실수방지 10.2.5 보증관리 시스템 10.2.6 고객불만 및 필드고장 시험분석 10.3 지속적 개선 10.3.1 지속적 개선-보충사항

03 IATF 16949 품질경영시스템 구성

① 기본요구사항 : ISO9001 : 2015
② 자동차요구사항 : IATF16949 : 2016
③ CORE TOOL(APQP&CP, FMEA, MSA, SPC, PPAP)
④ 고객지정요구사항

04 IATF 16949 요구사항별 변경사항

(1) 고객지정 요구사항(CSR)

① 고객지정 요구사항 충족 필요성에 대해서는 이미 ISO/TS 16949에서 다루었지만 IATF 16949에서는 고객지정 요구사항 평가 필요성을 상세히 제시하고 조직의 품질경영시스템 상에서 적합한 부분에 포함하도록 하고 있음
② 공급업체는 각 고객의 지정 요구사항을 평가하는 적합한 프로세스를 구축해야 하며, 품질경영시스템 상에서 정확히 어떻게 적용할 지를 결정해야 함

(2) 제품 및 프로세스에 대한 적합성

① 본 요구사항은 IATF 설문조사 피드백을 기반으로 채택함

② 다음 2개 사항 확립
- 조직(공급업체)이 아웃소싱한 프로세스에 대해 책임을 짐
- 모든 제품 및 프로세스가 이해관계자들의 기대치에 부응하고 요구사항을 충족해야 함

③ 모든 제품 및 프로세스에 대한 적합성을 확인하기 위해 해당 조직은 사전예방적인 방식으로 리스크를 평가하고 제기해야 하며, 감사 결과에만 의존하지 않도록 해야 함

(3) 제품안전

① 자동차업계가 현재 직면하고 있거나, 곧 직면하게 될 제품 및 프로세스 안정성 관련 이슈를 다루었음
② 조직(공급업체)은 제품 안정성과 관련된 제품 및 프로세스를 관리하기 위해 해당프로세스를 문서화해야 함
③ 이 항목은 법률적 요건 파악, 설계 및 제조 시점에서의 제품안전 관련 특성 식별 및 관리, 책임소재, 상부보고 프로세스, 대응계획, 최고경영진 및 고객을 포함한 필요한 정보의 흐름, FMEA 및 관리도에 대한 특별 승인 획득, 제품추적방법, 공급사슬전반에 걸쳐 전달되는 요구사항에 대한 규정을 포함함

(4) 기업책임

① ISO 9001 : 2015는 ISO 9001 : 2009의 경영책임에 대한 개념을 확장하여 리더십 행동으로 추가함으로써 효과적인 품질경영시스템을 확립하고자 함
② IATF 16949는 시장확장과 자동차 업계의 사회적, 환경적 문제에 대한 청렴도를 더욱 강조하는 정부의 기대를 충족하기 위해 뇌물 방지 정책, 직원 행동강령, 윤리 확대 정책을 포함함
③ 공급업체의 직원의 직급과 직무와 무관하게 모든 임직원은 윤리 규범을 준수해야 하며 비윤리적인 행위 목격시 보복에 대한 두려움 없이 보고해야 할 책임과 권한이 있음을 암시함

(5) 프로세스 책임자

① ISO/TS 16949 : 2009는 경영진 책임 및 권한에 대해 다루고 있으나 프로세스 주관자가 자시의 역할에 대해 이해하고 있는 지와 적임자 여부를 경영진이 확인하고 있는 지에 대한 언급은 없음

② 경영진이 이 내용을 충분히 이해하여 프로세스 주관자를 상세히 확인하고 적임 여부를 명확히 할 수 있도록 함
③ 본 요구사항을 통해 프로세스 주관자는 본인이 관리하는 프로세스의 결과 및 활동에 대해 책임과 권한이 있음을 인지함

(6) 리스크분석

① IATF 16949 전반에서 실제 및 잠재 위험에 대한 확인, 분석, 고려의 필요성을 다루었음
② 리스크 분석에 대한 요구사항을 추가하여 지속적 분석의 필요성을 인지하고 리스크에 대비하며 공급업체로 하여금 자동차 업계 관련 구체적인 리스크에 대해 고려하도록 함
③ 조직은 제품리콜, 제품심사, 부적합제품 반품 및 수리, 불편신고접수, 폐기, 재작업 등에서 얻은 교훈을 주기적으로 검토하고 이를 토대로 시정조치를 시행해야 함
④ 해당 시정조치의 효과를 평가하여 조직의 품질경영시스템에 적용해야 함

(7) 비상계획

① 기존 요구사항을 확장하여 해당 조직이 고객 혹은 기타 이해관계자에게 통지하는 프로세스와 더불어 비상계획을 정의 및 준비하도록 함
② 조직은 우선 시스템적인 접근을 통해 제조 프로세스 전반에 걸친 위험도를 판단 및 평가해야 함
③ 비상계획은 다음과 같은 상황을 방지하기 위함
  • 외부에서 제공되는 제품/프로세스/서비스, 천재지변 반복, 화재 혹인 인프라 관련 이슈로 인한 중단 상태
④ 납품 리스크나 납기준수에 영향을 끼치지 않는 한 부적합 제품 고객통지는 어떠한 비상계획에서도 의무적인 절차임

(8) 2자 심사원 역량/적격성

① 2자 심사원 역량/적격성을 설명하고 각 심사를 하기 위해 적합한 자격을 갖추었는지 고객지정 요구사항을 중심으로 확인
② 내부심사원에게 적용한 핵심 역량을 2자 심사원에게도 최소한 동일하게 적용해야 함

(9) 소프트웨어가 내장된 제품의 개발

① 해당 조직이 책임을 맡고 있는 내장 소프트웨어 개발 및 소프트웨어 개발 능력평가에 대한 사항을 추가함
② 조직은 내부에서 개발한 소프트웨어가 내장된 제품에 품질 보증 프로세스를 적용해야 하고 소프트웨어 개발 프로세스를 평가하기 위한 적합한 방법을 갖고 있어야 함
③ 소프트웨어 개발 프로세스는 내부심사 프로그램 범위 내에 포함되어야 하고, 내부 심사원은 조직이 채택한 소프트웨어 개발 평가 방법의 효과성을 이해하고 평가할 수 있어야 함

(10) 자동차 산업 제품-관련 소프트웨어 또는 소프트웨어가 내장된 자동차 산업 제품

① 소프트웨어 개발 평가 방법에 대한 요구사항을 추가함
② 이 요구사항은 8.3 제품 및 서비스의 설계와 개발에서 다룬 내용과 연계되며, 공급업체까지 포함함

(11) 2자 심사

① 이 요구사항은 IATF 16949 표준과 고객지정 요구사항을 연계함
② 2자 심사는 품질경영시스템 개발 성숙도를 넘어선 조직과 관련한 이슈를 다룸
③ 2자 심사를 야기하는 상황 예시
  • 공급업체 성과지표, 리스크 평가 결과, 프로세스 및 제품 심사 후 제기된 이슈에 대한 후속조치, 신규 개발 착수 준비성
④ 조직은 2자 심사 필요성, 종류, 빈도, 범위를 반드시 리스크 분석을 기반으로 결정해야 함

(12) 생산 가동정지 후 검증

① 경험으로 습득한 교훈 및 업계 모범 경영을 토대로 정지(Shutdown) 이후 검증에 대한 요구사항을 정의함
② 정지기간 이후 필요한 조치는 PFMEA, 관리계획, 보전 지침 등 적합한 분야에서 다룸
③ 예상치 못한 정지에 대한 추가 조치법을 찾기 위해서는 다기능 접근법을 운영해야 함

⒀ 공정관리의 임시변경

① 임시 프로세스 변경관리 요구사항에 IATF OEM 고객이 경험한 이슈를 제기함
② 조직은 프로세스 관리 목록을 식별, 문서화, 유지해야 하는데, 주요 프로세스 관리 방법(예 자동 너트 드라이버) 및 승인된 보조 혹은 대체방법(예 수동 토크 렌치) 둘 다 포함함
③ 대체 관리 방법 사용도 프로세스로 간주하므로 조직은 해당 활동을 적절히 관리해야 함

⒁ 고객통보

① 변경된 ISO9001 요구사항과 IATF OEM 문제점에 대한 고객 이슈를 다루는 새로운 자동차 요구사항을 다룸
② 고객통지에 대해서는 ISO/TS16949 : 2009에서 두 번 언급했으나(7.4.3.2 공급자 모니터링 및 8.2.1.1 고객만족-보충사항) 독립된 항목으로 다루지는 않았음
③ 해당 조직은 부적합 제품을 이미 출하한 경우 고객에게 즉시 통지하고 상세한 문서로 후속조치를 시행함

⒂ 보증관리 시스템

① 보증관리 중요성이 날로 높아짐에 따라 IATF OEM 고객지정 요구사항에 통합함
② 보증관리 프로세스에 해당하는 모든 고객지정 요구사항을 통합하고, 필요시 보증자 분석 절차를 통해 고객 합의에 따라 무결점(NTF ; No Trouble Found)결정을 받은 것 인지 검증

SECTION 16 ISO 9001(품질경영시스템) 인증

ISO 9001이란 국제표준화기구(ISO)에서 제정한 품질경영시스템에 관한 국제 규격으로 고객에게 제공되는 제품이나 서비스 실현 체계가 규정된 요구사항을 만족하고 있음을 제3자 인증기관에서 객관적으로 평가하여 인증해주는 제도로서 1987년 제정되었고, 1994년, 2000년, 2008년, 3차에 걸쳐 개정, 현재 2015년 9월 15일 4차 개정되었으며, 국제적으로 인정할 수 있는 품질보증에 대한 기준을 설정하여 국가 간 기술 장벽을 제거하고 국가 간에 상호 인정할 수 있는 여건을 조성하여 세계시장에서 공급자와 수요자 모두에게 품질에 대한 신뢰감 제공을 목적으로 하고 있다.

01 ISO 9001 인증의 필요와 그 효과

① 기술축적, 품질향상, 품질고급화, 원가절감으로 경쟁력 제고
② 판매, 생산 및 기술개발을 중심으로 한 관리효율의 제고
③ 고객만족경영(CS) 등 시스템 기반 조성
④ 기업의 이미지 제고 및 리더십 향상
⑤ 고객의 기대와 요구에 부응할 수 있는 최적의 경영시스템 구축
  - 모기업체와 협력업체의 품질시스템 일관성으로 제품과 서비스의 질 향상
  - 모기업체와 협력업체의 QA시스템을 동시에 구축, 운영평가, 관리하는 최적의 품질시스템으로 경쟁력 확보
⑥ 기업 내·외부 신뢰성 증대
⑦ 품질혁신과 기술개발의 기반
⑧ 책임과 권한의 명확화
⑨ 체계화된 사원 교육프로그램의 확보
⑩ 중복업무, 누락업무의 선별 및 조정
⑪ 개별고객으로부터의 중복심사 배제
⑫ 제조물책임(PL) 제도에 대한 최적의 대응책
⑬ 예방활동의 극대화로 실패율 감소
⑭ KS 표시허가 공장심사의 일부 면제
  - 단체 수의계약 물량 배정 시 품질경영시스템 인증기업 우대
  - 품질경영 100선 기업선정 심사 시 우대

02 ISO 9001 규격 요구사항

ISO 9001 : 2008		ISO 9001 : 2015	
1. 적용범위	1.1 일반사항 1.2 적용	1. 적용범위 2. 인용표준 3. 용어 및 정의	
2. 인용표준 3. 용어와 정의			
		4. 조직상황	4.1 조직과 조직상황의 이해 4.2 이해관계자의 니즈와 기대 이해 4.3 품질경영시스템 적용범위 결정 4.4 품질경영시스템과 그 프로세스
4. 품질경영 시스템	4.1 일반 요구사항 4.2 문서화 요구사항	5. 리더십	5.1 리더십과 의지표명 5.2 방침 5.3 조직의 역할, 책임 및 권한
5. 경영책임	5.1 경영의지 5.2 고객 중심 5.3 품질 방침 5.4 기획 5.5 책임, 권한 및 의사소통 5.6 경영검토	6. 품질경영시스템 기획	6.1 리스크와 기회를 다루는 조치 6.2 품질목표와 품질목표 달성 기획 6.3 변경의 기획
6. 자원관리	6.1 자원확보 6.2 인적자원 6.3 기반구조 6.4 업무환경	7. 지원	7.1 자원 7.2 역량/적격성 7.3 인식 7.4 의사소통 7.5 문서화된 정보
7. 제품실현	7.1 제품실현의 기획 7.2 고객관련 프로세스 7.3 설계 및 개발 7.4 구매 7.5 생산 및 서비스 제공 7.6 모니터링 장치 및 측정 장치의 관리	8. 운용	8.1 운용 기획 및 관리 8.2 제품 및 서비스 요구사항 8.3 제품 및 서비스의 설계와 개발 8.4 외부에서 제공되는 프로세스, 제품 및 서비스의 관리 8.5 생산 및 서비스 제공 8.6 제품 및 서비스 불출/출시 (Release) 8.7 부적합 출력/산출물(Output)의 관리

ISO 9001 : 2008		ISO 9001 : 2015	
8. 측정, 분석 및 개선	8.1 일반사항 8.2 모니터링 및 측정 8.3 부적합제품의 관리 8.4 데이터의 분석 8.5 개선	9. 성과평가	9.1 모니터링, 측정, 분석 및 평가 9.2 내부심사 9.3 경영검토/경영평가 　　(Management Review)
		10. 개선	10.1 일반사항 10.2 부적합 및 시정조치 10.3 지속적 개선

03 ISO 9001 : 2015 개정목적 및 방향

① 제품 및 서비스에 대한 적합성을 제공할 수 있는 조직의 능력 제고
② 고객을 만족시키는 조직의 능력 제고
③ ISO 9001에 기반한 품질경영시스템에 대한 고객의 확신 제고
④ 고객과 조직의 가치 달성 측면에 초점
⑤ 문서화에 대한 감소화에 초점
⑥ 목표달성을 위한 리스크 경영에 초점

04 ISO 9001 : 2015 주요 변경사항

① HLS(High Level Structure, 상위 레벨 구조)
② 서비스 산업에 대한 적용을 용이하게 고려
③ 품질경영시스템 설계 시 조직의 상황 고려
④ 프로세스 접근방법(Process Approach) 적용 강화
⑤ RBT(Risk Based Thinking, 리스크 기반 사고)
⑥ 문서화된 정보(Documented Information)가 문서와 기록을 대체
⑦ 품질경영 원칙 변경(8대원칙 → 7대원칙)
⑧ 불분명한 용어들의 명확화

05 품질경영 원칙의 개정

ISO 9001 : 2008	ISO 9001 : 2015
1. 고객중심	1. 고객중심
2. 리더십	2. 리더십
3. 전원참여	3. 적극참여
4. 프로세스 접근방법	4. 프로세스 접근방법
5. 경영에 대한 시스템 접근방법	5. 개선
6. 지속적 개선	6. 증거기반 의사결정
7. 의사결정에 대한 사실적 접근방법	7. 관계관리
8. 상호 유익한 공급자 관계	

06 프로세스 접근방법의 의미

프로세스 접근방법은 업무활동을 통해 고객 및 기타 이해관계자를 위한 가치창출방법을 체계화하고 관리하는 강력한 수단이다. 조직은 주로 기능 단위의 계층구조로 구성되어 있으며 일반적으로 의도하는 출력에 대한 책임이 이들 기능 단위들 사이에 분담되어 수직구조로 관리된다. 그리고 최종고객 또는 기타 이해관계자는 모든 관련 기능 단위에서 항상 가시적인 것은 아니다. 따라서 기능 단위 간의 인터페이스 영역에서 발생하는 문제는 흔히 기능 단위의 단기적 목표보다 덜 우선시된다. 이는 조치가 통상적으로 이들 기능에만 집중되게 하여 조직 전반에 이익을 가져오기는커녕 이해관계자에 대한 개선이 전혀 혹은 거의 이루어질 수 없게 만든다. 그러나 프로세스 접근방법은 서로 다른 기능 단위를 연계하여 조직의 주요 목표에 각 기능 단위의 초점을 통합하는 수평적 관리를 도입하고 있다. 또한 이는 프로세스 간의 인터페이스에 대한 관리를 개선하게 한다. 따라서 성과는 프로세스 접근방법의 사용을 통하여 개선될 수 있다. 프로세스는 프로세스 네트워크를 만들고 그들의 상호작용을 이해함으로써 하나의 시스템으로 관리 된다. 이러한 네트워크의 일관된 운영을 보통 경영에 대한 "시스템 접근방법"이라고 한다.

SECTION 17 KS 인증

KS 인증제도란 국가가 정해 놓은 KS 수준 이상의 제품 및 서비스를 안정적·지속적으로 생산(서비스 인증은 제공)할 수 있는 능력을 갖춘 기업에 대하여 엄격한 심사를 거쳐 KS 인증을 하고 인증받은 자는 제품·포장·용기·납품서·보증서 또는 홍보물 등에 KS 인증마크를 표시하여 사용자 또는 소비자들에게 홍보하는 것이다. 이는 생산자에게는 과학적·합리적인 공장 관리를 통하여 경쟁력을 제고시키고 양질의 제품을 보급하여 공공의 안전성을 확보하고 소비자를 보호하기 위하여 국가가 운영하는 국가 인증으로, 생산 및 유통의 단순화·공정화를 기하고 소비의 합리화를 통한 산업 경쟁력 향상과 국자 경제를 발전시키기 위한 것이다.

01 KS 인증제도 관련법

(1) 산업표준화법

- 공포일 : 2015년 1월 28일, 시행일 : 2015년 7월 29일
- 제3조, 제4조, 제5조의 2, 제14조, 제16조, 제17조, 제18조, 제20조, 제21조, 제30조의2, 제41조

(2) 시행령

- 공포일 : 2015년 1월 6일, 시행일 : 2015년 7월 7일
- 제24조, 제25조, 제26조 별표 1, 제26조의2, 제28조 별표 1의2, 제30조 제2항 별표 2

(3) 시행규칙

- 공포 및 시행일 : 2015년 1월 23일, 시행일 : 2015년 7월 7일
- 제4조, 제4조 별표 1, 제12조, 제12조 2항 별표 3, 제13조 별표 8, 제14조, 제14조 제5항 및 제17조 관련 별표 9, 제16조, 제20조

(4) 운용요강

- 고시일 : 2015년 2월 25일, 시행일 : 2015년 7월 7일
- 제2조, 제6조, 제10조, 제11조, 제13조, 제15조, 제16조, 제17조, 제18조, 제19조, 제20조, 제21조, 제21조의 2, 제22조, 제23조, 제24조, 제25조, 제26조, 제27조, 제28조, 제29조, 제30조, 제31조, 제32조, 제35조, 제37조, 제38조, 제40조, 제41조, 제43조, 제47조

02 2015년 KS 인증제도 주요 개선사항

(1) KS 개편 및 KS 인증기관 참여 확대

- 지능형 로봇품질 인증, 신재생에너지설비 인증, 물류표준설비 인증 등 유사 인증을 KS 인증으로 통합(인증통합을 위한 관련 근거법령 정비)
- KS와 유사한 인증기준을 KS로 일원화
- 분야별 전문기관을 KS 인증기관으로 지정
- KS 인증기관 협의체(KS인증지원사무국)를 신설, 운영 효율화 도모

한국표준협회 : 일반제품 및 서비스 분야	한국식품연구원 : 농식품 분야
한국건설생활환경시험연구원 : 물류설비 분야	한국로봇산업진흥원 : 지능형로봇 분야
에너지관리공단 : 신재생에너지설비 분야	

(2) KS 인증제도 주요 분야별 모듈화 도입

	서비스, 신재생에너지설비 등 주요 분야별로 KS 인증 모듈화가 가능하도록 재도 개편	
인증 지침	KS번호	KS 인증 지침 명칭
	KS Q 8001	KS 인증제도 : 제품인증에 대한 일반 요구사항
	KS Q 8002	KS 인증제도 : 서비스인증에 대한 요구사항
	KS Q 8003	KS 인증제도 : 신재생에너지설비인증에 대한 요구사항
인증 마크	인증분야별 모듈화는 허용하되, KS 인증마크는 ㉿로 단일화	

(3) KS 인증을 국제인증 수준으로 부합화

① KS 인증의 글로벌화를 위해 ISO/IEC 17065에 준하는 수준으로 개선
② 인증기관 업무 독립성 : 인증기관이 독립적으로 인증업무 전반을 관리
③ 인증기관 업무 협업 : 인증기관이 심사협력기관과 업무협력 계약을 체결하도록 법적 근거 정비

구분	현행 법적 근거 및 요건	개선 법적 근거 및 요건
법적 근거	산업표준화법령(운용요강)	인증기관에 권한 이임
심사협력기관	국가기술표준원장이 지정	인증기관이 지정(민법상 계약)
시험협력기관	KOLAS에서 인정한 기관	KOLAS에 준하는 기관 중 인증기관이 지정(민법상 계약)
인증절차	법령(운용요강)	요구사항

(4) 공장심사 위주의 사후관리 실시

① 사후관리 제품심사는 폐지, 공장심사 위주로 현장 사후관리
② 사후관리 주기별(3년/1년) 정기 제품심사를 폐지하여, 기업의 인증 유지비용 부담 완화
③ KS 인증 공장심사 방식을 항목별 적부 판정제로 전환하고 66개 평가항목을 33개 평가항목으로 조정

	현행		개선
점수 합산제	80점 이상 합격	적부 판정제	부적합 사항 없을 시 합격
차등 점수제	3단계(만점, 1/2점, 0점)	적합/부적합제	적합(YES), 부적합(NO)
결과조치	80점 이상 합격 시, 인증유지 불합격 시 행정처분(표시정지 등)	결과조치	모두 적합 시, 인증유지 부적합 시 개선조치(기업자율개선)

(5) 시판품조사 강화 및 특별현장조사

① 제품 신뢰성 및 안전성 검증이 필요한 품목에 대해 정부가 직접실시하느 시판품조사 확대(제품심사 폐지에 따른 부작용 최소화를 위해 시판품조사 강화)
② 불량 KS제품 유통신고 접수 등 민원발생 시 인증기관이 특별 현장조사 실시 가능

	개선	3년 정기심사	1년 정기심사	시판품조사	특별 현장조사
사후 관리	심사주기	3년	1년(특정품목)	불시(전체의 5%)	불시
	심사일수	1M/D~3M/D	1M/D	1M/D~3M/D	1M/D~3M/D
	심사원수	2명	2명	2~3명 (정부+인증기관)	2~3명 (인증기관)
	심사방법	공장심사	공장심사	공장심사 또는 제품심사	공장심사 또는 제품심사

(6) 기업자율 임의인증에 적합한 행정처분 체계 마련

① 신규 인증단계에서 사후관리 부적합 사항에 대한 기업자율 표시정지 및 개선조치, 인증취소 등을 인증 계약서에 명시
② 인증계약에 따라 기업자율 개선기간 동안 KS 인증 표시정지

	사후관리 심사결과	기업자율 개선조치	확인심사 및 검증
개선조치 결과확인	부적합 사항에 대한 기업자율 개선계획 결정	해당 기업이 인증기관에 부적합 개선 보고서 제출	부적합 개선 보고서 확인 또는 현장 확인심사 실시
시판품조사 행정처분	시판품조사 결과 인증제품이 국민안전을 위협할 우려가 있는 경우 판매정지 명령, 제품수거 명령 등 행정처분을 즉시 실시		

03 KS 인증절차 및 방법의 KS 표준제정현황

표준번호	표준명	제정일
KS Q 8001	KS 인증제도 : 제품인증에 대한 일반 요구사항	'15.06.03
KS Q 8002	KS 인증제도 : 서비스인증에 대한 요구사항	'15.06.03
KS Q 8003	KS 인증제도 : 신재생에너지설비인증에 대한 요구사항	'15.06.03

04 KS 공장심사 평가항목

(1) 품질경영(일반품질 : 4항목, 핵심품질 : 1항목)

※ ISO 9001 인증기업은 품질경영 관리 평가항목(1.1~1.5) 모두 적합으로 평가

1.1	경영책임자가 표준화 및 품질경영에 대한 중요성을 인식하고 회사 전체 차원의 활동을 위하여 조직의 책임과 권한을 명확히 하고 있는가? [비고] 경영책임자 – 인사원, 예산집행권, 자원의 폐기결정권을 갖고 있는 공장(회사)의 최고위자
1.2	[★ 핵심품질] KS 최신본을 토대로 사내표준 및 관리규정을 제·개정 관리하고, 관련 업무를 사내표준에 따라 추진하고 있는가? [비고] 사내표준 구축 및 품질경영, 제품·중간·인수검사 표준, 시험표준, 설비관리, 작업장 환경, 소비자보호 등과 관련된 KS
1.3	품질경영에 대한 계획을 수립·실행하고, 매년 자체점검을 실시하여 그 결과를 표준화 및 품질경영 관리에 반영하고 있는가? [비고] • 자체점검 주기(내부심사 등, 연 1회 이상) • 품질경영 계획은 품질방침 및 측정 가능한 품질목표 등 포함
1.4	품질경영부서(또는 품질관리담당자)의 업무내용과 책임·권한을 구체적으로 규정하고 있으며, 그 부서(또는 품질관리담당자)가 전문성을 가지고 독립적으로 운영되고 있는가? [비고] 종업원 20인 이하 소기업의 경우, 품질관리담당자 독립적 운영 시 적합(예)으로 평가
1.5	제안 활동 또는 소집단 활동 등을 통해 지속적인 품질 개선활동을 실시하고 있는가? [비고] 소집단 활동(학습조직, TFT, 분임조 등)

(2) 자재관리(일반품질 : 5항목, 핵심품질 : 1항목)

2.1	[★ 핵심품질] 주요 자재관리(부품, 모듈 및 재료 등) 목록을 사내표준에 규정하고 있고, 심사 전에 인증기관에 제출하여 적정성을 확인받았으며, 변경사항이 있을 경우 인증기관에 지속적으로 승인을 받고 그 기록을 보관하고 있는가?
2.2	자재에 대한 품질항목과 품질기준을 제품 특성에 맞게 KS를 활용하여 KS 인증제품 생산에 적합하도록 사내표준에 규정하고 있는가?

2.3	사내표준에서 규정한 자재에 대한 인수검사 규정 내용이 제품의 품질을 보증할 수 있도록 합리적으로 되어 있는가? [비고] • 자재의 품질보증을 위해 자재별로 로트의 크기, 시료채취방법, 샘플링 검사방식 및 조건, 시료 및 자재의 합격 및 불합격 판정기준, 불합격 로트의 처리방법, 품질항목별 시험 방법 등을 사내표준에 규정 • 공인 시험·검사기관에 시험의뢰를 할 경우 시험의뢰 주기, 시험의뢰 내용(시험 항목) 등을 규정 • 자재공급업체의 시험성적서 활용 시 입고되는 자재와 시험성적서에 기재된 자재와의 로트 일치성 확인
2.4	인수검사를 자체에서 수행할 경우, 검사능력을 보유한 검사자가 인수검사를 실시하여 그 결과에 따라 합격, 불합격 로트를 구분하여 적합한 장소에 보관·관리하고 있는가? [비고] • 인수검사를 자체에서 수행하지 않은 경우 그 자재를 적합한 장소에 보관한 경우에 적합(예)으로 평가 • 검사능력 : 검사표준 준수 여부(시료채취, 시험절차, 판정), 시험·검사설비 조작, 시험숙련도, 관련 계산식 활용, 응급처치 능력 등
2.5	자재 인수검사 규정에 따라 실시한 결과(공인 시험·검사기관 시험 성적서, 공급업체의 시험성적서 포함)를 기록·보관하고 있는가?
2.6	인수검사 결과를 분석, 활용하고 있는가? [비고] 일정주기를 정하여 합격률, 사용 중 자재 부적합(품)률, 제품품질과 직접관련 품질특성치 등을 분석하고 그 결과를 토대로 자재 공급업체의 변경 또는 제조공정, 제품설계, 작업방법 변경 등에 대한 후속조치의 실행 등

(3) 공정·제조설비 관리(일반품질 : 7항목, 핵심품질 : 1항목)

3.1	[★ 핵심품질] 공정별 관리항목과 항목별 관리사항들을 사내표준에 규정·이행하고, 그 결과를 기록하여 보관하고 있으며 주요 제조설비명을 사내표준에 구체적으로 규정하고 있는가? [비고] • 관리방법, 관리주기, 관리기준, 관리결과의 해석, 관리데이터의 활용방법 등 각 공정별 관리규정을 KS에서 정하거나 제품에 필요하다고 판단되는 항목을 사내 표준에 규정 • 공정을 외주하여 보유하지 않은 제조설비가 있는 경우, 외주공정·업체 선정기준, 관리방법을 규정한 사내표준 보유 및 준수 여부(보유 : 소유 또는 배타적 사용이 보장된 임차)
3.2	공정별 중간검사에 대한 검사항목과 항목별 검사 방법을 사내표준에 규정·이행하고, 그 결과를 기록·보관하고 있는가?

3.3	주요 공정관리(자체공정 및 외주공정 포함) 항목에 대하여 공정능력지수를 파악하고 공정 및 제품품질 관리에 활용하고 있는가? [비고] 주요 공정관리 항목에 대한 공정능력지수를 파악할 수 없는 공정은 적합(예)으로 평가
3.4	[★ 핵심품질] 공정별 작업표준을 사내표준에 규정하고 있고 현장 작업자가 작업표준을 이해하며 표준대로 작업을 실시하고 있는가? [비고] • 작업표준에는 작업내용, 작업방법, 이상발생 시 조치사항, 작업교대 시 인수인계 사항 등을 규정하고 실제작업 내용과 일치 여부 • 외국인 노동자가 작업을 할 경우 작업표준을 이해할 수 있도록 사진, 그림 등 활용
3.5	부적합품은 적정한 식별 관리를 하고 있으며, 공정 부적합에 대한 원인분석과 재발방지 조치를 구체적으로 취하고 있는가? [비고] 유형별 부적합 견본 보유 및 관리가 필요한 제품의 경우 이를 확인
3.6	사내표준에 규정되어 있는 제조설비를 보유하고 있으며, 제조 공정별로 설비배치 상태가 합리적인가? [비고] • 제조설비 : 제품생산이 가능한 성능과 제원 및 용량을 구비 • 공정관리 사내표준에서 외주가공에 대하여 적합하게 규정·관리하고 있는 제조설비는 보유하지 않아도 좋다.
3.7	설비의 운전과 관리에 대한 기준을 사내표준에 규정하고 설비별 운전 표준에 따라 설비를 적정하게 운전하고 있으며, 설비의 이력·제원, 수리 및 부품 교환 내역 등을 기록한 설비관리대장(또는 이력카드)을 관리하고 있는가? [비고] 정밀도 유지가 필요한 설비는 적정하게 교정하여야 한다.
3.8	설비의 예방보전을 위해 설비윤활관리에 대하여 규정하고, 설비관리 능력 및 전문지식을 보유한 담당자를 지정하여 윤활관리를 실시하고 있으며, 주기적으로 점검, 기록, 관리하고 있는가? [비고] • 설비의 원활한 운전을 위하여 각 설비별, 부위별로 적정 윤활유의 선택기준, 윤활유의 양, 윤활주기, 폐윤활유 처리방법 등을 사내표준에 규정하여 실시(설비관리 규정에 포함 관리 기능) • 설비윤활관리가 필요하지 않은 경우는 적합(예)으로 평가

(4) 제품관리(일반품질 : 4항목, 핵심품질 : 2항목)

4.1	[★ 핵심품질] 제품의 설계 및 개발절차, 해당 제품의 품질항목과 기준을 KS에 적합한 수준으로 사내표준에 규정하고 있는가? [비고] 제품의 설계 및 개발절차에 관한 사항은 해당 프로세스가 있는 경우에만 해당하고 그 외의 제품은 해당제품의 품질항목과 기준을 KS에 적합한 수준으로 사내표준에 규정하고 있는 경우 적합(예)으로 평가
4.2	로트 품질을 보증할 수 있도록 제품검사 내용을 사내표준에 규정하고 있는가? [비고] • 로트 품질 보증 규정 : 로트의 구성 및 크기, 시료채취방법, 샘플링 검사방식 및 조건, 시료 및 로트의 합격 및 불합격 판정기준, 불합격로트의 처리 방법 등 • 공인 시험 · 검사기관 성적서를 활용하거나 계약에 의해 외부설비를 사용하는 경우 시험검사 주기는 설비를 보유한 업체가 실시하는 주기와 동등한 수준으로 설정하여 실시하여야 한다.(주기가 심사기준에 명시된 경우는 심사기준의 주기를 따른다.)
4.3	제품시험은 제품품질 항목별로 KS 표준과 사내표준에 규정한 기준과 절차 · 방법에 따라 실시하고 있고, 검사 후 합격 · 불합격 로트를 구분하여 적절한 장소에 보관하고 있으며, 품질미달 제품이 사용자에게 미치는 영향을 파악하고 있는가? [비고] 공인 시험 · 검사기관 의뢰 항목의 성적서는 검사방법에서 정한 주기(횟수)에 일치되는 수만큼 보유하여야 한다.
4.4	[★ 핵심품질] 제품검사 담당자가 자체에서 실시하는 제품시험을 수행할 수 있는 능력을 보유하고 있는가? [비고] 검사능력 – 검사표준 준수여부(시료채취, 시험절차, 판정), 시험 · 검사 설비조작, 시험숙련도, 관련 계산식 활용, 응급처치 능력 등
4.5	[★ 핵심품질] 중요 품질항목에 대한 현장 입회시험을 실시하여 그 결과가 KS 표준에 적합하고, 과거 자체적으로 시행한 품질검사결과의 평균값과 비교하여 사내표준에서 정한 허용값 한계 내에 있는가? [비고] • 품질검사 결과 과거 적용기간 : 인증심사 3개월, 정기심사 12개월, 공장 또는 사업장 이전심사 3개월 • 중요 품질항목에 대한 현장 입회시험 항목의 결정은 KS별 인증심사기준의 '제품시험 결과에 따른 결함 구분' 중에서 중결함 이상의 검사항목 중 1개로 한다. • 현장 입회시험이 어려운 중요 품질항목은 시료채취 후 제품심사를 실시할 수 있다.
4.6	제품검사 결과 데이터를 분석하여 제품품질 및 품질시스템 개선에 반영, 활용하고 있는가? [비고] 데이터 분석(일정주기를 정하여 평균값, 표준편차, 불량률 등의 분석 여부)

(5) 시험 · 검사설비 관리(일반품질 : 2항목, 핵심품질 : 1항목)

5.1	[★ 핵심품질] KS에서 정하고 있는 제품 품질항목에 대한 시험 · 검사가 가능한 설비를 인증심사기준에 따라 사내표준에 구체적으로 규정하고 보유하고 있는가? [비고] 시험 · 검사 설비를 외주하는 경우에는 아래 사항 적용 • 외부 기관(업체 포함)과의 사용 계약 또는 공인 시험 · 검사기관 시험성적서를 활용하는 설비에 대하여 시험검사 의뢰 내용, 시험검사 주기 등 외부설비 이용에 대하여 구체적으로 규정하여 실시 • 시험검사 의뢰는 해당설비로 실시하는 인수검사, 공정검사, 제품검사에 대하여 각각 구분하여 실시 • 시험검사 의뢰주기는 설비를 보유한 업체가 실시하는 수준과 동일한 횟수로 시험검사를 의뢰하여 성적서를 보유 • 시험검사 주기를 KS 또는 인증심사기준에 명시한 경우에는 그 주기를 따름
5.2	시험 · 검사 설비의 설치장소 및 환경이 적정하고, 성능 유지를 위해 각 설비의 관리항목을 규정, 주기적으로 점검하고, 그 결과를 기록 · 보관하여 설비관리에 활용하고 있는가? [비고] • 환경(온도, 습도, 조명, 전기, 수도시설 등) 시험을 할 수 있는 적절한 공간의 확보 여부 • 설비관리항목(점검항목 · 점검주기 · 점검방법 등)
5.3	시험 · 검사설비의 측정표준 소급성(정밀 · 정확도 유지) 체계를 구체적으로 규정(대상설비, 주기 등)하고 교정주기에 따라 외부 공인기관의 교정 후 교정성적서를 관리하고 있으며 교정결과를 측정에 반영 활용하고 있는가? [비고] • 정밀 · 정확도 유지를 위해 교정주기를 정하고 교정성적서 또는 표준물질인증서를 체계적으로 관리 • 검정대상 측정기의 경우 검정증명서 부착으로 확인 • 교정 또는 표준물질인증서의 성적내용(불확도 또는 보정값)을 측정에 반영하여 활용하고 있는지 확인 • 화학 분석 장비의 경우 인증표준물질과 인증서를 보유하여야 함

(6) 소비자, 환경 · 자원관리(일반품질 : 4항목, 핵심품질 : 1항목)

6.1	[★ 핵심품질] 소비자불만 처리 및 피해보상 등을 사내표준에 규정하고 불만 제품 로트를 추적, 원인을 파악하고 개선 및 재발방지 조치를 하고 있는가? [비고] • KS Q ISO 10002(고객만족 – 조직의 불만처리에 대한 지침)등을 토대로 사내표준에 규정 • 해외 인증업체는 한국 내 판매업체가 소비자불만 처리 업무를 수행 • 원자재의 입고 일자 및 인수검사 결과, 제조 일시 및 사용설비, 공정관리 및 중간검사, 제품검사, 출고일시, 판매장소 등 확인
6.2	소비자에게 제공하는 제품 구매정보(규격, 사용법, 시공방법, 설명서 등) 및 인증심사기준의 제품인증 표시방법을 사내표준에 규정하고, 적정하게 제공 · 표시하고 있는가? [비고] • KS A ISO/IEC Guide 14(소비자를 위한 상품 및 서비스의 구매 정보에 대한 지침) 및 KS A ISO/IEC Guide 37(소비자 제품의 사용설명서에 대한 지침) 등을 토대로 사내표준에 규정 • 제품사용 설명서 또는 시공방법 설명서 제공이 필요하지 않은 제품은 KS별 인증심사기준의 표시사항을 제품 및 포장에 표시
6.3	제품 요구사항에 대한 적합성을 달성하기 우해 필요한 작업환경 및 종업원 안전, 보건, 복지를 고려한 청정 작업환경에 대하여 규정하고 지속적으로 관리하고 있는가? [비고] • 안전 · 보건 : 전기 · 기계 안전요건, 종업원의 안전장비 보급, 안전관리 교육 등을 사내표준에 규정 • 작업장 환경관리(대상, 범위, 기준, 주기, 평가방법) 등을 사내표준에 규정
6.4	사내표준에 따라 임직원의 사내 · 외 연간 교육훈련계획을 수립하여 적정하게 실시하고 있으며, 생산 · 품질경영 부서의 팀장급 이상 경영간부가 산업표준화 및 품질경영교육을 최근 3년 이내에 이수하였는가? [비고] • KS Q 10015를 토대로 규정 • 계획 : 연간 계층별 · 분야별(자재 · 공정 · 제품품질 · 설비관리 · 제품생산기술 등), 실시 : 최근 3년간 실적 확인 • 산업표준화 및 품질경영 교육(산업표준화법 시행령 별표 2) • 경영간부의 30% 이상 교육이수 및 미이수 경영간부에 전파교육 완료 시 적합 (예)으로 평가
6.5	자격을 갖춘 품질관리담당자가 3개월 이상 품질관리 업무를 수행하고 있고, 직무에 필요한 지식의 보유 및 업무수행능력을 갖추고 있는가? [비고] • 전임자의 근무경력을 포함하되, 업무 공백이 1개월을 초과하지 않은 경우만 인정 • 품질관리담당자 자격 및 직무에 필요한 지식(산업표준화법 시행령 별표 2 및 시행규칙 별표 8)

SECTION 18 국가통합인증마크(KC)

'안전·보건·환경·품질 등 분야별 인증마크를 국가적으로 단일화한 인증마크'로서 지식경제부·환경부·노동부 등 부처마다 다르게 사용하던 13개의 법정 강제인증마크를 통합한 단일 인증마크이다.

국가통합인증마크는 K와 C를 하나로 연결하여 국제적 통합성을 강조하고, 워드타입을 심벌형태로 형상화하여 인증마크로서의 속성을 표현했다.

우리나라는 국가통합인증마크를 2009년 7월 1일 지식경제부에서 우선 도입하고 2011년 1월 1일부터는 환경부·방통위 등 8개 전 부처로 확대 실시했다.

01 국가통합인증마크의 필요성

현재 우리나라는 총 70여 개의 법정의무인증제도가 있다. '제품안전'이라는 똑같은 목적이더라도 부처마다 인증마크가 달라 중복해서 인증받아야 하는 불편함이 있었다. 그러다 보니 시간과 비용이 낭비되는 것은 물론이고, 국가 간 거래에 있어 상호 인증이 되지 않아 재인증을 받아야 하는 등 국제 신뢰도 저하와 국부 유출의 문제를 가져왔다. 이에 13개 법정의무인증마크를 국가통합인증마크 하나로 통합하였다.

K와 C를 하나로 연결하여 국제적 통합성을 강조하고, 워드타임을 심벌형태로 형상화하여 인증마트로서의 속성 표현

추진일정

2009년 7월 1일부터 지식경제부 도입
2011년 1월 1일부터는 환경부, 방통위 등 8개 전부처로 확대 실시
※기본마크와 통합마크는 2년간 병행 사용

02 국가통합인증마크의 기대효과

① **소비자**
중복된 인증마크 사용으로 인한 혼란을 해결

② **기업**
One Stop 인증시스템 구축으로 중복인증에 따른 기업의 경제적 부담과 인증소요기간이 단축

③ **정부**
규격 제·개정 비용, 물품 및 용역 부문의 낭비 요인을 차단하여 예산 절감

④ **국제무대**
- 국제 표준화 기준에 맞추어 기술무역장벽에 효과적인 대응이 가능
- 글로벌 브랜드 육성을 통해 인증 관련 산업을 수익창출 지식서비스 산업으로 전환이 가능

SECTION 19 국립표준기술원(NIST ; National Institute of Standard and Technology)

MB상의 운영책임은 상무부에 있다. NIST는 상무부 기술청 산하의 연구기관으로서, 1901년 국립표준국(National Bureau of Standards)이라는 이름으로 출발하였다. NIST의 설립목적은 국가적 표준 및 측정의 기반구축과 이에 필요한 측정능력을 확보하기 위한 기술적 리더십을 제공하고 기술혁신을 가속화하고 미래 경제성장의 기반이 되는 신기술을 개발함으로써 미국의 국제경쟁력 강화를 촉진시키는 것이다. 1998년 현재 NIST에는 약 3,300명의 연구원과 직원이 근무하고 있으며, 공동연구를 위해 매년 약 1,200명의 객원연구원을 유치하고 있다. NIST가 수행하는 대부분의 업무는 물리학과 공학 분야의 기초 및 응용연구이나(이 점에서 NIST는 우리나라 대덕연구단지에 있는 표준과학연구원과 유사함) MB상을 관리하기 위한 별도의 소규모 조직인 NQP(National Quality Program, 국가품질기획부)를 두고 있다.

SECTION 20 미국품질협회(ASQ ; American Society for Quality)

ASQ는 NIST와의 계약에 따라 MB상의 행정적 업무를 보조하고 있다. ASQ는 1946년에 설립된 세계적인 품질단체로서, 1997년 말 현재 1,000여 개의 단체회원과 13만 명의 개인회원을 확보하고 있으며, 200여 명의 상근 직원이 근무하고 있다. ASQ는 품질의 개념과 원칙 및 기법들을 지속적으로 개발하고 보급하는 일을 하고 있다.

ASQ는 품질에 관련된 것이라면 어떤 주제에 대해서도 세계최고의 권위를 인정받는 조직이 되기 위해 적극적인 노력을 기울이고 있다. ASQ는 미국의 제품과 서비스가 세계시장에서 보다 유리한 위치를 차지하기 위해서 지속적 품질개선이 필수적이라고 보고 있다. 1998년 현재 ASQ 내에는 MB상의 행정업무를 지원하기 위해 6명의 전담직원이 근무하고 있다.

SECTION 21 다구치 기법

:: 01 품질공학에서 품질의 정의

'품질이란 제품이 출하된 후 사회에 끼치는 손실이다. 단, 기능 그 자체에 의한 손실은 제외한다.' 손실의 내용은 ① 제품 기능의 산포에 의한 손실, ② 폐해 항목(사용코스트도 포함)에 의한 손실로 나눌 수 있는데 ①은 산포에 의하여 기본적인 성능이 떨어지는 경우이며 ②는 약품의 부작용, 모터의 진동이나 소음, 수리비용 등이 된다.

우리의 통상적 표현과는 거리가 먼 것 같지만, 품질을 정량화하기 위해서 적절한 정의라 할 수 있다. '기능 그 자체의 손실' 이란, 개인에 따라 TV 시청 그 자체를 싫어하는 사람도 있는 경우이다.

품질(Quality)이란 제품의 유용성을 결정하는 성질 또는 제품이 그 사용목적을 수행하는 데 있어 갖추어야 할 성질(Firn Ness for Use) 등으로 나타내어 왔다.

:: 02 품질에 대한 사고방식

다음 그림은 「SONY 텔레비전 소비자 선호도 조사」라는 아사히 신문에 게재된 내용이다. 70년대 후반, 미국의 텔레비전 사용자들은 SONY-USA보다는 SONY-JAPAN 제품을 더 선호하였다.

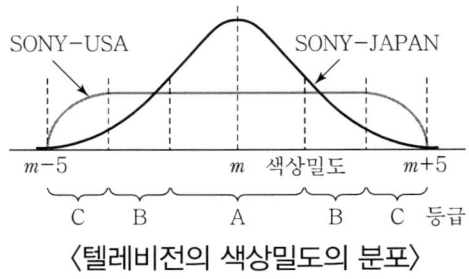

〈텔레비전의 색상밀도의 분포〉

두 공장은 동일한 설계와 허용차로써 제품을 생산하고 있었는데 m은 목표 색상 밀도이며 허용한계는 m ± 5였다. SONY-JAPAN의 제품 중 0.3%는 허용한계를 벗어나지만 SONY

－USA는 벗어나는 것이 없었다. 따라서 규격한계를 기준으로 양·부적합을 평가한다는 종래의 방식은 소비자의 선호도를 설명할 수 없게 되는 것이다.

:: 03 종전의 품질과 손실에 대한 사고

우리에게 낯익은 종전의 제품출하 검사에서의 사고와 손실은 그림과 같이 규격한계를 정하여, 이를 벗어나기만 하면 벗어난 정도와 상관없이 일정한 손실(A_0)이 발생한다고 보며, 마찬가지로 규격한계 안에 들기만 하면 손실은 없다고 보는 것이었다.

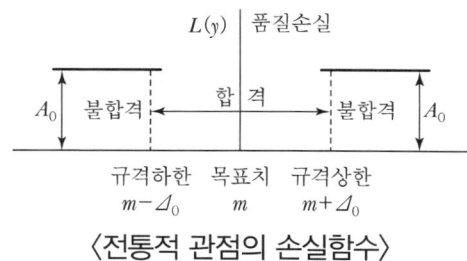

〈전통적 관점의 손실함수〉

:: 04 손실함수 : 품질과 손실에 대한 다구치 박사의 생각

다구치 박사는 아래의 〈그림〉에서와 같이, 제품이 정확하게 목표치를 만족시키는 한 점(m)에서만 손실이 없고, 그 목표치를 중심으로 2차 곡선으로 표현할 수 있음을 제시하였다. 여기에서는 합격·불합격을 판정하는 규격한계가 품질손실과는 무관하다.

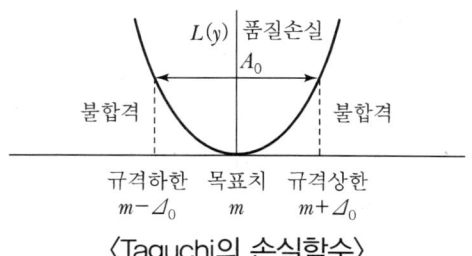

〈Taguchi의 손실함수〉

이를 수식으로 표현한 것이 다음의 손실함수이다.

손실함수 $L(y) = k(y-m)^2$
여기서, k : 품질손실계수
y : 품질특성치
m : 품질특성의 목표치

식에서 품질손실은 목표치로부터의 벗어남의 제곱으로 영향을 미친다.

05 산포감소에 의한 손실효과

$(y-m)^2$을 분해하면 $(y-\bar{y}+\bar{y}-m)^2$가 되고, 제곱까지를 고려하면 $(y-\bar{y})^2$항은 분산(Variance), $(\bar{y}-m)^2$ 항은 목표치 m으로부터 치우침(차이)의 제곱이다.

즉 품질손실은 (제품분산+목표치와의 차의 제곱) 바로 그것이다. 일반적으로 치우침의 수정, 즉 평균치의 이동은 산포의 감소에 비하여 어렵지 않고, 만약 수정이 되었을 경우 손실함수는 분산에 비례한다. 따라서 산포에 따른 품질손실은 다음과 같다.

▼ 산포(표준편차)의 감소에 따른 품질개선 효과

표준편차	1.0(기준)	0.9	0.8	0.7	0.6	0.5	0.4	0.3	0.2	0.1
분산	1.0(기준)	0.81	0.64	0.49	0.36	0.25	0.16	0.09	0.04	0.01
품질손실	1.0(기준)	0.81	0.64	0.49	0.36	0.25	0.16	0.09	0.04	0.01
개선효과	0%(기준)	19%	36%	51%	64%	75%	84%	91%	96%	99%

현재(기준)의 표준편차를 1로 볼 때 표준편차가 현재의 70%로 줄어든다면 품질손실은 거의 반으로 되고, 품질안정에 의한 간접적 효과(관리업무, 조업안정의 효과 등)도 대단하다고 할 것이다. 종래에도 우리가 품질에서 산포의 중요성을 소홀히 한 바는 아니나, 이와 같이 금전적인 손실에 직결되며 더욱 그 효과의 지대함이 새삼 이해됨에 따라, 품질공학에서의 철학이라 할 산포우선(散布 優先), 강건한(Robust) 제조조건의 추구가 높이 존중받아야 할 이유이기도 하다.

06 Noise와 대책

품질 공학에서는 생산이나 사용에서 변동의 원인, 즉 제품이나 공정 등 모든 시스템의 기능을 악화시키는 것을 Noise라고 한다. 온습도, 먼지, 진동, 작업자의 습관·실수, 기계의 노후·마모, 원재료의 변동 등등이 그런 것이다. 기술개발이나 설계의 현장에서 목표 출력을 위한 도면의 설계나 조건설정은, 여러 가지 Noise를 줄이기 위한 싸움이 그 중심이라고 할 수 있다.

07 Noise의 분류와 대응책

종래의 기술개발에서는, Noise가 없는 이상 상태로 만들려거나, 이상 상태를 가정(온습도는 딱 맞게, 먼지는 없이, 원재료는 변동이 작은 것, 적당한 숙련자가 작업한다는 등)해서 작업을 진행시켰다. 진리 탐구를 목적으로 하는 자연과학에서는 적용될 수 있는 사고방식이나, 실제로 물건을 만들어야 하는 제조 현장에서는 비현실적이고 무엇보다 돈이 든다(Cost-up)는 사실이다. 품질 공학은 Noise의 개념과 그 취급을 적극적으로 하는 점이 특이하고, 기술개발에 실제적 기여를 하고 있다는 것이 괄목할 사항이다.

[Noise 대책의 이론적 세 가지 방법]
① 변동의 원인을 찾아내고, 원인 자체를 제거한다.
   (고급 원재료와 설비의 채택, 공조 설비로 온습도 관리, 제품 사용조건의 제한 등)

② 출력의 변동을 Feed-back, Feed-forward로 보정(補正)한다.
   (전후 공정의 온도 보정 등)

③ 변동의 원인에는 손을 대지 않고, 그 영향을 감쇠(減衰)시킨다.

지금까지의 전통적인 방법은 ①, ②의 채택이었다. 그러나 ①과 ②는 무엇보다 비용이 들고 그 종류가 많아(재료나 부품, 기계, 작업조건, 관리 등) 채택이 쉽지 않다.
품질 공학에서는 ③의 방법을 기본적인 사고로 하여 Noise에 영향을 덜 받는 둔감(鈍感)한, 즉 변동이 최소화되는 조건을 찾는다. 여기에는 일반적으로 Cost-up이 따르지 않는다. 이렇게 하고도 품질이 목표에 미흡할 때에 ①, ②의 방법을 보조적으로 채택하며, 이때에는 경제성이 정량적으로 계산된다.

:: 08 품질공학에서의 대응책 예시

일본의 한 타일공장에서는 타일의 휘어짐, 뒤틀림 등의 부적합으로 합격률이 매우 낮아 고민을 하고 있었다. 원인은 가마 내부의 위치에 따라 소성(燒成)에서 받는 온도가 고르지 않아 타일의 변형률이 달라지는 것이었다.
전통적인 해결책은 모든 위치에서의 온도가 균일하도록 설비를 개조하거나 전면적인 가마의 재설치라고 할 것이다.(실험을 한다면 버너의 배치위치, 개수, 온도 등 버너 중심의 실험이 될 것이다.) 전면적인 재설치 비용은 그 당시에 50만$이나 되는 거액으로 채택하기 힘든 수준이었다.

품질공학에서의 해결책
총 27회의 실험에 사용된 인자와 수준은 다음과 같다.

◆ 점토(粘土)의 종류(3종),	◆ 납석(蠟石)의 양(3종),	○ 장석(長石)의 양(3종),
○ Chamotte의 양(3종),	◆ 납석의 종류(3종),	○ 장석의 종류(3종),
◆ 어떤 첨가물의 양(3종)		

◆으로 표시한 것이 실험에서 유의한 인자로 확인된 것이다. 여기서 유의란, 이들 인자의 수준을 바꿈에 따라, 위치에 따른 온도차의 영향을 덜 받을(Robust) 수 있다는 것으로, 이들 인자의 구성으로 기존의 합격률 59%를 89%까지 향상시키는 획기적 성과를 얻었다.
이와 같이 품질공학에서는 Noise의 근원을 없애거나 줄이는 방식이 아니라, Noise에 영향을 받지 않는 조건을 찾는다는 것이다.
품질공학에서는 Noise의 영향을 받는 정도에 따라 「기능의 안정성」이 좋다, 좋지 않다라고 하며, 그 척도로 S/N비를 사용한다.

:: 09 직교배열표를 이용한 실험

직교배열표는 실험의 효율성과 정도를 높이는 위력적인 도구이다. 이것의 활용으로 실험횟수를 줄이며, 실험의 재현성을 높이고, 계산과 해석을 쉽게 할 수 있다. 또한 많은 인자를 넣는 실험이 가능하므로 효과가 높은 결과를 얻는다.

:: 10 직교배열표의 구성과 배치

① $L_9(3^4)$라고 직교표를 표기하며, 이것은 3수준짜리 4인자를 포함할 수 있으며 실험조건 (실험회수)은 9개임을 의미한다.
② 4개의 각열에는 실험할 인자를 배치한다. 제1열에 온도, 제2열에 원료, …, 등 4개까지 인자를 배치할 수 있다. no.1~9는 9종의 실험조건을 의미한다.
③ 내부의 1, 2, 3은 그 열에 배치한 인자의 수준을 표시한다.

:: 11 직교성(직교배열표를 사용하는 이유)

9가지 조합실험에서 (온도, 원료)에 대한 1열과 2열의 조합 구성을 보자. (1, 1) (1, 2) (1, 3) (2, 1) (2, 2) (2, 3) (3, 1) (3, 2) (3, 3)으로 된 것을 알 수 있다. 즉 온도 수준 1의 효과를 계산한 값 (8+12+10)에는 원료의 수준 1, 2, 3의 영향이 각 한 번씩 들어 있으며, 온도 수준 2의 효과 (10+12+15), 온도 수준 3의 효과 (22+18+18)에도 마찬가지로 원료의 수준 1, 2, 3의 영향이 한 번씩 들어 있다. 즉 온도의 세 가지 각 수준 계산에서 원료의 효과가 같은 양이 들어있다는 것은 원료의 영향은 배제된 오직 온도의 효과만이 포함된 데이터라고 볼 수 있다. 이것이 중요한 사실이다. 직교배열표는 어느 두 열을 비교하더라도 이와 같은 구조로서 다른 인자의 간섭에 대해 걱정할 필요가 없다. 수학에서 직교(直交)라는 것은 서로 독립, 즉 영향을 받지 않는다는 의미이다.

종래의 실험에서는 어떤 인자를 실험할 때, 영향을 미칠 다른 인자는 수준을 고정시킴으로 그 영향을 배제하였다. 그런데 직교표에서는 다른 인자의 효과를 같은 양을 포함시켜 그 영향을 배제하는 것이다. 두 방식 모두 논리적으로 타당하나 후자가 실험결과의 재현성 면에서 훨씬 유리하다.

12 직교표의 효용

① 많은 인자를 간단하게 배치하고 실험횟수가 적어도 된다.
② 종래의 개별인자 실험보다 훨씬 우수한 최적조건을 찾아낸다.
③ 실험결과의 재현성이 높다.

13 다구치 기법 적용예제

(1) 다구치 기법의 목표

- 품질 특성치의 산포를 줄여야 한다.(Reduce Variability)
- 평균치 이동이 목표치에 접근하도록 한다.(Approach to Target Value)
- 비용을 최소화시켜야 한다.(Least Cost)
- 재현성이 있는 결과가 얻어졌는지를 확인한다.(Confirm Reproducibility)

(2) 구성

① 기술연구
기능 특성 분류, 요인 및 수준, Data 측정방법

② 실험계획 및 실시
직교배열표, 요인배치

③ Data 분석
S/N비, ANOVA(분산분석), 요인효과 분석, GRAPH 분석

④ 활용 순서
요인해석, 최적조건 도출, 예측, 손실함수

(3) 목적

- 재현성의 확보 → 직교배열표 사용
- 안정성의 설계 → S/N비 사용

(4) 다구치 박사의 품질철학

품질이란?

"최고의 품질은 사회에 끼치는 손실이 없으며, 나쁜 품질은 사회에 커다란 손실을 끼친다."

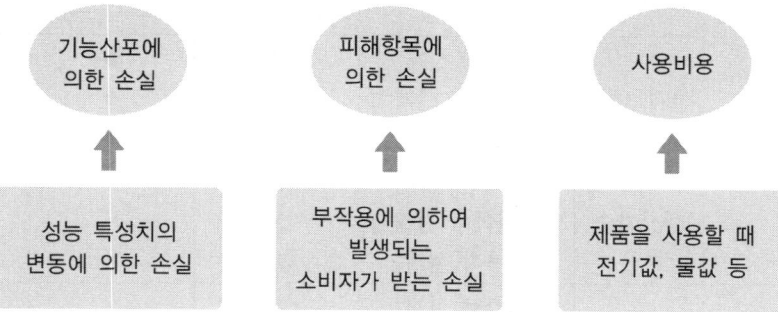

(5) 품질공학의 특징

① 설계단계의 중요성
② 손실함수의 사용 $[L(y) = k(y-m)^2]$
③ 잡음의 사용
④ On-line QC와 Off-line QC의 구분
⑤ 잡음 제거의 기능
⑥ 품질향상 계획의 초점

(6) 잡음의 사용

제품성능의 변동에 영향을 주는 요인은
① 원인을 찾으면 제어(Control)가 가능한 설계변수를
② 원인을 찾기 어렵고 제어가 용이하지 않은 잡음(Noise)으로 나눔

> **잡음의 종류**
> - 외부잡음 : 외부사용 조건의 변화에 의한 잡음
> - 내부잡음 : 사용하면서 발생되는 내부마모나 열화에 의한 잡음
> - 제품 간 잡음 : 제품의 불완전한 제조에 의해서 발생되는 제품 간 성능 특성치의 산포로 인한 잡음

(7) 잡음 제거방법 가능 여부

QC 구분	담당부서	대응책	잡음의 종류		
			외부 잡음	내부 잡음	제품 간 잡음
Off-Line QC	설계, 개발	시스템 설계	●	●	●
		파라메타 설계	●	●	●
		허용차 설계	○	●	●
	생산기술	시스템 설계	×	×	●
		파라메타 설계	×	×	●
		허용차 설계	×	×	●
On-Line QC	생산	시스템 설계	×	×	●
		파라메타 설계	×	×	●
		허용차 설계	×	×	●
	판매	애프터서비스	×	△	△

※ 비고 : ● 대응 가능　　　　　　　○ 대응책이 가능하나 최후의 수단임
　　　　　× 대응 불가능　　　　　　△ 예방보전의 의미로서 가능

(8) 품질향상 계획의 초점

① 목표치에 대한 성능 특성치의 변동을 끊임없이 줄여 나가야 한다.(S/N비를 특성치로 하여 변동을 최소화)
② 제품의 공정을 설계하거나 개선함에 있어 제품의 성능 특성치가 잡음에 둔감하도록 하여야 한다.(직교배열표에 의한 실험계획)
③ 제품이나 공정을 설계할 때는 적은 비용이 소요되면서, 목표치의 허용한계를 만족시키는 설계변수들의 최적 조건을 찾아야 한다.(직교배열표에 의한 실험계획)

(9) 품질손실함수(Quality Loss Function)

① 품질 특성치

> - 망목특성(Norminal-is-best Characteristics)
>   : 길이, 무게 등과 같이 지정된 목표치 m이 있는 경우
> - 망소특성(Smaller-is-better Characteristics)
>   : 마모, 진동, 불량률 등과 같이 작을수록 좋은 경우
> - 망대특성(Larger-is-better Characteristics)
>   : 강도, 수명, 연료효율 등과 같이 클수록 좋은 경우

② 망목특성의 손실함수

$$L(y) = k(y-m)^2$$

소비자 허용한계점 $m \pm \Delta$에서 소비자의 손실을 A원이라고 하면,

$$k = \frac{A}{\Delta^2}$$

③ 망소특성의 손실함수

$$L(y) = ky^2, \quad k = \frac{A}{\Delta^2}$$

④ 망대특성의 손실함수

$$L(y) = k\frac{1}{y^2}, \quad k = A\Delta^2$$

(10) S/N비(Signal-to-noise Ratio)

> S/N비 $= \dfrac{\text{목적이 산출물 결과에 어느 정도 반영되었는가?}}{\text{잡음의 크기가 산출물의 결과에 어느 정도 나쁜 영향을 주는가?}}$
>
> $= \dfrac{\text{신호입력이 산출물에 전달된 힘}}{\text{잡음이 산출물에 전달된 힘}}$
>
> $= \dfrac{\text{신호의 힘}(Power\ of\ Signal)}{\text{잡음의 힘}(Power\ of\ Noise)}$

① 망목특성의 경우

$$S/N\text{비} = \frac{\text{모평균 } \mu \text{의 제곱}(\mu^2)\text{의 추정값}}{\text{분산}(\sigma^2)\text{의 추정값}} = \frac{\frac{1}{n}(Sm-V)}{V}$$

그러나 실제로 사용되는 S/N비의 값은 상용대수를 취하고 10을 곱하여 Decibel(db)의 단위로 나타낸다.

$$SN\text{비} = 10\log\left[\frac{\frac{1}{n}(Sm-V)}{V}\right] = 10\log\left[\frac{\overline{y^2} - \frac{V}{n}}{V}\right]$$

$Sm = n(\overline{y})^2$ 이므로
이 값이 크면 클수록 신호의 힘이 크고, 잡음의 힘이 작아지는 것이므로, 이 S/N비를 가장 크게 하는 조건이 최적조건이 된다.

② 망소특성의 경우

망소특성인 경우에는 목표치 m이 0이므로 m^2의 추정치가 음수가 될 수도 있으며, 상용대수를 취하여 실시되는 Decibel(db)을 사용할 수 없다. 이런 이유로 인하여 망소특성인 경우에는 손실함수의 기대값 $L = kE(y^2)$을 최소화시키는 S/N비를 사용한다.

$$S/N\text{비} = -10\log\left[\frac{1}{n}\sum y_i^2\right]$$

③ 망대특성의 경우

망소특성의 경우와 같이 기대손실 $L = kE\left(\frac{1}{y^2}\right)$ 작게 해 준다.

$$S/N\text{비} = -10\log\left[\frac{1}{n}\sum \frac{1}{y_i^2}\right]$$

S/N의 값은 크면 클수록 좋은 것이다.

예상문제 01 다음의 5개 데이터를 갖고 망목, 망소, 망대 특성의 S/N비를 구해보자.

32, 38, 36, 40, 37

해설

㉠ 망목특성

$$\bar{y} = \frac{1}{n}\sum y_i = \frac{1}{5}(32+38+36+40+37) = 36.6$$

$$Sm = \frac{1}{n}(\sum y_i)^2 = \frac{1}{5}(32+38+36+40+37)^2 = 6,697.8$$

$$V = \frac{1}{n-1}\sum(y_i-\bar{y})^2 = \frac{1}{4}[(32-36.6)^2+\cdots+(37-36.6)^2] = 8.8$$

$$S/N = 10\log\left[\frac{\frac{1}{n}(Sm-V)}{V}\right] = 10\log\left[\frac{\frac{1}{5}(6,697.8-8.8)}{8.8}\right]$$

$$= 10\log(152.02) = 21.81[\text{db}]$$

별해 $= 20\log\left(\dfrac{\bar{y}}{s}\right) = 20\log\left(\dfrac{36.6}{\sqrt{8.8}}\right) = 20\log(12.34) = 21.82[\text{db}]$

㉡ 망소특성

$$S/N = -10\log\left[\frac{1}{n}\sum y_i^2\right] = -10\log\left[\frac{1}{5}(32^2+\cdots+37^2)\right]$$

$$= -10\log(1,346.6) = -31.29[\text{db}]$$

㉢ 망대특성

$$S/N = -10\log\left[\frac{1}{n}\sum\frac{1}{y_i^2}\right] = -10\log\left[\frac{1}{5}\left(\frac{1}{32^2}+\cdots+\frac{1}{37^2}\right)\right]$$

$$= -10\log(0.001532) = 28.15[\text{db}]$$

14 직교배열표에 의한 다구치 실험계획법

① **직교실험** : L4 * L4

실험번호	내측배열			외측배열				N O P
	A	B	C	1	2	3	4	
				1	1	2	2	
				1	2	1	2	
				1	2	2	1	
1	1	1	1	X1	X2	X3	X4	
2	1	2	2					
3	2	1	2					
4	2	2	1					

- 내측배열 : 제어인자 배치
- 외측배열 : 잡음인자, 신호인자 배치(일반적으로 신호인자는 잡음인자의 위쪽에 배치한다.)

② **실험조합** : 예를 들면 실험번호 #3(A2B1C2)의 경우

```
A2B1C2+N101P1 → Data X1 측정
A2B1C2+N102P2 → Data X2 측정
A2B1C2+N201P2 → Data X3 측정
A2B1C2+N202P1 → Data X4 측정
```

③ **직교실험을 하는 이유** : 잡음에 둔감한 제어인자의 최적 조건을 도출하기 위함

	A	B	C	D	N1					N2				
					01	02	03	04	05	01	02	03	04	05
1	1	1	1	1										
2	1	2	2	2										
:	:	:	:	:										
:	:	:	:	:										
9	3	3	2	1										

※ S/N비로 바꾸어 주는 이유
- Data를 공평하게 평가해 준다.(log 성질)
- 중심과 산포를 고려해서 판단을 쉽게 해 준다.

④ Data 계산 과정

⟨S/N비 공식⟩

$$\begin{aligned}
\text{망목특성} \quad & S/N = -10\log\left(\frac{\bar{y}}{\sigma}\right)^2 \\
\text{망소특성} \quad & S/N = -10\log\left(\frac{1}{n}\sum y_i^2\right) \\
\text{망대특성} \quad & S/N = -10\log\left\{\frac{1}{n}\sum\left(\frac{1}{y_i}\right)^2\right\} \\
\text{계수치 특성} \quad & S/N = -10\log\left\{\frac{1}{n}\sum\left(\omega_i^2\, m_i\right)\right\}(\text{등급분류 시})
\end{aligned}$$

⟨S/N값 의미⟩

(예) 망소특성일 경우(특성치 : 마모량)

	실험 Data			합(평균)	표준편차	S/N
#1	0.1	0.5	0.9	1.5(0.5)	0.4	4.477
#2	0.4	0.5	0.6	1.5(0.5)	0.1	5.906
#3	0.9	0.9	0.9	2.7(0.9)	0	0.915

#1과 #2의 비교
합(평균)으로 평가 : #1 = #2 같다.
S/N비로 평가 : #2가 더 유리

#1과 #3의 비교
합(평균)으로 평가 : #1이 더 유리
산포로 평가 : #3이 더 유리
S/N비로 평가 #1이 더 유리

S/N비와 중심을 동시에 고려한 양이 클수록 원하는 특성에 유리하다.

:: 15 다구치 기법 사례

〈사례 : 성형두께 특성 개선〉
측정특성 결정 : 두께(1.25±0.5)

• 실험요인 및 수준

구분	인자	수준 1	수준 2
제어인자	A. C12	LOW	HIGH
제어인자	B. PRESS	50	100
제어인자	C. TEMP	LOW	HIGH
잡음인자	N. 주위온도	COLD	HOT
잡음인자	O. PRESS 변동	−20%	+20%
잡음인자	P. 지그의 위치	상	중

• 실험실시 및 S/N, 평균

실험번호	내측배열 A	B	C	외측배열 1 1 1	1 2 2	2 1 2	2 2 1	N O P	S/N비	평균
1	1	1	1	1.00	1.04	1.20	1.26		19.09	1.125
2	1	2	2	1.24	1.28	1.30	1.35		29.02	1.293
3	2	1	2	1.12	1.14	1.15	1.18		33.24	1.148
4	2	2	1	1.20	1.24	1.30	1.35		25.70	1.273

(1) Data 해석

S/N비 계산 : 산포 관련 오인을 규명하기 위해서 S/N 계산함

#1 $S/N = 10 \log \left(\dfrac{\bar{y}}{s}\right)^2$ 에서

평균 $= \dfrac{(1.00 + 1.04 + 1.20 + 1.26)}{4} = 1.125$

$s = 0.125$ (불편) 표준편차

$S/N = 10 \log \left(\dfrac{1.125}{0.125}\right)^2 = 19.09$

1) 분석실시

   요인효과분석

   ① S/N비 분석 – 산포 제어요인 도출

효과	수준별 평균	수준별 기여량	기여량 합	비고
μ	26.76			
A	A1=24.06 A2=29.47	a1=−2.7 a2=+2.7	5.4	
B	B1=26.16 B2=(27.36)	b1=−0.6 b2=(+0.6)	(1.2)	요인효과 작음
C	C1=22.39 C2=31.13	c1=−4.37 c2=+4.37	8.74	요인효과 큼

   산포제어 관련 요인은 A, C로 나타남

   ② 평균분석 – 중심조정 요인 도출

효과	수준별 평균	수준별 기여량	기여량 합	비고
μ	1.21			
A	A1=1.209 A2=1.211	a1=−0.001 a2=+0.001	0.002	요인효과 작음
B	B1=1.137 B2=1.283	b1=−0.073 b2=+0.073	0.146	요인효과 큼
C	C1=1.199 C2=1.221	c1=−0.011 c2=+0.011	0.022	

   중심조정 관련 요인은 B로 나타남

2) GRAPH 작성

   요인효과 분석의 가시효과를 얻기 위해 GRAPH를 작성한다.
   GRAPH 작성 방법은 요인효과표의 수준평균값을 GRAPH에 그대로 옮기면 된다.
   그래프에서 기울기가 큰 요인을 KEY FACTOR로 한다.

3) 최적수준 결정

   첫째, 안정성 확보조건 : A2, C2
   둘째, 목표값 일치조건
   - A2C2 조건의 치우침을 보고 B요인의 수준을 결정한다.
   - 치우침을 알아보기 위해 A2C2 조건에 대한 평균치 추정 필요시 실시한다.

셋째, 예측
- S/N비 : $\mu(A2C2) = 33.83$
- 변위량 : $\mu(A2C2) = 1.22$

B인자의 수준은 목표치에 일치시키기 위해 1수준과 2수준의 중간에서 찾도록 한다.

(2) 요인해석

Data 및 GRAPH 분석을 통하여 각 FACTOR별로 해석하여 체계적인 기술 축적 및 향후 선행연구 과제를 도출한다.

1) 다특성에 대한 분석

두 가지 특성에 대해 실험을 실시한 결과 최적조건 결정은 다음과 같다.

2) 최적조건 결정

① 특성 1 기준 시 : A1 B3 C2 D3
② 특성 2 기준 시 : A2 B1 C2 D1
③ 전체 특성 고려 시 최종적으로 : A2 B2 C2 D1로 결정

▼ 최적조건 결정 TABLE

	A	B	C	D
특성 1	(1)	3, 2	2	(3)
특성 2	2	1, 2	(2)	(1)
종합	2	2	2	1

(3) 분석 및 최적화

망대/망소/계수치 특성
S/N비에 대한 분석 → 주요 요인 규명 → S/N값을 크게 해 주는 조건

망목특성(2단계 최적화)
S/N비에 대한 분석 → 산포 관련요인 규명 → S/N값을 크게 해 주는 조건
평균에 대한 분석 → 가늠자 요인 규명 → 목표치 일치시켜 주는 조건

(4) 분석

ANOVA, 요인별 기여량 분석, 그래프 작성 등

(5) 재현성 확인

상기 (3)에서 결정된 최적조건으로 재현성 확인실험을 실시
재현성 결과값과 추정값을 비교

▼ S/N비 공식

구분	S/N비	구분	S/N비
망소특성	$-10\log\left(\dfrac{1}{n}\sum x_i^2\right)$	망대특성	$-10\log\left(\dfrac{1}{n}\sum \dfrac{1}{x_i^2}\right)$
망목특성	$10\log\left(\dfrac{\overline{x}}{s}\right)^2$	계수치특성	$-10\log\left(\dfrac{1}{n}\sum \omega_i^2 m_i\right)$

▼ 추정 공식

$$\widehat{\mu_{A_iB_jC_k}} = \overline{A}_i + \overline{B}_j + \overline{C}_k - 2\overline{T}$$
$$\text{또는 } \overline{T} + a_i + b_j + c_k$$

(6) 요인해석

작성된 그래프를 참고로 요인별 특성 간의 관계를 해석한다. 해석 시 고유기술 부분도 병행하여 해석을 전개한다.

SECTION 22 Single PPM

:: 01 Single PPM 품질혁신운동의 성과와 개선방안

세계는 이미 20세기 말부터 불어닥친 개방화, 국제화로 인해 무한경쟁시대에 돌입하였으며, 지금은 품질에 관한 한 각국이 치열한 전쟁을 치르고 있는 실정이다. 그 실례로 1987년 ISO(국제표준화기구)에 의해 ISO 9000(품질경영)패밀리 규격이 제정되면서 곧바로 전 세계 기업들이 이 규격을 모델로 하여 품질경영체제로 전환하게 되었고, 또한 같은 해에 세계 최대 규모의 통신장비 업체인 미국의 모토로라(Motorola)사는 일본의 경쟁업체들을 의식하여 제품품질을 극대화하는 전략의 일환으로 6시그마(σ) 품질경영을 본격적으로 전개하기에 이르렀으며, 1988년 미국의 MB(말콤볼드리지상), 1992년 유럽의 EQA(유럽품질상) 등의 제정·수여는 자국 및 해당 지역의 기업들에게 선의의 경쟁을 불러 일으켜 품질경영활동의 획기적인 발전을 꾀한 것이다.

그러나 이와 같이 세계적인 기업 및 국가들이 치열하게 품질혁신활동을 전개하고 있을 무렵 국내에서는 심한 노사갈등으로 기업경영의 어려움에 직면하였을 때 오로지 품질확보만이 살길임을 절감하고 품질을 통한 경쟁력 확보의 일환으로 "공업진흥청 고시 제95-241호"에 의거 100PPM 품질인증요령이 처음으로 고시되어 1995년 8월 1일부터 인증제도가 시행되었으며, 이는 다시 1999년 11월 9일 중소기업청 고시 제1999-22호로 "싱글(Single) PPM 품질인증요령"이 고시되어 21세기 국내외 무한경쟁에 대비하여 고품질 수준을 우리 기업들이 갖출 수 있도록 하기 위해 한 단계 더 높여 Single PPM 품질인증제도로 발전시켜 2000년부터 전개하였다.

그 결과 많은 중소부품업체의 부적합률을 획기적으로 낮추는 데 기여하였으며, 또한 이는 유형, 무형의 효과와 함께 한국형 품질관리운동으로서 확고하게 자리잡아가고 있다. 그러나 각 기업이 Single PPM 품질혁신 운동을 추진하는 과정에서 모기업과 협력업체에서 개선해야 할 문제점이 드러나고 있어 본 연구에서는 현재까지 추진된 Single PPM 품질인증제도의 효과와 추진 업체들의 실태에 대하여 살펴보고 거기에 수반되는 문제점에 대해 개선 방안을 제시하고자 하였다.

02 Single PPM 품질인증제도의 현황

(1) Single PPM 품질인증제도의 개요

Single PPM 품질인증제도는 Single PPM 품질을 달성한 업체를 발굴하여 인증함으로써 판매 및 홍보에 도움을 주는 것은 물론 혁신된 품질수준의 유지와 지속적인 품질개선을 통하여 고객만족의 실현을 도모하고 많은 중소기업체가 이 운동에 참여하도록 유도하여 빠른 시일 내에 확산, 정착시킴으로써 세계 시장에서 우리 제품의 품질경쟁력 제고에 기여토록 하는 것을 그 목적으로 하고 있다.

또한 Single PPM 품질혁신운동은 선진국 수준의 완제품 품질을 달성하기 위해 구성부품의 부적합률을 100PPM에서 10PPM 미만으로 더욱 낮추어야 한다는 구체적이고 명확한 목표의식을 지닌 품질혁신운동이다. 그리고 목표를 달성한 이후에도 이를 지속적으로 유지·관리하여 국내 제품의 대외 경쟁력을 확보하는 데 그 의의가 있다.

03 Single PPM 품질인증제도

(1) Single PPM 품질인증요령

"중소기업청 고시 제1999-22(1999.11.9)호"에 고시된 Single PPM 품질인증요령은 총 26조로 이루어져 있으며 인증신청 자격은 공산품을 제조하는 업체로서 Single PPM 품질혁신사업을 6개월 이상 추진한 실적이 있는 자를 대상으로 품목별로 공장 또는 사업부 단위로 신청한다. 신청방법으로는 희망업체가 Single PPM 품질혁신 추진본부장에게 신청하며 다만 신청인의 편의를 위해 지부를 통하여 신청할 수 있다. 신청서류는 신청서와 Single PPM 추진현황(추진성과 및 추진사례)이 요구되며 Single PPM 품질혁신 추진본부에서 심사한다. 한편 인증업체는 인증표시를 제품, 포장, 송장 등에 할 수 있으며 관리방법으로는 매년 정기적으로 인증기준 유지 여부를 확인하고 소비자 관련업체 등으로부터 이의 제기가 있는 경우 특별심사를 실시한다. 그 결과 기준미달의 경중에 따라 개선명령 또는 인증 취소조치를 취한다.

(2) Single PPM 품질인증기준

Single PPM 품질인증은 부적합률의 수준에 따라 100PPM과 싱글PPM 두 등급으로 구분하여 인증한다. 그리고 Single PPM 품질인증기준은 크게 판정기준과 공장심사기준으로 구분하는데 다시 판정기준은 모기업에 납품하는 경우와 모기업에 납품하지 않는 경우로 나누어진다. 이때 모기업에 납품하는 경우에는 인증신청 당시의 전월을 기준으로 6개월간의 평균 납품부적합률과 자체 완성품 검사 평균 부적합률이 10PPM 미만이거나 또는 100PPM 이하여야 한다. 그리고 다음 표와 같은 공장심사기준 각 항목에 대한 평가결과 점수 합계가 70점 이상일 경우에 인증한다. 그리고 모기업에 납품하지 않는 경우에는 인증신청 당시의 전월을 기준으로 6개월간의 자체 완성품검사 평균 부적합률과 사외클레임 접수·처리의 평균 부적합률이 10PPM 미만이거나 또는 100PPM 이하여야 하고 공장심사기준 각 항목에 대한 평가결과 점수 합계가 70점 이상일 경우에 인증한다.

▼ 공장심사기준

심사항목	소항목	세부항목	배점	비고
Ⅰ. 싱글PPM 품질달성 및 사업성과	(8)	(25)	(35)	
★1. 싱글PPM 달성	2	8	20	공통심사항목
★2. 사업성과	6	17	15	공통심사항목
Ⅱ. 프로세스의 지속적 개선	(13)	(45)	(11)	
1. 측정, 분석 및 개선계획	1	2	1	
★2. 측정 및 감시	3	16	2	공통심사항목
3. 부적합의 관리	2	5	1	
4. 자료의 분석	1	3	1	
5. 개선	3	8	1	
★6. 싱글PPM 개선단계에 따른 접근	3	11	5	공통심사항목
Ⅲ. 품질네트워크 시스템관리	(19)	(70)	(15)	
1. 실현 프로세스의 계획	1	4	1	
2. 고객관련 프로세스	2	9	2	
★3. 설계 및 개발	5	20	3	공통심사항목
4. 구매	3	8	2	
★5. 생산 및 서비스의 운영	6	22	5	공통심사항목
6. 측정기기 및 감시기기의 관리	2	7	2	
Ⅳ. 고객만족과 품질경영 전략	(5)	(17)	(7)	
1. 고객중심	2	2	3	
2. 품질방침, 목표 및 기획	3	15	4	

심사항목	소항목	세부항목	배점	비고
Ⅴ. 최고경영자의 리더십과 경영책임	⑿	㉜	⒄	
1. 경영의지	1	4	1	
2. 품질경영시스템	7	19	5	
3. 경영검토	1	5	1	
★4. 경영자의 추진의지 및 참여도	3	4	10	공통심사항목
Ⅵ. 인적자원의 교육과 개발	⑻	⒄	⒂	
1. 자원관리	1	1	1	
2. 인적자원	2	5	1	
3. 정 보	1	1	1	
4. 시 설	1	2	1	
5. 작업환경	1	1	1	
★6. 싱글PPM 교육실적	2	7	10	공통심사항목
계 : 6구분 26개 심사항목	65	206	100	

SECTION 23 마하라노비스-다구치 기법(MTS)

01 판별분석의 기초 마하라노비스 거리

마하라노비스 박사는 1893년 벵갈로에서 태어나서 캘커타 대학 졸업 후에 캠브리지 대학에서 물리학을 전공하였다. 당시 네루 수상을 도와 인도 경제계획의 입안 등 국내외에서 많은 활약을 하였다.

마하라노비스 박사는 발굴된 뼈가 어느 동물의 뼈인지를 판별하는 방법을 생각하여 "마하라노비스 거리"를 제안했다. 즉, 발굴된 뼈가 어느 뼈인지를 다차원 단위공간의 크기로 판정하려고 하는 것이었다. 예를 들면, 인도 코끼리와 벵갈 호랑이 두개골이 나란히 있으면 쉽게 차이점을 추정할 수 있다. 왜냐하면 머릿속에서 순간적으로 많은 정보를 종합하고 있기 때문에 차이점을 즉시 알 수 있는 것이다. 말하자면 패턴을 인식하고 있는 것인데, 마하라노비스의 거리도 똑같이 다차원의 단위 공간을 정의하고 그 공간으로부터 패턴의 차이를 보는 것이다. 그러나 사람 얼굴의 식별이나 글체의 정확한 판별 등은 현재에도 최신 컴퓨터나 소프트웨어를 사용해도 마음대로 인식할 수 없다. 패턴 인식은 컴퓨터가 가장 잘 하지 못하는 부분이다.

02 마하라노비스-다구치 기법(MTS)

MTS는 마하라노비스의 거리를 먼저 구한다. 마하라노비스 거리는 다차원의 단위 공간을 정의하고 마라하노비스 공간에 속하지 않는 개개의 대상이 그 공간으로부터 얼마만큼 떨어져 있는가를 수치로 나타낸 것이다. 건강진단을 예로 들면, 의사가 진단해서 건강하다고 한 수백 명을 모아서 여러 가지 데이터를 수집해서 건강한 사람의 단위공간으로서 마하라노비스 공간의 데이터베이스를 작성한다. 단위공간의 정의를 위한 계측항목들의 선택이 전문가의 역할이 된다. 건강진단의 검사항목으로 말하면 TG(혈청 트리글리세리드=중성지방)의 g/dl수, TCh(혈청 총 콜레스테롤)의 mg/dl수 등이 계측 항목이다. 연령이면 몇 세인가, 성별이면 남녀(0이나 1로 나타낸다)가 된다. 마하라노비스 공간의 우수한 점은 제로 점과 단위량을 다차원의 공간에서 정하고 그것을 단위 공간으로 해서 마하라노비스 공간에 속하지 않는 대상에 대해서 거리를 구하는 것에 있다. 데이터베이스인 건강한 사람들의 집단의 마하라노비스 거리는 보통 0~2 정도의 범위에서 변화한다. 그러나 마하라노비스 거리가 주는 것은 정상인들 집단의 산포이다. 마하라노비스 공간에 속하지 않는 건강하지 못한 사람의 마하라노비스 거리를 측정하고 그것을 건강도의 거리로써 구한다. 초기 마하라노비스 데이터베이스는 전문가가 결정해야 한다.

03 MTS의 건강진단 적용예제

1980년대 초반에 동경 테이신 병원의 내과 부장이 된 카네다카 박사와 공동으로 행한 응용연구가 있다. 카네다카 박사는 도쿄 테이신 병원에서 매년 행하고 있는 건강진단에서 3년간 연속해서 건강하다고 판단된 2백 명을 뽑아서 건강인 집단으로서의 마하라노비스 공간의 데이터베이스를 얻었다. 항목은 TG, TCh 등 16개의 생화학 검사항목에 연령과 성별을 덧붙인 18개 항목이었다. 후에 겹치는 항을 제외하여 17개 항목으로 단위공간을 만들어서 실수가 적은 계측법으로 개량했다. 다음에는 건강을 진단하기 위해 방문한 95명의 데이터에서 현행 진단법과 마하라노비스의 거리에 의한 방법으로 진단을 수행했다. 그리고 정밀검사를 행하고 나서 그 실수를 비교한 것이었다.

이 진단결과로 나타난 실수가 두 종류 있다. 정상적인 사람을 정상적이지 않다고 판단해 버리는 실수와 정상이 아닌 사람을 정상이라고 판단해 버리는 실수이다. 결과는 아래 표에 제시된 것처럼 정상임에도 불구하고 이상이라고 판단되어 그 후의 정밀검사에서 정상이라고 판단된 사람이 현행 진단법의 51인에 비해서 MTS법을 사용한 진단에서는 16인이었다. 반대로 정상이라고 판단했지만 이상이 있었던 사람은 어느 쪽이나 한 사람 있었다. 이상한 것을 못보고 빠뜨려 버린 한 사람은 꽤 경미한 간질환이었다. 17개 항목으로 단위 공간을 다시 만들었을 때 실제로 이상 있는 환자를 정상으로 판단한 실수도 없어졌다.

▼ 〈표 1〉 간질환 진단에 대한 현행진단법과 MTS법의 판단력의 비교

현행 진단법				MTS법			
	진단결과		계		진단결과		계
	정상	이상			정상	이상	
실제 정상	28	51	79	실제 정상	63	16	79
실제 이상	1	15	16	실제 이상	1	15	16
계	29	66	95	계	64	31	95

MTS법에 의한 진단에서는 마하라노비스의 거리로 경증인지 중증인지 등의 정도는 한 사람한 사람에 대해서 구할 수 있다. 실은 그것이 MTS법의 진정한 목적이다. 카네다카 박사에 의하면, 간경화 환자는 가벼운 증상의 사람은 10 이하의 거리가 되고, 무거운 증상의 사람은 10 이상의 거리가 된다. 이 거리를 치료에 이용한다. 거리가 50인 사람이 다음 달의 검사결과 45가 되면 한 달에 10%의 비율로 정상에 가까워지고 있는 것이 된다. 현재의 치료를 계속하면 10개월 뒤 완치된다고 예측할 수 있다. 반대로 거리 50인 사람이 다음 달에 55가 된다면 악화를 방지하는 더 농후한 치료로 치료법을 바꿔야 한다.

04 MTS 기법 계산순서

자동차 크러치 링의 부적합을 찾아내기 위해 컴퓨터 카메라를 이용하면 자동 검사 시스템으로서 확실한 부적합은 쉽게 찾아내지만 경미한 검사는 컴퓨터도 찾지 못할 때가 많다. 이때 MTS 기법으로 적용하게 되면 찾을 수가 있다. 이 사례는 정상적인 Data 1,000개와 측정항목 160개를 마하라노비스 표준 공간으로 계산한 결과를 소개한 사례이다.

여기서는 MTS 기법을 이해하기 위해서 순서대로 공식만을 소개한다.

① 단계 1 : 정상적인 제품 1,000개 중 160개 특성에 대한 데이터를 모은다.

▼ 〈표 2〉 측정 1000개 데이터의 160개 특성 $\overline{Y_{160}}$

특성	Y_1	Y_2	...	Y_{160}
1	$Y_{1,1}$	$Y_{2,1}$	...	$Y_{160,1}$
...	...	...	...	...
1000	$Y_{1,1000}$	$Y_{2,1000}$	...	$Y_{160,1000}$
합계	Y_1	Y_2	...	Y_{160}
평균	$\overline{Y_1}$	$\overline{Y_2}$	...	$\overline{\gamma_{160}}$
표준편차	σ_1	σ_2	...	σ_{160}

② 단계 2 : 단계 1의 기본 데이터를 표준화한다.

▼ 〈표 3〉 표 2의 표준화된 자료

특성	Y_1	Y_2	...	Y_{160}
1	$Y_{1,1}$	$Y_{2,1}$	...	$Y_{160,1}$
...	...	...	...	...
1000	$Y_{1,1000}$	$Y_{2,1000}$	...	$Y_{160,1000}$

③ 단계 3 : 단계 2의 상관계수를 구한다. $r_{ij} = \dfrac{(\sum y_{ij} \times y_{ij})}{n}$

〈표 4〉 표 3의 상관계수

$$R = \begin{bmatrix} 1 & \cdots & r_{ik} \\ r_{21} & \cdots & r_{2k} \\ \cdots & \cdots & \cdots \\ r_{k1} & \cdots & 1 \end{bmatrix}$$

④ 단계 4 : 단계 3 R의 역함수를 구한다.

〈표 5〉 표 4의 역함수

$$A = R^{-1} = \begin{bmatrix} a & \cdots & a_{ik} \\ a_{21} & \cdots & a_{2k} \\ \cdots & \cdots & \cdots \\ a_{k1} & \cdots & a_{kk} \end{bmatrix}$$

⑤ 단계 5 : 마하라노비스 거리를 계산한다. $D^2 = \dfrac{\sum a_{ij} y_i y_j}{k}$

위에서 얻은 마하라노비스 거리가 2 이하이면 정상 범위 안에 있고 10보다 크면 이상 데이터로 분류한다. 여기까지는 마하라노비스 거리만 구하는 단계이나, 위의 예에서 보다시피 측정항목이 너무 많아 사용에 문제가 있다. S/N비를 이용하여 마하라노비스 거리 측정에 영향을 주지 않는 특성을 골라내는 방법이 다구치의 제안이다.

⑥ 단계 6 : 측정 항목 수를 줄이기 위한 다구치 S/N비를 계산한다.

예로 위에서 언급한 간질환 진단검사에서 사용한 TG를 포함하는 것을 A인자 1수준, 포함하지 않는 경우를 A인자 2수준으로 하여 인자 수에 맞는 직교배열법을 이용하는 각 인자별로 S/N비를 계산하여 유의하지 않는 인자를 제외한다.

위의 과정을 손으로 계산하는 것은 불가능하다. 데이터만 입력하면 컴퓨터로 모든 답이 나오게 S/W로 개발되어 일본에선 많이 사용되고 있다.

05 다수의 관리항목을 한 개의 관리항목으로 통합하는 방법(T^2 관리도) 연구

급속도로 변화하는 산업현장의 IT화와 품질 정보화에 부합하기 위해서는 다수의 관리 항목을 동시에 한 개의 관리항목으로 압축하고 단순화하여 시계열적인 Batch Process 관리가 요구되고 있다. 이를 달성하기 위해 다수의 인과관계 관리항목들(Xs, Ys)을 Mahalanobis 거리를 이용하여 관리항목 데이터를 그룹 단순화하고 사전관리 도입 Hotelling's T^2 관리도법을 크게 2가지 단계(Phase)로 나누고 각 단계별 2가지 형태로 분류하여 활용법에 대한 이론을 제시한다. 그리고 산업현장에 도입·활용하기 위해서 관리항목들을 자동측정에 의한 DB구축과 Real Time으로 품질요인을 추적하는 조기경보 시스템을 구축하고 실제 적용하는 프로그램을 개발하는 데 있다.

06 T^2 관리도의 특징

① 2개 이상의 관리항목에 대해 변화를 동시에 관찰하는 관리도로서 개발 관리도의 Warning 기능을 살펴보지 않아도 하나의 관리도로 이상 징후를 민감하게 발견할 수 있다. 다만 Warning 발생 시 하나로 통합하여 관리하는 것으로 여러 개의 관리도를 일일이 알아 볼 때는 개발 관리도를 살펴보아야 한다.
② 개별 관리도에서 찾아내지 못하는 이상 징후를 발견할 수 있는데 이는 관리항목 간에 상관관계가 존재하는 그룹에서 관리항목들끼리 상관관계에 이상이 있으면 발견해 준다. 예로 온도 변수들의 양의 상관이 존재하는 변수의 관계에서 한 변수의 값이 커졌을 때 다른 변수의 값이 작아진다면 이를 이상이라고 탐지한다. 즉, Tank 온도 프로파일 이상(상관관계 이상)과 같이 개별 관리도로는 찾아낼 수 없는 Warning을 탐색해 낼 수 있다.
③ 각 변수의 Data 값이 목표치에서 멀어질수록 T^2 값이 커지거나 Warning을 주게 되고 단순히 목표치를 벗어난다고 해서 T^2 값이 커지는 것은 아니고, 변수가 움직이는 산포를 고려하여 그 산포범위보다 크게 움직일 때 T^2 값이 커지게 된다.

07 T^2 관리도의 의미

① T^2 관리도의 계산방법

$$LET\ A = \frac{TC1 - Target(TC1)}{TC1의\ 표준편차}$$

$$LET\ A = \frac{TC2 - Target(TC2)}{TC2의\ 표준편차}$$

$$LET\ A = \frac{TC3 - Target(TC3)}{TC3의\ 표준편차}$$

$$LET\ A = \frac{TC4 - Target(TC4)}{TC4의\ 표준편차}$$

$$\rightarrow T^2 = A^2 + B^2 + C^2 + D^2$$

※ 실제 Data 값이 Target에서 멀어질수록 T^2 값이 커지게 되고 Warning을 주게 됨

② T^2 값의 대략적 계산식   예 변수를 TC 온도라 하면

	TC1 − Target TC1 표준편차	TC2 − Target TC2 표준편차	TC3 − Target TC3 표준편차	TC4 − Target TC4 표준편차	T^2
07/03	A_1	B_1	C_1	D_1	$= A_1^2 + B_1^2 + C_1^2 + D_1^2$
07/04	A_2	B_2	C_2	D_2	$= A_2^2 + B_2^2 + C_2^2 + D_2^2$
07/05	A_3	B_3	C_3	D_3	$= A_3^2 + B_3^2 + C_3^2 + D_3^2$
07/06	A_4	B_4	C_4	D_4	$= A_4^2 + B_4^2 + C_4^2 + D_4^2$
07/07	A_5	B_5	C_5	D_5	$= A_5^2 + B_5^2 + C_5^2 + D_5^2$

③ T^2 값의 실제 수학적 공식

p : 변수계수, N : Data 수

Target	T^2	Distribution(F분포)
Known	$[X - Target(X)]$	$\left[\left(\dfrac{p(N-1)}{N-p}\right)\right] F(P, N-P)$
Unknown	$(X-\overline{X})' s^{-1} (X-\overline{X})$	$\left[\left(\dfrac{p(N+1)(N-1)}{N(N-p)}\right)\right] F(P, N-P)$

UCL은 F분포의 95%, 99% 또는 ±3σ 수준

$$X = \begin{pmatrix} TC1 \\ TC2 \\ TC3 \\ TC4 \end{pmatrix} \qquad Target = \begin{pmatrix} Target(TC1) \\ Target(TC2) \\ Target(TC3) \\ Target(TC4) \end{pmatrix}$$

$$s = \begin{pmatrix} Var(TC1) & COV(TC1, TC2) & COV(TC1, TC3) & COV(TC1, TC4) \\ COV(TC1, TNC2) & Var(TC2) & COV(TC2, TC3) & COV(TC2, TC4) \\ COV(TC1, TNC3) & COV(TC2, TC3) & Var(TC3) & COV(TC3, TC4) \\ COV(TC1, TNC4) & COV(TC2, TC3) & COV(TC3, TC4) & Var(TC4) \end{pmatrix}$$

▼ T^2 값의 실제 수학적 공식 적용사례

구분	1	2	3	4	5	6	목표치	분산
X1	25	19	16	18	22	24	22	12.7
X2	15	20	21	17	23	30	23	27.6
X3	20	35	25	20	30	36	30	36.8

Target(Known)

예 $T^2 = tt' \ R^{-1} \ tt = (XX - \mu T)' \qquad V^{-1} (XX - \mu T)$

$$T_1^2 = \overset{(1\times 3)}{(25-22,\ 15-23,\ 28-30)} \overset{(3\times 3)}{\begin{pmatrix} V11 & V12 & V13 \\ V12 & V22 & V23 \\ V13 & V23 & V33 \end{pmatrix}^{-1}} \overset{(3\times 1)}{\begin{pmatrix} 25-22 \\ 15-23 \\ 28-30 \end{pmatrix}}$$

$UCL : a = 0.01$ 사용

$$UCL = \begin{pmatrix} P(N-1) \\ N-P \end{pmatrix} F(a:P,\ N=P) = \begin{pmatrix} 3(6-1) \\ 6-3 \end{pmatrix} F(0.01,\ 3,\ 6-3) = 147.3$$

- T^2 관리도는 다변량 자료, 즉 2개 이상의 변수의 변동을 하나의 차트에 표현하는 관리도 기법이다.
- 변수 각각의 변동을 통해 감지해 내지 못하는 부분을 여러 변수의 변동을 동시에 살펴봄으로써 이상 상태가 민감하게 감지된다.
- 단 하나의 변수값만 변화하더라도 T^2 값은 커지게 되고 이 값이 상한선(UCL)을 벗어나게 되면 이상 상태를 의심해 봐야 한다.

SECTION 24 TRIZ 기법

:: 01 TRIZ란 무엇인가?

발명과 혁신을 달성하기 위한 강력한 접근법

TRIZ란 창조적 문제해결 이론(TIPS ; Theory of Inventive Problem Solving)이란 뜻의 러시아 말(Teoriya Reshniya Izobretatelskikh Zadatch)의 머리글자로서 발명과 혁신을 달성하기 위한 강력한 구조적인 접근법을 의미한다. "일반적이고 체계적인 문제해결 발명이론을 만들자"고 생각했던 구소련의 Genrich Altshuller에 의해서 1946년부터 최초로 연구되기 시작했다. TRIZ의 개념과 이를 활용한 효과적인 문제해결 기법에 관해 알아보자.

Altshuller는 1926년 러시아에서 태어나서 14세 때부터 발명을 시작하여 16세 때에 처음으로 특허등록을 받았다. 2차 세계대전 후인 1946년에 그는 소련 해군의 특허사무국에서 근무하면서 엔지니어들의 특허신청을 돕는 일을 했으며 종종 엔지니어들의 기술적 문제를 해결하는 것을 도와주기도 했다. 그러던 중에 그는 각기 다른 분야에서 동일한 기술적 문제를 갖고 찾아오는 엔지니어들을 만나게 되었다. 그리고 수많은 특허 관련 업무를 경험하면서 남다른 의문들을 품기 시작했다.

문제해결이 어려운 이유는 무엇인가? 왜 어떤 사람은 창조적이고 다른 사람은 창조적이지 못할까? 전 세계의 특허정보를 이용할 수 없을까? 인류의 모든 지식을 이용할 수 없을까? 결국, 그는 다음과 같은 생각을 하게 되었다. "일반적이고 체계적인 문제해결 발명이론을 만들자." 이러한 그의 결심이 TRIZ의 탄생 계기가 된 것이다.

(1) 전 세계의 특허조사를 통한 4가지 발견

Altshuller는 이때부터 발명과 특허들을 조사하기 시작했다. 먼저 세계 각국의 특허 150만 건을 조사하여 그중에서 창조적인 특허 4만 건을 추출하고 이를 통해 다음과 같은 4가지를 발견하기에 이른다.

① 창조적 문제의 정의

Altshuller는 창조적인 문제란 하나 이상의 모순(Contradiction)을 포함하고 있다는 것을 발견했다.

모순은 TRIZ의 가장 중요한 개념의 하나로서 시스템의 어느 한 특성을 개선하고자 할 때 그 시스템의 다른 특성이 악화되는 상황을 말한다. Altshuller는 이러한 모순을 해결하는 것이 다름 아닌 발명이라고 보았다.

② 발명의 수준

Altshuller는 발명이라고 해서 모두 같은 것이 아니고 발명에도 수준이 있다는 것을 발견했다. 〈표 1〉은 그가 분류한 5가지 발명의 수준을 정리한 것이다.
〈표 1〉에서도 알 수 있듯이 발명의 수준이 높아짐에 따라 더 많은 지식을 요구하게 되고, 고려해야 할 해법의 수도 점점 더 많아진다.

▼ 〈표 1〉 발명의 수준

수준	발명의 정도	%	지식의 원천	고려할 해법의 수
1	자명한 해법	32	개인적 지식	10
2	개선	45	기업 내 지식	100
3	혁신	18	산업 내 지식	1,000
4	발명	4	산업 외 지식	100,000
5	발견	1	모든 지식	1,000,000

③ 발명의 유형

앞에서 언급했듯이 Altshuller는 동일한 문제들이 각각 다른 분야에서 종종 수십 년에 걸쳐서 해결되어 왔다는 것을 발견했으며, 또한 동일한 해법이 반복적으로 사용된다는 것을 발견했다.

그는 만일 후세의 발명가들이 그 이전의 해법에 관한 지식을 갖고 있다면 그들의 일은 아주 쉬울 것이라는 생각에서 그러한 지식을 추출하고 분석하고 조직화하기 시작했다. 만일 그러한 지식이 없다면 동일한 문제를 다시 해결하는 데 많은 시간과 돈을 써야만 할 것이다.

④ 진화의 유형

Altshuller는 시스템이 일정한 유형을 따라 진화(Evolution) 혹은 발전(Development)한다는 것을 발견하고, 시스템 진화와 관련하여 8가지의 유형을 정의했다.

시스템의 진화 유형을 알게 되면 자사의 시스템이 어디를 향하고 있고 경쟁자의 시스템이 어떻게 변할지를 예측할 수 있다. 또한 진화의 유형은 혁신적인 해법들을 창출하는 데 직접적으로 사용될 수도 있다. 일단 시스템의 진화 혹은 발전의 경로가 정의되고 나면 거기에 필요한 혁신 혹은 발명은 보다 쉬워진다. 만일 그것들이 모순을 포함하고 있다면, 그것들을 해결하기 위해서 TRIZ의 다른 도구들을 이용하면 된다.

:: 02 TRIZ의 기본요소

TRIZ의 기본요소에는 이상-모순-시스템적 접근의 세 가지 요소가 있다. 이들 각각에 대해서 간단히 알아보자.

(1) 이상(Ideality)

이상은 다음과 같은 등식으로 표현할 수 있다.

$$\text{이상} = \frac{\sum U(\text{유용한 기능})}{\sum H(\text{유해한 기능})}$$

이상은 시스템의 유용한 기능의 합을 유해한 기능의 합으로 나눈 것이다. 이상적인 시스템은 분자인 유용한 기능을 증가시키고, 분모인 유해한 기능을 감소시킴으로써 달성할 수 있다.

Altshuller는 이상적인 시스템을 '필요한 기능을 수행하면서도 존재하지 않는 시스템'이라고 정의했다. 비록 이러한 시스템을 구현하는 것이 불가능하다 할지라도, 이러한 이상의 개념은 문제해결에 있어서 걸림돌이 되는 심리적 타성을 극복하도록 도와준다.

(2) 모순(Contradiction)

모순은 TRIZ의 가장 중요한 개념으로서 Altshuller는 모순을 기술적 모순(TC ; Technical Contradiction)과 물리적 모순(PC ; Physical Contradiction)으로 구분했다.

기술적 모순은 앞서 언급한 바와 같이 시스템의 어느 한 특성을 개선하고자 할 때 그 시스템의 다른 특성이 악화되는 상황을 말한다. 예를 들어 자동차의 가속 성능을 높이기 위해서는 연료 소모가 증가하므로 가속 성능과 연비 사이에는 기술적 모순이 내포되어 있다. 물리적 모순은 시스템의 어느 한 특성이 높아야 함과 동시에 낮아야 하고 존재해야 함과 동시에 존재하지 말아야 하는 상황을 말한다. 예를 들어 면도기의 날은 면도 성능을 높이기 위해서는 날카로워야 하고 피부가 손상되는 것을 방지하기 위해서는 무뎌야 하는 상황이다. TRIZ는 문제를 해결하는 데 있어서 이러한 모순들과 타협하거나 절충하는 것이 아니라 모순의 근원적인 해결을 추구하고 있다.

(3) 시스템적 접근(System Approach)

시스템은 독립적으로 격리되어 존재하지 않는다. 각각의 시스템은 다른 시스템과 상호 작용하는 상위 시스템(Supersystem)의 일부분이다. 그리고 각각의 시스템은 상호 작용하는 하위 시스템(Subsystem)으로 구성되어 있다.

전통적으로 시스템의 문제가 발생하면 엔지니어들은 문제해결을 위해 현재의 시스템에 초점을 맞춘다. 그러나 유능한 발명가가 되기 위해서는 나무(시스템)를 볼 때 숲(상위시스템)뿐만 아니라 나무의 각 부분(하위시스템)인 가지, 뿌리, 잎 등도 함께 보아야 한다는 점을 잊어서는 안 된다.

또한 시스템과 상위 시스템 및 하위 시스템이 미래에 어떻게 존재할 것인가와 아울러 과거에는 어떻게 존재했는가를 고려해야 한다. 즉, 시스템의 발전과정을 충분히 이해할 필요가 있다.

03 TRIZ의 분석도구와 지식베이스

TRIZ에는 문제를 분석하고 해결하기 위한 분석도구와 지식베이스가 있다. TRIZ의 분석도구로는 Su-field(Substance-field) 분석과 ARIZ라는 것이 있다. 그리고 TRIZ의 지식베이스로는 진화의 유형과 기술적 모순을 해결하기 위한 모순행렬(Contradiction Matrix), 물리적 모순을 해결하기 위한 분리원리(Separation Principle), 표준(Standards), 그 밖의 물리, 화학, 기하학의 효과와 현상들이 있다.

SECTION 25 분임조 활동

01 분임조 활동

같은 직장 내에서 품질관리활동을 자주적으로 실천하는 작은 그룹이다. 이 작은 그룹은 전사적 품질관리활동의 일환으로서 자기개발, 상호개발을 실천하고, QC 수법을 활용하여 직장의 관리·개선을 지속적으로 전원이 참가하여 실천한다.

02 기본이념

① 기업의 체질개선·발전에 기여
② 인간성을 존중하고 생애 보람 있는 명랑한 직장을 만든다.
③ 인간의 능력을 발휘하여 무한한 가능성 창출

03 단계별 문제해결 과정(QC 스토리)

① 주제선정
② 목표설정
③ 활동계획수립
④ 현상조사분석(자료수집 및 검토, 원인 파악)
⑤ 대책 검토 및 수립
⑥ 대책 실시
⑦ 결과분석(효과 파악)
⑧ 재발방지 및 표준화(정착화)
⑨ 반성회(종합정리)
⑩ 남은 문제 파악 및 향후계획
⑪ 보고서 작성 및 개선제안서 제출

04 분임토의 시 적용기법

① 브레인스토밍법
② 질문법
③ 아이디어 발상을 위한 제 기법

※ 브레인스토밍 4원칙
- 질보다 양을 추구한다.
- 타인의 의견을 비판하지 않는다.
- 발언을 자유분방하게 한다.
- 타인의 의견을 이용하여 새로운 의견을 제시한다.

05 테마를 정하는 원칙

① 처음에는 자신에게 가깝고 비근한 문제 선정
② 분임조원들의 공통적인 문제 선정
③ 단기간에 해결 가능한 문제 선정
④ 개선의 필요성을 느끼고 있는 문제 선정
⑤ 구체적인 문제 선정

SECTION 26 균형성과 관리지표(BSC)

01 BSC

① 핵심적인 비재무 성과 측정치를 조직의 기본적인 경영 틀로 통합하기 위한 다양화된 도구이며,
② 미래 성공의 가장 효과적인 지표를 정의하고 관리하며, 조직을 핵심적인 활동에 집중시키며,
③ 재무 측정치 위주로 구성되어 있는 전통적인 성과평가시스템의 취약점을 보완하여 기업의 상태를 종합적이고 체계적으로 표현할 수 있도록 고안된 새로운 성과평가시스템이다.

02 BSC의 4가지 요소

BSC의 4가지 요소는 재무적 관점, 고객 관점, 기업 내부 프로세스 관점, 마지막으로 학습과 성장 관점이다. 재무적인 성과를 거두기 위해서는 반드시 고객을 만족시켜야 하고, 그래서 조직은 가치를 창출하는 내부 프로세스를 최적화시키고, 배우며, 직원의 능력을 향상시켜야 한다는 것이다. 각각의 요소별로 목표치와 성과측정치를 기록하고 관리하게 된다.

① 재무적 관점
   전통적인 재무측정치이며 수익성, 안전성 및 성장성 등을 측정

② 고객 관점
   고객의 욕구를 충족시키며 고객만족, 고객유지 및 시장점유율 등을 측정

③ 기업 내부 프로세스 관점
   기업 자체의 핵심경쟁력을 의미하며 적시납품, 불량률, 리드타임 등을 측정

④ 학습과 성장의 관점
   인력 자원과 시스템의 개선을 추구하며 교육훈련 프로그램, 신제품 개발 등을 측정

SECTION 27 측정시스템 분석(MSA)

:: 01 측정시스템의 개요

제품 특성을 측정하기 위한 조작, 절차, 계측기, 장비, 소프트웨어 및 이를 운용하기 위한 사람 등 측정치에 영향을 미치는 모든 구성요소의 집합체에 대한 분석을 말한다.

① 목적

측정시스템에 의해 산출된 결과에 영향을 줄 수 있는 산포의 원인과 크기에 관한 정보를 얻기 위해서

② 측정시스템의 이점
- 측정데이터의 통계적 분석을 통한 측정시스템의 품질 평가
- 측정데이터의 사용 및 측정시스템의 반복적인 사용 가능 여부 판단
- 신뢰성 있는 측정시스템의 유지 및 측정데이터의 사용

:: 02 측정시스템 변동의 유형 및 원인

① 치우침(Bias) = 정확성

기준값과 관측된 측정값의 평균 간의 차이

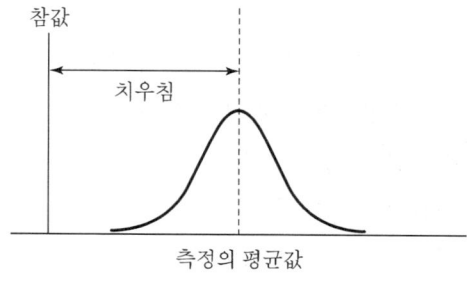

[원인]
- 계측장비의 교정이 필요함

- 기계, 설비, 고정구가 노후됨
- 마스터의 마모 및 손상되거나 마스터에 오차가 발생됨
- 점검용 마스터의 부적절한 교정 및 사용
- 저품질의 기계
- 선형성 오차
- 용도에 적합하지 않은 계측장비
- 측정방법의 차이(초기화, 장착, 조임, 기술)
- 잘못된 특성치의 측정
- 비틀림(계측장비 또는 부품)
- 환경(온도, 습도, 진동, 청결)

② **안정성(Stability)**

같은 기준 시료 또는 같은 시료의 한 특성에 대하여 장기간 측정할 때 얻어지는 측정값의 총 변동

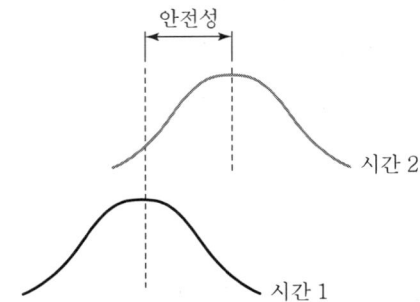

[원인]
- 계측장비의 미교정, 교정주기의 단축
- 노후된 기계, 설비, 고정구
- 정상적인 수명 또는 쇠퇴
- 열악한 예방보전(공기, 힘, 수압, 필터, 부식, 녹, 청결)
- 마스터가 마모되었거나 손상되어 오차가 발생됨
- 점검용 마스터의 부적절한 교정 및 사용
- 기계설계나 방법에 대한 강건설계가 부족
- 측정방법의 차이(초기화, 장착, 조임, 기술)
- 비틀림(계측장비 또는 부품)
- 환경 변동(온소, 습도, 진동, 청결)

③ 선형성(Linearity)

계측장비의 측정 가능 범위 모든 영역에서 편의 값의 차

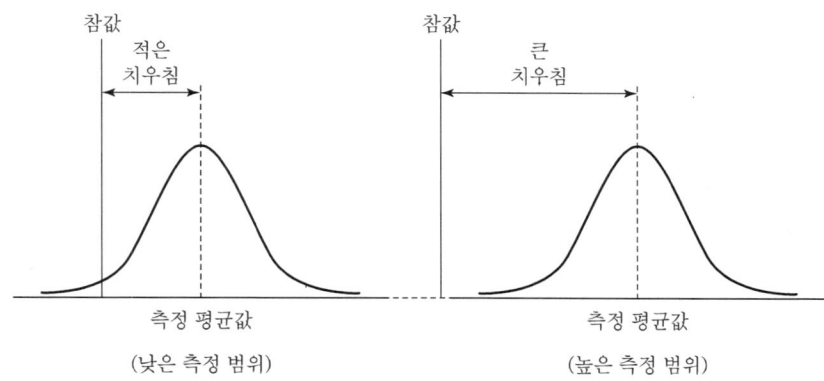

[원인]
- 계측장비의 미교정, 교정주기의 단축
- 노후된 기계, 설비 또는 고정구
- 열악한 보전(공기, 힘, 수압, 필터, 부식, 녹, 청결)
- 마스터의 마모 및 손상, 마스터의 오차
- 부적절한 교정 및 점검용 마스터의 부적절한 사용
- 저품질의 계측장비
- 계측장비 설계 또는 방법의 강건성 부족
- 용도에 적합하지 않은 계측장비
- 측정방법의 차이(셋업(Set-up), 장착, 조임, 기술)
- 부품 크기에 따른 뒤틀림(계측장비 또는 부품)의 변화
- 환경(온도, 습도, 진동, 청결)

④ 반복성(Repeatability)

동일 시료의 동일 특성을 동일 계측장비를 이용하여 한 명의 평가자가 여러 번 측정하여 구한 측정값의 변동

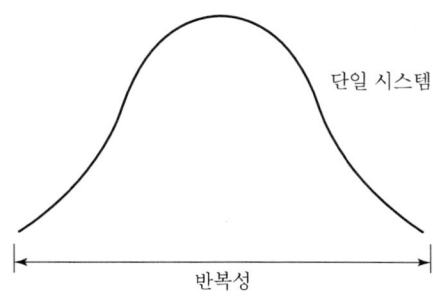

[원인]
- 부품(샘플)의 모양, 위치, 표면 처리, 가늘어짐 등의 일관성 문제
- 계측장비의 마모, 고정구 고장
- 방법(셋업 변동, 기술, 영점조정, 받침, 조임)
- 측정자의 기술, 위치, 경험부족, 조작기술 또는 훈련, 감정, 피로
- 환경(온도, 습도, 진동, 조명, 청결)
- 계측장비 설계 또는 강건성 부족, 균일성 결여
- 적용에 있어 잘못된 계측장비의 선택

⑤ 재현성(Reproducibility)
동일 시료의 동일 특성을 동일 계측장비를 이용하여 서로 다른 평가자들에 의해 구해진 측정값 평균의 변동

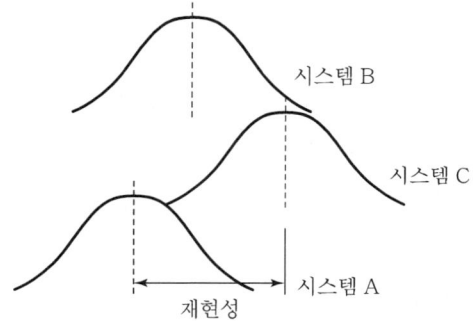

[원인]
- 측정프로세스에서 서로 다른 표준의 평균적인 영향
- 방법(포인트 밀도, 수동 또는 자동시스템, 영점조정, 받침 또는 조임 방법 등의 변화로 야기되는 평균 차이)
- 측정자 간의 훈련, 기술, 스킬 또는 경험에 의해 야기되는 측정자간의 평균 차이
- 환경적인 요인에 의해 측정값들의 평균 차이
- 계측장비의 설계나 방법에서의 강건성 부족

:: 03   게이지 R&R

(1) 개요

측정시스템 분석은 측정시스템의 치우침과 정밀도 두 가지 측면을 살펴보게 되는데 치우침에는 편의, 안전성, 선형성 등이 해당되며, 정밀도는 반복성과 재현성으로 구성된다. 여기서 게이지의 치우침은 회사 자체 내에서 정확한 교정작업을 수행한다는 것은 불가능하므로 공인 교정기관을 이용한다.

게이지 R&R에서 R&R은 Repeatability(반복성)과 Reproducibility(재현성)를 의미한다. 이러한 반복성과 재현성을 이용해서 측정시스템의 정밀도에 대한 이상변동이 발생하는지, 발생한다면 게이지에 의한 변동인지 작업자에 의한 변동인지 여부를 분석한다.

(2) GAGE R&R 적합성에 대한 지침

① 10% 미만의 오차 : 측정시스템 수락
② 10~30%의 오차 : 적용의 중요성, 게이지의 비용, 수리비용 등에 따라 수락 가능
③ 30% 이상의 오차 : 측정시스템의 개선이 필요

SECTION 28 표준화

01 표준화 목적

표준화란 어떤 표준을 정하고 이에 따르는 것, 또는 표준을 합리적으로 설정하여 활용하는 조직적인 행위이다.

이 중에서 산업표준화란 광공업품을 제조하거나 사용할 때 모양, 치수, 품질 또는 시험·검사방법 등을 전국적으로 통일, 단순화시킨 국가규격을 제정하고 이를 조직적으로 보급, 활용하게 하는 의식적인 노력을 말한다.

즉, 단순화·전문화·표준화를 통하여 거래 쌍방간의 문제에 대하여 규격, 포장, 시방 등을 규정하는 것을 말한다.

표준화의 목적은 다음과 같다.(ISO/STACO의 표준화의 목적과 원리)
① 제품의 단순화
② 인간생활에서의 행위의 단순화
③ 관계자 간의 의사소통
④ 전체적인 경제
⑤ 안전, 건강 및 생명의 보호
⑥ 무역장벽의 제거

02 표준화의 원리

① **단순화의 원리** : 불필요하고 복잡한 것을 합리적이고 단순하게 하는 것
② **관련자 합의의 원리** : 관련자 모두의 상호협력에 의해서 추진될 때만 의미가 있는 것
③ **다수이익의 원리** : 표준을 설정하면 다수 이익을 위해 소수의 희생이 필요
④ **고정의 원리** : 일정기간 고정되는 성질
⑤ **개정의 원리** : 표준을 일정기간 두고 검토
⑥ **객관성의 원리** : 제품의 특성이나 성능을 규정할 때는 제품의 특성 등에 대하여 객관적으로 규정
⑦ **보편성의 원리** : 특히 강제규격 등을 정할 때는 여러 사항을 유의하여 신중히 고려

03 표준화 공간

표준화 공간이란 표준화의 문제를 표현하는 논리적 수단으로서 영역(Subject), 국면(Aspect), 수준(Level)으로 구분하여 표준화 공간에 나타내면 다음과 같다.

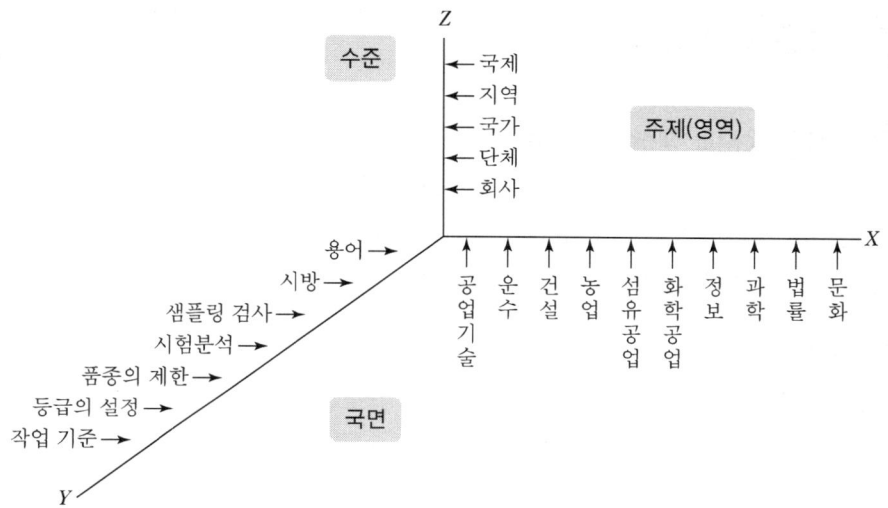

① 영역(주제) : 표준화 대상의 속성을 구분하는 분야
② 국면 : 주제가 채워져야 하는 요인 및 조건
③ 수준 : 표준을 제정·사용하는 계층(운영수준)

04 표준화의 3S

① 표준화(Standardization)
   표준을 합리적으로 설정하여 활용하는 조직적 행위 또는 어떤 표준을 정하고 이에 따르는 것

② 단순화(Simplification)
   표준화의 일종으로, 일정한 범위 내에 있는 제품의 형식 수를 어떤 시기에서의 주요한 요구에 충분히 합당한 수까지 줄이는 것, 즉 재료·부품·제품의 형상·치수 등 불필요하다고 생각되는 종류를 줄이는 것

③ 전문화(Specialization)

제조하는 물품의 종류를 한정시키고, 경제적 · 능률적인 생산 및 공급체제를 갖추는 것

05 표준화의 효과

① 생산능률의 증진과 생산비의 저하
- 제품 종류의 감소로 대량생산이 가능하고 전문화를 촉진시킨다.
- 작업자의 정신적 노동이 감소되고 숙련도가 높아진다.
- 부분품의 표준화로 분업생산이 가능하다.

② 자재의 절약
- 생산의 표준화가 진전됨으로써 부적합품이 감소된다.
- 자재의 모듈화로 손실률이 저하된다.

③ 품질의 향상
- 품질관리의 기초가 되므로, 품질관리의 업무 수행이 용이하다.
- 품질의 균일화로 품질 향상이 가능하다.

④ 사용소비의 합리화
- 제품의 품질 · 성능 · 안전성이 명확하게 됨과 동시에 호환성이 향상된다.
- 합리적인 사용과 안전성의 확보로 부분품 교환이 용이하고 수명연장이 가능하다.

⑤ 거래의 단순화 · 공정화
- 표준화에 의해 사용목적이 같은 제품의 종류 수가 감소한다.
- 품질이 균일하므로 신속하고 공정한 거래가 가능하다.

⑥ 기술의 향상
- 기술의 보편화가 달성되고 전반적인 기술수준을 향상시킨다.
- 현장을 개선하기 위한 연구목표를 합리적으로 설정할 수 있게 하고 연구를 촉진한다.

06 사내표준화의 필요성

① 기업의 목표 달성을 위하여 적극적으로 행동하기 위하여
② 품질면에서 공정을 관리상태로 놓고 품질을 안정시키기 위하여

07 사내표준화의 요건

사내표준을 경제적이고 효과가 큰 것으로 하려면, 다음의 요건을 구비한 작성방법과 관리방법이 필요하다.

① 실행 가능성이 있는 내용일 것
② 당사자에게 의견을 말할 기회를 주는 절차로 정할 것(이해관계자들의 합의에 의한 결정)
③ 기록내용이 구체적이고 객관적일 것
④ **기여의 비율이 큰 것부터 중점적으로 취급할 것**
   - 중요한 개선이 있을 때
   - 숙련공이 교체될 때
   - 산포가 클 때
   - 통계적인 수법을 활용하고 싶을 때
   - 기타 공정에 변동이 있을 때

⑤ 직관적으로 보기 쉬운 표현으로 할 것
⑥ 적시에 개정하여 효과를 향상시킬 것
⑦ 장기적 방침 및 체계하에 추진할 것
⑧ 작업표준에는 수단과 행동을 직접 제시할 것

PART 08

기출(예상) 문제풀이

01 다음 3×3 라틴방격의 데이터가 있다.

구분	A_1	A_2	A_3
B_1	$C_1=73$	$C_2=66$	$C_3=76$
B_2	$C_2=64$	$C_3=81$	$C_1=75$
B_3	$C_3=85$	$C_1=67$	$C_2=65$

1 Data 구조식을 쓰시오.
2 분산분석을 하시오. (단, $F_{0.95}(2,2)=19.0$)

[풀이] **1** $X_{ijk} = \mu + a_i + b_j + c_k + e_{ijk}$, $e_{ijk} \sim N(0, \sigma_e^2)$

라틴방격법은 주인자에 대한 효과만 구할 수 있다.

2 ① 변동분해($k=3$)

$$S_T = \sum\sum X_{ijk}^2 - CT = (73^2 + 64^2 + \cdots + 65^2) - \frac{652^2}{9} = 448.22$$

단, $CT = \dfrac{T^2}{k^2}$

$$S_A = \frac{1}{k}\sum T_{i\cdot\cdot}^2 - CT = \frac{1}{3}(222^2 + 214^2 + 216^2) - \frac{652^2}{9} = 11.56$$

$$S_B = \frac{1}{k}\sum T_{\cdot j\cdot}^2 - CT = \frac{1}{3}(215^2 + 220^2 + 217^2) - \frac{652^2}{9} = 4.22$$

$$S_C = \frac{1}{k}\sum T_{\cdot\cdot k}^2 - CT = \frac{1}{3}(215^2 + 195^2 + 242^2) - \frac{652^2}{9} = 370.89$$

$$S_E = S_T - S_A - S_B - S_C = 61.56$$

② 자유도

$\nu_A = \nu_B = \nu_C = k - 1 = 3 - 1 = 2$

$\nu_T = k^2 - 1 = 3^2 - 1 = 8$

$\nu_E = (k-1)(k-2) = 2$

③ 분산분석(ANOVA)

요인	S	$D.F$	$M.S$	F_0	$F_{1-\alpha}$	$E(V)$
A	11.56	2	5.78	0.19	19.2	$\sigma_E^2 + k\sigma_A^2$
B	4.22	2	185.44	0.07	19.2	$\sigma_E^2 + k\sigma_B^2$
C	370.89	2	2.11	6.02	19.2	$\sigma_E^2 + k\sigma_C^2$
E	61.56	2				σ_E^2
T	448.22	8				

실험결과 A, B, C 모든 요인이($\alpha = 0.05$) 유의하지 않다고 할 수 있다.

02 MB 평가기준의 7대 범주를 기술하시오.

풀이
1) 리더십
2) 전략계획
3) 고객 및 시장 중시
4) 정보 및 분석
5) 인적자원 중시
6) 프로세스 관리
7) 사업성과

범주(Category)	항목(Item)	세부영역(Areas to Address)
1. 리더십 (110점)	1.1 리더십 시스템(80점)	리더십 시스템
	1.2 기업책임과 시민의식(30점)	• 사회적 책임 • 지역사회에 대한 지원
2. 전략계획 (80점)	2.1 전략개발 과정(40점)	• 전략개발 과정
	2.2 기업전략(40점)	• 전략과 실행계획 • 성과추정
3. 고객 및 시장 중시 (80점)	3.1 고객과 시장 정보(40점)	고객과 시장 정보
	3.2 고객만족과 고객관계 개선(40점)	• 접근성과 불만관리 • 고객만족도 결정 • 고객관계 구축
4. 정보 및 분석 (80점)	4.1 정보와 데이터의 선택과 활용(25점)	정보와 데이터의 선택과 활용
	4.2 비교정보와 데이터의 선택과 활용(15점)	비교정보와 데이터의 선택과 활용
	4.3 기업성과의 분석과 검토(40점)	• 데이터 분석 • 기업성과 검토

범주(Category)	항목(Item)	세부영역(Areas to Address)
5. 인적 자원 중시 (100점)	5.1 업무시스템(40점)	• 업무설계 • 보상과 인정
	5.2 종업원 교육, 훈련 및 개발(30점)	종업원 교육, 훈련 및 개발
	5.3 종업원 복지 및 만족(30점)	• 업무환경 • 업무풍토 • 종업원 만족
6. 프로세스 관리 (100점)	6.1 제품 및 서비스 프로세스의 관리 (60점)	• 설계 프로세스 • 생산/배달 프로세스
	6.2 지원 프로세스의 관리(20점)	지원 프로세스의 관리
	6.3 공급업체와 협력 프로세스의 관리 (20점)	공급업체와 협력 프로세스의 관리
7. 사업성과 (450점)	7.1 고객만족 성과(125점)	고객만족 성과
	7.2 재무 및 시장 성과(125점)	재무 및 시장 성과
	7.3 인적 자원 관리 성과(50점)	인적 자원 관리 성과
	7.4 공급업체 및 협력업체 성과(25점)	공급업체 및 협력업체 성과
	7.5 기업 고유의 성과(125점)	기업 고유의 성과
총 1,000점		

03 ISO 9000 인증 획득 필요성을 기술하시오.

풀이 1) 수출조건
2) 품질을 신뢰할 수 있다는 객관적인 입증 수단
3) 업무관리의 기초
4) 효율적인 생산관리의 척도
5) 실질적인 관리

04 직교배열표 $L_9(3^4)$로 인자를 랜덤하게 배치한 결과 다음 표를 얻었다. A의 제곱합은 얼마인가?

인자 NO. 열	A 1	C 2	 3	B 4	실험데이터 x	x^2
1	1	1	1	1	8	64
2	1	2	2	2	12	144
3	1	3	3	3	10	100
4	2	1	2	3	10	100
5	2	2	3	1	12	144
6	2	3	1	2	15	225
7	3	1	3	2	22	484
8	3	2	1	3	18	324
9	3	3	2	1	18	324
			계		125	1,909

[풀이] 변동 $= \dfrac{1}{3^m/3}[(1수준\ data\ 합)^2 + (2수준\ data\ 합)^2 + (3수준\ data\ 합)^2] - CT$

$$S_A = \frac{1}{3}(30^2 + 37^2 + 58^2) - \frac{125^2}{9} = 141.556$$

05 블루오션(Blue Ocean)의 특징을 기술하시오.

[풀이] 1) Blue Ocean은 기술혁신에 관한 것이 아니다. Blue Ocean은 기술혁신만으로 창출된 것이 아니라 기술과 구매자들이 가치를 높이 평가하는 것을 연결함으로써 창출된 것이다.
2) 기존 기업들도 종종 자신들의 핵심 사업 내에서 종종 Blue Ocean을 창출한다.
3) 기업과 사업은 잘못된 분석 단위다.
4) Blue Ocean 창출은 브랜드를 구축한다.

06 Red Ocean과 Blue Ocean Strategy 전략 구조를 간단히 기술하시오.

풀이

Red Ocean Strategy	Blue Ocean Strategy
기존 시장영역에서 경쟁함	경쟁자가 없는 시장영역을 창출함
경쟁을 격퇴함	경쟁과 관계없게 만듦
기존 수요를 활용함	새로운 수요를 창출하고 획득함
가치/비용 상충관계를 만듦	가치/비용 상충관계를 격파함
회사 활동의 전체 시스템을 차별화 혹은 저코스트라는 전략적 선택에 정렬시킴	차별화 및 저코스트를 추구하기 위하여 회사 활동의 전체 시스템을 정렬시킴

Blue Ocean은 회사의 행동들이 구매자들에게 코스트 구조와 그의 가치명제 양자에 유리하게 영향을 주는 영역에서 창출된다. 코스트 절감은 산업이 경쟁하는 요소들을 제거하고 줄임으로써 이루어진다. 구매자 가치는 산업이 과거에는 제공하지 못했던 요소들을 늘리고 창출함으로써 높아진다.

구매자들을 위하여 코스트를 다운시키고 동시에 가치를 증대시킴으로써 기업은 자신과 고객 양자를 위한 가치 증진을 달성할 수 있다. 구매자 가치는 기업이 제공하는 효용(Utility)과 가치에서 비롯되고, 기업은 코스트 구조와 가격을 통하여 자신을 위한 가치를 발생시키기 때문에 Blue Ocean Strategy는 회사의 효용(Utility), 가격 그리고 코스트 활동들의 전체 시스템이 적절하게 정렬되었을 때에만 성취된다. Blue Ocean Strategy는 일정 범위의 회사 기능 및 운영 활동들을 통합한다.

07 전통적인 실험계획법과 다구치 실험계획법의 차이를 설명하시오.

풀이

1) 종래에는 제어 불가능한 환경조건이나 제어하기 어려운 생산조건과 공정조건 등의 원인(이를 잡음인자라 한다.)들이 자료에 주는 영향의 정도를 평가하기 어려웠으나 차츰 객관적이면서 계량적으로 평가할 수 있는 방법이 제시되고 있다. 또한 품질 산포의 크기를 손실함수나 신호 대 잡음(S/N ; Signal-to-Noise) 비 등의 계량 특성치로 변환하여, 산포를 작게 하는 인자들의 조건을 찾아가는 로버스트 설계(Robust Design)가 주로 사용되는 것이 특징이다.

2) 직교배열표를 광범위하게 사용하고 있으며, 이를 이용하여 인자의 수가 많을 경우에도 실험횟수를 크게 증가시키지 않고 실험할 수 있는 일부실시법(Fractional Factorial Design)을 주로 사용하게 된다.

3) 종래에는 생산라인 내(on-line)에서의 실험계획법이 주종을 이루었으나, 다구치 실험계획법에서는 그 응용범위가 확장되어 연구소 등에서의 신제품 개발을 위한 품질설계, 파라미터 설계, 허용차 설계 등의 라인 외(off-line) 품질관리를 위하여 유용하게 사용하고 있다.

4) 종래에는 계량치에 관한 실험계획법이 대부분이었으나, 다구치 실험계획법에서는 계수치에 관한 특성치 분석이 가능한 실험계획법이 많이 제안되어 사용되고 있다.

5) 종래에는 인자를 크게 모수인자와 변량인자로만 구분하여 사용하였으나, 다구치 실험계획법에서는 더 세분하여 사용방법에 차이를 두고 있다.

▼ 모수인자와 변량인자의 세분화

모수인자	변량인자
제어인자, 표시인자, 신호인자	잡음인자, 보조인자, 블록인자, 집단인자

08 다구치 실험계획법에서 망목특성, 망소특성, 망대특성에 대해 설명하시오.

풀이 1) 망목특성

제품의 품질특성치 y의 목표치 m이 정해져 있는 경우로 길이, 무게, 두께 등과 같이 지정된 목표가 있는 경우 손실함수는 다음과 같이 정의할 수 있게 된다.

$$L(y) = k(y-m)^2, \ (k는 \ 상수)$$

특성치의 소비자허용한계점 $m \pm \Delta$에서 소비자의 손실이 A원이라면 $A = k(m \pm \Delta)^2 = k\Delta^2$이므로, $k = A/\Delta^2$로 구할 수 있다.

따라서 망목특성의 손실함수는 $L(y) = \dfrac{A}{\Delta^2}(y-m)^2$이다.

2) 망소특성

제품의 마모, 진동, 부적합률 등과 같이 특성치가 작을수록 좋은 경우로, 망목특성의 손실함수에서 목표치 m이 0인 경우로 볼 수 있으므로 손실함수는 다음과 같이 정의할 수 있다.

$$L(y) = ky^2$$

특성치의 소비자허용한계점 Δ에서 소비자의 손실이 A원이라면 $k = A/\Delta^2$이므로 망소특성의 손실함수는 $L(y) = \dfrac{A}{\Delta^2}y^2$이다.

3) 망대특성

제품의 강도, 수명, 혼합물의 수율, 연료의 효율 등과 같이 특성치가 클수록 좋은 경우로, 망소특성 손실함수의 역으로 손실함수를 다음과 같이 정의할 수 있다.

$$L(y) = \dfrac{k}{y^2}$$

특성치의 소비자허용한계점 Δ에서 소비자의 손실이 A원이라면 $k = A\Delta^2$이므로 망대특성의 손실함수는 $L(y) = \dfrac{A\Delta^2}{y^2}$이다.

09 다구치 실험계획법에서 S/N 비에 대하여 설명하시오.

풀이 통신공학에서 기능적인 품질특성을 다룰 때 신호입력과 잡음이 시스템의 산출물에 어느 정도의 영향을 주는가를 조사하게 된다.

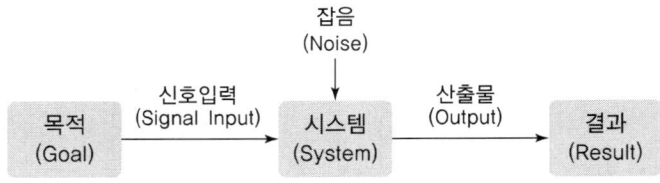

┃ 통신시스템의 기능관계 ┃

이때 목적을 수행하기 위하여 전달된 신호입력이 산출물의 품질수준에 영향을 주며, 시스템에 가해지는 잡음이 산출물의 품질에 변동을 초래하게 되어 결과에 대한 품질을 떨어뜨릴 수 있다.

이를 개념으로 한 S/N 비는 신호 대 잡음의 비율(Signal-to-Noise Ratio)을 의미하는 것으로, 신호입력의 힘과 잡음이 주는 영향이 힘의 비율로 나타낼 수 있게 된다.

$$SN 비 = \frac{신호의 힘(\text{Power of Signal})}{잡음의 힘(\text{Power of Noise})}$$

10 다구치 실험 계획법에서 파라미터 설계의 정의를 설명하시오.

풀이 파라미터 설계(Parameter Design)는 제품설계와 공정설계에서 유용하게 사용되는 다구치 실험계획법의 핵심이라고 할 수 있다.

1) '파라미터(Parameter)'는 제품성능의 특성치에 영향을 주는 제어 가능한 인자(Controllable Factor)를 의미하며, 파라미터 설계는 이들 인자들의 최적수준을 정하여 주는 것을 말한다.
2) 파라미터를 설계변수(Design Variable)라고도 부르며, 파라미터 설계에서는 제품의 품질변동이 잡음에 둔감하면서 목표품질을 가질 수 있도록 설계변수들의 최적조건을 구하여 준다.
3) 최적조건을 찾을 때 설계변수와 잡음을 주는 인자들을 포함시켜 실험하는 직교배열표 등이 주로 사용된다.
4) 이때 목표품질을 만족시키는 범위 내에서 가능한 한 비용이 적게 드는 조건이나 부품 등을 이용한다.

11 제품의 주요한 품질특성(CTQ)인 치수를 측정하는 데 정규분포를 따르고 있는 모집단이다. 신뢰수준은 95%($\alpha = 5\%$이고 $\beta = 10\%$)로 추정오차는 $(\mu \pm \mu_0) = \pm 2mm$, $\sigma = 2.5mm$일 때 샘플 크기(n)의 공식을 나열하고 샘플 크기(n)를 정수값으로 구하시오.

[풀이] $\pm \beta = Z_{1-\alpha/2} \dfrac{\sigma}{\sqrt{n}}$

$\therefore n = \pm \left(\dfrac{Z_{1-\alpha/2} \times \sigma}{\beta} \right)^2 = \left(\dfrac{1.96 \times 2.5}{2} \right)^2 = 6$

12 파라미터 설계의 구조를 설명하시오.

[풀이] 파라미터 설계는 일반적으로 몇 가지 중요한 특징을 갖는다.
주로 직교배열표를 이용하여 설계되며, 제어인자들(Control Factors)의 한 실험조건(직교배열표의 한 행)에서 2개 이상의 특성치를 얻을 수 있게 된다.

이처럼 반복 자료를 얻는 것은 성능특성치에 대한 잡음(외부, 내부 또는 제품 간의 잡음)이나 제어하기 어려운 변량인자(블록인자, 보조인자 등)의 영향을 파악하기 위해서이며, 특성치를 반복해서 얻는 방법으로 다음의 2가지가 있다.
① 잡음인자들(Noise Factors)을 그대로 둔 상태에서 반복하여 측정
② 잡음인자들의 수준을 정하여 이들 수준조합에서 측정

제어인자들로 이루어진 직교배열을 내측배열(Inner Array) 또는 설계변수행렬(Matrix of Design Variables)이라고 부르고, 비제어인자들로 이루어진 직교배열을 외측배열(Outer Array) 또는 잡음인자행렬(Matrix of Noise Factors)이라고 부르며, 비제어인자가 1개 또는 2개일 때에는 일원배치나 이원배치를 외측배열에 배치시키는 것이 좋으나, 3개 이상인 경우에는 직교배열로 배치하는 것이 좋다.

분산분석을 할 때 성능특성치 y_{ij}(i번째 행의 j번째 자료)에 대하여 분석하지 않고 y_{ij}들로부터 S/N 비를 계산하여 S/N 비를 새로운 특성치로 삼아 분석하며 제품설계나 공정설계의 대상이 되는 시스템에 대하여 인자–특성관계 그림을 만들어 특성치에 영향을 주리라고 예상되는 가능한 모든 제어인자를 포함시키고, 비제어인자로서 잡음인자, 블록인자, 보조인자 또는 표시인자 등을 배치하되 가능한 너무 많지 않게 배치하는 것이 좋다.

13 파라미터 설계의 방법에 대하여 기술하시오.

풀이
1) 제어인자들로 이루어진 실험을 구성한다. 이때 주로 직교배열표가 사용되며, 각 실험조건에서 반복측정치가 있도록 한다.
2) 각 실험조건의 반복측정치로부터 S/N 비를 계산한다.
3) S/N 비에 대한 분산분석을 통하여 S/N 비에 영향을 미치는 제어인자를 찾는다.
4) S/N 비에 영향을 미치는 제어인자들의 최적수준은 S/N 비를 최대로 하는 수준조합이 되며, S/N 비에 유의한 영향을 못 주는 제어인자는 경제성, 작업성 등을 고려하여 적절한 수준을 선택하는 것이 바람직하다.
5) S/N 비를 최대로 하는 최적 수준조합에서 특성치의 모평균을 추정해 보고, 확인실험을 실시하여 재현성이 있는가를 조사한다.

14 다구치 기법의 특징을 설명하시오.

풀이
1) 품질의 균일·안정면에서 대폭적인 품질개선을 이룬다.(산포의 감소)
2) 경제적인 조건을 찾을 수 있고, 품질을 금액으로 정량화할 수 있다.
3) 실험기간과 실험횟수를 줄일 수 있다.
4) 실험 결과를 현장에서 적용할 때 재현성이 높다.
5) 교호작용에 신경 쓰지 않아도 된다.

15 다음과 같이 9개 부품으로 구성된 시스템이 있다. 전체 시스템의 신뢰도 R_S가 0.868이고, 각 부분의 신뢰도가 다음과 같을 때 부품 4의 신뢰도 R_4는 얼마인가?

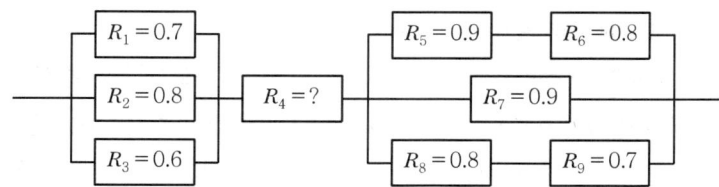

풀이
- 직렬결합의 신뢰도 $R_S = \prod_{i=1}^{n} R_i$

- 병렬결합의 신뢰도 $R_S = 1 - \prod_{i=1}^{n} F_i = 1 - \prod_{i=1}^{n}(1 - R_i)$

  $R_S = R_A R_4 R_B$ 이므로

$$R_4 = \frac{R_S}{R_A R_B} = \frac{0.868}{0.976 \times 0.988} \fallingdotseq 0.9$$

$\therefore R_A = 1 - (1-0.7)(1-0.8)(1-0.6) = 0.976$

$\therefore R_B = 1 - (1-0.9 \times 0.8)(1-0.8)(1-0.8 \times 0.7) = 0.988$

16 품질경영의 역사적 전개 과정을 간략히 설명하시오.

풀이

NO	연도	시대적 품질형태	세부사항
1	20C 초	감독자 시대	• F. Taylor 과학적 관리법 시작 • 공장규모 확대, 대량생산 촉진(포드 생산방식)
2	1920년대	품질전문가 시대	• 생산시스템과 제품 복잡화 • 전문적인 검사원에 의한 품질관리 • 슈워츠 관리도
3	1940년대	통계적 품질관리 시대	• 샘플링이론에 의한 통계적 품질관리(SQC) • 검사원 수 감소, 부적합의 변동 제거를 통한 품질 향상
4	1950년대	품질보증 시대	• 수요와 공급 균형 • 품질 중요성 인식 • Feigenbaum-종합적 품질관리(Total Quality Control) • 품질은 어떤 한 부서에만 국한된 것이 아니라, 기업의 전 부서와 종업원에게까지 확대
5	1960년대	무결점 시대	• 1962년 미국 Martin-Marietta 사 Orlando 사업부 미사일의 신뢰도 향상과 원가절감 목적의 품질향상기법 • ECR(Error Cause Removal) : 결점원인 파악 및 제거 • 무결점 운동 요건 : 품질 중요성 인식 → 결점 스스로 제거 → ECR 적극적 활용 → 표창제도
6	1970년대	전사적 품질관리 시대	• 일본은 JUSE(The Union of Japanese Scientists and Engineers)의 지원 아래 품질 관심 증대 • 전사적 품질관리(Company Wide Quality Control)
7	1980년대	품질경영 시대	• TQM 탄생 • 6시그마 탄생, 말콤볼드리지상 제정
8	1990년대 이후	경영품질 시대	• MBNQA(Malcolm Baldrige National Quality Award) : 품질경영 개념의 확대, 품질을 전략적 승화 • TQM(Total Quality Management) : 품질을 기업의 최우선 순위에 두며, 고객을 중시하고, 고객의 요구를 파악하고 만족시키는 개념 • 6시그마 : 경영의 전반적인 프로세스 개선에 따른 수익성 개선에 따른 기업의 경쟁력을 강화하는 경영혁신 전략

17 에드워드 데밍의 품질개선에 관한 14가지 요점을 기술하시오.

[풀이]
1) 제품과 서비스의 질을 향상시키기 위한 일관된 목표 그리고 품질에 대한 변하지 않는 확고한 목표와 가치관을 가져라.
2) 새로운 시대에 맞는 새로운 철학을 정립하라.
3) 대량검사방법을 사용하지 말라.
4) 가격에만 의존해 협력업체를 평가하지 말라.
5) 제품과 서비스의 품질을 향상시키기 위해 시스템을 지속적으로 개선하라.
6) 최신 훈련기법을 도입하라.
7) 현장 리더십을 강화하라.
8) 모든 종업원의 두려움을 제거하라.
9) 부서 간의 장벽을 제거하라.
10) 슬로건이나 호소문 또는 벽보에 너무 의존하지 말라.
11) 종업원에게 수량 할당을 강조하지 말라.
12) 종업원의 장인정신을 저해하는 모든 장벽을 제거하라.
13) 교육과 자기 개발을 장려하라.
14) 모든 사항들을 실행하기 위한 실행계획을 최고경영층에 도입하라.

18 활동기준 원가계산(ABC ; Activity-Based Costing)에 대하여 설명하시오.

[풀이] 기업의 중요한 활동에서 프로세스, 제품, 품질비용을 추적하여 얻은 재무 및 운영성과 정보를 수집하는 것이다. ABC는 이 두 개념을 연결시킨다. 프로세스 관리는 프로세스 흐름을 상세히 기록하고 내·외부 고객의 요구사항을 규명하고, 각 프로세스 단계별 산출물을 정의하며, 프로세스 투입 요구량을 결정하는 것이다. 활동분석은 각 프로세스 내에서 각 활동을 정의하고 고객 요구사항에 기초하여 활동의 성격이 가치를 부가하는 것인지 아닌지를 확인하는 것이다.

19 BSC(Balanced Score Card)에 대하여 기술하시오.

[풀이] 물적/유형자산보다 눈에 보이지 않는 무형자산의 중요성이 점차 증대함에 따라 재무적 업적 위주의 평가시스템은 무형자산까지를 포함한 진정한 경영성과를 보여주지 못한다는 주장이 설득력을 얻고 있다. 즉, 기업 간 글로벌 경쟁의 격화, 기술진보에 따른 제품수명 사이클의 단축, 고객니즈의 다양화와 코스트 절감의 필요성이 강조됨에 따라 기존의 성과평가시스템으로는 객관적인 평가는 물론 기업의 성과 향상을 유도하기 어렵다는 것이 현실이다. 또한 기업의 경영성과 달성은 각 부문의 활동이 유기적으로 연계되어 전사의 경영전략을 효과적으로 수행

할 때 이루어진다. 그러나 기존의 평가제도는 각 부문의 업무활동이 전체의 경영성과에 어떻게 기여하는지에 대한 고려 없이 – 즉, 인과 관계에 대한 고려 없이 – 부문 최적화되는 경향이 있었다. 하지만 기업의 지속적인 성장을 위해서는 대부분의 기업들이 일반적으로 행하고 있는 것과 같이 단순 재무지표만이 아니라 재무관점(Financial Perspective), 고객관점(Customer Perspective), 내부 프로세스관점(Internal Process Perspective), 학습 및 성장관점(Learning & Growth Perspective)의 4가지 관점의 지표로 기업 성과를 종합적/균형적으로 관리하기 위해 간략히 정의되는 것이 BSC이다.

20 ERP의 특징에 대하여 설명하시오.

풀이
1) 유연성 : 해당 기업의 업무나 생산형태에 맞는 모듈 선택
2) 확장성 : 기업환경 변화에 따른 필요 모듈 추가 기능
3) 통합성 : 통합 Database와 표준화된 Data
4) 합리성 : 합리적이고 표준화된 프로세스

21 측정오차의 5가지 측정요소에 대하여 설명하시오.

풀이 측정의 오차나 변동은 Shewhart의 개념을 이용하여 5가지(4M1E)의 측정 요소로 설명될 수 있다.
1) 사람(Man) : 작업자 간의 차이, 실험실 간의 차이, 작업교대 간의 차이
2) 설비(Machine) : 계측기 간의 차이, 눈금(Calibration Frequency)의 차이
3) 방법(Method) : 계측기를 읽는 방법의 차이, 측정방법의 차이
4) 자재(Material) : 자재 간의 변동
5) 환경(Environmental) : 습도, 온도, 압력 등 작업 환경의 차이

22 측정오차의 성질을 설명하시오.

풀이 측정오차의 종류를 3가지 형태로 구분할 수 있다.
1) 과실오차 : 측정절차상의 잘못, 취급부주의 기록실수 등 발생하지 않아야 할 시술에 따른 오차이다.
2) 우연오차 : 측정기, 측정대상 및 환경 등 원인을 파악할 수 없어 측정자가 보정할 수 없는 오차이다.
3) 계통적 오차(교정오차) : 동일 조건하에서 같은 크기와 부호를 갖는 오차로서 측정기를 미리 검사 및 보정하여 측정값을 수정할 수 있다.

23 크기 N=1,000인 로트에서 검사방식 $(n, c) = (50, 1)$인 계수형 샘플링 검사에 대한 OC 곡선을 작성하시오. (단, 로트의 합격확률 계산에 이항분포를 이용하시오.)

[풀이] $L_{(P)} = \sum_{i=1}^{x} nCx \times p^x \times q^{n-x} = 1 - \alpha$ (단, $q = 1 - p$)

로트의 부적합품(부적합)률 $P(\%)$	로트의 합격확률 $L(P)$
1	$\binom{50}{0} 0.01^0 \times 0.99^{50} + \binom{50}{1} 0.01^1 \times 0.99^{49} = 0.91$
2	$\binom{50}{0} 0.02^0 \times 0.98^{50} + \binom{50}{1} 0.02^1 \times 0.98^{49} = 0.73$
3	$\binom{50}{0} 0.03^0 \times 0.97^{50} + \binom{50}{1} 0.03^1 \times 0.97^{49} = 0.56$
4	$\binom{50}{0} 0.04^0 \times 0.96^{50} + \binom{50}{1} 0.04^1 \times 0.96^{49} = 0.40$
5	$\binom{50}{0} 0.05^0 \times 0.95^{50} + \binom{50}{1} 0.05^1 \times 0.95^{49} = 0.28$
6	$\binom{50}{0} 0.06^0 \times 0.94^{50} + \binom{50}{1} 0.06^1 \times 0.94^{49} = 0.19$
7	$\binom{50}{0} 0.07^0 \times 0.93^{50} + \binom{50}{1} 0.07^1 \times 0.93^{49} = 0.13$

24 측정치 변동의 문제점과 원인과의 관계를 기술하시오.

[풀이]

문제점	원인
정확도	• 계측기 마모 • 적합하지 않은 눈금 • 적합하지 않은 계측기 사용방법
정밀도	• 계측기 보전의 미비 • 적합하지 않은 측정기 • 계측기 고정방법이나 위치 문제
안정성	• 환경조건, 불규칙적인 사용 시기 • 계측기의 작동준비(Warm-up) 상태
재현성	• 측정자 교육 미비 • 계측기 눈금의 불확실에 의한 해독 오차

25 R&R(%)의 크기에 따른 계측 시스템 평가방법을 기술하시오.

[풀이]

R & R(%)	조치
10% 미만인 경우	계측기 관리가 잘 되어 있는 상태로 조치가 필요 없다.
10~30%인 경우	계측기의 수리비용, 측정오차의 심각성 등을 고려하여 조치 여부를 결정할 수 있다.
30% 이상인 경우	계측기 관리가 미흡하며, 반드시 계측기 오차의 원인을 규명하여 이를 해소시켜 주어야 하고, 개선방법이 없으면 계측기 판매회사의 도움을 얻어서 개선하도록 조치한다.

26 서비스 품질의 측정방법 – SERVQUAL 모형을 설명하시오.

[풀이] 1988년 Zeithaml, Berry, and Parasuraman에 의해 개발, 포커스 그룹 인터뷰를 통해 고객이 서비스 품질을 평가하는 10가지 기준 제시. '성과 – 기대'로 구성

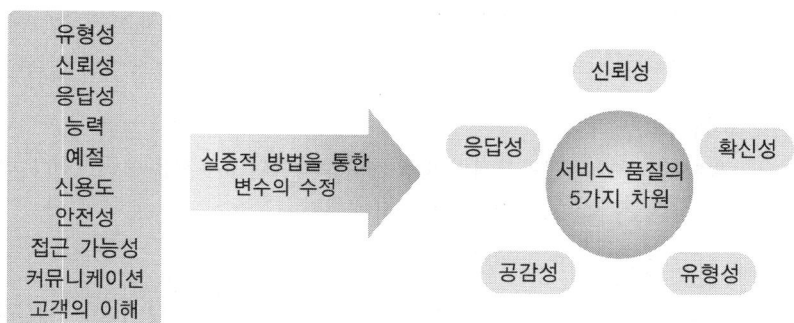

27 제약 조건(TOC)을 효율적으로 관리하는 방법을 기술하시오.

[풀이]
- 제1단계 : 제약조건을 찾아내야 한다. → 물리적 · 비물리적 제약조건
- 제2단계 : 제약조건을 어떻게 이용할 것인가를 결정
- 제3단계 : 제약조건을 이용하기 위한 결정에 다른 모든 것들을 종속시켜야 한다. → 제약조건에 의해 작업의 순서가 결정되고 원자재의 사용은 이 제약조건의 필요에 따라 결정되어야 한다는 것이다.
- 제4단계 : 제약조건의 향상 → 제약조건에 부가적인 생산능력을 획득함으로써 더 높은 수준의 성과가 가능함을 뜻한다.
- 제5단계 : 제1단계로 돌아가 새로운 제약조건을 찾아내고 다음 4단계를 차례로 적용 → 하나의 제약조건의 제거는 곧 새로운 제약조건의 등장을 의미하기 때문에 이 5단계 방법론은 반복적으로 적용될 수 있다.

28. TOC에서 버퍼의 종류와 내용을 3가지만 기술하시오.

[풀이]
1) **제약버퍼** : 어느 한 시점의 제약공정에 대기 중인 자재
2) **출하버퍼** : 출하 스케줄을 보호하는 일종의 완충재고
3) **어셈블리버퍼** : 조립단계 바로 직전에 비축하는 것

29. TPS(도요타생산방식)의 낭비의 종류와 그 부정적 견해를 간략하게 기술하시오.

[풀이]
1) **과잉 생산의 낭비**
   과잉 생산은 추가 창고를 마련해야 하고, 돈의 흐름이 차단되어 별도의 돈을 빌리게 되고 그에 따른 추가 이자 부담이 발생하게 된다.

2) **재고의 낭비**
   재고는 과잉 생산을 하는 사고와 마찬가지로, 사전에 풍족한 여분을 확보하므로 안심하고 생산에 공급할 수 있다는 이점과 심적인 안심(安心)에서 오는 안이한 발상이지만 실질적으로 재고는 현장의 근본적인 문제를 감춤으로써 개선을 어렵게 한다.

3) **동작의 낭비**
   과도한 동작은 근골격계 문제뿐 아니라 작업의 효율성을 떨어뜨린다. 손의 교차, 불필요하고 과도한 움직임 등이 이에 속한다.

4) **운반의 낭비**
   운반의 낭비는 공급시스템의 문제로 인하여 발생하는 낭비이다. 재고 등으로 발생되는 불필요한 운반, 집기, 놓기, 다시 쌓기, 자재 재취급, 물건 이동, 자연스럽지 못한 물(物)의 흐름 등이 이에 속하며, 운반거리, 운반의 활성도 나쁨 등이 생산성을 저하시킬 뿐만 아니라 흠, 찍힘 등의 부적합도 증가시킨다.

5) **부적합품을 만드는 낭비**
   부적합품을 만드는 낭비는 불감증에 의한 낭비라 할 수 있다. 작업의 실수는 부적합품을 가져오고, 이것은 실패비용이 된다. 검사원을 늘린다 해서 부적합률이 감소되는 것은 아니며 부적합품 발생원인을 근본적으로 개선해가는 것이 중요하다.

6) **대기의 낭비**
   대기의 낭비는 사람의 가동률 무시에 따른 낭비이다. 사람 또는 설비의 대기만을 낭비로 생각하는 경우가 많으나 자재가 작업에 투입되기를 기다리고 있거나, 제품이 공정흐름과정에서 정체를 하고 있을 때도 발생하며 자재나 제품이 창고에 머물러 있는 경우도 대기의 낭비이다. 이를 개선하기 위해서는 라인 밸런스를 맞추고, 작업의 효율적인 분배와 설비의 자동화가 필요하다.

7) 가공 그 자체의 낭비

　　가공 그 자체의 낭비는 기술력 부족에 의한 낭비라 할 수 있다. 작업이라는 것은 한번 정착하면 그 본질적인 기능이 점차 잊혀져 '작업한다'라는 행위만 남게 된다. 그러나 작업방법이나 환경, 조건 등에 있어서 필요 이상의 작업을 하고 있지 않은지 생각해 보아야 하고 이를 개선하기 위해서는 요소작업의 합리화를 지속적으로 꾀하는 것이 중요하다.

30 3현(現)의 원칙을 기술하시오.

풀이
1) 1현(現) : 현장에 가서
2) 2현(現) : 현물을 보고
3) 3현(現) : 현상을 파악한다.

31 TQM의 기본 구성요소는 무엇인지 5가지 이상 기술하시오.

풀이
1) 고객만족
2) 최고경영자의 리더십
3) 조직구성원의 참여
4) 과학적 기법 활용
5) 교육훈련
6) 품질시스템
7) 지속적 개선

32 품질경영(Quality Management) 추진절차에 대하여 기술하시오.

풀이
1) 경영자 결의와 Kick-off
2) 품질향상팀 구축
3) 품질 측정
4) 품질기획
5) 무결점 설계
6) 목표 설정
7) 개선활동
8) 포상
9) 반복시행

33 TRIZ란 무엇인지 기술하시오.

풀이 Teoriya Reshniya Lzobretatelskikg Zadatch의 러시아어를 앞자만 따서 만든 것이 TRIZ 인데 이를 영어로 다시 풀면 Theory of Inventive Problem Solving이다. 다시 우리나라 말로 푼다면 "발명문제의 해결이론" 정도가 될 것이다. 이 이론은 알트슐러(G.S.Altshuller)라는 옛 러시아의 학자가 그의 동료들과 함께 만들었다. 너무 정교하여 러시아에서는 국가기밀로 취급되다가 냉전이 끝난 뒤 러시아의 TRIZ 과학자들이 대거 미국으로 건너가면서 미국에 소개되었다. 아직도 미국과 일본에서는 알트슐러의 제자들이 TRIZ 전문가로 활발한 활동을 하고 있으며 그 이론들을 나름대로 발전시켜 나가고 있다.
TRIZ는 문제를 해결하기 위한 방법으로 특허를 통계적으로 정리하여 그 해결방법을 일정한 틀의 문구로 정형화한 것 정도가 될 것이다.
어떠한 문제를 풀기 위하여 기존에 나와 있는 특허들을 알아봄으로써 그 해결을 찾는다는 것, 이것이 주요한 개념이 되며 달리 말하면 새로운 발명이 필요한 문제에 접근하는 수많은 방법을 일관성이 있는 이론으로 체계화시킨 개념이라 할 수 있다.

34 FMEA의 구성항목을 기술하시오.

풀이
1) SYSTEM 기기의 구성과 임무
2) 분해 LEVEL 결정
3) 기능별 BLOCK 과정
4) 신뢰성 BLOCK도 작성
5) 고장 MODE 검토
6) 고장 MODE 정리
7) 추정 원인 기입
8) FMEA 결과 요약 기입
9) FMEA 등급 결정

35 Shewhart와 Cusum 관리도가 있다. 각각의 특성을 설명하시오.

풀이
1) Cusum 관리도는 적은 비용으로, Shewhart 3σ 관리도 이상의 효율을 얻을 수 있다.
2) 공정의 갑작스런 변화에도 더 빨리 검출할 수 있을 뿐 아니라 그 변화의 정도가 그다지 크지 않을 때에도 그것을 더 민감하게 검출해 낼 수 있는 장점을 가지고 있다.

36 FMEA(Failure Mode Effect Analysis) 고장유형 영향 분석이란 무엇인가?

풀이 전개 방식으로 Bottom-up 방식을 채택하고 있다. 이는 신뢰성 예측기법의 하나로서 어떤 제품이 발생할 수 있는 모든 고장형태와 위험 요소를 선정하고 이러한 요소가 System 전체 또는 Sub System Parts 등에 어떠한 영향을 미치는가? 또한 원인은 무엇인지 Brain Storming 방식으로 추정, 분석하여 취약 부분에 대한 대책을 세워 근본적인 고장 원인을 원류적 차원에서 해결하는 기법이라 할 수 있다.

37 다구치 박사의 잡음인자(Noise Factor)를 3가지로 분류하여 증명하시오.

풀이
1) 외부적 인자(External)
   제품이 사용되는 환경과 제품에 부과되는 부하(Load)는 제품의 성능에 영향을 주는 두 가지 중요한 외부적 인자이다.(환경잡음인자, 부하잡음인자)

2) 제품별 변동(Unit to Unit Variance)
   제조과정 중 불가피한 변동으로 인해 매 제품마다 성능의 차이가 발생한다.

3) 열화 노화(Deteriioration)
   제품 판매시기는 기능적 특성이 목표치에 부합하더라도 시간의 사용횟수가 증가하면서 부품이 조금씩 변화되면서 제품 성능이 저하된다.

38 어느 전기조립품의 잡음레벨을 관리하고 있다. 데이터를 군 구분하여 $n=5$의 $\bar{x}-R$ 관리도를 작성하였더니 관리상태였다. $\bar{x}$ 관리도의 $CL=61$, R 관리도의 $CL=1.63$이고, $\bar{X}$의 이동범위의 평균치 $\bar{R}_S=0.700$이다.(단, $n=2$일 때의 $d_2=1.128$, $n=5$일 때의 $d_2=2.236$)

1 σ_b, σ_w, $\sigma_{\bar{x}}$를 구하시오.

2 관리계수 Cf를 구하고, 평가하시오.

3 전기조립품의 규격이 60 ± 2일 때 공정능력지수 C_{pk}를 구하고 판정하시오.(단, 치우침도 고려할 것)

[풀이] **1** $\sigma_{\bar{x}} = \dfrac{\overline{R_S}}{d_2} = \dfrac{0.70}{1.128} = 0.621$

$\sigma_w = \dfrac{\overline{R}}{d_2} = \dfrac{1.63}{2.236} = 0.729$

$\sigma_b = \pm \sqrt{\sigma_{\bar{X}}^2 - \dfrac{\sigma_\omega^2}{n}} = \sqrt{0.621^2 - \dfrac{0.729^2}{5}} = 0.529$

2 $Cf = \dfrac{\sigma_w}{\sigma_{\bar{x}}} = \dfrac{0.729}{0.621} = 1.174$

→ Cf가 1.2보다 작고 0.8보다 크므로 정상적인 관리상태라 할 수 있다.

- $Cf < 0.8$: σ_b가 크다
- $0.8 \leq Cf \leq 1.2$: 정상적인 관리상태
- $Cf > 1.2$: 군 구분이 잘못되었음

3 $C_{pk} = Cp(1-k) = \dfrac{T}{6\sigma_w}\left(1 - \left|\dfrac{M-\overline{X}}{\left(\dfrac{S_U - S_L}{2}\right)}\right|\right) = \dfrac{4}{6 \times 0.729}\left(1 - \left|\dfrac{60-61}{2}\right|\right) = 0.46$

$C_{pk} = 0.46 < 0.67$이므로 공정능력이 매우 나쁘다고 할 수 있다.

39 품질보증업무의 사전 대책 및 사후 대책에 대해 나열식으로 설명하시오.

[풀이] 1) 사전대책
  ① 시장정보 분석
  ② 기술연구
  ③ 고객에 대한 PR 및 기술지도
  ④ 품질설계, 품질표준, 재료규격, 포장규격
  ⑤ 공정능력 파악
  ⑥ 공정관리(공정해석 안정화, 품질 균일화)

2) 사후대책
  ① 제품검사(검사규격 작성, 검사 실시)
  ② Claim 처리(만족한 처리, 재발 방지의 항구적 처리, Claim 해석)
  ③ A/S, B/S, 기술서비스
  ④ 품질보증기간, 방법(신뢰성)
  ⑤ 품질감사(QC 업무감사, 타사 제품과 비교)

40 사내규격을 작성할 경우 구비하여야 할 요건을 간략히 기술하시오.

[풀이] 1) 실행가능성이 있는 내용일 것
2) 당사자에게 의견을 말할 기회를 주는 절차로 정할 것
3) 기록내용이 구체적이고 객관적일 것

41 신뢰성 Sampling 검사 특징의 4가지 중 3가지를 서술하시오.

[풀이] 1) 척도단위로 MTBF(or MTTF)와 고장률(λ)을 사용한다.
2) 지수 분포와 Weibull 분포를 가정한 방식이 주류가 되고 있다.
3) 중도시험인 정시중단과 정수중단 방식을 채용하고 있다.

42 ABC(Activity Based Costing)란 무엇인가?

[풀이] 어떤 제품 계열을 살리고 죽일 것인가 또는 가격을 올리고, 내릴 것인가 결정하는 전략적 의사결정에 필요한 자료를 제시하는 데 도움이 되고 기업의 중요한 활동에서 프로세스, 제품, 품질비용을 추적하여 얻은 재무 및 운영성과 정보를 수집하여 품질비용을 계산하는 데 활용 가능한 방법을 말한다.

43 제조 기업에 있어서 제품이 개발되고 생산되어 소비자의 손에 들어가 사용될 때까지의 6단계는?

[풀이] 1) 제품기획 : 제품의 성능, 수명, 안정성, 가격 등에 관한 계획
2) 제품설계 : 제품기획에서 정해진 내용을 가질 수 있도록 하는 제품의 개발
3) 공정설계 : 설계된 제품을 만들어 내기 위한 제조공정 설계
4) 생산 : 공정설계에 따라 "설계품질"의 제품을 생산하는 활동
5) 판매 : 생산된 제품을 소비자에게 판매
6) 서비스 : 소비자가 제품을 사용하면서 발생되는 문제에 대한 서비스 활동

44 일원배치실험계획법의 취약점은 무엇인가?

풀이 1) 다른 인자에 대한 영향성 및 교호작용을 파악하기가 불가능하다.
2) 반복수가 동일하지 않으면 정밀도가 나빠진다.
3) 타 인자가 영향을 주는 경우 오차가 커지므로 실험의 의미가 없게 된다.
4) 실험정보를 협의적으로 취할 수밖에 없게 된다.

45 $\overline{X}-R$ 관리도에서 R 관리도를 먼저 구해야 하는 이유는?

풀이 R 관리도의 평균 범위($\overline{R}$)와 d_2(n이 주어질 때의 관리도 계수치)에 의해 군내표준편차 $\left(\dfrac{\overline{R}}{d_2}=\sigma_w\right)$가 구해진다. 이에 따라 $\overline{X}$ 관리도의 관리한계$\left(\pm 3\dfrac{\sigma_w}{\sqrt{n}}\right)$를 구해야 하므로 R 관리도를 먼저 구한다.

46 다구치 박사의 파라미터 설계와 허용차 설계를 설명하시오.

풀이 1) 파라미터 설계(Parameter Design) : 제품성능 특성치에 영향을 주는 제어 가능한 인자를 의미하며, 파라미터 설계는 제품의 품질 변동이 잡음에 둔감(Robust Design)하면서 목표 품질을 가질 수 있도록 파라미터들의 최적 조건을 찾는 실험 계획의 방법이다. 이때 목표 품질을 만족시키는 범위 내에서 가능한 한 비용이 적게 드는 조건이나, 부품들을 선택하여야 하며, 실험 횟수를 최소화하기 위하여 직교 배열표를 흔히 사용한다.

2) 허용차 설계(Tolerance Design) : 파라미터에 의해 최적 조건을 구하였으나 품질 특성치의 변동이 만족할 만한 상태가 아닌 경우 허용차 설계가 수행된다. 허용차 설계는 품질 변동에 큰 영향을 주는 원인을 찾아내어 허용차를 줄이는 방법을 강구하는 실험계획 방법이다.

47 품질인증 마크인 EM과 NT를 설명하시오.

풀이 1) EM(Excellent Machinery, Machanism & Meterials) : 주로 기계류 부품, 소재에 대한 우수 품질 인증제도로서 국내에서 3년 이내에 개발된 기계류, 부품, 소재의 품질, 성능, 제조공정을 평가해 우수한 제품에 대해 부여하는 마크

2) NT(New Technology) : 신기술 인증제도인 NT는 국내에서 최초로 개발된 기술이나, 제품의 품질, 성능, 제조공정을 평가하고, 여기에 부여하는 마크다. 그러나 구체화되지 않은 개념, 해당 기업의 생산라인에 적용되는 기술은 제외된다.

48 DOE 단계를 간단히 기술하시오.

[풀이] 1) Screening 실험 : 중요한 몇 개의 인자를 찾는 실험(요인, 일부, Multi-vari)을 실시한다.
2) 특성화 단계 실험 : 반응변수에 영향이 가장 큰 주요 인자를 찾는다.(요인 실험법 -2^n)
3) 최적화 단계 실험 : 최적 수준 조합을 찾는다.(RSM : 반응표면분석)
4) 재현성 단계 실험 : 최적화 이후 재현성 실험을 한다.

49 MSA의 목적 5가지를 기술하시오.

[풀이] 1) 안정성(Stability) : 시간이 경과한 후에도 계측기로 동일 제품을 측정할 때 정확하게 측정되는지의 상태
2) 계측기의 직선성(Linearity) : 계측기의 측정범위 내에서의 측정의 일관성을 벗어나는 변동
3) 계측기의 정확성(Accuracy) : 치우침(Bias), 즉 측정치의 평균치와 기준치(Master Value) 차이의 변동
4) 계측기 반복성(Repeatability) : 동일한 측정자가 동일한 계측기로 동일 제품을 측정하였을 때 발생되는 계측기의 변동
5) 계측기의 재현성(Reproducibility) : 다수의 측정자가 동일한 계측기로 동일한 제품을 측정하였을 때 발생하는 측정치의 변동

50 KS 심사의 6가지 항목을 기술하시오.

[풀이] 1) 표준화 일반
2) 자재 관리
3) 공정(제조) 관리
4) 제품 품질 관리
5) 제조 설비 관리
6) 검사 설비 관리

51 PL에 대한 기업의 유효한 대책을 간단히 기술하시오.

[풀이] 1) CEO의 Leadership과 인식의 확산
2) PL 관련 주기적인 감사(심사) 실시
3) PLP 및 PLD System의 구축

52 PL의 대표적인 결함 종류를 기술하시오.

풀이
1) 설계상의 결함
2) 제조상의 결함
3) 표시상의 결함

53 ISO/TS 16949와 QS-9000의 차이점과 ISO/TS 16949에서 추가적 요소는 무엇인지 기술하시오.

풀이

구분	ISO/TS 16949	QS-9000
Base	ISO 9001 : 2000	ISO 9001 : 1994
접근방법	• Process 접근 강조 • Process 접근방식으로 효과성 및 효율성 운영 중시	문서화된 절차 강조, 요건 각 항목별 문서화된 절차 요구
주요 내용	• 내부고객 동기부여 및 만족도 측정 • 개발과정관리도 APQP Project 관리 적용 • 공정설계 입력자료 파악/검토/문서화 • 기록보유기간(1Cycle+3년) • 시스템 심사, 공정심사, 제품심사로 구분 • 직무교육 훈련 추가	• 개발과정 관리도 적용 • 기록 보유기간(1, 3년 및 Activity+1년) • 내부감사 • 교육훈련
규격주관	ISO/TC 176 & IATF	미국 자동차 Big 3 Task Force
고객	• 미국/유럽 자동차 Maker • 미국/유럽 자동차 협회	자동차 Big 3 Task Force (다임러 클라이슬러, 포드, GM)
행정조직	IAOB(미국) 및 4개 사무국	AIAG

54 Philip B. Crosby의 Quality Vaccine 3가지는 어떤 것인지 기술하시오.

풀이 P.B. Crosby는 조직 내 품질문제의 원인은 80% 이상이 경영층에 관계되고, 경영층의 지도력을 통한 개선 외의 다른 대책은 없다고 했다.

1) 결의(Determination) : 조직의 전체 분위기 쇄신
2) 교육(Education) : 종업원의 품질에 관한 공통된 이념과 언어 공유
3) 실행(Implementation) : 품질개선 업무의 Program화 실행

55 중소기업에서 6시그마를 어떻게 하면 효과적으로 실행시킬 수 있는지 기술하시오.

[풀이]
1) 6시그마를 추진하기 위한 Road Map 작성
2) 6시그마 관련 교육 실시
3) 외부 Consulting 의뢰 추진
4) CEO에 대한 Champion 과정 추진
5) Road Map 전개 시 모기업의 도움을 받아 추진
6) 형식적이지 않은 실제적인 Program 실행

56 반응표면분석(RSM)을 설명하고 이를 수행하기 위한 순서를 기술하시오.

[풀이] 최적조건 주위에 입력변수의 결과가 Y(종속변수)에 어떤 관계식을 가지고 있는지 분석하는 방법을 말한다.
1) 추정되는 최적점과 알고 싶은 주위의 점을 결정
2) 얻어진 자료를 2차 혹은 1차 회귀모형에 적용
3) ANOVA 작성을 통하여 모형이 적합한지 검토
4) 등고선표를 통해 최적조건 검토
5) 최적조건에서 재현성 실험

57 BSC를 운영하기 위한 원칙과 개념을 설명하시오.

[풀이]
1) 조직의 전력과 연계한 성과측정이 가능한 경영결정기법
2) 조직이 가장 중요하게 여기는 성과의 다양한 영역을 나타내는 통합 보고서
3) 재무, 프로세스, 고객 및 종업원 개발이라는 경영성과를 이룬다.
4) 전략 목표와 관계된 측정 항목이 20개 이내일 것
5) 스코어 카드는 무엇을 개선하고 실행할지에 대한 신속하고 올바른 결정을 내릴 때 유용함

58 STEP(Standard For Exchange of Product Model Data), 즉 제품데이터 교환 공유 규격이란 무엇인지와 시행할 때 그 효과성을 기술하시오.

풀이 설계 단계에서 신제품 테스트, 생산 지원에 이르기까지 제품 공급의 전체 공정에 필요한 Data를 협력업체(주로 중소기업체)와 공유하도록 하는 규격을 말한다.

[효과성]
1) Network 효과증대, 시장확대를 제공한다.
2) 품질 및 성능의 비교를 통한 정상가격 판매가 용이하다.
3) 설비 최소화로 제조원가 절감 효과를 가져다준다.

59 ISO 9001의 품질경영 8대 원칙을 기술하시오.

풀이
1) 고객요구사항 중시
2) 리더십(Leadership)
3) 전원 참여
4) 프로세스 접근방식
5) 경영에 대한 시스템 접근방법
6) 지속적 개선
7) 의사결정에 대한 사실적 접근방법
8) 상호 유익한 공급자 관계

60 주란이 제안한 품질 삼분법(Quality Trilogy)은 무엇인가?

풀이 Quality Plan → Quality Control → Quality Improvement
　　　　　(품질계획)　　　(품질관리)　　　　(품질개선)

1) Quality Plan(품질계획)
   ① 품질목표 설정
   ② 고객이 누구인가 결정
   ③ 고객의 요구사항 결정
   ④ 고객의 요구에 부응하는 제품 특성 개발
   ⑤ 공정의 개발
   ⑥ 품질계획 실천 의무자 선정

2) Quality Control(품질관리)
   ① 실제로 수행한 업무결과 평가
   ② 실제의 결과와 품질목표 비교
   ③ 차이점에 대한 반성과 시정조치

3) Quality Improvement(품질 개선)
   ① 품질 개선이 이루어질 수 있는 System 구축
   ② 개선할 Project 파악
   ③ Project Team 설정
   ④ 필요한 자원과 교육 지원

61 미국의 파라수라만(Parasuraman)의 서비스품질 측정 도구인 SERVQUAL은 무엇인가?

풀이 미국의 파라수라만과 자이다움 베리 등 학자(PZB)에 의해 고안된 서비스품질 측정 도구로서 서비스 기업이 고객의 기대와 평가를 이해하는 데 사용할 수 있는 척도를 말한다.

1) 서비스 품질의 5가지 차원(RATER)
① 신뢰성(Reliability ; R) : 서비스의 믿음과 정확한 수행 능력
② 확신성(Assurance ; A) : 종업원의 지식과 예절, 신뢰/자신감 전달
③ 유형성(Tangibles ; T) : 시설, 장비, 종업원, 커뮤니케이션
④ 공감성(Empathy ; E) : 회사가 고객에게 제공하는 개별적 배려가 관심
⑤ 대응성(Responsiveness ; R) : 고객 중심의 신속한 서비스 제공 태세

2) 활용효과
① SERVQUAL을 반복측정·시행함으로써 고객의 기대와 지각을 시계열적으로 비교해 볼 수 있다.
② SERVQUAL 조사를 경쟁기업에 대해서도 실시함으로써 자사와 경쟁사 간의 서비스 품질 비교
③ 개인의 SERVQUAL 점수를 토대로 고객들의 서비스 품질 지각수준에 따라 고객 세분화를 위한 자료로 활용
④ SERVQUAL 설문 내용을 수정하면 기업 내부의 부서 간 업무협조로 서비스 품질 측정 활용

62 열처리 공정에서 품질특성인 경도(H_{RC})를 2개 라인의 데이터로 16개씩 측정값을 얻었다. 품질산포인 분산검정과 $\sigma_A^2 = \sigma_B^2$ 가정하에서 평균치가 다른지 검정과 구간추정을 하시오. (단, $F_{0.95}(15,15) = 2.40$, $F_{0.975}(15,15) = 2.86$, $t_{0.95}(30) = 1.697$, $t_{0.975}(30) = 2.042$)

라인	측정 Data								평균	표준편차
A	46.7	50.1	53.8	49.4	56.6	50.1	52.9	52.7	51.7	2.48
	54.2	49.8	49.7	54.2	50.2	52.4	53.5	51.6		
B	45.5	48.4	51.5	47.9	53.8	48.4	50.7	50.6	49.8	2.09
	51.9	48.1	48.0	51.9	48.5	50.3	51.3	49.7		

1 2개 라인의 모분산 간에 A라인 경도가 큰지 $\alpha=5\%$로 주어질 때 체계적으로 가설검정하시오.(단, 분산은 소수점 2자리로 끝맺음하시오.)

2 두 라인 간 경도의 A라인 모평균이 큰지 $\alpha=5\%$로 주어질 때 가설검정하시오.

3 두 라인 간 경도의 모평균이 어느 정도 차이가 나는지 신뢰수준 95%로 구간 추정하시오.

[풀이] **1** ① 가설 $H_o : \sigma_A^2 \leq \sigma_B^2$ $H_1 : \sigma_A^2 > \sigma_B^2$

② 유의수준 $\alpha = 0.05$

③ 통계량 $F_0 = \dfrac{V_A}{V_B} = \dfrac{2.48^2}{2.09^2} = 1.41$

$V_A = s_A^2 = 2.48^2, \quad V_B = s_B^2 = 2.09^2$

④ 기각역 $F_{1-\alpha}(\nu_A, \nu_B) = F_{0.95}(15, 15) = 2.40$

⑤ 판정 $F_0 = 1.41 < F_{0.95}(15, 15) = 2.40$이므로 H_0 채택함

따라서, $\alpha = 0.05$로 A라인이 B라인의 모분산보다 크다고 할 수 없다.

2 ① 가설 $H_o : \mu_A \leq \mu_B$ $H_1 : \mu_A > \mu_B$

② 유의수준 $\alpha = 0.05$

③ 통계량 $t_0 = \dfrac{\overline{X_A} - \overline{X_B}}{\sqrt{s_p^2\left(\dfrac{1}{n_A} + \dfrac{1}{n_B}\right)}} = \dfrac{51.7 - 49.8}{\sqrt{5.26\left(\dfrac{1}{16} + \dfrac{1}{16}\right)}} = 2.34$

$s_p^2 = \dfrac{S_A + S_B}{\nu_A + \nu_B} = \dfrac{92.25 + 65.52}{15 + 15} = 5.26$

$S_A = \nu_A \times s_A^2 = 15 \times 2.48^2 = 92.25$

$S_B = \nu_B \times s_B^2 = 15 \times 2.09^2 = 65.52$

④ 기각역 $t_{1-\alpha}(\nu_A + \nu_B) = t_{0.95}(30) = 1.697$

⑤ 판정 $t_0 = 2.343 > t_{0.95}(30) = 1.697$이므로 H_0 기각한다.

따라서, $\alpha = 0.05$로 A라인의 경도가 B라인의 경도보다 크다고 할 수 있다.

3 $\widehat{\mu_A - \mu_B} = (\overline{X_A} - \overline{X_B}) \pm t_{1-\alpha/2}(n_A + n_B - 2)\sqrt{s_p^2\left(\dfrac{1}{n_A} + \dfrac{1}{n_B}\right)}$

$= (51.7 - 49.8) \pm 2.042\sqrt{5.26\left(\dfrac{1}{16} + \dfrac{1}{16}\right)} = 1.9 \pm 1.66\,(H_{RC})$

$= 0.24 \sim 3.56\,(H_{RC})$

63 P.B. Crosby의 품질경영 4대 원칙은 무엇인가?

풀이
1) 품질은 요구에 적합해야 한다.
2) 품질시스템은 최초부터 올바르게 구축한다.
3) 성과의 표준은 무결점(ZD)이다.
4) 품질의 척도는 Q-Cost이다.

64 ISO 9001 : 2000에 따른 최고경영자의 7가지 역할이 무엇인지 기술하시오.

풀이
1) 조직의 품질방침/목표 수립
2) 인식, 동기부여 및 참여를 증대시키기 위해 조직 전체에 품질방침·목표 촉진
3) 전 조직에 걸쳐 고객요구사항에 초점을 맞추고 있음을 보장
4) 고객 및 기타 이해관계자 요구사항 충족
5) 품질목표를 달성하기 위한 효과적, 효율적인 품질경영 System 수립, 실행, 유지 보장
6) 필요한 자원의 가용성 보장
7) 품질경영시스템의 주기적인 검토
8) 품질방침 및 품질목표와 관련된 활동의 결정
9) 품질경영시스템의 개선을 위한 활동의 결정

65 Single PPM 추진순서를 기술하시오.

풀이
1) S(Scope) : 범위 → CTQ 규명, Project 선정
2) I(Illumination) : 현상 파악 → Y에 대한 반응 변수 규정, ESA
3) N(Nonconformity) : 원인분석 → Y에 대한 반응 변수 구체적으로 분석 조사
4) G(Goal) : 목표 설정 → 자사의 현재수준 파악, 타사를 Bench Marking하여 적절한 목표 설정
5) L(Level-up) : 개선 → 규명된 핵심요인의 3차 분석, 개선대책 수립, 개선 실시, 평가 후 표준화
6) E(Evaluation) : 평가 → 개선된 품질수준을 어떻게 유지할 것인가 지속적 모니터링

66 과제 달성형과 문제 해결형에 대한 접근방식의 차이에 대하여 간략히 기술하시오.

풀이
1) 과제 달성형 접근방법 : 목표달성을 위해 새로운 방법 창출, 새로운 업무 및 매력적 품질 지향(카노)
2) 문제 해결형 접근방법 : 현재 수준과 목표치의 차이를 줄이는 활동, 현상파악 요인 해석에 중점

67 State of the Art란 무엇인가?

풀이 최신 기술수준으로 PL과 관련하여 설계, 개발 당시 자국 및 타국을 포함하여 이미 개발되었거나 그 당시 상품화되었는지 조사하며 이를 제품 설계에 반영하여 당시의 최신 기술 수준으로 PL 문제와 관련하여 판결 시 반영되는 중요한 사항

68 결함과 부적합을 구분하시오.

풀이
1) 결함 : 설계 표준을 벗어난 상태를 말한다.
2) 부적합 : 비적합성의 정도가 심해 본래의 기능을 수행할 수 없는 것을 말한다.

69 신 QC의 7가지 도구 중 갖추어야 할 요건을 5가지만 작성하시오.

풀이
1) 언어 Data를 정리하는 기법(정성적 Data)
2) 발상으로 이끄는 기법
3) 계획에 충실
4) 중복, 누락을 제거하는 기법
5) 모두 참여하여 추진하는 기법
6) 관계자에게 이해시키는 기법
7) 정보전달 효과를 높일 수 있는 기법
8) 매트릭스도, 친화도, 연관도, PDPS, 애로우다이어그램(PERT/CRM), 매트릭스데이터 해석법, 계통도

70 벤치마킹의 4가지 원리는 무엇인가?

[풀이]
1) 상호성 : B/M 모든 참가자들이 파트너와 정보를 교류해야 성공
2) 유사성 : 유사한 대상이 존재해야 성공
3) 측정성 : 성과 측정 단위가 계량화되어야 함
4) 타당성 : 자료는 타당한 실정 자료와 연구자료 근거

71 인간공학적 Human Error의 5가지 형태는 무엇이 있는가?

[풀이]
1) Ommission Error : 필요한 작업을 수행하지 않음
2) Commission Error : 필요한 작업을 수행했으나 실수 발생
3) Extraneous Error : 해서는 안 될 작업을 수행
4) Sequential Error : 수행 순서의 잘못으로 발생
5) Time Error : 너무 빠르거나 너무 늦어서 발생

72 SWOT 분석의 4가지 항목을 기술하시오.

[풀이]
1) 장점(Strength) : 계속 강화 · 발전시킴
2) 약점(Weakness) : 시정조치계획 수립 및 실시
3) 기회(Opportunities) : 지속적 관리 필요
4) 위험(Threats) : 대응방침 확정 필요

강점	약점
Strength	Weakness
Opportunities	Threats
기회	위험

73 CE(Concurrent Engineering : 동시공학 또는 협력공학)란 무엇인지 간단히 기술하시오.

풀이 기존의 방식은 개발단계, 생산단계, 판매 및 서비스 단계가 분리되어 운영되어 오던 방식으로 개발기간이 길고, 개발 이후 문제점이 증폭된다는 문제점을 안고 있다. 하지만 CE 방식은 영업에서 개발, 제조, 서비스에 이르기까지 전 부분이 개발에 참여하여 공기를 단축하고 품질을 향상시키는 것을 목적으로 하는 것으로 동시공학이라고도 한다. (보잉사, 크라이슬러사 등 적용)

74 PL을 면하기 위해 경고표시는 매우 중요하다. 이러한 경고표시 내용에 대한 적합 유무, 검토에 있어서 핵심 Point 4가지를 기술하시오.

풀이
1) 위험의 내용과 성질
2) 위험의 중대성(경고, 위험, 주의)
3) 위험의 정도(예상되는 피해 규모)
4) 위험의 회피수단

75 다음의 분산분석표를 보고 ①~⑨번의 각 항목을 설명하고 종합적인 결론을 나타내시오.

요인	① DF	② SS	③ MS	④ F	⑤ P
품종	5	⑥ 2.43507	⑦ 0.487014	⑧ 53.27	⑨ 0.000
토양	3	0.01878	0.006260	0.68	0.575
오차	15	0.13715	0.009143		
총계	23	2.59100			

풀이 요인은 품종과 토양의 이원배치법이며, 수준수는 품종의 경우($l = \nu_A + 1 = 5 + 1 = 6$)이고 토양의 경우($m = \nu_B + 1 = 3 + 1 = 4$)이다. 총 실험 수는 ($N = \nu_T + 1 = 23 + 1 = 24$)이 므로 $\left(r = \dfrac{N}{lm} = \dfrac{24}{6 \times 4} = 1 \right)$이다. 따라서 반복이 없는 이원배치에 m수준은 변량이므로 난괴법이다.

실험결과 품종에 따라 실험결과는 매우 영향($p - value = 0.0000$)이 있는 것으로 나타났으나 토양에 따라서는 영향($p - value = 0.575$)이 없음을 보인다.

76 고객만족의 3요소를 작성하시오.

풀이 1) 제품
① 하드적 가치 : 디자인, 상표 등
② 소프트적 가치 : 품질, 기능, 성능, 가격 등

2) 서비스
① 판매(영업장) 분위기의 쾌적성
② 판매원 서비스 : 복장, 미소, 신속, 상품지식

3) 기업 이미지
① 사회공헌활동
② 환경보호활동

77 대표적인 고장시간 분포함수를 4가지 이상 기술하시오.

풀이 1) 지수분포 : 고장률이 일정(예 휴대폰, TV기판 등)
2) 감마분포 : 지수분포의 확장
3) 와이블 분포 : 금속재료의 피로시험(형상모수와 위치모수에 따라 평균수명 산출)
4) 정규분포 : 마모기간의 평균수명 산출

78 TOC(Theory of Constraints, 제약이론)에 대하여 설명하고, 제약이론 해결방법을 기술하시오.

풀이 TOC는 의사결정의 초점을 제약에 맞추어 물자의 흐름, 자금의 흐름, 논리의 흐름을 최적화하는데 목적이 있다.
1) 무엇을 변화시켰는가?(What to changes)
2) 흐름을 막는 제약과 핵심문제를 찾는다.
3) 무엇으로 변화할 것인가?
4) 전체 흐름량을 최대화시킨다.
5) 어떻게 변화를 추진하는가?
6) 핵심문제를 해결하고 제약의 흐름을 최대화시킨다.

79 리콜의 의미와 제도적 내용을 기술하시오.

[풀이] 제품 및 서비스의 결함으로 인하여 사용자의 생명, 신체, 재산상의 안전에 위해를 끼치거나 끼칠 우려가 있는 경우 당해 물품을 수거, 교환, 환불조치를 하는 행위

[리콜 제도 종류]
1) 자발적 Recall 제도(소비자보호법 제17조의2 "자진수거" 등)
2) 리콜 권고제도(소비자보호법 제17조의3 "사정권고")
3) 리콜 명령제도(일반 리콜명령과 긴급 리콜명령으로 구분)

80 PL과 리콜의 차이점을 구분하시오.

[풀이]

구분	PL법	Recall 제도
목적 및 기능	사후적 손해배상책임을 통해 간접적 안전 확보(보상책임자 규명)	사전적 회수를 통해 예방적·직접적 안전 확보(위해 예방)
성격	민사상 책임 원칙	행정적 규제
관련법규	제조물책임법	• 소비자보호법 • 자동차관리법 • 식품위생법
요건	• 제조물 결함 • 손해 발생 • 결함과 손해의 인과관계	• 제조물 결함으로 위해 발생 • 위해가 발생할 우려가 있는 경우
수단	개별 소비자에게 배상	모든 소비자로부터 공개수거(수리, 교환, 환불)

81 제3세대 6시그마 가치창출전략 Process를 기술하시오.

[풀이]

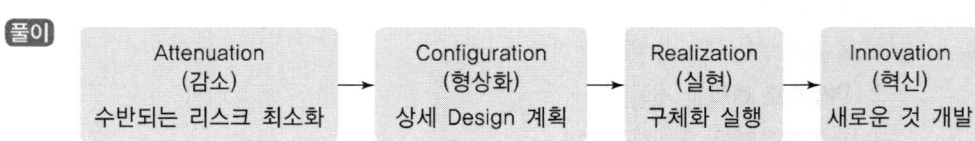

Attenuation (감소) 수반되는 리스크 최소화 → Configuration (형상화) 상세 Design 계획 → Realization (실현) 구체화 실행 → Innovation (혁신) 새로운 것 개발

82 신세대 6시그마에서 ICRA의 개념에 대하여 설명하시오.

풀이
1) 기업의 가치 Needs를 인식, 변화의 기회를 정의
2) 창의적 기업문화 유도
3) 핵심적 기여요인 분석
4) 성공적인 제품, 상품 설계
5) 글로벌 경쟁력 확보
6) 예상되는 RISK 제거

83 TPS와 TPM을 비교하시오.

풀이

구분	TPS(도요타 생산방식)	TPM(종합 생산성 관리)
목적	철저한 낭비의 제거	예방보전(PM) System과 Loss 극소화 추구
기본사상	JIT와 자동화, 간판	예방철학
적용대상	주로 제조공정에 적용	제조공정 중심으로 적용(설비 중심)
적용기법	간판방식, 평준화, 동기화(JIT, 자동화 외)	8대기능(자주보전, 개별 개선 외)
주요 인적자원	다기능화된 인력	보전기능을 갖춘 Operator
추진기간	2~3년	3~5년
추진효과	Lead time 단축, 제조원가 감소	생산 종합효율 향상, 돌발고장 및 만성 부적합 감소

84 TOYOTA 생산방식의 4P 구조는 무엇인지 설명하시오.

풀이
1) Problem Solving(문제해결) : 지속적 개선과 학습
2) People & Partner(종업원과 파트너) : 존중, 도전 양성
3) Process(낭비제거)
4) Philosophy(철학) : 장기적인 사고

85 어떤 화학약품 생산공정에서 반응온도(x)와 수율(y)과의 관계를 조사하기 위해 10쌍의 데이터를 뽑고 조사한 결과 다음의 데이터를 얻었다. 아래 문제의 답을 쓰시오.

$$S(xx) = 147.7 \quad S(xy) = 83.4 \quad S(yy) = 60.1 \quad \sum xi = 118 \quad \sum yi = 57$$

1 x에 대한 y의 회귀직선을 구하시오.
2 회귀선에 의해 설명되는 변동 S_R을 구하시오.
3 회귀로부터의 변동, 즉 오차변동 S_E를 구하시오.

[풀이]

1 $\hat{y} = -0.9635 + 0.5647x$

$$\hat{\beta} = \frac{Sxy}{Sxx} = \frac{83.4}{147.7} = 0.5647$$

$$\hat{\beta_0} = \overline{y} - \overline{\beta_0}\,\overline{x} = 5.7 - 0.5647 \times 11.8 = -0.9635$$

$$\overline{x} = \frac{\sum_{i=1}^{n} X_i}{n} = \frac{118}{10} = 11.8, \quad \overline{y} = \frac{\sum_{i=1}^{n} Y_i}{n} = \frac{57}{10} = 5.7$$

2 $S_R = \dfrac{S_{xy}^2}{S_{xx}} = \dfrac{(83.4)^2}{147.7} = 47.0925$

3 $S_E = S_T(= S_{yy}) - S_R = 60.1 - 47.0925 = 13.0075$

86 Garvin의 품질에 대한 8가지 범주를 설명하시오.

[풀이]
1) 성과 : 제품이 가지고 있는 운명적 특성
2) 특징 : 특정 제품이 갖는 경쟁적 차별성
3) 신뢰성 : 잘못되거나 실패할 가능성의 정도
4) 적합성 : 고객들의 세분화된 요구를 충족시킬 수 있는 능력
5) 지속성 : 제품이 고객에게 지속적으로 가치를 제공할 수 있는 기간
6) 서비스 제공능력 : 기업이 고객을 통해 가질 수 있는 경쟁력으로 속도, 친절, 경쟁력, 문제 해결능력
7) 심미성 : 사용자 감각에 소구할 수 있는 능력
8) 인지된 품질 : 기업 혹은 Brand의 명성

87 화이겐바움의 품질관리에 대한 4대 업무는 무엇인지 기술하시오.

풀이
1) **신설계관리** : 가격, 성능, 신뢰성에 맞는 품질표준 확립
2) **구입재료의 관리** : 시방 및 요구에 맞는 부품을 경제적으로 수입, 보관
3) **제품관리** : 부적합품 발생 전 생산현장에서 관리
4) **공정연구** : 부적합품의 원인 규명, 품질특성 개량 가능성 결정

88 샘플링 방법에서 AQL을 선정할 때 기본적으로 갖추어야 할 조건은 무엇인지 설명하시오.

풀이
1) 요구품질에 맞추어 정한다.
2) 결점의 계급에 따라 정한다.
3) 공정평균에 근거를 둔다.
4) 공급자와 협의를 한다.
5) AQL은 지속적으로 검토한다.

89 3세대 6시그마 실천 Frame Works인 ICRA 개념을 설명하시오.

풀이 I(Innovation) 혁신 → C(Configuration) 형상화 → R(Realization) 실현 → A(Attenuation) 감소

ICRA		Focus				비고
		Market	Business	Product	Process	
Strategy	I	시장니즈 혁신	사업전략 혁신	제품 컨셉 혁신	Process 방식 혁신	G3 Goals
	C	시장채널 수립	사업계획 형상화	제품특성 형상화	Process 수립	G2 Gates
	R	시장판매 실현	사업수입 실현	제품수율 실현	공정 Cycle 실현	G1 Gains
	A	시장축소 감소	사업비용 절감	제품결함 감소	공정산포 감소	G0 Gaps
		3세대	2세대	1세대		

90 각 혁신 기법(TQC, TPM, TPS, 6시그마)에 대하여 각각 차이점을 설명하시오.

풀이

구 분	TQC	TPM	TPS	6시그마
혁신대상	품질	설비종합효율	7대 Loss	품질+System
적용산업	모든 직종	설비중심산업	조립중심산업	서비스, 생산산업
추진방식	Bottom-Up	Top-Down	Top-Down, Bottom-Up	Top-Down
적용 Tool	신 QC 7도구	8보존 (자주보전 등)	간판방식, 평준화, 동기화	QLT, DOE, 다구치 등
문제의 접근방식	결과계 관리 (통계적, 소프트 관리)	원인계 관리 (설비문제점 해결 H/W)	3현주의 5S (3정5S)	통계적 방식
개선대상	품질개선 중시	설비개선중점 "0" 지향	물류 및 불합리 개선	목표중시
문제해결방식	이론 중심(통계학)	3현주의	3현주의	이론 중심 (6시그마)
직원참여도	전 직원 참여	전 직원 참여	전 직원 지혜로 개선	전문가 주도
사상	Pull형 Leader	Pull형 Leader	인본주의 Pull형 Leader	Pull형 Leader
조직	Circle 활동	직제 조직 활동	관리의 소Group화	전문가 Group
개선·유지·관리	품질 Data 경향관리	설비열화 및 대응특성 관리	Process 및 System 개선	설계적 공정품질 개선, Process 개선

91 PL법상의 결함에 대한 법의 정의는 무엇인지 기술하시오.

풀이

1) 표준 이하 기준 : 제조자가 의도한 설계나 사양으로부터 제조물이 일탈된 경우
2) 소비자 기대 기준 : 제조물이 통상적으로 소비자가 기대하는 안정성을 결여한 경우
3) 위험효용 기준 : 제조물이 갖는 위험성과 유용성을 비교하여 위험성이 유용성을 상회하는 경우의 결함

92 개발단계 6시그마(DFSS)를 성공시키기 위해 필요한 요소는 무엇인지 기술하시오.

풀이
1) Right Leadership(적절한 리더십)
2) Right Road-map(올바른 로드맵)
3) Right People(우수한 인재의 확보)
4) Right System(체계적인 System 구축)
5) Right Project(필요한 프로젝트 선정)
6) Right Culture(의욕적인 품질문화)
7) Right Method(올바른 기법의 활용)

93 블루오션과 레드오션의 차이점을 기술하시오.

풀이

Blue Ocean	Red Ocean
• 경쟁자 없는 새로운 시장공간 창출	• 기본의 시장 공간 안에서의 경쟁
• 경쟁을 무의미하게 만든다.	• 경쟁에서 이겨야 산다.
• 새 수요 창출 및 장악	• 가치와 비용 가운데 택일
• 차별화와 저비용 동시 추구	• 차별화, 저비용 가운데 택일
• 김휘찬, 르네 마보안의 Blue Ocean 전략 근거	• 마이클 포터의 "경쟁 우위론"에 근거

94 Blue Ocean 전략의 4가지 Action Frame Work는 무엇인지 기술하시오.

풀이
1) 제거(Eliminate) : 당연한 것으로 여겼던 요소들 가운데 제거할 요소는 무엇인지 찾는다.
2) 감소(Reduce) : 표준 이하로 내려야 할 요소는 무엇인지 찾는다.
3) 증가(Raise) : 표준 이상으로 올려야 할 요소는 무엇인지 찾는다.
4) 창출(Create) : 아직 한 번도 제공하지 못한 것 중 창조해야 할 요소는 무엇인지 찾는다.

95 MB상의 7개 범주를 기술하시오.

풀이
1) 리더십
2) 전략계획
3) 고객 및 시장중시
4) 정보와 분석
5) 인적자원 중시
6) Process 관리
7) 사업성과

96 기업의 사회적 책임(CSR ; Corporate Social Responsibility)에 대하여 기술하시오.

풀이 기업이 자신이 속한 사회에 긍정적인 영향을 주기 위해 경영과정을 어떻게 전개할 것인가 또는 어떻게 경영을 해야 이해관계자들을 만족시키고 경제·사회·환경적으로 삶의 질 향상에 기여할 수 있는가 하는 문제의 공감대를 형성하는 것이 기업의 사회적 책임이라 할 수 있다.(ISO 26000)

97 CSR의 4가지 책임에 대하여 설명하시오.

풀이
1) 법적 책임
2) 경제적 책임
3) 윤리적 책임
4) 자선적 책임

98 1 : 10 : 100의 법칙이란 무엇인지 설명하시오.

풀이 설계단계 결함을 발견, 수정하는 데 드는 비용이 "1"이면 출하단계 결함을 발견, 수정하는 데 드는 비용은 "10"이 소요되고 고객이 사용하는 단계에서 결함을 발견, 수정하는 데 드는 비용은 "100"이 든다는 것으로 "원류관리"를 중시해야 한다는 원칙이다.

99 T^2 관리도는 어느 용도에 사용할 수 있는가?

풀이 다수의 품질특성치 관리항목을 여러 개의 관리도로 관리하는 것이 아니라 한 개의 관리 항목으로 통합 관리하는 용도로 활용하는 관리도로서 각 항목별로 분산, 공분산행렬을 이용하는 것이 특징이며, 관리용으로 할 때는 과거의 데이터를 이용하여 편차수준과 목표를 구하여 이를 현재의 데이터로 활용하지만 해석용으로 할 때는 현재의 데이터를 가지고 관리도를 그린다.
이 기법을 적용함에 있어서 3가지 강조사항은 다음과 같다.

1) 이상점 제거
2) 변수의 추정
3) 배치(Batch) 공정의 관리

100 Process Mapping의 종류에 대하여 설명하시오.

풀이
1) Top Down 방식
2) Function 방식
3) Time-Line 방식
4) Block Diagram 방식
5) 보통 방식

101 Process Mapping의 작성과정을 순서대로 기술하시오.

풀이
1) Team 선정
2) 그리고자 하는 Process 범위 확정
3) 모든 Process 단계 파악
4) Process 및 Process의 외부 투입물과 고객 산출물 파악
5) 단계별 핵심 산출변수의 열거
6) 핵심 투입변수 열거 후 Process 투입 변수를 통제 가능한가, 통제 불가능한가, 그리고 표준운영절차(SOP)에 해당하는지 등으로 분류한다.

102 Multi-Vari 잡음변수 3가지를 기술하시오.

풀이
1) 위치변동
2) 순환변동
3) 일시변동

103 PL법에 대비하기 위한 비용은 무엇이 있는가?

풀이
1) 안전대책 비용 : 안전성 확보를 위한 기술개발비, PL Claim 처리 비용, 경고 Label 제작비용
2) 소송대책 비용 : 소송 대비 문서작성 비용, 변호사 및 기술전문가 관련 비용
3) 배상대책 비용 : PL 보험료, 사내 배상체계 확립 비용

104 FTA 활용분야에 대하여 설명하시오.

풀이
1) 매우 복잡한 System의 기능 분석
2) 안전도 요구와 규격에 대한 평가
3) 시스템 신뢰도 평가
4) 신뢰성, 안전성에 중요한 부품 규명

105 FTA 실시 순서를 설명하시오.

풀이
1) 제품(부품)의 고장을 선정
2) 제품 구성도를 참고로 고장 원인을 Sub-System 부품까지 전개
3) 고장나무(Fault Tree) 작성(AND Gate, OR Gate 이용)
4) 차 순위 고장 원인에 대하여 더 이상 분해가 불가능한 고장 원인인 기본사상(Base Fault Event)이 될 때까지 반복하여 FTA 작성
5) 최하위 기본사상의 고장 확률 추정
6) 해석 및 평가

106 제품의 신뢰성이 중요하고 필요한 이유를 4가지 기술하시오.

풀이
1) 수명이 긴 제품의 요구
2) 엄격한 사용조건
3) 신제품 개발기간의 단축
4) 많은 부품을 사용한 제품의 증가

107 신뢰성 증대방법에 대하여 기술하시오.

풀이
1) 병렬 및 리던던시 설계
2) 제품의 연속작동 시간의 감소
3) 제품의 안정성 제고
4) 제품의 고장률 감소
5) MTTR 감소
6) 고신뢰성 채용

108 QFD(Quality Function Deployment)에 대하여 간략하게 설명하시오.

풀이 제품 설계 시 고객의 요구사항을 제품 생산에 필요한 요구사항으로 변환하는 기법으로 고객의 요구를 나열하고 관리가 가능한 기술적 요구사항과 부품 특성으로 변환 성공을 위한 구체적인 수단이 무엇인지 명확히 한다.
1) 고객 요구사항 : 자연의 풍경이 선명한 TV
2) 기술적 요구사항 : TV 화면의 선명도와 채도, 명암
3) 부품의 특성 : 브라운관의 마스크 피치(Mask Pitch)
4) CTQ 특성 : 마스크 피치 0.45 ± 0.0005

109 관리도에서 관리상태의 이점에 대하여 3가지 이상 기술하시오.

풀이 1) 현재 공정 조건에서 품질의 산포가 최소로 된다.
2) 임의의 두 한계에 들어 있는 제품의 비율을 추정할 때 신뢰도가 높다.
3) 규격을 변경 시 이익이 확실한 근거를 가지고 판단이 가능하다.

110 EWMA 관리도(지수 가중이동평균 관리도)에 대하여 설명하시오.

풀이 공정의 작은 변동을 감지하고 싶을 때 사용되는 관리도로서 이동평균을 이용하는데 이때 W개의 표본 평균에 "1/W"의 가중치를 주는 대신 이보다 더 큰 가중치를 부가하여 민감하게 공정 변화를 탐지할 수 있도록 한다.

111 QM의 수단에 대하여 기술하시오.

풀이 1) QP(Quality Plan) : CEO의 의지와 방침
2) QC(Quality Control) : 품질을 만족시키기 위한 현장의 활용
3) QI(Quality Improvement) : 설계, 공정단계의 품질 유효성 유지
4) QA(Quality Assurance) : 고객 만족을 보장하기 위한 활동

112 Cusum 관리도(누적합 관리도)에 대하여 설명하시오.

풀이 현재의 검사뿐 아니라 앞에서 검사한 Data를 누적 산출한 값으로서 공정 변화를 비교적 빠르게 탐지하는데 A. W. Shewhart의 관리도보다 2배 정도 빨리 이동 상태를 감지할 수 있다.

113 SQC와 SPC의 차이점은 무엇인지 간단히 기술하시오.

풀이 SQC는 주로 생산의 모든 단계에서 통계학의 원리와 수단을 응용한 품질관리로서 통계적 공정관리, 상관 및 회귀분석, 검정 및 추정, 샘플링 검사법을 활용하는 방식이며, SPC는 공정에서 SQC뿐만 아니라 공정능력지수(C_p, C_{pk}, P_p, P_{pk}) 및 관리도 등을 활용함으로써 공정 전체의 품질 수준을 향상시키고 유지, 관리하는 데 목적이 있다.

114 전수검사가 유리한 경우를 기술하시오.

풀이
1) 전수검사를 쉽게 할 수 있을 때
2) 검사에 수고와 시간이 덜 들 때
3) 검사 비용에 비해 얻어지는 효과가 크다고 생각될 때
4) 부적합품이 섞이면 안전 또는 경제적으로 중대한 영향을 끼칠 때
5) 부적합품이 통과되면 다음 공정에서 커다란 손실이 초래될 때

115 샘플링 검사가 유리하다고 생각되는 경우를 기술하시오.

풀이
1) 다수, 다량의 것으로 어느 정도 부적합품이 섞여도 영향이 크게 없는 경우
2) 검사항목이 많은 경우
3) 전수검사보다 신뢰성 높은 결과를 얻고자 할 경우
4) 검사비용을 적게 하는 편이 유리한 경우
5) 생산자(또는 공급자)에게 품질 향상의 자극을 주고 싶은 경우

116 샘플링 검사의 전제조건은 무엇인지 설명하시오.

풀이
1) 제품이 Lot로 처리될 수 있을 것
2) 합격된 Lot 속에 어느 정도 부적합품이 섞여도 허용될 것
3) 시료의 샘플링이 Random하게 될 것
4) 품질 기준이 명확할 것
5) 계량 Sampling 검사에서는 Lot 검사단위의 특성치 분포를 대략 알고 있을 것

117 샘플링 검사에서 규준형이란 무엇인지 설명하시오.

풀이 Lot 그 자체의 합격, 불합격을 결정하는 것으로 P_0, M_0, σ_0인 품질이 좋은 Lot를 검사하여 불합격될 확률 α(생산자 위험)를 일정한 값으로 정함으로써 파는 쪽을 보호하고 P_1, M_1, σ_1처럼 품질이 나쁜 Lot가 합격될 확률 β(소비자 위험)를 일정한 작은 값으로 정함으로써 사는 쪽을 보호하는 것

118 AQL 지표형 샘플링 검사방식(KS Q 2859-1)에 대하여 설명하시오.

풀이 사는 쪽은 합격으로 할 최저한의 Lot 품질 AQL을 정하고 이 수준보다 좋은 품질의 Lot를 가능한 한 거의 다 합격시킬 것을 공급자에게 보증하며, 보통 샘플링 검사의 엄격도 조정의 단계로서 까다로운 검사, 보통검사, 수월한 검사의 3단계를 사용한다.

119 AQL 지표형 샘플링 검사방식(KS Q 2859-1)의 기능 및 샘플링 구성상의 특징을 기술하시오.

풀이
1) 검사 엄격도 조정에 의하여 품질 향상의 자극을 준다.
2) 장기적인 반복에서 품질을 보증한다.
3) 불합격 Lot 처리는 소관 권한자가 결정한다.
4) Lot 크기에 따라 α(생산자 위험)가 일정하지 않다.
5) 샘플링 형식으로 1회, 2회, 다회 샘플링의 3종류가 있다.
6) 검사 수준으로 통상 수준 3수준(Ⅰ, Ⅱ, Ⅲ), 특별검사 4수준(S-1, S-2, S-3, S-4)으로 분석
7) 검사 수준이 지정되면 크기(N)로부터 시료의 크기(n)을 나타내는 시료문자가 분명하게 정해져 있다.
8) AQL과 시료의 크기는 등비수열이 채택되어 있다. ($\sqrt[5]{10} = 1.58$)

120 AQL 지표형 샘플링 검사방식(KS Q 2859-1)에서 전환 규칙 및 절차를 설명하시오.

풀이
1) 최초검사는 원칙적으로 "보통검사"를 적용한다.
2) 전환절차는 부적합 또는 부적합품의 각 등급에 대하여 독립적으로 적용되며 분수 합격 판정개수의 1회 샘플링 방식에도 적용된다.
3) 사용 중인 "보통검사", "까다로운 검사" 또는 "수월검사"는 계속하여 다음 Lot에도 적용, 실시한다.(검사의 전환절차)
4) 보통검사 → 수월검사로의 전환
   전환 Score 현상값이 "30"점 이상
   생산 진도가 안정
   수월검사가 바람직하다고 소관 권한자의 승인
   → 보통검사에서 실시 중

121 LQ 지표형 샘플링 검사방식(KS Q 2859-2)에 대하여 설명하시오.

풀이
한계품질(LQ ; Limiting Quality)을 지표로 하고 있으며, 전환 규칙을 적용할 수 없는 경우로서 고립 상태에 있는 검사를 위해 설계됨

122 Skip-Lot 샘플링 검사방식(KS Q 2859-3)에 대하여 설명하시오.

풀이
연속해서 제출되는 Series 중 일부 Lot를 검사 없이 합격으로 하는 합부판정 샘플링 절차로서 규정된 수의 직전 Lot에 대한 샘플링 검사 결과가 정해진 기준을 만족시켰을 때 적용하는데 일반적으로 검사 빈도를 $\frac{1}{2}, \frac{1}{3}, \frac{1}{4}, \frac{1}{5}$까지 정하고 있다.

123 실험계획법을 실행하기 위한 순서를 기술하시오.

풀이
1) 실험목적의 설정   2) 특성치의 선택
3) 인자와 인자수준의 선택   4) 실험의 배치와 실험순서의 Random화
5) 실험의 실시   6) Data의 분석
7) 분석결과의 해석과 조치

124 실험계획의 기본원리는 무엇인지 설명하시오.

풀이
1) 랜덤화의 원리
2) 블록화의 원리
3) 반복의 원리
4) 교락의 원리
5) 직교화의 원리

125 실험계획법에서 반복을 했을 때 이점이 무엇인지 설명하시오.

풀이
1) 인자 조합의 효과를 분리하여 구할 수 있다.
2) 교호작용을 분리하여 검출할 수 있으므로 인자 효과에 대한 검출이 좋아지고 실험 오차를 단독으로 구할 수 있게 된다.
3) 반복한 Data로부터 실험의 재현성과 관리상태를 검토할 수 있게 된다.
4) 수준수가 적더라도 반복수를 적절히 조절하여 검출력을 높일 수 있다.

126 실험계획법에서 구조모형을 분류하시오.

풀이
1) 모수모형 : 모수모형으로만 구성된 Data의 구조모형
2) 변량모형 : 변량인자로만 구성된 Data의 구조모형으로서 기술적으로 지정할 수 없으나 Data의 계통적인 또는 층별할 수 있는 영향을 주는 모형
3) 혼합모형 : 인자가 두 개 이상인 경우 모수모형과 변량모형이 섞여 있는 Data의 구조모형으로서 그 대표적인 예가 난괴법이다.

127 동박을 생산하는 공장에서 신설비를 도입하여 최적 운전조건을 설정하는 데 영향을 주는 원인변수의 인자는 A(촉매량), B(용해온도), C(속도), D(압하량), E(Cu성분), F(이송량), G(전류량), H(리턴량)의 8개이고 교호작용 요인은 $A \times B$, $A \times E$, $B \times C$, $A \times F$ 4개이다. 2수준으로 실험을 설계하고자 할 때 직교배열표(직교표 : $L_a(2^C)$)로 물음에 답하시오.

1 직교배열표(직교표) 실험 중 적합한 최소실험 배치는 어떤 직교표인지 설명하고 총 실험 횟수와 요인 수를 적으시오.

2 2수준계 직교배열표에 실험인자를 다음 열에 배치했을 때 4개의 교호작용을 기본표시를 이용하여 해당 열에 배치하시오.

3 2수준계의 표준직교표에서 인자의 변동(제곱합)을 구하는 공식을 적으시오.

[풀이] **1** $L_a(2^c)$인 직교배열표는 2수준계로서 $a = 2^m$이고, $c = 2^m - 1$이 된다.

여기서 a는 실험 횟수가 되고 b는 최대 인자배치 수가 된다.

주 인자가 총 8개이고, 교호작용은 4개가 되므로 총 인자는 12개가 된다. 따라서 m을 정수로 하는 b가 최소가 되려면 $m = 4$일 때 $b = 2^4 - 1 = 15$가 되므로 나머지 3개의 여유 인자항은 오차에 귀속시켜 분석할 수 있는 $L_{16}(2^{15})$실험으로 실행하면 된다.

2

인자	A	B	e	C	D	e	e	E	e	G	e	F	e	H	e
열	1	2	3	4	5	6	7	8	9	10	11	12	13	14	15
기본 표시	a	b	ab	c	ac	bc	abc	d	ad	bd	abd	cd	acd	bcd	abcd

- $A \times B = a \times b = ab$이므로(3열에 배치)
- $A \times E = a \times d = ad$이므로(9열에 배치)
- $B \times C = b \times c = bc$이므로(6열에 배치)
- $A \times F = a \times cd = acd$이므로(13열에 배치)

참고로 $C \times F = c \times cd = c^2d = d$로 제8열에 배치되므로 주 효과 E와 교호작용 $C \times F$는 교략된 상태라고 할 수 있다.

따라서 교호작용 $C \times F$가 영향이 있는 것으로 보인다면 주 효과 E가 영향이 없다 하더라도 영향이 있는 것으로 결과치가 나올 수 있으므로 처음에 계획할 때 유의하여야 한다.

3 $S = \dfrac{1}{2^m}(0수준계합 - 1수준계합)^2$

128 실험계획법에서 오차항의 특성을 설명하시오.

[풀이] 1) 정규성 : 오차 e_{ij}의 분포는 정규분포 $e_{ij} \sim N(0,\ \sigma_e^2)$을 따른다.

2) 독립성 : 임의의 e_{ij}와 e'_{ij}는 서로 독립이다.

3) 불편성 : 오차의 기대치는 $E_{ij} = 0$이고 편기는 없다.

4) 등분산성 : 오차의 분산 $V(e_{ij})$는 $V(e_{ij})'$와 항상 일정하다.

129 품질경영과 품질관리의 차이점에 대하여 설명하시오.

풀이

구 분	차이점
품질경영	• 최고경영자의 품질 방침에 따라 고객만족 • 설계, Process, 인적 자원의 질까지 포함한 경영목표 • CEO, 관리자, 생산 작업자 모두 품질방침 실행 • 국제 규격화되어 있으며 강제성은 없으나 고객 요구 시 현실적으로 이행 • 고객 지향의 기업문화와 구성원의 행동의식 변화까지 요구
품질관리	• 기업 입장의 공정 품질 요구사항의 만족 • 공정 또는 제품의 부적합 감소 • 현장 중심 QC, 전문가 관리 · 통제능력 중시 • 기업 자체 필요성에 의해 추진 • 생산, 제품 중시 사고

130 주란의 타개의 순서에 대해서 간략히 설명하시오.

풀이
1) 태도의 혁신 : Project의 필요성 및 임무의 확인
2) Pareto 분석 : 문제의 원인 진단
3) 지식의 확인 : 대책 수립 및 효과 확인
4) 분위기의 혁신 : 변화에 대한 저항의 극복
5) 업무수행의 혁신 : 효과 유지를 통한 통제의 실시

131 RSM(Response Surface Analysis)의 실험 순서를 기술하시오.

풀이 ANOVA 또는 요인 배치 실험에서 최적조건을 찾았을 때 최적조건 주위에 $X_1, X_2 \cdots Y_n$이 Y값과 어떤 관계식을 가지고 있는지 분석하는 기법
1) 최적점으로 추정되는 점과 알아보고 싶은 주위의 점을 결정
2) 얻어진 자료를 회귀모형에 적용
3) ANOVA 작성 모형이 적합한지 검토
4) 등고선 표를 통해 최적조건 구하기
5) 최적조건에서 재현성 실험

132 BSC(Balanced Score Card)에 대하여 설명하시오.

[풀이]
1) 조직에서 연계된 실질적 성과 측정이 가능한 구조를 이루기 위해 고안된 경영결정 기법
2) 실제로 BSC는 조직이 가장 중요하게 생각하는 성과의 다양한 영역을 나타내는 통합된 보고서
3) 재무, Process, 고객 및 종업원 개발이라는 경영성과를 이룬다.
4) Score Card를 제대로 작성하려면 전략적 목표와 관련된 모든 측정 항목이 20개를 넘어서는 안 된다.
5) Score Card는 덕분에 무엇을 개선하고 실행하는지에 대한 신속하고도 올바른 결정을 내릴 수 있게 된다.

133 5가지 FMEA는 무엇인지 설명하시오.

[풀이]
1) Design FMEA : 개발 단계에서의 결함에 의한 잠재적 고장영향 분석
2) Process FMEA : 제조공정 단계에서의 결함에 의한 잠재적 고장영향 분석
3) Project FMEA : 주요 Program 중에 발생할 수 있는 고장영향 분석
4) Software FMEA : Software 작동과 관련해서 발생할 수 있는 고장영향 분석
5) System FMEA : 초기 System과 하위 System 수준에서 기능상의 고장영향 분석

134 다구치 설계방법의 추진 단계에 대하여 기술하시오.

[풀이]
1) 대상 Theme CTQ 선정
2) 선정동기 및 정의
3) 측정 계측기의 신뢰성 평가
4) 설계 Parameter 도출
5) 주요 인자 구분 및 흐름도 작성
6) 실험인자 및 수준수 결정
7) 실험배치 설계
8) 실험 실시/중간발표
9) 실험 Data 수집 및 정리
10) 최적조건의 재현성 실험
11) 허용차 설계
12) 효과파악 및 표준화
13) 사후관리 및 향후계획

135 다구치의 품질공학의 전략에 대하여 간단히 설명하시오.

[풀이]
1) 품질특성치의 산포를 줄인다.
2) 평균치 이동이 목표치에 접근하도록 한다.
3) 비용을 최소화시킨다.
4) 재현성이 있는 결과가 얻어졌는지 확인한다.

136 다구치 실험의 구성에 대하여 설명하시오.

[풀이]
1) 기술연구 : 기능, 특성 분류, 요인 및 수준 Data 측정방법
2) 실험계획 및 실시 : 직교배열표, 요인배치
3) Data 분석 : S/N 비, ANOVA, 요인효과 분석, Graph 분석
4) 활용순서 : 요인해석, 최적조건 도출, 예측, 손실함수

137 다구치 방법에서 잡음제거방법 기능 여부를 설명하시오.

[풀이]

QC구분	담당 Part	대응책	잡음의 종료		
			외부 잡음	내부 잡음	제품간 잡음
Off-Line QC	Design Development	System Design Parameter Design Tolerance Design	● ● ○	● ● ●	● ● ●
	Product Tech	System Design Parameter design Tolerance Design	｜	｜	● ● ●
On-Line QC	Production	공정진단과 조정 예측과 수정 검사(측정과 조치)	｜	｜	● ● ●
	Sales	After Service	｜	△	△

※ ● : 대응이 가능, ○ : 대응이 가능하나 최후의 수단임, △ : 예방 보존의 의미로서 가능

138 PCB 제품의 공정 품질특성인 전류(A)를 $\bar{x}-s$ 관리도를 작성하여 ($n=6$)일 때 평균이 10.5이고 샘플표준편차가 0.5A이다. 규격은 11±2A일 때 모표준편차를 추정한 후 공정능력지수 및 적합품률을 구하시오.(단, $n=6$일 때 $C_4=0.954$, $d_2=2.534$이며, $Z=2.85$일 때 부적합률(P)=0.22%, $Z=3$일 때 부적합률(P)=0.135%이다.)

❶ C_p를 구하시오.
❷ C_{pk}를 구하시오.
❸ 하한 시그마 수준(Z_L)을 구하시오.($=Z_{lt}$)
❹ 하한 시그마 수준일 때의 적합품률(양품률)을 구하시오.

풀이 **1** $C_p = \dfrac{T}{6\sigma} = \dfrac{T}{6 \times \left(\dfrac{s}{c_4}\right)} = \dfrac{4}{6 \times \left(\dfrac{0.5}{0.954}\right)} = 1.27$

2 $C_{pk} = C_p(1-k) = 1.27(1-0.25) = 0.95$

※ $k(치우침도) = \dfrac{\left|\dfrac{S_U + S_L}{2} - \overline{X}\right|}{\left|\dfrac{S_U - S_L}{2}\right|} = \left|\dfrac{11-10.5}{2}\right| = 0.25$

3 $Z_L = 3C_{pk} = 3 \times 0.95 = 2.85$

4 $Z = 2.85$일 때 부적합률 $p = 0.22\%$임. 따라서 양품률 $= 1 - p = 1 - 0.0022 = 0.9978$
즉, 99.78%임

139 PL에 대한 기업의 유효한 대책에 대하여 설명하시오.

풀이 1) 경영자를 비롯한 모든 구성원들의 PL에 대한 마인드와 교육, 이해의 확산이 요구됨
2) 정기적인 PL 심사를 실시하여 설계부문, 제조부문, 표시부문에서의 결함이 없는지 확인하여 근본적인 결함 예방활동이 요구됨
3) PL 관련 System이 구축되어야 함. 즉 PL의 사전예방을 위한 PLP와 사후관리 측면인 PLD를 System적으로 구축하여 효과적인 경영시스템(PSMS)으로의 운영이 요구됨

140 6시그마의 DFSS를 강력히 추진하기 위한 방안은 무엇인지 설명하시오.

풀이 1) DFSS를 추진하기 위한 스탭 부서가 있어야 한다.
2) 종업원에 대한 통계적 기법의 인식 확산과 교육이 필요하다.
3) DFSS를 정확히 이해하고 추진할 인력이 필요하며, 전문가의 조언과 상담이 있어야 한다.
4) 성과를 달성한 팀이나 연구원에게로 충분한 인센티브가 제공되어야 한다.
5) 영업, 연구, 개발, 생산, Part의 협조체계가 이루어져야 한다.

141 중소기업에서는 6시그마 추진이 어려운데 이를 극복하기 위한 효과적인 방안은 무엇인가?

풀이
1) 자사 상황에 맞는 Road map 작성
2) Champion 과정 교육, 훈련 실시
3) 전문가의 지도 의뢰
4) 모기업 중심으로 훈련과 교육을 실시
5) 6시그마 Program 구성 운영

142 STEP(Standard for Exchange of Product Model Data)에 대하여 간략히 설명하시오.

풀이 제품 Data 교환·공유 규격(속칭, 표준화 규격)으로 설계에서 시제품, 테스트 생산 지원에 이르기까지 제품 공급의 전체 공정에 필요한 Data를 협력업체와 공유하도록 하는 규격으로서 그 효과는
1) Network 효과 증대로 시장확대 기회 제공
2) 품질 및 성능의 비교를 통한 정상판매 가격 가능
3) 설비 최소화로 제조원가 절감 효과 등이 있다.

143 표준화의 목적에 대하여 설명하시오.

풀이
1) 제품 및 업무행위의 단순화와 호환성 향상
2) 관계자들 간 상호 이해
3) 전체적인 경제성 추구
4) 안전, 건강, 환경 및 생명 보호
5) 소비자 및 작업자의 이익 보호
6) 현장 및 사무실 자동화에 기여

144 표준화의 효과에 대하여 설명하시오.

풀이
1) 품질 향상과 균일성 유지
2) 생산 능률의 증진과 생산원가 절감
3) 부품의 호환성 증가
4) 인력 및 재료의 절약
5) 교육, 훈련 및 작업 능률 향상

145 리콜의 목적을 3가지만 기술하시오.

풀이 1) 결함제품에 의한 피해확산을 예방하여 소비자의 안전 도모
2) PL 소송에 따른 손실 확대 방지 및 피해배상 부담 최소화
3) 소비자 안전을 중시하는 기업 이미지 부각

146 제품의 설계단계와 제조단계에서 보유 신뢰성 증대방법은 무엇인지 기술하시오.

풀이 1) 설계단계
① 사용방식과 사용 중 발생할 Stress를 고려한다.
② 보전성, 안전성, 사용의 편리성을 고려한다.
③ 고장 Data를 Feed-Back시킨다.
④ 병렬이나 대기설계로 고장기회를 감소시킨다.
⑤ 제품을 단순화, 표준화시킨다.
⑥ 고신뢰도 제품을 사용한다.
⑦ 시험을 자동화한다.

2) 제조단계
① 제조기술을 향상시킨다.
② 제조공정을 자동화한다.
③ 제조품질을 통계적으로 관리한다.
④ 부품과 제품을 Burn-In Test한다.

147 프로젝트 선정 원칙에 대하여 설명하시오.

풀이 1) 경영목표와 정합성/연계성
2) 문제 해결이 절실한 경우
3) 명확한 개선효과가 기대되는 경우
4) 다수가 공감하는 사안인 경우
5) 책임권한이 분명하고 관리가 가능한 경우
6) 문제의 원인 규명이 가능한 경우
7) 실행이 용이하고 낭비가 심한 것부터 선정
8) 원가절감 효과 측정이 가능한 경우

148 CTQ란 무엇인지 설명하시오.

[풀이]
1) 제품 서비스에 대한 사업전략과 연계된 품질 특성
2) 시장 조사, QFD 통합 고객 요구사항
3) 자사 내부 Process, 내부 역량
4) 성과지표(KPI)
5) 기타 결함요소 감소를 통한 고객 만족도 증진을 위한 특성이다.

149 어떤 부품의 제조공정에서 데이터를 뽑아 특성치를 관리하려고 한다. 그런데 이 부품의 제조공정은 정규분포를 한다. 평균치가 125, 표준편차가 14.8이다. $n=4$인 데이터를 25조 뽑아 관리도를 작성하였다. $UCL=140.8$, $LCL=109.2$이다. 이 부품의 규격은 108.5~139.5로 주어져 있다. (단, Z가 $N(0, 1^2)$인 표준정규분포일 때, $P(Z>-1.11)=0.8665$, $P(Z<-1.11)=0.1335$, $P(Z>0.98)=0.1635$, $P(Z<0.98)=0.8365$, $P(Z<0.14)=0.5557$, $P(Z>0.14)=0.4443$)

1 규격 밖으로 벗어나는 부품의 비율을 구하시오.
2 만일 공정 평균이 UCL 쪽으로 1σ만큼 변동하였다면, 이때 검출되는 비율을 구하시오.

[풀이] 1 ① $P(X > S_U) = P\left(Z > \dfrac{S_U - \overline{\overline{X}}}{\sigma}\right) = P\left(Z > \dfrac{139.5 - 125.0}{14.8}\right) = P(Z > 0.98)$
$= 0.1635$

② $P(X < S_L) = P\left(Z < \dfrac{S_L - \overline{\overline{X}}}{\sigma}\right) = P\left(Z < \dfrac{108.5 - 125.0}{14.8}\right) = P(Z > 1.11)$
$= 0.1335$

따라서 ①+② = 0.1635+0.1335 = 0.297 즉, 29.7%가 규격 밖으로 벗어남

2 ① $1-\beta = P(\overline{X} > UCL) = P\left(Z > \dfrac{UCL - (\overline{\overline{X}} + 1\sigma)}{\sigma/\sqrt{n}}\right)$
$= P\left(Z > \dfrac{140.8 - (125.0 + 14.8)}{14.8/\sqrt{4}}\right) = P(Z > 0.135)$

② $1-\beta = P(\overline{X} < LCL) = P\left(Z < \dfrac{LCL - (\overline{\overline{X}} + 1\sigma)}{\sigma/\sqrt{n}}\right)$
$= P\left(Z < \dfrac{109.2 - (125.0 + 14.8)}{14.8/\sqrt{4}}\right) = P(Z < -4.135)$

따라서 검출력은 ①+② = 0.4443+0.0005 = 0.4448 즉, 44.48%임

150 어떤 화학물의 전기분해에 의한 작업을 할 때 사용되는 첨가물의 양(X)과 수율(Y)과의 관계 데이터는 다음과 같다.

(단위 : 첨가물 g, 수율 %)

X(g)	2	3	4	4	3	5	7	9
Y(%)	48	55	70	65	60	80	84	90

1 상관계수를 구하시오.
2 분산분석표를 이용하여 회귀분석을 하시오. (단, $F_{0.95}(1,6)=6.99$, $F_{0.99}(1,6)=13.7$)
3 첨가물의 양(X)에 대한 수율(Y)의 직선회귀식을 구하시오.

[풀이] **1** $r = \dfrac{S_{XY}}{\sqrt{S_{XX} \times S_{YY}}} = \dfrac{226}{\sqrt{37.875 \times 1,522.0}} = 0.941$(양의 상관)

$S_{XX} = \sum X_i^2 - \dfrac{(\sum X_i)^2}{n} = 209 - \dfrac{37^2}{8} = 37.875$

$S_{YY} = \sum Y_i^2 - \dfrac{(\sum Y_i)^2}{n} = 39,610 - \dfrac{552^2}{8} = 1,522.0$

$S_{XY} = \sum X_i Y_i - \dfrac{(\sum X_i)(\sum Y_i)}{n} = 2,779 - \dfrac{37 \times 552}{8} = 226.0$

2

요인	S	D.F	M.S	F_0	$F_{1-\alpha}$
R	1,348.54	$\nu_R = 1$	1,348.54	46.6**	$F_{0.95}(1,6) = 5.99$
E	173.46	$\nu_E = n-2 = 6$	28.9		$F_{0.99}(1,6) = 13.7$
T	1,522.0	$n-1 = 7$			

$S_R = \dfrac{S_{XY}^2}{S_{XX}} = \dfrac{226^2}{37.875} = 1,348.54$, $S_T = S_{yy} = 1,522.0$

실험결과 회귀식에 대한 변동은($\alpha = 0.01$) 매우 유의하다고 할 수 있다.

3 $\hat{y} = \hat{\beta_0} + \hat{\beta_1} x = 41.4 + 5.967x$

$\hat{\beta_1} = \dfrac{S_{XY}}{S_{XX}} = \dfrac{226.0}{37.875} = 5.967$

$\hat{\beta_0} = \overline{Y} - \hat{\beta_1} \overline{Y} = \dfrac{\sum Y_i}{n} - \hat{\beta_1} \dfrac{\sum X_i}{n} = \dfrac{552}{8} - 5.967 \times \dfrac{37}{8} = 41.4$

151
A회사의 공정은 잘 관리되고 있으며, 부적합품(부적합)률이 4%로 나타났다. 사용재료를 변경한 다음, 크기 200개의 샘플을 취하여 조사한 바, 부적합품 수(부적합개수)가 20개 발견되었다.

1 재료 변경으로 인해 부적합품(부적합)률이 달라졌다고 할 수 있는가?($\alpha=0.05$)
  (단, $Z_{0.95}=1.645$, $Z_{0.975}=1.96$)

2 재료 변경 후의 모부적합품률의 95% 신뢰구간을 구하시오.

풀이
1 ① 가설 $H_o : P = 0.04$ $H_1 : P \neq 0.04$
   ② 유의수준 $\alpha = 0.05$
   ③ 통계량 $Z_0 = \dfrac{\hat{p}-P_0}{\sqrt{\dfrac{P_0(1-P_0)}{n}}} = \dfrac{0.1-0.04}{\sqrt{\dfrac{0.04(1-0.04)}{200}}} = 4.33$

   $\therefore \hat{p} = \dfrac{\sum X}{n} = \dfrac{20}{200} = 0.1$, $P_0 = 0.04$

   ④ 기각역 $Z_{1-\alpha/2} = Z_{0.975} = 1.96$, $-Z_{1-\alpha/2} = -Z_{0.975} = -1.96$
   ⑤ 판정 $Z_0 = 4.33 > Z_{0.975} = 1.96$이므로 H_0 기각함. 따라서 $\alpha = 0.05$로 사용재료 변경한 이후로 모부적합률이 달라졌다고 할 수 있다.

2 $P = \hat{p} \pm Z_{1-\alpha/2}\sqrt{\dfrac{\hat{p}(1-\hat{p})}{n}} = 0.1 \pm 1.96\sqrt{\dfrac{0.1(1-0.1)}{200}} = 0.1 \pm 0.042$

즉, $P = 0.06 \sim 0.14$로서(6~14%)가 된다.

152
오토바이 엔진의 자동 점화시스템에서는 현재 25kV의 고전압을 이용하여 불꽃을 튀게 하여 엔진을 점화하고 있다. 전압이 15kV로 떨어졌을 때에는 불꽃이 튀지 않아 엔진이 점화되지 않는다($\Delta_0 = 15$kV). 이때 운전자의 사회적 손실 A_0은 15,000원이다. 제조회사의 제품 하한규격(Δ)을 구하시오.(단, 제조회사의 손실비용 $A = 8,000$원이고, 다음에 제시되는 손실함수식에서 알맞은 식을 이용하시오.)

> 망대특성 $L(y) = k\dfrac{1}{y^2}$ 망소특성 $L(y) = ky^2$ 망목특성 $L(y) = k(y-m)^2$

풀이 점화시스템의 전압은 망대특성으로 볼 수 있다. 따라서 $A_0 = k\dfrac{1}{\Delta_0^2}$이 되므로 $15,000 = k\dfrac{1}{15^2}$이다. k(비례상수) $= 15^2 \times 15,000 = 3,375,000$가 된다.

그렇다면 $A = k\dfrac{1}{\Delta^2}$이므로 $\therefore \Delta = \sqrt{\dfrac{k}{A}} = \sqrt{\dfrac{3,375,000}{8,000}} = 20.54(\text{kV})$가 된다.

153
어떤 화학제품 안에 들어 있는 X 성분의 양을 두 가지 측정방법에 의하여 측정한 데이터는 다음과 같다(단위 : %). 다음 물음에 답하시오.(단, 어느 것이나 정규분포를 따른다.)

방법 1	7.55	7.74	7.69	7.71	7.73	7.81	7.53	7.94
방법 2	7.92	7.77	7.75	7.78	8.13	7.99	7.83	8.00

※ $t_{1-\alpha/2}(7) = 2.365$, $t_{1-\alpha}(7) = 1.895$, $t_{1-\alpha/2}(15) = 2.131$, $t_{1-\alpha}(15) = 1.753$

1 두 집단 간 모평균의 차이가 있는지 검정하시오.(95% 신뢰수준)
2 두 모집단 간 평균차에 대한 신뢰구간을 구하시오.

풀이 **1** 대응되는 두 집단 간 모평균차의 검정을 이용한다.
① 가설 $H_o : \mu_1 - \mu_2 = 0$ $H_1 : \mu_1 - \mu_2 \neq 0$
② 유의수준 $\alpha = 0.05$, σ미지, $n_1 = n_2 = 8$
③ 통계량 $|t_0| = \dfrac{|\overline{d}|}{\sqrt{s_d^2/n}} = \dfrac{0.184}{\sqrt{0.023/8}} = 3.43$

$\therefore d_i = x_{2i} - x_{1i} = (-0.37) + (-0.03) + (-0.06) + (-0.07) + (-0.40) + (0.18)$
$\qquad + (-0.30) + (-0.06)$
$\qquad = -1.47$

$\therefore |\overline{d}| = \dfrac{\sum d_i}{n} = \dfrac{|-1.47|}{8} = 0.184$

$\therefore s_d^2 = \dfrac{S_d}{n-1} = \dfrac{1}{n-1}\left[\sum d_i^2 - \dfrac{(\sum d_i)^2}{n}\right] = 0.023$

④ 기각역 $t_{1-\alpha/2}(7) = 2.365$, $-t_{1-\alpha/2}(7) = -2.365$
⑤ 판정 $|t_0| = 3.43 > t_{0.975}(7) = 2.365$이므로 H_0 기각함
따라서 $\alpha = 0.05$로 방법 1과 방법 2 사이에 차이가 있다고 할 수 있다.

2 $\therefore \hat{d} = \overline{d} \pm t_{1-\alpha/2}(\nu)\sqrt{s_d^2/n} = 0.184 \pm 2.365\sqrt{0.023/8} = 0.184 \pm 0.127(\%)$
단, $t_{1-\alpha/2}(\nu) = t_{0.975}(7) = 2.365$ 따라서 $\hat{d} = 0.057 \sim 0.311(\%)$이다.

154
2^3요인실험을 교락법을 사용하여 다음과 같이 2개의 블록으로 나누어 실험하려고 한다. 블록과 교락되어 있는 교호작용은 무엇인지 구하시오.

블록 1	블록 2
b	bc
c	(1)
ac	a
ab	abc

풀이 Block 효과 $= \dfrac{1}{2^{m/2}}(a+1)(b-1)(c-1)$ 이므로 교호작용 (bc)가 블록에 교락된 상태임

155
가속시험온도인 125℃에서 얻은 고장시간은 평균수명 MTTFs가 4,500시간인 지수분포에 따른다. 이 부품의 정상 사용온도는 25℃이고, 이 두 온도 간의 가속계수(AF)는 '35'라고 할 때 평균고장률과 정상상태에서 40,000시간 사용할 경우 누적고장률은 얼마인지 구하시오.

풀이 $\theta_n = \theta_s \times AF = 4,500 \times 35 = 157,500 (\text{Hr})$

$\lambda_n = \dfrac{1}{\theta_n} = \dfrac{1}{157,500} = 6.35 \times 10^{-6}/\text{Hr}$

$R_{(t=40,000)} = e^{-\lambda t} = e^{-(6.35 \times 10^{-6} \times 40,000)} = 0.776$

$\therefore F_{(t)} = 1 - R_{(t)} = 1 - 0.776 = 0.224 (22.4\%)$

156
주머니 속에 검은 구슬이 5개, 흰 구슬이 45개가 들어 있다. 주머니 속에서 구슬 5개를 꺼냈을 때 검은 구슬이 3개가 나올 확률은 얼마인지 구하시오.

풀이 $P_{(X=3)} = \dfrac{{}_{Np}C_X \times {}_{N-Np}C_{n-X}}{{}_{N}C_n} = \dfrac{{}_{5}C_3 \times {}_{45}C_2}{{}_{50}C_5} = 4.67 \times 10^{-3} (0.467\%)$

157
측정 System의 평가기준을 표기하시오.

풀이

구분	% Contribution(기여도)	% Tolerance(공차)	분할능
우수	<1%	<10%	>10
양호	1~9%	10~30%	4~9
부족	>9%	>30%	<4

158 플레켓 버먼법의 특징은 무엇인지 설명하시오.

[풀이]
1) 인자 수는 많은 반면 실험 수가 적어야 한다.
2) 스크리닝 실험으로 적합하다.
3) 2수준의 42개 실험 수로 한정하고 있다.
4) 주 인자와 교호작용이 교락된 상태로 나타난다.(해상도)

159 측정오류 발생원인에 대하여 설명하시오.

[풀이]
1) 계측자의 측정방법 훈련 부족
2) 계측자의 편견
3) 측정방법의 잘못
4) 측정 시 기준점 세팅이 잘못
5) 계측기 소수점 이하의 측정능력
6) 계측기의 잘못된 조작

160 측정오류를 방지하기 위한 대책은 무엇인지 기술하시오.

[풀이]
1) 보정 실시
2) 계측기 교체
3) 다른 계측기 교환
4) 계측기 수리 후 교정검사
5) 측정자에 대한 지속적 훈련
6) 측정자의 나쁜 습관 교정
7) 계측자와 계측기가 동일한 결과가 나올 수 있도록 대책 마련

161 QM과 QC의 차이점에 대하여 설명하시오.

[풀이]

구분	QM	QC
Focus	고객요구 만족	품질요구 만족
대상	전 조직	공정, 인수검사
중점대상	전원 참여 활동	현장 중심 활동
추진 여부(주관)	국제 규격화 운영 ISO/IEC 등	기업 자체 자율적 운영
문화특성	고객 지향적 사고	생산/제품 중심적 사고
기법	SPC, IE, VE, TPM, JIT 등 포함	QC 7도구, 신 QC 7도구

162 DFR(초기 고장기간)의 원인에는 무엇이 있는지 간단히 기술하시오.

풀이
1) 표준 이하의 재료 사용
2) 불충분한 품질관리
3) 수준 이하의 작업 솜씨
4) 불충분한 Debugging
5) 빈약한 제조기술
6) 빈약한 가공 및 취급기술
7) 조립상의 과오
8) 오염
9) 부적절한 시공 및 설치
10) 부적절한 시동
11) 저장 또는 운반 중 결함
12) 부적절한 운반 및 포장

163 CFR(우발고장기간)의 원인에 대하여 간단히 기술하시오.

풀이
1) 안전계수(m)가 기대치보다 낮음
2) Stress가 기대 이상치일 때
3) 강도가 기대치보다 낮음
4) 혹사하기 때문에
5) 사용자의 과오 때문에
6) Debugging 중에 검출되지 않은 고장 때문에
7) PM에 의해서도 예방될 수 없기 때문에
8) 천재지변
9) 최선의 검사방법으로도 탐지되지 않은 고장 때문에

164 IFR(마모고장기간)의 원인에 대하여 간단히 기술하시오.

풀이
1) 부식 또는 산화
2) 마모 또는 피로
3) 노화 및 퇴화
4) 불충분한 정비
5) 부적절한 Over Haul
6) 수축 또는 균열

165 가속수명 시험의 종류에 대하여 설명하시오.

풀이
1) 아레니우스 모형 : 수명이 온도에 영향을 받을 때
2) 역거듭제곱 모형 : 수명이 전압(V), 하중, 물리적 부하에 영향을 받을 때
3) 아일링 모형 : 온도 Stress를 포함한 2개의 Stress 변수가 있을 때
4) 10℃의 법칙 : α를 10℃로 나눈 값을 2α로 하여 AF로 계산한 것으로 온도 Stress의 영향을 받을 때

166 Brainstorming의 4가지 원칙을 기술하시오.

풀이
1) 좋다, 나쁘다의 비판은 금물
2) 자유분방한 의견 수렴
3) 다른 사람의 의견을 이용하여 더 좋은 의견을 내도록 유도
4) 질적으로 우수한 의견보다 수적으로 많은 의견 중시

167 QC의 7가지 도구를 기술하시오.

풀이
1) 특성요인도
2) 히스토그램
3) 산점도
4) Check Sheet
5) 관리도
6) 층별
7) 일반 Graph

168 ISO 9001에서 QM이 개발하고 실행하는 접근방법 단계를 기술하시오.

풀이
1) 고객 및 기타 이해관계자의 요구 및 기대사항 결정
2) 조직이 품질방침 및 품질목표 수립
3) 품질목표를 달성하는 데 필요한 Process 및 책임을 결정
4) 품질목표를 달성하는 데 필요한 자원의 결정 및 제공
5) 각 Process의 효과성/효율성을 측정하는 방법 수립
6) 각 Process의 효과성/효율성을 결정하기 위한 방법 수립
7) 부적합을 예방하고 그 원인을 제거하는 수단 결정
8) QM의 지속적 개선을 위한 Process 수립·적용

169 품질경영 구축을 위한 최고책임자의 역할은 무엇인지 설명하시오.

풀이
1) 조직의 품질방침 및 목표의 수립
2) 인식 동기부여 및 참여를 증대하는 조직 전체의 품질방침 및 목표 촉진
3) 전 조직에 걸쳐 고객 요구사항에 초점을 맞추고 있음을 보장
4) 고객 및 기타 이해관계자의 요구사항이 충족되고 품질목표가 달성될 수 있도록 적절한 Process가 실행됨을 보장
5) 품질목표를 달성하기 위해 효과적이고 효율적인 품질경영시스템이 수립, 실행 및 유지됨을 보장
6) 필요한 자원, 인력의 지원
7) 품질경영시스템을 주기적으로 검토
8) 품질방침 및 품질목표에 관련된 활동을 결정
9) QM 개선을 위한 활동을 결정

170 품질경영에 사용되는 문서의 형태는 무엇인지 기술하시오.

풀이
1) 품질 매뉴얼
2) 품질 계획서 : QM이 어떻게 특정 제품, 특정 Project, 특정 계약에 적용되는지를 기술
3) 시방서 : 요구사항 명시
4) 지침서 : 권고 또는 제안을 명시한 문서
5) 절차서, 업무지침서, 도면
6) 기록 : 수행된 활동, 달성된 결과의 객관적 증거

171 지속적 개선을 위해 조치에 포함될 사항은 무엇인지 설명하시오.

풀이
1) 개선을 위한 분야를 파악하기 위한 현 상황의 분석 및 평가
2) 개선을 위한 목표 수립
3) 목표 달성을 위한 가능한 해결방법 조사
4) 해결방법의 평가 및 선택
5) 선택된 해결방법의 실행
6) 목표가 충족되었는지 결정하기 위한 실행결과의 측정, 검증, 분석 및 평가
7) 변경사항의 공식화

172 CRM(Customer Relationship Management)이란 무엇인지 설명하시오.

[풀이]
1) 고객관계관리
2) 고객에 대한 정확한 이해를 바탕으로 고객이 원하는 제품과 서비스를 지속적으로 제공
3) 고객의 평생가치 극대화 및 수익성을 높이는 통합 고객관리 Process

173 COQ(Cost Of Quality)의 영향성에 대하여 설명하시오.

[풀이]
1) 각 품질 Program의 중요성 지표
2) 제품 가격결정시 유용한 정보
3) 제품 품질 지표 계량화
4) 결과적으로 제품의 품질향상 및 원가절감 기여
5) 예산편성시 유용한 정보
6) COQ의 공유로 품질개선 동기 유발
7) 품질 System 개선
8) 문제점 개선에 따른 기업경영의 재무적 향상

174 MSA의 기대치(편기)가 큰 경우의 점검사항에 대해서 설명하시오.

[풀이]
1) 기준값이 정확한가 점검
2) 계측기가 마모되었는지 점검
3) 측정위치 정확한지 확인
4) 계측기 눈금의 잘못인지 점검
5) 계측기가 적절히 교정되었는지 점검
6) Appraiser가 계측기를 적절히 사용했는지 점검

175 MSA 평가절차 시 고려할 사항은 무엇이 있는지 설명하시오.

[풀이]
1) Blind 측정평가
2) 평가자를 몇 명으로 할 것인가를 정한다.
3) 제품의 중요성, 통계적 특성에 따라 시료 수(n)와 반복횟수(r)를 정한다.
4) 편의, 안정성, 직선성, 재현성, 반복성

176 다구치의 강건설계(Robust Design)에서는 제어인자를 설명한 다음에 수준을 결정하게 되는데 수준을 정하는 방법을 설명하시오.

풀이
1) 인자별 기술적 의미가 있는 최대의 폭으로 간격을 설정(좋은 결과와 나쁜가 결과가 명확히 비교되게)
2) 가급적 3수준을 채택하고, 경우에 따라 2수준 사용
3) 교호작용에 구애받지 말고 인자들의 수준을 정한다.
4) 처음 선정한 인자를 많이 배치
5) 수준 간 등간격으로 설정하게 되면 직교성이 좋아진다.

177 직교배열표에 의한 실험계획을 구상하기 전에 고려해야 할 점은 무엇이 있는지 설명하시오.

풀이
1) 고려하고자 하는 인자의 수
2) 각 인자의 수준수
3) 알고자 하는 2인자 교호작용

178 다구치의 강건설계(Robust Design)를 설명하시오.

풀이 제품의 성능 특성치가 잡음에 둔감하도록 하면서 적은 실험 횟수로 성능 목표치가 허용한계를 만족하는 설계 변수들의 최적조건을 찾아주는 실험설계 방법으로 통상 Parameter 설계와 허용차 설계로 나누어진다.

179 끊임없는 공정의 개선활동 요소를 기술하시오.

풀이
1) 의사결정을 위한 객관적 정보 제공
2) 산포의 원인 규명
3) 산포의 감소를 위한 적절한 활동
4) 공정품질에 대한 감사 및 예방조치 활동 수행
5) 작업자의 교육훈련과 개선활동에 의한 과학적 관리기법을 적절히 수행

180 A.V. 화이겐바움에 의한 품질비용이란 무엇인지 설명하시오.

[풀이]
1) 품질비용은 측정(평가)기준으로 이용한다.
2) 공정품질의 해석기준으로 이용한다.
3) 계획 수립 기준으로 이용한다.
4) 예산 편성의 기초자료로 이용한다.

181 상관분석 시 고려해야 할 점을 기술하시오.

[풀이]
1) 점들이 산재해 있는 산포도로부터 X와 Y 사이에 관계성이 있는지 검토
2) X와 Y의 관계가 직선인지 곡선인지 판단. 직선인 경우 상관계수와 결정계수 회귀식을 구하고 곡선인 경우 직교다항식에 의거하여 판단
3) 이상점은 없는지 원인 규명
4) 점들이 층별이 되어 있는지 확인하는데 이때에는 마하라노비스-다구치 기법인 거리를 이용한 판별분석을 수행

182 다구치의 강건설계(Robust Design) 추진항목 "PDCA"를 설명하시오.

[풀이]

단계	구분	내용
P	현상파악	대상 Theme CTQ 선정
		선정동기 및 정의
		측정 계측기의 신뢰성 평가
	원인도출	설계 Parameter 도출
		주요 인자 구분 및 흐름도
		실험인자 및 수준수 결정
D	원인분석	실험의 배치 및 설계
		실험의 실시 준비 및 중간발표
		실험 Data의 수집 및 정리
C	확인	최적조건의 재현성 실험
		허용차 설계
A	표준화	효과 파악 및 표준화
		사후관리 및 향후계획

183 다구치의 품질의 사회적 손실이란 어떤 것이 있는지 간략히 설명하시오.

풀이
1) 성능 특성치의 변동에 의한 손실
2) 부작용에 의해 소비자가 받는 손실
3) 사용 시 전기요금, 수도요금 등의 과다한 손실

184 품질관리의 4대 원칙을 기술하시오.

풀이
1) 품질은 요구에 적합하여야 한다.
2) 품질 시스템은 처음부터 올바르게 하여야 한다.
3) 성과의 표준은 무결점이다.
4) 품질의 척도는 품질 비용이다.

185 관리도 판정규칙에 대하여 5가지 이상 설명하시오.

풀이
1) UCL, LCL 이탈
2) 9점이 중심선에 같은 쪽
3) 6점이 증가 또는 감소
4) 14점이 교대로 증감
5) 연속 3점 중 2점이 3시그마~2시그마 영역
6) 연속 5점 중 4점이 1시그마~2시그마를 넘는 경우
7) 연속 8점이 -1시그마~1시그마를 넘는 경우

186 MBNQA의 평가기준을 7가지 관점에 대하여 설명하시오.

풀이
1) 리더십
   - Leadership System
   - 기업책임(SR)과 시민의 의식과 반응(SR 지역사회 봉사활동)

2) 전략계획
   - 전략개발과정
   - 기업전략(전략실행계획, 성과 측정)

3) 고객 및 시장 중시
- 고객과 시장에 대한 지식
- 고객만족과 고객관계 개선(접근성과 불만관리, 고객만족도 결정, 고객관계 구축)

4) 정보 수집 · 분석
- 정보와 Data의 선택과 활용
- Data와 기업성과 분석
- 경쟁사 대비 자료의 활용(전략과 실행계획, 기업성과 검토)

5) 인적 자원 중시
- 업무 System(업무설계와 보상과 인정)
- 종업원 교육훈련/개발
- 종업원 복지 및 Process 관리

6) Process 관리
- 제품 및 서비스 Process 관리(설계/생산/물류)
- 지원 Process 관리
- 공급업체와 협력업체의 Process 관리

7) 사업성과
- 고객만족 성과
- 재무시장 성과
- 인적 자원 관리 성과
- 공급업체 및 협력업체 성과
- 기업교육의 성과

187 교호작용에 대한 대책을 기술하시오.

풀이
1) 적절한 Project 범위 결정 : 일반적으로 전체 System 각각의 하부 System 수준으로 연구
2) 가역성이 있는 출력반응 사용 : 하류의 출력반응을 사용하지 말고, 상류/원류 출력반응 사용
3) 제어인자와 수준의 적절한 사용
4) 특별한 직교표 사용
5) S/N 비 사용

188 측정시스템 관리에 대한 개선점(% Gage R&R)에 대하여 설명하시오.

풀이 1) 필요한 정확도와 정밀도, 안정성을 갖춘 측정장비 확보
2) 측정장비 보관 및 사용환경 조건 명시 및 준수
3) 올바른 사용방법의 교육 및 준수 확인
4) 얻어진 측정치의 올바른 처리방법
5) 일반적으로 재현성 및 반복성에 대한 설명

189 산포(Variance)가 발생하는 원인에 대하여 설명하시오.

풀이 1) 우연원인
산포가 우발적인 경우(Chance Cause)
① 원재료, 설비 등 표준을 정해도 그 허용범위 내에서의 변동
② 작업표준을 정해도 그 범위 내에서의 변동
③ 측정기의 정밀도, 측정 시 오차

2) 이상원인
산포를 일으키는 원인 존재(Assignable Cause)
① 표준의 미비로 작업 내용이 통일되지 않아 발생되는 변동
② 작업자가 표준대로 작업하지 않아 발생되는 변동
③ 설비의 고장, 비정비
④ 작업자의 오류

190 SPC의 목적에 대하여 설명하시오.

풀이 1) 품질규격 충족의 감시 및 부적합 예방
2) 산포의 크기 파악, 원인을 규명하여 품질 변동 감소
3) 의사결정이 쉽도록 객관적 정보 제공
4) 교육, 훈련 및 소집단 활동에 의한 과학적 관리

191 제품 신뢰성이 중요시되는 이유에 대하여 간략히 설명하시오.

[풀이]
1) System이나 제품의 고도화, 복잡한 설계로 고장이 발생되기 쉬움
2) System이나 제품에 가해지는 기능이 고도화되어 고장이 커다란 손실 초래
3) 필요 이상의 안전계수 설계로 비경제적 설계 우려
4) 신기술, 신재료 출현으로 신뢰성 미검증에 따른 보증 불확실
5) 복잡한 설계와 구조로 인간의 실수 초래
6) PL 및 리콜의 법적 강화

192 신뢰성 척도를 4가지 이상 기술하시오.

[풀이]
1) $R(t)$ 신뢰도
2) $F(t)$ 불신뢰도
3) $f(t)$ 고장확률 밀도함수
4) λ 순간 고장률

193 공정분석의 목적은 무엇인지 기술하시오.

[풀이]
1) 생산기간의 단축
2) 재공품의 절감
3) 생산공정의 개선
4) Lay-out의 개선
5) 공정관리 System의 개선

194 작업분석의 목적에 대하여 설명하시오.

[풀이]
1) 작업을 세분화하여 관련된 Loss를 발견한다.
2) 현재의 작업을 보다 구체화하여 Loss를 사실적으로 평가한다.
3) 작업 중 Loss 추방과 개선으로 1Step을 만든다.
4) 작업을 도식화 또는 시각화하여 현실감을 높인다.

195 TPM의 정의에 대하여 설명하시오.

풀이
1) 생산 System 효율화의 극한 추구
2) 생산 System 전체를 대상으로 "재해 제로", "부적합 제로", "고장 제로" 추구
3) 전원 참여
4) 소집단 활동을 통해 Loss "ZERO" 달성
5) 설비효율 극대화
6) 설비의 Life Cycle을 대상으로 PM의 Total System 확립
7) 설비의 계획, 사용, 보전부문 등 모든 부문에까지 전원 참여

196 TPM 활동의 목적에 대하여 설명하시오.

풀이
1) 설비(생산)효율의 극한적 추구에 의한 대폭적인 Cost Down
2) 부적합이 없는 조건 설정과 부적합을 내지 않는 조건 관리
3) 준비, 조정시간의 극소화(설비의 8대 Loss 제로)
4) 자동화, 성인화, 무인 운전화(인적 5대 Loss 제로)

197 설비의 8대 Loss에 대하여 기술하시오.

풀이
1) SD(Shut Down) Loss : 연간 보전계획에 의한 SD 공사 및 정기정비 등에 의한 휴지시간 Loss
2) 생산조정 Loss : 수급관계에 의한 생산계획상의 조정시간
3) 설비고장 Loss : 설비, 기기가 규정의 성능을 잃고 돌발적으로 정지하는 Loss 시간
4) Process 고장 Loss : 공정 내에서의 취급물질의 화학적·물리적인 물성 변화나 기타 조업 실수 등으로 정지하는 Loss
5) 정상생산 Loss : 시작, 정지 및 교체 때문에 발생하는 Loss
6) 비정상생산 Loss : 불량, 이상 때문에 생산율을 감소시키는 성능 Loss
7) 품질 부적합 Loss : 불량품을 만들어 내고 있는 Loss와 폐각품의 물적 Loss
8) 재가공 Loss : 공정에 의한 리사이클 Loss

198 인적 5대 Loss에 대하여 기술하시오.

[풀이]
1) 관리손실
2) 동작손실
3) 자동화 변환손실
4) 측정손실
5) 조정손실

199 TPM 전개의 5대 기능이 무엇인지 설명하시오.

[풀이]
1) 자주 보전
2) 설비효율화의 개별 개선
3) 전문 보전 조직의 계획 보전
4) 설비의 초기 관리
5) TPM 교육 훈련

200 원가절감기법 적용 시 5가지 중요 핵심 포인트는 무엇인지 설명하시오.

[풀이]
1) 기법에 너무 얽매이지 말아야 한다.
2) 원가절감에 도움이 될 것 같은 기법은 적극 도입·활용한다.
3) 기법의 핵심이나 특징을 추출하여 원가절감 활동에 적절히 선택·활용하면 상승효과가 나온다.
4) 원가절감이란 대상의 '~를 ~로' 바꾸는 것이다. 우선 의식을 바꾸고 방법을 바꾸는 것에서 시작한다.
5) 자사에 맞는 Cost Down Know-How를 축적하여 독자적인 기법으로 개발 성과를 극대화한다.

201 기업경영전략의 3가지 유형에 대하여 설명하시오.

[풀이]
1) 장기적인 기업성장과 발전방향을 설정 – 성장전략, SWOT 분석
2) 현재 진행되는 시장경쟁에서 이기기 위한 방법 모색 – 경쟁전략
3) 경영방법의 개선 및 혁신을 추구 – 경영혁신전략(지식경영, 리엔지니어링, 6시그마 등)

202 QM 품질경영의 개념에 대하여 기술하시오. (QP, QC, QA, QI)

풀이

1) QP(Quality Plan)
   최고 경영자에 의해 공식적으로 표명된 품질에 관한 조직의 총체적 의지와 방향·품질·방침은 회사 방침의 한 요소를 이룬다.

2) QC(Quality Control)
   - 품질에 대한 요건을 충족시키기 위하여 사용되는 기법 및 활동
   - 경제적 효과를 높이기 위하여 품질루트의 해당 단계에서 공정을 감시하고 불만족스러운 성과의 원인을 제거하기 위한 운영기법과 활동

3) QA(Quality Assurance)
   - 제품이나 서비스가 주어진 품질요건을 만족하는지 적절한 신뢰감을 주는 데 필요한 모든 계획적이고 체계적인 조치
   - 효과적인 품질보증을 위해서 생산, 설치 및 검사활동의 검증과 감사에 대한 적절성 및 의도한 대로의 적용을 위해 설계 또는 시방서에 영향을 주는 요소에 대한 지속적 평가가 이루어져야 한다.

4) QI(Quality Improvement)
   품질을 형성하는 각 단계에서의 행동과 과정의 유효성을 증가시키는 활동

203 TP(Thinking Process) 사고 Process의 5가지 도구는 무엇인지 기술하시오.

풀이

1) CRT : 현상문제 구조 Tree
2) CRD : 대립해소도
3) FRT : 미래상황 구조도
4) PRT : 전제조건도
5) TT : 이행 Tree

204 표준의 특성에 대하여 설명하시오.

풀이

1) 호환성 : 동일 부품의 다용도 사용
2) 기준성 : 여러 사항의 판단기준
3) 통일성 : 품질, 방법, 사고방식 등 표준의 틀에 맞춘다.
4) 반복성 : 대량생산체제에 경제적 효과 발생
5) 객관성 : 증빙, 입증자료에 의한 객관성
6) 고정성과 진보성 : 표준의 준수와 지속적 개선 유도
7) 경제성 : 가장 저렴하고 고생산성 유지

205 QE(Quality Engineering, 품질공학)의 특성은 무엇인지 설명하시오.

풀이
1) 설계단계의 중요성
2) 손실함수의 사용
3) Noise의 사용(S/N 비)
4) Line off, Line on QC 구분
5) 강건설계(Robust Design)
6) 품질향상 기획에 초점

206 화이겐 바움의 9M이란 무엇인지 설명하시오.

풀이
1) Market(시장)
2) Money(자금)
3) Men(인력)
4) Management(경영, 관리)
5) Motivation(동기부여)
6) Material(재료)
7) Machine(설비, 기간 구축)
8) Modern Information System(현대의 정보시스템 관리)
9) Mounting Product Requirement(대량생산에 대한 요구사항 인식 및 관리)

207 PL의 도입 시 장단점에 대하여 설명하시오.

풀이
1) 장점
   ① 기업 경쟁력 향상에 기여
   ② 품질 향상에 기여
   ③ 설계능력 향상에 기여
   ④ 기업 전원의 안전성 인식

2) 단점
   ① Cost 상승
   ② 소송비용 부담
   ③ PL법 인식 부족으로 손실 우려
   ④ PL 전담부서 유지

208 Q-Cost 4가지 효용성에 대하여 설명하시오.

풀이
1) 측정(평가) 기준으로 활용
2) 공정품질 해석 기준으로 활용
3) 계획 수립 기준으로 이용
4) 예산편성 시 기초자료

209 이직률을 줄이기 위해서 기업이 해야 할 항목을 간단히 기술하시오.

풀이
1) 근로자가 일에 대한 긍지와 자부심 갖도록 동기부여
2) 한 가족처럼 인간 존중
3) 애로사항을 수렴하는 건의창구 마련
4) 복지제도 활성화
5) 일하는 보람과 성취욕을 느끼도록 배려

210 신뢰성 설계 중 최적의 재료 선정 시 주의점(RACER)에 대하여 기술하시오.

풀이
1) Reliability : 신뢰도
2) Avaliability : 이용도
3) Compatibility : 호환성
4) Economy : 경제성
5) Reproducibility : 재생산성

211 SCM의 필요성에 대하여 설명하시오.

풀이
1) 기업의 양극화 심화
2) 협력업체의 경영 악화 및 경쟁력 약화
3) 공급망 전체의 경쟁력 약화

212 SCM의 목표에 대하여 설명하시오.

풀이
1) 완제품 품질수준 향상
2) 고객만족도 향상
3) 기업성과의 증대
4) 기업 운영의 가시성 확보

213 "설계품질(Quality of Design)"을 설명하시오.

풀이 고객의 요구사항(VOC – 외부고객, VOB – 내부고객) 및 규정된 요구사항에 의해 설계, 제조, 설비 등의 관리를 최적화한 상태에서 달성 가능한 수준으로 정한 품질목표로서 제품이 가지고 있는 사용가치와 가격을 고려하여 설정한 것을 말한다.

214 품질관리기법 중 "상관분석"과 "회귀분석" 기법의 적용영역을 설명하시오.

풀이 1) 상관분석(Correlation Analysis)의 경우 적용영역

공정 또는 설계변수들 간의 상호 관련성에 관심을 갖게 되는 경우가 있는데 이러한 경우 두 변수 사이에 관계가 있는가를 분석하는 것이 상관분석이고 이를 위해 산점도를 그릴 때 살펴보아야 할 점, 상관계수의 성질, 무상관성 등의 절차를 다루게 된다.

[상관계수 추정치]

$$r = \frac{SS_{(xy)}}{\sqrt{SS_{(xx)} SS_{(yy)}}}, \quad -1 \le r \le 1 \text{ 사이에 존재하며}$$

r이 음수인 경우 음의 상관이라 부르고, r이 양수인 경우 양의 상관이라 부른다.

[상관계수 평가법]

$|r|$이 0.4 이상이면 약한 상관성을 가지며, 0.6 이상이면 상관성이 있다고 할 수 있고 0.8 이상이면 강한 상관성이 있다고 할 수 있다.

2) 회귀분석(Regression Analysis)의 경우 적용영역

회귀분석은 반응변수와 설명변수의 관련성을 규명하기 위하여 선형모형을 선정하고, 자료로부터 이 모형을 추정하여 예측 또는 통계적 추론을 하는 통계적 분석방법을 말한다. 특히 설명변수가 하나인 경우를 단순회귀분석이라 하고 설명변수가 두 개 이상인 경우를 중회귀분석이라 한다.

[단회귀분석의 1차 회귀선형식]

$$\hat{y} = \hat{\beta}_0 + \hat{\beta}_1 x \quad \hat{\beta}_1 = \frac{S(xy)}{S(xx)} \quad \hat{\beta}_0 = \overline{y} - \hat{\beta}_1 \overline{x}$$

215 제품특성치 X가 평균 μ(기지), 분산 σ^2인 정규분포를 따를 때 σ^2에 대한 불편추정 통계량(Unbiased Estimator)을 수리적으로 구하시오. (단, 샘플은 랜덤샘플 X_1, $X_2, \cdots X_n$이다.)

풀이 σ^2을 갖는 모집단으로부터 샘플 $X_1, X_2, \cdots X_n$을 취했을 때의 확률변수 $Z_1^2 + Z_2^2 + \cdots + Z_n^2$가 $\chi^2(n)$을 따르게 되는데 그에 따른 수리적 개념은 다음과 같다.

$$\sum_{i=1}^{n} \left(\frac{X_i - \mu}{\sigma}\right) = \sum_{i=1}^{n} \left(\frac{X_i - \overline{X}}{\sigma}\right)^2 + n\left(\frac{\overline{X} - \mu}{\sigma}\right) \sim X^2(n)$$

$s^2 = \sum_{i=1}^{n}(X_i - \overline{X})^2/(n-1)$ 이 되므로

여기서 $\sum_{i=1}^{n}\left(\dfrac{X_i-\mu}{\sigma}\right)^2 = \left(\dfrac{(n-1)s^2}{\sigma^2}\right) + \left(\dfrac{\overline{X}-\mu}{\sigma/\sqrt{n}}\right)^2$ 이 된다.

따라서 $\sum_{i=1}^{n}\left(\dfrac{X_i-\mu}{\sigma}\right)^2 \sim \chi^2(n)$ 이고 $\left(\dfrac{\overline{X}-\mu}{\sigma/\sqrt{n}}\right)^2 = \chi^2(1)$ 이 되므로

χ^2의 가법성이 적용됨에 따라 $\left(\dfrac{(n-1)s^2}{\sigma^2}\right) \sim \chi^2(n-1)$ 이 성립한다.

216 실험계획법의 기본원리를 열거하고 내용을 설명하시오.

풀이

1) **랜덤화의 원리**
   뽑힌 인자 외에 통제하지 못한 기타의 원인들이 실험결과에 편기되게 영향을 미치는 것을 방지하려는 것으로, 실험순서를 무작위로 정하는 원리를 말함

2) **블록의 원리**
   실험 전체를 시·공간적으로 분리하여 블록으로 만들어 주면, 각 블록 내에서는 실험환경이 균일하게 되어 정도 높은 결과를 얻을 수 있음

3) **반복의 원리**
   동일한 조건에서 실험을 2회 이상 행하여 실험의 정도를 높이려는 원리로 반복을 시킴으로써 오차항의 자유도를 크게 하여 오차분산이 정도 높게 추정되고 오차항을 단독으로 분리할 수 있는 이점이 있다.

4) **교락의 원리**
   분석의 의미가 없는 교호작용을 블록과 교락시키는 방법으로 불필요한 요인의 효과를 블록에 교락시킴으로써 실험의 효율과 정도를 높이고자 함에 목적이 있다.

5) **직교의 원리**
   배치된 요인 간에 직교성(다른 실험환경에서도 동일한 횟수의 실험을 실시)을 갖도록 실험계획하여 데이터를 취하면, 같은 실험 횟수라도 검출력이 높은 검정을 할 수 있고, 정도 높은 추정이 가능하다.(라틴방격법을 근간으로 하고 있으며, 다구치 실험의 기본 틀이기도 함)

217 TQM의 기본원리 중 5가지만 기술하시오.

풀이 종합적 품질경영(Total Quality Management)의 약자로서 QM과 TQC의 기반으로 기업 전체의 문화와 구성원의 의식수준, 태도를 함양하여 사회 참여 확대를 목적으로 하는 경영전략 시스템의 일부분으로 갖추어야 할 기본적인 원리는 다음과 같다.
1) 최고경영자의 방침에 따라 고객만족을 위한 시스템 구축
2) 종업원에 대한 성과보상체계 마련
3) 품질 지향적인 기업문화 형성
4) 영업, 제조, 기술, 서비스에 이르는 전 부문의 참여
5) 리더십의 발휘
6) 이상적인 품질목표 제시

218 난괴법 적용 시 결측치 처리방법을 설명하시오.

풀이 이원배치법 이상으로 결측치가 발생했을 경우 Yates의 공식을 이용하여 풀고 그 값을 빈칸에 채우되 총 자유도는 결측치가 한 개인 경우 $\nu = n - 2$이고 결측치가 두 개인 경우 $\nu = n - 3$을 적용해서 분산분석을 실시한다.

[$A_i B_j$에서 결측치(y)가 1개인 경우]

$$y = \frac{lT_{i\cdot}' + mT_{\cdot j}' - T'}{(l-1)(m-1)} \text{ (단, } T_{i\cdot}',\ T_{\cdot j}',\ T'\text{는 결측치가 있는 행과 열의 합 및 총계)}$$

[$A_i B_j$와 $A_i' B_j'$에서 결측치(y_1, y_2)가 2개인 경우]

다음의 두 식을 연립방정식으로 X_{ij}', X_{ij}''를 구할 수 있다.

$(l-1)(m-1)y_1 + y_2 = lT_{i\cdot}' \times mT_{\cdot j}' - T'$ ·· (1)

$(l-1)(m-1)y_2 + y_1 = lT_{i\cdot}'' \times mT_{\cdot j}'' - T'$ ·· (2)

219 다구치 품질공학에서 망목특성의 손실함수를 설명하시오.

풀이 망목특성은 어떤 목표치가 있고, 목표값을 중심으로 측정치의 간격이 멀어질수록 사회적인 손실이 발생한다는 개념으로 손실함수를 목표치에 대한 테일러 전개를 통해 식을 산출할 수 있는데 그 식은 다음과 같다.

$$L(y) = k(y-m)^2$$

여기서, k : 비례상수, y : 측정치, m : 목표치

220 시간과 비용을 줄이는 가속수명 시험법에서 스트레스를 부하(Load)하는 방법의 종류를 설명하시오.

풀이

1) 아레니우스 모델

제품의 수명에 온도만 영향을 준다는 전제에서 제품 중 50%가 고장나는 시간을 표시한 식

$$T_{50} = AF \times e^{\frac{\Delta H}{kT}}$$

가속계수$(AF) = \dfrac{T1_{50}}{T2_{50}} = \dfrac{AFe^{\frac{\Delta H}{kT1}}}{AFe^{\frac{\Delta H}{kT2}}} = e^{\frac{\Delta H}{k}\left(\frac{1}{T1} - \frac{1}{T2}\right)} = e^{\Delta H \cdot TF}$

2) 아일링 모델

제품의 수명에 온도뿐만 아니라 다른 스트레스 요인이 작용할 때 고장 나는 시간을 표시한 식

$$T_{50} = AT^\alpha e^{\frac{\Delta H}{kT}} \cdot e^{B + \left(\frac{C}{T}\right)S_1} \cdot e^{D + \left(\frac{E}{T}\right)S_2} \cdots$$

3) 10℃ 법칙

평상시 온도에서 온도가 10℃씩 오를 때마다 제품수명에 영향을 줄 때 표시하는 식

$$\theta_n = 2^\alpha \theta_s$$

4) α승의 법칙

제품에 전압이 인가될 때 그 부하량에 따른 평균수명을 표시한 식

$$\theta_n = V^\alpha \theta_s \quad AF = \left(\frac{V_s}{V_n}\right)^\alpha$$

221 6시그마 추진 절차를 설명하시오.

풀이

1) CEO 및 임직원에 대한 6시그마 트레이닝 실시
2) 6시그마 혁신 문화 및 운영의 전사 확산전개
3) 전문가(Belt 제도 등) 및 리더의 양성
4) Project 달성을 위한 운영시스템 구축
5) Benefit 및 Incentive에 대한 보상체계 구축
6) 개선활동 과정에 대한 Process 구축(DMAIC)

222 크기 $N=1,000$의 로트에 대한 전수검사, 샘플링 검사(샘플 크기 $n=100$인 1회 샘플링), 무검사를 비교하여 선택하고자 한다. 제품 1개당 검사비용이 20원, 부적합품이 출하되었을 때 부적합품 1개당 손실비용이 2,500원이다. 검사 시 발견된 부적합품은 재작업하여 양품으로 바꾸어 출하하고 재작업 비용은 1개당 300원이다. 로트 부적합률이 얼마일 때 무검사, 샘플링 검사, 전수검사를 하여야 하는지 평가하시오.

풀이 임계부적합률(Pb) $= \dfrac{a}{b-c} = \dfrac{20}{2,500-300} = 0.0091$

여기서, a : 개당 검사비용, b : 개당 손실비용, c : 재작업 비용

따라서 상기의 로트에 대해서 부적합률이 임계부적합률 이하인 지점 Pb=0.91%에서는 무검사를 진행하는 것이 경제적이다.

223 제조공정과 규격과의 관계를 관리하는 과정에서 아래 사항이 발견될 때의 조처 사항을 기술하시오.

1 공정의 산포가 규격의 최대치와 최소치의 차보다 작고 공정의 중심이 안정되었을 때의 조처사항을 기술하시오.
2 공정의 산포가 규격의 최대치와 최소치의 차와 같을 때의 조처사항을 기술하시오.
3 공정의 산포가 규격의 최대치와 최소치의 차보다 작고 공정의 중심이 규격한계의 중심에서 벗어날 때의 조처사항을 기술하시오.
4 공정의 산포가 규격의 최대치와 최소치의 차보다 클 때의 조처사항을 기술하시오.

풀이 **1** 공정이 안정상태이므로 이 상태를 지속적으로 유지·관리하기 위해 절차를 표준화시키고 지속적인 관리가 필요함

2 보통 관리도는 3σ법을 근거로 하고 있으므로 3σ를 맞춘 공정은 편의가 없다는 전제하에 부적합률이 발생할 확률은 0.27%로 2,700ppm에 해당된다.
따라서 산포의 크기를 줄이는 노력이 강조되고 만약 공정의 산포를 1σ로 한 것이면 부적합률이 32% 정도가 되기 때문에 이는 근본적인 해결방안이 모색되어야 한다.

3 산포는 안정이 되었으나 공정평균이 규격 범위를 벗어난 것으로 주로 이러한 문제는 설비의 오세팅, 작업자의 실수, 측정 등의 조작이나 포인트 관리의 미숙에서 비롯된 경우가 많기 때문에 작업자에 대한 충분한 교육과 설비의 정확한 세팅작업 등이 요구된다.

4 우선 산포가 크다는 것은 근본적인 기술적 낙후성이나 오래된 기계와 설비로 인해 비롯될 가능성이 크며 이런 경우 산포가 큰 원인을 찾는 것이 우선이 되고, 혁신적인 개념에서 해당 설비 또는 프로세스를 개선하여야 한다.

224 공정평균 관리를 위한 관리도의 종류와 내용을 설명하시오.

풀이
1) $\overline{X}-R$ 관리도 : 시료를 층별화하여 일정하게 추출($n=3\sim5$가 적당)하여 공정평균과 범위에 대하여 3σ법으로 관리하고자 하는 관리도
2) $\overline{X}-s$ 관리도 : 시료를 층별화하여 일정하게 추출($n=3\sim5$가 적당)하여 공정평균과 시료표준편차에 대하여 3σ법으로 관리하고자 하는 관리도
3) $I-MR$ 관리도 : 시료를 1번씩만 채취할 수밖에 없는 경우 개개의 평균을 3σ법으로 관리하고자 하는 관리도
4) 메디안 관리도 : 시료마다 중위수를 산출하여 3σ법으로 관리하고자 하는 관리도

225 추정 통계량(Estimator)의 평가기준을 열거하고 내용을 설명하시오.

풀이
1) 하나의 모평균 차의 검·추정(σ기지일 때) : 정규분포 사용
2) 하나의 모평균 차의 검·추정(σ미지일 때) : t분포 사용
3) 하나의 모분산의 차의 검·추정 $-\chi^2$분포 사용
4) 두 모집단의 모분산의 차의 검·추정 : F분포 사용
5) 한 개의 모부적합률의 검·추정 : 정규분포 사용
6) 한 개의 모결점수의 검·추정 : 정규분포 사용
7) 독립성과 동일성 검·추정 : $-\chi^2$분포 사용
8) 상관성 유,무의 검·추정 : t분포 사용
9) 모상관계수의 검·추정 : 정규분포 사용
10) 방향계수의 검·추정 : t분포 사용
11) 회귀식에 대한 검·추정 : t분포 사용

226 라틴방격법의 분산분석표를 작성하시오.

풀이 3×3 라틴방격의 경우

구조식 : $X_{ijk} = \mu + a_i + b_j + c_k + \varepsilon_{ijk} \sim N(0, 1^2)$

Source	SS	DF	MS	F_0	$E(V)$
A	×××.××	$k-1$	$SS_A/k-1$	MS_A/MS_e	$\sigma_e + k\sigma_A$
B	×××.××	$k-1$	$SS_B/k-1$	MS_B/MS_e	$\sigma_e + k\sigma_B$
C	×××.××	$k-1$	$SS_C/k-1$	MS_C/MS_e	$\sigma_e + k\sigma_C$
e	×××.××	$(k-1)(k-2)$	$SS_e/(k-1)(k-2)$		σ_e
T	×××.××	k^2-1			

227 다구치 품질공학에서 S/N 비를 이용한 모수설계 절차를 설명하시오.

풀이 1) 모수설계(Parameter Design)
  모수설계방식을 파라미터 설계(Parameter Design)라 하며 제품의 품질과 성능에 영향을 주는 제어 가능한 인자의 설계를 의미한다. 파라미터 설계는 제품의 품질이 잡음에 둔감(Robust Design)하도록 하면서 품질목표를 가질 수 있도록 제어인자들의 최적치를 분석 설계하는 방법으로 절차는 다음과 같다.

 2) 절차
  ① 품질목표를 만족시키기 위한 최소의 비용 설계구상
  ② 실험횟수를 줄이는 방법 강구
  ③ 직교배열표 사용
  ④ S/N 산출
  ⑤ S/N 비에 대한 분산분석 실시
  ⑥ 유효한 인자 분석 후 S/N 비가 큰 조건으로 최적치를 맞추기
  ⑦ 최적 조건에서 재현실험

228 신 QC 7가지 기법의 내용을 설명하시오.

풀이 신 QC 7가지 도구는 주로 정성적인 데이터(언어데이터)를 분석하고 정리하는 데 사용하며 그 종류는 다음과 같다.

 1) 친화도법(Affinity Diagram)
  확실치 않고 복잡하게 얽힌 정보를 언어데이터로 만들어 상호 친화성이 있는 데이터끼리 정리해 문제를 명확하게 하는 방법으로 KJ법이 대표적인 수법임

 2) 연관도법(Relationship Diagram)
  문제의 개념이나 아이디어 사이의 인과관계를 규명할 때 사용하는 방법으로 그 문제에 영향을 미치는 여러 요소들 간의 상호성을 탐색하여 해결의 실마리를 풀 때 사용

 3) 계통도(Tree Diagram)
  설정한 목표를 달성하기 위하여 목적과 수단이라는 계열을 계통적으로 전개하는 방식으로 어떠한 수단이 최적의 방법인지 추구하는 데 사용

 4) 매트릭스 도법(Matrix Diagram)
  아이디어나 활동, 책임, 기능 등에 존재하는 논리적인 연관성을 시각화하여 문제의 해결방법을 착안하는 데 사용하며, 주로 L형, T, Y, X, G형 등이 있고 이의 대표적인 기법에 QFD가 있다.

5) 매트릭스 데이터 해석법(Matrix Data Analysis)

매트릭스도에 나타난 여러 요인 간에 존재하는 상관성의 정도를 계량치로 표현하여 주성분 분석이라는 통계적인 방법으로 다변량 분석을 하는 수법을 말한다. 신 QC 7가지 수법 중에 유일하게 정량적인 데이터로 표현되고 있다.

6) PDPC법(Process Decision Program Chart)

프로젝트나 업무를 수행하는 과정을 올바른 방향으로 이끌도록 프로세스를 정하는 수법이며 이 방법은 아직 문제의 개발단계에 있으면서 상황 전개를 예측할 수 있게 해주는 것이 특징임

7) 애로 다이어그램(Arrow Diagram)

목표를 달성하기 위한 수단을 시계열적으로 순서대로 화살표 방향과 그림을 넣고 최적의 일정계획과 진도현황을 관리하기 위한 방법으로 주로 PERT/CPM 기법이라고도 함

229 신뢰성 지표를 열거하고 내용을 설명하시오.

풀이
1) R : 신뢰도
2) F : 불신뢰도
3) λ : 순간고장률
4) MTBF : 평균수명(수리 가능)
5) MTTF : 평균수명(수리 불가)
6) AF : 가속수명계수

230 6시그마의 DMAIC에 대하여 간략하게 설명하시오.

풀이
1) D(Define : 정의단계) : 달성해야 할 Project 및 CTQ를 확인하고, Process Mapping을 실시한다.
2) M(Measure : 측정단계) : CTQ 측정치를 선정하고 성과기준을 정립, %Gage R&R을 실시한다.
3) A(Analyze : 분석단계) : 시그마 수준을 산출하고, 성과목표를 설정, 산포의 주된 원인이 무엇인지 확인한다.
4) I(Improvement : 개선단계) : 개선안을 도출하고, 실행계획서 및 개선효과를 파악한다.
5) C(Control : 유지관리단계) : 결정적인 요인을 배제시키는 과정을 수행하고, 성과 확인 및 평가와 개선결과에 대하여 지속적인 유지관리를 도모한다.

231 이항분포에 대하여 기술하시오.

풀이 모집단이 무한대의 크기로서 복원추출의 확률을 구할 때 이용한다.

$$p.d.f = \sum_{x=1}^{c} {}_nC_x P^x (1-P)^{n-x} \text{ (단, } 10n \leq N, \ p \leq 0.1 \text{인 경우)}$$

$$V(X) = nP(1-P)$$

232 초기하 분포에 대하여 설명하시오.

풀이 모집단의 크기가 한정되어 있고 비복원추출의 확률을 구할 때 이용한다.

$$p.d.f = \frac{{}_{np}C_x \times {}_{N-np}C_{n-x}}{{}_NC_n}$$

$$V(X) = \left(\frac{N-nP}{N-1}\right)[nP(1-P)]$$

233 3정 5S 운동에 대하여 설명하시오.

풀이 현장을 개선하기 위한 기본적인 수법으로서 그 내용은 다음과 같다.

1) 3정
   ① 정품 : 제품을 생산, 제조할 경우 소요되는 부품은 올바른 부품을 사용
   ② 정량 : 발주 및 재고, 현장에서 사용하는 부품의 양을 과잉으로 보유하거나, 부족한 상태가 아닌 항상 생산하는 양만큼 보유
   ③ 정위치 : 부품이나 제품을 보관할 때 정해진 장소에 식별하여 둔다.

2) 5S
   ① 정리 : 불필요한 것과 필요한 것을 구분한다.
   ② 정돈 : 부품이나 공구, 도구 등이 제자리에 있도록 관리한다.
   ③ 청소 : 작업환경을 쾌적하게 수시로 청소한다.
   ④ 청결 : 청소와 더불어 위생까지도 생각하여 청결을 유지한다.
   ⑤ 습관화 : 이 모든 행동을 자발적이고 주기적으로 할 수 있도록 습관을 들인다.

234 MTBF(Mean Time Between Failure)를 예측하는 방법(5가지)에 대하여 기술하시오.

풀이

1) 정수고장 시 $MTBF(\theta) = \dfrac{T}{n} = \dfrac{\sum t_i}{n}$

2) 정시중단 시 $MTBF(\theta) = \dfrac{\sum t_i + (n-r)t_0}{r}$, t_0 : 정수중단시간

3) 정수중단 시 $MTBF(\theta) = \dfrac{\sum t_i + (n-r)t_r}{r}$, t_r : 정시중단시간

4) 지수분포를 따를 때 고장률 λ를 알고 있는 경우 $MTBF(\theta) = \dfrac{1}{\lambda}$

5) 고장이 나지 않았을 때 90% 신뢰수준의 $MTBF(\theta) = \dfrac{T}{2.3}$

235 "모수인자"와 "변량인자"를 비교·설명하시오.

풀이

1) 모수인자
   ① 수준이 기술적으로 설명되고, 실험자에 의해 미리 정해진다.
   ② 수준 간 효과인 a_i는 고정된 상수이고, $E(a_i) = a_i$, $V(a_i) = 0$이 된다.
   ③ a_i의 합은 0이다.
   ④ a_i 간의 산포의 척도로서 $\sigma_A^2 = \dfrac{\sum a_i^2}{(l-1)}$ 로 표시된다.

2) 변량인자
   ① 수준이 확률적이며 수준 선택이 랜덤으로 이루어진다.(기술적 의미가 없는 경우)
   ② a_i는 랜덤으로 변하는 확률변수이고, $E(a_i) = 0$, $V(a_i) = \sigma_A^2$이 된다.
   ③ a_i의 합은 0이 아니다.
   ④ a_i 간의 분포의 분산은 다음과 같다. $\sigma_A^2 = E\left[\dfrac{1}{l-1}\sum(a_i - \overline{a})^2\right]$

236 FMEA(Failure Mode and Effect Analysis)에서 "표"를 작성할 때 포함되어야 할 사항은?(단, 5가지 이상 작성)

풀이

1) 대상품목
2) 대상품목의 기능
3) 고장모드
4) 추정원인
5) 부품에 대한 영향
6) 고장평점
7) 고장등급(RPN)
8) 대책사항 등

237 다구치(Taguchi) 품질공학에서의 "S/N 비"란 무엇인가?

풀이 S/N 비는 잡음(Noise)에 비해 신호(Signal)가 얼마나 큰지를 나타낸 값으로 이 값이 클수록 좋다.

$$\text{S/N 비} = \frac{\text{신호의 힘}}{\text{잡음의 힘}} = \frac{\text{신호입력이 산출물에 전달되는 힘}}{\text{잡음의 산출물이 전달되는 힘}}$$

$$= \frac{\text{목적이 산출물에 반영되는 정도}}{\text{잡음의 크기가 산출물에 나쁜 영향을 미치는 정도}}$$

$$= \frac{\text{모평균 제곱의 추정값}}{\text{분산의 추정값}}$$

238 관리도를 작성하여 타점하였을 때 공정 이상의 판단기준은?(단, 4가지 이상 제시)

풀이
1) 관리한계선을 벗어난 이상점 발생 → 이상점
2) 공정의 상태가 위로 또는 아래로 점점 이동하는 상태로 연속되는 7개의 점이 하나의 방향으로 진행되는 과정으로서 무언가 규칙성이 있다고 할 수 있다. → 연(Run). 단, 6시그마에서는 9점 연속되는 점을 경향으로 본다.
3) 공정의 상태가 위로 또는 아래에 연속되는 7개의 점이 집중된 경우 무언가 규칙성이 있다고 할 수 있다. → 경향(Trend)
4) 공정의 상태가 일정한 패턴으로 진행되는 규칙성을 가질 때 → 규칙성
5) 점이 중심선 한쪽으로 많이 나타나는 경우
6) 점이 관리한계선에 근접하여 나타나는 경우 등

239 공차(Tolerance)란 무엇인가 간략히 기술하시오.

풀이 품질특성치의 허용한계를 의미하는 것으로 허용차 또는 허용공차라고도 함
1) 허용차 : 규정된 기준치와 한계치 간의 차이
2) 공차 : 최대치와 최소치의 차이

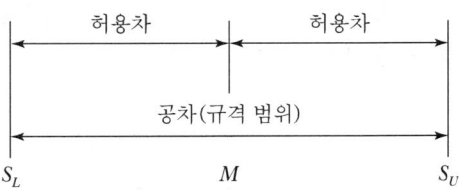

240 신뢰성 설계에서 "Derating"에 대하여 간략히 설명하시오.

풀이 어떤 부품에 걸리는 부하에 여유를 두고 설계하는 방법을 말하는 것으로 그 식은 다음과 같다.

$m = \dfrac{\mu_y - n_y \sigma_y}{\mu_y + n_x \sigma_x}$ (여기서, y : 강도, x : 스트레스)

241 시스템의 수명곡선(Bath-Tube Curve)의 중간 부분인 일정형 고장률(Constant Failure Rate)의 고장원인을 5가지 이상 제시하고 이를 감소시키기 위한 대책을 2가지 이상 설명하시오.

풀이 1) CFR의 원인

우발고장기간이라고도 하며 이 시기의 대표적인 고장원인은 다음과 같다.
① 안전계수가 낮게 설정되었기 때문이다.
② 스트레스가 기대했던 것보다 높기 때문이다.
③ 강도가 기대했던 것보다 낮기 때문이다.
④ 사용자의 과실 때문이다.
⑤ 검사 및 디버깅을 했음에도 발견되지 않은 고장원인이 있었기 때문이다.
⑥ 제품을 혹사시켰기 때문이다. 등

2) 감소대책
① 극한 상황을 고려한 설계   ② 안전계수를 고려한 설계
③ 디레이팅(Derating) 등

242 BSC(Balanced Score Card)의 4가지 관점을 제시하고 설명하시오.

풀이 1) 재무적 관점   2) 프로세스 개선 관점
3) 고객 요구 관점   4) 학습, 성장적 관점

243 고장률을 구하기 위해 ① 샘플 수 100개로 200시간 시험하는 경우와 ② 샘플 수 200개로 100시간 시험하는 경우의 시험 정도(수준)와 경제성을 평가하시오. (단, 파괴시험으로 제품단가는 500원이고, 시간당 시험비용은 60원임)

풀이 ① 시험의 경제적 비용 : (100개×500원)+(200시간×60원)=62,000원 소요
② 시험의 경제적 비용 : (200개×500원)+(100시간×60원)=106,000원 소요
따라서 경제적 비용을 고려한 샘플링 시험은 ①의 경우가 ②에 비해 41.5% 정도 저렴하다.

244 ISO 9000/2000 패밀리 규격에서의 품질경영 8원칙과 프로세스 접근방법에 대하여 설명하시오.

풀이 1) 품질경영 8원칙
① 고객에게 초점을 맞춘 조직　　② 리더십
③ 전원 참여　　　　　　　　　　④ 프로세스적인 접근방식
⑤ 경영에 대한 시스템 접근방법　⑥ 지속적 개선
⑦ 의사결정에 대한 사실적 접근　⑧ 상호 이익이 되는 공급자 관계

2) 프로세스 접근방식
해당 프로세스에 대한 업무 실행, 관리, 지속적 개선과 조직 목표 달성을 위하여 프로세스 주요 내용(확률변수)을 입력하여 그 출력물에 대한 적정성을 확인하고, 업무 개선 방향과 목표의 부합성 검토 및 측정 분석 기준을 정립하여 운영하는 방식을 프로세스 접근방식이라고 할 수 있다.

245 연구개발 및 설계단계에서의 6시그마를 DFSS라 한다. DFSS의 추진단계인 IDOV와 DMADV를 각각 설명하시오.(단, 단계별 명칭만 쓰시오.)

풀이 1) IDOV는 새로운 프로세스에 대하여 개발단계에 적용할 경우 추진하는 단계로 다음과 같다.
① I(Identify)　　　　② D(Design)
③ O(Optimize)　　　④ V(Verify)

2) DMADV는 Redesign하는 경우 추진하는 단계로 다음과 같다.
① D(Define)　　　　② M(Measure)
③ A(Analyze)　　　 ④ D(Design)
⑤ V(Verify)

246 고객만족 이론으로 1 : 10 : 100의 원칙이 있다. 어떤 의미인지 설명하시오.

풀이 설계부문에서 품질문제를 해결하면 1달러의 비용이 들지만 제조단계에서 그 문제를 해결할 경우 10달러가 소요되고, 고객에게 인도된 상품에서 최초에 해결되지 않은 문제가 클레임으로 나타나면 100달러가 소요된다는 원칙을 말하는데 실제로 리코 복사기의 경우 품질비용을 산출한 결과 이와 거의 흡사한 비율을 보였다고 한다.

247 ISO 9000 : 2001 규격의 주요 변경내용을 설명하시오.

풀이 1) 프로세스 확인
- 각 프로세스 항목의 입력/출력물 적정성 확인
- 프로세스 오너 선정 및 확인
- 업무개선 방향과 목표/측정 분석기준 활용여부 확인

2) 방침 및 목표관리 확인
- 수립된 방침과 목표는 해당 부서 인원이 모두 알고 있는지 확인
- 정한 목표의 월별 진도관리와 이의 미달성 시 적용여부를 어떻게 하고 있는가 확인
- 목표 미달성 시 또는 초과달성 시 변경 적용여부 확인

3) 시스템의 성과측정 확인
- 각 업무 단위별 성과측정(인수검사/공정/제품검사, 실험/테스트, 클레임 조치 정보)
- 의사소통의 현실 적용 여부 확인(협조전 및 회의록의 전달사항, 제안/분임활동의 운영사항)
- 고객요구사항 중 업무적용사항 확인(영업 → 개발 → 생산 → 출하 → 영업 → 서비스 → 개발/영업 → 생산 → 서비스)

248 실험계획의 기본원리 5가지를 기술하시오.

풀이 1) 랜덤화의 원리   2) 블록의 원리   3) 반복의 원리
4) 교락의 원리   5) 직교의 원리

249 문제를 원인과 결과의 관계로 파악해 분석하는 도표로서 이시카와(Ishikawa)에 의해 고안된 기법은 무엇인가?

풀이 특성요인도

250 고장의 유형과 메커니즘, 그리고 결과에 대해 중점을 두어 고장을 사전에 예방하고자 하는 기법은 무엇인가?

풀이 FME(C)A - 고장유형 · 영향분석(잠재적 고장유형분석)

251 기업경영전략의 3가지 유형을 설명하시오.

[풀이]
1) 장기적인 기업성장과 발전방향을 설정 : 성장전략, SWOT 분석
2) 현재 진행되는 시장경쟁에서 이기기 위한 방법 모색 : 경쟁전략
3) 경영방법의 개선 및 혁신 추구 : 경영혁신전략 등

252 중심극한정리(CLT)에 대하여 기술하시오.

[풀이] 평균이 μ이고, 분산이 σ^2인 임의의 모집단으로부터 크기가 n인 임의표본의 평균 $\overline{X}$는 모집단이 정규분포를 하지 않더라도 n이 충분히 크면 근사적으로 평균이 μ이고, 분산이 $\dfrac{\sigma^2}{n}$인 정규분포 $\overline{X} \sim N\left(\mu,\ \dfrac{\sigma^2}{n}\right)$을 따른다.

253 "미터협약"에 대하여 설명하시오.

[풀이] 과학, 산업 및 상업 분야의 모든 계측(計測)을 위한 가장 논리적인 계량단위인 미터법은 17세기 중엽 프랑스의 도량형 통일운동을 시초로 18세기 말엽에 이르러 영국을 제외한 유럽 여러 나라의 학자들이 공동 조사하여 만들었다. 이 미터법이 공식적으로 사용된 것은 1795년에 프랑스가 미터에 관한 법률을 제정한 후부터이며, 1875년에 프랑스 등 16개국이 미터법 국제조약에 서명함으로써 세계적인 도량형 단위가 되었다.

미터법에는 길이(m), 질량(kg), 시간(s), 전류(A), 온도(K), 물질의 양(mol), 광도(cd) 등 7개의 기본단위와 평면각(rad) 및 입체각(rs) 등 2개의 예비단위가 있다. 우리나라도 1964년 1월 1일부터 계량법에 의거하여 모든 계량업무에는 미터단위계를 사용하도록 법제화하고 도량형의 통일을 기함으로써 국민경제발전에 큰 도움을 주고 있다.

254 2^{K-P} 일부 실시 요인실험에 대하여 설명하시오.

[풀이] 2^K 요인실험에서 $\dfrac{1}{2^P}$, $P < K$만큼만 실시하는 설계방법으로 블록요인에 일부 교호작용을 교락시켜서 실험을 배치시키며, 교락을 다분화시킬수록 그 해상도가 떨어지는 문제를 안고 있다.

255 '기업의 경영전략계획을 수립할 때, 기업의 강점과 약점이 무엇인가? 사업 환경에서 어떤 기회와 위협이 존재하는가?'의 질문에 답을 얻을 수 있는 분석기법은 무엇인가?

> **풀이** SWOT 분석법

256 '고객들이 기업에 대해서 원하는 것이 무엇인가? 그리고 제품/서비스에 대해 고객이 중요하다고 판단하는 것은 무엇인가?' 기업은 이 같은 질문들에 대한 답을 알아야 한다. 고객이 무엇을 중요하게 생각하는지를 모르는 기업은 쓸데없는 것을 개선하느라 귀중한 자원을 낭비할 위험이 있다. 고객에게 중요한 것이 무엇인지 알아내는 데 사용되는 과정(Process)을 무슨 과정이라고 하는가?

> **풀이** QFD(Quality Function Deployment) 분석법

257 시장수요의 다양화에 대처하면서 기업의 생산성을 유지하려면 경제적인 로트(Lot)의 생산이 가능하도록 제품, 부품, 재료의 종류나 규격을 합리적으로 단순화, 계열화하고 소수화해야 된다. 이 목적을 달성하려면 어떤 방법을 적극적으로 활용하는 것이 효과적인지 설명하시오.

> **풀이** Cell 생산방식을 채택해야 한다.
> 시장의 수요에 따라 주문과 생산량이 결정되고 다량생산을 제한함으로써 창고 및 재고를 감소하는 데 기여를 한다.

258 와이블 분포(Weibull Distribution)에 대하여 기술하시오.

> **풀이** 와이블 분포는 스웨덴의 물리학자 Waloddi Weibull이 1937년 재료의 파괴강도를 분석하면서 고안한 확률분포로 금속 및 복합재료의 강도, 전자 및 기계부품의 수명분포를 나타내는 데 적합한 확률분포로 알려져 있다. 와이블 분포는 형상(Shape), 척도(Scale) 및 위치(Location) 모수의 값에 따라 다양한 분포를 표현할 수 있어 신뢰성 Data 분석에 가장 널리 사용된다.

259 정규분포(Normal Distribution)에 대하여 설명하시오.

풀이 자연현상에 대한 관측자료, 자연과학, 공학 실험자료 또는 사회 경제현상에 대한 조사 자료들은 일반적으로 정규분포를 따르는 것으로 알려져 있다. 또한 자료들이 정규분포를 따르지 않더라도 많은 자료들의 평균은 정규분포에 가깝게 되는 성질(이를 중심극한정리라 한다.)이 있으므로 정규분포는 우리가 접하는 여러 확률분포 중에서 가장 널리 사용되는 분포라 할 수 있다.

260 대수정규분포(Lognormal Distribution)에 대하여 설명하시오.

풀이 대수정규분포는 와이블 분포와 함께 신뢰성 Data 분석에서 자주 사용되는 확률분포로, 금속 재료의 피로 수명(Metal Fatigue Life), 전기절연체의 수명 분포 등에 널리 사용된다.

261 신뢰성 시험(Reliability Test)의 내용과 종류에 대하여 설명하시오.

풀이 일반적으로 시험은 기능/성능시험, 환경시험, 신뢰성 시험 및 안전시험으로 구분할 수 있다. 기능/성능시험은 목표로 하는 아이템의 기능과 성능이 구현되었는지를 확인하기 위한 시험이고, 환경시험은 특정 환경조건에서 아이템의 내환경성을 확인하기 위한 시험이며, 안전시험은 아이템의 설계에 안전상의 문제가 없는지를 평가하는 시험이다. 보통 환경시험은 특정 환경조건(온/습도, 고온, 저온, 열충격, 온도사이클, 진동, 충격 등)에서 일정 시간 동안 시험을 하고 시험 후 기능/성능상의 이상 또는 열화가 없어야 다음 단계(설계에서 양산, 양산에서 출하)로 진행될 수 있는 합부판정을 위한 시험이다. 기능/성능시험과 환경시험은 개발 과정에서 만족되어야 하는 최소한의 요건이라고 할 수 있으며 이를 만족하지 못하면 시장에서 품질 문제가 발생하므로 품질인증시험이라고도 한다. 한편 신뢰성 시험은 제품의 수명 또는 고장률을 평가하기 위한 시험으로 개발 및 제조과정에서 신뢰성 향상, 평가, 보증을 위하여 실시되는 모든 시험을 의미한다.

[신뢰성 시험의 종류]

1) 정형시험과 비정형시험
   정형시험은 IEC, DS, KS, DIN, JIS, MIL 등에 규정된 전자부품, 기계, 재료 등에 대한 표준화된 시험을 의미한다. 비정형시험은 신규성이 높고, 고장 메커니즘이 불분명하며, 필드 정보가 충분하지 않은 시험을 의미한다.

2) 신뢰성 보증시험(RQT ; Reliability Qualification Test)

신뢰성 보증시험은 계약 또는 설계 초기 단계에서 설정된 신뢰성 목표를 달성하였는지를 평가하기 위해 수행되는 시험이다. 즉, RQT에 합격되었다는 것은 소비자가 아이템을 사용하도록 생산자가 제품을 출하할 수 있음을 의미한다. RQT는 신뢰성 문제에 대한 정보를 제공하여 시험에서 불합격된 아이템의 시정과 합격된 제품의 향상에 도움을 준다.

3) 일정기간시험(Fixed-Length Test)

일정한 기간 동안 시험하고 측정된 고장 개수를 이용하여 합격/불합격 판정을 내리는 시험을 일정기간시험이라 한다. 직관적으로 보더라도 일정 기간 동안 고장이 많이 나면 신뢰성이 떨어지고 고장이 적게 발생하면 신뢰성이 높다고 볼 수 있다. 이 시험은 제품의 수명이 지수분포에 따라 고장률이 일정하다고 가정하여 결정되었으며 판정 위험과 판별비의 여러 값에 대한 시험방법의 표준이 정리되어 있다.

4) 축차시험(Sequential Test)

일정기간시험에서 판정위험 또는 판별비의 값이 작으면, 시험기간이 매우 길어진다. 시험기간을 줄이기 위해서는 더 많은 시료를 시험하거나 가속 수명시험을 할 수 있지만 축차시험을 적용할 수도 있다.

5) 신뢰성 수락시험(PRAT ; Production Reliability Acceptance Test)

신뢰성 수락시험은 설계단계에서 결정된 제품의 신뢰성이 양산과정에서 저하되지 않아 유지됨을 보증하기 위해 또는 제품이 소비자의 신뢰성 요구 및 기대의 충족을 보장하기 위하여 수행된다. 시장에 출하된 제품에 신뢰성 문제가 있고 이를 해결하는 데 오랜 시간이 걸리면 그에 비례하여 소비자들의 불만은 증가한다.

이는 보통 많은 비용과 심각한 결과를 낳을 수도 있으며, 소비자가 제품을 사용하는 중에 발견된 심각한(발견되지 않고 아직 해결되지 않은) 신뢰성 문제는 기업에 막대한 피해를 줄 수 있다. PRAT는 적시에 신뢰성 문제에 대한 경고와 시정조치에 필요한 데이터를 제공하여 생산과정에서 발생할 수 있는 신뢰성 문제의 영향을 최소화하기 위하여 계획된다.

262 초기 신뢰성 시험 중 번인(Burn-In)을 하게 되는데 그 의미를 기술하시오.

풀이 번인의 사전적 의미는 전처리(Preconditioning)로 정의하고 있다. 즉, 아이템의 특성을 안정시키기 위해 스트레스를 인가하여 동작시키는 것을 말한다. 일반적인 번인은 사용조건보다 고온에서 일정 기간 동안 전원을 인가하여 동작시키거나 또는 무부하 상태로 방치하여 견디는 부품을 채용하는 방식을 말한다.

263 가속수명시험(Accelerated Life Test)에 대하여 기술하시오.

[풀이] 가속수명시험은 제품의 실사용조건보다 가혹한 조건(가속조건)에서 시험하여 고장을 촉진시키고, 가속조건에서 관측된 데이터로부터 수명 스트레스 관계를 추정하고 이를 사용 조건으로 외삽(Extra Polation)하여 사용조건에서의 수명을 빨리 추정하기 위한 시험이다.

264 가속수명시험 모형(Accelerated Life Test Model)에 대하여 설명하시오.

[풀이] 가속수명시험을 통하여 사용조건에서의 수명을 추정하기 위해서는 모형이 필요하다. 이 모형은 가속수명시험 조건에서의 데이터를 분석하기 위한 수명분포와 가속조건에서의 신뢰성 정보를 사용조건으로 외삽하기 위한 수명-스트레스 관계로 구성된다.
가속수명시험 모형의 구성요소를 타나낸 것으로 수명분포와 수명-스트레스 관계의 조합에 따라 여러 가지 모델이 있을 수 있다.
예를 들면, 지수-아레니우스 모형, 와이블-역승 모형 등이 있다.

1) 아레니우스 모형(Arrhenius Model)
   아레니우스 모형은 온도에 의한 가속수명시험에서 가장 널리 사용되는 수명-스트레스 관계이다. 스웨덴의 화학자 Svant August Arrhenius(1859~1927)는 액체, 기체 또는 고체가 화학반응을 할 때 발생되는 활성화 에너지와 온도의 반응률에 대한 연구를 통하여 아레니우스 방정식을 발표하였다.

2) 역승 모형(Inverse Power Model)
   역승 모형은 전압, 부하 등 온도 이외의 스트레스를 이용하여 절연체, 베어링, 백열전구 등 가속수명시험에 널리 사용되는 수명-스트레스 모형으로 고장시간과 스트레스의 관계를 가정한다.
   $$\tau(V) = \frac{A}{V}\gamma$$
   여기서, V : 스트레스, A, γ : 재료, 제품의 구조 및 시험방법 등에 따른 상수

3) 아이링 모형(Eyring Model)
   아이링 모형은 아레니우스 모형과 함께 온도에 의한 가속수명시험에 사용되는 수명-스트레스 관계식으로 전기장에 의한 가속, 화학적 열화반응에 적용할 수 있는 모형이다.
   $$\tau = \frac{A}{T} exp\left(\frac{B}{kT}\right)$$
   여기서, τ : 평균수명, T : 절대온도,
   A, B : 재료, 제품의 구조 및 시험방법 등에 따른 상수

265 신뢰성 시험에서 중복(Redundancy)의 의미를 기술하시오.

풀이 아이템의 구성품 일부가 고장 나더라도 두 개 이상의 구성품으로 요구기능을 수행하도록 하는 신뢰성 설계방법을 중복이라 한다. 중복을 위한 구성품은 반드시 동일할 필요는 없으며, 주로 안전이 중요한 항공, 원자력발전소, 철도와 통신시스템의 신뢰성 향상을 위하여 사용된다.

266 SCM(Supply Chain Management)의 정의를 간략하게 설명하시오.

풀이 고객 서비스 수준을 만족시키면서, 시스템의 전반적인 비용을 최소화할 수 있도록 제품이 정확한 장소에 정확한 수량으로 정확한 시간에 생산과 유통을 가능하게 하기 위해 공급자, 제조업자, 창고, 보관업자, 소매상들을 효율적으로 통합하는 데 이용되는 일련의 방법론이라 할 수 있다.

267 개선을 위한 4원칙(ECRS)에 대하여 설명하시오.

풀이
1) 생략, 배제의 원칙(Eliminate)
   불필요한 공정이나 작업을 배제 또는 생략할 수 있으면 가장 좋은 개선방법이 될 것이다. 이 원칙은 제일 먼저 생각해야 할 기본 원칙이 된다.

2) 결합, 분리의 원칙(Combine)
   공정, 계측기, 부품, 재료, 설비, 금형 등의 결합으로 좀 더 간단하고 단순화된 형태로 접근할 수 있게 되면 이에 따른 새로운 삭제 요소가 생길 수 있다.

3) 재편성, 재배열의 원칙(Rearrange)
   공정이나 작업순서를 변경하거나 재배열해 개선할 수도 있으며 이 과정에서 새로운 생략이나 결합의 가능성이 생기게 된다.

4) 단순화의 원칙(Simplify)
   공정이나 작업, 수단, 방법 등을 단조롭고 용이하게 하거나 이동거리를 줄이고 무게를 가볍게 하는 등으로 단순화시키는 원칙이다.

268 개선과 혁신에 대한 차이와 조화를 이루어야 하는 의미에 대하여 간단히 설명하시오.

풀이 개선이란 과업이나 업무의 목적을 보다 편하고, 신속하게, 안전하게, 효율적으로 달성할 수 있도록 그 수단과 방법을 변화시키는 것을 의미한다. 하지만 혁신이란 현재의 패러다임을 뛰어넘는 진보와 변혁을 의미한다. 그러므로 개선은 시대의 변화에 대한 대응력이 약하고 혁신은 그것에 의해 얻어진 새로운 수준을 지속적으로 유지할 수 없기 때문에 개선과 혁신이 효과적으로 융합될 때 더욱 강화된다.

269 품질경영을 위한 정보시스템 구조에 대하여 3가지를 기술하시오.

풀이
1) 품질처리시스템(QPS)
2) 품질정보시스템(QIS)
3) 품질전략시스템(QSS)

270 랜덤샘플링(Random Sampling)을 하기 위한 원칙 4가지를 기술하시오.

풀이
1) 샘플링 시행자에게 샘플링의 목적과 중요성을 인식시킨다.
2) 샘플링은 책임이 있는 사람의 입회하에 실시한다.
3) 제품의 생산에 종사하는 사람에게 직접 샘플링을 맡겨서는 안 된다.
4) 샘플링은 대상물의 이동 중에 실시한다.

271 샘플링의 종류를 구분하여 5가지로 설명하시오.

풀이
1) **단순 랜덤 샘플링** : 모집단 전체에서 필요한 샘플을 취하는 방식
2) **다단계 샘플링** : 1차, 2차 등 단계별로 로트를 구분하여 샘플을 취하는 방식
   ① 2단계 샘플링   ② 다단계 샘플링   ③ 축차 샘플링
3) **층별 샘플링** : 2단계 샘플링 검사법과 유사하나 차하위 로트분의 모두에서 일정량만큼 샘플을 취하는 방식
4) **취락 샘플링** : 구분된 단위의 일부를 취해 모두를 조사하는 방식
5) **계통 샘플링** : 연속 생산과 같이 생산되어 흘러갈 때 일정한 시간, 간격마다 선택하여 샘플을 취하는 방식

272 계통 샘플링을 이용할 경우 그 특징에 대하여 기술하시오.

풀이
1) 시간적·공간적으로 층별 샘플링 효과가 있다.
2) 층간 변동은 샘플링 정밀도에 거의 영향을 주지 않는다.
3) 샘플 크기가 같으면 단순 랜덤 샘플링보다 정밀도가 높을 수 있다.
4) 제품 생산에 주기성이 존재하면 사용할 수 없다.
5) 단순 랜덤 샘플링보다 시료 채취가 용이하다.

273 어떤 수지(Resin)를 생산하는 한 화학업체에서 이 수지에 포함되는 불순물의 함량률을 줄이기 위한 실험을 실시하고자 한다. 규격 상한은 4.0%이고 이 규격이 만족되지 않으면 10kg당 50,000원의 손실이 발생한다. 이 불순물에 영향을 주리라고 예상되는 4가지 제어인자를 다음과 같이 주었다.

- A : 본드의 배합비 3수준(A_0, A_1, A_2)
- B : 본딩 방법 3수준(B_0, B_1, B_2)
- C : 표면 처리방법 3수준(C_0, C_1, C_2)
- D : 열처리 방법 3수준(D_0, D_1, D_2)

비제어인자로서 U : 작업자 2수준(비숙련공, 숙련공), V : 수지생산라인 2수준을 선택해 주고 생산된 수지를 실험실에서 분석하여 불순물의 함량%를 얻었다. 이 실험을 망소특성실험이라 한다. S/N 비의 값을 구하시오.

인자배치	A	B	C	D	불순물 함량(%)				S/N 비
열번호	1	2	3	4	U_0		U_1		
실험번호					V_0	V_1	V_0	V_1	
1	0	0	0	0	6.80	5.52	2.27	3.75	-13.80
2	0	1	1	1	3.43	2.58	2.49	2.11	-8.61
3	0	2	2	2	2.17	2.50	1.57	1.98	-6.37
4	1	0	1	2	1.79	2.81	1.33	1.76	-6.01
5	1	1	2	0	1.98	2.38	2.57	2.00	-7.03
6	1	2	0	1	2.93	2.78	2.61	2.17	-8.43
7	2	0	2	1	2.43	2.18	1.70	1.56	-6.02
8	2	1	0	2	4.25	3.90	1.91	1.63	-9.95
9	2	2	1	0	4.05	3.28	1.50	2.12	-9.28

풀이 망소특성 $SN = -10 \log\left(\frac{1}{n}\sum y_i^2\right)$

$$1번 \ 산출근거 = -10 \log\left[\frac{1}{4}(6.80^2 + 5.52^2 + 2.27^2 + 3.75^2)\right] = -13.80$$

$$2번 \ 산출근거 = -10 \log\left[\frac{1}{4}(3.43^2 + 2.58^2 + 2.49^2 + 2.11^2)\right] = -8.61$$

$$3번 \ 산출근거 = -10 \log\left[\frac{1}{4}(2.17^2 + 2.50^2 + 1.57^2 + 1.98^2)\right] = -6.37$$

$$4번 \ 산출근거 = -10 \log\left[\frac{1}{4}(1.79^2 + 2.81^2 + 1.33^2 + 1.76^2)\right] = -6.01$$

$$5번 \ 산출근거 = -10 \log\left[\frac{1}{4}(1.98^2 + 2.38^2 + 2.57^2 + 2.00^2)\right] = -7.03$$

$$6번 \ 산출근거 = -10 \log\left[\frac{1}{4}(2.93^2 + 2.78^2 + 2.61^2 + 2.17^2)\right] = -8.43$$

$$7번 \ 산출근거 = -10 \log\left[\frac{1}{4}(2.43^2 + 2.18^2 + 1.70^2 + 1.56^2)\right] = -6.02$$

$$8번 \ 산출근거 = -10 \log\left[\frac{1}{4}(4.25^2 + 3.90^2 + 1.91^2 + 1.63^2)\right] = -9.95$$

$$9번 \ 산출근거 = -10 \log\left[\frac{1}{4}(4.05^2 + 3.28^2 + 1.50^2 + 2.12^2)\right] = -9.28$$

274 "설계품질(Quality of Design)"을 설명하시오.

풀이 제품의 품질이 고객의 요구를 충족시킬 수 있도록, 고객의 요구품질과 제조능력을 최적화시킬 수 있는 품질시방(Quality Specification)을 결정한다. 이때 결정되는 품질을 설계품질이라 한다.

275 품질관리기법 중 "상관분석"과 "회귀분석" 기법의 적용영역을 설명하시오.

풀이 (1) 상관분석

두 변량 X, Y의 상관관계를 알고자 하는 것, 즉 두 변수 간의 관련성을 연구하는 통계적 분석

① X : 결과 → Y : 결과　　② X : 변량 → Y : 변량

(2) 회귀분석

독립변수(X)의 값을 지정했을 때 종속변수(Y)가 갖는 값의 정확한 추정

① X : 원인 → Y : 결과　　② X : 온도 → Y : 인장강도

276 실험계획법의 기본원리를 열거하고 내용을 설명하시오.

풀이 (1) **랜덤화의 원리** : 뽑힌 인자 외에 기타 원인들의 영향이 실험결과에 편기되게 미치는 것을 없애기 위함
(2) **반복의 원리** : 반복을 시켜줌으로써 오차항의 자유도를 크게 해줄 수 있으며, 오차분산이 정도 좋게 추정됨으로써 실험결과의 신뢰성을 높일 수 있다.
(3) **블록화의 원리** : 실험 전체를 시간적 · 공간적으로 분할하여 블록으로 만들어 주면, 각 블록 내에서는 실험환경이 균일하게 되어 정도 좋은 결과를 얻을 수 있다.
(4) **교락의 원리** : 구할 필요가 없는 2인자 교호작용이나 고차의 교호작용을 블록과 교락시키는 방법으로 검출할 필요가 없는 요인이 블록의 효과와 교락하게 됨으로써 실험의 효율을 높일 수 있다.
(5) **직교화의 원리** : 요인 간에 직교성을 갖도록 실험계획하여 데이터를 구하면, 같은 실험횟수라도 검출력이 더 좋은 검정을 할 수 있고, 정도가 더 높은 추정을 할 수 있다.

277 TQM의 기본원리 중 5가지만 기술하시오.

풀이 (1) 변화를 긍정적으로 수용할 수 있는 열린 조직문화
(2) 조직 구성원의 참여와 팀워크
(3) 최고경영자의 리더십과 열의
(4) 고객의 소리 청취
(5) 오늘 성취한 단계가 내일을 위해서는 충분하지 않기 때문에 계속적인 품질 향상을 추구

278 난괴법 적용 시 결측치 처리방법을 설명하시오.

풀이 모수모형(모수인자×모수인자)실험은 모수인자로서 재현성이 있기에 결측치 추정이 가능하고 의미가 있지만, 난괴법과 같은 혼합모형(모수인자×변량인자)실험은 한 인자가 변량인자(재현성이 없이 수준의 선택이 랜덤하게 이루어지는 인자)로 이루어져 있기에 결측치가 생기면 분산분석이 이루어질 수 없다.
즉, 해석은 할 수 없고, 변량인자가 있는 실험은 결측치가 생기지 않도록 유의하여 실험을 행하여야 한다. 결측치의 추정은 실험의 재현성이 있는 경우만 의미를 갖게 되고, 결측치를 추정하는 것보다 결측치가 나타난 수준의 조건에서 실험을 한 번 더 행할 수가 있다면 실험을 다시 한 번 더 행하는 것이 좋다.
사실적인 데이터에 의한 해석을 행하는 추측통계학에서 추정치보다는 실험값이 훨씬 더 의미가 있다.

279 다구치 품질공학에서 망목특성의 손실함수를 설명하시오.

풀이 (1) 출력특성 y가 m으로부터 기능한계 Δ_0만큼 떨어져 있을 때의 실제 손실금액을 A_0이라 하면,

$$L(y) = k(y-m)^2, \quad k = \frac{A_0}{\Delta_0^2}$$

(2) 다수의 제품을 만들거나 특성치가 변화할 때는 $(y-m)^2$의 평균 σ^2을 사용

$$L(y) = k\sigma^2, \quad k = \frac{A_0}{\Delta_0^2}$$

(3) 특성치의 변동에 의한 손실을 작게 하기 위해서는
   ① 기능한계 Δ_0를 작게 하는 시스템 선택
   ② 기능한계 Δ_0를 크게 하는 시스템 선택
   ③ $(y-m)^2$의 평균인 σ^2을 작게 하도록 생산공정을 설계 및 관리

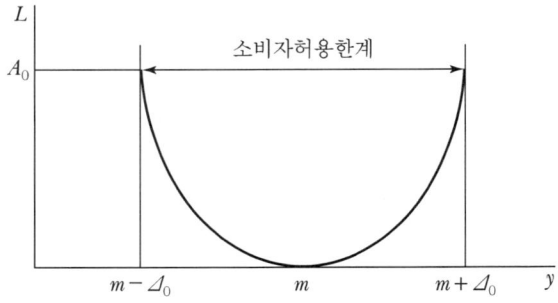

280 6시그마의 추진 절차를 설명하시오.

풀이

단계	활동단계	주요활동내용	적용기법
1	Define (문제의 정의)	• 주요 고객정의 • 고객요구사항 파악(CTQ) • 개선프로젝트 선정	NGT, Logic Tree, QFD, 파레토도, 그래프
2	Measure (측정)	• 벤치마킹 • 부적합 정량화 • 프로세스 매핑	%R&R, 샘플링, 히스토그램, 관리도, 공정능력분석
3	Analyze (분석)	• 부적합 원인 규명 • 잠재원인에 대한 자료 확보 • 치명원인 도출	브레인스토밍, FMEA, ANOVA, 특성요인도

단계	활동단계	주요활동내용	적용기법
4	Improve (개선)	• 프로세스 개선방법 모색 • 브레인스토밍 • 최적해 도출이 가능한 해결방법의 실험적 실시	반응표면실험, ANOVA, 회귀분석, 다구치 기법
5	Control (관리)	• 개선프로세스의 지속적 방법 모색 • 표준화 • 모니터링	관리계획서, 관리도, Fool-Proofing

281 크기 $N=1,000$의 로트에 대한 전수검사, 샘플링 검사(샘플크기 $n=100$인 1회 샘플링), 무검사를 비교하여 선택하고자 한다. 제품 1개당 검사비용이 20원, 불량품이 출하되었을 때 불량품 1개당 손실비용이 2,500원이다. 검사 시 발견된 불량품은 재작업하여 양품으로 바꾸어 출하하고 재작업 비용은 1개당 300원이다. 로트 불량률이 얼마일 때 무검사, 샘플링 검사, 전수검사를 하여야 하는가?

풀이 임계불량률 $P_b = \dfrac{a}{b} = \dfrac{a}{b-c} = \dfrac{a}{b-d}$

여기서, a : 개당 검사비용(20원)
  b : 개당 손실비용(2,500원)
  c : 재가공비용(300원)
  d : 폐각처분 비용

$$P_b = \frac{a}{b-c} = \frac{20}{2,500-300} = \frac{20}{2,200} = 0.0091\,(0.91\%)$$

• 로트 불량률(P)이 임계 불량률(P_b) 이하이면 무검사
• 로트 불량률(P)이 임계 불량률(P_b) 이상이면 검사
• 로트 불량률(P)이 임계 불량률(P_b) 같으면 샘플링검사

282 제조공정과 규격과의 관계를 관리하는 과정에서 아래 사항이 발견될 때의 조처사항을 기술하시오.

1 공정의 산포가 규격의 최대치와 최소치의 차보다 작고 공정의 중심이 안정되었을 때의 조처사항을 기술하시오.

2 공정의 산포가 규격의 최대치와 최소치의 차와 같을 때의 조처사항을 기술하시오.

3 공정의 산포가 규격의 최대치와 최소치의 차보다 작고 공정의 중심이 규격한계의 중심에서 벗어날 때의 조처사항을 기술하시오.

4 공정의 산포가 규격의 최대치와 최소치의 차보다 클 때의 조처사항을 기술하시오.

풀이

1 ① 현행 제조공정을 관리·유지한다.
② 변형된 관리한계선의 적용을 검토한다.
③ 체크검사 등으로 검사를 줄이는 방안을 고려한다.

2 ① 공정변화를 자주 모니터링하며, 산포가 커졌을 때 전수검사를 실시하여 부적합품을 제거한다.
② 공정 중심이 규격 중심과 일치하도록 관리한다.
③ 공정산포를 줄이는 방안을 모색한다.
④ 규격의 폭을 넓힐 수 있는 가능성을 검토한다.

3 ① 공정이 규격과 일치하도록 공정의 대폭적인 변경관리를 한다.
② 현재의 규격이 제품에 영향을 주지 않도록 변경한다.
③ 공정평균에 영향을 주는 변동원인을 조사, 제거한다.
④ 규격을 만족시킬 때까지 전수선별한다.

4 ① 규격한계의 검토로 규격을 넓히도록 한다.
② 통계적 기법을 활용하여 산포를 줄인다.
③ 문제 해결 시까지 제품을 전수선별하고, 경제적인 측면에서 공정개선 및 관리를 꾀한다.

283 라틴 방격법의 분산분석표를 작성하시오.

풀이 (1) 구조식

$X_{ijk} = \mu + a_i + b_j + c_k + e_{ijk}$ (단, $e_{ijk} \sim N(0, \sigma_e^2)$이고 서로 독립 $\sum a_i = 0$, $\sum b_j = 0$, $\sum c_k = 0$

(2) 분산분석표 작성

① 변동의 계산

$$CT = \frac{T^2}{N}$$

$$S_T = \sum\sum\sum X_{ijk}^2 - CT, \quad S_A = \sum \frac{T_{i..}^2}{k} - CT, \quad S_B = \sum \frac{T_{.j.}^2}{k} - CT,$$

$$S_C = \sum \frac{T_{..k}^2}{k} - CT, \quad S_e = S_T - (S_A + S_B + S_C)$$

② 자유도 계산

$v_A = v_B = v_C = k-1$,

$v_T = k^2 - 1$

$v_e = v_T - (v_A + v_B + v_C) = (k-1)(k-2)$

요인	SS	DF	MS	F_0
A	S_A	v_A	V_A	$\dfrac{V_A}{V_e}$
B	S_B	v_B	V_B	$\dfrac{V_B}{V_e}$
C	S_C	v_C	V_C	$\dfrac{V_C}{V_e}$
e	S_e	v_e	V_e	
T	S_T	v_T		

284 비정규분포를 따르는 공정의 공정능력 분석을 위한 지표를 설명하시오.

풀이 비정규분포에 대한 공정능력지수는 Clements에 의해 1987년 발표된 이래 Pearn과 Kotz에 의하여 공정능력지수 Cpmk가 고안되었다.

Cpmk는 정규분포를 따르지 않고 비정규분포를 따르는 공정의 상태를 설명하기 위한 지수 공정의 평균이 목표값을 벗어나는지의 여부를 판단하기 위한 지표로 사용된다.

$$\text{Cpm} = \frac{USL - LSL}{6\sqrt{\sigma^2 + (\mu - T)^2}},$$

$$\text{Cpmk} = \min \frac{\mu - LSL}{6\sqrt{\sigma^2 + (\mu - T)^2}}, \frac{USL - \mu}{6\sqrt{\sigma^2 + (\mu - T)^2}}$$

그러나, 치우침이 있는 공정에서는 적절한 경고를 못하는 단점이 있다.

285 신 QC의 7가지 기법의 내용을 설명하시오.

풀이 (1) 연관도법(Relations Diagram) : 문제가 되는 결과에 대하여 그 인과관계나 원인의 상호관계를 분석한 후 각 원인들의 관계를 화살표를 이용하여 영향의 방향으로 나타내는 방법

(2) 친화도법(Affinity Diagram) : 브레인스토밍 방법에 의해서 수집된 사실, 의견, 아이디어 등의 수집한 언어데이터를 상호 간 관계 또는 친화에 따라 그룹화하는 방법

(3) 계통도법(Tree Diagram) : 목적 또는 목표를 달성하기 위한 수단, 대책을 체계적으로 전개하여 문제 전체를 일목요연하게 파악하고, 그 중점을 명확하게 하는 방법으로 목적 또는 목표를 달성하기 위한 최적의 수단 및 대책을 추구하는 방법

(4) 매트릭스도법(Matrix Diagram) : 원인과 결과 사이의 관계, 목표와 방법 사이의 관계를 밝히고 나아가 이들 관계의 상대적인 중요도를 나타내는 방법

(5) 매트릭스 데이터 해석법(Matrix Data Analysis) : 매트릭스도법에 나타낸 여러 요인 간에 존재하는 관계의 정도를 수량화하는 방법

(6) PDPC법(Process Decision Program Chart) : 문제의 시초부터 해결까지 이르는 과정에서 발생할 수 있는 모든 가능한 사상과 중대 사태를 나타낸 후 모의실험을 통하여 미래를 예측함으로써 바람직하지 않은 상황을 피할 수 있는 대책을 얻게 되는 방법

(7) 애로 다이어그램(Arrow Diagram) : PERT나 CPM의 용도로 사용하는 일정계획을 위한 네트워크 도표로 최적의 일정계획을 효율적으로 관리하는 방법

286 공정의 미세변화(Small Shift)를 빠르게 감지할 수 있는 CUSUM 관리도와 EWMA 관리도의 적용 절차와 특징을 설명하시오.

풀이 (1) 누적합(CUSUM ; Cumulative Sum) 관리도

공정에서 부분군의 크기가 n인 데이터를 주기적으로 추출하여 그 평균값 $\bar{x}$와 공정기대값 (또는 목표치)과의 차이 누적합을 그린 누적합 관리도로서 현재의 검사뿐만 아니라 앞에서 검사한 결과를 누적하여 산출한 값으로 공정의 변화를 판단한다.

비교적 빠르게 공정의 변화를 탐지할 수 있어 슈하르트 관리도보다 두 배 정도 빨리 이동상태를 감지한다.

(2) 지수가중이동평균(EWMA ; Exponentially Weighted Moving Average) 관리도

지수가중이동평균 관리도는 공정으로부터 작은 변동을 검출할 때 사용되는데, 이동평균 관리도에서는 이동평균을 계산하기 위해 W개의 표본평균에 $1/W$개의 가중치를 주었는데, 지수가중이동평균 관리도에서는 최근의 측정치에 더 큰 가중치를 주게 함으로써, 공정변화에 민감하게 하여, 공정 변화를 빨리 감지할 수 있도록 한다.

가중치가 1이면 지수가중이동평균 관리도는 $\bar{x}$ 관리도와 동일하며, 가중치가 작을수록 공정평균의 이동을 더 빨리 탐지할 수 있다. $\bar{x}$ 관리도와 함께 사용하면 더 효율적이다. 만일 두 개의 관리도를 함께 사용할 때 어느 한쪽의 관리도에서라도 관리한계선 밖에 점이 나타나면, 공정에 문제점이 발생한 것으로 간주한다.

287 제품책임(Product Liability)

풀이 제품책임(PL)이란 제품에 의해 발생한 인적 상해, 재산 손상 또는 기타 손해와 관련된 손실을 배상하도록 생산자 또는 그 밖의 사람의 책임을 기술하는 데 사용하는 것으로, 제조물 책임이라고도 한다.

288 계측기의 재현성 및 반복성(R&R)

풀이 1) 재현성(Reproducibility)

서로 다른 측정자가 동일한 계측기로 동일 제품을 측정하였을 때 발생되는 측정자 변동

2) 반복성(Repeatability)

동일한 측정자가 동일한 계측기로 동일 제품을 측정하였을 때 발생되는 계측기 변동

289 브레인 스토밍의 4원칙

풀이 (1) 질보다 양을 추구한다.(많은 의견 도출)
(2) 타인의 의견을 비판하지 않는다.
(3) 발언을 자유분방하게 한다.
(4) 타인의 의견을 이용하여 새로운 의견을 제시한다.

290 표준화의 목적(6가지)

풀이 (1) 제품의 단순화
(2) 인간생활에서의 행위의 단순화
(3) 관계자 간의 의사소통
(4) 전체적인 경제
(5) 안전, 건강 및 생명의 보호
(6) 무역 장벽의 제거

291 프로세스 어프로치(Process Approach)

풀이 프로세스의 파악과 상호작용, 프로세스에 대한 관리를 포함하여 조직 내에서 프로세스로 구성된 시스템을 적용하는 것

292 표준수

풀이 표준수(Preferred Number)는 공업표준화 설계 등에서 수치를 정할 때 선정의 기준으로 쓰이는 수치

293 6σ의 DMAIC

단계	활동단계	주요활동내용	적용기법
1	Define (문제의 정의)	• 주요 고객정의 • 고객요구사항 파악(CTQ) • 개선프로젝트 선정	NGT, Logic Tree, QFD, 파레토도, 그래프
2	Measure (측정)	• 벤치마킹 • 부적합 정량화 • 프로세스 맵핑	%R&R, 샘플링, 히스토그램, 관리도, 공정능력분석
3	Analyze (분석)	• 부적합 원인 규명 • 잠재원인에 대한 자료 확보 • 치명원인 도출	브레인스토밍, FMEA, ANOVA, 특성요인도
4	Improve (개선)	• 프로세스 개선방법 모색 • 브레인스토밍 • 최적해 도출이 가능한 해결방법의 실험적 실시	반응표면실험, ANOVA, 회귀분석, 다구치 기법
5	Control (관리)	• 개선프로세스의 지속적 방법 모색 • 표준화 • 모니터링	관리계획서, 관리도, Fool-Proofing

294 Single-PPM 품질혁신 운동 추진단계

(1) S(Scope) : 범위 선정

(2) I(Illumination) : 현상 파악

(3) N(Nonconformity) : 원인 분석

(4) G(Goal) : 목표 설정

(5) L(Level up) : 개선

(6) E(Evaluation) : 평가

295 이항분포

[풀이] 성공률이 p인 베르누이 시행을 n번 반복시행했을 때, x를 n번 시행에서의 성공횟수라 할 때, x의 확률분포를 시행횟수 n과 성공률 p를 갖는 이항분포 $B(n, p)$라 한다. $x = \{0, \cdots, n\}$이다.
pdf는 $p(x) = {}_nC_x\, p^x(1-p)^{n-x}$, $x = 0, \cdots, n$

- 성질 $E(x) = np$, $V(x) = npq$, $q = 1-p$

  표본의 결과로부터 얻어진 표본불량률 $\hat{p} = \dfrac{x}{n}$라 하면,

  $$E(\hat{p}) = p,\ v(\hat{p}) = \frac{pq}{n}$$

  pdf는 $p(x) = \dfrac{{}_{NP}C_x\ {}_{N-NP}C_{n-x}}{{}_NC_n}$, $x = 0,\ 1,\ \cdots,\ \min(n,\ NP)$

- 성질 $E(x) = np$, $V(x) = \dfrac{N-n}{N-1}npq$, $q = 1-p$

  표본의 결과로부터 얻어진 표본불량률 $\hat{p} = \dfrac{x}{n}$라 하면,

  $$E(\hat{p}) = p,\ v(\hat{p}) = \frac{N-n}{N-1}\frac{pq}{n}$$

296 초기하 분포

[풀이] 불량률이 p이고 크기가 N인 로트에서 표본 n을 채취할 때 불량개수 x의 확률분포는 비복원 추출일 경우, 초기하분포라 한다. (복원추출일 경우에는 이항분포이다.)

297 벤치마킹(Bench Marking)

[풀이] 선진기업의 분야별 가장 좋은 방법이나 프로세스를 찾는 일련의 과정이다. 이는 선진기업의 귀중한 정보를 지속적으로 수집하여 참신한 아이디어를 도출하기 위해 행하는 실제적인 탐색법으로 일상적인 표준화 활동을 요구하고 있다.

따라서 벤치마킹은 많은 시간과 노력이 소요되는 반면에 실제로 기업의 업무 프로세스를 최상으로 혁신하는 데 필요한 정보를 제공하는 수단이다. 또한, 경쟁업체들, 특히 세계 초일류 기업들의 최고 방법이 파악되어야 함을 전제로 하는데, 이렇게 함으로써 세계 초일류 기업들이 사용하는 새로운 기술을 도입하는 데 도움이 될 수 있기 때문이다.

298 라인 내 QC(On-Line Quality control)와 라인 외 QC(Off-Line Quality control)

풀이 (1) 라인 내 QC
　　　① 제조공정의 관리나 제품관리 단계의 품질관리
　　　② 20~30% 정도의 품질 확보와 품질코스트 최적화
　　　③ 공정의 진단과 조정, 품질예측과 수정, 측정과 조치 등으로 구분 실시
　　　④ 관리시스템으로 설계
　　　⑤ 품질안정, 품질산포, 품질코스트를 최적화하여 손실함수 최소화

　　(2) 라인 외 QC
　　　① 제품설계나 공정설계 단계의 품질관리
　　　② 70~80% 정도의 품질 확보와 품질코스트 최적화
　　　③ 시스템설계, 파라미터설계, 허용차설계 등 3단계로 구분 실시
　　　④ 직교배열표에 의한 최적안을 선택, 또한 SN 비로 분석함으로써 잡음인자에 둔감하고 안정된 품질을 확보하여 손실함수 최소화

299 품질비용의 종류에 대하여 설명하라.

풀이 (1) 예방코스트(Prevention cost : P-cost)
　　　① 품질문제가 생기기 이전에 사전예방을 통하여 확보하는 비용
　　　② 품질관리 계획비용, 품질관리 기술비용, 품질관리 교육비용, 품질관리 사무비용 등

　　(2) 평가코스트(Appraisal cost : A-cost)
　　　① 품질이 생성되는 과정에 품질문제가 예상되는 부분을 검사하고 감시하며 관리하는 비용
　　　② 수입검사비용, 공정검사비용, 완성품검사비용, 시험비용, 시험·검사기기 보전비용 등

　　(3) 실패코스트(Failure cost : F-cost)
　　　품질을 제대로 관리하지 못하여 발생하는 품질사고, 품질불만 등 품질불량으로 인한 비용으로, 실패코스트는 2가지로 나눌 수 있다.
　　　① 사내실패비용
　　　　• 고객에게 제품 출하 전에 사내에서 발생한 비용
　　　　• 폐각(스크랩)비용, 재가공비용, 외주불량비용, 설계변경비용 등
　　　② 사외실패비용
　　　　• 고객에게 제품 출하 후에 사외에서 발생한 비용
　　　　• 현지 서비스 비용, 대체서비스 비용 등

300 신 QC 7가지 도구

풀이 (1) 연관도법(Relations Diagram)
문제가 되는 결과에 대하여 그 인과관계나 원인의 상호관계를 분석한 후 각 원인들의 관계를 화살표를 이용하여 영향의 방향으로 나타내는 방법

(2) 친화도법(Affinity Diagram)
브레인스토밍 방법에 의해서 수집된 사실, 의견, 아이디어 등의 수집한 언어데이터를 상호 간 관계 또는 친화에 따라 그룹화하는 방법

(3) 계통도법(Tree Diagram)
목적 또는 목표를 달성하기 위한 수단, 대책을 체계적으로 전개하여 문제 전체를 일목요연하게 파악하고, 그 중점을 명확하게 하는 방법으로 목적 또는 목표를 달성하기 위한 최적의 수단 및 대책을 추구하는 방법

(4) 매트릭스도법(Matrix Diagram)
원인과 결과 사이의 관계, 목표와 방법 사이의 관계를 밝히고 나아가 이들 관계의 상대적인 중요도를 나타내는 방법

(5) 매트릭스 데이터 해석법(Matrix Data Analysis)
매트릭스도법에 나타낸 여러 요인 간에 존재하는 관계의 정도를 수량화하는 방법

(6) PDPC법(Process Decision Program Chart)
문제의 시초부터 해결까지 이르는 과정에서 발생할 수 있는 모든 가능한 사상과 중대사태를 나타낸 후 모의실험을 통하여 미래를 예측함으로써 바람직하지 않은 상황을 피할 수 있는 대책을 얻게 되는 방법

(7) 애로 다이어그램(Arrow Diagram)
PERT나 CPM의 용도로 사용는 일정계획을 위한 네트워크 도표로 최적의 일정계획을 효율적으로 관리하는 방법

301 3정 5S 운동

풀이 (1) 3정(定)

정품, 정량, 정위치를 가리키는 것으로서 품질관리에서 가장 중요한 표준중시사상에 근거하고 있다.

1) 정품 : 품질 향상(품질 확보)
   ① 재료규격에서 정한 재료 · 부품을 구입 · 사용
   ② 작업표준 준수하여 제품규격에 적합한 완제품 생산

2) 정량 : 원가 절감(낭비 제거)
   ① 필요로 하는 수량만큼만 재료 · 부품을 구입 · 보관
   ② 정해진 수량만큼만 제품을 생산

3) 정위치 : 생산성 향상(능률 향상)
   ① 사용하는 지그 · 공구들을 정해진 위치에 배치
   ② 구입한 재료 · 부품을 지정된 장소에서 보관
   ③ 생산된 완제품은 지정된 장소에서 보관

(2) 5S

정리(Seiri), 정돈(Seidon), 청소(Seisoh), 청결(Seiketsu), 습관화(Shitsuke)를 의미하는 일본어를 영어로 표기했을 때의 첫 글자 'S'를 따서 만든 표현

1) 정리 : 필요한 것과 불필요한 것을 구분하고, 불필요한 것은 과감히 버린다.
2) 정돈 : 언제나 필요한 것을 쉽게 꺼낼 수 있도록 가지런히 놓는다.
3) 청소 : 현장 및 설비의 먼지, 이물, 오물 등을 제거하여 깨끗하게 한다.
4) 청결 : 정리 · 정돈 · 청소 상태를 유지하여 쾌적한 현장 환경을 만든다.
5) 습관화 : 정리 · 정돈 · 청소 · 청결을 습관적으로 몸에 배게 일상 생활화한다.

302. 제품의 전형적인 고장패턴, 즉 Bath-Tub에 대해 그림을 그리고 고장의 원인 및 대책을 2가지 이상 서술하라.

풀이 (1) 욕조곡선

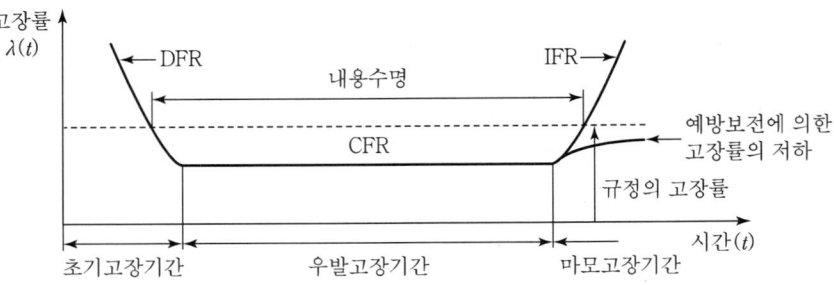

(2) 각 고장기간에 대한 고장의 원인 및 대책

1) 초기고장기간

가. 고장원인
① 표준 이하의 재료 사용
② 표준 이하의 작업자 솜씨
③ 불충분한 품질관리
④ 불충분한 디버깅
⑤ 부적절한 조치
⑥ 부적절한 시동
⑦ 부적절한 포장 및 수송
⑧ 빈약한 가공 및 취급기술
⑨ 오염
⑩ 저장 및 운반 중에 부품 고장
⑪ 조립상의 과오

나. 대책
① 보전예방(MP)
② 디버깅 Test
③ Burn-In Test

2) 우발고장기간

가. 고장원인
① 안전계수가 낮기 때문에
② Sterss가 Strength보다 크기 때문에
③ 사용자의 과오 때문에
④ 최선의 검사방법으로도 탐지되지 않은 고장 때문에
⑤ 디버깅 중에도 발견되지 않은 고장 때문에
⑥ 예방보전에 의해서도 예방될 수 없는 고장 때문에
⑦ 천재지변에 의한 고장 때문에

나. 대책
　　① 극한상황을 고려한 설계　　② 안전계수를 고려한 설계
　　③ 디레이팅 설계　　④ 사후보전(BM)
　　⑤ 개량보전(CM)

3) 마모고장기간
　가. 고장원인
　　① 부식 또는 산화　　② 마모 또는 피로
　　③ 노화 및 퇴화　　④ 불충분한 정비
　　⑤ 부적절한 오버홀　　⑥ 수축 또는 균열
　나. 대책 : 예방보전(PM)

303. 제조회사에서 공정능력(Process Capability)은 공정의 Out Put이 규격과 어느 정도 일치하는가를 측정하는 데 매우 중요하다. 공정능력지수(C_p)의 판정기준과 부족 시 필요한 조치(4가지)에 대해 설명하라.

[풀이]

C_p 값	등급	판정	필요조치
$1.67 \leq C_p$	0	공정능력 매우 우수	현행 제조공정을 관리·유지한다.
$1.33 \leq C_p < 1.67$	1	공정능력 우수	• 현행 제조공정을 관리·유지한다. • 변형된 관리한계선의 적용을 검토한다. • 체크검사 등으로 검사를 줄이는 방안을 고려한다. • 관리도 간소화를 취한다.
$1.00 \leq C_p < 1.33$	2	공정능력 양호	• 공정 변화를 자주 모니터링하며, 산포가 커졌을 때 전수검사를 실시하여 부적합품을 제거한다. • 공정 중심이 규격 중심과 일치하도록 관리한다. • 공정산포를 줄이는 방안을 모색한다. • 규격의 폭을 넓힐 수 있는 가능성을 검토한다.
$0.67 \leq C_p < 1.00$	3	공정능력 부족	• 공정이 규격과 일치하도록 공정의 대폭적인 변경관리를 한다. • 현재의 규격이 제품에 영향을 주지 않도록 변경한다. • 공정평균에 영향을 주는 변동원인을 조사, 제거한다. • 규격을 만족시킬 때까지 전수선별한다.
$C_p < 0.67$	4	공정능력 매우 부족	• 규격한계의 검토로 규격을 넓히도록 한다. • 통계적 기법을 활용하여 산포를 줄인다. • 규격을 재검토, 조정한다. • 현 공정의 능력을 향상시키기 위한 투자를 한다.

304 사내 표준화의 역할(6가지)과 요건(8가지)

풀이 (1) 사내 표준화의 역할
    1) 업무성과의 향상 : 목적한 것을 계획대로 실시
    2) 기술의 보전 : 개인의 기능을 기업의 기술로 보존하여 진보를 위한 토대 마련
    3) 관리의 기준 : 통계적 기법을 적용하여 과학적 관리기법 활용
    4) 업무의 효율화 : 작업·사무 처리방법이 단순화 및 정형화되므로 호환성 증가 및 능률 향상
    5) 경영방침의 구체화, 책임과 권한의 명확화 : 경영방침을 철저히 하고, 책임과 권한을 명확히 하며, 업무 처리기능을 확실하게 한다.
    6) 교육훈련의 용이성 : 새로운 작업자, 낮은 경력의 기술자 교육에 활용

(2) 사내 표준화 요건
    1) 실행 가능성이 있는 내용일 것
    2) 이해관계자들의 합의에 의한 결정일 것
    3) 기록내용이 구체적이고 객관적일 것
    4) 기여의 비율이 큰 것부터 중점적으로 취급할 것
        ① 중요한 개선이 있을 때
        ② 숙련공이 교체될 때
        ③ 산포가 클 때
        ④ 통계적인 수법을 활용하고 싶을 때
        ⑤ 기타 공정에 변동이 있을 때
    5) 직관적이고 보기 쉬운 표현으로 할 것
    6) 적시에 개정 향상시킬 것
    7) 장기적 방침 및 체계하에 추진할 것
    8) 작업표준에는 수단과 행동을 직접 제시할 것

305 ISO 9000 품질인증과 KS 표시 인증의 비교

[풀이]

구분	KS 인증제도	ISO 9000 인증제도
대상	소비자 보호를 위해 필요하고 다른 산업에 영향이 있는 광공업품 및 서비스	산업 및 서비스 전 분야
관련법규	산업표준화법	품질경영 및 공산품안전관리법
심사기준 및 요구사항	• 표준화 일반 • 자재의 관리 • 공정관리 • 제품의 품질관리 • 제조설비의 관리 • 검사설비의 관리	• 품질경영시스템 • 경영자책임 • 자원관리 • 제품실험 • 측정, 분석 및 개선
심사단계	공정심사 → 제품심사	예비심사 → 문서심사 → 현장심사 → 확인심사
사후관리 방법	1년마다 제품심사, 3년마다 정기심사 실시	1년마다 사후심사, 3년마다 갱신심사 실시

306 품질관리기술사로서 귀하의 부하직원이 제품 샘플링에 대한 방법(4가지)을 물었다면 어떻게 설명하겠는가?

[풀이] (1) 단순랜덤 샘플링

모집단의 모든 샘플링 단위가 동일한 확률로서 시료에 뽑힐 가능성이 있는 샘플링 방법

(2) 2단계 샘플링

1차로 로트를 랜덤으로 선택하고, 다시 2차로 각 로트에서 몇 개씩 취하는 샘플링 방법

(3) **층별 샘플링**

로트를 몇 개 층으로 나누어, 각 층으로부터 시료를 취하는 샘플링 방법(2단계 샘플링에서 1차 샘플링이 모든 층을 선택했을 때와 같다.)

(4) **취락 샘플링**

1차로 로트를 몇 개 랜덤으로 선택하고, 선택된 로트 모두를 표본으로 취하는 샘플링 방법

(5) **계통 샘플링**

시료를 시간적으로나 공간적으로 일정한 간격을 두고 취하는 샘플링 방법

307 샘플링 검사의 OC 곡선

풀이 로트의 불량률 $P(\%)$를 가로축에, 로트가 합격할 확률 $L(P)$을 세로축에 잡고, 이 양자의 관계를 표시한 곡선(샘플링 검사의 판별능력을 측정하기 위한 척도로서 로트 불량률 $P(\%)$에 대한 로트가 합격할 확률 $L(P)$을 Plot한 곡선)

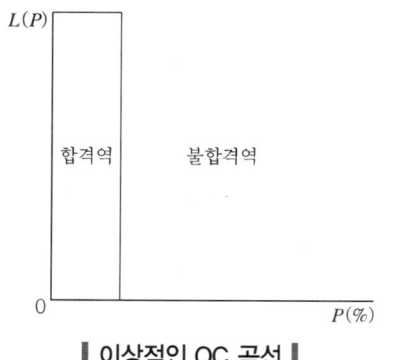

| 이상적인 OC 곡선 | | 일반적인 OC 곡선 |

308 최적 조건을 구하기 위한 실험계획법 중 EVOP(Evolutionary Operation)법에 대한 개념 및 특징

풀이 (1) 개념 : 이 방법은 1957년에 Box에 의해 개발된 방법으로 제조현장에서의 실험에 적합하다. 왜냐하면 이 방법은 제품의 품질에 영향을 미치지 않는 범위에서 제어인자의 수준을 약간씩 변화시키면서 반응변수의 값, 즉 수율을 데이터로써 구하고 수율을 최대로 하는 최적 작업조건을 구하는 방법이기 때문이다.

(2) 특징 : 실제로 생산을 계속해 나가면서 불량품을 만드는 것을 될 수 있는 한 방지하며, 사전에 최적조건을 파악한 후 공정을 개선하면서 최적조건을 바꾸어 주며 반응의 변화를 진화적 개념으로 탐지

309 실험계획의 기본원리 5가지를 적고, 각각을 약술하라.

풀이 (1) 랜덤화의 원리

뽑힌 인자 외에 기타 원인들의 영향이 실험결과에 편기되게 미치는 것을 없애기 위함

(2) 반복의 원리

반복을 시켜줌으로써 오차항의 자유도를 크게 해줄 수 있으며, 오차분산이 정도 좋게 추정됨으로써 실험결과의 신뢰성을 높일 수 있다.

(3) 블록화의 원리

실험 전체를 시간적, 공간적으로 분할하여 블록으로 만들어 주면, 각 블록 내에서는 실험 환경이 균일하게 되어 정도 좋은 결과를 얻을 수 있다.

(4) 교락의 원리

구할 필요가 없는 2인자 교호작용이나 고차의 교호작용을 블록과 교락시키는 방법으로 검출할 필요가 없는 요인이 블록의 효과와 교락하게 됨으로써 실험의 효율을 높일 수 있다.

(5) 직교화의 원리

요인 간에 직교성을 갖도록 실험 계획하여 데이터를 구하면, 같은 실험횟수라도 검출력이 더 좋은 검정을 할 수 있고, 정도가 더 높은 추정을 할 수 있다.

310 공정 1과 공정 2에서의 수율을 측정한 결과 다음과 같은 데이터가 얻어졌다. $\sigma_1 = \sigma_2 = 2.00(\%)$라고 가정하여 공정 1과 공정 2의 수율에 차이가 있는가를 위험률 $\alpha = 0.05$로 검정하여 결론을 내려라.

(단위 : %)

공정 1	85.5	87.4	86.9	87.1	87.3	85.1	85.3
공정 2	89.2	87.7	87.5	87.8	91.3	89.3	88.3

풀이 두 집단 모평균차에 관한 검정

(1) 가설의 설정

$H_0 : \mu_1 = \mu_2, \ H_1 : \mu_1 \neq \mu_2$

(2) 유의수준 설정

$\alpha = 0.05$, σ기지, $\sigma_1 = \sigma_2 = 2.00$, $n_A = n_B = 7$, $\overline{x}_1 = 86.37$, $\overline{x}_2 = 88.73$

(3) 검정통계량 계산

$$|u_0| = \frac{|\overline{x}_A - \overline{x}_B|}{\sqrt{\left(\dfrac{\sigma_A^2}{n_A} + \dfrac{\sigma_B^2}{n_B}\right)}} = \frac{|86.37 - 88.73|}{\sqrt{\left(\dfrac{4}{7} + \dfrac{4}{7}\right)}} = 2.21$$

(4) 기각역 설정

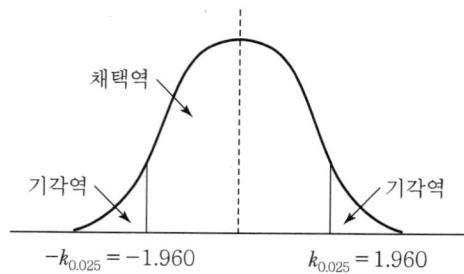

(5) 판정

$|u_0| = 2.21 > k_{0.025} = 1.960$ 이므로 H_0 기각

즉, 공정 1과 공정 2의 수율에 차이가 있다고 말할 수 있다.

311
어떤 공정의 관리상태 여부를 알아보기 위하여 $n = 4$, $k = 25$의 데이터를 취하여 계산한 결과 $\bar{\bar{x}} = 11.32$, $\bar{R} = 1.45$를 얻었다. 해석용 $\bar{x} - R$ 관리도를 작성한다면 UCL, CL, LCL의 값은 각각 얼마가 되겠는가?(단, $n = 4$일 때, $A_2 = 0.73$, $D_4 = 2.28$, $D_3 = -$ 이다.)

풀이 (1) $\bar{x}$ 관리도

$$E(\bar{x}) \pm 3D(\bar{x}) = \bar{\bar{x}} \pm 3\frac{\hat{\sigma}}{\sqrt{n}} = \bar{\bar{x}} \pm 3\frac{1}{\sqrt{n}}\frac{\bar{R}}{d_2} = \bar{\bar{x}} \pm A_2\bar{R} \text{(단, } A_2 = \frac{3}{d_2\sqrt{n}}\text{)}$$
$$= 11.32 \pm (0.73)(1.45) = 11.32 \pm 1.06$$

$CL = \bar{\bar{x}} = 11.32$, $UCL = 12.38$, $LCL = 10.26$

(2) R 관리도

$$E(\bar{R}) \pm 3D(\bar{R}) = \bar{R} \pm 3d_3\hat{\sigma} = \bar{R} \pm 3d_3\frac{\bar{R}}{d_2} = \left(1 \pm 3\frac{d_3}{d_2}\right)\bar{R} = D_4\bar{R}, D_3\bar{R}$$

(단, $D_4 = 1 + 3\frac{d_3}{d_2}$, $D_3 = 1 - 3\frac{d_3}{d_2}$)

$CL = \bar{R} = 1.45$, $UCL = (2.28)(1.45) = 3.306$, $LCL = -$ (고려하지 않음)

312 다음의 이원배치 데이터에 대한 분산분석표를 작성하라. (단, F(3,6 : 0.05)=4.76, F(2,6 : 0.05)=5.14, F(3,6 : 0.01)=9.7, F(2,6 : 0.01)=10.9이다.)

구분	A_1	A_2	A_3	A_4
B_1	47.5	48.5	48.9	47.9
B_2	47.2	48.1	47.9	47.6
B_3	46.6	46.8	47.8	46.4

풀이 (1) 변동의 계산

$T_{1\cdot}=141.3$, $\quad T_{2\cdot}=143.4$, $\quad T_{3\cdot}=144.6$, $\quad T_{4\cdot}=141.9$

$T_{\cdot 1}=192.8$, $\quad T_{\cdot 2}=190.8$, $\quad T_{\cdot 3}=187.6$, $\quad T=571.2$

$$CT = \frac{T^2}{N} = \frac{571.2^2}{12} = 27,189.12$$

$$S_T = \sum\sum X_{ij}^2 - CT = (47.5^2 + \cdots + 46.4^2) - 27,189.12 = 6.22$$

$$S_A = \sum \frac{T_{i\cdot}^2}{m} - CT = \frac{141.3^2 + 143.4^2 + 144.6^2 + 141.9^2}{3} - 27,189.12 = 2.22$$

$$S_B = \sum \frac{T_{\cdot j}^2}{l} - CT = \frac{192.8^2 + 190.8^2 + 187.6^2}{4} - 27,189.12 = 3.44$$

$$S_e = S_T - (S_A + S_B) = 6.22 - (2.22 + 3.44) = 0.56$$

(2) 분산분석표 작성

요인	SS	DF	MS	F_0	$F_{(0.95)}$	$F_{(0.99)}$
A	2.22	3	0.74	8.22*	4.76	9.78
B	3.44	2	1.72	19.11**	5.14	10.9
e	0.56	6	0.09			
T	6.22	11				

주) 위의 결과에서 인자 A는 5%로 유의하고, 인자 B는 1%로 유의하다.

313
어떤 기계를 100시간 간격으로 점검하여 고장 난 것(r_i)과 고장 날 것 같아 새것으로 교체한 것(k_i)의 데이터를 구한 결과가 다음과 같다면 이 기계의 평균수명을 점추정하라.

t_i	200	300	400	500
r_i	0	0	1	1
k_i	1	2	3	1

풀이 단위시간 구간으로 점검하여 고장 난 것(r_i)과 고장 날 만한 것(k_i)을 모두 새것으로 교환하는 경우

$\sum (t_i \cdot r_i) = (200 \times 0) + (300 \times 0) + (400 \times 1) + (500 \times 1) = 900$

$\sum (t_i \cdot k_i) = (200 \times 1) + (300 \times 2) + (400 \times 3) + (500 \times 1) = 2,500$

$r = \sum r_i = 1 + 1 = 2$

$\text{MTTF} = \dfrac{\sum (t_i r_i) + \sum (t_i k_i)}{r} = \dfrac{900 + 2,500}{2} = 1,700$

∴ 이 기계의 평균수명은 약 1,700시간

314
규격과 공정 사이에 모순이 발생할 경우 이러한 모순을 제거하는 핵심적인 방법 3가지는?

풀이 (1) 공정의 변경   (2) 규격의 변경   (3) 한계 밖으로 나가는 제품의 선별

315
국내 기업체에서 자재 또는 제품의 품질을 측정(검사) 하는 데 "체크(Check)검사"를 대다수 사용하고 있다. 이 검사에 대한 이론적인 배경이 되는 샘플링 검사에 대하여 간략히 설명하시오.

풀이 (1) 검사의 정의
   로트로부터 시료를 샘플링해서 측정결과를 판정기준과 비교하여 로트의 합격, 불합격 판정을 내리는 것

(2) 목적
   ① 후공정이나 고객에게 불량품이 넘어가는 것을 방지
   ② 품질정보 제공
   ③ 작업자의 품질의욕 자극, 고객에게 품질에 대한 안심감을 주는 것

(3) 검사의 기능
   ① 검사표준 설정   ② 제품의 측정   ③ 표준과 측정결과 비교
   ④ 합·부 판정   ⑤ 제품의 처치   ⑥ 품질정보 제공

316 "모수인자"와 "변량인자"를 비교·설명하시오.

풀이 (1) 모수인자
① 수준을 기술적으로 지정 가능하며 실험자에 의해 미리 정해진다.
② a_i는 고정된 상수이다. [$E(a_i) = a_i$, $V(a_i) = 0$]
③ a_i의 합은 0이다. [$\sum a_i = 0$, $\bar{a} = 0$]
④ a_i 간의 산포의 척도로서 $\sigma_A^2 = \dfrac{a_i^2}{l-1}$ 이다.

(2) 변량인자
① 수준이 확률적이며 수준 선택이 랜덤으로 이루어진다. (기술적인 의미가 없는 경우)
② a_i는 랜덤으로 변하는 확률변수이다. [$E(a_i) = 0$, $V(a_i) = \sigma_A^2$]
③ a_i의 합은 0이 아니다. [$\sum a_i \neq 0$, $\bar{a} \neq 0$]
④ a_i 간의 분포의 분산은 다음과 같다. $\left\{\sigma_A^2 = E\left[\dfrac{1}{l-1}\sum(a_i^2 - \bar{a})^2\right]\right\}$

317 PL(Product Liability)에서의 결함을 3가지로 구분하시오.

풀이 (1) 제조상의 결함(Manufacturing Defects)
제조업자의 제조물에 대한 제조, 가공상의 주의의무 이행 여부에도 불구하고 제조물이 원래 의도한 설계와 다르게 제조, 가공됨으로써 안전하지 못하게 된 경우

(2) 설계상의 결함(Design Defects)
제조업자가 합리적인 대체 설계를 채용했더라면 피해 및 위험을 줄이거나 피할 수 있었음에도 대체 설계를 채용하지 아니하여 당해 제조물이 안전하지 못하게 된 경우

(3) 표시상의 결함(Defective Defects)
제조업자가 합리적인 설명, 지시, 경고, 기타의 표시를 했더라면 당해 제조물에 의하여 발생될 수 있는 피해나 위험을 줄이거나 피할 수 있었음에도 이를 하지 않은 경우

318 현재의 품질이 만족스러운 상태에서 현상유지를 위한 "품질목표"를 설정할 경우 대상을 3가지 이상 제시하시오.

풀이 (1) 구입자재의 품질수준   (2) 공정의 수율 및 불량률   (3) 제품의 품질수준
(4) 특정 품질 특성의 수준   (5) 시험·검사비용

319 FMEA(Failure Mode and Effect Analysis)에서 "표"를 작성할 때 포함되어야 할 사항은?(단, 5가지 이상 작성)

[풀이]
(1) 잠재적 고장형태
(2) 고장의 잠재적 영향
(3) 심각도
(4) 고장의 잠재적 원인/메커니즘
(5) 발생도
(6) 현 공정관리(예방 및 검출)
(7) 검출도
(8) 위험우선순위(RPN)

320 정적 공정능력(Static Process Capability)과 동적 공정능력(Dynamic Process Capability)을 구분하여 설명하시오.

[풀이]
(1) 정적 공정능력
   설비의 정밀도 검사 결과와 같이 문제의 대상물이 갖는 잠재능력

(2) 동적 공정능력
   시간적 변화, 원재료의 대체나 작업자의 교체 등에 기인한 변동까지 고려한 현실적인 면에서 실현되는 능력

321 다구치(Taguchi) 품질공학에서의 "S/N 비"란 무엇인가?

[풀이]
① 제어인자와 오차인자를 발견하기 위한 실험에서 제어인자의 효과와 오차인자의 효과의 비를 크게 하는 상호작용의 척도

② 잡음인자에 대한 제어인자의 정도

$$\text{S/N 비} = \frac{\text{신호의 힘}}{\text{잡음의 힘}} = \frac{\text{신호입력이 산출물에 전달되는 힘}}{\text{잡음이 산출물에 전달되는 힘}} = \frac{\text{목적이 산출물의 결과에 반영되는 정도}}{\text{잡음의 크기가 산출물의 결과에 나쁜 영향을 미치는 정도}} = \frac{\text{모평균 제곱의 추정치}}{\text{분산의 추정치}}$$

322 관리도를 작성하여 타점하였을 때 공정이상의 판단기준은?(단, 4가지 이상 제시)

풀이 (1) **관리한계선 이탈에 따른 비관리 상태**
관리도의 주된 판정기준인 관리한계선의 이탈이 있다면 비관리 상태로 판정하여 조치를 취한다.

(2) **습관성과 점의 배열에서 나타나는 비관리 상태**
① 길이가 긴 런(Run)이 나타난다.
중심선의 한쪽에 연속되어 나타나는 점의 배열현상을 런이라 한다. 최장의 런을 척도로 삼아 점의 배열에 습관성이 있는지 없는지를 판단한다. 종전에는 슈하르트 판정을 기초로 길이 7의 런을 비관리 상태로 판정하고 있으나, KS Q 3201의 판정규칙에 따르면 길이 9의 런에서 비관리 상태의 판정을 한다.

② 경향(Trend)이나 주기성(Cycle)이 있다.
경향은 점이 점차 올라가거나 내려가는 상태를 말하며, 길이 6의 연속 상승, 하강 경향을 비관리 상태로 판정한다. 또한 연속 11점 중 10점의 상승, 하강 경향을 갖는 경우 비관리 상태로 판정을 하는데, 전반적인 흐름이 한 방향으로 지속적으로 이동되는 경우는 상황에 따라 비관리 상태로 판정하여 조치를 취하기도 한다.
주기는 점이 주기적으로 상하로 변동하여 파형을 나타내는 경우인데, 주기변동의 원인 추구와 관리목적에 따른 군 구분의 방법, 시료 채취방법, 데이터를 얻는 방법 또는 데이터의 수정방법을 재검토해야 한다. 점이 중심선 부근에는 거의 없고 불규칙 비정상적으로 큰 폭을 갖고 오르내리는 상태를 불안정 혹은 또는 불안정 혼합이라고 하는데, 1σ 한계를 넘는 점이 타점한 점의 1/3 이상이 되는 경우로 점들이 중심선 부근에 별로 없고 낮은 수준과 높은 수준을 오르내리면서 톱니 같은 모양을 나타내는 경우가 대표적인 현상으로 비관리 상태가 된다.

③ 중심선의 근처에 많은 점이 연속하여 나타난다.(점이 중심선 한쪽에 편향될 때)
점이 중심선 한쪽에 일방적으로 나타날 경우 선별 또는 공정의 치우침이 나타났다는 신호이므로 비관리 상태로 판정한다.

④ 관리한계선에 접근하는 점이 여러 개가 나타난다.[점이 관리한계선에 근접해서 나타날 때(중심선 한쪽 기준)]
• 연속 3점 중 2점 이상
• 연속 7점 중 3점 이상
• 연속 10점 중 4점 이상
으로 나타나면 비관리 상태로 판정한다.

323 특정 제품에 대해 제조공정에서 관리해야 할 활동을 명확히 하기 위한 요소를 5W1H로 구분하시오.

풀이 제2차 세계대전 중 미국 육군이 개발한 것으로 행정사무의 작업 개선을 위하여 수행한 방법
(1) 이유(Why) – 왜 필요한가?
(2) 장소(Where) – 어디에 사용하는가?
(3) 시기(When) – 언제 하는가?
(4) 담당(Who) – 누가 하는가?
(5) 목적(What) – 무엇을 하는가?
(6) 방법(How) – 어떻게 하는가?

324 내구재 소비자들이 중요시하는 라이프 사이클 코스트(LCC)와 관련이 깊은 파라미터를 4가지 이상 제시하시오.

풀이 사용자 입장에서의 코스트 개념으로서 인간의 일생과 닮았다는 개념으로 라이프 사이클이란 호칭이 붙여졌다.
예를 들어 기계제품 등 내구소비재의 경우 그 제품이 기획·개발부터 설계를 걸쳐 제품화되어 소비자의 손으로 건너가 설치되어 시운전, 운전·사용, 유지, 마지막으로 사용 불능에 이르러 폐기하는 데 소용되는 비용의 합계이다.

325 공차(公差, Tolerance)란?

풀이 규정된 최대값과 최소값의 차이

326 신뢰성 설계에서 "Derating"에 대하여 간략히 설명하시오.

풀이 구성부품에 걸리는 부하의 정격치에 여유를 두고 설계하는 방법

327 시스템의 수명곡선(Bath-Tub Curve)의 중간 부분인 일정형 고장률(Constant Failure Rate)의 고장원인을 5가지 이상 제시하고 이를 감소시키기 위한 대책을 2가지 이상 설명하시오.

풀이 우발고장기간

(1) 고장원인
   ① 안전계수가 낮기 때문에
   ② Sterss가 Strength보다 크기 때문에
   ③ 사용자의 과오 때문에
   ④ 최선의 검사방법으로도 탐지되지 않은 고장 때문에
   ⑤ 디버깅 중에도 발견되지 않은 고장 때문에
   ⑥ 예방보전에 의해서도 예방될 수 없는 고장 때문에
   ⑦ 천재지변에 의한 고장 때문에

(2) 대책
   ① 극한 상황을 고려한 설계
   ② 안전계수를 고려한 설계
   ③ 디레이팅 설계
   ④ 사후보전(BM)
   ⑤ 개량보전(CM)

328 BSC(Balanced Score Card)의 4가지 관점을 제시하고 설명하시오.

풀이
(1) 재무적 관점
   전통적인 재무측정치이며 수익성, 안정성 및 성장성 등을 측정한다.

(2) 고객관점
   고객의 욕구를 충족시키며 고객만족, 고객유지 및 시장점유율 등을 측정한다.

(3) 기업내부 프로세스 관점
   기업 자체의 핵심경쟁력을 의미하며 적시납품, 불량률 및 리드타임 등을 측정한다.

(4) 학습과 성장 관점
   인력자원과 시스템의 개선을 추구하며 교육훈련 프로그램, 신제품 개발 등을 측정한다.

329 사내표준이 갖추고 있어야 할 요건을 쓰고, 표준화의 구조로 구성된 "표준화 공간"에 대하여 설명하시오.

풀이 (1) 사내표준화 요건

    1) 실행 가능성이 있는 내용일 것

    2) 이해관계자들의 합의에 의한 결정

    3) 기록내용이 구체적이고 객관적일 것

    4) 기여의 비율이 큰 것부터 중점적으로 취급할 것

        ① 중요한 개선이 있을 때   ② 숙련공이 교체될 때

        ③ 산포가 클 때   ④ 통계적인 수법을 활용하고 싶을 때

        ⑤ 기타 공정에 변동이 있을 때

    5) 직관적이고 보기 쉬운 표현으로 할 것

    6) 적시에 개정 향상시킬 것

    7) 장기적 방침 및 체계하에 추진할 것

    8) 작업표준에는 수단과 행동을 직접 제시할 것

(2) 표준화 공간

    표준화의 구조를 주제(영역 : Subject), 국면(Aspect), 수준(Level)으로 구분

    1) 주제(영역) : 표준화 대상의 속성을 구분하는 분야

    2) 국면 : 주제가 채워져야 하는 요인 및 조건

    3) 수준 : 표준을 제정 · 사용하는 계층(운영수준)

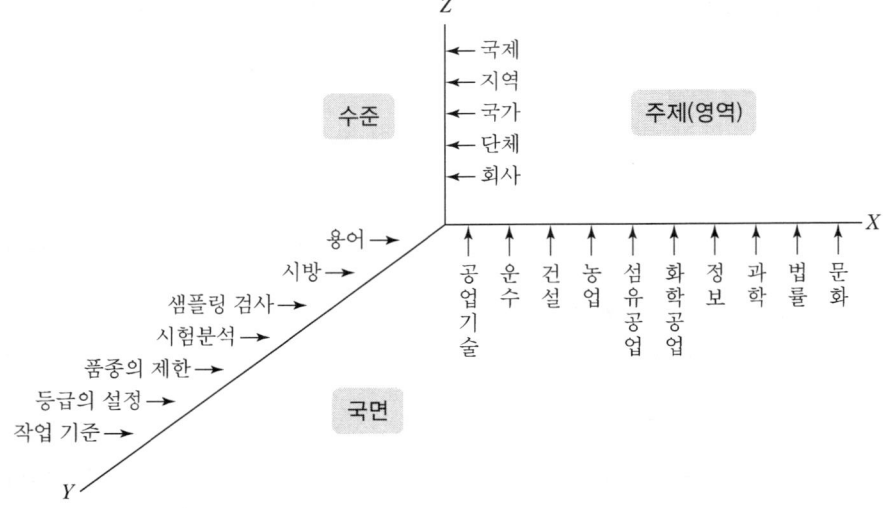

330 두 변수 x, y간의 실험 데이터가 다음과 같이 얻어졌다.

$$x : 1, 2, 3, 5, 7 \qquad y : 2, 4, 8, 9, 10$$

1 상관계수(r)를 구하시오.

2 직선회귀식을 구하고 결정계수(r^2)의 값과 그 의미를 설명하시오.

풀이 **1**

x	1	2	3	5	7	$\sum x = 18$	$\overline{x} = 3.6$
y	2	4	8	9	10	$\sum y = 33$	$\overline{y} = 6.6$
x^2	1	4	9	25	49	$\sum x^2 = 88$	
y^2	4	16	64	81	100	$\sum y^2 = 265$	
xy	2	8	24	45	70	$\sum xy = 149$	

$$S_{(xx)} = \sum x^2 - \frac{(\sum x)^2}{n} = 88 - \frac{18^2}{5} = 23.2$$

$$S_{(yy)} = \sum y^2 - \frac{(\sum y)^2}{n} = 265 - \frac{33^2}{5} = 47.2$$

$$S_{(xy)} = \sum xy - \frac{\sum x \sum y}{n} = 149 - \frac{18 \times 33}{5} = 30.2$$

$$r = \frac{S_{(xy)}}{\sqrt{S_{(xx)} S_{(yy)}}} = \frac{30.2}{\sqrt{23.2 \times 47.2}} = 0.9126$$

2 1) 직선회귀식

$$\widehat{\beta_1} = \frac{S_{(xy)}}{S_{(xx)}} = \frac{30.2}{23.2} = 1.3017$$

$$\hat{y} - \overline{y} = \hat{\beta}_1 (x - \overline{x}) \quad \hat{y} - 6.6 = 1.3017(x - 3.6)$$

$$\hat{y} = 1.3017x + 1.9139$$

2) 결정계수값과 의미

$$S_R = \frac{(S_{(xy)})^2}{S_{(xx)}} = \frac{30.2^2}{23.2} = 39.3121 \qquad r^2 = \frac{S_R}{S_{(yy)}} = \frac{39.3121}{47.2} = 0.8329$$

총 변동 중에서 S_R이 차지하고 있는 비율을 나타내며 회귀선의 기여율이다.

① $r^2 = 1$이면 모든 측정치들이 회귀선상에 위치하며 $S_e = 0$이다.

② $r^2 = 0$이면 x와 y 사이의 회귀관계가 전혀 없으며 $\hat{\beta}_1 = 0$이다.

③ r^2의 값이 1에 가까워 질수록 x와 y 간의 상관관계가 크며, 0에 가까워 질수록 추정된 회귀선은 쓸모가 없다.

331 말콤 볼드리지(Malcolm Baldrige) 품질상의 품질경영 Model을 제시하고 간략히 설명하시오.

풀이

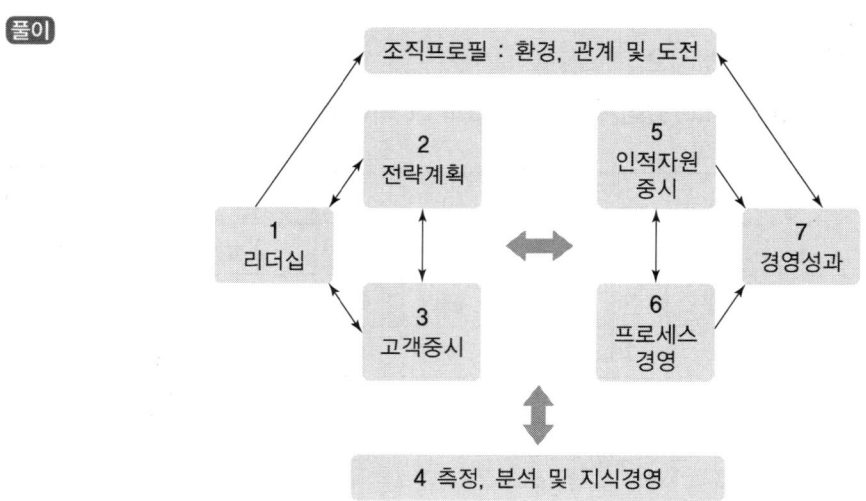

리더십 3요소(리더십, 전략계획, 고객중시), 성과 3요소(인적자원, 프로세스 경영, 경영성과)

332 PL(Product Liability)관 관련하여 시그널 워드(Signal Word)에 대한 종류와 수준에 대하여 설명하시오.

풀이
(1) 위험 : 취급을 잘못한 경우, 사용자가 사망 또는 중상을 입는 등 고도의 위험이 예상되고 그 긴급성이 높은 경우
(2) 경고 : 취급을 잘못한 경우, 사용자가 사망 또는 중상을 입는 등 위험이 예상되는 경우
(3) 주의 : 취급을 잘못한 경우, 사용자가 상해를 입거나 또는 물적 손해만 발생하는 위험이 예상되는 경우

333 고장률을 구하기 위해 ① 샘플 수 100개로 200시간 시험하는 경우와 ② 샘플 수 200개로 100시간 시험하는 경우의 시험정도(수준)와 경제성을 평가하시오.(단, 파괴시험으로 제품단가는 500원이고, 시간당 시험비용은 60원이다.)

풀이
- 시험 ①의 경우 : (100개×500원)+(200시간×60원)=62,000원
- 시험 ②의 경우 : (200개×500원)+(100시간×60원)=106,000원

즉, 시험 ①의 경우가 시험 ②의 경우에 비해 44,000원(약 42%)이 저렴하다.

334 ISO 9000/2000 패밀리 규격에서의 품질경영 8원칙과 프로세스 접근방법에 대하여 설명하시오.

풀이 (1) 고객 중심

조직은 고객에 의존하고 있다. 따라서 현재 및 미래의 고객 요구를 이해하고, 고객 요구사항을 충족시키며 고객의 기대를 능가하도록 노력해야 할 것이다.

(2) 리더십

리더는 조직의 목적과 방향의 통일성을 확립한다. 리더는 사람들이 조직의 목표를 달성하는 데 전적으로 참여할 수 있는 내부환경을 조성하고 유지해야 할 것이다.

(3) 전원참여

모든 계층의 사람들이 조직의 필수요소이다. 따라서 전원이 참가함으로써 그들의 능력이 조직의 이익을 위하여 발휘될 수 있다.

(4) 프로세스 접근방법

관련된 자원 및 활동이 하나의 프로세스로 관리될 때 바라는 결과가 보다 효율적으로 얻어진다.

(5) 경영에 대한 시스템 접근방법

상호 연계된 프로세스를 하나의 시스템으로 파악하고 이해하며 관리하는 것은 조직의 목표를 효과적이며, 효율적으로 달성하는 데 이바지한다.

(6) 지속적 개선

조직의 총체적인 성과에 대한 지속적 개선은 조직의 영구적인 목표이어야 할 것이다.

(7) 의사결정에 대한 사실적 접근방법

효과적인 결정은 데이터 및 정보의 분석에 근거한다.

(8) 상호 유익한 공급자 관계

조직 및 조직의 공급자는 상호 의존적이며, 상호 이익이 되는 관계는 가치를 창조하기 위한 양쪽 모두의 능력을 증진시킨다.

335 어떤 제품 20개에 대해서 10개가 고장날 때까지 신뢰성 시험을 행하고 다음과 같이 고장시간 데이터를 얻었다. 이 데이터는 와이블 확률지에 타점해 보니, 형상 파라미터가 $m=1$이 되었다. 다음 물음에 답하시오.

> 데이터 : 10, 20, 25, 30, 40, 50, 70, 75, 85, 100

1 이 장치의 $MTBF$를 추정하시오.
2 고장률을 산출하시오.
3 이 장치의 $t=50$에서의 신뢰도를 구하시오.

[풀이]

1 $MTBF = \dfrac{\sum t_i + (n-r)tr}{r} = \dfrac{505 + (20-10)100}{10} = 150.5$시간

2 고장률$(\lambda) = \dfrac{1}{MTBF} = \dfrac{1}{150.5} = 0.0066/$시간

3 $R(t) = e^{-\lambda t}$
$R(50) = e^{-0.0066 \times 50} = 0.7189 (71.89\%)$

336 미국, 일본, 유럽과 한국의 품질상 제도에 대하여 품질상 명칭, 주관기관, 법적 근거 유무, 심사방법, 지원기관에 대하여 간략한 도표로 설명하시오.

[풀이]

국가명	미국	일본	유럽	한국
품질상 명칭	MBNQA	일본경영품질상	유럽품질상	국가품질상
주관기관	상무부	JUSE	유럽경영재단	한국표준협회
법적 근거	말콤볼드리지 국가품질증진법	없음	없음	없음
심사방법	[7개의 심사기준] 1. 리더십 2. 전략기획 3. 고객중시 4. 측정, 분석 그리고 지식경영 5. 인적 자원 중시 6. 프로세스 경영 7. 경영성과	[8개의 심사기준] 1. 경영비전과 리더십 2. 고객 및 시장의 이해와 대응 3. 전략의 책정과 전개 4. 인재개발과 학습환경 5. 프로세스 관리 6. 정보의 공유화와 활용 7. 기업활동의 성과 8. 고객만족	[9개의 심사기준] 1. 리더십 2. 정책과 전략 3. 인적 자원 관리 4. 파트너십과 자원관리 5. 프로세스관리 6. 고객성과 7. 인적 자원 성과 8. 사회적 공헌 9. 경영성과	[7개의 심사기준] 1. 리더십 2. 전략기획 3. 고객과 시장중시 4. 측정, 분석, 지식경영 5. 인적 자원 중시 6. 프로세스 관리 7. 경영성과
지원기관	정부	민간기관	EFQM	정부

337 환경경영 국제규격인 ISO 14000 시리즈의 구성항목과 내용에 대하여 설명하시오.

풀이 ISO 14000시리즈는 환경경영시스템을 위해서 개발된 여러 가지 문서로서 구성되어 있다. 이 중 ISO 14001은 환경경영시스템 수립을 위한 요구사항을 포함하고 있고 다른 표준들은 심사기준 및 방법, 시스템 평가 등에 대한 가이드 지침이며 그 내용은 아래와 같다.

(1) **환경경영시스템(EMS)** : 조직이 환경방침을 설정하여 이를 달성하기 위한 요구사항을 규정(ISO 14001, 14004)
(2) **환경심사(EA)** : 환경경영시스템에 대한 심사원칙, 심사절차, 심사원 기준 규정(ISO 14010, 14011, 14012)
(3) **환경라벨링(EL)** : 제품의 환경성 선언, 인증 및 환경마크에 대한 지침을 규정(ISO 14020, 14021, 14024, TR 14025)
(4) **환경성과평가(EPE)** : 조직의 환경 측면 관리를 통하여 달성한 환경성과평가의 기본원칙과 사용에 대한 규격(ISO 14031, TR 14032)
(5) **전 과정 평가(LCA)** : 제품의 전 과정(원료채취 단계에서 폐기단계까지)으로부터 발생하는 환경영향을 평가하는 방법에 대한 규격(ISO 14040, 14041, 14042, 14043, TR 14047, 14048, 14049)
(6) **용어 및 정의(T & D)** : 환경용어 및 정의에 대한 규격(ISO 14050)
(7) **품규격의 환경적인 측면** : (ISO 14060~14080)

338 PL(Product Liability)과 Recall에 대하여 제도의 성격과 근거법 및 적용 요건에 대하여 간략히 설명하시오.

풀이

구분	PL법	리콜
목적 및 기능	사후적 손해배상 책임을 통해 간접적인 안전 확보(보상책임자 규명)	사전적 회수를 통해 예방적·직접적인 안전 확보(위험예방)
성격	민사적 책임 원칙	행정적 규제
관련법규	제조물 책임법	소비자 보호법, 자동차 관리법, 식품위생법
요건	제조물 결함, 손해 발생, 결함과 손해의 인과관계	제조물의 결함으로 위해 발생, 위해가 발생할 우려가 있을 때
대상	개별 결함(안전성), 피해 발생	안전성 결함제품(전체)
수단	개별 소비자에게 배상	모든 소비자로부터 공개수거 (수리, 교환, 환불)

339. 제품의 설계에 있어서 신뢰성 설계기술은 대단히 중요하나, 제품에 따라 설계기술은 다양하게 사용되고 있다. 귀하가 신뢰성 기술자라고 가정할 때, 알고 있는 신뢰성 기술을 5가지 이상 제시하시오.

풀이
(1) 리던던시(Redundancy) 설계(병렬리던던시, 대기리던던시) : 여분의 구성품을 더 설치함으로써, 구성품의 일부가 고장 나더라도 그 구성부품이 고장 나지 않도록 설계
(2) 부품의 단순화와 표준화
(3) 최적재료의 선정(고신뢰도 부품의 사용)
(4) 디레이팅(Derating) 설계 : 구성부품에 걸리는 부하의 정격치에 여유를 두고 설계하는 방법
(5) 내환경성 설계 : 제품의 여러 사용환경과 이의 영향도 등을 추정, 평가하고 제품의 강도와 내성을 결정하는 설계
(6) 인간공학적 설계와 보전성 설계 : 인간공학(Human Factors Engineering)의 제 원칙을 활용하여 제품의 상세부분의 구조를 설계. 시스템의 수리·회복, 보전도 등의 정량치에 근거하는 인간공학적 설계
(7) 스트레스 강도 모델(Stress and Strength Model) : 제품에 고장이 나지 않도록 하려면 스트레스(Q)와 강도(S)의 차이($D = S - Q$), 즉 안전여유가 있어야 한다.

340. 표준화에 있어서 "표준수"의 적용은 매우 중요하다. "표준수의 특징과 효과"에 대하여 설명하시오.

풀이
(1) 표준수는 등비급수이기 때문에 수치가 작은 부문에서나 큰 부문에서나 그 증가율이 같아서 물건의 크기의 단계를 합리적으로 정할 수 있다.
(2) 표준수의 곱과 몫 그리고 정수멱은 모두 표준수가 된다. 예컨대 가로·세로의 치수나 면적과 같은 관련 수치까지도 표준수가 되며 또한 단순화가 가능하다.
(3) 표준수는 정해진 수치의 그 범위를 넓히거나 중간치를 추가하는 일 따위를 기계적으로 간단히 할 수 있게 해준다.
(4) 표준수에 의해 설계치나 규격치를 정하면 그 종류가 자연히 감소되어 단순화의 효과가 나타난다.

341 Parasuraman 등이 제시한 서비스 품질의 결정요소에 대하여 설명하시오.

풀이 (1) 유형성(Tangibles) : 서비스 평가를 위한 외형적인 증거
(2) 신뢰성(Reliability) : 약속된 서비스를 정확하게 이행하는 능력
(3) 대응성(Responsiveness) : 고객에게 서비스를 신속하게 제공하려는 의지
(4) 확신성(Assurance) : 서비스 수행에 필요한 구성원들의 지식과 기술의 공유
(5) 공감성(Empathy) : 고객을 접대하는 종업원의 친절, 배려와 공손함
(6) 신용도(Credibility) : 서비스 제공자의 신뢰도, 진실성, 정직성
(7) 안전성(Security) : 고객은 서비스 제공과정이나 서비스 결과로부터 어떤 위험이나 심적 부담이 없어야 함
(8) 접근성(Access) : 서비스 시스템에 대한 접근 가능성과 접촉의 용이성
(9) 의사소통(Communication) : 고객의 말에 귀를 기울이고, 고객이 알 수 있도록 정보를 제공하는 것
(10) 고객이해(Understanding the Customer) : 고객과 그들의 요구를 알려고 하는 노력

342 품질의 역사를 이해하고자 하는 것은 단순히 품질에 관련된 중요한 사건들을 알고자 하는 것이 아니고 품질의 흐름을 이해하고자 하는 것이다. 품질의 흐름을 이해함으로써 우리는 품질이 개념적으로 어떻게 발전하여 왔고 또 변화하여 왔는가를 이해할 수 있다. 품질관리의 역사적 변천시대를 간단하게 답하시오.

풀이 (1) 작업자 품질관리
작업자가 제품생산의 전 과정을 담당, 제품에 대해 품질까지 책임

(2) 직장 품질관리
① 작업자를 지휘·감독하는 직장(감독자)이 제품의 품질에 책임
② 산업혁명 이후 분업의 개념이 도입, 각 작업자는 제품 생산의 일부만을 담당

(3) 검사 품질관리
① 제품이 복잡해지고 직무가 전문화됨에 따라 한 관리자가 작업 관리(감독)와 품질을 동시에 책임지기 힘들어짐
② 제조 후 검사를 전담하는 전문적인 검사자와 검사부서가 품질에 책임

(4) 통계적 품질관리(SQC ; Statistical Quality Control)
① 품질관리도 : 1920년대 Bell Lab.의 Shewhart가 개발
② 샘플링검사법 : Bell Lab.의 Dodge와 Romig이 개발
③ 제2차 세계대전 중에 군수산업계에서 활용되기 시작하며 널리 퍼짐
④ 1950년대에 Deming과 Juran에 의해 일본으로 전파

(5) 총체적(전사적) 품질관리(TQC ; Total Quality Control)
   ① 회사 내 모든 부문의 활동이 품질에 영향을 미침
   ② TQC하에서는 조직 전체가 품질 향상에 기여

(6) 총체적(전사적) 품질경영(TQM ; Total Quality Management)
   ① 품질관리 개념을 제품 자체에서 조직시스템과 경영의 차원으로 전환하여 기업 전반의 경영에 대해 전략적인 접근 시도
   ② 고객만족을 극대화시키기 위한 기업의 총체적인 전략
      • 모든 조직구성원의 참여
      • 생산공정을 지속적으로 개선
   ③ 세 가지 원칙
      고객 초점, 지속적 개선, 전원 참여

343 제조물 책임(PL)제도란 무엇인지 서술하시오.

풀이 제품책임(PL)이란 제품에 의해 발생한 인적 상해, 재산손상 또는 기타 손해에 관련된 손실을 배상하도록 생산자 또는 그 밖의 사람의 책임을 기술하는 데 사용, 제조물 책임이라고도 한다.

344 품질경영은 기업 내부의 정보소통뿐 아니라 공급자와의 동반관계로써 Win – Win 관계를 가지고 상대하는 것이 중요하다. 최근 인터넷을 통해서 기업 내부뿐 아니라 기업과 기업 간의 상거래까지 포함하여 관련 기업들을 하나의 네트워크로 통합하는 시스템을 무엇이라 하는가?

풀이 전자상거래

345 초기 고장기므로 야기될 수 있는 잠재결함을 소비자에게 인계하지 않기 위해서 제품 완성 후 일정시간(우연원인까지의 기간)을 가동하는 것을 무엇이라 하는가?

풀이 디버깅, 번인

346 연구개발 및 설계단계에서의 6시그마를 DFSS라 한다. DFSS의 추진단계인 IDOV와 DMADV를 각각 설명하시오. (단, 단계별 명칭만 쓰면 됨)

풀이 (1) IDOV
- I(Identify) : 확인
- O(Optimize) : 최적화
- D(Design) : 정의
- V(Validate) : 검증

(2) DMADV
- D(Define) : 정의
- A(Analyze) : 분석
- V(Verify) : 실증
- M(Measure) : 측정
- D(Design) : 설계

347 품질인증마크는 국내용과 국제용으로 다양하다. 국내용으로 KS는 말할 것도 없고, EM, NT, GR 등도 있다. EM과 NT에 대해 간략히 설명해 보시오.

풀이 (1) EM
① Excellent Machinery, Mechanism & Materials
② 주로 기계류, 부품, 소재에 대한 우수 품질인증제도

(2) NT
① New Technology
② 신기술 인증제도인 NT는 국내 최초로 개발된 기술이나 제품의 품질, 성능, 제조공정을 평가하고, 여기에 부여하는 마크
③ 구체화되지 않은 개념, 해당 기업의 생산라인에만 적용될 수 있는 기술은 제외된다.
④ 주로 식품, 의약품, 전문의료기기, 건축시공기술, 항공기, 조선, 철도차량, 자동차 산업 등과 관련

348 KS A 3109 계수조정형 샘플링 검사(MIL-STD-105D)에서는 합격품질 수준 AQL을 미리 정해놓고, 검사방식을 결정한다. 일반적으로 AQL을 설정할 때 유의할 사항을 3개 이상 나열하시오.

풀이 (1) 요구품질에 맞추기
(2) 결점의 계급에 따라 결정
(3) 공정평균에 근거
(4) 공급자와 협의
(5) AQL 값은 계속적으로 검토

349 고객만족 이론으로 1 : 10 : 100의 원칙이 있다. 어떤 의미인가?

풀이 현장에서 불량을 잡는 데는 '1의 비용'이 들지만, 그 제품이 출고된 후에는 '10의 비용'이 들고, 출고되어 고객의 손에 들어가 클레임으로 되돌아오면 '100의 비용'으로 나타난다는 뜻

350 E.G. Page에 의해 고안된 CUSUM 관리도의 장점을 Shewhart 관리도와 비교하여 간단히 설명하시오.

풀이 누적합(CUSUM) 관리도의 장점은 적은 비용으로 슈하르트(Shewhart) 관리도 이상의 효율을 얻을 수 있다는 것이다.
이것은 공정평균에 갑작스런 변화가 일어나서 변화가 계속될 때, 누적합 관리도는 슈하르트 관리도보다 변화를 더 빨리 검출할 뿐만 아니라, 변화의 정도가 그다지 크지 않을 때에도 변화를 더 민감하게 검출해 낼 수 있다.

351 Taguchi 박사는 계량특성을 정특성과 동특성으로 나누어 설명하고 있다. 정특성과 동특성을 간단히 설명하시오.

풀이 (1) 정특성
출력특성(목표치) y를 언제나 일정하게 하는 특성

(2) 동특성
신호입력의 변화에 따라 출력특성(목표치) y를 직선성으로 변화시키는 특성

352 미국의 국가품질상 MBNQA가 최근 들어 우리나라에도 많은 관심사가 되고 있다. MBNQA 평가기준의 7가지 범주를 나열해 보시오.

풀이 (1) 리더십 (2) 전략계획
(3) 고객중시 (4) 측정, 분석 및 지식경영
(5) 인적 자원 중시 (6) 프로세스 경영
(7) 경영성과

353
TQM을 도입하여 소기의 성과를 거두기 위해서는 많은 노력과 시간이 소요된다. 또 TQM은 단기간에 성과를 볼 수 있는 것이 아니고, 장기간의 시간을 요하며, 또 TQM을 도입하였다고 해서 무조건 성공을 보장하는 것도 아니다. 따라서 TQM을 도입하여 성공하기까지 계획성 있게 장기적으로 TQM을 추진하여야 한다. 파이겐바움(Feigenbaum)은 TQM이 성공하기 위해서 몇 가지 기본적인 지침을 준수하여야 한다고 하였다. 그중 5가지만 제시하시오.

풀이
(1) 품질은 전사적인 활동이다.
(2) 품질은 고객이 말하는 것이지, 엔지니어나 판매자가 말하는 것이 아니다.
(3) 품질과 비용은 적이 아니라 동지이다.
(4) 품질 향상을 위해 개인적 열정과 광적인 팀워크가 모두 필요하다.
(5) 품질은 관리하는 것이다.
(6) 품질과 혁신은 상호보완적이다.
(7) 품질은 보편적인 윤리이다.
(8) 품질은 지속적으로 개선하여야 한다.
(9) 품질은 비용을 절감하고, 생산성을 향상시킬 수 있는 지름길이다.
(10) 품질은 고객과 공급자를 연계하는 토털 시스템으로 운영되어야 한다.

354
제품의 고유 신뢰도는 설계 시 선택된 제품의 구조, 부품구성 및 각 부품의 신뢰도 등에 의해서 결정된다. 그런데 일반적으로 제품은 그 제품의 기능을 수행하는 데 꼭 필요한 부품은 직렬모델로 연결되기 때문에 직렬로 결합된 부품 수가 증가할수록 제품의 신뢰도는 낮아지게 된다. 이러한 문제점을 극복하기 위한 신뢰성 설계 기술이 몇 가지가 있는데 그중 5개만 서술하시오.

풀이
(1) **리던던시(Redundancy) 설계**
구성품의 일부가 고장이 나더라도 시스템의 고장을 일으키지 않도록 하는 것으로 병렬구조나 대기구조로 설계한다.
리던던시 설계 시 구성품의 신뢰도가 같을 때 시스템의 중복보다 부품의 중복이 신뢰도가 높으며 구성품의 신뢰도가 다를 때는 가장 신뢰도가 낮은 부품에 부품중복을 시키는 것이 일반적으로 유리하다.

(2) **부품의 단순화와 표준화**
부품의 증가와 복잡화가 신뢰성 저하를 일으키므로 이를 막기 위한 대책으로 상대적으로 적은 수의 부품을 이용하는 단순화가 필요하며, 또한 표준화를 시킴으로써 부품의 결함과 약점이 제거되어 안전성과 보전성을 늘릴 수 있다.

(3) 최적재료 사용

신뢰성 설계기술 중 설계기술 못지 않게 중요한 것으로 최적재료 선정 시 고려할 요소는 다음과 같다.

① 기계적 특성   ② 비중   ③ 가공성   ④ 내환경성
⑤ 원가   ⑥ 내구성 ⑦ 품질과 납기

(4) 디레이팅(Derating) 설계

전자적 특성의 고장이 나타나는 부품에 걸리는 부하에 여유를 두고 설계하는 방법이다. 이러한 디레이팅은 기계적 특성의 고장을 갖는 제품의 안전계수 또는 안전율과 동일한 개념으로 리던던시 설계와 더불어 과잉품질에 해당하지만, 신뢰성 향상의 중요한 방법 중 하나가 된다.

(5) 내환경성 설계

여러 가지 환경조건이 부품에 주는 영향을 추정, 평가하여 제품의 강도와 내성을 설계하는 것이다.

(6) 인간공학적 설계

인간공학적 설계란 인간의 육체적 조건과 행동 심리학적 조건으로부터 도출된 인간공학의 제 원칙을 활용하여 제품의 상세부분에 대한 구조를 설계하는 방식

(7) 보전성 설계

보전성 설계란 시스템의 수리 회복률, 보전도 등의 정량값에 근거한 설계하는 방식

355 품질비용은 기업에 어떤 영향을 끼치고 있을까? 그 방법으로 COQ(Costs Of Quality) 프로그램이 주목을 끌고 있다. COQ 프로그램이 기업에 끼치는 영향으로 주로 9가지 이상은 설명할 수가 있어야 하는데, 5개 정도만 나열해 보시오.

풀이 (1) 다양한 품질프로그램의 전반적인 효율성을 평가함으로써, 각 품질 프로그램의 중요성에 대한 우선순위를 결정하게 해 준다.
(2) 제품가격을 결정하고, 입찰할 때 품질비용은 유용한 정보를 제공해 준다.
(3) 최고경영자에게 보고하는 다양한 품질 프로그램을 계량화한다.
(4) 제품과 서비스의 품질을 향상시키고, 비용을 감소시킨다.
(5) 고객이 느끼는 불만족을 명확하게 파악함으로써, 가장 시급한 불만부터 개선할 수 있다.
(6) 품질비용은 예산 편성에 유용한 정보를 제공해 준다.
(7) 품질비용을 모든 종업원에게 알려 줌으로써 품질개선에 대한 동기를 제공해 준다.
(8) 기업 품질시스템의 강점과 약점을 명확하게 보여줌으로써, 품질시스템을 개선시킨다.
(9) 기업의 부실경영에 경종을 울려 줌으로써, 대책을 마련하게 해준다.

356
다구치(Taguchi)의 강건설계(Robust Design)에서는 S/N 비에 대해서 재현성 확인 실험을 한다. 추정치와 확인 실험결과의 차이가 30% 이내이면 재현성이 있다고 판단한다. 그렇다면 재현성이 없는 경우의 이유를 크게 3가지 정도만 나열하고, 그 대안이나 묘안이 있으면 함께 설명하시오.

[풀이] (1) 제어인자 간의 강력한 교호작용이 있는 경우
교호작용을 고려한 분석 또는 측정방법을 바꾸는 방법이 있다.

(2) 잡음인자의 영향력이 강한 경우
잡음인자의 영향이 너무 강해 제어인자로 통제가 안 되는 경우이고, 실험결과에 영향을 미치는 새로운 제어인자를 찾거나, 영향이 작은 인자만 선정하여 실험하면 개선효과가 적다. 장기적으로 잡음인자를 제어인자로 바꾸는 방법을 찾아본다.

(3) 순수실험의 에러인 경우
실험에 대한 모든 과정을 문서화한다. 실험 전체에 충분한 교육과 실습을 하고, 실험의 중요성을 일깨운다.

357
부품 1과 2로 직렬 조립된 조립제품 T가 있다. 부품 1과 부품 2는 각각 평균과 표준편차가 $\mu_1 = 3.100$(mm), $\sigma_1 = 0.008$(mm), $\mu_2 = 3.100$(mm), $\sigma_2 = 0.008$(mm)일 때, 조립제품(T)의 규격을 6σ 한계에 두고 싶다면, 규격의 상한과 하한을 어떻게 설정하면 되겠는가?(단, 제곱합근법 RSS(Root Sum of Squares)를 사용하시오.)

[풀이] $X_1 \sim N(3.100, 0.008^2)$, $X_2 \sim N(3.100, 0.008^2)$
$T = X + Y$
$E(T) = E(X + Y) = E(X) + E(Y) = 3.100 + 3.100 = 6.200$
$V(T) = V(X + Y) = V(X) + V(Y) = 0.008^2 + 0.008^2 = 0.000128$
$T \sim N(6.200, 0.011313708^2)$ → 표준편차를 소수점 4째 자리에서 반올림하면
$T \sim N(6.200, 0.0113^2)$

358 2002년 7월 1부터 정부에서 시행되는 PL법에 대한 제조물 책임 대책의 유형에 관해 설명하시오.

풀이 (1) 제품책임 예방(PLP ; Product Liability Prevention)
제품의 사고가 발생하기 전 사전에 사고를 방지하는 대책
1) 소프트웨어 측면
① 고도의 품질보증체계　　　② 사용방법 보급
③ 사용환경 대응　　　　　　④ 제품안전기술
⑤ 기술지도 및 관리·점검 강화　⑥ 신뢰성시험으로 안전 확보

2) 하드웨어 측면
재료, 부품 등의 안전확보

(2) 제품책임 예방(PLD ; Product Liability Defense)
제품의 결함으로 인해 손해가 발생한 후의 방어대책
1) 사전대책
① 책임의 한정 : 계약서, 보증서, 취급설명서 등
② 손실의 분산 : PL 보험 가입 등
③ 응급체계 구축 : 담당자 설정, 교육, 정보 전달체계 구축 등

2) 사후대책
① 초동대책 : 사실 파악, 피해자 및 매스컴 대응 등
② 손실 확대 방지 : 리콜, 수리 등

359 오늘날 제품과 서비스의 품질이 과거 어느 때보다도 큰 비중을 차지하고 있어 품질의 중요성이 날로 더해가고 있는 품질신시대를 맞이하고 있다. 품질신시대의 특징을 5가지만 정리하시오.

풀이 (1) 경영목표가 수량에서 품질로 바뀌었다.
(2) 생산자의 품질보증제도가 점차 확대되고 있다.
(3) 품질에 대한 기업의 사회적 책임이 높아졌다.
(4) 소비자 보호주의가 확산되었다.
(5) 시장의 방대화로 소비자의 다양한 기호를 충족시켜야 한다.
(6) 환경에 대한 관심이 높아졌다.

360 VOC(Voice of Customer) 프로그램은 고객의 소리에 관한 노하우를 활용하여 [해석 → 활용 → 수집]이라는 3단계의 사이클을 거쳐서 경영혁신으로 이어지는 과제의 발견까지를 단기간에 실현하는 프로그램이다. 이 3단계의 목적이나 내용을 간단히 설명해 보시오.

[풀이] (1) 1단계 : 해석
① 고객의 소리를 기초로 새롭게 중시해야 할 가치척도를 발견하는 데 목적이 있다.
② 기존의 조사 시스템이나 그 분석결과와 실제의 소리를 대조하여 그 차이(Gap)를 바탕으로 새로운 고객의 견해를 발견하고, 또 그 견해로 고객의 소리를 파악하여 무엇이 중요한 소리인가를 판단한다.

(2) 2단계 : 활용
소리를 어떻게 활용할 것인가의 목적에 따라 다르겠지만,
① 마케팅 시책의 혁신
② 신상품, 새로운 서비스 개발
③ 고객만족 향상을 꾀하기 위한 현행 자사기준의 향상
④ 소리의 감도 향상과 스킬 향상을 꾀하기 위한 훈련과 같은 각종 수준으로부터 앞으로의 과제를 추출해 간다.

(3) 3단계 : 수집
① 고객의 소리를 보다 효율적으로 수집하기 위한 조사
② 수집방법과 전사적으로 고객의 소리를 활용하는 시스템의 재설계로 전개해 간다.
③ 즉, 고객의 소리를 [수집 → 해석 → 활용]하는 사이클을 돌려 나감으로써, 고객의 소리로부터 배우고 새로운 과제를 창조하여 혁신으로 연계되는 조직구성을 지향한다.

361 측정시스템분석(MSA)을 하는 데는 여러 가지의 절차가 있다. 평가절차를 선택하는 데 고려해야 할 일반적인 상황을 4개 이상 나열해 보시오.

[풀이] (1) Blind 측정으로 평가
(2) 몇 명의 평가자가 적절한가를 정한다.
(3) 제품의 중요성과 통계적 특성에 따라 시료수와 반복수를 정한다.
(4) 편의, 안전성, 선형성, 반복성, 재현성 등의 용어가 정의되어야 한다.
(5) 평가주기를 미리 정한다.

362. 한 대의 기계를 100시간 동안 연속 사용한 경우 6회의 고장이 발생하였고, 이때의 고장 수리시간이 다음의 표와 같다면, 이 기계의 MTTR과 MTBF는?

고장순번	1	2	3	4	5	6	계
고장발생 시간	6시간	23시간	44시간	50시간	83시간	91시간	
수리시간	1시간	2시간	3시간	1시간	2시간	1시간	10시간

[풀이]
$$\text{MTTR} = \frac{1}{\mu} = \frac{\sum t_i}{n} = \frac{10}{6} = 1.67\text{시간}$$

$$\text{MTBF} = \frac{1}{\lambda} = \frac{T}{r} = \frac{100-10}{6} = 15\text{시간}$$

363. 6시그마는 기존의 품질기법과 철학들로 형성이 되었다. 그렇기 때문에 TQM과 많은 공통점을 가지고 있는데 이중 중요하다고 생각되는 5가지만 서술하시오.

[풀이] (1) 하나의 경영철학이다.

6시그마는 통계적 기법을 사용한다는 점에서 SQC와 맥을 같이 하지만, SQC보다 훨씬 광범위한 의미를 지니고 있다. 즉, 6시그마는 품질에 대한 기업문화와 사고를 전환하는 경영철학이다.

(2) 프로세스를 개선하고자 한다.

불량의 원인을 근본적으로 제거하고자 프로세스를 개선하고자 한다. 그래서 항시 고객에게 변함없는 품질을 제공할 수 있는 기반을 마련하고자 한다.

(3) 강력한 리더십을 바탕으로 하향식으로 전개되는 경영혁신 활동이다.

6시그마와 TQM 모두 강력한 리더십을 바탕으로 하향식으로 전개되는 경영활동이다. 모든 다른 프로그램들과 마찬가지로 최고경영자의 강력한 의지와 실천이 있지 않고서는 6시그마와 TQM은 성공할 수가 없다.

(4) 모든 결함을 초기에 완전히 제거하고자 한다.

조직 전체에서 발생하는 모든 결함을 초기서부터 완전히 제거하고자 한다. 지금까지의 품질 프로그램들은 서비스, 제조 그리고 설계상의 결함을 간과하고 수정하는 데 초점을 두었다. 그러나 6시그마와 TQM은 처음부터 결함과 오류가 발생하지 않도록 프로세스를 재창조했다.

(5) 종업원에게 교육과 훈련을 시키고 있다.

기법을 설명하는 것보다는 프로세스를 개선하기 위해 각각의 기법을 응용하는 법에 대해 교육시킨다. 실무에 중점을 두는 현실성이 강한 훈련이다.

364 제조업자가 제조물의 결함에 대해 면책을 받을 수 있는 사실 중 5가지만 서술하시오.

풀이 (1) 제조업자가 당해 제조물을 공급하지 아니한 사실
(2) 제조업자가 당해 제조물을 공급할 때의 과학·기술 수준으로는 결함의 존재를 발견할 수 없었다는 사실
(3) 제조물의 결함이 제조업자가 당해 제조물을 공급할 당시의 법령이 정하는 기준을 준수함으로써 발생한 사실
(4) 원재료의 경우 당해 원재료를 사용한 제조물 제조업자의 설계 또는 제작에 관한 지시로 인하여 결함이 발생하였다는 사실
(5) 부품의 경우 당해 부품을 사용한 제조물 제조업자의 설계 또는 제작에 관한 지시로 인하여 결함이 발생하였다는 사실

365 Six Sigma의 MAIC–Cycle 가운데 "I", 즉 "개선" 단계에서 가장 많이 사용하는 도구로 실험계획법이 있다. Six Sigma 전략에서 실험계획법은 보통 3단계 과정을 거치는 것이 일반적으로 알려진 과정인데, 그 과정에 대해 각각 간단히 설명해보시오.

풀이 (1) 스크리닝 실험(1단계)
반응변수에 영향을 미친다고 생각되는 인자가 많은 경우, 이 가운데 중요하다고 판단되는 몇 개의 인자만을 찾는 실험(요인실험법의 일부실시법, 다변량분석 등의 방법 이용)

(2) 특성화 단계 실험(2단계)
1단계에서 얻은 인자들 사이의 관계를 고려하여 반응변수에 영향이 가장 큰 주요 인자들을 찾는다.(요인실험법이 주로 사용, 6시그마에서는 2^k 요인실험법을 많이 사용)

(3) 최적화 단계(3단계)
2단계에서 구한 주요 인자들의 최적수준조합을 구하는 단계(요인실험법이나 반응표면분석 방법을 이용)

366 측정시스템분석(MSA)에서 재현성이 반복성에 비하여 클 경우의 대표적인 원인과 해결방법을 2가지 이상 나열해 보시오.

풀이 (1) 원인
① 측정자의 측정능력 부족   ② 고정구(Fixture) 필요

(2) 해결방법
① 측정자 교육(측정방법 표준화)   ② 일관된 측정을 위한 고정구(Fixture) 확보

367
시료군의 수 $k=20$, 시료군의 크기 $n=4$의 $\overline{X}-R$ 관리도를 작성하여 $\overline{\overline{X}}=16.28$ $\overline{R}=3.48$의 값을 얻었다. 제품의 규격하한이 14cm, 상한이 18cm로 주어진 경우 규격 외 제품이 나올 확률은?(단, $n=4$일 때 $A_2=0.729$)

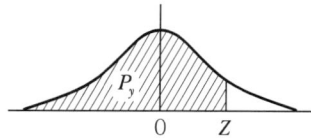

▼ 표준정규분포표

Z	0	1	2	3	4	⋯ 5
1.0	0.8413	.8438	.8461	.8485	.8508	–
1.3	.9032	.9049	.9066	.9082	.9099	.9115
1.6	.9452	.9463	.9479	.9484	.9495	–

풀이 σ값이 주어져 있지 않으므로, $A_2=\dfrac{3}{d_2\sqrt{n}}$, $0.729=\dfrac{3}{d_2\sqrt{4}}$, $d_2=2.058$

$\sigma=\dfrac{\overline{R}}{d_2}=\dfrac{3.48}{2.058}=1.69$

$p=p(x<14)+p(x>18)$
$=p\left[\left(\dfrac{x-\mu}{\sigma}\right)<\left(\dfrac{14-16.28}{1.69}\right)\right]+p\left[\left(\dfrac{x-\mu}{\sigma}\right)>\left(\dfrac{18-16.28}{1.69}\right)\right]$
$=p(z<-1.35)+p(z>1.01)=(1-0.9115)+(1-0.8438)=0.0885+0.1562$
$=0.2447(24.47\%)$

즉, 규격 외 제품이 나올 확률은 $0.2447(24.47\%)$이다.

368
기업에 있어서의 TQC의 역할과 품질경영의 요건을 간단히 기술하시오.

풀이 (1) TQC의 역할
① 이익 증대　　② 생산성 향상
③ 납기관리　　④ 기술의 향상과 축적
⑤ 업무개선

(2) 품질경영 요건
① 품질은 소비자(고객)의 요구를 만족시키는 것이어야 한다.
② 고객이 요구하는 품질의 제품이나 서비스를 경제적으로 산출할 수 있어야 한다.

③ 고객만족을 효과적으로 수행할 수 있도록 모든 구성원의 참여아래 사내 각 부문의 협력 체제를 이루어서 전사적·종합적으로 관리해야 한다.
④ 통계적 기법뿐만 아니라 IE(산업공학), VE(가치공학), MIS(경영정보시스템) 등 온갖 수단의 적용이 요구된다.
⑤ 기업경영의 유효성 관점에서 전사·종합적인 품질경영(TQM)이어야 한다.

369 사내표준화의 역할과 사내표준화의 요건을 기술하시오.

풀이 (1) 사내표준화의 역할
1) 업무성과의 향상 : 목적한 것을 계획대로 실시
2) 기술의 보전 : 개인의 기능을 기업의 기술로 보존하여 진보를 위한 토대 마련
3) 관리의 기준 : 통계적 기법을 적용하여 과학적 관리기법을 활용
4) 업무의 효율화 : 작업·사무 처리방법이 단순화 및 정형화되므로 호환성 증가 및 능률 향상
5) 경영방침의 구체화, 책임과 권한의 명확화 : 경영방침을 철저히 하며, 책임과 권한을 명확히 하고, 업무처리 기능을 확실하게 한다.
6) 교육훈련의 용이성 : 새로운 작업자, 낮은 경력의 기술자 교육에 활용

(2) 사내표준화 요건
1) 실행 가능성이 있는 내용일 것
2) 이해관계자들의 합의에 의한 결정일 것
3) 기록내용이 구체적이고 객관적일 것
4) 기여의 비율이 큰 것부터 중점적으로 취급할 것
  ① 중요한 개선이 있을 때
  ② 숙련공이 교체될 때
  ③ 산포가 클 때
  ④ 통계적인 수법을 활용하고 싶을 때
  ⑤ 기타 공정에 변동이 있을 때
5) 직관적이고 보기 쉬운 표현으로 할 것
6) 적시에 개정 향상시킬 것
7) 장기적 방침 및 체계하에 추진할 것
8) 작업표준에는 수단과 행동을 직접 제시할 것

370 샘플링 검사가 전수검사에 비하여 유리한 경우와 실시조건을 기술하시오.

풀이 (1) 샘플링 검사가 전수검사에 비중이 유리한 경우
① 다수다량의 것으로 어느 정도 불량품이 섞여도 괜찮을 경우
② 검사항목이 많은 경우
③ 불완전한 전수검사에 비하여 신뢰성 높은 결과가 얻어지는 경우
④ 검사비용을 적게 하는 편이 이익이 되는 경우
⑤ 생산자에게 품질 향상의 자극을 주고 싶은 경우

(2) 샘플링 검사 실시 조건
① 제품이 로트로 처리될 수 있을 것
② 합격로트 속에서도 어느 정도까지는 불량품이 섞여 들어가는 것을 허용할 수 있을 것
③ 시료의 샘플링이 랜덤하게 될 것
④ 품질기준이 명확할 것
⑤ 계량 샘플링 검사에서는 검사단위의 특성치 분포를 대략 알고 있을 것

371 서비스 품질의 특성에 대하여 기술하시오.

풀이 (1) 유형성(Tangibles) : 서비스 평가를 위한 외형적인 증거
(2) 신뢰성(Reliability) : 약속된 서비스를 정확하게 이행하는 능력
(3) 대응성(Responsiveness) : 고객에게 서비스를 신속하게 제공하려는 의지
(4) 확신성(Assurance) : 서비스 수행에 필요한 구성원들의 지식과 기술의 공유
(5) 공감성(Empathy) : 고객을 접대하는 종업원의 친절, 배려와 공손함
(6) 신용도(Credibility) : 서비스 제공자의 신뢰도, 진실성, 정직성
(7) 안전성(Security) : 고객은 서비스 제공과정이나 서비스 결과로부터 어떤 위험이나 심적 부담이 없어야 함
(8) 접근성(Access) : 서비스 시스템에 대한 접근가능성과 접촉의 용이성
(9) 의사소통(Communication) : 고객의 말에 귀를 기울이고, 고객이 알 수 있도록 정보를 제공하는 것
(10) 고객이해(Understanding the Customer) : 고객과 그들의 요구를 알려고 하는 노력

372 고객의 소리를 설계규격으로 전환하고 상품화하여 고객이 원하는 제품과 서비스를 제공함으로써 고객의 만족과 가치를 향상시키는 기법은 무엇인가?

풀이 품질기능전개

373 종업원들로부터 문제 해결을 위한 다양한 아이디어를 얻기 위해 사용되는 집단사고 기법으로서 오스본(Osborn)에 의해 제창된 기법은 무엇인가?

풀이 브레인스토밍

374 품질공학(Quality Engineering)에서 제품 및 공정설계를 통한 품질개선 노력을 오프라인 품질관리(Off-Line QC)라 한다. 제품 및 공정설계의 3단계를 기술하시오.

풀이 (1) 시스템 설계 : 시스템을 어떤 방식으로 할 것인가, 즉 하나의 시스템이 여러 개의 서브시스템으로 구성될 때 각 서브시스템의 역할 연구
(2) 파라미터 설계 : 설계에 채택되는 파라미터의 최적수준(목표치)을 결정하는 방법
(3) 허용차 설계 : 설계변수의 변동범위에 대하여 공차나 허용범위를 정한다.

375 품질특성치 분포의 평균과 산포 정도를 동시에 측정할 수 있는 척도로서 다구치(Taguchi)가 제안한 척도는 무엇인가?

풀이 S/N 비

376 실험계획의 기본원리 5가지를 기술하시오.

풀이 (1) 랜덤화의 원리 : 뽑힌 인자 외에 기타 원인들의 영향이 실험결과에 편기되게 미치는 것을 없애기 위함이다.
(2) 반복의 원리 : 반복을 시켜줌으로써 오차항의 자유도를 크게 해줄 수 있으며, 오차분산이 정도 좋게 추정됨으로써 실험결과의 신뢰성을 높일 수 있다.
(3) 블록화의 원리 : 실험 전체를 시간적, 공간적으로 분할하여 블록으로 만들어 주면, 각 블록 내에서는 실험환경이 균일하게 되어 정도 좋은 결과를 얻을 수 있다.
(4) 교락의 원리 : 구할 필요가 없는 2인자 교호작용이나 고차의 교호작용을 블록과 교락시키는 방법으로 검출할 필요가 없는 요인이 블록의 효과와 교락하게 됨으로써 실험의 효율을 높일 수 있다.
(5) 직교화의 원리 : 요인 간에 직교성을 갖도록 실험계획하여 데이터를 구하면, 같은 실험횟수라도 검출력이 더 좋은 검정을 할 수 있고, 정도가 더 높은 추정을 할 수 있다.

377 문제를 원인과 결과의 관계로 파악해 분석하는 도표로서 이시카와(Ishikawa)가 고안해낸 기법은 무엇인가?

풀이 특성요인도

378 고장의 유형과 메커니즘, 그리고 결과에 중점을 두어 고장을 사전에 예방하고자 하는 기법은 무엇인가?

풀이 FMEA(Failure Mode and Effects Analysis)

379 관리도의 사용절차를 단계별로 기술하시오.

풀이 (1) 먼저 관리대상을 정한다.
(2) 관리목적을 정한다.
(3) 중심선, 관리한계선을 정한다.
(4) 그래프 상에 중심선, 관리한계선을 기입한다.
(5) 관리 및 해석을 한다.
(6) 일정기간 종료 후 관리한계선을 재검토(재설정)한다.

380 벤치마킹(Benchmarking)은 세계시장에서 강한 경쟁력을 유지하게 하는 지속적인 개선을 추구하는 원동력이다. 벤치마킹의 정의, 절차 및 유형을 설명하시오.

풀이 (1) 벤치마킹

선진기업의 분야별 가장 좋은 방법이나 프로세스를 찾는 일련의 과정이다. 이는 선진기업의 귀중한 정보를 지속적으로 수집하여 참신한 아이디어를 도출하기 위해 행하는 실제적인 탐색법으로 일상적인 표준화 활동을 요구하고 있다.

따라서 벤치마킹은 많은 시간과 노력이 소요되는 반면에 실제로 기업의 업무 프로세스를 최상으로 혁신하는 데 필요한 정보를 제공하는 수단이다.

또한, 경쟁업체들, 특히 세계 초일류 기업들이 최고 방법이 파악되어야 함을 전제로 하는데, 이렇게 함으로써 세계 초일류 기업들이 사용하는 새로운 기술을 도입하는 데 도움이 될 수 있기 때문이다.

(2) 벤치마킹 절차

NO	절차	내용
1	계획(Planning)	• 벤치마킹 대상 파악 • 비교 회사나 프로세스 선정 • 데이터 수집방법 결정 및 데이터 수집
2	분석(Analysis)	• 현 수준의 차이 파악 • 단계별 달성 목표 수립
3	통합(Intergration)	• 벤치마킹 결과의 공감대 형성 • 목표수립
4	조치(Action)	• 조치계획 수립 • 실행 및 관리 • 벤치마킹 리뷰

(3) 벤치마킹 유형
   1) 비교 대상에 따른 분류
      ① 내부 벤치마킹
         • 같은 기업 내의 다른 지역, 타 부서, 국가 간의 유사한 활용을 비교 대상으로 함
         • 자료수집이 용이하며 다각화된 우량기업의 경우 효과가 큰 반면 관점이 제한적일 수 있고 편중된 내부시각에 대한 우려가 있다는 단점이 있음
      ② 경쟁적 벤치마킹
         • 동일 업종에서 고객을 직접적으로 공유하는 경쟁기업을 대상으로 함
         • 이 방법은 경영성과와 관련된 정보입수가 가능하며, 업무/기술에 대한 비교가 가능한 반면, 윤리적인 문제가 발생할 소지가 있으며, 대상의 적대적 태도로 인해 자료 수집이 어렵다는 단점이 있음
      ③ 비경쟁적 벤치마킹
         • 제품, 서비스 및 프로세스의 단위 분야에 있어 가장 우수한 실무를 보이는 비경쟁적 기업 내의 유사 분야를 대상으로 하는 방법
         • 이 방법은 혁신적인 아이디어의 창출 가능성은 높은 반면, 다른 환경의 사례를 가공하지 않고 적용할 경우 효과를 보지 못할 가능성이 높음
      ④ 글로벌 벤치마킹
         • 프로세스에 있어 최고로 우수한 성과를 보유한 동일 업종의 비경쟁적 기업을 대상으로 함
         • 접근 및 자료수집이 용이하고 비교 가능한 업무/기술 습득이 상대적으로 용이한 반면, 문화 및 제도적인 차이로 발생되는 효과에 대한 검토가 없을 경우, 잘못된 분석결과의 발생 가능성이 높음

2) 수행방식에 따른 분류

① 직접적 벤치마킹
- 벤치마킹 대상을 직접 방문하여 수행하는 방법
- 이 방법은 필요로 하는 정확한 자료의 입수 및 조사가 가능하며 Contract Point 의 확보로 벤치마킹의 이후에도 계속적으로 자료의 입수 및 조사가 가능한 장점이 있는 반면, 벤치마킹 수행과 관련된 비용 및 시간이 많이 소요되며 적절한 대상 선정에 한계가 있음

② 간접적 벤치마킹
- 인터넷 및 문서형태의 자료를 통해서 수행하는 방법
- 이 방법은 벤치마킹 대상의 수에 제한이 없고 다양하며, 비용 또는 시간적 측면에서 상대적으로 많이 절감될 수 있다는 장점이 있는 반면, 벤치마킹 결과가 피상적이며 정확한 자료의 확보가 어렵고, 특히 핵심자료의 수집이 상대적으로 어렵다는 단점이 있음

381 6시그마 품질수준이란 무엇을 의미하며, 6시그마 품질프로그램의 주요한 요소들에 대해 기술하시오.

풀이 (1) 6시그마 품질수준 : 6시그마 품질수준이란 3.4PPM(Parts Per Million)으로서, 이는 '100만 개의 제품 중 발생하는 불량품이 평균 3.4개'라는 것을 의미한다.

(2) 6시그마 품질프로그램

단계	활동단계	주요 활동내용	적용기법
1	Define (문제의 정의)	• 주요 고객정의 • 고객요구사항 파악(CTQ) • 개선프로젝트 선정	NGT, Logic Tree, QFD, 파레토도, 그래프
2	Measure (측정)	• 벤치마킹 • 부적합 정량화 • 프로세스 맵핑	%R&R, 샘플링, 히스토그램, 관리도, 공정능력분석
3	Analyze (분석)	• 부적합 원인 규명 • 잠재원인에 대한 자료 확보 • 치명원인 도출	브레인스토밍, FMEA, ANOVA, 특성요인도
4	Improve (개선)	• 프로세스 개선방법 모색 • 브레인스토밍 • 최적해 도출이 가능한 해결방법의 실험적 실시	반응표면실험, ANOVA, 회귀분석, 다구치 기법
5	Control (관리)	• 개선프로세스의 지속적 방법 모색 • 표준화 • 모니터링	관리계획서, 관리도, Fool-Proofing

382 조직을 성공적으로 이끌어 운영하기 위해서는 특별한 방법으로 지휘하고 체계적으로 관리하는 것이 필요하다. 성공적인 품질경영을 위한 품질경영 원칙을 기술하시오.

풀이 (1) 고객중심 : 조직은 고객에 의존하고 있다. 따라서 현재 및 미래의 고객요구를 이해하고, 고객요구사항을 충족시키며 고객의 기대를 능가하도록 노력해야 한다.
(2) 리더십 : 리더는 조직의 목적과 방향의 통일성을 확립한다. 리더는 사람들이 조직의 목표를 달성하는 데 전적으로 참여할 수 있는 내부환경을 조성하고 유지해야 한다.
(3) 전원 참여 : 모든 계층의 사람들이 조직의 필수요소이다. 따라서 전원이 참가함으로써 그들의 능력이 조직의 이익을 위하여 발휘될 수 있다.
(4) 프로세스 접근방법 : 관련된 자원 및 활동이 하나의 프로세스로 관리될 때 바라는 결과가 보다 효율적으로 얻어진다.
(5) 경영에 대한 시스템 접근방법 : 상호 연계된 프로세스를 하나의 시스템으로 파악하고 이해하며 관리하는 것은 조직의 목표를 효과적이며, 효율적으로 달성하는 데 이바지한다.
(6) 지속적 개선 : 조직의 총체적인 성과에 대한 지속적 개선은 조직의 영구적인 목표이어야 한다.
(7) 의사결정에 대한 사실적 접근방법 : 효과적인 결정은 데이터 및 정보의 분석에 근거한다.
(8) 상호 유익한 공급자 관계 : 조직 및 조직의 공급자는 상호 의존적이며, 상호 이익이 되는 관계는 가치를 창조하기 위한 양쪽 모두의 능력을 증진시킨다.

383 관리도의 종류는 통계량에 의한 분류, 용도에 의한 분류로 구분이 가능하다. 각각의 관리도의 종류와 적용범위 및 사용용도에 대하여 기술하시오.

풀이 (1) 사용목적(용도)에 의한 분류
1) 해석용 관리도 : 관리된 상태(안정상태)에 있는지 조사하기 위해 사용(과거 Data를 기초로 원인 분석하는에 사용)
2) 관리용 관리도 : 공정을 안정상태로 유지하기 위해 사용(관리상태를 유지하기 위하여 사용하며, 이상상태를 감지하면 즉시 대응)

(2) 관리대상(통계량)에 의한 분류
1) 계량치 관리도 : 길이, 중량, 시간, 길이, 무게 등 연속적인 양을 관리하는 데 사용 ($\overline{x} - R$ 관리도, $\overline{x} - s$ 관리도, x 관리도 등)
2) 계수치 관리도 : 부적합품수, 부적합품률, 부적합수 등 개수 및 비율 등을 관리하는 데 사용(p관리도, np관리도, c관리도, u관리도 등)

384 품질코스트 비용 항목과 그 내용을 기술하시오.

풀이 (1) 예방코스트(Prevention cost ; P-cost)
  1) 품질문제가 생기기 이전에 사전예방을 통하여 확보하는 비용
  2) 품질관리 계획비용, 품질관리 기술비용, 품질관리 교육비용, 품질관리 사무비용 등

(2) 평가코스트(Appraisal cost ; A-cost)
  1) 품질이 생성되는 과정에 품질문제가 예상되는 부분을 검사하고 감시하며 관리하는 비용
  2) 수입검사비용, 공정검사비용, 완성품검사비용, 시험비용, 시험·검사기기 보전비용 등

(3) 실패코스트(Failure cost ; F-cost)
  1) 품질을 제대로 관리하지 못하여 발생하는 품질사고, 품질불만 등 품질불량으로 인한 비용
  2) 실패코스트는 2가지로 나눌 수 있다.
    ① 사내실패비용
      - 고객에게 제품출하 전 사내에서 발생한 비용
      - 폐각(스크랩)비용, 재가공비용, 외주불량비용, 설계변경비용 등
    ② 사외실패비용
      - 고객에게 제품출하 후 사외에서 발생한 비용
      - 현지 서비스 비용, 대체서비스 비용 등

385 매일 생산되는 기계부품 중 부품 100개를 랜덤으로 뽑아서 검사한 결과 다음과 같은 데이터를 얻었다. 다음 각 물음에 답하시오.

작업일	1	2	3	4	5	6	7	8	9	10	11	12	13	14	15
불량개수	3	2	1	2	3	5	4	2	10	3	4	5	3	1	4

1 어떠한 관리도가 적합한가?
2 적합한 관리도에 대해 관리한계를 구하고, 관리상태를 해석하시오.

풀이 **1** 불량개수 p_n 관리도

2 1) 관리한계

$$k=15, \ \Sigma p_n = 52, \ \bar{p} = \frac{\Sigma p_n}{k_n} = \frac{52}{1,500} = 0.035$$

$$CL = \bar{p}_n = \frac{\sum p_n}{k} = \frac{52}{15} = 3.47$$

$$UCL = \bar{p}_n + 3\sqrt{\bar{p}_n(1-\bar{p})} = 3.47 + 3\sqrt{3.47(1-0.035)} = 8.96$$

$$LCL = \bar{p}_n - 3\sqrt{\bar{p}_n(1-\bar{p})} = 3.47 - 3\sqrt{3.47(1-0.035)} = -2.02(고려하지 않음)$$

2) 관리상태 해석

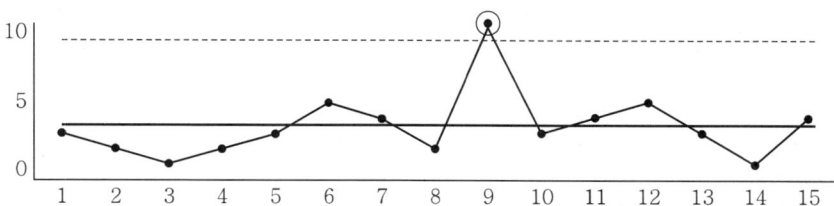

제9작업일의 불량개수 10이 UCL을 벗어나므로 이 공정은 관리상태에 있지 않다.

386 어떤 제품의 규격은 10 ± 1.5cm이다. 이 제품의 제조공정을 관리하기 위하여 지난 20일간에 걸쳐 매일 5개씩의 데이터를 취하여 $\bar{x}-R$ 관리도를 작성해보니 $\bar{x}$ 및 R관리도는 안정상태였으며 $\bar{\bar{x}}=9.5$, $\bar{R}=0.85$이었다. 이 제품의 공정능력 지수 C_{pk}를 구하고 판정하시오. (단, $n=5$일 때 $d_2=2.326$)

[풀이] $S_U = 11.5$, $S_L = 8.5$, $\sigma = \dfrac{\bar{R}}{d_2} = \dfrac{0.85}{2.326} = 0.365$

$$C_p = \frac{S_U - S_L}{6\sigma} = \frac{11.5 - 8.5}{6 \times 0.365} = 1.37$$

$$k = \frac{|M-\bar{\bar{x}}|}{\frac{T}{2}} = \frac{|10-9.5|}{\frac{3}{2}} = 0.33$$

$$C_{pk} = (1-k)C_p = (1-0.33) \times 1.37 = 0.92 (3등급)$$

∴ 공정능력이 부족한 상태이다.

387 시료군의 크기 $n=5$, 시료군의 수 $k=20$의 $\bar{x}-R$ 관리도를 작성하여 $\bar{\bar{x}}=18.00$, $\bar{R}=3.49$의 값을 얻었다. 제품의 규격 하한이 15cm, 규격상한이 21cm로 주어진 경우 규격외 제품이 나올 확률은?(단, 관리도는 관리상태이고 $n=5$일 때 $d_2=2.326$)

▼ 표준정규 분포표

u	0	1	2
1.9	0.0287	0.0281	0.0274
2.0	0.0228	0.0222	0.0217
2.0	0.0179	0.0174	0.0170

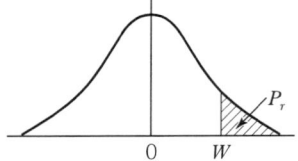

풀이 σ값이 주어져 있지 않으므로, $\sigma = \dfrac{\bar{R}}{d_2} = \dfrac{3.49}{2.326} = 1.5$

$$p = p(x<15) + p(x>21) = p\left[\left(\dfrac{x-\mu}{\sigma}\right) < \left(\dfrac{15-18}{1.5}\right)\right] + p\left[\left(\dfrac{x-\mu}{\sigma}\right) > \left(\dfrac{21-18}{1.5}\right)\right]$$
$$= p(z<-2) + p(z>2) = 0.0228 \times 2 = 0.0456(4.56\%)$$

즉, 규격 외 제품이 나올 확률은 0.0456(4.56%)이다.

388 어떤 공장에서 생산된 제품의 두께는 과거의 장시간에 걸친 안정된 실적으로부터 평균치가 8.2cm, 표준편차가 0.4cm로 계산되었다. 최근에 제조방법의 일부를 변경한 후, 작업을 실시하여 만들어진 10개의 데이터는 다음과 같다. 종전의 제조방법과 새로운 제조방법에 의한 것 사이에 두께의 산포에 차이가 있다고 할 수 있는가?(단, $\alpha=0.05$)(단, $x^2(9, 0.975)=2.70$, $x^2(10, 0.975)=3.25$, $x^2(9, 0.025)=19.02$, $x^2(10, 0.025)=20.5$)

데이터 : 8.2, 8.9, 9.0, 8.4, 8.3, 8.6, 8.5, 8.0, 8.9, 8.3

풀이 한 개의 모분산 검정

(1) 가설의 설정

$H_0 : \sigma^2 = 0.4^2(\sigma_0^2)$, $H_1 : \sigma^2 \neq 0.4^2$

(2) 유의수준 설정

$\alpha = 0.05$, $S = \sum x^2 - \dfrac{(\sum x)^2}{n} = 725.21 - \dfrac{85.1^2}{10} = 1.009$

(3) 검정통계량 계산

$x_0^2 = \dfrac{S}{\sigma_0^2} = \dfrac{1.009}{0.4^2} = 6.31$

(4) 기각역 설정

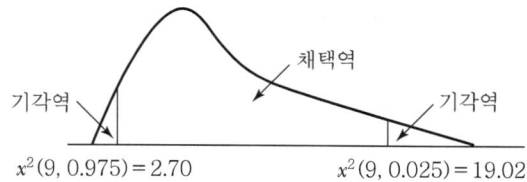

(5) 판정

$x^2(9, 0.975) = 2.70 < x_0^2 = 6.31 < x^2(9, 0.025) = 19.020$ 이므로, H_0 채택. 즉, 종전의 제조방법과 새로운 제조방법에 의한 것 사이에 두께의 산포에 차이가 있다고 할 수 없다.

389 어떤 제품에 대해 길이(cm)와 무게(kg)를 측정한 데이터이다. (데이터($n=10$))

x : 길이(cm)	60	60	60	62	62	62	64	64	70	70
y : 무게(kg)	110	135	120	140	135	130	145	150	165	180

1 상관계수를 구하시오.
2 분산분석표를 이용하여 회귀분석을 하시오. ($\alpha = 0.05$), (F(1, 8, 0.05) = 5.32)
3 길이에 대한 무게의 직선회귀식을 구하시오.

풀이

x	60	60	60	62	62	62	64	64	70	70	$\sum x = 634$	$\bar{x} = 63.4$
y	110	135	120	140	135	130	145	150	165	180	$\sum y = 1,410$	$\bar{y} = 141$
x^2	3,600	3,600	3,600	3,844	3,844	3,844	4,096	4,096	4,900	4,900	$\sum x^2 = 40,324$	
y^2	12,100	18,225	14,400	19,600	18,225	16,900	21,025	22,500	27,225	32,400	$\sum y^2 = 202,600$	
xy	6,600	8,100	7,200	8,680	8,370	8,060	9,280	9,600	11,550	12,600	$\sum xy = 90,040$	

1 $S_{(xx)} = \sum x^2 - \dfrac{(\sum x)^2}{n} = 40,324 - \dfrac{634^2}{10} = 128.4$

$S_{(yy)} = \sum y^2 - \dfrac{(\sum y)^2}{n} = 202,600 - \dfrac{1,410^2}{10} = 3,790$

$S_{(xy)} = \sum xy - \dfrac{\sum x \sum y}{n} = 90,040 - \dfrac{634 \times 1,410}{10} = 646$

$r = \dfrac{S_{(xy)}}{\sqrt{S_{(xx)} S_{(yy)}}} = \dfrac{646}{\sqrt{128.4 \times 3,790}} = 0.9260$

2 $S_R = \dfrac{(S_{(xy)})^2}{S_{(xx)}} = \dfrac{646^2}{128.4} = 3,250$

$S_{(y/x)} = S_{(yy)} - S_R = 3,790 - 3,250 = 540$

요인	SS	DF	MS	F_0	$F_{(0.05)}$
회귀	3,250	1	3,250	48.15*	5.32
잔차	540	8	67.5		
T	3,790	9			

$F_0 = 48.15 > F(1, 8, 0.05) = 5.32$이므로, 회귀직선은 유의하다.

3 $\hat{\beta}_1 = \dfrac{S_{(xy)}}{S_{(xx)}} = \dfrac{646}{128.4} = 5.301$

$\hat{y} - \overline{y} = \hat{\beta}_1 (x - \overline{y}) \quad \hat{y} - 141 = 5.301(x - 63.4)$

$\hat{y} = 5.301x - 177.965$

390 철재의 인장강도는 클수록 좋다. 평균치가 50kg/mm² 이상의 로트는 통과시키고, 45kg/mm² 이하의 로트는 통과되지 않게 하는 샘플링 검사방식을 구하고, 만약 이 샘플링 검사방식에 의한 샘플의 평균치가 48.9kg/mm²이라면 이 로트는 어떻게 하겠는가 판정하시오. (단, $\sigma = 5$kg/mm², $\alpha = 0.05$, $\beta = 0.10$, $K_{0.05} = 1.645$, $K_{0.10} = 1.282$)

풀이 σ기지인 계량규준형 샘플링검사로서 특성치가 높을수록 좋은 로트의 평균치를 보증하는 경우 검사방식은 $(n, \overline{x}_L)$로 설계

$m_0 = 50, \ m_1 = 45$

$\overline{x}_L = \dfrac{m_0 k_\beta + m_1 k_\alpha}{k_\alpha + k_\beta} = \dfrac{m_0 k_{0.10} + m_1 k_{0.05}}{k_{0.05} + k_{0.10}} = \dfrac{50 \times 1.282 + 45 \times 1.645}{1.645 + 1.282} = 47.19$

$k = \dfrac{k_{p0} k_\beta + k_{p1} k_\alpha}{k_\alpha + k_\beta} = \dfrac{k_{0.005} k_{0.10} + k_{0.025} k_{0.05}}{k_{0.05} + k_{0.10}} = \dfrac{2.58 \times 1.282 + 1.96 \times 1.645}{1.645 + 1.282} = 2.23$

$n = \left(\dfrac{k_\alpha + k_\beta}{m_0 - m_1}\right)^2 \sigma^2 = \left(\dfrac{k_{0.05} + k_{0.10}}{m_0 - m_1}\right)^2 \sigma^2 = \left(\dfrac{1.645 + 1.282}{50 - 45}\right)^2 5^2 = 8.57 ≒ 9 \uparrow$

검사방식(9, 47.19)

판정

$\overline{x} = 48.9 > \overline{x}_L = 47.19$이므로, 로트 합격 처리

※ $\overline{x} \geq \overline{x}_L$(합격), $\overline{x} < \overline{x}_L$(불합격)

391 과거의 어떤 장치의 평균수명은 28시간이었다. 설계를 변경한 후 만든 장치 10대를 수명시험에 걸어 고장수 $r = 7$에서 정수중단한 시험을 하여 다음 데이터를 얻었다. 이 데이터를 와이블 확률지에 타점하여 보니 형상모수 $m = 1$이 나왔다.

> 데이터 : 3, 9, 12, 20, 28, 43, 50(시간)

1 이 설계를 변경한 후 만든 장치의 MTBF를 추정하시오.
2 고장률을 추정하시오.
3 이 장치의 시간 $t = 10$에서의 신뢰도를 구하시오.
4 과거의 장치에 비해 설계를 변경한 후 장치의 평균수명이 향상되었다고 할 수 있는가?
($\alpha = 0.05$)(단, $x^2(14, 0.05) = 23.7$, $x^2(16, 0.05) = 26.3$)

[풀이] **1** $\text{MTBF} = \dfrac{\sum t_i + (n-r)tr}{r} = \dfrac{165 + (10-7)50}{7} = 45$시간

2 고장률(λ) $= \dfrac{1}{\text{MTBF}} = \dfrac{1}{45} = 0.022$/시간

3 $R(t) = e^{-\lambda t}$
$R(10) = e^{-0.022 \times 10} = 0.8025(80.25\%)$

4 ① 가설의 설정
　　　H_0 : MTBF $= 28$, H_1 : MTBF ≥ 28

② 유의수준 설정
　　　$\alpha = 0.05$, $T = \sum t_i + (n-r)tr = [165 + (10-7) \cdot 50] = 315$

③ 검정통계량 계산
　　　$x_0^2 = \dfrac{2T}{\text{MTBF}} = \dfrac{2 \times 315}{28} = 22.5$

④ 기각역 설정

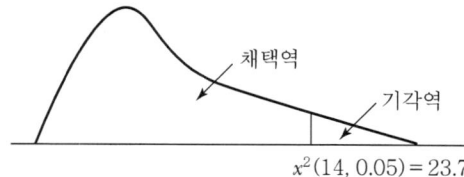

⑤ 판정
　　　$x_0^2 = 22.5 < x^2(14, 0.05) = 23.7$이므로 H_0 채택

즉, 설계변경한 후 장치의 평균수명이 향상되었다고 할 수 없다.

392 여러 명의 분석공중에서 랜덤으로 4명(A_1, A_2, A_3, A_4)을 뽑아 어떤 표준시약을 동일 장치로 4회씩 반복하여 분석하도록 하였다. 분석한 결과 다음 데이터를 얻었다.

(단위 : cm)

반복 \ 수준	A_1	A_2	A_3	A_4
1	81.0	80.4	79.8	79.4
2	80.8	80.1	79.2	78.9
3	80.0	80.6	80.5	78.7
4	79.8	80.9	80.4	80.0

1 분산분석을 하시오. (단, $\alpha = 0.05$, $F(3, 12, 0.05) = 3.49$)

1 분석공간의 산포 $\widehat{\sigma_A}$를 추정하시오.

[풀이] **1** 1) 변동의 계산

$T_{1.} = 321.6$ $\qquad T_{2.} = 322$ $\qquad T_{3.} = 319.9$

$T_{4.} = 317$ $\qquad T = 1,280.5$

$$CT = \frac{T^2}{N} = \frac{1,280.5^2}{16} = 102,480.02$$

$$S_T = \sum\sum X_{ij}^2 - CT = (81.0^2 + \cdots + 80.0^2) - 102,480.02 = 7.35$$

$$S_A = \sum \frac{T_{i.}^2}{r} - CT = \frac{36^2 + 24^2 + 18^2}{3} - 102480.02 = 3.87$$

$$S_e = S_T - S_A = 7.35 - 3.87 = 3.48$$

2) 자유도 계산

$\nu_A = l - 1 = 4 - 1 = 3$ $\qquad \nu_T = lr - 1 = (4 \times 4) - 1 = 15$,

$\nu_e = \nu_T - \nu_A = 15 - 3 = 12$

3) 평균제곱 계산

$$V_A = \frac{S_A}{\nu_A} = \frac{3.87}{3} = 1.29 \qquad V_e = \frac{S_e}{\nu_e} = \frac{3.48}{12} = 0.29$$

4) 검정통계량 계산

$$F_0 = \frac{V_A}{V_e} = \frac{1.29}{0.29} = 4.45$$

5) 분산분석표 작성

요인	SS	DF	MS	F_0	$F_{(0.05)}$
A	3.87	3	1.29	4.45*	3.49
e	3.48	12	0.29		
T	7.35	15			

위의 결과에서 인자 A는 유의수준 5%로 유의하다.

2 $E(V_A) = \sigma_e^2 + 4\sigma_A^2$, σ_A^2의 점추정

$$\sigma_A^2 = \frac{V_A - V_e}{r} = \frac{1.29 - 0.29}{4} = 0.25, \qquad \widehat{\sigma_A} = 0.5$$

393 국제표준(ISO)에서 요구하는 문서(Document)와 기록(Record)에 대한 구분을 용도와 개정 유무 측면에서 설명하시오.

풀이

구분	무엇	용도	시점	개정	관리조항
문서	규정	업무수행 기준	사용 중	가능	4.2.3
기록	성적서	업무수행 결과	사용 후	불가	4.2.4

394 Shewhart 관리도에 비해 Cusum 관리도의 장점은?

풀이 누적합(CUSUM) 관리도의 장점은 적은 비용으로 슈하르트(Shewhart) 관리도 이상의 효율을 얻을 수 있다. 이것은 공정평균에 갑작스런 변화가 일어나서 변화가 계속될 때, 누적합 관리도는 슈하르트 관리도보다 변화를 더 빨리 검출할 뿐만 아니라, 변화의 정도가 그다지 크지 않을 때에도 변화를 더 민감하게 검출해 낼 수 있다.

395 동일 목적에 사용되는 기기, 부품, 시스템의 우열을 객관적으로 평가하는 데 있어서 웨스팅하우스전기회사(Westinghouse Electric Company)에서 레이팅시스템(Rating System)이라는 방법으로 제안되어 제품 및 부품의 선정법에 활용되고 있는 방법은?

풀이 RACER법
Reiability(신뢰도), Availability(양산품은 언제든지 입수될 수 있다.), Compatibility(시스템의 기능이나 환경에 대한 적응성 또는 융통성), Economy(코스트가 경제적인 것), Reproducibility(제품의 균일성 또는 품질관리 수준)

396 제품설계에 관련된 모든 부서와 사람들을 설계과정에서부터 참여시킴으로써 과거의 개념과는 다른 가장 빠르게, 가장 적은 비용으로 제품을 설계하는 시스템을 무엇이라 하는가?

풀이 CE(Concurrent Engineering)

397 정밀도와 정확성을 간략히 설명하시오.

풀이 (1) 정밀도(Precision)
① 관측의 균질성을 표시하는 척도이며 관측값의 편차가 적을수록 정밀하다.
② 정밀도는 관측과정과 우연오차와 밀접한 관계를 가지며, 측정장비와 측정방법에 크게 영향을 받는다. 여기서 우연오차란 원인이 불명확한 오차이며 최소제곱법에 의한 확률법칙에 의해 추정이 가능하다.

(2) 정확도(Accuracy)
① 관측값이 얼마나 일치되는가를 표시하는 척도로서 관측의 정교성이나 균질성과는 무관하다.
② 관계하는 것은 정오차와 착오가 얼마나 제거되었는가이다. 여기서 정오차란 일정조건 하에서 같은 방향과 같은 크기로 발생되는 오차로 원인과 상태만 알면 제거 가능하며, 착오는 관측자의 미숙, 부주의에 의한 오차로 주의하면 방지가 가능하다.

398 Box가 개발한 것으로 실제로 생산을 계속해 나가면서 불량품을 만드는 것을 될 수 있는 한 방지하며, 사전에 최적조건을 파악한 후에 공정을 개선하도록 최적조건으로 바꾸어 주면서 반응의 변화를 진화적 개념으로 탐지하는 기법은?

풀이 EVOP(Evolutionary Operation)

399 랜덤 샘플링의 원칙 4가지 중 3가지 이상 답하시오.

풀이 (1) 해당 제품에 직접 종사하는 사람에게 맡기지 말 것
(2) 책임 있는 사람이 입회할 것
(3) 샘플링 담당에게 샘플링 목적과 중요성을 인식시킬 것
(4) 샘플링 대상 LOT는 이동 중에 채취할 것

400 제품의 설계단계에서 고장이 일어날 수 있는 모든 방법을 확인하고 고장의 영향과 심각성을 추정하여 수정설계활동을 추진하는 기법은?

[풀이] FMEA

401 최근의 새로운 회계시스템인 ABC와 TQM을 통합한 경영시스템으로써 고객이 느끼는 가치와 수익성을 지속적으로 개선하기 위해 해당 활동의 관리에 초점을 둔 품질비용을 산정하는 데 적합한 회계시스템을 무엇이라 하는가?

[풀이] ABM(Activity Based Management)

402 대표적인 고장시간 분포함수를 4가지 이상 답하시오.

[풀이] (1) 지수분포   (2) 감마분포   (3) 와이블분포
(4) 정규분포   (5) 대수정규분포

403 품질경영(QM)활동에서 고객의 불만을 수집하는 기법으로 VOC(Voice of Customer)란 기법을 사용하는데 고객의 소리를 듣기 위해 기업이 취할 수 있는 방법을 3가지만 제시하시오.

[풀이] (1) 전화서비스   (2) 고객패널   (3) 우편조사
(4) 포커스 그룹   (5) 의견조사 엽서

404 제조물 책임을 면하기 위하여 경고표시는 매우 중요한 위치에 있다. 이러한 경고표시 내용의 적합 유무 검토 시 핵심 포인트를 4가지로 서술하시오.

[풀이] (1) 경고는 어디까지 해야 하는가
(2) 충분한 경고란 무엇인가
(3) 경고를 해두면 책임을 면할 수 있는가
(4) 경고에 의한 안전성의 확보와 기술 면에서의 안정성 확보의 관련을 어떻게 할 것인가

405 ISO 9000 품질시스템에서 요구하는 경영검토의 목적과 주요 내용 5가지만 서술하시오.

풀이 (1) 경영검토 목적

품질경영시스템의 지속적인 적절성, 충족성 및 효과성을 보장하기 위하여 계획된 주기로 조직의 품질경영시스템을 검토

(2) 경영검토 입력사항
① 심사결과
② 고객피드백
③ 프로세스 성과 및 제품 적합성
④ 예방조치 및 시정조치 상태
⑤ 이전의 경영검토에 따른 후속조치
⑥ 품질경영시스템에 영향을 줄 수 있는 변경 사항
⑦ 개선을 위한 제안

(3) 경영검토 출력사항
① 품질경영시스템의 효과성 및 프로세스의 효과성 개선
② 고객요구사항과 관련된 제품 개선
③ 자원의 필요성

406 고객만족경영을 위해 일반 소비제품을 생산, 판매하는 기업입장에서 기본적인 고객만족 3요소를 제시하고 설명하시오.

풀이 (1) 제품
① 하드웨어적 가치 : 디자인, 상표 등
② 소프트웨어적 가치 : 품질, 기능, 성능, 가격 등

(2) 서비스
① 판매(영업장)분위기의 쾌적성
② 판매원 서비스 : 복장, 미소, 신속, 상품지식

(3) 기업이미지
① 사회공헌활동
② 환경보호활동

407 실험계획법에서 직교 배열표를 사용하여 실험을 하는 이유를 서술하시오.

[풀이] (1) 기계적인 조작으로 이론을 잘 모르고도 일부실시법, 분할법, 교락법 등의 배치가 용이하다.
(2) 요인변동의 계산이 용이하고, 분산분석표 작성이 쉽다.
(3) 실험횟수를 변화시키지 않고도 많은 인자를 배치할 수 있고, 실험 실시가 용이하다.

408 측정시스템을 평가하는 방법으로 그와 관련된 오차나 변동을 산출하게 되는데 오차와 변동의 5가지 종류를 간략하게 서술하시오.

[풀이] (1) 편의(Bias)
측정치의 평균치와 기준치(Master-Value)의 차이 변동

(2) 안전성(Stability)
시간이 지난 후에도 어떻게 정확하게 수행되는지 측정, 계측이 시간과 공간에 따라 변화되는 환경 속에서 동일 제품을 측정할 때 발생되는 변동

(3) 선형성(Linearity)
계측기의 측정범위 내에서의 측정의 일관성을 벗어나는 변동

(4) 반복성(Repeatability)
동일한 측정자가 동일한 계측기로 동일 제품을 측정하였을 때 발생되는 계측기 변동

(5) 재현성(Reproducibility)
서로 다른 측정자가 동일한 계측기로 동일 제품을 측정하였을 때 발생되는 측정자 변동

409 신 QC 7가지 수법이 발생하게 된 동기는 데이터를 취하기 이전에 문제를 어떻게 정리하는가의 중요성 인식에서 출발되었다. 신 QC 7가지 수법이 갖추어야 할 요건을 5가지만 서술하시오.

[풀이] (1) 언어데이터를 정리하는 수법 (2) 발상으로 이끄는 수법
(3) 계획에 충실 (4) 중복, 누락을 없애는 수법
(5) 모두가 협력, 추진할 수 있는 수법 (6) 관계자에게 이해시키기 위한 수법
(7) 정보전달 효과를 높일 수 있는 수법

410 벤치마킹의 4가지 원리를 각각 설명하시오.

풀이 (1) 상호성 : 벤치마킹은 모든 참가자들이 파트너와 정보를 교환해야 성공 가능
(2) 유사성 : 벤치마킹할 유사한 대상이 있어야 성공 가능
(3) 측정성 : 성과 측정단위가 계량화되어야 함
(4) 타당성 : 측정결과는 타당한 실적자료나 연구 자료에 의한 근거가 중요, 즉 신뢰성이 확보된 자료가 중요

411 ISO 9000 품질시스템에서 지정하고 있는 품질경영 책임자(대리인)의 역할을 5가지만 서술하시오.

풀이 (1) 품질경영시스템에 필요한 프로세스 수립 및 실행의 유지됨을 보장
(2) 내부 심사 운영
(3) 경영검토 시 성과보고
(4) 고객요구사항의 인식 증진을 보장
(5) 사내표준화 추진

412 기업이 고객의 요구를 듣기 위한 여러 방법 중 포커스그룹 인터뷰(Focus Group Interview)를 많이 이용한다. 이는 그룹화된 참가자들의 관점에서 현실을 이해하려는 데 목적이 있는데 포커스그룹 인터뷰의 장점을 5가지만 서술하시오.

풀이 (1) 집단이라는 장점 : 연구자가 단기간에 다량의 정보를 얻을 수 있고, 직접 관찰이 가능하며, 소비자의 사회적 상황하의 의식을 집단의 영향을 통해 알아볼 수 있음
(2) 진행자가 우수했을 경우의 장점 : 능숙한 진행자의 경우, 본질의 이해를 위해 문제를 깊이 파고들 수 있으며, 본심과 원칙을 식별하며, 참여자들의 감성 면에서 파악할 수 있음
(3) 비구성적이라는 장점 : 이는 가설검정에 있어서 가설 – 검정의 동시성, 임기응변성, 의외의 새로운 발견이 가능하고 참여자 의식의 논리성과 비논리성을 확인할 수 있음
(4) 조사기법의 독특성, 양적 조사 시 어려운 타깃 층의 정보수집에 용이, 조사방법이 미확립된 분야의 소비자 정보수집이 가능
(5) 비용이 저렴하고 빠르며, 대체로 기밀유지가 가능, 또한 양적 조사를 깊이 있게 해석할 수 있는 통찰력을 제공

413
최고경영자에게 품질비용을 보고할 때 단순히 품질비용 절대액만 보고하는 것은 최고경영자의 관심을 끌지 못하여 그 중요성을 잘 전달시키지 못하는 경우가 많다. 이러한 점을 보강하기 위해 최근 최고경영자에게 보고되는 품질비용을 다른 중요한 경영지수 형태로 보고하는데 일반적으로 사용하는 4가지 지수를 설명하시오.

풀이 (1) 노동지수 : 인당 노동생산량
(2) 비용지수 : 투입비용
(3) 매출지수 : 총 매출액에 대한 품질코스트 비율
(4) 생산지수 : 총 생산량과 비교한 불량코스트

414
고객의 욕구와 기대에 의거하여 제품과 서비스 그리고 공정을 설계하는 기법으로 QFD(Quality Function Development)가 있다. QFD가 기업에 가져다 주는 효과는 어떠한 것이 있는지 5가지만 서술하시오.

풀이 (1) 설계변경의 감소
제품개발과 관련된 모든 활동이 소비자의 요구사항을 근간으로 하여 통합적으로 이루어지므로 전통적인 순차적 개발방식에서와 같은 기능부서 간 의사소통의 미비로 인한 설계변경의 필요성이 근본적으로 줄어든다.

(2) 개발기간의 단축
일반적으로 제품의 개념정립과 기초설계 단계에서 약간의 시간을 더 필요로 하나, 결과적으로는 이후 단계에서의 설계변경의 감소로 인하여 전체 개발기간이 단축된다.

(3) 시운전 시의 문제점 감소
제품의 설계과정에서 공정 및 생산단계에서 발생 가능한 상충관계를 미리 고려하므로 시운전 시 문제점 발생의 가능성이 줄어든다.

(4) 설계과정의 문서화
품질기능전개에서는 설계 변수 간 상충관계 발생의 근원 및 해결의 논리적 근거, 설계 시 특별히 고려되었던 제품의 특성 등을 상세히 기록하게 되므로 이후 유용한 기록으로 남게 된다.

(5) 설계 기술자의 교육 매뉴얼 활용
설계 기술자를 위한 기술 교육 매뉴얼로 활용될 수 있으며 지속적으로 혁신하면 회사의 노하우가 담기고 기술의 기본 척도가 되어 단기간에 기술 축적이 가능하다.

415 인간공학에 밀접하게 관계하는 "Human Error"에 대하여 Error의 형태를 5가지로 분류하고 각 형태별 핵심을 간략히 설명하시오.

풀이 (1) Omission Error : 필요한 작업을 하지 않음
(2) Commission Error : 필요한 작업은 하였으나 실수 발생
(3) Extraneous Error : 해서는 안 될 작업을 수행
(4) Sequential Error : 수행순서의 잘못으로 발생
(5) Time Error : 너무 빠르거나 늦어서 발생

416 SWOT 분석기법의 4가지 분석항목과 각 항목별 대응전략을 간략히 서술하시오.

풀이 (1) 장점(Strengths) : 계속 강화 발전시킴
(2) 약점(Weakness) : 시정조치 계획수립 및 실시
(3) 기회(Opportunities) : 계속 관리가 필요
(4) 위험(Threats) : 대응방침의 확정 필요

417 6σ 품질시스템은 모든 임직원의 품질개선에 참여를 유도하고, 과학적 문제해결 능력을 갖춘 인재를 양성하기 위하여 단계별로 구분하여 자격을 두어 운영하는 제도가 있다. 각 단계와 단계별 그 역할을 간략히 서술하시오.

풀이

단계	주요 인력	주요 역할
챔피온	사업부 책임자	• 6시그마 추진에 필요한 자원을 할당 • 블랙벨트의 개선 프로젝트 수행을 뒷받침 • 성과에 따른 보상 실시
마스터블랙벨트	교육 및 지도 전문요원 (6시그마 전임요원)	• 블랙벨트 등과 같은 품질요원의 양성교육을 담당 • 블랙벨트를 지도, 지원
블랙벨트	개선 프로젝트 추진 책임자	6시그마 개선 프로젝트의 책임자로서 활동
그린벨트	현업담당자	• 블랙벨트의 개선 프로젝트에 파트타임으로 참여
화이트벨트	현업담당자 (전사원)	• 품질혁신에 대한 인식을 공유 • 개선활동에 동참

418 일반적인 실험계획법과 다구치 기법의 차이를 5가지만 서술하시오.

풀이 (1) 설계단계의 중요성
  1) 시스템 설계
     시스템을 어떤 방식으로 할 것인가, 즉 하나의 시스템이 여러 개의 서브시스템으로 구성될 때 각 서브시스템의 역할 연구
  2) 파라미터 설계
     설계에 채택되는 파라미터의 최적수준(목표치)을 결정하는 방법
  3) 허용차 설계
     설계변수의 변동범위에 대하여 공차나 허용범위를 지정

(2) 손실함수의 사용

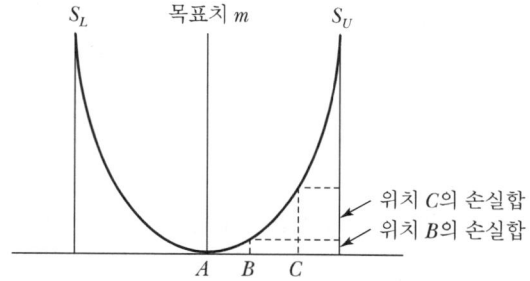

  1) 다구치 박사의 품질손실함수에 의하면, 원하는 목표치 m을 정확히 만족시키는 위치 A의 제품만 합격(양품)으로 인정하고, 나머지 B, C의 제품은 불량으로 처리한다.
  2) 손실함수 $L(y)$에서 기능특성치 y가 목표치에서 벗어남에 따라 손실이 증가한다.

(3) 잡음의 사용
  제품성능에 변동을 주는 요인
  1) 원인을 찾으면 제어가 가능한 설계변수
  2) 원인을 찾기 어렵고 제어가 용이하지 않은 잡음으로 나눔
     ① 외부잡음 : 외부사용조건의 변화에 의한 잡음(사용환경의 변화)
     ② 내부잡음 : 제품사용 중 내부열화에 의한 잡음(부품의 노후화)
     ③ 제품 간 잡음 : 제품의 불완전한 제조에 의해서 발생되는 제품간 성능특성치의 산포로 인한 잡음(생산환경의 변화)

(4) 라인 내 QC와 라인 외 QC

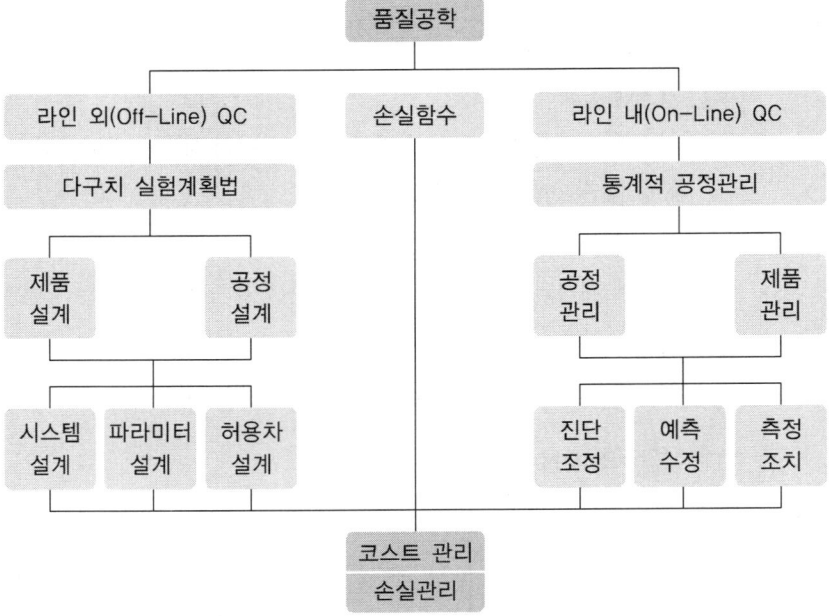

1) 라인 내 QC
   ① 제조공정의 관리나 제품관리 단계의 품질관리
   ② 20~30% 정도의 품질 확보와 품질코스트 최적화
   ③ 공정의 진단과 조정, 품질예측과 수정, 측정과 조치 등으로 구분 실시
   ④ 관리시스템으로 설계
   ⑤ 품질안정, 품질산포, 품질코스트를 최적화하여 손실함수 최소화

2) 라인 외 QC
   ① 제품설계나 공정설계 단계의 품질관리
   ② 70~80% 정도의 품질 확보와 품질코스트 최적화
   ③ 시스템설계, 파라미터설계, 허용차설계 등 3단계로 구분 실시
   ④ 직교배열표에 의한 최적안을 선택 또한 S/N 비로 분석함으로써 잡음인자에 둔감하고 안정된 품질을 확보하여 손실함수 최소화

(5) 잡음제거의 기능
   1) 제품품질 변동을 최소화하기 위해서는 표에서 보는 바와 같이 설계·개발, 생산기술, 생산, 영업 등의 업무 담당부서 별로 잡음 제거를 위한 단계별 대응책을 마련하여 품질 향상에 대한 노력이 이루어져야 한다.

2) 잡음 제거 가능 여부

QC 구분	담당 부서	대응책	잡음의 종류		
			외부 잡음	내부 잡음	제품 간 잡음
라인 외 QC (Off-Line)	설계·개발	시스템설계	●	●	●
		파라미터설계	●	●	●
		허용차설계	○	●	●
	생산기술	시스템설계	×	●	●
		파라미터설계	×	×	●
		허용차설계	×	×	●
라인 내 QC (On-Line)	생산	공정의 진단과 조정	×	×	●
		예측과 수정	×	×	●
		검사(측정과 조처)	×	×	●
	영업	애프터서비스	×	△	△

● : 대응 가능, ○ : 대응 가능하나 최후의 수단, × : 대응 불가능, △ : 예방보전의 의미로서 가능

(6) 품질향상 계획의 초점
  1) 목표치에 대한 성능특성치의 변동을 끊임없이 줄여나간다.(S/N 비를 특성치로 하여 변동을 최소화)
  2) 제품의 공정을 설계하거나 개선함에 있어 제품의 성능특성치가 잡음에 둔감하도록 로버스트 설계(Robust Design)화 한다.
  3) 제품이나 공정을 설계할 때는 적은 비용이 소요되면서 목표치의 허용한계를 만족시키는 설계변수들의 최적조건을 찾아낸다.

419
미국의 말콤 발드리지 국가품질상과 일본의 데밍상은 대표적인 품질모델로 소개되고 있다. 주관기관, 법적 근거, 심사범주(범위), 기금 등 4가지 사항에 대한 양국의 품질상 제도를 비교표로 작성하시오.

[풀이]

구분	MB상	데밍상
주관기관	상무성(NIST)	일본과학기술자연맹(JUSE)
법적 근거	말콤볼드리지 품질향상법	없음
심사범위	경영전반(경영품질)	제조부문
기금	말콤재단(민간)	없음

420 정확도와 정밀도에 대하여 간략히 설명하시오.

풀이 (1) 정확도(Accuracy)
① 관측값이 얼마나 일치되는가를 표시하는 척도로서 관측의 정교성이나 균질성과는 무관하다.
② 관계하는 것은 정오차와 착오가 얼마나 제거되었는가이다. 여기서 정오차란 일정조건 하에서 같은 방향과 같은 크기로 발생되는 오차로 원인과 상태만 알면 제거 가능하며, 착오는 관측자의 미숙, 부주의에 의한 오차로 주의하면 방지가 가능하다.

(2) 정밀도(Precision)
① 관측의 균질성을 표시하는 척도이며 관측값의 편차가 적을수록 정밀하다.
② 정밀도는 관측과정과 우연오차와 밀접한 관계를 가지며, 측정장비와 측정방법에 크게 영향을 받는다. 여기서 우연오차란 원인이 불명확한 오차이며 최소제곱법에 의한 확률법칙에 의해 추정이 가능합니다.

421 MTBF(Mean Time Between Failure)와 MTTR(Mean Time To Repair)에 대해서 각각 설명하시오.

풀이 (1) MTBF : 시스템을 수리해 가면서 사용하는 경우, 수리완료에서 다음 고장까지의 무고장 동작시간
(2) MTTR : 시스템을 수리할 경우, 수리시간의 평균치

422 공정능력지수인 C_p와 C_{pk}는 어떻게 다른 것인가?

풀이 (1) C_p : 평균값의 조절이 용이하고, 산포만 문제가 되는 경우
$$C_p = \frac{S_U - S_L}{6\sigma}$$

(2) C_{pk} : 평균값을 조절하는 것이 곤란하고, 산포와 평균이 동시에 문제인 경우
$$C_{pk} = (1-k)C_p, \quad 단, \ 치우침도 \ k = \frac{|규격의 \ 중심값 - \overline{x}|}{\frac{T}{2}}, \ (0 < k < 1)$$

① 치우침 k는 공정범위에서 정적인 평균의 변화가 차지하는 비율
② C_p의 단점은 중심을 고려하지 않고 흩어짐 상태만 알려주기 때문에 이 약점을 보완한 C_{pk}가 많이 사용된다.

423 ISO 9001 : 2000에서는 요구사항으로서, 품질경영시스템(4장) 경영책임(5장) 및 기타 6장, 7장, 및 8장에서 요구하는 사항의 제목을 위에 언급한 대로 기술하시오.

풀이 (1) 자원관리(6장)　　(2) 제품실현(7장)　　(3) 측정, 분석 및 개선(8장)

424 랜덤 샘플링 방식의 4가지 원칙 중 3가지를 답하시오.

풀이 (1) 해당 제품에 직접 종사하는 사람에게 맡기지 말 것
(2) 책임있는 사람이 입회할 것
(3) 샘플링 담당에게 샘플링 목적과 중요성을 인식시킬 것
(4) 샘플링 대상 LOT는 이동 중에 채취할 것

425 FMEA(Failure Mode & Effect Analysis)에서 "표"를 작성할 때 포함되어야 할 사항을 5가지 이상 작성하시오.

풀이 (1) 잠재적 고장형태　　　(2) 고장의 잠재적 영향
(3) 심각도　　　　　　　(4) 고장의 잠재적 원인/메커니즘
(5) 발생도　　　　　　　(6) 현 공정관리(예방 및 검출)
(7) 검출도　　　　　　　(8) 위험우선순위(RPN)

426 표본 채취방법 5가지를 나열하시오.

풀이 (1) 단순랜덤샘플링 : 모집단의 모든 샘플링 단위가 동일한 확률로서 시료에 뽑힐 가능성이 있는 샘플링 방법
(2) 2단계 샘플링 : 1차로 로트를 랜덤으로 선택하고, 다시 2차로 각 로트에서 몇 개씩 취하는 샘플링 방법
(3) 층별샘플링 : 로트를 몇 개층으로 나누어, 각 층으로부터 시료를 취하는 샘플링 방법
(2단계 샘플링에서 1차 샘플링이 모든 층을 선택했을 때와 같다.)
(4) 취락샘플링 : 1차로 로트를 몇 개 랜덤으로 선택하고, 선택된 로트 모두를 표본으로 취하는 샘플링 방법
(5) 계통샘플링 : 시료를 시간적으로나 공간적으로 일정한 간격을 두고 취하는 샘플링 방법

427 설계책임이 있는 조직과 설계책임이 없는 조직의 차이점을 ISO 9001 : 2000 관점에서 기술하시오.

풀이 ISO 9001 : 2000 1.2 적용항목에서 조직 및 제품의 성격에 따라 이 규격의 요구사항이 적용될 수 없는 경우, 제외를 고려할 수 있다.

(1) 설계책임이 있는 조직의 경우
제7항 제품실현이 조직의 인증범위 내에 포함되어 있는 제품 및 서비스에 대한 활동의 책임감을 지고 있다면 제외될 수 없다.

(2) 설계책임이 없는 조직의 경우
제7항 제품실현이 어떤 요구사항과 관련성이 없고 고객 및 해당 규제 요구사항을 충족시키는 제품을 생산하는 조직의 능력에도 영향을 미치지 않는다면 제외 가능하다.

428 Gauge R&R에 대하여 간략히 설명하시오.

풀이 R&R은 반복성(Repeatablity)과 재현성(Reproducibility)을 의미한다.
이러한 반복성과 재현성을 이용해서 측정시스템의 정밀도에 대한 이상변동이 발생하는지, 발생한다면 계측기에 의한 변동인지, 측정자에 의한 변동인지 분석

429 측정시스템 분석(MSA)에서 고려하는 측정데이터의 특성을 5가지 선정하시오.

풀이 (1) 편의(Bias)
측정 평균치와 기준치(Master-Value)의 차이 변동

(2) 안전성(Stability)
시간이 지난 후에도 어떻게 정확하게 수행되는지를 측정, 계측이 시간과 공간에 따라 변화되는 환경 속에서 동일 제품을 측정할 때 발생되는 변동

(3) 선형성(Linearity)
계측기의 측정범위 내에서의 측정의 일관성을 벗어나는 변동

(4) 반복성(Repeatability)
동일한 측정자가 동일한 계측기로 동일 제품을 측정하였을 때 발생되는 계측기 변동

(5) 재현성(Reproducibility)
서로 다른 측정자가 동일한 계측기로 동일 제품을 측정하였을 때 발생되는 측정자 변동

430 Data 수집 정리 시 계량치(연속형 Data)와 계수치(이산형 Data)의 차이점을 기술하시오.

풀이 (1) 계량치(연속형 Data)
① 측정기구 등으로 '측정'함으로써 얻어지는 데이터
② 예를 들면 길이, 무게, 시간 등의 연속적인 것

(2) 계수치(이산형 Data)
① '헤아림'으로써 얻어지는 데이터
② 예를 들면 부적합품의 수, 사고건수 등의 이산적인 것

431 ISO 9001 : 2000의 국제표준규격에서 언급하는 "특정한(규정된) 요구사항" : "Specified Requirement"에 포함될 수 있는 사항(3가지)을 나열하시오.

풀이 고객요구사항, 규제(법적)요구사항, 조직자체 요구사항

432 다구치 품질공학에서의 "S/N 비"란 무엇인가?

풀이 (1) 제어인자와 오차인자를 발견하기 위한 실험에서 제어인자의 효과와 오차인자의 효과의 비를 크게 하는 상호작용의 척도
(2) 잡음인자에 대한 제어인자의 정도
(3) $S/N \text{ 비} = \dfrac{\text{신호의 힘}}{\text{잡음의 힘}} = \dfrac{\text{신호입력이 산출물에 전달되는 힘}}{\text{잡음이 산출물에 전달되는 힘}}$
$= \dfrac{\text{목적이 산출물의 결과에 반영되는 정도}}{\text{잡음의 크기가 산출물의 결과에 나쁜영향을 미치는 정도}}$
$= \dfrac{\text{모평균 제곱의 추정치}}{\text{분산의 추정치}}$

433 주란(Juran)은 건전한 품질경영활동을 통한 품질향상노력을 강조하였다. 이를 위해 주란이 제안한 품질삼분법(Quality Trilogy)에 대해 기술하시오.

풀이 (1) 품질계획(Quality Plan)
1) 고객의 요구를 만족시키는 제품과 서비스를 제공하는 공정을 계획하는 것
2) 품질계획에서는 다음과 같은 구체적인 사항들을 결정한다.
① 품질의 목표를 설정한다.
② 고객이 누구인가를 결정한다.

③ 고객의 요구를 결정한다.
④ 고객의 요구에 부응하는 제품의 특성을 개발한다.
⑤ 품질계획을 실무자에게 이전시켜 실행에 옮긴다.

(2) **품질통제(Quality Control)**
1) 고객의 진정한 요구사항에 비추서 제품을 실제로 만든 제품을 평가하고, 잘못된 것을 시정조치하는 것을 말한다.
2) 품질통제에서는 다음과 같은 구체적인 사항들을 결정한다.
① 실제로 수행한 업무의 결과를 평가한다.
② 실제 결과를 품질목표와 비교한다.
③ 차이점을 분석하고 시정조치를 결정한다.

(3) **품질개선(Quality Improvement)**
1) 품질이 지속적으로 개선되도록 뒷받침해주는 지원 메커니즘을 시행하는 과정으로 종업원에 대해 교육훈련을 실시하고, 조직을 재설정하는 모든 개선활동을 말한다.
2) 품질개선에서는 다음과 같은 구체적인 사항들을 결정한다.
① 품질개선이 이루어질 수 있는 시스템을 구축한다.
② 개선할 프로젝트를 파악한다.
③ 프로젝트 팀을 설정한다.
④ 팀이 원인을 진단하고, 개선하여 목표를 달성할 수 있도록 필요한 자원과 교육을 지원하고, 동기를 부여한다.

434 장기적인 품질목표를 전략적으로 전개하기 위해 제시된 전략적 품질경영의 접근단계와 이를 성공적으로 전개하기 위한 요소에 대해 기술하시오.

풀이 (1) 전략적 품질경영의 접근단계
① 고객의 요구에 초점을 맞춘다.
② 품질목표와 전략을 개발하기 위해 상위 경영자가 리더십을 발휘한다.
③ 전략을 연간 사업계획으로 전환한다.
④ 품질부서 대신에 일선 현장에서 전략을 실행한다.

(2) 전략적 품질경영을 성공적으로 전개하기 위한 요소
경영자에게 확고한 리더십이 필요하다. 전략적 품질경영을 실행하는 데 경영자는 실행 책임자에게 권한과 책임을 위양해야 되지만, 중요한 것은 품질 하부구조가 부실해서는 안 된다는 것이다. 즉, 목표, 계획, 계획수행을 위한 조직구조, 예산, 성과보상에 인식과 보상이 뒤따라야 한다.

435 품질경영시스템의 프로세스 접근방식의 실행을 위한 단계를 기술하시오.

풀이 계획 → 실시 → 검토 – 조치(PDCA)로 알려져 있는 방법론은 모든 프로세스에 적용될 수 있다.
(1) 계획(Plan) : 고객요구사항 및 조직의 방침에 따라 결과를 도출하는 데 필요한 목표 및 프로세스의 수립
(2) 실시(Do) : 프로세스 실행
(3) 검토(Check) : 방침, 목표 및 제품 요구사항에 대하여 프로세스 및 제품의 모니터링, 측정 및 그 결과의 보고
(4) 조치(Action) : 프로세스 성과를 지속적으로 개선하기 위한 활동

436 예방, 평가, 실패코스트의 상관성을 이용하여 전체 품질코스트의 합이 최소가 되는 최적품질수준을 모색할 수 있다. 이 최적 품질코스트 모델에 있어서 전통적 모델과 수정 모델을 비교하여 그 차이점과 이 두 모델의 유용성에 대해 기술하시오.

풀이 (1) 전통적 모델

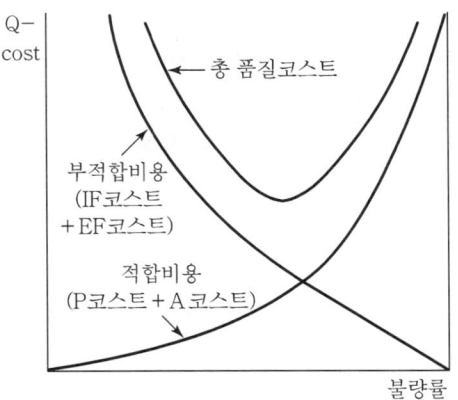

① 총 품질코스트는 적합비용(P코스트+A코스트)과 부적합비용(IF코스트+EF코스트)의 합이다. 과거에는 대부분의 사람들이 품질 향상이 비용의 증가를 초래한다고 하였다.
② 위 그림에서 Y축에 품질코스트, X축에 불량률을 표시하였고, 적합비용이 증가할수록 불량률이 감소한다. 그리고 X축의 오른쪽으로 이동하면 할수록 적합비용은 기하급수적으로 증가한다.
③ 이것은 인간의 능력에는 한계가 있기 때문에 아무리 노력해도 절대로 완전한 품질수준을 달성하지 못한다는 가정에 입각하였기 때문이고, 품질이 향상되면 부적합비용은 감소한다.
④ 과거의 전통적 모델의 그림은 총 품질코스트를 가장 낮게 하는 불량률을 찾는 것이다.

(2) 수정모델

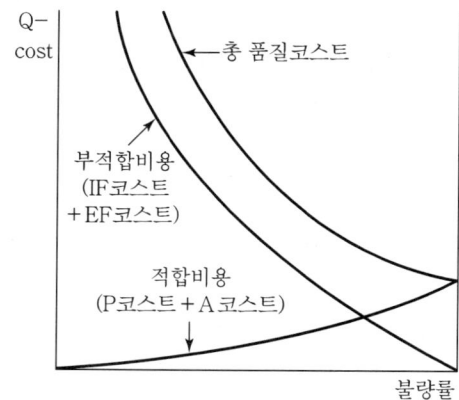

① 최근 품질 향상은 비용감소를 가져온다는 새로운 설이 제기되었는데, 위 그림처럼 품질과 비용은 서로 상반관계에 있지 않으며, 품질 향상이 비용의 증가를 초래한다는 사고도 이제는 옳지 않다는 것이다.
② 새로운 수정모델에서 총 품질코스트 곡선의 최저점은 0% 불량률과 일치한다.
③ 이러한 현상은 점차로 향상되는 새로운 기술로 원자재 및 부품의 품질수준이 높아졌고, 산업로봇이나 자동화로 인간의 실수를 방지할 수 있었으며, 자동화된 검사로 인간의 오류를 방지할 수 있었기 때문에 가능했다.
④ 즉 한정된 비용으로 완전한 품질수준을 달성할 수 있게 만들었다.
⑤ 실제로 세계의 많은 기업들은 품질 향상으로 비용이 감소한다는 경험을 많이 하고 있다는 사실을 다양한 문헌을 통해 알 수 있다.

437 설계고장유형영향분석(DFMEA)과 공정고장유형영향분석(PFMEA)의 차이, 위험우선순위(RPN)를 구성하는 요소들과 RPN 산출방법, RPN을 낮출 수 있는 대안에 대해 기술하시오.

풀이 (1) DFMEA와 PFMEA의 차이

1) DFMEA
   개발이나 설계단계를 원인으로 하는 고장모드를 해석하여 문제점 발생을 예지하면서 설계에 대책을 마련하기 위함

2) PFMEA
   제조공정의 잠재 문제점 해석을 실시하여 문제점을 예지하고, 사전에 개발이나 설계내용에 대책을 반영시키고, 또한 공정설비나 작업절차서를 변경하여 고장원인에 대한 대책을 취하기 위함

(2) 위험우선순위 구성요소

  1) 심각도(Severity)

    잠재적 고장형태가 고객에게 미치는 영향의 심각한 정도를 평가

  2) 발생도(Occurrence)

    파악된 원인이 얼마나 자주 발생하는지 평가

  3) 검출도(Detection)

    현 공정관리에 의해 일련의 고장형태를 검출할 확률의 평가

(3) 위험우선순위 산출방법

  1) 위험우선순위(RPN) = 심각도(S) × 발생도(O) × 검출도(D)

  2) 위험우선순위는 설계 및 공정에서 고려해야 할 우선순위를 결정하는 데 사용

  3) 위험우선순위는 1~1,000 사이에 있고, 높은 위험우선순위에 대해서는 시정조치를 통하여 계산상의 위험을 줄이기 위한 노력을 해야 한다.

(4) 위험우선순위를 낮출 수 있는 대안

고장형태가 위험우선순위에 의해 순위가 결정되었을 때 시정조치는 가장 높은 순위의 우려사항과 치명적인 항목에 우선적으로 집중하고, 대안은 다음과 같다.

1) 고장모드의 순위가 정해지면 가장 높은 순위를 갖는 것에 대하여 심각도, 발생도, 검출도 등급을 줄이기 위한 대책안을 마련하여 기록하고, 고장원인이 충분히 이해되지 않으면 통계적으로 설계된 실험에 의하여 대책안을 마련한다. 특정한 원인에 대하여 제안된 대책안이 없으면, '대책이 없음'이라고 기입한다. 확인된 잠재적 고장모드가 제조/조립 작업자들에게 위험할 수 있는 경우, 원인을 제거 또는 제어하여 고장모드의 발생을 방지할 수 있는 대책이 마련되어야 하고, 또한 작업자를 보호하기 위한 적절한 방법이 명시되어야 한다.

2) 고장모드의 발생확률을 줄이기 위해 공정 또는 설계변경을 고려한다. 이때, 지속적인 공정개선과 결점 예방을 위해 필요한 활동에 대한 정보의 피드백을 할 수 있는 통계적 방법을 이용한 공정연구가 수행될 수 있다.

3) 단지 중요도 등급을 줄이기 위하여 설계 및 공정에 대한 개정을 고려할 수도 있다.

4) 검출도를 증가시키기 위해 공정 및 설계에 관한 개정을 고려할 수 있는데 일반적으로 검출도를 향상시키는 것은 품질개선 측면에서는 비효율적이고 비용이 많이 든다. 검사빈도의 증가는 임시적으로 이용되어야 하며 영구적인 대책안이 요구된다. 어떤 경우 특정한 부품에 대한 변경이 고장모드의 탐지를 용이하도록 하기 위해서 요구될 수도 있고, 검출도를 높이기 위해서 현재의 관리방법에 대한 변경이 수행될 수도 있다. 그러나 고장모드의 탐지보다 결점의 발생을 방지하는 것이 무엇보다 중요하다는 것을 인식하여야 한다.

438 카노(KANO)에 의해 제안된 품질의 이원적 인식방법에 대해 기술하시오.

[풀이] (1) 매력적 품질요소(Attractive Quality Element)
　　　충족이 되면 고객에 만족을 주지만 충족되지 않는 경우에도 문제가 되지 않는 품질요소

　　(2) 일원적 품질요소(One-Dimensional Element)
　　　충족이 되면 만족, 충족되지 않으면 불만을 일으키는 품질요소

　　(3) 당연적 품질요소(Must-Be Quality Element)
　　　당연히 있을 것으로 생각되는 기본적인 품질요소

439 6시그마 품질혁신 프로젝트의 기본적 추진방법을 나타내는 5단계의 로드맵에 대해 기술하시오.

[풀이]

단계	활동단계	주요 활동내용	적용기법
1	Define (문제의 정의)	• 주요 고객정의 • 고객요구사항 파악(CTQ) • 개선프로젝트 선정	NGT, Logic Tree, QFD, 파레토도, 그래프
2	Measure (측정)	• 벤치마킹 • 부적합 정량화 • 프로세스 맵핑	%R&R, 샘플링, 히스토그램, 관리도, 공정능력분석
3	Analyze (분석)	• 부적합 원인 규명 • 잠재원인에 대한 자료 확보 • 치명원인 도출	브레인스토밍, FMEA, ANOVA, 특성요인도
4	Improve (개선)	• 프로세스 개선방법 모색 • 브레인스토밍 • 최적해 도출이 가능한 해결방법의 실험적 실시	반응표면실험, ANOVA, 회귀분석, 다구치 기법
5	Control (관리)	• 개선프로세스의 지속적 방법 모색 • 표준화 • 모니터링	관리계획서, 관리도, Fool-Proofing

440 기업에서 품질의 비용이나 프로세스활동을 회계시스템으로는 제대로 반영하지 못하는 문제점을 개선하기 위해 등장한 활동기준원가계산(ABC)에 대해 설명하고, 그 기대효과에 대해 기술하시오.

풀이 (1) 활동기준원가계산(ABC)
　　① 제품의 라이프 사이클이 짧아지고 제조기술이 급변함에 따라 급증하고 있는 간접비를 합리적인 기준으로 직접비로 전환하는 기법으로 투입지원이나 서비스로 변환되는 과정을 명확히 밝혀 제품이나 서비스의 원가를 계산하는 방식이다.
　　② 전통적인 원가계산 방식은 간접지원비용을 인위적인 기준에 의해 배분함으로써 제품이나 서비스 원가를 왜곡했는데 이러한 문제점을 해결하고자 하는 원가계산 방식이다.

(2) 기대효과
　　① 원가절감 효과
　　② 전반적인 경영의사 결정의 효율성 극대화
　　③ 예산편성, 성과평가, 리엔지니어링, 리스트럭처링, 전략적 의사결정 등에 활용

※ 주요 품질특성(CTQ)에 영향을 주는 요인을 $L_8(2^7)$ 직교표에 배치하고 실험 Data는 다음과 같다(단, Data 처리는 소수점 3자리까지 반올림하시오).

요인명		A 원료	B 압력	C 온도	D RPM	F 유량	G 높이	e 오차	측정 Data		망대 S/N비	망소 S/N비	망목 S/N비
수준	0	A	10	100	100	2	5		N_1	N_2			
	1	B	15	150	120	7	10		온습도 1	온습도 2			
열번호		1	2	3	4	5	6	7	Y_1	Y_2			
1		0	0	0	0	0	0	0	15.0	15.4	23.635	−23.638	34.606
2		0	0	0	1	1	1	1	21.0	12.1	23.421	−24.679	6.398
3		0	1	1	0	0	1	1	22.5	10.1	22.299	−24.831	5.368
4		0	1	1	1	1	0	0	14.2	15.8	(23.485)	(−23.534)	(22.450)
5		1	0	1	0	1	0	1	24.0	15.4	25.263	−26.091	10.210
6		1	0	1	1	0	1	0	18.9	12.6	23.421	−24.116	10.969
7		1	1	0	0	1	1	0	20.6	13.5	24.065	−24.819	10.620
8		1	1	0	1	0	0	1	21.4	13.2	24.022	−24.998	9.945
기본표시		a	b	ab	ac	bc	abc						

441 CTQ를 망대특성(Larger the Better)으로 보고 $L_8(2^7)$ 직교표의 4행의 S/N 비를 계산하고 모든 인자가 유의하다고 보고 최적조합수준을 적으시오. (단, 풀이과정을 적으시오.)

풀이 망대특성 $SN = -10\log\left(\dfrac{1}{n}\sum\dfrac{1}{y_i^2}\right)$

4행 S/N 비 $= -10\log\left[\dfrac{1}{2}\left(\dfrac{1}{14^2}+\dfrac{1}{15.8^2}\right)\right] = 23.485$

구분	A	B	C	D	F	G	e
	원료	압력	온도	RPM	유량	높이	오차
열번호	1	2	3	4	5	6	7
0수준	92.840	95.740	95.143	95.262	93.377	96.405	94.606
1수준	96.771	93.871	94.468	94.349	96.234	93.206	95.005
합계	189.611	189.611	189.611	189.611	189.611	189.611	189.611
차이	3.931	1.869	0.675	0.913	2.857	3.199	0.399
순위	1	4	6	5	3	2	7

- 1열의 S/N 비 0수준합 = 23.635 + 23.421 + 22.299 + 23.485 = 92.840
  1수준합 = 25.263 + 23.421 + 24.065 + 24.022 = 96.771
- 2열의 S/N 비 0수준합 = 23.635 + 23.421 + 25.263 + 23.421 = 95.740
  1수준합 = 22.299 + 23.485 + 24.065 + 24.022 = 93.871
- 3열의 S/N 비 0수준합 = 23.635 + 23.421 + 24.065 + 24.022 = 95.143
  1수준합 = 22.299 + 23.485 + 25.263 + 23.421 = 94.468
- 4열의 S/N 비 0수준합 = 23.635 + 22.299 + 25.263 + 24.065 = 95.262
  1수준합 = 23.421 + 23.485 + 23.421 + 24.022 = 94.349
- 5열의 S/N 비 0수준합 = 23.635 + 22.299 + 23.421 + 24.022 = 93.377
  1수준합 = 23.421 + 23.485 + 25.263 + 24.065 = 96.234
- 6열의 S/N 비 0수준합 = 23.635 + 23.485 + 25.263 + 24.022 = 96.405
  1수준합 = 23.421 + 22.299 + 23.421 + 24.065 = 93.206
- 7열의 S/N 비 0수준합 = 23.635 + 23.485 + 23.421 + 24.065 = 94.606
  1수준합 = 23.421 + 22.299 + 25.263 + 24.022 = 95.005

∴ 최적수준조합 : $A_1 B_0 C_0 D_0 F_1 G_0$ (S/N 비가 가장 큰 수준)

442 CTQ를 망소특성(Smaller the Better)으로 보고 $L_8(2^7)$직교표의 4행의 S/N 비를 계산하고 모든 인자가 유의하다고 보고 최적조합수준을 적으시오.(단, 풀이 과정을 적으시오.)

풀이 망소특성 $SN = -10\log\left(\frac{1}{n}\sum y_i^2\right)$

4행 S/N 비 $= -10\log\left[\frac{1}{2}(14^2 + 15.8^2)\right] = -23.534$

구분	A 원료	B 압력	C 온도	D RPM	F 유량	G 높이	e 오차
열번호	1	2	3	4	5	6	7
0수준	-96.682	-98.524	-98.134	-99.379	-97.583	-98.261	-96.107
1수준	-100.024	-98.182	-98.572	-97.327	-99.123	-98.445	-100.599
합계	-196.706	-196.706	-196.706	-196.706	-196.706	-196.706	-196.706
차이	3.342	0.342	0.438	2.052	1.540	0.184	4.492
순위	2	6	5	3	4	7	1

- 1열의 S/N 비 0수준합 = (-23.638) + (-24.679) + (-24.831) + (-23.534) = -96.682
  1수준합 = (-26.091) + (-24.116) + (-24.819) + (-24.998)
  = -100.024
- 2열의 S/N 비 0수준합 = (-23.638) + (-24.679) + (-26.091) + (-24.116) = -98.524
  1수준합 = (-24.831) + (-23.534) + (-24.819) + (-24.998) = -98.182
- 3열의 S/N 비 0수준합 = (-23.638) + (-24.679) + (-24.819) + (-24.998) = -98.134
  1수준합 = (-24.831) + (-23.534) + (-26.091) + (-24.116) = -98.572
- 4열의 S/N 비 0수준합 = (-23.638) + (-24.831) + (-26.091) + (-24.819) = -99.379
  1수준합 = (-24.679) + (-23.534) + (-24.116) + (-24.998) = -97.327
- 5열의 S/N 비 0수준합 = (-23.638) + (-24.831) + (-24.116) + (-24.998) = -97.583
  1수준합 = (-24.679) + (-23.534) + (-26.091) + (-24.819) = -99.123
- 6열의 S/N 비 0수준합 = (-23.638) + (-23.534) + (-26.091) + (-24.998) = -98.261
  1수준합 = (-24.679) + (-24.831) + (-24.116) + (-24.819) = -98.445
- 7열의 S/N 비 0수준합 = (-23.638) + (-23.534) + (-24.116) + (-24.819) = -96.107
  1수준합 = (-24.679) + (-24.831) + (-26.091) + (-24.998)
  = -100.599

∴ 최적수준조합 : $A_0B_1C_0D_1F_0G_0$(S/N 비가 가장 큰 수준)

443 CTQ를 망목특성(Nominal the Best)으로 보고 $L_8(2^7)$ 직교표의 4행의 S/N 비를 계산하고 모든 인자가 유의하다고 보고 S/N 비에 대한 최적조합수준을 적으시오.(단 SPEC는 20 ± 5이며 S/N 비는 $\bar{y}$, $\sqrt{V}$를 이용한 공식으로 이용하시오.)(단, 풀이과정을 적으시오.)

[풀이] 망목특성 $SN = 20\log\left(\dfrac{\bar{y}}{s}\right)$

4행 S/N 비 $= 20\log\left(\dfrac{15}{1.13137805}\right) = 22.450$

구분	A 원료	B 압력	C 온도	D RPM	F 유량	G 높이	e 오차
열번호	1	2	3	4	5	6	7
0수준	68.822	62.183	61.569	60.804	60.888	77.211	78.645
1수준	41.744	48.383	48.997	49.762	49.678	33.355	31.921
합계	110.566	110.566	110.566	110.566	110.566	110.566	110.566
차이	27.078	13.345	12.572	11.042	11.210	43.856	46.724
순위	3	4	5	7	6	2	1

- 1열의 S/N 비 0수준합 $= 34.606 + 6.398 + 5.368 + 22.450 = 68.822$
  1수준합 $= 10.210 + 10.969 + 10.620 + 9.945 = 41.744$
- 2열의 S/N 비 0수준합 $= 34.606 + 6.398 + 10.210 + 10.969 = 62.183$
  1수준합 $= 5.368 + 22.450 + 10.620 + 9.945 = 48.383$
- 3열의 S/N 비 0수준합 $= 34.606 + 6.398 + 10.620 + 9.945 = 61.569$
  1수준합 $= 5.368 + 22.450 + 10.210 + 10.969 = 48.997$
- 4열의 S/N 비 0수준합 $= 34.606 + 5.368 + 10.210 + 10.620 = 60.804$
  1수준합 $= 6.398 + 22.450 + 10.969 + 9.945 = 49.762$
- 5열의 S/N 비 0수준합 $= 34.606 + 5.368 + 10.969 + 9.945 = 60.888$
  1수준합 $= 6.398 + 22.450 + 10.210 + 10.620 = 49.678$
- 6열의 S/N 비 0수준합 $= 34.606 + 22.450 + 10.210 + 9.945 = 77.211$
  1수준합 $= 6.398 + 5.368 + 10.969 + 10.620 = 33.355$
- 7열의 S/N 비 0수준합 $= 34.606 + 22.450 + 10.969 + 10.620 = 78.645$
  1수준합 $= 6.398 + 5.368 + 10.210 + 9.945 = 31.921$

∴ 최적수준조합 : $A_0 B_0 C_0 D_0 F_0 G_0$ (S/N 비가 가장 큰 수준)

444 ISO 9001 : 2000 국제표준에서 권고하는 품질경영 8가지 원칙에 대해 기술하시오.

풀이 (1) 고객 중심

조직은 고객에 의존하고 있다. 따라서 현재 및 미래의 고객요구를 이해하고, 고객요구사항을 충족시키며 고객의 기대를 능가하도록 노력해야 할 것이다.

(2) 리더십

리더는 조직의 목적과 방향의 통일성을 확립한다. 리더는 사람들이 조직의 목표를 달성하는 데 전적으로 참여할 수 있는 내부환경을 조성하고 유지해야 할 것이다.

(3) 전원 참여

모든 계층의 사람들이 조직의 필수요소이다. 따라서 전원이 참가함으로써 그들의 능력이 조직의 이익을 위하여 발휘될 수 있다.

(4) 프로세스 접근방법

관련된 자원 및 활동이 하나의 프로세스로 관리될 때 바라는 결과가 보다 효율적으로 얻어진다.

(5) 경영에 대한 시스템 접근방법

상호 연계된 프로세스를 하나의 시스템으로 파악하고 이해하며 관리하는 것은 조직의 목표를 효과적이며, 효율적으로 달성하는 데 이바지한다.

(6) 지속적 개선

조직의 총체적인 성과에 대한 지속적 개선은 조직의 영구적인 목표이어야 할 것이다.

(7) 의사결정에 대한 사실적 접근방법

효과적인 결정은 데이터 및 정보의 분석에 근거한다.

(8) 상호 유익한 공급자 관계

조직 및 조직의 공급자는 상호 의존적이며, 상호 이익이 되는 관계는 가치를 창조하기 위한 양쪽 모두의 능력을 증진시킨다.

445 제조물책임법(PL)제도에 대응하려면 기업에서 준비해야 할 부분과 항목에 대해 기술하시오.

풀이 (1) 제품책임 예방(PLP ; Product Liability Prevention)

제품의 사고가 발생하기 전 사전에 사고를 방지하는 대책

1) 소프트웨어 측면

① 고도의 품질보증체

② 사용방법 보급
③ 사용환경 대응
④ 제품안전기술
⑤ 기술지도 및 관리점검 강화
⑥ 신뢰성 시험으로 안전 확보

2) 하드웨어 측면
재료, 부품 등의 안전 확보

(2) **제품책임 예방**(PLD ; Product Liability Defense)
제품의 결함으로 인해 손해가 발생한 후의 방어대책
1) 사전대책
① 책임의 한정 : 계약서, 보증서, 취급설명서 등
② 손실의 분산 : PL보험가입 등
③ 응급체계 구축 : 담당자 설정, 교육, 정보 전달체계 구축 등
2) 사후대책
① 초동대책 : 사실의 파악, 피해자 및 매스컴 대응 등
② 손실확대 방지 : 리콜, 수리 등

446 미국의 파라수라만(Parasuraman) 등에 의해 개발된 서비스품질 측정도구인 SERVQUAL 에 대해 기술하시오.

풀이 (1) 유형성(Tangibles) : 서비스 평가를 위한 외형적인 증거
(2) 신뢰성(Reliability) : 약속된 서비스를 정확하게 이행하는 능력
(3) 대응성(Responsiveness) : 고객에게 서비스를 신속하게 제공하려는 의지
(4) 확신성(Assurance) : 서비스 수행에 필요한 구성원들의 지식과 기술의 공유
(5) 공감성(Empathy) : 고객을 접대하는 종업원의 친절, 배려와 공손함
(6) 신용도(Credibility) : 서비스 제공자의 신뢰도, 진실성, 정직성
(7) 안전성(Security) : 고객은 서비스 제공과정이나 서비스 결과로부터 어떤 위험이나 심적부담이 없어야 함
(8) 접근성(Access) : 서비스 시스템에 대한 접근 가능성과 접촉의 용이성
(9) 의사소통(Communication) : 고객의 말에 귀를 기울이고, 고객이 알 수 있도록 정보를 제공하는 것
(10) 고객이해(Understanding the Customer) : 고객과 그들의 요구를 알려고 하는 노력

447 어느 회사의 공정에서 $n=5$의 군으로 하여 1개월간 $k=20$의 데이터에 대해 계산한 결과가 다음과 같다.

군번호	1	2	3	4	5	6	7	8	9	10
$\overline{x}$	10.45	10.45	10.00	10.80	10.90	10.35	11.35	10.85	10.55	10.50
R	2.0	1.5	1.0	2.5	1.5	1.0	1.5	0.5	2.0	1.5
군번호	11	12	13	14	15	16	17	18	19	20
$\overline{x}$	10.55	9.95	10.45	10.95	11.00	10.05	11.50	10.80	11.10	11.45
R	2.5	2.5	1.0	1.5	1.0	2.0	0.5	2.0	1.5	1.0

1 $\overline{x}-R$ 관리도의 UCL, LCL을 구하고 관리상태를 판정하시오. (단, $n=5$일 때, $d_2=2.326$, $A_2=0.58$, $D_4=2.11$, $D_3=-$)

2 이 제품의 규격이 10 ± 2cm로 되어 있을 때, 공정능력지수 C_{pk}를 구하고 판정하시오.

[풀이] **1** 1) $\overline{x}$ 관리도

$$CL = \overline{\overline{x}} = \frac{\sum \overline{x}}{k} = \frac{214}{20} = 10.7$$

$$UCL = \overline{\overline{x}} + A_2\overline{R} = 10.7 + (0.58)(1.525) = 11.585$$

$$LCL = \overline{\overline{x}} - A_2\overline{R} = 10.7 - (0.58)(1.525) = 9.816$$

2) R 관리도

$$CL = \overline{R} = \frac{\sum R}{k} = \frac{30.5}{20} = 1.525$$

$$UCL = D_4\overline{R} = (2.11)(1.525) = 3.218$$

$$LCL = D_3\overline{R} = -\text{(고려하지 않음)}$$

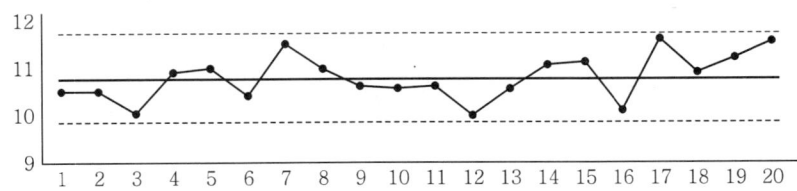

|| $\overline{x}$ 관리도 ||

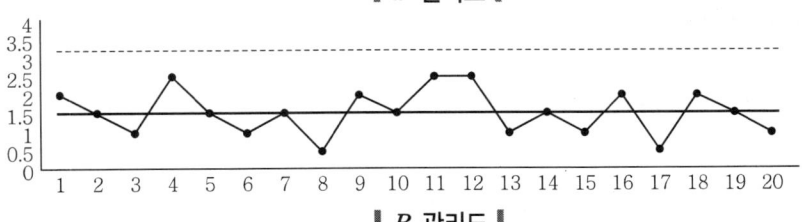

|| R 관리도 ||

위의 결과에서 $\bar{x}$ 관리도 및 R 관리도는 관리한계를 이탈하는 점이 없고, 점의 배열에 버릇이 없으므로 관리상태로 판정함

2 $S_U = 12$, $S_L = 8$, $\sigma = \dfrac{\overline{R}}{d_2} = \dfrac{1.525}{2.326} = 0.656$

$C_p = \dfrac{S_U - S_L}{6\sigma} = \dfrac{12 - 8}{6 \times 0.656} = 1.02$

$k = \dfrac{|규격의 중심값 - \bar{x}|}{\dfrac{T}{2}} = \dfrac{|10 - 10.7|}{\dfrac{4}{2}} = 0.35$

$C_{pk} = (1-k)C_p = (1-0.35) \times 1.02 = 0.66$ (4등급) 공정능력이 매우 부족

448 품질코스트(Quality Cost)를 분류하고, 그 내용을 간단히 설명하시오.

풀이 (1) 품질코스트

제품 또는 서비스의 품질을 형성, 관리하기 위해 소요되는 제반비용과 사양 및 소비자의 요구사항을 충족시키지 못함으로써 발생되는 손실비용을 객관적으로 평가할 수 있는 척도

(2) 품질비용의 분류

1) 예방코스트(Prevention cost : P-cost)
   품질문제가 생기기 이전에 사전예방을 통하여 확보하는 비용

2) 평가코스트(Appraisal cost : A-cost)
   품질이 생성되는 과정에 품질문제가 예상되는 부분을 검사하고 감시하며 관리하는 비용

3) 실패코스트(Failure cost : F-cost)
   품질을 제대로 관리하지 못하여 발생하는 품질사고, 품질불만 등 품질불량으로 인한 비용
   실패코스트는 2가지로 나눌 수 있다.
   ① 사내실패비용 : 고객에게 제품출하 전에 사내에서 발생한 비용
   ② 사외실패비용 : 고객에게 제품출하 후에 사외에서 발생한 비용

449 고장률 $\lambda = 0.095$[개/시간], 수리율 $\mu = 0.5$[개/시간]일 때 시간의 이용도(Availability)는 얼마인가?

풀이 $R(t)$가 평균고장률 λ인 지수분포를 따르고, $M(t)$가 평균수리율 μ인 지수분포를 따를 경우

이용도 $= \dfrac{MTBF}{MTBF + MTTR} = \dfrac{\dfrac{1}{\lambda}}{\dfrac{1}{\lambda} + \dfrac{1}{\mu}} = \dfrac{\dfrac{1}{0.095}}{\dfrac{1}{0.095} + \dfrac{1}{0.5}} = 0.8403\,(84.03\%)$

450 PL(Product Liability), PLP(Product Liability Prevention)와 PLD(Product Liability Defense)의 개념과 요점을 간단히 설명하시오.

[풀이] (1) PL

제품책임(PL)이란 제품에 의해 발생한 인적 상해, 재산 손상 또는 기타 손해에 관련된 손실을 배상하도록 생산자 또는 그 밖의 사람의 책임을 기술하는 데 사용, 제조물 책임이라고도 한다.

(2) PLP

제품의 사고가 발생하기 전 사전에 사고를 방지하는 대책
1) 소프트웨어 측면
   ① 고도의 품질보증체계 ② 사용방법 보급
   ③ 사용환경 대응 ④ 제품안전기술
   ⑤ 기술지도 및 관리점검 강화 ⑥ 신뢰성시험으로 안전 확보

2) 하드웨어 측면
   재료, 부품 등의 안전 확보

(3) PLD

제품의 결함으로 인해 손해가 발생한 후의 방어대책
1) 사전대책
   ① 책임의 한정 : 계약서, 보증서, 취급설명서 등
   ② 손실의 분산 : PL보험가입 등
   ③ 응급체계 구축 : 담당자 설정, 교육, 정보 전달체계 구축 등

2) 사후대책
   ① 초동대책 : 사실의 파악, 피해자 및 매스컴 대응 등
   ② 손실확대 방지 : 리콜, 수리 등

451 관리도의 용도에 의한 분류로 해석용 관리도와 관리용 관리도를 나누고 있다. 관리용 관리도의 이점을 기술하시오.

[풀이] 공정을 관리할 목적으로 작성하는 관리도로서, 작업을 하면서 관리도에 의거 그 결과를 체크하고, 이상이 나타나면 그 원인을 추구하여 이를 제거하고 조치를 취하기 용이함

452 사실표준(De Facto Standard)과 공식표준(De Jure Standard)에 대해 설명하시오.

풀이 (1) 사실표준
어떤 공식적인 계획없이 자연발생적으로 만들어진 사실상의 업계표준(MS사의 Window – 시장의 힘에 의해)

(2) 공식표준
공인된 표준화기구(ISO/IEC 등)가 채택한 공식적이며, 법률적 효력을 지닌 표준(ISO 9000, ISO 14000)

453 제품안전(PS)과 제조물책임(PL)법과 관련하여 "State of the Art"라는 용어를 사용하고 있다. 이에 대해 간략히 설명하시오.

풀이 최신기술 수준으로 제품안전과 관련하여
① 설계개발 당시 자국 및 타국을 포함
② 이미 개발되었거나 그 당시 상품화에 반영되어 있는지 조사하며,
③ 이를 제품설계(제품안전설계)에 반영해야 하는 당시의 최신기술 수준으로
④ PL문제와 관련하여 판결 시 반영되는 중요한 사항

454 측정시스템 분석(MSA)에서 변동에 영향을 미치는 5가지 요인을 쓰고 각각에 대해 설명하시오.

풀이 (1) 편의(Bias)
측정치의 평균치와 기준치(Master – Value)의 차이 변동

(2) 안전성(Stability)
시간이 지난 후에도 어떻게 정확하게 수행되는지 측정, 계측이 시간과 공간에 따라 변화되는 환경 속에서 동일 제품을 측정할 때 발생되는 변동

(3) 선형성(Linearity)
계측기의 측정범위 내에서의 측정의 일관성을 벗어나는 변동

(4) 반복성(Repeatability)
동일한 측정자가 동일한 계측기로 동일 제품을 측정하였을 때 발생되는 계측기 변동

(5) 재현성(Reproducibility)
서로 다른 측정자가 동일한 계측기로 동일 제품을 측정하였을 때 발생되는 측정자 변동

455 '프로세스'와 '프로세스 접근방법'에 대해 설명하시오.

풀이 (1) 프로세스 : 입력이 출력으로 변환되도록 자원을 활용하고, 관리되는 활동
(2) 프로세스 접근방법 : 프로세스의 파악과 상호작용, 프로세스에 대한 관리를 포함하여 조직 내에서 프로세스로 구성된 시스템을 적용하는 것

456 결함과 불량품의 차이를 간략히 설명하시오.

풀이 (1) 결함 : 설계표준의 범위를 벗어난 상태
(2) 불량 : 비적합성의 정도가 심해 본래의 기능을 할 수 없는 것

457 6시그마가 무결점 운동과 다른 점을 간략히 설명하시오.

풀이 무결점 운동(Zero Defect Movement)은 다분히 구호적이고, 제조공정 위주의 활동이었으나, 6시그마는 과학적으로 데이터에 근거한 품질관리를 요구하고 있으며, 제조공정에서의 품질뿐 아니라 수주에서 출하에 이르는 모든 경영프로세스를 대상으로 하는 종합적인 품질혁신 운동이라고 볼 수 있다.

458 다구치의 2차 손실함수(Quadratic Loss Function)의 의미를 간략히 설명하시오.

풀이

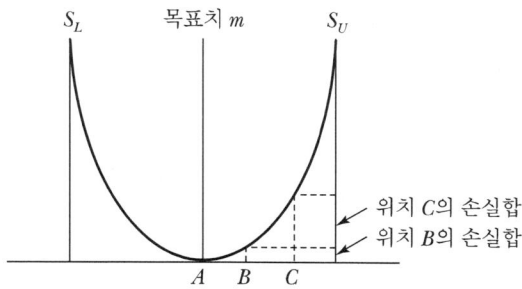

(1) 다구치 박사의 품질손실함수에 의하면, 원하는 목표치 m을 정확히 만족시키는 위치 A의 제품만 합격(양품)으로 인정하고, 나머지 B, C의 제품은 불량으로 처리한다.
(2) 손실함수 $L(y)$에서 기능특성치 y가 목표치에서 벗어남에 따라 손실이 증가한다.

459 신뢰성 설계란 설계품질의 하나인 신뢰성을 실현하기 위한 설계로서 신뢰성 특유의 설계 수법이 사용된다. 그 설계수법 중 5가지만 설명하시오.

풀이 (1) 리던던시(Redundancy)설계

구성품의 일부가 고장 나더라도 시스템의 고장을 일으키지 않도록 하는 것으로 병렬구조나 대기구조로 설계한다.

리던던시 설계 시 구성품의 신뢰도가 같을 때 시스템의 중복보다 부품의 중복이 신뢰도가 높으며 구성품의 신뢰도가 다를 때는 가장 신뢰도가 낮은 부품에 부품중복을 시키는 것이 일반적으로 유리하다.

(2) 부품의 단순화와 표준화

부품의 증가와 복잡화가 신뢰성 저하를 일으키므로 이를 막기 위한 대책으로 상대적으로 적은 수의 부품을 이용하는 단순화가 필요하며, 또한 표준화함으로써 부품의 결함과 약점이 제거되어 안전성과 보전성을 늘릴 수 있다.

(3) 최적재료 사용

신뢰성 설계기술 중 설계기술 못지 않게 중요한 것으로 최적재료 선정 시 고려할 요소는 다음과 같다.
① 기계적 특성 ② 비중 ③ 가공성 ④ 내환경성
⑤ 원가 ⑥ 내구성 ⑦ 품질과 납기

(4) 디레이팅(Derating) 설계

전자적 특성의 고장이 나타나는 부품에 걸리는 부하에 여유를 두고 설계하는 방법이다. 이러한 디레이팅은 기계적 특성의 고장을 갖는 제품의 안전계수 또는 안전율과 동일한 개념으로 리던던시 설계와 더불어 과잉품질에 해당하지만, 신뢰성 향상의 중요한 방법에 하나가 된다.

(5) 내환경성 설계

여러 가지 환경조건이 부품에 주는 영향을 추정, 평가하여 제품의 강도와 내성을 설계하는 것이다.

(6) 인간공학적 설계

인간공학적 설계란 인간의 육체적 조건과 행동 심리학적 조건으로부터 도출된 인간공학의 제 원칙을 활용하여 제품의 상세부분에 대한 구조를 설계하는 방식

(7) 보전성 설계

보전성 설계란 시스템의 수리 회복률, 보전도 등의 정량값에 근거한 설계방식

460 실험계획에 있어서 분할법, 교락법 및 일부실시법은 각각 어떤 경우에 사용하는 것이 유리한지 간단히 기술하시오.

풀이 (1) 분할법(Split-Plot Design)
① 실험을 실시하는데(여러 개의 인자 중에서) 랜덤화가 곤란한 경우(랜덤화가 어려운 인자)
② 2차 단위에 배치한 인자의 주효과나, 1차 단위의 인자와 2차 단위의 인자의 교호작용을 1차 단위의 주효과보다 좋은 정도로 추정하고 싶은 경우

(2) 교락법(Confounding Method)
① 실험횟수를 늘리지 않고, 실험 전체를 몇 개의 블록으로 나누어 배치하는 경우
② 동일 환경 내의 실험횟수를 적게 하고자 하는 경우

(3) 일부실시법(Fractional Replication)
① 불필요한 교호작용이나 고차의 교호작용을 구하지 않을 경우
② 실험의 크기를 될수록 적게 하고자 할 때 사용

461 K축(Shaft)의 지름이 0.8775 ± 0.0025mm로 주어져 있다. 이 축의 제조공정을 관리하기 위하여 20일간에 걸쳐서 매일 5개씩 데이터를 취해 $\bar{x}-R$관리도를 작성하여 공정은 안정상태에 있었다. 다음 데이터를 사용하여 답하시오.

> $\bar{x}-R$관리도의 $\bar{\bar{x}}=0.8758$mm $\bar{R}=0.0039$이다. $n=5$일 때 $d_2=2.33$이다.

1 공정능력지수 C_P를 구하시오.
2 C_P의 값이 어떤 범위에 있을 때 공정이 좋다고 생각되는가?
3 공정능력비 D_P를 나타내는 계산식을 구하시오.
4 공정능력비는 공정능력지수와 비교하여 어떤 경우에 사용이 유리한가?

풀이 **1** $S_U=0.880$, $S_L=0.875$, $\sigma = \dfrac{\bar{R}}{d_2} = \dfrac{0.0039}{2.33} = 0.0017$

$$C_p = \frac{S_U - S_L}{6\sigma} = \frac{0.880 - 0.875}{6 \times 0.0017} = 0.49$$

2 $C_p \geq 1.67$ 이상일 때

3 D_p는 C_p의 역수로서 $D_p = \dfrac{6\sigma}{S_U - S_L}$

4 D_p값이 작을수록 공정능력이 좋아지며, 평가척도로서 σ기지일 때는 본질적으로 다를 바가 없으나, σ미지일 때는 C_p에 비해 취급이 용이하고, 통계적 특성을 파악하기 쉽다.

462 ISO 9000 : 2000 품질경영시스템에서 성과를 개선하는 방향으로 조직을 이끌어가기 위하여, 최고경영자가 사용할 수 있는 품질경영 8대 원칙에 대하여 간단하게 기술하시오.

풀이 (1) 고객중심

조직은 고객에 의존하고 있다. 따라서 현재 및 미래의 고객요구를 이해하고, 고객요구사항을 충족시키며 고객의 기대를 능가하도록 노력해야 할 것이다.

(2) 리더십

리더는 조직의 목적과 방향의 통일성을 확립한다. 리더는 사람들이 조직의 목표를 달성하는 데 전적으로 참여할 수 있는 내부환경을 조성하고 유지해야 할 것이다.

(3) 전원참여

모든 계층의 사람들이 조직의 필수요소이다. 따라서 전원이 참가함으로써 그들의 능력이 조직의 이익을 위하여 발휘될 수 있다.

(4) 프로세스 접근방법

관련된 자원 및 활동이 하나의 프로세스로 관리될 때 바라는 결과가 보다 효율적으로 얻어진다.

(5) 경영에 대한 시스템 접근방법

상호 연계된 프로세스를 하나의 시스템으로 파악하고 이해하며 관리하는 것은 조직의 목표를 효과적이며, 효율적으로 달성하는 데 이바지한다.

(6) 지속적 개선

조직의 총체적인 성과에 대한 지속적 개선은 조직의 영구적인 목표이어야 할 것이다.

(7) 의사결정에 대한 사실적 접근방법

효과적인 결정은 데이터 및 정보의 분석에 근거한다.

(8) 상호 유익한 공급자 관계

조직 및 조직의 공급자는 상호 의존적이며, 상호 이익이 되는 관계는 가치를 창조하기 위한 양쪽 모두의 능력을 증진시킨다.

463 관리도를 활용하는데 있어 공정의 안정(관리)상태 또는 이상상태 여부를 판정하는 기준 (관리도 보는 방법)에 대해 기술하시오.

풀이 (1) 관리한계선 이탈에 따른 비관리상태

관리도의 주된 판정기준인 관리한계선의 이탈이 있다면 비관리상태로 판정하여 조치를 취한다.

(2) 습관성과 점의 배열에서 나타나는 비관리상태

1) 길이가 긴 런(run)이 나타난다.

중심선의 한쪽에 연속되어 나타나는 점의 배열현상을 런이라 한다. 최장의 런을 척도로 삼아 점의 배열에 습관성이 있는지 없는지를 판단한다. 종전에는 슈하르트 판정을 기초로 길이 7의 런을 비관리 상태로 판정하고 있으나, KS Q 3201의 판정규칙에 따르면 길이 9의 런에서 비관리상태의 판정을 한다.

2) 경향(Trend)이나 주기성(Cycle)이 있다.

경향은 점이 점차 올라가거나 내려가는 상태를 말하며, 길이 6의 연속 상승, 하강 경향을 비관리 상태로 판정한다. 또한 연속 11점 중 10점의 상승, 하강 경향을 갖는 경우 비관리 상태로 판정을 하는데, 전반적인 흐름이 한 방향으로 지속적으로 이동되는 경우는 상황에 따라 비관리 상태로 판정하여 조치를 취하기도 한다.

주기는 점이 주기적으로 상하로 변동하여 파형을 나타내는 경우인데, 주기변동의 원인 추구와 관리목적에 따른 군 구분의 방법, 시료채취 방법, 데이터를 얻는 방법 또는 데이터의 수정 방법을 재검토해야 한다. 점이 중심선 부근에는 거의 없고 불규칙 비정상적으로 큰 폭을 갖고 오르내리는 상태를 불안정 혹은 또는 불안정 혼합이라고 하는데, 1σ 한계를 넘는 점이 타점한 점의 1/3 이상이 되는 경우로 점들이 중심선 부근에 별로 없고 낮은 수준과 높은 수준을 오르내리면서 톱니 같은 모양을 나타내는 경우가 대표적인 현상으로 비관리 상태가 된다.

3) 중심선의 근처에 많은 점이 연속하여 나타난다.(점이 중심선 한쪽에 편향될 때)

점이 중심선 한쪽에 일방적으로 나타날 경우 선별 또는 공정의 치우침이 나타났다는 신호이므로 비관리 상태로 판정한다.

4) 관리한계선에 접근하는 점이 여러 개가 나타난다.[점이 관리한계선에 근접해서 나타날 때(중심선 한쪽 기준)]

① 연속 3점 중 2점 이상

② 연속 7점 중 3점 이상

③ 연속 10점 중 4점 이상

으로 나타나면 비관리 상태로 판정한다.

464 부품 A와 B를 선형적으로 연결하여 조립품을 만드는 공정이 있다. 부품 A의 길이는 평균 40, 표준편차 3인 정규분포에 따르고, 부품 B의 길이는 평균 60, 표준편차 4인 정규분포에 따른다고 한다. 조립품의 길이의 규격이 100±10이라면 조립품 가운데 몇 %가 규격을 벗어나겠는가?(단, Z가 $N(0, 1^2)$인 표준정규분포일 때, $P(Z>0.5) = 0.3085$, $P(Z>1.0) = 0.1587$, $P(Z>1.5) = 0.0668$, $P(Z>2.0) = 0.0228$)

풀이 $T = A + B$

$E(T) = E(A+B) = E(A) + E(B) = 40 + 60 = 100$

$V(T) = V(A+B) = V(A) + V(B) = 3^2 + 4^2 = 25$

부품 $A \sim N(40, 3^2)$ 부품 $B \sim N(60, 4^2)$ 조립품 $T \sim N(100, 5^2)$

$p = p(x < 90) + p(x > 110)$

$= p\left[\left(\dfrac{x-\mu}{\sigma}\right) < \left(\dfrac{90-100}{5}\right)\right] + p\left[\left(\dfrac{x-\mu}{\sigma}\right) > \left(\dfrac{110-100}{5}\right)\right]$

$= p(z < -2) + p(z > 2) = 2 \times 0.0228 = 0.0456 (4.56\%)$

즉, 조리품 가운데 0.0456(4.56%) 규격을 벗어남

465 미국의 MBNQA(Malcom Baldrige National Qudlity Award), 일본의 데밍상, 한국의 국가품질상의 특징을 비교하여 설명하시오.

풀이 전 세계적으로 국가적 규모의 대표적인 품질상은 1951년에 제정된 일본의 데밍상과 1987년 제정된 미국의 MB상이라고 할 수 있다. 1975년에 제정된 한국 국가품질상은 미국의 MB상과 심사기준이 유사하므로 일본의 데밍상과 미국의 MB상을 비교하겠다. 두 상을 비교하여 보면 상당 부분이 유사하다는 것을 알 수 있다. 두 상이 모두 경영자로부터 하부조직까지, 더 나아가 고객과 공급자에 이르기까지 전 조직이 함께 품질향상을 추구한다는 것이다. 그러나 MB상은 품질경영의 개선에 중점을 두지만 데밍상은 통계적 품질관리에 중점을 두고 있다. 근본적인 차이점은 MB상은 정부 차원에서 추진되는 국가품질상인 데 비하여 데밍상은 민간 차원의 수상제도이다. 그리고 MB상의 경우에는 제조부문, 서비스부문, 소기업부문 그리고 1999년부터 추가된 교육기관과 의료기관에 각각 두 개 업체까지만 수상할 수 있으나, 데밍상의 경우에는 전혀 제한이 없다. 일반적으로 데밍상의 경우에는 정해진 심사기준을 통과하면 어떤 업체든 수상이 가능하므로 MB상에 비해 업체 간의 경쟁이 심하지 않다.

466 계수값 검사에 대한 샘플링 검사(KS A ISO 2859-1)의 보통검사, 까다로운 검사 및 수월한 검사에 대한 전환규칙 및 절차를 기술하시오.

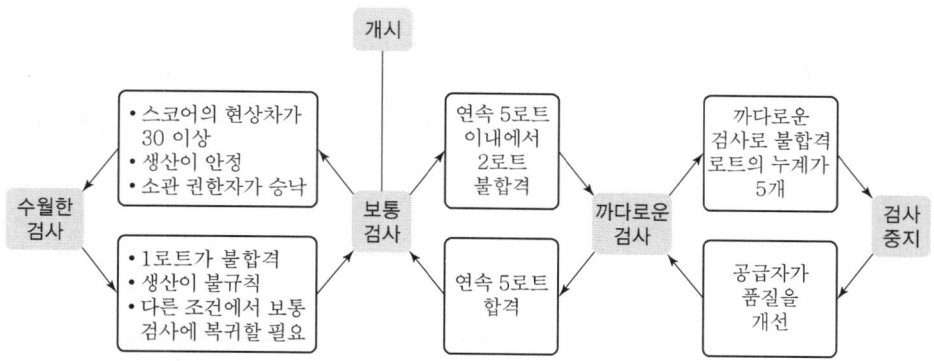

1 보통검사에서 까다로운 검사로
2 까다로운 검사에서 보통검사로
3 보통검사에서 수월한 검사로
4 수월한 검사에서 보통검사로
5 검사정지

[풀이]
1 연속 5로트 이내에서 2로트 불합격
2 연속 5로트 합격
3 ① 스코어의 현상차가 30 이상   ② 생산이 안정
   ③ 소관권한자가 승낙
4 ① 1로트 불합격   ② 생산이 불규칙
   ③ 다른 조건에서 보통검사에 복귀할 필요
5 까다로운 검사로 불합격 로트의 누계가 5개

467 어떤 조립공장에서 최근 15로트의 최종검사를 실시한 결과 성능 불량개수는 다음과 같다.

로트 No.	1	2	3	4	5	6	7	8	9	10	11	12	13	14	15
시료크기(n)	100	100	100	100	100	100	100	100	100	100	100	100	100	100	100
불량개수(Pn)	3	5	7	10	8	4	2	1	6	5	3	8	4	4	5

1 관리 한계선을 구하라.
2 관리도를 작성하시오.
3 조립공정의 관리상태를 조사하라.

풀이 **1** $k=15$, $\sum pn = 75$, $\bar{p} = \dfrac{\sum pn}{kn} = \dfrac{75}{15 \times 100} = 0.05$

$$CL = \bar{p}n = \dfrac{\sum pn}{k} = \dfrac{75}{15} = 5$$

$$UCL = \bar{p}n + 3\sqrt{\bar{p}n(1-\bar{p})} = 5 + 3\sqrt{5(1-0.05)} = 11.54$$

$$LCL = \bar{p}n - 3\sqrt{\bar{p}n(1-\bar{p})} = 5 - 3\sqrt{5(1-0.05)} = -1.54\,(\text{고려하지 않음})$$

2

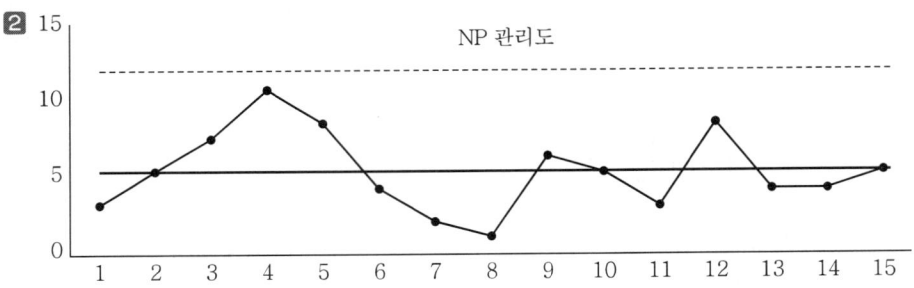

3 위의 결과에서 벗어나는 점이 없고, 점의 배열에 아무런 버릇이 없으므로 관리상태에 있다고 판정할 수 있다.

468 KS 인증제도와 ISO 9000 인증제도의 인증 대상, 관련 법규, 심사기준 및 요구사항, 심사단계, 사후관리방법의 내용을 비교·설명하시오.

풀이

구분	KS 인증제도	ISO 9000 인증제도
대상	소비자 보호를 위해 필요하고 다른 산업에 영향이 있는 광공업품 및 서비스	산업 및 서비스 전 분야
관련 법규	산업표준화법	품질경영 및 공산품안전관리법
심사기준 및 요구사항	• 표준화 일반 • 자재의 관리 • 공정관리 • 제품의 품질관리 • 제조설비의 관리 • 검사설비의 관리	• 품질경영시스템 • 경영자책임 • 자원관리 • 제품실현 • 측정, 분석 및 개선
심사단계	공정심사 → 제품심사	예비심사 → 문서심사 → 현장심사 → 확인심사
사후관리 방법	1년 제품심사, 3년 정기심사	1년 사후심사, 3년 갱신심사

469 품질기능전개(QFD), 품질의 집(House of Quality)에 대해 설명하고, 품질기능전개 4단계와 각 단계별 주요 내용을 기술하시오.

풀이 (1) 품질기능전개

고객요구를 규명하고 설계 및 생산사이클을 통하여 이를 목적과 수단의 계열에 따라 계통적으로 전개하는 포괄적인 계획화 과정

(2) 품질의 집

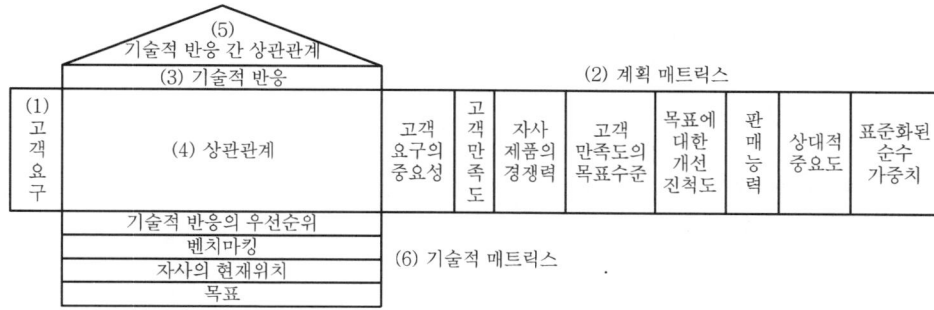

1) 고객의 요구 : 고객의 요구는 고객과의 개별 면담이나 포커스그룹 등을 통해 정성적으로 파악. 고객뿐만 아니라, 공급업자, 정부, 판매업자 그리고 미래 고객의 소리까지도 고려
2) 계획 매트릭스 : 기업이 현재 공급하는 제품 및 서비스에 대하여 파악한 고객의 요구에 대한 상대적 중요성과 만족도
3) 기술적 반응
   ① 고객의 요구를 충족시키기 위해 어떻게 하여야 할 것인가를 나타내는 속성
   ② 고객의 요구를 기술적인 언어로 번역한 것
4) 상관관계 : 고객의 요구와 기술적 반응 간의 상호관련성을 나타낸다.
5) 기술적 반응 간 상관관계 : 기업의 기술적 반응 간 상관관계이다.
6) 기술적 매트릭스 : 기술적 반응의 측면에서 경쟁자와 자사를 비교하고 경쟁자와 경쟁하기 위해 어떻게 하여야 할 것인지를 보여주는 것

(3) 품질기능전개 4단계와 각 단계별 주요 내용
   1) 제품기획 단계 : 고객의 요구를 기술적 특성으로 나타내는 단계
   2) 부품설계 단계 : 기술적 특성을 갖추기 위해 어떤 부품이 필요하며, 중요한지를 나타내는 단계
   3) 공정계획 단계 : 중요 부품을 갖추기 위해 공정설계를 어떻게 해야 하는지 나타내는 단계
   4) 생산계획 단계 : 중요 공정설계를 하기 위해 생산계획을 어떻게 세워야 하는지 나타내는 단계

470 평균 50, 표준편차 10인 정규분포에 따르는 어떤 제품의 품질특성의 평균을 관리하기 위해 부분군의 크기 $n=4$이며, 3σ관리한계선을 갖는 $\bar{x}$관리도를 사용하고 있다. 이 제품의 생산공정에 갑자기 이상이 발생하여 품질특성의 평균은 20% 증가하고, 표준편차는 2배로 증가하였다면, $\bar{x}$관리도에서 이 변화를 탐지하기까지 평균 몇 개의 부분군(ARL)이 필요하겠는가?(단, Z가 $N(0,1^2)$의 표준정규분포일 때 $P(Z>0.5)=0.3085$, $P(Z>1.0)=0.1587$, $P(Z>2.0)=0.0228$, $P(Z>2.5)=0.0062$))

풀이 $UCL = \bar{\bar{x}} + 3\dfrac{\sigma}{\sqrt{n}} = 50 + 3\dfrac{10}{\sqrt{4}} = 65$

$LCL = \bar{\bar{x}} - 3\dfrac{\sigma}{\sqrt{n}} = 50 - 3\dfrac{10}{\sqrt{4}} = 35$

$\bar{x}$가 UCL, LCL을 벗어나는 확률 p라 하고, 이때 공정평균은 20% 증가(1.2만큼 이동), 표준편차는 2배 증가

$p = p(\bar{x} < LCL) + p(\bar{x} > UCL)$

$= p\left[\left(\dfrac{\bar{x}-\mu}{\frac{\sigma}{\sqrt{n}}}\right) < \left(\dfrac{35-(1.2\times 50)}{\frac{2\times 10}{\sqrt{4}}}\right)\right] + p\left[\left(\dfrac{\bar{x}-\mu}{\frac{\sigma}{\sqrt{n}}}\right) > \left(\dfrac{65-(1.2\times 50)}{\frac{2\times 10}{\sqrt{4}}}\right)\right]$

$= p(z < -2.5) + p(z > 0.5) = 0.0062 + 0.3085 = 0.3147$

연속된 몇 점이 $\bar{x}$관리도에서 변화를 탐지할 확률은 다음과 같다.
$1-\beta = 0.3147$, $\beta = 0.6853$

3σ관리도에서 $\beta = 0.27$로 관리하면, $0.27 = (0.6853)^{ARL}$
로그를 이용하여 풀면 $ARL = \log_{0.6853} 0.27 = 3.46 ≒ 4$

즉, $\bar{x}$관리도에서 변화를 탐지하기까지 4개의 부분군이 필요하다.

471 과제달성형 접근방법과 문제해결형 접근방법의 차이점을 설명하시오.

풀이 (1) 과제달성형 접근방법
① 목표를 달성하기 위해 새로운 방법 창출
② 문제해결형 접근방법에 비해 새로운 업무, 매력적 품질 지향적

(2) 문제해결형 접근방법
① 현재의 수준과 목표치의 차이를 줄이는 활동
② 현상파악과 요인해석에 중점

472 어떤 기계의 소음을 줄이기 위하여 연구한 결과 모터의 베어링 부분에 대하여 조립 후 베어링유격(A)과 진동상태(B)가 소음의 요인임을 알 수 있다. 다음에 답하시오.

1 볼 베어링의 유격 $A_1 = 0\mu$, $A_2 = 5\mu$, $A_3 = 10\mu$의 수준으로 그리고, 진동상태를 $B_1 = 40\mu$, $B_2 = 110\mu$, $B_3 = 180\mu$으로 변환시켜 가면서 1회씩 실험한 경우의 데이터 구조식(X_{ij})을 구하시오.

2 인자 $A_i(i = 1, 2, 3)$가 주는 효과의 평균을 구하고 그 근거를 밝히시오.

3 각 수준을 조합한 조건 A_iB_j에서 실험을 3회 반복한다면 1회씩만 실험한 것과 비교할 때 어떤 이점을 가지고 있는가?

4 '**3**'의 실험에서 전체의 실험, 즉 $3 \times 3 \times 3 = 27$회를 랜덤하게 실시하였을 때 오차항(e_{ij})에 가장 중요한 4가지 가정은 무엇인가?

[풀이] **1** $X_{ij} = \mu + a_i + b_j + e_{ij}$(단, $e_{ij} \sim N(0, \sigma_e^2)$이고 서로 독립 $\sum a_i = \sum b_j = 0$

2 $a_i = (\overline{x_i}_\cdot - \overline{\overline{x}})$ 주효과(=편차), 편차의 합=0, $\sum a_i = 0$이기 때문에 인자 A_i 효과의 평균 $\overline{a_i} = 0$

3 ① 인자의 조합효과(교호작용)를 분리하여 구할 수 있다.
② 교호작용을 분리하여 검출할 수 있으므로, 인자의 효과(주효과)에 대한 검출이 좋아지고, 실험오차를 단독으로 구할 수 있다.
③ 반복한 데이터로부터 실험의 재현성과 관리상태를 검토할 수 있다.
④ 수준수가 적더라도 반복수의 크기를 조절하여 검출력을 높일 수 있다.

4 일반적으로 e_{ij}는 정규분포 $N(0, \sigma_e^2)$으로부터 임의의 추출된 것이라 가정
① 정규성(Normality) : 오차 e_{ij}의 분포는 정규분포를 따른다.
② 독립성(Independence) : 임의의 e_{ij}와 $e_{i'j'}(i \neq i'$ 또는 $j \neq j')$는 서로 독립이다.
③ 불편성(Unbiasedness) : 오차 e_{ij}의 기대치는 0이고 치우침은 없다.
④ 등분산성(Equal Variance) : 오차 e_{ij}의 분산은 σ_e^2으로 어떤 ij에 대해서도 일정하다.

473 계수값 검사에 대한 샘플링검사절차 – 제1부 : 로트별 검사에 대한 AQL 지표형 샘플링 검사방식(KS A ISO2859 – 1 : 2001) 규격에서 사용하는 다음의 용어에 대해 각각 설명하시오.

1 합격품질수준(AQL)
2 한계품질(LQ)
3 샘플링검사 스킴(Sampling Scheme)
4 프로세스 평균(Process Average)
5 소비자 위험품질(CRQ)

[풀이]
1 연속적 시리즈의 로트를 생각했을 때, 샘플링 검사라는 목적에 대해서는 만족한 프로세스의 평균의 상한
2 로트가 고립상태에 있다고 생각했을 때, 샘플링 검사에서 합격의 확률이 낮은 값으로 제재되는 듯한 품질수준
3 복수의 샘플링 검사방식과 하나의 샘플링 검사방식에서 다른 샘플링 검사방식으로 변경하기 위한 전환 규칙과의 조합
4 규정된 기간 또는 생산량에 대한 평균적 프로세스 수준
5 샘플링 방식으로 규정된 소비자 위험에 대응하는 로트 또는 프로세스의 품질수준(통상 10%가 사용)

474 기업에서 개선활동을 추진할 때 많이 활용하는 기법인 6시그마와 Single PPM의 추진단계에 대해 비교·설명하시오.

[풀이]

단계	Single PPM		6시그마	
	활동단계	주요 활동내용	활동단계	주요 활동내용
1	Scope (범위선정)	• 사전준비 • 대상품목 선정 • 프로젝트 선정 • 마스터 플랜 작성	Define (문제의 정의)	• 주요 고객정의 • 고객요구사항 파악(CTQ) • 개선프로젝트 선정
2	Illumination (현상파악)	• 불량유형분석 • 품질기능전개 • 개선항목설정 • 공정현황조사 • 측정시스템분석	Measure (측정)	• 벤치마킹 • 부적합정량화 • 프로세스 맵핑
3	Nonconformity Analysis (원인분석)	• 분석용 데이터 수집 • 변동요인 추출 • 핵심요인 결정	Analyze (분석)	• 부적합 원인규명 • 잠재원인에 대한 자료 확보 • 치명원인 도출

단계	Single PPM		6시그마	
	활동단계	주요 활동내용	활동단계	주요 활동내용
4	Goal (목표설정)	• 개선단계설정 • 단계별 목표치 설정 (PPM) • 현황판 부착	Improve (개선)	• 프로세스 개선방법 모색 • 브레인스토밍 • 최적해 도출이 가능한 해결 방법의 실험적 실시
5	Level up (개선)	• 대책수립 • 대책실시 • 평가 • 표준화		
6	Evaluation (평가)	• 완료평가 • 사후관리 • 확산전개	Control (관리)	• 개선프로세스의 지속적 방법 모색 • 표준화 • 모니터링

475 카노의 품질의 이원적 인식방법(매력적 품질과 당연적 품질)에 대해서 설명하시오.

풀이 (1) 매력적 품질요소(Attractive Quality Element)
충족이 되면 고객에 만족을 주지만 충족되지 않는 경우에도 문제가 되지 않는 품질요소

(2) 당연적 품질요소(Must−Be Quality Element)
당연히 있을 것으로 생각되는 기본적인 품질요소

476 TQM과 BPR(Business Process Reengineering)의 차이점을 조직, 초점, 개선방식, 기법의 면에서 비교·설명하시오.

풀이

구분	TQM	BPR
조직	공통의 목적	프로세스별
초점	고객중심의 품질	부가가치 창출하지 않는 프로세스 개선
개선방식	점진적	획기적
기법	벤치마킹, SPC, PDCA	벤치마킹, IT 혁신적 사고

477 신뢰성 샘플링 검사의 특징 4가지 중 3가지를 서술하시오.

풀이 (1) 척도로서 평균고장간격(MTBF)과 평균고장률(λ)을 사용한다.
(2) 위험률 α, β 값을 크게 취한다.
(3) 지수분포, 와이블분포를 가정 방식이 주류
(4) 중도중단시험(Censored Test)인 정시중단시험과 정수중단시험 방식을 사용

478 어떤 제품 계열을 살리고 죽일 것인가, 또는 가격을 올리고, 내릴 것인가를 결정하는 전략적 의사결정에 필요한 자료를 제시하는 데 도움이 되고, 기업의 중요한 활동에서 프로세스, 제품, 품질비용을 추적하여 얻은 재무 및 운영 성과 정보를 수집하여 품질비용을 계산하는 데 활용 가능한 방법은 무엇인가?

풀이 ABC(활동기준원가)

479 어떠한 현상을 유발시키는 시스템의 구조를 밝히기 위한 연구는 과학분야, 사회분야 등 많은 분야에서 행해지고 있다. 그러나 이러한 현상은 정도의 차이는 있지만 고정된 상태로 남아 있지 않고 관찰 시점, 실험조건, 환경 등에 따라 변하기 때문에 현상의 구조적인 특성을 파악하는 것은 매우 어렵고, 시간과 비용이 들어가지만 많은 사람들이 모형화 작업을 통하여 현상을 지배하고 있는 변수나 인자의 효율적인 관계식을 밝히고 이러한 변수들의 관계를 기술하고 형태를 파악하는 통계적 기법을 무엇이라 하는가?

풀이 회귀분석법

480 제품이 개발되고 생산되어 소비자의 손에 들어가 사용되기까지 과정은 일반적으로 6단계를 거치게 된다. 그 단계별 순서대로 정리하시오.

풀이 제품기획 → 제품설계 → 공정설계 → 생산 → 판매 → A/S

481 실험계획법에서 '단일인자실험법(Single Factor Experiments)'의 취약점은?

풀이 (1) 타 인자에 대한 영향을 전혀 파악할 수 없다.
(2) 반복수가 같지 않으면 정밀도가 아주 나빠진다.
(3) 여러 인자가 어느 정도 진척되지 않는 경우 의미가 없다.

482 X-bar관리도를 작성하는 데 R관리도를 먼저 작성하는 이유는?

풀이 공정의 군내변동, 즉 산포를 먼저 파악하기 위해서

483 고객만족도조사는 측정결과 그 자체에 의미가 있는 것은 아니다. 조사결과에는 유용한 고객정보와 고객요구가 담겨 있으므로 충분한 분석을 통해 조사 자료의 활용가치를 극대화시켜야 한다. 이를 위한 적절한 분석방법을 2가지만 서술하시오.

풀이 (1) Portfolio 분석법 : 고객만족도와 중요도를 Y축과 Y축에 나타내는 방법
(2) GAP 분석법 : 고객만족도와 중요도를 Y축과 Y축에 그래프화하는 방법

484 분할실험의 이점과 결점을 1가지씩만 제시하시오.

풀이 (1) 이점 : 실험실시 시 랜덤화가 곤란한 경우 배치가 용이
(2) 결점 : 인자가 많고, 교호작용이 존재하는 경우 배치가 곤란

485 신뢰성에서 리던던시(Redundancy) 설계란?

풀이 고도의 신뢰도가 요구되는 특정부분에 여분의 구성품을 더 설치함으로써, 구성품의 일부가 고장 나더라도 그 구성부분이 고장 나지 않도록 설계하여 구성부분의 신뢰도를 높이는 방법으로 병렬리던던시(Parallel Redundancy)설계와 대기리던던시(Stand-by Redundancy)설계가 있다.

486 제품의 제조단계에서 일반적으로 제품의 고유 신뢰도를 증대시키는 방법을 3가지만 서술하시오.

[풀이] (1) 제품이 사용되는 방식, 가해지는 스트레스의 실태를 충분히 고려할 것
(2) 고유 신뢰성과 사용신뢰성의 관계를 명확히 할 것
(3) 사용 시 보전성, 사용의 용이함, 안전성을 처음부터 고려할 것
(4) 고유 신뢰성을 만들어 넣을 때, 고유 신뢰성과 사용신뢰성 향상에 피드백할 것

487 $n \times n$의 라틴방격(Latin Square)을 간략히 설명하시오.

[풀이] (1) 개념

n개의 숫자 또는 글자를 어느 행, 어느 열에도 하나씩만 있도록 나열하여 종횡 n개씩의 숫자 또는 글자가 4각형이 되도록 한 것을 $n \times n$ 라틴방격이라 한다.

(2) 특징

① 적은 실험횟수로서 실험이 가능(총 실험횟수는 k^2개로서 3원 배치 실험의 경우보다 $\frac{1}{k}$배 적다.)
② 인자 간의 교호작용의 효과를 검출할 수 없다.
③ 3인자 실험에 쓰이며, 각 인자의 수준 수 n이 반드시 동일
④ 서로 직교하는 라틴방격 2개를 그레코라틴방격, 라틴방격 3개를 초방격라틴방격이라 한다.

488 계수치 관리도의 장점 및 단점을 2가지씩 나열하시오.

[풀이] (1) 장점

① 부적합품수(율)나 결점수 등으로 관리상태 파악이 용이하다.
② 여러 가지 특성치를 한 개로 관리할 수 있다.

(2) 단점

① 시료채취 시 시간을 잘 관리하지 않을 경우 의미를 상실할 수 있다.
② 표준편차의 신뢰도가 계량값에 비해서 낮다.

PART 08

489 6시그마는 프로세스의 변동을 감소하여 완벽한 프로세스를 추구한다. 그러면 어떻게 하여 프로세스를 개선할 수 있을까? 여기에서 개선의 대상이 되고, 또한 대개 주요 제품이나 서비스에 대한 고객의 핵심요구 사항 또는 기업의 가치를 증진시키는 핵심 프로세스이며, 기업이 개선의 대상으로 선정한 핵심품질요소(특성)를 무엇이라 하는가?

[풀이] CTQ(Critical To Quality)

490 관리도의 관리한계는 3σ 법을 채택하고 있다. 다음의 $\bar{x}-R$ 관리도의 관리한계식 근거를 제시하시오.

1 $\bar{x}$ 관리도
① $\bar{\bar{x}} \pm A\sigma (UCL = \bar{\bar{x}} + A\sigma,\ LCL = \bar{\bar{x}} - A\sigma)$
② $\bar{\bar{x}} \pm A_2\bar{R}(UCL = \bar{\bar{x}} + A_2\bar{R},\ LCL = \bar{\bar{x}} - A_2\bar{R})$

2 R 관리도
① $UCL = D_4\bar{R}$ ② $LCL = D_3\bar{R}$
③ $UCL = D_2\sigma$ ④ $LCL = D_1\sigma$

[풀이] **1** ① σ기지(공정관리용)

$$E(\bar{x}) \pm 3D(\bar{x}) = \bar{\bar{x}} \pm 3\sigma_{\bar{x}} = \bar{\bar{x}} \pm 3\frac{\sigma}{\sqrt{n}} = \bar{\bar{x}} \pm A\sigma\left(단,\ A = \frac{3}{\sqrt{n}}\right)$$

② σ미지(공정해석용)

$$E(\bar{x}) \pm 3D(\bar{x}) = \bar{\bar{x}} \pm 3\frac{\hat{\sigma}}{\sqrt{n}} = \bar{\bar{x}} \pm 3\frac{1}{\sqrt{n}}\frac{\bar{R}}{d_2} = \bar{\bar{x}} \pm A_2\bar{R}\left(단,\ A_2 = \frac{3}{d_2\sqrt{n}}\right)$$

2 ① σ미지(공정해석용)

$$E(\bar{R}) + 3D(\bar{R}) = \bar{R} + 3d_3\hat{\sigma} = \bar{R} + 3d_3\frac{\bar{R}}{d_2} = \left(1 + 3\frac{d_3}{d_2}\right)\bar{R}$$

$$= D_4\bar{R}\left(단,\ D_4 = 1 + 3\frac{d_3}{d_2}\right)$$

② σ미지(공정해석용)

$$E(\bar{R}) - 3D(\bar{R}) = \bar{R} - 3d_3\hat{\sigma} = \bar{R} - 3d_3\frac{\bar{R}}{d_2} = \left(1 - 3\frac{d_3}{d_2}\right)\bar{R}$$

$$= D_3\bar{R}\left(단,\ D_3 = 1 - 3\frac{d_3}{d_2}\right)$$

③ σ기지(공정관리용)

$$E(\overline{R}) + 3D(\overline{R}) = d_2\sigma + 3d_3\sigma = (d_2 + 3d_3)\sigma = D_2\sigma(\text{단}, \ D_2 = d_2 + 3d_3)$$

④ σ기지(공정관리용)

$$E(\overline{R}) - 3D(\overline{R}) = d_2\sigma - 3d_3\sigma = (d_2 - 3d_3)\sigma = D_1\sigma(\text{단}, \ D_1 = d_2 - 3d_3)$$

491 실험계획법은 일반적으로 제품의 품질 특성에 어떤 요인들이 영향을 미치는가를 알아보기 위하여 실험의 배치와 실행을 어떻게 하며, 수집된 데이터를 어떤 방법으로 분석하면 최소의 노력과 비용으로 최대의 정보를 얻을 수 있는가 하는 실험에 대한 계획방법을 의미하나, 기존의 실험계획법으로는 연구실에서의 실험결과와 현장에서의 실행결과가 다르게 나타나는 경우가 빈번히 발생하여 정확한 의사결정이 어려워 고객의 요구를 만족시키기 위하여 기존의 전통적인 기법보다 더욱 효율적인 새로운 다구치 기법이 등장하게 되었다. 그러면 전통적인 실험계획법과 다구치 기법의 차이점을 5가지만 정리하시오.

[풀이]

구분	실험계획법	다구치 기법
비용	비용이 많이 들고 산출 곤란	비용이 적게 들고 산출 용이
실험횟수	실험횟수 증가	실험횟수 감소
실험난이도	실험이 쉽다.	실험이 어렵다.
교호작용 검출	교호작용 검출이 가능	교호작용 검출이 불가능
최적조건 산출	최적조건 산출이 가능	최적조건 산출이 가능하고 우수
잡음인자	잡음인자를 고정하고 실험	잡음인자를 변화하여 현실과 같은 조건으로 실험

492 기업 내부에서 6시그마의 성공을 저해하는 장애요소를 5가지만 서술하시오.

[풀이]
(1) 기업문화 : 개선과 혁신의 중심축이 고객가치를 최우선으로 하지 않는 기업문화
(2) 계량치 관리 : 통계적 기법을 활용하여 효과를 계량적으로 파악 후 관리하지 않음
(3) 최고경영자 역할 : 최고경영자의 지원 및 동기부여를 제대로 하지 못하고 있음
(4) 교육투자 : 교육투자 후 단기간에 효과를 보려고 함
(5) 통계도구 사용 : 과학적인 통계도구를 제대로 활용하지 못하고 있음

PART 08

493 고객이 어떠한 과정을 거쳐 제공된 제품이나 서비스에 대한 만족 혹은 불만족을 가지는 고객만족의 기본공식을 설명하고, 그 가치의 크기에 따라 고객의 인식유형을 정리하시오.

풀이 (1) 고객만족의 기본공식 설명
　　　　인지가치＝사용가치＝기대가치

　　　(2) 고객의 인식유형
　　　　1) 고객불만 : 사용가치가 기대가치에 모자라는 상태로 고객 스스로 느끼는 심리적인 상태
　　　　　(사용가치＜기대가치)
　　　　2) 고객일치 : 사용가치와 기대가치가 부합한 상태(사용가치＝기대가치)
　　　　3) 고객만족 : 사용가치가 기대가치보다 높은 상태(사용가치＞기대가치)
　　　　4) 고객감동사용가치가 기대가치보다 현저히 높은 상태(사용가치＞기대가치)

494 종래의 전통적인 품질관리(QC) 방법에 비하여 다구치의 QC 접근방식에는 여러 가지 독특한 면이 있다. 이러한 특성은 품질공학의 바탕이 된다. 그 특성을 5가지만 정리하시오.

풀이 (1) 설계단계의 중요성
　　　　1) 시스템 설계 : 시스템을 어떤 방식으로 할 것인가, 즉 하나의 시스템이 여러 개의 서브시스템으로 구성될 때 각 서브시스템의 역할 연구
　　　　2) 파라미터 설계 : 설계에 채택되는 파라미터의 최적수준(목표치)을 결정하는 방법
　　　　3) 허용차 설계 : 설계변수의 변동범위에 대하여 공차나 허용범위를 정한다.

　　　(2) 손실함수의 사용

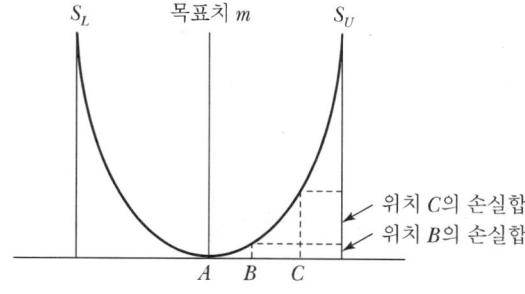

　　　　1) 다구치 박사의 품질손실함수에 의하면, 원하는 목표치 m을 정확히 만족시키는 위치 A의 제품만 합격(양품)으로 인정하고, 나머지 B, C의 제품은 불량으로 처리한다.
　　　　2) 손실함수 $L(y)$에서 기능특성치 y가 목표치에서 벗어남에 따라 손실이 증가한다.

(3) 잡음의 사용

제품성능에 변동을 주는 요인

1) 원인을 찾으면 제어가 가능한 설계변수

2) 원인을 찾기 어렵고 제어가 용이하지 않은 잡음으로 나눔
   ① 외부잡음 : 외부사용조건의 변화에 의한 잡음(사용환경의 변화)
   ② 내부잡음 : 제품사용 중 내부열화에 의한 잡음(부품의 노후화)
   ③ 제품 간 잡음 : 제품의 불완전한 제조에 의해서 발생되는 제품 간 성능특성치의 산포로 인한 잡음(생산환경의 변화)

(4) 라인 내 QC와 라인 외 QC

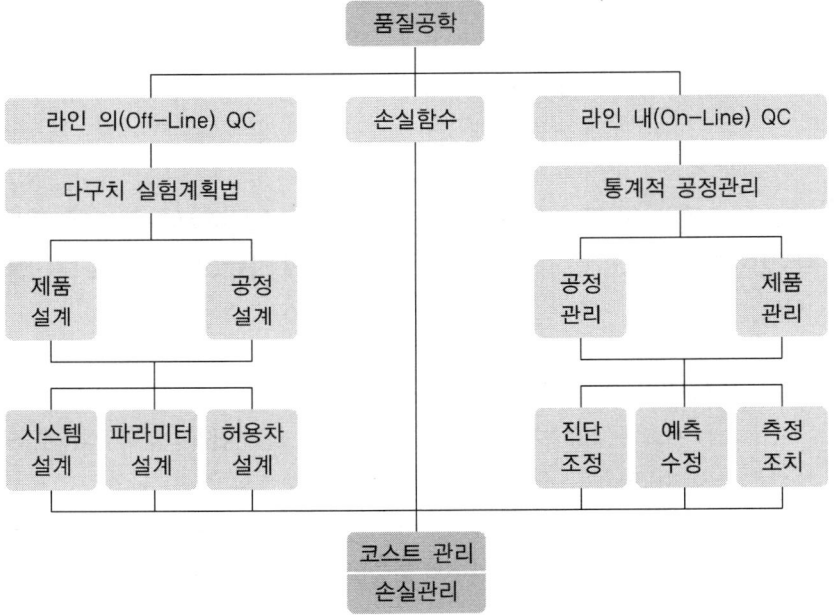

1) 라인 내 QC
   ① 제조공정의 관리나 제품관리 단계의 품질관리
   ② 20~30% 정도의 품질확보와 품질코스트 최적화
   ③ 공정의 진단과 조정, 품질예측과 수정, 측정과 조치 등으로 구분 실시
   ④ 관리시스템으로 설계
   ⑤ 품질안정, 품질산포, 품질코스트를 최적화하여 손실함수 최소화

2) 라인 외 QC
   ① 제품설계나 공정설계 단계의 품질관리
   ② 70~80% 정도의 품질확보와 품질코스트 최적화
   ③ 시스템설계, 파라미터설계, 허용차설계 등 3단계로 구분 실시

④ 직교배열표에 의한 최적안을 선택 또한 S/N 비로 분석함으로써 잡음인자에 둔감하고 안정된 품질을 확보하여 손실함수 최소화

(5) 잡음 제거의 기능

1) 제품품질 변동을 최소화하기 위해서는 표에서 보는 바와 같이 설계·개발, 생산기술, 생산, 영업 등의 업무 담당부서별로 잡음 제거를 위한 단계별 대응책을 마련하여 품질 향상에 대한 노력이 이루어져야 한다.

2) 잡음 제거 가능 여부

QC구분	담당부서	대응책	잡음의 종류		
			외부 잡음	내부 잡음	제품간 잡음
라인 외 QC (Off-Line)	설계·개발	시스템설계	●	●	●
		파라미터설계	●	●	●
		허용차설계	○	●	●
	생산기술	시스템설계	×	●	●
		파라미터설계	×	×	●
		허용차설계	×	×	●
라인 내 QC (On-Line)	생산	공정의 진단과 조정	×	×	●
		예측과 수정	×	×	●
		검사(측정가 조처)	×	×	●
	영업	애프터서비스	×	△	△

● : 대응 가능, ○ : 대응 가능하나 최후의 수단, × : 대응 불가능,
△ : 예방보전의 의미로서 가능

(6) 품질 향상 계획의 초점

1) 목표치에 대한 성능특성치의 변동을 끊임없이 줄여나간다.(S/N 비를 특성치로 하여 변동을 최소화)
2) 제품의 공정을 설계하거나 개선할 때 제품의 성능특성치가 잡음에 둔감하도록 로버스트 설계(Robust Design)화 한다.
3) 제품이나 공정을 설계할 때는 적은 비용이 소요되면서 목표치의 허용한계를 만족시키는 설계변수들의 최적조건을 찾아낸다.

495 계량 규준형 1회 샘플링 검사(표준편차를 알 때)의 개요를 설명하고, 불량률을 보증하는 경우 상한 규격치(S_U)가 주어질 때 검사방식의 설계 근거를 제시하시오.

풀이 σ기지인 계량규준형 샘플링검사로서 상한규격치(S_U)가 주어진 경우 로트의 부적합률을 보증하는 경우 검사방식은 $(n, \overline{x}_U)$로 설계

$$\overline{x}_U = S_U - k\sigma$$

$$k = \frac{k_{p0}k_\beta + k_{p1}k_\alpha}{k_\alpha + k_\beta}$$

$$n = \left(\frac{k_\alpha + k_\beta}{k_{p0} - k_{p1}}\right)^2$$

판정은 시료평균을 구하여 $\overline{x}_U$과 비교하여 판정한다.

$\overline{x} \leq \overline{x}_U$(합격), $\overline{x} > \overline{x}_U$(불합격)

496 PL 시행으로 기업이 얻을 수 있는 장점과 단점을 각각 4가지씩 서술하시오.

풀이 (1) 장점
① 기업의 경쟁력 향상　　② 품질 향상에 기여
③ 설계능력 향상　　④ 기업의 전 직원이 안전성을 새롭게 인식

(2) 단점
① 원가 상승
② 소송으로 인한 도산
③ 중소기업 등 PL법의 인식 부족으로 손실 위험
④ 기업체의 PL 전담부서가 업무를 전적으로 처리

497 경영자들은 품질비용자료를 해당 기업의 품질개선 프로그램의 비용과 수익을 확인하거나 품질개선에 대한 장기적인 추세를 파악하는 데 사용한다. 그러나 일부 경영자들은 품질을 측정하는 비용에 관한 개념과 이론적이고 정적인 생산 환경을 가정하지만 다분히 동적인 품질비용 모형의 한계점에 대해 우려되는 점들을 말하고 있다. 즉, 품질비용 보고절차를 유지하기보다는 차라리 단념하는 경우도 많다. 왜 우려하는가에 대한 품질비용의 제약점을 5가지만 열거하시오.

[풀이] (1) 불량원인의 발생시점과 실패코스트의 발생시점이 달라 불량원인의 규명 및 조처 곤란
(2) 품질불량이나 실패코스트에 대한 예방 및 평가코스트의 영향력을 구분하기가 곤란
(3) 예방코스트의 개념은 무형적이고, 애매한 부분이 있어 성과판단이 곤란
(4) 품질코스트와 회계비용의 차이로 인한 기존 회계시스템 이용 곤란
(5) 기존 회계시스템에서 단일 기준으로 배부되는 제조간접비는 실제 발생코스트와 차이가 커서 품질의 인과관계를 규명하기가 곤란
(6) '요건충족'으로 표현되는 품질정의로 인하여 경영자들은 품질코스트의 적용을 소홀히 하기 쉽다.

498 제품과 서비스의 품질은 여러 요소들에 의해서 직접영향을 받게 되는데 Feigenbaum이 제시한 품질에 영향을 미치는 9개의 요소인 9M은 무엇인지 설명하시오.

[풀이] (1) Market : 소비자가 요구하는 품질을 파악하여 설계에 반영한다.
(2) Money : 자금의 효율적 및 경제적으로 관리한다.
(3) Men : 경영자, 작업자 및 종업원들이 품질을 인식하고 실행한다.
(4) Management : 경영자가 품질을 경영의 최우선 과제로 생각하고 지원한다.
(5) Motivation : 품질인식을 고취할 수 있도록 교육, 훈련을 실시한다.
(6) Material : 원자재 품질이 결국 제품품질로 직결된다.
(7) Machine : 설비나 장비의 성능이 품질에 영향을 끼치므로 철저히 관리한다.
(8) Modern Information System : 현대의 정보시스템을 철저히 관리한다.
(9) Monitoring Product Requirement : 대량생산에 대한 요구사항을 인식하고 관리한다.

499 신뢰성 설계기술 중 최적의 재료를 선정하여 제품제조에 사용하는 것은 대단히 중요한 일이다. 최적의 재료를 선정할 때 고려해야 할 요소를 5가지만 제시하고 간략히 설명하시오.

[풀이] (1) 신뢰도(Reliability) : 재료의 신뢰도를 제일 우선 평가 선정한다.
(2) 이용도(Availability) : 양산품은 언제든지 입수될 수 있어야 한다.
(3) 적응성(Compatibility) : 시스템의 기능이나 환경에 대해서 적응해야 한다.
(4) 경제성(Economy) : 값이 경제적이어야 한다.
(5) 재생산성(Reproducibility) : 제품의 균일성 및 품질관리의 수준

500 현장관리자는 제품의 품질 및 생산성 향상에 지대한 관심을 가지고 현장을 관리감독하고 있다. 현장관리자의 문제는 생산성이 떨어질 때 생산성을 저해하는 요인을 4M에 의하여 그 원인을 찾아 개선대책을 강구하고자 할 때 그 세부내용을 기술하시오.

풀이 (1) Machine : 우수한 기계(설비)를 이용, TPM 등의 관리철저로 생산성 향상에 주력한다.
(2) Material : 우수한 품질의 원자재를 사용하여 부적합품 방지 및 생산성 향상에 주력한다.
(3) Method : 준수할 수 있는 각종 표준(절차서)을 실행하여 생산성 향상에 주력한다.
(4) Men : 다기능화를 위한 각종 교육훈련을 통해 능력에 따른 동기부여를 한다.

501 외부 및 내부고객의 욕구가 모든 상황에서 항상 같다는 생각을 가져서는 안 된다. 외부 고객을 만족시키는 것도 중요하지만 내부 고객의 욕구를 파악하여 충족시키도록 해야 한다. 고객의 욕구는 다양하고 특히 지역에 따라 다르다. 지역에 따른 고객의 욕구파악은 기업의 성공에 상당히 중요하다. 고객의 욕구를 파악하는 방법 중 4가지만 정리하시오.

풀이 (1) 고객만족도 결정과정 및 측정 : 고객만족도 측정은 고객의견카드 및 우편설문조사 또는 고객의 행동을 조사하거나 시장점유율 조사
(2) 고객인식 가치를 측정 : 고객의견조사, 반복구매율 등 객관적인 척도 조사
(3) 제품, 서비스 등 거래정보 추적 : 회사제품, 서비스에 대한 만족도 조사, 평가
(4) 고객만족정보 획득 방법 : 경쟁사 대비 고객만족도를 측정 후 결정방법 시행

502 중소기업의 이직률은 기술개발 및 축적, 기술력 향상에 지대한 영향을 미친다. 특히 생산현장의 높은 이직률은 작업안정성, 납기준수, 품질보증 등에 막대한 지장을 초래하고 있다. 이에 따라 귀하가 중소기업을 운영하고 있다면 이직률을 줄이는 방법을 서술하시오.

풀이 (1) 동기부여 : 일의 긍지와 자부심을 갖고 일할 수 있는 분위기 조성
(2) 인간선 존중 : 가족 같은 분위기로 서로를 배려하면서 일할 수 있는 분위기 조성
(3) 대화창구 : 애로사항 및 건의를 할 수 있는 창구 운영
(4) 복지제도 : 동종사에 비해 복지제도 및 시설 강화
(5) 일의 보람 : 일의 보람과 성취욕을 느낄 수 있도록 배려

503 다구치의 품질공학은 On-Line QC와 Off-Line QC를 통하여 제품 품질이 사회에 끼치는 손실을 최소화시키는 것이다. 제품의 품질은 주로 제품 및 공정 설계단계에서 결정되므로 Off-Line QC가 특히 중요하며, 이와 같은 설계 활동은 시스템 설계, 파라미터 설계, 허용차 설계를 통하여 체계적으로 이루어져야 한다. 여기서 망목 특성치인 경우에 파라미터 설계 시 고려하여야 할 주요 착안 사항을 4가지 지적하시오.

풀이 (1) 산포 감소 : 품질특성치의 산포를 감소시켜야 한다.
(2) 평균치 접근 : 평균치 이동을 목표치에 접근하도록 한다.
(3) 비용의 최소화 : 비용을 최소화시켜야 한다.
(4) 재현성 확인 : 재현성이 있는 결과가 얻어졌는지 확인한다.

504 샘플링 검사에서 생산자 위험과 소비자 위험에 대하여 기술하시오.

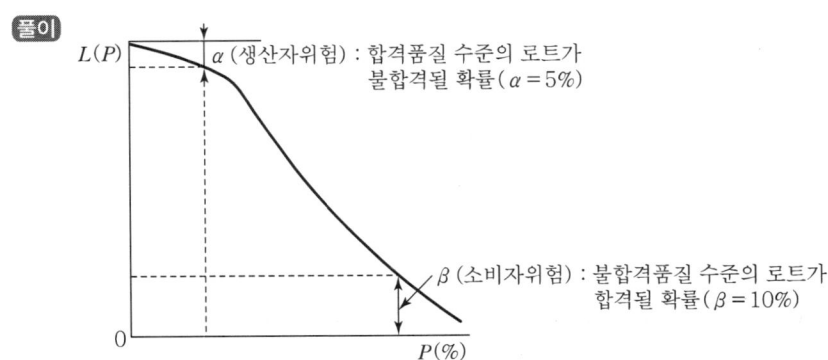

505 어떤 기계를 24시간 간격으로 점검한 결과 고장 난 부품(r_i)과 고장 날 만한 부품(k_i)을 교체한 수는 다음 표와 같다. 이 기계의 평균수명을 추정하시오.(단, 계산과정이 없으면 감점처리)

t_i	r_i	k_i	t_i	r_i	k_i
48	0	2	168	2	3
72	0	3	192	1	1
96	1	2	216	1	1
120	1	1	264	2	1
144	2	2	288	1	3

풀이 단위시간 구간으로 점검하여 고장 난 것(r_i)과 고장 날 만한 것(k_i)을 모두 새것으로 교환하는 경우

$$\sum (t_i \cdot r_i) = (48 \times 0) + (72 \times 0) + (96 \times 1) + (120 \times 1) + (144 \times 2) + (168 \times 2) + (192 \times 1)$$
$$+ (216 \times 1) + (264 \times 2) + (288 \times 1) = 2,064$$

$$\sum (t_i \cdot k_i) = (48 \times 2) + (72 \times 3) + (96 \times 2) + (120 \times 1) + (144 \times 2) + (168 \times 3) + (192 \times 1)$$
$$+ (216 \times 1) + (264 \times 1) + (288 \times 3) = 2,952$$

$$r = \sum r_i = 1+1+2+2+1+1+2+1 = 11$$

$$MTTF = \frac{\sum (t_i r_i) + \sum (t_i k_i)}{r} = \frac{2,064 + 2,952}{11} = 456$$

∴ 이 기계의 평균수명은 약 456시간

506 A.V. Feigenbaum의 품질코스트 4가지 효용(이용방법)을 간략히 서술하시오.

풀이 (1) 품질코스트는 측정(평가)기준으로 이용
(2) 품질코스트는 공정품질의 해석기준으로 이용
(3) 품질코스트는 계획을 수립하는 기준으로 이용
(4) 품질코스트는 예산편성의 기초자료로 이용

507 품질경영 활동에서 필수적인 품질정보에 대하여 기술하시오.

풀이 (1) 공정능력 분석 : 공정능력의 정량화 및 공정성능의 조사
(2) 손실함수 : 망목, 망소 및 망대특성에 따른 손실함수를 조사
(3) S/N 비 $= \dfrac{\text{신호의 힘}}{\text{잡음의 힘}}$
(4) 관리도의 활용 : 관리도가 우연원인에 의한 것인지, 이상원인에 의한 것인지 파악
(5) 누적합 관리도 : 누적합 관리도에 의한 관리상태 파악
(6) 다변량 차트 : 변동을 위치, 주기 및 시간으로 나누어서 파악

508 일반적으로 품질 특성은 다음 3가지 형태로 구분된다. 다음의 품질 특성에 관하여 설명하시오.

1 망소특성   **2** 망대특성   **3** 망목특성

[풀이]
1 망소특성 : 마이너스가 아니며, 작을수록 좋은 특성(일산화탄소, 마모, 수축 등)
2 망대특성 : 마이너스가 아니며, 클수록 좋은 특성(강도, 내구성, 수명 등)
3 망목특성 : 어떤 유한의 목표치가 있고, 목표치가 작거나 커도 만족스럽지 못한 특성(길이, 중량, 무게 등)

509 기존의 실험계획법과 다구치 기법의 가장 큰 차이점을 설명하시오.

[풀이]

구분	실험계획법	다구치 기법
비용	비용이 많이 들고 산출 곤란	비용이 적게 들고 산출 용이
실험횟수	실험횟수 증가	실험횟수 감소
실험난이도	실험이 쉽다.	실험이 어렵다.
교호작용 검출	검출 가능	검출 불가능
최적조건 산출	산출 가능	가능하고 아주 우수하다.
잡음인자	고정(실험실)	변화(현실과 같이 조건을 바꾼다.)

510 6시그마의 추진체계를 5단계로 나누고 각 단계에서 사용되는 기법 등을 열거하시오.

[풀이]

단계	활동단계	주요 활동내용	적용기법
1	Define (문제의 정의)	• 주요 고객정의 • 고객요구사항 파악(CTQ) • 개선프로젝트 선정	NGT, Logic Tree, QFD, 파레토도, 그래프
2	Measure (측정)	• 벤치마킹 • 부적합 정량화 • 프로세스 맵핑	%R&R, 샘플링, 히스토그램, 관리도, 공정능력분석
3	Analyze (분석)	• 부적합 원인 규명 • 잠재원인에 대한 자료 확보 • 치명원인 도출	브레인스토밍, FMEA, ANOVA, 특성요인도
4	Improve (개선)	• 프로세스 개선방법 모색 • 브레인스토밍 • 최적해 도출이 가능한 해결방법의 실험적 실시	반응표면실험, ANOVA, 회귀분석, 다구치 기법
5	Control (관리)	• 개선프로세스의 지속적 방법 모색 • 표준화 • 모니터링	관리계획서, 관리도, Fool-Proofing

511 표준화의 목적을 달성하기 위한 표준화의 7가지 원리(ISO/STACO에서 제시한 7가지 원리)와 표준화의 효과를 설명하시오.

풀이 (1) 표준화의 원리
1) 단순화의 원리 : 불필요하고 복잡한 것을 합리적이고 단순하게 하는 것
2) 관련자 합의의 원리 : 관련자 모두의 상호협력에 의해서 추진될 때만 의미가 있는 것
3) 다수이익의 원리 : 표준을 설정하면 다수 이익을 위해 소수의 희생이 필요
4) 고정의 원리 : 일정기간 고정되는 성질
5) 개정의 원리 : 표준을 일정기간 두고 검토
6) 객관성의 원리 : 제품의 특성이나 성능을 규정할 때는 제품의 특성 등에 대하여 객관적으로 규정
7) 보편성의 원리 : 특히 강제규격 등을 정할 때는 여러 사항을 유의하여 신중히 고려

(2) 표준화의 효과
1) 생산능률의 증진과 생산비의 저하   2) 자재의 절약
3) 품질의 향상   4) 사용소비의 합리화
5) 거래의 단순화·공정화   6) 기술의 향상

512 신 QC 7가지 도구를 열거하고 이를 설명하시오.

풀이 (1) 연관도법(Relations Diagram) : 문제가 되는 결과에 대하여 그 인과관계나 원인의 상호관계를 분석한 후 각 원인들의 관계를 화살표를 이용하여 영향의 방향을 나타내는 방법
(2) 친화도법(Affinity Diagram) : 브레인스토밍 방법에 의해서 수집된 사실, 의견, 아이디어 등 수집한 언어데이터를 상호 간 관계 또는 친화에 따라 그룹화하는 방법
(3) 계통도법(Tree Diagram) : 목적 또는 목표를 달성하기 위한 수단, 대책을 체계적으로 전개하여 문제 전체를 일목요연하게 파악하고, 그 중점을 명확하게 하는 방법으로 목적 또는 목표를 달성하기 위한 최적의 수단 및 대책을 추구하는 방법
(4) 매트릭스도법(Matrix Diagram) : 원인과 결과 사이의 관계, 목표와 방법 사이의 관계를 밝히고 나아가 이들 관계의 상대적인 중요도를 나타내는 방법
(5) 매트릭스 데이터 해석법(Matrix Data Analysis) : 매트릭스 도법에 나타낸 여러 요인 간에 존재하는 관계의 정도를 수량화하는 방법
(6) PDPC법(Process decision Program Chart) : 문제의 시초부터 해결까지 이르는 과정에서 발생할 수 있는 모든 가능한 사상과 중대사태를 나타낸 후 모의실험을 통하여 미래를 예측함으로써 바람직하지 않은 상황을 피할 대책을 얻게 되는 방법
(7) 애로우 다이어그램(Arrow Diagram) : PERT나 CPM의 용도로 사용는 일정계획을 위한 네트워크 도표로 최적의 일정계획을 효율적으로 관리하는 방법

513 고장형태 및 영향해석(FMEA)기법에서 RPN이란?

풀이 (1) 위험우선순위 구성요소
　　　　1) 심각도(Severity) : 잠재적 고장형태가 고객에게 미치는 영향의 심각한 정도를 평가
　　　　2) 발생도(Occurrence) : 파악된 원인이 얼마나 자주 발생하는지 평가
　　　　3) 검출도(Detection) : 현 공정관리에 의해 일련의 고장형태를 검출할 확률의 평가

　　　(2) 위험우선순위 산출방법
　　　　1) 위험우선순위(RPN)＝심각도(S)×발생도(O)×검출도(D)
　　　　2) 위험우선순위는 설계 및 공정에서 고려해야 할 우선순위를 결정하는 데 사용
　　　　3) 위험우선순위는 1～1,000 사이에 있고, 높은 위험우선순위에 대해서는 시정조치를 통하여 계산상의 위험을 줄이기 위한 노력을 해야 한다.

514 측정시스템분석(MSA)에서 반복성과 재현성의 의미는?

풀이 (1) 반복성(Repeatability)
　　　　동일한 측정자가 동일한 계측기로 동일 제품을 측정하였을 때 발생되는 계측기 변동

　　　(2) 재현성(Reproducibility)
　　　　서로 다른 측정자가 동일한 계측기로 동일 제품을 측정하였을 때 발생되는 측정자 변동

515 서비스 품질관리에서 SERVQUAL 5가지 특성은?

풀이 (1) 신뢰성(Reliability) : 약속된 서비스를 정확하게 이행하는 능력
　　　(2) 확신성(Assurance) : 서비스 수행에 필요한 구성원들의 지식과 기술의 공유
　　　(3) 유형성(Tangibles) : 서비스 평가를 위한 외형적인 증거
　　　(4) 공감성(Empathy) : 고객을 접대하는 종업원의 친절, 배려와 공손함
　　　(5) 대응성(Responsiveness) : 고객에게 서비스를 신속하게 제공하려는 의지

516 일반적인 통계적 공정관리(SPC)의 대표적인 3가지 관리기법(Tool)은?

풀이 관리도, 공정능력, 실험계획법, 히스토그램

517 ERP, CRM, SCM의 기본개념을 간략히 기술하시오.

풀이 (1) ERP(Enterprise Resource Planning) – 전사적 자원관리
기업의 경영 및 관리에 관한 업무를 위한 인사·재무·생산 등 기업의 전 부문에 걸쳐 독립적으로 운영되던 각종 관리시스템의 경영자원을 하나의 '시스템 통합(SI ; System Integration)'으로 재구축함으로써 생산성을 극대화하려는 경영혁신기법

(2) CRM(Customer Relationship Management) – 고객관계관리
미국 정보기술(IT)업체 IBM이 만들어낸 마케팅 전략으로 사전에 모은 고객 정보를 컴퓨터 소프트웨어를 이용해 고객특성에 맞게 마케팅 활동을 펼치는 방법

(3) SCM(Supply Chain Management) – 공급사슬관리
원재료 공급업체에서 출발하여 최종소비자에게 이르기까지 제품이 전달되는 모든 과정을 하나의 통합된 체계로서 이를 최적화하고자 하는 기업의 전략적 경영방식

518 공정능력지수(C_P, C_{Pk})와 시그마수준의 관계식을 기술하시오.

풀이 (1) 양쪽규격이고 치우침이 없는 경우($M=\mu$인 경우)에 $S_U - S_L = 6\sigma$ 면 C_p값은 1이 되며, 이때 M으로부터 규격한계까지의 거리는 3σ로 이와 같은 경우에 다음의 식이 성립한다.
시그마 수준 $= 3 \times C_p$

(2) 장기적으로는 공정의 평균이 1.5σ 좌우로 흔들려서 치우침이 발생되는 것이 현실이며, 이러한 치우침이 발생하는 경우에 C_{pk} 값이 1이면 시그마수준 $3\sigma + 1.5\sigma = 4.5\sigma$ 수준이다. 따라서 장기적으로 공정평균이 목표치 M으로부터 1.5σ 이동할 때 다음의 식이 성립한다.
시그마 수준 $= (3 \times C_{pk}) + 1.5 = 3(C_{pk} + 0.5)$

이에 따라 C_p와 장기적인 C_{pk} 사이에는 다음과 같은 식이 성립
$C_{pk} = C_p - 0.5$

519 품질공학의 특징을 5가지 이상 나열하시오.

풀이 (1) 설계단계의 중요성 (2) 손실함수의 사용
(3) 잡음의 사용 (4) 라인 내 QC와 라인 외 QC
(5) 잡음제거의 기능 (6) 품질향상 계획의 초점

520 3정 5S의 정의와 내용을 기술하시오.

풀이 (1) 3정(定)정품, 정량, 정위치를 가리키는 것으로서 품질관리에서 가장 중요한 표준중시사상에 근거하고 있다.
　　1) 정품 : 품질 향상(품질 확보)
　　　　① 재료규격에서 정한 재료 · 부품을 구입 · 사용
　　　　② 작업표준 준수하여 제품규격에 적합한 완제품 생산
　　2) 정량 : 원가 절감(낭비 제거)
　　　　① 필요로 하는 수량만큼만 재료 · 부품을 구입 · 보관
　　　　② 정해진 수량만큼만 제품을 생산
　　3) 정위치 : 생산성 향상(능률 향상)
　　　　① 사용하는 지그 · 공구들을 정해진 위치에 놓는다.
　　　　② 구입한 재료 · 부품을 지정된 장소에서 보관
　　　　③ 생산된 완제품은 지정된 장소에서 보관

(2) 5S : 정리(Seiri), 정돈(Seidon), 청소(Seisoh), 청결(Seiketsu), 습관화(Shitsuke)를 의미하는 일본어를 영어로 표기했을 때의 첫글자 'S'를 따서 만든 표현
　　1) 정리 : 필요한 것과 불필요한 것을 구분하고, 불필요한 것은 과감히 버린다.
　　2) 정돈 : 언제나 필요한 것을 쉽게 꺼낼 수 있도록 가지런히 놓는다.
　　3) 청소 : 현장 및 설비의 먼지, 이물, 오물 등을 제거하여 깨끗하게 한다.
　　4) 청결 : 정리 · 정돈 · 청소 상태를 유지하여 쾌적한 현장환경을 만든다.
　　5) 습관화 : 정리 · 정돈 · 청소 · 청결을 습관적으로 몸에 배도록 일상 생활화한다.

521 D.A. Garvin이 분류한 제품품질의 8가지 차원(8-Dimension)에 대하여 기술하시오.

풀이 (1) 성능(Performance) : 제품이 가지고 있는 운영적인 특징
(2) 특징(Feature) : 특정의 제품이 가지고 있는 경쟁적 차별성
(3) 신뢰성(Reliability) : 잘못되거나 실패할 가능성의 정도
(4) 일치성(Comformance) : 고객들의 세분화된 요구를 충족시킬 수 있는 능력
(5) 서비스성(Serviceability) : 기업이 고객을 통하여 가질 수 있는 경쟁력으로 속도, 친절, 경제력, 문제해결 능력
(6) 내구성(Durability) : 제품이 고객에게 지속적으로 가치를 제공할 수 있는 기간
(7) 미관성(Aesthetics) : 사용자 감각의 심리적인 만족도
(8) 인지된 품질(Perceived Quality) : 기업/브랜드 명성

522 "관리란 무엇인지"를 관리사이클의 관점에서 각 단계별로 구분하고 단계별 수행해야 할 내용을 설명하시오.

풀이 품질관리의 관리(Control)기능은 PDCA 사이클(데밍 사이클)에 따라 계획(Plan) → 실행(Do) → 확인(Check) → 조처(Action)기능으로 이루어진다.

(1) 설계기능(품질의 설계) : 설계품질, 목표품질을 품질표준, 시방서의 형태로 정한다.
(2) 실행기능(공정의 관리) : 공정설계를 하고 작업표준 · 제조표준 · 계측시험표준 등을 설정하며 이에 따라 작업자를 교육 · 훈련하고 업무를 수행한다.
(3) 확인기능(품질의 보증) : 제품의 제조단계, 출하단계 및 사용단계에서의 제조품질, 사용품질을 목표품질에 따라 점검한다.
(4) 조처기능(품질의 조사 및 개선) : 클레임, A/S 결과, 고객의견 등을 조사하여 설계 · 제조 · 판매에 피드백(Feed Back)시키고 품질방침이나 설계품질, 제조공정의 관리를 개선한다.

523 품질보증(Quality Assurance)의 주요 기능과 품질보증업무의 사전대책 및 사후대책을 설명하시오.

풀이 (1) 품질보증의 기능
　　1) 품질방침의 설정과 전개　　2) 품질보증방침과 보증기준의 설정
　　3) 품질보증 시스템의 구축과 운영　4) 품질보증 업무의 명확화
　　5) 품질평가　　6) 설계품질확보
　　7) 주요 품질문제의 등록과 해석　8) 생산 및 생산 후 단계에서의 중요한 품질보증기능
　　9) 품질조사와 클레임 처리　　10) 표시 및 설명서의 관리
　　11) A/S　　12) 제품품질감사와 품질보증시스템 감사
　　13) 품질정보의 수집, 해석, 활용

(2) 품질보증업무의 사전대책 및 사후대책
　　1) 품질보증의 사전대책
　　　① 시장정보조사　　② 기술연구
　　　③ 고객에 대한 PR 및 기술지도　④ 품질설계
　　　⑤ 공정능력 파악　　⑥ 공정관리
　　2) 품질보증의 사후대책
　　　① 제품검사　　② 클레임처리
　　　③ A/S, 기술서비스　④ 보증제도 실시
　　　⑤ 품질검사

524 다음과 같이 1원 배치법의 데이터를 얻었다. 각 변동을 구하고 분산분석표(ANOVA)를 작성하시오.

구분	인자 A의 수준		
	A_1	A_2	A_3
반복데이터	10	9	5
	12	7	7
	14	8	6
합	36	24	18

[풀이] (1) 변동의 계산

$T_{1.} = 36$, $T_{2.} = 24$, $T_{3.} = 18$, $T = 78$

$$CT = \frac{T^2}{N} = \frac{78^2}{9} = 676$$

$$S_T = \sum\sum X_{ij}^2 - CT = (10^2 + \cdots + 6^2) - 676 = 744 - 676 = 68$$

$$S_A = \sum \frac{T_{i.}^2}{r} - CT = \frac{36^2 + 24^2 + 18^2}{3} - 676 = 56$$

$$S_e = S_T - S_A = = 68 - 56 = 12$$

(2) 자유도 계산

$v_A = l - 1 = 3 - 1 = 2$

$v_T = l_r - 1 = (3 \times 3) - 1 = 8$

$v_e = v_T - v_A = 8 - 2 = 6$

(3) 평균제곱 계산

$$V_A = \frac{S_A}{\nu_A} = \frac{56}{2} = 28, \quad V_e = \frac{S_e}{\nu_e} = \frac{12}{6} = 2$$

(4) 검정통계량 계산

$$F_0 = \frac{V_A}{V_e} = \frac{28}{2} = 14$$

요인	SS	DF	MS	F_0
A	56	2	28	14
e	12	6	2	
T	68	8		

525 OC곡선의 정의와 로트의 합격률 $L(p)$값을 구하는 방법 3가지를 기술하시오.

풀이 (1) OC곡선의 정의

로트의 불량률 $p(\%)$을 가로축에 로트가 합격할 확률 $L(p)$을 세로축에 잡고, 이 양자의 관계를 표시한 곡선(샘플링 검사의 판별능력을 측정하기 위한 척도로써 로트 불량률 $p(\%)$에 대한 로트가 합격할 확률 $L(p)$을 Plot한 곡선)

(2) 로트가 합격하는 확률 $L(p)$값을 구하는 방법 3가지

  1) 초과하분포를 사용하는 경우($N/n < 10$, $p > 10\%$)

  $$L(p) = \sum \frac{{}_{NP}C_x \cdot {}_{N-NP}C_{n-x}}{{}_{N}C_x}$$

  2) 이항분포를 사용하는 경우(N이 충분히 크고, $N/n < 10$)

  $$L(p) = \sum {}_nC_x\, p^x (1-p)^{n-x}$$

  3) 푸아송분포를 사용하는 경우(N이 충분히 크고, $N/n > 10$, $p < 10\%$)

  $$L(p) = \sum \frac{(np)^x\, e^{-np}}{x!}$$

526 Single PPM 품질혁신운동(활동)추진 6단계를 소개하고 설명하시오.

풀이 (1) S(Scope, 범위선정) : 추진조직을 구성하고 고객 또는 모기업의 납품품질에 영향을 미치는 요소 CTQ(Critical To Quality)를 규명하여 적절한 개선프로젝트를 선정한다.

(2) I(Illumination, 현상파악) : 현재 발생하는 품질상의 문제를 파악하고 공정을 조사하여 반응변수를 규명한다. 또한 측정시스템을 분석함으로써 데이터의 신뢰성을 확보한다.

(3) N(Nonconformity, 원인분석) : 현상파악 단계에서 규명된 반응변수가 언제, 어디서, 어떻게, 왜 발생하였는지 통계적인 도구를 사용하여 구체적으로 원인을 조사, 분석한다.

(4) G(Goal, 목표설정) : 자사의 현재 품질수준을 파악하고 타사와의 벤치마킹으로 적절한 목표를 설정하며 또한 예상되는 기대효과를 추정한다.

(5) L(Level up, 개선) : 원인분석 단계에서 규명된 핵심요인에 대해 3차원적 개선대책을 수립하고 실시함으로써 목표설정 단계에서 정한 목표를 달성해 내고 또한 이를 평가한 후 개선효과가 지속적으로 유지될 수 있도록 표준화를 실시한다.

(6) E(Evaluation, 평가) : 개선된 품질수준을 어떻게 유지할 것이냐에 대해 지속적으로 모니터링하고 전체 개선프로젝트 및 품질시스템을 평가하여 Single PPM 추진 완료 여부를 판정한다.

527 사내 표준화에 대하여 다음 사항을 설명하시오.

1 사내 표준화의 의의
2 사내 표준의 구분
3 사내 표준의 체계
4 사내 표준화의 실시순서

[풀이] 1 특정기업에서 기업활동을 효율적으로 원활히 수행하기 위한 수단

2 1) 형식상 구분
　　① 규정(경영적인 표준)　　② 규격(기술적인 표준)

2) 성질별 구분
　　① 관리표준(규정)　　② 기술표준(규격)
　　③ 작업표준

3) 내용(기능)별 구분
　　① 품질규격　　② 방법규격
　　③ 전달규격(기본규격)

4) 적용기간별 구분
　　① 통상표준　　② 시한표준
　　③ 잠정표준

3
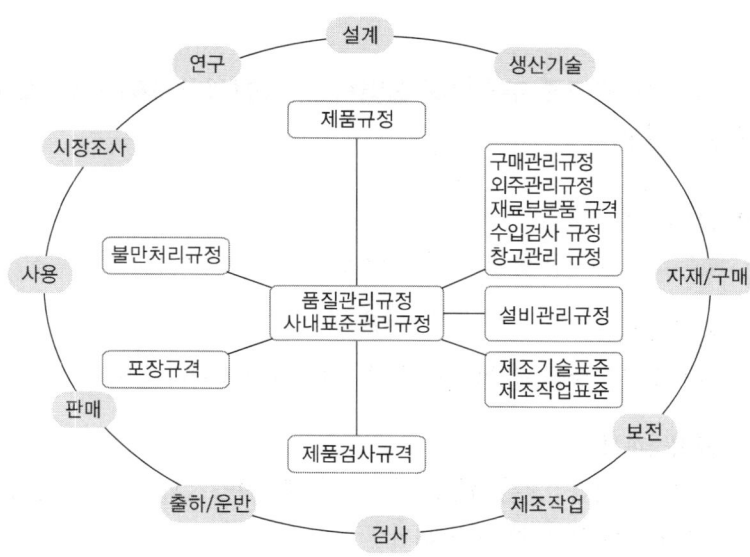

NO	절차	내용
1	표준화 체계만들기	(1) 최고 경영관리층의 결정 (2) 표준화의 중심적 역할을 할 부문(담당)을 정한다. (3) 전원참가의 활동체계 준비
2	표준화의 계획	(1) 표준화시스템 설계와 그 사고방식 　• 기업의 표준화 활동목적의 결정　　• 개요설계 　• 세목설계　　　　　　　　　　　　• 안의설계 　• 실시순서의 설계 (2) 표준화시스템의 요소 　• 표준화 목적　　　　　　　　　　• 표준화의 사무처리 　• 표준화의 체계　　　　　　　　　• 표준화의 교육 　• 사내표준의 체계
3	표준화의 운영	(1) 운영계획 　• 표준의 분류와 세목제정　　　　• 표준의 취급 　• 표준의 제정, 개정, 폐지　　　　• 기타계획 (2) 표준작성상의 주의점 　• 표준 그 자체도 하나의 시스템　• 코스트와 표준의 적합 　• 새로운 계열을 그룹화할 것　　　• 개선안 모색 (3) 사용상의 주의점 　• 표준대로 실시한다.　　　　　　• 사용방법을 연구한다. 　• 기초순서의 표준은 교육에 활용 　• 각 부문에 걸친 표준을 종합 훈련
4	표준화의 평가	(1) 종합평가 (2) 부문평가

528 방침관리와 목표관리를 구분하여 설명하고, 균형성과지표(BSC)에서의 관점별 지표들을 기술하시오.

풀이 (1) 방침관리

활동을 위한 지침 역할을 하는 원칙으로서, 최고경영자에 의한 공식적인 표명

(2) 목표관리

특정한 기간 중에 달성하리라고 기대하는 성과를 나타낸 것

(3) 균형성과지표

1) 재무적 관점 : 모든 기업은 '수익', 즉 재무적인 성과가 궁극적인 목표이며 재무성과가 나름대로 탄탄해야 함을 의미
2) 고객의 관점 : 수익을 창출시켜 주는 사람들은 고객이므로 '고객만족'이 재무성과에 뒷받침

3) 기업 내 관점 : 다양한 고객은 일시적인 행위에 의해서 만족되는 것이 아니므로 내부 프로세스가 뒷받침되어야만 지속적인 고객만족을 달성할 수 있으며 내부 프로세스, 즉 '내부관점'이 경쟁력을 갖추어야 하는 이유

4) 혁신 및 학습의 관점 : 내부 프로세스를 움직이는 사람은 궁극적으로 내부 구성원이다. 그들의 능력을 높일 수 있는 '학습과 혁신적인 사고'가 고양되지 않고서는 한계가 있다.

529 초기 고장기, 우발 고장기, 마모 고장기의 원인과 각 고장기간에 고장률을 감소시키기 위한 초기 고장기, 우발 고장기, 마모 고장기의 조치를 각각 구분하여 설명하시오.

풀이 (1) 초기 고장기간

1) 고장원인
   ① 표준 이하의 재료사용
   ② 표준 이하의 작업자 솜씨
   ③ 불충분한 품질관리
   ④ 불충분한 디버깅
   ⑤ 부적절한 조치
   ⑥ 부적절한 시동
   ⑦ 부적절한 포장 및 수송
   ⑧ 빈약한 가공 및 취급기술
   ⑨ 오염
   ⑩ 저장 및 운반 중에 부품고장
   ⑪ 조립상의 과오

2) 대책
   ① 보전예방(MP)
   ② 디버깅 Test
   ③ Burn-In Test

(2) 우발 고장기간

1) 고장원인
   ① 안전계수가 낮기 때문에
   ② Sterss가 Strength보다 크기 때문에
   ③ 사용자의 과오 때문에
   ④ 최선의 검사방법으로도 탐지되지 않은 고장 때문에
   ⑤ 디버깅 중에도 발견되지 않은 고장 때문에
   ⑥ 예방보전에 의해서도 예방될 수 없는 고장 때문에
   ⑦ 천재지변에 의한 고장 때문에

2) 대책
   ① 극한 상황을 고려한 설계
   ② 안전계수를 고려한 설계
   ③ 디레이팅 설계
   ④ 사후보전(BM)
   ⑤ 개량보전(CM)

(3) 마모 고장기간
   1) 고장원인
      ① 부식 또는 산화   ② 마모 또는 피로   ③ 노화 및 퇴화
      ④ 불충분한 정비   ⑤ 부적절한 오버홀   ⑥ 수축 또는 균열
   2) 대책 : 예방보전(PM)

530 2^3요인배치법에서 다음 실험 데이터를 얻었다. 인자 C의 변동 S_C를 구하시오.

실험번호	인자 A의 수준			데이터
	A	B	C	
1	0	0	0	12
2	0	0	1	13
3	0	1	0	15
4	0	1	1	18
5	1	0	0	7
6	1	0	1	10
7	1	1	0	12
8	1	1	1	15

풀이
$$S_C = \frac{1}{2^n r}[(2수준 \ 데이터 \ 합) - (1수준 \ 데이터 \ 합)]^2$$
$$= \frac{1}{2^3 \cdot 1}[(13+18+10+15)-(12+15+7+12)]^2 = 12.5$$

531 6시그마 추진을 위한 전문품질요원의 벨트(Belt)를 구분하고 각기 역할의 특징을 소개하시오.

풀이

단계	주요 인력	주요 역할
챔피온	사업부 책임자	• 6시그마 추진에 필요한 자원을 할당 • 블랙벨트의 개선 프로젝트 수행을 뒷받침 • 성과에 따른 보상실시
마스터 블랙벨트	교육 및 지도 전문요원 (6시그마 전임요원)	• 블랙벨트 등과 같은 품질요원의 양성교육을 담당 • 블랙벨트를 지도, 지원
블랙벨트	개선프로젝트 추진 책임자	6시그마 개선 프로젝트의 책임자로서 활동
그린벨트	현업담당자	블랙벨트의 개선 프로젝트에 파트타임으로 참여
화이트벨트	현업담당자 (전사원)	• 품질혁신에 대한 인식을 공유 • 개선활동에 동참

532 다음과 같이 9개 부품으로 구성된 시스템이 있다. 전체시스템의 신뢰도 R_s가 0.868 이고, 각부품의 신뢰도가 다음과 같을 때 부품 4의 신뢰도 R_4는 얼마인가?

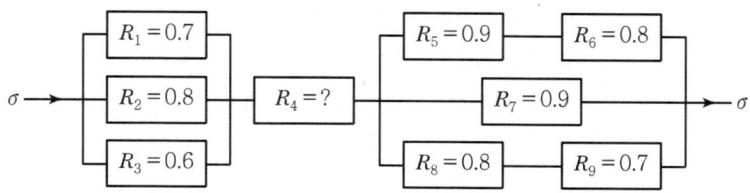

[풀이] 직렬모델 : $R_s = R_A \cdot R_B$
병렬모델 : $R_s = R_A + R_B - R_{AB} = 1 - (1-R_A)(1-R_B)$

$R_1 \sim R_3$ 병렬결합 부분의 신뢰도 R_{P1}
$R_{P1} = 1 - [(1-0.7)(1-0.8)(1-0.6)] = 0.976$

$R_5 \sim R_6$ 직렬결합 부분의 신뢰도 R_{P2}
$R_{P2} = 0.9 \times 0.8 = 0.72$

$R_8 \sim R_9$ 직렬결합 부분의 신뢰도 R_{P3}
$R_{P3} = 0.8 \times 0.7 = 0.56$

$R_5 \sim R_9$ 병렬결합 부분의 신뢰도 R_{P4}
$R_{P4} = 1 - [(1-0.72)(1-0.9)(1-0.56)] = 0.98768$

$R_s = 0.868$이므로, $R_s = R_{P1} \cdot R_4 \cdot R_{P4}$
$\therefore 0.868 = (0.976) \cdot R_4 \cdot (0.98768)$, $R_4 = 0.9004 (90.04\%)$

533 품질경영활동을 품질기획(QP), 품질관리(QC), 품질보증(QA), 품질개선(QI)으로 구분하여 설명하시오.

[풀이] (1) 품질기획(Quality Planning) : 품질에 관한 최고경영자의 의지 및 운영철학
(2) 품질관리(Quality Control) : 품질규격을 만족시키기 위한 현장의 관리활동
(3) 품질보증(Quality Assurance) : 고객만족을 보장하기 위한 서비스 위주의 관리활동
(4) 품질개선(Quality Improvement) : 설계 및 공정단계에서 품질의 유효성을 증가시키는 활동

534 통계적 가설검정에 대한 다음 사항을 기술하시오.

1 가설의 수립
2 t-Test의 용도와 검정통계량 산출식 및 의미
3 Chi-Square Test의 용도와 검정통계량 산출식 및 의미
4 ANOVA의 용도와 검정통계량 산출식 및 의미

[풀이]

1 1) H_0(귀무가설) : 대립가설이 참이라는 확실한 근거가 없을 때 받아들이는 가설(종래 믿어오던 사실 또는 일반적 통념)

2) H_1(대립가설) : 표본으로부터 확실한 근거에 의하여 입증하고자 하는 가설(새로운 주장, 새로운 학설)

2 1) 용도 : σ 미지시 모평균 검정

2) 산출식

① 한 개의 모평균 검정 : $|t_0| = \dfrac{|\overline{x} - \mu|}{\sqrt{\dfrac{V}{n}}}$

② 두 개의 모평균차 검정 : $|t_0| = \dfrac{|\overline{x}_1 - \overline{x}_2|}{\sqrt{V\left(\dfrac{1}{n_1} + \dfrac{1}{n_2}\right)}}$

3) 의미 : 한 개의 모평균 및 두 개의 모평균차 검정

3 1) 용도 : σ 기지시 모분산 검정

2) 산출식 : 한 개의 모평균 검정 : $x_0^2 = \dfrac{S}{\sigma_0^{\,2}}$

3) 의미 : 한 개의 모분산 검정

4 1) 용도 : 실험계획법에서 실험배치 후 유의한 인자 검정

2) 산출식 : 일원배치법의 경우 : $F_0 = \dfrac{V_A}{V_e}$

3) 의미 : 각 변동이 오차에 비해서 특히 큰 영향을 주는 요인이 무엇인가를 찾아내는 검정

535 ISO 9000시리즈 인증의 이점과 ISO 9000의 품질시스템구축과 PLP의 공통점을 설명하시오.

풀이 (1) ISO 9000 인증 이점
① 경영방침을 전 직원에게 전달, 숙지 및 이행
② 전 직원의 품질경영에 대한 인프라 구축
③ 실적 대비 달성률 용이
④ 식별관리, 시정조치 및 예방조치 용이
⑤ 부서 간의 장벽 제거 기능
⑥ 부적합 방지의 사전 가능, 생산성 향상

(2) ISO 9000 품질시스템 구축과 PLP의 공통점
① 경영방침을 전 직원에게 전달, 숙지 및 이행
② 전 직원의 제품안전 인프라 구축
③ 안전성 향상 및 생산성 향상
④ 시정조치, 예방조치 및 결함방지 대책 수립 시행
⑤ 전 직원 교육훈련 중시, 경영자의 지원

536 어떤 수지(Resin)를 생산하는 한 화학업체에서의 이 수지에 포함되는 불순물의 함량률을 줄이기 위한 실험을 실시하고자 한다. 규격상한은 4.0%이고, 이 규격이 만족되지 않으면 10kg당 50,000원의 손실이 발생한다. 이 불순물에 영향을 주리라고 예상되는 4가지 제어인자를 다음과 같이 취해주었다.

- A : 본드의 배합비 3수준(A_0, A_1, A_2)
- B : 본딩방법 3수준(B_0, B_1, B_2)
- C : 표면처리방법 3수준(C_0, C_1, C_2)
- D : 열처리방법 3수준(D_0, D_1, D_2)

비제어인자로서 U : 작업자 2수준(비숙련공, 숙련공), V : 수지 생산라인 2수준을 선택해 주고, 생산된 수지를 실험실에서 분석하여 불순물의 함량 %를 얻었다. 이 실험은 망소특성실험이다. S/N 비의 값을 구하시오.

인자배치 열번호 실험번호	A 1	B 2	C 3	D 4	불순물 함량(%)				S/N 비
					U_0		U_1		
					V_0	V_1	V_0	V_1	
1	0	0	0	0	6.80	5.52	2.27	3.75	
2	0	1	1	1	3.43	2.58	2.49	2.11	
3	0	2	2	2	2.17	2.50	1.57	1.98	
4	1	0	1	2	1.79	2.81	1.33	1.76	
5	1	1	2	0	1.98	2.38	2.57	2.00	
6	1	2	0	1	2.93	2.78	2.61	2.17	
7	2	0	2	1	2.43	2.18	1.70	1.56	
8	2	1	0	2	4.25	3.90	1.91	1.63	
9	2	2	1	0	4.05	3.28	1.50	2.12	

[풀이] 망소특성 S/N $= -10\log\left(\dfrac{1}{n}\Sigma y_i^2\right)$

실험번호 1 S/N 비 $= -10\log\left[\dfrac{1}{4}(6.80^2 + 5.52^2 + 2.27^2 + 3.75^2)\right] = -13.80$

실험번호 2 S/N 비 $= -10\log\left[\dfrac{1}{4}(3.43^2) + (2.58^2) + (2.49^2) + (2.11^2)\right] = -8.61$

실험번호 3 S/N 비 $= -10\log\left[\dfrac{1}{4}(2.17^2 + 2.50^2 + 1.57^2 + 1.98^2)\right] = -6.37$

실험번호 4 S/N 비 $= -10\log\left[\dfrac{1}{4}[(1.79^2 + 2.81^2 + 1.33^2 + 1.76^2)\right] = -6.01$

실험번호 5 S/N 비 $= -10\log\left[\dfrac{1}{4}[(1.98^2 + 2.38^2 + 2.57^2 + 2.00^2)\right] = -7.03$

실험번호 6 S/N 비 $= -10\log\left[\dfrac{1}{4}[(2.93^2 + 2.78^2 + 2.61^2 + 2.17^2)\right] = -8.43$

실험번호 7 S/N 비 $= -10\log\left[\dfrac{1}{4}[(2.43^2 + 2.18^2 + 1.70^2 + 1.56^2)\right] = -6.02$

실험번호 8 S/N 비 $= -10\log\left[\dfrac{1}{4}[(4.25^2 + 3.90^2 + 1.91^2 + 1.63^2)\right] = -9.75$

실험번호 9 S/N 비 $= -10\log\left[\dfrac{1}{4}[(4.05^2 + 3.28^2 + 1.50^2 + 2.12^2)\right] = -9.28$

537 과거에는 품질을 불량률, 불량개수, 결점수, 단위당 결점수 등으로 구분하여 관리하는 경우 p관리도, np관리도, c관리도, u관리도를 사용하였다. 최근에는 품질을 구분하는 방식이 바뀌었다. 이를 KS A 3201 : 2001을 근거로 소개하고, 또한 4가지 관리도의 중심선(CL)과 관리한계(UCL, LCL) 산출식을 기술하시오.

[풀이] (1) KS A 3201 : 2001을 근거로 소개

KS A 3201 : 2001에는 품질을 부적합품률, 부적합품수, 부적합수, 단위당 부적합수 등으로 구분하여 관리하는 경우 p관리도, np관리도, c관리도, u관리도를 사용

(2) 4가지 관리도의 중심선 및 관리한계선 산출식

통계량	표준값이 주어져 있지 않은 경우		표준값이 주어져 있는 경우	
	중심선	3시그마 관리한계	중심선	3시그마 관리한계
p	$\bar{p} = \dfrac{\sum p_n}{k_n}$	$\bar{p} \pm 3\sqrt{\dfrac{\bar{p}(1-\bar{p})}{n}}$	p_0	$p_0 \pm 3\sqrt{\dfrac{p_0(1-p_0)}{n}}$
np	$n\bar{p} = \dfrac{\sum p_n}{n}$	$n\bar{p} \pm 3\sqrt{n\bar{p}(1-\bar{p})}$	np_0	$np_0 \pm 3\sqrt{np_0(1-p_0)}$
c	$\bar{c} = \dfrac{\sum c}{k}$	$\bar{c} \pm 3\sqrt{\bar{c}}$	c_0	$c_0 \pm 3\sqrt{c_0}$
u	$\bar{u} = \dfrac{\sum c}{\sum n}$	$\bar{u} \pm 3\sqrt{\dfrac{\bar{u}}{n}}$	u_0	$u_0 \pm 3\sqrt{\dfrac{u_0}{n}}$

538 측정시스템분석(MSA)을 통해서 다음의 데이터를 얻었다. 이로부터 공차대비 %R&R을 구하고 판정 및 조처사항을 기술하시오.

- $EV = 3.01$ • $AV = 3.22$ • $PV = 4.25$ • 규격 : 120 ± 4.5(mm)

[풀이] EV(반복성 : 계측기 변동), AV(재현성 : 평가자 변동), PV(시료(간) 변동), $R\&R$(반복성, 재현성을 나타내는 측정시스템 변동), TV(총변동)

(1) 공차대비 %R&R

$$R\&R = \sqrt{EV^2 + AV^2} = \sqrt{3.01^2 + 3.22^2} = 4.4078$$
$$\%R\&R = 100\left(\dfrac{R\&R}{공차}\right) = 100\left(\dfrac{4.4078}{9}\right) = 48.975\%$$

(2) 판정 및 조처사항

① 10% 미만의 오차 : 측정시스템 수락 가능
② 10~30%까지의 오차 : 수락 가능(적용의 중요성, 게이지 비용, 수리비용에 따라)
  조처사항 : 시료 내 변동의 영향을 계량화
③ 30% 이상의 오차 : 측정시스템 개선이 필요

※ 조처사항 : 문제점을 파악하고, 그 문제점을 시정하기 위하여 모든 노력을 한다.

539 고객만족(CS)조사의 3가지 원칙을 설명하시오.

풀이 (1) 계속성의 원칙 : 고객만족도는 측정하고자 하는 업종이나 측정항목을 재는 잣대로서 정기적인 조사를 해야만 조사결과에 의미가 있다. 왜냐하면 그 전의 상태와 비교해서 어느 항목이 개선되고 향상되었는가를 알 수 있기 때문이다.
(2) 정량성의 원칙 : 고객만족도 조사는 항목 간의 수치 비교가 가능한 정량적인 조사라야 한다. 다시 말하면 도출된 수치의 정량화를 통해서 고객만족의 수준을 알 수 있고, 그 전 결과와의 비교가 가능해야 하므로 정량적인 조사라야 하는 것이다.
(3) 정확성의 원칙 : 자사와 경쟁사의 고객만족상태를 제대로 알기 위해서는 철저한 예비조사를 바탕으로 한 설문지 작성이 요구된다. 그리고 정확하면서도 성실한 실시 및 통계분석과 정확한 해석 등이 수반되는 조사라야 한다.

540 제품의 고장률 패턴인 욕조곡선(Bathtub Curve)에 대해 설명하시오.

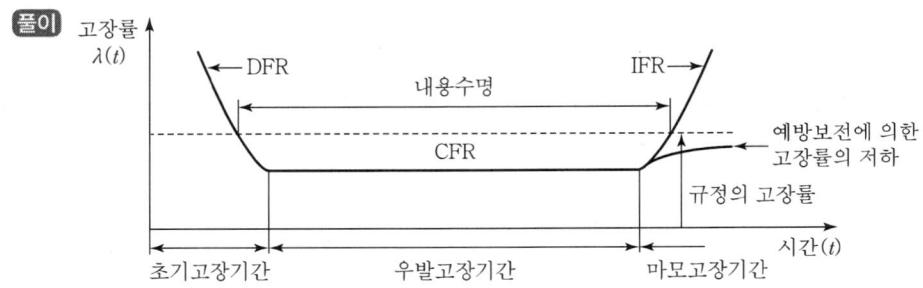

541 개인의 속성과 신념의 형성과정을 설명하는 심리학 분야의 기법에서 유래한 것으로, 소비자들은 그들이 갖고자 하는 속성이나 기능을 가진 제품을 구매하며, 중요한 속성에서 뛰어난 성과를 보이는 브랜드를 선택하게 될 것이라는 것에 기초한 소비자의 만족도를 측정하는 모형을 무엇이라 하는가?

풀이 다속성모형(Multi Attribute Model)

542 품질 특성은 참(품질) 특성, 대용 특성으로 나눌 수 있다. 참 특성과 대용 특성에 대해 간단히 설명하시오.

풀이 (1) 참 특성 : 고객이 요구하는 품질 특성으로서 실용 특성이라고도 한다.
(2) 대용 특성 : 참 특성을 해석한 것으로서 그 대용으로 사용하는 다른 품질 특성

543 제품에 잠재하는 위험의 크기를 나타내는 단어를 시그널워드(Signal Word)라고 한다. 시그널워드 3종류를 쓰고 설명하시오.

풀이
(1) 위험 : 취급을 잘못한 경우, 사용자가 사망 또는 중상을 입는 등 고도의 위험이 예상되고 그 긴급성이 높은 경우
(2) 경고 : 취급을 잘못한 경우, 사용자가 사망 또는 중상을 입는 등 위험이 예상되는 경우
(3) 주의 : 취급을 잘못한 경우, 사용자가 상해를 입거나 또는 물적 손해만 발생하는 위험이 예상되는 경우

544 실험계획의 기본원리 5가지를 쓰시오.

풀이
(1) 랜덤화의 원리 : 뽑힌 인자 외에 기타 원인들의 영향이 실험결과에 편기되게 미치는 것을 없애기 위함
(2) 반복의 원리 : 반복을 시켜줌으로써 오차항의 자유도를 크게 해줄 수 있으며, 오차분산이 정도 좋게 추정됨으로써 실험결과의 신뢰성을 높일 수 있다.
(3) 블록화의 원리 : 실험 전체를 시간적, 공간적으로 분할하여 블록으로 만들어 주면, 각 블록 내에서는 실험환경이 균일하게 되어 정도 좋은 결과를 얻을 수 있다.
(4) 교락의 원리 : 구할 필요가 없는 2인자 교호작용이나 고차의 교호작용을 블록과 교락시키는 방법으로 검출할 필요가 없는 요인이 블록의 효과와 교락하게 됨으로써 실험의 효율을 높일 수 있다.
(5) 직교화의 원리 : 요인 간에 직교성을 갖도록 실험계획하여 데이터를 구하면, 같은 실험횟수라도 검출력이 더 좋은 검정을 할 수 있고, 정도가 더 높은 추정을 할 수 있다.

545 어떤 제품이나 서비스가 갖고 있는 속성 각각에 대해 고객이 부여하는 효용을 추정함으로써, 그 고객이 선택할 제품이나 서비스를 예측하기 위한 분석 기법이 있다. 이러한 분석기법 중 신제품의 개념평가, 포지셔닝(Positioning), 경쟁분석, 가격설정, 시장세분화 등에 적용하는 기법을 무엇이라 하는가?

풀이 컨조인트 분석

546 품질코스트는 예방, 평가, 실패코스트로 분류할 수 있다. 실패코스트 중 숨겨진 실패코스트(Hidden Failure Cost)에 대해 간단히 설명하시오.

풀이 숨겨진 실패코스트(Hidden Failure Cost)
좋지 않은 품질은 기업의 경영성과와 이미지에 나쁜 영향을 끼치며, 실패코스트를 증가시킨다. 이 코스트가 숨겨진 실패코스트(Hidden Failure Cost)이다. 숨겨진 실패코스트는 기업에게 상당한 손실을 발생시키지만 경영자가 잘 인식하지 못하는 코스트이며, 실패코스트에 비해 파악하고 측정하기가 어렵다.

※ 실패코스트(재작업, 신뢰성시험, 반품, A/S, 클레임처리, 품질보증활동, 폐품 등)
※ 숨겨진 실패코스트(잦은 설계변경, 납기지연, 고객신뢰도 추락, 판매기회상실, 과도한 재고, 과도한 물류, 판매가 인하, 긴 사이클 타임, 과도한 리드타임, 신제품 출시지연, 고객이탈 및 신뢰상실 불필요한 자금할당 등)

547 사실표준과 공식표준에 대해 비교·설명하시오.

풀이 (1) **사실표준** : 어떤 공식적인 계획 없이 자연발생적으로 만들어진 사실상의 업계표준(MS사의 Window-시장의 힘에 의해)
(2) **공식표준** : 공인된 표준화기구(ISO/IEC 등)가 채택한 공식적이며, 법률적 효력을 지닌 표준(ISO 9000, ISO 14000)

548 측정시스템분석(MSA)에서 변동에 영향을 미치는 유형을 5가지 쓰고 각각에 대해 설명하시오.

풀이 (1) **편의(Bias)** : 측정 평균치와 기준치(Master-Value)의 차이 변동
(2) **안전성(Stability)** : 시간이 지난 후에도 어떻게 정확하게 수행되는지를 측정, 계측이 시간과 공간에 따라 변화되는 환경 속에서 동일 제품을 측정할 때 발생되는 변동
(3) **선형성(Linearity)** : 계측기의 측정범위 내에서의 측정의 일관성을 벗어나는 변동
(4) **반복성(Repeatability)** : 동일한 측정자가 동일한 계측기로 동일 제품을 측정하였을 때 발생되는 계측기 변동
(5) **재현성(Reproducibility)** : 서로 다른 측정자가 동일한 계측기로 동일 제품을 측정하였을 때 발생되는 측정자 변동

549 시스템의 구조 중에서 n 중 $k(k-\text{out of}-n)$ 구조와 대기(Standby)구조에 대해 설명하시오.

풀이 (1) n 중 k 구조 : 구성부품 n개 중 k개만 작동하면 $(1 \leq k \leq n)$ 시스템이 작동하는 경우
(2) 대기구조 : 여분의 부품이 처음부터 병렬로 연결되어 있지 않고, 처음에는 주 부품이 기능을 수행되다가 고장 나면 여분의 부품인 대기부품이 기능을 이어받아 계속 수행하도록 결합되어 있는 것

550 중심극한의 정리(Central Limit Theorem)에 대해 설명하시오.

풀이 표본은 일반적으로 모집단의 확률분포를 따른다.
만약 모집단이 정규분포를 따르지 않더라도 표본의 크기 n이 충분히 클 때에는 정규분포를 따르고, 표본의 평균과 표준편차는 대략적으로 정규분포 $N\left(\mu, \dfrac{\sigma^2}{n}\right)$을 따른다는 사실

551 품질경영원칙 8가지를 쓰시오.

풀이 (1) 고객중심 : 조직은 고객에 의존하고 있다. 따라서 현재 및 미래의 고객요구를 이해하고, 고객요구사항을 충족시키며 고객의 기대를 능가하도록 노력해야 할 것이다.
(2) 리더십 : 리더는 조직의 목적과 방향의 통일성을 확립한다. 리더는 사람들이 조직의 목표를 달성하는 데 전적으로 참여할 수 있는 내부환경을 조성하고 유지해야 할 것이다.
(3) 전원참여 : 모든 계층의 사람들이 조직의 필수요소이다. 따라서 전원이 참가함으로써 그들의 능력이 조직의 이익을 위하여 발휘될 수 있다.
(4) 프로세스 접근방법 : 관련된 자원 및 활동이 하나의 프로세스로 관리될 때 바라는 결과가 보다 효율적으로 얻어진다.
(5) 경영에 대한 시스템 접근방법 : 상호 연계된 프로세스를 하나의 시스템으로 파악하고 이해하며 관리하는 것은 조직의 목표를 효과적이며, 효율적으로 달성하는 데 이바지한다.
(6) 지속적 개선 : 조직의 총체적인 성과에 대한 지속적 개선은 조직의 영구적인 목표이어야 할 것이다.
(7) 의사결정에 대한 사실적 접근방법 : 효과적인 결정은 데이터 및 정보의 분석에 근거한다.
(8) 상호 유익한 공급자 관계 : 조직 및 조직의 공급자는 상호 의존적이며, 상호 이익이 되는 관계는 가치를 창조하기 위한 양쪽 모두의 능력을 증진시킨다.

552

벤치마킹은 기업들 간의 정보교류 및 인적교류를 전제로 하고 있기 때문에 양사 간의 행동을 원활하게 하고, 때에 따라서는 규제할 수도 있는 행동강령이 필요하다. 벤치마킹 파트너(Benchmarking Partner) 간의 윤리적 지침 중 5가지를 쓰시오.

풀이

(1) 합법성의 원리(Principle of Legality)

　　벤치마킹은 공정한 상거래를 저해할 수 있는 파트너 기업과의 시장분할, 가격담합, 기업비밀의 획득, 뇌물수수 등의 행위를 다루지 않는다. 비합법적인 벤치마킹 행위가 이루어지고 있다고 의심될 시는 변호사의 협조를 구하는 것이 바람직하다.

(2) 상호교환의 원리(Principle of Exchange)

　　파트너 간의 상호정보교환에 있어 정당한 교환을 위해 벤치마킹 실행 이전에 각자의 기대와 목표 등을 분명히 하여야 한다. 파트너가 밝히고 싶지 않은 정보를 요구해서는 안 된다. 또한 상대방이 제공한 수준의 정보만큼은 최소한도 상대방에게 공개할 수 있어야 한다.

(3) 비밀보호의 원리(Principle of Confidentiality)

　　모든 정보는 상호비밀이 보장된다는 원리 하에 벤치마킹 파트너끼리 서로 공유하게 된다. 따라서 벤치마킹 파트너의 동의 없이 어떤 회사에게도 파트너의 정보를 유출하여서는 안 된다.

(4) 사용의 원리(Principle of Use)

　　벤치마킹 연구로부터 얻어진 정보는 단지 프로세스 향상을 위하여 사용되어야만 한다. 따라서 파트너의 동의 없이 광고 또는 마케팅, 판매를 위해서 벤치마킹을 통해 획득한 정보가 사용되어서는 안 된다.

(5) 상대방 접촉의 원리(Principle of First-Party Contact)

　　파트너 회사의 공식적인 벤치마킹 창구를 통하여 접촉하여야 한다. 상호 접촉이 이루어진 경우는 상호동의서를 교환하는 것이 바람직하다.

(6) 제3자 접촉의 원리(Principle of Third-Party Contact)

　　벤치마킹에 참여한 파트너사의 직원이름을 동의 없이 제3자에게 누출하여서는 안 된다.

(7) 준비의 원리(Principle of Preparation)

　　벤치마킹 파트너와 접촉하기 위해서는 사전에 모든 준비가 완료되어 있어야 한다. 여기에는 자사의 품질 수준 등의 평가가 포함된다. 그리고 외부의 업체와 유사성을 찾기 이전에 내부 프로세스에 대한 연구가 충분히 이루어져야 한다.

(8) 완료의 원리(Principle of Completion)

　　벤치마킹 연구는 모든 파트너들이 동의할 만한 결과와 만족할 만한 수준에 도달했을 때 완료되었다고 할 수 있다.

553 어느 전기조립품의 잡음레벨을 관리하고 있다. 데이터를 군구분하여 $n=5$의 $\bar{x}-R$ 관리도를 작성하였더니 관리상태였다. $\bar{x}$ 관리도의 $CL=61$, R관리도의 $CL=1.63$ 이고, $\bar{x}$의 이동범위의 평균치 $\overline{R_s}=0.70$이다. (단, $n=2$일 때의 $d_2=1.128$, $n=5$일 때의 $d_2=2.236$)

1 σ_b, σ_w, $\sigma_{\bar{x}}$ 를 구하시오.
2 관리계수 Cf를 구하고, 평가하시오.
3 전기조립품의 규격이 60 ± 2일 때 공정능력지수 C_{pk}를 구하고 판정하시오. (단, 치우침도 고려할 것)

[풀이] **1** $\sigma_{\bar{x}}^2 = \sigma_b^2 + \dfrac{\sigma_w^2}{n}$ 에서

$$\sigma_w = \frac{\overline{R}}{d_2} = \frac{1.63}{2.326} = 0.73, \ \sigma_{\bar{x}} = \frac{\overline{R_S}}{d_2} = \frac{0.70}{1.128} = 0.62$$

$$\sigma_b^2 = \sigma_{\bar{x}}^2 - \frac{\sigma_w^2}{n} = 0.62^2 - \frac{0.73^2}{5} = 0.278, \ \sigma_b = 0.53$$

2 $Cf = \dfrac{\sigma_{\bar{x}}}{\sigma_w} = \dfrac{0.62}{0.73} = 0.85$ (대체로 관리상태)

※ 평가기준
 $Cf \geq 1.2$: 급간변동이 크다.
 $0.8 \leq Cf < 1.2$: 대체로 관리상태
 $Cf < 0.8$: 군구분이 나쁘다.

3 $S_U = 62$, $S_L = 58$, $\bar{x} = 61$, $\sigma_w = 0.73$

$$C_p = \frac{S_U - S_L}{6\sigma_w} = \frac{62-58}{6 \times 0.73} = 0.91$$

$$k = \frac{|M - \bar{x}|}{\dfrac{T}{2}} = \frac{|60-61|}{\dfrac{4}{2}} = 0.5$$

$C_{pk} = (1-k)C_p = (1-0.5) \times 0.91 = 0.46$ (4등급) 공정능력은 매우 부족

554 크기 $N=1,000$인 로트에서 검사방식 $(n, c) = (50, 1)$인 계수형 샘플링검사에 대한 OC 곡선을 작성하시오. (단, 로트의 합격확률 계산에 이항분포를 이용하시오.)

로트의 부적합품(불량)률 $p(\%)$	1	2	3	4	5	6	7
로트의 합격확률 $L(p)$							

[풀이] 이항분포를 이용하여 $L(p)$를 구하면 다음과 같다.

로트의 부적합품(불량)률 $p(\%)$	1	2	3	4	5	6	7
로트의 합격확률 $L(p)$	0.9106	0.7358	0.5552	0.4005	0.2794	0.1900	0.1265

$$L(p) = \sum_{x=0}^{c} {}_nC_X \, p^X (1-p)^{n-x}, \ n=50, \ c=1$$

$p=1\%$일 때, $L(p) = \sum_{x=0}^{1} {}_{50}C_X \, 0.01^X (1-0.01)^{50-X} = {}_{50}C_0 \, 0.01^0 (1-0.01)^{50-0}$
$\qquad\qquad\qquad + {}_{50}C_1 \, 0.01^1 (1-0.01)^{50-1} = 0.9106$

$p=2\%$일 때, $L(p) = \sum_{x=0}^{1} {}_{50}C_x \, 0.01^X (1-0.01)^{50-X} = {}_{50}C_0 \, 0.02^0 (1-0.02)^{50-0}$
$\qquad\qquad\qquad + {}_{50}C_1 \, 0.02^1 (1-0.02)^{50-1} = 0.7358$

$p=3\%$일 때, $L(p) = \sum_{x=0}^{1} {}_{50}C_X \, 0.01^X (1-0.01)^{50-X} = {}_{50}C_0 \, 0.03^0 (1-0.03)^{50-0}$
$\qquad\qquad\qquad + {}_{50}C_1 \, 0.03^1 (1-0.03)^{50-1} = 0.5552$

$p=4\%$일 때, $L(p) = \sum_{x=0}^{1} {}_{50}C_X \, 0.01^X (1-0.01)^{50-X} = {}_{50}C_0 \, 0.04^0 (1-0.04)^{50-0}$
$\qquad\qquad\qquad + {}_{50}C_1 \, 0.04^1 (1-0.04)^{50-1} = 0.4005$

$p=5\%$일 때, $L(p) = \sum_{x=0}^{1} {}_{50}C_x \, 0.01^X (1-0.01)^{50-X} = {}_{50}C_0 \, 0.05^0 (1-0.05)^{50-0}$
$\qquad\qquad\qquad + {}_{50}C_1 \, 0.05^1 (1-0.05)^{50-1} = 0.2794$

$p=6\%$일 때, $L(p) = \sum_{x=0}^{1} {}_{50}C_X \, 0.01^X (1-0.01)^{50-X} = {}_{50}C_0 \, 0.06^0 (1-0.06)^{50-0}$
$\qquad\qquad\qquad + {}_{50}C_1 \, 0.06^1 (1-0.06)^{50-1} = 0.1900$

$p=7\%$일 때, $L(p) = \sum_{x=0}^{1} {}_{50}C_X \, 0.01^X (1-0.01)^{50-X} = {}_{50}C_0 \, 0.07^0 (1-0.07)^{50-0}$
$\qquad\qquad\qquad + {}_{50}C_1 \, 0.07^1 (1-0.07)^{50-1} = 0.1265$

OC 곡선은 다음과 같다.

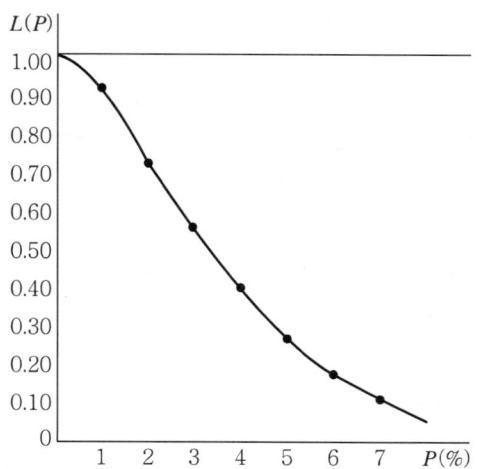

555 서비스의 유형과 내용에 따라 중요도가 다르지만, 서비스 품질의 결정요소라 할 수 있는 서비스 품질 특성(10가지)에 대해 열거하고 설명하시오.

풀이 (1) 유형성(Tangibles) : 서비스 평가를 위한 외형적인 증거
(2) 신뢰성(Reliability) : 약속된 서비스를 정확하게 이행하는 능력
(3) 대응성(Responsiveness) : 고객에게 서비스를 신속하게 제공하려는 의지
(4) 확신성(Assurance) : 서비스 수행에 필요한 구성원들의 지식과 기술의 공유
(5) 공감성(Empathy) : 고객을 접대하는 종업원의 친절, 배려와 공손함
(6) 신용도(Credibility) : 서비스 제공자의 신뢰도, 진실성, 정직성
(7) 안전성(Security) : 고객은 서비스 제공과정이나 서비스 결과로부터 어떤 위험이나 심적 부담이 없어야 함
(8) 접근성(Access) : 서비스 시스템에 대한 접근 가능성과 접촉의 용이성
(9) 의사소통(Communication) : 고객의 말에 귀를 기울이고, 고객이 알 수 있도록 정보를 제공하는 것
(10) 고객이해(Understanding the Customer) : 고객과 그들의 요구를 알려고 하는 노력

556 품질창출, 품질평가, 품질결과의 관계에서 품질코스트를 분류하고 각각에 대해 설명하시오.

풀이 품질코스트는 품질창출 → 품질평가 → 품질결과의 단계적 과정을 거치면서 발생

(1) 품질창출(Quality Creation) : 품질설계나 불량예방을 위한 품질보증활동에 관련한 품질창출비용(예방코스트 발생)
(2) 품질평가(Quality Evaluation) : 품질에 관한 각종 시험검사와 요소품질 및 복합품질에 대한 평가활동에 소요되는 품질평가비용(평가코스트 발생)
(3) 품질결과(Quality Result) : 일정수준에 미달되어 야기된 결과들로서 규격 미달로 인한 재작업 및 수선, 스크랩, 클레임, 고객불만, 제조물 책임 배상 등으로 발생된 품질결과비용(실패코스트 발생)

557 품질분임조는 같은 직장 내에서 품질활동을 자발적으로 그리고 자주적으로 행하기 위해 종업원들이 참여하는 소규모의 집단이다. 이러한 소집단이 성공하기 위한 조건 중 5가지만 열거하시오.

풀이
(1) 자율적이고 자발적인 추진
(2) 팀 구성원 스스로 운영할 수 있도록 권한 부여
(3) 구성원 간의 신뢰관계 형성
(4) 근로자의 만족과 사기앙양의 토대
(5) 실천할 수 있고, 쉽게 사용할 수 있는 내용의 활동도구 개발 및 활용

558 FMEA과 FTA에 대해 설명하시오. 그리고 설계 FMEA를 실무에서 적용할 때 사용하는 양식을 제시하고, 이의 활용방법에 대해 구체적으로 설명하시오.

풀이 (1) FMEA 및 FTA 설명

1) FMEA(Failure Mode & Effects Analysis)
① 고장모드 영향분석이며 일종의 신뢰성 예측을 말하는 것
② 어떤 제품이 사용 중에 일어날 수 있는 예상 가능한 모든 고장의 형태를 선정하고, 이 고장 시스템 전체에 어떠한 영향을 미치며, 그 고장의 원인은 어디에 있는가를 추정, 분석하여 신뢰성 상의 약점을 지적하고, 대책을 강구하여 나가는 수법
③ 양산적 설계단계에서 모든 문제점을 제거함으로써 양산 후에는 문제점이 없이 양질의 제품을 고객에게 제공하는 것

2) FTA(Failure Tree Analysis)

고장나무해석이며, 고장의 원인이 무엇인가 하는 사고방식으로 제품이 고장을 수형도로 더듬어 나가 어떤 부품이 고장의 원인이었는가를 찾아내는 해석 수법

(2) 설계 FMEA 양식

잠재적 고장 형태 및 영향 분석(설계 FMEA)						• FMEA No : A • 도면설계변경 Level : • PAGE :				• 일자 :				
• 부품/부번 : B														
• 모델년도/차종 : D			• 설계책임 : C			• 작성자 : H								
• 핵심팀 : G			• 완료 예정일 : E			• FMEA 최초 작성일 : F				• 최근 개정일 :				
공정기능 요구사항	잠재적 고장 형태	고장의 잠재적 영향	심각도 (S)	분류·특별 특성	고장의 잠재적 원인	현설계 관리 예방	현설계 관리 검출	검출도 (D)	위험 우선 순위 (RPN)	권고조치 사항	책임 및 목표완료 예정일	조치내용 및 완료일	심각도 발생도 검출도	위험 우선 순위
I	J	K	L	M	N	P	O	Q	R	T	U	V	W	

(3) 활용방법

① A(FMEA No) : FMEA 문서를 파악하는 데 사용되는 문자와 숫자 겸용의 일련번호를 기입, 이것은 문서관리에 사용한다.

② B(부품/부번) : 분석하고 있는 부품명 및 부번을 기입한다.

③ C(설계책임) : 설계책임이 있는 OEM, 조직, 부서 또는 그룹을 기입한다.

④ D(모델 연도/차종) : 해당되는 모델 연도 및 차종을 기입한다.

⑤ E(완료예정일) : 초기의 설계 FMEA 완료예정일을 기입한다.

⑥ F(FMEA 최초 작성일 및 최근 개정일) : 설계 FMEA 최초 작성일자 및 최근 개정일자를 기입한다.

⑦ G(핵심팀) : 설계 FMEA 개발을 책임지는 팀원들을 기입한다.

⑧ H(작성자) : 설계 FMEA 준비에 책임이 있는 엔지니어의 조직(회사)을 포함하여 이름 및 연락 가능 정보를 기입한다.

⑨ I(공정기능 요구사항) : 고객요구사항에 근거한 설계의도와 팀의 토론을 충족시키기 위한 필요로 분석되는 항목의 기능을 기입하고, 고장형태의 분석을 좀 더 세밀하게 구분하기 위해 요구사항을 기입한다.

⑩ J(잠재적 고장형태) : 의도된 기능을 충족시키거나 전달하는 데 잠재적으로 실패할 수 있는 방식으로서 공정기능 요구사항과 연관된 잠재적 고장형태를 파악한다. 잠재적 고장형태는 기술적 용어로 기술되어야 한다.

⑪ K(고장의 잠재적 영향) : 고객(내부 및 외부고객)이 인지하거나 경험할 수 있는 것이라는 관점에서 기술되어야 한다.

⑫ L(심각도) : 심각도는 주어진 고장형태의 가장 심각한 영향과 관련된 값이며, 개별 FMEA 범위 내에서 상대적인 등급이다.

⑬ M(분류·특별 특성) : 높은 우선순위의 고장형태 및 원인을 강조하기 위해 사용되며, 특별 특성을 파악하기 위해 사용된다.

⑭ N(고장의 잠재적 원인) : 설계 공정에서 어떻게 고장이 발생할 수 있는지에 대한 징후로서 시정될 수 있거나 통제될 수 있는 무엇이라는 관점에서 기술된다. 고장의 잠재적 원인은 설계 취약성의 표시이고, 그 결과가 고정형태이다.

⑮ O(현 설계관리 – 예방) : 고장의 원인이나 고장형태 발생을 제거(방지)하거나, 또는 발생률을 감소시킨다.

⑯ P(발생도) : 발생도는 설계수명 동안 특정 원인이 발생하여 고장형태로 이어질 가능성을 말하며, 개별 FMEA 범위 내에서 상대적인 등급이다.

⑰ Q(현 설계관리 – 검출) : 부품이 생산에 불출되기 전에 분석적 또는 물리적 방법으로 원인의 존재, 고장형태를 파악(검출)한다.

⑱ R(검출도) : 검출도는 현 검출 설계관리 검출란에 기술된 검출관리와 관련된 등급이며, 개별 FMEA의 범위 내의 상태적 등급이다.

⑲ S(위험우선순위) : 위험우선순위=심각도×발생도×검출도, 개별 FMEA의 범위 내에서, 이 값은 1~1,000 사이에 분포한다.

⑳ T(권고조치사항) : 권고조치는 설계를 개선하는 것이다. 심각도, 발생도, 검출도를 감소시키는 것을 고려해야 한다.

㉑ U(책임 및 목표 완료예정일) : 각 권고조치를 완수할 책임이 있는 개인 및 조직의 이름을 기입한다.

㉒ V(조치내용 및 완료일) : 조치가 실행된 후에, 조치내용에 대한 간략한 설명과 실제완료일을 기입한다.

㉓ W(S · O · D · RPN) : 시정/예방조치가 완료된 후에 조치에 따른 심각도, 발생도, 검출도 등급을 정하여 기록한다.

559 A회사의 공정은 잘 관리되고 있으며, 부적합품(불량)률이 4%로 나타났다. 사용 재료를 변경한 다음, 크기 200개의 샘플을 취하여 조사한 바 부적합품수(불량개수)가 20개 발견되었다.

1 재료변경으로 인해 부적합품(불량)률이 달라졌다고 할 수 있는가?($\alpha = 0.05$)
   (단, $U_{0.95} = 1.645$, $U_{0.975} = 1.96$)

2 재료변경 후의 모부적합품(불량)률의 95% 신뢰구간을 구하시오.

풀이 **1** 모부적합품(불량)률에 관한 검정
   ① 가설의 설정
   $H_0 : p = 0.04\,(p_0)$, $H_1 : p \neq 0.04$

② 유의수준 설정

$\alpha = 0.05$, $np_0 = 200 \times 0.04 = 8 \geq 5$이므로, 정규분포 근사법 이용

$\hat{p} = \dfrac{x}{n} = \dfrac{20}{200} = 0.1$

③ 검정통계량 계산

$|U_0| = \dfrac{|\hat{p} - p_0|}{\sqrt{\dfrac{p_0(1-p_0)}{n}}} = \dfrac{|0.1 - 0.04|}{\sqrt{\dfrac{0.04(1-0.04)}{200}}} = 4.33$

④ 기각역 설정

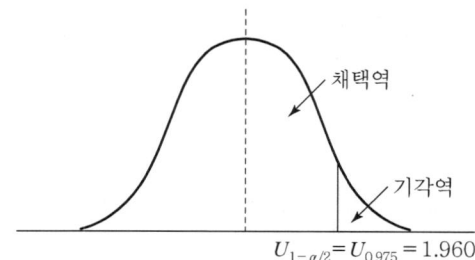

$U_{1-\alpha/2} = U_{0.975} = 1.960$

⑤ 판정

$|U_0| = 4.33 > U_{0.975} = 1.960$ 이므로 H_0 기각

즉, 재료변경으로 인해 부적합품(불량)률이 달라졌다고 할 수 있다.

2 모부적합품(불량)률에 관한 추정

$p = \hat{p} \pm U_{0.975} \sqrt{\dfrac{\hat{p}(1-\hat{p})}{n}} = 0.1 \pm (1.960)\sqrt{\dfrac{0.1(1-0.1)}{200}}$

$= 0.1 \pm 0.042 (0.058, \ 0.142)$

560 다음 3×3 라틴방격의 데이터가 있다.

구분	A_1	A_2	A_3
B_1	$C_1 = 73$	$C_2 = 66$	$C_3 = 76$
B_2	$C_2 = 64$	$C_3 = 81$	$C_1 = 75$
B_3	$C_3 = 85$	$C_1 = 67$	$C_2 = 65$

1 데이터 구조식을 쓰시오.

2 분산분석을 하시오.(단, $F_{0.95}(2, \ 2) = 19.0$)

풀이 **1** $X_{ijk} = + a_i + b_j + ck + e_{ijk}$(단, $e_{ijk} \sim N(0,\ \sigma e^2)$이고 서로 독립 $\sum a_i = 0$, $\sum b_j = 0$, $\sum c_k = 0$

2 ① 변동의 계산

$T_{1..} = 222$, $T_{2..} = 214$, $T_{3..} = 216$, $T_{.1.} = 215$, $T_{.2.} = 220$, $T_{.3.} = 217$,
$T_{..1} = 215$, $T_{..2} = 195$, $T_{..3} = 242$, $T = 652$

$CT = \dfrac{T^2}{N} = \dfrac{652^2}{9} = 47233.78$

$S_T = \sum\sum\sum X_{ijk}^2 - CT = (73^2 + \cdots + 65^2) - 47,233.78 = 448.22$

$S_A = \sum \dfrac{T_{i..}^2}{k} - CT = \dfrac{222^2 + 214^2 + 216^2}{3} - 47,233.78 = 11.55$

$S_B = \sum \dfrac{T_{.j.}^2}{k} - CT = \dfrac{215^2 + 220^2 + 217^2}{3} - 47,233.78 = 4.22$

$S_C = \sum \dfrac{T_{..k}^2}{k} - CT = \dfrac{215^2 + 195^2 + 242^2}{3} - 47,233.78 = 370.92$

$S_e = S_T - (S_A + S_B + S_C) = 448.22 - (11.55 + 4.22 + 370.92) = 61.53$

② 분산분석표 작성

요인	SS	DF	MS	F_0	$F_{0.95}$(2,2)	$F_{0.99}$(2,2)
A	11.55	2	5.78	0.19	19.0	99.0
B	4.22	2	211	0.07		
C	370.92	2	185.46	6.03		
e	61.53	2	30.77			
T	448.22	8				

위의 결과에서 A, B, C인자 모두 유의하지 않다.

561 어떤 화학물의 전기분해에 의한 작업을 할 때 사용되는 첨가물의 양(x)과 수율(y)의 관계 데이터는 다음과 같다.(단위 : 첨가물 g, 수율 %)

x(g)	2	3	4	4	3	5	7	9
y(%)	48	55	70	65	60	80	84	90

1 상관계수를 구하시오.
2 분산분석표를 이용하여 회귀분석을 하시오.(단, $F_{0.95}(1,6) = 6.99$, $F_{0.99}(1,6) = 13.7$)

❸ 첨가물의 양(x)에 대한 수율(y)의 직선회귀식을 구하시오.

[풀이] **1**

x	2	3	4	4	3	5	7	9	$\sum x = 37$	$\bar{x} = 4.625$
y	48	55	70	65	60	80	84	90	$\sum y = 552$	$\bar{y} = 69$
x^2	4	9	16	16	9	25	49	81	$\sum x^2 = 209$	
y^2	2,304	3,025	4,900	4,225	3,600	6,400	7,056	8,100	$\sum y^2 = 39,610$	
xy	96	165	280	260	180	400	588	810	$\sum xy = 2,779$	

$$S_{(xx)} = \sum x^2 - \frac{(\sum x)^2}{n} = 209 - \frac{37^2}{8} = 37.875$$

$$S_{(yy)} = \sum y^2 - \frac{(\sum y)^2}{n} = 39,610 - \frac{552^2}{8} = 1,522$$

$$S_{(xy)} = \sum xy - \frac{\sum x \sum y}{n} = 2,799 - \frac{37 \times 552}{8} = 226$$

$$r = \frac{S_{(xy)}}{\sqrt{S_{(xx)} S_{(yy)}}} = \frac{226}{\sqrt{37.875 \times 1,522}} = 0.9413$$

2 $S_R = \frac{(S_{(xy)})^2}{S_{(xx)}} = \frac{226^2}{37.875} = 1,348.54$

$S_{(y/x)} = S_{(yy)} - S_R = 1,522 - 1,348.54 = 173.46$

요인	SS	DF	MS	F_0	$F_{(0.05)}$	$F_{(0.01)}$
회귀	1,348.54	1	1,348.54	46.65**	6.99	13.7
잔차	173.46	6	28.91			
T	1,522	7				

위의 결과에서 인자 A의 효과가 매우 유의하므로 회귀분석에 의미가 있다.

3 $\hat{\beta}_1 = \frac{S_{(xy)}}{S_{(xx)}} = \frac{226}{37.875} = 6.672$

$\hat{y} - \bar{y} = \hat{\beta}_1 (x - \bar{x})$ $\hat{y} - 69 = 6.672(x - 4.625)$

$\hat{y} = 6.672x + 38.142$

562 공정능력(Process Capability)에 대해 설명하고, 공정능력지수 C_p와 C_{pk}를 비교·설명하시오.

풀이 (1) 공정능력

1) 공정능력이란 통계적 관리상태에 있는 공정의 정상적인 움직임으로 운영되고 있는 공정의 능력을 말한다.
2) 공정능력을 평가하기 위해서는 먼저 공정이 통계적으로 관리상태에 있어야 한다.
3) 즉 이상원인이 제거된 상태에서 공정능력을 측정해야 하며, 이때 공정능력은 우연원인에 따라 변화가 있게 된다.

(2) C_p와 C_{pk} 설명

1) C_p

평균값의 조절이 용이하고, 산포만 문제가 되는 경우

$$C_p = \frac{S_U - S_L}{6\sigma}$$

2) C_{pk}

① 평균값을 조절하는 것이 곤란하고, 산포와 평균이 동시에 문제인 경우

$$C_{pk} = (1-k)C_p, \quad 단, \ 치우침도 \ k = \frac{|규격의 중심값 - \overline{x}|}{\frac{T}{2}}, \ (0 < k < 1)$$

② 치우침 k는 공정범위에서 정적인 평균의 변화가 차지하는 비율
③ C_p의 단점은 중심을 고려하지 않고 흩어짐 상태만 알려주기 때문에 이 약점을 보완한 C_{pk}가 많이 사용된다.

563 KS A ISO 2859-1(로트별 AQL 지표형 샘플링검사)의 검사엄격도 조정에 사용되는 전환스코어법(Swiching Score)을 설명하고, 보통검사에서 수월한 검사로 넘어가는 조건을 설명하시오.

풀이 (1) 전환스코어법

- 전환스코어 계산은 소관권한자가 다른 지정을 하지 않는 한 보통검사의 개시 시점에서 시작
- 전환스코어는 계속하는 로트의 보통검사의 초기 검사 후 갱신한다.

1) 1회 샘플링방식

① 합격판정개수(c) 2 이상일 때 → 로트 합격 → 전환스코어에 3을 더한다. 그렇지 않으면 0으로 되돌린다.

② 합격판정개수(c) 0 또는 1 이상일 때 → 로트 합격 → 전환스코어에 2를 더한다. 그렇지 않으면 0으로 되돌린다.

2) 2회 또는 다회 샘플링방식
① 2회 샘플링방식 사용할 때 → 제1샘플에서 로트 합격 → 전환스코어에 3을 더한다. 그렇지 않으면 0으로 되돌린다.
② 다회 샘플링방식 사용할 때 → 제3샘플까지 로트 합격 → 전환스코어에 3을 더한다. 그렇지 않으면 0으로 되돌린다.

(2) 보통검사에서 수월한 검사로 넘어가는 조건
- 스코어의 현상값이 30 이상
- 생산이 안정
- 소관권한자가 승낙

564 어떤 강재의 인장강도는 클수록 좋다고 하며, 규격하한은 48kg/cm²로 규정되어 있다. $\sigma = 3$kg/cm²일 때, $p_0 = 0.5\%$, $p_1 = 2.5\%$, $\alpha = 0.05$, $\beta = 0.10$을 만족하는 계량규준형 1회 샘플링검사방식 (n, $\overline{X_L}$)을 구하고, 판정에 대해 설명하시오.(단, $K_{0.005} = 2.58$, $K_{0.025} = 1.96$, $K_{0.05} = 1.645$, $K_{0.10} = 1.282$)

풀이 σ기지인 계량규준형 샘플링검사로서 하한규격치(S_L)가 주어진 경우 로트의 부적합률을 보증하는 경우

검사방식은 (n, $\overline{X_L}$)로 설계

$\overline{X_L} = S_L + k\sigma = 48 + (2.23 \times 3) = 54.69$

$k = \dfrac{k_{p0}k_\beta + k_{p1}k_\alpha}{k_\alpha + k_\beta} = \dfrac{k_{0.005}k_{0.10} + k_{0.025}k_{0.05}}{k_{0.05} + k_{0.10}}$

$= \dfrac{2.58 \times 1.282 + 1.96 \times 1.645}{1.645 + 1.282} = 2.23$

$n = \left(\dfrac{k_\alpha + k_\beta}{k_{p0} - k_{p1}}\right)^2 = \left(\dfrac{k_{0.05} + k_{0.10}}{k_{0.005} - k_{0.025}}\right)^2$

$= \left(\dfrac{1.645 + 1.282}{2.58 - 1.96}\right)^2 = 22.3 ≒ 23 \uparrow$

검사방식 (23, 54.69)

판정은 $n = 23$의 시료평균을 구하여 $\overline{X_L}$과 비교하여 판정한다.

$\overline{X} \geq \overline{X_L}$(합격), $\overline{X} < \overline{X_L}$(불합격)

565 어떤 화학공장에서 제품의 수율에 관한 영향을 조사할 목적으로 반응온도(A)를 4수준, 촉매량(B)를 3수준으로 $4 \times 3 = 12$회의 반복이 없는 이원배치의 랜덤실험을 하였다.

구분	A_1	A_2	A_3	A_4
B_1	89.0	87.6	88.0	88.6
B_2	88.0	87.3	87.7	88.2
B_3	87.9	86.7	86.5	86.9

1 분산분석표를 작성하고 해석하시오. (단, $F_{0.95}(2,6)=5.14$, $F_{0.99}(2,6)=10.9$, $F_{0.95}(3,6)=4.76$, $F_{0.99}(3,6)=9.78$)

2 수준 A_3B_2에서 결측치가 나왔다고 가정했을 때, 결측치를 추정하시오.

[풀이] 1 ① 변동의 계산

$T_{1.}=264.9$, $T_{2.}=261.6$, $T_{3.}=262.2$, $T_{4.}=263.7$,
$T_{.1}=353.2$, $T_{.2}=351.2$, $T_{.3}=348$, $T=1,052.4$

$$CT = \frac{T^2}{N} = \frac{1,052.4^2}{12} = 92,295.48$$

$$S_T = \sum\sum X_{ij}^2 - CT = (89^2 + \cdots + 86.9^2) - 92,295.48 = 6.22$$

$$S_A = \sum \frac{T_{i.}^2}{m} - CT = \frac{264.9^2 + 261.6^2 + 262.2^2 + 263.7^2}{3} - 92,295.48 = 2.22$$

$$S_B = \sum \frac{T_{.j}^2}{l} - CT = \frac{353.2^2 + 351.2^2 + 348^2}{4} - 92,295.48 = 3.44$$

$$S_e = S_T - (S_A + S_B) = 6.22 - (2.22 + 3.44) = 0.56$$

② 분산분석표 작성

요인	SS	DF	MS	F_0	$F_{(0.95)}$	$F_{(0.99)}$
A	2.22	3	0.74	8.22*	4.76	9.78
B	3.44	2	1.72	19.11**	5.14	10.9
e	0.56	6	0.09			
T	6.22	11				

위의 결과에서 인자 A(반응온도)는 5%로 유의하고, 인자 B(촉매량) 1%로 유의하다.

2 $T_{3\cdot}' = 174.5$, $T_{\cdot 2}' = 263.5$, $T' = 964.7$

$$\hat{y} = \frac{lT_{i\cdot}' + mT_{\cdot j}' - T'}{(l-1)(m-1)} = \frac{lT_{3\cdot}' + mT_{\cdot 2}' - T'}{(l-1)(m-1)}$$

$$= \frac{4 \times 174.5 + 3 \times 263.5 - 964.7}{(4-1)(3-1)}$$

$$= 87.97$$

566 품질기능전개(QFD)와 관련하여 다음 사항을 설명하시오.

1 품질기능전개
2 품질의 집(HOQ ; House of Quality) 모형과 내용
3 품질기능 전개의 단계

[풀이] **1** 고객요구를 규명하고 설계 및 생산사이클을 통하여 이를 목적과 수단의 계열에 따라 계통적으로 전개하는 포괄적인 계획화 과정

2

	(5) 기술적반응간 상관관계						(2) 계획 매트릭스				
(1) 고객 요구	(3) 기술적 반응 (4) 상관관계		고객 요구의 중요성	고객 만족도	자사 제품의 경쟁력	고객 만족도의 목표수준	목표에 대한 개선 진척도	판매 능력	상대적 중요도	표준화된 순수 가중치
	기술적 반응의 우선순위									
	벤치마킹		(6) 기술적 매트릭스							
	자사의 현재위치									
	목표									

1) 고객의 요구 : 고객의 요구는 고객과의 개별 면담이나 포커스 그룹 등을 통해 정성적으로 파악·고객뿐만 아니라, 공급업자, 정부, 판매업자 그리고 미래 고객의 소리까지도 고려

2) 계획 매트릭스 : 기업이 현재 공급하는 제품 및 서비스에 대하여 파악한 고객의 요구에 대한 상대적 중요성과 만족도

3) 기술적 반응
① 고객의 요구를 충족시키기 위해 어떻게 하여야 할 것인가를 나타내는 속성
② 고객의 요구를 기술적인 언어로 번역한 것

4) 상관관계 : 고객의 요구와 기술적 반응 간의 상호 관련성을 나타낸다.

5) 기술적 반응 간 상관관계 : 기업의 기술적 반응 간 상관관계이다.

6) 기술적 매트릭스 : 기술적 반응의 측면에서 경쟁자와 자사를 비교하고 경쟁자와 경쟁하기 위해 어떻게 하여야 할 것인지를 보여주는 것

3 1) 제품기획 단계 : 고객의 요구를 기술적 특성으로 나타내는 단계
   2) 부품설계 단계 : 기술적 특성을 갖추기 위해 어떤 부품이 필요하며, 중요한지를 나타내는 단계
   3) 공정계획 단계 : 중요 부품을 갖추기 위해 공정설계를 어떻게 해야 하는지 나타내는 단계
   4) 생산계획 단계 : 중요 공정설계를 하기 위해 생산계획을 어떻게 세워야 하는지 나타내는 단계

567 제품안전과 관련하여 미국 소비자제품안전위원회(CPSC)에서는 제품안전경영시스템(PSMS)의 핵심사안 9가지와 함께 5개 분야 프로그램을 정해, 이를 시스템으로 갖추도록 권고하고 있다. 이에 대해 설명하시오.

풀이 (1) 제품안전경영시스템의 핵심사안 9가지
   1) 문서화된 제품안전 방침 수립
   2) 독립적인 안전검토 절차 개발
   3) 제품위험의 중대성 및 발생 가능성의 규명·평가
   4) 제품에 내재된 위해요소, 제품사용 환경 및 예측 가능한 제품사용방법이 고려된 위험평가를 통한 제품설계 검토 수행
   5) 규명된 제품위험의 제거, 만약 완전한 제거가 불가능한 경우, 안전장치 설계를 통한 사고발생 가능성의 최소화
   6) 제품사용에 따른 위험을 소비자들이 충분히 인식할 수 있는 경고 제시
   7) 제품유효 수명 동안에 제품안전 관련 기록의 보관·유지
   8) 출하된 제품의 안전성능에 대한 지속적인 감시
   9) 출하된 제품의 안전사고 인한 상해를 제거하거나 최소화할 수 있는 소비자 통보 및 리콜 절차 수립

(2) 5개 분야 프로그램
   1) 경영자 책임 및 조직체계 프로그램
   2) 제품안전 설계 프로그램
   3) 제품안전검사 및 보증 프로그램
   4) 제품시정 프로그램
   5) 문서관리 프로그램

568 계측기의 관리에 있어서 교정(Calibration)과 소급성(Traceability)에 대하여 약술하시오.

풀이 (1) 교정
규정된 조건하에서 측정기 또는 측정시스템이 지시하는 값과 표준기에 의하여 실현된 값 사이의 관계를 정하는 일련의 작업

(2) 소급성
국제적으로 정한 단위(SI)측정값에 맞추어 국가에서 정한 측정표준과 산업체에서 수행하는 측정값이 일치되도록 하며 국제적으로 인정받을 수 있도록 하는 것

569 품질기능전개(QFD)의 개념을 간략히 쓰시오.

풀이 고객요구를 규명하고 설계 및 생산사이클을 통하여 이를 목적과 수단의 계열에 따라 계통적으로 전개하는 포괄적인 계획화 과정

570 데이터의 통계량을 계산하는 과정에서 정규분포의 변동, 분산, 표준편차를 계산하는 산출식을 쓰시오.

풀이 (1) 변동 $= \sum (x_i - \overline{x})^2 = \sum x_i^2 - \dfrac{(\sum x_i)^2}{n}$

(2) 분산 $= \dfrac{S}{n-1}$

(3) 표준편차 $= \sqrt{\dfrac{S}{n-1}}$

571 ISO 9001 : 2000에서 품질경영시스템 구조의 핵심 구성요소 5가지를 나열하시오.

풀이 (1) 품질경영시스템
(2) 경영책임
(3) 자원관리
(4) 제품실현
(5) 측정, 분석 및 개선

572 모집단의 종류를 나열하고 조처방법을 나열하시오.

[풀이] (1) 무한 모집단(Infinite Population)
크기를 헤아릴 수 없는 집단으로 무한대라고 생각되는 집단을 말하며, 원초적으로 전수조사가 불가능한 집단

(2) 유한 모집단(Finite Population)
크기를 헤아릴 수 있는 유한대라고 생각되는 집단을 말하며, 전수조사가 가능한 집단

573 샘플(표본) 채취방법의 종류를 나열하고 특징을 설명하시오.

[풀이] (1) 단순랜덤샘플링
모집단의 모든 샘플링 단위가 동일한 확률로서 시료에 뽑힐 가능성이 있는 샘플링 방법

(2) 2단계 샘플링
1차로 로트를 랜덤으로 선택하고, 다시 2차로 각 로트에서 몇 개씩 취하는 샘플링 방법

(3) 층별 샘플링
로트를 몇 개층으로 나누어, 각 층으로부터 시료를 취하는 샘플링 방법(2단계 샘플링에서 1차 샘플링이 모든 층을 선택했을 때와 같다.)

(4) 취락샘플링
1차로 로트를 몇 개 랜덤으로 선택하고, 선택된 로트 모두를 표본으로 취하는 샘플링 방법

(5) 계통샘플링
시료를 시간적으로나 공간적으로 일정한 간격을 두고 취하는 샘플링 방법

574 Single PPM의 추진스텝을 쓰고 단계별 개요를 적으시오.

[풀이] (1) S(Scope) : 범위선정
추진조직을 구성하고 고객 또는 모기업의 납품품질에 영향을 미치는 요소 CTQ(Critical To Quality)를 규명하여 적절한 개선프로젝트를 선정한다.

(2) I(Illumination) : 현상파악
현재 발생하는 품질상의 문제를 파악하고 공정을 조사하여 반응변수를 규명한다. 또한 측정시스템을 분석함으로써 데이터의 신뢰성을 확보한다.

(3) N(Nonconformity) : 원인분석
현상파악 단계에서 규명된 반응변수가 언제, 어디서, 어떻게, 왜 발생하였는지 통계적인 도구를 사용하여 구체적으로 원인을 조사·분석한다.

(4) G(Goal) : 목표설정
자사의 현재 품질수준을 파악하고 타사와의 벤치마킹으로 적절한 목표를 설정하며 또한 예상되는 기대효과를 추정한다.

(5) L(Level up) : 개선
원인분석단계에서 규명된 핵심요인에 대해 3차원적 개선대책을 수립하고 실시함으로써 목표설정단계에서 정한 목표를 달성해 내고 또한 이를 평가한 후 개선효과가 지속적으로 유지될 수 있도록 표준화를 실시한다.

(6) E(Evaluation) : 평가
개선된 품질수준을 어떻게 유지할 것이냐에 대해 지속적으로 모니터링하고 전체 개선프로젝트 및 품질시스템을 평가하여 Single PPM 추진 완료 여부를 판정한다.

575 품질공학에서 정특성과 동특성의 개요를 쓰고 차이점을 설명하시오.

풀이 (1) 정특성 및 동특성 개요

1) 정특성
출력특성(목표치) y를 언제나 일정하게 하는 특성

2) 동특성
신호입력의 변화에 따라 출력특성(목표치) y를 직선성으로 변화시키는 특성

(2) 정특성과 동특성 차이점

1) 정특성
① 출력은 언제나 일정한 목표치에 맞춘다.
② 사용자가 의도하는 인위적인 입력신호는 없다.
③ 제어인자 + 잡음인자

2) 동특성
① 입력과 출력이 있다.
② 입력신호에 따라 출력특성이 변한다.
③ 입·출력 관계를 이용해서 출력을 목표치에 맞춘다.
④ 제어인자 + 잡음인자 + 신호인자

576 Robustness 개념을 간략히 설명하시오.

풀이 SN비를 최대화하는 파라미터의 수준을 찾는 것이 둔감성을 갖는 설계
변동을 발생시키는 원인 자체를 직접 제거하지 않고 단지 변동의 원인이 끼치는 영향을 극소화함으로써 제품의 품질을 향상시키는 것

577 중심극한의 정리에 대한 개념을 간략히 설명하시오.

풀이 표본은 일반적으로 모집단의 확률분포를 따른다.
만약 모집단이 정규분포를 따르지 않더라도 표본의 크기 n이 충분히 클 때에는 정규분포를 따르고, 표본의 평균과 표준편차는 대략적으로 정규분포 $N\left(\mu, \dfrac{\sigma^2}{n}\right)$을 따른다는 사실

578 KANO 품질모형 3요소에 대하여 간략히 쓰시오.

풀이 (1) 매력적 품질요소(Attractive Quality Element)
충족이 되면 고객에 만족을 주지만 충족되지 않는 경우에도 문제가 되지 않는 품질요소

(2) 일원적 품질요소(One-Dimensional Element)
충족이 되면 만족, 충족되지 않으면 불만을 일으키는 품질요소

(3) 당연적 품질요소(Must-Be Quality Element)
당연히 있을 것으로 생각되는 기본적인 품질요소

579 제품의 신뢰성을 평가하는 과정에서 10개의 제품을 10시간 동안 가동하여 3시간, 5시간, 9시간에 각 하나씩 고장이 발생하고 나머지 7개 제품은 고장이 발생하지 않았다. MTBF를 구하시오.(단, 제품의 고장은 지수분포를 한다고 가정)

풀이 $\text{MTBF} = \dfrac{T}{r} = \dfrac{3+5+9}{3} = 5.67$시간

580 신 QC 7가지 도구를 나열하고 용도와 작성법을 간략히 설명하시오.

풀이 (1) 연관도법(Relations Diagram)

문제가 되는 결과에 대하여 그 인과관계나 원인의 상호관계를 분석한 후 각 원인들의 관계를 화살표를 이용하여 영향의 방향을 나타내는 방법

1) 용도
   ① 품질경영 방침의 전개 · 결정
   ② 품질경영 추진계획의 입안
   ③ 시장클레임 대책
   ④ 제조공정의 품질개선 등

2) 작성법
   ① 목적에 적합한 작성팀 편성
   ② 요인의 추출(브레인스토밍)
   ③ 인과 관계를 연결하여 연관도 작성
   ④ 그림의 수정 및 추가
   ⑤ 중요항목의 압축
   ⑥ 대책입안

(2) 친화도법(Affinity Diagram)

브레인스토밍 방법에 의해서 수집된 사실, 의견, 아이디어 등 수집한 언어데이터를 상호 간 관계 또는 친화에 따라 그룹화하는 방법

1) 용도
   ① 품질관리방침 계획을 책정
   ② 분임조활동에서의 원인분석단계
   ③ 신제품 및 신기술에 관한 계획을 책정 등

2) 작성법
   ① 테마선정
   ② 언어데이터 수집(브레인스토밍)
   ③ 언어데이터 카드화(KJ라벨)
   ④ 카트 정리(분류, 선별, 구분)
   ⑤ 표찰카드 선정

(3) 계통도법(Tree Diagram)

목적 또는 목표를 달성하기 위한 수단, 대책을 체계적으로 전개하여 문제 전체를 일목 요연하게 파악하고, 그 중점을 명확하게 하는 방법으로 목적 또는 목표를 달성하기 위한 최적의 수단 및 대책을 추구하는 방법

1) 용도
   ① 목표 및 방침의 실시사항 전개
   ② 설계품질의 전개
   ③ 분임조활동에서의 대책수립단계 활동 등

2) 작성법
　　① 목적 방책의 목표설정　　② 수단 방책의 추출
　　③ 수단 방책의 평가　　　　④ 수단 방책의 카드 작성
　　⑤ 수단의 계통화　　　　　　⑥ 목적의 재확인

(4) 매트릭스도법(Matrix Diagram)

원인과 결과 사이의 관계, 목표와 방법 사이의 관계를 밝히고 나아가 이들 관계의 상대적인 중요도를 나타내는 방법

1) 용도
　　① 시스템 제품의 개발 및 개량을 위한 착상점의 설정
　　② 품질평가 체제의 강화나 효율화
　　③ 목표 및 방침의 전개
　　④ 불량원인 추구
　　⑤ 분임조활동에서 개선과제 선정 시 적합도 평가 등

2) 작성법
　　① 제품의 개념정립
　　② 사용자의 요구를 카드에 기입
　　③ 카드 분류 및 추상도가 높은 순으로 배열
　　④ 대용특성을 정하고, 사용자의 요구와 대용특성을 매트릭스에 일괄 정리
　　⑤ 종횡 칸에 양자 대응의 강도에 따라 차례로 기호 표시
　　⑥ 대용특성의 각 항목내용을 정하여 설계

(5) 매트릭스 데이터 해석법(Matrix Data Analysis)

매트릭스 도법에 나타낸 여러 요인 간에 존재하는 관계의 정도를 수량화하는 방법

1) 용도
　　① 복잡하게 요인이 얽혀 있는 공정해석
　　② 관능 특성의 분류 체계화 등

2) 작성법
　　① 어떤 속성들을 분석할 것인지 결정
　　② 데이터 수집(서베이, 인터뷰, 포커스 그굽, 과거자료, 벤치마크 및 공표된 자료 등)
　　③ 수집된 데이터를 이용하여 작성
　　④ 완성된 매트릭스 데이터 해석도를 검토하고 결과 요약

(6) Pdpc법(Process Decision Program Chart)
문제의 시초부터 해결까지 이르는 과정에서 발생할 수 있는 모든 가능한 사상과 중대사태를 나타낸 후 모의실험을 통하여 미래를 예측함으로써 바람직하지 않은 상황을 피할 대책을 얻게 되는 방법

1) 용도
① 목표관리에 있어서 실시계획의 책정
② 기술개발 과제의 실시계획의 책정
③ 불량대책
④ 생산공정의 일정계획 및 관리 등

2) 작성법
① 과거자료 분석
② PDPC차트 작성
③ 프로젝트 목표 나열 후, 하위수준의 중요한 세부활동 나열
④ 각각의 활동에 대해서 what-IF 질문
⑤ 모든 what-IF에 대해 가능한 대응책 고려
⑥ 차트검토 및 수정

(7) 애로우 다이어그램(Arrow Diagram)
PERT나 CPM의 용도로 사용하는 일정계획을 위한 네트워크 도표로 최적의 일정계획을 효율적으로 관리하는 방법

1) 용도
① 신제품 개발의 추진계획과 진척관리
② 방침의 실시 및 순서작성 등

2) 작성법
① 테마선정
② 필요한 모든 작업명 명기
③ 각 작업의 소요시간 기입
④ 작업순서의 흐름도화
⑤ 생산기간 단축의 방법 검토

581 설계검토(Design Review)의 각 단계별 검토내용을 기술하시오.

풀이 설계검토는 제품의 설계·개발에 직접 관계하지 않는 전문가가 제3자적인 안목에서 설계에 대하여 조직적인 검토를 하는 것

구분	목적(대상)	참가부문	실시시기
예비 심사	기획과 예상되는 품질문제	영업, 기획, 연구, 설계 부문 등	기획이 끝날 때 (설계구상단계)
중간 심사	설계된 도면	설계, 연구, 개발 부문 등	설계가 진행되는 적당한 시기
최종 심사	설계도면과 생산성	생산기술, 설계, 제조 부문 등	설계가 끝난 후

582 제품의 주요한 품질특성(CTQ)인 치수를 측정하는데 정규분포를 따르고 있는 모집단이다. 신뢰수준은 95%($\alpha=5\%$, $\beta=10\%$)이고 추정오차는($\mu \pm \mu_0$) = ± 2mm, $\sigma=2.5$ mm일 때 샘플크기(n)의 공식을 나열하고 샘플 크기(n)를 정수값으로 구하시오.

풀이 샘플 크기 공식 : $\pm \beta = Z_{\alpha/2} \dfrac{\sigma}{\sqrt{n}}$ (σ기지)

$$2 = 1.96 \dfrac{2.5}{\sqrt{n}}, \quad \sqrt{n} = (1.96 \times 2.5)/2, \quad n = 6$$

583 PCB 제품의 공정 품질특성인 전류(A)를 Xbar−s 관리도를 작성하여 ($n=6$)일 때 평균이 10.5이고 샘플표준편차가 0.5A이다. 규격은 11 ± 2A일 때 모표준편차를 추정한 후 공정능력지수 및 적합품률을 구하시오. (단, $n=6$일 때 $C_4=0.954$, $d_2=2.534$)

1 C_p를 구하시오.

2 $2\,C_{pk}$를 구하시오.

3 하한 시그마 수준(Z_L)을 구하시오.

4 하한 시그마 수준일 때의 적합품률(양품률)을 구하시오. (단, $Z=2.85$일 때 부적합률(P) $=0.22\%$, $Z=3$일 때 부적합률(P)$=0.135\%$이다.)

풀이 **1** $n=6$, $\bar{\bar{x}}=10.5$, $\bar{s}=0.5$, $S_U=13$, $S_L=9$, $\sigma=\dfrac{\bar{s}}{c_4}=\dfrac{0.5}{0.954}=0.524$

$$C_p = \frac{S_U - S_L}{6\sigma} = \frac{13-9}{6 \times 0.524} = 1.27$$

2 $k = \dfrac{|M-\bar{\bar{x}}|}{\dfrac{T}{2}} = \dfrac{|11-10.5|}{\dfrac{4}{2}} = 0.25$

$C_{pk} = (1-k)C_p = (1-0.25) \times 1.27 = 0.95$

3 $Z_L = 3 \times 0.95 = 2.85$

4 $Z=2.85$일 때 부적합품률(P)$=0.22\%$이므로,
적합품률은 $1-0.00022=0.9978(99.78\%)$

584 개발단계에서 DFMEA(Design FMEA)가 왜 필요하고 이의 활성화를 위해서 어떻게 접근해야 하는지 설명하고 자사 제품을 기준으로 하나의 고장모드에 대해서 DFMEA를 작성하시오.

풀이 (1) DFMEA의 필요성
① 안전 또는 정부의 규제, 법규 적합성에 영향을 미칠 수 있는 잠재고장모드의 확인
② 하드웨어의 생산투입 전 잠재적 설계결함 확인
③ 제품의 집중관리 항목 확인
④ 생산개시 전 단계의 잠재적 공정상 결함 확인
⑤ 설계, 제조, 조립공정의 개선을 통한 제품결함 제거(감소)
⑥ 제품개발 활동에 따른 모든 검토내용과 대책 이력 제공

(2) DFMEA 작성
(뒷 페이지 참조)

잠재적 고장 형태 및 영향 분석(설계 FMEA)

- 부품/부분 :
- 모델연도/차종 :
- 핵심팀 :
- 설계책임 :
- 완료 예정일 :
- FMEA No :
- 도면설계변경 Level :
- PAGE :
- 작성자 :
- FMEA 최초 작성일 :
- 일자 :
- 최근 개정일 :

공정기능 요구사항	잠재적 고장 형태	고장의 잠재적 영향	심각도(S)	분류·특별특성	고장의 잠재적 원인	발생도(O)	현 설계 관리 예방	현 설계 관리 검출	검출도(D)	위험 우선 순위(RPN)	권고조치 사항	책임 및 목표완료 예정일	조치결과				
													조치내용 및 완료일	심각도	발생도	검출도	위험우선순위
Front Door LH / 내부도어 패널의 무결성 유지	무결성 침해가 내부도어 패널의 환경 접근을 허용함	부식된 내부 하단 도어패널	5		연속 도어패널에 적용되는 모서리 부위의 보호왁스 규격이 너무 낮음	3	설계 요구사항	차량일반 내구시험	7	105	실험실 가속부식 시험	xx-xx-xx	실험결과에 근거하여 모서리의 도포 SPEC을 200mm 증가	5	2	3	30
					왁스 두께 규격 불충분	3	설계 요구사항	차량일반 내구시험	7	105	실험실 가속부식 시험	xx-xx-xx	시험결과와 규정된 두께가 작정되는 것을 보여줌	5	2	3	30
					왁스 배합 규격 부적합	2	산업표준	물리적 및 화학적 실험실 시험보고서	5	5	왁스 두께에 대한 실험계획법	xx-xx-xx	실험계획법은 규정된 두께의 30% 신뢰도 하용되다는 것을 보여줌 xx-xxx-xx	5			
					모서리 설계가 스프레이어 장비가 모든 부위에 미치는 것을 방해함	5		적용하지 않는 스프레이어헤드의 설계보조연구	7	175	양산 스프레이어장비 및 규정왁스를 사용한 팀평가	xx-xx-xx	시험에 근거하여 영향부위 3개의 분종구멍을 추가 xx-xx-xx	5	1	1	5
					스프레이어헤드 접근을 위한 패널 사이의 충분한 외유 공간이 없음	4		스프레이어헤드 접근을 위한 도면평가	4	80	설계 Aid Buck과 스프레이어헤드를 이용한 팀평가	xx-xx-xx	평가를 통해 적정한 접근이 가능한 것으로 나타남 xx-xxx-xx	5	2	4	40

585 다음 분산분석표 ①에서 ⑨번 각 항목의 내용을 쓰고 종합적인 결론을 나타내시오.

요인	① DF	② SS	③ MS	④ F	⑤ P
품종	5	⑥ 2.43507	⑦ 0.487014	⑧ 53.27	⑨ 0.000
토양	3	0.01878	0.006260	0.68	0.575
오차	15	0.13715	0.009143		
총계	23	2.59100			

[풀이] ① : 자유도　　② : 변동　　③ : 불편분산
④ : 분산비　　⑤ : P−value　　⑥ : 품종의 변동
⑦ : 품종의 불편분산　　⑧ : 품종의 분산비　　⑨ : 품종의 P−value

$\alpha = 0.05 >$ P−value$=0.000$이므로, H_0 기각, 즉 품종에 따라 차이가 있다.

586 제조기업의 생산현장에서 품질관리를 어떻게 하여야 하는지 핵심적인 요소로 구분하여 나열하고 주요 활동내용을 기술하시오.

[풀이] (1) 품질관리 방법 나열

설계품질 시방에 일치하도록 다음 사항을 중심으로 제품품질을 관리한다.
1) 공정능력의 평가와 공정의 계획
2) 품질표준에 대한 제조품질의 적합 정도의 파악
3) 품질산포와 산포원인의 파악
4) 불량원인의 조사 · 파악 및 제거 · 개선

(2) 주요 활동내용
1) 공정품질 관리와 제품검사에 대한 완전한 품질계획 실시
2) 공정능력조사
3) 공장 내에서의 샘플링
4) 비파괴검사
5) 관리도법
6) 공구 및 설비보전
7) 계측기의 검 · 교정
8) 작업자의 교육훈련

587
열처리 공정에서 품질특성인 경도(H_{RC})를 2개 라인의 데이터를 16개씩 측정값을 얻었다. 품질산포인 분산검정과 $\sigma_A^2 = \sigma_B^2$ 가정하에서 평균치가 다른지 검정과 구간추정을 하시오. (단, $F_{0.95}(15,15)=2.40$, $F_{0.975}(15,15)=2.86$, $t_{0.95}(30)=1.697$, $t_{0.975}(30)=2.042$)

라인	측정 데이터									평균	표준편차
A	46.7	50.1	53.8	49.4	56.6	50.1	52.9	52.7	51.7	2.48
	54.2	49.8	49.7	54.2	50.2	52.4	53.5	51.6		
B	45.5	48.4	51.5	47.9	53.8	48.4	50.7	50.6	49.8	2.09
	51.9	48.1	48.0	51.9	48.5	50.3	51.3	49.7		

1 2개 라인의 모분산 간에 A라인 경도가 큰지 $\alpha=5\%$로 주어질 때 체계적으로 가설 검정하시오. (단 분산은 소수점 2자리로 끝맺음하시오)

2 두 라인 간 경도의 A라인 모평균이 큰지 $\alpha=5\%$로 주어질 때 가설 검정하시오.

3 두 라인 간 경도의 모평균이 어느 정도 차이 나는지 신뢰수준 95%로 구간 추정하시오.

[풀이] 1 두 집단 모분산비에 관한 검정

① 가설의 설정

$$H_0 : \sigma_A^2 = \sigma_B^2,\ H_1 : \sigma_A^2 \geq \sigma_B^2$$

② 유의수준 설정

$$\alpha=0.05,\ n_A=n_B=16,\ V_A=(2.48)^2=6.15,\ V_B=(2.09)^2=4.37$$

③ 검정통계량 계산

$$F_0 = \frac{V_A}{V_B} = \frac{6.15}{4.37} = 1.407 \ (V_A > V_B)$$

④ 기각역 설정

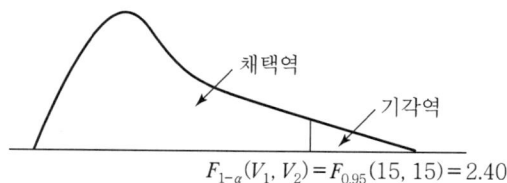

$F_{1-\alpha}(V_1, V_2) = F_{0.95}(15, 15) = 2.40$

⑤ 판정

$F_0 = 1.407 < F_{0.95}(10, 10) = 2.40$ 이므로 H_0 채택

즉, 2개 라인의 모분산 간에 A 라인의 경도가 크다고 할 수 없다.

2 ① 가설의 설정

$H_0 : \mu_A = \mu_B, \ H_1 : \mu_A \geq \mu_B$

② 유의수준 설정

$\alpha = 0.05$, σ미지, $n_A = n_B = 16$, $S_A = (2.48)^2 \times 15 = 92.256$,
$S_B = (2.09)^2 \times 15 = 65.522$, $\overline{X}_A = 51.7$, $\overline{X}_B = 49.8$

③ 검정통계량 계산

$$t_0 = \frac{\overline{x}_A - \overline{x}_B}{\sqrt{V\left(\frac{1}{n_A} + \frac{1}{n_B}\right)}} = \frac{51.7 - 49.8}{\sqrt{5.26\left(\frac{1}{16} + \frac{1}{16}\right)}} = 2.34$$

$$V = \frac{S_A + S_B}{n_A + n_B - 2} = \frac{92.256 + 65.522}{16 + 16 - 2} = 5.26$$

④ 기각역 설정

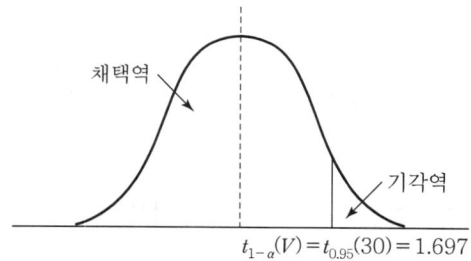

$t_{1-\alpha}(V) = t_{0.95}(30) = 1.697$

⑤ 판정

$t_0 = 2.34 > t_{0.95}(30) = 1.697$이므로 H_0 기각

즉, 두 라인 간 경도에서 A라인의 모평균이 크다고 할 수 있다.

3 두 집단 모평균차에 관한 추정

$$\mu_A - \mu_B = (\overline{X}_A - \overline{X}_B) \pm t_{1-\alpha/2}(v)\sqrt{V\left(\frac{1}{n_A} + \frac{1}{n_B}\right)}$$

$$= (51.7 - 49.8) \pm t_{0.975}(30)\sqrt{5.26\left(\frac{1}{16} + \frac{1}{16}\right)}$$

$$= 1.9 \pm (2.042)\sqrt{5.26\left(\frac{1}{16} + \frac{1}{16}\right)} = 1.9 \pm 1.66(0.24, \ 3.56)$$

588 PL(제조물책임)법의 대응책으로서 PL예방대책, 제품안전대책, PL방어·소송대책으로 구분하고 있는데, PL예방대책으로서 기업체의 설계/개발부문, 생산부문, 품질관리부문에서 실천할 사항들은 무엇인지 각 부문별로 두 가지씩 예를 들어 설명하시오.

[풀이] (1) 설계/개발 부문
  1) 제품안전설계 실시
  2) 제품의 안전수준 설정
  3) 제품사용방법의 예측
  4) 위험성의 예측
  5) 위험성의 배제
  6) 안전성의 확인
  7) 안전성 검토내용의 기록, 보관

(2) 생산 부문
  1) 원재료 및 공정 변경에 대해서는 해당 부서의 승인을 얻는 것이 필요
  2) 공정(생산) 중에 나오는 제품의 검사 실시

(3) 품질관리 부문
  1) 검사상의 오류를 방지하기 위한 검사기준의 적정화, 검사기술의 향상, 검사작업의 자동화 검토
  2) 품질관리 활동을 향상시켜 제품의 안전성에 관한 관리를 재점검

589 오토바이 엔진의 자동 점화시스템에서는 현재 25kV의 고전압을 이용하여 불꽃을 튀게하여 엔진을 점화하고 있다. 전압이 15kV로 떨어졌을 때에는 불꽃이 튀지 않아 엔진이 점화되지 않는다($\Delta_0 = 15\text{kV}$). 이때 운전자의 사회적 손실 A_0은 15,000원이다. 제조회사의 제품하한 규격(Δ)을 구하시오. (제조회사의 손실비용 $A = 8,000$원)

| 망대특성 $L(y) = k\dfrac{1}{y^2}$ | 망소특성 $L(y) = ky^2$ | 망목특성 $L(y) = k(y-m)^2$ |

[풀이] 클수록 좋은 망대특성

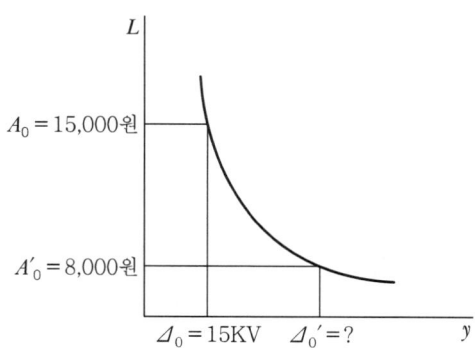

$$L(y) = k\frac{1}{y^2}, \qquad A_0 = 15{,}000원, \qquad \Delta_0 = 15\text{KV}$$

$$15{,}000 = k\frac{1}{15^2}, \qquad k = 3{,}375{,}000$$

$$L(y') = k\frac{1}{y'^2}, \qquad 8{,}000 = 3{,}375{,}000\frac{1}{y'^2}, \qquad y^2 = \frac{3{,}375{,}000}{8{,}000}$$

$$y = \Delta_0' = 20.54\text{kV}$$

590 품질데이터에 대한 다음 가설검정기법에 대하여 그 용도와 검정통계량 산출식을 포함하여 설명하시오.

> t-Test, Chi-Squre Test, 상관분석, 분산분석(ANOVA)

[풀이] (1) t-Test

   1) 용도 : σ 미지시 모평균 검정

   2) 산출식 : ① 한 개의 모평균 검정 : $|t_0| = \dfrac{|\bar{x} - \mu|}{\sqrt{\dfrac{V}{n}}}$

            ② 두 개의 모평균차 검정 : $|t_0| = \dfrac{|\bar{x}_1 - \bar{x}_2|}{\sqrt{V\left(\dfrac{1}{n_1} + \dfrac{1}{n_2}\right)}}$

(2) Chi-Squre

   1) 용도 : σ 기지시 모분산 검정

   2) 산출식 : 한 개의 모평균 검정 : $\chi_0^2 = \dfrac{S}{\sigma_0^2}$

(3) 상관분석

　　1) 용도 : 상관 유무 검정

　　2) 산출식 : $|t_0| = \dfrac{|r|}{\sqrt{\dfrac{1-r^2}{n-2}}}$

(4) 분산분석(ANOVA)

　　1) 용도 : 실험계획법에서 실험배치 후 유의한 인자 검정

　　2) 산출식 : 일원배치법의 경우 : $F_0 = \dfrac{V_A}{V_e}$

591 동박을 생산하는 공장에서 신설비를 도입하여 최적 운전조건을 설정하는 데 영향을 주는 원인변수의 인자는 A(촉매량), B(용해온도), C(속도), D(압하량), E(Cu 성분), F(이송량), G(전류량), H(리턴량) 8개이고, 교호작용 요인은 A×B, A×E, B×C, A×F 4개이다. 2수준으로 실험을 설계하고자 할 때 직교배열표(직교표 : $L_a(2^c)$)로 물음에 답하시오.

1 직교배열표(직교표) 실험 중 적합한 최소실험 배치는 어떤 직교표이고 총 실험 횟수와 요인 수를 적으시오.

2 2수준계 직교배열표에 실험인자를 다음 열에 배치했을 때 4개의 교호작용을 기본표시를 이용하여 해당 열에 배치하시오.

인자	A	B		C	D			E		G		F		H	
열	1	2	3	4	5	6	7	8	9	10	11	12	13	14	15
기본표시	a	b	ab	c	ac	bc	abc	d	ad	bd	abd	cd	acd	bcd	abcd

3 2수준계의 표준직교표에서 인자의 변동(제곱합)을 구하는 공식을 적으시오.

풀이 **1** 2수준계 직교배열표 $L_{2^m} 2^{2^m - 1}$, $m=4$, $L_{16} 2^{15}$

　　총 실험 횟수 : 16회, 요인 수 : 12(A, B, C, D, E, F, G, H, A×B, A×E, B×C, A×F)

2 A×B=a×b=ab(3열)　　　　A×E=a×d=ad(9열)
　　B×C=b×c=bc(6열)　　　　A×F=a×cd=acd(13열)

3 변동 $= \dfrac{1}{2^m}[(2수준\ 데이터\ 합) - (1수준\ 데이터\ 합)]^2$

592 동박을 생산하는 공장에서 신설비를 도입하여 호일 두께(y)에 대해 최적 운전 조건을 설정하는 데 영향을 주는 원인변수 중 제어인자는 A(촉매량), B(용해온도), C(속도), D(Cu 성분), F(이송량), G(전류량), 신호인자는 S(압하량), 잡음인자(N)는 외부 온습도 등이다. 표준직교표 $L_8(2^7)$인 품질특성이 동특성으로 실험설계하고자 할 때 물음에 답하시오.

1 직교표 실험설계의 프로세스 맵핑을 하시오.

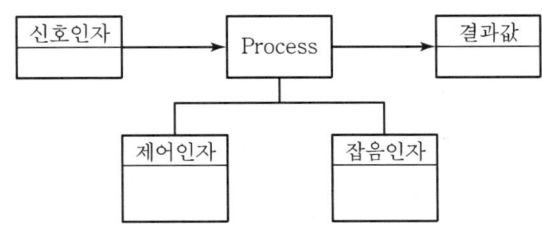

2 상기 실험설계를 $L_8(2^7)$ 동특성으로 실험한 데이터이다. 물음에 답하시오.

인자명	A 촉매량	B 온도	C 속도	D 성분	F 이송량	G 전류량	error	SN	S_β
1수준	3	500	2.5	0.5	180	18			
2수준	5	600	4.5	0.8	180	25			
열번호	1	2	3	4	5	6	7		
1	1	1	1	1	1	1	1	1.97	11.64
2	1	1	1	2	2	2	2	-2.04	11.07
3	1	2	2	1	1	2	2	-2.06	11.09
4	1	2	2	2	2	1	1	-2.86	11.44
5	2	1	2	1	2	1	2	2.03	12.06
6	2	1	2	2	1	2	1	-0.31	11.90
7	2	2	1	1	2	2	1	-0.08	11.90
8	2	2	1	2	1	1	2	-2.22	12.78

가) 산포(SN비)에 영향을 주는 인자를 빈칸에 작성하고 우선순위를 분석하시오.

구분	A 촉매량	B 온도	C 속도	D 성분	F 이송량	G 전류량
1수준	-4.99	1.64	-2.38		-2.62	-1.08
2수준	-0.58		-3.20	-7.43	-2.95	-4.49
델타	4.41		0.82		0.33	3.41
순위						

나) 전체인자의 최적조합수준을 구하고 SN비를 점 추정하시오.
  a) 최적수준기호와 수준값을 적으시오.
  b) 최적조합수준의 점 추정 식을 쓰고 구체적인 값을 기록하시오.

풀이 **1**
- 신호인자 : 입하량
- 제어인자 : 촉매량, 온도, 속도, 성분, 이송량, 전류량
- 잡음인자 : 외부 온습도
- 결과값 : 호일 두께

2 가)
B(온도)의 2수준합 = $(-2.06)+(-2.86)+(-0.08)+(-2.22) = -7.22$
D(성분)의 1수준합 = $1.97+(-2.06)+2.03+(-0.08) = 1.86$

구분	A 촉매량	B 온도	C 속도	D 성분	F 이송량	G 전류량
1수준	−4.99	1.64	−2.38	1.86	−2.62	−1.08
2수준	−0.58	−7.22	−3.20	−7.43	−2.95	−4.49
델 타	4.41	8.86	0.82	−7.43	0.33	3.41
순 위	3	2	5	1	6	4

위 결과에 따르면 호일 두께에 가장 큰 영향을 미치는 인자는 성분이고 이어 온도, 촉매량 등이 영향을 미친다고 할 수 있다.

나)
a) 전체인자가 유의하다고 할 때, 최적수준기호와 수준값은 다음과 같다.
 $A_2B_1C_1D_1F_1G_1$

b) 점추정식 $\hat{\mu}(A_2B_1C_1D_1F_1G_1)$
$= \mu + a_2 + b_1 + \widehat{c_1} + d_1 + f_1 + g_1$
$= \widehat{\mu + a_2} + \widehat{\mu + b_1} + \widehat{\mu + c_1} + \widehat{\mu + d_1} + \widehat{\mu + f_1} + \widehat{\mu + g_1} - 5\hat{\mu}$
$= (12.16 + 11.6675 + 11.8475 + 11.6725 + 11.8525 + 11.98) - 58.675$
$= 12.505$

593 주란박사는 제품의 경쟁력을 갖추기 위하여 품질비용 3원칙을 제시했다. 이 세 가지 원칙과 이를 실천하기 위한 방법을 간략히 설명하시오. (단, 각각 원칙을 품질비용과 연관시키시오.)

풀이 (1) 제품이든 서비스든 고객의 불만을 야기시킬 소지가 있는 불량품은 처음부터 만들지 않는다. → 예방코스트
(2) 만에 하나 이러한 첫 번째 원칙을 준수하지 못해 불량품이 나오는 경우가 있다면 이것은 절대로 고객에게 전달하지 않는다. → 평가코스트
(3) 두 번째 원칙마저도 무너져 불량품이 고객에게 전달되는 경우가 발생된다면 신속하게 조처해야 한다. → 실패코스트

주란 박사는 품질의 이러한 3가지 기본원칙을 산업계에서 건성으로 듣고 지나치기 때문에, 이 원칙의 중요성을 쉽게 전달하기 위해 이러한 개념을 코스트로 바꾸어서 설명
① 기업이 품질을 확보하기 위해서 지불해야 하는 일체의 경비를 품질코스트라고 한다면, 이 코스트는 3가지 기본원칙의 준수에 들어가는 예방코스트, 평가코스트, 실패코스트로 나눌 수 있다.
② 이 3가지를 합한 품질코스트는 일반적으로 기업 매출액의 15~25% 정도로서, 통상적인 기업이윤의 3~5배가 된다. 따라서 기업이 이익을 낼 수 있는 첩경은 품질혁신을 통해 품질코스트를 줄이는 것이다.

594 식스 시그마에서 이야기하는 Bill Smith의 결함누출이론을 간략히 기술하시오.

풀이 현장에서 수집된 A/S 데이터를 분석하는 과정에서 대부분의 고장 난 제품이 제조 시에 재작업이나 수리를 거친 제품이었다는 것을 발견. 즉, 고객이 사용한 제품의 초기고장시간과 그 제품이 제조되는 과정에서 재작업을 어느 정도 받았는가에 대한 상관관계를 알아 본 결과 놀랍게도 제조과정에서 결함이 발견되어 재작업을 거친 제품일수록 고객에 의한 초기사용단계에서 고장이 많이 발생하였다.

595 DFMEA(Design Failure Mode & Effect Analysis)에서 RPN(Risk Priority Number)의 산출요소(구성요소)를 설명하고 그 산출식을 기술하시오.

풀이 (1) 위험우선순위 산출요소
1) 심각도(Severity) : 잠재적 고장형태가 고객에게 미치는 영향의 심각한 정도를 평가
2) 발생도(Occurrence) : 파악된 원인이 얼마나 자주 발생하는지 평가
3) 검출도(Detection) : 현 공정관리에 의해 일련의 고장형태를 검출할 확률의 평가

(2) 위험우선순위 산출식
   1) 위험우선순위(RPN) = 심각도(S) × 발생도(O) × 검출도(D)
   2) 위험우선순위는 설계 및 공정에서 고려해야 할 우선순위를 결정하는 데 사용
   3) 위험우선순위는 1~1,000 사이에 있고, 높은 위험우선순위에 대해서는 시정조치를 통하여 계산상의 위험을 줄이기 위한 노력을 해야 한다.

596 C_{pk}와 P_{pk}의 차이점을 기술하시오.

풀이 C_{pk}와 P_{pk}는 치우침을 고려한 공정능력이며, 표준편차의 적용에 따라 단기공정능력, 장기공정능력으로 나뉜다.

(1) 단기공정능력(C_{pk})
   ① 통계적으로 볼 때, 군내변동을 표준편차로 적용
   ② $C_p = \dfrac{S_U - S_L}{6\sigma_{ST}}$, $C_{pk} = (1-k)C_p$, 단, 치우침도 $k = \dfrac{|M - \overline{x}|}{\dfrac{T}{2}}$, $(0 < k < 1)$

(2) 장기공정능력(P_{pk})
   ① 통계적으로 볼 때, 군내변동 + 군간변동을 표준편차로 적용
   ② $P_p = \dfrac{S_U - S_L}{6\sigma_{LT}}$, $P_{pk} = (1-k)P_p$, 단, 치우침도 $k = \dfrac{|M - \overline{x}|}{\dfrac{T}{2}}$, $(0 < k < 1)$

597 공정의 품질을 관리도로 관리하고 있을 때, 관리상태에 대한 이점을 5가지로 기술하시오.

풀이 (1) 관리도 적용 초기에 많이 발생하는 이상원인 제거 및 공정능력 확보로 품질 향상
(2) 공정품질에 대해 정확한 예측 가능
(3) 공정이 관리상태에 있으면, 검사량을 크게 감소시킬 수 있음
(4) 공급자 품질이 관리상태에 있으면, 인수(수입)검사량을 감소시킬 수 있으며, 공급자 품질에 대해 정확한 예측이 가능
(5) 최종검사 품질이 관리상태에 있으면, 소비자(고객)에게 품질보증
(6) 동일 제품 측정 시 관리도가 관리상태에 있으면, 측정도구 및 측정자를 신뢰할 수 있고, 측정오차를 정확히 예측
(7) 시험실에서 연구결과가 관리상태에 있다는 것은 제반 시험 조건들이 잘 관리되고 있다는 확신 제공

598 PL(Product Liability)법 중 제조업자 면책사항 4가지를 설명하시오.

풀이 (1) 제조업자가 당해 제조물을 공급하지 아니한 사실
(2) 제조업자가 당해 제조물을 공급할 때의 과학·기술 수준으로는 결함의 존재를 발견할 수 없었다는 사실
(3) 제조물의 결함이 제조업자가 당해 제조물을 공급할 당시의 법령이 정하는 기준을 준수함으로써 발생한 사실
(4) 원재료 또는 부품의 경우에는 당해 원재료 또는 부품을 사용한 제조물 제조업자의 설계 또는 제작에 관한 지시로 인하여 결함이 발생하였다는 사실

599 계측기의 재현성 및 반복성(R&R)에 대하여 설명하시오.

풀이 (1) 재현성(Reproducibility)
서로 다른 측정자가 동일한 계측기로 동일 제품을 측정하였을 때 발생되는 측정자 변동

(2) 반복성(Repeatability)
동일한 측정자가 동일한 계측기로 동일 제품을 측정하였을 때 발생되는 계측기 변동

600 ISO/STACO에서의 표준화 목적(6가지)을 설명하시오.

풀이 (1) 제품의 단순화 (2) 인간생활에서 행위의 단순화
(3) 관계자 간의 의사소통 (4) 전체적인 경제
(5) 안전, 건강 및 생명의 보호 (6) 무역장벽의 제거

601 ISO 9000 : 2000 품질경영 시스템에서 지정하고 있는 품질경영 책임자(대리인)의 역할을 4가지만 설명하시오.

풀이 (1) 품질경영시스템에 필요한 프로세스 수립 및 실행의 유지됨을 보장
(2) 내부심사 운영
(3) 경영검토 시 성과보고
(4) 고객요구사항의 인식증진을 보장
(5) 사내표준화 추진

602 신뢰성에서 용장성(冗長性, Redundancy)에 대하여 설명하시오.

풀이 고도의 신뢰도가 요구되는 특정부분에 여분의 구성품을 더 설치함으로써, 구성품의 일부가 고장 나더라도 그 구성부분이 고장 나지 않도록 설계하여 구성부분의 신뢰도를 높이는 방법으로 병렬리던던시(Parallel Redundancy)설계와 대기리던던시(Stand-by Redundancy)설계가 있다.

603 품질기능전개(QFD)에서 품질의 집은 고객의 요구품질이 무엇인지를 규명하는 것으로부터 시작된다. 이때 고객의 요구사항은 어떤 방법을 통해 입수하는지 7가지 이상 열거하시오.

풀이 A/S 자료 및 반품정보, 재작업과 폐기물 등 공장 내의 문제점, 고객의견조사, 시장조사, TFT 활동보고서, 정부규제, 소비자 불만 신고기관에 접수된 자료, PL 관련 소송결과, 영업사원, 납품업자 등

604 체비셰프 부등식을 나타내고 간단히 설명하시오.

풀이 체비셰프 부등식은
$x_1 \leq x_2 \leq x_3 \leq \cdots \leq x_n$ 이고, $y_1 \leq y_2 \leq y_3 \leq \cdots \leq y_n$ 이면,
$$\sum x_i y_i \geq \frac{1}{n}(\sum x_i \sum y_i)$$
(단, 등호는 $x_1 \leq = \cdots = x_n$ 이거나, $y_1 \leq = \cdots = y_n$ 인 경우에만 성립)
체비셰프 부등식은 임의의 확률분포나 모집단에서 표본을 채취했을 때, 대부분의 표본이 평균과 가깝다는 의미를 가지는 정리이다.

605 품질분임조활동에서 분임조장의 역할을 열거하시오.

풀이 (1) 분임조의 신상·직무에 관한 전반사항 숙지
(2) 리더십을 발휘해 분임원 통솔
(3) 분임조장을 위한 교육이수, 분임조 활동에 필요한 자료를 수집하여 분임원에게 수시교육 및 전달교육
(4) 분임조 활동에 관한 연구, 토의, 활동계획의 실천을 위해 분임원 각자에게 임무 부여

(5) 분임조 활동의 전반을 주관·진행
(6) 분임조 활동에 관한 신고·보고 업무를 처리
(7) 분임조 활동에 따른 보고(활동계획보고, 회합보고, 활동결과 보고서의 작성)를 서기와 협조하여 수행
(8) 분임조 회합보고서, 회의록, 활동계획서 등을 보관 유지
(9) 임기가 끝나면 분임조 전반 사항을 후임자에게 인계

606 QC 공정도의 구성내용을 7가지 이상 열거하시오.

[풀이] (1) 공정흐름도
(2) 공정명
(3) 관리항목
(4) 관리기준
(5) 관리방법(시료크기, 관리주기, 측정기, 담당자)
(6) 데이터 정리(기법, 주기, 담당)
(7) 이상 시 조치(방법, 조치, 담당)

607 AQL의 개념을 설명하고 이와 OC곡선(특성곡선) 간의 관계에 대하여 설명하시오.

[풀이] (1) AQL(합격품질수준)
가급적 합격시키고 싶다는 불량률 상한

(2) OC곡선 간의 관계

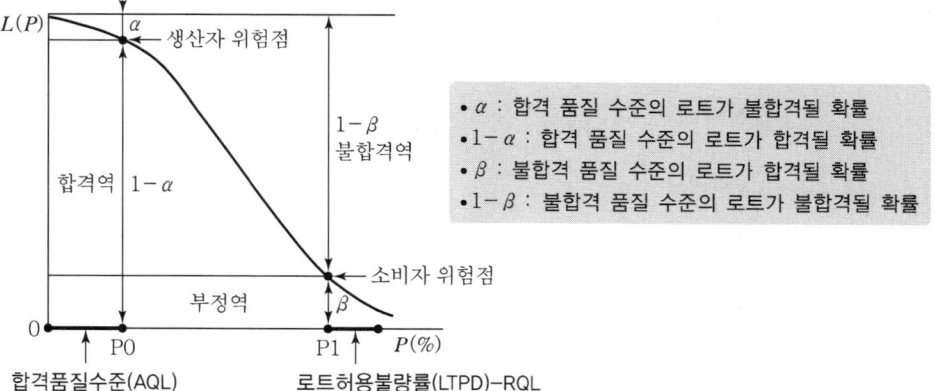

- α : 합격 품질 수준의 로트가 불합격될 확률
- $1-\alpha$: 합격 품질 수준의 로트가 합격될 확률
- β : 불합격 품질 수준의 로트가 합격될 확률
- $1-\beta$: 불합격 품질 수준의 로트가 불합격될 확률

608 싱글PPM품질혁신운동(활동) 추진 6단계 중 첫 단계인 S단계가 무엇인지 상세히 설명하고 또한 이 단계에서의 추진 내용이 무엇인지 열거하시오.

[풀이] S(Scope) : 범위선정 단계

(1) 사전준비
  ① 분위기 조성   ② 추진조직 구성 및 발대식   ③ 교육 및 홍보
  ④ 품질회의체 운영   ⑤ 품질정보의 전산화 추진

(2) 범위선정
  ① 추진대상품목 선정   ② CTQ 선정   ③ 개선프로젝트 선정
  ④ 마스터 플랜 작성   ⑤ 현장 청결화   ⑥ 설비의 효율개선

609 $\bar{x}-s$ 관리도는 어떤 경우에 사용하면 좋은지 설명하고, 또한 이 관리도의 관리한계 (CL, UCL, LCL) 산출식을 쓰시오.

[풀이] (1) 장점
  ① 부분군의 크기가 비교적 클 때 ($n \geq 6$) 범위 R을 이용하는 것보다 표준편차 s를 이용하는 것이 더 효율적이다.
  ② 통계적 효율성 측면에서 R관리도는 최대와 최소값만이 이용되지만, s관리도는 개개 데이터의 산포를 포함한 표준편차를 사용함으로써 더 정확하다.

(2) 관리한계

  1) $\bar{x}$ 관리도

  $$CL = \hat{\mu} = \bar{\bar{x}}$$

  $$UCL = \hat{\mu} + 3\frac{\hat{\sigma}}{\sqrt{n}} = \bar{\bar{x}} + 3\frac{1}{\sqrt{n}}\frac{\bar{s}}{c_4} = \hat{\mu} = \bar{\bar{x}} + A_3\bar{s}$$

  $$LCL = \hat{\mu} - 3\frac{\hat{\sigma}}{\sqrt{n}} = \bar{\bar{x}} - 3\frac{1}{\sqrt{n}}\frac{\bar{s}}{c_4} = \hat{\mu} = \bar{\bar{x}} - A_3\bar{s} \text{(단, } A_3 = 3\frac{1}{\sqrt{n}\,c_4}\text{)}$$

  2) s 관리도

  $$CL = \bar{s}$$

  $$UCL = B_6\hat{\sigma} = B_6\frac{\bar{s}}{c_4} = B_4\bar{s}$$

  $$UCL = B_5\hat{\sigma} = B_5\frac{\bar{s}}{c_4} = B_3\bar{s}$$

610 ISO 9000 : 2000의 4.1(일반적 요구사항)에서 언급한 프로세스 접근요구사항(a~f)을 설비보전팀을 가정하여 각각 기술하시오.

[풀이] (1) 설비보전에 필요한 프로세스 파악 및 조직 전반에 걸친 프로세스 적용의 파악
(2) 설비보전 프로세스 순서 및 상호작용의 결정
(3) 설비보전 프로세스에 대한 운영 관리가 모두 효과적임을 보장하는 데 필요한 기준 및 방법의 결정
(4) 설비보전 프로세스 운용과 모니터링을 지원하는 데 필요한 자원 및 정보의 가용성 보장
(5) 설비보전 프로세스 모니터링, 측정, 분석 및 개선
(6) 설비보전 프로세스에 대한 계획된 결과와 지속적 개선을 달성하는 데 필요한 조치의 실행

611 직교배열표 $L_9(3^4)$로 인자를 랜덤하게 배치한 결과 다음 표를 얻었다. A의 제곱합은 얼마인가?

NO. 열	인자	A	C		B	실험데이터 x	x^2
		1	2	3	4		
1		1	1	1	1	8	64
2		1	2	2	2	12	144
3		1	3	3	3	10	100
4		2	1	2	3	10	100
5		2	2	3	1	12	144
6		2	3	1	2	15	225
7		3	1	3	2	22	484
8		3	2	1	3	18	324
9		3	3	2	1	18	324
계						125	1,909

[풀이] 3수준계 직교배열표로서 변동을 구하는 식은 다음과 같다.

$$\text{변동} = \frac{1}{\frac{3^m}{3}}[(1\text{수준 데이터 합})^2 + (2\text{수준 데이터 합})^2 + (3\text{수준 데이터 합})^2] - CT$$

$$\text{변동}A = \frac{1}{\frac{3^3}{3}}[(8+12+10)^2 + (10+12+15)^2 + (22+18+18)^2] - \frac{125^2}{9} = 141.56$$

612 품질보증(Quality Assurance)의 중요한 기능과 품질보증업무의 사전대책 및 사후대책을 기술하시오.

풀이 (1) 품질보증의 기능
① 품질방침의 설정과 전개
② 품질보증방침과 보증기준의 설정
③ 품질보증 시스템의 구축과 운영
④ 품질보증 업무의 명확화
⑤ 품질평가
⑥ 설계품질 확보
⑦ 주요 품질문제의 등록과 해석
⑧ 생산 및 생산 후 단계에서의 중요한 품질보증기능
⑨ 품질조사와 클레임 처리
⑩ 표시 및 설명서의 관리
⑪ A/S
⑫ 제품품질감사와 품질보증시스템 감사
⑬ 품질정보의 수집, 해석, 활용

(2) 품질보증업무의 사전대책 및 사후대책
1) 품질보증의 사전대책
① 시장정보조사
② 기술연구
③ 고객에 대한 PR 및 기술지도
④ 품질설계
⑤ 공정능력 파악
⑥ 공정관리

2) 품질보증의 사후대책
① 제품검사
② 클레임처리
③ A/S, 기술서비스
④ 보증제도 실시
⑤ 품질검사

613 제품의 전형적인 고장패턴, 즉 욕조(Bathtub)곡선에 대해 설명하고, 각 고장기간에 대한 고장의 원인 및 대책을 설명하시오.

풀이 (1) 욕조곡선

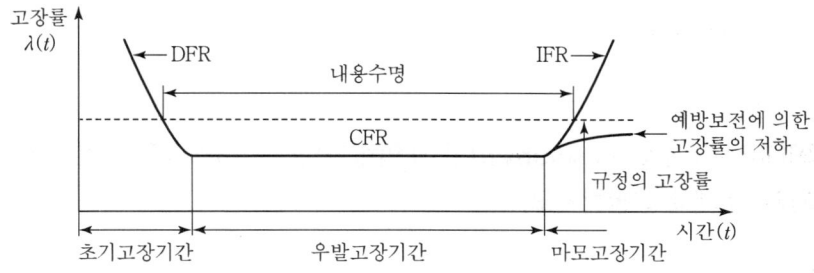

(2) 각 고장기간에 대한 고장의 원인 및 대책

1) 초기 고장기간
    - 고장원인
        ① 표준 이하의 재료사용   ② 표준 이하의 작업자 솜씨
        ③ 불충분한 품질관리   ④ 불충분한 디버깅
        ⑤ 부적절한 조치   ⑥ 부적절한 시동
        ⑦ 부적절한 포장 및 수송   ⑧ 빈약한 가공 및 취급기술
        ⑨ 오염   ⑩ 저장 및 운반 중에 부품 고장
        ⑪ 조립상의 과오
    - 대책
        ① 보전예방(MP)   ② 디버깅 Test   ③ Burn-In Test

2) 우발고장기간
    - 고장원인
        ① 안전계수가 낮기 때문에
        ② Sterss가 Strength보다 크기 때문에
        ③ 사용자의 과오 때문에
        ④ 최선의 검사방법으로도 탐지되지 않은 고장 때문에
        ⑤ 디버깅 중에도 발견되지 않은 고장 때문에
        ⑥ 예방보전에 의해서도 예방될 수 없는 고장 때문에
        ⑦ 천재지변에 의한 고장 때문에
    - 대책
        ① 극한 상황을 고려한 설계   ② 안전계수를 고려한 설계
        ③ 디레이팅 설계   ④ 사후보전(BM)
        ⑤ 개량보전(CM)

3) 마모고장기간
- 고장원인
  ① 부식 또는 산화 ② 마모 또는 피로 ③ 노화 및 퇴화
  ④ 불충분한 정비 ⑤ 부적절한 오버홀 ⑥ 수축 또는 균열
- 대책 : 예방보전(PM)

614 미국의 파라수라만(Parasuraman) 등에 의해 개발된 서비스 품질 측정도구인 SERVQUAL(10가지)에 대해 설명하시오.

풀이 (1) 유형성(Tangibles) : 서비스 평가를 위한 외형적인 증거
(2) 신뢰성(Reliability) : 약속된 서비스를 정확하게 이행하는 능력
(3) 대응성(Responsiveness) : 고객에게 서비스를 신속하게 제공하려는 의지
(4) 확신성(Assurance) : 서비스 수행에 필요한 구성원들의 지식과 기술의 공유
(5) 공감성(Empathy) : 고객을 접대하는 종업원의 친절, 배려와 공손함
(6) 신용도(Credibility) : 서비스 제공자의 신뢰도, 진실성, 정직성
(7) 안전성(Security) : 고객은 서비스 제공과정이나 서비스 결과로부터 어떤 위험이나 심적 부담이 없어야 함
(8) 접근성(Access) : 서비스 시스템에 대한 접근 가능성과 접촉의 용이성
(9) 의사소통(Communication) : 고객의 말에 귀를 기울이고, 고객이 알 수 있도록 정보를 제공하는 것
(10) 고객이해(Understanding the Customer) : 고객과 그들의 요구를 알려고 하는 노력

615 린 6시그마가 무엇인지 상세히 설명하고 또한 린 6시그마가 지향하는 목표를 쓰시오.

풀이 린 생산방식과 6시그마를 합쳐서 고객과 주주를 위하여 최고의 가치를 창출하고자 하는 새로운 경영전략을 린 6시그마(LSS)라 부른다.

LSS는 6시그마의 새로운 발전방향이며, 최근에 6시그마를 도입하여 성과를 올린 다수의 기업들이 6시그마의 발전적 전략으로 채택하기 시작한 새로운 방향이다.

LSS는 6시그마의 내용을 그대로 시행하면서 린 생산방식의 장점을 결합시킨 경영전략이라고 할 수 있고, 린과 6시그마는 상호 보완적인 개념을 가지고 있다.

린은 프로세스의 낭비요소를 제거하고 가치를 극대화하는 시스템을 생각하고, 6시그마는 이러한 프로세스의 시스템을 최소의 산포로 최고의 품질을 유지하는 관리를 생각한다.

따라서, 이들을 통합하면 고객과 주주를 위하여 높은 가치를 창출할 수 있으며, 이것이 LSS가 목표로 하는 것이다.

616 어떤 화학약품 생산공정에서 반응온도(x)와 수율(y)의 관계를 조사하기 위해 10쌍의 데이터를 뽑고 조사한 결과 다음의 데이터를 얻었다. 아래 문제의 답을 쓰시오.

- $S_{(xx)} = 147.7$
- $S_{(xy)} = 83.4$
- $S_{(yy)} = 60.1$
- $\sum x_i = 118$
- $\sum y_i = 57$

❶ x에 대한 y의 회귀직선을 구하시오.
❷ 회귀선에 의해 설명되는 변동 S_R을 구하시오.
❸ 회귀로부터의 변동, 즉 오차변동 S_E를 구하시오.

[풀이] ❶ $\hat{\beta_1} = \dfrac{S_{(xy)}}{S_{(xx)}} = \dfrac{83.4}{147.7} = 0.5647$, $\bar{x} = 11.8$, $\bar{y} = 5.7$

$\hat{y} - \bar{y} = \hat{\beta_1}(x - \bar{x})$ $\hat{y} - 5.7 = 0.5647(x - 11.8)$

$\hat{y} = 0.5647x - 0.9635$

❷ $S_R = \hat{\beta_1} = \dfrac{(S_{(xy)})^2}{S_{(xx)}} = \dfrac{83.4^2}{147.7} = 47.0925$

❸ $S_E = S_{(yy)} - S_R = 60.1 - 47.0925 = 13.0075$

617 ISO 9000 : 2000(8.2.2)에서 언급한 내부품질감사의 요구사항 중 심사프로그램(Audit Program)에 고려해야 할 사항을 최소 5가지 기술하시오.

[풀이] (1) 모니터링 결과 및 경향
(2) 절차에의 적합성
(3) 이해관계자의 요구 및 기대를 전개
(4) 심사프로그램 기록
(5) 대안적인 또는 새로운 심사 실행
(6) 유사한 상황에서 심사팀 간의 성과에 대한 일관성

618 ISO 9000 : 2000 품질경영 시스템에서 요구하는 경영책임 중 경영검토(최고경영자에 의한)의 목적과 검토 입력 및 출력 사항에 포함되어야 할 내용을 구분하여 설명하시오.

풀이 (1) 경영검토 목적
품질경영시스템의 지속적인 적절성, 충족성 및 효과성을 보장하기 위하여 계획된 주기로 조직의 품질경영시스템을 검토

(2) 경영검토 입력사항
① 심사결과
② 고객피드백
③ 프로세스 성과 및 제품적합성
④ 예방조치 및 시정조치 상태
⑤ 이전의 경영검토에 따른 후속조치
⑥ 품질경영시스템에 영향을 줄 수 있는 변경
⑦ 개선을 위한 제안

(3) 경영검토 출력사항
① 품질경영시스템의 효과성 및 프로세스의 효과성 개선
② 고객요구사항과 관련된 제품개선
③ 자원의 필요성

619 종합적 품질경영(TQM)의 목적과 목표지표, 효과(유형/무형)에 대하여 각각 구분하여 설명하시오.

풀이 (1) 목적
① 소비자의 요구에 맞는 제품을 경제적으로 생산
② 신뢰성이 높은 제품생산
③ 품질보증이 될 수 있는 제품생산
④ 제품책임을 이행할 수 있는 제품생산

(2) 목표지표
① 궁극적인 목표는 고객만족 및 이익추구 극대화
② 품질적인 측면 : 인수/공정/제품/출하 부적합품률, 고객불만/클레임 건수 등
③ 코스트적인 측면 : 제조원가절감 등
④ 납기적인 측면 : 납기준수율, 납기일수 등

⑤ 생산성적인 측면 : 노동생산성, 설비종합효율 등
⑥ 안전적인 측면 : 재해율, 안전사고 건수 등
⑦ 사기·의욕적인 측면 : 제안건수, 개선 건수 등

(3) 유형효과
① 부적합품률 감소로 인한 품질의 향상 ② 제조원가 절감 및 검사비용 감소
③ 납기문제 해결 ④ 생산량 증대
⑤ 안전확보 및 재해율 감소 ⑥ 제안 및 개선 건수 증가로 기술 향상
⑦ 판매량 및 이익증대

(4) 무형효과
① 과거문제점 및 고객의 요구가 반영된 제품개발
② 부서 간 연계활동이 원활해져 업무효율 향상
③ 통계적인 수법을 통한 문제해결능력 향상
④ 기술수준 레벨업
⑤ 기업의 체질개선
⑥ 작업자 스스로 만든 제품에 대한 책임의식 고취
⑦ 올바른 직장문화 확립

620 어떤 부품의 제조공정에서 데이터를 뽑아 특성치를 관리하려고 한다. 그런데 이 부품의 제조공정은 정규분포를 한다. 평균치가 125, 표준편차가 14.8이다. $n=4$인 데이터를 25조 뽑아 관리도를 작성하였다. $UCL=140.8$, $LCL=109.2$이다. 이 부품의 규격은 108.5~139.5로 주어져 있다.

1 규격 밖으로 벗어나는 부품의 비율을 구하시오.

2 만일 공정평균이 UCL쪽으로 1σ만큼 변동하였다면, 이때 검출되는 비율을 구하시오. (단, Z가 $N(0,1^2)$인 표준정규분포일 때, $P(Z>-1.11)=0.8665$, $P(Z<-1.11)=0.1335$, $P(Z>0.98)=0.1635$, $P(Z<0.98)=0.8365$, $P(Z<0.14)=0.5557$, $P(Z>0.14)=0.4443$)

풀이 **1** $S_U=139.5$, $S_L=108.5$

$p=p(x<S_L)+p(x>S_U)$

$p=p(x<108.5)+p(x>139.5)$

$=p\left[\left(\dfrac{x-\mu}{\sigma}\right)<\left(\dfrac{108.5-125}{14.8}\right)\right]+p\left[\left(\dfrac{x-\mu}{\sigma}\right)>\left(\dfrac{139.5-125}{14.8}\right)\right]$

$=p(z<-1.11)+p(z>0.98)=0.1335+0.1635=0.297(29.7\%)$

즉, 규격 밖으로 벗어나는 부품의 비율은 0.297(29.7%)이다.

2 $p = p(\overline{x} < LCL) + p(\overline{x} > UCL)$

$p = p(\overline{x} < 109.2) + p(\overline{x} > 140.8)$

$= p\left[\left(\dfrac{\overline{x}-\mu}{\dfrac{\sigma}{\sqrt{n}}}\right) < \left(\dfrac{109.2-(125+14.8)}{\dfrac{14.8}{\sqrt{4}}}\right)\right] + p\left[\left(\dfrac{\overline{x}-\mu}{\dfrac{\sigma}{\sqrt{n}}}\right) > \left(\dfrac{140.8-(125+14.8)}{\dfrac{14.8}{\sqrt{4}}}\right)\right]$

$= p(z < -4.13) + p(z > 0.14) = 0 + 0.4443 = 0.4443(44.43\%)$

즉, 공정평균이 UCL 쪽으로 1σ 만큼 변동하였을 때, 검출되는 비율은 0.4443(44.43%)이다.

621 품질공학의 특징을 열거하고 각기 내용을 기술하시오.

[풀이] (1) 설계단계의 중요성

1) 시스템 설계 : 시스템을 어떤 방식으로 할 것인가, 즉 하나의 시스템이 여러 개의 서브시스템으로 구성될 때 각 서브시스템의 역할 연구
2) 파라미터 설계 : 설계에 채택되는 파라미터의 최적수준(목표치)을 결정하는 방법
3) 허용차 설계 : 설계변수의 변동범위에 대하여 공차나 허용범위를 정한다.

(2) 손실함수의 사용

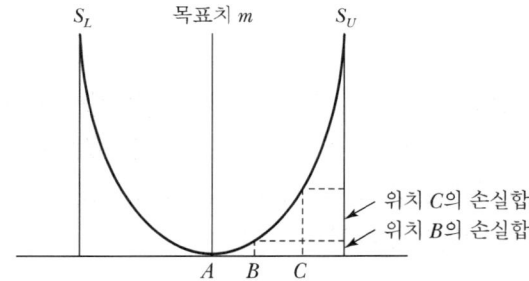

1) 다구치 박사의 품질손실함수에 의하면, 원하는 목표치 m을 정확히 만족시키는 위치 A의 제품만 합격(양품)으로 인정하고, 나머지 B, C의 제품은 불량으로 처리한다.
2) 손실함수 $L(y)$에서 기능특성치 y가 목표치에서 벗어남에 따라 손실이 증가한다.

(3) 잡음의 사용

제품성능에 변동을 주는 요인

1) 원인을 찾으면 제어가 가능한 설계변수
2) 원인을 찾기 어렵고 제어가 용이하지 않은 잡음으로 나눔
   ① 외부잡음 : 외부사용조건의 변화에 의한 잡음(사용환경의 변화)
   ② 내부잡음 : 제품사용 중 내부열화에 의한 잡음(부품의 노후화)
   ③ 제품 간 잡음 : 제품의 불완전한 제조에 의해서 발생되는 제품 간 성능특성치의 산포로 인한 잡음(생산환경의 변화)

(4) 라인 내 QC와 라인 외 QC

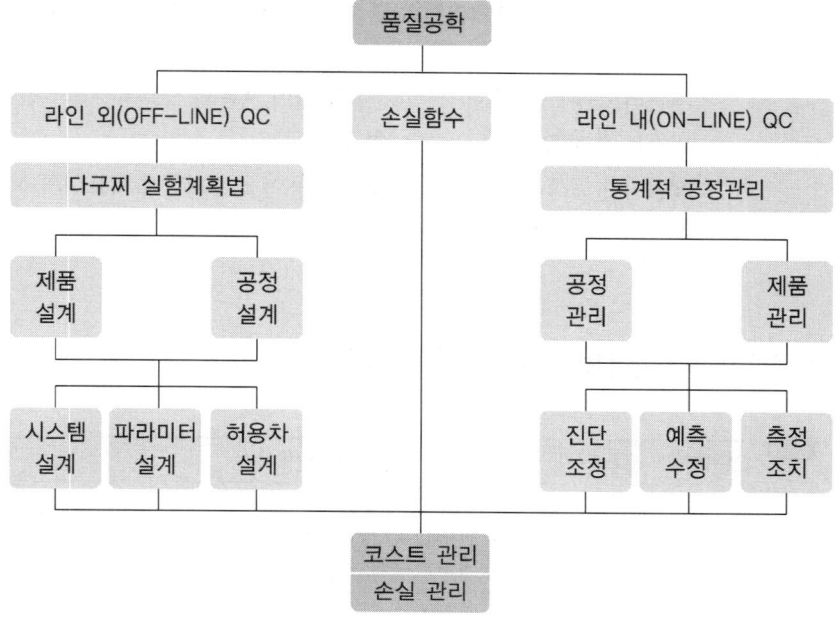

(5) 잡음제거의 기능
  1) 제품품질 변동을 최소화하기 위해서는 표에서 보는 바와 같이 설계 · 개발, 생산기술, 생산, 영업 등의 업무 담당부서별로 잡음제거를 위한 단계별 대응책을 마련하여 품질향상에 대한 노력이 이루어져야 한다.
  2) 잡음제거 가능 여부

QC 구분	담당부서	대응책	잡음의 종류		
			외부잡음	내부잡음	제품 간 잡음
라인 외 QC (OFF-LINE)	설계 · 개발	시스템설계	●	●	●
		파라미터설계	●	●	●
		허용차설계	○	●	●
	생산기술	시스템설계	×	●	●
		파라미터설계	×	×	●
		허용차설계	×	×	●
라인 내 QC (ON-LINE)	생산	공정의 진단과 조정	×	×	●
		예측과 수정	×	×	●
		검사(측정과 조치)	×	×	●
	영업	애프터서비스	×	△	△

● : 대응 가능, ○ : 대응 가능하나 최후의 수단, × : 대응 불가능, △ : 예방보전의 의미로서 가능

(6) 품질향상 계획의 초점
　　1) 목표치에 대한 성능특성치의 변동을 끊임없이 줄여나간다.(SN비를 특성치로 하여 변동을 최소화)
　　2) 제품의 공정을 설계하거나 개선함에 있어 제품의 성능특성치가 잡음에 둔감하도록 로버스트 설계(Robust Design)화 한다.
　　3) 제품이나 공정을 설계할 때는 적은 비용이 소요되면서 목표치의 허용한계를 만족시키는 설계변수들의 최적조건을 찾아낸다.

622 6시그마 추진단계별 주요 활동을 소개하시오.

풀이

단계	활동단계	주요 활동내용	적용기법
1	Define (문제의 정의)	• 주요 고객정의 • 고객요구사항 파악(CTQ) • 개선프로젝트 선정	NGT, Logic Tree, QFD, 파레토도, 그래프
2	Measure (측정)	• 벤치마킹 • 부적합 정량화 • 프로세스 맵핑	%R&R, 샘플링, 히스토그램, 관리도, 공정능력분석
3	Analyze (분석)	• 부적합 원인 규명 • 잠재원인에 대한 자료확보 • 치명원인 도출	브레인스토밍, FMEA, ANOVA, 특성요인도
4	Improve (개선)	• 프로세스 개선방법 모색 • 브레인스토밍 • 최적해 도출이 가능한 해결방법의 실험적 실시	반응표면실험, ANOVA, 회귀분석, 다구치기법
5	Control (관리)	• 개선프로세스의 지속적 방법 모색 • 표준화 • 모니터링	관리계획서, 관리도, Fool-Proofing

623 공정능력 분석 시 다음 각각의 경우에 대한 조치사항을 설명하시오.

1 공정의 산포가 규격의 최대치와 최소치의 차와 같을 때
2 공정의 산포는 규격의 최대치와 최소치의 차보다 작으나, 공정중심이 규격한계의 중심에서 벗어나 있을 때
3 공정의 산포가 규격의 최대치와 최소치의 차보다 클 때

풀이 **1** ① 공정 변화를 자주 모니터링하며, 산포가 커졌을 때 전수검사를 실시하여 부적합품을 제거한다.
② 공정중심이 규격중심과 일치하도록 관리한다.
③ 공정산포를 줄이는 방안을 모색한다.
④ 규격의 폭을 넓힐 수 있는 가능성을 검토한다.

2 ① 공정이 규격과 일치하도록 공정을 대폭적으로 변경·관리한다.
② 현재의 규격이 제품에 영향을 주지 않도록 변경한다.
③ 공정평균에 영향을 주는 변동원인을 조사 후 제거한다.
④ 규격을 만족시킬 때까지 전수선별한다.

3 ① 규격한계의 검토로 규격을 넓히도록 한다.
② 통계적 기법을 활용하여 산포를 줄인다.
③ 문제 해결 시까지 제품을 전수선별하고, 경제적인 측면에서 공정개선 및 관리를 꾀한다.

624 'KS 개별심사 기준'에서 정하고 있는 관리항목과 검사항목의 차이점에 대하여 설명하시오.

풀이 공정관리는 관리항목과 검사항목으로 구분된다. 관리항목에는 온도, 시간, 압력, 배합비 등이 있으며, 검사항목으로는 품질특성치인 치수, 강도, 성분 등이 있다.

625 개선 아이디어 발상에 있어서 창조성을 가로막는 3가지 장벽에 대하여 약술하시오.

풀이 (1) 사고의 장
지식의 부족, 상상력의 부족, 선입관이나 고정관념, 본질을 파악하지 못하는 데서 비롯

(2) 감정의 장벽
틀리면 바보 취급 당한다는 불안감에 싸여 있으며, 타인의 비판을 두려워하고, 변화에 대한 저항감도 크다.

(3) 문화의 장벽
자신도 모르는 사이에 지나치게 논리적이어야 하고, 정답은 하나여야 한다는 문화

626 모집단의 모수를 추정할 때, 모수의 추정값을 한 개의 값으로 추정하는 방법이 점추정이다. 그런데 모수를 추정하기 위하여 이용하는 통계량을 그 모수의 추정량이라 하고, 실제 관측하여 얻은 추정량의 값을 추정값이라 한다. 이때 바람직한 추정량이란 어떤 조건들을 만족시켜야 하는지 설명하시오.

> **풀이** 추정량의 분포에서 분포의 중심이 추정하고자 하는 모수이고, 분포의 흩어지는 정도(분산)가 작은 추정량

627 스킵 로트 검사(Skip-Lot-Inspection, KS A ISO 2859-3)실시에 있어 공급자와 소관 권한자 양쪽이 합의한 기간이 없을 때의 실시 기간이 얼마인지 설명하시오.

> **풀이** 6개월

628 공정능력과 관련하여 다음 항목의 공식을 쓰시오.
  1. 공정능력치
  2. 공정능력지수
  3. 공정능력비
  4. 공정성능지수

> **풀이**
> 1. $\pm 3\sigma$
>
> 2. $C_p = \dfrac{S_U - S_L}{6\sigma_{ST}}$, $C_{pk} = (1-K)C_p$, $k = \dfrac{|M - \bar{x}|}{\dfrac{T}{2}}$
>
> 3. $D_p = \dfrac{6\sigma}{S_U - S_L}$, C_p의 역수
>
> 4. $P_p = \dfrac{S_U - S_L}{6\sigma_{LT}}$, $P_{pk} = (1-K)P_p$, $k = \dfrac{|M - \bar{x}|}{\dfrac{T}{2}}$

629 기업의 경영전략계획을 수립할 때, 기업의 강점과 약점이 무엇인가? 사업 환경에서 어떤 기회와 위협이 존재하는가?란 질문에 답을 얻을 수 있는 분석기법이 무엇인지 설명하시오.

> **풀이** SWOT분석

630 "미터협약"은 몇 년도에 어디서 체결되었는지 설명하시오.

풀이 1875년 프랑스 파리에서 미터법 도량형의 제정, 보급을 목적으로 체결한 국제조약

631 어떤 회사에서 제품의 강도를 추정하고자 한다. 정규분포 시 표준편차는 $\sigma=4$일 때 95% 신뢰구간에서 추정오차가 2 이내가 되도록 하려면 표본의 크기 n은 얼마이어야 하는지 식과 답을 쓰시오.

풀이 $\pm \beta = Z_{\alpha/2} \dfrac{\sigma}{\sqrt{n}} \ (\sigma 기지)$ $2=1.96 \dfrac{4}{\sqrt{n}}, \ \sqrt{n}=\dfrac{1.96 \times 4}{2}, \ n=16$

632 고객들이 기업에 원하는 것이 무엇인가? 그리고 제품/서비스에 대해 고객이 중요하다고 판단하는 것은 무엇인가? 기업은 이 같은 질문들에 대한 답을 알아야 한다. 고객이 무엇을 중요하게 생각하는지를 모르는 기업은 쓸데없는 것을 개선하느라 귀중한 자원을 낭비할 위험이 있다. 고객에게 중요한 것이 무엇인지 알아내는 데 사용되는 과정(Process)을 무슨 과정이라고 하는지 설명하시오.

풀이 품질기능전개

633 다음 데이터의 평균, 절사평균, 표준편차, 변동계수에 대하여 식과 답을 쓰시오.

데이터 : 3, 5, 7, 2, 8, 18, 6

풀이 (1) 평균 $= \dfrac{\sum x_i}{n} = \dfrac{49}{7} = 7$

(2) 표준편차 $= \sqrt{\dfrac{S}{n-1}} = \sqrt{\dfrac{168}{6}} = 5.2915$

(3) 변동계수 $= \dfrac{s}{\bar{x}} \times 100 = \dfrac{5.2915}{\sqrt{7}} \times 100 = 75.59\%$

(4) 절사평균

① $=7$, $\alpha=10\%$ 이므로 $n\alpha=7 \times 0.1 = 0.7 ≒ 1$

② 따라서 1개의 가장 큰 값 18과 가장 작은 값 2를 버리고, 나머지 값들의 평균을 구하면

$\dfrac{3+5+7+8+6}{5} = 5.8$

634 클레임(Claim)의 정의와 그 내용을 2가지로 분류하여 간단히 설명하시오.

풀이 일반적 클레임이란 거래를 수행하는 과정에서 일어나는 클레임이고 발생원인 면에서 보면 다음의 두 가지가 있다.

(1) 무역의 종사자가 선량한 관리자로서 주의를 하면서 업무를 수행하여도 계약상품의 인수나 대금 결제까지에는 오랜 시간이 걸리는 무역의 특성상 약간의 사고는 면할 수 없으므로 클레임이 된다.

(2) 이러한 클레임이 매매당사자 이외의 자에 의해서 야기되어 이것이 매도인 또는 매수인의 책임으로서 그 상대방으로부터 제기되는 수가 있다. 이 중 매도인 측의 책임이 되는 것은 제조업자나 공급자의 부정이나 과실에 기인하는 것이 많다.

635 품질을 제품의 생산단계순서로 분류하여 기술하시오.

풀이
(1) 요구품질 : 고객(소비자)이 요구하는 품질로서 설계나 판매정책에 반영되는 품질
(2) 설계품질 : 고객(소비자)의 요구를 충족시킬 수 있도록 시장품질과 제조능력을 최적화시킬 수 있는 품질시방을 결정하는 품질
(3) 제조품질 : 품질시방에 따라 제조현장에서 생산된 제품의 품질
(4) 시장품질 : 고객(소비자)이 제품의 사용을 통하여 인지하는 품질

636 검사특성곡선, OC 곡선(Operating Characteristic Curve, OC Curve)의 3가지 타입(Type)에 대하여 기술하시오.

풀이 (1) 시료(n), 합격판정개수(c)가 일정하고, 로트크기(N)가 변할 때 $L(p)$ 일정

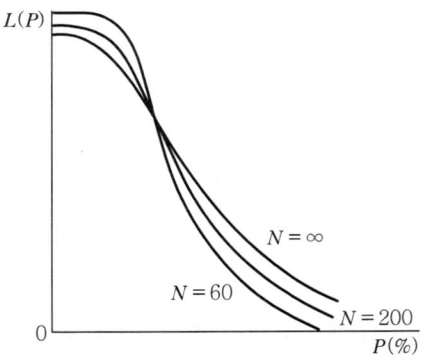

(2) 로트크기(N), 시료(n)가 일정하고, 합격판정개수(c)가 변할 때 아래와 같다.

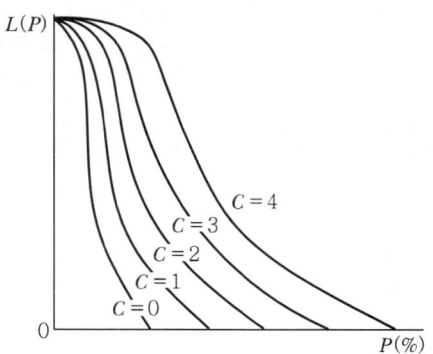

합격판정개수 C를 증가시킴에 따라 OC곡선은 오른쪽으로 완만해진다.
나쁜 로트가 합격하기 쉬워진다.
즉, 생산자 위험은 감소하고, 소비자 위험은 증가한다.

C	$L(P)$	α	β	$1-\beta$
증가	증가	감소	증가	감소
감소	감소	증가	감소	증가

(3) 로트크기(N), 합격판정개수(c)가 일정하고, 시료(n)가 변할 때 아래와 같다.

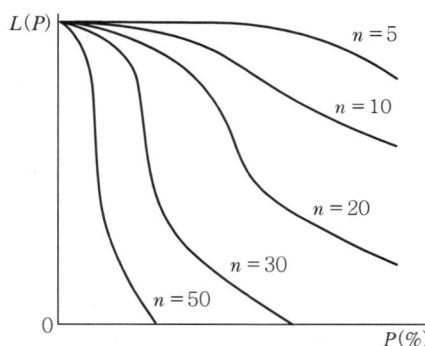

시료수 n을 증가시킴에 따라 OC곡선의 기울기가 급해진다.
좋은 로트가 합격하기 어려워진다.
즉, 생산자 위험은 증가하고, 소비자 위험은 감소한다.

C	$L(P)$	α	β	$1-\beta$
증가	감소	증가	감소	증가
감소	증가	감소	증가	감소

637 중소제조기업에서 SPC 개선활동을 추진하고자 한다. SPC 개선활동의 단계와 단계별 추진절차를 나타내고 주요 내용을 설명하시오.

풀이

NO	단계	내용
1	최고경영층의 공약	SPC를 효과적으로 이행하기 위해서는 최고경영층의 참여가 필요하다. SPC의 성공 여부는 최고경영층의 관심과 지원 여부에 달려 있다.
2	현 품질수준의 측정	우선 품질수준을 측정해야만 상세한 분석이나 문제파악에 필요한 정보를 얻을 수 있다.
3	중점문제의 파악	2단계로부터 우리가 초점을 맞추어야 할 문제를 찾아낸다. 주로 비용이 많이 드는 또는 악성불량 등을 문제로 찾아낸다.
4	중점문제의 원인분석	SPC수법들을 사용해서 문제를 분석하여 원인을 찾는다. 이 단계에서 실험계획법을 많이 사용한다.
5	공정개선	문제의 원인이 파악되면 그것을 제거할 개선작업에 들어간다.

NO	단계	내용
6	개선의 측정	개선한 것이 바람직한지 공정을 심사해야 한다. 심사한 결과 기대한 대로 되지 않았을 경우에는 더 구체적인 개선 방법을 찾는다.(실험계획법, 통계적 수법, C_{pk} 등 활용)
7	개선의 반복	개선은 중단하지 말고 계속 꾸준히 하여 만족한 공정을 찾는다.

638 산업표준화의 3요소를 요약하여 설명하시오.

풀이 (1) 표준화(Standardization)
  표준을 합리적으로 설정하여 활용하는 조직적 행위 또는 어떤 표준을 정하고 이에 따르는 것

(2) 단순화(Simplification)
  ① 일정한 범위 내에 있는 제품의 형식 수를 주요한 요구에 합당한 수까지 줄이는 것
  ② 즉, 재료·부품·제품의 형상, 치수 등 불필요하다고 생각되는 종류를 줄이는 것

(3) 전문화(Specialization)
  제조하는 물품의 종류를 한정시키고, 경제적·능률적인 생산 및 공급체제를 갖추는 것

639 다음은 전선의 직경을 $n = 5$개씩 측정한 데이터에서 메디안(Median)과 범위(R)를 산출한 표이다. 메디안 관리도의 UCL과 LCL을 구하시오.

군의 번호	1	2	3	4	5	6	7	8	9	10	11	12	13	14	15
메디안(Me)	12	10	12	15	12	13	13	10	10	12	10	10	10	12	11
범위(R)	6	5	7	5	8	7	6	8	7	4	4	2	4	6	7

※ 시료사이즈(n) 5의 측정 데이터 생략

※ A_4의 값

n	3	4	5	6	7
A_4	1.19	0.80	0.69	0.55	0.51

풀이 메디안 관리도

$$CL = \overline{\overline{x}} = \frac{\sum \tilde{x}}{k} = \frac{172}{15} = 11.467, \quad \overline{R} = \frac{\sum R}{k} = \frac{86}{15} = 5.73$$

$n = 5$, $A_4 = 0.69$

$UCL = \overline{\tilde{x}} + A_4 \overline{R} = 11.467 + (0.69 \times 5.73) = 15.421$

$LCL = \overline{\tilde{x}} - A_4 \overline{R} = 11.467 - (0.69 \times 5.73) = 7.513$

640 다구치 품질공학에서 On-line QC와 Off-line QC의 관계를 설명(도표 등을 활용)하고, 정적특성에서의 손실함수와 SN비에 대하여 산식과 의의를 설명하시오.

풀이 (1) On-line QC와 Off-line QC의 관계를 설명(도표 등을 활용)

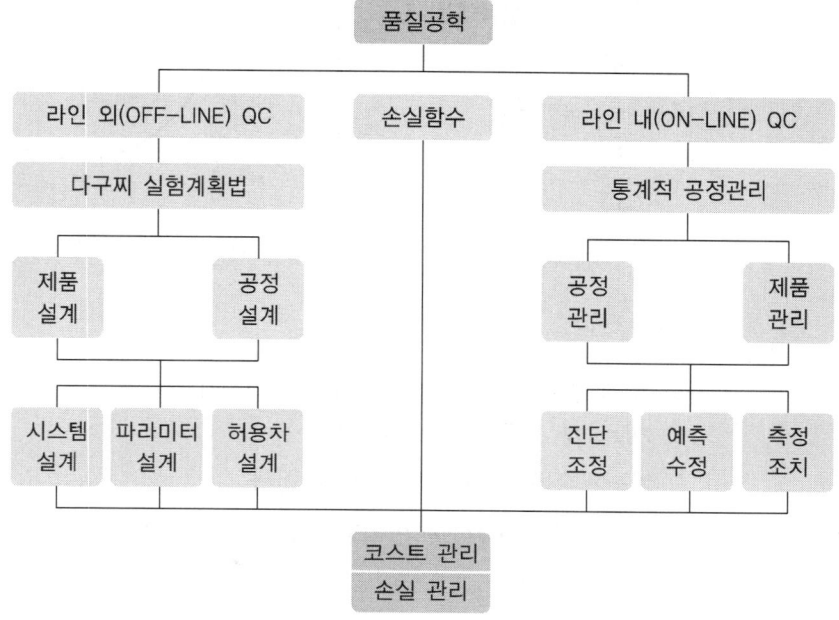

1) 라인 내 QC
   ① 제조공정의 관리나 제품관리 단계의 품질관리
   ② 20~30% 정도의 품질 확보와 품질코스트 최적화
   ③ 공정의 진단과 조정, 품질예측과 수정, 측정과 조치 등으로 구분 실시
   ④ 관리시스템으로 설계
   ⑤ 품질안정, 품질산포, 품질코스트를 최적화하여 손실함수 최소화

2) 라인 외 QC
   ① 제품설계나 공정설계 단계의 품질관리
   ② 70~80% 정도의 품질 확보와 품질코스트 최적화
   ③ 시스템 설계, 파라미터 설계, 허용차 설계 등 3단계로 구분 실시
   ④ 직교배열표에 의한 최적안을 선택, 또한 (SN)비로 분석함으로써 잡음인자에 둔감하고 안정된 품질을 확보하여 손실함수 최소화

(2) 정적 특성의 손실함수

1) 망목특성

- 출력특성 : y가 m으로부터 기능한계 Δ_0만큼 떨어져 있을 때의 실제 손실금액을 A_0이라 하면,

$$L(y) = k(y-m)^2, \quad k = \frac{A_0}{\Delta_0^2}$$

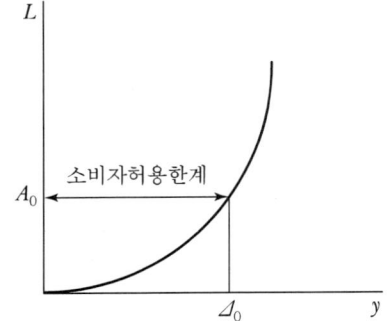

- 다수의 제품을 만들거나 특성치가 변화할 때는 $(y-m)^2$의 평균 σ^2을 사용

$$L(y) = k\sigma^2, \quad k = \frac{A_0}{\Delta_0^2}$$

- 특성치의 변동에 의한 손실을 작게 하기 위해서는
  ① 기능한계 Δ_0를 작게 하는 시스템 선택
  ② 기능한계 Δ_0를 크게 하는 시스템 선택
  ③ $(y-m)^2$의 평균인 σ^2을 작게 하도록 생산공정을 설계 및 관리

2) 망소특성

기능한계 Δ_0와 그때의 손실 A_0에서 특성치 y가 망소특성이므로 $m = 0$이다.

$$L(y) = ky^2, \quad k = \frac{A_0}{\Delta_0^2}$$

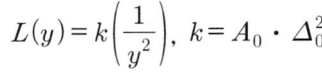

3) 망대특성

$L(y)$는 $L(\infty) = 0$이므로, $y = \infty$에서의 역수 $\frac{1}{y}$에 대하여 테일러(급수) 전개를 한 후 3차 이상의 항을 생략하면 기능한계 Δ_0와 그 때의 손실 A_0에서

$$L(y) = k\left(\frac{1}{y^2}\right), \quad k = A_0 \cdot \Delta_0^2$$

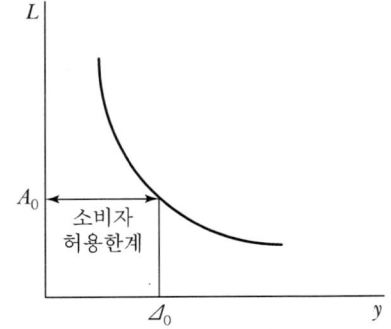

(3) 정적 특성의 SN비에 대한 산식과 의의

특성	공식	의미
망소특성	$SN = -10\log\left(\dfrac{1}{n}\sum y_i^2\right)$	SN비를 최대로 하는 조건을 찾는 것은 기대손실을 최소로 하는 조건을 찾는 것과 같은 개념
망대특성	$SN = -10\log\left(\dfrac{1}{n}\sum \dfrac{1}{y_i^2}\right)$	
망목특성	$SN = 20\log\left(\dfrac{\bar{y}}{s}\right)$	

641 품질경영의 정의는 일반적으로 품질경영의 의미(What)와 달성하는 방법(How)으로 구성된다. 품질경영을 다른 경영방법들과 구분 짓는 것은 방법론(How)의 요소이다. 이 방법(How)은 품질경영의 중요한 요소이다. 품질경영의 핵심요소를 5가지만 정리하시오.

[풀이] (1) 고객중심 기업문화로의 변화
(2) 구성원의 행동의식 변화
(3) 간부의 리더십 발휘
(4) 인재 육성과 인적 자원의 활용
(5) 전사적 품질정책과 전략
(6) 계획, 관리로 지속적 개선
(7) 데이터에 의한 관리와 과학적 기법의 활용
(8) 장기적인 성과의 평가
(9) 협력관계의 증진과 사회적 책임

642 제조물책임(Product Liability)법에서 말하는 제조물의 정의와 그 결함에 대하여 설명하시오.

[풀이] (1) 제조물의 정의
제조물이라 함은 다른 동산이나 부동산의 일부를 구성하는 경우를 포함하는 제조 또는 가공된 부동산을 말한다.

(2) 결함
제조물에 해당하는 제조, 설계, 표시상의 결함이나 기타 통상적으로 기대할 수 있는 안전성이 결여되어 있는 것

643 중소제조기업에서 공정관리를 위한 관리도를 운영하고자 한다. 데이터의 형태에 따른 관리도의 종류를 나열하고, 관리도의 해석에 있어서 정상상태와 이상상태(Out of Control)를 세분하여 설명하시오.

풀이 (1) 데이터의 형태에 따른 관리도의 종류

1) 계량형
   ① $\bar{x} - R(s)$: 평균치와 범위(표준편차) 관리도, $X - Rs$: 개개측정치와 이동범위 관리도, $Me - R$: 메디안과 범위 관리도
   ② $L - S$: 최대치, 최소치 관리도

2) 계수형
   np : 부적합품 수 관리도, p : 부적합품률 관리도, c : 부적합 수 관리도, u : 단위당 부적합 수 관리도

3) 특수관리도
   누적합 관리도, 이동평균 관리도, 가중이동평균 관리도 등

(2) 정상상태
   ① 점이 관리한계선을 벗어나지 않는다.
   ② 점의 배열에 어떤 습관성이 존재하지 않는다.

(3) 이상상태

1) 길이가 긴 런(Run)이 나타난다.
   ① 중심선의 한쪽에 연속되어 나타나는 점의 배열현상을 런이라 한다. 최장의 런을 척도로 삼아 점의 배열에 습관성이 있는지 없는지를 판단한다. 종전에는 슈하르트 판정을 기초로 길이 7의 런을 비관리상태로 판정하고 있으나, KS Q 3201의 판정규칙에 따르면 길이 9의 런에서 비관리상태로 판정한다.
   ② 길이 9의 런의 확률은 과리도 양쪽 검정의 편측 확률 $\alpha/2$와 거의 일치하고 있다. 이러한 판정은 종전의 판정보다 제1종 과오의 확률값을 엄격하게 적용하고 있는 특징이 있다.

2) 경향(Trend)이나 주기성(Cycle)이 있다.
   ① 경향은 점이 점차 올라가거나 내려가는 상태를 말하며, 길이 6의 연속상승, 하강 경향을 비관리상태로 판정한다. 또한 연속 11점 중 10점의 상승, 하강 경향을 갖는 경우 비관리상태로 판정하는데, 전반적인 흐름이 한 방향으로 지속적으로 이동되는 경우는 상황에 따라 비관리상태로 판정하여 조치를 취하기도 한다.
   ② 주기는 점이 주기적으로 상하로 변동하여 파형을 나타내는 경우에는 주기변동의 원인 추구와 관리목적에 따른 군 구분의 방법, 시료 채취방법, 데이터를 얻는 방법 또는 데이터의 수정방법을 재검토해야 한다.

3) 중심선의 근처에 많은 점이 연속하며 나타난다.

　　점이 중심선 한쪽에 일방적으로 나타날 경우 선별 또는 공정에 치우침이 나타났다는 신호이므로 비관리상태로 판정한다.

4) 관리한계선에 접근하는 점이 여러 개가 나타난다.(중심선 한쪽 기준)
　　① 연속 3점 중 2점 이상
　　② 연속 7점 중 3점 이상
　　③ 연속 10점 중 4점 이상

5) 공정의 비관리상태 판정기준(KS Q 3201)

　　KS Q 3201은 슈하르트 관리도에서의 점의 움직임의 패턴을 해석하기 위해 8가지 기준을 소개하고 있다. 그러나 판정규칙을 정할 때는 공정의 처해진 상황이나 조건에 맞게 공정의 고유변동을 고려하여 결정하는 것이 바람직하다.

　　① 3σ 이탈점이 1점 이상 나타난다.
　　② 9점이 중심선에 대하여 같은 쪽에 있다.
　　③ 6점이 연속적으로 증가 또는 감소하고 있다.
　　④ 14점이 교대로 증감하고 있다.
　　⑤ 연속하는 3점 중 2점이 중심선 한쪽으로 2σ를 넘는 영역에 있다.
　　⑥ 연속하는 5점 중 4점이 중심선 한쪽으로 1σ를 넘는 영역에 있다.
　　⑦ 연속하는 15점이 $\pm 1\sigma$ 영역 내에 존재한다.
　　⑧ 연속하는 8점이 $\pm 1\sigma$ 한계를 넘는 영역에 있다.

644 고객이 어떻게 가치를 정의하는가를 이해하는 것은 기업으로서 매우 중요하다. 제품이나 서비스의 가치는 고객이 느끼는 호감 정도의 합이라고 한다. 그러면 고객이 원하는 속성(호감)을 5가지만 설명하시오.

풀이 (1) 가격　　　　(2) 성능　　　　(3) 경제성
　　　　(4) 안전성　　　(5) 디자인

645 신 QC 7가지 도구/기법 중 5가지에 대하여 그 활용방법을 설명하시오.(정의, 사용처, 활용방법, 장점 등)

풀이 (1) 연관도법(Relations Diagram)

　　1) 정의

　　　　문제가 되는 결과에 대하여 그 인과관계나 원인의 상호관계를 분석한 후 각 원인들의 관계를 화살표를 이용하여 영향의 방향으로 나타내는 방법

2) 사용처
   ① 품질경영방침의 전개 · 결정
   ② 품질경영 추진계획의 입안
   ③ 시장클레임 대책
   ④ 제조공정의 품질개선 등

3) 활용방법

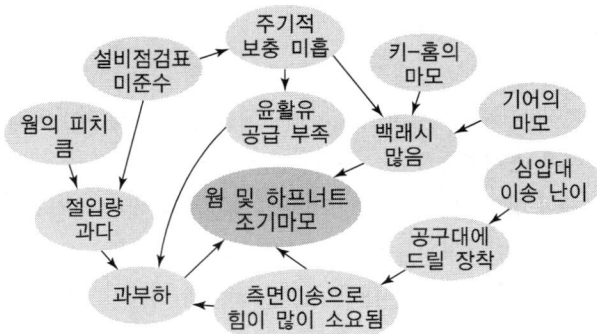

4) 장점
   복잡한 요인의 얽힌 문제를 인과관계를 명확히 함으로써 해결책 모색

(2) **친화도법**(Affinity Diagram)
   1) 정의
      브레인스토밍 방법에 의해서 수집된 사실, 의견, 아이디어 등 수집한 언어데이터를 상호 간 관계 또는 친화에 따라 그룹화하는 방법

   2) 사용처
      ① 품질관리방침 계획을 책정
      ② 분임조활동에서의 원인분석단계
      ③ 신제품 및 신기술에 관한 계획을 책정 등

   3) 활용방법

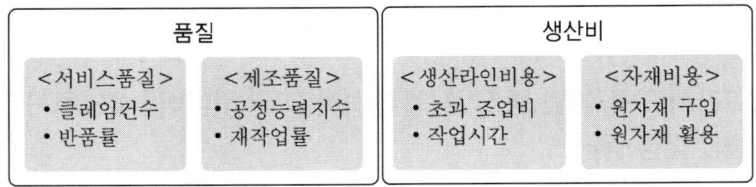

   4) 장점
      혼돈되어 있는 사상을 정리하여 문제를 명확히 부각시킴

(3) 계통도법(Tree Diagram)
  1) 정의
     목적 또는 목표를 달성하기 위한 수단, 대책을 체계적으로 전개하여 문제 전체를 일목 요연하게 파악하고, 그 중점을 명확하게 하는 방법으로 목적 또는 목표를 달성하기 위한 최적의 수단 및 대책을 추구하는 방법
  2) 사용처
     ① 목표 및 방침의 실시사항 전개
     ② 설계품질의 전개
     ③ 분임조활동에서의 대책 수립단계 활동 등
  3) 활용방법

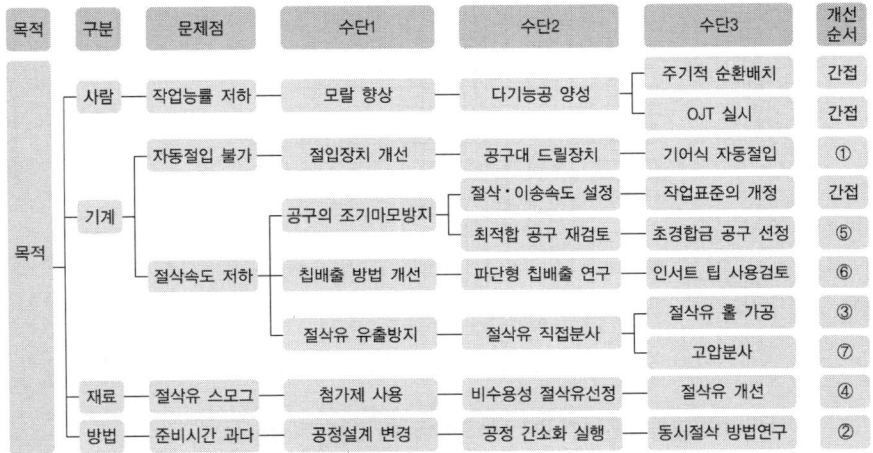

┃ 요인별 대책수단 계통도 ┃

  4) 장점
     목적으로 하는 문제를 해결하기 위한 수단을 찾아내고 목적과 수단의 관계를 명확화게 함

(4) 매트릭스도법(Matrix Diagram)
  1) 정의
     원인과 결과 사이의 관계, 목표와 방법 사이의 관계를 밝히고 나아가 이들 관계의 상대적인 중요도를 나타내는 방법
  2) 사용처
     ① 시스템 제품의 개발 및 개량을 위한 착상점의 설정
     ② 품질평가체제의 강화나 효율화
     ③ 목표 및 방침의 전개
     ④ 불량원인 추구
     ⑤ 분임조 활동에서 개선과제 선정 시 적합도 평가 등

3) 활용방법

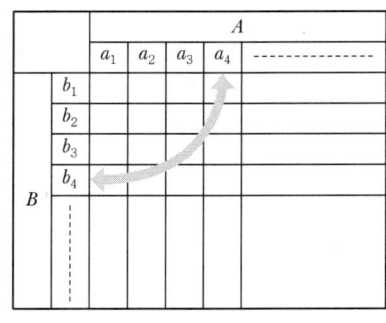

|(a) L형 매트릭스|　　　　　|(b) T형 매트릭스|

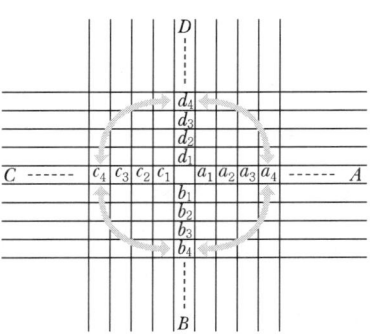
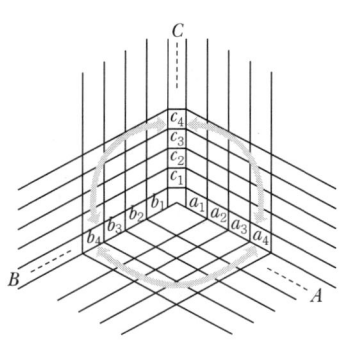

4) 장점 : 다차원적인 사고에 의해 문제점을 분명하게 밝힘

(5) 매트릭스 데이터 해석법(Matrix Data Analysis)

1) 정의

매트릭스 도법에 나타낸 여러 요인 간에 존재하는 관계의 정도를 수량화하는 방법

2) 사용처

① 복잡하게 요인이 얽혀 있는 공정 해석

② 관능특성의 분류 체계화 등

3) 활용방법

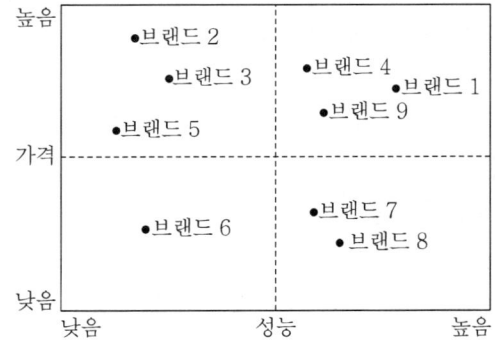

4) 장점 : 매트릭스도에 배열된 많은 데이터를 한눈에 알기 쉽게 정리함

(6) PDPC법(Process Decision Program Chart)
1) 정의 : 문제의 시초부터 해결에까지 이르는 과정에서 발생할 수 있는 모든 가능한 사상과 중대사태를 나타낸 후 모의실험을 통하여 미래를 예측함으로써 바람직하지 않은 상황을 피할 대책을 얻게 되는 방법

2) 사용처
① 목표관리에 있어서 실시계획의 책정　② 기술개발 과제의 실시계획의 책정
③ 불량대책　④ 생산공정의 일정 계획 및 관리 등

3) 활용방법

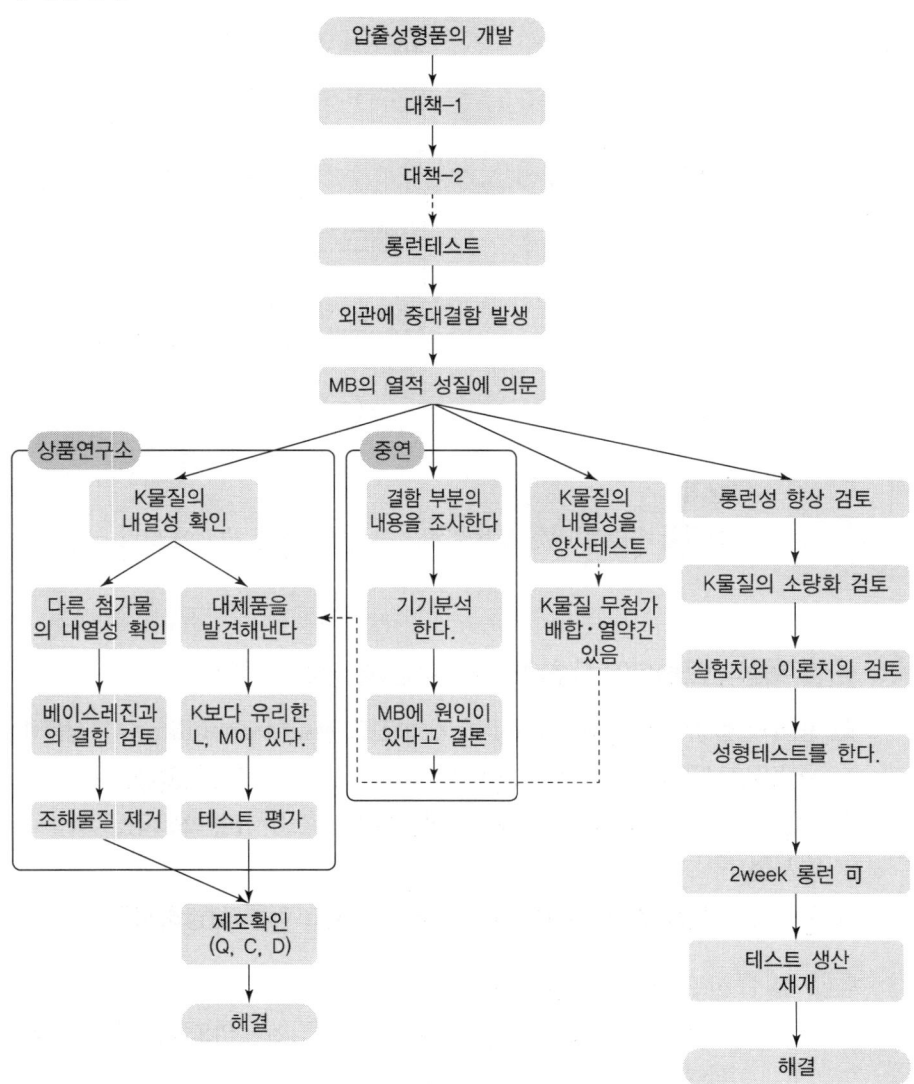

4) 장점

수단의 실행단계마다 불예측적인 돌발사태를 해결함

(7) 애로우 다이어그램(Arrow Diagram)

1) 정의

PERT나 CPM의 용도로 사용는 일정계획을 위한 네트워크 도표로 최적의 일정계획을 효율적으로 관리하는 방법

2) 사용처

① 신제품 개발의 추진계획과 진척관리

② 방침의 실시 및 순서 작성 등

3) 활용방법

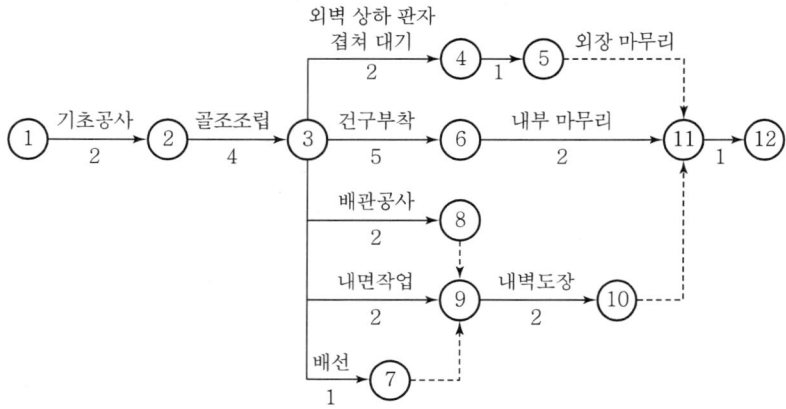

4) 장점

선정한 수단에 대해 시계열적인 순서를 정하고 필요에 따라 성공 가능성을 제거함

646 공업제품의 신뢰성에 대하여 다음 내용을 설명하시오.

❶ 용어의 설명 : 신뢰성(Reliability), 보전도(Maintainability), 고장률(Failure Rate), MTBF, MTTR, MTTF, 리던던시(Redundancy), 부담 경감(Derating)

❷ 다음의 신뢰성 시험법에 대하여 설명하시오.(환경시험, 스크리닝(Screening) 시험, 수명시험)

❸ 신뢰성 향상을 위한 설계상의 기법을 나열하고 이를 설명하시오.

[풀이] ❶ 1) 신뢰성(Reliability)

시스템, 기기 및 부품 등이 정해진 사용조건에서 의도하는 기간, 정해진 기능을 발휘할 확률, 즉 고장 나지 않을 확률

2) 보전도(Maintainability)
    주어진 조건에서 규정된 기간에 보전을 완료할 수 있는 성질이며, 이를 확률로 나타낸 것

3) 고장율(Failure Rate)
    기계나 장치, 기기, 부품 등이 어떤 기간 동안 고장 없이 동작한 후, 계속해서 어떤 단위 시간 내에 고장을 일으키는 비율

4) MTBF(Mean Time Between Failure)
    평균고장간격으로서, 시스템을 수리해 가면서 사용하는 경우 수리 완료 후 다음 고장까지의 무고장 동작시간

5) MTTR(Mean Time to Repair)
    평균수리시간으로서, 시스템을 수리할 경우 수리시간의 평균치

6) MTTF(Mean Time to Failure)
    평균고장수명으로서, 시스템을 수리하여 사용할 수 없는 경우 고장 날 때까지의 동작시간의 평균치

7) 리던던시(Redundancy)
    용장성(冗長性)이라고 불리우며, 고도의 신뢰도가 요구되는 특정 부분에 여분의 구성품을 더 설치함으로써 구성품의 일부가 고장 나더라도 구성부분이 고장 나지 않도록 설계하여 구성부분의 신뢰도를 높이는 방법

8) 부담 경감(Derating)
    구성부품에 걸리는 부하의 정격치에 여유를 두고 설계하는 방법

2 1) 환경시험(Environment Test)
    여러 가지로 예상되는 제품의 사용조건을 가상하고, 이러한 여러 가지 사용조건에서의 적응성 시험을 행함으로써 예상되는 사용조건(환경)에 잘 견딜 수 있는 제품을 만들기 위한 시험

2) 스크리닝 시험(Screening Test)
    로트 중 결함을 포함하고 있는 것을 찾아내어 양품만을 선별하는 시험

3) 수명시험(Life Test)
    ① 정상수명시험(Normal Life Test)
        샘플에 대하여 정상사용조건하에서 그것들이 기능을 잃고 고장 나는 시간을 관측하는 시험

② 중도중단시험(Censored Test)
- 정시중단시험(Type I Censored Test) : 정상적인 사용조건하에서 미리 정해진 시험중단 시간이 되면, 무조건 시험을 중단하는 시험
- 정수중단시험(Type Ⅱ Censored Test) : 정상적인 사용조건하에서 샘플 중 일정 수가 고장 나면 시험을 중단하는 시험

③ 가속수명시험(Accelerated Life Test)
사용조건을 정상사용 조건보다 강화해서 수명시간을 단축할 목적으로 행하는 시험

3 1) 리던던시(Redundancy) 설계(병렬리던던시, 대기리던던시) : 여분의 구성품을 더 설치함으로써, 구성품의 일부가 고장 나더라도 그 구성부품이 고장 나지 않도록 설계하는 방법
2) 부품의 단순화와 표준화
3) 최적 재료의 선정(고신뢰도 부품의 사용)
4) 디레이팅(Derating) 설계 : 구성부품에 걸리는 부하의 정격치에 여유를 두고 설계하는 방법
5) 내환경성 설계 : 제품의 여러 사용환경과 이의 영향도 등을 추정, 평가하고 제품의 강도와 내성을 결정하는 설계
6) 인간공학적 설계와 보전성 설계
   ① 인간공학(Human Factors Engineering)의 제 원칙을 활용하여 제품의 상세부분의 구조를 설계
   ② 시스템의 수리회복, 보전도 등의 정량치에 근거하는 인간공학적 설계
7) 스트레스 강도 모델(Stress and Strength Model) : 제품에 고장이 나지 않도록 하려면 스트레스(Q)와 강도(S)의 차이(D=S-Q), 즉 안전여유가 있어야 한다.

647 품질경영의 목표를 달성하기 위해서는 리더십(Leadership)이 매우 중요하다. 여기서 리더십의 유형은 사람들이 어떻게 그들이 이끌고자 하는 사람들과 상호작용하는가와 관련되어 있다. 리더십의 형태를 3가지로 분류하여 설명하시오.

풀이 (1) 아이디어형 리더(Thought Leaders)
① 아이디어형 리더는 아이디어를 활용하여 변화를 현실화한다. 그들은 자신의 부하직원의 한계를 시험하며 새로운 가능성에 눈을 뜨게 해준다. 올리버 웬델 홈즈는 '한 번 새로운 아이디어에 마음을 뺏겨 본 인간은 다시 그 이전의 상태로 돌아갈 수 없다'고 말했다.
② 새로운 아이디어는 종종 패러다임의 전환을 가져오고, 이는 사물을 바라보는 렌즈를 바꾸어 완전히 다른 시각을 제공하기도 한다. 그렇지 못한 경우, 새로운 아이디어는 아주 작은 변화만을 가져올 때도 많다. 그러나 변화가 작건 크건 간에, 모든 변화는 새로운 아이디어로부터 시작된다.

③ 수세기 동안, 아이디어형 리더는 책이나 논문 또는 발표 등을 통해 아이디어 시장에서 경쟁해왔다. 그들은 여전히 그렇게 하고 있지만, 경쟁의 방법은 인터넷, 소셜미디어 등을 비롯한 기타 IT 기반 기술을 통해 더 빠르고 폭 넓게 이루어지고 있다. E-book이나 블로그, 웹진 등의 등장은 아이디어형 리더들이 더욱 즉각적으로 자신의 아이디어를 세상과 나눌 수 있도록 한다.
④ 아이디어형 리더들은 그들의 아이디어로 변화를 만들어 내고 사람들을 끌어들인다.

(2) 용기 있는 리더(Courageous Leaders)
① 용기 있는 리더는 예측 가능한 위험과 고난에 맞서 용감하게 비전을 향해 나아감을 통해서 변화를 일으킨다. 그들은 자신의 비전과 미션, 그리고 가치에 대해 강한 확신과 믿음을 가지고 있다. 그들은 많은 지지가 없는 상황이더라도 자신의 믿음과 가치를 위해 목소리를 내고 또 싸움하기를 주저하지 않는다.
② 용기 있는 리더들은 사람들이 자신의 믿음과 가치를 위해 위험에 맞서 싸울 수 있도록 동기를 부여하는 것을 통해 변화를 일으킨다.

(3) 영감을 불어넣는 리더(Inspirational Leaders)
① 영감을 불어넣는 리더는 이상과 아이디어를 향한 자신의 열정과 헌신을 통해 변화를 일으킨다. 그들은 현재의 현실적인 문제가 아닌 미래의 가능성을 바라볼 수 있는 사람들이다. 그들이 하는 말은 듣는 이의 영혼을 흔들어 놓고, 신념을 굳히고, 행동하도록 한다. 그들은 우리 내면에 있는 가장 멋진 모습을 이끌어내 주기 때문에 우리는 그들을 따르게 된다.
② 영감을 불어넣는 리더는 강한 감정적 유대를 만들어내는 긍정적인 태도를 갖고 있다. 그들의 말 속에는 정의와 자유, 영광, 존경, 긍지 그리고 사랑 등이 넘쳐난다. 그들의 명확하고 견고한 말과 행동을 통해 그들을 따르는 자들은 자신감을 얻는다. 그들의 '할 수 있다'는 자세는 힘든 시기에서도 희망을 볼 수 있도록 한다.
③ 영감을 불어넣는 리더는 왜 우물쭈물하면 안 되는지, 왜 그 일이 시급한지에 대해 그 중요성을 이야기하고, 당장 취할 수 있는 행동을 알려주는 것을 통해 변화를 일으킨다.
④ 영감을 불어넣는 리더는 사람들이 열정과 강한 확신을 통해 변화를 일으킬 수 있도록 동기부여한다.

(4) 서번트 리더(Servant Leaders)
① 서번트 리더는 타인을 진심으로 깊이 신경 써 준다. 그들은 사람들 사이에서 잠재력을 발휘하는 데에 방해가 되는 요소들과 장벽들을 제거하기 위해 애를 쓴다. 그들은 부하 직원들이 최상의 결과물을 낼 수 있는 있는 환경을 조성하기 위해 노력하며, '내가 뭘 도와줄 수 있을까요?'라고 묻는다.
② 서번트 리더는 타인의 성장과 발전에 방해가 되는 요소들을 제거해주는 것을 통해 사람들이 변화를 일으킬 수 있도록 동기부여한다.

648
직교배열표 $L_8(2^7)$를 이용한 실험에서 다음과 같은 결과를 얻었다. A의 주 효과를 구하시오.

배치한 인자 No.	열번	A 1	B 2	C 3	D 4	E 5	F 6	G 7	실험 데이터
1		1	1	1	1	1	1	1	9
2		1	1	1	2	2	2	2	12
3		1	2	2	1	1	2	2	8
4		1	2	2	2	2	1	1	15
5		2	1	2	1	2	1	2	16
6		2	1	2	2	1	2	1	20
7		2	2	1	1	2	2	1	13
8		2	2	1	2	1	1	2	13
								계	106

[풀이] 2수준계 직교배열표로서 주 효과를 구하는 식은 다음과 같다.

$$주\ 효과 = \frac{1}{\frac{2^m}{2}}[(2수준\ 데이터\ 합) - (1수준\ 데이터\ 합)]$$

$$A의\ 주\ 효과 = \frac{1}{\frac{2^3}{2}}[(16+20+13+13) - (9+12+8+15)] = 4.5$$

649
KS A ISO 2859(계수값 검사에 대한 샘플링 검사절차)에 대하여 설명하시오.

[풀이] (1) 검사로트의 구성 및 크기를 정한다.

(2) AQL을 결정한다.

(3) 검사수준을 결정한다.
  ① 일반검사 수준 Ⅰ, Ⅱ, Ⅲ과 특별검사 수준 S-1, S-2, S-3, S-4
  ② 별도의 지정이 없으면 일반검사 수준 Ⅱ의 사용

(4) 검사의 엄격도를 정한다.
  ① 보통검사, 까다로운 검사, 수월한 검사
  ② 처음에는 보통검사를 한다.

(5) 샘플링 형식을 정한다.
   1회, 2회, 다회

(6) 샘플링 검사방식을 설계한다.
(7) 검사로트로부터 샘플링 검사방식에서 정해진 크기만큼의 시료를 랜덤하게 추출한다.
(8) 시료를 검사한다.
(9) 검사로트의 합·부 판정을 내리고, 로트를 처리한다.

650 "품질경영시스템에 대한 이론적 배경" (ISO 9000 : 2000, 2·1)에 대하여 설명하시오.

풀이 (1) 품질시스템은 고객만족을 달성하고자 하는 조직에 도움을 줄 수 있다. 고객은 그들의 욕구 및 기대를 만족시키는 특성을 가진 제품을 요구한다. 이 요구 및 기대는 제품 시방서에서 표현되고, 총괄적으로 고객요구사항이라고 부르게 된다.

(2) 고객요구사항은 고객에 의해 계약상 규정되거나 조직 자체에 의해 결정될 수 있다. 어느 경우든 고객은 궁극적으로 제품의 수용 여부를 결정한다. 고객요구 및 기대는 변하기 때문에, 또한 경쟁압력 및 기술진보의 이유로 조직은 그들의 제품 및 프로세스를 지속적으로 개선하도록 요구된다.

651 품질특성치를 계수값일 때와 계량값일 때의 판단방법의 차이점을 설명하시오.

풀이 (1) 계수값(Discrete Data)
데이터의 수치가 원리적으로 이산되어 있어 일정 구간의 실수값 사이에 취할 수 있는 실수의 개수가 유한개로 셀 수 있는 품질별 특성값(부적합품(불량품)의 수, 부적합(결점)의 수, 흠의 수, 얼룩의 수 등)

(2) 계량값(Continuous Data)
데이터의 수치가 원리적으로 연속적 측정이 가능한 상태로, 일정구간의 실수값 사이에 포함될 수 있는 실수들이 무한대로 측정될 수 있는 품질 특성값(길이, 무게, 강도, 온도, 시간 등)

652 측정시스템 분석(MSA)에 시 차별(구별)력과 %R&R에 대해서 설명하시오.

풀이 (1) 차별(구별)력
① 측정시스템의 차별력(Discrimination 또는 Resolution)이란 측정시스템이 측정대상 특성의 조그마한 변화까지도 탐지하고 충실히 지시할 수 있는 능력을 말한다.
② 측정시스템은 공정 변동, 특히 이상원인의 변동을 탐지할 수 있고, 개별 시료의 특성치를 계량화하기에 충분한 차별력을 갖고 있어야 공정의 분석 및 통제를 위하여 사용할 수 있게 된다.

(2) %R&R
① %R&R이란 반복성과 재현성을 나타내는 측정시스템 변동
② $\%R\&R = 100 \left(\dfrac{R\&R}{공차\ 또는\ 총변동} \right)$

653 2^2요인 반복실험법으로 다음 실험 데이터를 얻었다. 주 효과와 교호작용 효과를 식으로 쓰고 소수점 3자리까지 구하시오.

구분		A		T_{Bj}
		A_1	A_2	
B	B_1	5.5 6.0	9.5 8.5	29.5
	B_2	9.0 8.5	10 9.5	37
T_{Ai}		29	37.5	66.5

❶ A의 주 효과의 평균을 계산하시오.
❷ B의 주 효과의 평균을 계산하시오.
❸ $A \times B$의 주 효과의 평균을 계산하시오.

풀이 ❶ A의 주 효과 평균 $= \dfrac{1}{2^{n-1} \cdot r}[(2수준\ 데이터\ 합) - (1수준\ 데이터\ 합)]$

$= \dfrac{1}{2^{2-1} \cdot 2}(37.5 - 29) = 2.125$

❷ B의 주 효과 평균 $= \dfrac{1}{2^{n-1} \cdot r}[(2수준\ 데이터\ 합) - (1수준\ 데이터\ 합)]$

$= \dfrac{1}{2^{2-1} \cdot 2}(37 - 29.5) = 1.875$

3 $A \times B$의 주 효과 평균 $= \dfrac{1}{2^{n-1} \cdot r}[((1)+ab)-(a+b)]$

$= \dfrac{1}{2^{2-1} \cdot 2}[(11.5+19.5)-(18.0+17.5)] = -1.125$

654 말콤볼드리지(MB)상의 대분류 심사항목을 6가지 나열하시오.

[풀이] (1) 리더십 (2) 전략계획 (3) 고객 중시
(4) 인적 자원 중시 (5) 프로세스 경영 (6) 경영성과

655 린 6시그마의 WIP(Work in Process)에 대하여 설명하시오.

[풀이] 기업이 경쟁력을 가질 수 있는 방법은 지속적으로 낮은 비용(Low Cost)으로 개선하고 부가가치를 창출하는 것이다. 이를 위해서는 빠른 속도와 높은 품질의 프로세스로 개선하여야 한다. 대부분 느린 프로세스는 낮은 사이클 효용성인 경우 부품이나 반제품이 공장 바닥에 놓여 있든지 창고에 완제품 형태로 보관된다. 공장 내 작업공간의 많은 부분이 재고나 사용하지 않는 기계, 창고로 되어 있거나 재작업 인원, 품질관리 요원, 원재료 공급 담장자, 일정 담당자 등 많은 간접인원 등으로 대부분이 부가가치 없는 활동으로 채워지게 된다. 이런 요소들이 비용을 증가시키는 주범인 것이다.

재공품 재고(WIP ; Work in Process)는 간접비, 재작업, 스크랩, 제조간접비, 불만족 고객으로부터 클레임 등 숨은 비용(Hidden Cost)을 발생시킨다. 결과적으로 이런 기업은 사업을 철수하거나 수익 발생이나 성장의 기회를 잃게 되어 위험에 빠진다.

656 표준의 정의와 표준화의 효과를 설명하시오.

[풀이] (1) 표준의 정의
관계가 있는 사람들의 이익 또는 편의가 공정히 얻어지도록 통일, 단순화를 도모할 목적으로 물체, 성능, 배치, 상태, 동작, 절차, 방법, 순서, 책임, 의무, 권한, 생각, 개념 등에 관하여 설정된 기준

(2) 표준화의 효과
① 생산능률의 증진과 생산비의 저하 ② 자재의 절약
③ 품질의 향상 ④ 사용소비의 합리화
⑤ 거래의 단순화, 공정화 ⑥ 기술의 향상

657 크기가 1,000개인 어떤 로트에 대하여 전수검사를 할 때 개당 검사비가 5원이고, 무검사로 인하여 불량품(부적합품)이 혼입됨으로써 발생하는 손실이 개당 100원이다. 이때의 임계 불량률(부적합품률)을 계산하시오.

풀이 임계 불량률 $P_b = \dfrac{a(\text{개당 검사비용})}{b(\text{검사하지 않음으로써 입는 불량품 개당 손실비용})} = \dfrac{5}{100}$
$= 0.05(5\%)$

$P_b = 5\% > P = 1\%$이므로, 무검사가 이익(유리)

$P_b > P$: 개당 검사비용이 크므로, 무검사가 이익(유리)

$P_b < P$: 무검사로 인한 개당 손실비용이 크므로, 검사가 이익(유리)

658 직교배열표의 장점 3가지를 쓰시오.

풀이 (1) 기계적인 조작으로 이론을 잘 모르고도 일부실시법, 분할법, 교락법 등의 배치가 용이하다.
(2) 요인변동의 계산이 용이하고, 분산분석표 작성이 쉽다.
(3) 실험횟수를 변화시키지 않고도 많은 인자를 배치할 수 있고, 실험 실시가 용이하다.

659 제품의 신뢰성을 확보하기 위한 RAMS 척도에 대해서 간략하게 설명하시오.

풀이 (1) Specification and Demonstration of Reliability, Availability, Maintainability and Safety(RAMS)는 2002년 10월에 발표되었다.
(2) 규격은 유럽의 IEC(국제전기위원회)에 해당하는 CENELEC(유럽전자기술표준화위원회)의 EN50126 IEC 규격으로 된 것이다.

660 품질비용(Q-Cost)과 품질공학에서 다루는 손실함수($L_{(y)}$)와 관계를 간략하게 설명하시오.

풀이 (1) COPQ(저품질코스트) : 예방코스트를 제외한 모든 코스트(평가, 실패코스트)와 부적합하거나, 나쁜 품질로 인한 눈에 보이지 않는 기회손실(Opportunity Loss) 코스트를 합한 것 (생산자 관점의 품질비용을 의미)

(2) QLF(품질손실함수) : 원하는 목표치(m)를 정확히 만족시키는 제품만 적합품이고 나머지 제품은 부적합품으로 처리(소비자 관점의 품질비용을 의미)

661 싱글 PPM 품질인증의 대분류 심사항목(6가지)과 품질인증단계(4가지)를 설명하시오.

풀이 (1) 싱글 PPM 품질인증의 심사항목
   1) S(Scope) : 범위 선정
   2) I(Illumination) : 현상 파악
   3) N(Nonconformity) : 원인 분석
   4) G(Goal) : 목표 설정
   5) L(Level up) : 개선
   6) E(Evaluation) : 평가

(2) 품질인증단계
   1) P(Plan) : 준비 · 도입
   2) D(Do) : 시스템 구축 · 운영
   3) C(Check) : 시스템 개선
   4) A(Action) : 심사

662 실험계획법의 기본원리 · 원칙 5가지를 나열하고 설명하시오.

풀이 (1) 랜덤화의 원리
   뽑힌 인자 외에 기타 원인들의 영향이 실험결과에 편기되게 미치는 것을 없애기 위함

(2) 반복의 원리
   반복을 시켜줌으로써 오차항의 자유도를 크게 해줄 수 있으며, 오차분산이 정도 좋게 추정됨으로써 실험결과의 신뢰성을 높일 수 있다.

(3) 블록화의 원리
   실험 전체를 시간적 · 공간적으로 분할하여 블록으로 만들어 주면, 각 블록 내에서는 실험환경이 균일하게 되어 정도 좋은 결과를 얻을 수 있다.

(4) 교락의 원리
   구할 필요가 없는 2인자 교호작용이나 고차의 교호작용을 블록과 교락시키는 방법으로 검출할 필요가 없는 요인이 블록의 효과와 교락하게 됨으로써 실험의 효율을 높일 수 있다.

(5) 직교화의 원리
   요인 간에 직교성을 갖도록 실험계획하여 데이터를 구하면, 같은 실험횟수라도 검출력이 더 좋은 검정을 할 수 있고, 정도가 더 높은 추정을 할 수 있다.

663 C_{pk}와 Z_{bench}(시그마 수준)의 차이점을 설명하시오.

풀이 C_{pk}를 설명하기에 앞서 C_p에 대해 알아보면, C_p는 공정능력이라는 뜻으로 규격 대비 6배의 표준편차를 비로 나타낸 지표로서 6배의 표준편차(± 3표준편차)는 정규분포에서 전체의 99.73%를 나타내는 것이다.

다시 말해 C_p는 $\dfrac{고객요구사항}{공정변동}$ 으로써 $C_p = \dfrac{S_U - S_L}{6\sigma}$ 이다.

(1) C_{pk}
① C_p는 거리의 개념으로 공정변동이 규격의 중심을 벗어나 있는 경우에는 이를 표현하지 못한다.
② 즉, C_p는 공정산포만 표현하고, 중심치가 이동했을 경우에는 표현하지 못한다. 따라서 이를 보완하기 위하여 보정지수 k를 이용하여, 규격의 중심으로부터 평균값이 한쪽으로 치우쳐 있을 경우 공정능력을 측정하는 방법이 C_{pk}이다.

(2) 시그마 수준
① 시그마 수준이란 규격 중심으로부터 한쪽 규격까지 표준편차가 몇 개 들어가는지를 나타낸 것이다.
② 6시그마 수준이라 하면 규격 중심으로부터 한쪽 규격까지의 거리가 6배인 표준편차를 말하는 것이다.

664 제품의 주요한 품질특성(CTQ)인 동심도를 측정하는데 정규분포를 따르고 있는 모집단이다. 신뢰수준은 95%($\alpha = 5\%$)이고 ($\beta = 10\%$)로 추정오차는 $(\mu - \mu_0) = 2mm$, $\sigma = 2.5mm$일 때 계량 규준형에 따른 품질특성의 합격확률은 다음과 같다. OC 곡선을 그리고 표본 크기(n)를 구하라.

동심도	15	17.5	20	$Z(0.99)$	$Z(0.975)$	$Z(0.95)$
$L(p)$	0.95	0.5	0.1	2.326	1.960	1.645

1 OC 곡선을 그리고 α와 β를 설명하시오.
2 표본 크기(n)를 구하시오.

[풀이] **1**

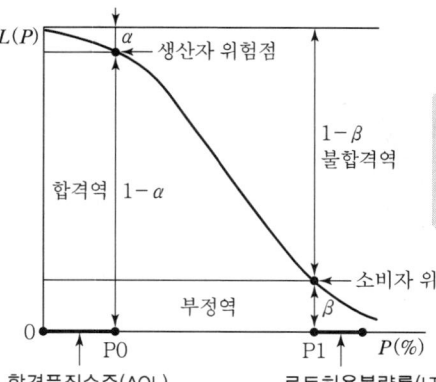

- α : 합격 품질 수준의 로트가 불합격될 확률
- $1-\alpha$: 합격 품질 수준의 로트가 합격될 확률
- β : 불합격 품질 수준의 로트가 합격될 확률
- $1-\beta$: 불합격 품질 수준의 로트가 불합격될 확률

합격품질수준(AQL)
: 가급적 합격시키고 싶다는 불량률 상한

로트허용불량률(LTPD)-RQL
: 가급적 불합격시키고 싶다는 불량률 하한

2 $\pm \beta = Z_{a/2} \dfrac{\sigma}{\sqrt{n}} \ (\sigma 기지)$

$2 = 1.96 \dfrac{2.5}{\sqrt{n}}$, $\sqrt{n} = \dfrac{1.96 \times 2.5}{2}$, $n = 6$

665 에어백 압력인 품질특성을 100개 수집하여 군의 크기 4로 군의 수 $k=25$로 작성하여 해석한 결과 군별 평균합 $\sum \overline{X} = 1,280\text{Pa}$이고 $\overline{R}=5.0$이다. σ_b(군간변동) = 0이고 σ_w (군내변동) $= \overline{R}/d_2$을 추정하여 $\overline{X}-R$ 관리한계(UCL, LCL)를 구하시오. (단, 소수점 2자리까지 구하시오.)

▼ 관리도 계수표

구분	d_2	d_3	C_4	A_2	D_4	D_3
4	2.059	0.88	0.921	0.729	2.282	0
5	2.326	0.864	0.94	0.577	2.118	0

1 모표준편차(σ)를 추정하시오.

2 평균 $\overline{X}$와 R 관리도의 관리한계선을 구하시오.

[풀이] **1** $\sigma = \dfrac{\overline{R}}{d_2} = \dfrac{5.0}{2.059} = 2.43$

2 1) $\overline{x}$관리도 : $CL = \overline{\overline{x}} = \dfrac{\sum \overline{x}}{k} = \dfrac{1,280}{25} = 51.2$

$UCL = \overline{\overline{x}} + 3\dfrac{\hat{\sigma}}{\sqrt{n}} = \overline{\overline{x}} + 3\dfrac{1}{\sqrt{n}}\dfrac{\overline{R}}{d_2} = \overline{\overline{x}} + 3\dfrac{1}{\sqrt{4}}\dfrac{5.0}{2.059} = 54.84$

$LCL = \overline{\overline{x}} - 3\dfrac{\hat{\sigma}}{\sqrt{n}} = \overline{\overline{x}} - 3\dfrac{1}{\sqrt{n}}\dfrac{\overline{R}}{d_2} = \overline{\overline{x}} - 3\dfrac{1}{\sqrt{4}}\dfrac{5.0}{2.059} = 47.56$

2) R 관리도

$CL = \overline{R} = 5.0$

$UCL = \overline{R} + 3d_3\hat{\sigma} = \overline{R} + 3d_3\dfrac{\overline{R}}{d_2} = \left(1 + 3\dfrac{d_3}{d_2}\right)\overline{R} = \left(1 + 3\dfrac{0.88}{2.059}\right)(5.0) = 11.40$

$LCL = \overline{R} - 3d_3\hat{\sigma} = \overline{R} - 3d_3\dfrac{\overline{R}}{d_2} = \left(1 - 3\dfrac{d_3}{d_2}\right)\overline{R} = \left(1 - 3\dfrac{0.88}{2.059}\right)(5.0) = -$ (고려하지 않음)

666 상기 665번 문제의 관리한계를 이용하여 연장한 다음 표준치가 주어진(관리용) 관리도로 전환한 다음 연속해서 다음과 같은 데이터를 얻었다. $\overline{X}-R$ 관리도를 작성하고 이상 유무(제2종의 과오)의 원인을 설명하시오.(단, 연속 9의 런의 원인은 재료신율 변화, 연속 6의 경향의 원인은 공기압 변화, 연속 3점 중 2점이 2σ와 3σ 사이에 나타나는 원인은 두께 변화, 관리한계 이탈의 원인은 성형시간 초과라고 본다.)

군번호	1	2	3	4	5	6	7	8	9
평균	47.8	49.5	51.3	51.6	52	53.4	51.1	48	52
범위	6	3	5	8	4	7	8.5	10	9

1 $\overline{X}-R$ 관리도를 작성하시오.
2 $\overline{X}-R$ 관리도를 타점한 후 이상요인을 설명하시오.

풀이 1

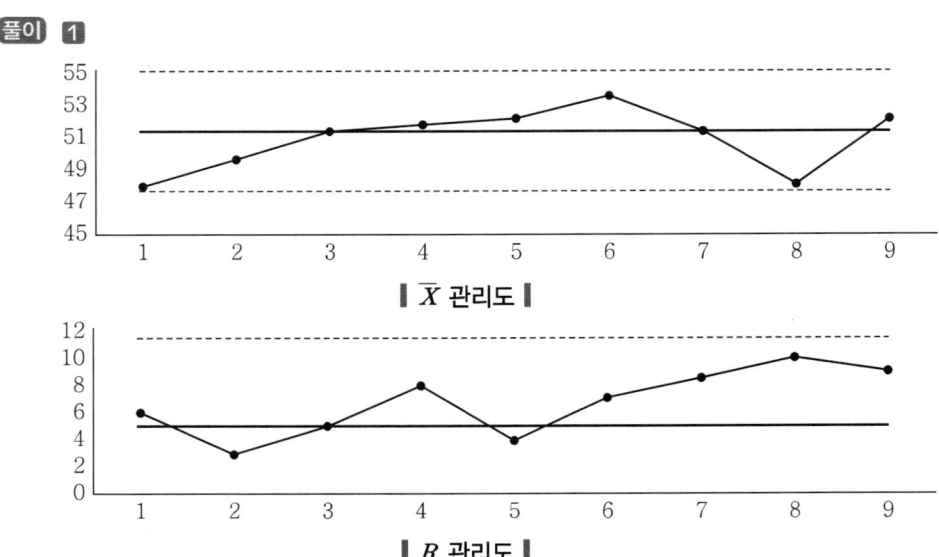

2 $\overline{X}$관리도와 R관리도에서 관리한계선을 벗어난 점은 없으나, 점의 배열에서 연속 6점 (1~6군)의 경향(공기압 변화)이 나타나므로 관리상태라 볼 수 없다.

667 어떤 화학공정의 반응 온도가 섭씨로 정규분포를 따른다고 한다. 평균이 125이고 분산이 9인 정규분포를 따른다면 화씨로 표시한 온도는 어떠한 분포를 따르는지(분포의 종류, 평균, 분산)를 각각 구하시오. (단, 화씨 = $\frac{9}{5}$ ×섭씨 + 32)

풀이 (1) 분포의 종류

　　온도는 계량적 DATA로서 시료의 크기가 크면 정규분포라 할 수 있다.

(2) 평균

$$Y = ax + b, \ a = \frac{9}{5}, \ b = 32, \ 평균 = 125, \ 분산 = 9$$

$$E(Y) = E(ax+b) = aE(x) + b = \left(\frac{9}{5}\right)125 + 32 = 257 화씨$$

(3) 분산

$$V(Y) = V(ax+b) = a^2 V(x) = \left(\frac{9}{5}\right)^2 9 = 29.16$$

668 ISO 품질경영시스템 운영에 있어 성공적으로 조직을 이끌고 운영하기 위하여 체계적이고 투명한 방법으로 운영하는 것이 요구된다. ISO 9000 규격에서 제공된 품질경영 8대 원칙을 설명하시오.

풀이 (1) 고객 중심

　　조직은 고객에 의존하고 있다. 따라서 현재 및 미래의 고객요구를 이해하고, 고객요구사항을 충족시키며 고객의 기대를 능가하도록 노력해야 할 것이다.

(2) 리더십

　　리더는 조직의 목적과 방향의 통일성을 확립한다. 리더는 사람들이 조직의 목표를 달성하는 데 전적으로 참여할 수 있는 내부환경을 조성하고 유지해야 할 것이다.

(3) 전원참여

　　모든 계층의 사람들이 조직의 필수요소이다. 따라서 전원이 참가함으로써 그들의 능력이 조직의 이익을 위하여 발휘될 수 있다.

(4) 프로세스 접근방법
관련된 자원 및 활동이 하나의 프로세스로 관리될 때 바라는 결과가 보다 효율적으로 얻어진다.

(5) 경영에 대한 시스템 접근방법
상호 연계된 프로세스를 하나의 시스템으로 파악하고 이해하며 관리하는 것은 조직의 목표를 효과적이며, 효율적으로 달성하는 데 이바지한다.

(6) 지속적 개선
조직의 총체적인 성과에 대한 지속적 개선은 조직의 영구적인 목표이어야 할 것이다.

(7) 의사결정에 대한 사실적 접근방법
효과적인 결정은 데이터 및 정보의 분석에 근거한다.

(8) 상호 유익한 공급자 관계
조직 및 조직의 공급자는 상호 의존적이며, 상호 이익이 되는 관계는 가치를 창조하기 위한 양쪽 모두의 능력을 증진시킨다.

669 제품 신뢰성을 확보하기 위한 방법에는 정량적 분석법과 정성적 분석법이 있는데 B_α Life와 FMEA/FTA에 대한 다음 물음에 답하시오.

1 B_α Life를 정의하시오.
2 FMEA 기법에서 RPN을 구하는 방법과 조처방법에 대해서 설명하시오.
3 FTA에서 고장 확률 계산 시 불(Boolean) 대수이론의 계산법에 대해서 설명하시오.

[풀이] **1** B_α Life는 전체 제품 중 α가 고장 나는 시점을 의미한다.
최초로 베어링 신뢰성(수명) 척도로 사용되었으며, 최근 기계류 부품의 신뢰성 척도로 사용되고 있다.

2 1) 위험우선순위 산출방법
① 위험우선순위(RPN) = 심각도(S) × 발생도(O) × 검출도(D)
② 위험우선순위는 설계 및 공정에서 고려해야 할 우선순위를 결정하는 데 사용
③ 위험우선순위는 1~1,000 사이에 있고, 높은 위험우선순위에 대해서는 시정조치를 통하여 계산상의 위험을 줄이기 위한 노력을 해야 한다.

2) 조처방법
① 고장형태가 위험우선순위에 의해 순위가 결정되었을 때 시정조치는 가장 높은 순위의 우려사항과 치명적인 항목에 우선적으로 집중하고, 대안은 다음과 같다.

② 고장모드의 순위가 정해지면 가장 높은 순위를 갖는 것에 대하여 심각도, 발생도, 검출도 등급을 줄이기 위한 대책안을 마련하여 기록하고, 고장원인이 충분히 이해되지 않으면 통계적으로 설계된 실험에 의하여 대책안을 마련한다. 특정한 원인에 대하여 제안된 대책안이 없으면, '대책이 없음'이라고 기입한다. 확인된 잠재적 고장모드가 제조/조립 작업자들에게 위험할 수 있는 경우, 원인을 제거 또는 제어하여 고장모드의 발생을 방지할 수 있는 대책이 마련되어야 하고, 또한 작업자를 보호하기 위한 적절한 방법이 명시되어야 한다.

③ 고장모드의 발생확률을 줄이기 위해 공정 또는 설계 변경을 고려한다. 이때, 지속적인 공정 개선과 결점 예방을 위해 필요한 활동에 대한 정보의 피드백을 할 수 있는 통계적 방법을 이용한 공정연구가 수행될 수 있다.

④ 단지 중요도 등급을 줄이기 위하여 설계 및 공정에 대한 개정을 고려할 수도 있다.

⑤ 검출도를 증가시키기 위해 공정 및 설계에 관한 개정을 고려할 수 있는데 일반적으로 검출도를 향상시키는 것은 품질 개선 측면에서는 비효율적이고 비용이 많이 소요된다. 검사빈도의 증가는 임시적으로 이용되어야 하며 영구적인 대책안이 요구된다. 어떤 경우 특정한 부품에 대한 변경이 고장모드의 탐지를 용이하도록 하기 위해서 요구될 수도 있고, 검출도를 높이기 위해서 현재의 관리방법에 대한 변경이 수행될 수도 있다. 그러나, 고장모드의 탐지보다 결점의 발생을 방지하는 것이 무엇보다 중요하다는 것을 인식하여야 한다.

3 1) 불 대수란?

① 불 대수는 두 가지 요소에 대하여 하나를 택하는 것과 같은 연산을 수행하는 논리이며 영국의 수학자 조지 불(Boolean, G)에 의해 창안되었다.

② 불 대수는 두 가지 요소인 참과 거짓 또는 이것을 숫자로 바꾼 0과 1로 연산을 하는데 이것을 논리상수라 하고 이들 값을 기억하는 변수를 논리변수라 한다.

2) 불 대수 이론의 계산법

① 불 대수의 공리 : 0과 1의 두 가지만 존재함으로써 1이 아닌 것은 당연히 0이 된다. 이와 같이, 증명할 필요가 없는 기본적인 식을 공리라 한다.

▼ 기본공리표

공리 1	(1) $A \neq 0$이면 $A = 1$ $A = 1$이면 $\overline{A} = 0$	(2) $A \neq 1$이면 $A = 0$ $A = 0$이면 $\overline{A} = 1$
공리 2	(1) $0 \cdot 0 = 0$	(2) $0 + 0 = 0$
공리 3	(1) $1 \cdot 1 = 1$	(2) $1 + 1 = 1$
공리 4	(1) $0 \cdot 1 = 0$	(2) $0 + 1 = 1$
공리 5	(1) $\overline{1} = 0$	(2) $\overline{0} = 1$

② 불 대수의 기본정리 : 불 대수의 특성에 의하여 어떤 변수는 두 가지 중 하나만 기억할 수 있으므로, 특정 조건에서의 결과가 이미 정해진 것과 같은 것을 기본정리라 한다.

▼ 기본정리표

정리 1	(1) $A+0=A$	(2) $A \cdot 0 = 0$
정리 2	(1) $A+\overline{A}=1$	(2) $A \cdot \overline{A}=0$
정리 3	(1) $A+A=A$	(2) $A \cdot A = A$
정리 4	(1) $A+1=1$	(2) $A \cdot 1 = A$

③ 교환정리
  - 불 대수식에서 연산 순서를 바꾸어도 결과가 동일하게 되는 것을 말함
  - $A+B=B+A$, $AB=BA$

④ 결합정리
  - 괄호 내에서 먼저 결합된 것을 순서를 바꾸어 괄호 바깥의 것과 먼저 결합하여도 결과가 같게 되는 것
  - $A+(B+C)=(A+B)+C$, $A(BC)=(AB)C$

⑤ 분배정리
  - 괄호로 동일한 연산을 묶은 것은 괄호 바깥의 요소가 내부의 요소에 공통적으로 할당되므로, 개별적으로 할당한 것을 괄호 내부의 연산으로 수행하여도 결과가 같게 되는 정리
  - $A(B+C)=AB+AC$, $A+(BC)=(A+B)(A+C)$

⑥ 부정정리
  - 현재의 명제를 부정하는 것이므로, 부정을 다시 부정하면 긍정이 된다.
  - $\overline{\overline{A}} = A$
  - $A+\overline{A}=1$ ($A=1$이면 $\overline{A}=0$, $A=0$이면 $\overline{A}=1$, 따라서 $A+\overline{A}$는 항상 1)
  - $A \cdot \overline{A}=0$ ($A=1$이면 $\overline{A}=0$, $A=0$이면 $\overline{A}=1$, 따라서 $A \cdot \overline{A}$는 항상 0)

⑦ 드 모르간(De Morgan)의 정리
  - 두 개 이상의 변수가 함께 부정으로 묶여 있을 때 이들을 개별적으로 분리하는 경우와 이것과 반대되는 경우에 대한 정리이다.
  - 드 모르간의 제1법칙 : $\overline{A+B}=\overline{A} \cdot \overline{B}$
  - 드 모르간의 제2법칙 : $\overline{AB}=\overline{A}+\overline{B}$

670 자동차용 금속판을 생산하는 한 회사에서 공정능력을 분석하기 위하여 랜덤으로 60개의 표본을 추출하여 두께를 측정하였다. 금속판의 두께에 대한 규격은 $USL = 3(\text{mm})$, $LSL = 2(\text{mm})$이다.

1 측정 결과 표본 표준편차가 $s = 0.177$이라고 할 때, 공정능력지수 C_p의 추정치를 계산하시오.

2 이 회사에서 새로운 설비 도입 후 60개의 표본을 추출하였더니 $s = 0.121$이었다. 새로운 설비 도입 후 공정능력이 향상되었는지를 판단하시오.

[풀이] **1** 통상적으로 $n \geq 30$일 때 시료표준편차(s)는 σ로 취급할 수 있다.

$$C_p = \frac{USL - LSL}{6s} = \frac{3-2}{6 \times 0.177} = 0.94 (3등급) : 공정능력이 부족$$

2 $C_p = \dfrac{USL - LSL}{6s} = \dfrac{3-2}{6 \times 0.121} = 1.38 (1등급) : 공정능력이 충분$

새로운 설비 도입 후 공정능력이 향상(3등급 → 1등급)

671 열처리 공정에서 품질특성인 경도(Hr)를 구하기 위해 2개 라인에서 15개씩 측정하여 데이터를 얻었다. 품질산포인 분산 검정과 $\sigma_A^2 = \sigma_B^2$이라는 가정하에서 $\alpha = 0.05$로 평균치가 다른지 검정과 구간추정을 하시오. (단, 수치표는 $F_{0.95}(15,15) = 2.40$, $F_{0.975}(15,15) = 2.86$, $F_{0.99}(15,15) = 3.52$, $t_{0.95}(30) = 1.697$, $t_{0.975}(30) = 2.042$, $t_{0.99}(30) = 2.457$)

라인	측정 데이터								평균	표준편차
A	49.7	50.2	49.8	50.6	56.6	51.1	53.8	52.8	52.0	1.90
	54.5	51.8	50.8	52.0	50.3	52.4	53.6	52.0		
B	45.3	48.2	47.2	48.0	54.0	48.1	49.1	48.5	48.4	1.84
	48.0	48.1	46.5	48.7	48.1	50.1	48.6	47.5		

[풀이] (1) 두 집단 모평균차에 관한 검정

1) 가설의 설정

$H_0 : \mu_A = \mu_B$, $H_1 : \mu_A \neq \mu_B$

2) 유의수준 설정

$\alpha = 0.05$, σ미지, $n_A = n_B = 16$, $S_A = (1.90)^2 \times 15 = 54.15$,

$S_B = (1.84)^2 \times 15 = 50.78$, $\bar{x}_A = 52.0$, $\bar{x}_B = 48.4$

3) 검정통계량 계산

$$|t_0| = \frac{|\overline{x}_A - \overline{x}_B|}{\sqrt{V\left(\frac{1}{n_A} + \frac{1}{n_B}\right)}} = \frac{|52.0 - 48.4|}{\sqrt{3.50\left(\frac{1}{16} + \frac{1}{16}\right)}} = 5.44$$

$$V = \frac{S_A + S_B}{n_A + n_B - 2} = \frac{54.15 + 50.78}{16 + 16 - 2} = 3.50$$

4) 기각역 설정

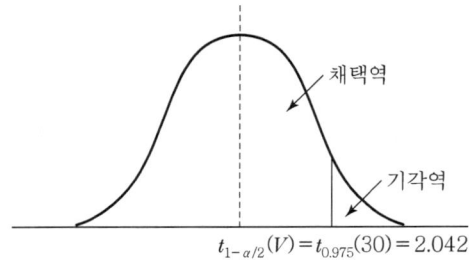

$t_{1-\alpha/2}(V) = t_{0.975}(30) = 2.042$

5) 판정

$|t_0| = 5.44 > t_{0.975}(30) = 2.042$ 이므로 H_0 기각

즉, 2개 라인의 평균치가 다르다고 할 수 있다.

(2) 두 집단 모평균차에 관한 추정

$$\mu_A - \mu_B = (\overline{x}_A - \overline{x}_B) \pm t_{1-\alpha/2}(v)\sqrt{V\left(\frac{1}{n_A} + \frac{1}{n_B}\right)}$$

$$= (52.0 - 48.4) \pm t_{0.975}(30)\sqrt{3.50\left(\frac{1}{16} + \frac{1}{16}\right)}$$

$$= 3.6 \pm (2.042)\sqrt{3.50\left(\frac{1}{16} + \frac{1}{16}\right)} = 3.6 \pm 1.35(2.25,\ 4.95)$$

672 수천 개의 조명용 형광등이 있는 대형 건물에서는 형광등이 나가는 것을 그때마다 찾아서 새것으로 바꾸기는 매우 번거롭고 비용이 많이 들어 일정주기마다 새것으로 바꾸는 방식을 채택하는 것이 보통이다. 형광등의 수명이 평균 5,000시간, 표준편차가 350시간인 정규분포를 따른다고 할 때, 사용 중에 나가는 형광등이 5% 미만이 되도록 하려면 교체주기를 몇 시간으로 해야 하는지 계산하시오. (단, $Z_{0.90} = 1.282$, $Z_{0.95} = 1.645$, $Z_{0.975} = 1.960$, $Z_{0.99} = 2.326$)

풀이 구하고자 하는 시간을 t라 하면

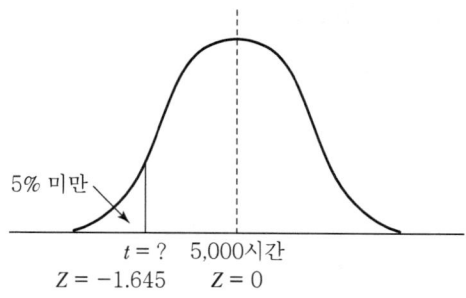

$p(x<t)=0.05$
$=p\left[\left(\dfrac{x-\mu}{\sigma}\right)<\left(\dfrac{t-5,000}{350}\right)\right]=0.05,\ =p\left[z<\left(\dfrac{t-5,000}{350}\right)\right]=0.05$
$z_{0.95}=1.645,\ z_{0.05}=-1.645$이므로,
$\left(\dfrac{t-5,000}{350}\right)=-1.645,\ t=5,000-(1.645\times 350)=4,424.25$시간

즉, 사용 중에 나가는 형광등이 5% 미만이 되도록 하려면 교체주기를 4,425.25시간으로 해야 한다.

673 동박을 생산하는 공장에서 신 설비를 도입하여 최적 운전조건을 설정하는 데 영향을 주는 원인변수의 인자는 A(촉매), B(온도), C(속도), D(압력), E(동성분), F(이송량)의 6개이고 교호작용 요인은 A×B, A×E, B×D의 3개이다. 2 수준으로 실험을 설계하고자 할 때 직교배열표(직교표 : $L_a(3^c)$)로 물음에 답하시오.

1 직교 배열표(직교표) 실험 중 적합한 최소실험 배치는 어떤 표준 직교표인지와 총 실험 횟수와 요인수 및 총 자유도를 쓰시오.

2 3수준계 직교배열표에 실험인자를 다음 열에 배치했을 때 3개의 교호작용(A×B, A×E, B×D)을 기본표시를 이용하여 해당 열에 배치하시오.

인자	A	B			E	D	C			F			e (오차)
열	1	2	3	4	5	6	7	8	9	10	11	12	13
기본 표시	a	b	ab	ab^2	c	ac	ac^2	bc	abc	ab^2c^2	bc^2	ab^2c	abc^2

3 3수준계의 표준 직교배열표에서 인자의 변동(제곱합)을 구하는 공식을 쓰시오.

[풀이] **1** ① 3수준계 직교배열표 : $L_{3^m}2^{\frac{3^m-1}{2}}$, $m=3$, $L_{27}3^{13}$

② 총 실험횟수 : 27회, 요인수 : 9(A, B, C, D, E, F, A×B, A×E, B×D),

③ 총 자유도 : 26

2 $A \times B = a \times b = ab$(3열)

$\quad = a \times b^2 = ab^2$(4열)

$A \times E = a \times c = ad$(6열)

$\quad = a \times c^2 = ac^2$(7열)

$B \times D = b \times ac = abc$(9열)

$\quad = b \times (ac)^2 = ba^2c^2 = (ba^2c^2)^2 = a^4b^2c^4 = ab^2c$(12열)

3 변동 $= \dfrac{1}{\dfrac{3^m}{3}}[($1수준 데이터 합$)^2 + ($2수준 데이터 합$)^2 + ($3수준 데이터 합$)^2] - CT$

674 동박을 생산하는 공장에서 신설비를 도입하여 포일 두께(y)에 대해 최적 운전조건을 설정하는 데 영향을 주는 원인변수 중 제어인자는 ∈A(촉매량), B(용해온도), C(속도), D(Cu 성분), 교호작용은 $A \times B$, $B \times D$, 신호인자는 S(압하량), 잡음인자(N)는 외부온·습도 등이다. 표준직교표 $L_8(2^7)$인 품질특성을 망목특성으로 실험 설계하고자 할 때 아래의 실험 데이터를 이용하여 다음 물음에 답하시오.(단, 소수점 2자리까지 구하시오)

인자명	A 촉매	B	C	D	e	N		포일 두께 ($\hat{y}$)	포일 두께 (s)	망목 20log ($\hat{y}/s$)
		온도	속도	성분	오차	외기 온	습도			
1수준	3	500	2.5	0.5		26	50			
2수준	5	600	4.5	0.8		60	95			
열번호	1	2	3	4	5	6	7	Y_1	Y_2	
1	1	1	1	1	1	1	1	2.51	2.65	2.58	0.10	28.32
2	1	1	1	2	2	2	2	1.98	2.58	2.28	0.42	14.61
3	1	2	2	1	1	2	2	3.23	3.98	3.61	0.53	16.65
4	1	2	2	2	2	1	1	3.19	4.23			
5	2	1	2	1	2	1	2	4.32	4.68	4.50	0.25	24.95
6	2	1	2	2	1	2	1	2.98	3.78	3.38	0.57	15.53
7	2	2	1	1	2	2	1	2.39	2.67	2.53	0.20	22.13
8	2	2	1	2	1	1	2	2.88	3.09	2.99	0.15	26.06
기본 표시	a	b	ab	c	ac	bc	abc			

1 4행의 SN비의 계산식을 쓰고 구하시오.

2 교호작용 $A \times B$, $B \times D$의 (a), (b) 칸을 채우시고 요인별 순위를 적으시오.

구분	A 촉매	B 온도	C 속도	D 성분	(a)	(b)	e 오차
열번호	1	3	4	6			7
1수준	73.63	91.12	92.05	93.39			80.03
2수준	88.67	71.18	70.25	68.91			82.27
합계	162.3	162.3	162.3	162.3			162.3
차이	15	19.94	21.8	24.48			2.2
순위							

3 전체 요인 중 유의한 인자는 A, B, C, D, $B \times D$일 때 최적조합수준을 구하고 SN비를 점 추정하시오.

a) 최적수준기호와 수준 값을 기재하시오.

b) 최적조합수준의 점 추정식을 쓰고 구체적인 값을 기록하시오.

c) 표본 평균이 3mm, 허용차(Δ)=±0.5mm이고, A=1,000원일 때 손실함수[$L_{(y)}$] 식을 쓰고 계산하시오.

풀이

1 망목특성 $SN = 20\log\left(\dfrac{\overline{y}}{s}\right)$

4행 $SN비 = 20\log\left(\dfrac{3.71}{0.74}\right) = 14.05$

2 $A \times B$ 교호작용은 A열 성분 a, B열 성분 ab

$A \times B$가 나타나는 열은 $a \cdot ab = a^2b = b$(2열)

2열의 SN비 1수준 = 28.32 + 14.61 + 24.95 + 15.53 = 83.41

2수준 = 16.65 + 14.05 + 22.13 + 26.06 = 78.89

$B \times D$ 교호작용은 B열 성분 ab, D열 성분 bc

$B \times D$가 나타나는 열은 $ab \cdot bc = ab^2c = ac$(5열)

5열의 SN비 1수준 = 28.32 + 16.65 + 15.53 + 26.06 = 86.56

2수준 = 14.61 + 14.05 + 15.53 + 22.13 = 75.74

구분	A 촉매	B 온도	C 속도	D 성분	$A \times B$	$B \times D$	e 오차
열번호	1	3	4	6	2	5	7
1수준	73.63	91.12	92.05	93.39	83.41	86.56	80.03
2수준	88.67	71.18	70.25	68.91	78.89	75.74	82.27
합계	162.3	162.3	162.3	162.3	162.3	162.3	162.3
차이	15	19.94	21.8	24.48	4.52	10.82	2.2
순위	4	3	2	1	6	5	7

③ a) $A_2 B_1 C_1 D_1$

b) $\hat{\mu}(A_2 B_1 C_1 D_1) = \mu + a_2 + \widehat{b_1 + c_1} + d_1$
$= \widehat{\mu + a_2} + \widehat{\mu + c_1} + \mu + \widehat{b_1 + d_1} + (bd)_{11} - 2\hat{\mu}$
$= (3.35 + 3.305 + 2.785) - 6.395$
$= 3.045$

c) 망목특성인 경우 $L_{(y)} = k(y-m)^2$, $k = \dfrac{A_0}{\Delta_0^2}$

$k = \dfrac{1,000}{0.5^2} = 4,000$

$y = 3$, $m = 2.58$(SN비가 가장 큰 값)

$\therefore L_{(y)} = 4,000(3-2.58)^2 = 705.6$원

675
3정 5행 활동은 현장의 낭비를 현재화시키는 활동이며, 이를 통해 철저한 낭비를 제거하고 궁극적으로 생산성을 향상시키는 데 목적이 있다. 이에 3불 제거와 현장의 7대 낭비유형의 내용을 설명하시오.

풀이 (1) 3불 제거

불필요, 불균일, 불합리를 말하며, 낭비를 없애기 위해서 추방해야 할 요소
1) 불필요 : 전혀 필요하지 않은 작업이나 동작, 설비, 제거 등
2) 불균일 : 작업 중의 산포를 말하며, 숨겨진 원인이 되어 문제로 발생
3) 불합리 : 자연을 역행하는 것(부자연스러운 자세, 단순 반복작업)

(2) 현장의 7대 낭비 유형
　　1) 과잉생산의 낭비 : 주로 빨리 과잉생산함으로써 생기는 낭비
　　2) 대기의 낭비 : 작업자의 업무대기
　　3) 운반의 낭비 : 필요 이상의 운반거리
　　4) 가공의 낭비 : 공정의 진행, 가공의 정밀도에 관계없는 가공
　　5) 재고의 낭비 : 과잉생산은 제품, 부품, 제작 중인 물건의 재고를 늘림
　　6) 동작의 낭비 : 작업자는 열심히 하지만, 부가가치 향상으로 연결되지 않는 동작이 있음
　　7) 불량의 낭비 : 공정에서 불량이 만들어지면, 사용된 인건비, 재료비, 경비가 낭비되는
　　　　것뿐만 아니라 생산능력도 저하

676 주요 품질특성(CTQ)인 내경(y)을 MSA한 후 측정 데이터를 100개 수집한 결과 관리상태하에서 평균은 60mm이고 단기(Short Term)변동의 모 표준편차 $\sigma_{ST}=1.0$mm이며 전체 변동의 모 표준편차는 $\sigma_{LT}=2.0$mm이다. 규격은 61±5일 때 관리력과 기술력을 4상한으로 나누어 현재 내경 품질수준 위치를 해석하시오.(단, 소수점 2자리까지 구하시오)

1 기술력(Z_{ST} : Short Term 시그마 수준, Z_k)을 구하시오.
2 전체품질수준(Z_{LT} : Long Term 시그마 수준, Z_k)을 구하시오.
3 관리력(Z_{Shift})을 구하시오.
4 4블록 다이어그램을 작성하고 내경(y)의 현재 품질수준이 어느 위치에 있는지 해석하시오.

풀이 **1** $C_p = \dfrac{S_U - S_L}{6\sigma_{ST}} = \dfrac{66-56}{6 \times 1} = 1.67$

　　시그마 수준 $= 3 \times C_p = 3 \times 1.67 = 5.01$

2 $P_p = \dfrac{S_U - S_L}{6\sigma_{LT}} = \dfrac{66-56}{6 \times 2} = 0.83$

　　$k = \dfrac{|M - \overline{x}|}{\dfrac{T}{2}} = \dfrac{|61-60|}{\dfrac{10}{2}} = 0.2$

　　$P_{pk} = (1-k)P_p = (1-0.2) \times 0.83 = 0.66$

　　시그마 수준 $= 3 \times P_{pk} = 3 \times 0.66 = 1.98$

3 $Z_{Shift} = Z_{ST} - Z_{LT}$
　　　　　$= 5.01 - 1.98 = 3.03$

④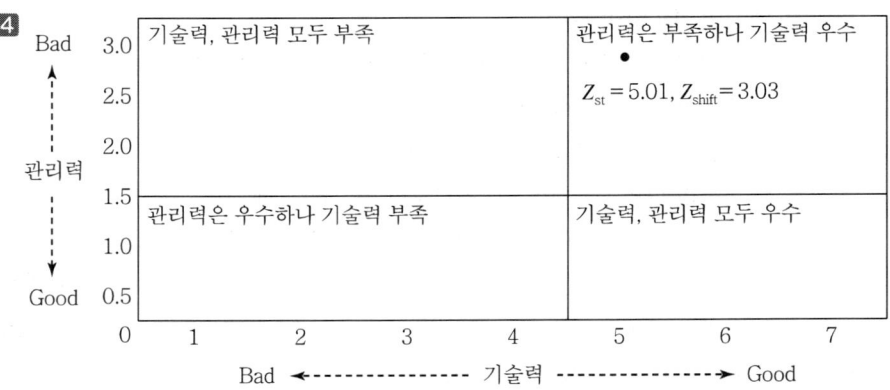

관리력은 부족하나 기술력은 우수하다.

677 어떤 원사의 생산공정에서 반응온도의 변화에 따라서 원시제품의 강도가 어떤 변화를 하고, 또한 어떤 온도의 수준에서 가장 높은 강도를 주는가를 알아보기 위한 실험을 하였다. 반응온도를 인자로 수준(A_1 : 60℃, A_2 : 65℃, A_3 : 70℃, A_4 : 75℃)을 취하고 각 온도에서 3회씩 반복하여 전체 12회 실험을 랜덤한 순서로 행하였다. 그 결과로 아래 표와 같은 데이터를 얻었다. 이를 바탕으로 분산분석표를 작성하시오.

	인자의 수준				
	A_1	A_2	A_3	A_4	
실험의 반복	8.2	8.6	9.3	8.9	
	8.0	8.8	9.4	8.9	
	8.4	8.7	9.8	8.6	
합계	$T_{1.}=24.6$	$T_{2.}=26.1$	$T_{3.}=28.5$	$T_{4.}=26.4$	$T=105.6$
평균	$\overline{x_{1.}}=8.2$	$\overline{x_{2.}}=8.7$	$\overline{x_{3.}}=9.5$	$\overline{x_{4.}}=8.8$	$\overline{\overline{x_{i.}}}=8.8$

요인	제곱합	자유도	평균제곱	F_0
A	$S_A=$	$\phi_A=$	$V_A=$	$F_0=$
E	$S_E=$	$\phi_E=$	$V_E=$	
T	$S_T=$	$\phi_T=$		

[풀이] (1) 변동의 계산

$$CT = \frac{T^2}{N} = \frac{105.6^2}{12} = 929.28$$

$$S_T = \sum\sum X_{ij}^2 - CT = (8.2^2 + \cdots + 8.6^2) - 929.28 = 2.88$$

$$S_A = \sum \frac{T_{i\cdot}^2}{r} - CT = \frac{24.6^2 + 26.1^2 + 28.5^2 + 26.4^2}{3} - CT = 2.58$$

$$S_e = S_T - S_A = 2.88 - 2.58 = 0.3$$

(2) 자유도 계산

$v_A = l-1 = 4-1 = 3$

$v_T = lr-1 = (4 \times 3) - 1 = 11$

$v_e = v_T - v_A = 11 - 3 = 8$

(3) 평균제곱 계산

$$V_A = \frac{S_A}{\nu_A} = \frac{2.58}{3} = 0.86, \quad V_e = \frac{S_e}{\nu_e} = \frac{0.3}{8} = 0.0375$$

(4) 검정통계량 계산

$$F_0 = \frac{V_A}{V_e} = \frac{0.86}{0.0375} = 22.93$$

요인	제곱합	자유도	평균제곱	F_0
A	$S_A = 2.58$	$\phi_A = 3$	$V_A = 0.86$	$F_0 = 22.93$
E	$S_E = 0.3$	$\phi_E = 8$	$V_E = 0.0375$	
T	$S_T = 2.88$	$\phi_T = 11$		

678 제조공정에서 Aging 시간(x)과 휘도 특성(y)의 관계를 알기 위해 다음과 같은 측정 데이터를 얻었다. 이 데이터에 대하여 직선회귀식을 구하고 분산분석을 한 후 유의차 검정과 결정계수(r^2)를 계산하시오. (단, $\alpha = 0.05$ $F_{0.95}(1,3) = 10.1$)

Aging 시간(x)	2	3	4	5	6
휘도 특성(y)	4	7	6	8	10

[풀이] (1) 직선회귀식

x	2	3	4	5	6	$\sum x = 20$	$\bar{x} = 4$
y	4	7	6	8	10	$\sum y = 35$	$\bar{y} = 7$
x^2	4	9	16	25	36	$\sum x^2 = 90$	
y^2	16	49	36	64	100	$\sum y^2 = 265$	
xy	8	21	24	40	60	$\sum xy = 153$	

$$S_{(xx)} = \sum x^2 - \frac{(\sum x)^2}{n} = 90 - \frac{20^2}{5} = 10$$

$$S_{(yy)} = \sum y^2 - \frac{(\sum y)^2}{n} = 265 - \frac{35^2}{5} = 20$$

$$S_{(xy)} = \sum xy - \frac{\sum x \sum y}{n} = 153 - \frac{20 \times 35}{5} = 13$$

$$\hat{\beta_1} = \frac{S_{(xy)}}{S_{(xx)}} = \frac{13}{10} = 1.3$$

$$\hat{y} - \bar{y} = \hat{\beta_1}(x - \bar{x}) \quad \hat{y} - 7 = 1.3(x - 4)$$

$$\hat{y} = 1.3x + 1.8$$

(2) 분산분석 및 유의차 검정

$$S_R = \frac{(S_{(xy)})^2}{S_{(xx)}} = \frac{13^2}{10} = 16.9$$

$$S_{(y/x)} = S_{(yy)} - S_R = 20 - 16.9 = 3.1$$

요인	SS	DF	MS	F_0	$F_{(0.05)}$
회귀	16.9	1	16.9	16.41*	10.1
잔차	3.1	3	1.03		
T	20	4			

위의 결과에서 $F_0 = 16.41 > F_{0.95}(1,3) = 10.1$이므로, 회귀직선은 유의하며, 휘도특성은 시간에 따라서 영향을 받는다고 볼 수 있다.

(3) 결정계수(기여율)

$$r^2 = \frac{S_R}{S_{(yy)}} = \frac{16.9}{20} = 0.845$$

총 변동 중에서 회귀선에 의하여 설명되는 변동이 84.5%이다.

679 TPM의 정의와 8대 항목의 간략한 추진목표를 설명하시오.

풀이 (1) TPM의 정의
① 생산시스템 효율화의 극한 추구(종합적 효율화)로 기업체질 구축을 목표로 하여
② 생산시스템의 라이프 사이클 전체를 대상으로 한 재해 '0', 불량 '0', 고장 '0' 등, 모든 Loss를 미연에 방지하는 체제를 현장, 현물에 구축하고
③ 생산부문을 비롯하여 개발, 영업, 관리 등 모든 부문에 걸쳐서
④ Top으로부터 제일선 종업원에 이르기까지 전원이 참가하여
⑤ 중복 소집단 활동에 의해 Loss Zero를 달성하는 것을 말한다.

(2) TPM 8대 항목의 추진목표
① 자주보전 : 내설비 지키기(My Machine 개념 함양), 설비 기본조건 준수, 설비에 강한 운전원 육성
② 개별 개선 : 불합리 개선 및 Loss 개선에 의한 생산 효율화
③ 계획보전 : 정기보전 및 예지보전으로 가동성 고도화
④ TPM 교육훈련 : TPM 마인드 함양, 보전스킬 향상
⑤ MP 초기관리 : 도입신설비의 합리적 MP 설계
⑥ 품질보전 : 품질 불량이 나지 않도록 설비의 조건 설정 및 관리
⑦ 안전환경 : 무재해 달성, 공해 제로
⑧ 사무효율화 : 사무생산성 향상 및 사무환경 개선

680 린 6시그마의 법칙을 마이크 조지(Mike George)는 5가지로 제시하였다. 이를 설명하시오.

풀이 (1) 시장의 법칙
고객의 요구가 최우선 고려되어야 하며 고객의 가치를 어떻게 정의하는가에 따라 부가가치 활동과 낭비를 판단하는 기준이 달라진다.

(2) 유연성의 법칙
프로세스의 속도는 프로세스의 유연성에 비례한다. 이를 위해 린 6시그마에서는 타임트랩(Time Trap)을 파악하고 문제점을 개선하여 순가치흐름(Value Stream)을 구축한다.

(3) 집중의 법칙
프로세스가 느려지는 이유 중 80%가 전체 업무의 20%에 불과한 업무, 즉 병목공정 때문이므로 분석을 통해 병목공정을 파악하여 집중적으로 개선해야 한다.

(4) 스피드 법칙

프로세스의 속도를 전체 재공품 재고(WIP ; Work in Process)의 양과 반비례하는 것으로 부가가치 활동만으로 이루어진 프로세스에도 업무 사이사이 WIP가 존재한다면 여전히 느린 프로세스인 것이다.

(5) 복잡성과 비용의 법칙

복잡한 활동은 속도와 품질을 떨어뜨리고 비용과 WIP를 늘린다. 따라서 다양한 제품과 서비스를 제공하는 프로세스를 단순화는 것이 필요하다.

681 TQM이 성공하기 위한 기본요소 3가지를 간단히 요약하시오.

풀이
(1) 고객우선
(2) 지속적인 개선
(3) 전원참여

682 최근 자동인식시스템은 서비스산업, 구매 및 유통, 재고관리산업 분야, 제조업 및 자재유통 등 다양한 분야에서 보편화되어 가고 있다. 제품에 부착된 칩의 정보를 주파수를 이용해 읽고 쓸 수 있는 무선주파수 인식으로 사람, 상품, 차량 등을 비접촉으로 인식하는 기술을 무엇이라 하는가?

풀이 RFID(Radio Frequency Identification)

683 로버스트한 제품/공정을 만들기 위한 인자의 수준을 최적화하는 실험설계에서 사용되는 방정식이며, 로버스트 설계문제를 최적 설계문제에 적용할 때, 목적함수가 되는 척도를 무엇이라 하는가?

풀이 SN비

684 부적합 판정을 받아 전수검사를 거친 로트는 부적합품이 완전하게 제거되므로 전수선별을 거치지 않고 합격한 로트가 포함되었다 하더라도 이들의 평균부적합품률은 검사 전의 부적합품률에 비하여 낮아진다.

 ① 이러한 검사 후의 평균부적합품률을 무엇이라 하는가?
 ② 그리고 이것의 최대값을 무엇이라 하는가?

  [풀이] ① 평균출검품질(AOQ ; Average Outgoing Quality)
       ② 4평균출검품질한계(AOQL ; Average Outgoing Ouality Limit)

685 두 모집단의 분산이 같지 않은 경우, 두 모평균 차의 검정 시 자유도(ν) 산출식을 쓰시오.

  [풀이] $\nu^*(\text{등가자유도}) = \dfrac{\left(\dfrac{V_1}{n_1}+\dfrac{V_2}{n_2}\right)^2}{\dfrac{\left(\dfrac{V_1}{n_1}\right)^2}{\nu_1}+\dfrac{\left(\dfrac{V_2}{n_2}\right)^2}{\nu_2}}$

686 데밍이 지적한 7가지 치명적 병폐에 대해 기술하시오.

  [풀이] (1) 일괄된 목적의식 결여   (2) 단계적 이익만을 중시
       (3) 성과평가, 근무평가 또는 연간 업적 평가   (4) 관리자의 잦은 교체
       (5) 가시적 수치에만 의존하는 기업경영   (6) 과도한 의료비 지출
       (7) 과도한 제품 책임비용

687 벤치마킹의 행동강령 8가지를 기술하시오.

  [풀이] (1) 합법성의 원리(Principle of Legality)
       (2) 상호 교환의 원리(Principle of Exchange)
       (3) 비밀보호의 원리(Principle of Confidentiality)
       (4) 사용의 원리(Principle of Use)
       (5) 상대방 접촉의 원리(Principle of First-party Contract)
       (6) 제3자 접촉의 원리(Principle of Third-party Contract)
       (7) 준비의 원리(Principle of Preparation)
       (8) 완료의 원리(Principle of Completion)

688 SERVQUAL의 5개 차원과 각각의 정의를 간단히 쓰시오.

(1) 신뢰성(Reliability)
약속된 서비스를 정확하게 이행하는 능력

(2) 확신성(Assurance)
서비스 수행에 필요한 구성원들의 지식과 기술의 공유

(3) 유형성(Tangibles)
서비스 평가를 위한 외형적인 증거

(4) 공감성(Empathy)
고객을 접대하는 종업원의 친절, 배려와 공손함

(5) 대응성(Responsiveness)
고객에게 서비스를 신속하게 제공하려는 의지

689 프로세스를 기반으로 한 품질경영시스템 모델에 대해 설명하시오.

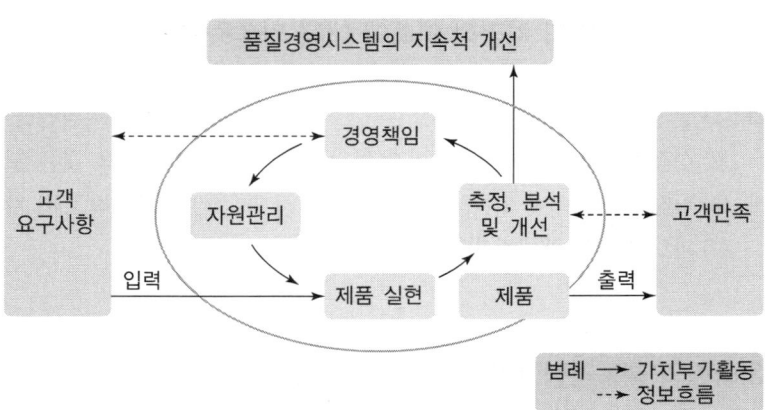

이러한 모델은 프로세스 개념으로 접근하고 있으며, PDCA 사이클을 기반으로 구성된다.
(1) 계획(Plan) : 고객요구사항 및 조직의 방침에 따라 결과를 도출하는 데 필요한 목표 및 프로세스의 수립
(2) 실시(Do) : 프로세스의 실행
(3) 검토(Check) : 방침, 목표 및 제품요구사항에 대하여 프로세스 및 제품의 모니터링, 측정 및 그 결과의 보고
(4) 조치(Action) : 프로세스 성과를 지속적으로 개선하기 위한 활동

690 Champy는 리엔지니어링에 대응하여 X-엔지니어링을 주장하였다.

1 X-엔지니어링이란 무엇인가?
2 X-엔지니어링의 3요소에 대해 설명하시오.

풀이 1 정보기술을 활용해 인터넷의 특성인 기업과 조직의 경계를 뛰어넘는 기존 프로세스의 혁신과 새로운 프로세스의 창출을 시도하는 것

2 1) 프로세스(Process)
집합적인 성격을 띠기 때문에 기업뿐만 아니라 고객, 공급업체, 유통업자, 협력자와 경쟁자까지 모두 포괄, 기업경영에는 이들 모두가 필요

2) 핵심제안(Proposition)
고객에게 제시하는 기업의 핵심제안은 획기적인 경영성과를 거둘 수 있는지를 가늠하는 중요한 근거

3) 참여수준(Participation)
기업이 자기회사의 모든 프로세스를 따져보고 핵심제안을 확인했다면, 이제 누가 X-엔지니어링에 참여할지를 정해야 한다.

691 품질의 집(House of Quality)을 구성하는 6가지 요소를 쓰시오.

풀이 (1) 고객의 요구 (2) 계획 매트릭스
(3) 기술적 반응 (4) 상관관계
(5) 기술적 반응 간 상관관계 (6) 기술적 매트릭스

692 Pascal과 Athos는 전사적 서비스 품질 향상을 위해 기업문화가 매우 중요하다고 강조하고 있다. 기업문화의 구성요소 7S를 쓰시오.

풀이 (1) 공유가치(Share value) (2) 전략(Strategy)
(3) 구조(Structure) (4) 관리시스템(System)
(5) 구성원(Staff) (6) 기술(Skill)
(7) 리더십 스타일(Style)

693 관리도의 관리한계는 3σ법을 채택하고 있다. 다음 $\overline{X}-R$ 관리도의 관리한계식 근거를 제시하시오.

1 $\overline{X}$ 관리도

① $\overline{\overline{x}} \pm A\sigma$ ② $\overline{\overline{x}} \pm A_1 \overline{s}$ ③ $\overline{\overline{x}} \pm A_2 \overline{R}$

2 R 관리도

① $UCL = D_2\sigma$ ② $LCL = D_1\sigma$ ③ $UCL = D_4\overline{R}$ ④ $LCL = D_3\overline{R}$

[풀이] **1** ① σ기지(공정관리용)

$$E(\overline{x}) \pm 3D(\overline{x}) = \overline{\overline{x}} \pm 3\sigma_{\overline{x}} = \overline{\overline{x}} \pm 3\frac{\sigma}{\sqrt{n}} = \overline{\overline{x}} \pm A\sigma \left(\text{단}, A = \frac{3}{\sqrt{n}}\right)$$

② σ미지(공정해석용)

$$E(\overline{x}) \pm 3D(\overline{x}) = \overline{\overline{x}} \pm 3\frac{\hat{\sigma}}{\sqrt{n}} = \overline{\overline{x}} \pm 3\frac{1}{\sqrt{n}}\frac{\overline{s}}{c_2} = \overline{\overline{x}} \pm A_1\overline{s} \left(\text{단}, A_1 = \frac{3}{c_2\sqrt{n}}\right)$$

③ σ미지(공정해석용)

$$E(\overline{x}) \pm 3D(\overline{x}) = \overline{\overline{x}} \pm 3\frac{\hat{\sigma}}{\sqrt{n}} = \overline{\overline{x}} \pm 3\frac{1}{\sqrt{n}}\frac{\overline{R}}{d_2} = \overline{\overline{x}} \pm A_2\overline{R} \left(\text{단}, A_2 = \frac{3}{d_2\sqrt{n}}\right)$$

2 ① σ기지(공정관리용)

$$E(\overline{R}) + 3D(\overline{R}) = d_2\sigma + 3d_3\sigma = (d_2 + 3d_3)\sigma = D_2\sigma \ (\text{단}, D_2 = d_2 + 3d_3)$$

② σ기지(공정관리용)

$$E(\overline{R}) - 3D(\overline{R}) = d_2\sigma - 3d_3\sigma = (d_2 - 3d_3)\sigma = D_1\sigma \ (\text{단}, D_1 = d_2 - 3d_3)$$

③ σ미지(공정해석용)

$$E(\overline{R}) + 3D(\overline{R}) = \overline{R} + 3d_3\hat{\sigma} = \overline{R} + 3d_3\frac{\overline{R}}{d_2} = \left(1 + 3\frac{d_3}{d_2}\right)\overline{R} = D_4\overline{R}$$

(단, $D_4 = 1 + 3\frac{d_3}{d_2}$)

④ σ미지(공정해석용)

$$E(\overline{R}) - 3D(\overline{R}) = \overline{R} - 3d_3\hat{\sigma} = \overline{R} - 3d_3\frac{\overline{R}}{d_2} = \left(1 - 3\frac{d_3}{d_2}\right)\overline{R} = D_3\overline{R}$$

(단, $D_3 = 1 - 3\frac{d_3}{d_2}$)

694 샘플링 검사를 전수검사에 대신하여 아주 효과적으로 사용할 수 있는 경우를 5가지만 정리하시오.

풀이 (1) 다수다량의 것으로 어느 정도 불량품이 섞여도 괜찮을 경우
(2) 검사항목이 많은 경우
(3) 불완전한 전수검사에 비하여 신뢰성 높은 결과가 얻어지는 경우
(4) 검사비용을 적게 하는 편이 이익이 되는 경우
(5) 생산자에게 품질향상의 자극을 주고 싶을 경우

695 품질비용에 대한 전통적 견해와 현대적 견해를 그림을 그려 설명하고, 또한 현대적 견해를 뒷받침하는 이유 3가지를 기술하시오.

풀이 (1) 전통적 견해 – 경제적 품질수준

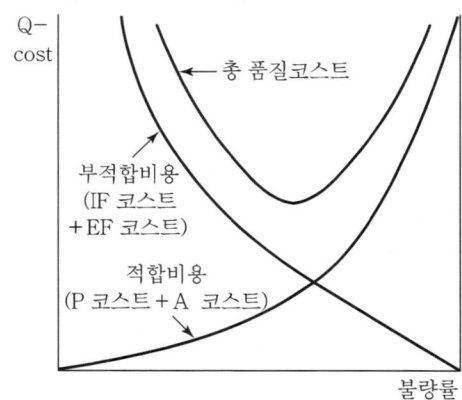

(2) 현대적 견해 – 무결점이 가장 경제적

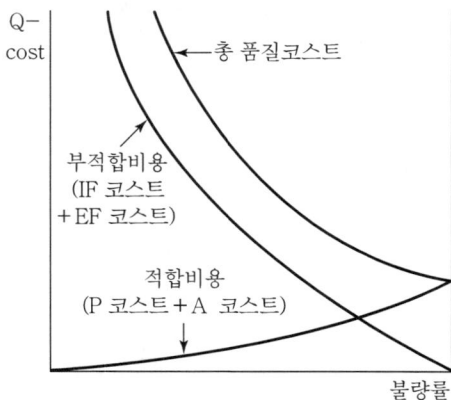

오늘날의 품질혁신의 많은 성공사례들은 품질이 개선되면 비용이 오히려 감소한다는 것을 보여주고 있다.

(3) 현대적 견해를 뒷받침하는 이유 3가지
① 점차로 향상되는 새로운 기술로 원자재 및 부품의 품질수준이 높아졌다.
② 산업로봇이나 자동화로 인간의 실수를 방지할 수 있었다.
③ 자동화된 검사로 인간의 오류를 방지할 수 있기 때문에 가능하다.

즉, 품질수준이 높아질수록 비용은 오히려 줄어든다.

696 어느 가전제품 A/S센터에서 고객이 도착하여 서비스를 받기까지 기다리는 시간은 평균 30분이며, 지수분포에 따를 경우 다음을 구하시오.

1 어떤 고객이 서비스를 받기까지 40분 이상 기다릴 확률
2 이 고객이 기다릴 평균시간과 분산

[풀이] **1** 고객 1명이 평균 30분 기다리므로, $f(t) = 0.0333e^{-0.0333t}$, $t > 0$

$$\lambda = \frac{1}{30} = 0.0333$$

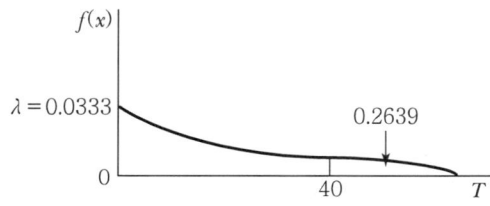

$$Pr(T \geq 40) = 1 - Pr(T \leq 40) = 1 - \int_0^{40} 0.0333 e^{-0.0333t} dt$$

$$= 1 - (1 - e^{-0.0333 \times 20}) = 0.264 \, (26.4\%)$$

즉, 어떤 고객이 서비를 받기까지 40분 이상 기다릴 확률은 26.4%

※ $Pr(T \geq \alpha) = \int_\alpha^\infty f(t)dt = \int_\alpha^\infty \lambda e^{-\lambda t} dt = e^{-\lambda \alpha}$

※ $Pr(T \leq \alpha) = \int_0^\alpha f(t)dt = 1 - e^{-\lambda \alpha}$

2 $E(T) = \frac{1}{\lambda} = \frac{1}{0.0333} = 30$분

$V(T) = \frac{2}{\lambda} = \frac{2}{0.0333} = 60.06$

697 제조물 책임(Product Liability)과 관련하여 다음 사항을 설명하시오.

1 PL이란?
2 The State of the Art란?
3 제품안전피라미드(Pyramid)
4 결함의 종류
5 시그널워드(Signal Word)의 경고 수준

풀이

1 제품책임(PL)이란 제품에 의해 발생한 인적 상해, 재산손상 또는 기타 손해에 관련된 손실을 배상하도록 생산자 또는 그 밖의 사람의 책임을 기술하는 데 사용, 제조물 책임이라고도 한다.

2 최신기술 수준으로 제품안전과 관련하여
① 설계개발 당시 자국 및 타국을 포함
② 이미 개발되었거나 그 당시 상품화에 반영되어 있는지에 대해 조사하며,
③ 이를 제품설계(제품안전설계)에 반영해야 하는 당시의 최신기술 수준으로
④ PL 문제와 관련하여 판결 시 반영되는 중요한 사항

3

책임	설계 Target	제품안전피라미드	대응방향
소비자 또는 제조자		예측 불가능한 위험	소송 시 법원이 예측 가능 판단-제조자 책임 / 예측 불가능한 판단-소비자 또는 제조자 책임
제조자	충분조건	예측 가능한 위험	Product Safety Review
제조자	필요조건	안전 관련 사례 분석	Warranty 및 주요 사례 조사
제조자	필요조건	안전 관련 업계 관행	경쟁사 Bench Marking
제조자	최소조건	안전 관련 법규	관련 법규 조사

4 1) 제조상의 결함(Manufacturing Defects) : 제조업자의 제조물에 대한 제조, 가공상의 주의의무 이행 여부에도 불구하고 제조물이 원래 의도한 설계와 다르게 제조, 가공됨으로써 안전하지 못하게 된 경우

2) 설계상의 결함(Design Defects) : 제조업자가 합리적인 대체 설계를 채용했더라면 피해 및 위험을 줄이거나 피할 수 있었음에도 대체 설계를 채용하지 아니하여 당해 제조물이 안전하지 못하게 된 경우

3) 표시상의 결함(Defective Defects) : 제조업자가 합리적인 설명, 지시, 경고, 기타의 표시를 했더라면 당해 제조물에 의하여 발생될 수 있는 피해나 위험을 줄이거나 피할 수 있었음에도 이를 하지 않은 경우

5 1) 위험 : 취급을 잘못한 경우, 사용자가 사망 또는 중상을 입는 등 고도의 위험이 예상되고 그 긴급성이 높은 경우
2) 경고 : 취급을 잘못한 경우, 사용자가 사망 또는 중상을 입는 등 위험이 예상되는 경우
3) 주의 : 취급을 잘못한 경우, 사용자가 상해를 입거나 또는 물적손해만 발생하는 위험이 예상되는 경우

698 통계적 공정관리(SPC)의 목표는 공정의 활동 상태를 객관적 데이터에 의하여 파악하고, 좋은 제품이 생산될 수 있도록 관리해줌으로써, 부적합품 제로에 도달하고 고객만족을 도모하며, 새로운 고객을 창출해 내는 것이다. 이와 같은 목표는 지속적인 공정의 개선 추구 활동으로 가능하게 되는데, 이러한 공정의 개선 추구 활동요소 4가지를 설명하시오.

풀이 (1) 설계품질에 명시되어 있는 품질규격을 만족시켜 주는가에 대하여 데이터에 의한 감시제도(Monitoring System)의 활용과 불량품질 발생에 대한 예방(Prevention)활동
(2) 프로세스에서의 품질산포의 크기를 파악하여, 품질산포의 원인을 규명하며, 품질 변동을 감소시키는 활동
(3) 프로세스에 관한 의사결정을 하기 쉽도록 객관적 정보를 제공하는 활동
(4) 교육, 훈련 및 소집단 활동에 의한 과학적 관리기법의 활용

699 품질관리에서 가장 중요한 것은 "사실에 의한 관리"를 한다는 것이다. 사실을 파악하기 위해서는 우선 데이터가 필요하다. 데이터에 의하여 올바른 판단을 하기 위해서 데이터를 적절히 처리해야 하는데, 이때 데이터를 수집하는 목적 4가지를 설명하시오.

풀이 (1) 데이터의 수집과정과 내용이 객관적으로 표준화되어야 한다.
수집 목적이 명확해야 하며, 데이터가 얻어지고 기록되며 정리되는 일련의 프로세스가 신뢰할 수 있는 절차와 방법으로 표준화되어야 한다. 이는 집단화의 과정을 말한다. 바꾸어 말하면 표준화된 방법으로 데이터를 취하면, 누가 해도 같은 결과가 얻어지게 된다는 것이다. 이 과정이 불투명하면 결국 데이터에 의한 정보 획득에 실패하기 쉽다.

(2) 데이터는 같은 종류의 데이터끼리 취급되어야 하며, 등질화의 과정이다.
서로 다른 데이터가 섞여 있는 상태에서 아무리 고급 통계적 분석방법을 구사하더라도 기대하는 양질의 정보를 얻지 못한다. 데이터를 등질화 하기 위한 착안사항으로는 기간별, 기계장치별, 방법별, 작업자별, 고객별, 목적별 등으로 나누는 방법을 생각할 수 있다.

(3) 데이터를 처리하여 얻고자 하는 결과를 수량화해야 한다.

품질경영에서 가장 많이 수량화되어 취급되는 것으로 평균치와 표준편차 등이 있으며, 많은 데이터를 산술적 또는 통계적으로 처리하여 정보를 얻어내는 일이다. 수량화된 값을 사용하여 현재의 상태를 판단하기도 하고, 앞으로의 추이나 전망을 예견하기도 한다.

(4) 수량화된 값을 아는 것만으로는 충분한 정보가 못되므로, 확률화의 과정을 거친다.

현재 상태로 보아 앞으로 어떻게 될 것인가를 추측할 수 있어야 한다. 설비투자를 비롯한 대부분의 장래계획은 실로 수량화된 데이터를 얼마만큼 확률화할 수 있느냐에 달려 있다고 해도 과언이 아니다.

700 표준화의 목적과 표준화의 원리를 ISO/STACO의 기준에 의거하여 설명하시오.

[풀이] (1) 표준화의 목적
1) 제품의 단순화
2) 인간생활에서의 행위의 단순화
3) 관계자 간의 의사소통
4) 전체적인 경제
5) 안전, 건강 및 생명의 보호
6) 무역장벽의 제거

(2) 표준화의 원리
1) 단순화의 원리 : 불필요하고 복잡한 것을 합리적이고 단순하게 하는 것
2) 관련자 합의의 원리 : 관련자 모두의 상호 협력에 의해서 추진될 때만 의미가 있는 것
3) 다수이익의 원리 : 표준을 설정하면 다수 이익을 위해 소수의 희생이 필요
4) 고정의 원리 : 일정기간 고정되는 성질
5) 개정의 원리 : 표준을 일정기간 두고 검토
6) 객관성의 원리 : 제품의 특성이나 성능을 규정할 때는 제품의 특성 등에 대하여 객관적으로 규정
7) 보편성의 원리 : 특히 강제규격 등을 정할 때는 여러 사항을 유의하여 신중히 고려

701 도수표 작성 시 급의 폭을 합리적으로 결정하는 것은 아주 중요하다.

1 KS A 3251-1에 의거하여 급의 폭 결정방법을 기술하시오.
2 $\sum f = 90$으로부터 최대값 2.545와 최소값 2.502를 얻었을 경우, 급의 폭을 결정하시오.

[풀이] **1** 급의 수(k), 급의 폭(h) 결정은 H.A Struges 법으로 하는 것이 일반적이다.

① 급의 수(k) = $1 + \dfrac{\log n}{\log 2} = 1 + 3.3\log n$ (단, 소수점 이하 올림의 정수값을 취한다.)

② 급의 폭(h) = $\dfrac{x_{\max} - x_{\min}}{k}$

2 급의 수(k) = $1 + 3.3\log n = 1 + 3.3\log 90 = 7.449000281 ≒ 8$

급의 폭(h) = $\dfrac{x_{\max} - x_{\min}}{k} = \dfrac{2.545 - 2.502}{8} = 0.005375$

702 6 Sigma와 싱글 PPM의 추진단계를 쓰고, 각각의 특징과 장단점에 대해 비교 설명하시오.

[풀이] (1) 6시그마와 싱글 PPM의 추진단계

단계	Single PPM		6시그마	
	활동단계	주요 활동내용	활동단계	주요 활동내용
1	Scope (범위선정)	• 사전준비 • 대상품목 선정 • 프로젝트 선정 • 마스터 플랜 작성	Define (문제의 정의)	• 주요 고객 정의 • 고객요구사항 파악(CTQ) • 개선프로젝트 선정
2	Illumination (현상파악)	• 불량유형 분석 • 품질기능 전개 • 개선항목 설정 • 공정현황조사 • 측정시스템 분석	Measure (측정)	• 벤치마킹 • 부적합 정량화 • 프로세스 맵핑
3	Nonconformity Analysis (원인분석)	• 분석용 데이터 수집 • 변동요인 추출 • 핵심요인 결정	Analyze (분석)	• 부적합 원인규명 • 잠재원인에 대한 자료 확보 • 치명원인 도출
4	Goal (목표설정)	• 개선단계 설정 • 단계별 목표치 설정(PPM) • 현황판 부착	Improve (개선)	• 프로세스 개선방법 모색 • 브레인스토밍 • 최적해 도출이 가능한 해결방법의 실험적 실시
5	Level up (개선)	• 대책 수립 • 대책 실시 • 평가 • 표준화		
6	Evaluation (평가)	• 완료평가 • 사후관리 • 확산전개	Control (관리)	• 개선프로세스의 지속적 방법 모색 • 표준화 • 모니터링

(2) 6시그마와 싱글 PPM 의 특징과 장단점 비교 설명

6시그마	Single PPM
1. 미국에서 시작된 품질혁신운동으로 인증을 부여하는 운동이 아니다. 2. 대기업들이 주요 대상기업이다. 3. 프로세스 산포관리에 초점이 있으며, 프로세스 최적화를 중시한다. 4. 설계단계부터 6시그마 제품을 만들어 고객만족을 근본적으로 유도한다. 5. 벨트제도(BB/GB)에 의한 프로젝트 활동과 CFT에 의한 소집단 활동을 장려하고, DMAIC, DIDOV 등의 사이클을 활용한다. 6. 벨트제도를 운영하며 BB와 같은 품질전문가를 둔다.	1. 국내에서 만들어진 품질혁신운동으로 인증을 부여한다. 2. 중소협력체와 그의 모기업이 주요 대상기업이다. 3. 불량률 제로화에 초점이 있으며 검사결과를 중시한다. 4. 사외 클레임을 최소화하고 A/S를 통한 고객만족을 실현하여 고객만족을 근본적으로 유도한다. 5. 분임조활동, 제안제도 등 TQC, TQM 등의 품질경영활동을 장려하고, PDCA 사이클을 활용한다. 6. 별도의 제도를 운영하지 않고 품질전문가를 두지 않는다.

703 KS표시 인증제도와 ISO 9001 인증제도에 대해 다음 사항을 설명하시오.

1 각각의 운영제도(관련법규, 인증대상, 추진조직)

2 심사항목과 요구사항

3 인증 취득 절차

4 인증 취득을 위해 충족시켜야 할 수준

[풀이] **1** 1) KS 인증제도
   ① 관련법규 : 산업표준화법
   ② 인증대상 : 소비자 보호를 위해 필요하고 다른 산업에 영향이 있는 광공업품 및 서비스(주로 제조업)
   ③ 추진조직 : 품질 관련 부서

2) ISO 9000 인증제도
   ① 관련법규 : 품질경영 및 공산품안전관리법
   ② 인증대상 : 산업 및 서비스 전 분야
   ③ 추진조직 : 품질 관련 부서

2 1) KS 인증제도
   ① 표준화 일반   ② 자재의 관리
   ③ 공정관리   ④ 제품의 품질관리
   ⑤ 제조설비의 관리   ⑥ 검사설비의 관리

2) ISO 9000 인증제도
  ① 품질경영시스템   ② 경영자책임
  ③ 자원관리   ④ 제품실현
  ⑤ 측정, 분석 및 개선

3 1) KS 인증제도 : 공장심사 → 제품심사
   2) ISO 9000 인증제도 : 예비심사 → 문서심사 → 현장심사 → 확인심사

4 1) KS 인증제도
   ① 평균점수 80점 이상이면 합격
   ② 해당 제품검사에서 품질 합격

   2) ISO 9000 인증제도
   경부적합 또는 중부적합의 시정조치 확인

704
계량규준형 1회 샘플링 검사에서 로트의 부적합품률을 보증하는 경우, 표준편차(σ)를 알고 있을 때와 모르고 있을 때의 샘플링 검사방식의 차이점을 수식으로 정리하여 설명하시오.

풀이 로트의 부적합품률을 보증하는 경우
(1) σ 기지
$$n = \left(\frac{k_\alpha + k_\beta}{k_{p0} - k_{p1}}\right)^2$$
(2) σ 미지
$$n = \left(1 + \frac{k^2}{2}\right)\left(\frac{k_\alpha + k_\beta}{k_{p0} - k_{p1}}\right)^2$$

705
지수분포를 갖는 전자부품의 고장률 $\lambda = 0.01$일 때, 2개의 동일한 부품으로 이루어진 대기구조에서 $t = 20$에서의 신뢰도를 구하시오. (단, 소수점 이하 4자리까지 구하시오.)

풀이 $\lambda_1 = \lambda_2 = \lambda$인 경우에 주 부품 한 개인 경우보다 MTBFs는 2배 증가하고, Rs는 $(1 + \lambda T)$배가 증가한다.
$$Rs = e^{-\lambda T}(1 + \lambda T) = e^{-0.01 \times 20}[1 + (0.01 \times 20)] = 0.9825\,(98.25\%)$$

706 싱글 PPM 품질혁신 활동(운동)의 E단계가 무엇인지 설명하고, 또한 이 단계에서의 세부추진 내용을 기술하시오.

풀이 E(Evaluation) : 평가 단계

(1) 완료평가
  ① 자체 평가 및 조치
  ② 모기업 평가
  ③ 성과 발표회
  ④ Single PPM 인증신청

(2) 사후관리
  ① 품질유지 및 공정능력 확보
  ② 산포 감소 및 지속적인 개선

(3) 확산전개
  ① 단계별 수평전개
  ② 전 품목으로의 확산전개

707 품질기능전개(QFD)에 대해 설명하고, QFD의 추진단계 및 단계별 세부 내용에 대해 기술하시오.

풀이 (1) 품질기능전개
    고객 요구를 규명하고 설계 및 생산사이클을 통하여 이를 목적과 수단의 계열에 따라 계통적으로 전개하는 포괄적인 계획화 과정

(2) 품질기능전개의 추진단계 및 단계별 세부 내용
  1) 제품기획 단계
      고객의 요구를 기술적 특성으로 나타내는 단계

  2) 부품설계 단계
      기술적 특성을 갖추기 위해 어떤 부품이 필요하며, 중요한지를 나타내는 단계

  3) 공정계획 단계
      중요 부품을 갖추기 위해 공정설계를 어떻게 해야 하는지 나타내는 단계

  4) 생산계획 단계
      중요 공정설계를 하기 위해 생산계획을 어떻게 세워야 하는지 나타내는 단계

708 최근 기업 환경이 어려워짐에 따라 제조업의 경우, 공급망 품질경영(Supply Chain Quality Management)의 중요성이 강조되고 있다. 다음에 대해 기술하시오.

1 SCQM이란?
2 SCQM 인프라의 구성요소
3 SCQM을 시스템으로 운영하기 위해 필요한 프로세스
4 SCQM 프로세스의 성과 영역

풀이 **1** 품질 측면에서의 공급망 관리를 의미하고, 즉 최종고객에게 제공되는 제품 및 서비스의 품질을 향상시키기 위하여 이루어지는 공급망 주체 간의 협업 활동

2 SCQM 인프라는 모기업과 협력업체 간의 협업을 효율적으로 수행하기 위한 기본 인프라 스트럭처이고, 구성요소는 다음과 같다.
  1) SCQM 프로세스 : 최종 제품의 품질수준 향상을 위해 모기업과 협력업체 간에 이루어지는 스트럭처
  2) SCQM 성과 : 모기업과 협력업체 간의 협업을 효율적으로 수행한 후 얻어질 수 있는 성과

3 1) 품질실현 프로세스 : 품질, 비용, 납기 등의 최적화를 목적으로 제품 개발에서 서비스까지 포함하는 전체 제품실현 과정에서 모기업과 협력업체 간에 수행되는 협업 업무
  2) 인재육성 프로세스 : 모기업의 요구사항을 만족시킬 수 있도록 협력사의 부족한 수준을 교육훈련을 통하여 인력을 양성하기 위한 업무 프로세스
  3) 커뮤니케이션 프로세스 : 모기업과 협력업체 구성원 간에 원활한 커뮤니케이션을 유지하기 위한 업무 프로세스
  4) 지원 프로세스 : 이윤의 창출과 국제경쟁력 향상을 위하여 이루어지는 모기업과 협력업체 간 인적·물적 자원의 공유 및 지원업무
  5) 위기관리 프로세스 : 기업을 둘러싼 모든 리스크를 총괄적으로 관리하는 업무 프로세스
  6) 평가 프로세스 : 모기업과 협력업체가 공동의 목적을 달성하기 위한 평가시스템의 구축 및 실행
  7) 성과 공유 프로세스 : 모기업과 협력업체 간 SCQM의 결과로 얻어진 성과의 적절한 분배 및 동종·이종 협력업체 간의 확산을 위한 업무 프로세스

4 SCQM의 성공적인 정착으로 다음과 같은 성과를 기대할 수 있다.
  1) 품질 성과
  2) 원가절감 성과
  3) 생산성 성과
  4) 사기·윤리 성과
  5) 환경·안전 성과

709 품질기능전개(QFD)의 개요와 효과에 대하여 설명하시오.

풀이 (1) 품질기능전개의 개요

고객 요구를 규명하고 설계 및 생산사이클을 통하여 이를 목적과 수단의 계열에 따라 계통적으로 전개하는 포괄적인 계획화 과정

(2) 품질기능전개의 효과
① 경쟁제품과 자사제품의 품질 특성을 객관적으로 비교·평가함으로써 중점을 두고 분석해야 할 중요한 대용 품질 특성의 순위를 결정할 수 있다.
② 보다 거시적으로 품질개선, 설계 및 제조공정에서의 비용절감, 제품의 신뢰도 향상 등을 도모할 수 있다.
③ 부서 간의 관리한계 또는 장애물을 타파할 수 있다.
④ 누구나 제품을 쉽게 이해할 수 있다.
⑤ 신제품 개발이 용이하다.

710 고객만족과 품질과의 관계를 KANO 모형의 이원적 품질에 근거하여 설명하시오.

풀이 (1) 매력적 품질요소(Attractive Quality Element)

충족이 되면 고객에게 만족을 주지만 충족되지 않는 경우에도 문제가 되지 않는 품질요소

(2) 일원적 품질요소(One-Dimensional Element)

충족이 되면 만족, 충족되지 않으면 불만을 일으키는 품질요소

(3) 당연적 품질요소(Must-Be Quality Element)

당연히 있을 것으로 생각되는 기본적인 품질요소

711 제조물책임(PL ; Product Liability)에 대한 PLP(PL Prevention)와 PLD(PL Defense)의 적용방안에 대하여 설명하시오.

풀이 (1) 제품책임 예방

제품에 사고가 발생하기 전 사전에 사고를 방지하는 대책
1) 소프트웨어 측면
① 고도의 품질보증체계　　② 사용방법 보급
③ 사용환경 대응　　　　　④ 제품안전기술
⑤ 기술지도 및 관리·점검 강화　⑥ 신뢰성 시험으로 안전 확보

2) 하드웨어 측면

　　재료, 부품 등의 안전 확보

(2) 제품책임 방어

제품의 결함으로 인해 손해가 발생한 후의 방어대책

1) 사전대책

　① 책임의 한정 : 계약서, 보증서, 취급설명서 등

　② 손실의 분산 : PL 보험 가입 등

　③ 응급체계 구축 : 담당자 설정, 교육, 정보 전달체계 구축 등

2) 사후대책

　① 초동대책 : 사실의 파악, 피해자 및 매스컴 대응 등

　② 손실 확대 방지 : 리콜, 수리 등

712 측정시스템 Gage R&R 평가의 내용을 기술하고 10% Rule에 부적합 할 때의 개선대책을 설명하시오.

[풀이] (1) Gage R&R 평가의 내용

　① R&R은 반복성(Repeatablity)과 재현성(Reproducibility)을 의미한다.

　② 이러한 반복성과 재현성을 이용해서 측정시스템의 정밀도에 대한 이상변동이 발생하는지, 발생한다면 계측기에 의한 변동인지, 측정자에 의한 변동인지 여부를 분석

(2) 10% Rule에 부적합할 때의 개선대책

　① 10% 미만의 오차 : 측정시스템 수락 가능

　② 10~30%까지의 오차 : 수락 가능(적용의 중요성, 게이지 비용, 수리비용에 따라)

　　→ 조처사항 : 시료 내 변동의 영향을 계량화

　③ 30% 이상의 오차 : 측정시스템 개선이 필요

　　→ 조처사항 : 문제점을 파악하고, 그 문제점을 시정하기 위하여 모든 노력을 한다.

713 공정능력지수 C_p / C_{pk}와 공정성능지수 P_p / P_{pk}를 비교 설명하시오.

[풀이] (1) 단기공정능력(C_p, C_{pk})

　① 통계적으로 볼 때, 군내변동을 표준편차로 적용

　② $C_p = \dfrac{S_U - S_L}{6\sigma_{ST}}$, $C_{pk} = (1-k)C_p$, 단, 치우침도 $k = \dfrac{|M - \overline{x}|}{\dfrac{T}{2}}$, $(0 < k < 1)$

(2) 장기공정능력(P_p, P_{pk})
　① 통계적으로 볼 때, 군내변동＋군간변동을 표준편차로 적용
　② $P_p = \dfrac{S_U - S_L}{6\sigma_{LT}}$, $P_{pk} = (1-k)P_p$, 단, 치우침도 $k = \dfrac{|M-\overline{x}|}{\dfrac{T}{2}}$, $(0 < k < 1)$

714 관리도의 이상상태라고 판정하는 기준 8가지를 간략히 기술하시오.

[풀이] (1) 3σ 이탈점이 1점 이상 나타난다.
(2) 9점이 중심선에 대하여 같은 쪽에 있다.
(3) 6점이 연속적으로 증가 또는 감소하고 있다.
(4) 14점이 교대로 증감하고 있다.
(5) 연속하는 3점 중 2점이 중심선 한쪽으로 2σ를 넘는 영역에 있다.
(6) 연속하는 5점 중 4점이 중심선 한쪽으로 1σ를 넘는 영역에 있다.
(7) 연속하는 15점이 $\pm 1\sigma$ 영역 내에 존재한다.
(8) 연속하는 8점이 $\pm 1\sigma$를 넘는 영역에 있다.

715 계수값 샘플링 검사와 계량값 샘플링 검사의 특징을 비교하여 설명하시오.

[풀이]

구분 \ 내용	계수치 샘플링 검사	계량치 샘플링 검사
품질의 표시방법	부적합품 또는 부적합 수로 표시	특성치로 표시
검사방법	• 숙련을 요하지 않는다. • 소요시간이 짧다. • 설비가 간단하다. • 기록이 간단하다.	• 숙련을 요한다. • 소요시간이 길다. • 설비가 복잡하다. • 기록이 복잡하다.
적용 시 이론상 계약	샘플링 검사를 적용하는 조건이 쉽게 만족	시료 채취에 랜덤성이 요구되며 그 적용범위가 정규분포를 하는 경우 혹은 특수한 경우로 제한
판별능력과 검사개수	검사개수가 같은 경우 계량치보다 판별능력이 낮으므로 검사개수가 상대적으로 크다.	검사개수가 같은 경우 계수치보다 판별능력이 커지므로 검사개수가 상대적으로 작다.
검사기록 이용	다른 목적에 이용되는 정도가 낮다.	다른 목적에 이용되는 정도가 높다.
적용 시 유리한 경우	검사비용이 적은 것, 즉 검사 시간, 설비 인원을 많이 요하지 않는 것, 비파괴검사에 유리	검사비용이 많은 것, 즉 시간, 설비, 인원을 많이 요하는 것, 파괴검사에 유리

716 전통적인 개념의 단계손실함수(Step Loss Function)와 다구치(Taguchi)의 이차 손실함수(Quadratic Loss Function)를 비교 설명하시오.

풀이

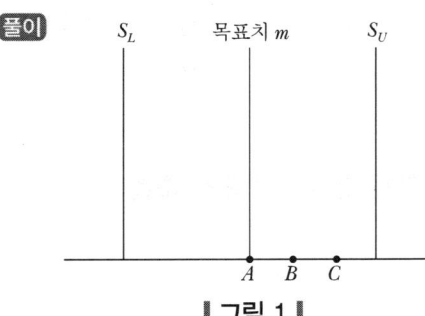
▎그림 1 ▎

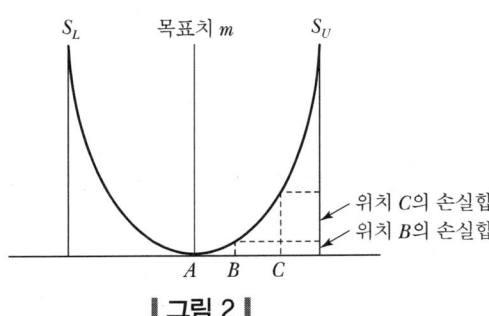
▎그림 2 ▎

(1) 다구치는 불량 제품은 수리되거나 또는 다른 정상적인 제품으로 교환되어야 하기 때문에 사회에 손실을 끼친다고 하였다. 그리고 이 손실은 제조업자가 계량적으로 파악할 수 있다고 하였다. 그래서 품질손실함수는 제품에서 결점을 제거하는 경우에 감소할 수 있는 비용을 계량적으로 파악하는 기법이다.
(2) 전형적인 표준규격의 한계모형은 골대모형인 데 비해 다구치 품질손실함수는 이차식 모형이다.
(3) 위 그림은 전형적인 공차의 한계와 다구치 품질손실함수 개념을 비교한 그림이다.
(4) 그림 1의 전형적인 모형에서는 골대 안에 들어가는 것은 어떻게 들어가든 똑같은 품질로 인정받는다.
(5) 즉, 품질수준이 허용한계 이내에 있는 한, 아무런 손실이 발생하지 않는다. 이것이 바로 전형적 모형의 품질허용한계에 대한 개념이다.
(6) 그러나, 다구치는 그림 2처럼 품질규격이 비록 허용한계 이내에 있다 하더라도, 목표값에서 떨어진 정도에 따라 비용이 증가한다고 보았다.

717 품질창출, 품질평가, 품질결과의 관계에서 품질코스트 유형을 4가지로 분류하고 각각에 대하여 설명하시오.

풀이 품질코스트는 품질창출 → 품질평가 → 품질결과의 단계적 과정을 거치면서 발생

(1) 품질창출(Quality Creation) : 품질설계나 불량 예방을 위한 품질보증활동에 관련한 품질창출비용(예방코스트 발생)
(2) 품질평가(Quality Evaluation) : 품질에 관한 각종 시험검사와 요소품질 및 복합품질에 대한 평가활동에 소요되는 품질평가비용(평가코스트 발생)
(3) 품질결과(Quality Result) : 일정수준에 미달되어 야기된 결과들로서 규격 미달로 인한 재작업 및 수선, 스크랩, 클레임, 고객불만, 제조물 책임 배상 등으로 발생된 품질결과비용(실패코스트 발생)

718 사내 표준화의 역할과 요건에 대하여 기술하시오.

풀이 (1) 사내 표준화의 역할
   1) 업무성과의 향상 : 목적한 것을 계획대로 실시
   2) 기술의 보전 : 개인의 기능을 기업의 기술로 보존하여 진보를 위한 토대 마련
   3) 관리의 기준 : 통계적 기법을 적용하여 과학적 관리기법을 활용
   4) 업무의 효율화 : 작업·사무 처리방법이 단순화 및 정형화되므로 호환성 증가 및 능률 향상
   5) 경영방침의 구체화, 책임과 권한의 명확화 : 경영방침을 철저히 하며, 책임과 권한을 명확히 하고 업무처리 기능을 확실하게 한다.
   6) 교육훈련의 용이성 : 새로운 작업자, 낮은 경력의 기술자 교육에 활용

(2) 사내표준화 요건
   1) 실행가능성이 있는 내용일 것
   2) 이해관계자들의 합의에 의한 결정일 것
   3) 기록내용이 구체적이고 객관적일 것
   4) 기여의 비율이 큰 것부터 중점적으로 취급할 것
      ① 중요한 개선이 있을 때
      ② 숙련공이 교체될 때
      ③ 산포가 클 때
      ④ 통계적인 수법을 활용하고 싶을 때
      ⑤ 기타 공정에 변동이 있을 때
   5) 직관적이고 보기 쉬운 표현으로 할 것
   6) 적시에 개정 향상시킬 것
   7) 장기적 방침 및 체계하에 추진할 것
   8) 작업표준에는 수단과 행동을 직접 제시할 것

719 린(Lean)과 식스시그마(6-Sigma)의 의미와 차이점을 설명하시오.

풀이 (1) 린(Lean)
   린(Lean)은 사전적 의미로 '얇은' 또는 '마른'의 뜻으로 자재구매에서 생산, 재고, 관리, 판매에 이르기까지 전 과정에서 Loss를 최소화한다는 개념으로 쉽게 말해 군살 없는 경영을 위한 '낭비제거 경영'을 말한다.

(2) 6시그마
  ① 시그마의 의미는 통계적 의미로 표준편차를 뜻하며, 6시그마의 목표는 100만 개의 제품이나 서비스 중 단, 3~4개의 불량을 허용하는 것을 목표로 한 차세대 경영혁신 활동을 말한다.
  ② 다른 말로 최고경영자의 리더십 아래 시그마(σ)라는 통계척도를 사용하여 모든 품질수준을 정량적으로 평가하고, 문제해결과정 및 전문가 양성 등의 효율적인 품질문화를 조성하며, 품질혁신과 고객만족을 달성하기 위하여 전사적으로 실행하는 종합적인 기업의 경영전략이다.

(3) 린(Lean)과 6시그마의 차이점
  ① 린은 짧은 시간에 유리하고 복잡한 통계가 없어도 되며, 상향식 프로세스(Bottom-up)로, 생각·사고(창조적 사고, 새로운 각도)·사상적 접근방법
  ② 반면에 6시그마는 통계적 문제해결을 위하여 툴(Tool)을 활용하며, 하향식 프로세스(Top-down)이고, 또한 데이터(사실에 근거)를 중요시 여기는 과학적 방법론

720 서비스분야 품질인증 3P 모형에 대하여 설명하시오.

풀이 3P 모형은 사전적이며 예방적인 접근방법에 기반을 둔 서비스성과 평가모형(Proactive and Prevention-based Service Quality Performance Evaluation Model)으로, 서비스품질을 측정하고 평가하는 접근방법을 적극성(Proactiveness)의 관점에서 분류할 때 소극적이며 대응적인 것이 아니라 사전적이고 적극 대응하며 예방적인 관점에서 서비스 품질을 측정하고 평가하는 접근방법이다.

721 평균수명(MTTF ; Mean Time to Failure)이 1,000시간이고, 고장시간이 지수분포를 따르는 부품을 1,000시간 사용했을 때 신뢰도(Reliability)를 구하시오.

풀이 평균수명(MTTF) = 1,000시간

λ(고장률) = $\dfrac{1}{1,000}$ = 0.001/시간

$R(t) = e^{-\lambda T}$

$R(1,000) = e^{-0.001 \times 1,000} = 0.3679 (36.79\%)$

722 ISO/STACO에서 말하고 있는 표준화의 목적과 원리에 대하여 설명하시오.

풀이 (1) 표준화의 목적
    1) 제품의 단순화   2) 인간생활에서의 행위의 단순화
    3) 관계자 간의 의사소통   4) 전체적인 경제
    5) 안전, 건강 및 생명의 보호   6) 무역장벽의 제거

 (2) 표준화의 원리
    1) 단순화의 원리 : 불필요하고 복잡한 것을 합리적이고 단순하게 하는 것
    2) 관련자 합의의 원리 : 관련자 모두의 상호 협력에 의해서 추진될 때만 의미가 있는 것
    3) 다수이익의 원리 : 표준을 설정하면 다수 이익을 위해 소수의 희생 필요
    4) 고정의 원리 : 일정기간 고정되는 성질
    5) 개정의 원리 : 표준을 일정기간 두고 검토
    6) 객관성의 원리 : 제품의 특성이나 성능을 규정할 때는 제품의 특성 등에 대하여 객관적으로 규정
    7) 보편성의 원리 : 특히 강제규격 등을 정할 때는 여러 사항을 유의하여 신중히 고려

723 크기 $n = 1,000$인 로트에서 검사방식 $(n, c) = (30, 1)$인 계수값 샘플링 검사를 적용할 때 다음 물음에 답하시오.

1 로트의 합격확률을 구하시오(단, 로트의 합격확률 계산은 이항분포를 이용하시오.)

로트의 부적합품률 $P(\%)$	로트의 합격확률 $L(P)$
1	
2	
3	
4	
5	
6	
7	

2 OC 곡선을 작성하시오.

3 AQL의 개념을 설명하고, AQL과 OC 곡선 간의 관계에 대하여 설명하시오.

[풀이] **1** 이항분포를 이용하여 $L(p)$를 구하면 다음과 같다.

로트의 부적합품률 $P(\%)$	로트의 합격확률 $L(P)$
1	0.9639
2	0.8795
3	0.7731
4	0.6612
5	0.5535
6	0.4555
7	0.3694

$$L(p) = \sum_{x=0}^{c} {}_nC_x p^x (1-p)^{n-x}, \ n=30, \ c=1$$

$p=1\%$일 때, $L(p) = \sum_{x=0}^{1} {}_{30}C_x 0.01^x (1-0.01)^{30-x} = {}_{30}C_0 0.01^0 (1-0.01)^{30-0}$
$\qquad\qquad + {}_{30}C_1 0.01^1 (1-0.01)^{30-1} = 0.9639$

$p=2\%$일 때, $L(p) = \sum_{x=0}^{1} {}_{30}C_x 0.01^x (1-0.01)^{30-x} = {}_{30}C_0 0.02^0 (1-0.02)^{30-0}$
$\qquad\qquad + {}_{30}C_1 0.02^1 (1-0.02)^{30-1} = 0.8795$

$p=3\%$일 때, $L(p) = \sum_{x=0}^{1} {}_{30}C_x 0.01^x (1-0.01)^{30-x} = {}_{30}C_0 0.03^0 (1-0.03)^{30-0}$
$\qquad\qquad + {}_{30}C_1 0.03^1 (1-0.03)^{30-1} = 0.7731$

$p=4\%$일 때, $L(p) = \sum_{x=0}^{1} {}_{30}C_x 0.01^x (1-0.01)^{30-x} = {}_{30}C_0 0.04^0 (1-0.04)^{30-0}$
$\qquad\qquad + {}_{30}C_1 0.04^1 (1-0.04)^{30-1} = 0.6612$

$p=5\%$일 때, $L(p) = \sum_{x=0}^{1} {}_{30}C_x 0.01^x (1-0.01)^{30-x} = {}_{30}C_0 0.05^0 (1-0.05)^{30-0}$
$\qquad\qquad + {}_{30}C_1 0.05^1 (1-0.05)^{30-1} = 0.5535$

$p=6\%$일 때, $L(p) = \sum_{x=0}^{1} {}_{30}C_x 0.01^x (1-0.01)^{30-x} = {}_{30}C_0 0.06^0 (1-0.06)^{30-0}$
$\qquad\qquad + {}_{30}C_1 0.06^1 (1-0.06)^{30-1} = 0.4555$

$p=7\%$일 때, $L(p) = \sum_{x=0}^{1} {}_{30}C_x 0.01^x (1-0.01)^{30-x} = {}_{30}C_0 0.07^0 (1-0.07)^{30-0}$
$\qquad\qquad + {}_{30}C_1 0.07^1 (1-0.07)^{30-1} = 0.3694$

2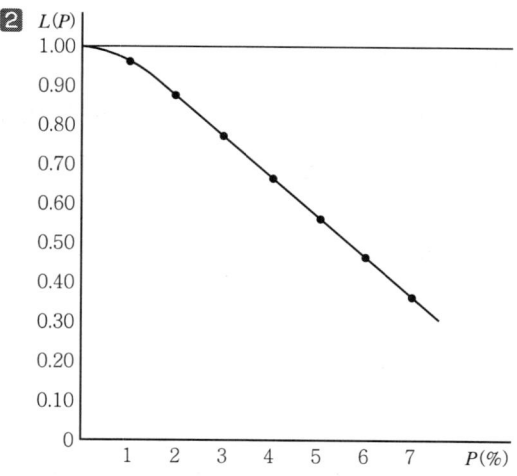

3 1) AQL(합격품질수준) : 가급적 합격시키고 싶다는 불량률 상한

2) OC 곡선 간의 관계

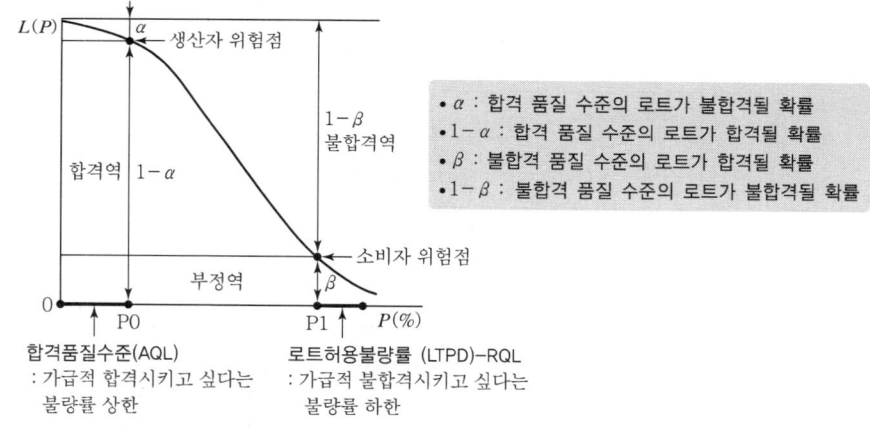

- α : 합격 품질 수준의 로트가 불합격될 확률
- $1-\alpha$: 합격 품질 수준의 로트가 합격될 확률
- β : 불합격 품질 수준의 로트가 합격될 확률
- $1-\beta$: 불합격 품질 수준의 로트가 불합격될 확률

724 플라스틱 사출 성형품의 외관 부적합품을 품종별로 정리한 결과 다음의 표와 같은 데이터를 얻었다. 품종에 따라서 외관부적합품의 발생 상황에 차이가 있다고 할 수 있는가를 유의수준(α) 5%로 검정하시오. (단, $\chi^2_{0.95}(6)=12.59$이다.)

외관부적합품 \ 품종	1	2	3	계
a	108	100	110	318
b	45	30	40	115
c	27	40	25	92
d	20	30	25	75
계	200	200	200	600

[풀이] 분할표에 의한 동일성 검정

품종 $Ai(i=1 : 품종 1, i=2 : 품종 2, i=3 : 품종 3)$
외관부적합품 $B_j(j=1 : a, j=2 : b, j=3 : c, j=4 : d)$로 될 확률은 $P(AiBj) = Pij$
라 하고, Ai에 속하는 확률을 $P(Ai) = Pi_0$, Bj에 속하는 확률을 $P(Bj) = P_0j$라 하면,

(1) 가설의 설정

$H_0 : P_{ij} = Pi_0 \cdot P_0j \qquad H_1 : P_{ij} \neq Pi_0 \cdot P_0j$

(2) 유의수준 설정

$\alpha = 0.05$, $r=3$, $c=4$, 자유도$(v) = (r-)(c-1) = 6$

(3) 검정통계량 계산

구분		$1(A_1)$	$2(A_2)$	$3(A_3)$	합계
a (B_1)	측정도수(ni_1)	108	100	110	$318(T_{01})$
	기대도수(Ei_1)	$\dfrac{200 \times 318}{600} = 106$	$\dfrac{200 \times 318}{600} = 106$	$\dfrac{200 \times 318}{600} = 106$	
	$(ni_1 - Ei_1)^2 / Ei_1$	$\dfrac{(108-106)^2}{106} = 0.038$	$\dfrac{(100-106)^2}{106} = 0.340$	$\dfrac{(110-106)^2}{106} = 0.151$	0.529
b (B_2)	측정도수(ni_2)	45	30	40	$115(T_{02})$
	기대도수(Ei_2)	$\dfrac{200 \times 115}{600} = 38.33$	$\dfrac{200 \times 115}{600} = 38.33$	$\dfrac{200 \times 115}{600} = 38.33$	
	$(ni_1 - Ei_2)^2 / Ei_2$	$\dfrac{(45-38.33)^2}{38.33} = 1.161$	$\dfrac{(30-38.33)^2}{38.33} = 1.810$	$\dfrac{(40-38.33)^2}{38.33} = 0.073$	3.044
c (B_3)	측정도수(ni_3)	27	40	25	$92(T_{03})$
	기대도수(Ei_3)	$\dfrac{200 \times 92}{600} = 30.67$	$\dfrac{200 \times 92}{600} = 30.67$	$\dfrac{200 \times 92}{600} = 30.67$	
	$(ni_1 - Ei_3)^2 / Ei_3$	$\dfrac{(27-30.67)^2}{30.67} = 0.439$	$\dfrac{(40-30.67)^2}{30.67} = 2.838$	$\dfrac{(25-30.67)^2}{30.67} = 1.048$	4.325
d (B_4)	측정도수(ni_4)	20	30	25	$75(T_{04})$
	기대도수(Ei_4)	$\dfrac{200 \times 75}{600} = 25$	$\dfrac{200 \times 75}{600} = 25$	$\dfrac{200 \times 75}{600} = 25$	
	$(ni_1 - Ei_4)^2 / Ei_4$	$\dfrac{(20-25)^2}{25} = 1$	$\dfrac{(30-25)^2}{25} = 1$	$\dfrac{(25-25)^2}{25} = 0$	2
합계		$200(T_{10})$	$200(T_{20})$	$200(T_{30})$	$600(T)$

$\chi_0^2 = (0.529 + 3.044 + 4.325 + 2) = 9.898$

(4) 기각역 설정

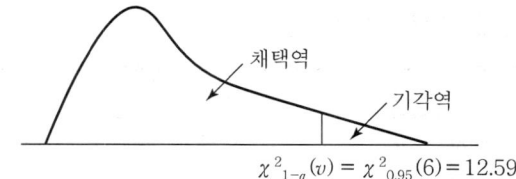

$\chi^2_{1-\alpha}(v) = \chi^2_{0.95}(6) = 12.59$

(5) 판정

$\chi^2_0 = 9.898 < \chi^2_{0.95}(6) = 12.59$ 이므로 H_0 채택

즉, 품종에 따라 외관부적합품의 발생상황에 차이가 있다고 할 수 없다.

725 고장 해석을 위한 FMEA(Failure Mode and Effect Analysis)의 적용효과와 RPN(Risk Priority Number) 평가방법 및 활용에 대하여 설명하시오.

풀이 (1) FMEA 적용효과
① 주로 설계심사의 효율화 및 구매 부문에서의 협력업체 또는 관련부서 간 신속한 업무협력체계와 더불어 ISO 9000, ISO/TS16949에서 실행되는 현업의 문서관리를 효율화시켜 줌
② 소비자의 만족도를 향상시키는 데 기여
③ 제품 개발 기간과 비용을 절감
④ 위험우선순위를 줄이는 문서화 추구 및 교육용 기술교범으로 활용

(2) RPN 평가방법
① 위험우선순위(RPN) = 심각도(S) × 발생도(O) × 검출도(D)
② 위험우선순위는 설계 및 공정에서 고려해야 할 우선순위를 결정하는 데 사용
③ 위험우선순위는 1~1,000 사이에 있고, 높은 위험우선순위에 대해서는 시정조치를 통하여 계산상의 위험을 줄이기 위한 노력을 해야 한다.

726
공정 최적조건을 설정하기 위하여 강도(kg/m^2)특성에 대한 3×3 라틴방격 실험을 실시하여 다음 데이터를 얻었다. 물음에 답하시오.

구분	A_1	A_2	A_3
B_1	$C_1 = 66$	$C_2 = 63$	$C_3 = 63$
B_2	$C_2 = 65$	$C_3 = 69$	$C_1 = 71$
B_3	$C_3 = 80$	$C_1 = 75$	$C_2 = 57$

❶ 데이터 구조식을 쓰시오.
❷ 분산분석표를 작성하고 해석하시오. (단, $F_{0.95}(2,2) = 19.0$, $F_{0.99}(2,2) = 99.0$이다.)

[풀이] ❶ $X_{ijk} = \mu + a_i + b_j + c_k + e_{ijk}$ 단, $e_{ijk} \sim N(0, \sigma_e^2)$이고 서로 독립 $\sum a_i = 0$, $\sum b_j = 0$, $\sum c_k = 0$

❷ 1) 변동의 계산

$T_{1..} = 211$, $T_{2..} = 207$, $T_{3..} = 191$, $T_{.1.} = 192$, $T_{.2.} = 205$, $T_{.3.} = 212$,
$T_{..1} = 212$, $T_{..2} = 185$, $T_{..3} = 212$, $T = 609$

$CT = \dfrac{T^2}{N} = \dfrac{609^2}{9} = 41{,}209$

$S_T = \sum\sum\sum X_{ijk}^2 - CT = (66^2 + \cdots + 57^2) - 41{,}209 = 386$

$S_A = \sum \dfrac{T_{i..}^2}{k} - CT = \dfrac{211^2 + 207^2 + 191^2}{3} - 41{,}209 = 74.67$

$S_B = \sum \dfrac{T_{.j.}^2}{k} - CT = \dfrac{192^2 + 205^2 + 212^2}{3} - 41{,}209 = 68.67$

$S_C = \sum \dfrac{T_{..k}^2}{k} - CT = \dfrac{212^2 + 185^2 + 212^2}{3} - 41{,}209 = 162$

$S_e = S_T - (S_A + S_B + S_C) = 386 - (74.67 + 68.67 + 162) = 80.66$

2) 분산분석표 작성

요인	SS	DF	MS	F_0	$F_{0.95}(2,2)$	$F_{0.99}(2,2)$
A	74.67	2	37.335	0.93	19.0	99.0
B	68.67	2	34.335	0.85		
C	162	2	81	2.01		
e	80.66	2	40.33			
T	386	8				

위의 결과에서 A, B, C인자 모두 유의하지 않다.

727 부품 수 반감기법(VRP ; Variety Reduction Progam)에서 부품 수를 줄이기 위한 5가지 분석방법을 설명하시오.

풀이 (1) 고정화와 표준화, 공동화에 대한 개념

공통부품이 많아질수록 전체적인 부품 수는 줄어든다는 점이다. 유사한 기능을 갖는 제품 중에서 공통화율을 조사해보면, 공통화 수준을 파악할 수 있다. 이 공통화율을 향상시키는 검토가 필요하다.

(2) 편집설계(Module)에 대한 개념

일반적인 제품설계는 구상도와 개념도를 먼저 작성한 후에 부품설계를 하는 방법으로 진행한다. 그러나 편집설계는 사전에 필요한 기능들을 표준설계한 후에, 필요한 기능들을 조합하여 제품을 설계하는 방식이다.

(3) 다기능화에 대한 개념

모든 부품은 나름대로의 기능과 역할을 가지고 있다. 이러한 기능들을 함께 수행할 수 있는 부품을 찾아서 대치시키면 부품 수가 삭감된다는 것이다.

(4) 범위(Range)화에 대한 개념

제품마다의 기능이 강화되면서, 도리어 제품과 제품 사이에 성능과 기능이 겹쳐지는 영역이 발생하는 것을 재조정하는 것을 의미한다.

(5) 시리즈(Series)화에 대한 개념

제품 간의 성능이나 스펙에 등차나 등비와 같은 수열을 적용하면 훨씬 다양성을 줄일 수 있다는 점이다.

728 화학물의 전기분해에 의한 작업을 할 때 사용되는 첨가물의 양(x)과 수율(y)의 관계 데이터는 다음과 같다.

(단위 : 첨가물 g, 수율 %)

x(g)	4	5	6	6	7	8	10
y(%)	65	70	72	78	80	89	92

1 상관계수를 구하시오.

2 분산분석표를 이용하여 회귀분석을 하시오.(단, $F_{0.95}(1,5)=6.61$, $F_{0.99}(1,5)=16.3$ 이다.)

3 첨가물의 양에 대한 수율의 직선 회귀식을 구하시오.

4 목표수율을 90% 달성하기 위한 첨가물의 양을 구하시오.

[풀이] 1

x	4	5	6	6	7	8	10	$\Sigma x = 46$	$\bar{x} = 6.57$
y	65	70	72	78	80	89	92	$\Sigma y = 546$	$\bar{y} = 78$
x^2	16	25	36	36	49	64	100	$\Sigma x^2 = 326$	
y^2	4,225	4,900	5,184	6,084	6,400	7,921	8,464	$\Sigma y^2 = 43,178$	
xy	260	350	432	468	560	712	920	$\Sigma xy = 3,702$	

$$S_{(xx)} = \Sigma x^2 - \frac{(\Sigma x)^2}{n} = 326 - \frac{46^2}{7} = 23.71$$

$$S_{(yy)} = \Sigma y^2 - \frac{(\Sigma y)^2}{n} = 546 - \frac{4,3178^2}{7} = 590$$

$$S_{(xy)} = \Sigma xy - \frac{\Sigma x \Sigma y}{n} = 3,702 - \frac{46 \times 546}{7} = 114$$

$$r = \frac{S_{(xy)}}{\sqrt{S_{(xx)} S_{(yy)}}} = \frac{114}{\sqrt{23.71 \times 590}} = 0.9639$$

2 $S_R = \dfrac{(S_{(xy)})^2}{S_{(xx)}} = \dfrac{114^2}{23.71} = 548.12$

$S_{(y/x)} = S_{(yy)} - S_R = 590 - 548.12 = 41.88$

요인	SS	DF	MS	F_0	$F_{(0.05)}$	$F_{(0.01)}$
회귀	548.12	1	548.12	65.44**	6.61	16.3
잔차	41.88	5	8.376			
T	590	6				

회귀선은 고도로 유의하다.

3 $\widehat{\beta}_1 = \dfrac{S_{(xy)}}{S_{(xx)}} = \dfrac{114}{23.71} = 4.81$

$\hat{y} - \bar{y} = \widehat{\beta}_1 (x - \bar{x})$ $\hat{y} - 78 = 4.81(x - 6.57)$

$\hat{y} = 4.81x + 46.40$

4 $90 = 4.81x + 46.40$, $x = 9.06 ≒ 9g$

729 전기조립품의 잡음레벨을 관리하고 있다. 데이터를 군 구분하여 $n=5$의 $\bar{x}-R$ 관리도를 작성하였더니 관리상태이었다. $\bar{x}$ 관리도의 $CL=75$, R 관리도의 $CL=1.87$이고, $\bar{x}$의 이동범위의 평균치 $\overline{R_S}=0.60$이다.(단, $n=2$일 때의 $d_2=1.128$, $n=5$일 때의 $d_2=2.326$)

1 σ_b, σ_w, $\sigma_{\bar{x}}$를 구하시오

2 관리계수 C_f를 구하고, 평가하시오.

3 전기조립품의 규격이 74 ± 4일 때 공정능력지수를 구하고 판정하시오.(단, 치우침도 고려할 것)

풀이 **1** $\sigma_{\bar{x}}^2 = \sigma_b^2 + \dfrac{\sigma_w^2}{n}$ 에서

$$\sigma_w = \frac{\overline{R}}{d_2} = \frac{1.87}{2.326} = 0.80, \quad \sigma_{\bar{x}} = \frac{\overline{R_S}}{d_2} = \frac{0.60}{1.128} = 0.53$$

$$\sigma_b^2 = \sigma_{\bar{x}}^2 - \frac{\sigma_w^2}{n} = 0.53^2 - \frac{0.80^2}{5} = 0.1529, \quad \sigma_b = 0.39$$

2 $C_f = \dfrac{\sigma_{\bar{x}}}{\sigma_w} = \dfrac{0.53}{0.80} = 0.6625$ (군구분이 나쁘다.)

※ 평가기준

$C_f \geq 1.2$: 급간변동이 크다.

$0.8 \leq C_f < 1.2$: 대체로 관리상태

$C_f < 0.8$: 군 구분이 나쁘다.

3 $S_U = 78$, $S_L = 70$, $\bar{x} = 75$, $\sigma_w = 0.80$

$$C_p = \frac{S_U - S_L}{6\sigma_w} = \frac{55 - 25}{6 \times 0.80} = 1.67$$

$$k = \frac{|M - \bar{x}|}{\dfrac{T}{2}} = \frac{|74 - 75|}{\dfrac{4}{2}} = 0.25$$

$C_{pk} = (1-k)C_p = (1-0.25) \times 1.67 = 1.25$ (2등급) 즉, 공정능력은 보통

730 KSQ ISO 2859-1(변경 전 : KSA ISO 2859-1)(로트별 합격품질한계(AQL) 지표형 샘플링 검사)에서 전환규칙을 설명하시오.

풀이

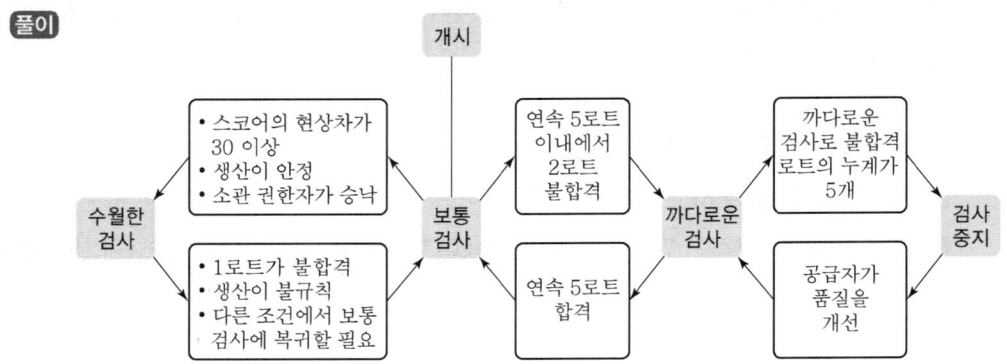

731 다음과 같은 신뢰성 블록도가 구성되었을 때 시스템의 신뢰도를 구하시오.(단, 각 부품의 고장은 서로 독립이다.)

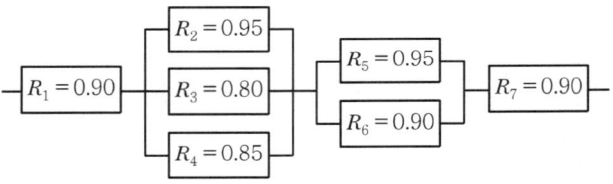

풀이
- 직렬모델 : $R_s = R_A \cdot R_B$
- 병렬모델 : $R_s = R_A + R_B - R_{AB} = 1 - (1-R_A)(1-R_B)$

$R_2 \sim R_4$ 병렬결합 부분의 신뢰도 R_{P1}
$R_{P1} = 1 - [(1-0.95)(1-0.80)(1-0.85)] = 0.9985$

$R_5 \sim R_6$ 병렬결합 부분의 신뢰도 R_{P2}
$R_{P1} = 1 - [(1-0.95)(1-0.90)] = 0.995$

$R_s = R_1 \times R_{P1} \times R_{P2} \times R_7$
$= 0.90 \times 0.9985 \times 0.995 \times 0.90$
$= 0.8047(80.47\%)$

732 6시그마 추진 5단계를 기술하고, 각 단계에서의 주요 활동과 적용기법을 설명하시오.

[풀이]

단계	활동단계	주요 활동내용	적용기법
1	Define (문제의 정의)	• 주요 고객 정의 • 고객 요구사항 파악(CTQ) • 개선프로젝트 선정	NGT, Logic Tree, QFD, 파레토도, 그래프
2	Measure (측정)	• 벤치마킹 • 부적합 정량화 • 프로세스 맵핑	%R&R, 샘플링, 히스토그램, 관리도, 공정능력분석
3	Analyze (분석)	• 부적합 원인 규명 • 잠재원인에 대한 자료 확보 • 치명원인 도출	브레인스토밍, FMEA, ANOVA, 특성요인도
4	Improve (개선)	• 프로세스 개선방법 모색 • 브레인스토밍 • 최적해 도출이 가능한 해결방법의 실험적 실시	반응표면실험, ANOVA, 회귀분석, 다구치 기법
5	Control (관리)	• 개선프로세스의 지속적 방법 모색 • 표준화 • 모니터링	관리계획서, 관리도, Fool-Proofing

733 KSQ ISO 9000(변경 전 : KSA ISO 9000 – 2001) 품질경영 규격에서 최고경영자의 확고한 열의를 확보할 것을 요구하고 있는데, 규격요건의 5항인 경영책임의 요구사항을 기술하고 이에 대한 회사의 적용방안을 기술하시오.

[풀이] (1) 경영책임의 요구사항

1) 경영자 의지

최고경영자는 품질경영시스템의 개발 및 실행, 그리고 품질경영시스템의 효과성을 지속적으로 개선하기 위한 의지의 실행증거를 다음을 통하여 제시하여야 한다.
① 법적 및 규제적 요구사항뿐만 아니라 고객 요구사항 충족의 중요성을 조직과 의사소통
② 품질방침의 수립
③ 품질목표 수립의 보장
④ 경영 검토의 수행
⑤ 자원의 가용성 보장

2) 고객 중심

최고경영자는 고객 요구사항이 결정되면 고객만족 향상을 위하여 고객 요구사항이 충족됨을 보장하여야 한다.

3) 품질방침

최고경영자는 품질방침이 다음과 같이 되도록 보장하여야 한다.
① 조직의 목적에 적절할 것
② 요구사항을 준수한다는 의지와 품질경영시스템의 효과성을 지속적으로 개선한다는 의지를 포함할 것
③ 품질목표의 수립 및 검토를 위한 틀을 제공할 것
④ 조직 내에서 의사소통되고 이해될 것
⑤ 지속적인 적절성이 검토될 것

4) 기획

① 품질목표 : 최고경영자는 제품에 대한 요구사항을 충족시키는 데 필요한 것을 포함하는 품질목표가 조직 내의 관련되는 기능 및 계층에서 수립됨을 보장하여야 한다. 품질목표는 측정이 가능하여야 하며 품질방침과 일관성이 있어야 한다.

② 품질경영시스템 기획 : 최고경영자는 다음 사항을 보장하여야 한다.
   a) 품질경영시스템에 대한 기획은 품질목표를 달성하기 위한 것뿐 아니라 품질경영시스템의 일반 요구사항을 충족시키기 위하여 수행될 것
   b) 품질경영시스템의 변경이 계획되고 실행될 때 품질경영시스템의 완전성이 유지될 것

5) 책임, 권한 및 의사소통

① 책임 및 권한 : 최고경영자는 조직 내에서 책임 및 권한이 규정되고 의사소통됨을 보장하여야 한다.

② 경영대리인 : 최고경영자는 다른 책임과는 무관하게, 다음 사항을 포함하는 책임 및 권한을 갖는 자를 조직의 경영자 중에서 선임하여야 한다.
   a) 품질경영시스템에 필요한 프로세스가 수립되고 실행되며 유지됨을 보장
   b) 최고경영자에게 품질경영시스템 성과 및 개선의 필요성에 대한 보고
   c) 조직 전체에 걸쳐서 고객 요구사항에 대한 인식의 증진을 보장

③ 내부 의사소통 : 최고경영자는 조직 내에 적절한 의사소통 프로세스가 수립되고, 품질경영시스템의 효과성에 대하여 의사소통이 이루어지고 있음을 보장하여야 한다.

6) 경영검토

① 일반사항 : 최고경영자는 품질경영시스템의 지속적인 적절성, 충족성 및 효과성을 보장하기 위하여, 계획된 주기로 조직의 품질경영시스템을 검토하여야 한다. 경영검토는 품질방침 및 품질목표를 포함하여, 품질경영시스템에 대한 개선기회의 평가 및 변경에 대한 필요성의 평가를 포함하여야 한다.
경영검토에 관한 기록을 유지하여야 한다.

② 검토입력

경영검토의 입력사항에는 다음 정보가 포함되어야 한다.
a) 심사결과
b) 고객 피드백
c) 프로세스 성과 및 제품 적합성
d) 예방조치 및 시정조치의 형태
e) 이전의 경영검토에 따른 후속조치
f) 품질경영시스템에 영향을 줄 수 있는 변경
g) 개선을 위한 제안

③ 검토출력

경영검토의 출력에는 다음 사항과 관련된 결정사항 및 조치가 포함되어야 한다.
a) 품질경영시스템의 효과성 개선 및 품질경영시스템 프로세스의 효과성 개선
b) 고객 요구사항과 관련된 제품 개선
c) 자원의 필요성

(2) 회사의 적용방안
1) 고객이 중심이 되어 고객요구를 파악하고 품질방침, 품질목표 설정
2) 최고경영자의 리더십 아래 전 직원이 참여하여 품질목표를 달성할 수 있도록 관리
3) 내부적으로 의사소통할 수 있는 사보, 게시판을 활용
4) 경영대리인을 통해 내부심사, 경영검토 업무, 기타 고객요구사항을 증진시킬 수 있는 업무 진행
5) 최고경영자는 품질경영시스템의 적절성, 충족성 및 효과성을 보장하기 위해 계획된 주기로 경영검토를 실시하고 품질경영시스템의 효과성 개선 및 고객요구사항과 관련된 제품개선에 대한 조치가 될 수 있도록 관리

734 주란(Juran) 박사가 주창한 품질 3원칙과 이에 대응한 품질 코스트(Q-cost)에 대하여 설명하시오.

풀이 (1) 제품이든 서비스이든 고객의 불만을 야기시킬 소지가 있는 불량품은 처음부터 만들지 않는다. -예방코스트
(2) 만에 하나 이러한 첫 번째 원칙을 준수하지 못해 불량품이 나오는 경우가 있다면 이것은 절대로 고객에게 전달하지 않는다. -평가코스트
(3) 두 번째 원칙마저도 무너져 불량품이 고객에게 전달되는 경우가 발생된다면 신속하게 조처해야 한다. -실패코스트

주란 박사는 품질의 이러한 3가지 기본원칙을 산업계에서 건성으로 듣고 지나치기 때문에, 이 원칙의 중요성을 쉽게 전달하기 위해 이러한 개념을 코스트로 바꾸어서 설명하였다.

① 기업이 품질을 확보하기 위해서 지불해야 하는 일체의 경비를 품질코스트라고 한다면, 이 코스트는 3가지 기본원칙의 준수에 들어가는 예방코스트, 평가코스트, 실패코스트로 나눌 수 있다.

② 이 3가지를 합한 품질코스트는 일반적으로 기업 매출액의 15~25% 정도로서, 통상적인 기업이윤의 3~5배가 된다. 따라서 기업이 이익을 낼 수 있는 첩경은 품질혁신을 통해 품질코스트를 줄이는 것이다.

735 제조물 책임(PL ; Product Liability)법에서 말하는 제조물의 정의 및 결함에 대하여 기술하고, 제조업자의 면책사항 4가지를 설명하시오.

풀이 (1) 제조물의 정의

제조물이라 함은 다른 동산이나 부동산의 일부를 구성하는 경우를 포함하는 제조 또는 가공된 부동산을 말한다.

(2) 결함

제조물에 해당하는 제조, 설계, 표시상의 결함이나 기타 통상적으로 기대할 수 있는 안전성이 결여되어 있는 것

(3) 제조업자의 면책사항 4가지

1) 제조업자가 당해 제조물을 공급하지 아니한 사실
2) 제조업자가 당해 제조물을 공급할 때의 과학·기술 수준으로는 결함의 존재를 발견할 수 없었다는 사실
3) 제조물의 결함이 제조업자가 당해 제조물을 공급할 당시의 법령이 정하는 기준을 준수함으로써 발생한 사실
4) 원재료 또는 부품의 경우에는 당해 원재료 또는 부품을 사용한 제조물 제조업자의 설계 또는 제작에 관한 지시로 인하여 결함이 발생하였다는 사실

736 기어 A, B, C가 선형으로 조립될 때 조립기어의 기준치수 및 허용차를 구하시오.

(단위 : mm)

구 분	기어 A	기어 B	기어 C
기준치수	50	40	70
허용차	±5	±3	±6

[풀이] 조립기어의 기준치수=기어 A+기어 B+기어 C=50+40+70=160mm

조립기어의 허용차=$\pm\sqrt{기어\,A^2+기어\,B^2+기어\,C^2}=\pm\sqrt{5^2+3^2+6^2}$
$=\pm 8.367$

737 화학공장에서 제품의 수율에 관한 영향을 조사할 목적으로 반응온도(A)를 4수준, 촉매량(B)을 4수준으로 4×4=16회의 반복이 없는 이원배치의 랜덤실험을 하였다.

B \ A	A_1	A_2	A_3	A_4
B_1	89.0	87.6	88.0	88.6
B_2	88.0	87.3	87.7	88.2
B_3	87.9	86.7	86.5	86.9
B_4	86.8	84.2	85.8	86.9

❶ 분산분석표를 작성하고 해석하시오(단, $F_{0.95}(3,9)=3.86$, $F_{0.99}(3,9)=6.99$이다.).

❷ 수준 A_4B_3에서 결측치가 나왔다고 가정했을 때 결측치를 추정하시오.

[풀이] **❶** 1) 변동의 계산

$T_1._{\,}=351.7$, $T_2._{\,}=345.8$, $T_3._{\,}=348$, $T_4._{\,}=350.6$,

$T._1=353.2$, $T._2=351.2$, $T._3=348$, $T._4=343.7$, $T=1,396.1$

$CT=\dfrac{T^2}{N}=\dfrac{1,396.1^2}{16}=121,818.45$

$S_T=\sum\sum X_{ij}^2-CT=(89.0^2+\cdots+86.9^2)-121,818.45=20.38$

$S_A=\sum\dfrac{T_i._{\,}^2}{m}-CT=\dfrac{351.7^2+345.8^2+348^2+350.6^2}{4}-121,818.45=5.27$

$S_B=\sum\dfrac{T._j^{\,2}}{l}-CT=\dfrac{353.2^2+351.2^2+348^2+343.7^2}{4}-121,818.45=12.89$

$S_e=S_T-(S_A+S_B)=20.38-(5.27+12.89)=2.22$

2) 분산분석표 작성

요인	SS	DF	MS	F_0	$F_{(0.95)}$	$F_{(0.99)}$
A	5.27	3	1.76	7.04**	3.86	6.99
B	12.89	3	4.30	17.2**		
e	2.22	9	0.25			
T	20.38	15				

위의 결과에서 인자 A(반응온도), 인자 B(촉매량) 모두 유의하다.

2 $T_{3.}{'} = 263.7$, $T_{.2}{'} = 261.1$, $T' = 1,309.2$

$$\bar{y} = \frac{lT_{i.}{'} + mT_{.j}{'} - T'}{(l-1)(m-1)} = \frac{lT_{3.}{'} + mT_{.2}{'} - T'}{(l-1)(m-1)}$$

$$= \frac{4 \times 263.7 + 4 \times 261.1 - 1,309.2}{(4-1)(4-1)}$$

$$= 87.78$$

738 금속판 두께의 규격값이 2.3mm 이상으로 규정되었을 때, 2.3mm에 달하지 못하는 것이 1% 이하인 로트는 통과시키고 8% 이상인 로트는 통과시키지 않기로 합의하였다.(단, $\sigma = 0.2$mm이다.)

1 계량 규준형 샘플링 검사방식을 설계하시오.
2 만약 샘플의 평균값이 2.54인 경우 로트의 합격, 불합격 여부를 판정하시오.

[풀이] **1** σ기지인 계량규준형 샘플링 검사로서 하한규격치(S_L)가 주어진 경우 로트의 부적합률을 보증하는 경우

$P_0 = 1.0\%$, $P_1 = 5\%$ $(n, k) = (10, 1.81)$

$\bar{x}_L = S_L + k\sigma = 2.3 + (1.81 \times 0.2) = 2.66$

검사방식은 $(n, \bar{x}_L) = (10, 2.66)$

2 $\bar{x} = 2.54 < \bar{x}_L = 2.66$이므로, 로트 불합격 처리

※ $\bar{x} \geq \bar{x}_L$(합격), $\bar{x} < \bar{x}_L$(불합격)

▼ 〈KSQ 1001(변경 전 : KSA 3103) 수치표〉 참조

P_0, P_1을 기초로 하여 n, k를 구하는 표(σ 기지: 불량률 보증)

좌측은 k, 우측은 n ($\alpha ≒ 0.05$, $\beta ≒ 0.10$)

$P_0(\%)$ 대표치	범위	$P_1(\%)$ 대표치 0.80 범위 0.71~0.90	1.00 0.91~1.12	1.25 1.13~1.40	1.60 1.41~1.80	2.00 1.81~2.24	2.50 2.25~2.80	3.15 2.81~3.55	4.00 3.56~4.50	5.00 4.51~5.60	6.30 5.61~7.10	8.00 7.11~9.00	10.00 9.01~11.2
0.100	0.090~0.112	2.71 18	2.66 15	2.61 12	2.56 10	2.51 8	2.45 7	2.40 6	2.34 5	2.28 4	2.21 4	2.14 3	2.08 3
0.125	0.113~0.140	2.68 23	2.63 18	2.58 14	2.53 11	2.48 9	2.43 8	2.37 6	2.31 5	2.25 5	2.19 4	2.11 3	2.05 3
0.160	0.141~0.180	2.64 29	2.60 22	2.55 17	2.50 13	2.45 11	2.39 9	2.35 7	2.28 6	2.22 5	2.15 4	2.09 4	2.01 3
0.200	0.181~0.224	2.61 39	2.57 28	2.52 21	2.47 16	2.42 13	2.36 10	2.30 8	2.25 7	2.19 6	2.12 5	2.05 4	1.98 3
0.250	0.225~0.280	*	2.54 37	2.49 27	2.44 20	3.38 15	2.33 12	2.28 10	2.21 8	2.15 6	2.09 5	2.02 4	1.95 4
0.315	0.281~0.355	*	*	2.46 36	2.40 25	2.35 19	2.30 14	2.24 11	2.18 9	2.12 7	2.06 6	1.99 5	1.92 4
0.400	0.356~0.450	*	*	*	2.37 33	2.32 24	2.26 18	2.21 14	2.15 11	2.08 8	2.02 7	1.95 6	1.89 5
0.500	0.451~0.560	*	*	*	2.33 46	2.28 31	2.23 23	2.17 17	2.11 13	2.05 10	1.99 8	1.92 6	1.85 5
0.630	0.561~0.710	*	*	*	*	2.25 44	2.19 30	2.14 21	2.08 15	2.02 12	1.95 9	1.89 7	1.81 6
0.800	0.711~0.900	*	*	*	*	*	2.16 42	2.10 28	2.04 20	1.98 15	1.91 11	1.84 8	1.78 7
1.00	0.901~1.12	*	*	*	*	*	*	2.06 30	2.00 26	1.94 18	1.88 14	1.81 10	1.74 8
1.25	1.13~1.40		*	*	*	*	*	*	1.97 36	1.91 24	1.84 17	1.77 12	1.70 10
1.60	1.41~1.80			*	*	*	*	*	*	1.86 34	1.80 23	1.73 16	1.66 12
2.00	1.81~2.24				*	*	*	*	*	*	1.76 31	1.69 20	1.62 14
2.50	2.25~2.80					*	*	*	*	*	1.72 46	1.65 28	1.58 19
3.16	2.81~3.55						*	*	*	*	*	2.60 42	1.53 26
4.00	3.56~4.50							*	*	*	*	*	1.49 39
5.00	4.51~5.60								*	*	*	*	*
6.30	5.61~7.10									*	*	*	*
8.00	7.11~9.00											*	*
10.00	9.01~11.2												*

739 모집단의 종류를 나열하고 데이터 해석에 따른 조처(Action)방법을 서술하시오.

풀이 (1) 무한 모집단(Infinite Population) : 크기를 헤아릴 수 없는 집단으로 무한대라고 생각되는 집단을 말하며, 원초적으로 전수조사가 불가능한 집단

(2) 유한 모집단(Finite Population) : 크기를 헤아릴 수 있는 유한대라고 생각되는 집단을 말하며, 전수조사가 가능한 집단

740 샘플(표본) 채취방법 5가지를 나열하고, 각각의 특징을 설명하시오.

[풀이] (1) 단순랜덤 샘플링
모집단의 모든 샘플링 단위가 동일한 확률로서 시료에 뽑힐 가능성이 있는 샘플링 방법

(2) 2단계 샘플링
1차로 로트를 랜덤으로 선택하고, 다시 2차로 각 로트에서 몇 개씩 취하는 샘플링 방법

(3) 층별 샘플링
로트를 몇 개층으로 나누어, 각 층으로부터 시료를 취하는 샘플링 방법(2단계 샘플링에서 1차 샘플링이 모든 층을 선택했을 때와 같다.)

(4) 취락 샘플링
1차로 로트를 몇 개 랜덤으로 선택하고, 선택된 로트 모두를 표본으로 취하는 샘플링 방법

(5) 계통 샘플링
시료를 시간적으로나 공간적으로 일정한 간격을 두고 취하는 샘플링 방법

741 실험계획법에서는 실험한 후 분산분석을 하는데 분산분석법의 개요를 설명하시오.

[풀이] (1) 특성치의 산포를 제곱합[변동(Sum of Squares)]으로 나타내고, 이 제곱합을 실험과 관련된 요인마다의 제곱합으로 분해하여 오차에 비해 특히 큰 영향을 주는 요인이 무엇인가를 찾아내는 분석방법
(2) 즉, 특성치의 산포를 요인별로 분해하여 어느 요인이 큰 산포를 나타내고 있는가를 규명하는 방법

742 $B_{10}(F_{10})$ Life에 대해서 설명하시오.

[풀이] (1) 전체 제품 중 10%가 고장 나는 시점을 의미
(2) $B_{10}(F_{10})$ Life는 최초로 베어링의 신뢰성(수명) 척도로 사용되었으며, 최근 기계류 부품의 신뢰성 척도로 사용

743 고객만족도를 조사하기 위해 간이설문으로 100명에게 설문조사한 결과 응답률이 50%이었다. 신뢰수준 95%와 추정오차가 3%로 주어졌을 때 설문조사 크기(n)의 산출식을 쓰고 구하시오.

[풀이] 산출식 : $\pm\beta = Z_{\alpha/2}\sqrt{\dfrac{p(1-p)}{n}}$

$p = 0.5$, $0.03 = 1.96\sqrt{\dfrac{0.5(1-0.5)}{n}}$, $\sqrt{n} = 32.67$, $n = 1,067$

744 우리나라는 22개 부처, 116개 법령에 근거하여 19,030종의 정부표준을 제정·사용 (2006년 12월 현재)하고 있다. 어떤 경우에 한하여 한국산업규격(KS)이라는 명칭을 사용할 수 있는지 쓰시오.

[풀이] (1) 물질
    형상, 치수, 성분, 구조, 성능, 안전성 등

(2) 행위
    동작, 절차, 방법 등

(3) 물질과 행위에 관련된 기초적 사항
    용어, 기호, 수치, 계량단위, 분류 등

745 12.251을 유효숫자 2자리(맺음간격 0.1)로 수치 맺음하시오.

[풀이] 12.3

746 유의 수준(Significance Level)이란 무엇인지 설명하시오.

[풀이] (1) 통계적 가설검정에서 제1종 오류가 발생할 확률의 허용한계(대개 5%이지만 엄격한 검정 1%)를 결정하여, 이 한계를 만족시키는 선택기준을 이용

(2) 제1종 오류가 발생할 확률의 허용한계를 유의수준이라 하며, 흔히 α로 나타낸다. 제2종 오류의 확률을 대개 β로 표시한다.

747 자동차 부품의 주요 특성인 동심도의 규격이 $5.00 \pm 0.05 \mu m$이고, $n=100$을 측정하여 군 구분하여 분석한 결과 $\overline{x} = 5.01 \mu m$, $\sigma = 0.02 \mu m$을 얻었다. C_{pk}와 Z_{USL}를 구하시오.

[풀이] $S_U = 5.05$, $S_L = 4.95$

$$C_p = \frac{S_U - S_L}{6\sigma} = \frac{5.05 - 4.95}{6 \times 0.02} = 0.83$$

$$k = \frac{|M - \overline{x}|}{\frac{T}{2}} = \frac{|5 - 5.01|}{\frac{0.1}{2}} = 0.2$$

$$C_{pk} = (1-k)C_p = (1-0.2) \times 0.83 = 0.664$$

$$C_{pu} = \frac{S_U - \overline{x}}{3\sigma} = \frac{5.05 - 5.01}{3 \times 0.02} = 0.67$$

$$Z_{USL} = 3 \times C_{pu} = 3 \times 0.67 = 2.01$$

748 KS Q ISO 9001 : 2009에서, 계획된 주기로 내부심사(Internal Audit)를 수행하도록 요구하는 목적을 규격에 표현된 내용으로 기술하시오.

[풀이] (1) 품질경영시스템이 계획된 결정사항, 이 표준의 요구사항 및 조직이 수립한 품질경영시스템 요구사항에 적합한지 여부 확인
(2) 품질경영시스템이 효과적으로 실행되고 유지되는지 여부 확인

749 서비스 품질의 측정도구인 SERVQUAL의 5가지 차원을 나열하시오.

[풀이] (1) 신뢰성(Reliability) : 약속된 서비스를 정확하게 이행하는 능력
(2) 확신성(Assurance) : 서비스 수행에 필요한 구성원들의 지식과 기술의 공유
(3) 유형성(Tangibles) : 서비스 평가를 위한 외형적인 증거
(4) 공감성(Empathy) : 고객을 접대하는 종업원의 친절, 배려와 공손함
(5) 대응성(Responsiveness) : 고객에게 서비스를 신속하게 제공하려는 의지

750 측정시스템 분석(MSA)에서 다루는 5가지 항목을 나열하시오.

풀이 (1) 편의(Bias) : 측정치의 평균치와 기준치(Master-Value)와의 차이의 변동
(2) 안전성(Stability) : 시간이 지난 후에도 어떻게 정확하게 수행되는지를 측정, 계측이 시간과 공간에 따라 변화되는 환경 속에서 동일 제품을 측정할 때 발생되는 변동
(3) 선형성(Linearity) : 계측기의 측정범위 내에서의 측정의 일관성을 벗어나는 변동
(4) 반복성(Repeatability) : 동일한 측정자가 동일한 계측기로 동일 제품을 측정하였을 때 발생되는 계측기 변동
(5) 재현성(Reproducibility) : 서로 다른 측정자가 동일한 계측기로 동일 제품을 측정하였을 때 발생되는 측정자 변동

751 측정불확도(Uncertainty of Measurement)에 대하여 설명하시오.

풀이 측정기를 이용하여 측정을 행함에 있어 측정량(측정결과)에 영향을 미칠 수 있는 값들의 분산을 특성화한 변수, 즉 참값이 존재하는 범위를 나타낸 측정값

(1) A형 불확도(Type A Evaluation of Uncertainty)
취득한 일련의 관측값을 통계적으로 분석하여 구한 불확도

(2) B형 불확도(Type B Evaluation of Uncertainty)
일련의 관측값의 통계적인 분석이 아닌 다른 방법으로 구한 불확도

752 아이디어 발상 기법의 하나인 TRIZ에 대하여, 각각의 측면을 약술하시오.

1 주요 역할 측면
2 형성 과정 및 구조 측면
3 원리 및 내용 측면

풀이 **1**

적용분야	효과
• 기존 기술시스템의 개선 • 인과관계의 규명 • 신개념 차세대(기술개발, 제품개발, 공정개발) • 연구개발(전략수립, 기술예측)	• 기술개발과정의 Bottle-Neck 문제에 대한 과학적 해결방안 도출 • 혁신적 제품, 공정, 기술개발의 가속화 및 기술경쟁력 강화 • 개인의 창의력 및 문제해결능력 향상

2 1) 형성과정
   ① 구소련 과학자 G. S Altshulter에 의해 1946년 착수
      - 다양한 산업영역 기술과 제품개발역사, 발명 아이디어인 특허에 대한 분석적 연구 수행
      - 10년 동안 전 세계의 200,000여 건의 특허 분석
      - 기술시스템이 진화, 발전하는 객관적 법칙 발견
      - TRIZ를 구성하는 '4가지 핵심개념' 도출
   ② 문제를 창조적으로 해결하기 위한 이론
   ③ 러시아어 : Teoriya Resheniya Izobretatelskih Zadach
   ④ 영어 : TIPS(Theory of Inventive Problem Solving)

2) 구조 측면

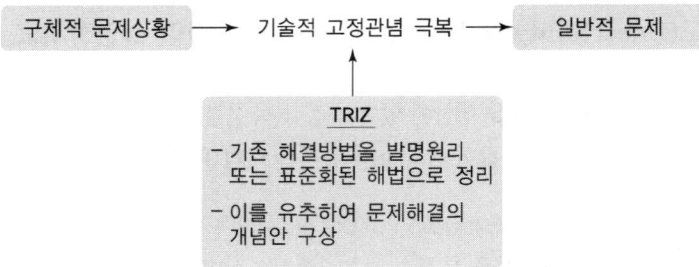

3 1) 원리
   ① 좋은 해결은 문제의 원인인 모순을 해결하는 것이다.
   ② 시스템의 '이상성'은 완전한 시스템에 어떻게 근접하느냐의 척도이다.
   ③ 시스템의 보이지 않는 유휴자원들은 외관상으로 양립할 수 없는 목표에 도달하는 데 사용하곤 한다.

2) 내용
   ① 발명문제와 해결안
      - 발명문제의 정의
        - 한 가지 이상의 기술적 모순이 존재하는 문제
        - QFD의 설계특성 간 상충관계 해결에 적용 가능
      - 창조적 해결안의 정의 : 기술적 모순에 타협하지 않고, 근본적으로 해결할 것
      - 기술시스템의 발전과 진화 : 시스템에 존재하는 기술적 모순이 창조적으로 해결될 때 발전
      - 따라서 TRIZ는 기술적 모순관계가 있는 창조적 문제를 해결하고 시스템을 발전시키기 위한 이론

② 해결안의 수준
- 특허 등에서 제시된 해결안의 수준을 5가지로 구분
  - 1수준 : 누구나 쉽게 개인의 지식으로 해결할 수 있는 발명
  - 5수준 : 완전히 새로운 시스템이나 기술을 탄생시키는 해결안
- Trial & Error와 심리학적 방법으로는 높은 수준의 해결안을 효과적으로 얻어낼 수 없음
- 기술적 모순을 해결하는 높은 수준의 해결안 도출을 위해 Domain Independent 한 다방면의 기술과 과학지식이 요구됨

③ 발명의 규칙성
- 시대, 지역, 기술분야가 달라도 동일한 문제해결 원리를 반복 사용
- 이러한 원리는 향후에도 지속적인 재사용이 가능함
- 발명원리라는 가공된 지식의 형태를 합성하여 다양한 문제에 적응할 수 있도록 표준화함

④ 진화의 법칙
- 기술시스템은 시간에 따라 진화·발전
- 이러한 발전에는 일정한 경향이 존재
- 이를 통해 기술발전의 예측과 개발 가능
- TRIZ의 이론적 기반이며, 가장 핵심적인 개념
- 현재까지 약 300만 건의 특허가 분석되어 몇 가지 기술시스템 진화법칙 제시
- 이를 활용해 기술적 문제를 전향적(Proactive)으로 해결할 수 있는 개념안 도출

753 식스 시그마 개선 활동에 있어 CTQ(Critical To Quality)와 CTP(Critical To Process)의 특징을 설명하고, 실제 사례(산업 구분 없음)를 들어 비교 설명하시오.

풀이 (1) CTQ(Critical To Quality) : 관리항목
① 품질에 결정적으로 영향을 미치는 요소로 고객이 요구하는 사항
② 적용사례(가격, 납기시간, 치수, 신뢰도, 서비스 수준 등)

(2) CTP(Critical To Process) : 점검항목
① 품질항목을 결정짓는 프로세스(공정)의 관리항목을 의미
② 적용사례(비용, 생산성, 작업교체시간, 교육시간 등)

754 제품에 중요한 품질특성인 평행도는 정규분포를 따르고 있는 모집단이다. 신뢰수준 95%, 알파(α) 5%, 베타(β) 10%로 설정하여 추정오차가 2.5mm, 표준편차가 3.5 mm일 때, 계량 규준형에 따른 품질특성의 합격 확률은 표 1과 같다. 다음 각 물음에 답하시오.

1 아래의 표를 이용하여 OC 곡선을 그리시오.

⟨표 1⟩

평행도(μm)	10	20	30
$L(p)$	0.95	0.5	0.1

Z	$Z(0.99)$	$Z(0.95)$	$Z(0.90)$
값	2.326	1.645	1.282

2 알파(α), 베타(β)를 OC 곡선에 표시하고 각각에 대하여 설명하시오.

3 상기 **2**번을 활용하여 표본(샘플) 크기(n)를 구하는 공식을 쓰고 계산하시오.

[풀이] 1, 2

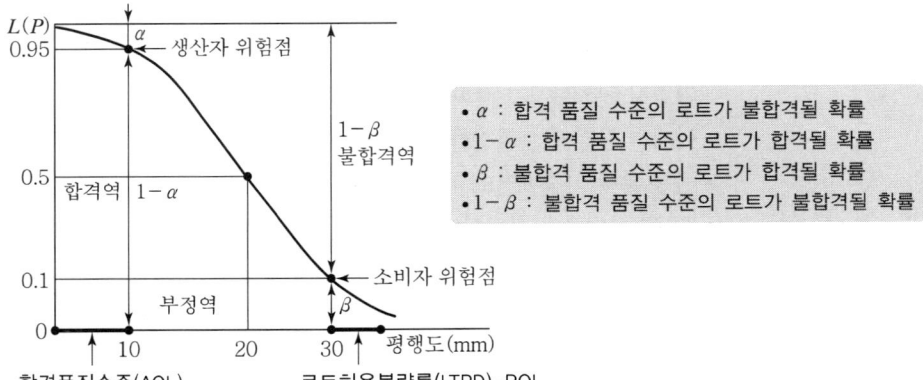

- α : 합격 품질 수준의 로트가 불합격될 확률
- $1-\alpha$: 합격 품질 수준의 로트가 합격될 확률
- β : 불합격 품질 수준의 로트가 합격될 확률
- $1-\beta$: 불합격 품질 수준의 로트가 불합격될 확률

합격품질수준(AQL)
: 가급적 합격시키고 싶다는 불량률 상한

로트허용불량률(LTPD)-RQL
: 가급적 불합격시키고 싶다는 불량률 하한

3 $\pm \beta = Z_{\alpha/2} \dfrac{\sigma}{\sqrt{n}}$ (σ기지)

$2.5 = 1.96 \dfrac{3.5}{\sqrt{n}}$, $\sqrt{n} = \dfrac{1.96 \times 3.5}{2.5}$, $n = 7$

755 열처리 공정에서 주요 품질특성인 경도를 2개 라인에서 16개씩 측정하였다. 품질 모분산이 동일하다($\sigma_A^2 = \sigma_B^2$)는 가정하에서 다음 각 물음에 답하시오. (단, 검정통계량 및 신뢰구간의 계산결과는 소수점 둘째 자리로 수치맺음하고, $F_{0.95}(15, 15) = 2.40$, $F_{0.975}(15, 15) = 2.86$, $F_{0.99}(15, 15) = 3.52$, $t_{0.95}(30) = 1.697$, $t_{0.975}(30) = 2.042$, $t_{0.99}(30) = 2.457$이다.)

라인	측정 데이터								평균	표준편차
A	59.7	60.2	59.8	60.6	66.6	61.1	63.8	62.8	62.0	1.91
	64.5	61.8	60.8	62	60.3	62.4	63.6	62		
B	55.3	58.2	57.2	58	64	58.1	59.1	58.5	58.4	1.84
	58	58.1	56.5	58.7	58.1	60.1	58.6	57.5		

❶ 2개 라인의 품질 모평균 간에 경도가 다른지를 위험률 $\alpha = 5\%$로 검정한 후 해석하시오.
❷ 모평균 차이에 대한 신뢰구간의 계산식을 쓰고 신뢰수준 95%로 추정한 후 해석하시오.

풀이 ❶ 1) 가설의 설정
$H_0 : \mu_A = \mu_B$, $H_1 : \mu_A \neq \mu_B$

2) 유의수준 설정
$\alpha = 0.05$
σ 미지, $n_A = n_B = 16$, $S_A = (1.91)^2 \times 15 = 54.72$, $S_B = (1.84)^2 \times 15 = 50.78$,
$\overline{x}_A = 62.0$, $\overline{x}_B = 58.4$

3) 검정통계량 계산
$$|t_0| = \frac{|\overline{x}_A - \overline{x}_B|}{\sqrt{V\left(\dfrac{1}{n_A} + \dfrac{1}{n_B}\right)}} = \frac{|62.0 - 58.4|}{\sqrt{3.52\left(\dfrac{1}{16} + \dfrac{1}{16}\right)}} = 5.43$$

$$V = \frac{S_A + S_B}{n_A + n_B - 2} = \frac{54.72 + 50.78}{16 + 16 - 2} = 3.52$$

4) 기각역 설정

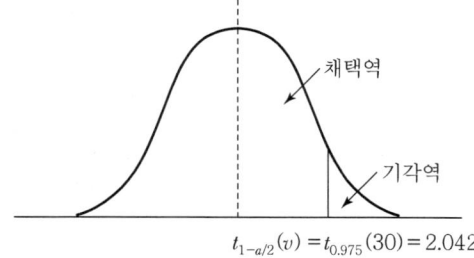

$t_{1-\alpha/2}(v) = t_{0.975}(30) = 2.042$

5) 판정

$|t_0| = 5.43 > t_{0.975}(30) = 2.042$ 이므로 H_0 기각

즉, 두 라인의 평균치가 다르다고 할 수 있다.

❷ $\mu_A - \mu_B = (\overline{x}_A - \overline{x}_B) \pm t_{1-\alpha/2}(\nu)\sqrt{V\left(\dfrac{1}{n_A} + \dfrac{1}{n_B}\right)}$

$= (62.0 - 58.4) \pm t_{0.975}(30)\sqrt{3.52\left(\dfrac{1}{16} + \dfrac{1}{16}\right)}$

$= 3.6 \pm (2.042)\sqrt{3.52\left(\dfrac{1}{16} + \dfrac{1}{16}\right)} = 3.6 \pm 1.35\ (2.25,\ 4.95)$

즉, 두 라인에서 각 표본 16개를 추출해서 얻어진 두 라인의 모평균 차의 구간(2.25, 4.95) 중에서 모평균차($\mu_A - \mu_B$)를 포함시키는 구간이 95% 정도라고 할 수 있다.

756 품질경영시스템 접근방법에 대하여 단계적으로 기술하시오. (KS Q ISO 9000 2.3항)

풀이 (1) 고객 및 기타 이해관계자의 요구 및 기대사항을 결정
(2) 조직의 품질방침 및 품질목표를 수립
(3) 품질목표를 달성하는 데 필요한 프로세스 및 책임을 결정
(4) 품질목표를 달성하는 데 필요한 자원의 결정 및 제공
(5) 각 프로세스의 효과성 및 효율성을 측정하는 방법을 수립
(6) 각 프로세스의 효과성 및 효율성을 결정하기 위한 방법의 적용
(7) 부적합을 예방하고 그 원인을 제거하는 수단 결정
(8) 품질경영시스템의 지속적인 개선을 위한 프로세스를 수립하고 적용

757 고객만족은 고객의 인지가치(Perceived Value), 사용가치(Actual Value) 및 기대가치(Expected Value)의 파악으로 측정할 수 있다.

❶ 고객의 인지가치, 사용가치 및 기대가치를 계산식으로 표현하시오.
❷ 기대가치와 사용가치의 관계에 따른 고객의 인지상태를 기술하시오.

풀이 ❶ 인지가치 = 사용가치 = 기대가치

❷ 1) 고객불만
사용가치가 기대가치에 모자라는 상태로 고객 스스로 느끼는 심리적인 상태
(사용가치 < 기대가치)

2) 고객일치

사용가치와 기대가치가 부합한 상태(사용가치 = 기대가치)

3) 고객만족

사용가치가 기대가치보다 높은 상태(사용가치 > 기대가치)

4) 고객감동

사용가치가 기대가치보다 현저히 높은 상태(사용가치 > 기대가치)

758 다음 표는 리모콘 버튼의 반응 민감도에 영향을 주는 전류량(A)에 대한 시험 결과이다. 이 데이터를 바탕으로 다음 각 물음에 답하시오. (단, 위험률 5%로 계산하시오.)

전류 반복	A_1	A_2	A_3	A_4
1	18.2	18.6	19.3	18.9
2	18	18.8	19.4	18.9
3	18.4	18.7	19.8	18.6
Ti	54.6	56.1	58.5	56.4
$\bar{x}_i$	18.2	18.7	19.5	18.8

1 가설(H_0, H_1)을 설계하고, 기각역을 기술하시오.

2 다음 분산분석표의 공란에 대한 계산식을 쓰고 결과치를 완성하시오. 또한 계산 결과에 따라 결론을 서술하시오.

요인	SS	DF	MS	F_0	
A	( )	3	0.86	( )	$F_{0.95}(3,\ 8) = 4.07$
e	( )	( )	0.0375		$F_{0.99}(3,\ 8) = 7.59$
T	2.88	( )			$F_{0.95}(3,\ 11) = 3.59$
					$F_{0.99}(3,\ 11) = 6.22$

[풀이] **1** 1) 가설(H_0, H_1)을 설계

$H_0 : \sigma_A^2 = 0$ (또는 $a_1 = a_2 = a_3 = a_4 = 0$) 수준 간에 특성치의 차이가 없다.

$H_1 : \sigma_A^2 > 0$ (또는 a_i는 모두 0이 아니다.)

2) 기각역

$F_0 > F_{0.95}(3, 11)$

검정통계량(F_0)이 신뢰구간 값보다 크면 H_0을 기각한다.

2 1) 변동의 계산

$$CT = \frac{T^2}{N} = \frac{225.6^2}{12} = 4,241.28$$

$$S_A = \sum \frac{T_i^2}{r} - CT = \frac{54.6^2 + 56.1^2 + 58.5^2 + 56.4^2}{3} - 4,241.28$$

$$= 4,243.86 - 4,241.28 = 2.58$$

$$S_e = S_T - S_A = 2.88 - 2.58 = 0.3$$

2) 자유도 계산

$$v_T = lr - 1 = (4 \times 3) - 1 = 11, \quad v_e = v_T - v_A = 11 - 3 = 8$$

3) 검정통계량 계산

$$F_0 = \frac{V_A}{V_e} = \frac{0.86}{0.0375} = 22.93$$

4) 결론

$F_0 = 22.93 > F_{0.95}(3, 11) = 3.59$ 이므로, H_0을 기각

따라서, 전류량(A)은 유의수준 5%로 수준 간에 차가 있고, 전류량(A)은 리모콘 버튼의 반응 민감도에 영향을 미친다고 할 수 있다.

요인	SS	DF	MS	F_0	
A	(2.58)	3	0.86	(22.93)	$F_{0.95}(3, 8) = 4.07$
e	(0.3)	(8)	0.0375		$F_{0.99}(3, 8) = 7.59$
T	2.88	(11)			$F_{0.95}(3, 11) = 3.59$
					$F_{0.99}(3, 11) = 6.22$

759 주요 품질특성인 접착강도를 MSA한 후 100개의 데이터를 수집하여 군의 크기 $n = 5$, 군의 수 $k = 20$으로 작성하여 해석한 결과 군별 평균합($\sum \bar{x}$)이 $1,200$kgf이고, σ는 7kgf이다. 다음 각 물음에 공식을 기록하고 소수점 둘째 자리까지 답하시오. (단, 접착강도 규격은 63 ± 10kgf이다.)

n	d_2	d_3	c_4	A_2	D_4
4	2.059	0.88	0.9213	0.729	2.282
5	2.326	0.864	0.9403	0.577	2.118

1 군간변동(σ_b)은 1.1이고, 군내변동(σ_w)은 $\frac{\overline{R}}{d_2}$로 추정하여 모표준편차(σ_x)를 구하시오.

2 계수표를 이용하여 $\bar{x} - R$ 관리도의 한계를 구하시오.

❸ C_{pk}(치우침 공정능력 지수)와 Z_{USL}(상한시그마 수준)을 구하시오.

❹ 상기 관리도를 관리용 관리도(표준치가 주어진 경우)로 하기 위해서, 다음과 같이 $k=9$개 군의 새로운 데이터를 얻었다. 관리한계선을 연장하여 $\bar{x}$ 관리도를 작성하시오.

군 번호	1	2	3	4	5	6	7	8	9
평균	55.6	59.5	61.3	60	60.5	57.9	58.1	58.4	60.5
범위	6	3	5	8	4	7	8.5	10	9

❺ $\bar{x}$ 관리도에 대하여 해석한 후 조처방법을 기술하시오.(단, 연속 9회 런이 발생했을 때의 원인은 재료의 신율 변화를 의미하고, 연속 6회 경향이 발생했을 때는 공기압의 변화에 기인하며, 연속 3점 중 2점이 2~3시그마 사이에 있는 경우는 재료의 두께 변화가 발생한 것이라고 본다.)

[풀이] ❶ $UCL = D_2 \sigma = (d_2 + 3d_3)\sigma = (2.326 + 3 \cdot 0.864) \times 7 = 34.426$

$UCL = D_4 \bar{R}$ 을 이용하여 $\bar{R}$ 를 구한다.

$34.426 = 2.118 \times \bar{R}$, $\bar{R} = 16.254$

$\sigma_W = \dfrac{\bar{R}}{d_2} = \dfrac{16.254}{2.326} = 6.99$

$\sigma_x^2 = \sigma_b^2 + \dfrac{\sigma_w^2}{n} = 1.1^2 + \dfrac{6.99^2}{5} = 10.98$

$\sigma_x = 3.31$

❷ $\bar{\bar{x}} = \dfrac{\sum x}{k} = \dfrac{1,200}{20} = 60$, $\bar{R} = 11.61$

$\bar{x}$ 관리도 $n = 5$, $A_2 = 0.577$

$UCL = \bar{\bar{x}} + A_2 \bar{R} = 60 + (0.577 \times 11.61) = 66.70$

$LCL = \bar{\bar{x}} - A_2 \bar{R} = 60 - (0.577 \times 11.61) = 53.30$

$\bar{R}$ 관리도 $n = 5$, $d_2 = 2.326$, $d_3 = 0.864$

$UCL = D_2 \sigma = (d_2 + 3d_3)\sigma = (2.326 + 3 \cdot 0.864) \times 7 = 34.43$

$LCL = D_1 \sigma = (d_2 - 3d_3)\sigma = (2.326 - 3 \cdot 0.864) \times 7 = -1.33$(고려하지 않음)

❸ $S_U = 73$, $S_L = 53$, $\sigma_W = 6.99$

$C_{pk} = (1-k)C_p = (1-0.2) \times 0.48 = 0.336$

$C_{pu} = \dfrac{S_U - \bar{x}}{3\sigma} = \dfrac{73-60}{3 \times 6.99} = 0.62$

$Z_{USL} = 3 \times C_{pu} = 3 \times 0.62 = 1.86$

4 연장된 관리한계

$\bar{x}$ 관리도 $\sum \bar{x} = 1,200$, $\sum \bar{x}' = 531.8$

$$\bar{\bar{x}}' = \frac{\sum \bar{x} + \sum \bar{x}'}{k + k'} = \frac{1,200 + 53.108}{20 + 9} = 59.72$$

$$\text{UCL}' = \bar{\bar{x}}' + A_2 \bar{R} = 59.72 + (0.577 \times 11.61) = 66.42$$

$$\text{LCL}' = \bar{\bar{x}}' - A_2 \bar{R} = 59.72 - (0.577 \times 11.61) = 53.02$$

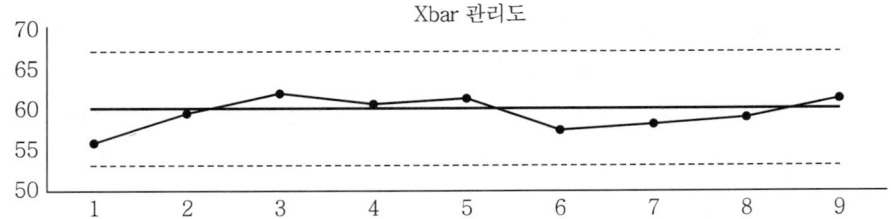
Xbar 관리도

5 연장된 $\bar{x}$ 관리도의 관리한계선은 벗어나는 점도 없고, 점의 배열에 아무런 버릇이 없으므로, 관리상태에 있다고 판정할 수 있다.

760 다음의 경우 설비종합효율을 구하고, 각 가동률의 일반적인 목표치와 계산 결과에 대해 해석하시오. (단, 시간가동률 : 87%, 속도가동률 : 62.5%, 실질/정미가동률 : 80%, 양품률 : 98%)

풀이 (1) 설비종합효율 = 시간가동률 × 성능가동률 × 양품률
성능가동률 = 실질/정미가동률 × 속도가동률
= 0.87 × (0.8 × 0.625) × 0.98
= 0.4263(42.63%)

(2) 설비종합효율은 설비효율을 저해하는 각종 손실과 관련되어 산출, 즉 정지손실의 크기를 '시간가동률'로, 성능손실의 크기를 '성능가동률'로, 불량손실의 크기를 '양품률'로 나타내고 이들을 모두 곱한 결과를 설비종합효율이라 한다.
시간가동률은 90% 이상, 성능가동률은 95% 이상, 양품률은 99% 이상이 목표이며, 설비종합효율은 85% 이상을 지향

구분	목표	결과	비고
시간가동률	90% 이상	87%	목표 미달성
성능가동률	95% 이상	50%	목표 미달성
양품률	99% 이상	98%	목표 미달성
설비종합효율	85% 이상	42.63%	목표 미달성

761 KS Q ISO 9001 : 2009 품질경영시스템 중, 일반 요구사항(4.1항 a-f)의 내용인 프로세스 접근방식에 언급된 내용을 나열하고, 설계 및 개발 기능 부문의 사례를 대응시켜 기술하시오.

[풀이] (1) 설계 및 개발에 필요한 프로세스 파악 및 조직 전반에 걸친 프로세스 적용의 파악
(2) 설계 및 개발 프로세스 순서 및 상호작용의 결정
(3) 설계 및 개발 프로세스에 대한 운영·관리가 모두 효과적임을 보장하는 데 필요한 기준 및 방법의 결정
(4) 설계 및 개발 프로세스 운용과 모니터링을 지원하는 데 필요한 자원 및 정보의 가용성 보장
(5) 설계 및 개발 프로세스 모니터링, 측정, 분석 및 개선
(6) 설계 및 개발 프로세스에 대한 계획된 결과와 지속적 개선을 달성하는 데 필요한 조치의 실행

762 7개의 부품을 수명시험한 결과 다음과 같은 데이터를 얻었다. [붙임 1]의 와이블 확률지를 이용하여 다음 각 물음에 답하시오.

고장순번(r_i)	1	2	3	4	5	6	7
고장시간(t_i [hr])	8	11	13	20	30	40	45
$F(t_i)$%	12.5	(①)	37.5	(②)	62.5	75	87.5

1 ①, ②에 적절한 평균순위법의 $F(t_i)\% = \dfrac{r_i}{(n+1)} \times 100$를 구하시오.

2 형상모수(m 또는 β)를 구하시오.

3 특성수명(η값)과 MTBF(평균수명)를 구하시오.

4 품질보증기간을 $B_{10}(F_{10})$ Life로 정할 때 품질보증기간을 구하시오.

5 위치모수(γ)는 0이고, 5시간일 때 $R(t_i = 5 \text{ hrs}) = 1 - F(t_i)$를 구하시오.

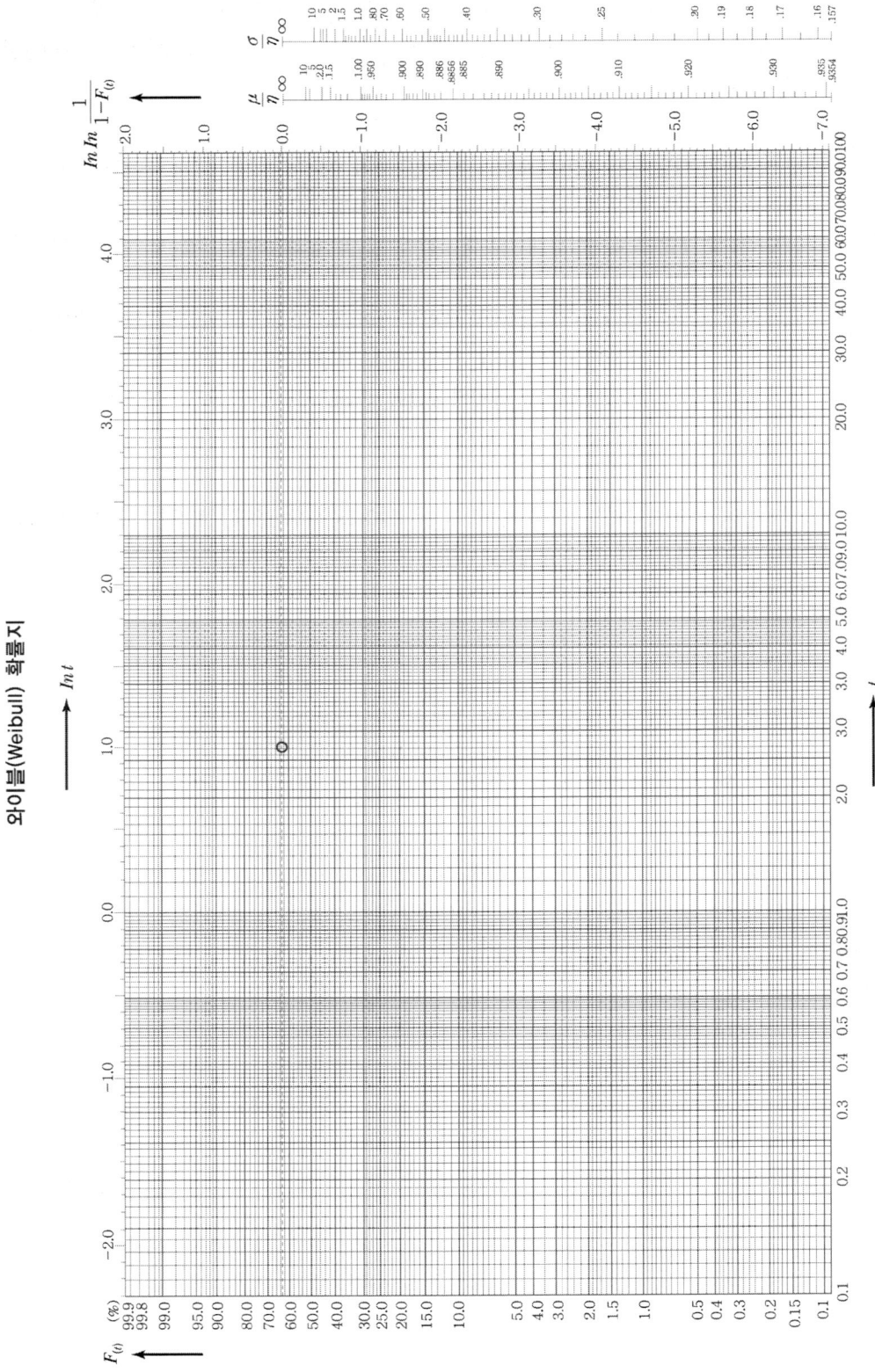

풀이 **1** $F(t_i)\% = \dfrac{r_i}{n+1} \times 100$

① : $F(11) = \dfrac{2}{7+1} \times 100 = 25$, ② : $F(20) = \dfrac{4}{7+1} \times 100 = 50$

2 x_i, y_i 계산 $y_i = m \cdot x_i + b$ 에서

$x_i = \ln \cdot t_i$, $y_i = \ln \cdot \ln \dfrac{1}{1-F(t_i)}$

i	x_i	y_i	x_i^2	$x_i y_i$
1	2.08	−2.01	4.33	−4.18
2	2.40	−1.25	5.76	−3.00
3	2.56	−0.76	6.55	−1.95
4	3.00	−0.37	9.00	−1.11
5	3.40	−0.02	11.56	−0.07
6	3.69	−0.32	13.62	1.18
7	3.81	−0.73	14.52	2.78
계	20.94	−3.36	65.34	−6.35

형상모수 $m = \dfrac{r\sum x_i y_i - \sum x_i \sum y_i}{r\sum x_i^2 - (\sum x_i)^2} = \dfrac{7 \times (-6.35) - 20.94 \times (-3.36)}{7 \times 65.34 - 20.94^2} = 1.37$

3 $b = \dfrac{\sum y_i}{r} - m\left(\dfrac{\sum x_i}{r}\right) = \dfrac{-3.36}{7} - 1.37\left(\dfrac{20.94}{7}\right) = -4.58$

$t_0 = e^{-b} = e^{4.58} = 97.51$

$\eta = t_0^{\frac{1}{m}} = 97.51^{\frac{1}{1.37}} = 28.30$ 시간

MTBF $= \mu = \eta \cdot \Gamma\left(1 + \dfrac{1}{m}\right) = 28.30 \cdot \Gamma\left(1 + \dfrac{1}{1.37}\right) = 28.30 \cdot \Gamma(1.73)$
$= 28.30 \times 0.91469 = 25.885$ 시간

4 B_{10} 수명은 $F(t) = 0.1$ 또는 $R(t) = 0.9$ 를 만족하는 t 의 값

$R(t) = 0.9$, $\lambda = \dfrac{1}{MTBF} = \dfrac{1}{25.885} = 0.039$

$e^{-\lambda t} = 0.9$, $e^{-0.039t} = 0.9$, $t = -(1-0.039)\ln 0.9$, $t = 2.70$ 시간

5 $R(t_i = 5$ 시간 $)$

$R(t) = e\left[-\dfrac{(t-r)}{\eta}\right]^m = e\left[-\dfrac{(5-0)}{28.30}\right]^{1.37} = 0.911$

763 브라운관 부품 중 포밍 마스크 곡률변화를 최소화하기 위하여 제어인자(A~H)를 다음과 같이 직교배열표 $L_8(2^7)$에 배치하고 잡음인자인 포밍 횟수를 2수준으로 하여 곡률변화량을 측정한 실험 데이터이다. 다음 각 물음에 답하시오.

요인		A	B	F	C	D	(①)	(②)	N (잡음인자)		$\bar{y}$	SN비(망소) SN = $-10\log \frac{1}{r}\Sigma y_i^2$
		D/QS 압력	온도	시간	쿠션 높이	셋팅 위치			N_1	N_2		
수준	0	70	5	10	5	5			곡률 변화량			
	1	100	150	30	8	8						
열번호		1	2	3	4	5	6	7	y_1	y_2		
1		0	0	0	0	0	0	0	15	16	15.5	(③)
2		0	0	0	1	1	1	1	12	21	16.5	−24.66
3		0	1	1	0	0	1	1	10	23	16.5	−24.98
4		0	1	1	1	1	0	0	14	16	15	(④)
5		1	0	1	0	1	0	1	13	21	17	−24.84
6		1	0	1	1	0	1	0	6	9	7.5	−17.67
7		1	1	0	0	1	1	0	8	10	9	−19.14
8		1	1	0	1	0	0	1	5	7	6	(⑤)
기본 표시		a	b	a b	c	a c	b c	a b c	합계		103	−174.32

1 곡률변화량 특성에 대해 실험배치(①, ②)와 SN비 값(③~⑤)을 구하시오.

2 C×F의 평균제곱합(MSC×F)을 구하시오.

3 다음 분석표를 이용하여 ①~⑤를 채우시오.

요인	A	B	C	C×F	오차	D	F
열번호	1	2	4	(①)	(②)	5	3
0	−96.99	−90.99	−92.77	(③)	(⑤)	−82.14	−83.29
1	−77.33	−83.34	−81.56	(④)	−86.4	−92.18	−91.03
차이	19.65	7.65	11.21	6.00	1.43	10.04	7.74
점유율	30.84	12.00	17.59	9.42	2.24	15.76	12.14

4 최적조합수준을 선정하고 추정하시오.

5 개당손실비용이 1,000원이고 곡률변화량 규격이 USL=10μm일 때 손실비용 $L(y)$을 구하시오.

[풀이] **1** 1) 실험배치

C×F의 교호작용은 C열성분 c, F열성분 ab

C×F가 나타나는 열은 c · ab=abc(7열)

① : e, ② : C×F

2) SN 비 값

1행의 SN비 ③ $= -10\log \frac{1}{2}(15^2 + 16^2) = -23.81$

4행의 SN비 ④ $= -10\log \frac{1}{2}(14^2 + 16^2) = -23.54$

8행의 SN비 ⑤ $= -10\log \frac{1}{2}(5^2 + 7^2) = -15.68$

2 $S_{C \times F} = \frac{1}{2^3}\{[(-23.81)+(-23.54)+(17.67)+(-19.14)]$
$\qquad -[(-24.66)+(-24.98)+(-24.84)+(-15.68)]\}^2 = 4.5$

3 ① : 7

② : 6열

③ 7열의 0수준 $=[(-23.81)+(-23.54)+(-17.67)+(-19.14)]=-84.16$

④ 7열의 1수준 $=[(-24.66)+(-24.98)+(-24.84)+(-15.68)]=-90.16$

⑤ 6열의 0수준 $=[(-23.81)+(-23.54)+(-24.84)+(-15.68)]=-87.87$

요인	A	B	C	C×F	오차	D	F
열번호	1	2	4	7	6	5	3
0	−96.99	−90.99	−92.77	−84.16	−87.87	−82.14	−83.29
1	−77.33	−83.34	−81.56	−90.16	−86.45	−92.18	−91.03
차이	19.65	7.65	11.21	6.00	1.43	10.04	7.74
점유율	30.84	12.00	17.59	9.42	2.24	15.76	12.14

4 1) 최적수준조합 : $A_1B_1C_1D_0F_0$

2) 점추정(교호작용 무시)

$\hat{\mu}(A_1B_1C_1D_0F_0) = \mu + a_1 + b_1 + \widehat{c_1} + d_0 + f_0$
$\qquad = \widehat{\mu+a_1} + \widehat{\mu+b_1} + \widehat{\mu+c_1} + \widehat{\mu+d_0} + \widehat{\mu+f_0} - 4\hat{\mu}$
$\qquad = (9.875+11.625+11.25+11.375+11.75) - 51.5 = 4.375$

⑤ 망소특성인 경우 $L(y) = ky^2$, $k = \dfrac{A_0}{\Delta_0^2}$

$$k = \dfrac{1,000}{10^2} = 10, \ m = \dfrac{103}{8} = 12.875$$

$$L(y) = 10 \times 12.875^2 = 1,657.7원$$

764 압연 강판의 인장강도가 온도에 따라 어떻게 변하는지 조사하고자 한다. 다음 각 물음에 답하시오.

Y(강도)	X(온도)	A_1 60℃	A_2 65℃	A_3 70℃	A_4 75℃
강도 (kgf/mm²)	1	4	6	10	15
	2	5	4	15	25
	3	3	9	20	30
T_i		$T_1 = 12$	$T_2 = 19$	$T_3 = 45$	$T_4 = 70$

❶ 다음 분산분석표의 ①~⑤를 채우고 결과를 해석하시오.

요인	SS	DF	MS(V)	F_0	
R	$S_R = \dfrac{(S_{XY})^2}{S_{XY}} = $ (①)	(②)	666.67	(⑤)	$F_{0.95}(1, 10) = 4.96$ $F_{0.99}(1, 10) = 10.0$
e	$S_e = S_T - S_R = 215$	(③)	(④)		$F_{0.95}(2, 10) = 4.10$ $F_{0.99}(2, 10) = 7.56$
T	$S_T = S_{YY} = 881.67$	11	80.15		

❷ 결정계수(기여율)를 구하시오.

❸ 온도(A)가 $x_0 = 72℃$일 때 회귀식을 추정하고 신뢰수준 95%로 신뢰구간을 추정하시오.(단, $E(y)$의 분산은 $\dfrac{1}{n} + \dfrac{(x_0 - \bar{x})^2}{S_{XX}} V_e$ 이다.)

❹ 압연강판의 인장강도 규격이 $8 \pm 2 \text{kgf/mm}^2$일 때 원인계인 온도(A)의 관리 기준값을 설정하시오.

풀이 ❶ ① : $S_{(xx)} = \sum x^2 - \dfrac{(\sum x)^2}{n}$

$$= [3 \times (60^2 + 65^2 + 70^2 + 75^2)] - \dfrac{3(60 + 65 + 70 + 75)^2}{3 \times 4}$$

$$= (3 \times 18,350) - \dfrac{(3 \times 270)^2}{3 \times 4} = 375$$

$$S_{(xy)} = \sum xy - \frac{\sum x \sum y}{n}$$
$$= [(60 \times 12) + (65 \times 19) + (70 \times 45) + (75 \times 70)]$$
$$- \frac{[3(60+65+70+75)](12+19+45+70)}{3 \times 4}$$
$$= 500$$
$$S_R = \frac{(S_{(xy)})^2}{S_{(xx)}} = \frac{500^2}{375} = 666.67$$

② : 1, ③ : 10, ④ : $\frac{215}{8} = 26.88$, ⑤ : $\frac{666.67}{26.88} = 24.80$

위 분산분석표에서 $F_0 = 24.80 > F_{0.95}(1, 10) = 4.96$이므로, 회귀직선은 유의하며, 압연 강판의 인장강도는 온도에 따라서 영향을 받는다고 볼 수 있다.

2 $r^2 = \frac{S_R}{S_{(yy)}} = \frac{666.67}{881.67} = 0.756$

3 $\hat{\beta}_1 = \frac{S_{(xy)}}{S_{(xx)}} = \frac{500}{375} = 1.33$,

$\bar{x} = \frac{3 \times (12+19+45+70)}{12} = 67.5$, $\bar{y} = \frac{12+19+45+70}{12} = 12.17$

$\hat{y} - \bar{y} = \hat{\beta}_1(x - \bar{x})$ $\hat{y} - 12.17 = 1.33(x - 67.5)$

$\hat{y} = 1.33x - 77.61$

$E(x) = \hat{y} = (1.33 \times 72) - 77.61 = 18.15$

$V(y) = \left[\frac{1}{n} + \frac{(x_0 - \bar{x})^2}{S_{(xx)}}\right]$ $V_e = \left[\frac{1}{12} + \frac{(72 - 67.5)^2}{375}\right] 26.88 = 3.69$

$E(y)$의 95% 신뢰구간

$\hat{y} \pm t_{1-\alpha/2}(\nu)\sqrt{V(\hat{y})} = 18.15 \pm (2.23)\sqrt{3.69}$
$\qquad\qquad\qquad\qquad = 18.15 \pm 4.28(13.87, 22.43)$

※ $t_{1-\alpha/2}(\nu) = \sqrt{F_{1-\alpha}(1, \nu)}$, $t_{0.975}(10) = \sqrt{F_{0.95}(1, 10)} = 2.23$

4 압연강판의 인장강도 규격은 $S_U = 10$, $S_L = 6$이고, 회귀식은 $\hat{y} = 1.33$이다.
관리기준값은 인장강도 규격과 회귀식을 이용하여 구하면 다음과 같다.

관리상한값 $= \frac{(10 + 77.01)}{1.33} = 65.87$

관리하한값 $= \frac{(6 + 77.01)}{1.33} = 62.86$

765 ISO 9000에서 규정한 효과성(Effectiveness)과 효율성(Efficiency)의 개념을 정의하고 각각의 성과지표 사례를 2개씩 기술하시오.

풀이 (1) 효과성
① 계획된 활동이 실현되어 계획된 결과가 달성된 정도
② 성과지표 사례(고객만족, 적시성 등 주로 외부 고객에 집중된 척도)

(2) 효율성
① 달성된 결과와 사용된 자원과의 관계
② 성과지표 사례(투입원가, 생산성 등 주로 내부 고객에 집중된 척도)

766 검정과 추정의 차이를 설명하시오.

풀이 (1) 검정
모집단의 모수값이나 확률분포에 대하여 어떤 가설을 설정하고, 이 가설의 성립 여부를 표본으로 판단하여 결정을 내리는 것

(2) 추정
추정량이 모수와 일치한다는 가정에서 함
① 점추정 : 미지의 모수를 하나의 값으로 추정
② 구간추정 : 미지의 모수가 포함될 것이라고 기대되는 구간(범위) 추정

767 중심극한의 정리를 기술하시오.

풀이 표본은 일반적으로 모집단의 확률분포를 따른다.
만약 모집단이 정규분포를 따르지 않더라도 표본의 크기 n이 충분히 클 때에는 정규분포를 따르고, 표본의 평균과 표준편차는 대략적으로 정규분포 $N\left(\mu, \dfrac{\sigma^2}{n}\right)$을 따른다는 사실

768 COPQ(Cost of Poor Quality)와 다구치 품질공학에서 다루는 손실함수[$L(y)$]와의 관계를 비교하여 설명하시오.

풀이 (1) COPQ(저품질코스트)

예방코스트를 제외한 모든 코스트(평가, 실패코스트)와 부적합하거나, 나쁜 품질로 인해 눈에 보이지 않는 기회손실(Opportunity Loss)코스트를 합한 것(생산자 관점의 품질비용을 의미)

(2) QLF(품질손실함수)

원하는 목표치(m)를 정확히 만족시키는 제품만 적합품이고 나머지 제품은 부적합품으로 처리(소비자 관점의 품질비용을 의미)

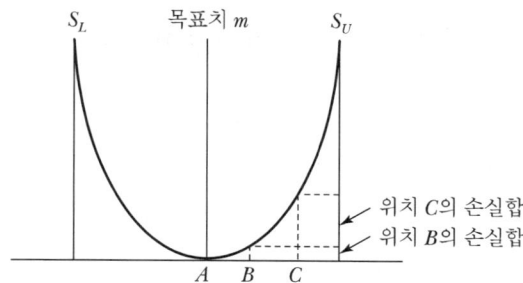

769 고객만족도 조사의 3원칙을 설명하시오.

풀이 (1) 계속성의 원칙

고객만족도는 측정하고자 하는 업종이나 측정항목을 재는 잣대로서 정기적인 조사를 해야만 조사결과에 의미가 있다. 왜냐하면 그 전의 상태와 비교해서 어느 항목이 개선되고 향상되었는가를 알 수 있기 때문이다.

(2) 정량성의 원칙

고객만족도 조사는 항목 간의 수치 비교가 가능한 정량적인 조사라야 한다. 다시 말하면 도출된 수치의 정량화를 통해서 고객만족의 수준을 알 수 있고, 그 전 결과와의 비교가 가능해야 하므로 정량적인 조사라야 하는 것이다.

(3) 정확성의 원칙

자사와 경쟁사의 고객만족상태를 제대로 알기 위해서는 철저한 예비조사를 바탕으로 한 설문지의 작성이 요구된다. 그리고 정확하면서도 성실한 실시 및 통계분석과 정확한 해석 등이 수반되는 조사라야 한다.

770 싱글 PPM 품질혁신활동 추진 시 제1단계(Scope 단계 : 범위 선정)에서 추진해야 하는 활동내용을 쓰시오.

풀이 (1) 사전준비
　　　① 분위기 조성　　② 추진조직　　③ 교육 및 홍보
　　　④ 품질회의체 운영　⑤ 품질정보의 전산화 추진

(2) 범위선정
　　　① 추진대상품목 선정　② CTQ선정　　③ 개선프로젝트 선정
　　　④ Master Plan 작성　　⑤ 3정 5S　　⑥ 설비의 효율개선(TPM)

771 벤치마킹의 행동강령 8가지 항목을 기술하시오.

풀이 (1) 합병성의 원리(Principle of Legality)
(2) 상호교환의 원리(Principle of Exchange)
(3) 비밀보호의 원리(Principle of Confidentiality)
(4) 사용의 원리(Principle of Use)
(5) 상대방 접촉의 원리(Principle of First-party Contract)
(6) 제3자 접촉의 원리(Principle of Third-party Contract)
(7) 준비의 원리(Principle of Preparation)
(8) 완료의 원리(Principle of Completion)

772 크로스비(P.B. Crosby)의 품질원칙 4가지와 품질백신 3가지 항목을 쓰시오.

풀이 (1) 품질원칙 4가지
　　1) 품질 요구에의 적합성(Comformance of Requirment)
　　2) 고객의 요구에 부흥하고자 하는 공급자의 품질시스템을 최초에 올바르게 하는 것(Do it Right the First Time), 즉 검사가 아닌 예방
　　3) 성과의 표준은 무결점(Zero Defects)
　　4) 품질의 척도는 품질비용(Q-cost)

(2) 품질백신 3가지
　　1) 결의(Determination)
　　2) 교육(Education)
　　3) 실행(Implementation)

773 화학반응 시험에서 반응온도와 신물질 생성량 간의 상관관계를 알아보기 위해 8개의 샘플을 취하여 계산한 표본상관계수 $r = 0.618$이었다. 이것으로부터 상관관계의 유무를 검정하기 위한 검정통계량 t_0를 구하시오.

풀이 $t_0 = \dfrac{|r|}{\sqrt{\dfrac{1-r^2}{n-2}}} = \dfrac{0.618}{\sqrt{\dfrac{1-0.618^2}{8-2}}} = 1.925$

774 평균수명(MTTF ; Mean Time To Failure)이 1,000시간이고, 고장수명이 지수분포를 따르는 부품을 500시간 사용했을 때의 신뢰도(Reliability)를 구하시오.

풀이 평균수명(MTTF) = 1,000시간, λ(고장률) = $\dfrac{1}{1,000}$ = 0.001/시간

$R(t) = e^{-\lambda T}$

$R(500) = e^{-0.001 \times 500} = 0.6065(60.65\%)$

775 품질기능전개(QFD ; Quality Function Deployment)의 정의를 기술하시오.

풀이 고객요구를 규명하고 설계 및 생산사이클을 통하여 이를 목적과 수단의 계열에 따라 계통적으로 전개하는 포괄적인 계획화 과정

776 주란(J.M Juran)의 품질 트릴로지(Trilogy)에 대해 설명하시오.

풀이 (1) 품질계획(Quality Plan)
    1) 고객의 요구를 만족시키는 제품과 서비스를 제공하는 공정을 계획하는 것
    2) 품질계획에서는 다음과 같은 구체적인 사항들을 결정한다.
      ① 품질의 목표를 설정한다.
      ② 고객이 누구인가를 결정한다.
      ③ 고객의 요구를 결정한다.
      ④ 고객의 요구에 부응하는 제품의 특성을 개발한다.
      ⑤ 품질계획을 실무자에게 이전시켜 실행에 옮긴다.

(2) 품질통제(Quality Control)
  1) 고객의 진정한 요구사항에 비추어서 실제로 만든 제품을 평가하고, 잘못된 것을 시정조치하는 것을 말한다.
  2) 품질통제에서는 다음과 같은 구체적인 사항들을 결정한다.
    ① 실제로 수행한 업무의 결과를 평가한다.
    ② 실제 결과를 품질목표와 비교한다.
    ③ 차이점을 분석하고 시정조치를 결정한다.

(3) 품질개선(Quality Improvement)
  1) 품질이 지속적으로 개선되도록 뒷받침해주는 지원 메커니즘을 시행하는 과정으로 종업원에 대해 교육훈련을 실시하고, 조직을 재설정하는 모든 개선활동을 말한다.
  2) 품질개선에서는 다음과 같은 구체적인 사항들을 결정한다.
    ① 품질개선이 이루어질 수 있는 시스템을 구축한다.
    ② 개선할 프로젝트를 파악한다.
    ③ 프로젝트 팀을 설정한다.
    ④ 팀이 원인을 진단하고, 개선하여 목표를 달성할 수 있도록 필요한 자원과 교육을 지원하며, 동기를 부여한다.

777 시스템이 다음 신뢰성 블록도와 같이 구성되었을 때 시스템의 신뢰도를 구하시오. (단, 각 부품의 고장은 서로 독립이다.)

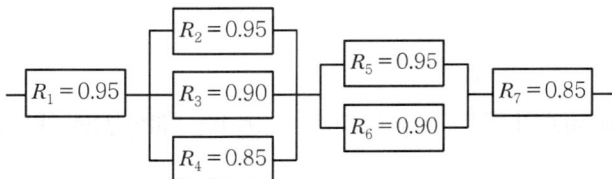

풀이 직렬모델 : $R_s = R_A \cdot R_B$
병렬모델 : $R_s = R_A + R_B - R_{AB} = 1 - (1-R_A)(1-R_B)$

$R_2 \sim R_4$ 병렬결합 부분의 신뢰도 R_{P1}
$R_{P1} = 1 - [(1-0.95)(1-0.90)(1-0.85)] = 0.9993$
$R_5 \sim R_6$ 병렬결합 부분의 신뢰도 R_{P2}
$R_{P1} = 1 - [(1-0.95)(1-0.90)] = 0.995$
$R_s = R_1 \times R_{P1} \times R_{P2} \times R_7 = 0.95 \times 0.9993 \times 0.995 \times 0.85 = 0.8030(80.30\%)$

778 ISO 9000 패밀리(Family)에서 사용되는 시정조치, 예방조치 및 지속적 개선에 대한 용어를 정의하고, 각각 그 절차에 포함되어야 할 내용을 ISO 9000 및 ISO 9001에 근거하여 기술하시오.

풀이 (1) 시정조치

발견된 부적합 또는 기타 바람직하지 않은 상황의 원인을 제거하기 위한 조치. 조직은 부적합의 재발방지를 목적으로 부적합의 원인들을 제거하기 위한 조치를 취하여야 한다. 시정조치는 당면한 부적합의 영향에 대하여 적절하여야 한다.

문서화된 절차에는 다음 요구사항을 규정하여야 한다.

1) 부적합의 검토(고객불평 포함)
2) 부적합 원인의 결정
3) 부적합이 재발하지 않음을 보장하기 위한 조치의 필요성에 대한 평가
4) 필요한 조치의 결정 및 실행
5) 취해진 조치의 결과 기록
6) 취해진 시정조치의 효과성에 대한 검토

(2) 예방조치

잠재적인 부적합 또는 기타 바람직하지 않은 잠재적 상황의 원인을 제거하기 위한 조치. 조직은 부적합의 발생을 방지하기 위하여 잠재적 부적합의 원인을 제거하기 위한 조치를 결정하여야 한다. 예방조치는 잠재적인 문제의 영향에 대하여 적절하여야 한다.

문서화된 절차에는 다음 요구사항이 규정되어야 한다.

1) 잠재적 부적합 및 그 원인 결정
2) 부적합의 발생을 방지하기 위한 조치의 필요성에 대한 평가
3) 필요한 조치의 결정 및 실행
4) 취해진 조치의 결과 기록
5) 취해진 예방조치의 효과성에 대한 검토

(3) 지속적 개선

요구사항을 충족시키는 능력을 증진시키기 위하여 반복되는 활동. 조직은 품질방침, 품질목표, 심사결과, 데이터 분석, 시정조치 및 예방조치, 그리고 경영검토의 활용을 통하여, 품질경영시스템의 효과성을 지속적으로 개선하여야 한다.

779 분임조활동의 테마해결 방식에 있어서 "문제 해결형 방식"과 "과제 달성형 방식"의 차이점을 기술하고, 2가지 방법의 성공의 열쇠는 무엇인지 설명하시오.

풀이 (1) 문제 해결형 방식
　　　① 현재의 수준과 목표치의 차이를 줄이는 활동
　　　② 현상파악과 요인해석에 중점을 두는 활동

(2) 과제 해결형 방식
　　　① 목표를 달성하기 위하여 새로운 방법을 창출하는 활동
　　　② 문제해결형 방식에 비해 새로운 업무, 매력품질을 지향하는 활동

(3) 2가지 방법의 성공의 열쇠
　　　① 품질 향상을 위해서 품질로 보답한다.
　　　② 항상 자신과 싸운다.
　　　③ 구성원들과 팀워크를 이룬다.
　　　④ 끊임없이 노력하고 실천한다.

---

780 어느 회사의 전기조립품의 잡음레벨을 관리하기 위해 $\bar{x}-R$ 관리도를 작성하였다. 군의 크기 $n=4$, 군의 수 $k=20$의 데이터에 대한 $\bar{x}$, R의 계산결과가 다음과 같을 때, $\bar{x}-R$ 관리도의 CL, LCL, UCL을 구하고, 관리상태를 판정하시오.(단, $n=4$일 때 $A_2=0.729$, $D_4=2.282$, $D_3=-$ 이다.)

군번호	1	2	3	4	5	6	7	8	9	10
$\bar{x}$	10.44	10.46	9.98	11.14	9.82	10.90	10.36	11.32	10.86	10.58
R	1.8	1.4	0.7	2.7	2.6	2.4	1.1	0.8	1.2	0.5
군번호	11	12	13	14	15	16	17	18	19	20
$\bar{x}$	9.52	10.56	9.96	10.44	10.96	11.14	10.04	11.44	11.84	11.44
R	1.9	1.5	2.4	2.8	1.0	0.8	1.5	1.6	1.0	2.1

풀이 (1) $\bar{x}$ 관리도

$$\text{CL} = \bar{\bar{x}} = \frac{\sum \bar{x}}{k} = \frac{213.2}{20} = 10.66$$

$$\text{UCL} = \bar{\bar{x}} + A_2 \bar{R} = 10.66 + (0.729)(1.59) = 11.82$$

$$\text{LCL} = \bar{\bar{x}} - A_2 \bar{R} = 10.66 - (0.729)(1.59) = 9.50$$

(2) R 관리도

$$CL = \overline{R} = \frac{\sum R}{k} = \frac{31.8}{20} = 1.59$$

$$UCL = D_4 \overline{R} = (2.282)(1.59) = 3.63$$

$$LCL = D_3 \overline{R} = - (고려하지 않음)$$

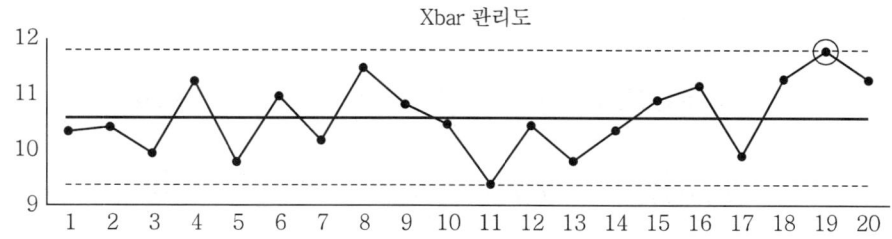

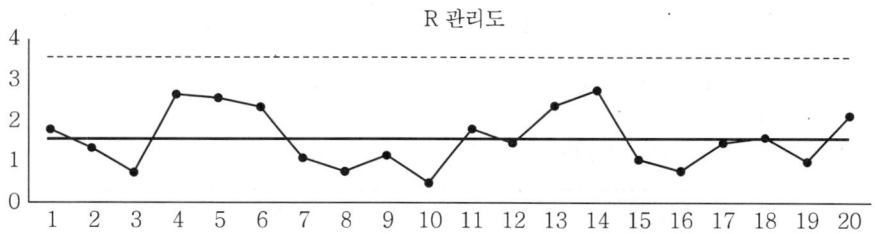

위의 결과에서 $\overline{x}$ 관리도에서는 군번호 19(11.84)에서 $\overline{x}$ 의 값이 관리한계선을 벗어나고 있으므로, 공정평균은 관리상태에 있지 않다고 할 것이다.

R 관리도에서는 관리한계선을 벗어나는 점이 없고, 점의 배열에 아무런 버릇이 없으므로, 산포는 관리상태에 있다고 판정할 수 있다.

781 어떤 신약 제조공정에서 약품의 수율(%)에 영향을 미칠 것으로 판단되는 반응온도(A)와 원료(B)를 인자로 하여 반복이 없는 실험을 한 결과 다음의 데이터를 얻었다. 다음 각 물음에 답하시오. (단, 데이터는 $X_{ij} = (X_{ij} - 97) \times 10$으로 수치 변환한 것이다.)

B \ A	A_1	A_2	A_3	A_4	T
B_1	6	16	20	10	52
B_2	3	12	10	7	32
B_3	-3	-1	9	-5	0
T	6	27	39	12	84

1 분산분석표를 작성하고, 유의수준 0.05로 검정하시오.

2 A_3B_1의 조합의 모평균 $\mu(A_3B_1)$을 신뢰율 95%로 추정하시오.

❸ 인자 B의 기여율($\rho_B\%$)을 구하시오. (단, $F_{0.95}(3, 6)=4.76$, $F_{0.99}(3, 6)=9.78$, $F_{0.95}(2, 6)=5.14$, $F_{0.99}(2, 6)=10.90$, $t_{0.975}(6)=2.447$이다.)

[풀이] ❶ 1) 변동의 계산

$$T_{1\cdot}=6,\ T_{2\cdot}=27,\ T_{3\cdot}=39,\ T_{4\cdot}=12,\ T_{\cdot 1}=5,\ T_{\cdot 2}=32,\ T_{\cdot 3}=10,\ T=84$$

$$CT=\frac{T^2}{N}=\frac{84^2}{12}=588$$

$$S_T=(\sum\sum x_{ij}^2-CT)\times\frac{1}{10^2}=\{[6^2+\cdots+(-5^2)]-588\}\times\frac{1}{10^2}=6.22$$

$$S_A=\left(\sum\frac{T_{\cdot j}^2}{m}-CT\right)\times\frac{1}{10^2}=\left(\frac{6^2+27^2+39^2+12^2}{3}-588\right)\times\frac{1}{10^2}=2.22$$

$$S_B=\left(\sum\frac{T_{\cdot j}^2}{l}-CT\right)\times\frac{1}{10^2}=\left(\frac{5^2+32^2+10^2}{4}-588\right)\times\frac{1}{10^2}=3.44$$

$$S_e=S_T-(S_A+S_B)=6.22-(2.22+3.44)=0.56$$

2) 분산분석표 작성

요인	SS	DF	MS	F_0	$F(0.95)$	$F(0.99)$
A	2.22	3	0.74	7.96°	4.76	9.78
B	3.44	2	1.72	18.49°	5.14	10.90
e	0.56	6	0.093			
T	6.22	11				

위의 결과에서 인자 A(반응온도), 인자 B(원료) 모두 유의하다.

❷ $\overline{x}_{i\cdot}=\left(\overline{x}_{i\cdot}\times\frac{1}{10}\right)+97$을 이용하여 점추정치를 구하면 다음과 같다.

$$\overline{x}_{3\cdot}=\left(13\times\frac{1}{10}\right)+97=98.3,\ \overline{x}_{\cdot 1}=\left(13\times\frac{1}{10}\right)+97=98.3$$

$$\overline{\overline{x}}=\left(7\times\frac{1}{10}\right)+97=97.7$$

$$ne=\frac{\text{총 실험횟수}}{\text{무시할 수 없는 자유도 합}+1}=\frac{12}{6}=2$$

$$\hat{\mu}(A_3B_1)=(\overline{x}_{3\cdot}+\overline{x}_{\cdot 1}-\overline{\overline{x}})\pm t_{1-\alpha/2}(v)\sqrt{\frac{V_e}{n_e}}$$

$$=(98.3+98.3-97.7)\pm t_{0.975}(6)\sqrt{\frac{0.093}{2}}$$

$$=98.9\pm(2.447)\sqrt{\frac{0.093}{2}}=98.9\pm0.53\ (98.37,\ 99.43)$$

❸ 순변동 $S'_B = S_B - \nu_B V_e = 3.44 - (2 \times 0.093) = 3.254$

기여율 $\rho_B = \dfrac{S'_B}{S_T} \times 100 = \dfrac{3.254}{6.22} \times 100 = 52.32\%$

782 공작기계를 제작하는 회사에서 설비에 대한 수명을 합리적으로 관리하기 위하여 와이블 확률지로 형상모수($m = \beta$)를 추정하여 관리하고 있다. 형상모수의 변화에 따른 설비 고장률에 대하여 다음 각 물음에 답하시오.

❶ 욕조곡선을 작성하시오.
❷ 다음 표에 따라 고장기를 구분한 후, 관리/조치방법을 제시하시오.

형상모수 값	고장기 구분	관리방법	조치방법

[풀이] ❶

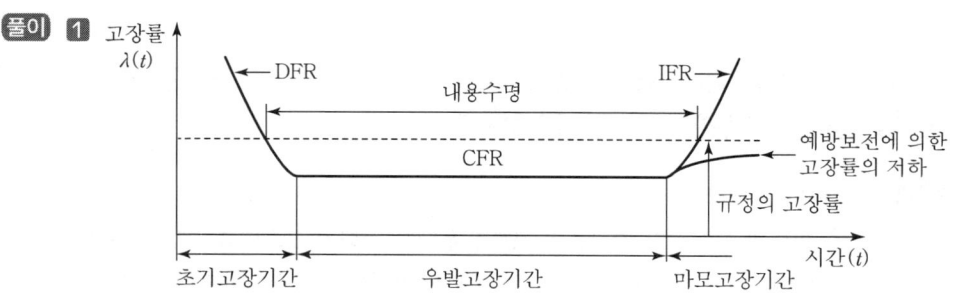

❷

형상모수 값	고장기 구분	고장 원인	관리/조치방법
$m < 1$	초기고장 기간	① 표준 이하의 재료 사용 ② 표준 이하의 작업자 솜씨 ③ 불충분한 품질관리 ④ 불충분한 디버깅 ⑤ 부적절한 조치 ⑥ 부적절한 시동 ⑦ 부적절한 포장 및 수송 ⑧ 빈약한 가공 및 취급기술 ⑨ 오염 ⑩ 저장 및 운반 중에 부품고장 ⑪ 조립상의 과오	① 보전예방(MP) ② 디버깅 Test ③ Burn-In Test

형상모수 값	고장기 구분	고장 원인	관리/조치방법
$m=1$	우발고장 기간	① 안전계수가 낮기 때문에 ② Stress가 Strength보다 크기 때문에 ③ 사용자의 과오 때문에 ④ 최선의 검사방법으로도 탐지되지 않은 고장 때문에 ⑤ 디버깅 중에도 발견되지 않은 고장 때문에 ⑥ 예방보전에 의해서도 예방될 수 없는 고장 때문에 ⑦ 천재지변에 의한 고장 때문에	① 극한 상황을 고려한 설계 ② 안전계수를 고려한 설계 ③ 디레이팅 설계 ④ 사후보전(BM) ⑤ 개량보전(CM)
$m>1$	마모고장 기간	① 부식 또는 산화 ② 마모 또는 피로 ③ 노화 및 퇴화 ④ 불충분한 정비 ⑤ 부적절한 오버홀 ⑥ 수축 또는 균열	예방보전(PM)

783 스킵 로트 샘플링 검사(KS Q ISO 2859-3 : 2001)에서 요구하는 공급자 및 제품의 자격을 심사하기 위한 요건을 기술하시오.

풀이 (1) **공급자의 자격심사**
① 제품 품질과 설계 변경을 관리하기 위한 문서화된 시스템을 갖추고 유지할 것. 이 시스템에서는 공급자에 따른 각 생산로트의 검사와 검사결과의 기록이 포함되어 있는 것을 전제로 함
② 품질수준의 이동을 검출·수정하고 또 품질의 저하를 초래하는 프로세스의 변화를 감시할 능력이 있는 시스템을 설치하여야 할 것. 이 시스템 적용의 책임을 가진 공급자 쪽 요원은 적용되는 표준, 시스템 및 따라야 할 절차에 대한 명확한 이해를 할 것
③ 품질의 저하를 초래할 우려가 있는 조직 변경이 없어야 할 것

(2) **제품의 자격심사**
① 안정된 설계에 따른 것이어야 할 것
② 공급자와 소관권한자 양쪽이 합의한 기간, 실질적 연속 생산의 상태에서 제조되어 온 것으로 할 것. 만일 기간의 규정이 없으면 6개월로 하고, 샘플의 승인을 위하여 생산이 중지된 경우에는 승인되고 생산개시 후부터의 기간만을 포함할 것
③ 제품에 대한 자격심사기간 중 통상검사수준 Ⅰ, Ⅱ 또는 Ⅲ에서 보통검사 또는 수월한 검사 혹은 보통검사와 수월한 검사의 조합이 적용되어야 할 것. 자격심사 중에 1로트라도 까다로운 검사를 적용받은 제품은 스킵로트 검사를 받을 자격이 없다.

④ 공급자와 소관권한자 양쪽이 합의한 안정 기간 중 AQL 또는 그 보다 좋은 품질이 유지되어야 할 것. 만일 이 기간의 규정이 없으면, 이 기간은 6개월로 한다.

⑤ 다음의 품질요구사항을 만족하여야 할 것
  a) 직전의 10로트 이상이 합격되어야 할 것
  b) 직전의 10로트 또는 그 이상의 로트에 대하여 '스킵로트 검사 적용을 위한 최소 누계 샘플 크기'의 요구사항이 만족되어야 할 것
  c) 최근의 각 2로트에 대하여 '스킵로트 검사의 개시, 계속, 재개를 위한 합격 판정수'의 요구사항이 각각 만족되어야 할 것

만일 2회 또는 다회 샘플링 방식을 사용하고 있을 때 위의 b) 및 c)의 절차에서는 제 1샘플의 결과만을 사용한다.

784 FMEA(Failure Mode and Effect Analysis)와 FTA(Fault Tree Analysis)를 각각 설명하고, 그 차이점을 기술하시오.

풀이 (1) FMEA(Failure Mode & Effects Analysis)
  ① 고장모드 영향분석이며 일종의 신뢰성 예측을 말하는 것
  ② 어떤 제품의 사용 중에 일어날 수 있는 예상 가능한 모든 고장의 형태를 선정하고, 이 고장 시스템 전체에 어떠한 영향을 미치며, 그 고장의 원인은 어디에 있는가를 추정, 분석하여 신뢰성상의 약점을 지적하고, 대책을 강구하여 나가는 수법
  ③ 양산적 설계단계에서 모든 문제점을 제거함으로써 양산 후에는 문제점 없이 양질의 제품을 고객에게 제공하는 것

(2) FTA(Failure Tree Analysis)
  ① 고장나무해석이며,
  ② 고장의 원인이 무엇인가 하는 사고방식으로 제품이 고장을 수형도로 더듬어 나가 어떤 부품이 고장의 원인이었는가를 찾아내는 해석 수법

(3) 차이점
  ① FMEA는 상향식(Bottom-up) 방식으로 설계된 시스템이나 기기의 잠재적인 고장모드를 찾아내어 가동 중에 고장이 발생하였을 경우, 영향력이 큰 고장모드에 대해 적절한 대책을 세워 고장을 미연에 방지하는 정성적인 분석이다.
  ② FTA는 시스템의 고장을 발생시키는 사상(Event)과 그의 원인 간의 인과관계를 정상사상(Top Event)으로부터 논리회로(and · or)를 사용하여 고장목(Fault Tree)을 만들고 하향식(Top-down) 방식으로 시스템의 고장을 정량적으로 분석한다.

785 어떤 회사의 공정은 잘 관리되고 있으며, 공정의 부적합품률은 3%로 나타났다. 작업조건을 변경한 다음 200개의 샘플을 취하여 조사하였더니 18개의 부적합품이 발견되었다. 다음 각 물음에 답하시오. (단, $u_{0.975} = 1.96$이다.)

1 작업조건의 변경으로 인하여 부적합품률이 달라졌다고 할 수 있는가를 유의수준 0.05로 검정하시오.

2 작업조건 변경 후 모부적합품률의 95% 신뢰구간을 구하시오.

[풀이] **1** 모부적합품(불량)률에 관한 검정

1) 가설의 설정
$$H_0 : p = 0.03(p_0), \ H_1 : p \neq 0.03$$

2) 유의수준 설정
$\alpha = 0.05$, $np_0 = 200 \times 0.03 = 6 \geq 5$이므로 정규분포 근사법 이용,
$$\hat{p} = \frac{x}{n} = \frac{18}{200} = 0.09$$

3) 검정통계량 계산
$$|u_0| = \frac{|\hat{p} - p_0|}{\sqrt{\frac{p_0(1-p_0)}{n}}} = \frac{|0.09 - 0.03|}{\sqrt{\frac{0.03(1-0.03)}{200}}} = 4.974$$

4) 기각역 설정

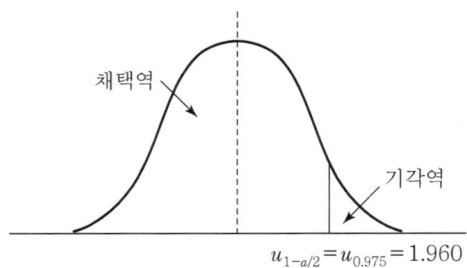

5) 판정
$|u_0| = 4.974 > u_{0.975} = 1.960$이므로 H_0 기각
즉, 작업조건 변경으로 인해 부적합품(불량)률이 달라졌다고 할 수 있다.

2 모부적합품(불량)률에 관한 추정
$$p = \hat{p} \pm u_{0.975}\sqrt{\frac{\hat{p}(1-\hat{p})}{n}} = 0.09 \pm (1.960)\sqrt{\frac{0.09(1-0.09)}{200}}$$
$= 0.09 \pm 0.04 \ (0.05, \ 0.13)$

786 어떤 수지(Resin)를 생산하는 D 화학업체에서는 이 수지에 포함되는 불순물의 함량을 줄이기 위해 다음의 조건으로 실험을 하고자 한다. 즉, 불순물에 영향을 줄 것으로 예상되는 제어인자 4가지를 다음과 같이 취했다.

- A : 본드의 배합비 3수준(A_0, A_1, A_2)
- B : 본딩방법 3수준(B_0, B_1, B_2)
- C : 표면처리방법 3수준(C_0, C_1, C_2)
- D : 열처리방법 3수준(D_0, D_1, D_2)

그리고 비제어인자로서

- U : 작업자 2수준(비숙련공, 숙련공)
- V : 생산라인 2수준

을 선택해 주고 생산된 수지를 실험실에서 분석하여 불순물의 함량(%)을 얻고, 이들로부터 망소특성에 대한 SN비의 값을 구해 정리한 것이 다음의 표이다.

▼ 불순물 함량 실험 데이터

인자배치 열번호 실험번호	A 1	B 2	C 3	D 4	불순물 함량(%) U_0		U_1		SN_i
					V_0	V_1	V_0	V_1	
1	0	0	0	0	6.80	5.52	2.27	3.75	−13.80
2	0	1	1	1	3.43	2.58	2.49	2.11	−8.62
3	0	2	2	2	2.17	2.50	1.57	1.98	−6.37
4	1	0	1	2	1.79	2.81	1.33	1.76	−6.01
5	1	1	2	0	1.98	2.38	2.57	2.00	−7.03
6	1	2	0	1	2.93	2.78	2.61	2.17	−8.43
7	2	0	2	1	2.43	2.18	1.70	1.56	−6.02
8	2	1	0	2	4.25	3.90	1.91	1.63	−9.95
9	2	2	1	0	4.05	3.28	1.50	2.12	−9.28

1 SN비의 각 인자수준별 일원표를 작성하시오.

수준 \ 인자	A	B	C	D
0				
1				
2				
합계				

❷ SN비의 분산분석표를 작성하시오. 또한 필요하다면 풀링한 분산분석표를 작성하시오.
(단, $F_{0.95}(2, 2)=19.0$, $F_{0.99}(2, 2)=99.0$이다.)

❸ A_0 수준에서 불순물 함량에 대한 95% 신뢰구간을 구하시오.(단, $t_{0.975}(2)=4.303$, $t_{0.975}(3)=3.182$이다.)

[풀이] ❶ 열의 SN비   0수준합=(−13.80)+(−8.62)+(−6.37)=−28.79
                     1수준합=(−6.01)+(−7.03)+(−8.43)=−21.47
                     2수준합=(−6.02)+(−9.95)+(−9.28)=−25.25
     2열의 SN비   0수준합=(−13.80)+(−6.01)+(−6.02)=−25.83
                 1수준합=(−8.62)+(−7.03)+(−9.95)=−25.60
                 2수준합=(−6.37)+(−8.43)+(−9.28)=−24.08
     3열의 SN비   0수준합=(−13.80)+(−8.43)+(−9.95)=−32.18
                 1수준합=(−8.62)+(−6.01)+(−9.28)=−23.91
                 2수준합=(−6.37)+(−7.03)+(−6.02)=−19.42
     4열의 SN비   0수준합=(−13.80)+(−7.03)+(−9.28)=−30.11
                 1수준합=(−8.62)+(−8.43)+(−6.02)=−23.07
                 2수준합=(−6.37)+(−6.01)+(−9.95)=−22.33

수준\인자	A	B	C	D
0	−28.79	−25.83	−32.18	−30.11
1	−21.47	−25.60	−23.91	−23.07
2	−25.25	−24.08	−19.42	−22.33
합계	−75.71	−75.71	−75.71	−75.71

❷ 1) 변동의 계산

$$CT=\frac{T^2}{N}=\frac{-75.51^2}{9}=633.53$$

$$S_T=[(-13.80)^2+\cdots+(-9.28)^2]-633.53=49.75$$

$$S_A=\frac{1}{3}[(-28.79)^2+(-21.47)^2+(-25.25)^2]-633.53=8.93$$

$$S_B=\frac{1}{3}[(-25.83)^2+(-25.60)^2+(-24.08)^2]-633.53=0.60$$

$$S_C=\frac{1}{3}[(-32.18)^2+(-23.91)^2+(-19.42)^2]-633.53=27.93$$

$$S_D=\frac{1}{3}[(-30.11)^2+(-23.07)^2+(-22.33)^2]-633.53=12.29$$

$$S_e=S_T-(S_A+S_B+S_C+S_D)=49.75-(8.93+0.60+27.93+12.29)=0$$

2) 분산분석표 작성

요인	SS	DF	MS	F_0	$F(0.95)$	$F(0.99)$
A	8.93	2	4.465			
B	0.6	2	0.3			
C	27.93	2	13.965			
D	12.29	2	6.145			
e	0					
T	49.75	8				

위의 결과에서 2열 B요인의 MS가 작기 때문에 오차항으로 풀링한다.

3) 풀링한 분산분석표 작성

요인	SS	DF	MS	F_0	$F(0.95)$	$F(0.99)$
A	8.93	2	4.465	14.88	19.0	99.0
C	27.93	2	13.965	46.55*		
D	12.29	2	6.145	20.48		
e	0	2	0.3			
T	49.75	8				

위의 결과에서 3열 C요인만 유의하고, 나머지는 유의하지 않는다.

3 $\hat{\mu}(A_0) = \overline{x} \pm t_{0.975}(2)\sqrt{\dfrac{V_e}{n}}$ 를 이용

$= \dfrac{(-13.80)+(-8.62)+(-6.37)}{3} \pm 4.303\sqrt{\dfrac{0.3}{3}}$

$= -9.597 \pm 1.361 \, (-10.958, \, -8.236)$

787 제품실현을 기획할 시 어떠한 내용들이 결정되어야 할 것인지를 ISO 9001의 7.1에 근거하여 기술하시오.

풀이 조직은 제품실현을 기획할 때, 해당되는 경우, 다음 사항을 결정하여야 한다.
(1) 제품에 대한 품질목표 및 요구사항
(2) 프로세스 및 문서를 수립할 필요성, 그리고 제품에 대한 특정 자원을 확보/제공할 필요성
(3) 제품에 대해 특정하게 요구되는 검증, 실현성 확인/타당성 확인, 모니터링, 측정, 검사 및 시험 활동, 그리고 제품 합격판정기준
(4) 실현 프로세스 및 결과로 산출된 제품이 요구사항을 충족한다는 증거를 확보하는 데 필요한 기록

788 단변량 관리도와 다변량 관리도의 개념을 설명하고, Z 관리도와 T^2 관리도의 차이를 설명하시오.

풀이 (1) 단변량 관리도
한 개의 품질특성을 관리하는 관리도

(2) 다변량 관리도
서로 상관관계(두 개의 품질특성)가 있는 종속적인 변수들이 결합하여 공정 또는 결과에 미치는 영향을 보여주는 관리도

(3) Z 관리도와 T^2 관리도의 차이점
① Z 관리도는 단변량 관리도로서 생산주기가 짧은 제품을 생산(로트크기가 작은 단기생산, 여러 모델을 혼합하여 생산하는 혼류생산)에 적용하는 관리도
② T^2 관리도는 다변량 관리도로서 여러 가지 변수를 동시에 관리할 수 있는 관리도

789 실험계획의 기본원리를 쓰고, 설명하시오.

풀이 (1) 랜덤화의 원리
뽑혀진 인자 외에 기타 원인들의 영향이 실험결과에 편기되게 미치는 것을 없애기 위함

(2) 반복의 원리
반복을 시켜줌으로써 오차항의 자유도를 크게 해줄 수 있으며, 오차분산이 정도 좋게 추정됨으로써 실험결과의 신뢰성을 높일 수 있다.

(3) 블록화의 원리
실험 전체를 시간적, 공간적으로 분할하여 블록으로 만들어 주면, 각 블록 내에서는 실험환경이 균일하게 되어 정도 좋은 결과를 얻을 수 있다.

(4) 교락의 원리
구할 필요가 없는 2인자 교호작용이나 고차의 교호작용을 블록과 교락시키는 방법으로 검출할 필요가 없는 요인이 블록의 효과와 교락하게 됨으로써 실험의 효율을 높일 수 있다.

(5) 직교화의 원리
요인 간에 직교성을 갖도록 실험계획하여 데이터를 구하면, 같은 실험횟수라도 검출력이 더 좋은 검정을 할 수 있고, 정도가 더 높은 추정을 할 수 있다.

790 어떤 화학물의 화학반응에 의한 제조에서 사용되는 촉매량(x)과 수율(y)의 관계데이터가 [표]와 같을 때 다음 각 물음에 답하시오. (단, $F_{0.95}(1, 6) = 6.99$, $F_{0.99}(1, 6) = 13.7$이다.)

(단위 : 촉매량 g, 수율 %)

x	9	3	4	5	3	6	7	2
y	90	49	70	65	60	81	84	46

1 상관계수를 구하시오.
2 분산분석표를 이용하여 회귀분석을 하시오.
3 촉매량에 대한 수율의 직선회귀식을 구하시오.

풀이 **1**

x	9	3	4	5	3	6	7	2	$\sum x = 39$	$\bar{x} = 4.875$
y	90	49	70	65	60	81	84	46	$\sum y = 545$	$\bar{y} = 68.125$
x^2	81	9	16	25	9	36	49	4	$\sum x^2 = 229$	
y^2	8,100	2,401	4,900	4,225	3,600	6,561	7,056	2,116	$\sum y^2 = 38,959$	
xy	810	147	280	325	180	486	588	92	$\sum xy = 2,908$	

$$S_{(xx)} = \sum x^2 - \frac{(\sum x)^2}{n} = 229 - \frac{39^2}{8} = 38.875$$

$$S_{(yy)} = \sum y^2 - \frac{(\sum y)^2}{n} = 38,959 - \frac{545^2}{8} = 1,830.875$$

$$S_{(xy)} = \sum xy - \frac{\sum x \sum y}{n} = 2,908 - \frac{39 \times 545}{8} = 251.125$$

$$r = \frac{S_{(xy)}}{\sqrt{S_{(xx)}S_{(yy)}}} = \frac{251.125}{\sqrt{38.875 \times 1,830.875}} = 0.941$$

❷ $S_R = \dfrac{(S_{(xy)})^2}{S_{(xx)}} = \dfrac{251.125^2}{38.875} = 1,622.219$

$S_{(y/x)} = S_{(yy)} - S_R = 1,830.875 - 1,622.219 = 208.656$

요인	SS	DF	MS	F_0	$F(0.95)$	$F(0.99)$
회귀	1,622.219	1	1,622.219	46.65**	6.99	13.7
잔차	208.656	6	34.776			
T	1,830.875	7				

회귀직선은 고도로 유의하다.

❸ $\widehat{\beta_1} = \dfrac{S_{(xy)}}{S_{(xx)}} = \dfrac{251.125}{38.875} = 6.46$

$\hat{y} - \overline{y} = \widehat{\beta_1}(x - \overline{x})$ $\hat{y} - 68.125 = 6.46(x - 4.875)$

$\hat{y} = 6.46x + 36.6325$

791
고장시간의 분포가 지수분포인 전자기기 12대에 대한 고장시간의 관측값이 다음과 같았다. 이 기기에 대한 MTBF의 신뢰구간을 신뢰율 95%로 구하시오. (단, $\chi^2_{0.025}(24) = 12.40$, $\chi^2_{0.975}(24) = 39.36$, $\chi^2_{0.05}(24) = 13.85$, $\chi^2_{0.95}(24) = 36.42$이다.)

(단위 : 시간)

> 300, 450, 650, 950, 1,700, 2,600, 4,100, 5,200, 6,750, 9,250, 12,500, 15,100

[풀이] 지수분포이며, 전수고장인 경우

(1) $MTBF = \dfrac{\sum t_i}{n} = \dfrac{T}{n} = \dfrac{59,550}{12} = 4,962.5$시간

(2) 95% 신뢰구간

$\dfrac{2T}{\chi_{1-\alpha/2}(2r)} \leq \theta \leq \dfrac{2T}{\chi_{\alpha/2}(2r)} = \dfrac{2 \times 59,550}{\chi_{0.975}(24)} \leq \theta \leq \dfrac{2 \times 59,550}{\chi_{0.025}(24)}$

$= 3,026 \leq \theta \leq 9,605$

즉, $MTBF_U = 9,605$시간 $MTBF_L = 3,026$시간

792 여러 사람이 모여서 많은 의견을 나열하여 다양한 아이디어를 얻기 위해 사용되는 집단적 사고 기법인 브레인스토밍의 기본 원칙 4가지를 설명하시오.

풀이 (1) 질보다 양을 추구한다.(많은 의견 도출)
(2) 타인의 의견을 비판하지 않는다.
(3) 발언을 자유분방하게 한다.
(4) 타인의 의견을 이용하여 새로운 의견을 제시한다.

793 로버스트 디자인(Robust Design) 개념을 설명하시오.

풀이 SN비를 최대화하는 파라미터의 수준을 찾는 것이 둔감성을 갖는 설계
변동을 발생시키는 원인 자체를 직접 제거하지 않고 단지 변동의 원인이 끼치는 영향을 극소화함으로써 제품의 품질을 향상시키는 것

794 SERVQUAL의 5개 차원과 각각의 정의를 설명하시오.

풀이 (1) 신뢰성(Reliability)
약속된 서비스를 정확하게 이행하는 능력

(2) 확신성(Assurance)
서비스 수행에 필요한 구성원들의 지식과 기술의 공유

(3) 유형성(Tangibles)
서비스 평가를 위한 외형적인 증거

(4) 공감성(Empathy)
고객을 접대하는 종업원의 친절, 배려와 공손함

(5) 대응성(Responsiveness)
고객에게 서비스를 신속하게 제공하려는 의지

795 교호작용과 교락에 대해서 설명하시오.

풀이 (1) 교호작용

타 요인과 얽혀서 나타나는 효과

(2) 교락

2개 이상의 요인효과가 뒤섞여서 각 인자의 효과를 분리할 수 없는 것

796 고객만족 설문조사를 하고자 하는데 기존 설문조사에서 1,000명을 대상으로 실시한 결과 800명이 응답하였다. 표본오차율 3.5%, 신뢰수준 99%, 베타(β) 10%로 한쪽 검정 시 설문조사 크기를 구하시오. (단, p(응답률)이며, 분산 $= p(1-p)$로 이용한다.)

풀이 $p = \dfrac{800}{1,000} = 0.8$, $0.035 = 2.326 \sqrt{\dfrac{0.8(1-0.8)}{n}}$, $n = 707$명

797 표준의 성립 주체에 따라 분류한 경우, 공적 표준과 사실적 표준으로 구분되는데 각각의 정의와 특징 및 단점에 대하여 기술하시오.

풀이 (1) 공적 표준

① 공인된 표준화기구(ISO/IEC 등)가 채택한 공식적이며, 법률적 효력을 지닌 표준(ISO 9000, ISO 14000)

② 단점 : 시간이 지나면서 또는 과학·기술의 발달로 인해 업계에서는 인정하고 있지만, 오래전 제정된 표준을 준수함으로써 시간 및 비용 낭비

(2) 사실표준

① 어떤 공식적인 계획 없이 자연발생적으로 만들어진 사실상의 업계표준(MS사의 Window – 시장의 힘에 의해)

② 단점 : 공적 표준으로 제정하는 절차 및 시간이 오래 걸려 업계에서는 인정되지만 공식적으로 인정을 못 받을 수 있다.

798
부적합률 1%의 소형마이크가 1,000개 생산되었다. 이 소형마이크를 전수 검사할 때 1개당 검사비가 20원이 소요된다. 무검사로 인하여 불량품이 출하되어 반품으로 발생하는 손실이 400원이다. 이때의 임계부적합률(손익분기 부적합률)을 계산하고, 검사에 대한 의견을 기술하시오.

풀이 임계부적합률 $P_b = \dfrac{a(\text{개당 검사비용})}{b(\text{검사하지 않음으로써 입는 불량품 개당 손실비용})} = \dfrac{20}{400}$
$= 0.05(5\%)$

$P_b = 5\% > P = 1\%$이므로, 무검사가 이익(유리)

$P_b > P$: 개당 검사비용이 크므로, 무검사가 이익(유리)

$P_b < P$: 무검사로 인한 개당 손실비용이 크므로, 검사가 이익(유리)

799
제품설계 단계에서 사용하는 QFD와 QFCD에 대하여 설명하시오.

풀이 (1) QFD(Quality Function Deployment, 품질기능전개)
고객요구를 규명하고 설계 및 생산사이클을 통하여 이를 목적과 수단의 계열에 따라 계통적으로 전개하는 포괄적인 계획화 과정

(2) QFCD(Quality Function Cost Deployment, 품질기능원가전개)
고객요구를 반영한 신제품의 개념정립, 제품계획, 부품설계, 공정계획, 생산계획 등 전체 개발과정에서 품질, 기능, 원가 등을 체계적으로 관리하여 고객만족도를 제고하는 기법

800
수천 개의 형광등 수명이 평균(μ) 6,000시간, 분산(σ^2) 2,809시간인 정규분포에 따른다고 할 때 사용 중 고장 나는 형광등이 5% 이하가 되도록 하려면 교체주기를 몇 시간으로 해야 되는지 정수로 구하시오.

풀이 $p(x<t) = 0.05$
$= p\left[\left(\dfrac{x-\mu}{\sigma}\right) < \left(\dfrac{t-6,000}{53}\right)\right] = 0.05$
$= p\left(Z < \dfrac{t-6,000}{53}\right) = 0.05$

$z_{0.95} = 1.645$, $z_{0.05} = -1.645$이므로,

$\dfrac{t-6,000}{53} = -1.645$, $t = 6,000 - (1.645 \times 53) = 5,912.815$시간

즉, 사용 중에 나가는 형광등이 5% 이하가 되도록 하려면 교체주기를 5,912.815시간으로 해야 한다.

801 전자제어 시스템이 지수분포를 따르는 다음과 같은 대기(용장)시스템에서 100시간 작동 시 신뢰도 $R_1 = R_2 = 0.93$인 경우 전체신뢰도 R_s을 소수점 3자리로 구하시오.

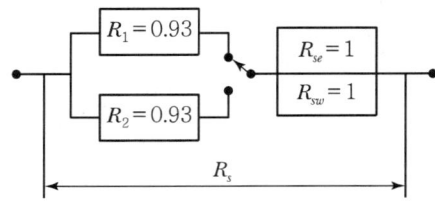

풀이 대기결합모델

$$R_1 = R_2 = e^{-\lambda T}, \ 0.93 = e^{-\lambda \times 100}, \ \lambda = -\frac{1}{100}\ln 0.93, \ \lambda = 0.0007$$

$$R_s = e^{-\lambda T}(1+\lambda T) = e^{-0.0007 \times 100}[1+(0.0007 \times 100)] = 0.998 \ (99.8\%)$$

802 측정시스템의 정밀성에서 반복성과 재현성을 구분하여 설명하시오.

풀이 (1) 반복성(Repeatability)

동일한 측정자가 동일한 계측기로 동일 제품을 측정하였을 때 발생되는 계측기 변동

(2) 재현성(Reproducibility)

서로 다른 측정자가 동일한 계측기로 동일 제품을 측정하였을 때 발생되는 측정자 변동

803 어떤 기관에서 설문문항에 따른 타당성을 검토하기 위해서 설문문항 간의 내적 일관성이 있는지를 합리적인 방법으로 분석하기 위하여 다음과 같은 5점 척도로 데이터를 얻었다. 다음 각 물음에 소수점 3자리로 답하시오.

응답번호	설문 1	설문 2	설문 3	설문 4	설문 5	T_j
1	2	3	1	2	3	11
2	3	3	2	3	4	
3	3	4	3	4	2	16
4	1	2	3	2	3	11
5	2	3	4	3	3	15
6	3	2	3	3	4	
7	4	3	4	4	3	
8	3	4	4	3	4	18

응답번호	설문 1	설문 2	설문 3	설문 4	설문 5	T_j
9	3	5	3	4	5	20
10	3	2	4	3	4	16
T_i	27	31	31	31	35	
평균	2.7	3.1	3.1	3.1	3.5	
V_i	0.68	V_2	0.99	0.54	V_5	V_{Tj}

1 설문 2와 5의 분산(V_2, V_5)과 응답자합계의 분산(V_{Tj})을 구하시오.

2 Chronbatch Alpha계수를 구하시오. (단, $\alpha = \dfrac{N}{N-1}\left(1 - \dfrac{\sum_{i=1}^{N} V_i}{V_{Tj}}\right)$이다.)

3 설문문항 간에 따른 일관성을 해석하시오.

[풀이]

1 $V_2 = \dfrac{\sum x_2^2 - \dfrac{(\sum x)^2}{n_2}}{n_2 - 1} = \dfrac{105 - \dfrac{(31)^2}{10}}{10 - 1} = 0.989$

$V_5 = \dfrac{\sum T_j^2 - \dfrac{(\sum T_j)^2}{n_2}}{n - 1} = \dfrac{2,477 - \dfrac{(155)^2}{10}}{10 - 1} = 0.722$

$V_{Tj} = \dfrac{\sum T_j x^2 - \dfrac{(\sum T_j)^2}{n_2}}{n - 1} = \dfrac{2,477 - \dfrac{155^2}{10}}{10 - 1} \doteq 8.278$

2 $N = 5$, $\sum V_i = (0.68 + 0.989 + 0.99 + 0.54 + 0.722) = 3.921$, $V_{Tj} = 8.278$

공식에 대입해 풀면

$\alpha = \dfrac{5-1}{4}\left(1 - \dfrac{3.921}{8.278}\right) = 0.658$

3 $\alpha = 0.658$이므로 수용 가능(Acceptable)

※ 판정

$\alpha \geq 0.9$: 신뢰도 매우 높음(Excellent)

$0.7 \leq \alpha < 0.9$: 바람직함(Good)

$0.6 \leq \alpha < 0.7$: 수용 가능(Acceptable)

$0.5 \leq \alpha < 0.6$: 신뢰도 나쁨(Poor)

$\alpha < 0.5$: 수용 불가(Unacceptable)

804 열처리 공정에서 품질특성인 경도(Hr)를 A, B라인에서 각각 15개, 16개씩 측정하여 표와 같이 데이터를 얻었다. 유의수준 5%로 품질산포와 평균치 검정에 대해서 소수점 3자리로 물음에 답하시오.(단, 수표는 $F_{0.95}(14,15)=2.405$, $F_{0.975}(14,15)=2.891$, $F_{0.95}(15,14)=2.463$, $F_{0.975}(15,14)=2.949$, $t_{0.95}(29)=2.045$, $t_{0.975}(29)=2.364$, $t_{0.99}(29)=2.756$, $t_{0.95}(14.7)=2.145$, $t_{0.975}(14.7)=2.510$, $t_{0.99}(14.7)=2.977$이다.)

라인	측정 데이터								평균	분산
A	50.5	50.2	49.8	50.6	56.1	51.1	53.8	52.8	51.9	3.11
	51.5	51.8	50.3	53.1	50.3	52.4	53.6			
B	50.3	48.2	47.2	48	55.1	48.1	49.1	48.5	48.8	8.13
	46.5	48.1	43.5	48.7	48.1	55.1	48.6	47.5		

❶ 두 라인 간에 분산이 다른지 검정하고 해석하시오.

❷ 두 라인 간 평균치에 차이가 있는지를 문제 ❶항 분산비 검정을 활용하여 가설을 세우고 검정결과를 해석하시오.

(단, ϕ^*(등가자유도)$=\dfrac{\dfrac{V_A}{n_A}+\dfrac{V_B}{n_B}}{\dfrac{\left(\dfrac{V_A}{n_A}\right)^2}{n_A-1}+\dfrac{\left(\dfrac{V_B}{n_B}\right)^2}{n_B-1}}=14.7$이다.)

❸ 평균치 차이에 대한 구간 추정을 실시하시오.(신뢰구간 95%)

풀이 ❶ 두 집단 모분산비에 관한 검정

    1) 가설의 설정

        $H_0 : \sigma_A^2 = \sigma_B^2,\ H_1 : \sigma_A^2 \neq \sigma_B^2$

    2) 유의수준 설정

        $\alpha=0.05$, $n_A=15$, $n_B=16$, $V_A=3.11$, $V_B=8.13$, $S_A=43.54$, $S_B=121.95$, $\overline{x}_A=51.9$, $\overline{x}_B=48.8$

    3) 검정통계량 계산

        $F_0 = \dfrac{V_B}{V_A} = \dfrac{8.13}{3.11} = 2.61\ (V_B > V_A)$

4) 기각역 설정

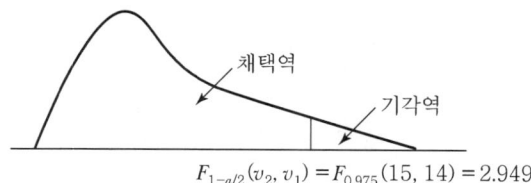

$$F_{1-\alpha/2}(v_2, v_1) = F_{0.975}(15, 14) = 2.949$$

5) 판정

$F_0 = 2.61 < F_{0.975}(15, 14) = 2.949$ 이므로 H_0 채택

즉, 두 라인 간에 분산이 다르다고 할 수 없다.

2 두 집단 모평균차에 관한 검정(중심)

1) 가설의 설정

$H_0 : \mu_A = \mu_A$, $H_1 : \mu_A \neq \mu_A$

2) 유의수준 설정

$\alpha = 0.05$, σ 미지, $n_A = 15$, $n_B = 16$, $V_A = 3.11$, $V_B = 8.13$, $S_A = 43.54$, $S_B = 121.95$, $\overline{x}_A = 51.9$, $\overline{x}_B = 48.8$

3) 검정통계량 계산

$$|t_0| = \frac{|\overline{x}_A - \overline{x}_B|}{\sqrt{V\left(\dfrac{1}{n_A} + \dfrac{1}{n_B}\right)}} = \frac{|51.9 - 41.8|}{\sqrt{5.707\left(\dfrac{1}{15} + \dfrac{1}{16}\right)}} = 3.611$$

$$V = \frac{S_A + S_B}{n_A + n_B - 2} = \frac{43.54 + 121.95}{15 + 16 - 2} = 5.707$$

4) 기각역 설정

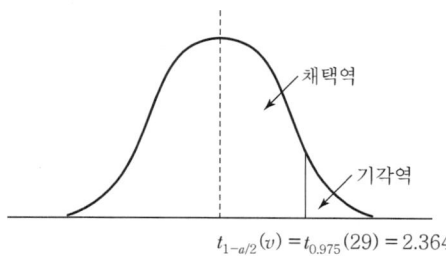

$$t_{1-\alpha/2}(v) = t_{0.975}(29) = 2.364$$

5) 판정

$|t_0| = 3.611 > t_{0.975}(29) = 2.364$ 이므로 H_0 기각

즉, 두 라인의 평균치 차이가 있다고 할 수 있다.

❸ 두 집단 모평균에 관한 추정

$$\mu_A - \mu_B = (\overline{x}_A - \overline{x}_B) \pm t_{1-\alpha/2}(v)\sqrt{V\left(\frac{1}{n_A}+\frac{1}{n_B}\right)}$$

$$= (51.9-41.8) \pm t_{0.975}(29)\sqrt{5.707\left(\frac{1}{15}+\frac{1}{16}\right)}$$

$$= 3.1 \pm (2.364)\sqrt{5.707\left(\frac{1}{15}+\frac{1}{16}\right)}$$

$$= 3.1 \pm 2.030 (1.070,\ 5.130)$$

805 어떤 강력접착제의 접착력은 평균(μ) 100kg, 분산(σ^2) 25kg인 정규분포에 따른다고 할 때 다음 물음에 답하시오.

❶ 이 접착제의 규격은 LSL=96kg 이상 물체를 접착하려고 한다. 이러한 접착제의 불량이 발생할 확률이 얼마인가 구하시오.(소수점 3자리 반올림한다.)

Z값	0.16	0.80	1.0
불량확률	0.436	0.212	0.159

❷ 상기 접착제를 이용하여 5회 접착하였을 때 3회 이상 불량이 발생할 확률을 소수점 2자리로 구하시오.

[풀이] ❶ 불량이 발생할 확률 x라 하면,

$$p(x<96) = p\left(\frac{x-\mu}{\sigma}<\frac{96-100}{25}\right) = p(z<0.80) = 0.212 \fallingdotseq 0.21$$

❷ ❶의 결과에서 $p=0.21$이고, $n=5$이므로, 이항분포 이용

$$F(x) = 1 - \sum p(x_i)$$
$$= 1 - [_5C_0\, 0.21^0(1-0.21)^{5-0} + {_5C_1}\, 0.21^1(1-0.21)^{5-1}$$
$$+ {_5C_2}\, 0.21^2(1-0.21)^{5-2}]$$
$$= 1 - 0.934 = 0.066 \fallingdotseq 0.07$$

806 샘플링검사(KS A ISO 2859-1 : 2008)에서 계수조정형의 전환규칙을 도표로 그려서 기술하시오.

풀이

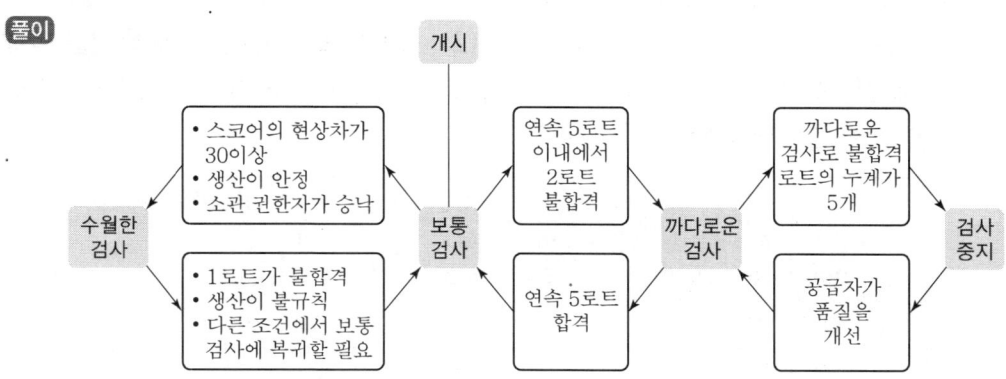

807 기업에서 추진하고 있는 분임조 활동, 6시그마, Single PPM의 추진단계를 PDCA관점으로 구분하여 각 단계별 사용되는 기법을 기술하시오.

풀이

구분	분임조활동	6시그마	SINGLE PPM	기법
P	주제선정	Define (문제의 정의)	Scope (범위선정)	브레인스토밍, 파레토도, 막대그래프, 꺾은선그래프, 관리도, 히스토그램, 매트릭스도법, 체크시트, 일정표, 칸트차트, 애로우다이어그램
P	활동계획수립	Define (문제의 정의)	Scope (범위선정)	
D	현상파악	Measurement (측정)	Illumination (현상파악)	파레토도, 체크시트, 관리도, 히스토그램, 그래프, 특성요인도, 계통도법, 연관도법, 브레인스토밍법, 상관분석법, 막대그래프
D	원인분석	Analysis (분석)	Nonconformity (원인분석)	
D	목표설정	Analysis (분석)	Goal (목표설정)	
C	대책수립 및 실시	Improvement (개선)	Level up (개선)	관리도, 체크시트, 파레토도, 그래프, 히스토그램, 막대그래프
C	효과분석	Improvement (개선)	Level up (개선)	
A	표준화	Control (관리)	Evaluation (평가)	표준서, 체크시트, 레이더차트
A	사후관리	Control (관리)	Evaluation (평가)	
A	반성 및 향후계획	Control (관리)	Evaluation (평가)	

808 박판재 레이저로 용접하는 공정에서 신설비를 도입하여 용접강도(y)에 대해 최적운전 조건을 설정하는 데 영향을 주는 원인변수 중 제어인자는 A(초점거리), B(주파수), C(가스유량), D(노즐경), F(피크출력), G(평균출력), H(용접속도), 잡음인자(N)는 P(초점위치), Q(핀 간격) 등이다. $L_{18}(2^1 \times 3^7)$ 혼합직교표인 품질특성을 망대특성으로 실험설계하고자 할 때 아래의 실험 데이터를 이용하여 다음 물음에 답하시오. (단, 소수점 3자리까지 구하시오.)

		A	B	C	D	F	G	e	H	잡음인자(위치/간격)				망대특성
		초점거리	주파수	가스유량	노즐경	피크출력	평균출력	오차	용접속도	P_1		P_2		
수준	1	70	12	15	5	2.5	750		700	Q_1	Q_2	Q_1	Q_2	
	2	80	25	25	6	3.5	800		800					
	3		50	35	7	4.5	850		900	y_1	y_2	y_1	y_2	
열번호		1	2	3	4	5	6	7	8					
1		1	1	1	1	1	1	1	1	35	45	43	54	32.608
2		1	1	2	2	2	2	2	2	15	20	30	31	26.432
3		1	1	3	3	3	3	3	3	54	58	58	60	35.174
4		1	2	1	1	2	2	3	3	67	63	57	73	36.152
5		1	2	2	2	3	3	1	1	35	55	54	67	33.684
6		1	2	3	3	1	1	2	2	15	30	34	41	27.560
7		1	3	1	2	1	3	2	3	63	47	46	55	34.237
8		1	3	2	3	2	1	3	1	33	34	37	36	30.855
9		1	3	3	1	3	2	1	2	115	79	99	120	
10		2	1	1	3	3	2	2	1	81	93	71	108	38.600
11		2	1	2	1	1	3	3	2	57	42	59	64	34.541
12		2	1	3	2	2	1	1	3	60	84	67	103	37.349
13		2	2	1	2	3	1	3	1	10	40	21	47	24.767
14		2	2	2	3	1	2	1	3	57	101	84	96	37.851
15		2	2	3	1	2	3	2	1	55	75	61	70	36.103
16		2	3	1	3	2	3	1	2	20	25	23	26	27.288
17		2	3	2	1	3	1	2	3	56	67	64	75	
18		2	3	3	2	1	2	3	1	82	88	71	79	37.983
합계														607.287
평균														33.738

1 상기실험 인자에 대하여 각 수준별 합계를 구한 결과는 아래와 같다. D인자와 H인자의 수준별 합계(①, ②, ③)를 구하시오.

인자명	A 초점거리 (mm)	B 주파수	C Gas 유량	D Gas 노즐경	F 피크 출력	G 평균 출력(W)	e 오차	H 용점 속도
열번호	1	2	3	4	5	6	7	8
수준합 1	296.623	204.704	193.652	(①)	204.780	189.321	208.701	209.833
수준합 2	310.664	196.117	199.545	194.452	194.179	216.939	199.114	(②)
수준합 3	—	206.466	214.090	197.328	208.328	201.027	199.472	(③)
합계	607.287	607.287	607.287	607.287	607.287	607.287	607.287	607.287

2 전체 요인 중 기술적으로 의미인자는 A, C, D, G, H이고, 나머지 실험인자는 오차에 풀링한 후 H인자의 ρ(기여율) 값을 소수점 3자리로 구하시오.

L_{18} 혼합직교배열표 분산분석표

요인	SS	DF	MS	F_0	F표 값	SS' (순변동)	$\rho(\%)$ (기여율)
A	10.950	1	10.950	1.188		1.734	0.491
C	36.887	2	18.444	2.001	$F_{0.90}(1,8)=3.46$	18.455	5.222
D	43.449	2	21.724	2.357	$F_{0.90}(2,8)=3.11$	25.016	7.078
G					$F_{0.95}(2,8)=4.46$		
H							
e(풀링)	73.730						
T	353.414	17					100

3 기술적으로 의미가 있는 인자 A, C, D, G, H인자에 대한 최적조합수준의 SN비에 대한 모평균을 신뢰수준 95%로 구간 추정하시오. (단, $t_{0.025}(6)=3.143$, $t_{0.025}(8)=2.306$이다.)

4 용접강도 SPEC은 90kgf 이상이고, 규격을 벗어났을 때의 평균손실비용(A)이 1,000원일 때 손실함수 $L(y)$식을 쓰고 계산하시오.

풀이 **1** 망대특성 $SN = -10\log\left(\dfrac{1}{n}\sum\dfrac{1}{y_i^2}\right)$

9열 SN비 $= -10\log\left[\dfrac{1}{4}\right]\left(\dfrac{1}{115^2}+\dfrac{1}{79^2}+\dfrac{1}{99^2}+\dfrac{1}{120^2}\right)=39.921$

17열 SN비 $= -10\log\left[\dfrac{1}{4}\right]\left(\dfrac{1}{56^2}+\dfrac{1}{67^2}+\dfrac{1}{64^2}+\dfrac{1}{75^2}\right)=36.182$

① D인자 SN비 1수준합 $= 32.608+36.152+39.921+34.541+36.103+36.182$
$= 215.507$

② H인자 SN비 2수준합 = 26.432 + 27.560 + 39.921 + 34.541 + 24.767 + 27.288
　　　　　　　　　 = 180.509

③ H인자 SN비 3수준합 = 35.174 + 36.152 + 34.237 + 37.349 + 37.851 + 36.182
　　　　　　　　　 = 216.945

2 변동 $= \dfrac{1}{\dfrac{\text{총실험횟수}}{3}}[(1\text{수준데이터 합})^2+(2\text{수준데이터 합})^2+(3\text{수준데이터 합})^2]-CT$

$$S_G = \dfrac{1}{\dfrac{18}{3}}[(189.321)^2+(216.939)^2+(201.027)^2]-\left(\dfrac{607.287^2}{18}\right)=64.061$$

$$S_H = \dfrac{1}{\dfrac{18}{3}}[(209.833)^2+(180.509)^2+(216.945)^2]-\left(\dfrac{607.287^2}{18}\right)=124.337$$

$$S_H' = S_H - \nu_H \cdot V_e = 124.337-(2\times9.216)=105.945$$

$$\rho_H = \dfrac{S_H'}{ST}\times100 = \dfrac{105.945}{353.414}\times100 = 29.978\%$$

3 요인 간 수준합에서 SN비가 가장 큰 값을 선정, 최적수준기호와 수준값은 다음과 같다.
$A_2C_3D_1G_2H_3$

$\hat{\mu}(A_2C_3D_1G_2H_3)$
$= \mu + a_2 + \widehat{c_3+d_1} + g_2 + h_3 = \widehat{\mu+a_2}+\widehat{\mu+c_3}+\widehat{\mu+d_1}+\widehat{\mu+g_2}+\widehat{\mu+h_3}-4\hat{\mu}$

$= \dfrac{310.664}{9}+\dfrac{214.090}{6}+\dfrac{215.507}{6}+\dfrac{216.939}{6}+\dfrac{216.945}{6}-(4\times33.738)$

$= 43.480$

95% 신뢰구간

$43.480 \pm t_{0.025}(8)\sqrt{\dfrac{V_e}{n_e}} = 43.480\pm(2.306)\sqrt{\dfrac{9.216}{1.8}}$

※ $n_e = \dfrac{18}{1+2+2+2+2+1}=1.8 = 43.480\pm5.218(38.262,\ 48.698)$

4 망대특성이므로 $L(y)=k\left(\dfrac{1}{y^2}\right),\ k=A_0\varDelta_0^2$

$k = A_0\varDelta_0^2 = 1,000\times90^2 = 8,100,000$

$15,000 = k\left(\dfrac{1}{15^2}\right),\ k=3,375,000,\ y=\dfrac{607.287}{18}=33.783$

$L(y) = k\left(\dfrac{1}{y^2}\right) = 8,100,000\times\dfrac{1}{33.783^2} = 7,097.225$원

809 과거 어떤 장치의 평균수명은 48시간이었다. 설계를 변경한 후 만든 장치 10대를 수명시험에 걸어 고장수 $r=8$에서 정수중단하는 시험을 하여 다음의 데이터를 얻었다. 이 데이터를 와이블 확률지에 타점하여 보니 형상모수 $m=1$이고, 수리율이 0.05이었다. 다음 각 물음에 답하시오. (단, 소수점 2자리로 하시오.)

> Data : 5, 9, 15, 30, 38, 49, 60, 75 (시간)

1 이 설계를 변경한 후 만든 장치의 MTBF를 추정하시오.
2 고장률을 추정하시오.
3 이 장치의 시간 $t=10$시간에서의 신뢰도를 구하시오.
4 과거의 장치에 비해 설계를 변경한 후 장치의 평균수명이 향상되었다고 할 수 있는가를 유의수준 5%로 검정하시오. (단, $\chi^2_{0.05}(16)=7.962$, $\chi^2_{0.05}(18)=9.390$이다.)
5 고유 가동률(Availability)을 소수점 2자리로 구하시오.

[풀이] **1** $MTBF = \dfrac{\sum t_i + (n-r)tr}{r} = \dfrac{281 + (10-8)75}{8} = 53.88$시간

2 고장률(λ) $= \dfrac{1}{MTBF} = \dfrac{1}{53.88} = 0.019$/시간

3 $R(t) = e^{-\lambda t}$
$R(10) = e^{-0.019 \times 10} = 0.827 (82.7\%)$

4 ① 가설의 설정
$H_0 : MTBF = 48$, $H_1 : MTBF \geq 48$

② 유의수준 설정
$\alpha = 0.05$, $T = \sum t_i + (n-r)t_r = [281 + (10-8) \cdot 75] = 431$

③ 검정통계량 계산
$\chi^2_0 = \dfrac{2T}{MTBF} = \dfrac{2 \times 431}{48} = 17.96$

④ 기각역 설정

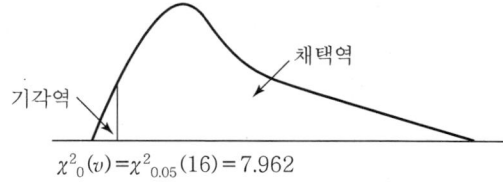

$\chi^2_0(v) = \chi^2_{0.05}(16) = 7.962$

⑤ 판정

$\chi^2_0 = 17.96 > \chi^2_{0.05}(16) = 7.962$이므로 H_0 채택

즉, 설계변경한 후 장치의 평균수명이 향상되었다고 할 수 없다.

5 고유가동률 $= \dfrac{\mu}{\lambda + \mu} = \dfrac{0.05}{0.019 + 0.05} = 0.72(72\%)$

810 다음은 방진 고무제품의 압축률(망소특성)을 최적화하기 위한 온도(A)와 압력(B)에 대한 실험 결과이다. 다음 각 물음에 답하시오.

구분	A_1(50도)	A_2(55도)	A_3(60도)	A_4(65도)	T_{Bj}
B_1(5kg)	2	3	4	6	15
B_2(7kg)	2	6	ⓨ	7	
B_3(8kg)	5	5	6	9	25
T_{Ai}	9	14		22	

1 반복 없는 이원배치법 실험에서 A_3B_2의 결측치(ⓨ)를 소수점 1자리로 추정하시오.

2 결측치를 추정한 후 분산분석표를 완성하고(①, ②, ③, ④), 이를 유의수준 5%로 해석하시오.

요인	SS	DF	MS	F_0	F표값	SS'	ρ(%)
A	28.67	3	9.56	9.89	$F_{0.95}(3,5) = 5.14$	25.77	56.02
B	12.50	2	6.25	②		③	④
e	4.83	①	0.97		$F_{0.95}(2,5) = 5.79$	9.66	21.01
T	46.00					46.00	100.00

3 최적 조합 수준을 구하고 신뢰수준 95%로 신뢰구간을 추정하시오.(단, $t_{0.975}(5) = 2.571$이다.)

[풀이] 1 $T_{3.}' = 10$, $T_{.2}' = 15$, $T' = 55$

$\hat{y} = \dfrac{lT_{i.}' + mT_{.j}' - T'}{(l-1)(m-1)} = \dfrac{lT_{3.}' + mT_{.2}' - T'}{(l-1)(m-1)} = \dfrac{(4 \times 10) + (3 \times 15) - 55}{(4-1)(3-1)} = 5$

2 1) 자유도, 검정통계량, 순변동 및 기여율 계산

① $v_e = (l-1)(m-1) - $ 결측치수 $= (4-1)(3-1) - 1 = 5$

② 검정통계량(인자 B) $= \dfrac{6.25}{0.97} = 6.44$

③ 순변동 $SS_B' = SS_B - \nu_B V_e = 12.50 - (2 \times 0.97) = 10.57$

④ 기여율 $\rho_B = \dfrac{SS_B'}{SS_T} \times 100 = \dfrac{10.57}{46.00} \times 100 = 22.97\%$

2) 분산분석표 작성

요인	SS	DF	MS	F_0	F표값	SS'	$\rho(\%)$
A	28.67	3	9.56	9.89**	$F_{0.95}(3, 5)=5.14$ $F_{0.95}(2, 5)=5.79$	25.77	56.02
B	12.50	2	6.25	② $=6.44$**		③ $=10.57$	④ $=22.97$
e	4.83	①$=5$	0.97			9.66	21.01
T	46.00					46.00	100.00

위의 결과에서 인자 A에 대해 $F_0 = 9.89 > F_{0.95}(3, 5) = 5.14$,
인자 B에 대해 $F_0 = 6.44 > F_{0.95}(2, 5) = 5.79$이므로 인자 A, B 모두 고도로 유의하다.
즉, 인자 A(온도), 인자 B(압력) 간의 차이가 있다.

3 1) 최적수준조합 : $A_4 B_3$

2) 신뢰수준 95% 신뢰구간

$$\hat{\mu}(A_4 B_3) = (\overline{x}_{4.} + \overline{x}_{.3} - \overline{\overline{x}}) \pm t_{1-\alpha/2}(\nu) \sqrt{\dfrac{V_e}{n_e}},$$

$$n_e = \dfrac{\text{총실험횟수}}{\text{무시할 수 없는 자유도 합} + 1} = \dfrac{12}{6} = 2$$

$$= \left(\dfrac{22}{3} + \dfrac{25}{4} - \dfrac{60}{12}\right) \pm t_{0.975}(5) \sqrt{\dfrac{0.97}{2}}$$

$$= 8.583 \pm (2.571) \sqrt{\dfrac{0.97}{2}} = 8.583 \pm 1.790 \,(6.793, \ 10.373)$$

811 품질관리 기법 중 QC7가지 도구와 신QC7가지 도구의 정의와 용도를 기술하시오.

풀이 (1) QC7가지 도구

1) 히스토그램(Histogram)
① 정의 : 길이, 무게 등의 계량치 데이터가 어떤 분포를 나타내는지 알기 위하여 도수분포표를 만든 후 기둥 그래프의 형태로 그린 그림
② 용도 : 계량치 데이터의 중심값과 분산 파악

2) 특성요인도(Causes and Effects Diagram, Characteristics Diagram)
① 정의 : 결과(품질특성)에 원인(품질특성에 영향을 주는 요인)이 어떻게 관계하고 있

　　　　는가를 한 눈으로 볼 수 있도록 그린 생선뼈 모양의 그림
　　　② 용도 : 불량 원인 파악

　3) 파레토 그림(Pareto Diagram)
　　　① 정의 : 불량, 결점, 고장 등의 발생건수(또는 손실금액)를 분류 항목별로 나누고 크기 순서대로 나열해 놓은 그림
　　　② 용도 : 모든 품질문제 중에서 핵심적인 원인 파악

　4) 체크시트(Check Sheet)
　　　① 정의 : 주로 계수치의 데이터(불량수, 결점수 등)가 분류항목의 어디에 집중되어 있는지를 알아보기 쉽게 나타낸 그림이나 표
　　　② 용도 : 계수치 데이터의 불량수, 결점수 파악

　5) 각종 그래프
　　　① 정의 : 표현내용에 따라 계통도표, 예정도표, 기록도표 통계도표 등을 표나 그래프로 나타낸 그림
　　　② 용도 : 공장조직도, 분임조 활동실시 계획표, 온도기록표, 원그래프, 꺾은선 그래프 등을 파악

　6) 산점도(Scatter Diagram)
　　　① 정의 : 서로 대응하는 두 개의 짝으로 된 데이터를 그래프 용지 위에 점으로 나타낸 그림
　　　② 용도 : 두 개의 짝으로 된 데이터의 경향이나 밀집현상 및 인과 관계 파악

　7) 층별(Stratification)
　　　① 정의 : 집단을 구성하고 있는 많은 데이터를 어떤 특징에 따라서 몇 개의 부분 집단으로 나누는 것
　　　② 용도 : 작업자(조별, 숙련도별), 기계(라인별, 위치별), 시간(오전/오후별, 주/야간별) 등을 파악

(2) 신QC7가지 도구

　1) 연관도법(Relations Diagram)
　　　① 정의 : 문제가 되는 결과에 대하여 그 인과관계나 원인의 상호관계를 분석한 후 각 원인들의 관계를 화살표를 이용하여 영향의 방향을 나타내는 방법
　　　② 용도 : 인과 관계 파악

　2) 친화도법(Affinity Diagram)
　　　① 정의 : 브레인스토밍 방법에 의해서 수집된 사실, 의견, 아이디어 등 수집한 언어데이터를 상호 간 관계 또는 친화에 따라 그룹화하는 방법
　　　② 용도 : 복잡한 전략적인 문제 파악

3) 계통도법(Tree Diagram)
    ① 정의 : 목적 또는 목표를 달성하기 위한 수단, 대책을 체계적으로 전개하여 문제 전체를 일목 요연하게 파악하고, 그 중점을 명확하게 하는 방법으로 목적 또는 목표를 달성하기 위한 최적의 수단 및 대책을 추구하는 방법
    ② 용도 : 순차적으로 구성되어 있는 목표를 달성하기 위한 계획 수립

4) 매트릭스도법(Matrix Diagram)
    ① 정의 : 원인과 결과 사이의 관계, 목표와 방법 사이의 관계를 밝히고 나아가 이들 관계의 상대적인 중요도를 나타내는 방법
    ② 용도 : 상호 관련성이 있는 요소 간에 발생하는 관계들을 원활히 파악

5) 매트릭스 데이터 해석법(Matrix Data Analysis)
    ① 정의 : 매트릭스 도법에 나타낸 여러 요인 간에 존재하는 관계의 정도를 수량화하는 방법
    ② 용도 : 데이터 간의 상관관계를 기초하여 데이터가 지닌 정보를 한꺼번에 많이 표현하여 전체를 쉽게 파악

6) Pdpc법(Process Decision Program Chart)
    ① 정의 : 문제의 시초부터 해결까지 이르는 과정에서 발생할 수 있는 모든 가능한 사상과 중대사태를 나타낸 후 모의실험을 통하여 미래를 예측함으로써 바람직하지 않은 상황을 피할 대책을 얻게 되는 방법
    ② 용도 : 최선의 공정을 개발하기 위해 여러 유형의 공정을 평가

7) 애로우 다이어그램(Arrow Diagram)
    ① 정의 : Pert나 Cpm의 용도로 사용는 일정계획을 위한 네트워크 도표로 최적의 일정계획을 효율적으로 관리하는 방법
    ② 용도 : Pert(Program Evaluation Review Technique), Cpm(Critical Path Method)

812 주요 품질특성(CTQ)인 연신율(y)에 대하여 MSA 실시 후 측정 데이터를 100개 수집한 결과 관리상태하에서 평균은 605kgf이고, 단기(Short Term)변동의 모표준편차(σ_{ST})는 11.5kgf이고, 전체변동의 모표준편차(σ_{LT})는 22.0kgf이다. 규격은 610±50kgf일 때 관리력과 기술력을 4상한으로 나누어 현재 연신율의 품질수준 위치를 해석하시오. (단, 소수점 2자리까지 구하시오.)

Z값	1.93	2.05	2.50	3.91	4.40	4.78
확률	0.0266	0.0204	0.0062	4.6×10^{-6}	5.47×10^{-6}	8.7×10^{-7}

1 기술력($Z_{Bench-short\ Term}$)을 구하시오.
2 전체품질수준($Z_{Bench-long\ Term}$)을 구하시오.

❸ 관리력(Z_{shift})을 구하시오.

❹ 4블록 다이어그램을 작성하고 연신율(y)의 현재 품질수준이 어느 위치에 있는지 해석하고 개선방안을 쓰시오.

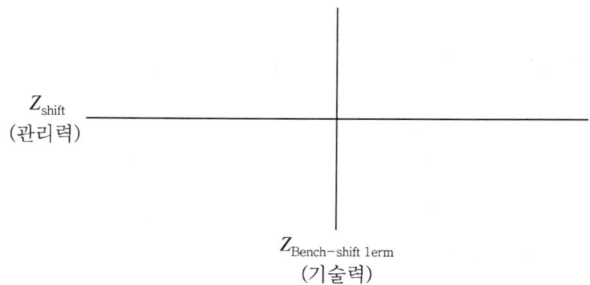

풀이 ❶ $Z_{\text{bench\_USL}} = \dfrac{USL - \overline{X}}{\sigma_{ST}} = \dfrac{660 - 605}{11.5} = 4.78$

$Z_{\text{bench\_LSL}} = \dfrac{\overline{X} - LSL}{\sigma_{ST}} = \dfrac{605 - 560}{11.5} = 3.91$

$P(d) = P(d)_{\text{upper}} + P(d)_{\text{lower}} = 8.7 \times 10^{-7} + 4.6 \times 10^{-6} = 5.47 \times 10^{-6}$

시그마수준 $= Z_{\text{bench\_ST}} = 4.40$

❷ $Z_{\text{bench\_USL}} = \dfrac{USL - \overline{X}}{\sigma_{LT}} = \dfrac{660 - 605}{22.0} = 2.50$

$Z_{\text{bench\_LSL}} = \dfrac{\overline{X} - LSL}{\sigma_{LT}} = \dfrac{605 - 560}{22.0} = 2.05$

$P(d) = P(d)_{\text{upper}} + P(d)_{\text{lower}} = 0.0062 + 0.0204 = 0.0266$

시그마수준 $= Z_{\text{bench\_LT}} = 1.93$

❸ $Z_{\text{Shift}} = Z_{ST} - Z_{LT}$

$Z_{\text{Shift}} = 4.40 - 1.93 = 2.47$

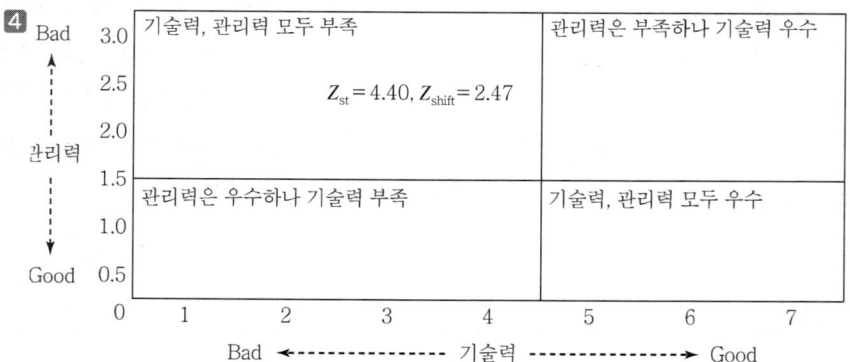

기술력, 관리력은 모두 부족함

813 자동차의 부식을 방지하는 도막두께 품질특성을 100개 수집하여 군의 크기 5, 군의 수 20으로 관리도를 작성하여 해석한 결과 군별 평균 합 $\Sigma \bar{x} = 200$mm이고 $\bar{R} = 2.5$mm이다. σ_b^2(군간변동) = 1.20이고, σ_w(군내변동) = $\bar{R}/d_2$을 추정하여 다음 물음에 답하시오.

구분	d_2	d_3	C_4	A_2	D_4	D_3
4	2.059	0.88	0.921	0.729	2.282	0
5	2.326	0.864	0.94	0.577	2.118	0

1 모 표준편차 $\left(\hat{\sigma} = \sqrt{\sigma_b^2 + \dfrac{\sigma_w^2}{n}}\right)$를 소수점 2자리로 추정하시오.

2 $\bar{x} - R$ 관리도의 관리한계선을 구하시오.

3 도막두께의 SPEC은 11 ± 4일 때 C_p와 C_{pk}를 소수점 2자리로 구하고 해석하시오.

4 상기 문제의 관리한계를 이용하여 연장한 다음 표준치가 주어진(관리용) 관리도로 전환한 다음 연속해서 다음과 같은 데이터를 얻었다. $\bar{x} - R$관리도를 작성하고 이상 유무(제2종의 과오)의 원인을 설명하시오.(단, 연속 9의 런의 원인은 재료성분변화, 연속 6의 경향의 원인은 분사압 변화, 연속 3점 중 2점이 2σ와 3σ 사이에 나타나는 원인은 배합비 변화, 관리한계이탈의 원인은 노즐경 마모라고 본다.)

군번호	1	2	3	4	5	6	7	8	9
평균	9.4	10.6	11.6	11.3	8.9	9.9	10.8	8.9	10
범위	1	2	4	3	3	6	4	2	3

[풀이] **1** $\sigma_w = \dfrac{\bar{R}}{d_2} = \dfrac{2.5}{2.326} = 1.07, \ \sigma_w^2 = 1.14$

$$\hat{\sigma} = \sqrt{\sigma_b^2 + \dfrac{\sigma_w^2}{n}} = \sqrt{1.20 + \dfrac{1.14}{5}} = 1.19$$

2 σ미지이므로 공정해석용 관리한계를 이용

$\bar{x}$관리도

$\text{CL} = \bar{\bar{x}} = \dfrac{\Sigma \bar{x}}{k} = \dfrac{200}{20} = 10$

$\text{UCL} = \bar{\bar{x}} + 3\dfrac{\sigma_w}{\sqrt{n}} = \bar{\bar{x}} + 3\dfrac{1}{\sqrt{n}}\dfrac{\bar{R}}{d_2} = 10 + 3\dfrac{1}{\sqrt{5}}\dfrac{2.5}{2.326} = 11.44$

$\text{LCL} = \bar{\bar{x}} - 3\dfrac{\sigma_w}{\sqrt{n}} = \bar{\bar{x}} - 3\dfrac{1}{\sqrt{n}}\dfrac{\bar{R}}{d_2} = 10 - 3\dfrac{1}{\sqrt{5}}\dfrac{2.5}{2.326} = 8.56$

R 관리도

$\overline{R} = 2.5$

$\text{UCL} = \overline{R} + 3d_3\sigma_w = \left(1 + 3\dfrac{d_3}{d_2}\right)\overline{R} = \left(1 + 3\dfrac{0.864}{2.326}\right)2.5 = 5.29$

$\text{LCL} = \overline{R} - 3d_3\sigma_w = \left(1 - 3\dfrac{d_3}{d_2}\right)\overline{R} = \left(1 - 3\dfrac{0.864}{2.326}\right)2.5 = -0.29$ (고려하지 않음)

❸ $S_U = 15$, $S_L = 7$, $\sigma_w = 1.07$

$C_p = \dfrac{S_U - S_L}{6\sigma_w} = \dfrac{15 - 7}{6 \times 1.07} = 1.25$

$k = \dfrac{|M - \overline{x}|}{\dfrac{T}{2}} = \dfrac{|11 - 10|}{\dfrac{8}{2}} = 0.25$

$C_{pk} = (1 - k)C_p = (1 - 0.25) \times 1.25 = 0.94$ (3등급) 공정능력이 부족

❹

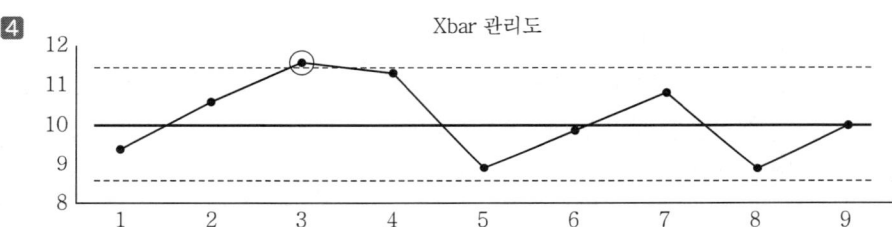

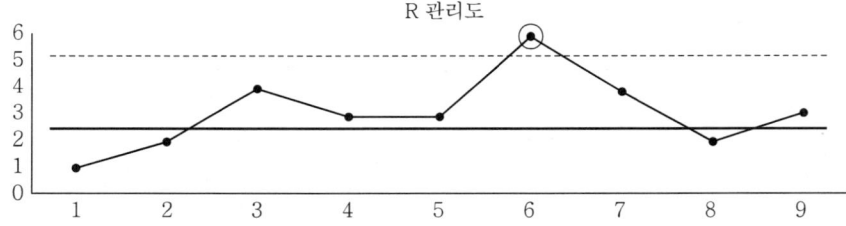

$\overline{x}$ 관리도에서 군번호 3(11.60) $\overline{x}$ 의 값이 관리한계선에 있으므로 노즐경 마모로 인해 공정평균은 관리상태에 있지 않고, R관리도에서 군번호 6(6) R의 값이 관리한계선을 벗어나므로 산포 또한 관리상태에 있지 않다.

814 파이겐바움(Feigenbaum)에 의한 품질코스트의 정의와 분류를 기술하고, 이 중 일상의 품질관리 활동을 중심으로 하여 발생하는 예방비용, 평가비용, 내부실패비용, 외부실패비용 항목을 각각 2개씩만 기술하시오.

풀이

분류		내용	항목
예방비용		계획, 훈련, 설계 및 분석 등 부적합 예방활동에 관련된 비용	품질계획, 신제품검사, 공정관리, 품질감사, 공급자 품질평가, 교육훈련 등
평가비용		인수검사, 감사, 확인, 점검 및 최종 검사 등 평가와 검사에 관련된 비용	인수검사 및 시험, 공정검사 및 시험, 최종검사 및 시험, 제품 품질평가
실패비용	내부 실패비용	고객에게 전달되기 이전의 재작업과 수리등에 따른 비용	폐기, 재작업, 전수선별, 재검사
	외부 실패비용	고객에게 전달된 후의 수리, 교환, 환불 등에 따른 비용	고객불만관리, 반품처리

815 부품 기어 A, B, C를 선형으로 조립하여 조립된 제품기어를 만들고자 한다. 다음 물음에 답하시오. (각 부품기어는 독립적임)

구분	기어 A	기어 B	기어 C
기준치수	30	40	30
허용차	±6	±5	±7
평균	30	40	33
표준편차	1.5	1.2	1.2

1 조립된 제품기어의 기준치수 및 허용차를 산출하시오. (허용차는 소수점 이하 버림)

2 조립기어의 공정능력지수(C_p, C_{pk})를 구하고 이의 개선 방향을 제시하시오. (조립기어에 대한 고객요구 C_{pk}는 1.33 이상)

풀이 **1** 조립된 제품기어의 기준치수=기어 A+기어 B+기어 C=30+40+30=100

조립된 제품기어의 허용차=$\pm\sqrt{기어A^2+기어B^2+기어C^2} = \pm\sqrt{6^2+5^2+7^2}$
$= \pm 10$

2 1) 조립기어의 공정능력지수

① 조립된 제품기어 규격 : 100±10
② 조립된 제품의 평균=기어 A의 평균+기어 B의 평균+기어 C의 평균
=30+40+33=103

③ 조립된 제품의 표준편차

$= \sqrt{기어 A의 표준편차^2 + 기어 B의 표준편차^2 + 기어 C의 표준편차^2}$
$= \sqrt{1.5^2 + 1.2^2 + 1.2^2} = 2.26$

④ $C_p = \dfrac{S_U - S_L}{6\sigma} = \dfrac{110 - 90}{6 \times 2.26} = 1.47$

$k = \dfrac{|M - \bar{x}|}{\dfrac{T}{2}} = \dfrac{|100 - 103|}{\dfrac{20}{2}} = 0.3$

$C_{pk} = (1-k)C_p = (1-0.3)1.47 = 1.03$

고객요구사항은 $C_{pk} = 1.33$(1등급) 이상인데 $C_{pk} = 1.03$(2등급)이므로 고객요구사항을 충족시켜야 한다.

2) 개선방향
① 공정관리를 철저히 하여 불량이 발생하지 않도록 한다.
② 공정능력값이 1에 접근하지 않도록 필요한 조치를 한다.

816

압연 강판의 연신율(y) 특성이 온도(x)에 따라 어떻게 영향을 미치는지 조사하고자 한다. 다음 물음에 소수점 3자리로 답하시오.

구분	(온도)에 따른 인자의 수준				
	A_1(500)	A_2(550)	A_3(600)	A_4(650)	
실험의 반복 y(연신율)	9.2	9.6	10.3	10.9	
	9.0	9.8	10.4	11.3	
	9.4	9.7	10.8	11.4	
합계	$T_{1\cdot}=27.6$	$T_{2\cdot}=29.1$	$T_{3\cdot}=31.5$	$T_{4\cdot}=33.6$	$T=121.8$
평균	$\bar{y}_{1\cdot}=9.2$	$\bar{y}_{2\cdot}=9.7$	$\bar{y}_{3\cdot}=10.5$	$\bar{y}_{4\cdot}=11.2$	$\bar{\bar{y}}_i=10.15$

1 다음 분산분석표의 ①~②를 채우고 결과를 해석하시오.

요인	SS	DF	MS	F_0	F표값
R	$SS_R = \dfrac{(SS_{xy})^2}{SS_{xx}} = $ (①)	1	6.936	(②)	$F_{0.95}(1, 10) = 4.96$
e	$SS_e = SS_T - SS_R = 0.434$	10	0.0434		$F_{0.99}(1, 10) = 10.0$
T	$SS_T = SS_{yy} = 7.370$	11			$F_{0.95}(2, 10) = 4.10$
					$F_{0.99}(2, 10) = 7.56$

2 결정계수(기여율)를 구하시오.

❸ 온도(A)가 $x_0 = 620$℃일 때 회귀식을 추정하고 신뢰수준 95%로 신뢰구간을 추정하시오.(단, $t_{0.025}(10) = 2.228$, $E(y)$의 분산은 $\dfrac{1}{n} + \dfrac{(x_0 - \overline{x})^2}{S_{xx}} V_e$ 이다.)

❹ 압연강판의 연신율 규격이 10.5 ± 1.5kgf일 때 원인계인 온도(A)의 관리 기준값을 소수점 1자리로 설정하시오.

[풀이] ❶ $S_{(xx)} = \sum x^2 - \dfrac{(\sum x)^2}{n} = [3 \times (500^2 + 550^2 + 600^2 + 650^2)]$

$$- \dfrac{3(500 + 550 + 600 + 650)^2}{4 \times 3}$$

$$= (3 \times 1,335,000) - \dfrac{(3 \times 2,300)^2}{4 \times 3} = 37,500$$

$S_{(xy)} = \sum xy - \dfrac{\sum x \sum y}{n}$

$$= [(500 \times 27.6) + (550 \times 29.1) + (600 \times 31.5) + (650 \times 33.6)]$$

$$- \dfrac{[3(500 + 550 + 600 + 650)](27.6 + 29.1 + 31.5 + 33.6)}{4 \times 3}$$

$$= 510$$

① : $S_R = \dfrac{(S_{(xy)})^2}{S_{(xx)}} = \dfrac{510^2}{37,500} = 6.936$, ② : $F_0 = \dfrac{6.936}{0.0434} = 159.816$

위 분산분석표에서 $F_0 = 159.816 > F_{0.95}(1, 10) = 4.96$이므로, 회귀직선은 유의하며, 압연강판의 연신율은 온도에 따라서 영향을 미친다고 볼 수 있다.

❷ $r^2 = \dfrac{S_R}{S_{(yy)}} = \dfrac{6.936}{7.370} = 0.941$

❸ $\widehat{\beta_1} = \dfrac{S_{(xy)}}{S_{(xx)}} = \dfrac{510}{37,500} = 0.0136$,

$\overline{x} = \dfrac{3 \times (500 + 550 + 600 + 650)}{12} = 575$,

$\overline{y} = \dfrac{27.6 + 29.1 + 31.5 + 33.6}{12} = 10.15$

$\hat{y} - \overline{y} = \widehat{\beta_1}(x - \overline{x})$ $\hat{y} - 10.15 = 0.0136(x - 575)$

$\hat{y} = 0.0136x + 2.33$

$E(x) = \hat{y} = (0.0136 \times 620) + 2.33 = 10.762$

$V(y) = \left[\dfrac{1}{n} + \dfrac{(x_0 - \overline{x})^2}{S_{(xx)}} \right] V_e = \left[\dfrac{1}{12} + \dfrac{(620 - 575)^2}{37,500} \right] 0.0434 = 0.006$

$E(y)$의 95% 신뢰구간

$$\hat{y} \pm t_{1-\alpha/2}(v)\sqrt{V(\hat{y})} = 10.762 \pm (2.228)\sqrt{0.006}$$
$$= 10.762 \pm 0.173 (10.589, 10.935)$$

4 압연강판의 연신율 규격은 $S_U = 12$, $S_L = 9$이고, 회귀식은 $\hat{y} = 0.0136x + 2.33$이다. 관리기준값은 연신율 규격과 회귀식을 이용하여 구하면 다음과 같다.

관리상한값 $= \dfrac{(12 - 2.33)}{0.0136} = 711.0$

관리하한값 $= \dfrac{(9 - 2.33)}{0.0136} = 490.4$

817 초우량기업이 되기 위한 3가지 관점에서의 경쟁우위조건 2가지만 설명하시오.

풀이 (1) 모순을 관리하라 (2) 철저하게 실행하라
(3) 고객에게 밀착하라 (4) 자율성과 기업가 정신을 가져라
(5) 사람을 통해 생산성을 높여라 (6) 가치에 근거해 실천하라
(7) 핵심사업에 집중하라 (8) 조직을 단순화하라
(9) 엄격함과 온건함을 지녀라

818 한국국가품질상의 심사기준 7가지 범주 중 5가지만 설명하시오.

풀이 (1) 리더십 (2) 전략계획
(3) 고객중시 (4) 측정, 분석 및 지식경영
(5) 인적자원 중시 (6) 프로세스 경영
(7) 경영성과

819 통계적 품질관리에서 사용되는 모든 종류의 데이터에는 거의 모든 경우에 여러 가지 오차(Error)가 따르게 된다. 따라서 산포를 줄이고 오차를 작게 하는 것이 중요한 일이므로 샘플링(Sampling)을 하기 전에 오차에 대하여 심도있게 고려해야 하는데, 만일 오차가 존재한다고 생각되는 경우 오차를 줄여가기 위한 검토사항 2가지만 설명하시오.

풀이 (1) 표본 크기를 크게 한다. (2) 신뢰 수준을 높인다.

820 최고경영자에게 보고되는 품질비용은 다른 중요한 경영수치와 비교하여 지수형태로 보고하는 것이 바람직하다. 따라서 일반적으로 품질비용을 보고할 때, 사용하는 지수 형태를 2가지만 설명하시오.

> **풀이** 품질코스트 보고의 대표적인 4가지 지수
> (1) 노동지수 : 인당 노동생산량
> (2) 비용지수 : 투입비용
> (3) 매출지수 : 총 매출액에 대한 품질코스트 비율
> (4) 생산지수 : 총 생산량과 비교한 불량코스트

821 기업이 품질을 확보하기 위해서 반드시 준수해야 할 3가지 기본적인 원칙과 수반되는 품질비용과의 관계를 2가지만 설명하시오.

> **풀이** (1) 제품이든 서비스든 고객의 불만을 야기할 소지가 있는 불량품은 처음부터 만들지 않는다. – 예방코스트
>
> (2) 만에 하나 이러한 첫 번째 원칙을 준수하지 못해 불량품이 나오는 경우가 있다면 이것은 절대로 고객에게 전달하지 않는다. – 평가코스트
>
> (3) 두 번째 원칙마저도 무너져 불량품이 고객에게 전달되는 경우가 발생된다면 신속하게 조처해야 한다. – 실패코스트
> 주란 박사는 품질의 이러한 3가지 기본원칙을 산업계에서 건성으로 듣고 지나치기 때문에, 이 원칙의 중요성을 쉽게 전달하기 위해 이러한 개념을 코스트로 바꾸어서 설명
> ① 기업이 품질을 확보하기 위해서 지불해야 하는 일체의 경비를 품질코스트라고 한다면, 이 코스트는 3가지 기본원칙의 준수에 들어가는 예방코스트, 평가코스트, 실패코스트로 나눌 수 있다.
> ② 이 3가지를 합한 품질코스트는 일반적으로 기업 매출액의 15~25% 정도로서, 통상적인 기업이윤의 3~5배가 된다. 따라서 기업이 이익을 낼 수 있는 첩경은 품질혁신을 통해 품질코스트를 줄이는 것이다.

822 품질 향상을 위한 개선과제의 현재 수준을 측정하기 위한 데이터 수집과정에서 유의해야 할 사항을 5가지만 설명하시오.

풀이 (1) 데이터 수집을 단순화시킬 것
(2) 데이터의 일관성을 유지할 것
(3) 데이터의 수집을 용이하게 할 것
(4) 데이터 수집의 변동을 최소화할 것
(5) 데이터 수집자에 대한 교육을 할 것

823 제품설계단계에서 신뢰성 향상방법을 5가지만 설명하시오.

풀이 (1) 병렬 및 대기 리던던시 설계
(2) 부하의 경감을 위한 디레이팅 설계
(3) 제품의 단순화, 부분품 및 표준화
(4) 고신뢰도 부품 사용
(5) 신뢰성 시험의 자동화

824 장기공정능력과 단기공정능력을 비교하여 설명하시오.

풀이 (1) 장기공정능력
정상적인 공구 마모의 영향, 재료의 로트 간 변동, 4M 변동을 포함한 공정능력

(2) 단기공정능력
임의의 일정시점에 있어서 공정의 정상적인 상태에서의 공정능력

장기공정능력	단기공정능력
공정에 외부 영향이 미치는 충분히 긴 시간에 걸쳐 수집된 데이터이며, 다중의 서브그룹들로 구성	공정에 외부 영향이 미치지 않는 충분히 짧은 기간에 수집된 데이터
군내변동과 군간변동을 포함 (예 3개월간의 300개 샘플)	군내변동만을 고려함 (예 1~2일간의 30~50개 샘플)
개선을 위해 기술과 공정관리 필요 (일상조건에서의 공정능력)	개선하기 위해 기술이 필요 (최적 조건에서의 공정능력)
P_p, P_{pk} 및 Z_{LT} 특성	C_p, C_{pk} 및 Z_{ST} 특성

825 린(Lean) 경영의 평가척도로 사용되는 프로세스 사이클 효율(PCE)의 개념을 설명하고, 어느 회사에서 제품을 만들기 위한 부가가치시간이 200분, 총리드타임이 7일인 경우 PCE를 구하시오.

풀이 (1) 프로세스 사이클 효율
① 부가가치시간(고객이 인식하는 제품이나 서비스를 창출하는 데 필요하다고 인정되는 일)과 리드(타임프로세스의 시작부터 끝까지 걸리는 시간)의 비율로 다음과 같은 식으로 계산

② 프로세스 사이클 효율(PCE) = $\left(\dfrac{부가가치시간}{총 리드타임} \times 100\right)$

(2) 부가가치시간 200분, 총 리드타임 7일인 경우(하루 8시간 기준)

$$\text{PCE} = \dfrac{200}{(7 \times 8 \times 60)} \times 100 = 5.9\%$$

826 측정시스템 분석에서 변동을 위치(Location)와 퍼짐(Spread)으로 구분하여 5가지로 나열하고, 각각에 대하여 설명하시오.

풀이 (1) 위치

1) 편의(Bias)
측정치의 평균치와 기준치(master-value)와의 차이의 변동

2) 안전성(Stability)
시간이 지난 후에도 어떻게 정확하게 수행되는지를 측정, 계측이 시간과 공간에 따라 변화되는 환경 속에서 동일 제품을 측정할 때 발생되는 변동

3) 선형성(Linearity)
계측기의 측정범위 내에서의 측정의 일관성을 벗어나는 변동

(2) 퍼짐

1) 반복성(Repeatability)
동일한 측정자가 동일한 계측기로 동일 제품을 측정하였을 때 발생되는 계측기 변동

2) 재현성(Reproducibility)
서로 다른 측정자가 동일한 계측기로 동일 제품을 측정하였을 때 발생되는 측정자 변동

827 품질관리시스템의 원칙을 5가지로 구분하고, 각각의 원칙에 관하여 설명하시오.

[풀이] (1) 예방의 원칙
품질은 당초에 올바르게 만들어져야 한다.

(2) 과학적 접근방법의 원칙
품질문제는 과학적인 분석순서에 따라 문제의 정의 → 사실의 파악 → 사실에 근거한 해결책 수립 등의 과정을 거쳐 해결되어야 한다.

(3) 스태프 원조의 원칙
품질관리 요원은 전문 스태프로서 각 부서에서 품질관리활동을 과학적·효율적으로 전개할 수 있도록 지원하여야 한다.

(4) 전원 참가의 원칙
모든 구성원들이 품질관리활동에 참가함으로써 극대화된다.

(5) 종합조정의 원칙
하위시스템인 각 부문의 능률은 기업전체시스템의 유효성에 따라 평가되고 종합적으로 조정되어야 한다.

828 벤치마킹 원리 4가지와 벤치마킹의 행동강령을 6가지만 나열하고, 각각에 대하여 설명하시오.

[풀이] (1) 벤치마킹 4가지 원리
1) 상호성 : 벤치마킹은 모든 참가자들이 파트너와 정보를 교환해야 성공 가능
2) 유사성 : 벤치마킹할 유사한 대상이 있어야 성공 가능
3) 측정성 : 성과 측정단위가 계량화되어야 함
4) 타당성 : 측정결과는 타당한 실적자료나 연구자료에 의한 근거가 중요, 즉 신뢰성이 확보된 자료가 중요

(2) 벤치마킹 행동강령 6가지
1) 합법성의 원리(Principle of Legality)
2) 상호교환의 원리(Principle of Exchange)
3) 비밀보호의 원리(Principle of Confidentiality)
4) 사용의 원리(Principle of Use)
5) 상대방 접촉의 원리(Principle of First-Party Contract)
6) 제3자 접촉의 원리(Principle of Third-Party Contract)
7) 준비의 원리(Principle of Preparation)
8) 완료의 원리(Principle of Completion)

829 품질공학에서 제품 및 공정의 3단계 설계방법에 관하여 설명하시오.

풀이 (1) 제품설계의 3단계

1) 시스템 설계

개발하려는 제품분야를 고유기술, 전문지식, 경험 등을 바탕으로 제품 기획단계에서 결정된 목적 기능을 갖는 제품의 원형을 개발한다. 일반적으로 처음부터 완벽한 시스템을 설계하는 것은 어려우므로 대개 두세 가지의 가능성이 높은 설계를 한 후 다음 단계의 파라미터 설계나 허용차 설계에서 미비점을 보완해 나가도록 한다. 신뢰성은 충분하지 않더라도 어떤 소재를 어떻게 가공하면 요구된 기능을 가진 시스템으로서 적합한지를 연구하거나 또는 하나의 시스템에 여러 개의 서브시스템으로 구성될 때 각 서브시스템의 역할 등을 연구하는 단계이다.

2) 파라미터 설계

파라미터는 제품성능의 특성치에 영향을 주는 제어 가능한 인자를 의미하며, 파라미터 설계는 이들 인자들의 최적수준을 정해주는 것을 말한다. 파라미터를 설계변수라고도 부르며 파라미터 설계에서는 제품의 품질변동이 잡음에 둔감하면서 목표품질을 가질 수 있도록 설계변수들의 최적조건을 구하는 것이다. 이때 목표품질을 만족시키면서 동시에 비용이 적게 드는 조건이나 부품 등을 결정한다.

3) 허용차 설계

품질특성치의 변동은 어쩔 수 없이 발생되는 것이므로 파라미터 설계에 의하여 최적조건을 구한 다음에, 허용차 설계가 수행된다. 이때 사용환경의 변화에 따르는 영향도 함께 조사되어야 한다. 품질변동에 영향을 크게 주는 원인을 찾아내어 허용차를 줄일 수 있도록 부품을 선별적으로 바꾸어 주거나 작업방법의 자동화 등 적절한 조치를 취한다. 일반적으로 변동을 줄이기 위해서는 비용이 증가하므로 만족스러운 허용차를 얻는 범위내에서 최소비용이 드는 방법이 고려되어야 한다.

(2) 공정설계의 3단계

설계/개발부서의 제품설계가 완료되면, 생산기술부서에서는 제품설계에서 정한 규격을 만족시킬 수 있는 제품을 생산할 수 있도록 제조공정을 설계하여야 한다. 이를 공정설계라고 하는데 이는 다음과 같이 3단계로 이루어진다.

1) 시스템 설계

품질과 코스트를 고려하여 생산기술적인 측면에서 제조공정이 설계되며, 목표 품질을 확보하기 위한 자동화 장치도 함께 설계된다.

2) 파라미터 설계

제조공정의 각 세부 공정별 최적조건을 정해 주고 또한 구입하는 원부자재, 부품 등도 정해준다. 이 설계에서는 각종 잡음의 영향하에서도 공정능력이 우수한 조건을 찾아 주는 것이 중요한 목적이다. 이때 최적조건을 찾기 위하여 실험계획법이 주로 사용된다.

3) 허용차 설계

공정조건의 허용차와 품질변동의 주요 원인을 찾아내어 허용차를 줄여 주거나 원인을 제거하는 것이 주목적이다. 이때 품질변동의 주요 원인을 찾기 위하여 실험계획법이 사용된다.

830 고객만족도를 조사하는 이유는 그 결과를 분석하여 개선안을 도출하여 궁극적으로 고객만족도를 제고하는 데 있다. 이러한 목적으로 실시되는 고객만족도 조사에 관한 일련의 과정을 하나의 프로세스로 정리하여 설명하시오.

풀이

고객만족의 조사분석			개선안 도출		개선안의 전개 · 정착
조사설계	조사실시	현상파악	개선항목선정	개선안 작성	
• 고객인터뷰 • 직원인터뷰 • 고객만족관련 항목 추출 • 중심그룹 인터뷰 • 설문지 작성	• 조사방법결정 • 고객대상 조사를 위한 체제 작성 • 설문요원 교육 • 설문조사 실시 • 설문지 회수	• 항목별 고객만족의 파악 • 항목별 중요성의 파악	• 항목 간 상관관계 분석 • 항목별 개선과제 분석 • 개선해야 할 항목의 우선순위 부여	• 본사와 영업부서 간의 토의 • 개별항목에 대한 개선안 작성 • 업무 프로세스의 조정 • 실시를 위한 실행 계획 작성	• 조직에 뿌리내리기 위한 시책 * 평가기준 조정 * 관리자에 의한 정기적 현장 모니터링 * 직원교육 매뉴얼 작성 • 고객만족 조사결과에 기초한 전략책정

831 계수치 샘플링검사 절차인 KS Q ISO 2859 – 1 : 2010 로트별 합격품질한계(AQL) 지표형 샘플링검사에서 엄격도 조정의 규칙 및 전환스코어에 대하여 설명하시오.

풀이 (1) 엄격도 조정의 규칙

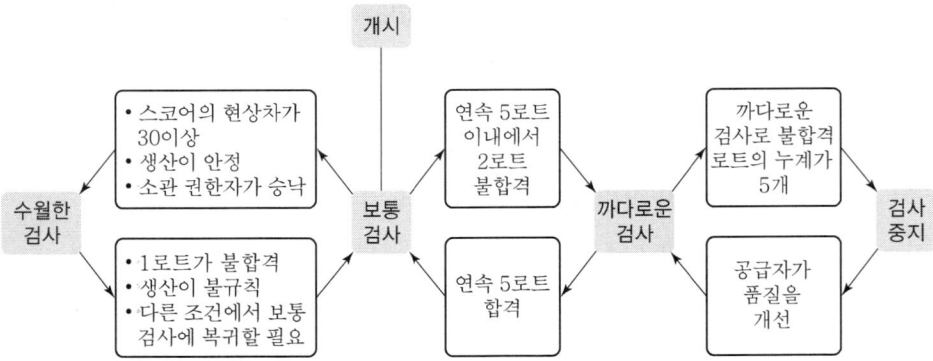

(2) 전환스코어
- 전환스코어 계산은 소관권한자가 다른 지정을 하지 않는 한 보통검사의 개시 시점에서 시작
- 전환스코어는 계속하는 로트의 보통검사의 초기 검사 후 갱신한다.

1) 1회 샘플링방식
  ① 합격판정개수(c) 2 이상일 때 → 로트 합격 → 전환스코어에 3을 더한다. 그렇지 않으면 0으로 되돌린다.
  ② 합격판정개수(c) 0 또는 1 이상일 때 → 로트 합격 → 전환스코어에 2를 더한다. 그렇지 않으면 0으로 되돌린다.

2) 2회 또는 다회 샘플링 방식
  ① 2회 샘플링 방식 사용할 때 → 제 1샘플에서 로트 합격 → 전환스코어에 3을 더한다. 그렇지 않으면 0으로 되돌린다.
  ② 다회 샘플링 방식 사용할 때 → 제 3샘플까지 로트 합격 → 전환스코어에 3을 더한다. 그렇지 않으면 0으로 되돌린다.

832 크기가 200인 시료군을 대상으로 매시간마다 부적합품수를 측정한 결과, 다음과 같은 결과를 얻었다.

시간	1	2	3	4	5	6	7	8	9	10	11	12	13	14	15
부적합품수	4	3	4	5	2	3	7	4	3	4	5	4	4	12	4

1 P_n 관리도를 작성하시오.
2 공정의 안정상태를 판정하시오.
3 만약 관리한계선을 벗어난 점이 있다면, 수정된 관리한계선을 구하시오.

[풀이] **1** 1) CL, UCL, LCL

$k = 15$, $\sum p_n = 200$, $\bar{p} = \dfrac{\sum p_n}{kn} = \dfrac{68}{3,000} = 0.023$

$\text{CL} = \bar{p}_n = \dfrac{\sum p_n}{k} = \dfrac{68}{15} = 4.53$

$\text{UCL} = \bar{p}_n + 3\sqrt{\bar{p}_n(1-\bar{p})} = 4.53 + 3\sqrt{4.53(1-0.023)} = 10.841$

$\text{LCL} = \bar{p}_n - 3\sqrt{\bar{p}_n(1-\bar{p})} = 4.53 - 3\sqrt{4.53(1-0.023)} = -1.781$ (고려하지 않음)

2) 관리도 작성

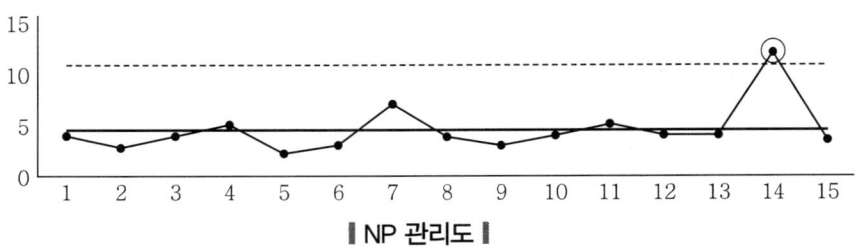

❷ 제14시간의 불량품의 수 12가 관리상한선 UCL=10.841을 벗어나므로, 이 공정을 안정 상태에 있지 않다고 판정한다.

❸ 제14시간의 불량품의 수 12가 관리상한성 UCL을 벗어나고 이상원인으로 가정되면 이를 제외하고 관리한계선을 다시 계산한다.

$$\bar{p}' = \frac{\sum p_n - 12}{\sum n - 200} = \frac{68 - 12}{3,000 - 200} = 0.02$$

$$\text{CL}' = \bar{p}_n' = \frac{\sum p_n - 12}{k - 1} = \frac{68 - 12}{15 - 1} = 4$$

$$\text{UCL}' = \bar{p}_n' + 3\sqrt{\bar{p}_n'(1-\bar{p}')} = 4 + 3\sqrt{4(1-0.02)} = 9.144$$

$$\text{LCL}' = \bar{p}_n' - 3\sqrt{\bar{p}_n'(1-\bar{p}')} = 4 - 3\sqrt{4(1-0.02)} = -1.144 \text{(고려하지 않음)}$$

833 가치흐름지도의 개념과 작성목적 및 구성요소를 쓰고, 일반 프로세스 맵과의 차이점을 설명하시오.

풀이 (1) 개념

제품을 생산할 때 공급자로부터 고객에 이르기까지 자재와 정보의 전체 흐름을 아이콘을 사용하여 시각적으로 나타낸 것

(2) 작성목적

개별 Process가 아니라 전체 공장의 원자재 투입부터 완제품 출하까지의 전체 Process를 보고 일하는 모습을 한 눈에 볼 수 있는 도구로서 출중한 역할을 하고 있기 때문이다. 또한 가치(Value)를 고객이 원하는 것으로 정의를 하기 때문에 고객의 입장을 충분히 이해하여야 한다. 전체 생산 흐름을 전 공정을 따라 처음부터 끝까지 그린다는 것이 쉬운 작업은 아니다.

(3) 구성요소

1) 가치창출고객
    ① 가치를 창출하거나 가공
    ② 직원(내부고객), 협력업체 등

2) 가치전달고객
① 창출된 가치를 전달
② 협력업체, 딜러, 대리점 등

3) 가치구매고객 및 가치사용고객
① 가치를 구매하거나 사용
② 최종구매자, 소비자, 핵심고객(전략적으로 가장 중요한 고객집단) 등

4) 이해당사자
① 가치 구매에 연관되어 있거나 영향력을 행사
② 그룹사, 고객관련사 등

(4) 일반 프로세스 맵과의 차이점
가치흐름지도는 전체의 시스템을 개선하는 것이고, 프로세스 맵은 개별적인 프로세스를 개선하는 것

834 신뢰성공학의 결함분석 3가지 고장패턴으로 구분하고, 각각의 고장패턴에 관하여 고장원인 6가지와 고장제거 방법 2가지에 대하여 설명하시오.

풀이 (1) 초기고장기간
1) 고장원인
① 표준 이하의 재료사용
② 표준 이하의 작업자 솜씨
③ 불충분한 품질관리
④ 불충분한 디버깅
⑤ 부적절한 조치
⑥ 부적절한 시동
⑦ 부적절한 포장 및 수송
⑧ 빈약한 가공 및 취급기술
⑨ 오염
⑩ 저장 및 운반 중에 부품고장
⑪ 조립상의 과오

2) 고장제거 방법
① 보전예방(MP)
② 디버깅 Test
③ Burn-In Test

(2) 우발고장기간
1) 고장원인
① 안전계수가 낮기 때문에
② Sterss가 Strength보다 크기 때문에
③ 사용자의 과오 때문에
④ 최선의 검사방법으로도 탐지되지 않은 고장 때문에

⑤ 디버깅 중에도 발견되지 않은 고장 때문에
⑥ 예방보전에 의해서도 예방될 수 없는 고장 때문에
⑦ 천재지변에 의한 고장 때문에

2) 고장제거 방법
① 극한 상황을 고려한 설계
② 안전계수를 고려한 설계
③ 디레이팅 설계
④ 사후보전(BM)
⑤ 개량보전(CM)

(3) 마모고장기간
1) 고장원인
① 부식 또는 산화
② 마모 또는 피로
③ 노화 및 퇴화
④ 불충분한 정비
⑤ 부적절한 오버홀
⑥ 수축 또는 균열

2) 고장제거 방법
① 예방보전(PM)

835 발명(창조적) 문제해결 이론(TRIZ) 기법에 대하여 정의하고, 그 진행절차 및 적용분야에 대하여 설명하시오.

풀이 (1) 정의
① 인류가 축적해 온 방대한 기술과 지식을 재가공하여, 규칙적이고 체계적으로 재사용될 수 있는 발명원리와 발전의 법칙이라는 형태로 추출
② 추가적으로 자연과학적 전문지식을 활용할 수 있도록, 기능별로 체계화한 지식기반의 기술개발 방법론

(2) 진행절차(9단계)
1) 문제의 정의
모순은 시스템에서 대립이다. 시스템을 도구와 물체라는 두 가지 요소로 구성된다.

2) 자원의 기능분석
자원이란 문제해결에 이용 가능한 모든 것으로 문제의 주변 환경에서 쉽게 이용할 수 있는 것을 의미한다.

3) 이상적 해결방안
이상적인 시스템이란 더 작은 자원을 소모하는 시스템이다.

4) 진화의 유형
   시스템 진화유형을 사용
5) 모순과 분리의 원칙
6) 문제의 핵심요소
7) 물리적 모순해결
8) 도출된 해결안의 적용
9) 문제해결 과정분석

(3) **적용분야**
① 기존 기술시스템의 개선
② 인과관계의 규명
③ 신개념 차세대(기술개발, 제품개발, 공정개발)
④ 연구개발(전략수립, 기술예측)

836 품질의 집(HOQ)은 부서와 부서 간의 계획과 의사소통을 원활히 하고자 하는 수단을 제공하는 방법으로 일종의 개념적인 지도이다. 이 HOQ를 구성하는 요소를 5가지만 설명하시오.

풀이

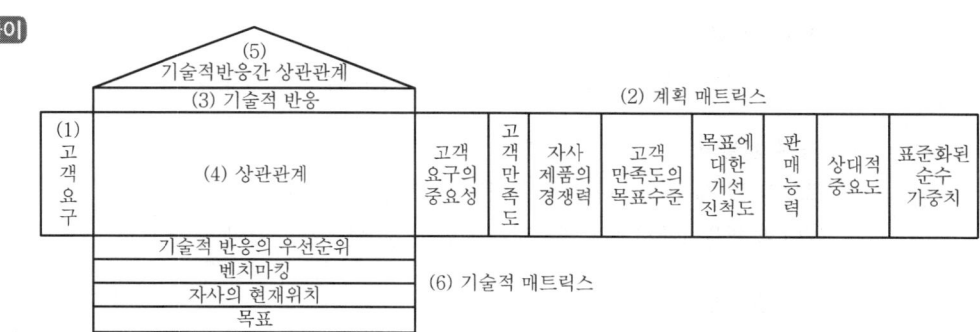

(1) **고객의 요구**
고객의 요구는 고객과의 개별 면담이나 포커스 그룹 등을 통해 정성적으로 파악. 고객뿐만 아니라, 공급업자, 정부, 판매업자 그리고 미래 고객의 소리까지도 고려

(2) **계획 매트릭스**
기업이 현재 공급하는 제품 및 서비스에 대하여 파악한 고객의 요구에 대한 상대적 중요성과 만족도

(3) 기술적 반응
① 고객의 요구를 충족시키기 위해 어떻게 하여야 할 것인가를 나타내는 속성
② 고객의 요구를 기술적인 언어로 번역한 것

(4) 상관관계
고객의 요구와 기술적 반응 간의 상호 관련성을 나타낸다.

(5) 기술적 반응간 상관관계
기업의 기술적 반응 간 상관관계이다.

(6) 기술적 매트릭스
기술적 반응의 측면에서 경쟁자와 자사를 비교하고 경쟁자와 경쟁하기 위해 어떻게 하여야 할 것인지를 보여주는 것

837 모집단에서 시료(표본)를 취할 때 시료가 모집단을 잘 대표할 수 있도록 사용하는 랜덤샘플링(Random Sampling) 방법을 5가지로 분류하여 설명하시오.

풀이 (1) 단순랜덤샘플링
모집단의 모든 샘플링 단위가 동일한 확률로서 시료에 뽑힐 가능성이 있는 샘플링 방법

(2) 2단계 샘플링
1차로 로트를 랜덤으로 선택하고, 다시 2차로 각 로트에서 몇 개씩 취하는 샘플링 방법

(3) 층별 샘플링
로트를 몇 개층으로 나누어, 각 층으로부터 시료를 취하는 샘플링 방법
(2단계 샘플링에서 1차 샘플링이 모든 층을 선택했을 때와 같다.)

(4) 취락샘플링
1차로 로트를 몇 개 랜덤으로 선택하고, 선택된 로트 모두를 표본으로 취하는 샘플링 방법

(5) 계통샘플링
시료를 시간적으로나 공간적으로 일정한 간격을 두고 취하는 샘플링 방법

838 제조 복합공정으로 이루어진 각각의 하위 프로세스가 다음과 같다. 전체 프로세스의 RTY(Rolled Throughput Yield)과 평균수율(Y_{NO} ; Normalized Yield)을 설명하시오.

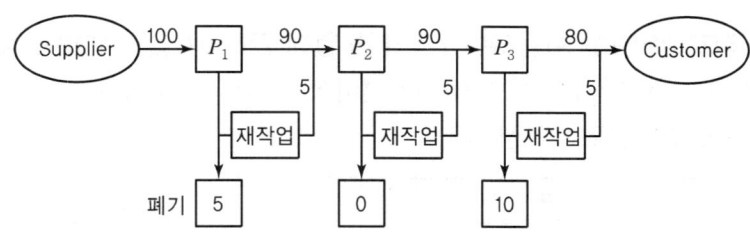

[풀이] $Y_{FD1} = \dfrac{90}{100} = 0.9$ $Y_{FD2} = \dfrac{90}{95} = 0.947$ $Y_{FD3} = \dfrac{80}{95} = 0.842$

$RTY = 0.9 \times 0.947 \times 0.842 = 0.718 (71.8\%)$

평균수율 $= 0.718^{\frac{1}{3}} = 0.895 (89.5\%)$

839 KANO 분석에 대한 개념과 품질구성요소의 특성 3가지를 도시하고 설명하시오.

[풀이]

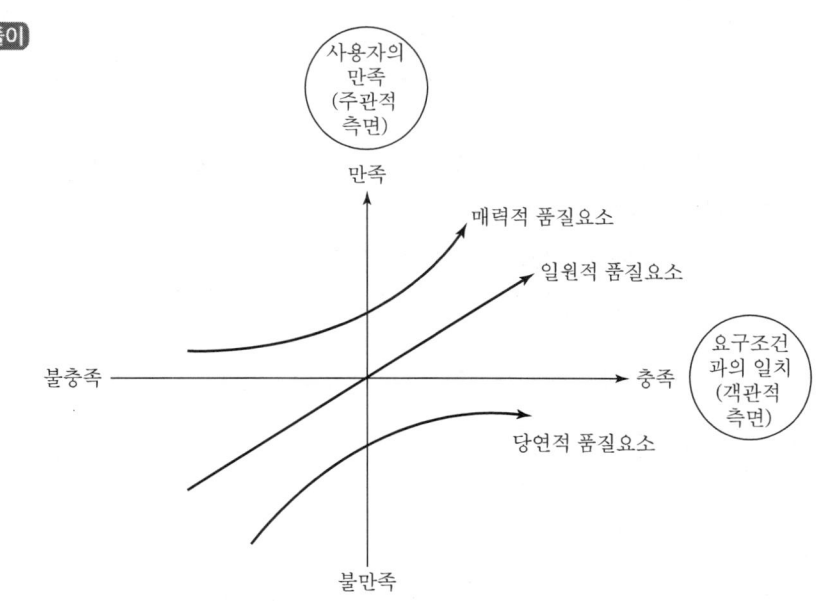

(1) 매력적 품질요소(Attractive Quality Element)
   충족이 되면 고객에 만족을 주지만 충족되지 않는 경우에도 문제가 되지 않는 품질요소

(2) 일원적 품질요소(One-Dimensional Element)
   충족이 되면 만족, 충족되지 않으면 불만을 일으키는 품질요소

(3) 당연적 품질요소(Must-Be Quality Element)
   당연히 있을 것으로 생각되는 기본적인 품질요소

840 $L_8(2^7)$ 직교배열표를 사용하여 7개의 전 열에 7개 인자를 랜덤하게 배치하고, 8회의 실험을 한 결과, 다음과 같은 결과가 얻어졌다. 이 데이터를 분석하시오.(단, 인자 간에 교호작용이 없다고 가정한다.)

배치\열 NO	A 1	B 2	C 3	D 4	E 5	F 6	G 7	실험데이터 y	y^2
1	1	1	1	1	1	1	1	9	81
2	1	1	1	2	2	2	2	10	100
3	1	2	2	1	1	2	2	8	64
4	1	2	2	2	2	1	1	12	144
5	2	1	2	1	2	1	2	7	49
6	2	1	2	2	1	2	1	20	400
7	2	2	1	1	2	2	1	15	225
8	2	2	1	2	1	1	2	12	144
							합계	93	1,207

1 각 변동을 구하시오.
2 분산분석표를 작성하시오.(단, 인자 B와 인자 C는 오차요인으로 한다.)
3 인자 A의 주효과에 대하여 점추정치를 구하시오.
4 인자 A의 주효과를 구간추정하시오.(단, 유의수준 5%이다)(단, $t_{0.025}(2)=4.303$, $t_{0.05}(2)=2.920$, $t_{0.10}(2)=1.890$)

풀이 **1** 2수준계 직교배열표로서 변동을 구하는 식은 다음과 같다.

$$변동 = \frac{1}{2^m}[(2수준\ 데이터\ 합)-(1수준\ 데이터\ 합)]^2$$

$$CT = \frac{T^2}{N} = \frac{93^2}{8} = 1,081.125$$

$$S_T = \sum y^2 - CT = (9^2 + \cdots + 12^2) - 1,081.125 = 125.875$$

$$S_A = \frac{1}{2^3}[(7+20+15+12)-(9+10+8+12)]^2 = 28.125$$

$$S_D = \frac{1}{2^3}[(10+12+20+12)-(9+8+7+15)]^2 = 28.125$$

$$S_E = \frac{1}{2^3}[(10+12+7+15)-(9+8+20+12)]^2 = 3.125$$

$$S_F = \frac{1}{2^3}[(10+8+20+15)-(9+12+7+12)]^2 = 21.125$$

$$S_G = \frac{1}{2^3}[(10+8+7+12)-(9+12+20+15)]^2 = 45.125$$

$$S_e = S_T - (S_A + S_D + S_E + S_F + S_G) = 0.25$$

2

요인	SS	DF	MS
A	28.125	1	28.125
D	28.125	1	28.125
E	3.125	1	3.125
F	21.125	1	21.125
G	45.125	1	45.125
e	0.25	2	0.125
T	125.872	7	

3 $\hat{\mu}(A_1) = \dfrac{9+10+8+12}{4} = 9.75$

$\hat{\mu}(A_2) = \dfrac{7+20+15+12}{4} = 13.5$

4 $\hat{\mu}(A_1) = 9.75 \pm t_{0.025}(2)\sqrt{\dfrac{V_e}{n}}$

$= 9.75 \pm 4.303\sqrt{\dfrac{0.125}{4}}$

$= 9.75 \pm 0.76(8.99,\ 10.51)$

$\hat{\mu}(A_2) = 13.5 \pm t_{0.025}(2)\sqrt{\dfrac{V_e}{n}}$

$= 13.5 \pm 4.303\sqrt{\dfrac{0.125}{4}}$

$= 13.5 \pm 0.76(12.74,\ 14.26)$

841 SERVQUAL을 개발한 사람들은 서비스 품질에 영향을 미치는 기업 내부의 요인에 대한 연구를 시작하여, 고객이 지각한 품질상의 문제점을 기업 내의 문제로 연결시키는 SERVQUAL 격차모형에 대해 연구하였다. 여기서 서비스 품질 격차 1에서 5까지의 내용을 정의하고, 각 격차모형의 원인과 해결방안에 대하여 설명하시오.

> **풀이** (1) 격차 1
> 고객의 기대와 고객의 기대에 대한 경영자 인지 간의 격차
>
> 1) 원인
> ① 경영자가 고객의 기대를 알고자 하는 의지 결여
> ② 잘못된 시장조사나 수요분석
> ③ 사내 정보조작 또는 정보변질
> ④ 장기적 고객관계 유지보다 단기적인 거래에 치중
>
> 2) 해결방안
> ① 경영자 교육
> ② 시장조사 방법의 개선
> ③ 경영층과 사원의 커뮤니케이션 방법개선
> ④ 경영층과 고객 간의 접촉단계 간소화
> ⑤ 수집된 자료에 대한 올바른 분석
> ⑥ 개별화된 고객과의 관계 마케팅
>
> (2) 격차 2
> 고객의 기대에 대한 경영자 인지와 서비스 표준 간의 격차
>
> 1) 원인
> ① 경영자의 의지부족
> ② 업무표준화 미비
> ③ 목표설정의 부재
>
> 2) 해결방안
> ① 경영자의 관심 증대와 사원의 동기 유발
> ② 서비스 생산 프로세스의 표준화
> ③ 비전수립과 명확한 목표설정
>
> (3) 격차 3
> 서비스 표준과 실제 제공된 서비스 간의 격차
>
> 1) 원인
> ① 부적절한 인적자원관리

② 고객대응 역할의 모호성
③ 수요 및 공급 능력의 제한
④ 상하 간 품질통제 및 품질일관성 유지 결여

2) 해결방안
① 체계적인 인적자원관리 도입
② 고객대응 역할의 표준화 설정
③ 정확한 수요예측과 공급능력 활용
④ 상하 간 품질교육 및 통제

(4) 격차 4
외부광고 또는 선전된 서비스와 실제 실행된 서비스 간의 격차

1) 원인
① 과다한 약속
② 정책 및 프로세스에 대한 정보 부족
③ 고객에 대한 교육 및 정보제공의 불충분

2) 해결방안
① 서비스 약속에 대한 철저한 관리
② 정책 및 프로세스에 대한 정보공유
③ 고객기대에 대한 조정(선택대안의 제시, 고객교육, 철저한 사후관리)

(5) 격차 5
고객이 기대한 서비스와 인지(경험)한 서비스 간의 격차

1) 원인
① 고객의서비스에 대한 이해 부재
② 경쟁사의 서비스 품질 수준에 대한 지식 불충분

2) 해결방안
① 정기적인 시장조사 및 고객만족도 조사
② 서비스 회복(A/S, 고객불만 접수창구 운영, 보상)

842 고객감동을 넘어 고객충성으로 이끌기 위해서 기업이 고객에게 끊임없이 보내야 하는 5가지의 신호에 관하여 설명하시오.

풀이 (1) 고객감동이 단막극이라면, 고객충성은 일정기간 계속되는 연속극이며, 고객감동이 단 하나의 히트곡을 낸 가수라면 고객충성은 히트곡을 연속으로 내는 가수와 같다. 시간이 흘러도 흔들리지 않는 주가를 유지하는 기업들의 특성 중의 하나가 연속적인 혁신을 하는 기업들이다.

(2) 고객감동이 고객충성으로 연결되기 위해서는 이런 연속적인 혁신이 고객과의 관계 속에서 일어나야 하고, 그것을 고객이 알 수 있도록 해야 한다. 즉, 고객감동을 넘어 고객충성으로 이끌기 위해서는 기업이 고객에게 끊임없이 어떤 신호를 보내야 하는데 신호는 5가지로 구성된다.
1) 고객님 당신이 누구인지 알고 있습니다.(Identification)
2) 그동안 잘 계셨습니까? 이런 것을 좋아하셨죠?(Interaction)
3) 다른 곳과 우리는 이렇게 다르게 살펴 드립니다. 아시죠?(Differentiation)
4) 고객님이 어디로 가시는지 잘 알고 있습니다.(Tracking)
5) 고객님이 찾고 계신 게 바로 이거죠?(Customization)

843 어느 공정에서 제품 한 개당 평균무게는 종전에 105g 이상이었으며, 표준편차는 5g 이었다고 한다. 공정의 일부를 변경시킨 다음에 n개의 시료를 뽑아 무게를 측정하였더니 $\bar{x}=100g$이었다. 이 공정의 산포가 종전과 다름이 없다는 조건하에서 다음 물음에 답하시오.

(단, $u_{0.950}=1.645$, $u_{0.975}=1.960$

$t_{0.950}(10)=1.812$, $t_{0.950}(11)=1.796$

$t_{0.975}(10)=2.228$, $t_{0.975}(11)=2.201$)

1 공정 평균이 종전과 다름이 없는데 이를 틀리게 판단하는 오류를 5%, 공정평균이 105g 이하인 것을 옳게 판단할 수 있는 검출력을 95%로 하여 검정하려고 하였다면, 위의 검정에서 추출하여야 하는 시료수를 구하시오.

2 이 제품에 대한 무게의 공정평균은 공정변경 후, 종전보다 작아졌다고 할 수 있겠는가를 통계적으로 검정하는 과정을 설명하고, 결론을 내리시오. (단, 유의수준은 0.05, 시료수는 (1)의 결과를 이용하시오.)

3 공정평균에 대한 95%의 신뢰상한을 추정하시오.

[풀이] **1** $\mu_0 = 105$, $\mu = 100$, $\alpha = 0.05$, $\beta = 0.05$

$$n = \left(\frac{U_{1-\alpha} + U_{1-\beta}}{\mu - \mu_0}\right)\sigma^2 = \left(\frac{1.645 + 1.645}{100 - 105}\right)5^2 = 10.8241 ≒ 11$$

2 한 개의 모평균에 관한 검정

1) 가설의 설정

   $H_0 : \mu \geq 105$, $H_1 : \mu \leq 105$

2) 유의수준 설정

   $\alpha = 0.05$, σ기지, $n = 11$, $\bar{x} = 100$

3) 검정통계량 계산

   $$u_0 = \frac{\bar{x} - \mu}{\frac{\sigma}{\sqrt{n}}} = \frac{100 - 105}{\frac{5}{\sqrt{11}}} = -3.317$$

4) 기각역 설정

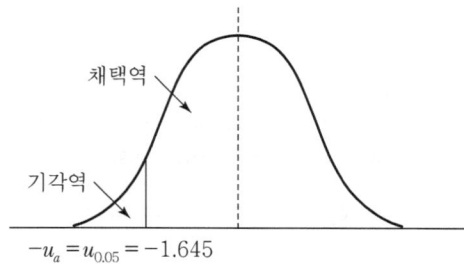

$-u_\alpha = u_{0.05} = -1.645$

5) 판정

   $u_0 = -3.317 < -u_{0.05} = -1.645$이므로 H_0 기각

   즉, 제품에 대한 무게의 공정평균은 공정변경 후 종전보다 작아졌다고 할 수 있다.

3 $\hat{\mu} = \bar{x} + u_{1-\alpha}\frac{\sigma}{\sqrt{n}} = 100 + 1.645\frac{5}{\sqrt{11}} = 100 + 2.48 = 102.48$

844 FMEA(Failure Mode&Effects Analysis)의 개념과 특징, 활용용도를 기술하고, FMEA 양식을 제시하여 그 작성법을 설명하시오.

[풀이] (1) 개념과 특징

① FMEA는 불량요인과 그 영향들을 분석하는 것을 의미하며, 구체적으로 살펴보면 잠재되어 있는 각종 문제점들을 요인별로 분석하여, 각각의 영향들이 어떤 형태로 발생될 것인가?라는 관점에서 접근하는 신뢰성 기법이다.

② FMEA는 제품 혹은 발생된 문제의 최하위 단계에 잠재되어 있는 잠재불량 요인을 제거하는 신뢰성 기법이므로 상향식(Bottom-up)방식의 문제해결 수단으로 인식되는 특징을 지니고 있다.

(2) 활용용도
① 공정 내에서 고객의 요구사항을 만족하는 데 걸림돌이 될 수 있는 고장(불량)의 형태를 모두 명시하고, 그 영향이 얼마나 큰지를 평가
② 고장과 연계된 특정한 원인에 대한 위험요소를 추정
③ 고장 발생의 원인을 제거하기 위한 현재의 관리방법을 평가함
④ 공정을 개선하기 위하여 조치 내용의 우선순위를 정함
⑤ 지속적으로 유지 관리하기 위하여 관리 항목을 도출하고 구분 관리함

(3) FMEA 작성방법

잠재적 고장 형태 및 영향 분석(설계 FMEA)

- FMEA No : A
- 도면설계변경 Level :
- 일자 :
- 부품/부번 : B
- 설계책임 : C
- PAGE :
- 모델 연도/차종 : D
- 완료 예정일 : E
- 작성자 : H
- 핵심팀 : G
- FMEA 최초 작성일 : F
- 최근 개정일 :

공정 기능 요구 사항	잠재적 고장 형태	고장의 잠재적 영향	심각도 (S)	분류·특별·특성	고장의 잠재적 원인	발생도 (O)	현설계 관리 예방	현설계 관리 검출	검출도 (D)	위험 우선 순위 (RPN)	권고 조치 사항	책임 및 목표완료 예정일	조치결과			
													조치 내용 및 완료일	심각도	발생도	검출도	위험 우선 순위
I	J	K	L	M	N	O	P	Q	R	S	T	U	V	W		

(4) 활용방법
① A(FMEA No) : FMEA 문서를 파악하는 데 사용되는 문자와 숫자 겸용의 일련번호를 기입, 이것은 문서관리에 사용한다.
② B(부품/부번) : 분석하고 있는 부품명 및 부번을 기입한다.
③ C(설계책임) : 설계책임이 있는 OEM, 조직, 부서 또는 그룹을 기입한다.
④ D(모델 연도/차종) : 해당되는 모델 연도 및 차종을 기입한다.
⑤ E(완료예정일) : 초기의 설계 FMEA 완료예정일을 기입한다.
⑥ F(FMEA 최초작성일 및 최근 개정일) : 설계 FMEA 최초작성일자 및 최근 개정일자를 기입한다.
⑦ G(핵심팀) : 설계 FMEA 개발을 책임지는 팀원들을 기입한다.
⑧ H(작성자) : 설계 FMEA 준비에 책임이 있는 엔지니어의 조직(회사)을 포함하여 이름 및 연락 가능 정보를 기입한다.
⑨ I(공정기능 요구사항) : 고객요구사항에 근거한 설계의도와 팀의 토론을 충족시키기 위한 필요로 분석되는 항목의 기능을 기입하고, 고장형태의 분석을 좀 더 세밀하게 구분하기 위해 요구사항을 기입한다.

⑩ J(잠재적 고장형태) : 의도된 기능을 충족시키거나 전달하는 데 잠재적으로 실패할 수 있는 방식으로서 공정기능 요구사항과 연관된 잠재적 고장형태를 파악한다. 잠재적 고장형태는 기술적 용어로 기술되어야 한다.
⑪ K(고장의 잠재적 영향) : 고객(내부 및 외부고객)이 인지하거나 경험할 수 있는 것이라는 관점에서 기술되어야 한다.
⑫ L(심각도) : 심각도는 주어진 고장형태의 가장 심각한 영향과 관련된 값이며, 개별 FMEA 범위 내에서 상대적인 등급이다.
⑬ M(분류·특별특성) : 높은 우선순위의 고장형태 및 원인을 강조하기 위해 사용되며, 특별특성을 파악하기 위해 사용된다.
⑭ N(고장의 잠재적 원인) : 설계 공정에서 어떻게 고장이 발생할 수 있는지에 대한 징후로써 시정될 수 있거나 통제될 수 있는 무엇이라는 관점에서 기술된다. 고장의 잠재적 원인은 설계 취약성의 표시이고, 그 결과가 고정형태이다.
⑮ O(현 설계관리 – 예방) : 고장의 원인이나 고장형태 발생을 제거(방지)하거나, 또는 발생률을 감소시킨다.
⑯ P(발생도) : 발생도는 설계수명 동안 특정 원인이 발생하여 고장형태로 이어질 가능성을 말하며, 개별 FMEA 범위 내에서 상대적인 등급이다.
⑰ Q(현 설계관리 – 검출) : 부품이 생산에 불출되기 전에 분석적 또는 물리적 방법으로 원인의 존재, 고장형태를 파악(검출)한다.
⑱ R(검출도) : 검출도는 현 검출 설계관리 검출란에 기술된 검출관리와 관련된 등급이며, 개별 FMEA의 범위 내의 상태적 등급이다.
⑲ S(위험우선순위) : 위험우선순위＝심각도×발생도×검출도, 개별 FMEA의 범위 내에서, 이 값은 1~1000 사이에 분포한다.
⑳ T(권고조치사항) : 권고조치는 설계를 개선하는 것이다. 심각도, 발생도, 검출도를 감소시키는 것을 고려해야 한다.
㉑ U(책임 및 목표 완료예정일) : 각 권고조치를 완수할 책임이 있는 개인 및 조직의 이름을 기입한다.
㉒ V(조치내용 및 완료일) : 조치가 실행된 후에, 조치내용에 대한 간략한 설명과 실제완료일을 기입한다.
㉓ W(S·O·D·RPN) : 시정/예방조치가 완료된 후에 조치에 따른 심각도, 발생도, 검출도 등급을 정하여 기록한다.

845 품질손실함수 개념과 품질손실함수의 종류를 3가지만 설명하시오.

풀이 (1) 개념

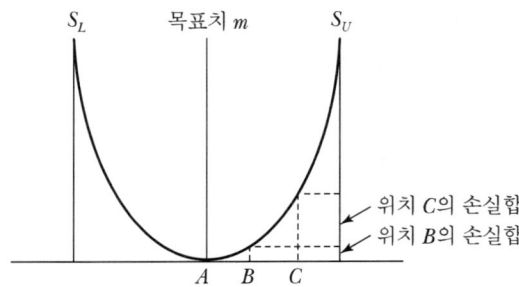

1) 다구치 박사의 품질손실함수에 의하면, 원하는 목표치 m을 정확히 만족시키는 위치 A의 제품만 합격(양품)으로 인정하고, 나머지 B, C의 제품은 불량으로 처리한다.
2) 손실함수 $L(y)$에서 기능특성치 y가 목표치에서 벗어남에 따라 손실이 증가한다.

(2) 종류

1) 망목특성

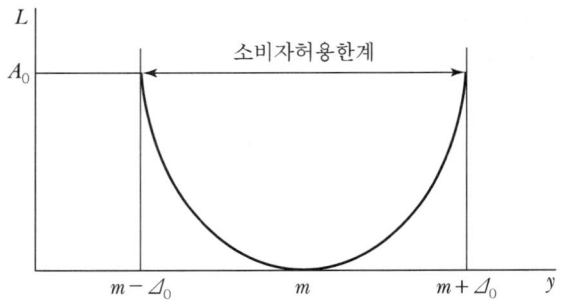

- 출력특성 y가 m으로부터 기능한계 Δ_0만큼 떨어져 있을 때의 실제 손실금액 A_0이라 하면,

$$L(y) = k(y-m)^2, \ k = \frac{A_0}{\Delta_0^2}$$

- 다수의 제품을 만들거나 특성치가 변화할 때는 $(y-m)^2$의 평균 σ^2을 사용

$$L(y) = k\sigma^2, \ k = \frac{A_0}{\Delta_0^2}$$

- 특성치의 변동에 의한 손실을 작게 하기 위해서는
  ① 기능한계 Δ_0를 작게 하는 시스템 선택
  ② 기능한계 Δ_0를 크게 하는 시스템 선택
  ③ $(y-m)^2$의 평균인 σ^2을 작게 하도록 생산공정을 설계 및 관리

2) 망소특성

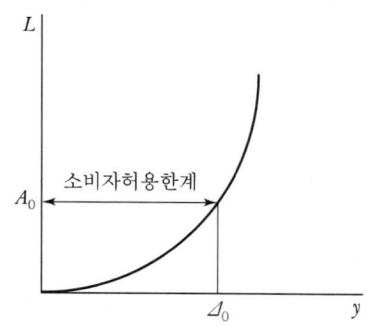

기능한계 Δ_0와 그 때의 손실 A_0에서 특성치 y가 망소특성이므로 $m=0$이다.

$$L(y) = ky^2, \ k = \frac{A_0}{\Delta_0^2}$$

3) 망대특성

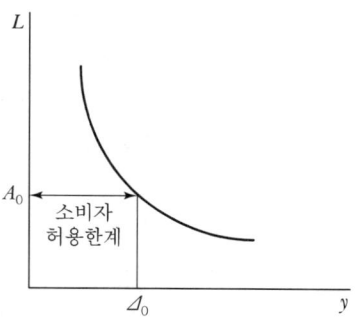

$L(y)$는 $L(\infty)=0$이므로, $y=\infty$에서의 역수 $\frac{1}{y}$에 대하여 테일러(급수)전개를 한 후 3차 이상의 항을 생략하면 기능한계 Δ_0와 그때의 손실 A_0에서

$$L(y) = k\left(\frac{1}{y^2}\right), \ k = A_0 \cdot \Delta_0^2$$

846 품질설계의 양산단계 시 활용기법 중 허용차 설계(Tolerance Design)의 개념과 목적을 설명하시오.

[풀이] (1) 개념

산포를 한층 감소시킬 수 있도록 결정된 제어인자의 값을 중심으로 허용차 결정

(2) 목적

① 산포를 더욱 감소시키기 위해서 제어인자의 허용차를 어느 정도 엄밀하게 관리해야 하는지를 찾아내는 데 있다.

② 최소의 비용으로 최대의 효과를 내는 방법 도출

847 측정시스템 분석이 있어서 반복성과 재현성의 평가방법에 대하여 그 절차를 순서대로 나열하고, 계측기의 판정기준과 그 조치방법에 대하여 설명하시오.

풀이 (1) 절차

1) 평가대상의 계측기를 사용하는 작업자 중에서 n명(3명 정도)을 랜덤하게 선정한다.
2) 공정변동의 예상되는 범위에 해당되는 p개(10개 정도) 부품을 랜덤하게 추출하여 표본으로 얻는다.
3) 반복측정회수(r)를 결정한다. 통상 2~3회로 한다.
4) 측정자를 구분하고 부품에 1에서 p까지 번호를 붙이고, 이 번호가 측정자들에게는 보이지 않게 한다.
5) 교정이 정규 측정 절차의 부분이라면, 계측기를 교정한다.
6) 측정자 A로 하여금 랜덤하게 p개 부품을 측정하게 한다. 다른 관측자에게 이 결과를 용지에 기입하게 한다. 측정자 B, C에게도 다른 사람의 읽은 값을 보지 않은 상태로 p개 부품을 측정하게 한다. 그리고 각각의 결과를 용지에 기입한다.
7) 다시 랜덤한 순서로 측정자 A, B, C가 측정을 반복하고, 이 데이터를 용지에 기입한다.
8) 부품의 크기가 크거나 동시에 이용하기 어려운 부품들을 측정할 경우에는 단계 6), 7)은 다음과 같이 변경될 수 있다.
   ① 측정자 A가 첫 번째 부품을 측정하게 하고 읽은 값을 용지에 기록한다. 측정자 B가 첫 번째 부품을 측정하게 하고 읽은 값을 용지에 기록한다. 측정자 C가 첫 번째 부품을 측정하게 하고 읽은 값을 용지에 기록한다.
   ② 측정자 A가 첫 번째 부품을 다시 측정하게 하고 읽은 값을 기록한다. 측정자 B가 반복해서 읽은 값을 기록한다. 그리고 측정자 C가 반복해서 읽은 값을 기록한다. 만일 반복을 3회 시행한다고 하면 이 사이클을 한 번 더 반복한다. 그리고 결과를 기록한다.
9) 만일 측정자가 다른 작업교대 시간에 있다면, 대체 방법이 사용될 수 있다. 이 경우 시간이 바쁜 사람은 한꺼번에 모든 측정을 다 수행하도록 한다. 즉, 측정자 A에게 p개 부품 모두를 측정하게 하고 읽은 값을 기록한다. 그 다음 측정자 A로 하여금 다른 순서로 반복해서 측정하게 하고 결과를 기록한다. 측정자 B, C에게도 같은 방법으로 적용한다.

(2) 판정 및 조처사항

1) 10% 미만의 오차 : 측정시스템 수락 가능
2) 10~30% 까지의 오차 : 수락 가능(적용의 중요성, 게이지 비용, 수리비용에 따라)
   조처사항 : 시료 내 변동의 영향을 계량화
3) 30% 이상의 오차 : 측정시스템 개선이 필요
   조처사항 : 문제점을 파악하고, 그 문제점을 시정하기 위하여 모든 노력을 한다.

848 표준의 정의, 표준화의 효과 및 산업표준화의 3요소를 설명하시오.

풀이 (1) 표준의 정의

관계가 있는 사람들의 이익 또는 편의가 공정히 얻어지도록 통일, 단순화를 도모할 목적으로 물체, 성능, 배치, 상태, 동작, 절차, 방법, 순서, 책임, 의무, 권한, 생각, 개념 등에 관하여 설정된 기준

(2) 표준화의 효과

1) 생산능률의 증진과 생산비의 저하
2) 자재의 절약
3) 품질의 향상
4) 사용소비의 합리화
5) 거래의 단순화, 공정화
6) 기술의 향상

(3) 산업표준화의 3요소

1) 표준화(Standardization)

   표준을 합리적으로 설정하여 활용하는 조직적 행위 또는 어떤 표준을 정하고 이에 따르는 것

2) 단순화(Simplification)

   일정한 범위 내에 있는 제품의 형식수를 주요한 요구에 합당한 수까지 줄이는 것

3) 전문화(Specialization)

   제조하는 물품의 종류를 한정시키고, 경제적, 능률적인 생산 및 공급체제를 갖추는 것

849 6시그마 과제수행 5단계와 각 단계별 주요 활동내용을 설명하시오.

풀이

단계	활동단계	주요 활동내용	적용기법
1	Define (문제의 정의)	• 주요 고객정의 • 고객요구사항 파악(CTQ) • 개선프로젝트 선정	NGT, Logic Tree, QFD, 파레토도, 그래프
2	Measure (측정)	• 벤치마킹 • 부적합 정량화 • 프로세스 맵핑	%R&R, 샘플링, 히스토그램, 관리도, 공정능력분석
3	Analyze (분석)	• 부적합 원인 규명 • 잠재원인에 대한 자료 확보 • 치명원인 도출	브레인스토밍, FMEA, ANOVA, 특성요인도

단계	활동단계	주요 활동내용	적용기법
4	Improve (개선)	• 프로세스 개선방법 모색 • 브레인스토밍 • 최적해 도출이 가능한 해결방법의 실험적 실시	반응표면실험, ANOVA, 회귀분석, 다구치기법
5	Control (관리)	• 개선프로세스의 지속적 방법 모색 • 표준화 • 모니터링	관리계획서, 관리도, Fool-Proofing

850 제조현장에서 요구되는 개선활동 3불(三不)에 대한 개념과 내용을 설명하시오.

풀이 (1) 개념

불필요, 불균일, 불합리를 말하며, 낭비를 없애기 위해서 추방해야 할 요소

(2) 내용

1) 불필요 : 전혀 필요하지 않은 작업이나 동작, 설비, 제거 등
2) 불균일 : 작업 중의 산포를 말하며, 숨겨진 원인이 되어 문제가 되어 발생
3) 불합리 : 자연을 역행하는 것(부자연스러운 자세, 단순 반복작업)

851 망목특성 손실함수식을 이용하여 다구치기법의 강건설계 전략을 설명하시오.

풀이

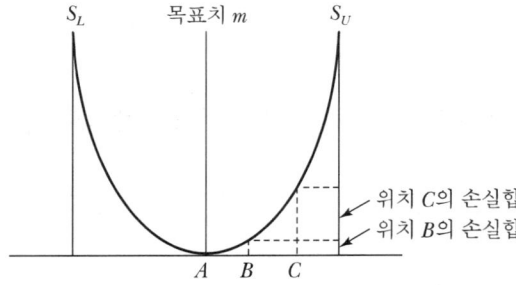

다구치는 품질규격이 비록 허용한계 이내에 있다 하더라도, 목표값에서 떨어진 정도에 따라 비용이 증가한다고 보았다.

그림에서 목표치 m을 만족시키는 위치 A의 제품은 손실비용이 발생하지 않지만 위치 B, C 제품은 손실비용이 발생한다. 즉, 목표치에서 벗어남에 따라 손실비용이 증가한다. 강건(Robust)은 변동에 민감하지 않는 것(둔감한 것)을 말한다. 강건설계(Robust Design)는 변동을 발생시키는 원인 자체를 직접 제거하지 않고, 단지 변동의 원인이 끼치는 영향을 극소화함으로써 제품의 품질을 향상시키는 것이다.

이것은 여러 가지 원인에 의해 제품의 성능이 변동하지 않도록 제품과 공정에 대한 설계를 최적화함으로써 달성되며, 불리한 조건을 유발하는 원인을 제거하는 것보다는 불리한 조건이 끼치는 영향을 제거하자는 것이며, 목표치를 만족시키는 제품을 제조하여 손실비용을 줄일 수 있다는 것이다.

852 측정시스템분석(MSA)에서 선형분석이 필요한 이유를 설명하시오.

풀이 선형분석은 계측기의 측정범위 내에서 측정의 일관성을 평가하는 것으로 기준값(참값)의 변화에 따른 편의값들의 변화량을 말하는데 이 변화량이 일정해야 직선성이 좋다고 할 수 있기 때문이다.

853 품질관리에서 변경점 관리는 고객과의 관계에서 중요한 업무이다. 변경점 관리에 대하여 설명하시오.

풀이 (1) 설계변경점
설계·개발부서에서 발행하는 도면, 원재료, 부품 및 완제품 규격 등의 변경을 의미

(2) 협력업체 변경점
협력업체의 변경 및 협력업체의 4M 변경을 의미

(3) 제조공정 변경점
공정에서의 4M(Man, Machine, Material, Method) 변경을 의미

(4) 제조처 변경점
생산성과 납기, 단가, 경영효율 관리를 위하여 기존 제조처 변경을 의미

854 품질경영활동의 구성요소를 쓰고, 이를 PDCA 관점에서 설명하시오.

풀이 (1) 품질의 설계(품질기획)
설계품질 및 요구품질을 품질표준 및 시방서의 형태로 정함

(2) 공정의 관리(품질관리)
공정설계를 하고 작업표준, 제조표준 등을 설명하며, 이에 따라 작업자를 교육, 훈련하고 업무를 수행함

(3) 품질의 보증(품질보증)
제품의 제조단계, 출하단계에서의 검사기준에 따라 점검함

(4) 품질의 조사 및 개선(품질개선)
클레임, A/S결과, 고객의견 등을 조사하여 설계, 제조, 판매에 피드백시키고, 품질방침, 설계품질, 제조공정의 관리개선함

855 실험계획에서 오차 e_{ij}는 정규분포 $N(0, \sigma_E^2)$으로부터 확률추출된 것이라고 가정한다. 이 가정의 4가지 의미를 설명하시오.

[풀이] (1) 정규성(Normality)
오차 e_{ij}의 분포는 정규분포를 따른다.

(2) 독립성(Independence)
임의의 e_{ij}와 $e_{i'j'}(i \neq i'$ 또는 $j \neq j')$는 서로 독립이다.

(3) 불편성(Unbiasedness)
오차 e_{ij}의 기대치는 0이고 치우침은 없다.

(4) 등분산성(Equal Variance)
오차 e_{ij}의 분산은 σ_e^2으로 어떤 ij에 대해서도 일정하다.

856 샘플수 $n=5$인 실험에서 다음과 같이 고장이 발생하였다.

| 30 | 100 | 40 | 70 | 18 | (단위 : 시간) |

$t = 30$에서 메디안랭크법을 활용하여 $R(t)$, $F(t)$를 구하시오.

[풀이] $F(t) = \dfrac{i-0.3}{n+0.4} = \dfrac{1-0.3}{5+0.4} = 0.130$

$R(t) = 1 - F(t) = 1 - 0.130 = 0.870$

857 데밍(Deming)의 품질비용 저감을 위한 3원칙을 설명하시오.

풀이 (1) 제1원칙

제품이든 서비스든 고객의 불만을 야기할 소지가 있는 불량품은 처음부터 만들지 않는다.

(2) 제2원칙

만에 하나 이러한 제1원칙을 준수하지 못해 불량품이 나오는 경우가 있다면 이것은 절대로 고객에게 전달하지 않는다.

(3) 제3원칙

제2원칙마저 무너져 불량품이 고객에게 전달되는 경우가 발생하면 신속하게 조치해야 한다.

858 속성형 데이터(Attribute Data)의 게이지 R&R 평가에서 KAPPA 계수와 판정방법에 대하여 설명하시오.

풀이

비교 항목	내용	KAPPA 계수
평가자 내의 비교	같은 대상물(시료)을 반복 측정하였을 경우 반복 측정 사이의 측정 일관성을 각 평가자별로 평가	가능
평가자 사이의 비교	평가자 사이의 측정결과가 서로 일치하는지 평가	가능
각 평가자 대 표준	표준과 각 평가자의 측정 결과를 비교하여 각 평가자별로 측정의 정확성을 평가	가능
모든 평가자 대 표준	모든 평가자의 측정결과를 종합하여, 이를 표준과 비교하여 측정의 정확성을 평가, 팀 단위로 평가할 때 유용	가능
	통계량 범위	$-1 \leq K \leq 1$
	의미	1에 가까울수록 양호
	계수형 측정시스템 평가지침	• 0.9 이상 : 우수 • 0.7~0.9 : 보통 • 0.7 이하 : 개선 필요

859 ISO 9001 : 2000 품질경영시스템의 품질경영 8대 원칙을 설명하시오.

풀이 (1) 고객중심

조직은 고객에 의존하고 있다. 따라서 현재 및 미래의 고객요구를 이해하고, 고객요구사항을 충족시키며 고객의 기대를 능가하도록 노력해야 한다.

(2) 리더십

리더는 조직의 목적과 방향의 통일성을 확립한다. 리더는 사람들이 조직의 목표를 달성하는 데 전적으로 참여할 수 있는 내부환경을 조성하고 유지해야 한다.

(3) 전원참여

모든 계층의 사람들이 조직의 필수요소이다. 따라서 전원이 참가함으로써 그들의 능력이 조직의 이익을 위하여 발휘될 수 있다.

(4) 프로세스 접근방법

관련된 자원 및 활동이 하나의 프로세스로 관리될 때 바라는 결과가 보다 효율적으로 얻어진다.

(5) 경영에 대한 시스템 접근방법

상호 연계된 프로세스를 하나의 시스템으로 파악하고 이해하며 관리하는 것은 조직의 목표를 효과적이며, 효율적으로 달성하는 데 이바지한다.

(6) 지속적 개선

조직의 총체적인 성과에 대한 지속적 개선은 조직의 영구적인 목표이어야 할 것이다.

(7) 의사결정에 대한 사실적 접근방법

효과적인 결정은 데이터 및 정보의 분석에 근거한다.

(8) 상호 유익한 공급자 관계

조직 및 조직의 공급자는 상호 의존적이며, 상호 이익이 되는 관계는 가치를 창조하기 위한 양쪽 모두의 능력을 증진시킨다.

860 품질비용과 검사방법(무검사, 전수검사)에 대한 검사 운영 전략을 수립하고자 한다. 다음 각 물음에 답하시오.

1 검사방법에 따라 비용과 부적합품률의 관계를 도표로 나타내고, 임계부적합품률을 설명하시오.

2 임계부적합품률을 P_b, 임계부적합품률보다 낮은 경우를 P_0, 임계부적합품률보다 높은 경우를 P_1이라고 할 때, 비용 측면에서 효과적인 검사운영방법을 설명하시오.

3 생산되는 제품 1개당 검사비용이 500원, 재작업비용이 100원, 임계부적합품률(P_b)이 15.5%일 때, 이 공정에서 부적합품이 발생한다면 부적합품 1개당 손실금액은 얼마인가?(단, 소수점 둘째 자리에서 반올림하여 소수점 첫째 자리까지 구하시오.)

4 한 로트에 50개의 시료를 검사하고 있다. 검사 로트별 인건비는 45,000원, 검사장비 및 시약사용액은 55,000원, 기타 비용은 2,000원이라면 임계부적합품률의 비용과 비교했을 때 효과적인 검사방법을 제시하시오.

풀이 **1**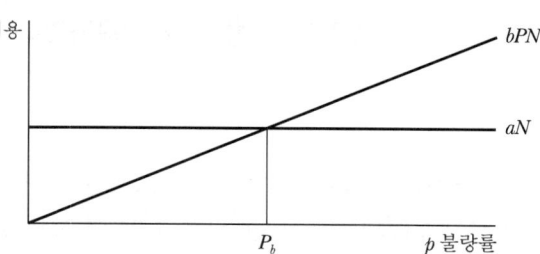

여기서, N : 검사단위(LOT)의 크기
a : 개당 검사비용
b : 무검사 시 개당 손실비용
c : 재가공비용
d : 폐기비용
P_b : 임계부적합품률

P_b는 $aN = bPN$에서

$$P_b = \frac{aN}{bN} = \frac{a}{b} = \frac{a}{b-c} = \frac{a}{b-d}$$

따라서 $P_b > P$ 무검사가 이익(유리)
$P_b < P$ 검사가 이익(유리)

2 $P_b > P_0$: 개당 검사비용이 크므로, 무검사가 이익(유리)
$P_b < P_0$: 무검사로 인한 개당 손실비용이 크므로, 검사가 이익(유리)

3 $P_b = \frac{a}{b-c}$, $0.155 = \frac{500}{b-100}$, $b = \frac{500}{0.155} + 100$

$b = 3,325.8$원

4 $P_b = \frac{a}{b-c} = \frac{45,000}{55,000 - 2,000} = 0.849(84.9\%)$

부적합품률이 임계부적합품률 84.9%보다 작으면, 무검사가 이익(유리)
부적합품률이 임계부적합품률 84.9%보다 크면, 검사가 이익(유리)

861 KS Q ISO 2859-1 "AQL 지표형 샘플링검사 방식"을 적용하였다. 다음 각 물음에 답하시오.

(1) 전환규칙을 설명하시오.

(2) 로트 크기가 275개이고, 검사수준 Ⅲ, 1회 샘플링 방식, AQL은 검사특성 A에 대해서는 부적합품률 1.5%, 검사특성 B에 대해서는 부적합품률 4.0%를 적용했을 때, 다음 표와 같이 로트별로 부적합품을 검출하였다면 전환규칙에 따라 검사기록표를 완성하시오.

로트 번호	로트 크기	샘플 수	검사특성 A(AQL=1.5%)					검사특성 B(AQL=4.0%)					종합 판정
			A_C	R_B	부적 합품	합부	다음 로트 조치	A_C	R_B	부적 합품	합부	다음 로트 조치	
36	275				2					6			
37	275				1					7			
38	275				3					3			
39	275				2					2			
40	275				4					3			
41	275				2					1			
42	275				3					3			
43	275				1					2			

부표 1 : 샘플(크기) 문자

로트 크기	특별 검사 수준				통상 검사 수준		
	$S-1$	$S-2$	$S-3$	$S-4$	Ⅰ	Ⅱ	Ⅲ
2 ~ 8	A	A	A	A	A	A	B
9 ~ 15	A	A	A	A	A	B	C
16 ~ 25	A	A	B	B	B	C	D
26 ~ 50	A	B	B	C	C	D	E
51 ~ 90	B	B	C	C	C	E	F
91 ~ 150	B	B	C	D	D	F	G
151 ~ 280	B	C	D	E	E	G	H
281 ~ 500	B	C	D	E	F	H	J
501 ~ 1,200	C	C	E	F	G	J	K
1,201 ~ 3,200	C	D	E	G	H	K	L
3,201 ~ 10,000	C	D	F	G	J	L	M
10,001 ~ 35,000	C	D	F	H	K	M	N
35,001 ~ 150,000	D	E	G	J	L	N	P
150,001 ~ 500,000	D	E	G	J	M	P	Q
500,001 이상	D	E	H	K	N	Q	R

부표 2-A 보통 검사의 1회 샘플링 방식(주 샘플링표)

합격 품질 수준, AQL 부적합품 퍼센트 및 100 아이템당 부적합수

샘플 문자	샘플 크기	0.010	0.015	0.025	0.040	0.065	0.10	0.15	0.25	0.40	0.65	1.0	1.5	2.5	4.0	6.5	10	15	25	40	65	100	150	250	400	650	1000
		Ac Re	Ac Re	Ac Re	Ac Re	Ac Re	Ac Re	Ac Re	Ac Re	Ac Re	Ac Re	Ac Re	Ac Re	Ac Re	Ac Re	Ac Re	Ac Re	Ac Re	Ac Re	Ac Re	Ac Re	Ac Re	Ac Re	Ac Re	Ac Re	Ac Re	Ac Re
A	2															0 1	↓	↓	1 2	2 3	3 4	5 6	7 8	10 11	14 15	21 22	30 31
B	3														0 1	↑	→	1 2	2 3	3 4	5 6	7 8	10 11	14 15	21 22	30 31	44 45
C	5													0 1	↑	→	1 2	2 3	3 4	5 6	7 8	10 11	14 15	21 22	30 31	44 45	←
D	8												0 1	↑	→	1 2	2 3	3 4	5 6	7 8	10 11	14 15	21 22	30 31	44 45	←	
E	13											0 1	↑	→	1 2	2 3	3 4	5 6	7 8	10 11	14 15	21 22	30 31	44 45	←		
F	20										0 1	↑	→	1 2	2 3	3 4	5 6	7 8	10 11	14 15	21 22	←					
G	32									0 1	↑	→	1 2	2 3	3 4	5 6	7 8	10 11	14 15	21 22	←						
H	50								0 1	↑	→	1 2	2 3	3 4	5 6	7 8	10 11	14 15	21 22	←							
J	80							0 1	↑	→	1 2	2 3	3 4	5 6	7 8	10 11	14 15	21 22	←								
K	125						0 1	↑	→	1 2	2 3	3 4	5 6	7 8	10 11	14 15	21 22	←									
L	200					0 1	↑	→	1 2	2 3	3 4	5 6	7 8	10 11	14 15	21 22	←										
M	315				0 1	↑	→		1 2	2 3	3 4	5 6	7 8	10 11	14 15	21 22											

부표 2-B 까다로운 검사의 1회 샘플링 방식(주 샘플링표)

샘플 문자	샘플 크기	합격 품질 수준, AQL 부적합품 퍼센트 및 100 아이템당 부적합수																								
		0.010	0.015	0.025	0.040	0.065	0.10	0.15	0.25	0.40	0.65	1.0	1.5	2.5	4.0	6.5	10	15	25	40	65	100	150	250	400	650	1000
		Ac Re	Ac Re	Ac Re	Ac Re	Ac Re	Ac Re	Ac Re	Ac Re	Ac Re	Ac Re	Ac Re	Ac Re	Ac Re	Ac Re	Ac Re	Ac Re	Ac Re	Ac Re	Ac Re	Ac Re	Ac Re	Ac Re	Ac Re	Ac Re	Ac Re	Ac Re
A	2																				1 2	2 3	3 4	5 6	8 9	12 13	18 19	27 28
B	3																			1 2	2 3	3 4	5 6	8 9	12 13	18 19	27 28	41 42
C	5																		1 2	2 3	3 4	5 6	8 9	12 13	18 19	27 28	41 42	
D	8																0 1		1 2	2 3	3 4	5 6	8 9	12 13	18 19	27 28	41 42	
E	13															0 1		1 2	2 3	3 4	5 6	8 9	12 13	18 19	27 28	41 42		
F	20														0 1		1 2	2 3	3 4	5 6	8 9	12 13	18 19					
G	32													0 1		1 2	2 3	3 4	5 6	8 9	12 13	18 19						
H	50												0 1		1 2	2 3	3 4	5 6	8 9	12 13	18 19							
J	80											0 1		1 2	2 3	3 4	5 6	8 9	12 13	18 19								
K	125										0 1		1 2	2 3	3 4	5 6	8 9	12 13	18 19									
L	200									0 1		1 2	2 3	3 4	5 6	8 9	12 13	18 19										
M	315								0 1		1 2	2 3	3 4	5 6	8 9	12 13	18 19											

풀이 1

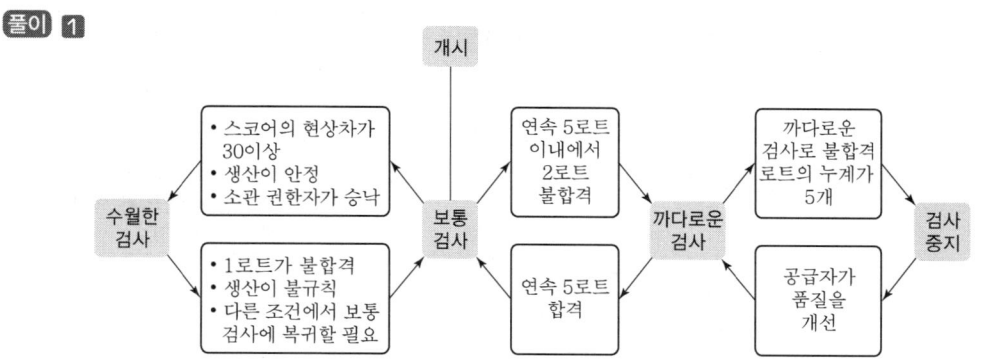

2

로트 번호	로트 크기	샘플 수	검사특성 A(AQL=1.5%)					검사특성 B(AQL=4.0%)					종합 판정
			A_c	R_e	부적 합품	합부	다음로트 조치	A_c	R_e	부적 합품	합부	다음로트 조치	
36	275	50	2	3	2	합	보통검사 적용	5	6	6	부	보통검사 적용	검사특성 A-합 검사특성 B-부
37	275	50	2	3	1	합	보통검사 적용	5	6	7	부	보통검사 적용	검사특성 A-합 검사특성 B-부
38	275	50	2	3	3	부	보통검사 적용	5	6	3	합	보통검사 적용	검사특성 A-부 검사특성 B-합
39	275	50	2	3	2	합	보통검사 적용	5	6	2	합	보통검사 적용	검사특성 A-합 검사특성 B-합
40	275	50	2	3	4	부	보통검사 적용	5	6	3	합	보통검사 적용	검사특성 A-부 검사특성 B-합
41	275	50	1	2	2	부	까다로운 검사 전환	3	4	1	합	까다로운 검사 전환	검사특성 A-부 검사특성 B-합
42	275	50	1	2	3	부	까다로운 검사 적용	3	4	3	합	까다로운 검사 적용	검사특성 A-부 검사특성 B-합
43	275	50	1	2	1	합	까다로운 검사 적용	3	4	2	합	까다로운 검사 적용	검사특성 A-합 검사특성 B-합

862 싱글 PPM 품질혁신활동의 단계별 세부 추진 내용과 적용기법을 설명하시오.

풀이

단계	활동단계	주요 활동내용	적용기법
1	Scope (범위선정)	• 사전준비 • 대상품목 선정 • 프로젝트 선정 • 마스터 플랜 작성	• 그래프 • 매트릭스도 • 3정 5S활동 • TPM 활동
2	Illumination (현상파악)	• 불량유형분석 • 품질기능전개 • 개선항목설정 • 공정현황조사 • 측정시스템분석	• 파레토도 • 그래프 • 품질기능전개(QFD) • 관리도 • 벤치마킹 • Q-cost 분석 • % R&R

단계	활동단계	주요 활동내용	적용기법
3	Nonconformity Analysis (원인분석)	• 분석용 데이터 수집 • 변동요인 추출 • 핵심요인 결정	• 파레토도, 특성요인도, 히스토그램, 산점도, 층별, 체크시트, 관리도/그래프 • 연관도, 계통도, 친화도, 매트릭스도 • 검정/추정, 상관회귀 분석, 실험계획법 • FMEA, QC공정도
4	Goal (목표설정)	• 개선단계설정 • 단계별 목표치 설정(PPM) • 현황판 부착	• 벤치마킹 • 그래프
5	Level up (개선)	• 대책수립 • 대책실시 • 평가 • 표준화	• Fool Proof(3차원 대책) • PDPC법, 애로우다이어 그램 • 그래프, 관리도 • 검정/추정, 상관회귀 분석, 실험계획법 • 파레토도, 특성요인도, 체크시트 • 연관도, 매트릭스도 • QC공정도
6	Evaluation (평가)	• 완료평가 • 사후관리 • 확산전개	• 그래프, 관리도, 체크시트 • 공정능력지수(C_p, C_{pk}) • % R&R

863 각종 소비자 조사방법과 연구에서 고객의 소리(VOC ; Voice of Consumer)를 분석하는 도구로 카노모델(Kano Model)을 사용한다.

1 카노모델의 도형을 제시하고, 주요 3가지 요소로 구분하여 설명하시오.

2 휴대폰의 사례를 들어 카노모델을 설명하시오.

풀이 **1**

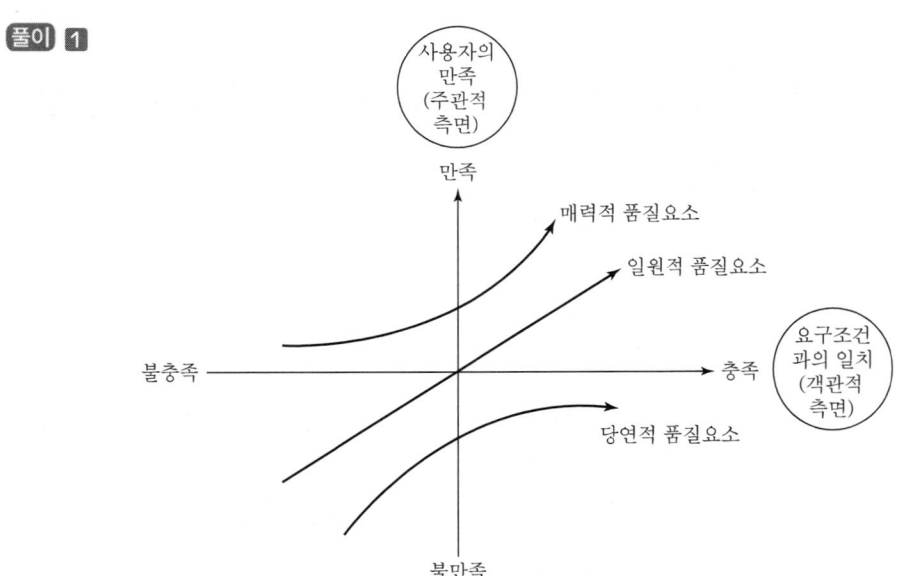

1) 매력적 품질요소(Attractive Quality Element)
   충족이 되면 고객에 만족을 주지만 충족되지 않는 경우에도 문제가 되지 않는 품질요소

2) 일원적 품질요소(One-Dimensional Element)
   충족이 되면 만족, 충족되지 않으면 불만을 일으키는 품질요소

3) 당연적 품질요소(Must-Be Quality Element)
   당연히 있을 것으로 생각되는 기본적인 품질요소

2 1) 매력적 품질요소
   ① 제품성능(화면크기, CPU)　　② 애플리케이션
   ③ 인터넷 속도

2) 일원적 품질요소
   ① 카메라의 해상도는 좋은가　　② 카메라의 화소는 높은가
   ③ 배터리의 지속시간이 얼마나 되는가

3) 당연적 품질요소
   ① 통화의 끊김은 없는가　　② 통화품질은 괜찮은가
   ③ 시스템 오류는 없는가

864 샘플 20개에 대하여 5개가 고장 날 때까지 교체 없이 수명시험을 한 결과, 관측한 고장시간은 다음과 같다.

> 고장시간 : 15.5　18.8　21.0　31.0　45.7　(단위 : 시간)

1 평균수명의 점 추정값을 구하시오.

2 평균수명을 90%의 신뢰구간으로 추정하시오.(단, $\chi^2_{0.05}(10) = 3.94$, $\chi^2_{0.95}(10) = 18.31$)

[풀이] **1** 점 추정값 $= \dfrac{[\sum t_i + (n-r)tr]}{r} = \dfrac{[132 + (20-5)45.7]}{5} = 163.5$시간

2 $\dfrac{2T}{\chi^2_{1-\alpha/2}(2r)} \leq \theta \leq \dfrac{2T}{\chi^2_{\alpha/2}(2r)}$　　$\theta = \dfrac{T}{r}$, $T = \gamma \cdot \theta = 5 \times 163.5 = 817.5$

$\dfrac{2 \times 817.5}{\chi^2_{0.95}(10)} \leq \theta \leq \dfrac{2 \times 817.5}{\chi^2_{0.05}(10)} = \dfrac{1{,}635}{18.31} \leq \theta \leq \dfrac{1{,}635}{3.94}$

$= 89.295 \leq \theta \leq 414.975$

865 신제품 개발과정에서 직교배열실험을 통하여 다음과 같은 시험결과를 얻었다.

▼ 직교배열표 – $L_9 3^4$

실험순서	A(온도)	B(RPM)	C(GAP)	D(예열 유무)	실험 DATA(마모량)
1	0	0	0	0	24
2	0	1	1	1	17
3	0	2	2	2	36
4	1	0	1	2	42
5	1	1	2	0	15
6	1	2	0	1	47
7	2	0	2	1	26
8	2	1	0	2	12
9	2	2	1	0	30

1 실험계획법 기본원리를 설명하시오.

2 상기 실험내용을 검토하여 실험계획법 기본원리와 연관시켜 설명하시오.

[풀이] **1** 1) 랜덤화의 원리

선택된 인자 외에 기타 원인들의 영향이 실험결과에 편기되게 미치는 것을 없애기 위함

2) 반복의 원리

반복을 시켜줌으로써 오차항의 자유도를 크게 해줄 수 있으며, 오차분산이 정도 좋게 추정됨으로써 실험결과의 신뢰성을 높일 수 있다.

3) 블록화의 원리

실험 전체를 시간적, 공간적으로 분할하여 블록으로 만들어 주면, 각 블록 내 실험환경이 균일해져 정도 좋은 결과를 얻을 수 있다.

4) 교락의 원리

구할 필요가 없는 2인자 교호작용이나 고차의 교호작용을 블록과 교락시키는 방법으로 검출할 필요가 없는 요인이 블록의 효과와 교락하게 됨으로써 실험의 효율을 높일 수 있다.

5) 직교화의 원리

요인 간에 직교성을 갖도록 실험계획하여 데이터를 구하면, 같은 실험횟수라도 검출력이 더 좋은 검정을 할 수 있고, 정도가 더 높은 추정을 할 수 있다.

2 상기 직교배열표에서의 실험에서는 인자의 모든 수준조합이 실험되어 있지 않다. 교호작용이 존재하지 않는 경우 인자의 수준조합을 모두 실험하지 않아도 9회의 실험데이터에서 A, B, C, D의 수준 간의 비교를 할 수가 있다. 이유는 A_0에서 3개의 실험(실험순서

1, 2, 3)과 A_1에서 3개의 시험(실험순서 4, 5, 6)과 A_2에서 3개의 실험(실험순서 7, 8, 9)을 비교해 보면, A_0쪽에서 B_0, B_1, B_2에서 각각 3회씩 실험되고 있으며, A_1쪽에서도 B_0, B_1, B_2에서 각각 3회씩 실험되고 있다. 마찬가지로, A_0쪽에서 C_0, C_1, C_2에서 각각 3회씩 실험되고 있으며, A_1쪽에서도 C_0, C_1, C_2에서 각각 3회씩 실험되고, A_0쪽에서 D_0, D_1, D_2에서 각각 3회씩 실험되고 있으며, A_1쪽에서도 D_0, D_1, D_2에서 각각 3회씩 실험되고 있으므로 직교화의 원리로 설명될 수 있다.

866 종합생산성을 평가하기 위해 단위공정의 수율을 평가하였다. 다음 각 물음에 답하시오.

1 다음 공정 수율에 대하여 직행률(Y_{RT})과 표준화 수율(Y_{NOR})을 구하시오.

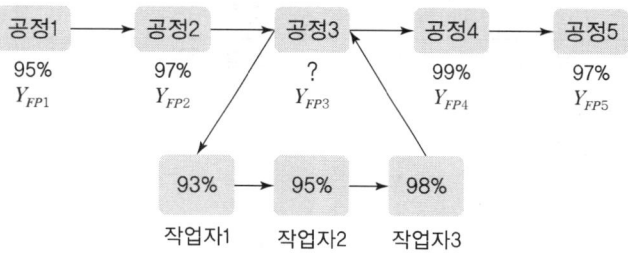

2 상기 문제의 결과를 시그마 수준으로 평가하고, 합리적으로 종합생산성평가를 위한 수율 평가법을 제시하시오.(단, $Pr(U>0.99)=0.16$, $Pr(U>1.64)=0.0505$이다.)

[풀이] **1** 공정 3에 직행률 $=0.93\times0.95\times0.98=0.87$

공정 3에 대한 표준화수율 $=0.87^{\frac{1}{3}}=0.95$

직행률(Y_{RT}) $=0.95\times0.97\times0.87\times0.99\times0.97=0.7699(76.99\%)$

표준화수율(Y_{NOR}) $=0.7699^{\frac{1}{5}}=0.9490(94.90\%)$

2 1) 시그마수준

표준화수율(Y_{NOR}) $=0.9490$이므로, $Z=1.64$, $Z=1.64+1.5=3.14$ 시그마수준

2) 수율 평가법
① 주어진 데이터가 결함수와 같이 이산형인 경우 결함수의 확률계산은 푸아송분포를 이용
② 제품 한 단위당 결함수를 DPU로 나타내면, 제품 한 단위당 결점수가 x개 발견될 확률은 푸아송분포의 확률밀도함수를 이용
③ $P(x)=\dfrac{(DPU)^x\cdot e^{-DPU}}{x!}$, $x=0, 1, 2, \cdots$, 여기서 e는 대략 2.7182의 값을 가진다.

④ 한 단위(한 제품)의 수율 Y는 $x=0$일 확률이므로,

⑤ $P(x=0) = \dfrac{(DPU)^0 \cdot e^{-DPU}}{0!} = e^{-DPU}$로 계산

⑥ 예를 들어 DPU=1인 제품에서의 수율은 $e^{-1}=0.368(36.8\%)$이다.

867 모기업 T사에서는 협력사 A사에서 부품 A를, 협력사 B사에서 부품 B를 납품받아 이들을 그림과 같이 조립하여 제품 C를 만든다. 모기업 T사에서 부품 A, B에 대하여 수입검사를 실시하여 얻은 데이터가 아래와 같을 때 다음 각 물음에 답하시오.(이때 부품 A, B는 독립적이다.)

| 부품 A | 부품 B |

제품 C

구분	부품 A	부품 B
설계기준값	60	80
허용차	±3	±4
부품측정 평균	60.2	82.5
부품측정 표준편차	1.22	0.3

1 제품 C에 대한 규격을 구하시오.(단, 허용차의 소수점 이하는 버린다.)
2 각 부품 A, B와 이들의 제품 C에 대하여 공정능력 C_p, C_{pk}를 구하시오.(단, 모기업 T사의 C_{pk}는 목표는 1.33 이상이며 C_p, C_{pk}는 소수점 둘째 자리까지 구하시오.)
3 제품의 공정능력을 평가하고, 이의 개선 방안을 제시하시오.

[풀이] **1** 기준값=부품 A+부품 B=140

허용차 $= \pm \sqrt{허용차A^2 + 허용차B^2} = \pm\sqrt{3^2+4^2} = \pm 5$

제품 C규격 : 140±5

2 1) A부품 규격 : 60±3

$C_p = \dfrac{S_U - S_L}{6\sigma} = \dfrac{63-57}{6 \times 1.22} = 0.82$

$k = \dfrac{|M-\bar{x}|}{\dfrac{T}{2}} = \dfrac{|60-60.2|}{\dfrac{6}{2}} = 0.07$

$C_{pk} = (1-k)C_p = (1-0.07)0.82 = 0.76$

2) B부품 규격 : 80±4

$$C_p = \frac{S_U - S_L}{6\sigma} = \frac{84 - 76}{6 \times 0.3} = 4.44$$

$$k = \frac{|M - \overline{x}|}{\frac{T}{2}} = \frac{|80 - 82.5|}{\frac{8}{2}} = 0.63$$

$$C_{pk} = (1-k)C_p = (1-0.63)4.44 = 1.64$$

3) C제품 규격 : 140±5

− 제품의 평균 = 부품 A의 평균 + 부품 B의 평균 = 60.2 + 82.5 = 142.7

− 제품의 표준편차

$$= \sqrt{\text{부품}A\text{의 표준편차}^2 + \text{부품}B\text{의 표준편차}^2} = \sqrt{1.22^2 + 0.3^2} = 1.26$$

$$C_p = \frac{S_U - S_L}{6\sigma} = \frac{145 - 135}{6 \times 1.26} = 1.32$$

$$k = \frac{|M - \overline{x}|}{\frac{T}{2}} = \frac{|140 - 142.7|}{\frac{10}{2}} = 0.60$$

$$C_{pk} = (1-k)C_p = (1-0.60)1.32 = 0.60$$

3 1) 평가

모기업 T사의 목표인 $C_{pk} = 1.33$ 이상인데 $C_{pk} = 0.60$으로서 미치지 못하고, 공정능력이 매우 부족(4등급)

2) 개선방안

① 별도의 특별관리 · 가공방법을 고안
② 현 공정능력을 향상시키기 위한 투자
③ 규격 재검토 및 조정
④ 적정한 능력을 보유한 공정으로 옮겨서 작업

868 어떤 회사의 종업원 중에서 300명을 표본으로 뽑아, 이들이 1년간 회사에 결근한 일수를 조사하였다. 종업원의 1년간 결근일수는 푸아송분포를 따른다고 할 수 있는가를 $\alpha = 0.05$로 검정하시오. (단, $\chi^2_{0.95}(6) = 12.59$)

결근일수	0	1	2	3	4	5	6	7 이상	합계
도수	58	62	61	52	29	28	6	4	300

풀이 적합도 검정

(1) 가설의 설정

　　H_0 : 결근일수가 푸아송분포를 따른다.

　　H_1 : 결근일수가 푸아송분포를 따르지 않는다.

(2) 유의수준 설정

　　$\alpha = 0.05$, $n = 60$, $v = k - p - 1 = 7 - 1 - 1 = 5$

　　※ 푸아송분포의 모수 m은 푸아송확률변수 X의 모평균 $\bar{x}$ 이므로,

$$\hat{m} = \bar{x} = \frac{\sum(결근일수 \times 도수)}{n} = \frac{(0 \times 58) + \cdots + (7 \times 4)}{300} = \frac{660}{300} = 2.2$$

(3) 검정통계량 계산

결근일수	측정도수	$m = 2.2$의 푸아송확률 $\frac{e^{-np}(np)^x}{x!}$ ※ $m = np$	기대도수	$\frac{(측정도수 - 기대도수)^2}{기대도수}$
0	58	$\frac{e^{-2.2}(2.2)^0}{0!} = 0.111$	$300 \times 0.111 = 33.3$	$\frac{(58 - 33.3)^2}{33.3} = 18.321$
1	62	$\frac{e^{-2.2}(2.2)^1}{1!} = 0.244$	$300 \times 0.244 = 73.2$	$\frac{(62 - 73.2)^2}{73.2} = 1.714$
2	61	$\frac{e^{-2.2}(2.2)^2}{2!} = 0.268$	$300 \times 0.268 = 80.4$	$\frac{(61 - 80.4)^2}{80.4} = 4.681$
3	52	$\frac{e^{-2.2}(2.2)^3}{3!} = 0.197$	$300 \times 0.197 = 59.1$	$\frac{(52 - 59.1)^2}{59.1} = 0.853$
4	29	$\frac{e^{-2.2}(2.2)^4}{4!} = 0.108$	$300 \times 0.108 = 32.4$	$\frac{(29 - 32.4)^2}{32.4} = 0.357$
5	28	$\frac{e^{-2.2}(2.2)^5}{5!} = 0.048$	$300 \times 0.048 = 14.4$	$\frac{(28 - 14.4)^2}{14.4} = 12.844$
6	6	$\frac{e^{-2.2}(2.2)^6}{6!} = 0.017$	$300 \times 0.017 = 5.1$	$\frac{(10 - 7.2)^2}{7.2} = 1.089$ ※ $5.1 + 2.1 = 7.2$
7 이상	4	$\frac{e^{-2.2}(2.2)^7}{7!} = 0.007$	$300 \times 0.007 = 2.1$	
합계	300	1.000	300	$39.859 = \chi_0^2$

위에서 결근일수 7 이상의 기대도수가 5 이하이므로, 결근일수 6에 합해서 1개의 급으로 만들면 $k = 7$

(4) 기각역 설정

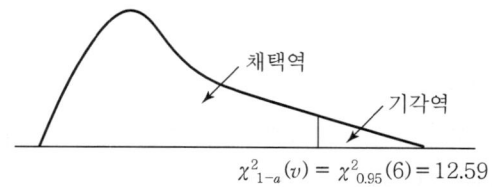

$\chi^2_{1-\alpha}(v) = \chi^2_{0.95}(6) = 12.59$

(5) 판정

$\chi^2_0 = 39.859 > \chi^2_{0.95}(6) = 12.59$ 이므로 H_0 기각

즉, 결근일수는 푸아송분포를 따른다고 말할 수 없다.

869
부적합품률(P)에 대한 $P_0 = 1.0\%$, $\alpha = 5\%$, $P_1 = 5\%$, $\beta = 10\%$일 때 KS Q ISO 8422 : 2009 "계수치 축차샘플링검사 방식"에 있어서, 어떤 로트에서 1개씩 샘플링하여 40개의 시료를 검사한 결과 11번째, 28번째, 40번째의 시료에서 부적합품을 발견했다면 로트를 어떻게 처리하여야 하는지 이를 계산하고, 판정하시오.

▼ KS Q ISO 8422 : 2009 부표 1 − A 계수표

P_2 \ P_1		4.0	5.0	6.3
0.80	h_0	1.371	1.200	1.062
	h_1	1.760	1.541	1.363
	s	0.020	0.0231	0.0269
1.0	h_0	1.589	1.364	1.188
	h_1	2.0340	1.751	1.525
	s	0.0217	0.025	0.029

[풀이] $P_0 = 1.0\%$, $P_1 = 5\%$가 만나는 곳에서, $h_0 = 1.364$, $h_1 = 1.751$, $s = 0.025$를 읽는다.

합격판정선 $d_0 = -h_0 + sn = -1.364 + 0.025n$

불합격판정선 $d_1 = -h_1 + sn = 1.751 + 0.025n$

$n = 40$, $d = 3$(11, 28, 40번째)

$d_0 = -1.364 + (0.025 \times 40) = -0.364(-) \downarrow$

$d_1 = 1.751 + (0.025 \times 40) = 2.751 ≒ 3 \uparrow$

$d = 3 \geq d_1 = 3$(로트불합격)

※ $d \leq d_0$(로트합격), $d_0 < d < d_1$(검사속행), $d \geq d_1$(로트불합격)

870 공정품질향상을 위하여 분임조활동을 활성화하여 개선성과를 도출하고자 한다. 다음 각 물음에 답하시오.

1 분임조활동의 기본이념을 설명하시오.
2 분임조활동 실시단계 및 단계별 적용기법을 나열하시오. (각 단계별 적용기법은 QC 7가지 도구/신QC 7가지 도구를 기준으로 제시하시오.)
3 분임조활동 시 활동주제를 정하는 기준을 설명하시오.

[풀이] **1** 1) 인간성을 존중하며 활력있고 명랑한 직장을 만든다.
2) 인간의 능력을 발휘하게 하여 무한한 가능성을 창출한다.
3) 기업의 체질개선 및 발전에 기여한다.

2

NO	단계	기법	NO	단계	기법
1	주제선정	매트릭스도법	6	대책수립 및 실시	계통도법
2	활동계획수립	애로우다이어그램	7	효과파악	파레토도
3	현상파악	체크시트, 파레토	8	표준화	-
4	원인분석	특성요인도, 연관도법	9	사후관리	체크시트
5	목표설정	막대그래프	10	반성 및 향후계획	-

3 1) 자신에게 가깝고 비근한 문제 선정
2) 공통적인 문제 선정
3) 단기간 해결 가능한 문제 선정
4) 개선의 필요성이 있는 문제 선정

871 합성수지의 절연부품을 제조하고 있는 공정에서 이 절연부품의 수명을 길게 하기 위해, $L_{16}(2^{15})$형 직교배열표를 이용하여 실험하기로 하였다. 제조 공정상에 수명에 영향을 미친다고 생각되어 취급된 인자는 6개로 A : 주원료의 pH값, B : 부재료의 혼합비, C : 반응온도, D : 성형온도, F : 성형압력, G : 성형시간 이고, 인자 A와 B, 인자 C와 D는 기술적인 측면에서 볼 때 서로 독립이 아닐지도 모르겠다고 판단되어 교호작용을 구하기로 하였다. 실험은 16회의 전체 실험을 랜덤하게 순서를 정하여 실시하고 수명을 측정한 결과 다음의 데이터를 얻었다.

실험 번호	1	2	3	4	5	6	7	8	9	10	11	12	13	14	15	데이터 (y)
1	0	0	0	0	0	0	0	0	0	0	0	0	0	0	0	59
2	0	0	0	0	0	0	0	1	1	1	1	1	1	1	1	59
3	0	0	0	1	1	1	1	0	0	0	0	1	1	1	1	65
4	0	0	0	1	1	1	1	1	1	1	1	0	0	0	0	51
5	0	1	1	0	0	1	1	0	0	1	1	0	0	1	1	69
6	0	1	1	0	0	1	1	1	1	0	0	1	1	0	0	61
7	0	1	1	1	1	0	0	0	0	1	1	1	1	0	0	71
8	0	1	1	1	1	0	0	1	1	0	0	0	0	1	1	55
9	1	0	1	0	1	0	1	0	1	0	1	0	1	0	1	60
10	1	0	1	0	1	0	1	1	0	1	0	1	0	1	0	51
11	1	0	1	1	0	1	0	0	1	0	1	1	0	1	0	63
12	1	0	1	1	0	1	0	1	0	1	0	0	1	0	1	47
13	1	1	0	0	1	1	0	0	1	1	0	0	1	1	0	64
14	1	1	0	0	1	1	0	1	0	0	1	1	0	0	1	65
15	1	1	0	1	0	0	1	0	1	1	0	1	0	0	1	68
16	1	1	0	1	0	0	1	1	0	0	1	0	1	1	0	56
기본 표시	a	b	a b	c	a c	b c	a b c	d	a d	b d	a b d	c d	a c d	b c d	a b c d	$T=964$
배치	A	B	$A\times B$	C	e	e	e	D	e	e	F	$C\times D$	e	e	G	

1 분산분석표를 작성하고 결론을 제시하시오.

요인	SS	DF	MS	F_0	$F_{0.95}$	$F_{0.99}$
A					5.59	12.20
B	182.25				5.59	12.20
C	9				5.59	12.20
D	342.25				5.59	12.20
F	36				5.59	12.20
G	9				5.59	12.20
$A\times B$					5.59	12.20
$C\times D$	110.25				5.59	12.20
e	4.00					
T	715					

❷ 수명을 가장 길게 하는 최적수준조합을 구하고, 이 조건에서 95% 신뢰구간을 구하시오.
❸ 최적조건으로 재현성 실험을 실시하였을 때, 재현성이 나타나지 않았다면 어떠한 부분을 조사하여야 하는지 설명하시오.

[풀이] ❶ 1) 변동의 계산

$$S_A = \frac{1}{2^4}[(60+51+63+47+64+65+68+56)] - [(59+59+65+51+69+61+71+55)]^2 = 16$$

$$S_{A \times B} = \frac{1}{2^4}[(69+61+71+55+60+51+63+47)] - [(59+59+65+51+64+65+68+56)]^2 = 6.25$$

각 열의 자유도는 1이므로 요인 A, B, C, D, F, G, A×B, C×D는 각 1이고 오차의 자유도는 7

2) 분산분석표 작성

요인	SS	DF	MS	F_0	$F_{0.95}$	$F_{0.99}$
A	16	1	16	28.07**	5.59	12.20
B	182.25	1	182.25	319.74**	5.59	12.20
C	9	1	9	15.79**	5.59	12.20
D	342.25	1	342.25	600.44**	5.59	12.20
F	36	1	36	63.16**	5.59	12.20
G	9	1	9	15.79**	5.59	12.20
A×B	6.25	1	6.25	10.96**	5.59	12.20
C×D	110.25	1	110.25	193.42**	5.59	12.20
e	4.00	7	0.57			
T	715	15				

위의 결과에서 A, B, C, D, F, G인자 및 교호작용 C×D는 고도로 유의하며, 교호작용 A×B도 유의하다.

❷

열번호	1	2	3	4	5	6	7	8	9	10	11	12	13	14	15
수준 0합	490	455	487	488	482	479	483	519	483	484	470	461	481	482	476
수준 1합	474	509	477	476	482	485	481	445	481	480	494	503	483	482	488
배치	A	B	A×B	C	e	e	e	D	e	e	F	C×D	e	e	G

1) 최적수준조합 : $A_0B_1C_0D_0F_1G_1$
2) 점추정치

$$\hat{\mu}(A_0B_1C_0D_0F_1G_1) = \mu + a_0 + b_1 + c_0 + \widehat{d_0} + (cd)_{00} + f_1 + g_1$$
$$= \widehat{\mu + a_0} + \widehat{\mu + b_1} + \mu + c_0 + \widehat{d_0} + (cd)_{00}$$
$$+ \widehat{\mu + f_1} + \widehat{\mu + g_1} - 4\hat{\mu}$$
$$= \frac{490}{8} + \frac{509}{8} + \frac{252}{4} + \frac{494}{8} + \frac{488}{8} - 4\left(\frac{964}{16}\right) = 69.625$$

3) 95% 신뢰구간

$$\hat{\mu}(A_0B_1C_0D_0F_1G_1) = 69.625 \pm t_{0.975}(7)\sqrt{\frac{V_e}{n_e}}$$
$$= 69.625 \pm 2.364\sqrt{\frac{0.57}{2}}$$
$$= 69.625 \pm 1.262 \, (68.363, \ 70.887)$$

※ $n_e = \frac{16}{8} = 2$,

※ $t_{1-\alpha/2}(\nu) = \sqrt{F_{1-\alpha}(1, \nu)}$, $t_{0.975}(7) = \sqrt{F_{1-0.95}(1, 7)} = 2.364$

3 ① 한정된 조건으로부터 결론을 아무렇게나 확장하는 잘못
② 교호작용을 생각하지 않은 잘못
③ 실험의 랜덤성이 확보되지 않은 잘못
④ 실험오차와 산포를 고려하지 않은 잘못

872 어느 회사에서 시스템에 대한 고장해석을 위해 FTA를 실시하고자 한다. 다음 각 물음에 답하시오.

1 FTA(Fault Tree Analysis)의 정의를 설명하시오.
2 FTA(Fault Tree Analysis)에서 FT도 작성에 사용되는 기본적인 기호를 4가지만 그리고 설명하시오.
3 다음 FT도에서 시스템의 신뢰도를 구하시오.(단, $F_A = 0.1$, $F_B = 0.2$, $F_C = 0.2$, $F_D = 0.3$, $F_E = 0.2$, $F_F = 0.1$)

[풀이] **1** 고장원인의 인과관계를 정상사상(Top Event)으로부터 하향식(Top Down)으로 분석하는 정량적 방법

❷ 1) AND 기호   2) OR 기호   3) 정상사상(중간사상)   4) 기본사상

  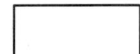

5) 생략사상

❸
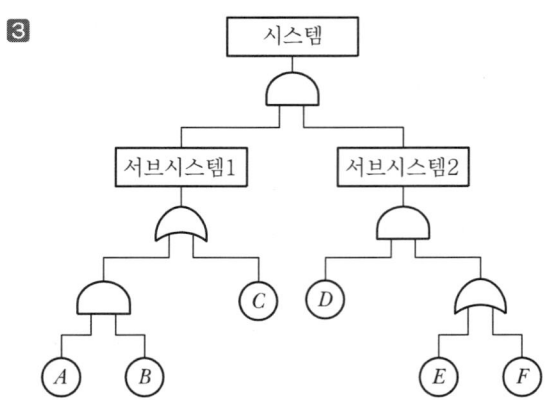

$F(G) = F(A) \cdot F(B) = 0.1 \times 0.2 = 0.02$
$F(I) = 1 - [1 - F(G)][1 - F(C)] = 1 - (1 - 0.02)(1 - 0.2) = 0.216$
$F(H) = 1 - [1 - F(E)][1 - F(F)] = 1 - (1 - 0.2)(1 - 0.1) = 0.28$
$F(J) = F(D) \cdot F(H) = 0.3 \times 0.28 = 0.084$
$F\text{시스템} = F(I) \cdot F(J) = 0.216 \times 0.084 = 0.018$

873 어떤 공장에서 로트 크기(Lot Size)에 따라 제품 생산에 소요되는 시간(M/H)을 측정하였더니, 다음과 같은 데이터를 얻었다.

로트 크기(x)	40	30	50	70	30	40	50	40	60	50
생산 소요시간(y)	82	61	130	180	98	110	145	80	152	145

❶ 표본상관계수를 구하시오.
❷ 상관관계가 있는지 $\alpha = 0.05$로 검정하시오. (단, $t_{0.975}(8) = 2.306$)
❸ 최소자승법에 의한 직선회귀식을 구하시오.
❹ $x = 55$일 때 y의 추정치를 구하시오.
❺ 결정계수를 구하고 해석하시오.

풀이 1

x	40	30	50	70	30	40
y	82	61	130	180	98	110
x^2	1,600	900	2,500	4,900	900	1,600
y^2	6,724	3,721	16,900	32,400	9,604	12,100
xy	3,280	1,830	6,500	12,600	2,940	4,400
x	50	40	60	50	$\sum x = 460$	$\overline{x} = 46$
y	145	80	152	145	$\sum y = 1183$	$\overline{y} = 118.3$
x^2	2,500	1,600	3,600	2,500	$\sum x^2 = 22600$	
y^2	21,025	6,400	23,104	21,025	$\sum y^2 = 153003$	
xy	7,250	3,200	9,120	7,250	$\sum xy = 58370$	

$$S_{(xx)} = \sum x^2 - \frac{(\sum x)^2}{n} = 22,600 - \frac{460^2}{10} = 1,440$$

$$S_{(yy)} = \sum y^2 - \frac{(\sum y)^2}{n} = 153,003 - \frac{1,183^2}{10} = 13,054.1$$

$$S_{(xy)} = \sum xy - \frac{\sum x \sum y}{n} = 58,370 - \frac{460 \times 183}{10} = 3,952$$

$$r = \frac{S_{(xy)}}{\sqrt{S_{(xx)} S_{(yy)}}} = \frac{3,952}{\sqrt{1,440 \times 13,054.1}} = 0.9115$$

2 1) 가설의 설정

$H_0 : \rho = 0$, $H_1 : \rho \neq 0$

2) 유의수준 설정

$\alpha = 0.05$, $n = 10$

3) 검정통계량 계산

$$|t_0| = \frac{|r|}{\sqrt{\frac{1-r^2}{n-2}}} = \frac{0.9115}{\sqrt{\frac{1-0.9115^2}{10-2}}} = 6.268$$

4) 기각역 설정

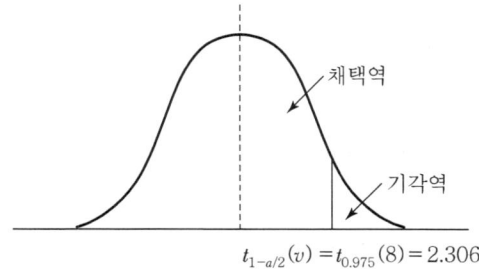

$t_{1-\alpha/2}(v) = t_{0.975}(8) = 2.306$

5) 판정

$|t_0| = 6.268 > t_{0.975}(8) = 2.306$ 이므로 H_0 기각, 즉 상관관계가 존재한다.

3 $\hat{\beta}_1 = \dfrac{S_{(xy)}}{S_{(xx)}} = \dfrac{3952}{1440} = 2.74$

$\hat{y} - \overline{y} = \hat{\beta}_1(x - \overline{x}) \quad \hat{y} - 118.3 = 2.74(x - 46)$

$\hat{y} = 2.74x - 7.74$

4 $\hat{y} = (2.74 \times 55) - 7.74 = 142.96$

5 $r^2 = \dfrac{S_{(xy)}}{S_{(xx)}} = \dfrac{10846.04}{13054.1} = 0.8301$

총 변동 중에서 회귀선에 의하여 설명되는 변동이 83.01%이다.

874 서비스 산업의 발전으로 서비스 품질에 대한 중요성이 강조되고 있다. 서비스 품질의 결정요소인 서비스 품질특성 10가지에 대해 설명하시오.

[풀이] (1) 유형성(Tangibles)

서비스 평가를 위한 외형적인 증거

(2) 신뢰성(Reliability)

약속된 서비스를 정확하게 이행하는 능력

(3) 대응성(Responsiveness)

고객에게 서비스를 신속하게 제공하려는 의지

(4) 확신성(Assurance)

서비스 수행에 필요한 구성원들의 지식과 기술의 공유

(5) 공감성(Empathy)

고객을 접대하는 종업원의 친절, 배려와 공손함

(6) 신용도(Credibility)

서비스 제공자의 신뢰도, 진실성, 정직성

(7) 안전성(Security)

고객은 서비스 제공과정이나 서비스 결과로부터 어떤 위험이나 심적 부담이 없어야 함

(8) 접근성(Access)

서비스 시스템에 대한 접근 가능성과 접촉의 용이성

(9) 의사소통(Communication)
고객의 말에 귀를 기울이고, 고객이 알 수 있도록 정보를 제공하는 것

(10) 고객이해(Understanding the Customer)
고객과 그들의 요구를 알려고 하는 노력

875 품질기능전개(QFD)의 품질의 집(HOQ) 작성 시 4개의 매트릭스를 설명하시오.

풀이 (1) 제품기획단계
고객의 요구를 기술적 특성으로 나타내는 단계

(2) 부품설계단계
기술적 특성을 갖추기 위해 어떤 부품이 필요하며, 중요한가를 나타내는 단계

(3) 공정계획단계
중요 부품을 갖추기 위해 공정설계를 어떻게 해야 하는지 나타내는 단계

(4) 생산계획단계
중요 공정설계를 하기 위해 생산계획을 어떻게 세워야 하는지 나타내는 단계

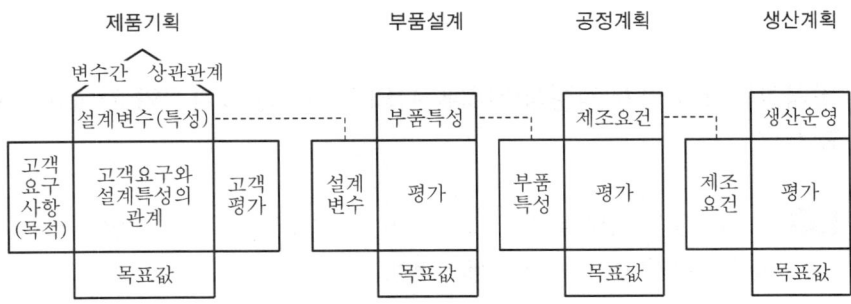

876 하버드대학교 가빈(Gavin)교수의 제품 품질의 유형과 본질 8가지 정의를 설명하시오.

풀이 (1) 성능(Performance) : 제품이 가지고 있는 운영적인 특징
(2) 특징(Feature) : 특정 제품이 가지고 있는 경쟁적 차별성
(3) 신뢰성(Reliability) : 잘못되거나 실패할 가능성의 정도
(4) 일치성(Comformance) : 고객들의 세분화된 요구를 충족시킬 수 있는 능력
(5) 서비스성(Serviceability) : 기업이 고객을 통하여 가질 수 있는 경쟁력으로 속도, 친절, 경제력, 문제해결 능력
(6) 내구성(Durability) : 제품이 고객에게 지속적으로 가치를 제공할 수 있는 기간

(7) 미관성(Aesthetics) : 사용자 감각의 심리적인 만족도
(8) 인지된 품질(perceived quality) : 기업/브랜드 명성

877 고객만족을 위한 서비스품질을 SERVQUAL에 의한 5가지인 RATER로 분류하여 항목을 쓰시오.

풀이

(1) 신뢰성(Reliability)
   약속된 서비스를 정확하게 이행하는 능력

(2) 확신성(Assurance)
   서비스 수행에 필요한 구성원들의 지식과 기술의 공유

(3) 유형성(Tangibles)
   서비스 평가를 위한 외형적인 증거

(4) 공감성(Empathy)
   고객을 접대하는 종업원의 친절, 배려와 공손함

(5) 대응성(Responsiveness)
   고객에게 서비스를 신속하게 제공하려는 의지

878 말콤볼드리지 국가 품질상(MBNQA)의 심사 기준 7가지와 카테고리에 대하여 설명하시오.

풀이 (1) 리더십, (2) 전략계획, (3) 고객 중시, (4) 측정, 분석 및 지식경영,
(5) 인적 자원 중시, (6) 프로세스 경영, (7) 경영성과

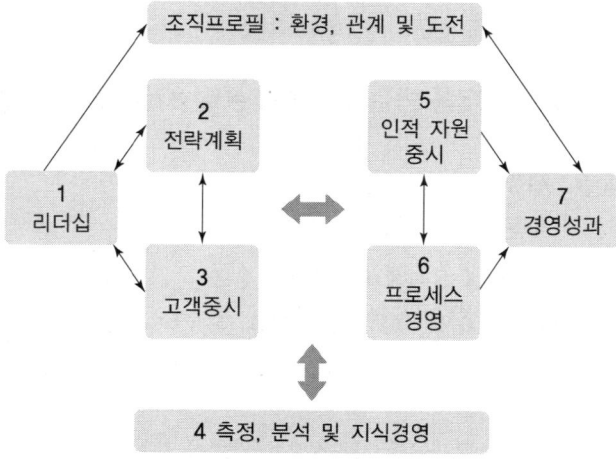

879 친화도(Affinity Diagram)에 대하여 설명하시오.

풀이 브레인스토밍 방법에 의해서 수집된 사실, 의견, 아이디어 등의 언어데이터를 상호 간 관계 또는 친화에 따라 그룹화하는 방법

880 ISO 9001 : 2008(5.5.2)에서 언급한 품질경영시스템에서 품질경영 대리인(책임자)의 역할 5가지를 설명하시오.

풀이 (1) 품질경영시스템에 필요한 프로세스 수립 및 실행의 유지를 보장
(2) 내부심사 운영
(3) 경영 검토 시 성과 보고
(4) 고객요구사항의 인식 증진 보장
(5) 사내표준화 추진

881 공정능력을 분석할 경우 "공정의 산포가 규격의 최대치와 최소치의 차와 같을 때"에 대한 조치사항 4가지를 설명하시오.

풀이 (1) 전수검사를 실시하여 부적합품을 제거한다.
(2) 공정의 중심이 규격 중심과 일치하도록 관리한다.
(3) 공정산포를 줄인다.
(4) 규격의 폭을 넓힌다.

882 다구치(Taguchi) 품질공학에서의 제품설계 3단계를 설명하시오.

풀이 (1) 시스템 설계

개발하려는 제품분야의 고유기술, 전문지식, 경험 등을 바탕으로 제품 기획단계에서 결정된 목적 기능을 갖는 제품의 원형을 개발한다. 일반적으로 처음부터 완벽한 시스템을 설계하는 것은 어려우므로 대개 두세 가지의 가능성이 높은 설계를 한 후 다음 단계의 파라미터 설계나 허용차 설계에서 미비점을 보완해 나가도록 한다. 신뢰성은 충분하지 않더라도 어떤 소재를 어떻게 가공하면 요구된 기능을 가진 시스템으로서 적합한지를 연구하거나 또는 하나의 시스템에 여러 개의 서브시스템으로 구성될 때 각 서브시스템의 역할 등을 연구하는 단계이다.

(2) 파라미터 설계

파라미터는 제품성능의 특성치에 영향을 주는 제어 가능한 인자를 의미하며, 파라미터 설계는 이들 인자들의 최적수준을 정해주는 것을 말한다. 파라미터를 설계변수라고도 부르며 파라미터 설계에서는 제품의 품질 변동이 잡음에 둔감하면서 목표품질을 가질 수 있도록 설계변수들의 최적조건을 구하는 것이다. 이때 목표품질을 만족시키면서 동시에 비용이 적게 드는 조건이나 부품 등을 결정한다.

(3) 허용차 설계

품질특성치의 변동은 어쩔 수 없이 발생되는 것이므로 파라미터 설계에 의하여 최적조건을 구한 다음에, 허용차 설계가 수행된다. 이때 사용환경의 변화에 따르는 영향도 함께 조사되어야 한다. 품질변동에 영향을 크게 주는 원인을 찾아내어 허용차를 줄일 수 있도록 부품을 선별적으로 바꾸어 주거나 작업방법의 자동화 등 적절한 조치를 취한다. 일반적으로 변동을 줄이기 위해서는 비용이 증가하므로 만족스러운 허용차를 얻는 범위 내에서 최소비용이 드는 방법이 고려되어야 한다.

883 품질관리와 품질경영의 4대 주요 업무에 대하여 설명하시오.

[풀이] (1) 설계품질관리

시장조사 및 연구개발을 통하여 소비자의 참특성 내지 시장성이 높은 품질특성을 파악하고 이를 달성하기 위한 제품설계를 한 후 제품설계상의 품질 및 신뢰성 파라미터들을 시작시험이나 인정시험 등으로 확인하고 합리적인 수준에서 품질표준이나 시방을 정하고 관리한다.

(2) 조달품질관리

제품설계의 시방이나 품질표준에 맞추어 시장에서 구매하거나 외주조달된 구성품 또는 원자재의 품질을 관리한다.(시장구매품에 대한 품질관리, 외주품의 품질관리, 자체생산부품의 품질관리)

(3) 제조품질관리

설계품질시방에 일치하도록 다음 사항을 중심으로 제품품질을 관리한다.
① 공정능력의 평가와 공정의 계획
② 품질표준에 대한 제조품질의 적합 정도의 파악
③ 품질산포와 산포원인의 파악
④ 불량원인의 조사 · 파악 및 제거 · 개선

(4) 사용품질관리

고객에게 인도된 제품이 당초의 사용목적에 적합한 기능을 충분히 발휘하도록 서비스를 통하여 제품의 품질을 관리한다.

884 제약이론(TOC ; Theory of Constraints)의 개념을 설명하시오.

풀이 (1) 제약이론은 물리학을 전공한 골드랫 박사가 1975년부터 꾸준히 추구하여 왔던 개념과 도구들을 한곳에 집대성한 경영 패러다임이다. 이 패러다임은 그가 박사 학위 논문을 작성하면서 개발하였던 유체 흐름에 관한 최적화 이론을 공장의 물류 개선을 위한 스케줄링 방법에 응용하면서 시작되었다.
(2) 제약이론은 흐름 개념의 경영 의사결정을 위한 포괄적 원칙으로 발전되었으며 다양한 도구를 제공한다.
(3) 제약이론은 의사결정의 초점을 제약에 맞추어 물자의 흐름, 돈의 흐름, 논리의 흐름을 최적화한다. 이것은 마치 지렛대의 원리처럼 적은 노력으로 최대의 효과를 거두는 원리이다. 이것은 혼란을 극복하는 간명한 방법으로 전체의 조화를 달성하여 부서 간 협력을 이끌어낸다. 그러므로 이 도구들은 기업 외에도 정부, 학교 등 어느 조직에서나 적용되고 심지어 개인의 일상생활에서도 활용된다.

885 가치공학(Value Engineering)의 개념을 설명하시오.

풀이 제품, 제품을 위한 부품, 시스템, 조직, 공정, 추진절차, 서비스들로부터 요구되는 기능, 품질 및 근본적으로 필요한 특성을 유지하면서 가장 합리적인 방법으로 불필요한 코스트를 찾아내 제거하는 것이다.

886 아이디어 발상기법(TRIZ)의 Trimming 기법을 설명하시오.

풀이 (1) 트리밍은 시스템을 개선하기 위한 방안으로 문제를 유발하는 구성요소 등을 제거하고, 대신에 제거된 구성요소가 수행하고 있던 기능을 다른 구성요소에게 전가하는 방법이다.
(2) 트리밍 기법은 문제요소를 제거함으로써 문제를 해결하거나 시스템 전체의 가치를 개선하는 용도로 활용하고 있으나, 종종 문제를 완전히 새로운 각도로 재정을 하기 위한 용도로 활용된다.

887 지속가능경영(Sustainability Management)을 3대축 중심으로 설명하시오.

풀이 (1) 기업이 경영에 영향을 미치는 경제적·환경적·사회적 이슈들을 종합적으로 균형 있게 고려하면서 기업의 지속가능성을 추구하는 경영활동이다. 즉, 기업들이 전통적으로 중요하게 생각했던 매출과 이익 등 재무성과뿐 아니라 윤리, 환경, 사회문제 등 비재무성과에 대해서도 함께 고려하는 경영을 통해 기업의 가치를 지속적으로 향상시키려는 경영기업이다.

(2) 경제, 환경, 사회적 가치가 지속가능경영의 3대 축(TBL ; Triple Bottom Line) 역할을 하며 지속가능경영은 사회책임경영, 윤리경영, 이해관계자 경영 등으로도 불린다. 기존의 재무성과 위주의 경영에 비해 중장기적 성과를 중시하고 미래고객을 포함하며 정보공개를 전략적으로 실시하고 커뮤니케이션도 기업 외부로 확대하는 경향을 보인다.

888 부분군의 크기가 50인 샘플을 뽑아 검사한 결과 다음과 같은 부적합이 나왔다. NP 관리도에서 CL, UCL, LCL을 구하고, 관리도를 그려 설명하시오.

일자	1	2	3	4	5	6	7	8	9	10
부적합품 수	12	15	8	10	4	7	16	9	14	10

풀이 (1) CL, UCL, LCL

$$k=20, \quad \Sigma p_n = 105, \quad \bar{p} = \frac{\Sigma p_n}{k_n} = \frac{105}{500} = 0.21$$

$$\mathrm{CL} = \bar{p}_n = \frac{\Sigma p_n}{k} = \frac{105}{10} = 10.5$$

$$\mathrm{UCL} = \bar{p}_n + 3\sqrt{\bar{p}_n(1-\bar{p})} = 10.5 + 3\sqrt{10.5(1-0.21)} = 19.14$$

$$\mathrm{LCL} = \bar{p}_n - 3\sqrt{\bar{p}_n(1-\bar{p})} = 10.5 - 3\sqrt{10.5(1-0.21)} = 1.86$$

(2) 관리도 설명

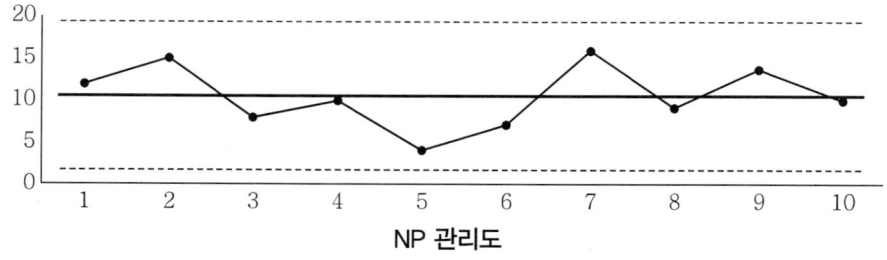

NP 관리도

관리한계를 벗어나는 점이 없고, 점의 배열에 버릇이 없으므로, 관리상태라고 할 수 있다.

889 사회적 책임(SR ; Social Responsibility)의 개념과 범위를 설명하시오.

풀이 (1) 개념

사회적 책임이란 조직이 사회의 일원으로서 책임의식을 갖고 윤리, 투명, 환경, 인권, 사회공헌 등에 앞장서는 것으로, 특히 CSR(Corperate Social Responsibility)이 전 세계적으로 논의된 배경은,

① 1998년 적발된 나이키의 아동고용 사건
② 미국의 엘론과 월드콤의 회계부정 사건
③ 일본 식품기업의 생산지 위조 및 클레임 은폐 사건 등이 있으며, 기업의 부도덕한 경영이 사회적 이슈로 부각됨에 따라 경영윤리가 강조되고 있다는 데서 찾을 수 있다.

(2) 범위

① 부패 방지
  금품강요, 뇌물수수 등 모든 종류의 부패 방지
② 환경
  환경예방, 책임활동, 환경친화기술 개발 등
③ 노동
  어린이 노동착취 금지, 차별고용 철폐, 결사의 자유, 단체협상권 등
④ 인권보호
  건강증진, 질병과의 투쟁, 균등 · 평균 기회의 제공 등

890 품질 실험을 실시하여 측정 데이터 16개를 추출하였다. 다음 데이터를 참조하여 총 변동(S_T)과 군간변동(S_A) 그리고 오차변동(S_e)의 계산공식을 쓰고, 유도하여 설명하시오.

구분	A_1	A_2	A_3	A_4
1	5	2	1	3
2	3	5	0	4
3	5	2	1	5
4	3	5	0	6
T_i				

$T^2/n =$

$S_T =$

$S_A =$

$S_e =$

[풀이] 인자 A의 수준수는 l이고, 각 수준마다 r개의 반복이 있을 때, A의 제i수준의 데이터의 합을 $T_{i\cdot}$ 평균치를 $\bar{x}_{i\cdot}$ 데이터의 총합을 T라 하면 개개의 데이터 X_{ij}와 총 평균 $\bar{\bar{x}}$와의 총편차는 다음과 같이 분해된다.

데이터의 총 변동(S_T)은 군간변동(S_A)과 오차변동(S_e)으로 구분된다.

$(X_{ij} - \bar{\bar{x}}) = (X_{ij} - \bar{x}_{i\cdot}) + (\bar{x}_{i\cdot} - \bar{\bar{x}})$

위의 식의 양변을 제곱하고 lr개의 데이터에 대하여 합을 구해 식을 유도한다.

$\sum\sum (X_{ij} - \bar{\bar{x}})^2 = \sum\sum [(X_{ij} - \bar{x}_{i\cdot}) + (\bar{x}_{i\cdot} - \bar{\bar{x}})]^2$
$\qquad\qquad\qquad\quad = \sum\sum (X_{ij} - \bar{x}_{i\cdot})^2 + \sum\sum (\bar{x}_{i\cdot} - \bar{\bar{x}})^2 + 2\sum\sum (X_{ij} - \bar{x}_{i\cdot})(\bar{x}_{i\cdot} - \bar{\bar{x}})$

여기서 $\sum (X_{ij} - \bar{x}_{i\cdot}) = 0$ 이므로 마지막 합이 0이 된다.

따라서 $\sum\sum (X_{ij} - \bar{\bar{x}})^2 = r\sum (\bar{x}_{i\cdot} - \bar{\bar{x}})^2 + \sum\sum (\bar{x}_{i\cdot} - \bar{\bar{x}})^2$
$\qquad\qquad S_T \qquad = \qquad S_A \qquad + \qquad S_e$

(1) $S_T = \sum\sum (X_{ij} - \bar{\bar{x}})^2 = \sum\sum (X_{ij}^2 - 2\bar{\bar{x}} X_{ij} + \bar{\bar{x}}^2)$
$\qquad\quad = \sum\sum X_{ij}^2 - 2\bar{\bar{x}} \sum\sum X_{ij} + lr\bar{\bar{x}}^2$
$\qquad\quad = \sum\sum X_{ij}^2 - lr\bar{\bar{x}}^2 = \sum\sum X_{ij}^2 - lr\left(\dfrac{T^2}{lr^2}\right)$
$\qquad\quad = \sum\sum X_{ij}^2 - \dfrac{T^2}{lr}$
$\qquad\quad = \sum\sum X_{ij}^2 - CT$

(2) $S_A = \sum\sum (\bar{x}_{i\cdot} - \bar{\bar{x}})^2 = r\sum (\bar{x}_{i\cdot}^2 - 2\bar{\bar{x}}\bar{x}_{i\cdot} + \bar{\bar{x}}^2)$
$\qquad\quad = r\sum \bar{x}_{i\cdot}^2 - 2r\bar{\bar{x}} \sum \bar{x}_{i\cdot} + lr\bar{\bar{x}}^2$
$\qquad\quad = r\sum \dfrac{T_{i\cdot}^2}{r} - lr\bar{\bar{x}}^2 = \sum \dfrac{T_{i\cdot}^2}{r} - lr\left(\dfrac{T^2}{lr^2}\right)$
$\qquad\quad = \sum \dfrac{T_{i\cdot}^2}{r} - \dfrac{T^2}{lr}$
$\qquad\quad = \sum \dfrac{T_{i\cdot}^2}{r} - CT$

(3) $S_e = \sum\sum (X_{ij} - \bar{x}_{i\cdot})^2 = \sum\sum (X_{ij}^2 - 2X_{ij}\bar{x}_{i\cdot} + \bar{x}_{i\cdot}^2) = \sum\sum X_{ij}^2 - r\sum \bar{x}_{i\cdot}^2$
$\qquad\quad = \sum\sum X_{ij}^2 - r\sum \dfrac{T_{i\cdot}^2}{r} = \sum\sum X_{ij}^2 - \sum \dfrac{T_{i\cdot}^2}{r} = S_T - S_A$

위 측정데이터를 활용하여 구하면 $T_{1\cdot} = 16$, $T_{2\cdot} = 14$, $T_{3\cdot} = 2$, $T_{4\cdot} = 18$, $T = 50$

$$CT = \frac{T^2}{n} = \frac{T^2}{lr} = \frac{50^2}{16} = 156.25$$

$$S_T = \sum\sum x_{ij}^2 - CT = (5^2 + \cdots + 6^2) - 156.25 = 57.75$$

$$S_A = \sum \frac{T_{i.}^2}{r} - CT = \left(\frac{16^2 + 14^2 + 2^2 + 18^2}{4}\right) - 156.25 = 38.75$$

$$S_e = S_T - S_A = 57.75 - 38.75 = 19$$

891 위해요소 중점관리기준(HACCP)의 개념과 위해요소에 대하여 설명하시오.

풀이 (1) 개념

① HACCP(Hazard Analysis & Critical Control Points)의 기본원칙은 미국의 Pilsbury 사가 미생물 제어를 통하여 우주인용 식품의 안전성을 보증하기 위한 우주개발 일환으로 정립되었으며, 미국 식품미생물규격 기준자문위원회(NACMCF)에서 정의되었고, 많은 국가에서 규제 수단으로 채택하고 있다.

② HACCP는 식품 품질을 보장하기 위한 적극적인 공정관리시스템이다. HACCP란 식품위생법의 정의에 따르면 '식품의 원료, 제조, 가공 및 유통의 전 과정에서 위해 물질이 해당 식품에 혼합되거나 오염되는 것을 사전에 막기 위해 각 과정을 중점적으로 관리하는 기준'이다.

(2) 위해요소

HACCP는 HA와 CCP의 합성어로 Hazard(위해요소)는 인체의 건강을 해칠 우려가 있는 생물학적·화학적·물리학적 인자를 말하며 그것의 분석(Analysis)과 CCP(중점관리기준), 즉 식품의 위해를 방지, 제거하거나 안전성을 확보할 수 있는 단계 및 공정의 관리를 통하여 식품품질을 보장하는 것을 의미한다.

892 전자제품에 조립되는 A부품의 직경에 대한 소비자의 허용한계는 3.5 ± 0.02이다. 이 한계를 벗어나는 제품을 구입했을 때 소비자가 이를 수리하는 데 5,000원을 지불한다고 한다. 10개의 제품을 랜덤으로 발췌하여 A부품의 직경을 측정한 결과 3.53, 3.49, 3.50, 3.49, 3.48, 3.52, 3.54, 3.51, 3.53, 3.52였다.

1 제품의 단위당 평균 손실 금액을 구하시오.

2 회사에서는 제품의 변동을 줄이고자 생산 공정을 변경하려 한다.

새로운 공정에 대한 추가비용은 제품단위당 650원이라고 한다. 연간 생산량은 30,000개이다. 새로운 공정으로부터 8개의 제품을 랜덤으로 발췌하여 A부품의 직경을 측정한 결과 3.51, 3.50, 3.49, 3.52, 3.52, 3.50, 3.48, 3.51이라고 가정할 때 연간 절감 금액을 구하시오.

❸ 제품을 출하하기 전에 회사에서 제품단위당 3,000원으로 A부품의 직경을 재작업한다고 할 때 회사에서 결정할 허용한계를 구하시오.

[풀이] ❶ 망목특성 손실함수 $L(y) = k(y-m)^2$, $k = \dfrac{A}{\Delta_0^2}$

$k = \dfrac{5,000}{0.02^2} = 12,500,000$ A부품 직경 측정결과의 평균 = 3.511

$L(y) = 12,500,000(3.511 - 3.5)^2 = 1,513(원/개)$

❷ $k = \dfrac{5,000}{0.02^2} = 12,500,000$ 새로운 공정의 A부품 직경 측정결과의 평균 = 3.50375

$L(y) = 12,500,000(3.50375 - 3.5)^2 = 176(원/개)$

공정 변경 전 연 생산금액 : 30,000개 × 1,513(원/개) = 45,390,000원

공정 변경 후 연 생산금액 : 30,000개 × (650 + 176)(원/개) = 24,780,000원

연간 절감금액 : 45,390,000 − 24,780,000 = 20,610,000원

❸ $k = \dfrac{A}{\Delta_0^2}$, $12,500,000 = \dfrac{3,000}{\Delta_0^2}$, $\Delta_0^2 = 0.00024$, $\Delta_0 = 0.015$

893
A회사 전기 부품의 중요 품질특성치의 폭 규격은 1.75~1.85이다. 이 부품의 공정을 관리하기 위해서 지난 10일 동안 데이터를 취한 결과 평균은 1.82이고, 표준 편차가 0.01이다.

❶ 공정이 안정한 상태에 있다고 할 때, 공정능력지수 C_p 값과 시그마 수준을 구하시오.
❷ 치우침을 고려한 공정능력지수 C_{pk} 값과 시그마 수준을 구하시오.

[풀이] ❶ $S_U = 1.85$, $S_L = 1.75$, $\bar{x} = 1.82$, $s = 0.01$

$C_p = \dfrac{S_U - S_L}{6s} = \dfrac{1.85 - 1.75}{6 \times 0.01} = 1.67$

시그마 수준 = $3 \times C_p = 3 \times 1.67 = 5.01$

❷ $k = \dfrac{|M - \bar{x}|}{\dfrac{T}{2}} = \dfrac{|1.8 - 1.82|}{\dfrac{0.1}{2}} = 0.4$

$C_{pk} = (1-k)C_p = (1 - 0.4) \times 1.67 = 1.00$

시그마 수준 = $3 \times C_{pk} = 3 \times 1.00 = 3.00$

894 품질코스트(Quality Cost)의 측정 목적과 효용에 대하여 설명하시오.

풀이 (1) 품질코스트의 측정 목적
① 단위부서 경영관리자로 하여금 품질문제를 품질코스트 문제로 이해시켜 적절한 대책 수립의 기회 공여
② 품질문제 발생소재를 분명히 하여 단위부서 관리자로 하여금 효율적인 해결방안 모색
③ 단위부서 경영관리자로 하여금 품질코스트의 절감목표 설정과 추진계획 수립
④ 수립된 품질목표 달성의 원활한 수행
⑤ 최고경영자가 단위부서장에게 적극적인 목표설정과 동기부여로 품질의 경제성 도모

(2) 품질코스트의 효용(이용방법)
① 품질코스트는 측정(평가)기준으로 이용
② 품질코스트는 공정품질의 해석기준으로 이용
③ 품질코스트는 계획을 수립하는 기준으로 이용
④ 품질코스트는 예산편성의 기초자료로 이용

895 제품의 수명주기에 따른 고장패턴을 3단계로 나누어 고장의 원인 및 대책을 설명하시오.

풀이 (1) 초기고장기간
1) 고장원인
① 표준 이하의 재료 사용
② 표준 이하의 작업자 솜씨
③ 불충분한 품질관리
④ 불충분한 디버깅
⑤ 부적절한 조치
⑥ 부적절한 시동
⑦ 부적절한 포장 및 수송
⑧ 빈약한 가공 및 취급기술
⑨ 오염
⑩ 저장 및 운반 중의 부품 고장
⑪ 조립상의 과오

2) 대책
① 보전예방(MP)
② 디버깅 Test
③ Burn-In Test

(2) 우발고장기간

　　1) 고장원인

　　　　① 안전계수가 낮기 때문에

　　　　② Sterss가 Strength보다 크기 때문에

　　　　③ 사용자의 과오 때문에

　　　　④ 최선의 검사방법으로도 탐지되지 않은 고장 때문에

　　　　⑤ 디버깅 중에도 발견되지 않은 고장 때문에

　　　　⑥ 예방보전에 의해서도 예방될 수 없는 고장 때문에

　　　　⑦ 천재지변에 의한 고장 때문에

　　2) 대책

　　　　① 극한 상황을 고려한 설계

　　　　② 안전계수를 고려한 설계

　　　　③ 디레이팅 설계

　　　　④ 사후보전(BM)

　　　　⑤ 개량보전(CM)

(3) 마모고장기간

　　1) 고장원인

　　　　① 부식 또는 산화

　　　　② 마모 또는 피로

　　　　③ 노화 및 퇴화

　　　　④ 불충분한 정비

　　　　⑤ 부적절한 오버홀

　　　　⑥ 수축 또는 균열

　　2) 대책 : 예방보전(PM)

896 제조공정의 부적합률이 30%일 경우 이 공정에서 10개의 제품을 랜덤 샘플링하여 3개가 나올 확률을 이항분포로 구하시오.

풀이 $P(X=x) = P(x) = {}_nC_x p^x (1-p)^{n-x}$

$P(X=3) = P(3) = {}_{10}C_3 \, 0.3^3 (1-0.3)^{10-3} = 0.2668$

897 6시그마를 주도적으로 추진하는 마스터 블랙벨트(MBB)의 역할에 대하여 설명하시오.

풀이 (1) 블랙벨트에게 고도의 기술을 지도하는 역할을 하는 6시그마 프로젝트의 전임자이며, 새로운 6시그마 전략과 도구를 개발 또는 소개하여 조직 내에 전파하는 역할을 한다.
(2) 마스터 블랙벨트는 보통 연간 5개 이상의 프로젝트를 지도하며, 블랙벨트 및 그린벨트를 교육, 지도한다.
또한 마스터블랙벨트는 팀을 이끄는 리더십 능력이 있어야 하고, 고도의 통계적 지식 및 문제해결능력이 있어야 한다. 블랙벨트 가운데 뛰어난 사람을 선발하여 마스터 블랙벨트 과정을 교육시켜 마스터 블랙벨트를 육성한다.

898 로트의 크기에 따라 생산소요시간을 측정했더니 다음과 같은 데이터를 얻었다.

로트의 크기(x)	30	20	60	80	40	50	60	30	70	60
생산소요시간(y)	73	50	128	170	87	108	135	69	148	132

1 단순회귀모형 식을 구하시오.(단, $S_{(xx)}=3,400$, $S_{(yy)}=13,660$, $S_{(xy)}=6,800$)
2 β의 95% 신뢰구간을 구하시오.(단, $t_{(8;0.05)}=2.306$)
3 유의수준 0.05에서 가설 $H_0 : \beta=1.5$, $H_1 : \beta \neq 1.5$를 검정하시오.

풀이 **1** $b = \dfrac{S_{(xy)}}{S_{(xx)}} = \dfrac{6,800}{3,400} = 2$, $\overline{x}=50$, $\overline{y}=110$

$\hat{y} - \overline{\hat{y}} = b(x-\overline{x})$ $\hat{y} - 100 = 2(x-50)$

$\hat{y} = 2x + 10$

2 $S_R = \dfrac{(S_{(xy)})^2}{S_{(xx)}} = \dfrac{6,800^2}{3,400} = 13,600$, $S_{(yy)} = S_T = 13,660$

$S_{(y/x)} = S_{(yy)} - S_R = 13,660 - 13,600 = 60$

$V_{(y/x)} = \dfrac{S_{(y/x)}}{n-2} = \dfrac{60}{8} = 7.5$

$\hat{\beta} = b \pm t_{1-\alpha/2}(n-2)\sqrt{\dfrac{V_{(y/x)}}{S_{(xx)}}} = 2 \pm t_{0.975}(8)\sqrt{\dfrac{7.5}{3,400}}$

$= 2 \pm 2.306\sqrt{\dfrac{7.5}{3,400}} = 2 \pm 0.108 \, (1.892, \ 2.108)$

3 1) 가설의 설정

$H_0 : \beta = 1.5, \ H_1 : \beta \neq 1.5$

2) 유의수준 설정

$\alpha = 0.05$

3) 검정통계량 계산

$t_0 = \dfrac{\hat{\beta} - \beta}{\sqrt{\dfrac{V_{(y/x)}}{S_{(xx)}}}} = \dfrac{2 - 1.5}{\sqrt{\dfrac{7.5}{3,400}}} = 10.646$

4) 기각역 설정

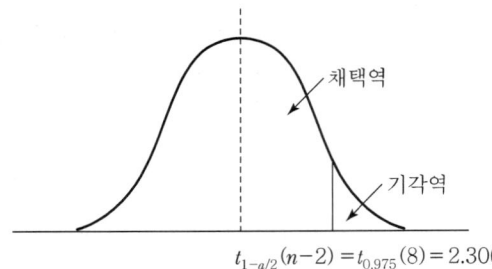

$t_{1-\alpha/2}(n-2) = t_{0.975}(8) = 2.306$

5) 판정

$t_0 = 10.646 > t_{0.975}(8) = 2.306$ 이므로, H_0 기각

---

899 품질경영시스템(ISO 9001 : 2008)에서 조직은 제품의 설계 및 개발에 영향을 미치는 고객과 이해관계자의 욕구 및 기대를 만족시키기 위해 효과적이고 효율적인 설계 및 개발 프로세스를 유지하여야 한다. 다음 사항에 대하여 설명하시오.

1 설계 및 개발의 입력 요구사항으로 고려해야 할 내용을 내부요소, 외부요소, 안전 및 기타 요소로 구분하여 설명하시오.

2 설계 및 개발의 출력사항 10가지를 설명하시오.

[풀이] **1** 1) 내부요소

① 제품 요구사항에 대한 적합성, 수명, 신뢰성, 내구성, 보전성, 일정 및 원가에 대한 목표

② 제품설계출력 데이터

③ 생산성, 공정능력 및 원가에 대한 목표

2) 외부요소
   ① 고객 요구사항
   ② 법적 및 규제적 요구사항

3) 안전요소
   특별특성(제품의 안전 또는 규제사항 준수, 장착, 기능, 성능 또는 후속공정에 영향을 미칠 수 있는 변동에 관한 제품특성 또는 제조공정변수)

4) 기타 요소
   이전 개발로부터의 경험

2 1) 설계 FMEA, 신뢰성 결과
   2) 제품특별특성
   3) 제품 실수 방지
   4) 제품설계 검토결과
   5) 시방서 및 도면
   6) 제조공정흐름도
   7) 제조공정 FMEA
   8) QC 공정도/관리계획서
   9) 작업표준/지침서
   10) 공정승인 합격 판정기준

900 품질검사를 행할 때 전수검사와 샘플링 검사가 어떠한 경우에 행해지는지를 각각 3가지씩 비교하여 설명하고, 샘플링 검사의 실시조건에 대하여 3가지를 설명하시오.

풀이 (1) 전수검사가 행해지는 경우 3가지
   1) 부적합품이 혼입되면 경제적으로 큰 영향을 미치는 경우
   2) 부적합품이 다음 공정으로 넘어가면 큰 손실을 미치는 경우
   3) 안전에 중요한 영향을 미치는 경우

(2) 샘플링 검사가 행해지는 경우 3가지
   1) 파괴검사의 경우
   2) 연속체 또는 대량품의 경우
   3) 검사항목이 많은 경우

(3) 샘플링 검사의 실시 조건 5가지
1) 제품이 로트로 처리될 수 있을 것
2) 합격로트 속에서도 어느 정도까지는 불량품이 섞여 들어가는 것을 허용할 수 있을 것
3) 시료의 샘플링이 랜덤하게 될 것
4) 품질기준이 명확할 것
5) 계량 샘플링 검사에서는 검사단위의 특성치 분포를 대략 알고 있을 것

901 린(Lean)과 6시그마의 의미와 차이점을 설명하시오.

풀이 (1) 린(Lean)

린(Lean)은 사전적 의미로 '얇은' 또는 '마른'의 뜻으로 자재구매에서 생산, 재고, 관리, 판매에 이르기까지 전 과정에서 Loss를 최소화한다는 개념으로 쉽게 말해 군살 없는 경영을 위한 '낭비제거 경영'을 말한다.

(2) 6시그마

① 시그마의 의미는 통계적 의미로 표준편차를 뜻하며, 6시그마는 100만 개의 제품이나 서비스 중 단, 3~4개의 불량을 허용하는 것을 목표로 한 차세대 경영혁신 활동을 말한다.

② 다른 말로 최고경영자의 리더십 아래 시그마(σ)라는 통계척도를 사용하여 모든 품질수준을 정량적으로 평가하고, 문제해결과정 및 전문가 양성 등의 효율적 품질문화를 조성하며, 품질혁신과 고객만족을 달성하기 위하여 전사적으로 실행하는 종합적인 기업의 경영전략이다.

(3) 린(Lean)과 6시그마의 차이점

① 린은 짧은 시간에 유리하고 복잡한 통계가 없어도 되며, 상향식 프로세스(Bottom-Up)이고, 생각·사고(창조적 사고, 새로운 각도)·사상적 접근방법이다.

② 반면에 6시그마는 통계적 문제해결을 위하여 툴(Tool)을 활용하며, 하향식 프로세스(Top-Down)이고, 또한 데이터(사실에 근거)를 중요시 여기는 과학적 방법론이다.

902 사실에 의한 관리(Fact Control)를 위해 데이터가 갖추어야 할 요건을 설명하시오.

풀이 (1) 데이터의 수집과정과 내용이 객관적으로 표준화되어야 한다.

수집 목적이 명확해야 하며, 데이터가 얻어지고 기록되며 정리되는 일련의 프로세스가 신뢰할 수 있는 절차와 방법으로 표준화되어야 한다. 이는 집단화의 과정을 말한다. 바꾸어 말하면 표준화된 방법으로 데이터를 취하면, 누가 해도 같은 결과가 얻어지게 된다는 것이다. 이 과정이 불투명하면 결국 데이터에 의한 정보 획득에 실패하기 쉽다.

(2) 데이터는 같은 종류의 데이터끼리 취급되어야 하며, 등질화의 과정이다.

서로 다른 데이터가 섞여 있는 상태에서 아무리 고급 통계적 분석방법을 구사하더라도 기대하는 양질의 정보를 얻지 못한다. 데이터를 등질화하기 위한 착안사항으로는 기간별, 기계장치별, 방법별, 작업자별, 고객별, 목적별 등으로 나누는 방법을 생각할 수 있다.

(3) 데이터를 처리하여 얻고자 하는 결과를 수량화해야 한다.

품질경영에서 가장 많이 수량화되어 취급되는 것으로 평균치와 표준편차 등이 있으며, 많은 데이터를 산술적 또는 통계적으로 처리하여 정보를 얻어내는 일이다. 수량화된 값을 사용하여 현재의 상태를 판단하기도 하고, 앞으로의 추이나 전망을 예견하기도 한다.

(4) 수량화된 값을 아는 것만으로는 충분한 정보가 못되므로, 확률화의 과정을 거친다.

현재 상태로 보아 앞으로 어떻게 될 것인가를 추측할 수 있어야 한다. 설비 투자를 비롯한 대부분의 장래계획은 실로 수량화된 데이터를 얼마만큼 확률화할 수 있느냐에 달려 있다고 해도 과언이 아니다.

903 다음은 6시그마의 품질 측정 지표이다. 다음 용어에 대하여 설명하시오.

1 누적수율
2 단위 공정당 평균수율
3 DPO(Defect Per Opportunity)
4 DPMO(Defect Per Million Opportunity)
5 Z_{shift}

풀이 **1** ① 하나의 제품이 전 공정에서 단 한 개의 불량도 없이 합격될 확률
② 각 공정별 수율을 곱한 값

2 ① 연속하는 공정의 평균수율에 대한 누적수율의 기하평균값
② $(누적수율)^{\frac{1}{공정수}}$

3 기회당 결함 수

4 백만 기회당 결함 수

5 ① 관리력
② $Z_{shift} = Z_{st} - Z_{lt}$

904 제품의 로트로부터 $n=10$개의 시료를 랜덤하게 샘플링하여 길이를 측정한 결과 다음과 같이 나타났으며 표준편차는 0.03으로 분석되었다. 설비를 조정한 이후에 치수의 모평균이 기준으로 설정한 값 18.52보다 크다고 할 수 있는지 검정하시오.(단, 유의수준은 0.05이다.)

> 18.54, 18.57, 18.52, 1856, 18.59, 18.56, 18.55, 18.56, 18.61, 18.58

[풀이] 한 개의 모평균에 관한 검정

(1) 가설의 설정
$H_0 : \mu \leq 18.52, \ H_1 : \mu > 18.52$

(2) 유의수준 설정
$\alpha = 0.05, \ \sigma$기지, $n = 10, \ \overline{x} = 18.564$

(3) 검정통계량 계산
$$U_0 = \frac{\overline{x} - \mu}{\frac{\sigma}{\sqrt{n}}} = \frac{18.564 - 18.2}{\frac{0.03}{\sqrt{10}}} = 4.638$$

(4) 기각역 설정

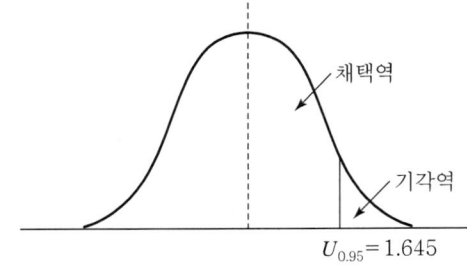

$U_{0.95} = 1.645$

(5) 판정

$U_0 = 4.638 > U_{0.95} = 1.645$이므로 H_0 기각

즉, 설비를 조정한 이후에 치수의 모평균이 기준으로 설정한 18.52보다 크다고 할 수 있다.

905 오디오 테이프의 자기코팅의 두께는 중요한 특성이다. 샘플 크기 4의 샘플군을 20회 무작위로 추출하였다. 아래 표는 각 샘플에 대한 평균과 표준편차를 보이고 있다. $\bar{x} - s$ 관리도를 작성하고, 공정의 안정 여부를 판정하시오.

▼ 자기코팅 두께의 자료

샘플 번호	샘플 평균($\bar{x}$)	샘플 표준편차(s)	샘플 번호	샘플 평균($\bar{x}$)	샘플 표준편차(s)
1	35.4	4.6	11	36.7	5.3
2	35.8	3.7	12	35.2	3.5
3	37.3	5.2	13	38.8	4.7
4	33.9	4.3	14	39.0	5.6
5	37.8	4.4	15	35.5	5.0
6	36.1	3.9	16	37.1	4.1
7	38.6	5.0	17	38.3	5.6
8	39.4	6.1	18	39.2	4.8
9	34.4	4.1	19	36.8	4.8
10	39.5	5.8	20	36.7	5.4
				741.5	95.8

▼ 관리도 관리한계 계수표(샘플 크기 : $n=4$일 때)

A_2	A_3	B_3	B_4	B_5	B_6	D_1	D_2	D_3	D_4
0.729	1.628	0	2.266	0	2.088	0	4.698	0	2.282

풀이 $\bar{x}$ 관리도 $n=4$, $A_3 = 1.628$, $\bar{s} = \dfrac{\sum s}{k} = \dfrac{95.8}{20} = 4.79$

$$CL = \bar{\bar{x}} = \frac{\sum \bar{x}}{k} = \frac{741.5}{20} = 37.1$$

$$UCL = \bar{\bar{x}} + A_3 \bar{s} = 37.1 + (1.628 \times 4.79) = 44.9$$

$$LCL = \bar{\bar{x}} - A_3 \bar{s} = 37.1 - (1.628 \times 4.79) = 29.3$$

s 관리도 $n=4$, $B_4 = 2.266$

$$CL = \bar{s} = \frac{\sum s}{k} = \frac{95.8}{20} = 4.79$$
$$UCL = B_4 \bar{s} = 2.266 \times 4.79 = 10.9$$
$$LCL = B_3 \bar{s} = 0 (고려하지 않음)$$

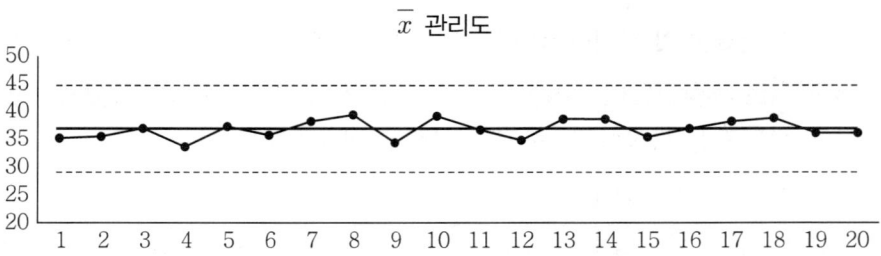

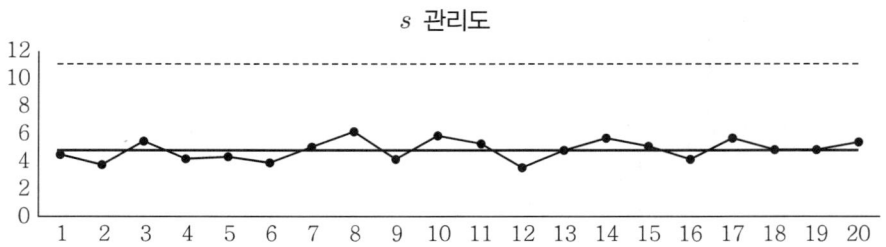

$\bar{x}$ 관리도, s 관리도 관리한계선을 벗어나는 점이 없고, 점의 배열에 아무런 버릇이 없으므로 $\bar{x}$ 관리도, s 관리도는 관리상태에 있다고 판정할 수 있다.

906 방침관리와 목표관리에 대하여 비교 설명하시오.

풀이 (1) 방침관리(Policy Management)

조직체에서 경영목적을 달성하기 위한 수단으로 제정된 중·장기 경영계획 또는 연도별 경영방침을 체계적으로 달성하기 위한 모든 활동을 의미한다.

(2) 목표관리(Management by Objective)

기업에서 어떤 기간 동안의 중점목표 혹은 기대되는 성과를 자체에서 설정하여 달성과정에서 해당 부문에 자유재량을 줌으로써 인간적 욕구를 충족시키는 조건을 조성하는 관리과정을 말하며, 즉 목표설정, 실시, 결과의 평가에 있어서 조직구성원의 의욕과 능력을 발휘토록 하는 행동과학적 관리방식을 의미한다.

907 제품안전 품질에 대한 경각심과 기업의 사회적 책임 요구가 커짐에 따라 기업의 지속가능한 성장을 위하여 고려하여야 할 주요 이슈를 5가지만 설명하시오.

풀이 (1) 기업비전과 사업전략을 재검토하여 기업의 지속가능성의 요소가 반영이 되어 있는지를 판단해야 한다. 기업이 장기적으로 추구하는 가치가 기업의 재무적 성과뿐만 아니라 사회나 환경에 대한 성과를 추구할 수 있도록 설정되어 있어야 한다. 나아가 이러한 가치는 사내외에 충분히 인지되어 있어야 모든 임직원이 일상 업무에서 이러한 가치를 실천할 수 있는 밑거름이 될 수 있다.

(2) 기업 가치와 실제 현장에서 기업활동의 통합 및 실행이다. 기업 가치나 사명이 실제 현장에서 작동할 수 있도록 지배구조 차원에서 지속가능경영에 심의기능을 추가해야 하며, 이를 일상업무에서 실천할 수 있도록 각 부서에 주요 업무로 반영되어야 한다. 또한 지속가능경영에 대한 성과를 주요 성과지표로 반영하여 사회나 환경적으로 우수한 부서나 개인에게도 인센티브를 부여하여 지속가능경영을 라인업무와 통합된 주요경영활동의 실행과제로 전 부서에 정착시켜야 한다.

(3) 지속가능경영 성과를 정기적으로 집계하고 평가하여 이를 대외적으로 진정성을 갖춰 공시하여 이해관계자의 신뢰를 획득하는 일이다. 모든 성과는 측정하지 않으면 개선이 어렵다는 차원에서, 비재무 정보 역시 정기적이고 주기적인 성과 측정 및 개선을 위한 노력이 수반되어야 자원 투입의 효율성을 극대화할 수 있다. 동시에 지속가능경영 보고서를 통하여 비재무 정보를 정기적으로 공시함으로써 기업의 투명성을 높일 수 있다. 물론 정보공시 내용과 공시방식이 이해관계자에게 기업에 대한 신뢰성이나 진정성을 느낄 수 있는 방식으로 진행되어야 할 것이다.

(4) 지속가능경영의 또 하나의 트렌드는 기업의 책임영역을 스스로의 기업활동에만 제한을 하지 않고 이를 넘어 공급망까지 확대하는 것이다. 소위 "공급망 차원의 지속가능경영 실천"은 고객사의 명성 및 품질 관리를 위하여 공급망 차원에서 협력업체의 지속가능경영 성과관리에 대한 요구가 확산되고 있다.

(5) 지속가능경영 확산을 위한 글로벌 움직임에 발맞추어 국내에서도 이를 위한 법률 및 규범이 강화되고 있다. 2013년 산업발전법이 개정되어 기업의 지속가능경영을 확산하기 위한 범정부 차원에서의 추진근거를 마련하였으며, 지속가능발전 기본법이 제정되는 등 지속가능 경영 관련 규범화가 빠르게 진행되고 있다. 이에 글로벌 규범의 준수와 더불어 국내 정부의 규범준수를 위해 국내기업들은 지속가능경영에 대한 실천에 역량을 집중하여 경쟁력 강화를 위한 하나의 계기로 활용하는 것이 필요하다.

908 비표본 추출 오차의 원인을 5가지만 설명하시오.

풀이 (1) 데이터 측정과정의 실수
(2) 데이터 수집과정의 실수
(3) 데이터 처리과정의 실수
(4) 불합리한 층화
(5) 응답자의 잘못된 응답

909 카노(Kanoa)의 품질의 이원적 인식방법인 당연적 품질과 매력적 품질에 대하여 설명하시오.

풀이 (1) 당연적 품질요소(Must-Be Quality Element)
당연히 있을 것으로 생각되는 기본적인 품질요소

(2) 매력적 품질요소(Attractive Quality Element)
충족이 되면 고객에 만족을 주지만 충족되지 않는 경우에도 문제가 되지 않는 품질요소

910 다음 신뢰성 용어에 대하여 설명하시오.

1 MTBF
2 MTTR
3 Availability
4 Maintainability

풀이 **1** MTBF(Mean Time Between Failure)
평균 고장간격으로서, 시스템을 수리해 가면서 사용하는 경우 수리 완료 후 다음 고장까지의 무고장 동작시간

2 MTTR(Mean Time To Repair)
평균 수리시간으로서, 시스템을 수리할 경우 수리시간의 평균치

3 Availability
가동성(유용성, 이용도)으로서, 수리해 가면서 사용하는 시스템이 어느 특정한 순간에 기능을 유지하고 있을 확률로 나타낸 것

4 Maintainability

보전도로서, 주어진 조건에서 규정된 기간에 보전을 완료할 수 있는 성질이며, 이를 확률로 나타낸 것

911 COPQ(Cost of Poor Quality)의 개념을 설명하고, 이와 관련된 항목을 5가지만 제시하시오.

풀이 COPQ(저품질코스트)

(1) 예방코스트를 제외한 모든 코스트(평가·실패코스트)와 부적합하거나, 나쁜 품질로 인해 눈에 보이지 않는 기회손실(Opportunity Loss) 코스트를 합한 것
(2) COPQ = 평가코스트 + 실패코스트 + 기회손실코스트
(3) 잦은 설계 변경, 판매기회 상실, 납기 지연, 과도한 재고, 과도한 물류비용, 고객신뢰도 추락, 신제품 출시 지연, 긴 사이클 타임 등

912 슈하트(Shewhart) 관리도에서 관리한계를 ±3시그마로 설정한 이유를 1종 과오 및 2종 과오와 연계하여 설명하시오.

풀이

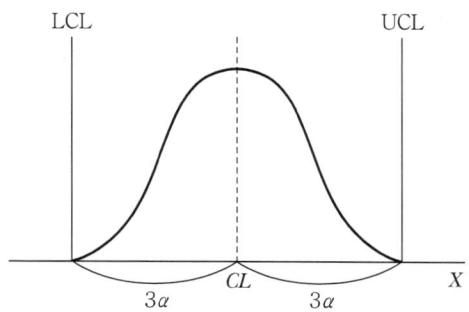

(1) 정규분포에서 평균을 중심으로 편차의 3배 거리 안에 확률변수가 존재할 확률은 99.73%이다. 만약 공정의 산포가 우연원인에 의한 산포로만 구성된다면 $E(X) \pm 3D(X)$를 벗어나는 확률이 0.27%에 불과한데, 관리도는 이러한 통계적 이론에 기초를 두고 있다.
(2) 여기서 $E(X) \pm 3D(X)$를 각각 조치선(Action Limit)인 UCL(Upper Control Limit), LCL(Lower Control Limit)이라 하며, 타점시킨 점이 관리한계선을 벗어나면 공정은 이상원인에 의한 산포가 존재하고 있다고 본다. 그러나 이러한 판정에는 0.27%의 오류가 있을 수 있다. 이것을 제1종 과오(α)라고 하며, 공정이 관리상태에 있는데도 불구하고 관리상태가 아니라고 판정하는 과오가 0.27%라는 것을 뜻한다.

(3) 또한 관리도 작성의 주요 목적은 공정에 이상원인이 발생하였을 때, 이것을 가능한 한 빨리 탐지하고 수정 조치를 취하여 공정을 관리상태로 되돌리는 것인데 관리도로서 공정이 비관리상태에 있을 때 이상원인을 탐지하는 능력을 검출력이라고 한다.

(4) 관리도상에 검출력($1-\beta$)을 향상시키기 위해 $E(X) \pm 2D(X)$의 경고선(Warning Limit)인 관리한계선을 이용하기도 하며, $3D(X)$의 관리한계폭보다 좁아 제1종 과오는 증가하지만 제2종 과오는 감소하기에 검출력이 높아지는 특징이 있다.

913 기업혁신의 한 축인 R&DB(Research & Development Business)의 개념에 대하여 설명하시오.

풀이 R&DB(Research & Development Business)는 사업화 연계기술개발(기관연계형개발)사업이라 한다. '기술이전 및 사업화 촉진에 관한 법률 제15조'에 제시되어 있으며, 국책기관 연구개발자의 사업화 추가개발 직접지원을 통한 중소·중견기업 이전기술의 성공적 사업화 및 기술혁신형 중소·중견기업 육성을 목적으로 하는 사업이다.

914 신제품개발이나 마케팅 전략에 사용되는 다변량 분석기법 중의 하나인 컨조인트 분석(Conjoint Analysis)에 대하여 설명하고, 이러한 컨조인트 분석을 이용하여 해결할 수 있는 문제를 3가지만 제시하시오.

풀이 (1) 컨조인트 분석
① 제품 대안들에 대한 소비자의 선호 정도로부터 소비자가 각 속성에 부여하는 상대적 중요도와 각 속성수준의 효용을 추정하는 분석방법이다.
② 특히 이미 경쟁자가 존재하는 시장에서 기대되는 성과를 최대화시키기 위해서 신제품에 어떤 특성들이 고려되어야 하는지, 어느 세분시장에 진입하는 것이 가장 효과적인지를 결정하는 데 유용한 분석기법이다.

(2) 컨조인트 분석으로 해결할 수 있는 문제 3가지
① 조사대상 속성들의 제품 또는 조사대상에 대한 선호도
② 조사대상 속성들의 선호도에 대한 영향력
③ 조사대상 속성들 사이의 관계

915 말콤볼드리지 국가품질상(MBNQA)의 핵심가치 11가지를 설명하시오.

풀이
(1) 고객 위주의 품질
(2) 리더십
(3) 지속적 개선과 학습
(4) 인간존중과 종업원의 참여
(5) 신속한 대응
(6) 설계품질과 원류관리
(7) 미래를 생각하는 장기적 관점
(8) 사실에 근거한 관리
(9) 협력관계 구축
(10) 기업책임과 시민의식
(11) 결과 중시 경영

916 품질변동에 대한 원인을 구분하고, 이에 대한 조치방법에 대하여 설명하시오.

풀이
(1) 우연원인(불가피 원인)
   ① 생산설비의 교체나 생산방식에 대한 시스템적 접근(System Approach)을 통하여 근본적으로 우연원인에 의한 품질변동의 크기를 축소시켜야 한다.
   ② 관리자 중심의 TFT를 구성하여, 만성적인 품질문제를 유발하는 품질변동을 근본적으로 줄이는 방안을 모색한다.

(2) 이상원인(특수원인)
   ① 즉시 공정을 조사하여 그 이상원인을 제거하도록 노력해야 한다.(피할 수 있는 원인이므로 현장에서 조치를 취하는 즉 실천이 필요)
   ② 품질관리분임조(동일한 생산라인이나 작업현장에서 일하는 작업자들로 구성된 소집단) 활동을 통하여 대응한다.

917 다음 교락에 대하여 설명하시오.

1 단독교락
2 이중교락
3 완전교락
4 부분교락

풀이
1 단독교락
블록이 2개로 나누어지는 실험으로 블록에 교락되는 요인의 효과가 하나인 실험

2 이중교락
블록이 4개로 나누어지는 실험으로 블록에 교락시키려는 요인의 효과가 두 개인 경우이나 최종적으로는 3개가 교락된다.

3 완전교락

교락실험을 몇 번 반복해도 어떤 반복에서나 동일한 요인효과가 블록과 교락되어 있는 경우

4 부분교락

각 반복마다 블록과 교락되는 요인의 효과가 다른 경우

918 기계가 정상적으로 작동될 때 가전부품의 칩을 생산하는 기계는 4% 이하의 부적합칩을 제조하고 있다. 이 기계가 4%를 초과하는 부적합칩을 생산할 때에는 그 기계를 정비해야 한다. 기계가 정상적으로 작동되고 있는가를 검사하기 위하여 품질관리부는 표본을 추출하여 그것들이 적합품 또는 부적합품인지를 검사하고 있다. 최근에 생산라인으로부터 200개의 표본을 추출하여 조사한 결과 14개의 부적합 칩이 포함되어 있었다. 유의수준 5%에서 그 기계를 정비해야 되는지의 여부에 대하여 검정하고자 한다. 다음 물음에 답하시오.

1 가설을 설정하시오.
2 검정통계량을 계산하시오.
3 기각치(Critical Value)를 설정하시오.
4 검정결과를 해석하시오.

[풀이] **1** $H_0 : p \leq 0.04(p_0)$, $H_1 : p > 0.04$

2 $\hat{p} = \dfrac{14}{200} = 0.07$

$$U_0 = \dfrac{\hat{p} - p_0}{\sqrt{\dfrac{p_0(1-p_0)}{n}}} = \dfrac{0.07 - 0.04}{\sqrt{\dfrac{0.04(1-0.04)}{200}}} = 8.66$$

3

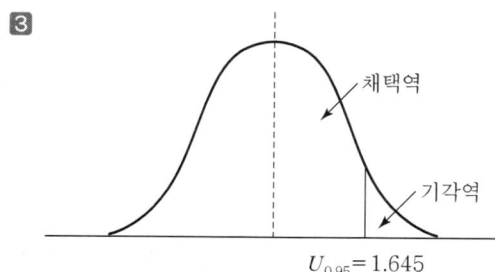

$U_{0.95} = 1.645$

4 $U_0 = 8.66 > U_{0.95} = 1.645$이므로 H_0 기각

즉, 이 기계는 4%를 초과하는 부적합 칩을 생산하므로 기계를 정비해야 한다.

919 계수값 검사에 대한 샘플링 검사 절차, 즉 스킵 로트 샘플링 검사 절차(KS Q ISO 2859-3)에 대한 적용범위, 공급자 및 제품의 자격 심사에 대하여 설명하시오.

풀이 (1) 적용범위

연속시리즈의 로트에만 사용하며 검사에 제출된 제품의 품질이 AQL보다 상당히 좋다고 인정되어 소정의 판단기준과 합치했을 때에는 소관 권한자의 승인하에 스킵로트 샘플링검사를 사용할 수 있다.

(2) 공급자의 자격심사

1) 제품 품질과 설계변경을 관리하기 위한 문서화된 시스템을 갖추고 유지할 것. 이 시스템에서는 공급자에 따른 각 생산로트의 검사와 검사결과의 기록이 포함되어 있는 것을 전제로 함
2) 품질수준의 이동을 검출, 수정하고 또 품질의 저하를 초래하는 프로세스의 변화를 감시할 능력이 있는 시스템을 설치하여야 할 것. 이 시스템 적용의 책임을 가진 공급자쪽 요원은 적용되는 표준, 시스템 및 따라야 할 절차에 대한 명확한 이해를 할 것
3) 품질의 저하를 초래할 우려가 있는 조직 변경이 없어야 할 것

(3) 제품의 자격심사

1) 안정된 설계에 따른 것이어야 할 것
2) 공급자와 소관권한자 양쪽이 합의한 기간, 실질적 연속 생산의 상태에서 제조되어 온 것으로 할 것. 만일 기간의 규정이 없으면 6개월로 하고, 샘플의 승인을 위하여 생산이 중지된 경우에는 승인 후 생산개시된 시점부터의 기만만을 포함할 것
3) 제품에 대한 자격심사기간 중 통상검사수준 Ⅰ, Ⅱ 또는 Ⅲ에서 보통검사 또는 수월한 검사 혹은 보통검사와 수월한 검사의 조합이 적용되어야 할 것. 자격심사 중에 1로트라도 까다로운 검사를 적용받은 제품은 스킵로트 검사를 받을 자격이 없다.
4) 공급자와 소관권한자 양쪽이 합의한 안정기간 중 AQL 또는 그보다 좋은 품질이 유지되어야 할 것. 만일 이 기간의 규정이 없으면, 이 기간은 6개월로 한다.
5) 다음의 품질요구사항을 만족하여야 할 것
   ① 직전의 10로트 이상이 합격되어야 할 것
   ② 직전의 10로트 또는 그 이상의 로트에 대하여 '스킵로트 검사 적용을 위한 최소 누계 샘플 크기'의 요구사항이 만족되어야 할 것
   ③ 최근의 각 2로트에 대하여 '스킵로트 검사의 개시, 계속, 재개를 위한 합격 판정수'의 요구사항이 각각 만족되어야 할 것

만일 2회 또는 다회 샘플링 방식을 사용하고 있을 때 위의 ② 및 ③의 절차에서는 제1샘플의 결과만을 사용한다.

920 벤치마킹(Benchmarking)의 의의와 벤치마킹의 발전단계를 4세대로 분류하여 설명하시오.

풀이 (1) 벤치마킹의 의의
1) 선진기업의 분야별 가장 좋은 방법이나 프로세스를 찾는 일련의 과정이다. 이는 선진기업의 귀중한 정보를 지속적으로 수집하여 참신한 아이디어를 도출하기 위해 행하는 실제적인 탐색법으로 일상적인 표준화 활동을 요구하고 있다.
2) 따라서 벤치마킹은 많은 시간과 노력이 소요되는 반면에 실제로 기업의 업무 프로세스를 최상으로 혁신하는 데 필요한 정보를 제공하는 수단이다.
3) 또한, 경쟁업체들, 특히 세계 초일류 기업들의 최고 방법이 파악되어야 함을 전제로 하는데, 이렇게 함으로써 세계 초일류 기업들이 사용하는 새로운 기술을 도입하는 데 도움이 될 수 있기 때문이다.

(2) 벤치마킹의 발전단계
1) 1세대 벤치마킹(제품 벤치마킹)
① 1세대 벤치마킹은 경쟁사와 자사의 유사 제품의 특성 및 성과를 비교하는 것을 의미
② 제품을 분해하여 각 부품의 기술적·공학적 특성을 분석하고 재구성해 보는 역공학(Reverse Engineering)과는 다소 상이하나 일반적으로 역공학도 제품 벤치마킹의 일환으로 보는 경향이 있음

2) 2세대 벤치마킹(경쟁적 벤치마킹)
① 1970년대 중반부터 시작했고, 제품비교에서 한걸음 나아가 경쟁사의 프로세스와 비교
② 자사 제품의 제조원가가 경쟁사 제품의 판매원가와 비슷한 데서 자극을 받아 경쟁사의 프로세스를 이해하려는 노력에서 이 형태의 벤치마킹을 수행

3) 3세대 벤치마킹(프로세스 벤치마킹)
① 1980년대 초반부터 시작했고, 범위를 경쟁사에 국한하지 않고 이종 산업의 기업으로부터 최우량 프로세스를 배울 수 있다는 개념
② 경쟁사에게는 제공하기 꺼려하는 정보들이 이종 산업의 기업들에게는 비교적 용이하게 전파될 수 있다는 점에서 착안한 벤치마킹 기법으로 같은 혹은 비슷한 프로세스를 수행하는 이종 산업의 초우량 기업을 대상으로 함

4) 4세대 벤치마킹(전략적 벤치마킹)
① 경쟁사뿐만 아니라 전략적으로 제휴하고 있는 회사들의 전략을 이해하고 대응하여 대안들을 평가하고, 전략을 수행하며, 성과를 개선하기 위한 시스템적인 프로세스
② 전략적 벤치마킹은 단순한 프로세스의 변화 및 개선만을 추구하는 것이 아니라, 기

업의 비즈니스 전체를 변화시킬 수 있는 보다 기본적인 기업의 방향, 전략에 관한 벤치마킹 활동을 의미

921 화학물질의 전기분해 공정에서 첨가물의 양(g)에 따른 수율(%)를 측정하여 다음과 같은 데이터를 얻었다.

첨가물의 양(g)	3	2	5	8	4	6	3	7
수율(%)	72	67	80	92	78	82	70	87

1 회귀직선 $\hat{y} = \hat{\beta}_0 + \hat{\beta}_1 x$를 구하시오.
2 회귀에 의하여 설명되는 변동 S_R을 구하시오.
3 회귀에 의하여 설명되지 않는 변동 $S_{y/x}$를 구하시오.
4 유의수준 5%에서 가설 $H_0 : \beta = 3.0$, $H_1 : \beta \neq 3.0$을 검정하시오. (단, $t_{0.975}(6) = 2.447$)
5 회귀직선의 기울기 β_1에 대한 95% 신뢰구간을 추정하시오.

풀이 **1**

x	3	2	5	8	4	6	3	7	$\sum x = 38$	$\bar{x} = 4.75$
y	72	67	80	92	78	82	70	87	$\sum y = 628$	$\bar{y} = 78.5$
x^2	9	4	25	64	16	36	9	49	$\sum x^2 = 212$	
y^2	5,184	4,489	6,400	8,464	6,084	6,724	4,900	7,569	$\sum y^2 = 49814$	
xy	216	134	400	736	312	492	210	609	$\sum xy = 3109$	

$$S_{(xx)} = \sum x^2 - \frac{(\sum x)^2}{n} = 212^2 - \frac{(38)^2}{8} = 31.5$$

$$S_{(yy)} = \sum y^2 - \frac{(\sum y)^2}{n} = 49,814^2 - \frac{(628)^2}{8} = 516$$

$$S_{(xy)} = \sum xy - \frac{\sum x \sum y}{n} = 3,109 - \frac{38 \times 628}{8} = 126$$

$$\hat{\beta_1} = \frac{S_{(xy)}}{S_{(xx)}} = \frac{126}{31.5} = 4$$

$$\hat{y} - \bar{y} = \hat{\beta_1}(x - \bar{x})$$

$$\hat{y} - 78.5 = 4(x - 4.75)$$

$$\hat{y} = 4x + 59.5$$

❷ $S_R = \dfrac{(S_{(xy)})^2}{S_{(xx)}} = \dfrac{126^2}{31.5} = 504$

❸ $S_{(y/x)} = S_{(yy)} - S_R = 516 - 504 = 12$

❹ 1) 가설의 설정

$H_0 : \beta_1 = 3.0, \; H_1 : \beta_1 \neq 3.0$

2) 유의수준 설정

$\alpha = 0.05, \quad V_{(y/x)} = \dfrac{S_{(y/x)}}{n-2} = \dfrac{12}{8} = 1.5$

3) 검정통계량 계산

$t_0 = \dfrac{\widehat{\beta_1} - \beta_1}{\sqrt{\dfrac{V_{(y/x)}}{S_{(xx)}}}} = \dfrac{4-3}{\sqrt{\dfrac{1.5}{31.5}}} = 4.58$

4) 기각역 설정

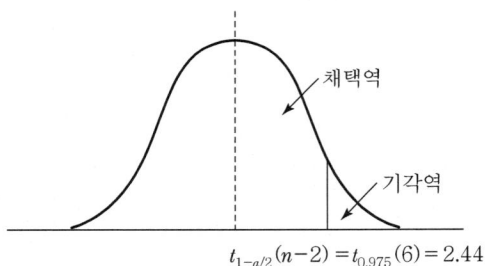

$t_{1-\alpha/2}(n-2) = t_{0.975}(6) = 2.447$

5) 판정

$t_0 = 4.58 > t_{0.975}(6) = 2.447$ 이므로, H_0 기각

❺ $\widehat{\beta_1} \pm t_{1-\alpha/2}(n-2)\sqrt{\dfrac{V_{(y/x)}}{S_{(xx)}}} = 4 \pm t_{0.975}(6)\sqrt{\dfrac{1.5}{31.5}}$

$= 4 \pm 2.447\sqrt{\dfrac{1.5}{31.5}} = 4 \pm 0.53\,(3.47,\; 4.53)$

922 샘플 15개에 대하여 6개가 고장날 때까지 교체 없이 수명시험을 하고 관측한 데이터는 다음과 같다.

> 데이터 : 17.7, 20.8, 22.0, 33.9, 42.3, 52.8

❶ 평균수명의 점 추정값을 구하시오.
❷ 평균수명 90%의 신뢰구간을 추정하시오. (단, $\chi^2_{0.05}(12)=5.23$, $\chi^2_{0.95}(12)=21.03$)

풀이 ❶ 정수중단시험

$$점추정값(MTBF) = \frac{[\sum T_i + (n-r)T_r]}{r}$$
$$= \frac{[167.5 + (15-6)52.8]}{6}$$
$$= 107.12$$

❷ $T = 6 \times 107.12 = 642.72$

$$\frac{2T}{\chi^2_{1-\alpha/2}(2r)} \leq \theta \leq \frac{2T}{\chi^2_{\alpha/2}(2r)} = \frac{2 \times 642.7}{\chi^2_{0.95}(12)} \leq \theta \leq \frac{2 \times 642.7}{\chi^2_{0.05}(12)}$$
$$= \frac{1,285.44}{21.03} \leq \theta \leq \frac{1,285.44}{5.23} = 61.124 \leq \theta \leq 245.782$$

923 ISO 9001을 중소기업에 적용 시 긍정적인 기대효과 및 적용 시 나타나는 문제점과 이에 대한 대응방안을 설명하시오.

풀이 (1) 긍정적인 효과
① 기록의 정비와 문서화
② 규정/표준의 정비와 제반 업무의 표준화
③ 제3자 심사에 의한 자사의 품질경영수준 향상

(2) 문제점
① ISO 9000 규격을 이해하는 인력 부족
② 문서화 절차와 실제 절차와의 상이
③ 프로젝트 담당자에게 지나친 집중
④ 기존 품질관리활동과의 효율적인 연계 미흡
⑤ 전 직원 참가의식 부족
⑥ 인증업체 난립으로 인증서 남발

(3) 대응방안
① 각 부서/팀별 TFT를 구성(최소팀이라도 구성)하여 각 부서/팀 리더 선정
② 종업원의 적극적인 참여와 생활화를 유도하고 이를 실천하기 위한 최고경영자의 의지 확립
③ 각 부서/팀에게 충분한 교육 기회를 제공하고 해당 부서/팀에게 전달교육 실시
④ 우수한 부서/팀에 인센티브/포상을 실시하여 사기 진작

924 두 기업이 동일한 시장을 대상으로 동일한 종류의 제품을 생산하는데 A기업이 생산하는 제품은 평균생산비 505천 원, 표준편차 10천 원, B기업이 생산하는 제품은 평균생산비 475천 원, 표준편차 7천 원인 정규분포를 따른다. A기업에서 20개의 제품을 임의로 추출하고, B기업에서 25개의 제품을 임의로 추출하여 조사했을 때, 두 회사의 평균 생산비의 차가 25천 원에서 35천 원 사이가 될 확률을 구하시오. (단, $U_{0.9441} = 1.59$, $U_{0.9545} = 1.69$, $U_{0.9633} = 1.79$, $U_{0.9706} = 1.89$)

[풀이] A기업 : 평균생산비 505천 원, 표준편차 10천 원
B기업 : 평균생산비 475천 원, 표준편차 7천 원
$E(A-B) = E(A) - E(B) = 505 - 475 = 30$천 원
$$(A, B\text{가 서로 독립이므로 } cov(A, B) = 0)$$
$V(A-B) = V(A) + V(B) = \left(\dfrac{10^2}{20}\right) + \left(\dfrac{7^2}{25}\right) = 6.96$천 원
$(A-B) \sim N(30, 2.64^2)$
$P[25 \leq (A-B) \leq 35] = P\left[\dfrac{25-30}{2.64} \leq Z \leq \dfrac{35-30}{2.64}\right]$
$\qquad\qquad\qquad\qquad = P(-1.89 \leq Z \leq 1.89)$
$\qquad\qquad\qquad\qquad = 1 - (0.0294 \times 2) = 0.9412$

925 고객의 인식을 측정하여 서비스 품질을 측정하는 대표적인 측정방법으로 SERVQUAL을 꼽을 수 있다. 이는 파라슈라만 등(Parasuraman, Zeithaml & Berry)이 실증연구를 통하여 개발한 것이다. 이들은 고객들이 제공받는 서비스의 형태가 제각기 다름에도 불구하고 서비스 품질을 인식할 때 사용하는 평가기준이 있음을 밝혔다. 흔히 '서비스 품질의 결정요소'라 불리는 서비스 품질특성 10가지에 대하여 설명하시오.

풀이 (1) 유형성(Tangibles)
서비스 평가를 위한 외형적인 증거

(2) 신뢰성(Reliability)
약속된 서비스를 정확하게 이행하는 능력

(3) 대응성(Responsiveness)
고객에게 서비스를 신속하게 제공하려는 의지

(4) 확신성(Assurance)
서비스 수행에 필요한 구성원들의 지식과 기술의 공유

(5) 공감성(Empathy)
고객을 접대하는 종업원의 친절, 배려와 공손함

(6) 신용도(Credibility)
서비스 제공자의 신뢰도, 진실성, 정직성

(7) 안전성(Security)
고객은 서비스 제공과정이나 서비스 결과로부터 어떤 위험이나 심적 부담이 없어야 함

(8) 접근성(Access)
서비스 시스템에 대한 접근 가능성과 접촉의 용이성

(9) 의사소통(Communication)
고객의 말에 귀를 기울이고, 고객이 알 수 있도록 정보를 제공하는 것

(10) 고객이해(Understanding the Customer)
고객과 그들의 요구를 알려고 하는 노력

926 기업에서 추진하고 있는 분임조활동, 6시그마 품질 향상 활동, Single PPM 활동의 개선 활동 추진단계를 PDCA 관점으로 구분하고 각 단계별로 사용하는 주요 TOOL(QC 7도구 & 신 QC 7도구 기준)을 나타내시오.

풀이

구분	분임조활동	6시그마	SINGLE PPM	기법
P	주제 선정	Define (문제의 정의)	Scope (범위선정)	브레인스토밍, 파레토도, 막대그래프, 꺽은선그래프, 관리도, 히스토그램, 매트릭스도법, 체크시트, 애로다이어그램
P	활동계획 수립	Define (문제의 정의)	Scope (범위선정)	
D	현상 파악	Measurement (측정)	Illumination (현상파악)	파레토도, 체크시트, 관리도, 히스토그램, 그래프, 특성요인도, 계통도법, 연관도법, 막대그래프
D	원인분석	Analysis (분석)	Nonconformity (원인분석)	
D	목표 설정	Analysis (분석)	Goal (목표설정)	
C	대책 수립 및 실시	Improvement (개선)	Level up (개선)	관리도, 체크시트, 파레토도, 그래프, 히스토그램, 막대그래프
C	효과분석	Improvement (개선)	Level up (개선)	
A	표준화	Control (관리)	Evaluation (평가)	체크시트
A	사후관리	Control (관리)	Evaluation (평가)	
A	반성 및 향후계획	Control (관리)	Evaluation (평가)	

927 공정이 관리상태에 있지 않고 이상상태라고 판단할 수 있는 8가지 판정기준에 대하여 설명하시오.

풀이
(1) 3σ 이탈점이 1점 이상이 나타난다.
(2) 9점이 중심선에 대하여 같은 쪽에 있다.
(3) 6점이 연속적으로 증가 또는 감소하고 있다.
(4) 14점이 교대로 증감하고 있다.
(5) 연속하는 3점 중 2점이 중심선 한쪽으로 2σ를 넘는 영역에 있다.
(6) 연속하는 5점 중 4점이 중심선 한쪽으로 1σ를 넘는 영역에 있다.
(7) 연속하는 15점이 $\pm 1\sigma$ 영역 내에 존재한다.
(8) 연속하는 8점이 $\pm 1\sigma$를 넘는 영역에 있다.

928 도금 두께의 강건성을 확보하기 위하여 도금공정에서 3개의 제어인자 A(온도), B(압력), C(RPM)는 각 2수준으로, 1개의 잡음인자 P(제품위치)는 4수준으로 다구치 기법 실험을 하였다.(단, 도금 두께의 규격은 515±15μm이다.)

NO	A	B	C	P_1	P_2	P_3	P_4	SN비	MEAN
1	1	1	1	506	516	540	510	30.6	518.0
2	1	2	2	503	511	507	511	42.5	508.0
3	2	1	2	512	521	511	516		515.0
4	2	2	1	509	525	506	502	34.1	510.5

표의 실험결과를 기준으로 다음 각 물음에 답하시오.

1 3번째 실험에 대하여 SN비를 계산하고 A, B, C에 대한 DATA 분석을 통하여 SN비와 MEAN에 대하여 MAIN EFFECTS PLOT을 작성하시오.

2 산포제어인자와 중심조정인자를 구분하여 A, B, C에 대하여 최적조건을 결정하고, 이에 대한 SN비와 MEAN을 예측하시오.

3 기존조건이 $A_1B_1C_1$이라고 할 때 연간 개선효과금액을 구하시오.(단, 규격을 벗어난 경우에 손실비용은 1,000원이고, 연간 생산량은 50,000개이다.)

[풀이] **1** 1) 3번째 실험에 대한 SN비

평균 : 515, 표준편차 : 4.55

$$SN = 20\log\left(\frac{\bar{y}}{s}\right)$$

2) SN비 및 MEAN에 대한 MAIN EFFECTS PLOT

① SN비
- A열 1수준 $= \dfrac{30.6 + 42.5}{2} = 36.6$, 2수준 $= \dfrac{41.1 + 34.1}{2} = 37.6$
- B열 1수준 $= \dfrac{30.6 + 41.1}{2} = 35.9$, 2수준 $= \dfrac{42.5 + 34.1}{2} = 38.3$
- C열 1수준 $= \dfrac{30.6 + 34.1}{2} = 32.4$, 2수준 $= \dfrac{42.5 + 41.1}{2} = 41.8$

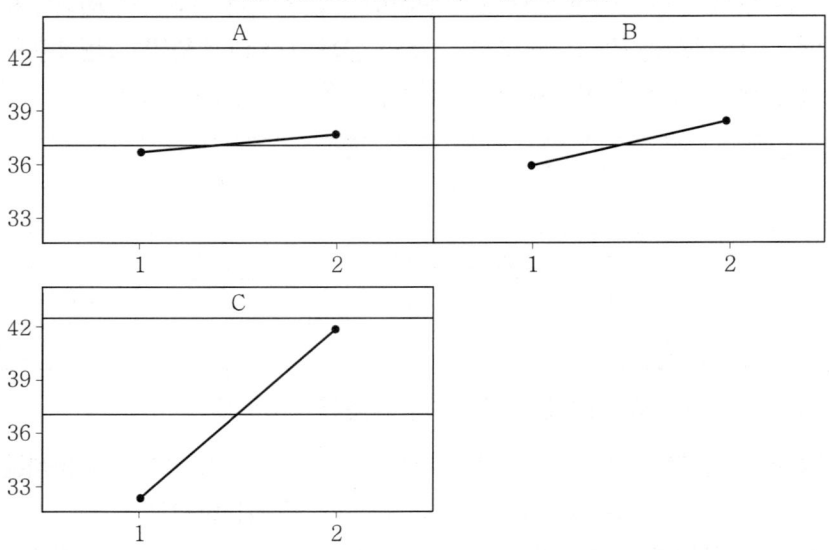

② 평균

- A열 1수준 = $\dfrac{518+508}{2} = 513$, 2수준 = $\dfrac{515+510.5}{2} = 512.8$
- B열 1수준 = $\dfrac{518+515}{2} = 516.5$, 2수준 = $\dfrac{508+510.5}{2} = 509.3$
- C열 1수준 = $\dfrac{518+510.5}{2} = 514.3$, 2수준 = $\dfrac{508+515}{2} = 511.5$

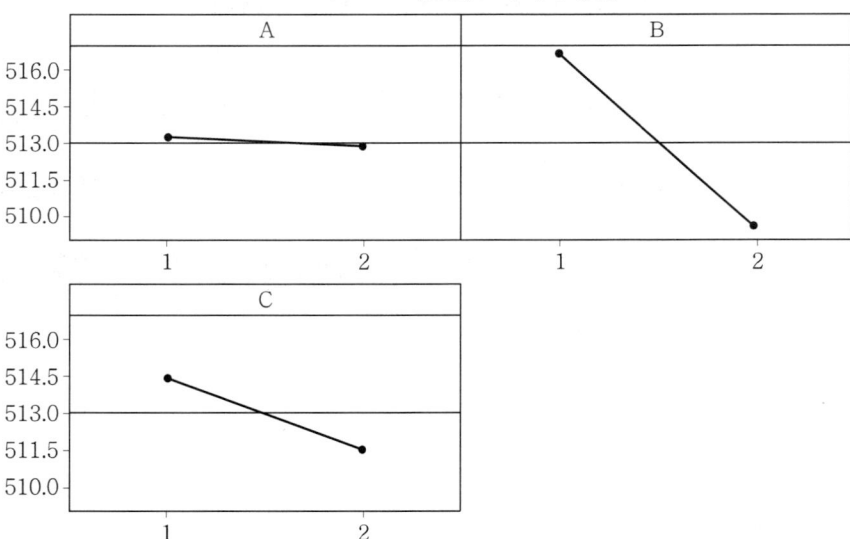

2 1) A, B, C에 대한 최적조건 결정

① SN비 반응표

구분	A	B	C
1수준	36.6	35.9	32.4
2수준	37.6	38.3	41.8
델타	1.0	2.4	9.4
순위	3	2	1

② 평균 반응표

구분	A	B	C
1수준	513.0	516.5	514.3
2수준	512.8	509.3	511.5
델타	0.3	7.3	2.8
순위	3	1	2

SN비에 대하여 유의한 요인의 인자에 대한 최적수준은 SN비를 최대로 하는 수준이므로, SN비 및 평균에 대한 최적조건은 $A_2B_2C_2$

2) SN비 및 MEAN 예측

① SN비 예측

$$SN(A_2B_2C_2) = \left(\frac{41.1+34.1}{2}\right) + \left(\frac{42.5+34.1}{2}\right) + \left(\frac{42.5+41.1}{2}\right) - 2(37.1)$$
$$= (37.6+38.3+41.8) - 74.2 = 43.5$$

② MEAN 예측

$$평균(A_2B_2C_2) = \left(\frac{515+510.5}{2}\right) + \left(\frac{508+510.5}{2}\right) + \left(\frac{508+515}{2}\right) - 2(512.9)$$
$$= (512.8+509.3+511.5) - 1,025.8 = 507.8$$

3 1) 기존조건($A_1B_1C_1$)의 SN비

$$SN(A_1B_1C_1) = \left(\frac{30.6+42.5}{2}\right) + \left(\frac{30.6+41.1}{2}\right) + \left(\frac{30.6+34.1}{2}\right) - 2(37.1)$$
$$= (36.6+35.9+32.4) - 74.2 = 30.7$$

2) 최적조건($A_2B_2C_2$)의 SN비

$$SN(A_2B_2C_2) = 43.5$$

$$L(y) = k(y-m)^2 = km^2 \times 10^{\frac{-SN}{10}} \quad k = \frac{A}{\Delta_0^2}$$

$$k = \frac{1,000}{15^2} = 4.44$$

$$L_{기존조건} = 4.44 \times 515^2 \times 10^{\frac{-30.7}{10}} = 1,002(원/개)$$

$$L_{최적조건} = 4.44 \times 515^2 \times 10^{\frac{-43.5}{10}} = 53(원/개)$$

3) 연간생산금액
- 기본조건 : $50,000 \times 1,002 = 50,100,000$원
- 최적조건 : $50,000 \times 53 = 2,650,000$원
- 절감금액 : 47,450,000원

929 어느 공정에서 제품 1개당 평균 무게는 종전에 최소 100g 이상이었으며 표준편차는 4g이었다고 한다. 제품의 평균 무게를 작게 하기 위해서 공정의 일부를 변경시킨 다음 n개의 샘플을 뽑아 무게를 측정하였더니 $\bar{x} = 97$g이었다. 이 공정의 산포(정밀도)가 종전과 다름이 없었다는 조건에서 다음 각 물음에 답하시오.

1 공정평균이 종전과 다름이 없는데 이를 틀리게 판단하는 과오를 5%, 공정평균이 100g보다 작아졌다는 것을 옳게 판단할 수 있는 검출력을 90%로 검정하려고 하였다면 위의 검정에서 측정한 샘플의 수를 구하시오.(단, $U_{0.90} = 1.282$, $U_{0.95} = 1.645$)

2 '이 제품 무게의 공정평균은 공정 변경 후 종전보다 작아졌다고 할 수 있겠는가'를 유의수준 5%로 검정하시오.

풀이 **1** σ기지인 계량샘플링 검사에서 로트의 평균치를 보증하고자 할 때, 특성치가 높을수록 좋은 경우

$m_0 = 100$, $m_1 = 97$, $\sigma = 4$, $\alpha = 0.05$, $\beta = 0.10$

$$n = \left(\frac{U_{1-\alpha} + U_{1-\beta}}{m_0 - m_1}\right)^2 \sigma^2 = \left(\frac{U_{0.95} + U_{0.90}}{m_0 - m_1}\right)^2 \sigma^2 = \left(\frac{1.645 + 1.282}{100 - 97}\right)^2 4^2 = 15$$

2 1) 가설의 설정

$H_0 : \mu \geq 100$, $H_1 : \mu < 100$

2) 유의수준 설정

$\alpha = 0.05$, σ기지, $n = 15$

3) 검정통계량 계산

$$U_0 = \frac{\bar{x} - \mu}{\frac{\sigma}{\sqrt{n}}} = \frac{97 - 100}{\frac{4}{\sqrt{15}}} = -2.905$$

4) 기각역 설정

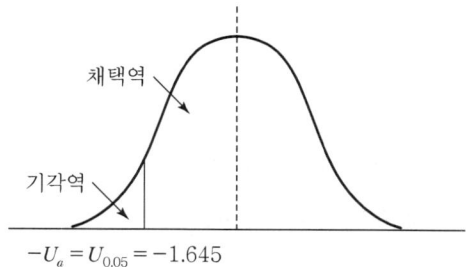

$-U_a = U_{0.05} = -1.645$

5) 판정

$U_0 = -2.905 < -U_{0.95} = -1.645$ 이므로 H_0 기각

즉, 제품의 평균 무게가 종전보다 작아졌다고 할 수 있다.

930 D화학(주)의 화학공정에서 탱크 속에 들어 있는 변성 알코올의 배치를 조사하여 제품의 메탄올 함유량을 관리하고자 한다. 같은 배치로부터 반복해서 시료를 취하여 측정하여도 측정치의 산포는 무시해도 좋을 만큼 작아 1개의 배치로부터 1회만 측정하였다. 다음 각 물음에 답하시오. (단, $D_4 = 3.27$, $d_2 = 1.128$)

번호	측정치 x	이동범위 R_S	번호	측정치 x	이동범위 R_S
1	5.1	−	11	4.5	0.7
2	4.9	0.2	12	4.6	0.1
3	4.8	0.1	13	5.3	0.7
4	5.1	0.3	14	4.8	0.5
5	4.8	0.3	15	5.4	0.6
6	5.1	0.3	16	5.2	0.2
7	4.5	0.6	17	4.5	0.7
8	4.8	0.3	18	4.4	0.1
9	5.6	0.8	19	4.8	0.4
10	5.2	0.4	20	5.2	0.4

1 $\bar{x}$와 $\bar{R}_S$을 구하시오.

2 x 관리도의 UCL, LCL을 구하시오.

3 R_S 관리도의 UCL, LCL을 구하시오.

4 관리도를 이용하여 관리 상태를 판단하시오.

[풀이] **1** $\bar{x} = \dfrac{\sum x}{k} = \dfrac{98.6}{20} = 4.93$

$\overline{R}_S = \dfrac{\sum R_s}{k-1} = \dfrac{7.7}{20-1} = 0.41$

2 $\text{UCL} = \bar{x} + 2.66\overline{R}_S = 4.93 + (2.66 \times 0.41) = 6.02$

$\text{LCL} = \bar{x} - 2.66\overline{R}_S = 4.93 - (2.66 \times 0.41) = 3.84$

3 $\text{UCL} = D_4\overline{R}_S = 3.27\overline{R}_S = 3.27 \times 0.41 = 1.34$

$\text{LCL} = D_3\overline{R}_S = -(고려하지 않음)$

4
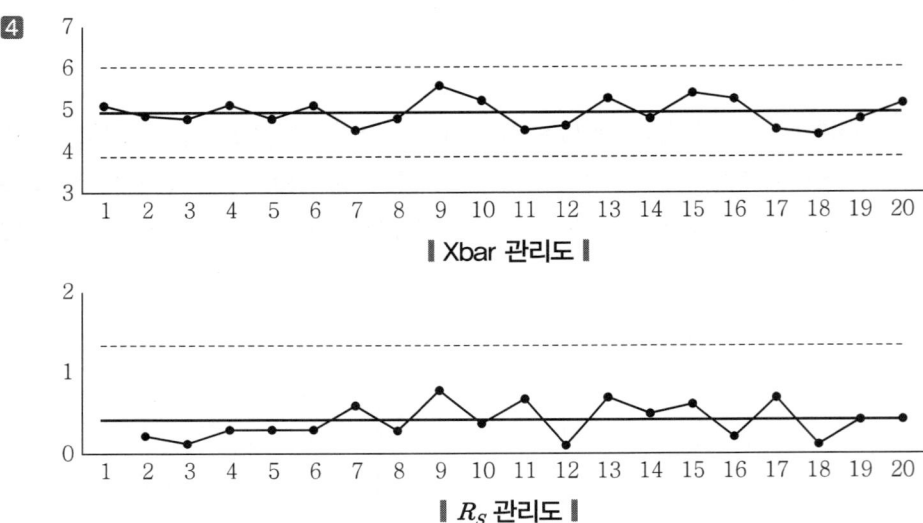

x 관리도, R_S 관리도의 관리한계선을 벗어나는 점이 없고, 점의 배열에 아무런 버릇이 없으므로, 이 공정은 관리상태에 있다고 볼 수 있다.

931
합금의 내산성을 증가시키기 위해 첨가제(4수준)와 표면처리(2수준)의 2개 인자에 대하여 16회의 반복이 있는 이원배치실험을 랜덤하게 실시하여 다음 실험데이터를 얻었다.

첨가제(A) 표면처리(B)	A_1	A_2	A_3	A_4
B_1	4.2 4.3	4.0 3.9	3.8 3.7	3.8 3.7
B_2	4.1 4.2	4.5 4.3	3.9 4.0	4.0 3.9

1 분산분석표를 작성하시오. (단, $F_{0.95}(1,8)=5.32$, $F_{0.99}(1,8)=11.3$, $F_{0.95}(3,8)=4.07$, $F_{0.99}(3,8)=7.59$)

요인	SS	DF	MS	F_0	$F_{0.95}$	$F_{0.99}$
A						
B						
$A \times B$						
E						
T						

2 최적조건(내산성은 클수록 좋다 : 망대특성)을 구하고, 그 조건에서 95% 신뢰구간을 구하시오. (단, $t_{0.975}(8)=2.306$)

[풀이] 1 1) 등분산의 검토

▼ 범위 R의 표

구분	A_1	A_2	A_3	A_4	계
B_1	0.1	0.1	0.1	0.1	0.4
B_2	0.1	0.2	0.1	0.1	0.5
계	0.2	0.3	0.2	0.2	0.9

$\overline{R} = \dfrac{0.9}{0.8} = 0.1125$

$r=2$일 때 $D_4=3.267$이므로, $D_4\overline{R}=(3.267 \times 0.1125)=0.37$

여기서 모든 R의 값이 $D_4\overline{R}$의 값보다 작으므로 등분산의 가정은 옳다.

2) 변동의 계산

$T_{1\cdot\cdot}=16.8$, $T_{2\cdot\cdot}=16.7$, $T_{3\cdot\cdot}=15.4$, $T_{4\cdot\cdot}=15.4$,
$T_{\cdot 1\cdot}=31.4$, $T_{\cdot 2\cdot}=32.9$, $T=64.3$

▼ T_{ij}의 보조표

구분	A_1	A_2	A_3	A_4	$T_{\cdot j \cdot}$
B_1	8.5	7.9	7.5	7.5	31.4
B_2	8.3	8.8	7.9	7.9	32.9
$T_{i\cdot}$	16.8	16.7	15.4	15.4	$T=64.3$

$CT = \dfrac{T^2}{N} = \dfrac{64.3^2}{16} = 258.41$

$S_T = \sum\sum\sum x_{ijk}^2 - CT = (4.2^2 + \cdots + 3.9^2) - 258.41 = 0.8$

$$S_A = \sum \frac{T_{i..}^2}{mr} - CT = \left(\frac{16.8^2 + 16.7^2 + 15.4^2 + 15.4^2}{2\times 2}\right) - 258.41 = 0.45$$

$$S_B = \sum \frac{T_{.j.}^2}{lr} - CT = \left(\frac{31.4^2 + 32.9^2}{4\times 2}\right) - 258.41 = 0.14$$

$$S_{A\times B} = \sum \frac{T_{ij.}^2}{r} - CT = (8.5^2 + \cdots + 7.9^2) - 258.41 = 0.75$$

$$S_{A\times B} = S_{AB} - (S_A + S_B) = 0.75 - (0.45 + 0.14) = 0.16$$

$$S_e = S_T - (S_A + S_B + S_{A\times B}) = 0.8 - (0.45 + 0.14 + 0.16) = 0.05$$

3) 분산분석표 작성

요인	SS	DF	MS	F_0	$F_{0.95}$	$F_{0.99}$
A	0.45	3	0.15	24	4.07	7.59
B	0.14	1	0.14	22.4	5.32	11.3
$A\times B$	0.16	3	0.053	8.48	4.07	7.59
e	0.05	8	0.00625			
T	0.8	15				

위의 결과에서 인자 A, B, $A\times B$ 모두 유의하다.

2 최적수준조합 $A_i B_j$

1) 교호작용이 무시되지 않은 경우이므로, $\hat{\mu}(A_i B_j)$의 점추정치 $\overline{x}_{ij.}$가 가장 큰 $A_2 B_2$가 최적수준조합이다.

즉, $\hat{\mu}(A_i B_j) = \mu + a_i + b_j + (ab)_{ij} = \overline{x}_{ij.}$ 이므로, 내산성이 가장 큰 $A_i B_j$는 $A_2 B_2$이다.

2) $\hat{\mu}(A_2 B_2)$의 95% 신뢰구간 추정

$$\hat{\mu}(A_2 B_2) = \overline{x}_{ij.} \pm t_{1-\alpha/2}(\nu)\sqrt{\frac{V_e}{r}} = \overline{x}_{22.} \pm t_{0.975}(8)\sqrt{\frac{0.00625}{2}}$$

$$= \frac{8.8}{2} \pm (2.306)\sqrt{\frac{0.00625}{2}} = 4.4 \pm 0.1289\,(4.2711,\ 4.5289)$$

932 이론상 자기관리 상태에 있는 작업자는 오류, 즉 불량률을 범할 이유가 없다. 그러나 실제로는 이론과 달리 자기관리 상태에 있는 작업자라도 오류를 범하는 경우가 있다. 작업자의 오류에 대하여 3가지로 구분하고, 각각의 특징 및 개선방법에 대하여 설명하시오.

> **풀이** 작업자의 오류 3가지
>
> (1) 부주의로 인한 오류
>   작업자가 주의를 게을리하는 경우 발생하는 오류
>   ① 특징 : 무의도성, 비고의성, 불예측성
>   ② 개선방법 : Fool Proof, Job Rotation, QC Circle, 경보기 등
>
> (2) 기술부족으로 인한 오류
>   업무에 대한 필요한 전문지식의 부족에서 오는 오류
>   ① 특징 : 무의도성, 선택성(필요한 기술 결여), 지속성, 고의 · 비고의성 양면성 존재, 불가피성(노력과 관계없음)
>   ② 개선방법 : Fool Proof, 교육훈련, 공정 개선 등
>
> (3) 고의성의 오류
>   작업자가 고의적 · 의도적으로 행하는 오류
>   ① 특징 : 고의성(오류가 범해짐을 알고 있음), 의도성, 지속성
>   ② 개선방법 : 의사소통, 책임설정, 동기부여, 위반자에 대한 대책 등

933. 고객만족전략을 수립하기 위하여 고객만족도를 조사하려 한다. 기업에서의 고객만족도 조사절차를 단계별로 설명하시오.

풀이
(1) 최고경영진의 재가
(2) 조사대상 목표의 설정, 니즈(Needs) 분석
(3) 조사설계
(4) 탐색적 연구 실시
(5) 표본 추출과 데이터 수집 계획
(6) 핵심적인 기업활동 파악
(7) 표본 추출과 데이터 수집 실시
(8) 질문지 작성
(9) 실사(Field-work)
(10) 분석과 해석 및 결과종합
(11) 고객만족전략 수립
(12) 차기 조사시기 계획

934. 품질경영혁신활동의 방법으로 추진하는 5S, TPM, 6시그마, Lean 활동 각각에 대하여 개념, 추진방법, 품질 향상 기대효과를 비교 설명하시오.

풀이 (1) 5S

1) 개념
   5S란 정리(Seiri), 정돈(Seidon), 청소(Seisoh), 청결(Seiketsu), 습관화(Shitsuke)를 의미하는 일본어를 영어로 표기했을 때의 첫글자 'S'를 따서 만든 표현

2) 추진방법
   ① 5S 추진방법 교육 및 설명회, 준비활동 → ② 5S 활동구역 설정 → ③ 5S 추진계획 수립 → ④ 5S 도입 선언 → ⑤ 5S 활동의 단계적 전개 실시 및 각 단계별 진단 → ⑥ 5S 생활화 평가의 주기적 실시

3) 품질 향상 기대효과
   더러운 직장(현장)에서는 부적합품이 발생해도 눈에 띄지 않는다. 정해진 장소에서 정해진 부품을 사용하며, 품질을 지키는 계측기의 올바른 보관은 부적합품 발생 제로의 전제이며, 품질 향상으로 이어진다.

(2) TPM

  1) 개념

　생산시스템 효율화의 극한 추구(종합적 효율화)로 기업체질 구축을 목표로 하여 생산시스템의 라이프 사이클 전체를 대상으로 한 재해 '0', 불량 '0', 고장 '0' 등, 모든 Loss를 미연에 방지하는 체제를 현장, 현물에 구축하고 생산부문을 비롯하여 개발, 영업, 관리 등 모든 부문에 걸쳐서 Top으로부터 제일선 종업원에 이르기까지 전원이 참가하여 중복 소집단 활동에 의해 Loss Zero를 달성하는 것을 말한다.

  2) 추진방법

　① TOP의 TPM 도입 결의와 선언 → ② TPM 도입의 교육과 홍보 → ③ TPM 추진기구의 조직 → ④ TPM의 기본방침과 목표설정 → ⑤ TPM 추진의 마스터 플랜 작성 → ⑥ TPM 킥 오프 → ⑦ 생산효율화체제 구축(개별 개선, 자주보전, 계획보전, 운전·보전기능의 향상훈련) → ⑧ 신제품, 신설비의 초기관리체제 구축 → ⑨ 품질보전체제 구축 → ⑩ 관리·간접부문의 효율화체제 구축 → ⑪ 안전, 위생, 환경관리체제 구축 → ⑫ TPM의 완전실시와 레벨업

  3) 품질 향상 기대효과

　설비 및 작업자의 체질개선으로 기업 전체의 체질개선이 이루어지며, 각종 LOSS파악, 설비종합효율의 산출과 목표설정 등이 품질향상으로 이루어진다.

(3) 6시그마

  1) 개념

　시그마의 의미는 통계적 의미로 표준편차를 뜻하며, 6시그마는 100만 개의 제품이나 서비스 중 단, 3~4개의 불량을 허용하는 것을 목표로 한 차세대 경영혁신 활동을 말한다.

  2) 추진방법

　① 정의(Define) : 전 직원이 주요 고객과 고객 요구사항을 파악하고 개선할 대상과 범위를 정한다. → ② 측정(Measurement) : 자신이 수행하고 있는 업무가 어느 정도의 수준으로 수행되고 있는지를 파악한다. 즉, 품질에 영향을 주는 중요한 프로세스를 결정하고, 이 프로세스에서의 결함 또는 불량 발생률을 정확히 측정한다. 결함/불량 발생의 시간 대비 흐름도 파악한다. → ③ 분석(Analysis) : 결함/불량 형태와 결함/불량 발생의 원인을 규명한다. → ④ 개선(Improvement) : 블랙벨트, 그린벨트를 선임하고, 개선 일정 및 계획을 수립 및 개선을 실행하고 개선 결과의 효과를 파악한다. → ⑤ 관리(Control) : 개선된 프로세스가 지속적으로 효과가 있도록 지속방법을 모색하고, 개선된 프로세스에 대해 사내 절차/표준을 작성하거나 기존의 절차/표준을 개선한다.

3) 품질 향상 기대효과

고객에게 결함 없는 제품, 서비스를 제공하기 위하여 높은 수준의 프로세스 품질이 필요하며, 특히 규격 안에 들어가는 산포 작은 품질분포가 요구되고, 이와 같은 요구사항을 달성하기 위해서는 과학적인 관리방법을 적용하기 때문에 높은 품질수준의 프로세스가 고객이 만족하는 제품을 제공한다.

(4) Lean

1) 개념

린(Lean)은 사전적 의미로 '얇은' 또는 '마른' 의 뜻으로 자재 구매에서 생산, 재고, 관리, 판매에 이르기까지 전 과정에서 Loss를 최소화한다는 개념으로 쉽게 말해 군살 없는 경영을 위한 '낭비제거 경영'을 말한다.

2) 추진방법

① 시작(변화관리자 선정, Lean원리 학습, 후원자 확보, 제품군 재조직, 택타임 계산, 속도조절자 지정, 가치흐름지도 작성, 혁신의 시작, 범위확대) → ② 새로운 조직 구성(Lean 조직 구성, 잉여인력에 대한 정책 대안·방침 전개, 성장전략, 반대자 제거, 완벽성 마인드 고취, 작업표준화) → ③ Lean 생산시스템 실행(Lean 회계시스템 도입, 성과시스템 도입, 투명성 실행, 방침전개 실행, Lean 학습 도입, 적절한 기법 도입) → ④ 전환 완성(협력업체와 고객사에게 적용, 글로벌 전략 수립, 하향식에서 상향식 개선 이행)

3) 품질 향상 기대효과

부가가치를 창출하지 않는 낭비를 제거하는 린 시스템은 먼저 프로세스의 흐름에 따르는 생산 및 서비스 시간을 줄임으로써 사이클 타임을 감소시킨다. 이렇게 되면 프로세스의 흐름이 좋아지고, 작업환경이 좋아진다. 그리고 단축된 사이클 타임은 고객에게 제품 및 서비스를 공급하는 시간을 감소시켜 고객만족을 증가시킨다. 또한 이것은 생산과 유통에 따르는 비용을 감소시켜, 기업의 원가를 크게 절감하게 된다. 또 프로세스의 산포를 개선하여 품질을 향상시킨다.

935 아래 그림의 고장목(FT)에서 정상사상이 발생할 확률을 구하시오. (단, $P(A) = 0.03$, $P(B) = 0.04$, $P(C) = 0.05$이다.)

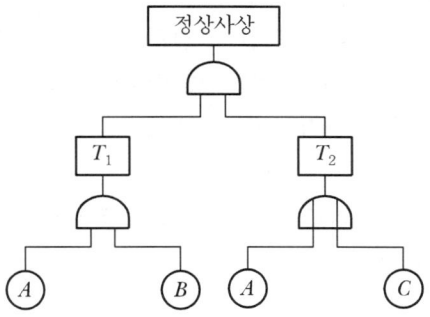

풀이 ⌒ : AND GATE, $F = \prod F_i$
⌒ : OR GATE $F = 1 - \prod (1 - F_i)$
$F_{T1} = F_A \times F_B = 0.03 \times 0.04 = 0.0012$
$F_{T2} = 1 - (1 - F_A) \times (1 - F_B) = 1 - (1 - 0.03) \times (1 - 0.04) = 0.0785$
$F = F_{T1} \times F_{T2} = 0.0012 \times 0.0785 = 0.0000942$

936 고객품질인 참 품질에 대비되는 기업의 대용품질을 제품 및 서비스가 만들어지는 단계에 따라 3가지로 구분하여 설명하시오.

풀이 (1) 설계품질(Quality of Design)
① 제품을 생산하기 위한 제품의 시방, 성능, 외관 등을 규정짓는 품질규격(Quality standard)을 표시한 것을 말한다.
② 설계품질을 결정할 때에는 소비자가 요구하는 품질(시장품질), 자사의 공정능력, 기술수준, 제품의 경제성 등을 고려하여 품질을 기획·설계하여야 한다.
③ 설계품질은 생산자의 입장에서 볼 때 '이 정도면 고객이 만족할 것이다.'라고 생각하는 품질목표이므로 '목표품질'이라고도 한다.

(2) 제조품질(Quality of Conformance)
① 적합품질이라고도 하며, 생산과정에서 제조된 제품이 설계품질에 어느 정도 적합한지를 나타내는 품질이다.
② 제품을 똑같이 만들려고 해도 제조단계에서 품질이 균일하지 않은 제품을 생산하게 되고 품질의 산포가 발생하게 된다. 공장에서 말하는 품질 향상이란 이 품질을 말하는 것으로 기술적·경제적으로 가능한 범위 내에서 설계품질에 일치하도록 노력하는 것이 제조분야에서의 품질관리 활동이다.

(3) 서비스품질(Quality of Service)
  ① 소비자가 제품을 올바르게 사용할 수 있도록 사용방법을 전달해주는 질 그리고 제품사용상 문제가 생겼을 때 애프터서비스의 질 등을 의미한다.
  ② 제품 자체가 아무리 바람직한 품질을 갖추고 있다고 해도, 소비자가 제품을 올바르게 사용할 수 있도록 사용방법을 전달해야 하고, 또한 제품이 고장 나거나 사용상에 애로사항이 생겼을 때 적절한 애프터서비스(A/S)를 받을 수 있어야 소비자가 그 제품에 대하여 만족을 느낄 수 있다.
  ③ 최근에는 품질의 의미를 소비자 위주로 생각하는 경향이 짙어짐에 따라 서비스품질이 더욱 중요한 의미를 갖는다.

937 이시가와 박사가 주창한 전사적 품질관리(CWQC ; Company-Wide Quality Control)에 대하여 설명하시오.

[풀이] (1) 품질 향상뿐만 아니라 생산성 향상, 안전성, 품질보증, 납기 준수, 신제품 개발 등 모든 부문에 있어서의 관리를 의미한다.
(2) 또한 최근에는 CWQC는 조직개발, 목표관리, 기능별 관리, 품질기능전개와 같은 분야까지로 확대되었다. 즉, 전사적 품질관리는 제품의 품질뿐만 아니라, 인간 그리고 조직 전체의 품질을 향상시키는 관리이다. 그래서 CWQC를 경영의 질을 향상시키는 경영혁신으로 보고 있다.

938 슈나이더만이 주창한 적합비용과 부적합비용의 관계를 도식화하고, 사외실패비용(External Failure Cost) 항목을 5가지만 제시하시오.

[풀이] (1) 적합비용과 부적합비용의 관계 도식화

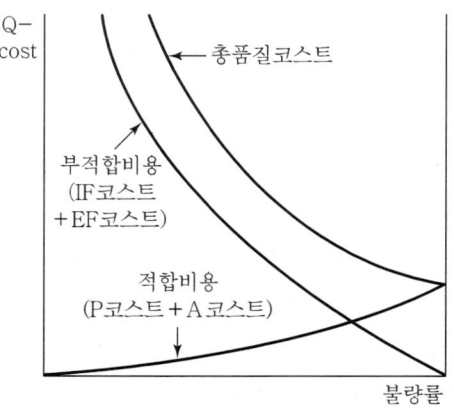

(2) 사외실패비용(External Failure Cost) 항목
    고객에게 제품 출하 후에 사외에서 발생한 손실 비용
    1) 소비자 불만조사와 고객서비스
    2) 반환품
    3) 재조정
    4) 리콜
    5) 품질보증
    6) 위약금
    7) 벌금
    8) 이미지 훼손
    9) 판매량 감소

939 사내 표준화를 경제적이고 효과적으로 추진하기 위한 필요 요건을 5가지만 설명하시오.

[풀이] (1) 실행 가능성이 있는 내용일 것
(2) 이해관계자들의 합의에 의한 결정일 것
(3) 기록내용이 구체적이고 객관적일 것
(4) 기여의 비율이 큰 것부터 중점적으로 취급할 것
　① 중요한 개선이 있을 때　② 숙련공이 교체될 때
　③ 산포가 클 때　④ 통계적인 수법을 활용하고 싶을 때
　⑤ 기타 공정에 변동이 있을 때
(5) 직관적이고 보기 쉬운 표현으로 할 것
(6) 적시에 개정 향상시킬 것
(7) 장기적 방침 및 체계하에 추진할 것
(8) 작업표준에는 수단과 행동을 직접 제시할 것

940 관리도는 용도에 따라 표준값이 주어져 있지 않는 관리도(해석용 관리도)와 표준값이 주어져 있는 관리도로 나누어진다. 이 중 표준값이 주어져 있는 관리도에 대하여 설명하시오.

[풀이] 표준값이 주어져 있는 관리도(관리용 관리도)는 공정을 안정상태로 유지하기 위해 사용하며, 이상상태를 감지하면 즉시 대응해야 한다.

941 TL 9000은 요구사항과 성과측정에 대한 구성이 5개 계층(Layer)으로 이루어져 있다. TL 9000 5개 계층의 요구사항에 대하여 설명하시오.

풀이 (1) ISO 9001 요구사항
(2) TL 9000 공통 요구사항(47개)
(3) Hardware(15개), Software(16개), Service(5개)
(4) TL 9000 공통 요구사항(4개)
(5) Hardwrare(2개), Software(4개), Service(1개)

942 신 QC 7가지 도구에서 매트릭스 데이터 해석법에 대하여 설명하시오.

풀이 매트릭스 도법에 나타난 여러 요인 간에 존재하는 관계의 정도를 수량화하는 방법

943 Kano 박사가 주창한 품질요소 중 역품질요소(Reverse Quality Element)에 대하여 설명하시오.

풀이 충족이 되면 불만을 일으키고, 충족이 되지 않으면 만족을 일으키는 품질요소

944 측정시스템 분석에서 측정치와 특성치의 기준값(참값)과의 차이를 편의(Bias)라고 한다. 보통 편의가 작은 경우 정확도가 높아지는데 관리기준보다 클 경우 점검해야 할 사항 5가지를 설명하시오.

풀이 (1) 계측기의 측정범위 중에서 상단부와 하단부의 눈금이 적합한지 점검
(2) 기준값이 정확한가를 점검
(3) 측정위치가 정확한가를 점검
(4) 측정자가 계측기를 제대로 사용했는지 점검
(5) 계측기가 마모되었는지 점검
(6) 계측기가 교정되었는지 점검
(7) 계측기 내부 설계 자체에 문제점이 있는지 점검

945 제품 설계단계에서 시행하는 설계검토(Design Review)의 효과 5가지를 설명하시오.

풀이 (1) 신뢰성의 보증
(2) 제조원가의 절감
(3) 서비스 부품의 감소
(4) 개발 스케줄의 단축
(5) 설계 자료의 문서화

946 계측기 성능곡선(Gage Performance Curve)에 대하여 그림을 그리고, 설명하시오.

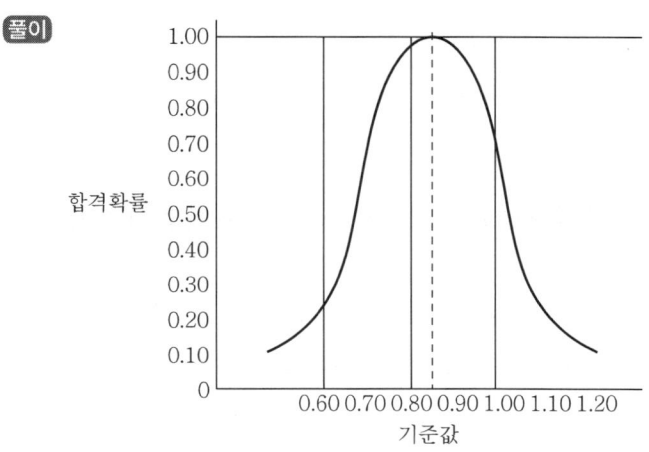

(1) 계측기 성능곡선은 모든 기준값에 속하는 시료의 합격확률을 계산하여 타점한 것을 말한다.
(2) 계측기 오차의 양이 결정된 때에 어떤 기준값에 속하는 시료가 합격할 확률을 정하는 것이 계측기 성능곡선의 목적이다.

947 다구치 기법에서 분류되는 인자 중 잡음(Noise) 인자에 대하여 설명하시오.

풀이 (1) 잡음인자는 제품특성을 나쁘게 하는 것이다. 산포가 생기게 하여 제품성능에 영향을 미치는 인자이다.
(2) 다구치 기법에서는 잡음인자의 실험이 가능해야 한다. 실험이 불가능한 인자는 오차인자이다.

948 적합품 5개와 부적합품 2개가 있는 로트에서 3개를 임의로 비복원 추출할 때 1개가 부적합품일 확률을 초기하분포 수식을 쓰고, 확률값을 구하시오.

[풀이] 초기하분포 수식

$$P(x) = \frac{{}_{NP}C_x \cdot {}_{N-NP}C_{n-x}}{{}_{N}C_{n}}$$

$$= \frac{{}_{2}C_1 \cdot {}_{5}C_2}{{}_{7}C_3} = 0.57$$

※ 복원추출법(Sampling with Replacement)
한 번 추출된 공을 관찰한 후에 다시 상자에 넣고 섞은 후 다음 공 추출

※ 비복원추출법(Sampling without Replacement)
한 번 추출된 공은 다시 상자에 넣지 않고 다음 공 추출

949 정부에서는 법정의무 인증제도를 간소화하기 위해 KC마크로 통합하여 관리하는 방안을 시행하고 있다.

1 법정의무 인정제도란 무엇인지 설명하시오.
2 KC 마크에 대해서 설명하고, KC 마크로 통합된 인증제도를 5가지만 제시하시오.

[풀이] **1** 법정의무 인정제도란 강제성에 따라 강제인증과 임의인증으로 구분된다.

1) 강제인증
   국민안전 등의 확보를 위해서 의무적(강제적)으로 인증을 받아야 시장활동이 가능한 인증 제도

2) 임의인증
   환경보호, 에너지 절약 등 특정 정책목적 달성을 위해 권장하는 인증제도

2 1) KC마크
   - 지식경제부, 노동부, 환경부, 방송통신위원회, 소방방재청 등 5개 부처에서 각각 부여하던 13개 법정인증마크를 통합해 2009년 7월 1일부터 단일화한 국가통합인증마크다.
   - 각 부처별 인증기관이 다른 번거로움을 없애고 국제신뢰도 증진을 위해 이전까지 사용되던 안전·보건·환경·품질 등의 법정강제 인증제도를 단일화한 것이다.

2) KC로 통합된 인증제도 5가지
  ① 공산품 안전인증
  ② 공산품 자율안전확인
  ③ 어린이 보호포장
  ④ 승강기 부품인증
  ⑤ 전기용품 안전인증
  ⑥ 고압가스용기 점검
  ⑦ 계량기 검정
  ⑧ 에너지소비효율등급

950 제품의 설계단계, 제조단계에서의 신뢰성 향상방안과 사용단계에서의 신뢰성 향상방안에 대하여 각각 4가지씩 설명하시오.

[풀이] (1) 설계단계에서의 신뢰성 향상방안
  1) 병렬 및 대기 리던던시 설계
  2) 부하의 경감을 위한 디레이팅 설계
  3) 제품의 단순화, 부분품화 및 표준화
  4) 고신뢰도 부품 사용
  5) 신뢰성 시험의 자동화

(2) 제조단계에서의 신뢰성 향상방안
  1) 제조공정의 자동화
  2) 제조기술의 향상
  3) 제조품질의 통계적 관리
  4) 부품과 제품의 번인 테스트
  5) 공정에서의 스크리닝

(3) 사용단계에서의 신뢰성 향상방안
  1) 예방보전과 사후보전체계 확립
  2) 신속한 A/S 제공
  3) 사용자 매뉴얼 작성 및 배포
  4) 조작방법에 대한 사용자 교육 실시
  5) 포장, 보관, 운송, 판매단계의 철저한 관리체계 확립

951. 6시그마 경영혁신으로 수행하는 세부활동으로 CTQ-Y 선정 시 고려해야 할 사항 5가지를 설명하시오.

풀이
(1) 측정이 가능한 Y인가?
(2) CTQ와 연결된 Y인가?
(3) 프로세스의 직접적 측정인가?
(4) 결함이 많은 문제점에 대한 고려인가?
(5) Y에 대한 데이터 수집이 수월한가?
(6) 가능하면 이산형 데이터보다 연속형 데이터를 확보할 수 있는가?

952. 부분군이 50개인 샘플을 뽑아 검사한 결과 다음과 같이 부적합품 수가 나왔다.

로트 번호	1	2	3	4	5	6	7	8	9	10
부적합품 수	12	15	8	10	4	7	16	9	14	10

1 nP 관리도를 적용하기 위해서는 부적합품률의 확률분포가 정규분포에 근사해야 한다. 위 분포가 정규분포에 근사하기 위한 조건을 설명하시오.

2 nP 관리도의 UCL과 LCL, CL을 수식을 써서 계산하고 관리도를 그린 후 해석하시오.

풀이 **1** $np_0 \geq 5$ 이고, $n(1-p_0) \geq 5$ 일 때는 정규분포 근사법을 이용한다.

2 1) CL, UCL, LCL

$$k = 20, \quad \Sigma p_n = 105, \quad \bar{p} = \frac{\Sigma p_n}{kn} = \frac{105}{500} = 0.21$$

$$CL = \bar{p}_n = \frac{\Sigma p_n}{k} = \frac{105}{10} = 10.5$$

$$UCL = \bar{p}_n + 3\sqrt{\bar{p}_n(1-\bar{p})} = 10.5 + 3\sqrt{10.5(1-0.21)} = 19.14$$

$$LCL = \bar{p}_n - 3\sqrt{\bar{p}_n(1-\bar{p})} = 10.5 - 3\sqrt{10.5(1-0.21)} = 1.86$$

2) 관리도 설명

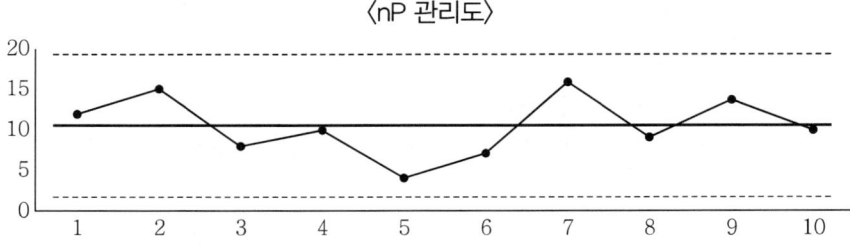

⟨nP 관리도⟩

관리한계를 벗어나는 점이 없고 점의 배열에 버릇이 없으므로, 관리상태라고 할 수 있다.

953 다음은 어떤 재료를 A와 B의 온도조건에서 열처리한 결과이다.

[단위 : ℃]

A	33	29	42	32	42	41	42	44	33	45	38		
B	35	37	31	32	33	29	27	31	39	37	30	25	29

1 위험률(α) 5%로 등분산 검정을 실시하시오.

2 위험률(α) 5%로 A로 열처리한 모평균이 B로 열처리한 모평균보다 크다고 할 수 있는지를 검정하시오.

3 **2**의 결과에 대해 평균치 차이의 95% 신뢰한계를 구하시오. (단, $F_{0.975}(10, 12) = 3.37$, $t_{0.975}(22) = 2.074$, $t_{0.975}(24) = 2.508$)

풀이 **1** 두 집단 모분산비에 관한 검정(산포)

  1) 가설의 설정

  $$H_0 : \sigma_A^2 = \sigma_B^2, \ H_1 : \sigma_A^2 \neq \sigma_B^2$$

  2) 유의수준 설정

  $\alpha = 0.05$, $n_A = 11$, $n_B = 13$, $V_A = 30.82$, $V_B = 17.24$, $S_A = 308.18$, $S_B = 206.92$, $\overline{x}_A = 38.27$, $\overline{x}_B = 31.92$

  3) 검정통계량 계산

  $$F_0 = \frac{V_A}{V_B} = \frac{30.82}{17.24} = 1.788 \, (V_A > V_B)$$

  4) 기각역 설정

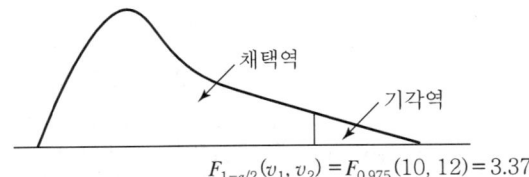

$F_{1-\alpha/2}(v_1, v_2) = F_{0.975}(10, 12) = 3.37$

  5) 판정

  $F_0 = 1.788 < F_{0.975}(10, 12) = 3.37$이므로 H_0 채택

  즉, A와 B의 온도조건 간의 분산이 다르다고 할 수 없다.

2 두 집단 모평균차에 관한 검정(중심)

  1) 가설의 설정

  $H_0 : \mu_A = \mu_B, \ H_1 : \mu_A \geq \mu_B$

2) 유의수준 설정

　　$\alpha = 0.05$, σ미지, $n_A = 11$, $n_B = 13$, $S_A = 308.18$, $S_B = 206.92$,
　　$\overline{x}_A = 38.27$, $\overline{x}_B = 31.92$

3) 검정통계량 계산

$$t_0 = \frac{\overline{x}_A - \overline{x}_B}{\sqrt{V\left(\frac{1}{n_A} + \frac{1}{n_B}\right)}} = \frac{38.27 - 31.92}{\sqrt{23.41\left(\frac{1}{11} + \frac{1}{13}\right)}} = 3.20$$

$$V = \frac{S_A + S_B}{n_A + n_B - 2} = \frac{308.18 + 206.92}{11 + 13 - 2} = 23.41$$

4) 기각역 설정

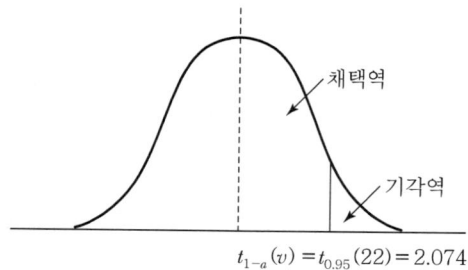

$t_{1-\alpha}(\nu) = t_{0.95}(22) = 2.074$

5) 판정

　　$t_0 = 3.20 > t_{0.95}(22) = 2.074$ 이므로 H_0 기각

　　즉, A로 열처리한 모평균이 B로 열처리한 모평균보다 크다고 할 수 있다.

3 두 집단 모평균에 관한 추정

$$\mu_A - \mu_B = (\overline{x}_A - \overline{x}_B) \pm t_{1-\alpha/2}(\nu) \sqrt{V\left(\frac{1}{n_A} + \frac{1}{n_B}\right)}$$

$$= (38.27 - 31.92) \pm t_{0.975}(22) \sqrt{23.41\left(\frac{1}{11} + \frac{1}{13}\right)}$$

$$= 6.35 \pm (2.508) \sqrt{23.41\left(\frac{1}{11} + \frac{1}{13}\right)}$$

$$= 6.35 \pm 4.97 (1.38, \ 11.32)$$

954 부품의 잠재고장을 조기에 제거하기 위한 비파괴 선별기술인 스크리닝(Screening) 시험에 있어 스크리닝 원칙 5가지를 설명하시오.

풀이 (1) 전수 혹은 샘플링으로 시료를 채취하여 시험을 행한다.

(2) 올바른 샘플링을 위해서는 샘플링의 원칙에 따라 시료를 채취하며, 품질기준이 명확해야 한다.

(3) 신뢰성 시험 조건으로는 다음과 같이 고려할 수 있다.
   1) 사용조건
      사용자에 따라 운영되는 조건(사용장소, 연속시간, 사용횟수 등)
   2) 환경조건
      ① 자연적으로 정해지는 조건(온도, 습도, 진동, 가스 등)
      ② 인간에 의해 만들어지는 조건(인위적 조건 등)

(4) 신뢰성 시험조건이 사용조건을 대표할 수 있도록 설정되어야만 문제가 되는 고장을 재현할 수 있고, 시험결과와 사용신뢰도 사이에 상관관계를 가질 수 있다.

(5) 실제 부품의 고장은 단일 스트레스뿐만 아니라 복합 스트레스가 부가되었을 때 비로소 나타나거나, 타 부품의 고장에 영향을 받아 발생한다.

955 QFD(Quality Function Deployment)에서 HOQ(House of Quality) 작성 시 독립배점법과 비례배분법에 대해 비교 설명하시오.

풀이 (1) 독립배점법

고객 요구사항의 중요도와 CA(Customer Attributes, 고객 요구사항)−EC(Engineering Characteristics, 제품설계특성) 연관관계를 수량화한 값의 곱을 각각 구해서 그 값의 열을 기준으로 합산하여 우선순위를 정하는 방법

(2) 비례배분법

CA(Customer Attributes, 고객 요구사항)−EC(Engineering Characteristics, 제품설계특성)연관관계를 수량화한 값을 행을 기준으로 합산하여 각각의 합계를 구하고, 이 크기에 비례하여 고객요구사항의 중요도를 배분하여 그 값의 열을 기준으로 합산하여 우선순위를 정하는 방법

956 KS Q ISO 2859-1 : 2010 계수치 샘플링 검사 절차-제1부 : 로트별 AQL(Acceptable Quality Level) 지표형 샘플링 검사방안에 대해 다음 각 질문에 답하시오.

1 지정된 AQL을 부적합품률(불량률)에 적용할 경우 해당되는 범위와 적용 이유를 설명하시오.

2 불합격로트 처치의 결정자는 누구이며, 불합격된 로트에 대해 어떠한 처치방법이 있는지 4가지를 설명하시오.

3 보통검사에서 까다로운 검사로 가는 조건과 까다로운 검사를 이행하게 되면 OC 곡선은 어떻게 변하는지를 1종 과오와 2종 과오를 인용하여 설명하시오.

[풀이]

1 1) AQL(합격품질한계)은 샘플문자와 함께 주어진 샘플링 검사방식 및 샘플링 검사 스킴의 지표로 사용

2) 부적합품에 적용할 경우, 제출된 로트의 품질수준이 AQL 설정 값보다 크지 않으면 제품 로트의 대다수가 이 샘플링 검사 스킴으로 합격하게 된다.

3) 주어진 샘플링 방식하에서 AQL 로트의 합격 확률은 샘플 크기와 AQL에 따라서 바뀌지만, 소정의 AQL하에서는 샘플 크기가 커지면 합격의 확률이 통상 높아지도록 샘플링 방식을 배열하고 있다.

4) AQL은 샘플링 검사 스킴의 척도이고, 제조 프로세스의 조업수준을 표시하는 프로세스 평균과 혼동해서는 안 된다.
이 시스템하에서는 과대한 불합격의 확률을 피하기 위해서 프로세스 평균은 AQL보다 작은 것이 바람직하다.

2 1) 불합격로트 처치의 결정자는 소관권한자이다.

2) 불합격로트의 처치 4가지에는 폐기, 선별(부적합품을 제거 또는 치환), 수리, 재평가(추가 정보를 얻은 후에 특정한 사용성에 대한 판정기준을 적용한다.) 등이 있다.

3
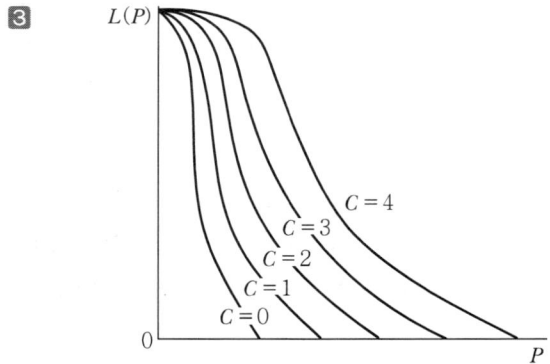

1) 보통검사에서 까다로운 검사로 가는 조건은 연속 5로트 이내에서 2로트 불합격

2) 까다로운 검사를 이행하게 되면 OC 곡선은 C가 낮아질수록 기울기가 급격해지고, 제1종 과오(α)는 증가하며, 제2종 과오(β)는 감소한다.

957 CL = 28, UCL = 41.4, LCL = 14.6의 $n=5$인 $\bar{x} - R$ 관리도가 있다. 이 공정이 관리상태에 있다고 가정할 때 다음 각 물음에 답하시오.

$U = Z$	1.20	1.34	2.68	2.99
P_r	0.1151	0.0901	0.0037	0.0014

1 신규 고객이 S_u를 40으로 제시할 경우 부적합품률이 나올 확률을 구하시오.

2 **1**의 조건에 대해 공정능력지수(C_{pu})를 구하시오.

[풀이] **1** $= 3\left(\dfrac{\sigma_w}{\sqrt{n}}\right) = \dfrac{UCL - LCL}{2}$, $\quad 3\left(\dfrac{\sigma_w}{\sqrt{5}}\right) = \dfrac{41.4 - 14.6}{2}$, $\quad \sigma_w = 9.99$

$P_r(x = S_U) = P_r\left(\dfrac{x - \mu}{\sigma} = \dfrac{S_U - \bar{x}}{\sigma}\right) = P_r\left(Z = \dfrac{40 - 28}{9.99}\right) = P_r(Z = 1.20)$

$\quad\quad\quad\quad\quad = 0.1151$

2 $C_{pu} = \dfrac{S_U - \bar{x}}{3\sigma_w} = \dfrac{40 - 28}{3 \times 9.99} = 0.40$

958 2^4형의 요인 실험을 한 블록에 크기가 4인 블록 4개를 실험계획하여 블록과 ABC, BCD를 2중교락시키려고 한다.

1 정의대비(Defining Contrast)에 대하여 설명하시오.

2 Kempthorne의 방법에 의해서 L_1, L_2, L_3를 구하시오.

3 L_1과 L_3에 의해 실험계획을 작성하고, 배치한 후 주 블록을 표시하시오.

블록 1	블록 2	블록 3	블록 4
$L_1=0$, $L_3=0$	$L_1=0$, $L_3=1$	$L_1=1$, $L_3=0$	$L_1=1$, $L_3=1$

4 만약 L_2와 L_3에 의해 실험계획을 할 경우 **3**의 결과와 차이가 있는지 설명하시오.

[풀이] **1** 정의대비 $I = ABC = BCD = AD$

2 $L_1 = x_1 + x_2 + x_3 \pmod 2$
　$L_2 = x_2 + x_3 + x_4 \pmod 2$
　$L_3 = x_1 + x_4 \pmod 2$

3 $I = ABC = BCD = AD$일 때, L_1, L_2, L_3의 값

처리조합	A	B	C	D	L_1	L_2	L_3
(1)	0	0	0	0	0	0	0
a	1	0	0	0	1	0	1
b	0	1	0	0	1	1	0
ab	1	1	0	0	0	1	1
c	0	0	1	0	1	1	0
ac	1	0	1	0	0	1	1
bc	0	1	1	0	0	0	0
abc	1	1	1	0	1	0	1
d	0	0	0	1	0	1	1
ad	1	0	0	1	1	1	0
bd	0	1	0	1	1	0	1
abd	1	1	0	1	0	0	0
cd	0	0	1	1	1	0	1
acd	1	0	1	1	0	0	0
bcd	0	1	1	1	0	1	1
$abcd$	1	1	1	1	1	1	0

주 블록 표시

블록 1	블록 2	블록 3	블록 4
(1)	d	b	a
bc	ab	c	bd
abd	ac	ad	cd
acd	bcd	$abcd$	abc
$L_1=0$, $L_3=0$	$L_1=0$, $L_3=1$	$L_1=1$, $L_3=0$	$L_1=1$, $L_3=1$

4	블록 1	블록 2	블록 3	블록 4
	(1)	a	b	d
	bc	bd	c	ab
	abd	cd	ad	ac
	acd	abc	$abcd$	bcd
	$L_2=0,\ L_3=0$	$L_2=0,\ L_3=1$	$L_2=1,\ L_3=0$	$L_2=1,\ L_3=1$

블록 1과 블록 3은 동일하고, 블록 2와 블록 4는 다르다.

959 품질보증업무의 사전대책사항과 사후대책사항을 각각 5개씩 설명하시오.

풀이 (1) 품질보증의 사전대책사항
① 시장정보조사
② 기술연구
③ 고객에 대한 PR 및 기술지도
④ 품질설계
⑤ 공정능력 파악
⑥ 공정관리

(2) 품질보증의 사후대책사항
① 제품검사
② 클레임 처리
③ A/S, 기술서비스
④ 보증제도 실시
⑤ 품질검사

960 크로스비(Phlip B. Crosby)가 제시한 품질 향상을 위한 실천 14단계를 설명하시오.

풀이 (1) 최고경영자가 적극적으로 품질운동에 참여한다.
(2) 각 부서가 모두 참여하여 품질개선팀을 구성한다.
(3) 개선하고자 하는 모든 부문의 품질을 측정한다.
(4) 품질코스트 시스템을 개선하고 새롭게 품질코스트를 평가한다.
(5) 직원들에게 품질에 대한 인식을 고쳐시킨다.
(6) 문제를 파악하고 시정조치를 취한다.
(7) 무결점 프로그램을 실행하기 위한 특별위원회를 설치한다.

(8) 무결점 프로그램을 위해 직원들을 훈련시키고 교육시킨다.
(9) 무결점의 날을 선포한다.
(10) 구체적이고 측정 가능한 목표를 설정한다.
(11) 결점의 원인을 제거한다.
(12) 달성한 성과에 대해 보상한다.
(13) 품질개선팀의 팀장과 품질전문가들로 품질위원회를 구성한다.
(14) 위의 과정을 계속 되풀이 한다.

961 어떤 화학물의 전기분해 작업을 할 때 사용되는 첨가물의 양(x)과 수율(y)의 관계 데이터는 다음과 같다.

(단위 : 첨가물 g, 수율 %)

x(g)	2	3	4	4	3	5	7	9
y(%)	48	55	70	65	60	80	84	90

1 분산분석표를 작성하고 회귀관계를 검정하시오. (단, $F_{0.95}(1,6)=5.99$, $F_{0.95}(1,7)=5.59$)

요인	SS	DF	MS	F_0	$F_{0.95}$
회귀					
잔차					
합계					

2 분산분석표의 결과를 이용하여 상관계수를 구하시오.

3 첨가물의 양(x)에 대한 수율(y)의 직선회귀식을 구하시오.

[풀이] 1

x	2	3	4	4	3	5	7	9	$\sum x=37$	$\bar{x}=4.625$
y	48	55	70	65	60	80	84	90	$\sum y=552$	$\bar{y}=69$
x^2	4	9	16	16	9	25	49	81	$\sum x^2=209$	
y^2	2304	3025	4900	4225	3600	6400	7056	8100	$\sum y^2=39610$	
xy	96	165	280	260	180	400	588	810	$\sum xy=2779$	

$$S_{(xx)} = \sum x^2 - \frac{(\sum x)^2}{n} = 209^2 - \frac{(37)^2}{8} = 37.875$$

$$S_{(yy)} = \sum y^2 - \frac{(\sum y)^2}{n} = 39610^2 - \frac{(552)^2}{8} = 1522$$

$$S_{(xy)} = \sum xy - \frac{\sum x \sum y}{n} = 2779 - \frac{37 \times 552}{8} = 226$$

$$S_R = \frac{(S_{(xy)})^2}{S_{(xx)}} = \frac{226^2}{37.875} = 1,348.54$$

$$S_{(y/x)} = S_{(yy)} - S_R = 1,522 - 1,348.54 = 173.46$$

분산분석표 작성

요인	SS	DF	MS	F_0	$F_{0.95}$
회귀	1,348.54	1	1,348.54	54.42*	5.59
잔차	173.46	7	24.78		
T	1,522	8			

판정

$F_0 = 54.42 > F_{0.95}(1,7) = 5.59$ 이므로 H_0을 기각한다.

즉, 회귀직선은 유의하다.

2 결정계수 r^2을 이용

$$r^2 = \frac{S_R}{S_T} = \frac{1,348.54}{1,522} = 0.89$$

그리고, $\beta_1 = \frac{S_{(xy)}}{S_{(xx)}} = \frac{226}{37.875} = 5.967 > 0$ 이므로

$r = \sqrt{r^2} = \sqrt{0.89} = 0.94$

3 $\widehat{\beta_1} = \frac{S_{(xy)}}{S_{(xx)}} = \frac{226}{37.875} = 5.967$

$\hat{y} - \bar{y} = \widehat{\beta_1}(x - \bar{x})$ $\hat{y} - 69 = 5.967(x - 4.625)$

$\hat{y} = 5.967x + 41.40$

962
1급품, 2급품, 3급품의 생산비율이 종전에는 각각 0.5, 0.3, 0.2였다. 공정 개선 후의 생산비율이 달라졌는지를 알아보기 위해 공정 개선 후에 만들어진 제품 중에 200개를 랜덤하게 취해 분류해보니 1, 2, 3급품이 각각 150개, 40개, 10개였다. 공정개선 후의 생산비율이 종전과 같은지 위험률(α) 5%로 검정하시오.(단, $\chi^2_{0.95}(2) = 5.99$, $\chi^2_{0.975}(2) = 7.38$이다.)

[풀이] 동일성의 검정

(1) 가설의 설정
  $H_0 : P_1 = 0.5, \ P_2 = 0.3, \ P_3 = 0.2$
  $H_1 : P_1, \ P_2, \ P_3$이 각각 0.5, 0.3, 0.2가 아니다.

(2) 유의수준 설정
  $\alpha = 0.05, \ k = 3, \ n = 200$

(3) 검정통계량 계산

구분	1급품	2급품	3급품	합계
측정도수	150	40	10	200
가정된 확률	0.5	0.3	0.2	1.0
기대도수	$200 \times 0.5 = 100$	$200 \times 0.3 = 60$	$200 \times 0.2 = 40$	200
$\dfrac{(측정도수 - 기대도수)^2}{기대도수}$	$\dfrac{(150-100)^2}{100} = 25$	$\dfrac{(40-60)^2}{60} = 6.7$	$\dfrac{(10-40)^2}{40} = 22.5$	$54.2 = \chi^2_0$

(4) 기각역 설정

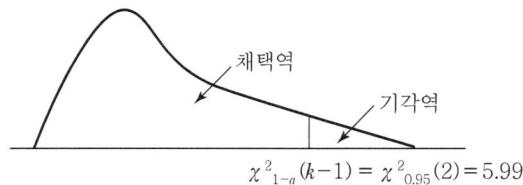

$\chi^2_{1-\alpha}(k-1) = \chi^2_{0.95}(2) = 5.99$

(5) 판정
  $\chi^2_0 = 54.2 > \chi^2_{0.95}(2) = 5.99$이므로 H_0 기각
  즉, 공정 개선 후 생산비율이 종전과 달라졌다고 할 수 있다.

963 스마트시대를 주도하고 있는 감성품질의 개념에 대하여 설명하시오.

풀이 (1) 감성품질은 소비자의 개성과 감성을 충족시키는 품질이라고 볼 수 있다.
(2) 예를 들면 자동차의 외관 도색은 단순한 부식 방지를 위한 기능에서 나아가 고객의 개성이나 감성을 고려한 색상을 채택하도록 추가 고려하는 것이 감성품질의 예이다.
(3) 감성품질 특성으로서 유용성, 사용편의성, 심미성, 자극성, 정체성 및 조화성 등이 강조된다고 볼 수 있다.

964 ISO 9001 : 2009 개정규격에서 요구하는 측정, 분석 및 개선의 기본요구사항을 5가지만 설명하시오.

풀이 (1) 일반사항
조직은 다음 사항에 필요한 모니터링, 측정, 분석 및 지속적 개선 프로세스를 계획하고 실행하여야 한다.
1) 제품요구사항의 적합성 실증
2) 품질경영시스템의 적합성 보장
3) 품질경영시스템의 효과성을 지속적으로 개선

(2) 모니터링 및 측정
1) 고객만족
조직은 품질경영시스템 성과 측정의 하나로 조직이 고객 요구사항을 충족시키는지에 대해 고객의 인식과 관련된 정보를 모니터링하여야 한다. 이 정보의 획득 및 활용에 대한 방법을 결정하여야 한다.

2) 내부심사
조직은 다음 사항을 결정하기 위하여, 계획된 주기로 내부심사를 수행하여야 한다.
a) 품질경영시스템이 계획된 결정사항, 이 표준의 요구사항, 그리고 조직이 수립한 품질경영시스템 요구사항에 적합한지 여부
b) 품질경영시스템이 효과적으로 실행되고 유지되는지의 여부
심사프로그램은 이전 심사의 결과뿐 아니라 심사 대상 프로세스 및 분야의 상태와 중요성을 고려하여 계획하여야 한다. 심사기준, 범위, 주기 및 방법을 규정하여야 한다. 심사원 선정 및 심사 수행에는 심사 프로세스의 객관성 및 공정성이 보장되어야 한다. 심사원은 자신의 업무에 대하여 심사를 수행하여서는 안 된다.
심사의 계획 및 수행 기록 수립, 결과보고에 대한 책임과 요구사항을 규정하기 위한 문서화된 절차를 수립하여야 한다.
심사와 심사결과 기록은 유지되어야 한다. 심사대상 업무에 책임을 지는 경영자는

발견된 부적합 및 원인을 제거하기 위한 모든 필요한 시정 및 시정조치가 적시에 취해질 수 있도록 보장하여야 한다. 후속조치는 취해진 조치의 검증 및 검증결과의 보고를 포함하여야 한다.

3) 프로세스의 모니터링 및 측정

조직은 품질경영시스템 프로세스에 대한 모니터링을 위하여 적절한 방법을 적용하여야 하며, 해당되는 경우, 품질경영시스템 프로세스에 대한 측정을 위하여 적절한 방법을 적용하여야 한다. 이 방법은 계획된 결과를 달성하기 위한 프로세스의 능력을 실증하여야 한다. 계획된 결과가 달성되지 못하였을 때, 해당되는 경우 시정 및 시정조치를 취하여야 한다.

4) 제품의 모니터링 및 측정

조직은 제품요구사항이 충족되었다는 것을 검증하기 위하여, 제품의 특성을 모니터링하고 측정하여야 한다. 이는 계획된 결정사항에 따라 제품실현 프로세스의 적절한 단계에서 수행되어야 한다. 또한 합격판정기준에 적합하다는 증거가 유지되어야 한다. 기록에는 고객에게 인도하기 위한 제품의 불출을 승인하는 인원(들)이 나타나야 한다. 관련된 권한을 가진 자가 승인하거나 해당되는 경우, 고객이 승인한 경우를 제외하고는 고객에게 제품을 불출하는 것과 서비스를 인도하는 것을 계획된 결정사항이 만족스럽게 완료되기 전에 진행하여서는 안 된다.

(3) 부적합 제품의 관리

조직은 의도하지 않은 사용 또는 인도를 방지하기 위하여, 제품 요구사항에 적합하지 않은 제품이 식별되고 관리됨을 보장하여야 한다. 부적합 제품의 처리에 대한 관리 및 관련된 책임과 권한을 규정하는 문서화된 절차가 수립되어야 한다.

적용 가능한 경우, 조직은 부적합 제품을 다음의 하나 또는 그 이상의 방법으로 처리하여야 한다.

1) 발견된 부적합의 제거를 위한 조치 실시
2) 관련된 권한을 가진 자 및 해당되는 경우, 고객에 의한 특채하에 사용, 불출 또는 수락을 승인
3) 본래 의도된 용도 또는 적용을 배제하는 조치의 실시
4) 부적합 제품이 인도 후 또는 사용이 시작된 후 발견되었을 경우, 조직은 부적합의 영향 또는 잠재적 영향에 대한 적절한 조치를 실시해야 한다. 부적합 제품은 시정될 경우 요구사항에 따른 적합성을 실증하기 위하여 재검증되어야 한다.

그리고 부적합의 상태 및 승인된 특채를 포함하여, 취해진 모든 후속조치에 대한 기록은 유지되어야 한다.

(4) 데이터의 분석

조직은 품질경영시스템의 적절성 및 효과성을 실증하고, 품질경영시스템의 효과성을 지속적으로 개선할 수 있는지를 평가하기 위하여 적절한 데이터를 결정, 수집 및 분석하여야 한다. 이는 모니터링 및 측정의 결과로 생성된 데이터 및 다른 관련 출처로부터 생성된 데이터를 포함한다.

다음에 관한 정보를 제공하기 위하여 데이터를 분석하여야 한다.

1) 고객만족
2) 제품 요구사항에 대한 적합성
3) 예방조치에 대한 기회를 포함한 프로세스 및 제품의 특성과 경향
4) 공급자

(5) 개선

1) 지속적 개선

조직은 품질방침, 품질목표, 심사결과, 데이터 분석, 시정조치 및 예방조치, 그리고 경영검토의 활용을 통하여 품질경영시스템의 효과성을 지속적으로 개선하여야 한다.

2) 시정조치

조직은 부적합의 재발 방지를 목적으로 부적합의 원인들을 제거하기 위한 조치를 취하여야 한다. 시정조치는 당면한 부적합의 영향에 대하여 적절하여야 한다.

문서화된 절차에는 다음 요구사항을 규정하여야 한다.

a) 부적합의 검토(고객불평 포함)
b) 부적합 원인의 결정
c) 부적합이 재발하지 않음을 보장하기 위한 조치의 필요성에 대한 평가
d) 필요한 조치의 결정 및 실행
e) 취해진 조치의 결과 기록
f) 취해진 시정조치의 효과성에 대한 검토

3) 예방조치

조직은 부적합의 발생을 방지하기 위하여 잠재적 부적합의 원인을 제거하기 위한 조치를 결정하여야 한다. 예방조치는 잠재적인 문제의 영향에 대하여 적절하여야 한다.

문서화된 절차에는 다음 요구사항이 규정되어야 한다.

a) 잠재적 부적합 및 그 원인 결정
b) 부적합의 발생을 방지하기 위한 조치의 필요성에 대한 평가
c) 필요한 조치의 결정 및 실행
d) 취해진 조치의 결과 기록
e) 취해진 예방조치의 효과성에 대한 검토

965 모집단에서 시료(표본)를 취할 때 모집단을 잘 대표할 수 있도록 가능한 랜덤(Random)하게 샘플링을 해야 한다. 샘플링 방법을 5가지로 분류하여 설명하시오.

[풀이] (1) 단순랜덤 샘플링
모집단의 모든 샘플링 단위가 동일한 확률로서 시료에 뽑힐 가능성이 있는 샘플링 방법

(2) 2단계 샘플링
1차로 로트를 랜덤으로 선택하고, 다시 2차로 각 로트에서 몇 개씩 취하는 샘플링 방법

(3) 층별 샘플링
로트를 몇 개 층으로 나누어, 각 층으로부터 시료를 취하는 샘플링 방법
(2단계 샘플링에서 1차 샘플링이 모든 층을 선택했을 때와 같다.)

(4) 취락 샘플링
1차로 로트 몇 개를 랜덤으로 선택하고, 선택된 로트 모두를 표본으로 취하는 샘플링 방법

(5) 계통 샘플링
시료를 시간적으로나 공간적으로 일정한 간격을 두고 취하는 샘플링 방법

966 어떤 금속의 인장강도를 향상시키기 위한 실험을 실시하려고 한다. 4인자 A, B, C, D가 인장강도에 영향을 줄 것으로 판단되어, 각각 2수준씩 선택한 후 $L_8(2^7)$직교배열표를 이용하여 실험을 실시한 결과 다음과 같을 때 각 물음에 답하시오.

실험번호	열번호							실험조건	특성치
	1	2	3	4	5	6	7		
1	0	0	0	0	0	0	0	$A_0B_0C_0D_0$	9
2	0	0	0	1	1	1	1	$A_0B_0C_1D_1$	12
3	0	1	1	0	0	1	1	$A_0B_1C_0D_1$	15
4	0	1	1	1	1	0	0	$A_0B_1C_1D_0$	8
5	1	0	1	0	1	0	1	$A_1B_0C_0D_1$	20
6	1	0	1	1	0	1	0	$A_1B_0C_1D_0$	16
7	1	1	0	0	1	1	0	$A_1B_1C_0D_0$	14
8	1	1	0	1	0	0	1	$A_1B_1C_1D_1$	13
기본표시	a	b	ab	c	ac	bc	abc		
실험배치	A	B		C			D		

❶ 교호작용 A×B의 배치열을 결정하고, 이 열에 교락되는 2인자 교호작용에 대하여 설명하시오.

❷ 주 효과 A를 구하고, 전체 변동(S_T)을 계산하시오.

❸ 주 인자 A, B, C, D와 교호작용 A×B만 배치하기로 하였다면 오차변동을 구하는 방법을 설명하시오.

[풀이] ❶ A×B 교호작용 1열 성분 a, 2열 성분 b

A×B가 나타나는 열은 $a \cdot b = ab$(3열)

C×D 교호작용 4열 성분 c, 7열 성분 abc

C×D가 나타나는 열은 $c \cdot abc = abc^2 = ab$(3열)

3열에 교락되는 2인자 교호작용은 C×D이다.

❷ 주 효과 = $\dfrac{1}{\dfrac{2^m}{2}}$[(1수준 데이터 합) − (0수준 데이터 합)]

주 효과 A = $\dfrac{1}{\dfrac{2^3}{2}}$[(20 + 16 + 14 + 13) − (9 + 12 + 15 + 8)] = 4.75

전체 변동(S_T) = $\sum x_i^2 - CT = \sum x_i^2 - \dfrac{(\sum x_i)^2}{n} = 1,535 - \dfrac{(107)^2}{8} = 103.875$

❸ $S_e = S_T - (S_A + S_B + S_{A \times B} + S_C + S_D)$

967 강건설계(Robust Design)의 개념과 방법을 간략히 설명하시오.

[풀이] (1) 개념

SN비를 최대화하는 파라미터의 수준을 찾는 것이 둔감성을 갖는 설계

(2) 방법

변동을 발생시키는 원인 자체를 직접 제거하지 않고 단지 변동의 원인이 끼치는 영향을 극소화함으로써 제품의 품질을 향상시키는 것

968 프로세스 맵핑(Process Mapping)의 개념과 필요성을 설명하시오.

풀이 (1) 개념

입력물을 가공하거나 처리하여 내·외부 고객을 위해 제품 및 서비스 정보산출 내용을 프로세스 단계별 그래픽으로 보여주는 것

(2) 필요성

매우 높은 수준에서 세부적인 수준까지 업무흐름을 살펴보는 데 사용될 수 있으며, 프로세스는 5M1E(Man, Method, Machine, Material, Measurement, Environment)나 4P(Policy, Procedure, Plant, People)의 집합이라 할 수 있음

969 가속수명시험(ALT ; Accelerated Life Test)에 대하여 설명하시오.

풀이 가속수명시험은 기계적 부하나 온도, 습도, 전압 등 사용조건(Stress)을 강화하여 고장시간을 단축시키는 수명시험으로 정상 사용조건을 n, 이때 고장시간을 t_n, 강화된 고장시간을 t_s라 할 때, 스트레스와 고장시간은 다음 그림과 같이 선형관계로 나타낼 수 있다.

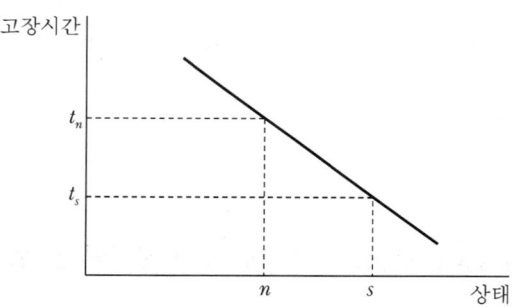

가속계수(AF ; Acceleration Factor)는 각 사용조건에서의 고장시간의 관계를 나타낸 상수 $AF = t_n/t_s$ 이다.

970 대용특성(Alternative Characteristic)의 의미와 필요성을 설명하시오.

풀이 (1) 의미

대용특성은 주 품질특성치와 상관관계가 높으면서 검사비용이 적게 소요되며, 쉽게 측정 가능한 품질특성을 선택하는 것이 바람직한데, 이때 측정대상이 되는 특성을 말한다.

(2) 필요성

제품에서 검사대상이 되는 주 품질특성치를 직접 측정하는 것이 불가능하거나 비용이 많이 소요되는 경우, 또는 측정 소요시간이 많이 소요되는 경우에 그 대용으로 사용

971 로트 허용 불량률(LTPD ; Lot Tolerance Percent Defective)에 대해 설명하시오.

풀이 LTPD는 로트 허용 불량률(RQL ; Rejectable Quality Level)로 소비자의 입장에서는 허용되지 않는 로트의 불량률이다. 이 경우 로트의 합격 확률은 낮다.

972 실험계획법에서 분할법(Split-Plot Design)에 대해 설명하시오.

풀이 실험 전체를 완전 랜덤화하는 것이 곤란한 경우 실험 전체를 몇 개의 단계로 나누어 확률화하는 실험형태로서 실험조건을 1단 또는 2단 이상으로 분할하는 방법이다.
원래 농사시험에서 각 지구를 다시 몇 개의 지구로 분할하여 거기에 다른 인자를 배치하기 위하여 고안되었다.

973 KS A ISO 2859-1(계수치 샘플링 절차)에서 아이템(Item)의 의미를 설명하시오.

풀이 개개로 기술하고 고려할 수 있는 것(물리적 아이템, 규정량의 원재료, 서비스 활동 또는 공정, 조직이나 사람 또는 이들의 일정 조합)

974 데이터는 명목척도(Nominal Scale), 순서척도(Ordinal Scale), 구간척도(Interval Scale) 및 비율척도(Ratio Scale)로 구분한다. 이 중 명목척도와 순서척도에 대해서 설명하시오.

풀이 (1) 명목척도

측정대상이 어느 집단에 속하는지 분류하는 경우에 사용하는 척도

예 성별(남, 여) 구분, 출생지(서울시, 경기도, …) 구분

(2) 순서척도

측정대상의 특성이 서열관계를 관측하는 척도로, 선택사항이 일정한 순서로 되어 있는 척도

예 한 상품에 대한 선호도 조사에 대한 질문서
(1. 아주 좋아한다, 2. 좋아한다, 3. 그저 그렇다, 4. 싫어한다, 5. 아주 싫어한다)

975 일차적 데이터를 얻을 때 사용하는 통계적 수집방법인 조사(Survey)와 실험(Experiment)에 대해 설명하시오.

풀이 (1) 조사

소규모의 하위집단에서 표본(Sample)을 추출하여 과학적이고 객관적인 방법으로 조사를 진행하여, 여기에서 도출한 분석결과를 바탕으로 상위집단인 모집단(Population)에 적용하여 모집단의 특징을 일반화하여 파악하려는 작업을 말한다.

(2) 실험

실험은 가설이나 이론이 실제로 들어맞는지를 확인하기 위해 다양한 조건 아래에서 여러 가지 측정을 실시하는 일이다. 지식을 얻기 위한 방법의 하나이다. 실험은 관찰(측정도 포함)과 함께 과학의 기본적인 방법의 하나이다. 다만, 관찰이 대상 그 자체를 있는 그대로 알아보는 일이라면, 실험은 어떤 조작을 가해 그에 따라 일어나는 변화를 조사하고 결론을 내는 방법이다.

976
AIDS 보균자 검사결과 다음과 같은 표를 얻었다. 검사를 받은 사람 중에 임의로 한 명을 선정하였을 때, 다음 확률을 구하시오.

구분	AIDS균 보균자	AIDS균 미보균자
양성반응	4,500	5,000
음성반응	100	90,000
계	4,600	95,000

1 선정한 사람이 미보균자일 때, 이 사람이 양성 반응을 보였을 확률
2 선정한 사람이 보균자일 때, 이 사람이 음성 반응을 보였을 확률

[풀이] **1** $\dfrac{500}{9,500} = 0.053$

2 $\dfrac{100}{4,600} = 0.022$

977
실험계획법 활용 시 인자와 수준의 정의(또는 개념)를 간략히 설명하고, 직교배열실험 $L_8 2^7$을 사용 시 실험배치 가능한 2수준 인자의 최대 개수를 구하시오.

[풀이] (1) 인자
실험에 영향을 미칠지도 모른다고 생각되는 것을 요인이라 하는데, 이들 요인들 가운데 특히 실험의 목적으로 선정된 요인을 인자라고 한다.

(2) 수준
실험의 목적으로 선정된 인자는 몇 단계로 나누어서 실험하게 되는데, 분해된 단계를 수준이라고 한다.

(3) 실험배치 가능한 2수준 인자의 최대 개수는 7

978
퍼센트 포인트(Percent Point)의 의미를 설명하시오.

[풀이] (1) 백분율로 나타낸 수치가 이전 수치에 비해 증가하거나 감소한 양을 말한다.
(2) 예를 들어 공장의 생산량이 50%에서 60%로 늘어났다면, 퍼센트로 20퍼센트, 퍼센트 포인트로는 10퍼센트 포인트 늘어난 것이다.

979 고립로트 검사용 한계품질(LQ) 지표형 샘플링 검사와 관련하여 다음을 설명하시오.

1 고립로트(Isolated lot)
2 한계품질(LQ ; Limiting Quality)

풀이
1 연속생산품이 아닌 단속생산제품(주문생산제품)을 말하며, 검사를 한 번만 실시하는 경우가 많고, 전환규칙을 적용할 수 없어 고립로트에 대한 LQ 지표형 샘플링 검사를 적용한다.
2 로트가 고립상태에 있다고 생각되었을 때, 샘플링 검사에서 합격 확률이 낮은 값으로 제재되는 듯한 품질수준

980 예방보전(PM ; Preventive Maintenance)과 관련된 아래 항목에 대하여 설명하시오.

1 예방보전의 개념 및 활동사항
2 정기보전(TBM ; Time Based Maintenance)
3 예지보전(CBM ; Condition Based Maintenance)

풀이
1 예방보전(PM ; Preventive Maintenance)
예정된 시기에 점검 및 시험 급유, 조정 및 분해정비(Overhaul), 계획적 수리 및 부분품 갱신 등을 하여, 설비 성능의 저하와 고장 및 사고를 미연에 방지함으로써 설비의 성능을 표준 이상으로 유지하는 보전활동

2 정기보전(시간기준보전)
돌발고장, 프로세스 트러블을 예방하기 위하여 정기적으로 설비를 검사, 정비, 청소하고 부품을 교환하는 보전활동

3 예지보전(상태기준보전)
고장이 일어나기 위순 부분에 진동분석장치, 광학측정기, 압력측정기, 온도측정기, 저항측정기 등 감도가 높은 계측장비를 연결하여 기계설비의 트러블을 예측함으로써 사전에 고장위험을 검출하는 보전활동으로 설비상태를 기준으로 함

981 신뢰성 설계와 관련하여 다음 내용에 대해 설명하시오.

1 설계단계에서의 신뢰성 향상방안을 6가지만 설명하시오.
2 고장 예방 설계기법을 4가지만 설명하시오.

[풀이]

1 1) 병렬 및 대기 리던던시 설계
   2) 부하의 경감을 위한 디레이팅 설계
   3) 제품의 단순화, 부분품화 및 표준화
   4) 고신뢰도 부품 사용
   5) 신뢰성 시험의 자동화
   6) 부품고장의 영향을 감소시키는 구조적 설계방안 강구

2 1) FMEA(Failure Mode and Effects Analysis) 및 FTA(Fault Tree Analysis)
       FMEA : 시스템이나 기계의 잠재 고장형태들과 이들의 영향을 조사해 고장이 나지 않
              도록 예방조치를 취하는 방법
       FTA : 고장원인은 인과관계를 정상사상으로부터 하향식으로 분석하는 방법

   2) WCCA(Worst Case Circuit Analysis)
      구성부품의 특성 산포가 제품기능에 미치는 영향을 파악하기 위한 구성부품이 가질 수
      있는 특성범위에서 최대값/최소값을 갖는 경우 제품의 성능이 정한 사양을 만족할 수
      있는지를 평가

   3) SCA(Sneak Circuit Analysis)
      제품의 논리적인 오류를 찾아내기 위하여 체계적으로 분석하는 방법

   4) 설계심사(Design Review)
      설계품질을 구현하기 위해서 계획된 제조, 수용, 설치, 사용, 보전 등의 프로세스에 대
      해서 객관적으로 여러 가지 지식을 모아서 평가하고, 개선점을 찾아서 이것을 제안하여
      다음 단계로 진행시킬 수 있다는 것을 확인하는 조직적인 평가 활동의 시스템

   5) TAAF(Test Analyze And Fix)
      신뢰성 분석 및 개선과정을 충분히 거쳐 예상되는 문제를 해결한 후 신제품을 만들어
      시험하고, 고장이 발생하는 경우 원인을 분석하여 개선

982 아래에 주어진 Data를 기준으로 질문에 답하시오. (단, 규격 : $6 \pm \frac{1}{2}$)

LOT NO.	#1	#2	#3	#4	#5
x_1	5.5	6.5	3.8	4.5	6.5
x_2	4.7	6.4	3.4	4.5	6.4
x_3	5.3	6.5	3.7	4.4	6.2

1 단기 표준편차와 장기 표준편차를 각각 구하시오. (단기 표준편차는 R(범위)을 이용할 것, $n=3$인 경우 $d_2=1.693$, $n=15$인 경우 $d_2=3.472$)

2 단기 공정능력지수인 C_p, C_{pk}와 장기 공정능력지수인 P_p, P_{pk}를 구하고 이를 해석하시오.

[풀이] 1 1) 단기 표준편차

$$\overline{R} = \frac{\sum R}{k} = \frac{(0.8+0.1+0.4+0.1+0.3)}{5} = 0.34$$

$$\sigma_W = \frac{\overline{R}}{d_2} = \frac{0.34}{1.693} = 0.20$$

2) 장기 표준편차

$$\sigma_T = \sqrt{\sigma_b^2 + \sigma_w} = \sqrt{\frac{\sum(x_i - \overline{x})^2}{n-1}} = \sqrt{\frac{\left[427.09 - \frac{(78.3)^2}{15}\right]}{15-1}} = 1.15$$

2 1) 단기 공정능력지수

$S_U = 7$, $S_L = 4$, $\overline{x} = 5.22$, $\sigma_W = 0.20$

$$C_p = \frac{S_U - S_L}{6\sigma_w} = \frac{7-4}{6 \times 0.20} = 2.50$$

$$k = \frac{|M - \overline{X}|}{\frac{T}{2}} = \frac{|5.5 - 5.22|}{\frac{3}{2}} = 0.19$$

$$C_{pk} = (1-k)C_p = (1-0.19) \times 2.50 = 2.03$$

위의 결과에서 C_p, C_{pk} 모두 0등급으로 공정능력이 매우 우수

2) 장기 공정능력지수

$S_U = 7$, $S_L = 4$, $\overline{x} = 5.22$, $\sigma_T = 1.15$

$$P_p = \frac{S_U - S_L}{6\sigma_T} = \frac{7-4}{6 \times 1.15} = 0.43$$

$$k = \frac{|M - \overline{X}|}{\frac{T}{2}} = \frac{|5.5 - 5.22|}{\frac{3}{2}} = 0.19$$

$$P_{pk} = (1-k)P_p = (1-0.19) \times 0.43 = 0.35$$

위의 결과에서 P_p, P_{pk} 모두 4등급으로 공정능력이 매우 부족

983 COPQ(Cost Of Poor Quality)를 Q-Cost와 비교하여 설명하시오.

[풀이] (1) COPQ(Cost Of Poor Quality) : 저품질비용으로 종래 COQ(Cost Of Quality)의 품질비용이라는 용어를 대체하고 있다. 종래의 품질비용이라는 용어가 품질을 높이기 위해서 발생되는 비용이라는 인상을 주기 때문에 품질을 높이려면 비용이 더 많이 든다고 오해하게 만든다는 의식에서 비롯되었다. 최초에 올바르게 하면 품질도 좋아지고 비용도 줄어든다는 것을 효과적으로 전달하기 위해서는 품질이 좋지 못해서 발생하는 비용이라는 의미의 저품질비용(COPQ)을 사용하는 것이 좋다.

(2) Q-Cost : 품질비용에 대한 전반적인 개념은 주란박사에 의해 처음 소개되었지만 오늘날 널리 이용되고 있는 PAF 모델은 파이겐바움이 제시한 것이다. 총품질비용은 생산자품질비용, 사용자품질비용, 사회품질비용으로 구분되어지는데 일반적으로 품질비용을 말할 때는 생산자품질비용을 의미한다. 이에 속하는 공급자품질비용과 자본품질비용은 간접품질비용으로 현실적으로 측정이 쉽지 않고, 또한 평가기준이 분명하지 않은 관계로 적용에 어려움이 있으며 이와 같은 비용을 Hidden Cost(잠재된 비용)라고 하며 총품질비용의 약 80%를 차지하고 있다고 추정되고 있다. 따라서 보편적으로 적용되고 있는 것은 운영품질비용이며 예방비용, 평가비용, 실패비용(내부, 외부실패비용)으로 구분되어 진다.

984 관리도상에서 군(Group)의 의미와 군 구분 시 고려사항에 대하여 설명하시오.

[풀이] (1) **군 구분의 의미** : 군 구분은 데이터를 몇 개의 그룹으로 만드는 것으로, 데이터 산출 기간이 짧으면 해당 로트 내 표준편차가 전체의 표준편차보다 관리상태에 있는 표준편차 값이 얻어진다. 반대로 데이터 산출 기간이 길면 공정이 변화하기 때문에 관리상태가 무너지고 이상원인이 생길 기회가 증가한다.

(2) **군 구분 시 고려사항**
① 군내변동은 되도록 우연원인에 의한 산포만으로 나타나게 한다.
② 군간변동은 되도록 이상원인으로 나타나게 한다.
③ 군간변동은 되도록 크게 한다.

985 AOQ(Average Outgoing Quality)와 AOQL(Average Outgoing Quality Limit)에 대하여 도표를 사용하여 설명하시오.

풀이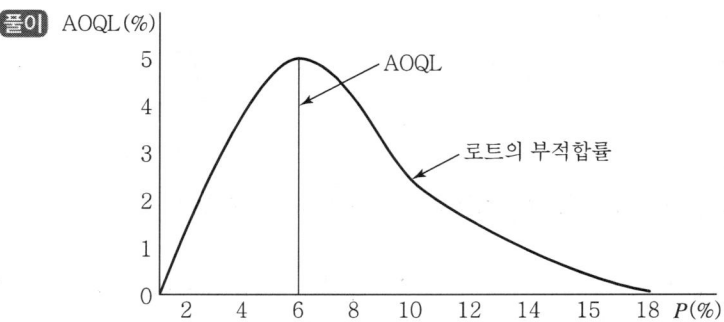

부적합 판정을 받아 전수검사를 거친 로트는 부적합품이 완전하게 제거되므로 전수선별을 거치지 않고 합격한 로트가 포함되었다 하더라도 이들의 평균부적합률은 검사 전의 부적합품률에 비하여 낮아지는데 이러한 검사 후의 평균부적합률을 AOQ(평균출검품질)라 하고, 최대값을 AOQL(평균출검품질한계)이라 한다.

986 매스 커스터마이제이션(Mass Customization)의 개념과 목적을 설명하시오.

풀이 대량생산을 의미하는 매스 프로덕션(Mass Production)과 개별대응을 의미하는 커스터마이제이션(Customization)의 합성어이다.

매스 커스터마이제이션은 1987년 Davis의 저서 "Future Perfect"에서 최초로 등장한 이래, 1990년에 Pine 등에 의해 개념의 정치화가 시도되어 왔다.

Davis는 장래 개발될 높은 기술력이 제품, 시장, 기업조직에 대한 매스 커스터마이즈화 활동의 가능성을 촉진할 것을 제안하고, 매스 커스터마이제이션은 기민(Agile)하고 유현하게 통합된 고차원의 비즈니스 프로세스를 활용하여, 모든 고객에 대해서 개별로 설계된 제품, 서비스를 공급하는 능력이라고 파악하였다.

Pine은 매스 커스터마이제이션을 효율성, 유효성, 저코스트를 희생하는 일 없이, 고객마다 그 욕구와 니즈를 발견하여 만족시키는 것을 가능하게 하는 전략이라고 하여, '비즈니스 경쟁의 새로운 방법'으로서 가장 넓은 의미로 파악하였다.

즉, 매스 커스터마이제이션이란, "고도의 생산시스템이나 정보기술을 활용하여, 표준제품의 대량생산과 동등한 효율성을 유지하면서 제품, 서비스를 개별 고객에게 커스텀화하는 비즈니스 프로세스이다."라고 말할 수 있다.

기업은 고객 개개의 이질적인 니즈를 충족시키기 위해서, 최근에 더욱 발전을 계속하고 있는 고도의 생산시스템과 정보기술을 활용함으로써, 표준제품과 동등한 코스트, 품질, 스피드,

커스텀화 제품을 공급하는 것이 요구되고 있다.

즉, 표준화 제품으로는 만족시킬 수 없는 결코 일치하는 일이 없는 고객의 개별 니즈의 충족이 매스 커스터마이제이션의 목적이다.

987 DFMA(Design For Manufacture and Assembly)와 VRP(Variables Reduction Program)에 대한 개념과 각각의 차이점에 대하여 설명하시오.

풀이 (1) DFMA
① 조립성을 위한 설계라는 개념으로 알려진 기법이다. 이는 모든 조립에 걸리는 공수를 분석한 결과 조립의 난이도에 따라서 조립시간이 차이가 많다는 것을 착안하여 보다 용이한 조립방법을 검토하는 것이다.
② 인접한 두 개의 부품이 재질이 같아도 되고 상대운동을 하지 않으며, 통합할 경우 분해와 조립 시에 문제가 발생하지 않는다면 통합하라는 권고안부터 시작하여 모든 조립은 Top Down방식으로 추진하면 조립이 용이하다는 등의 체크리스트를 활용하는 것이다.
③ Good Design은 기본 기능 부품만으로 이루어진 설계라고 가정하고 이에 근접하도록 모든 설계를 재검토하여 아이디어를 도출하는 것이 특징이다. 또한 기본기능이라도 이를 가공 및 조립하는 공수를 최소화시키기 위해서는 어떻게 하여야 하는가를 검토하는 것이다.

(2) VRP
① VRP 기법은 부품 수 반감법이라고 알려져 왔다. 원가를 절감하는 방법으로 부품 수라는 특성치를 검토할 수 있는데, 부품 수가 줄어들면, 제조원가는 어떻게 될 것인가라는 관점에서 검토하면 일반적으로 재료비는 약간 감소하지만 가공비와 조립비의 경우 투입공 수의 삭감이 부품 수 삭감과 비례하여 줄어들 것이라고 기대할 수 있다.
② 특히 조립의 경우 부품을 체결하고 결합하는 것이 조립작업이기에 부품 수가 50% 줄어들면, 조립공 수도 50% 줄어든다고 기대할 수 있다.
③ VRP 기법은 부품 수를 줄여서 다양성(Variety)을 감소(Reduction)시키는 기법(Program)이다. 이 기법에서는 부품 수를 삭감하기 위하여 5가지 분석을 사용한다.
④ 5가지 분석은 1) 고정화와 표준화와 공통화에 대한 개념, 2) 편집설계(Module)에 대한 개념, 3) 다기능화에 대한 개념, 4) 범위화(Range)에 대한 개념, 5) 시리즈(Series)화에 대한 개념이다.

(3) 차이점
VRP 기법에서는 부품 수를 반으로 줄이기 위해서는 어떻게 하여야 하는가를 검토한다면, DFMA 기법에서는 기본 기능만으로 설계할 수는 없는 것인가와 공수를 최소화하는 방법은 무엇인가를 분석한다.

988 망소특성치인 마모량을 감소하기 위한 인자 간의 최적조건을 선정하기 위하여 2^2요인 실험을 4번 반복하여 실험을 실시한 결과는 아래와 같다. 다음 물음에 답하시오.

구분		A_0	A_1	합계
B_0		11	72	333
		10	85	
		8	78	
		7	62	
B_1		16	20	155
		14	27	
		18	28	
		13	19	
합계		97	391	488

1 각 인자의 효과와 교호작용의 효과를 각각 구하시오.

2 아래의 분산분석표를 완성하고 결론을 제시하시오. (잔차분석결과 특이사항은 발견되지 않았음)

$F_{0.95}(1,11) = 4.84$, $F_{0.99}(1,11) = 9.65$, $F_{0.95}(1,12) = 4.75$, $F_{0.99}(1,12) = 9.33$,
$F_{0.95}(2,11) = 3.98$, $F_{0.99}(2,11) = 7.21$

SOURCE	DF	SS	MS	F_0
A	1			
B	1			
$A*B$		3,249.0		
ERROR		374.5		
TOTAL	15	11,006.0		

3 주 효과 그림과 교호작용 그림을 작성하여 최적조건을 결정하시오.

[풀이] **1** $T_{00.} = 36$, $T_{10.} = 297$, $T_{01.} = 61$, $T_{11.} = 94$

효과 $= \dfrac{1}{2^{n-1}r}[(1수준 데이터 합) - (0수준 데이터 합)]$

$A = \dfrac{1}{2^{2-1} 4}(391 - 97) = \dfrac{294}{8} = 36.75$

$$B = \frac{1}{2^{2-1}4}(155-333) = \frac{-178}{8} = -22.25$$

$$A \times B = \frac{1}{2^{2-1}4}[(94+36)-(61+297)] = -28.5$$

2 1) 변동의 계산

$$변동 = 2^{n-r}r(주\ 효과)^2 = \frac{1}{2^n r}[(1수준\ 데이터\ 합)-(0수준\ 데이터\ 합)]^2$$

$$S_A = 2^{2-2}4(36.75)^2 = 5,402.25$$
$$S_B = 2^{2-2}4(-22.25)^2 = 1,980.25$$
$$S_C = 2^{2-2}4(-28.5)^2 = 3,249$$
$$S_T = \sum\sum\sum x_{ijk}^2 - CT = (11^2 + \cdots + 19^2) - \frac{488^2}{(2\times 2\times 4)}$$
$$= 25,890 - 14,884 = 11,006$$
$$S_e = S_T - (S_A + S_B + S_{A\times B}) = 11,006 - (5,402.25 + 1,980.25 + 3,249) = 374.5$$

2) 분산분석표 작성

요인	SS	DF	MS	F_0	$F_{0.95}$	$F_{0.99}$
A	5,402.25	1	5,402.25	173.09	4.75	9.33
B	1,980.25	1	1,980.25	63.45	4.75	9.33
$A\times B$	3,249	1	3,249	104.10	4.75	9.33
e	374.5	12	31.21			
T	11,003	15				

위의 결과에서 인자 A, B 및 교호작용 $A\times B$ 모두 유의하다.

3 A, B 주 효과 및 $A\times B$ 교호작용 효과

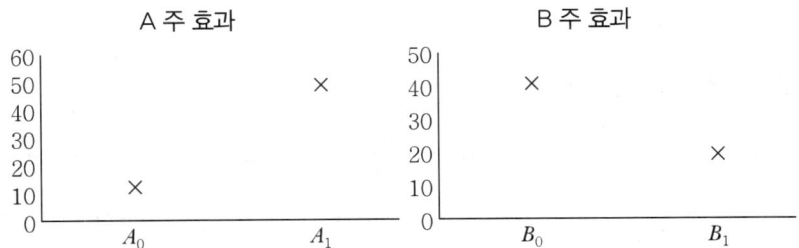

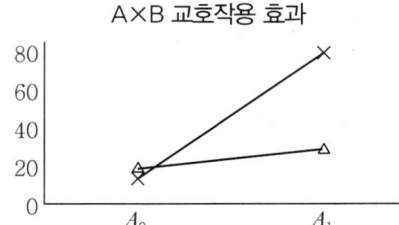

A×B 교호작용 효과

인자 A, B 및 $A \times B$ 모두 유의하므로 $\hat{\mu}(A_i B_j)$의 점추정치는
$\hat{\mu}(A_i B_j) = \mu + a_i + b_j + (ab)_{ij} = \overline{x}_{ij.}$ 이고,

$\overline{x}_{00.} = \frac{36}{4} = 9$, $\overline{x}_{10.} = \frac{297}{4} = 74.25$, $\overline{x}_{01.} = \frac{61}{4} = 15.25$, $\overline{x}_{11.} = \frac{94}{4} = 23.5$ 중에서

망소 특성치이므로, 가장 작은 값 $\overline{x}_{00.} = 9$이다.

따라서 최적수준조합은 $A_0 B_0$이며, 이때의 95% 신뢰구간을 추정하면 다음과 같다.

※ $t_{1-\alpha/2} = \sqrt{F_{1-\alpha}(1, \nu)} = \sqrt{F_{0.95}(1, 12)} = \sqrt{4.75} = 2.18$

$$\mu(A_0 B_0) = \overline{x_{00.}} \pm t_{1-\alpha/2}(\nu) \sqrt{\frac{V_e}{r}}$$

$$= \overline{x_{00.}} \pm \sqrt{F_{0.95}(1, 12)} \sqrt{\frac{31.21}{4}} = 9 \pm (2.18)\sqrt{\frac{31.21}{4}}$$

$$= 9 \pm 6.09 (2.91, 15.09)$$

989 정규모집단에서 추출한 다음 표본을 이용하여 모분산에 대한 95% 신뢰구간을 구하시오.
(단, $\chi^2_{0.025}(10) = 3.25$, $\chi^2_{0.975}(10) = 20.48$, $\chi^2_{0.025}(9) = 2.70$, $\chi^2_{0.975}(9) = 19.02$, $\chi^2_{0.05}(10) = 3.94$, $\chi^2_{0.95}(10) = 18.31$, $\chi^2_{0.05}(9) = 3.33$, $\chi^2_{0.95}(9) = 16.92$)

> 2.9, 2.5, 3.4, 3.0, 2.8, 2.9, 3.1, 3.5, 3.3, 2.9

풀이 한 개의 모분산에 관한 추정

$$S = \sum x^2 - \frac{(\sum x)^2}{n} = 92.63 - \frac{(30.3)^2}{10} = 0.821 \quad n = 10 \quad \nu = 9$$

$$\frac{S}{\chi^2_{1-\alpha/2}(\nu)} \leq \sigma^2 \leq \frac{S}{\chi^2_{\alpha/2}(\nu)} = \frac{0.821}{\chi^2_{0.975}(9)} \leq \sigma^2 \leq \frac{0.821}{\chi^2_{0.025}(9)}$$

$$\frac{0.821}{19.02} \leq \sigma^2 \leq \frac{0.821}{2.70} = 0.04 \leq \sigma^2 \leq 0.30$$

990 KS Q ISO 9000 : 2007(품질경영시스템 – 기본사항 및 용어)에서 사용되는 문서의 형태에 대해 설명하시오. 또한 문서화의 정도와 사용될 매체는 무엇으로 결정되는지 설명하시오.

풀이 (1) 문서의 형태
  ① 조직의 품질경영시스템에 대하여 내부 및 외부적으로 일관성 있는 정보를 제공하는 문서 : 그러한 문서를 품질매뉴얼(Quality Manuals)이라고 한다.
  ② 품질경영시스템이 어떻게 특정 제품, 특정 프로젝트 또는 특정 계약에 적용되는지를 기술한 문서 : 그러한 문서를 품질계획서(Quality Plans)라고 한다.
  ③ 요구사항을 명시한 문서 : 그러한 문서를 시방서(Specifications)라고 한다.
  ④ 권고 또는 제안사항을 명시하는 문서 : 그러한 문서를 지침(Guidelines)이라고 한다.
  ⑤ 활동과 프로세스를 일괄되게 수행하기 위한 방법에 대한 정보를 제공하는 문서 : 그러한 문서는 절차서(Documented Procedures), 업무지침서(Work Instructions), 도면(Drawings)을 포함할 수 있다.
  ⑥ 수행된 활동 또는 달성된 결과에 대한 객관적 증거를 제공하는 문서 : 그러한 문서를 기록(Records)이라고 한다.

(2) 문서화의 정도와 사용될 매체
  각 조직은 요구되는 문서화의 정도와 사용될 매체를 결정한다. 문서화의 정도와 사용될 매체는 조직의 형태 및 규모, 프로세스의 복잡성 및 상호작용, 제품의 복잡성, 고객 요구사항, 관련 규제 요구사항, 조직원의 실증된 능력, 그리고 품질경영시스템 요구사항의 충족을 실증하는 데 필요한 정도와 같은 요인에 따라 결정된다.

991 Phlip Crosby의 품질경영 성숙도 모델 5단계는 불확실성(Uncertainty), 인지(Awakening), 이해(Enlightenment), 지혜(Wisdom), 확신(Certainty) 단계로 되어 있다. 이에 대하여 설명하시오.

풀이

구분	경영진 이해 및 태도	품질조직	문제해결	매출대비 품질비용	품질개선 활동	회사품질 현황
1단계 불확실성	• 품질 이해 부족 • 품질문제, 품질조직 질책	• 품질은 프로젝트의 문제 • 조직적인 인스펙션 없음, 평가 강조	• 문제발생 해결책 없고 대처 부적절 • 책임전가	• 보고 : 없음 • 실제 : 20%	• 조직적 활동 없음 • 활동에 대한 이해 못함	• 품질문제 이해 못함
2단계 인지	• 품질의 필요인식 • 투자 실행 망설임	• 강력한 품질관리자 임명 • 평가와 제품 위주, 프로젝트의 일임	• 주요 문제해결을 위한 팀 구성 • 장기적인 솔루션 파악 안 됨	• 보고 : 3% • 실제 : 18%	• 단기적인 품질 활동	• 품질관리가 정말 필요한가?
3단계 이해	• 품질관리 이해 • 지원 및 도움	• 품질부서가 최고 경영진에 보고 • 모든 평가 취합, 품질리더 경영진 포함	• 개선활동 의사소통체계 구축 • 문제공유, 순차적 해결	• 보고 : 8% • 실제 : 12%	• 정확한 이해와 확정에 의한 다단계 프로세스 이행	• 경영진 지원하에 문제 파악, 해결
4단계 지혜	• 참여, 품질관리 제대로 이해 • 개인역할 인식	• 품질관리자가 회사의 대표자 • 효과적인 현황보고 및 예방활동 수립	• 문제 초기 파악 • 제안과 개선활성화	• 보고 : 6.5% • 실제 : 8%	• 지속적인 다단계 프로세스 적용 • 극적, 예방적인 품질활동	• 결함예방이 일상적인 활동임
5단계 확신	• 품질관리 회사 시스템 핵심 영역	• 품질관리자 이사회 멤버 • 예방이 주요 관심사, 품질이 리더	• 아주 예외적인 경우를 제외하고 결함예방	• 보고 : 2.5% • 실제 : 2.5%	• 일상적이며, 지속적인 품질활동	• 품질문제가 왜 없는지를 안다.

992 도금 두께의 최적화를 위하여 2수준인 3개의 제어인자와 측정위치를 잡음인자로 하여 실험을 실시한 결과는 아래와 같다. 다음 물음에 답하시오.

(도금 두께의 규격 : 15.2±0.1)

NO.	A	B	C	도금 두께				SN비	평균
				위치 1	위치 2	위치 3	위치 4		
1	1	1	1	15.00	15.04	15.20	15.26	41.67	15.125
2	1	2	2	15.24	15.28	15.30	15.35	50.48	15.293
3	2	1	2	15.12	15.14	15.15	15.18		15.148
4	2	2	1	15.20	15.24	15.30	15.35	47.28	15.273

❶ 3번 실험에 대한 SN비를 계산하시오.
❷ 산포를 감소하고 목푯값을 확보하기 위한 조건으로 $A_2B_2C_2$로 결정하였다. 이 조건에서의 SN비와 도금 두께의 평균을 추정하시오.
❸ 문항 ❷에서 추정한 값으로 공정능력을 계산하고 우수성을 판단하시오.

풀이 ❶ 3번 실험에 대한 SN비

평균 : 15.148, 표준편차 : 0.025

$$\text{SN비} = 20\log\left(\frac{\bar{y}}{s}\right) = 55.65$$

❷ 1) $A_2B_2C_2$에서의 SN비

A열 2수준 = (55.65 + 47.28) = 102.93
B열 2수준 = (50.48 + 47.28) = 97.76
C열 2수준 = (50.48 + 55.65) = 106.13

2) $A_2B_2C_2$에서의 도금 두께 평균 추정

$$\mu(A_2B_2C_2) = \widehat{\mu + a_2 + b_2 + c_2} = \widehat{\mu + a_2} + \widehat{\mu + b_2} + \widehat{\mu + c_2} - 2\hat{\mu}$$

$$= \left(\frac{15.148 + 15.273}{2}\right) + \left(\frac{15.293 + 15.273}{2}\right) + \left(\frac{15.293 + 15.148}{2}\right) - 2\left(\frac{60.839}{4}\right)$$

$$= (15.211 + 15.283 + 15.221) - 30.420 = 15.295$$

❸ $S_U = 15.3$, $S_L = 15.1$, $s = 0.025$

$$C_p = \frac{S_U - S_L}{6s} = \frac{15.3 - 15.1}{6 \times 0.025} = 1.33 \text{ (1등급) 공정능력이 충분}$$

993 계측기의 정밀도와 재현성을 평가하기 위해 규격이 30±4mm인 제품의 두께에 대해서 10개의 시료를 채취하여 3명의 측정자가 각각 2회씩 반복하여 제품의 치수를 측정한 결과, 총 평균범위 $\bar{\bar{R}}=0.5$, 측정자 간 평균치 차이 $\bar{X}_{Diff}=1.2$로 계산되었다. 아래의 질문에 답하시오.

반복수	2	3	측정자수	2	3
K_1	4.566	3.0421	K_2	3.652	2.696

1 EV(Equipment Variation-반복성)와 %EV를 계산하시오.
2 AV(Appraiser Variation-재현성)과 %AV를 계산하시오.
3 Gage R&R 값과 %Gage R&R을 계산하고 계측시스템의 합격 여부를 판단하시오.
  (단, % Gage 합격은 20% 이내로 함)

[풀이] **1** $EV = \bar{\bar{R}} \times k_1 = 0.5 \times 4.566 = 2.283$

$$\%EV = 100\left(\frac{EV}{공차}\right) = 100\left(\frac{2.283}{8}\right) = 28.5375\%$$

2 $AV = \sqrt{(\bar{x}_{Diff} \times k_2) - \left(\frac{EV^2}{nr}\right)} = \sqrt{(1.2 \times 2.696) - \left(\frac{2.283^2}{2 \times 10}\right)} = 1.725$

$$\%AV = 100\left(\frac{AV}{공차}\right) = 100\left(\frac{1.725}{8}\right) = 21.5625\%$$

3 $R\&R = \sqrt{EV^2 + AV^2} = \sqrt{2.283^2 + 1.725^2} = 2.861$

$$\%R\&R = 100\left(\frac{RR}{공차}\right) = 100\left(\frac{2.861}{8}\right) = 35.7625\% \text{ (불합격 : 측정시스템 개선 필요)}$$

994 반응표면분석(Response Surface Methodology) 실험 계획이 요인배치법에 비해 어떤 장점이 있는지 설명하시오.

[풀이] 반응표면분석에서는 반응표면에 대한 적절한 통계모형을 가정하고, 독립변수의 여러 조건에서 실험을 수행하여 데이터를 얻은 후에 회귀분석을 통하여 반응표면을 추정한다.
  (1) 추정된 반응표면식을 이용하여 독립변수의 변화에 따른 반응변수의 변화 정도를 분석하는 민감도 분석을 할 수 있다.
  (2) 반응변수를 최대화 또는 최소화하는 독립변수의 수준조합을 찾아내어 제품 및 공정의 최적화를 꾀할 수 있다.

995 현장 공정 개선을 위한 4대 원칙인 ECRS에 대하여 각각 설명하시오.

풀이 (1) E(Eliminate : 생략과 배재의 원칙)

불필요한 공정이나 작업을 배제하거나 생략할 수 있다면 최고의 개선을 하는 것이므로, 모든 개선에 있어서 가장 먼저 생각하고 적용할 것이 요구되는 원칙

(2) C(Combine : 결합과 분리의 원칙)

공정이나 치공구, 부품, 재료, 금형 등의 결합으로 좀 더 간단하고 단순화된 형태로 접근할 수 있다면, 결합에 따른 새로운 생략도 가능할 것임

(3) R(Rearrange : 재편성과 재배열의 원칙)

공정이나 작업의 순서를 변경하거나 재배열하여 개선할 수도 있으며, 이 과정에서 새로운 생략이나 결합의 가능성이 생기게 됨

(4) S(Simply : 단순화의 원칙)

공정이나 작업, 수단, 방법 등을 간단하고 용이하게 하거나 이동거리를 짧게, 중량을 가볍게 하는 등의 단순화

996 설계검토(Desing Review)를 실시할 경우 얻을 수 있는 효과 5가지를 설명하시오.

풀이 (1) 신뢰성의 보증
(2) 제조원가의 절감
(3) 서비스 부품의 감소
(4) 개발 스케줄의 단축
(5) 설계 자료의 문서화

997 누적합(CUSUM) 관리도를 슈하르트(Shewhart) 관리도와 비교하여 장단점을 설명하시오.

풀이 (1) 누적합(CUSUM) 관리도의 장점은 적은 비용으로 슈하르트(Shewhart) 관리도 이상의 효율을 얻을 수 있다는 것이다.

(2) 이것은 공정평균에 갑작스런 변화가 일어나서 변화가 계속될 때, 누적합 관리도는 슈하르트 관리도보다 변화를 더 빨리 검출할 뿐만 아니라, 변화의 정도가 그다지 크지 않을 때에도 변화를 더 민감하게 검출해 낼 수 있는 반면 복잡한 이론체계로 인하여 사용의 편리성이 떨어진다.

998 AHP(Analytic Hierarchy Process : 계층구조 분석법)의 정의와 활용목적에 대하여 설명하시오.

풀이 (1) 정의

의사결정의 목표 또는 평가기준이 다수이며 복합적인 경우, 이를 계층화해 주요 요인을 이루는 세부 요인들로 분해하고, 이러한 요인들의 상대비교를 통해 중요도를 산출하는 기법으로, 직관적으로 다수의 속성들을 계층적으로 분류하여 각 속성의 중요도를 파악함으로써 최적 대안을 선정하는 기법

(2) 활용 목적

의사결정요소들의 속성과 그 측정척도가 다양한 다기준 의사결정문제에 효과적으로 적용되어 의사결정자가 선택할 수 있는 여러 가지 대안들을 체계적으로 순위화시키고, 그 가중치를 비율척도로 도출하는 방법을 제시하며 주로 공항, 지하철, 도로 등 기반시설 사업의 타당성 여부를 판별하는 데 쓰인다.

999 미국의 '말콤볼드리지상', 일본의 '경영품질상' 및 우리나라의 '국가품질상'의 심사기준을 비교 설명하시오.

풀이 심사기준 비교

미국 말콤볼드리지상	일본 경영품질상	한국 국가품질상
1. 리더십 2. 전략기획 3. 고객 중시 4. 측정, 분석 그리고 지식경영 5. 인적 자원 중시 6. 프로세스 경영 7. 경영성과	1. 경영비전과 리더십 2. 고객 및 시장의 이해와 대응 3. 전략의 책정과 전개 4. 인재개발과 학습환경 5. 프로세스 관리 6. 정보의 공유화와 활용 7. 기업활동의 성과 8. 고객만족	1. 리더십 2. 전략기획 3. 고객과 시장 중시 4. 측정, 분석, 지식경영 5. 인적 자원 중시 6. 프로세스 관리 7. 경영성과

PART 08

1000 KS Q ISO 9001 : 2009 8.5.2항 시정조치에서 언급한 문서화된 절차에 포함되어야 할 요구사항 6가지를 설명하시오.

풀이 (1) 부적합의 검토(고객불만 포함)
(2) 부적합 원인의 결정
(3) 부적합이 재발하지 않음을 보장하기 위한 조치의 필요성에 대한 평가
(4) 필요한 조치의 결정 및 실행
(5) 취해진 시정조치의 결과 기록
(6) 취해진 시정조치의 효과성에 대한 검토

1001 고객만족경영(CSM)과 관련된 다음에 제시된 용어의 차이를 비교 설명하시오.

1 고객일치
2 고객만족
3 고객감동

풀이 **1** 사용가치와 기대가치가 부합한 상태(사용가치 = 기대가치)
2 사용가치가 기대가치보다 높은 상태(사용가치 > 기대가치)
3 사용가치가 기대가치보다 현저히 높은 상태(사용가치 > 기대가치)

1002 아이디어 창출과 정보의 조직적 조합을 위한 방법으로 Kawakita Jiro가 개발한 KJ법의 추진단계를 5단계로 구분하여 설명하시오.

풀이 KJ법은 1964년 '파티학'이라는 저서에서 중지를 모으는 방법과 팀워크를 실제, 그리고 다수의 다양한 이질데이터를 통합하여 새로운 가설 발견을 위한 데이터 처리법으로 처음 소개되었고, 당시에는 "종이 찢는 법"으로 명명되었다.

1965년에는 개발자의 이니셜을 따서 KJ 기법으로 명명되었는데, KJ 기법은 전체상이 어떤 것인가 알지 못하는 상황에서 개별적 데이터의 자극적 결합을 통해 전체상을 찾아내고자 하는 것이다. 과거에 쌓아왔던 지식의 틀에 데이터를 교묘하게 집어넣는다고 하는 서재과학으로는 새로운 발상이 나오지 않으며, 창조행위라는 것은 다양하게 존재하는 이질적이고 개성적인 요소들을 의미 있는 정보로 조합하는 것이라는 사고방식을 기초로 한 KJ 기법은 개개의 사실이나 정보를 보고 직감적으로 서로 어떤 관계가 있다고 느끼는 것끼리 만들어 나아가는 기법이다.

어떤 기호들을 수집하여 복잡한 현상을 이해하는 방법으로서 복잡한 통계방법을 활용하지 않

고도 간단히 객관적으로 행할 수 있고 어떤 데이터의 요약 수단으로서 기업이나 교육에 빠르게 보급되었다. 직장의 문제해결에 도움을 주는 방법으로서 참가자가 모두 창조의 기쁨을 체험하여 사기가 오른다는 점에서 자기개발, 조직개발의 방법으로서 기업에게 호응을 얻어 환영을 받아왔다. 하지만 분석자의 개인적 통찰력에 상당부분 의존하기 때문에 다소 임의적이 될 수 있다는 한계점을 갖기도 한다.

KJ 기법 추진 5단계
- 1단계(소재수집 및 카드만들기)
- 2단계(그룹편성 및 표찰만들기)
- 3단계(공간배치)
- 4단계(도표그리기)
- 5단계(발표, 문장화)

1003 분산분석 시 풀링(Pooling)을 해야 하는 이유와 적용시점에 대하여 설명하시오.

풀이 (1) 풀링을 하는 이유

분산분석표에서 F검정결과 유의하지 않은 교호작용을 오차항에 포함시켜서 새로운 오차항을 만들기 위함

(2) **적용시점**

1) 실험의 목적을 고려

교호작용의 중요성을 고려하여 오차항의 풀링 여부 결정

2) 기술적인 면, 통계적인 면을 고려 : v_e와 $\sigma^2_{A \times B}$의 계수 r을 고려하여 결정한다.

① $v_e > 20$인 경우

교호작용이 $\alpha = 0.05$에서 유의하지 않으면 풀링하여도 v_e가 상당히 크므로 실질적으로 큰 변화가 없다.

② $v_e \leq 20$인 경우

$$F_0 = \frac{V_A \times V_B}{V_e} \leq 1$$이면 풀링시키고, $1 < F_0 < F_{(0.90)}$일 때는 r이 크면($r \geq 3$) 풀링하며, $r = 2$이고 $F_{(0.95)} > F_0 > F_{(0.90)}$이면 기술적인 면을 고려

3) 제2종 과오를 고려

제2종 과오를 범하는 것이 큰 잘못일 때는 $F_0 \leq 1$인 경우에만 풀링

1004 신뢰수준과 신뢰구간을 정의하고, 비교 설명하시오.

풀이

(1) 신뢰수준(Confidence Level)
특정 구간이 클수록 그 구간 안에 모수가 있을 가능성의 크기

(2) 신뢰구간(Confidence Interval)
일반적으로 신뢰수준은 90%, 95%, 99%의 확률을 이용하는 경우가 많으며, 각각의 신뢰수준하에 구한 구간
예를 들어 10,000명이 치른 시험성적에서 이때 100명을 랜덤 샘플링 해서 샘플로부터 99% 신뢰수준으로 평균이 $\mu \pm \alpha$이다, 라고 평균을 측정할 경우, 99%를 신뢰수준이라고 하고, $\mu \pm \alpha$를 신뢰구간이라고 한다.

1005 샘플링 검사방법 중 취락 샘플링(Cluster Sampling) 기법에 대하여 설명하시오.

풀이 1차로 몇 개의 로트를 랜덤으로 선택하고, 선택된 로트 모두를 표본으로 취하는 방법

1006 표준편차(Standard Deviation)와 표준오차(Standard Error)를 비교하여 설명하시오.

풀이

(1) 표준편차(Standard Deviation)
개별 측정치와 평균과의 표준거리

(2) 표준오차(Standrad Error)
모평균과 표본평균과의 표준거리(평균들의 표준편차)

1007 KS Q ISO 9001 : 2009 4.2.4항 기록관리에서는 "기록은 관리되어야 할 품질경영시스템의 요구사항에 적합하다는 증거와 품질경영시스템의 효과적인 운영에 대한 증거를 제공하기 위하여 작성되어야 한다."라고 하였다. ISO 9001 요구사항에 따라 관리되어야 할 기록을 15가지만 기술하시오.

풀이

(1) 경영검토 기록(5.6.1)
(2) 학력, 교육훈련, 숙련도 및 경험에 대한 기록(6.2.2.e)
(3) 실현 프로세스 및 결과로 산출된 제품이 요구사항을 충족한다는 증거를 확보하는 데 필요한 기록(7.1.d)

(4) 검토 및 검토에 수반되는 조치에 대한 결과의 기록(7.2.2)

(5) 제품요구사항에 관련된 입력을 결정하고 기록(7.3.2)

(6) 검토결과 및 모든 필요한 조치에 대한 기록(7.3.4)

(7) 검증결과 및 모든 필요한 조치에 대한 기록(7.3.5)

(8) 실현성 확인/타당성 확인 결과 및 모든 필요한 조치에 대한 기록(7.3.6)

(9) 변경에 대한 검토 결과 및 모든 필요한 조치에 대한 기록(7.3.7)

(10) 평가의 결과 및 평가로 발생된 모든 필요한 조치에 대한 기록(7.4.1)

(11) 추적사항이 요구사항인 경우, 조직은 제품의 고유한 식별을 관리하고 기록(7.5.3)

(12) 고객재산이 분실, 손상 또는 사용하기에 부적절한 것으로 판명된 경우, 조직은 고객에게 이를 보고하고 기록(7.5.4)

(13) 교정 및 검증 결과에 대한 기록(7.6)

(14) 심사와 심사결과 기록(8.2.2)

(15) 부적합의 상태 및 승인 특채를 포함하여, 취해진 모든 후속조치에 대한 기록(8.3)

1008 콘크리트 제조방법에 따라 콘크리트 강도가 서로 다른지를 알아보기 위하여 4가지 제조방법에 대하여 실험을 실시하여 다음과 같은 데이터를 얻었다. 콘크리트 제조방법에 따라 콘크리트 강도가 서로 다른지를 유의수준 5%에서 Kruskal–Wallis 검정으로 판단하시오.(단, $\chi^2_{(0.05,1)} = 3.841$, $\chi^2_{(0.05,2)} = 5.991$, $\chi^2_{(0.05,3)} = 7.814$, $\chi^2_{(0.05,4)} = 9.487$, $\chi^2_{(0.05,5)} = 11.07$이다.)

콘크리트 제조방법			
방법 1	방법 2	방법 3	방법 4
4.57	5.25	5.62	5.21
4.65	5.34	5.55	5.14
4.51	5.20	5.72	5.35
4.69	5.39	5.67	–
–	5.44	–	–

풀이 (1) 가설의 설정

$H_0 : m_1 = m_2 = m_3 = m_4$, $H_1 : H_0$가 아니다.

(2) 유의수준 설정

$\alpha = 0.05$, 전체 표본을 대상으로 하여 각 데이터의 순위 $R_i(i=1, 2, \cdots, N)$를 구한다. 전체 표본 수는 $N = 4 + 5 + 4 + 3 = 16$

콘크리트 제조방법			
방법 1	방법 2	방법 3	방법 4
4.57(2)	5.25(8)	5.62(15)	5.21(7)
4.65(3)	5.34(9)	5.55(14)	5.14(5)
4.51(1)	5.20(6)	5.42(12)	5.35(10)
4.69(4)	5.39(11)	5.67(16)	
	5.44(13)		
순위합 : 10	순위합 : 47	순위합 : 57	순위합 : 22

(3) 검정통계량 계산

$$H = \frac{12}{N(N+1)\sum_{i=1}^{4}\frac{1}{n}\left(R_i - \frac{n_i(N+1)}{2}\right)^2}$$

$$= \frac{12}{16(16+1)[\frac{1}{4}(10-\frac{4(16+1)}{2})^2 + (\frac{1}{5}(47-\frac{5(16+1)}{2})^2}$$
$$+ (\frac{1}{4}(57-\frac{4(16+1)}{2})^2 + (\frac{1}{3}(22-\frac{3(16+1)}{2})^2]} = 12.546$$

(4) 기각역 설정

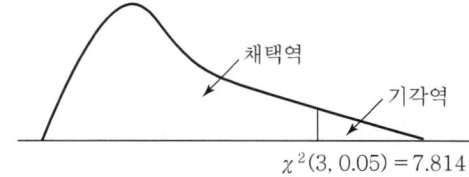

$\chi^2(3, 0.05) = 7.814$

(5) 판정

$H = 12.546 > \chi^2_{(3, 0.05)} = 7.814$ 이므로 H_0 기각

즉, 콘크리트 제조방법에 따라 콘크리트 강도가 서로 다르다고 할 수 있다.

1009 서비스 품질의 결정요소라 할 수 있는 서비스 품질의 유형을 분류하고, 특성 10가지에 대해 설명하시오.

풀이

(1) 유형성(Tangibles)

서비스 평가를 위한 외형적인 증거

(2) 신뢰성(Reliability)

약속된 서비스를 정확하게 이행하는 능력

(3) 대응성(Responsiveness)
    고객에게 서비스를 신속하게 제공하려는 의지

(4) 확신성(Assurance)
    서비스 수행에 필요한 구성원들의 지식과 기술의 공유

(5) 공감성(Empathy)
    고객을 접대하는 종업원의 친절, 배려와 공손함

(6) 신용도(Credibility)
    서비스 제공자의 신뢰도, 진실성, 정직성

(7) 안전성(Security)
    고객은 서비스 제공과정이나 서비스 결과로부터 어떤 위험이나 심적부담이 없어야 함

(8) 접근성(Access)
    서비스 시스템에 대한 접근가능성과 접촉의 용이성

(9) 의사소통(Communication)
    고객의 말에 귀를 기울이고, 고객이 알 수 있도록 정보를 제공하는 것

(10) 고객이해(Understanding the Customer)
    고객과 그들의 요구를 알려고 하는 노력

1010 카노(KANO) 분석에서 고객의 요구품질 중 다음 표와 같이 매력적 품질, 일원적 품질, 당연적 품질, 역품질에 대해 정의와 욕구형태를 설명하시오.

품질요소	세부내용 정의	욕구형태
매력적 품질		
일원적 품질		
당연적 품질		
역 품질		

풀이

품질요소	세부내용 정의	욕구형태
매력적 품질	충족이 되면 고객에게 만족을 주지만 충족되지 않는 경우에도 문제가 되지 않는 품질요소	활력욕구
일원적 품질	충족이 되면 만족, 충족되지 않으면 불만을 일으키는 품질요소	판별욕구
당연적 품질	당연히 있을 것으로 생각되는 기본적인 품질요소	기본욕구
역 품질	충족이 되면 불만을 일으키고, 충족이 되지 않으면 만족을 일으키는 품질요소	선별욕구

1011 QFD(Quality Function Deployment) 활용과정에서 고객의 요구사항 중에서 중요한 요구사항을 분류하기 위해 사용되는 ACE(Attribute Categorization Evaluation) Matrix 기법과 제품결정속성 3가지에 대하여 설명하시오.

풀이 (1) ACE(Attribute Categorization Evaluation) Matrix 기법
ACE Matrix 기법은 우선 제품의 결정속성(Salient Attributes)을 찾은 후 ACE(Attribute Categorization Evaluation)라는 격자 모양의 매트릭스를 배치, 각각의 제품속성에 대해 회사가 추구해야 할 전략적 방향을 찾는다. QFD가 전략적 방향을 제시해 주지 못한다는 단점을 보완하는 측면으로 사용될 수 있으며, 결국 ACE Matrix의 기본개념은 QFD와 동일하나, 고객요구와 제품의 결정속성(다른 모든 조건이 동일한 경우 구매의사 결정을 좌우하는 제품 속성을 의미)을 대응시켜 봄으로써 제품전략의 방향을 보다 명시적으로 볼 수 있다는 장점이 있다.

(2) 제품결정속성 3가지
1) 고객 요구사항
2) 고객 요구사항을 충족시키기 위한 기술적 대응
3) 고객 요구사항을 기술적으로 처리하는 품질기능전개의 최종값인 목표품질값

1012 품질경영 비용(Q-Cost)이 다음과 같다.

품질비용	금액(억 원)	품질비용	금액(억 원)
품질혁신활동비	5	악성 재고비	5
설계검토비	5	공정불량폐기비	10
불만조사비	5	외주업체지도비	5
검사설비비, 감가상각비	5	공정검사비	5
클레임 처리비	15	재검사비	5
수입검사비	5	반품처리비	10

1 품질비용분석표의 ①부터 ⑩까지 빈칸을 채우시오.

구분	금액	구분	금액	점유율
매출액	100(억 원)	예방비용(P 코스트)	②	⑦
매출원가	70(억 원)	평가비용(A 코스트)	③	⑧
판관비	20(억 원)	사내실패비용(IF 코스트)	④	⑨
영업이익	①	사외실패비용(EF 코스트)	⑤	⑩
		품질비용 합계	⑥	100.0%

❷ 품질비용(Q-Cost)은 매출액의 몇 %인지 구하시오.
❸ 품질비용 적합률(F 코스트/(P+A) 코스트)을 산정하고, 도식화하여 영역을 설명하시오.

[풀이] ❶ ① : 10, ② : 15, ③ : 15, ④ : 20, ⑤ : 30, ⑥ : 80, ⑦ : 18.75%, ⑧ : 18.75%,
⑨ : 25.0%, ⑩ : 37.5%

※ 예방비용 – 15억(품질혁신활동비, 설계검토비, 외주업체지도비), 평가비용 – 15억(검사설비, 감가상각비, 수입검사비, 공정검사비), 사내실패비용 – 20억(악성재고비, 공정불량폐기비, 재검사비), 사외실패비용 – 30억(불만조사비, 클레임처리비, 반품처리비)

❷ $\dfrac{80억\ 원}{100억\ 원} \times 100 = 80\%$

❸ 1) 품질비용 적합률

$$\dfrac{50억\ 원}{(15억\ 원 + 15억\ 원)} = 1.67$$

2) 도식화 및 영역

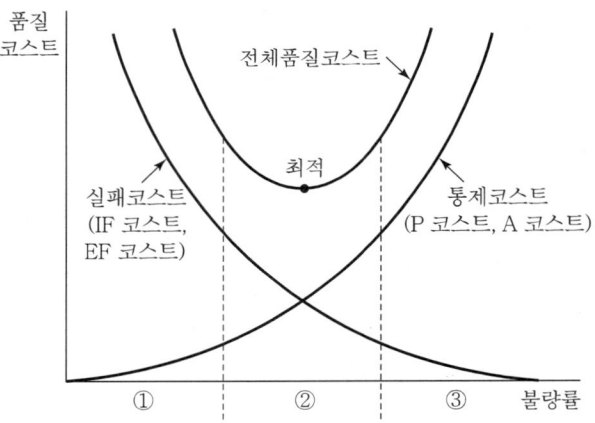

① 개선역 : 실패코스트가 70% 이상 예방코스트가 10% 미만인 경우
  대책 : 실패코스트의 주요 발생원인에 대한 감소대책을 세워 실패코스트를 줄인다.
② 중립역 : 실패코스트가 40~70% 정도, 예방코스트가 10~20% 정도인 경우
  대책 : 유리한 대책이 없다면 관리에 치중한다.
③ 완전역 : 실패코스트가 40% 미만, 평가코스트가 50% 이상인 경우
  대책 : 검사비용에 대한 재검토, 검사기준 완화 등을 통해 경제적인 평가방법으로 평가코스트를 줄인다.

즉, ② 중립역에 속한다.(실패코스트 : 62.5%, 예방코스트 : 18.75%)

1013 계수형 측정시스템 분석을 위해 시료(부품)를 12개(합격품 6개, 부적합품 6개) 선정하였다. 평가자로 검사원 중에서 임의로 3명을 선발하였다. 각 평가자는 랜덤한 순서로 시료를 Go/No-Go게이지(Gage)로 3회 반복 측정하였고, 그 결과가 다음과 같다.(여기서 0 : 합격품, 1 : 부적합품을 나타냄)

평가자		A 검사원			B 검사원			C 검사원		
시료번호	참값	1회	2회	3회	1회	2회	3회	1회	2회	3회
1	1	1	1	1	1	1	1	1	1	1
2	0	0	0	0	0	0	0	0	0	0
3	1	1	1	1	1	1	1	1	1	1
4	0	0	0	0	0	0	0	0	0	0
5	0	0	0	0	0	0	0	0	0	0
6	1	1	1	0	1	1	1	1	1	1
7	0	1	0	0	1	0	0	1	1	1
8	1	1	1	1	1	1	1	1	1	1
9	1	0	0	1	1	1	1	1	1	0
10	0	0	0	0	0	0	0	0	0	0
11	0	0	0	0	0	1	0	0	0	0
12	1	1	1	1	1	1	1	1	1	1

❶ 평가자 전체 정확도를 구하시오.
❷ 평가자 전체 제1종 과오를 구하시오.
❸ 평가자 전체 반복성(Repeatability)과 재현성(Reproducibility)을 구하시오.
❹ R&R %를 구하고, 이에 대한 조치사항을 설명하시오.

풀이 ❶ 평가자 전체 정확도 = $\dfrac{\text{각각의 샘플을 정확하게 판정한 수}}{\text{전체 시료수}} \times 100$

$= \dfrac{97}{(3 \times 3 \times 12)} \times 100 = 89.81\%$

❷ 평가자 전체 제1종 과오(α) = $\dfrac{\text{합격품을 부적합품으로 판정한 수}}{\text{전체 합격품 측정횟수}} \times 100$

$= \dfrac{7}{(3 \times 3 \times 6)} \times 100 = 12.96\%$

※ 합격품을 부적합품으로 판정한 수
(시료번호 : 7-A, B, C검사원, 시료번호 : 11-B검사원) = 7회

3 1) 평가자 전체 반복성

$$\text{평가자 전체 반복성} = \frac{\text{각 시료를 반복 측정시 합격품이든 부적합품이든 같은 판정을 한 횟수}}{\text{검사원별 전체시료 수}} \times 100$$

$$= \frac{30}{(3 \times 12)} \times 100 = 83.33\%$$

※ 각 시료를 반복 측정 시 적합품이든 부적합이든 같은 판정을 한 횟수
 [(시료번호 : 1(A, B, C검사원), 2(A, B, C검사원), 3(A, B, C검사원), 4(A, B, C검사원), 5(A, B, C검사원), 6(B, C검사원), 7(C검사원), 8(A, B, C검사원), 9(B검사원), 10(A, B, C검사원), 11(A, C검사원), 12(A, B, C검사원)]=30회

2) 평가자 전체 재현성

$$\text{평가자 전체 재현성} = \frac{\text{각 시료를 반복 측정시 검사원 간 측정결과값 일치 횟수}}{\text{전체시료 수}} \times 100$$

$$= \frac{8}{12} \times 100 = 66.67\%$$

※ 각 시료를 반복 측정 시 검사원 간 측정결과값 일치 횟수
 (시료번호 : 1, 2, 3, 4, 5, 8, 10, 12)=8회

4 1) R&R %

$$\text{R\&R \%} = \frac{\text{참값과의 불일치 개수}}{\text{전체시료수}} \times 100 = \frac{4}{12} \times 100 = 33.3\%$$

2) 조치사항

계수형 GAGE R&R 판정기준

판정지표	유효성 E (Effectiveness)	오류합격확률 FA (Probability of False Acceptance)	오류불합격확률 FR (Probability of False Rejects)
	적합 및 부적합을 변별하는 측정능력	부적합을 합격시킬 가능성	적합을 불합격시킬 가능성
	각각의 샘플을 정확하게 판정한 수/전체 샘플수	부적합을 적합으로 판정한수/전체부적합수	적합을 부적합으로 판정한 수/전체적합수
적합	90% 이상	2% 이하	5% 이하
조건부 채택	80~90%	2~5%	5~10%
부적합	80% 미만	5% 이상	10% 이상

위의 결과에서 평가자 전체 정확도는 89.81%로 조건부 채택이고, 또한 평가자 전체 1종 과오도 8.51%로 조건부 채택이다.

1014 태양열을 이용하여 열에너지를 얻는 장치를 생산하고 있는 기업에서 새로 발견된 제품 특성 X_1, X_2, X_3 요인이 열량에 미치는 영향을 조사한 데이터를 미니탭(Minitab)을 이용하여 분석한 결과가 아래와 같다.

1 회귀분석 결과 회귀방정식을 구하고, 유의하지 않는 인자에 대해서는 어떤 조치를 취해야 하는지 설명하시오. (소수점 2자리로 계산하시오)

2 S, R-제곱, R-제곱(수정) 값의 의미를 설명하시오.

3 분산분석표 중에서 ㉠에서 ㉢까지 빈칸을 채우시오.

▼ 회귀 분석 : Heat 대 X_1, X_2, X_3

예측 변수	계수	SE 계수	T	P
상수	554.65	56.23	9.86	0.000
X_1	−1.0152	0.8010	−1.27	0.223
X_2	3.6269	0.9340	3.88	0.001
X_3	−23.963	2.122	−11.29	0.000

$S=7.29248$ R-제곱$=89.1\%$ R-제곱(수정)$=87.1\%$

▼ 분산 분석

출처	DF	SS	MS	F	P
회귀	㉠	6,980.1	㉣	㉥	0.000
잔차오차	㉡	㉢	㉤		
전체	19	7,831.0			

출처	DF	Seq SS
X_1	1	92.3
X_2	1	105.4
X_3	1	6,782.5

▼ 비정상적인 관측치

관측치	X_1	Heat	적합치	SE 적합치	잔차	표준화 잔차
2	26.5	264.00	264.58	6.24	−0.58	−0.15 X
18	34.1	196.00	209.32	4.30	−13.32	−2.26 R

[풀이] **1** 회귀방정식 $Y = 554.65 - 1.01(X_1) + 3.62(X_2) - 23.96(X_3)$

p값이 0.05보다 작은 값들은 유의한 반면, 예측변수 X_1은 0.223으로 0.05보다 크므로 유의하지 않다. 그렇다고 X_1을 빼고 회귀식을 구한다면 어색한 모형이 되므로 잔차분석을 한 후 결정한다.

2 S : 회귀선에 대한 표준편차의 추정량
R-제곱 : 결정계수이고 회귀에 기인하는 변동
R-제곱(수정) : 수정된 결정계수이고, 회귀식에 변수가 추가될 때마다 R-제곱값이 늘어나는 데 대한 조정값

3 ㉠ : 3, ㉡ : 16, ㉢ : 850.9, ㉣ : 2,326.7, ㉤ : 53.18, ㉥ : 43.75

1015 자동차가 점차 고급화되면서 윈도 개폐 시 소음을 최소화하고자 하는 어떤 회사에서 윈도 소음 최소화를 위한 설계 파라미터의 최적조건을 찾기 위하여 아래의 인자와 수준으로 $L_8 \times M_1$ 실험을 한 결과를 얻었다.(소수점 2자리로 계산하시오.)

▼ 인자 선정 및 할당

인자 구분	기호	내용	수준 1 (현재 기준)	수준 2 (변경 기준)
제어인자	A	재질	소	대
	B	전류	저	중
	C	윈도 오일	저	중
	D	홀더	저	중
	$A \times B$			
오차인자	N	환경	보통	좋음
신호인자				

▼ 실험결과

실험번호	내측 배열							외측 배열			
	A	B	AB	C	D	e	e	M(잡음인자)			
								N_0		N_1	
								y_1	y_2	y_1	y_2
1	0	0	0	0	0	0	0	5	8	9	7
2	0	0	0	1	1	1	1	9	9	8	4
3	0	1	1	0	0	1	1	9	15	10	12
4	0	1	1	1	1	0	0	12	8	10	13
5	1	0	1	0	1	0	1	9	13	5	12
6	1	0	1	1	0	1	0	20	23	19	9
7	1	1	0	0	1	1	0	6	5	7	7
8	1	1	0	1	0	0	1	9	4	12	11
기본표시	a	b	ab	c	ac	bc	abc				
군	1	2		3							

1 각 행에 대하여 SN비를 구하시오.

2 아래의 빈 공간을 채워 분산분석표를 작성하시오.

요인	SS	DF	MS	F_0	$F(0.1)$	$F(0.05)$	$F(0.01)$
A	1.55				8.53	18.5	88.5
B							
AB							
C							
D							
e	0.78						
T	59.16						

3 최적조건을 구하고, 또한 최적조건의 모평균 SN비를 추정하시오. (단, 현재의 조건은 $A_0 B_0 C_0 D_0$ 이다.)

[풀이] **1** 망소특성 $SN = -10\log\left(\dfrac{1}{n}\sum y_i^2\right)$

실험번호 1 $SN = -10\log\left(\dfrac{5^2+8^2+9^2+7^2}{4}\right) = -17.38$

실험번호 2 $SN = -10\log\left(\dfrac{9^2+9^2+8^2+4^2}{4}\right) = -17.82$

실험번호 3 $SN = -10\log\left(\dfrac{9^2+15^2+10^2+12^2}{4}\right) = -21.38$

실험번호 4 $SN = -10\log\left(\dfrac{12^2+8^2+10^2+13^2}{4}\right) = -20.76$

실험번호 5 $SN = -10\log\left(\dfrac{9^2+13^2+5^2+12^2}{4}\right) = -20.20$

실험번호 6 $SN = -10\log\left(\dfrac{20^2+23^2+19^2+9^2}{4}\right) = -25.35$

실험번호 7 $SN = -10\log\left(\dfrac{6^2+5^2+7^2+7^2}{4}\right) = -15.99$

실험번호 8 $SN = -10\log\left(\dfrac{9^2+4^2+12^2+11^2}{4}\right) = -19.57$

2 변동 $= \dfrac{1}{2^m}[(1수준\ 데이터\ 합)-(0수준\ 데이터\ 합)]^2$

$S_B = \dfrac{1}{8}\{[(-21.38)+(-20.76)+(-15.99)+(-19.57)]$
$\quad\quad -[(-17.38)+(-17.82)+(-20.20)+(-25.35)]\}^2 = 1.16$

$S_C = \dfrac{1}{8}\{[(-17.82)+(-20.76)+(-25.35)+(-19.57)]$
$\quad\quad -[(-17.38)+(-21.38)+(-20.20)+(-15.99)]\}^2 = 9.13$

$S_D = \dfrac{1}{8}\{[(-17.82)+(-20.76)+(-20.20)+(-15.99)]$
$\quad\quad -[(-17.38)+(-21.38)+(-25.35)+(-19.57)]\}^2 = 9.92$

$S_{A\times B} = \dfrac{1}{8}\{[(-21.38)+(-20.76)+(-20.20)+(-25.35)]$
$\quad\quad -[(-17.38)+(-17.82)+(-15.99)+(-19.57)]\}^2 = 35.83$

요인	SS	DF	MS	F_0	$F(0.1)$	$F(0.05)$	$F(0.01)$
A	1.55	1	1.55	3.97	8.53	18.5	88.5
B	1.16	1	1.16	2.97			
AB	35.83	1	35.83	91.87**			
C	9.13	1	9.13	23.41**			
D	9.92	1	9.92	25.44**			
e	0.78	2	0.39				
T	59.16	7					

풀이 1) 최적조건

분산분석표에서 유의한 인자는 C, D, 교호작 $A \times B$ 이고, SN비에 대해 유의한 인자는 요인의 인자에 대한 최적수준 SN비를 최대로 하는 수준이므로, 최적조건은 $A_0 B_0 C_0 D_1$

수준	A	B	C	D
0	-19.34	-20.19	-18.74	-20.92
1	-20.28	-19.43	-20.88	-18.69
델타	0.94	0.76	2.14	2.23
순위	3	4	2	1

여기서 교호작용이 A_0B_0인 이유는 아래와 같이 계산하면 알 수 있다.

A	B	SN비	합계
0	0	-17.38	-35.20
0	0	-17.82	
0	1	-21.38	-42.14
0	1	-20.76	
1	0	-20.20	-45.55
1	0	-25.35	
1	1	-15.99	-35.56
1	1	-19.57	

2) 최적조건의 모평균 SN비를 추정

$SN(A_0B_0C_0D_1)$

$= \dfrac{(-17.38)+(-17.82)+(-21.38)+(-20.76)}{4}$

$+ \dfrac{(-17.38)+(-17.82)+(-20.20)+(-25.35)}{4}$

$+ \dfrac{(-17.38)+(-21.38)+(-20.20)+(-15.99)}{4}$

$+ \dfrac{(-17.82)+(-20.76)+(-20.20)+(-15.99)}{4} - 3(-19.81)$

$= [(-19.34)+(-20.19)+(-18.74)] + (-18.69) - 3(-19.81)$

$= (-76.96) - (-59.43)$

$= -17.53$

1016 VA(Value Analysis)/VE(Value Engineering) 기법에 대한 각 물음에 답하시오.

1 VA의 창시자인 L. D. Miles가 말하는 VA의 사고방식이 종래의 Cost 절감방식과 어떻게 다른지 비교·설명하시오.

2 VE 기본원칙 5가지에 대해 설명하시오.

3 기능평가 단계에서 사용 FD(Forced Decision)기법과 DARE(Decision Alternative Ratio Evaluation System)기법의 차이를 비교·설명하시오.

풀이 **1** 1) VA 사고방식

얻고자 하는 기능을 획득하고자 하는 제품의 가치와 관련되는 제 요인과 그 제품의 원가 내지 비용과 관련되는 제 요인과의 관계를 검토함으로써, 제품가치를 높이기 위한 기능 추구 중심적인 과학적인 방식

2) 종래의 Cost 절감방식

단순히 기능은 고려하지 않고, 이윤, 경비, 외주비 등을 절감하는 방식

3) 차이점

▼ VA 사고방식

	이윤	
	불필요한 기능	제거
2차 기능	설계 착상에 의한 기능	대체안 개발
	고객이 필요로 하는 기능	
	사회적, 법적으로 필요한 기능	
	기본기능	

▼ 종래의 Cost 절감방식

	이윤	↓	
	경비	↓	
Cost	외주비	↓	절감
	노무비	↓	
	재료비	↓	

2 1) 제1원칙 : 사용자(발주자) 중심의 원칙
① 가치란 물품(시설물)을 이용하는 사용자가 판단
② 물품(시설물)이 사용자(발주자)가 요구하는 기능을 충분히 만족시키지 못한다면 그만큼 가치가 없다는 것

2) 제2원칙 : 기능 중심의 원칙
① 물품(시설물)을 이루고 있는 각각의 기능이 무엇인가를 분석해서 품질을 저하하지 않는 대체기능, 대체안을 추구해가는 것
② VE를 통한 원가절감은 불필요한 기능을 발견하여 제거하는 기술

3) 제3원칙 : 창조에 의한 변경의 원칙
① 개선활동 : 지금보다 좀 더 나은 방법을 찾아 새로운 방법으로 바꾸는 것
② 창조력에 의해 철저한 아이디어 발상 : 좀 더 좋은 새로운 방법을 자신들의 힘으로 만들어 나가는 일

4) 제4원칙 : Team Design의 원칙
① 문제점 해결을 개인에게만 의존하는 것이 아니라 구성원의 조직적인 방법에 의존
② 전문지식을 집결하고 정보를 종합하여 집단적이고 체계적으로 실시

5) 제5원칙 : 가치 향상의 원칙
① 4가지 원칙을 종합한 VE의 기본적인 지침
② VE란 당장 COST를 내리는 것이 목적이 아니고, 제품이나 서비스를 창출하여 사용자(발주자)에게 높은 만족을 얻게 하는 폭넓은 사고방식

❸

	특징	세부평가	장점	단점
레이팅법	기능 상호 간의 상대적 중요도라든가 종합기능에 대한 공헌도를 수치로 평가하고, 기능의 순위를 매기는 방법	FD법	고객의 요구를 반영 시킬 수 있는 중점사고에 의한 개선안의 발상 가능	일반적으로 적정 평가치로 생각되지만, 고객의 요구를 파악하는 방법에 따라 매우 차이가 난다.
		DARE법	종합적 매개변수에 의한 평가치를 낼 수 있다.	비교 기능의 기준치를 명확히 할 필요가 있으며 아직 실용성이 없다.

1017 품질 분임조 활동에 대한 각 물음에 답하시오.

❶ 품질 분임조 활동의 필요성을 설명하시오.
❷ 분임조 활동 10단계와 각 단계별 사용품질기법을 표로 작성하여 설명하시오.

풀이 ❶ ① 전사적 품질관리의 일환으로 최고경영자의 방침관리를 도모
② 현장에서 관리의 정착화
③ 품질보증의 철저화
④ 현장 감독자의 지도능력, 관리능력 고취
⑤ 품질, 원가에 대한 자주적이고 자발적인 문제의식, 개선의식을 갖는다.
⑥ 직장의 사기를 향상시키고, 밝고 즐거운 직장을 만든다.
⑦ 인간존중이라는 기초 위에 기업목적 달성
⑧ 전원참가의 품질관리를 추진

❷

NO	단계	기법	NO	단계	기법
1	주제선정	매트릭스도법	6	대책수립 및 실시	계통도법
2	활동계획수립	애로우다이어그램	7	효과파악	파레토도
3	현상파악	체크시트, 파레토도	8	표준화	−
4	원인분석	특성요인도, 연관도법	9	사후관리	체크시트
5	목표설정	막대그래프	10	반성 및 향후계획	−

1018
다음은 제품의 외형을 측정한 데이터이다. 이 데이터를 이용하여 $M_e - R$ 관리도를 작성하려고 한다.

시료군 번호	측정치				
	X_1	X_2	X_3	X_4	X_5
1	45	36	35	29	47
2	35	40	34	50	39
3	37	32	35	38	30
4	29	33	24	32	35
5	32	44	35	25	34
6	29	42	48	35	25
7	28	35	31	34	32
8	44	32	46	35	25
9	32	54	35	29	34
10	46	42	48	24	25
11	40	38	27	35	26
12	38	32	47	34	33
13	34	32	29	40	24
14	27	29	21	28	25
15	35	40	46	39	36
16	44	29	35	32	34
17	37	48	44	35	50
18	48	46	44	35	45
19	31	32	38	42	34
20	32	29	36	37	49

단, 관리도 관리한계 계수표(샘플크기 : $n = 5$일 때)는 다음과 같다.

A	A_2	A_3	A_4	B_3	B_4	B_5	B_6	C_4	D_1	D_2	D_3	D_4	m_3
1.342	0.577	1.427	0.691	–	2.089	–	1.964	0.940	–	4.918	–	2.114	1.198

1 $M_e - R$ 관리도의 관리한계선을 각각 구하시오.

2 관리도를 작성하고, 관리상태를 판정하시오.

풀이 **1** 보조표 작성

시료군의 번호	1	2	3	4	5	6	7	8	9	10	11	12	13	14	15	16	17	18	19	20	합
메디안 (M_e)	36	39	35	32	34	35	32	35	34	42	35	34	32	27	39	34	44	45	34	36	714
범위 (R)	18	16	8	11	19	23	7	21	25	24	14	15	16	8	11	15	15	13	11	20	310

1) M_e 관리도

$$CL = \bar{\tilde{x}} = \frac{\sum \tilde{x}}{k} = \frac{714}{20} = 35.7 \quad \bar{R} = \frac{\sum R}{k} = \frac{310}{20} = 15.5$$

$n = 5$, $A_4 = 0.691$

$\text{UCL} = \bar{\tilde{x}} + A_4 \bar{R} = 35.7 + (0.691 \times 15.5) = 45.81$

$\text{LCL} = \bar{\tilde{x}} - A_4 \bar{R} = 35.7 - (0.691 \times 15.5) = 24.39$

2) R 관리도

$n = 5$, $D_4 = 2.114$, $D_3 = -$ (고려하지 않음)

$\text{UCL} = D_4 \bar{R} = 2.114 \times 15.5 = 32.77$

$\text{LCL} = D_3 \bar{R} =$ 고려하지 않음

2 1) M_e 관리도

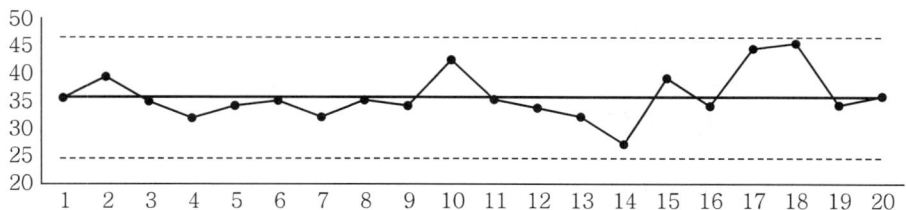

위의 결과에서, 메디안(M_e) 관리도에 벗어나는 점이 없고, 점의 배열에 특징이 없으므로 관리상태에 있다고 판정

2) R 관리도

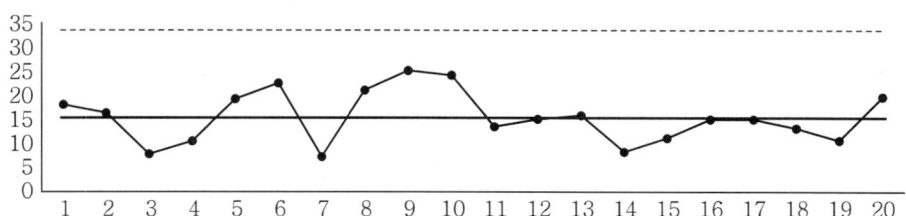

위의 결과에서, R 관리도에 벗어나는 점이 없고, 점의 배열에 특징이 없으므로 관리상태에 있다고 판정

1019 6시그마 DMAIC 로드맵에서 각 단계별로 달성 결과를 평가하는 체크리스트를 각 3가지씩 15가지 작성하시오.

풀이 (1) Define(문제의 정의)
    1) 프로젝트 제목   2) 프로젝트 내용 서술 및 목표에 대한 정의
    3) COQ 추정   4) 프로젝트 절감액에 대한 추정
    5) 재무 이익 산정근거   6) 프로젝트 헌장 작성 및 승인
    7) 고객정의(내/외부)   8) 고객요구파악.
    9) CTQ들과 측정방법에 대한 정의   10) 프로세스맵 작성

(2) Meaure(측정)
    1) 프로젝트 Y에 대한 정의   2) 프로젝트 Y에 대한 규격의 정의.
    3) 자료 수집계획 수립   4) 측정방법의 정의 및 측정시스템분석.
    5) Y와 잠재 X에 대한 자료 수집   6) Y에 대한 공정능력 측정

(3) Analyze(분석)
    1) 모든 X 도출   2) Vital few 목록 작성
    3) X, Y FMEA 작성

(4) Improve(개선)
    1) 개선의 전략 선택   2) 해결방안의 제안 및 실험
    3) 파일럿 테스트 및 결과분석

(5) Control(관리)
    1) 관리계획 수립   2) 해결방안 적용 및 평가
    3) 재무이익 확정   4) 프로젝트 문서화

1020 구매팀에서는 1년 전에 구입한 복사기의 신뢰성을 추정하기 위해 고장횟수와 고장시점을 기록한 결과 다음과 같은 데이터를 얻었다. 여기서 "고장 전 작동시간"이란 복사기를 수리한 후 고장이 발생할 때까지의 작동시간을 의미한다.

번호	고장 전 작동시간
1	350시간
2	330시간
3	400시간
4	380시간
5	390시간 사용 후 계속 작동

1 $MTBF$를 구하시오.
2 복사기의 작동시간이 지수분포를 따른다고 할 때 **1**항에서 구한 MTBF 이상 복사기가 작동할 확률을 구하시오.
3 고장 난 복사기를 수리하는 데 소요되는 시간이 평균 8시간일 때 가동률이 얼마인지 구하시오.

[풀이] **1** $MTBF = \dfrac{T}{r} = \dfrac{(350+330+400+380+390)}{4} = \dfrac{1,850}{4} = 462.5$시간

2 $\lambda = \dfrac{r}{T} = \dfrac{1}{462.5} = 0.0022/$시간

$R(t) = e^{-\lambda t} = e^{-0.0022 \times 462.5} = 0.3615$

3 A(가동률, 가동성) $= \dfrac{작동시간}{(작동시간 + 수리시간)} = \dfrac{MTBF}{(MTBF + MTTR)} = \dfrac{\mu}{\lambda + \mu}$

$= \dfrac{462.5}{(462.5 + 8)} = 0.9830 \, (98.30\%)$

1021 고객만족지수(CSI) 산출 시 고객기대와 감지된 품질에 대한 서비스품질 Gap 모형 (PGB ; Parasuraman, Zeithaml, Berry)을 그리고, 설명하시오.

풀이

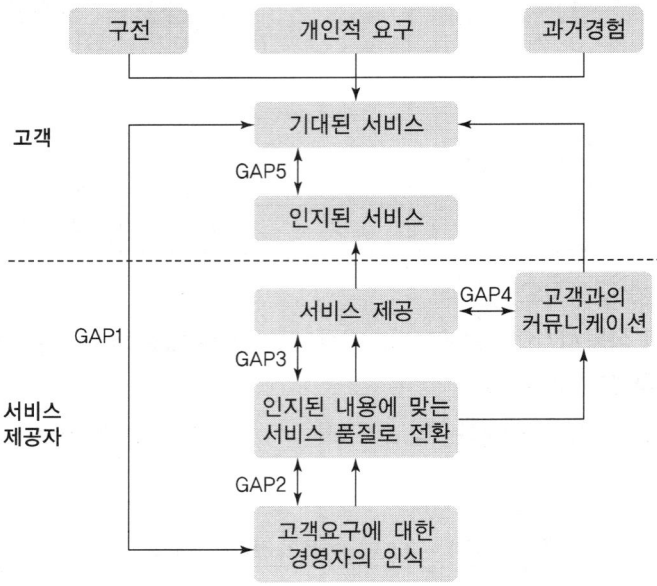

(1) GAP1 – 고객의 기대와 경영자의 인식 차이

서비스 기업의 경영자들은 서비스의 어떤 특성들이 소비자들에게 높은 품질로 인식되는지, 고객만족을 위해서는 어떤 특성을 지녀야 하는지, 그러한 서비스의 특성들은 어느 수준까지 수행해야 고객들이 서비스의 품질이 높다고 느끼는지 잘 이해하지 못해 발생한다.

1) 원인

　과도한 기대수준 형성

2) 해결방안

　① 시장조사의 시행, 고객에 대한 관심부족과 고객의 기대를 이해하려는 노력이 부족
　② 상향적 커뮤니케이션 활성화, 경영자가 소비자를 더 잘 이해하기 위해서는 고객과 접촉하는 직원과의 커뮤니케이션이 필요
　③ 관리층의 축소, 최고경영자와 일선 직원과의 사이에 수많은 관리계층이 존재

(2) GAP2 – 경영자의 인식과 서비스 설계의 차이

서비스 기업의 경영자들이 소비자들의 기대를 잘 알고 있다 해도 이러한 기대를 충족시키는 수단을 발견하기가 어렵기 때문에 발생하기도 한다.

1) 원인

　경영층의 의지문제, 기업자원의 제약, 시장상황

2) 해결방안
① 최고경영자의 헌신, 품질에 대한 최고경영자의 헌신을 최우선에 두어야 함
② 구체적인 서비스 품질목표 설정, 목표설정을 통해 더 좋은 성과를 달성할 수 있으며, 조직을 잘 통제할 수 있음
③ 업무의 표준화

(3) GAP3 – 서비스 설계와 제공된 서비스 차이

경영자가 기대하는 서비스 수준을 직원들이 실행하지 못하는 정도를 나타내며, 서비스 품질의 평가에 큰 영향을 미치지만 관리하기가 어렵고 표준화도 쉽지 않다.

1) 원인

종업원의 서비스 설계 숙지 미숙, 역할의 모호성 및 역할 갈등

2) 해결방안
① 팀워크 향상
② 직무교육
③ 통제권한 제공
④ 역할 갈등 해소

(4) GAP4 – 제공된 서비스와 고객 간 커뮤니케이션 차이

서비스 기업의 소비자에 대한 커뮤니케이션은 소비자가 서비스 품질을 인식하는 데 중요한 역할을 한다. 따라서 서비스 기업은 소비자들에게 실제로 제공하는 것보다 더 많은 것을 약속해서는 안 된다.

1) 원인

커뮤니케이션 부족 또는 부적절, 과대광고

2) 해결방안
① 수평적 커뮤니케이션 증대
② 과대광고 및 유혹 절제

(5) GAP5 – 기대된 서비스와 지각된 서비스의 차이

기업 경영자의 측면에서 서비스 제공과 관련된 4가지 GAP의 크기와 방향에 의해 결정된다. 이러한 과정을 통하여 인식된 서비스 품질은 이상적 품질로부터 수용할 수 없는 품질까지 다양하다.

1) 원인

GAP5 = f(GAP1, GAP2, GAP3, GAP4) 즉, 인식과 진실

1022 제품의 목표신뢰성을 결정한 이후 구성요소들의 목표신뢰성을 정할 때 사용되는 신뢰성 배분방법 7가지를 설명하시오.

풀이 결정된 제품의 목표신뢰도를 만족시켜 주기 위하여 제품을 구성하는 구성요소가 지녀야 할 신뢰도를 결정하는 것
  (1) 동등배분방법(Equal Distribution Method)
  (2) ARINC 방법
  (3) AGREE(Advisor Group Reliability of Electronic Equipment)방법
  (4) 부품계수방법(Parts Count Method)
  (5) 소요되는 노력을 최소화하는 방법(Minimization of Effort Method)
  (6) 목표의 실현 가능성을 고려한 방법(Feasibility of Objectives Method)
  (7) 유사 제품을 참고하는 방법(Similarity Method)

1023 화공물질을 촉매 반응시켜 합성하는 반응공정에서 합성률에 미치는 영향을 검토하기 위하여 다음과 같은 실험조건에 따라 8회의 실험을 완전 랜덤하게 실시하여 얻은 데이터는 아래와 같다.

▼ 실험조건

인자	수준 0	수준 1
A : 촉매의 종류	A_0형	A_1형
B : 반응 온도(℃)	150	200
C : 원료의 농도(%)	2.0	3.0

▼ 실험결과

실험조건			데이터의 표현식	실제의 데이터(%)	수치변환된 데이터 $(Y_{ijk} = y_{ijk} - 70)$
A	B	C			
0	0	0	$y_{000} = (1)$	72	2
0	0	1	$y_{001} = c$	65	-5
0	1	0	$y_{010} = b$	85	15
0	1	1	$y_{011} = bc$	83	13
1	0	0	$y_{100} = a$	58	-12
1	0	1	$y_{101} = ac$	53	-17
1	1	0	$y_{110} = ab$	68	-2
1	1	1	$y_{111} = abc$	63	-7

(단, $F_{(1,1,0.05)} = 161$, $F_{(1,1,0.01)} = 4052$, $F_{(1,3,0.05)} = 10.1$, $F_{(1,3,0.01)} = 34.1$, $F_{(1,7,0.05)} = 5.59$, $F_{(1,7,0.01)} = 12.2$이다.)

1 Yates의 방법을 사용하여 변동을 구하시오.

2 유의하지 않은 교호작용의 변동은 오차항에 풀링(Pooling)시켜서 분산분석표를 작성하시오.

[풀이] 1 Yates 계산법

처리조합	자료	(1)	(2)	(3)	요인효과 (3)/4r	변동 $(3)^2/8r$
(1)	2	$a+(1)$ $(-12)+2=-10$	$ab+b+a+(1)$ $(-2)+15+(-12)+2=3$	$abc+bc+ac+c+ab+b+a+(1)$ $(-7)+13+(-17)+(-5)+(-2)+15$ $+(-12)+2=-13$	-1.625	$21.125=$ CT
a	-12	$ab+b$ $(-2)+15=13$	$abc+bc+ac+c$ $(-7)+13+(-17)+(-5)=$ -16	$abc-bc+ac-c+ab-b+a-(1)$ $(-7)-13+(-17)-(-5)+(-2)-15$ $+(-12)-2=-63$	-1.575	$496.125=$ S_A
b	15	$ac+c$ $(-17)+(-5)=-22$	$ab-b+a-(1)$ $(-2)-15+(-12)-2=-31$	$abc+bc-ac-c+ab+b-a-(1)$ $(-7)+13+(-17)+(-5)+(-2)+15$ $-(-12)-2=51$	12.75	$325.125=$ S_B
ab	-2	$abc+bc$ $(-7)+13=6$	$abc-bc+ac-c$ $(-7)-13+(-17)-(-5)=$ -32	$abc-bc-ac+c+ab-b-a+(1)$ $(-7)-13-(-17)+(-5)+(-2)-15$ $-(-12)+2=-11$	-2.75	$15.125=$ $S_{A \times B}$
c	-5	$a-(1)$ $(-12)-2=-14$	$ab+b-a-(1)$ $(-2)+15-(-12)-2=23$	$abc+bc+ac+c-ab-b-a-(1)$ $(-7)+13+(-17)+(-5)-(-2)-15$ $-(-12)-2=-19$	-4.75	$45.125=$ S_C
ac	-17	$ab-b$ $(-2)+15=13$	$abc+bc-ac-c$ $(-7)+13+-(-17)-(-5)$ $=28$	$abc-bc+ac-c-ab+b-a+(1)$ $(-7)-13+(-17)-(-5)-(-2)+15$ $-(-12)+2=-1$	-0.25	$0.125=$ $S_{A \times C}$
bc	13	$ac-c$ $(-17)-(-5)=-12$	$ab-b-a+(1)$ $(-2)-15-(-12)+2=-3$	$abc+bc-ac-c-ab-b+a+(1)$ $(-7)+13-(-17)-(-5)-(-2)-15$ $+(-12)+2=5$	1.25	$3.125=$ $S_{B \times C}$
abc	-7	$abc-bc$ $(-7)-13=20$	$abc-bc-ac+c$ $(-7)-13-(-12)+(-5)=$ -13	$abc-bc-ac+c-ab+b+a-(1)$ $(-7)-13-(-17)+(-5)-(-2)+15$ $+(-12)-2=-5$	-1.25	$3.125=$ $S_{A \times B \times C}$

총 변동 $S_T = \sum\sum\sum x_{ijk}^2 - CT = [2^2 + \cdots + (-7)^2] - 21.125 = 887.875$

❷ 교호작용 $A \times C$, $B \times C$는 작은 값을 가지므로, 오차항에 풀링하면 다음과 같은 분산분석표를 얻을 수 있다.

요인	SS	DF	MS	F_0	$F(0.05)$	$F(0.01)$
A	496.125	1	496.125	233.47	10.01	34.1
B	325.125	1	1,325.125	153	10.01	34.1
C	45.125	1	45.125	21.24	10.01	34.1
$A \times B$	15.125	1	15.125	7.12	10.01	34.1
e	6.375	3	2.125			
T	887.875	7				

위의 결과에서 A, B, C 요인 모두 유의하며, 특히 A, B는 1%의 유의수준에서도 유의함을 알 수 있다.

1024 Big Data의 특성인 3V에 대하여 설명하시오.

풀이 Big Data의 특징을 3V로 설명하고 있다. 용량이 커야하며(Volume), 비정형데이터로 형태가 다양하며(Variety), 유통속도가 매우 빠르다.(Velocity)

1025 농기계 부품은 여러 종류가 있다. A부품 무게는 평균 455kg, 표준편차 15kg이고, B부품 무게는 평균 30g, 표준편차 1.67g이라고 한다. A, B 두 부품의 변동계수를 구하고 그 의미를 설명하시오.

풀이 (1) A, B 두 부품의 변동계수

- A부품 : $CV = \dfrac{s}{x} \times 100 = \dfrac{15}{455} \times 100 = 3.30\%$

- B부품 : $CV = \dfrac{s}{x} \times 100 = \dfrac{1.67}{30} \times 100 = 5.57\%$

(2) 의미
단위가 다른 두 집단의 산포상태를 비교하는 척도로 A부품이 B부품보다 변동계수가 작다.

1026 허츠버그(Herzberg)의 2요인 이론(two-factor-theory)을 설명하시오.

풀이 허츠버그는 "사람들이 자신의 직업에서 진정으로 원하는 것은 무엇일까?"라는 질문에 대한 연구를 했다. 자신의 직무에 만족하지 못하는 사람들은 급여, 회사정책, 업무환경 등을 들어 그 직무에 만족하지 못한다고 대답한 것이다. 다시 말해, 직무 만족요인과 직무 불만족요인이 하나의 선상의 양극단에 위치한 것이 아니라, 두 개의 서로 다른 선상에 있다는 것이다.

허츠버그는 직무만족에 영향을 주는 요인을 "동기요인(Motivator)"이라 하고, 직물불만족 요인을 "위생요인(Hygiene Factor)"이라고 하였다. 위생요인이 충족되는 것은 단지 직무불만족 요인을 제거하는 것일 뿐이며, 직무만족에 영향을 주려면 동기요인을 강화해야 한다고 주장했다.

예를 들어 허츠버그는 학습, 성장, 일의 성취, 승진 등의 "동기요인"이 만족되지 않았을 때 그것은 "직무만족"의 반대인 "직무불만족" 상태가 아니라 "직무만족이 되지 않은 상태"이고, 급여, 각종 정책/제도, 물리적 환경 등의 "위생요인"이 만족되었을 때 그것은 직무불만족의 반대인 "직무만족"이 아니라 "직무불만족이 일어나지 않은 상태"를 말하는 것이라 역설했다.

허츠버그 2요인 이론은 기업경영에서 시사하는 바가 크다. 흔히 경영진이나 관리자들은 구성원들의 동기부여를 위해 급여인상, 보너스 지급, 직무환경 변경 등 "위생요인"만을 단기적으로 충족시키려는 경향이 있다. 하지만 위생요인의 충족만으로는 구성원들의 궁극적인 동기를 불러일으키지 못한다. 궁극적인 동기부여를 위해서는 개인의 학습, 성장, 성공체험, 권한 이향 등의 "동기요인"에 관심을 가져야 한다.

1027 ISO 9000 Series의 한계 또는 제약점에 대하여 설명하시오.

풀이 (1) 인증기관 측면
   인증사업을 수행할 수 있는 능력이 부족한 인증기관들에 의한 인증

(2) 조직 측면
   ① 인증취득 목적 부적절
   ② 조적의 경영시스템으로서 역할 부재
   ③ 품질경영시스템 내에서 최고경영자의 역할 부재
   ④ 규격에 대한 올바른 이해 부족

(3) 고객 측면
   품질경영시스템과 제품품질 간의 이질감

1028 TV 부품공장 제조공정 중간검사에서 두께가 중요한 품질특성치이다. 현재까지는 계수치검사를 실시하였는데, 향후 계량치검사를 고려하고 있다. 계량치검사의 장단점에 대하여 각각 3가지를 설명하시오.

풀이 (1) 장점
① 검사개수가 동등한 경우 계수치검사보다 판별능력이 커지므로 검사개수가 상대적으로 적다.
② 다른 목적에 이용되는 정도가 높다.
③ 검사비용이 많은 것, 즉 시간, 설비, 인원을 많이 요하는 것, 파괴검사에 유리하다.

(2) 단점
① 시료채취의 랜덤성이 요구되며, 그 적용범위가 정규분포를 하는 경우 혹은 특수한 경우로 제한한다.
② 숙련을 요한다.
③ 소요시간이 길고, 검사설비 및 기록이 복잡하다.

1029 샘플링 검사가 유리한 경우 5가지와 샘플링 검사의 실시 조건 5가지를 설명하시오.

풀이 (1) 샘플링 검사가 유리한 경우 5가지
1) 다수다량의 것으로 어느 정도 불량품이 섞여도 괜찮을 경우
2) 검사항목이 많은 경우
3) 불완전한 전수검사에 비하여 신뢰성 높은 결과가 얻어지는 경우
4) 검사비용을 적게 하는 편이 이익이 되는 경우
5) 생산자에게 품질 향상의 자극을 주고 싶을 경우

(2) 샘플링 검사의 실시 조건 5가지
1) 제품이 로트로 처리될 수 있을 것
2) 합격로트 속에서도 어느 정도까지는 불량품이 섞여 들어가는 것을 허용할 수 있을 것
3) 시료의 샘플링이 랜덤하게 될 것
4) 품질기준이 명확할 것
5) 계량샘플링 검사에서는 검사단위의 특성치 분포를 대략 알고 있을 것

1030 제품책임의 예방대책 중 개발·설계부문의 예방대책 5가지를 설명하시오.

풀이 (1) 개발제품에 대해서는 개발위험의 항변이나 기술수준의 항변이 관련되게 된다. 제품의 공급시점의 과학기술 지식에 의해 제조업자가 알 수 없었던 제품의 위험에 따른 손해에 대해 기업의 제조물 책임을 면책하는 것인데 기업으로서는 과학기술의 수준에 대해 안이한 판단을 해서는 안 된다.

(2) 기업으로서는 연구개발 단계에서부터 안전성 확보에 노력해야 하고 연구소에서도 제조물 책임 대응책을 실시하지 않으면 안 된다.

(3) 설계단계에서 제품 안전대응을 강구해가는 것이 기본이다. 이것은 설계결함의 배제를 하는 일이다. 설계로부터 제품을 보다 안전하게 한다는 것은 실제적으로 사용할 수 있는 기술이 있다는 것이 전제가 된다.

(4) 설계 변경 등에는 코스트가 상승되기 때문에 전사적인 제조물 책임 대응을 위한 방침 및 프로그램이 설정되어 있어야 한다.

(5) 설계의 안전개선을 위해서는 새로운 설계가 필요한데, 위험성을 배제하기 위한 대체설계가 새로운 위험성을 유발하지 않도록 주의해야 한다.

1031 신뢰성 설계와 관련하여 고장예방 설계기법 5가지와 신뢰성 특유의 설계기법 5가지를 설명하시오.

풀이 (1) 고장예방 설계기법 5가지

1) FMEA(Failure Mode and Effects Analysis)및 FTA(Fault Tree Analysis)
   - FMEA : 시스템이나 기계의 잠재 고장형태들과 이들의 영향을 조사해 고장이 나지 않도록 예방조치를 취하는 방법
   - FTA : 고장원인의 인과관계를 정상사상으로부터 하향식으로 분석하는 방법

2) WCCA(Worst Case Circuit Analysis)
   구성부품의 특성 산포가 제품기능에 미치는 영향을 파악하기 위한 구성부품이 가질 수 있는 특성범위에서 최대값/최소값을 갖는 경우 제품의 성능이 정한 사양을 만족할 수 있는지를 평가

3) SCA(Sneak Circuit Analysis)
   제품의 논리적인 오류를 찾아내기 위하여 체계적으로 분석하는 방법

4) 설계심사(Design Review)
   설계품질을 구현하기 위해서 계획된 제조, 수용, 설치, 사용, 보전 등의 프로세스에 대해서 객관적으로 여러 가지 지식을 모아서 평가하고, 개선점을 찾아서 이것을 제안하여 다음 단계로 진행시킬 수 있다는 것을 확인하는 조직적인 평가 활동 시스템

5) TAAF(Test Analyze And Fix)
   신뢰성 분석 및 개선과정을 충분히 거쳐 예상되는 문제를 해결한 후 시제품을 만들어 시험하고, 고장이 발생하는 경우 원인을 분석하여 개선

(2) 신뢰성 특유의 설계기법 5가지
   1) 병렬 및 대기 리던던시 설계
   2) 부하의 경감을 위한 디레이팅 설계
   3) 제품의 단순화, 부분품 및 표준화
   4) 고신뢰도 부품 사용
   5) 신뢰성 시험의 자동화
   6) 부품고장의 영향을 감소시키는 구조적 설계방안의 강구

1032 안전과 관련된 오류 및 결함 방지를 위한 실수방지 설계의 원리 5가지를 설명하시오.

[풀이] (1) 해당 프로세스 안에서 품질을 만든다.
(2) 모든 무의식적인 에러와 그로 인한 불량은 없앨 수 있다.
(3) 잘못된 방식은 과감히 고친다.
(4) 너무 골똘히 생각만 하지 말고 어떻게 똑바로 할 것인가를 생각하라.
(5) 60% 성공의 확률만 있다면 당신의 생각을 적용하기는 충분하다.
(6) 실수와 불량은 함께 일한다면 반드시 제로로 만들 수 있다.
(7) 10사람의 머리가 한 사람의 머리보다 낫다.
(8) 5W 1H 원칙을 되풀이하며 원인을 찾도록 노력한다.

1033 품질방침, 품질목표, 품질보증의 개념에 대하여 설명하시오.

[풀이] (1) 품질방침(Quality Policy)
   최고경영자에 의해 공식적으로 표명된 품질 관련 조직의 전반적인 의도 및 방향

(2) 품질목표(Quality Objective)
   품질에 관하여 추구하거나 지향하는 것

(3) 품질보증(Quality Assurance)
   품질요구사항이 충족된다는 신뢰의 제공에 중점을 둔 품질경영의 일부

1034 다음 표는 검사 설비에 대한 측정시스템분석 결과이다. 2대의 설비에서 시료 10개에 대하여 각 2회 반복 실시하여 적합품(0), 부적합품(1)으로 구분하였다. 이 표로부터 제1종 과오(α), 제2종 과오(β)를 계산하고 그 결과를 설명하시오.(회사규격은 α, β에 대하여 각 5% 이내로 관리하고 있다.)

시료번호		1	2	3	4	5	6	7	8	9	10
참값		0	0	0	0	0	1	1	1	1	1
1호기	반복1	0	0	1	0	0	0	1	0	1	1
	반복2	0	1	0	0	0	1	1	1	1	0
2호기	반복1	0	0	0	0	1	0	1	1	1	1
	반복2	0	0	1	0	0	0	1	1	1	1

[풀이] (1) 1호기

  1) 제1종 과오(α) = $\dfrac{\text{적합품을 부적합품으로 판정한 수}}{\text{1호기의 적합품 측정횟수}} \times 100$

        = $\dfrac{2}{(2 \times 5)} \times 100 = 20.00\%$

  ※ 적합품을 부적합품으로 판정한 수(시료번호 2, 3)

  2) 제2종 과오(β) = $\dfrac{\text{부적합품을 적합품으로 판정한 수}}{\text{1호기의 부적합품 측정횟수}} \times 100$

        = $\dfrac{3}{(2 \times 5)} \times 100 = 30.00\%$

  ※ 부적합품을 적합품으로 판정한 수(시료번호 6, 8, 10)

(2) 2호기

  1) 제1종 과오(α) = $\dfrac{\text{적합품을 부적합품으로 판정한 수}}{\text{2호기의 적합품 측정횟수}} \times 100$

        = $\dfrac{2}{(2 \times 5)} \times 100 = 20.00\%$

  ※ 적합품을 부적합품으로 판정한 수(시료번호 3, 5)

  2) 제2종 과오(β) = $\dfrac{\text{부적합품을 적합품으로 판정한 수}}{\text{2호기의 부적합품 측정횟수}} \times 100$

        = $\dfrac{2}{(2 \times 5)} \times 100 = 20.00\%$

  ※ 부적합품을 적합품으로 판정한 수(시료번호 6)

(3) 전체

1) 전체 제1종 과오(α) = $\dfrac{\text{적합품을 부적합품으로 판정한 수}}{\text{전체 적합품 측정횟수}} \times 100$

   = $\dfrac{4}{(2 \times 2 \times 5)} \times 100 = 20.00\%$

2) 전체 제2종 과오(β) = $\dfrac{\text{부적합품을 적합품으로 판정한 수}}{\text{전체 부적합품 측정횟수}} \times 100$

   = $\dfrac{5}{(2 \times 2 \times 5)} \times 100 = 25.00\%$

∴ 결과 : 회사에서 α, β에 대하여 각 5% 이내로 관리하고 있지만, 전체 1종 과오 및 전체 2종 과오에서 기준을 충족하지 못하므로 모두 부적합으로 판정한다.

1035 실험계획법을 활용하는 목적 3가지를 설명하시오.

풀이 (1) 어떤 요인이 실험 특성치에 유효한 영향을 주고 있는지 파악하고, 그 영향력의 정도를 알아보기 위함(검정과 추정)

(2) 작은 영향을 미치는 요인의 전체적 영향 정도를 파악하기 위함(오차항 추정)

(3) 유효한 영향을 미치는 요인의 가장 바람직한 반응을 하는 조건을 파악하기 위함(최적반응조건 결정)

1036 자동차 부품 회사에서 공정 개선의 일환으로 실험을 실시하여 다음 표와 같은 데이터를 얻었다.

- 인자 A(압력)의 수준 A_1 : 2, A_2 : 3, A_3 : 4, A_4 : 5
- 인자 B(속도)의 수준 B_1 : 4, B_2 : 6, B_3 : 8

(단, $F_{0.95}(2,5) = 5.79$, $F_{0.95}(3,5) = 5.41$, $F_{0.975}(2,5) = 8.43$, $F_{0.975}(3,5) = 7.76$, $F_{0.95}(2,6) = 5.14$, $F_{0.95}(3,6) = 4.76$이다.)

	A_1	A_2	A_3	A_4	합계
B_1	35	43	42	44	164
B_2	40	41	y	46	$127+y$
B_3	42	45	44	50	181
합계	117	129	$86+y$	140	$472+y$

1 결측치 y를 추정하시오.

2 분산분석표를 작성하시오.

3 유의수준 5%로 요인에 대한 F검정을 실시하시오.

[풀이] **1** $T_{3.}' = 86$, $T_{.2}' = 127$, $T' = 472$

$$\hat{y} = \frac{(lT_{i.}' + mT_{.j}' - T)}{(l-1)(m-1)} = \frac{(lT_{3.}' + mT_{.2}' - T)}{(l-1)(m-1)}$$

$$= \frac{(4 \times 86) + (3 \times 127) - 472}{(4-1)(3-1)} = 42$$

2 1) 변동의 계산

$T_{1.} = 117$, $T_{2.} = 129$, $T_{3.} = 128$, $T_{4.} = 140$, $T_{.1} = 164$, $T_{.2} = 169$, $T_{.3} = 181$,
$T = 514$

$$CT = \frac{T^2}{N} = \frac{514^2}{12} = 22,016.3$$

$$S_T = \sum\sum X_{ij}^2 - CT = (35^2 + \cdots + 50^2) - 22,016.3 = 143.7$$

$$S_A = \sum \frac{T_{i.}^2}{m} - CT = \left(\frac{117^2 + 129^2 + 128^2 + 140^2}{3}\right) - 22,016.3 = 88.4$$

$$S_B = \sum \frac{T_{.j}^2}{l} - CT = \left(\frac{164^2 + 169^2 + 181^2}{4}\right) - 22,016.3 = 38.2$$

$$S_e = S_T - (S_A + S_B) = 143.7 - (88.4 + 38.2) = 52.1$$

2) 자유도 계산

$v_A = l - 1 = 4 - 1 = 3$, $v_B = m - 1 = 3 - 1 = 2$

$v_e = (l-1)(m-1) - 결측치수 = (4-1)(3-1) - 1 = 5$

$v_T = (lm - 1) - 결측치수 = [(4 \times 3) - 1] - 1 = 10$

3) 분산분석표 작성

요인	SS	DF	MS	F_0	$F_{0.95}$
A	88.4	3	29.47	2.83	5.41
B	38.2	2	19.1	1.83	5.79
e	52.1	5	10.42		
T	143.7	10			

3 위의 결과에서 인자 A, B 모두 유의하지 않다.

즉, 인자 A(압력), 인자 B(속도) 간의 차이가 없다.

1037 공차분석법은 기본적인 시스템을 설계하거나 고객 요구에 의해 설계할 때, 시스템 산포의 주요 요인을 파악하고자 할 때, 공구 및 전반적인 설계 민감도를 정의할 때 활용한다. 공차분석법의 유형인 최소·최대법과 제곱합근법(RSS ; Root Sum of Square)에 대하여 각각 개념 및 장단점을 설명하시오.

풀이 (1) 최소/최대(Min/Max)법
구성품의 극한 치수공차를 사용하여 시스템 차이를 정하는 방법
1) 장점
① 활용이 간단하다.
② 데이터 수집이 필요 없다.
③ 부품이 공차 내에 있으면 끼워 맞춘다.

2) 단점
① 데이터에 근거하지 않는다.
② 필요에 따라 공차를 과장되게 설정할 수 있다.
③ 공정에서 공정 내의 부품을 제공하지 못할 수 있다.

(2) **제곱합근(RSS)법**
시스템을 구성하는 몇 개의 부품과 치수의 능력에 근거하여 시스템 능력을 결정하는 통계적인 방법
1) 장점(개별 도면공차의 RSS법)
① 활용이 간단하다.
② 데이터 수집이 필요 없다.
③ 최소/최대법에 비하여 공차가 적을 수 있다.

2) 단점(개별 도면공차의 RSS법)
① 데이터에 근거하지 않는다.
② 공차를 실제보다 작거나 크게 설정할 수도 있다.

3) 장점(공정능력에 의한 RSS법)
① 공정의 대표가 되는 품질데이터를 근거로 활용한다.
② 고객의 요구에 따라 유연하게 대처할 수 있다.
③ 공차를 최적화한다.

4) 단점(공정능력에 의한 RSS법)
공정의 대표가 되는 품질데이터 수집이 필수이다.

1038 설계 FMEA, 공정 FMEA, FTA의 목적, 특징, 분석방법, 입력자료, 산출자료에 대하여 비교·설명하시오.

풀이

구분	설계 FMEA	공정 FMEA	FTA
목적	설계의 안전성 확보, 제품의 고장형태 적출과 대책	공정의 완전성 확보, 공정, 재료, 작업의 불량형태 적출과 대책	시스템이나 기기에 발생하는 고장이나 결함의 원인을 논리적으로 규명
특징	제품이 고객의 의도된 사용목적을 충족할 수 있도록 하는 제품의 설계 및 설정된 사양개발에 초점	제품이 설계도면의 사양대로 반복적으로 생산될 수 있도록 하는 제조공정에 초점	정상사상이 발생하는 메커니즘을 규명하고, 시스템의 신뢰성 블록 다이어그램으로 사용 가능
분석방법	고장형태 예측 → 고장영향 추측 → 현재의 설계관리 방법 기술 → 정량분석(심각도, 발생도, 검출도) → RPN 산출 → 개선조치 → RPN 재산정 → 설계 반영 및 제품 품질정보 비교	고장형태 예측 → 고장영향 추측 → 현재의 설계관리 방법 기술 → 정량분석(심각도, 발생도, 검출도) → RPN 산출 → 개선조치 → RPN 재산정 → 공정 반영 및 공정 품질정보 비교	정상사상을 일으키는 원인(기본사상) 파악 → 논리기호를 이용한 FT도 작성 → 고장의 근본원인을 제거할 수 있는 대책 마련
입력자료	도면, 자재명세서, 상호관계매트릭스, 인터페이스매트릭스, 품질기능전개, 품질 및 신뢰성이력	설계 FMEA, 도면 및 설계기록, 공정명세서, 상호관계매트릭스, 내부 및 외부(고객)부적합사항, 품질 및 신뢰성이력	시스템 및 기기의 동작이나 운전에 관련된 자료, 시스템의 결함, 기본사상 및 비전개 사상의 확률
산출자료	설계 FMEA	공정 FMEA	FA도, 정상사상의 확률

1039 A제품은 공정에서 개개의 데이터를 측정할 수 없고 단지 치수구간별 발생비율을 확인할 수 있다. 100개의 제품에 대한 특성치인 길이의 치수구간별 발생비율은 다음 표와 같다.

치수구간	발생비율
38.5 ~ 42.5	3.0%
42.5 ~ 46.5	15.0%
46.5 ~ 50.5	21.0%
50.5 ~ 54.5	33.0%
54.5 ~ 58.5	16.0%
58.5 ~ 62.5	9.0%
62.5 ~ 66.5	3.0%

1 이에 대한 분포를 히스토그램으로 나타내고, 규격 40±15일 때, 평균 및 표준편차, 공정 능력지수(C_p, C_{pk})를 구하시오.

2 정규분포로 가정 시 규격을 벗어날 확률을 구하기 위한 표준화 확률변수인 Z_{SU} 및 Z_{SL}를 구하시오.

[풀이] **1** 도수분포표 작성

치수구간	중심치	발생비율 f	u	fu	fu^2
38.5 ~ 42.5	40.5	3.0	−3	−9	27
42.5 ~ 46.5	44.5	15.0	−2	−30	60
46.5 ~ 50.5	48.5	21.0	−1	−21	21
50.5 ~ 54.5	52.5	33.0	0	0	0
54.5 ~ 58.5	56.5	16.0	1	16	16
58.5 ~ 62.5	60.5	9.0	2	18	36
62.5 ~ 66.5	64.5	3.0	3	9	27
계		$\sum f = 100$		$\sum fu = -17$	$\sum fu^2 = 187$

1) 히스토그램 작성

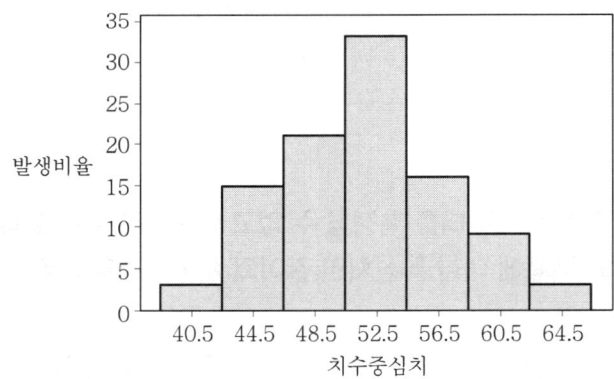

2) 평균 및 표준편차

$$\bar{x} = x_0 + \frac{\sum f_i u_i}{\sum f_i} \times h = 52.5 + \frac{-17}{100} \times 4.0 = 51.82$$

$$s = h\sqrt{\frac{\sum f_i u_i^2 - \frac{(\sum f_i u_i)^2}{\sum f_i}}{\sum f_i - 1}} = 4.0 \times \frac{\sqrt{187 - \frac{(-17)^2}{100}}}{\sqrt{100-1}} = 5.45$$

3) 공정능력지수(C_p, C_{pk})

$S_U = 55$, $S_L = 25$, $\overline{x} = 51.82$, $s = 5.45$

$$C_p = \frac{S_U - S_L}{6s} = \frac{55 - 25}{6 \times 5.45} = 0.92$$

$$k = \frac{|M - \overline{X}|}{\frac{T}{2}} = \frac{|40 - 51.82|}{\frac{30}{2}} = 0.788$$

$$C_{pk} = (1-k)C_p = (1-0.788) \times 0.92 = 0.19$$

2 $Z_{SU} = \dfrac{S_U - \mu}{\sigma} = \dfrac{55 - 51.82}{5.45} = 0.58$

$Z_{SL} = \dfrac{S_L - \mu}{\sigma} = \dfrac{25 - 51.82}{5.45} = -4.92$

1040 다음 표는 동일 모델에 대한 제품을 3대의 설비에서 각각 100개씩 생산하고 제품을 검사한 결과이다. 설비 3대 간 모부적합품률의 동일성 여부를 검정하고자 한다. 다음 물음에 답하시오. (단, $\chi^2_{0.95}(2) = 5.99$, $\chi^2_{0.95}(3) = 7.81$, $\chi^2_{0.95}(6) = 12.59$)

설비 구분	적합품	부적합품
1호기	90	10
2호기	86	14
3호기	94	6

1 가설을 설정하시오.
2 검정통계량을 구하고 $\alpha = 0.05$로 판정하시오.

풀이 **1** 3×2 분할표에 의한 동일성 검정

1) 가설의 설정

H_0 : 각 호기별 모부적합품률이 같다.
H_1 : 각 호기별 모부적합품률이 다르다.

2) 유의수준 설정

$\alpha = 0.05$, $r = 3$, $c = 2$, $v = (r-1)(c-1) = 2$

2 1) 검정통계량 계산

		1호기	2호기	3호기	합계
적합품	측정도수	90	86	94	270
	기대도수	$\frac{(100 \times 270)}{300}=90$	$\frac{(100 \times 270)}{300}=90$	$\frac{(100 \times 270)}{300}=90$	
	$\frac{(측정도수-기대도수)^2}{기대도수}$	$\frac{(90-90)^2}{90}=0$	$\frac{(86-90)^2}{90}=0.18$	$\frac{(94-90)^2}{90}=0.18$	0.36
부적합품	측정도수	10	14	6	30
	기대도수	$\frac{(100 \times 30)}{300}=10$	$\frac{(100 \times 30)}{300}=10$	$\frac{(100 \times 30)}{300}=10$	
	$\frac{(측정도수-기대도수)^2}{기대도수}$	$\frac{(10-10)^2}{10}=0$	$\frac{(14-10)^2}{10}=1.6$	$\frac{(6-10)^2}{10}=1.6$	3.2
합계		100	100	100	300

$\chi^2_0 = 0.36 + 3.2 = 3.56$

2) 기각역 설정

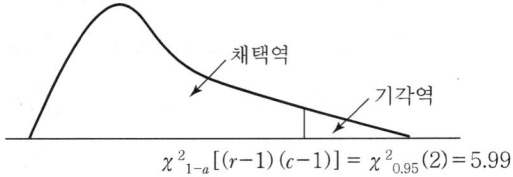

$\chi^2_{1-\alpha}[(r-1)(c-1)] = \chi^2_{0.95}(2) = 5.99$

3) 판정

$\chi^2_0 = 3.56 < \chi^2_{0.95}(2) = 5.99$ 이므로 H_0 채택

즉, 각 호기별 모부적합품률은 같다고 말할 수 있다.

1041 주사위가 공정하게 만들어졌는지 검사하기 위하여 주사위를 60번 던져 다음 표와 같은 결과를 얻었다. 주사위가 공정하게 만들어졌는지 유의수준 0.05로 검정하시오. (단, $\chi^2_{0.05}(5) = 11.07$, $\chi^2_{0.025}(5) = 12.83$)

주사위눈	1	2	3	4	5	6	합
관찰도수	15	8	10	15	6	6	60

[풀이] 적합도 검정

(1) 가설의 설정

$H_0 : P_1 = P_2 = P_3 = P_4 = P_5 = P_6 = 1/6$

$H_1 : P_1 \neq P_2 \neq P_3 \neq P_4 \neq P_5 \neq P_6 \neq 1/6$ 또는 주사위의 눈에 따라 나오는 확률이 다르다.

(2) 유의수준 설정

$\alpha = 0.05$, $k = 6$, $n = 60$

(3) 검정통계량 계산

	1	2	3	4	5	6	합계
측정도수	15	8	10	15	6	6	60
가정된 확률	1/6	1/6	1/6	1/6	1/6	1/6	1.0
기대도수	$60 \times 1/6 = 10$	$60 \times 1/6 = 10$	$60 \times 1/6 = 10$	$60 \times 1/6 = 10$	$60 \times 1/6 = 10$	$60 \times 1/6 = 10$	60
$\dfrac{(측정도수 - 기대도수)^2}{기대도수}$	$\dfrac{(15-10)^2}{10}$ $=2.5$	$\dfrac{(8-10)^2}{10}$ $=0.5$	$\dfrac{(10-10)^2}{10}$ $=0$	$\dfrac{(15-10)^2}{10}$ $=2.5$	$\dfrac{(6-10)^2}{10}$ $=2.67$	$\dfrac{(6-10)^2}{10}$ $=2.67$	10.84 $=\chi^2_0$

(4) 기각역 설정

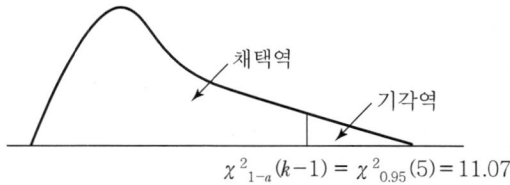

$\chi^2_{1-\alpha}(k-1) = \chi^2_{0.95}(5) = 11.07$

(5) 판정

$\chi^2_0 = 10.84 < \chi^2_{0.95}(5) = 11.07$이므로 H_0 채택

즉, 주사위의 눈에 따라 나오는 확률이 같다.

1042 다구치 품질의 정의가 기존 품질의 정의와 다른 점을 손실함수와 강건(Robust)설계 관점에서 설명하시오.

풀이 기존 품질의 정의는 관리한계 내에 있는 제품이라면 일단 양품으로 판정하지만 다구치 품질의 정의는 제품이 고객에게 판매된 후부터 발생되는 사회에 끼친 손실이라 하였다.

손실을 줄이기 위해서는 지속적으로 제품의 품질특성이 목표값으로부터 이탈하는 변동을 감소시킴으로써 달성된다. 제품의 품질특성이 파악되지 않거나 측정되지 않는다면, 품질은 향상될 수 없다. 그러므로 제품의 품질특성은 항상 파악되고 측정되어야 한다.

그러면 품질특성에 대한 목표값은 어떻게 정하는가? 목표값은 목표규격을 결정하는 것이다. 목표값을 결정하는 데 있어서 생산시간과 변동이 적으면 적을수록 좋으며, 고장 날 때까지의 시간과 작동시간은 길면 길수록 좋다. 목표값은 대개 목표값의 위치와 분산의 두 가지 변수에 의해서 측정된다. 위치는 목표값의 특정한 위치를 말한다. 목표값은 가장 바람직한 목표지만, 고정되어 있지 않고 변하며, 또 제품마다 다르고 동일한 제품이라 하더라도 시간에 따라 변하다.

제품에는 하나의 품질특성만 존재하는 것이 아니고, 다양한 품질특성이 존재한다. 기업에서는 이 모든 품질특성을 전부 개선하지 않는다. 기업에 있어서 모든 품질특성이 동일하게 중요하지 않기 때문이다. 품질특성 중에서 고객의 요구를 만족시키는 가장 기본적인 품질특성을 성능특성이라 한다. 기업은 바로 이 성능특성을 개선하고자 한다. 이 성능특성의 가장 이상적인 값을 목표값이라고 부른다. 어떤 제품의 품질이 좋다고 하는 것은 그 제품의 수명에 걸쳐서 성능특성의 값이 항상 목표값에 거의 일치하는 현상을 말한다. 또 목표값에 대한 성능특성의 변동을 성능변동이라 부르는데, 성능변동이 적으면 적을수록 제품의 품질은 좋아진다.

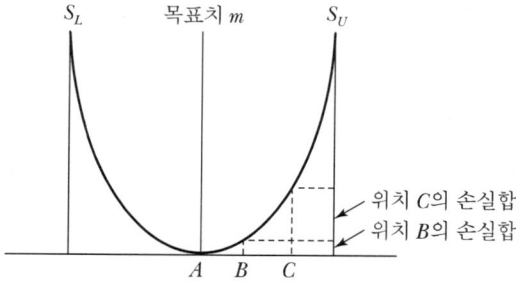

다구치는 품질규격이 비록 허용한계 이내에 있다 하더라도, 목표값에서 떨어진 정도에 따라 비용이 증가한다고 보았다.

그림에서 목표치 m을 만족시키는 위치 A의 제품은 손실비용이 발생하지 않지만 위치 B, C제품은 손실비용이 발생한다.

즉, 목표치에서 벗어남에 따라 손실비용이 증가한다.

강건(Robust)은 변동에 민감하지 않는 것(둔감한 것)을 말한다.

강건설계(Robust Design)는 변동을 발생시키는 원인 자체를 직접 제거하지 않고, 단지 변동의 원인이 끼치는 영향을 극소화함으로써 제품의 품질을 향상시킨다.
이것은 여러 가지 원인에 의해 제품의 성능이 변동하지 않도록 제품과 공정에 대한 설계를 최적화함으로써 달성되며, 불리한 조건을 유발시키는 원인을 제거하는 것보다는 불리한 조건이 끼치는 영향을 제거하자는 것이며, 목표치를 만족시키는 제품을 제조하여 손실비용을 줄일 수 있다는 것이다.

1043 사출성형 공정의 일일 설비가동 현황이 다음과 같다.

- 근무시간 : 500분
- 고장시간 : 50분
- 이론 cycle 시간 : 0.5분/개
- 총 생산량 : 400개
- 계획 휴지시간 : 50분
- 실제 cycle 시간 : 0.8분/개
- 부적합품 : 10개

1 설비종합효율을 구하시오.
2 설비종합효율 향상 방안 중 계획보전 측면에서의 기본활동 4가지를 설명하시오.

[풀이] **1** 1) 시간가동률 = $\dfrac{(부하시간 - 정지시간)}{부하시간}$ = $\dfrac{가동시간}{부하시간}$

$= \dfrac{(500-50-50)}{500} = 0.8(80\%)$

※ 부하시간 = 조업시간 - (생산계획상 휴지시간 + 보전 휴지시간 + 일상관리상 휴지시간)

2) 성능가동률 = $\dfrac{생산량 \times 기준(이론)사이클 시간}{가동시간}$

$= \dfrac{(400 \times 0.5)}{400} = 0.5(50\%)$

3) 양품률 = $\dfrac{(가공수량 - 불량수량)}{가공수량}$ = $\dfrac{(400-10)}{400} = 0.975(97.5\%)$

※ 불량수량 = 시가동 불량수량 + 공정불량수량 + 재가공수량

4) 설비종합효율 = 시간가동률 × 성능가동률 × 양품률
   $= 0.8 \times 0.5 \times 0.975 = 0.39(39\%)$

2 1) 예방보전(PM ; Preventive Maintenance)
예정된 시기에 점검 및 시험 급유, 조정 및 분해정비(Overhaul), 계획적 수리 및 부분품 갱신 등을 하여, 설비성능의 저하와 고장 및 사고를 미연에 방지함으로써 설비의 성능을 표준 이상으로 유지하는 보전활동

2) 사후(수리)보전(BM ; Break down Maintenance)
   기계설비의 고장이나 결함이 발생한 후에 이를 수리 또는 보수하여 회복시키는 보전활동
3) 개량보전(CM ; Corrective Maintenance)
   설비가 고장 난 후에 설계변경, 부품개선 등으로 수명을 연장하거나 보전이 용이하도록 설비 자체의 체질개선을 하는 보전활동
4) 보전예방(MP ; Maintenance Prevention)
   설비계획 및 설치 시부터 고장이 없는 설비, 초기 수리 보전 가능한 설비를 선택하는 보전활동

1044 공정능력조사와 공정성능조사에 대하여 목적, 준비사항, 기간, 데이터의 수집계획, 주로 사용되는 통계수법 등으로 구분하여 설명하시오.

풀이

구분	공정능력조사	공정성능조사
목적	공정이 관리상태에 있을 때(즉 우연원인에 의하여 품질산포가 생길 때) 공정에서 생산되는 제품의 품질변동이 규격에 어느 정도 부합되는가를 조사한다.	장기간에 걸쳐서 가피원인이 될 수 있는 요인들(작업자 교체, 공구 교체, 설비수리, 원료/로트 변경 등)이 어느 정도 생산되는 제품의 품질변동에 영향을 주는가를 조사한다.
준비사항	가피원인이 개입되지 않도록 조사기간 중에는 동일한 4M(작업자, 공구, 원료, 작업조건)을 유지할 수 있도록 하여야 한다.	공장의 생산관리에 필요한 각종 교체사항이 계획적으로 이루어질 수 있도록 하며 설비관리, 계측기 관리 등이 협조적으로 이루어질 수 있도록 한다.
기간	짧으면 2~3시간에서 길면 일주일 정도의 기간 내에 이루어진다.	짧으면 5일 정도에서 길면 6개월까지 본다.
데이터 수집계획	부분군의 수는 10~30개 정도로 하고, 한 부분군내의 시료 수는 3~6개 정도가 적절하다. 총 50개 이상의 데이터가 있어야 하며, 총 데이터수는 k조의 부분군 n개의 시료가 있으면 kn이 된다.	두 가지 방법이 있다. 1. 공정능력을 조사한 kn개의 데이터 집합을 장기간에 걸쳐 여러 개 또는 수십 개로 합쳐서 분석 2. 장기간에 걸쳐 랜덤하게 부분군의 수를 20~40개 정도로 추출하고, 한 부분군내의 시료수를 3~6개 정도로 하여 총 100개 이상의 데이터를 수집한다.
통계수법	k조의 부분군을 사용하여 $\overline{X}-R$관리도를 그린다. 여기서 표준편차의 추정치 $\dfrac{\overline{R}}{d_2}$을 구한 후에 공정능력지수($C_p$, C_{pk})를 산출하여 평가한다.	공정능력조사의 결과를 여러 개 정리하여 시계열 측면에서 분석한다. $\overline{X}-R$관리도를 그려서 성능을 조사하고, 표준편차의 추정치를 전체 데이터의 편차제곱합 $\sqrt{\dfrac{\sum(x_i-\overline{x})^2}{n-1}}$을 이용하여 공정성능지수($P_p$, P_{pk})를 산출하여 평가한다.

1045 다음 표는 계량규준형 1회 샘플링 검사의 OC곡선에 관한 내용을 나타낸 것이다. 로트의 평균치를 보증하는 방법 중 특성치가 낮을수록 좋은 경우에 대하여 다음 물음에 답하시오. (단, $n=4$, $\sigma=10$, $K_{0.05}=1.645$, $K_{0.10}=1.282$)

$L(m)$	로트가 합격할 확률	m_0	합격시키고 싶은 로트의 평균치
m_1	불합격시키고 싶은 로트의 평균치	α	생산자의 위험(0.05)
β	소비자의 위험(0.10)	$\overline{X}_U$	합격판정치(여기서는 500)

1 m_0, m_1을 구하시오.
2 OC곡선을 작성하시오.

[풀이] 1 σ기지의 계량규준형 1회 샘플링 검사에서 특성치가 낮을수록 좋은 로트의 평균치를 보증하는 경우

$$m_0 = \overline{X}_U - K_\alpha \frac{\sigma}{\sqrt{n}} = 500 - 1.645 \frac{10}{\sqrt{4}} = 491.775$$

$$m_1 = \overline{X}_U + K_\beta \frac{\sigma}{\sqrt{n}} = 500 + 1.282 \frac{10}{\sqrt{4}} = 506.410$$

2

m	$\dfrac{\sqrt{n}(m-\overline{X}_U)}{\sigma} = K_{L(m)}$	$L(m)$
$491.775(m_0)$	$\dfrac{\sqrt{4}(491.77-500)}{10} = -1.645$	0.95
$500(\overline{x}_U)$	$\dfrac{\sqrt{4}(500-500)}{10} = 0$	0.50
$506.410(m_1)$	$\dfrac{\sqrt{4}(506.410-500)}{10} = 1.282$	0.10

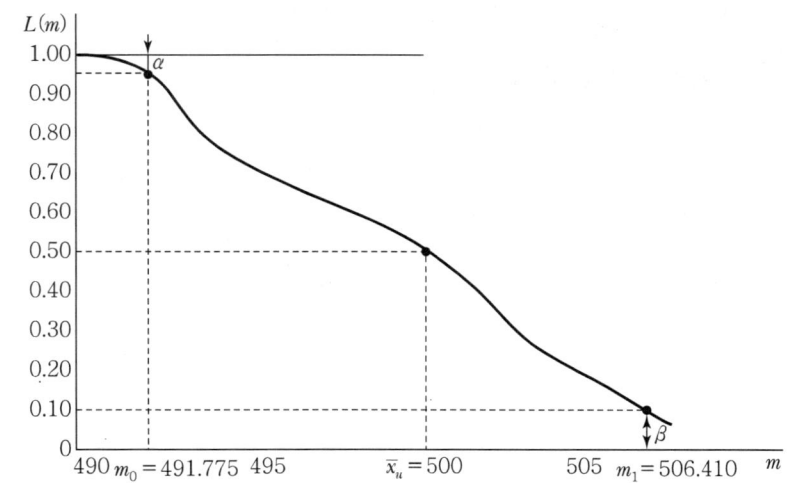

1046 10W LED제품의 수명분포가 대략적으로 지수분포를 따른다고 알고 있다. 다음 표는 LED제품의 수명을 조사하기 위하여 12개 샘플을 취해 고장간격시간을 조사한 결과이다. 다음 물음에 답하시오.

고장 LED 번호	1	2	3	4	5	6
고장간격시간(HR)	15.0	16.3	12.4	6.7	5.2	4.3
고장 LED 번호	7	8	9	10	11	12
고장간격시간(HR)	20.5	2.5	13.2	10.5	4.2	5.3

1 평균수명을 구하시오.
2 평균고장률을 구하시오.
3 시간 15에서의 신뢰도를 구하시오.

[풀이] **1** $\theta = \dfrac{T}{n} = \dfrac{(15.0+16.3+12.4+6.7+52+4.3+20.5+2.5+13.2+10.5+4.2+5.3)}{12} = \dfrac{116.1}{12} = 9.675$시간

2 $\lambda = \dfrac{n}{T} = \dfrac{1}{9.675} = 0.1034/$시간

3 지수분포를 따르므로
$R(t) = e^{-\lambda t} = e^{-0.1034 \times 15} = 0.2120$

1047 다음 표는 공정조건을 최적화하기 위하여 공정파라미터 3개 요인을 2수준으로 하고 제품 표면의 4군데를 잡음요인으로 하여 코팅두께(SPEC : 62±0.5)를 측정한 결과이다.

NO	제어요인			코팅두께				SN비	MEAN
	A(온도)	B(압력)	C(재질)	N_1	N_2	N_3	N_4		
1	1	1	1	56.2	55.1	51.6	53.2	28.5	54.03
2	1	2	2	53.4	52.5	52.5	52.1	39.6	52.63
3	2	1	2	61.7	62.2	62.0	62.1	49.2	62.00
4	2	2	1	65.8	63.9	61.5	62.2		63.35

■ 실험 4번의 SN비를 구하시오.
■ SN비 분석과 MEAN 분석을 통하여 산포제어요인과 중심조정요인을 결정하시오.
■ 상기 ■번의 결과를 기준으로 Main Effects Plot을 작성하여 Robustness(강건성) 및 목표치 확보를 위한 최적조건을 결정하시오.
■ 상기 ■번에서 결정한 최적조건에 대하여 개당 평균손실비용을 계산하시오.(단, 규격초과 시 발생하는 손실비용은 개당 5,000원이다.)

[풀이] ■ 1) 실험 4번의 SN비
평균 : 63.35, 표준편차 : 1.92
$$SN = 20\log\left(\frac{\bar{y}}{s}\right) = 30.4$$

■ 1) SN비 반응표

	A	B	C
1수준	34.1	38.9	29.5
2수준	39.8	35.0	44.4
델타	5.7	3.9	14.9
순위	2	3	1

A열 1수준 $= \frac{28.5+39.6}{2} = 34.1$, 2수준 $= \frac{49.2+30.4}{2} = 39.8$

B열 1수준 $= \frac{28.5+49.2}{2} = 38.9$, 2수준 $= \frac{39.6+30.4}{2} = 35.0$

C열 1수준 $= \frac{28.5+30.4}{2} = 29.5$, 2수준 $= \frac{39.6+49.2}{2} = 44.4$

2) 평균 반응표

	A	B	C
1수준	53.33	58.01	58.69
2수준	62.67	57.99	57.31
델타	9.35	0.03	1.38
순위	1	3	2

A열 1수준 $= \frac{54.03+52.63}{2} = 53.33$, 2수준 $= \frac{62+63.35}{2} = 62.67$

B열 1수준 $= \frac{54.03+62}{2} = 58.01$, 2수준 $= \frac{52.63+63.35}{2} = 57.99$

C열 1수준 $= \frac{54.03+63.35}{2} = 58.69$, 2수준 $= \frac{52.63+62}{2} = 57.31$

❸ Main Effects Plot(SN비) – 데이터 평균

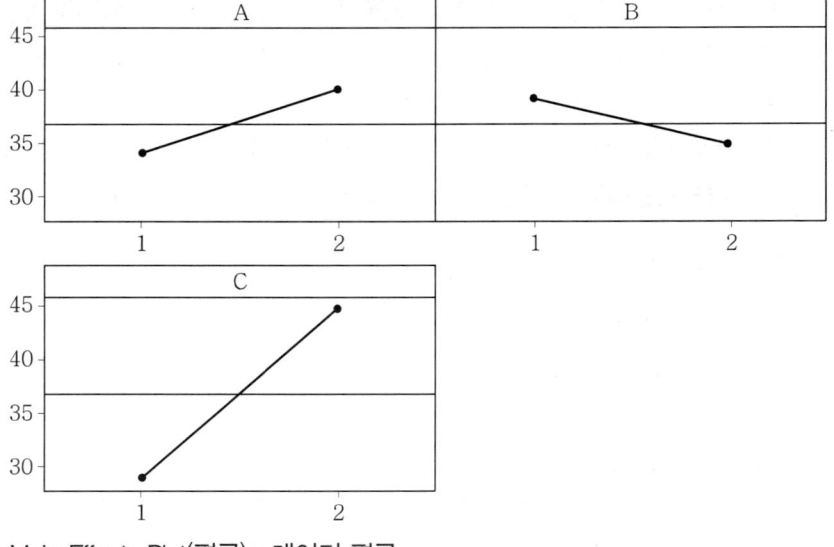

Main Effects Plot(평균) – 데이터 평균

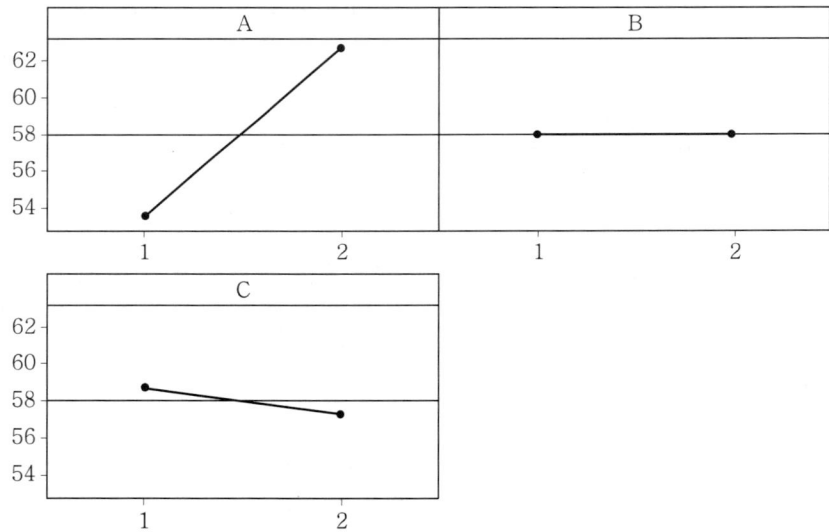

SN비에 대하여 유의한 요인의 인자에 대한 최적수준은 SN비를 최대로 하는 수준이므로, SN비 및 평균에 대한 최적조건은 $A_2B_1C_2$

4 최적조건($A_2B_1C_2$)의 SN비

$$\text{SN}(A_2B_1C_2) = \frac{49.2+30.4}{2} + \frac{28.5+49.2}{2} + \frac{39.6+49.2}{2} - 2(36.9)$$
$$= (39.8+38.9+44.4) - 73.8 = 49.3$$

$$L(y) = k(y-m)^2 = km^2 \times 10^{-\frac{SN}{10}}, \quad k = \frac{A}{\Delta_0^2}$$

$$k = \frac{5,000}{0.5^2} = 20,000$$

$$L_{\text{최적조건}} = 20,000 \times 62^2 \times 10^{-\frac{49}{10}} = 903(\text{원}/\text{개})$$

1048 다음 표는 공정조건을 개선하여 얻은 개선 전후 인장강도(망대특성) 자료이다. 인장강도 특성은 정규분포를 따른다고 알려져 있다. 다음 물음에 답하시오. (단, $t_{0.95}(19)$ = 1.729, $t_{0.975}(19)$ = 2.093, $t_{0.95}(20)$ = 1.725, $t_{0.975}(20)$ = 2.086, $F_{0.95}(9,10)$ = 3.02, $F_{0.975}(9,10)$ = 3.78, $F_{0.95}(10,9)$ = 3.14, $F_{0.975}(10,9)$ = 3.96이다.)

개선 전	80.0	81.2	79.5	78.0	76.1	77.0	80.1	79.9	78.8	80.8	
개선 후	80.4	78.2	80.1	77.1	79.6	80.4	81.6	79.9	84.4	80.9	83.1

1 개선 전후의 중심 및 산포에 대하여 유의수준 0.05로 유의차 검정하시오.
2 개선 전후에 따른 모평균 차이에 대하여 95% 신뢰구간을 구하시오.

풀이 1 1) 두 집단 모분산비에 관한 검정(산포)
개선 전을 A, 개선 후를 B라 설정
① 가설의 설정
$$H_0 : \sigma_A^2 = \sigma_B^2, \quad H_1 : \sigma_A^2 \neq \sigma_B^2$$

② 유의수준 설정
$\alpha = 0.05$, $n_A = 10$, $n_B = 11$, $V_A = 2.73$, $V_B = 4.15$,
$S_A = 24.604$, $S_B = 41.536$,
$\overline{x}_A = 79.14$, $\overline{x}_B = 80.52$

③ 검정통계량 계산
$$F_0 = \frac{V_B}{V_A} = \frac{4.15}{2.73} = 1.520 \ (V_B > V_A)$$

④ 기각역 설정

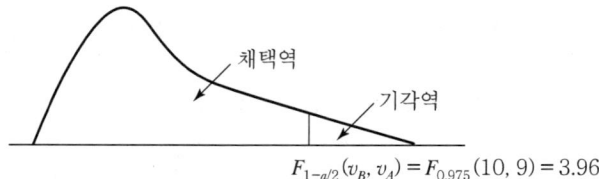

$F_{1-\alpha/2}(v_B, v_A) = F_{0.975}(10, 9) = 3.96$

⑤ 판정

$F_0 = 1.520 < F_{0.975}(10, 9) = 3.96$ 이므로 H_0 채택

즉, 개선 전후 산포에 대한 차가 없다.

2) 두 집단 모평균차에 관한 검정(중심)

① 가설의 설정

$H_0 : \mu_A = \mu_B, \ H_1 : \mu_A \neq \mu_B$

② 유의수준 설정

$\alpha = 0.05, \ \sigma$미지, $n_A = 10, \ n_B = 11, \ S_A = 24.604, \ S_B = 41.536,$
$\overline{x}_A = 79.14, \ \overline{x}_B = 80.52$

③ 검정통계량 계산

$$|t_0| = \frac{|\overline{x}_A - \overline{x}_B|}{\sqrt{V\left(\frac{1}{n_A} + \frac{1}{n_B}\right)}} = \frac{|79.14 - 80.52|}{\sqrt{3.48\left(\frac{1}{10} + \frac{1}{11}\right)}} = 1.693$$

$$V = \frac{S_A + S_B}{n_A + n_B - 2} = \frac{24.604 + 41.536}{10 + 11 - 2} = 3.481$$

④ 기각역 설정

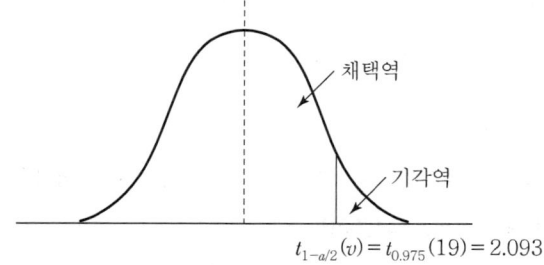

$t_{1-\alpha/2}(v) = t_{0.975}(19) = 2.093$

⑤ 판정

$|t_0| = 1.693 < t_{0.975}(19) = 2.093$ 이므로 H_0 채택

즉, 개선 전후 중심에 대한 차가 없다.

② 두 집단 모평균에 관한 추정

$$|\mu_A - \mu_B| = |\bar{x}_A - \bar{x}_B| \pm t_{1-\alpha/2}(\nu)\sqrt{V\left(\frac{1}{n_A}+\frac{1}{n_B}\right)}$$

$$= |79.14 - 80.52| \pm t_{0.975}(19)\sqrt{3.481\left(\frac{1}{10}+\frac{1}{11}\right)}$$

$$= 1.38 \pm (2.093)\sqrt{3.481\left(\frac{1}{10}+\frac{1}{11}\right)} = 1.38 \pm 1.71\,(0,\ 3.09)$$

1049 자주보전 활동의 '발생원·곤란개소 대책' 단계에서 발생원의 종류 5가지, 곤란개소의 종류 3가지로 구분하고 발생원 및 곤란개소 대책의 진행방법에 대하여 각각 설명하시오.

풀이 (1) 발생원의 종류 5가지

1) 오염발생원
   더러움을 발생시키고 있는 근원으로 칩, 절삭유, 철분, 분진, 기름, 스크랩, 스팀, 에어, 물, 파우더 등의 누설 넘침 비산 등

2) 공해발생원
   악취, 소음, 매연, 폐기물, 폐유, 가스, 먼지 등이 집중적으로 발생되는 근원

3) 재해발생원
   재해발생이 일어날 우려가 있거나, 재해발생 빈도가 큰 요소

4) 고장발생원
   같은 고장이 자주 발생되고 있는 부위 및 설비

5) 불량발생원
   품질불량이 일어날 우려가 있거나 만성적으로 불량을 발생시키는 부위
   ※ 발생원 : 고장이나 불량, 공해를 발생시키고, 설비 및 주변환경을 오염시키는 근원

(2) 곤란개소의 종류 3가지

1) 청소곤란개소
   청소를 하기가 어렵거나 시간이 많이 걸리는 곳(1분 이상)

2) 점검곤란개소
   점검을 소홀히 하기 쉽거나, 시간이 많이 걸리는 곳

3) 급유곤란개소

급유 시 확인이 곤란 또는 정도를 알 수 없거나, 시간이 많이 걸리는 곳

※ 곤란개소 : 청소, 점검, 급유, 조작(운전) 작업 시 시간이 많이 소요되고, 작업이 어려우며, 점검하기 곤란한 부위

(3) 발생원 및 곤란개소 대책

1) 발생원의 대책

① 없앤다
- 먼지나 오염의 발생원을 찾아 발생 그 자체를 없애는 대책이 필요하다.
- 특히 설비의 유지관리가 미흡해서 발생하는 발생원은 철저히 없앤다.

② 줄인다
- 절삭제나 냉각수량을 적게 사용하는 연구를 한다.
- 적게 사용하기 위해서는 평균사용량을 적게 하는 것도 중요하지만, 돌발적으로 많이 소요되는 발생원을 찾아 철저히 없앤다.

③ 바꾼다
- 비산되는 방향을 제어하여 커버 없이 비산을 방지한다.
- 가공점에 가능한 한 가까이 최소한의 국소커버로 비산을 방지한다.
- 보호해야 할 부위의 국소커버로 비산되더라도 품질이나 고장의 영향이 없도록 비산 방향을 바꾼다.

④ 모은다
- 통이나 얇은 팬을 설치하여 바닥으로 바로 떨어지지 않도록 한다.
- 모은 것은 쉽게 처리할 수 있는 구조로 만든다.

⑤ 공정 5S
- 설비 이외의 요인으로 발생하는 것을 공정의 철저한 5S 유지활동으로 유입을 억제한다.

2) 곤란개소의 대책

① 청소방법의 개선

발생원 대책을 우선 실시하고 효과가 적은 부분에 대해서는 청소방법이나 순서를 개선

② 청소도구의 개선

청소방법을 개선하면서 필요한 경우 청소도구를 개선하거나 개발

③ 설비의 개선

현재의 설비에 대한 발생원 곤란개소 대책이 코스트의 제약으로 어려울 경우, 설계에 피드백하여 차세대의 설비에서 해결

1050 스킵로트 샘플링 검사(KS Q ISO 2859 – 3)는 제출된 제품에 대한 검사노력의 감소를 도모하는 일반적인 계수값 스킵로트 샘플링 검사 절차에 대하여 규정하고 있다. 이 검사 절차를 사용하려면 공급자와 제품의 자격 심사를 만족시켜야 하는데 이때 제품자격 심사에 대하여 설명하시오.

풀이 (1) 안정된 설계에 따른 것이어야 할 것

(2) 공급자와 소관권한자 양쪽이 합의한 기간, 실질적 연속 생산의 상태에서 제조되어 온 것으로 할 것. 만일 기간의 규정이 없으면 6개월로 하고, 샘플의 승인을 위하여 생산이 중지된 경우에는 승인되고 생산 개시부터의 기간만을 포함할 것

(3) 제품에 대한 자격심사기간 중 통상검사수준 Ⅰ, Ⅱ 또는 Ⅲ에서 보통검사 또는 수월한 검사 혹은 보통검사와 수월한 검사의 조합이 적용되어야 할 것. 자격심사 중에 1로트라도 까다로운 검사를 적용받은 제품은 스킵로트 검사를 받을 자격이 없다.

(4) 공급자와 소관권한자 양쪽이 합의한 안정 기간 중 AQL 또는 그보다 좋은 품질이 유지되어야 할 것. 만일 이 기간의 규정이 없으면, 이 기간은 6개월로 한다.

(5) 다음의 품질요구사항을 만족하여야 할 것
  1) 직전의 10로트 이상이 합격되어야 할 것
  2) 직전의 10로트 또는 그 이상의 로트에 대하여 '스킵로트 검사 적용을 위한 최소 누계 샘플 크기'의 요구사항이 만족되어야 할 것
  3) 최근의 각 2로트에 대하여 '스킵로트 검사의 개시, 계속, 재개를 위한 합격 판정수'의 요구사항이 각각 만족되어야 할 것. 만일 2회 또는 다회 샘플링 방식을 사용하고 있을 때 위의 (2) 및 (3)의 절차에서는 제1샘플의 결과만을 사용한다.

1051 어떤 기계제조 회사 가공부품 공정의 품질특성치에 대하여 데이터를 수집하였다. 크기 $n=4$ 인 시료를 택하여 $\bar{x}-R$ 관리도를 작성하고, 데이터 시트를 만들어 본 결과 $\bar{\bar{x}}=26.0$mm, $\bar{R}=1.02$mm이었으며, 관리상태로 판명되었다. 다음 물음에 답하시오.

1 군내변동 σ_w^2를 구하시오.(단, $n=4$일 때의 $d_2=2.059$)
2 $\sigma^2_{\bar{X}}=0.225$일 때, 군간변동 σ_b^2를 구하시오.
3 관리계수 C_f를 구하고 판정하시오.
4 규격이 25.0~28.0mm일 때, 공정능력지수(C_{pk})를 구하시오.
5 공정능력을 판정하시오.(단, 치우침을 고려할 것)

[풀이]

1 $\sigma_w^2 = \dfrac{\bar{R}}{d_2} = \dfrac{1.02}{2.059} = 0.245$

2 $\sigma_{\bar{x}}^2 = \sigma_b^2 + \dfrac{\sigma_w^2}{n}$, $\sigma_b^2 = \sigma_{\bar{x}}^2 - \dfrac{\sigma_w^2}{n} = 0.225 - \dfrac{0.245}{4} = 0.164$

3 $\sigma_w^2=0.245$, $\sigma_w=0.495$, $\sigma^2_{\bar{X}}=0.225$, $\sigma_{\bar{X}}=0.474$

$C_f = \dfrac{\sigma_{\bar{x}}}{\sigma_w} = \dfrac{0.474}{0.495} = 0.958$(대체로 관리상태)

※ 평가기준
　　$C_f \geq 1.2$: 급간변동이 크다.
　　$0.8 \leq C_f < 1.2$: 대체로 관리상태
　　$C_f < 0.8$: 군구분이 나쁘다.

4 $S_U=28$, $S_L=25$, $\sigma_w=0.495$

$C_p = \dfrac{S_U - S_L}{6\sigma_w} = \dfrac{28-25}{6 \times 0.495} = 1.01$

$k = \dfrac{|M - \bar{\bar{x}}|}{\dfrac{T}{2}} = \dfrac{|26.5 - 26.0|}{\dfrac{3}{2}} = 0.33$

$C_{pk} = (1-k)C_p = (1-0.33) \times 1.01 = 0.68$

5 $C_{pk}=0.68$(3등급 : 공정능력 부족)

※ 공정능력 판정기준
$C_{pk} \geq 1.67$　0등급　매우 우수
$1.33 \leq C_{pk} < 1.67$　1등급　우수
$1.00 \leq C_{pk} < 1.33$　2등급　보통
$0.67 \leq C_{pk} < 1.00$　3등급　부족
$C_{pk} < 0.67$　4등급　매우 부족

1052 제조물책임법(PL법)의 "표시상의 결함"에 대하여 설명하시오.

풀이 제조업자가 합리적인 설명, 지시, 경고, 기타의 표시를 했더라면 당해 제조물에 의하여 발생될 수 있는 피해나 위험을 줄이거나 피할 수 있었음에도 이를 하지 않은 경우

1053 ISO 9001 내부심사 활동 시 나타나는 관찰사항(Observation)에 대하여 설명하시오.

풀이 현재 부적합은 아니지만 향후에 부적합으로 진전될 수 있는 사항 또는 부적합 사항은 아니지만 피심사자에게 도움이 될 수 있는 내용

1054 6시그마 프로젝트 계획서의 평가기준 "SMART"에 대하여 설명하시오.

풀이　S : Specific(구체적이어야 한다.)
　　　M : Measurable(측정 가능해야 한다.)
　　　A : Aggressive & Attainable(공격적이고 달성 가능해야 한다.)
　　　R : Relevant(경영목표에 관련이 있어야 한다.)
　　　T : Time-bound(완료시한을 설정해야 한다.)

1055 실험계획법에서 "모수인자와 변량인자"에 대하여 비교·설명하시오.

풀이　(1) 모수인자
　　　　① 수준을 기술적으로 지정 가능하며 실험자에 의해 미리 정해진다.
　　　　② a_i는 고정된 상수이다. $[E(a_i) = a_i,\ V(a_i) = 0]$
　　　　③ a_i의 합은 0이다. $[\sum a_i = 0,\ \bar{a} = 0]$

④ a_i 간의 산포의 척도로서 $\sigma_A^2 = \dfrac{a_i^2}{l-1}$

(2) 변량인자

① 수준이 확률적이며 수준선택이 랜덤으로 이루어진다.(기술적인 의미가 없는 경우)

② a_i는 랜덤으로 변하는 확률변수이다. $[E(a_i)=0, \quad V(a_i)=\sigma_A^2]$

③ a_i의 합은 0이 아니다. ($\sum a_i \neq 0, \quad \bar{a} \neq 0$)

④ a_i 간의 분포의 분산은 다음과 같다. $\left\{ \sigma_A^2 = E\left[\dfrac{1}{l-1}\sum(a_i^2-\bar{a})^2\right] \right\}$

1056 점 추정치(Point Estimator)의 3가지 전제조건을 설명하시오.

풀이
(1) 불편성 : 추정량의 기대치가 추정할 모수의 실제 값과 같을 때
(2) 일치성 : 표본의 크기가 크면 클수록 추정량이 모수에 일치하게 되는 추정량
(3) 유효성 : 추정량이 작아야 좋은 추정량이 되는데 이러한 추정량
  ① 최소분산 불편추정량 : 모든 불편추정량 중에서 가장 작은 분산을 갖는 추정량
  ② 모수에 대한 불편추정량이 두 개 이상 있는 경우 점 추정량의 분산이 더 작은 점추정량은 다른 점추정량보다 효율적이라고 한다.

1057 고객만족도 조사에 이용되는 IPA(Importance Performance Analysis) 분석에 대하여 설명하시오.

풀이 다양한 제품, 서비스 및 정책에 대한 강점과 약점을 분석하는 데 광범위하게 사용되고 있는 유용한 분석기법이다. 일반적으로 제품 및 서비스는 다양한 요소들로 구성되어 있는데, 개별 구성요소에 대해 사용자가 느끼는 중요도를 만족도와 종합적으로 분석하는 것이다.

IPA모형의 특성은 이러한 중요도와 만족도의 비교 평가값에 의하여 다음과 같이 4분면(종류)의 의사결정에 활용한다.

(1) 1사분면에 위치하는 속성들은 사용자에게 매우 중요하게 인식하거나, 만족도가 낮기 때문에, 기업/기관이 특히 집중해서 개선을 위해 많은 노력과 관심을 가져야 하는 분야이다.

(2) 2사분면에 위치하는 속성들은 고객들에게 중요한 속성으로 인식되고 있으며, 만족도 역시 높기 때문에 기업들은 현재의 제공 서비스 수준을 유지하는 것만으로도 충분하다고 해석할 수 있다. 그러나 장기적인 관점에서 경쟁력을 지속하거나, 차별적인 경쟁력을 제고하기 위해서는 새로운 속성을 개발하여 제공하는 것이 필요하다.

(3) 3사분면에 위치하는 속성들은 고객들에게 중요하지 않게 인식되고 있으며, 만족도도 낮은 상황이다. 이 부분에 속한 속성들은 기업의 성과에 큰 영향을 미치는 요인이 아니기 때문에 기업들은 제한된 자원/노력을 투여하면 된다.

(4) 4사분면에 위치하는 속성들은 사용자에게 낮은 중요도로 인식이 되지만, 상대적으로 높은 만족도를 이끌어내는 속성이다. 이러한 속성은 홍보나 인식개선을 중요한 속성으로 인식하도록 하는 것이 필요하다.

1058 표준의 분류에서 "과학기술계 표준" 3가지를 설명하시오.

풀이 과학기술계 표준은 측정표준, 참조표준, 성문표준 3가지가 있다.

(1) 측정표준(Measurement Standards) : 산업 및 과학기술분야에서 물상상태의 양의 측정 단위 또는 특정량의 값을 정의하고, 현시하며, 보존 및 재현하기 위한 기준으로 사용되는 물적척도, 측정기기, 표준물질, 측정방법 또는 측정체계를 말한다.

(2) 참조표준(Reference Standards) : 측정데이터 및 정보의 정확도와 신뢰도를 과학적으로 분석·평가하여 공인된 것으로서 국가사회의 모든 분야에서 널리 지속적으로 반복 사용될 수 있도록 마련된 물리화학적 상수, 물성값, 과학기술적 통계 등을 말한다.

(3) 성문표준(Documentary Standards) : 국가사회의 모든 분야에서 총체적인 이해성, 효율성 및 경제성 등을 높이기 위해 강제적으로 또는 자율적으로 적용하는 문서화된 과학기술적 기준, 규격, 지침 및 기술규정을 말한다.

1059 주란박사의 품질트롤로지(Quality Trilogy) 3가지 영역에 대하여 설명하시오.

풀이 (1) 품질계획(Quality Plan)
1) 고객의 요구를 만족시키는 제품과 서비스를 제공하는 공정을 계획하는 것
2) 품질계획에서는 다음과 같은 구체적인 사항들을 결정한다.
   ① 품질의 목표를 설정한다.
   ② 고객이 누구인가를 결정한다.
   ③ 고객의 요구를 결정한다.
   ④ 고객의 요구에 부응하는 제품의 특성을 개발한다.
   ⑤ 품질계획을 실무자에게 이전시켜 실행에 옮긴다.

(2) 품질통제(Quality Control)

1) 고객의 진정한 요구사항에 비추어서 제품을 실제로 만든 제품을 평가하고, 잘못된 것을 시정조치하는 것을 말한다.
2) 품질통제에서는 다음과 같은 구체적인 사항들을 결정한다.
   ① 실제로 수행한 업무의 결과를 평가한다.
   ② 실제 결과를 품질목표와 비교한다.
   ③ 차이점을 분석하고 시정조치를 결정한다.

(3) 품질개선(Quality Improvement)

1) 품질이 지속적으로 개선되도록 뒷받침해주는 지원 메커니즘을 시행하는 과정으로 종업원에게 교육훈련을 실시하고, 조직을 재설정하는 모든 개선활동을 말한다.
2) 품질개선에서는 다음과 같은 구체적인 사항들을 결정한다.
   ① 품질개선이 이루어질 수 있는 시스템을 구축한다.
   ② 개선할 프로젝트를 파악한다.
   ③ 프로젝트팀을 설정한다.
   ④ 팀이 원인을 진단하고, 개선하여 목표를 달성할 수 있도록 필요한 자원과 교육을 지원하고, 동기를 부여한다.

1060 검사특성곡선(OC곡선 ; Operating Characteristic Curve)을 설명하시오.

풀이 로트의 불량률 $p(\%)$을 가로축에, 로트가 합격할 확률 $L(p)$을 세로축에 잡고, 이 양자의 관계를 표시한 곡선(샘플링 검사의 판별능력을 측정하기 위한 척도로서 로트 불량률 $p(\%)$에 대한 로트가 합격할 확률 $L(p)$을 plot한 곡선)

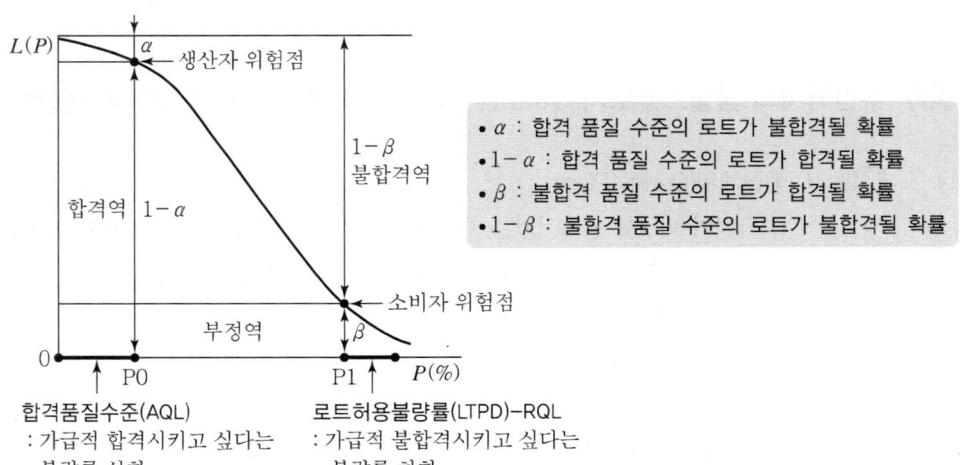

1061 카노(KANO)교수의 고객만족 모델에서 존재하는 5가지 품질특성에 대하여 설명하시오.

풀이 (1) 매력적 품질요소(Attractive Quality Element)
충족이 되면 고객에 만족을 주지만 충족되지 않는 경우에도 문제가 되지 않는 품질요소

(2) 일원적 품질요소(One-Dimensional Element)
충족이 되면 만족, 충족되지 않으면 불만을 일으키는 품질요소

(3) 당연적 품질요소(Must-Be Quality Element)
당연히 있을 것으로 생각되는 기본적인 품질요소

(4) 무차별 품질요소(Indifferent Quality Element)
충족되든 충족되지 않든 만족도, 불만도 일으키지 않는 품질요소

(5) 역(逆) 품질요소(Reverse Quality Element)
충족이 되면 불만을 일으키고, 충족이 되지 않으면 만족을 일으키는 품질요소

1062 품질보증의 사전대책과 사후대책을 비교하여 설명하시오.

풀이 (1) 품질보증의 사전대책
① 시장정보조사
② 기술연구
③ 고객에 대한 PR 및 기술지도
④ 품질설계
⑤ 공정능력 파악
⑥ 공정관리

(2) 품질보증의 사후대책
① 제품검사
② 클레임처리
③ A/S, 기술서비스
④ 보증제도 실시
⑤ 품질검사

1063 다음 그림과 같이 결합된 시스템의 평균수명과 시스템을 100시간 사용하였을 경우 시스템의 전체 신뢰도를 구하시오.(단, 각 부품의 고장률 $\lambda_A = 0.25 \times 10^{-3}$/hr, $\lambda_B = 0.35 \times 10^{-3}$/hr, $\lambda_C = 0.25 \times 10^{-3}$/hr, $\lambda_D = 0.25 \times 10^{-3}$/hr이며 각 부품의 고장은 지수분포를 따른다.)

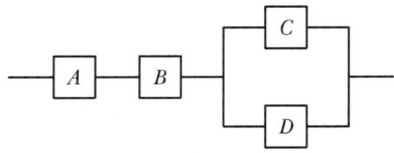

[풀이] 1) 개별신뢰도의 계산

$$R_A = e^{-\lambda_A t} = e^{[(-0.25 \times 10^{-3}) \times 100]} = 0.9753$$
$$R_B = e^{-\lambda_B t} = e^{[(-0.35 \times 10^{-3}) \times 100]} = 0.9656$$
$$R_C = e^{-\lambda_C t} = e^{[(-0.25 \times 10^{-3}) \times 100]} = 0.9753$$
$$R_D = e^{-\lambda_D t} = e^{[(-0.25 \times 10^{-3}) \times 100]} = 0.9753$$

2) 전체신뢰도의 계산

$$R_S = R_A \times R_B \times [1 - (1 - R_C)(1 - R_D)]$$
$$= 0.9753 \times 0.9656 \times [1 - (1 - 0.9753)(1 - 0.9753)] = 0.9412$$

1064 KS Q ISO 2859-2 고립로트 LQ지표형 샘플링 검사에서 절차 A와 절차 B에 대하여 설명하시오.

[풀이] (1) 절차 A

공급자와 소비자 모두가 로트를 고립상태로 간주하길 바라는 경우

(2) 절차 B

공급자는 로트가 연속 시리즈의 하나로 간주되기를 희망하나, 소비자는 로트를 고립상태로 받아들이는 경우

※ 절차 A와 절차 B의 가장 큰 차이는 절차 A가 합격판정개수가 0인 샘플링 방식을 포함하는 데 반하여 절차 B는 합격판정개수가 0인 경우 전수검사를 실시한다는 점이다. 절차 B에 주어진 OC곡선의 값은 부적합품을 생산하는 확률에 기초하고 있으므로 샘플링비(n/N)가 작을 때는 올바르나, 샘플링비가 증가하면 OC곡선은 좋은 품질에 대한 합격 확률을 과소평가하고 나쁜 품질에 대한 불합격의 확률도 과소평가하게 되므로 작은 로트에 대해서는 전수검사가 필요하다. 절차 A와 B를 선택하는 데 있어서 제조가 연속

시리즈의 로트로 간주되면 소비자와 관계없이 절차 B를, 로트가 단일 로트 또는 샘플링 방식의 일부로서 $A_c=0$의 샘플링 방식이 요구된다면 절차 A를 적용하는 것이 적절하다.

1065 A회사에서는 품질경영시스템을 도입하여 시행하려고 한다. 품질경영 8원칙을 나열하고, 각각의 원칙에서 도입상의 주요 이점을 3가지씩 설명하시오.

풀이 (1) 고객 중심

조직은 고객에 의존하고 있다. 따라서 현재 및 미래의 고객요구를 이해하고, 고객요구사항을 충족시키며 고객의 기대를 능가하도록 노력해야 할 것이다.

도입상의 이점 3가지
① 시장기회에 유연한 신속 대응을 통해 매출 및 시장 점유 증가
② 고객만족 향상을 위한 조직의 자원활용의 효과 증대
③ 사업을 지속하기 위한 고객 충실감 증대

(2) 리더십

리더는 조직의 목적과 방향의 통일성을 확립한다. 리더는 사람들이 조직의 목표를 달성하는 데 전적으로 참여할 수 있는 내부환경을 조성하고 유지해야 할 것이다.

도입상의 이점 3가지
① 조직의 목표를 이해하고 동기를 부여받음
② 일체성을 갖도록 활동을 평가, 정렬 및 이행
③ 계층 간 의사소통의 잘못을 최소화함

(3) 전원참여

모든 계층의 사람들이 조직의 필수요소이다. 따라서 전원이 참가함으로써 그들의 능력이 조직의 이익을 위하여 발휘될 수 있다.

도입상의 이점 3가지
① 직원들에게 동기가 부여되고 책임감 있게 참여
② 조직의 목표를 촉진시키기 위한 혁신과 창출
③ 자신의 성과에 대한 책임감 및 지속적인 개선에 참여

(4) 프로세스 접근방법

관련된 자원 및 활동이 하나의 프로세스로 관리될 때 바라는 결과가 보다 효율적으로 얻어진다.

도입상의 이점 3가지
① 자원을 효과적으로 사용함으로써 비용절감과 회전율 단축
② 개선되고 일관성 있는 예측 가능한 결과
③ 중점항목과 우선순위에 다른 개선 기회

(5) **경영에 대한 시스템 접근방법**
상호 연계된 프로세스를 하나의 시스템으로 파악하고 이해하며 관리하는 것은 조직의 목표를 효과적이며, 효율적으로 달성하는 데 이바지한다.

도입상의 이점 3가지
① 바라는 결과를 가장 잘 달성하도록 프로세스를 통합 및 정렬
② 핵심 프로세스에 노력을 집중하는 능력
③ 이해관계자들에게 조직의 일관성, 효과성 및 효율성에 대한 신뢰감 제공

(6) **지속적 개선**
조직의 총체적인 성과에 대한 지속적 개선은 조직의 영구적인 목표여야 한다.

도입상의 이점 3가지
① 조직능력이 향상됨에 따라 성과에 대한 이익 발생
② 조직의 전략적 의도에 따라 모든 계층에서의 향상 활동이 정돈
③ 기회에 대해 신속히 대응하는 유연성

(7) **의사결정에 대한 사실적 접근방법**
효과적인 결정은 데이터 및 정보의 분석에 근거한다.

도입상의 이점 3가지
① 의사결정의 정보화
② 사실 기록을 참고함으로써 과거 의사결정의 효과를 실증할 수 있는 능력이 증대
③ 견해와 의사결정에 대한 검토, 이의 및 변경을 할 수 있는 능력 증대

(8) **상호 유익한 공급자 관계**
조직 및 조직의 공급자는 상호 의존적이며, 상호 이익이 되는 관계는 가치를 창조하기 위한 양쪽 모두의 능력을 증진시킨다.

도입상의 이점 3가지
① 조직 및 공급자 모두의 가치를 창출하는 능력을 증진
② 시장 또는 고객요구 및 기대를 변화시키기 위해 공동의 유연하고 빠른 대응
③ 비용과 자원의 최적화

1066 KS A ISO 2859-1 계수치 샘플링 검사 절차 – 제1부 : 로트별 AQL(Acceptable Quality Level) 지표형 샘플링 검사방식에 대한 다음 각 물음에 답하시오.

1 샘플링 검사 방식을 결정하는 절차를 설명하시오.
2 주 샘플링표(부표 2-A, B, C)와 분수 합격판정개수 샘플링 검사표(부표 11-A, B, C)의 차이점에 대하여 설명하시오.
3 전환규칙에 의하면 협력업체와 거래가 중지될 수 있다. 거래가 중지되는 조건과 다시 거래에 나설 경우 어떤 방식으로 전환규칙을 적용하게 되는지 설명하시오.

[풀이] **1** 1) 검사로트의 구성 및 크기를 정한다.

2) AQL을 결정한다.

3) 검사수준을 결정한다.
① 일반검사 수준 Ⅰ, Ⅱ, Ⅲ 과 특별검사 수준 S-1, S-2, S-3, S-4
② 별도의 지정이 없으면 일반검사 수준 Ⅱ의 사용

4) 검사의 엄격도를 정한다.
① 보통검사, 까다로운 검사, 수월한 검사
② 처음에는 보통검사를 한다.

5) 샘플링 형식을 정한다.
1회, 2회, 다회

6) 샘플링 검사방식을 설계한다.

7) 검사로트로부터 샘플링 검사방식에서 정해진 크기 만큼의 시료를 랜덤하게 추출한다.

8) 시료를 검사한다.

9) 검사로트의 합 · 부 판정을 내리고, 로트를 처리한다.

2 주 샘플링표로는 화살표에 따라 샘플링 검사방식을 얻을 수 있다.
$A_c=0$과 $A_c=1$ 간에 해당하는 샘플링 방식의 경우, '합격판정개수는 정수이다'라는 조건이 있다.
분수 합격판정개수 샘플링 검사표에서는 A_c가 정수가 아닌 분수 샘플링 방식이 주어진다.
예를 들면, 보통검사에서 AQL=1.0의 경우, 보통의 검사방식과 분수방식을 비교하면 다음과 같다.

샘플문자	보통검사 방식			분수검사 방식		
	n	A_c	R_e	n	A_c	R_e
E	13	0	1	13	0	1
F		↑		20	1/3	
G		↓		32	1/2	
H	50	1	2	50	1	2

보통검사 방식에서 $n=13$과 $n=50$ 간에는 격차가 생긴다.

이 경우 분수검사 방식에서는 $n=20$ $A_C=\frac{1}{3}$, $n=32$ $A_C=\frac{1}{2}$ 방식으로 샘플링 검사를 할 수 있다.

검사방식은 $A_C=\frac{1}{2}$인 경우, 전회의 검사도 포함하여 부적합품이 1이면 합격으로 판정한다. 처음에 이것을 적용하고 전회가 분수가 아닌 경우, 부적합품이 하나면 불합격으로 판정한다.

3 1) 거래가 중지되는 조건
   까다로운 검사로 불합격 로트의 누계가 5개인 경우

2) 다시 거래에 나설 경우 조건
   공급자가 품질을 개선한 경우

1067
품질특성인 강도(kgf/mm^2) 측정치를 협력회사 A, B로부터 16개씩 아래의 표와 같이 측정값을 얻었다. 모분산이 동일하다는 가정 하에서 다음 각 물음에 답하시오. (단, $t_{0.95}(30)=1.697$, $t_{0.975}(30)=2.042$, $t_{0.99}(30)=2.457$이다.)

구분	측정 데이터							
A	60.3	60.2	59.8	60.6	63.8	61.1	59.8	63.8
	64.5	61.8	60.8	58.9	60.2	62.4	60.2	60.2
B	55.7	57.2	56.5	53.3	54.3	53.1	56.4	56.3
	54.3	54.8	55.5	53.7	53.2	57.4	55.1	53.2

1 협력회사 A, B의 모평균 간에 강도의 차이가 있는지 검정하시오. (단, $\alpha=5\%$)
2 모평균 차이에 대한 95% 신뢰구간을 구하시오.

[풀이] **1** 두 집단 모평균차에 관한 검정(중심)

① 가설의 설정

$H_0 : \mu_A = \mu_B,\ H_1 : \mu_A \neq \mu_B$

② 유의수준 설정

$\alpha = 0.05$, σ미지, $n_A = 16$, $n_B = 16$, $S_A = 40.72$, $S_B = 32.94$, $\bar{x}_A = 61.15$, $\bar{x}_B = 55.0$

③ 검정통계량 계산

$$|t_0| = \frac{|\bar{x}_A - \bar{x}_B|}{\sqrt{V\left(\frac{1}{n_A} + \frac{1}{n_B}\right)}} = \frac{|61.15 - 55.0|}{\sqrt{2.455\left(\frac{1}{16} + \frac{1}{16}\right)}} = 11.10$$

$$V = \frac{S_A + S_B}{n_A + n_B - 2} = \frac{40.72 + 32.94}{(16 + 16 - 2)} = 2.455$$

④ 기각역 설정

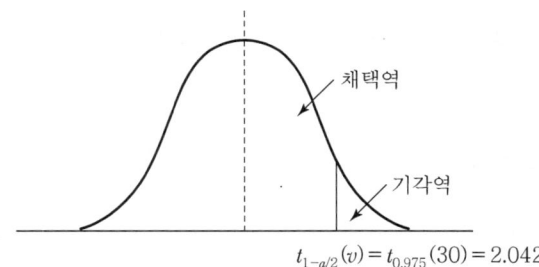

$t_{1-\alpha/2}(\nu) = t_{0.975}(30) = 2.042$

⑤ 판정

$|t_0| = 11.10 > t_{0.975}(30) = 2.042$ 이므로 H_0 기각

즉, 협력회사 A, B 간의 모평균 간의 강도 차이가 있다고 말할 수 있다.

2 두 집단 모평균에 관한 추정

$$\mu_A - \mu_B = (\bar{x}_A - \bar{x}_B) \pm t_{1-\alpha/2}(\nu)\sqrt{V\left(\frac{1}{n_A} + \frac{1}{n_B}\right)}$$

$$= (61.15 - 55.0) \pm t_{0.975}(30)\sqrt{2.455\left(\frac{1}{16} + \frac{1}{16}\right)}$$

$$= 6.15 \pm (2.042)\sqrt{2.455\left(\frac{1}{16} + \frac{1}{16}\right)} = 6.15 \pm 1.13\,(5.02,\ 7.08)$$

1068 A회사의 표면처리 공정에서 부적합수 데이터를 나타낸 자료표이다.

(단위 n : 1,000m^2)

k(군번호)	시료크기(n)	부적합수	k(군번호)	시료크기(n)	부적합수
1	1.0	2	9	1.5	2
2	1.0	5	10	1.5	6
3	1.0	3	11	1.5	4
4	1.0	2	12	1.2	1
5	1.5	1	13	1.2	11
6	1.5	5	14	1.2	3
7	1.5	2	15	1.2	8
8	1.5	4			

1 위 데이터에 적합한 관리도는 무엇인지 설명하시오.
2 관리도를 작성하고 조치방법을 설명하시오.

[풀이] **1** 검사하는 시료크기가 일정하지 않으므로, 단위당 결점수 u관리도를 사용한다.

2 $\sum n = 19.3$, $\sum c = 59$

$$\bar{u} = \frac{\sum c}{\sum n} = \frac{59}{19.3} = 3.06$$

군번호 1~4($n=1.0$일 때)

$$\text{UCL} = \bar{u} + 3\sqrt{\frac{\bar{u}}{n}} = 3.06 + 3\sqrt{\frac{3.06}{1.0}} = 8.31$$

$$\text{LCL} = \bar{u} - 3\sqrt{\frac{\bar{u}}{n}} = 3.06 - 3\sqrt{\frac{3.06}{1.0}} = -2.19 \, (\text{고려하지 않음})$$

군번호 5~11($n=1.5$일 때)

$$\text{UCL} = \bar{u} + 3\sqrt{\frac{\bar{u}}{n}} = 3.06 + 3\sqrt{\frac{3.06}{1.5}} = 7.34$$

$$\text{LCL} = \bar{u} - 3\sqrt{\frac{\bar{u}}{n}} = 3.06 - 3\sqrt{\frac{3.06}{1.5}} = -1.22 \, (\text{고려하지 않음})$$

군번호 1~4($n=1.2$일 때)

$$\text{UCL} = \bar{u} + 3\sqrt{\frac{\bar{u}}{n}} = 3.06 + 3\sqrt{\frac{3.06}{1.2}} = 7.85$$

$$\text{LCL} = \bar{u} - 3\sqrt{\frac{\bar{u}}{n}} = 3.06 - 3\sqrt{\frac{3.06}{1.2}} = -1.73 \, (\text{고려하지 않음})$$

단위당 결점수 $u = \dfrac{c}{n}$

k (군번호)	시료크기 (n)	부적합수 (c)	단위당 결점수(u)	k (군번호)	시료크기 (n)	부적합수 (c)	단위당 결점수(u)
1	1.0	2	2.0	9	1.5	2	1.3
2	1.0	5	5.0	10	1.5	6	4.0
3	1.0	3	3.0	11	1.5	4	2.7
4	1.0	2	2.0	12	1.2	1	0.8
5	1.5	1	0.7	13	1.2	11	9.2
6	1.5	5	3.3	14	1.2	3	2.5
7	1.5	2	1.3	15	1.2	8	6.7
8	1.5	4	2.7				

관리도 작성

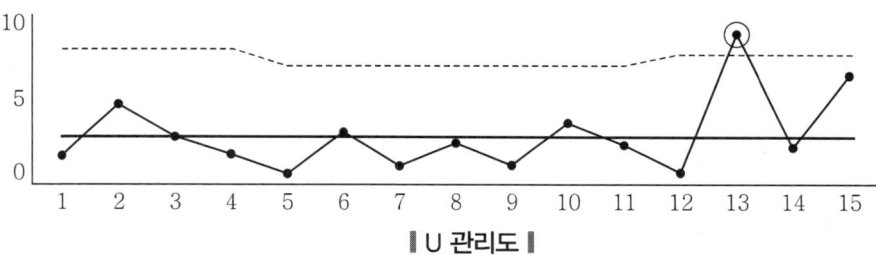

┃ U 관리도 ┃

관리한계를 벗어난 점으로 군번호(13) $u=9.2$는 UCL을 벗어나고 있으므로, 이상원인으로 판단하여 데이터에서 제외하고 관리한계선을 다시 계산한다.

$$\overline{u} = \dfrac{(\sum c - 11)}{(\sum n - 1.2)} = \dfrac{(59-11)}{(19.3-1.2)} = 2.65$$

군번호 1~4($n=1.0$일 때)

$$\text{UCL} = \overline{u} + 3\sqrt{\dfrac{\overline{u}}{n}} = 2.65 + 3\sqrt{\dfrac{2.65}{1.0}} = 7.53$$

$$\text{LCL} = \overline{u} - 3\sqrt{\dfrac{\overline{u}}{n}} = 2.65 - 3\sqrt{\dfrac{2.65}{1.0}} = -2.23 (고려하지 않음)$$

군번호 5~11($n=1.5$일 때)

$$\text{UCL} = \overline{u} + 3\sqrt{\dfrac{\overline{u}}{n}} = 2.65 + 3\sqrt{\dfrac{2.65}{1.5}} = 6.64$$

$$\text{LCL} = \overline{u} - 3\sqrt{\dfrac{\overline{u}}{n}} = 2.65 - 3\sqrt{\dfrac{2.65}{1.5}} = -1.34 (고려하지 않음)$$

군번호 1~4($n=1.2$일 때)

$$\text{UCL} = \bar{u} + 3\sqrt{\frac{\bar{u}}{n}} = 2.65 + 3\sqrt{\frac{2.65}{1.2}} = 7.11$$

$$\text{LCL} = \bar{u} - 3\sqrt{\frac{\bar{u}}{n}} = 2.65 - 3\sqrt{\frac{2.65}{1.2}} = -1.81 \,(\text{고려하지 않음})$$

1069
나일론실의 장력을 향상시키기 위하여 나일론실의 장력이 어떤 인자에 큰 영향을 받는지 알아보기 위하여 4인자 A, B, C, D를 각각 4수준으로 총 16회 실험을 4×4 그레코 라틴방격법으로 실험하였다. 다음 각 물음에 답하시오.(단, $F_{0.95}(3,3) = 9.28$, $F_{0.99}(3,3) = 29.5$, $t_{0.975}(3) = 3.182$이다.)

B \ A	A_1	A_2	A_3	A_4
B_1	$C_2 D_3 = 25$	$C_1 D_1 = 14$	$C_3 D_4 = 18$	$C_4 D_2 = 29$
B_2	$C_4 D_1 = 15$	$C_3 D_3 = 29$	$C_1 D_2 = 19$	$C_2 D_4 = 26$
B_3	$C_1 D_4 = 25$	$C_2 D_2 = 26$	$C_4 D_3 = 20$	$C_3 D_1 = 27$
B_4	$C_3 D_2 = 29$	$C_4 D_4 = 36$	$C_2 D_1 = 24$	$C_1 D_3 = 44$

1 분산분석표를 작성하시오.

요인	SS	DF	MS	F_0	$F_{0.95}$	$F_{0.99}$
A						
B						
C						
D						
e						
T						

2 나일론실의 장력이 최대가 되는 최적조건에서 점 추정치 및 95% 신뢰구간을 추정하시오.

풀이 **1** 1) 변동의 계산

$T_{1...} = 94$, $T_{2...} = 105$, $T_{3...} = 81$, $T_{4...} = 126$,

$T_{.1..} = 86$, $T_{.2..} = 89$, $T_{.3..} = 98$, $T_{.4..} = 133$,

$T_{..1.} = 102$, $T_{..2.} = 101$, $T_{..3.} = 103$, $T_{..4.} = 100$,

$T_{...1} = 80$, $T_{...2} = 103$, $T_{...3} = 118$, $T_{...4} = 105$, $T = 406$

$CT = \dfrac{T^2}{N} = \dfrac{406^2}{16} = 10,302.25$

$S_T = \sum\sum\sum\sum X_{ijkl}^2 - CT = (25^2 + \cdots + 44^2) - 10,302.25 = 865.75$

$S_A = \sum \dfrac{T_{i...}^2}{k} - CT = \left(\dfrac{94^2 + 105^2 + 81^2 + 126^2}{4}\right) - 10,302.25 = 272.25$

$S_B = \sum \dfrac{T_{.j..}^2}{k} - CT = \left(\dfrac{86^2 + 89^2 + 98^2 + 133^2}{4}\right) - 10,302.25 = 350.25$

$S_C = \sum \dfrac{T_{..k.}^2}{k} - CT = \left(\dfrac{102^2 + 101^2 + 103^2 + 100^2}{4}\right) - 10302.25 = 1.25$

$S_D = \sum \dfrac{T_{...l}^2}{k} - CT = \left(\dfrac{80^2 + 103^2 + 118^2 + 105^2}{4}\right) - 10,302.25 = 187.25$

$S_e = S_T - (S_A + S_B + S_C + S_D) = 865.75 - (272.25 + 350.25 + 1.25 + 187.25)$
$= 54.752$

2) 분산분석표 작성

요인	SS	DF	MS	F_0	$F_{0.95}$	$F_{0.99}$
A	272.25	3	90.75	4.97	9.28	29.5
B	350.25	3	116.75	6.40		
C	1.25	3	0.42	0.02		
D	187.25	3	62.42	3.42		
e	54.75	3	18.25			
T	865.75	15				

위의 결과에서 A, B, C, D 인자 모두 유의하지 않다.

2 A, B, C, D 인자 모두 유의하지 않지만 나일론 실의 장력이 최대가 되는 최적조건은 B_4 인자이므로

$\mu(B_4) = \overline{X_{.j..}} \pm t_{1-\alpha/2}(\nu)\sqrt{\dfrac{V_e}{k}} = \overline{X_{.4..}} \pm t_{0.975}(3)\sqrt{\dfrac{18.25}{3}}$

$= \left(\dfrac{133}{4}\right) \pm (3.182)\sqrt{\dfrac{18.25}{3}} = 33.25 \pm 7.85\,(25.4,\ 41.1)$

1070 여러 기업이 품질경영의 척도로서 품질코스트를 활용하고 있으나 기대만큼 활용이 잘 이루어지지 않고 있다. 다음 각 물음에 답하시오.

1 일반적으로 품질코스트의 활용이 용이하지 않은 이유를 설명하시오.
2 기업에서 품질코스트가 효과적으로 활용되기 위해 필요한 보완점을 설명하시오.

[풀이] **1** 단순한 품질코스트만을 절대적으로 보고하는 것으로 최고경영자의 관심을 끌 수 없으며, 또한 최고경영자가 품질코스트에 대한 관심이 부족하고, 항목별 품질코스트 집계 자료수집이 어렵다.

2 품질코스트를 측정할 수 있는 COQ팀을 구성해야 한다. 팀에는 각 부서의 사람들이 포함되어야 하고, 팀이 형성된 후 필요한 자료를 어디에서 수집할 것인가를 결정하여야 하며, 품질코스트를 측정하고 관리하기 위해서는 모든 품질코스트를 관찰이나 면담 또는 감사를 통해서 측정해야 한다. COQ시스템이 성공하기 위해서는 여러 부서 간의 협조와 이해가 필요하며, 특히 팀워크에 의해 성패가 좌우된다.

1071 다음은 계량치 망소특성에 관한 배치표이다. 다음 각 물음에 답하시오.

실험 번호	내측배열							외측배열 (잡음인자)			
	A	B		C	D			N_1		N_2	
								R_1	R_2	R_1	R_2
1	1	1	1	1	1	1	1	7	8	9	10
2	1	1	1	2	2	2	2	9	9	8	5
3	1	2	2	1	1	2	2	10	15	10	12
4	1	2	2	2	2	1	1	6	5	4	3
5	2	1	2	1	2	1	2	9	13	5	12
6	2	1	2	2	1	2	1	20	23	19	9
7	2	2	1	1	2	2	1	7	7	9	7
8	2	2	1	2	1	1	2	9	4	12	11

1 교호작용 A×B가 존재한다고 판단된다면 어느 열에 배치되며, 나머지 2열의 역할을 설명하시오.
2 SN비를 계산하고, 최적조건의 점 추정치를 구하시오.
3 위 표에서의 잡음인자란 무엇이며, 다구치 실험계획과 일반실험계획과의 차이점에 대하여 설명하시오.

풀이 **1**

인자	A	B		C	D		
열	1	2	3	4	5	6	7
기본표시	a	b	ab	c	ac	bc	abc

교호작용 $A \times B = a \times b = ab$ (3열)
나머지 2열은 오차로 간주

2 망소특성 $SN = -10\log\left(\dfrac{1}{n}\sum y_i^2\right)$

실험번호 1 $SN = -10\log\left(\dfrac{7^2+8^2+9^2+10^2}{4}\right) = -18.66$

실험번호 2 $SN = -10\log\left(\dfrac{9^2+9^2+8^2+5^2}{4}\right) = -17.98$

실험번호 3 $SN = -10\log\left(\dfrac{10^2+15^2+10^2+12^2}{4}\right) = -21.53$

실험번호 4 $SN = -10\log\left(\dfrac{6^2+5^2+4^2+3^2}{4}\right) = -13.32$

실험번호 5 $SN = -10\log\left(\dfrac{9^2+13^2+5^2+12^2}{4}\right) = -18.66$

실험번호 6 $SN = -10\log\left(\dfrac{20^2+23^2+19^2+9^2}{4}\right) = -25.35$

실험번호 7 $SN = -10\log\left(\dfrac{7^2+7^2+9^2+7^2}{4}\right) = -17.56$

실험번호 8 $SN = -10\log\left(\dfrac{9^2+4^2+12^2+11^2}{4}\right) = -19.57$

A인자 1수준 = [(−18.66)+(−17.98)+(−21.53)+(−13.32)] = −17.87
      2수준 = [(−20.20)+(−25.35)+(−17.56)+(−19.57)] = −20.67
B인자 1수준 = [(−18.66)+(−17.98)+(−20.20)+(−25.35)] = −20.55
      2수준 = [(−21.53)+(−13.32)+(−17.56)+(−19.57)] = −18.00
C인자 1수준 = [(−18.66)+(−21.53)+(−20.20)+(−17.56)] = −19.49
      2수준 = [(−17.98)+(−13.32)+(−25.35)+(−19.57)] = −19.06
D인자 1수준 = [(−18.66)+(−21.53)+(−25.35)+(−19.57)] = −21.28
      2수준 = [(−17.98)+(−13.32)+(−20.20)+(−17.56)] = −17.27

SN비 반응표

	A	B	C	D
1수준	−17.87	−20.55	−19.49	−21.28
2수준	−20.67	−18.00	−19.06	−17.27
델타	2.8	2.55	0.43	4.01
순위	2	3	4	1

SN비에 대하여 유의한 요인의 인자에 대한 최적수준은 SN비를 최대로 하는 수준이므로, 최적조건은 $A_1 B_2 C_2 D_2$

최적조건($A_1 B_2 C_2 D_2$)의 SN비

$$SN(A_1 B_2 C_2 D_2) = [(-17.87)+(-18.00)+(-19.06)+(-17.27)] - 3(-19.27)$$
$$= (-72.2) - 57.81 = -14.39$$

2 1) 잡음인자

　　잡음인자는 결과치에 영향을 미치나, 제어할 수 없는 인자들이다.
　　다구치 실험에서는 중요시하며, 실험이 가능해야 한다.
　　실험이 불가능한 인자는 오차인자이다.

2) 다구치 실험계획과 일반실험계획의 차이점

　　일반시험계획은 실험실에서 잡음인자를 고정하고 실험하였다.
　　이런 결과는 실험실에서는 정확하지만, 현실에서 사용할 때는 잡음조건이 바뀌어 성능이 떨어졌다.
　　다구치 실험계획에서는 실험할 때 현실과 똑같이 잡음조건을 바꾸어 가면서 실험하면서 최적조건을 찾는다.

1072
중요품질특성(CTQ)에 대하여 장, 단기 데이터를 수집한 결과는 다음과 같다. 관리상태하에서 전체 변동의 모 표준편차는 σ_{LT}, 단기 표준편차는 σ_{ST}일 때 관리력과 기술력을 4상한으로 나누어 현재 품질수준 위치를 해석하고자 한다. 다음 각 물음에 답하시오.

제품특성	강도(kgf/mm²)	신율(δ)	표면장력(T)	무게(kg)	압력(Pa)
규격(상한)	70		45	80	30
규격(하한)	60	75	35		20
평균	68	77.8	42.5	76.3	27.3
단기표준편차(σ_{ST})	0.56	1.4	0.45	3.5	0.5
전체표준편차(σ_{LT})	1.12	6.5	0.9	4.5	0.6
Z_{st}					
Z_{lt}					
Z_{shift}					

1 기술력(Z_{st} : Short Term 시그마수준)을 구하시오.
2 전체품질수준(Z_{lt} : Long Term 시그마수준)을 구하시오.
3 관리력(Z_{shift})을 구하시오.
4 4블록 다이어그램을 작성하고, 각 특성의 품질수준이 어느 위치에 있는지 표시하시오.
5 가장 바람직한 특성을 선정하고, 해석하시오.

[풀이] **1** 1) 강도

$$Z_{bench\_USL} = \frac{USL - \overline{X}}{\sigma_{ST}} = \frac{70 - 68}{0.56} = 3.57$$

$$Z_{bench\_LSL} = \frac{\overline{X} - LSL}{\sigma_{ST}} = \frac{68 - 60}{0.56} = 14.29$$

시그마 수준 $= Z_{bench\_ST} = 3.57$

2) 신율

$$Z_{bench\_LSL} = \frac{\overline{X} - LSL}{\sigma_{ST}} = \frac{77.8 - 75}{1.4} = 2.00$$

시그마 수준 $= Z_{bench\_ST} = 2.00$

3) 표면장력

$$Z_{bench\_USL} = \frac{USL - \overline{X}}{\sigma_{ST}} = \frac{45 - 42.5}{0.45} = 5.56$$

$$Z_{bench\_LSL} = \frac{\overline{X} - LSL}{\sigma_{ST}} = \frac{42.5 - 35}{0.45} = 16.67$$

시그마 수준 $= Z_{bench\_ST} = 5.56$

4) 무게

$$Z_{bench\_USL} = \frac{USL - \overline{X}}{\sigma_{ST}} = \frac{80 - 76.3}{3.5} = 1.06$$

시그마 수준 $= Z_{bench\_ST} = 1.06$

5) 압력

$$Z_{bench\_USL} = \frac{USL - \overline{X}}{\sigma_{ST}} = \frac{30 - 27.3}{0.5} = 5.40$$

$$Z_{bench\_LSL} = \frac{\overline{X} - LSL}{\sigma_{ST}} = \frac{27.3 - 20}{0.5} = 14.60$$

시그마 수준 $= Z_{bench\_ST} = 5.40$

2 1) 강도

$$Z_{bench\_USL} = \frac{USL - \overline{X}}{\sigma_{LT}} = \frac{70 - 68}{1.12} = 1.79$$

$$Z_{bench\_LSL} = \frac{\overline{X} - LSL}{\sigma_{LT}} = \frac{68 - 60}{1.12} = 7.14$$

시그마 수준 $= Z_{bench\_LT} = 1.79$

2) 신율

$$Z_{bench\_LSL} = \frac{\overline{X} - LSL}{\sigma_{LT}} = \frac{77.8 - 75}{6.5} = 0.43$$

시그마 수준 $= Z_{bench\_LT} = 0.43$

3) 표면장력

$$Z_{bench\_USL} = \frac{USL - \overline{X}}{\sigma_{LT}} = \frac{45 - 42.5}{0.9} = 2.78$$

$$Z_{bench\_LSL} = \frac{\overline{X} - LSL}{\sigma_{LT}} = \frac{42.5 - 35}{0.9} = 8.33$$

시그마 수준 $= Z_{bench\_LT} = 2.78$

4) 무게

$$Z_{bench\_USL} = \frac{USL - \overline{X}}{\sigma_{LT}} = \frac{80 - 76.3}{4.5} = 0.82$$

시그마 수준 $= Z_{bench\_LT} = 0.82$

5) 압력

$$Z_{bench\_USL} = \frac{USL - \overline{X}}{\sigma_{LT}} = \frac{30 - 27.3}{0.6} = 4.50$$

$$Z_{bench\_LSL} = \frac{\overline{X} - LSL}{\sigma_{LT}} = \frac{27.3 - 20}{0.6} = 12.17$$

시그마 수준 = Z_{bench_LT} = 4.50

❸ $Z_{Shift} = Z_{ST} - Z_{LT}$

1) 강도

$Z_{Shift} = 3.57 - 1.79 = 1.78$

2) 신율

$Z_{Shift} = 2.00 - 0.43 = 1.57$

3) 표면장력

$Z_{Shift} = 5.56 - 2.78 = 2.78$

4) 무게

$Z_{Shift} = 1.06 - 0.82 = 0.24$

5) 압력

$Z_{Shift} = 5.40 - 4.50 = 0.90$

❹

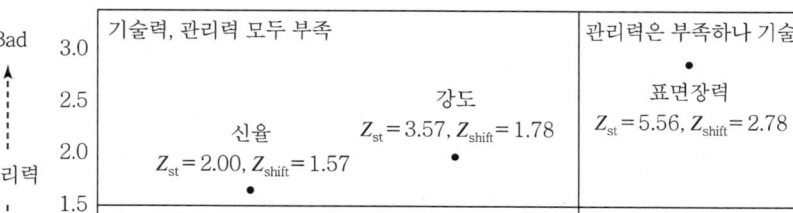

5 1) 강도

　　기술력, 관리력 모두 부족

2) 신율

　　기술력, 관리력 모두 부족

3) 표면장력

　　관리력은 부족하나 기술력 우수

4) 무게

　　관리력은 우수하나, 기술력 부족

5) 압력

　　기술력, 관리력 모두 우수 → 가장 바람직한 특성

1073 ISO 9001 등 관련 Certification을 효과적으로 유지하기 위해서는 내부심사를 통한 시스템의 모니터링 활동이 매우 중요하다. 다음 각 물음에 답하시오.

1 내부심사를 수행하기 위한 절차를 설명하시오.
2 내부심사 결과를 경영검토와 연결하여 효과적으로 활용하기 위한 방안을 제시하시오.

풀이 1 1) 심사계획

① 내부심사는 연 1회 이상 정기적으로 시행함을 원칙으로 하되, 특별히 심사가 필요하다고 판단되거나, 최고경영자의 지시가 있는 경우에는 특별 심사를 실시할 수 있다.

② 심사팀장은 심사 시 품질경영시스템 운영상황 및 중요성을 토대로 심사계획을 수립하여 최고경영자의 결재를 득하여야 한다.

③ 심사팀장은 심사계획 수립 시 필요한 경우, 문서심사와 현장심사를 구분하여 시행할 수 있으며 문서심사 시 대상문서에는 품질경영시스템 문서 및 기록, 그리고 이전의 심사보고서가 포함될 수 있다.

④ 심사팀장은 심사계획에 따라 각 부서장의 협조를 거쳐 심사원을 선임하며, 심사원은 선임급 이상 직원 중에서 내부 심사원 교육과정 혹은 인증심사원 교육과정을 이수한 자로 선임하되 필요한 경우에는 외부 전문가를 위촉하여 선임할 수 있다.

⑤ 심사원 및 심사팀장은 당사자가 소속한 해당 부서(팀)를 심사할 수 없다.

2) 심사준비
① 심사수행 전 심사팀장은 각 심사원과 협의하여 다음 사항을 포함하는 심사 세부계획을 수립한다.
  a) 심사대상부서, 심사목적
  b) 심사원 배정
  c) 심사일정(필요한 경우, 문서심사 포함)
② 심사원은 심사를 수행하기 위해 품질경영시스템 문서를 근거로 작성한 심사체크리스트를 심사팀장의 승인을 득한 후 활용할 수 있다.
③ 심사팀장은 승인된 심사 세부계획과 작성된 심사 체크리스트를 심사수행 이전에 피심사부서(팀)에 통보하여야 한다.

3) 심사실시
① 심사는 시작회의로 시작하며, 시작회의에서는 심사팀의 소개, 심사의 범위, 심사일정(시간 배분), 심사장소 등을 확인한다.
② 피심사부서(팀)는 심사 시 요구되는 자료의 제시, 설명 등 심사에 적극 협조하여야 한다.
③ 심사원은 심사 체크리스트에 따라 심사를 수행할 수 있다.
④ 심사원은 심사 수행 시 발견되는 부적합사항 및 관찰사항에 대하여 별도 보고서에 작성하여 피심사부서(팀)에 동의를 받는다.
⑤ 심사부서(팀)은 종료회의 때 피심사부서(팀)에 지적사항과 심사 결과 등에 대하여 설명하고 심사를 종료한다.

4) 심사보고
① 심사팀장은 심사결과를 종합하여 최고경영자의 승인을 득한 후 각 부서(팀)에 통보한다.
② 심사 결과는 경영검토에 반영한다.

2 품질경영대리인을 통해 내부심사 결과를 경영검토에 반영하여 연 1회 또는 2회 경영검토 회의를 개최한다. 반드시 최고경영자를 참석하게 하고 각 부서장들은 부서별 품질경영시스템이 회사가 수립한 품질경영시스템 요구사항에 적합한지 효과적으로 실행되었는가에 대하여 보고하고, 최고경영자는 각 부서에 잘 되고 있지 않은 부분에 대해 시정조치를 요구하고, 매월 각 부서의 시정조치에 대한 결과를 품질경영대리인이 취합하여 최고경영자에게 보고하면서 지속적으로 개선해 나간다.

1074 어떤 부품에 대한 고장시간 분포는 형상모수 4, 척도모수 1,000, 위치모수 0인 와이블분포를 따르고 있다. 다음 각 물음에 답하시오.

1 사용시간 500시간에서의 신뢰도를 구하시오.
2 사용시간 500시간에서의 고장률을 구하시오.
3 지수분포가 되기 위한 조건을 설명하고, 이 경우의 고장률 λ를 구하시오.
4 이 부품의 특성수명의 조건을 설명하고, 이 경우의 불신뢰도를 구하시오.

[풀이]

1 $R(t) = e^{-\left[\frac{(t-위치모수)}{척도모수}\right]^{형상모수}} = e^{-\left[\frac{(500-0)}{1000}\right]^4} = e^{-0.0625} = 0.9394$

2 $\lambda(t) = \frac{형상모수}{척도모수}\left[\frac{(t-위치모수)}{척도모수}\right]^{형상모수-1}$

$= \frac{4}{1,000}\left[\frac{(500-0)}{1,000}\right]^{4-1} = 0.005/시간$

3 1) 지수분포가 되기 위한 조건은 형상모수=1, 위치모수=0

2) 고장률 $\lambda(t)$

$\lambda(t) = \frac{형상모수}{척도모수}\left[\frac{(t-위치모수)}{척도모수}\right]^{형상모수-1}$

$= \frac{1}{1,000}\left[\frac{(500-0)}{1,000}\right]^{4-1} = 0.000125/시간$

4 1) 특성수명의 조건

형상모수=1이면, $\lambda(t)$는 CFR이 되고, $f(t)$는 지수분포에 대응한다.
형상모수=1, 위치모수=0이면, $R(t)$는 지수분포가 된다.

2) 불신뢰도

$R(t) = e^{-\frac{t}{척도모수}}, \quad F(t) = 1 - e^{-\frac{t}{척도모수}}$

이때 사용시간 t=척도모수일 경우 척도모수의 값에 관계없이

$R(t=척도모수) = e^{-1} = 0.368$

$F(t=척도모수) = 1 - e^{-1} = 1 - 0.368 = 0.632$

즉, 이때의 척도모수를 특성수명이라 하고, 약 63%가 고장 나는 시간을 의미한다.

1075
경영환경의 변화에 따라 원가절감의 필요성이 높아지고 있고, 이에 VE활동을 추진하고자 한다. 다음 각 물음에 답하시오.

1 VE활동 정의를 설명하시오.
2 VE활동의 전개를 위한 추진단계를 5단계로 설명하시오.
3 VE활동에서 기능 코스트 평가치(F/C)의 의미와 목적을 설명하시오

[풀이]

1 제품, 제품을 위한 부품, 시스템, 조직, 공정, 추진절차, 서비스들로부터 요구되는 기능, 품질 및 근본적으로 필요한 특성을 유지하면서 가장 합리적인 방법으로 불필요한 코스트를 찾아내 제거하는 것이다.

2 1) 준비단계
① 프로젝트 조사　　　　　　　② 발주자·사용자 요구측정
③ VE 대상선정

2) 분석단계(정보수집)
① 기능과 비용분석　　　　　　② 중점개선 기능분야 식별

3) 분석단계(아이디어 창출 및 평가)
① 아이디어 창출　　　　　　　② 아이디어 평가

4) 분석단계(대안의 구체화 및 제안)
① 대안의 구체화　　　　　　　② 제안서 작성 및 발표

5) 실행 및 후속조치 단계
① 대안의 실행　　　　　　　　② 결과에 대한 조사 및 후속조치

3 1) 의미
① 가치공학(VE)의 원리는 가치 혹은 기능을 비용 및 원가로 나누는 것이다. 즉, $V = F/C$이다. 가치란 어떤 구축물이 갖는 기능에 대해 충분히 지불하고자 하는 최소의 원가를 의미하며 그것은 최소의 생애주기비용 차원에서 이루어질 수 있다. 대부분 원가와 기능을 본다면 하나의 변수가 감소되면 나머지 하나의 변수는 증가하게 되는 원리를 갖는다.
② 따라서 가치공학(VE)에서는 원가와 기능의 상대적 관계를 적당하게 조절하는 기술이 필요하며 그럴 경우에도 기능의 수치를 저하시키지 않고도 최저의 원가를 달성하는 기법이 필요하다.

2) 목적
① 기능을 일정하게 유지하고 원가를 낮춘다.
② 기능을 향상시키고 원가는 지금의 상태를 유지한다.
③ 기능을 더욱 높이고 반대로 비용은 저하시킨다.
④ 원가를 약간 높이기는 하지만 그것 이상으로 기능을 높인다.

1076 합성수지를 이용하여 절연부품을 제조하고 있는 공정에서 이 절연부품의 수명을 길게 하기 위해, $L_{16}(2^{15})$형 직교배열표를 이용하여 실험하기로 하였다. 제조 공정상 수명에 영향을 미친다고 생각되어 취급된 인자는 7개로 A, B, C, D, F, G, H와 교호작용 $A \times B$, $C \times D$를 구하기로 하였다. 16회의 실험을 랜덤으로 실시하여 표와 같은 데이터와 분산분석표를 얻었다. 다음 각 물음에 답하시오.

1 수명을 가장 길게 하는 최적수준조건을 구하시오.
2 수명이 최대가 되는 최적조건에서 점 추정치 및 95% 신뢰구간을 추정하시오. (단, $t_{0.975}(7)=2.365$이다.)

실험 번호	1	2	3	4	5	6	7	8	9	10	11	12	13	14	15	데이터 (y)
1	0	0	0	0	0	0	0	0	0	0	0	0	0	0	0	159
2	0	0	0	0	0	0	0	1	1	1	1	1	1	1	1	159
3	0	0	0	1	1	1	1	0	0	0	0	1	1	1	1	165
4	0	0	0	1	1	1	1	1	1	1	1	0	0	0	0	151
5	0	1	1	0	0	1	1	0	0	1	1	0	0	1	1	169
6	0	1	1	0	0	1	1	1	1	0	0	1	1	0	0	161
7	0	1	1	1	1	0	0	0	0	1	1	1	1	0	0	171
8	0	1	1	1	1	0	0	1	1	0	0	0	0	1	1	147
9	1	0	1	0	1	0	1	0	1	0	1	0	1	0	1	160
10	1	0	1	0	1	0	1	1	0	1	0	1	0	1	0	151
11	1	0	1	1	0	1	0	0	1	0	1	1	0	1	0	163
12	1	0	1	1	0	1	0	1	0	1	0	0	1	0	1	147
13	1	1	0	0	1	1	0	0	1	1	0	0	1	1	0	164
14	1	1	0	0	1	1	0	1	0	0	1	1	0	0	1	165
15	1	1	0	1	0	0	1	0	1	1	0	1	0	0	1	168
16	1	1	0	1	0	0	1	1	0	0	1	0	1	1	0	156
기본 표시	a	b	a b	c	a c	b c	a b c	d	a d	b d	a b d	c d	a c d	b c d	a b c d	
배치	A	B	$A \times B$	C	e	e	e	D	e	e	F	$C \times D$	e	G	H	

요인	SS	DF	MS	F_0	$F_{0.95}$
A	16	1	16	27.99993*	5.59
B	182.25	1	182.25	318.93670*	5.59
C	9	1	9	15.74996*	5.59
D	342.25	1	342.25	598.93600*	5.59
F	36	1	36	62.99984*	5.59
H	9	1	9	15.74996*	5.59
$A \times B$	6.25	1	6.25	10.93747*	5.59
$C \times D$	110.25	1	110.25	192.93702*	5.59
e	4.00	7	0.57143		
T	715	15			

[풀이] 1 분산분석표에서 볼 때 오차항에 풀링된 인자 G만 유의하지 않고, 나머지 모든 인자와 교호작용이 유의하다.

수명을 가장 길게 하는 최적수준조건

1) A, B, C, D 인자의 최적조건

교호작용 $A \times B$와 $C \times D$가 유의하므로, 보조표를 이용하여 AB, CD의 2원표로부터 찾는다.

▼ AB의 2원표

	A_0	A_1	계
B_0	159+159+165+151=634	160+151+163+147=621	1,255
B_1	169+161+171+147=648	164+165+168+156=653	1,301
계	1,282	1,274	2,556

▼ CD의 2원표

	C_0	C_1	계
D_0	159+169+160+164=652	165+171+163+168=667	1,319
D_1	159+161+151+165=636	151+147+147+156=601	1,237
계	1,288	1,268	2,556

위의 AB 2원표로부터 A_0B_1에서 수명이 가장 길고, CD 2원표로부터 C_1D_0에서 수명이 가장 길다.

따라서 A, B, C, D의 최적조건은 $A_1B_1C_1D_0$가 된다.

2) F, H 인자의 최적조건

F, H 인자에 대한 각각의 1원표를 작성하면

▼ F의 1원표

F_0	F_1	계
159＋165＋161＋147＋151＋147 ＋164＋168＝1262	159＋151＋169＋171＋160＋163＋ 165＋156＝1,294	2,556

▼ H의 1원표

H_0	H_1	계
159＋151＋161＋171＋151＋163 ＋164＋156＝1,276	159＋165＋169＋147＋160＋147＋ 165＋168＝1,280	2,556

위의 1원표로부터 F, H의 최적수준조건은 각 $F_1 H_1$이다.

3) 따라서 수명을 가장 길게 하는 최적수준 조건은 $A_1 B_1 C_1 D_0 F_1 H_1$이다.

2 1) 점 추정치

$$\mu(A_1 B_1 C_1 D_0 F_1 H_1) = \mu + a_1 + b_1 + \widehat{(ab)}_{11} + c_1 + d_0 + (cd)_{10} + f_1 + h_1$$
$$= \mu + \widehat{a_1 + b_1} + (ab)_{11} + \mu + c_1 + \widehat{d_0} + (cd)_{10} + \mu + \widehat{f_1} + \mu + \widehat{h_1} - 3\overline{\overline{x}}$$
$$= \frac{653}{4} + \frac{667}{4} + \frac{1,294}{8} + \frac{1,280}{8} - 3\left(\frac{2,556}{16}\right) = 172.5$$

2) 95% 신뢰구간

$\mu(A_1 B_1 C_1 D_0 F_1 H_1)$

$$= 172.5 \pm t_{1-\alpha/2}(\nu)\sqrt{\frac{V_e}{n_e}}, \quad n_e = \frac{\text{총 실험 횟수}}{(\text{무시할 수 없는 자유도합}+1)}$$

$$= \frac{16}{9} = 1.77778$$

$$= 172.5 \pm t_{0.975}(7)\sqrt{\frac{0.57143}{1.77778}} = 172.5 \pm (2.365)\sqrt{\frac{0.57143}{1.77778}}$$

$$= 172.5 \pm 1.34 (171.16,\ 173.84)$$

1077 A 회사에서는 종업원 중에서 300명을 표본으로 뽑아, 이들이 1년간 회사에 결근한 날짜를 조사하여, 다음의 데이터를 얻었다. 종업원의 1년간 결근일수는 푸아송 분포를 따른다고 할 수 있는가를 유의수준 5%로 검정하시오.(단, $\chi^2_{0.95}(5)=11.07$, $\chi^2_{0.95}(6)=12.59$, $\chi^2_{0.95}(7)=14.07$이다.)

결근일수	0	1	2	3	4	5	6	7 이상	합계
종업원 수	30	70	75	55	32	28	6	4	300

풀이 적합도 검정

(1) 가설의 설정

　　H_0 : 결근일수가 푸아송 분포를 따른다.

　　H_1 : 결근일수가 푸아송 분포를 따르지 않는다.

(2) 유의수준 설정

　　$\alpha=0.05$, $n=60$, $v=k-p-1=7-1-1=5$

　　※ 푸아송 분포의 모수 m은 푸아송 확률변수 X의 모평균 $\bar{x}$이므로,

$$\hat{m}=\bar{x}=\frac{\sum(결근일수 \times 도수)}{n}=\frac{(0\times30)+\cdots+(7\times4)}{300}=\frac{717}{300}=2.39$$

(3) 검정통계량 계산

결근일수	0	1	2	3
측정도수	30	70	75	55
$\hat{m}=2.39$의 푸아송 확률 $\frac{e^{-np}(np)^x}{x!}$ ※ $m=np$	$\frac{e^{-2.39}(2.39)^0}{0!}$ $=0.092$	$\frac{e^{-2.39}(2.39)^1}{1!}$ $=0.219$	$\frac{e^{-2.39}(2.39)^2}{2!}$ $=0.262$	$\frac{e^{-2.39}(2.39)^3}{3!}$ $=0.208$
기대도수	$300\times0.092=27.6$	$300\times0.219=65.7$	$300\times0.262=78.6$	$300\times0.208=62.4$
$\frac{(측정도수-기대도수)^2}{기대도수}$	$\frac{(30-27.6)^2}{27.6}=0.209$	$\frac{(70-65.7)^2}{65.7}=0.281$	$\frac{(75-78.6)^2}{78.6}=0.165$	$\frac{(55-62.4)^2}{62.4}=0.878$

결근일수	4	5	6	7 이상	합계
측정도수	32	28	6	4	300
$\hat{m}=2.39$의 푸아송 확률 $\frac{e^{-np}(np)^x}{x!}$ ※ $m=np$	$\frac{e^{-2.39}(2.39)^4}{4!}$ $=0.125$	$\frac{e^{-2.39}(2.39)^5}{5!}$ $=0.060$	$\frac{e^{-2.39}(2.39)^6}{6!}$ $=0.024$	$\frac{e^{-2.39}(2.39)^7}{7!}$ $=0.010$	1.000
기대도수	$300\times0.125=37.5$	$300\times0.060=18.0$	$300\times0.024=7.2$	$300\times0.010=3.0$	300
$\frac{(측정도수-기대도수)^2}{기대도수}$	$\frac{(32-37.5)^2}{37.5}$ $=0.807$	$\frac{(28-18.0)^2}{18.0}$ $=5.556$	$\frac{(10-10.2)^2}{10.2}=0.004$ ※ $7.2+3.0=10.2$		$7.90=$ χ^2_0

앞에서 결근일수 7 이상의 기대도수가 5 이하이므로, 결근일수 6에 합해서 1개의 급으로 만들면 $k=7$

(4) 기각역 설정

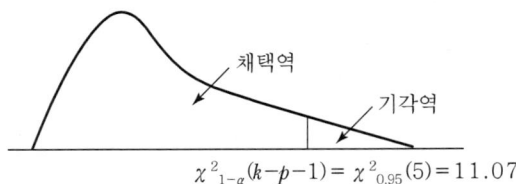

$$\chi^2_{1-\alpha}(k-p-1) = \chi^2_{0.95}(5) = 11.07$$

(5) 판정

$\chi^2_0 = 7.90 < \chi^2_{0.95}(5) = 11.07$ 이므로 H_0 채택

즉, 결근일수는 푸아송 분포를 따른다고 말할 수 있다.

1078 KS Q ISO 9000 : 2007/ISO 9000 : 2005에서 정의하는 '시정(Correction)'과 '시정조치(Corrective Action)'의 개념을 설명하고, 각각의 사례를 두 가지씩 쓰시오.

풀이 (1) 시정(Correction)
① 발견된 부적합을 제거하기 위한 행위
② 사례 : 수리, 재작업, 선별, 재등급 부여 등

(2) 시정조치(Corrective Action)
① 발견된 부적합 또는 바람직하지 않은 상황의 원인을 제거하기 위한 조치
② 사례 : 개선활동, 혁신활동

1079 중심극한정리(Central Limit Theorem)에 대하여 설명하시오.

풀이 표본은 일반적으로 모집단의 확률분포를 따른다.
만약 모집단이 정규분포를 따르지 않더라도 표본의 크기 n이 충분히 클 때에는 정규분포를 따르고, 표본의 평균과 표준편차는 대략적으로 정규분포 $N\left(\mu, \dfrac{\sigma^2}{n}\right)$을 따른다.

1080 고객만족을 위한 서비스품질을 SERVQUAL에 의한 5가지 RATER로 분류하여 용어와 내용을 설명하시오.

[풀이]

(1) 신뢰성(Reliability)
약속된 서비스를 정확하게 이행하는 능력

(2) 확신성(Assurance)
서비스 수행에 필요한 구성원들의 지식과 기술의 공유

(3) 유형성(Tangibles)
서비스 평가를 위한 외형적인 증거

(4) 공감성(Empathy)
고객을 접대하는 종업원의 친절, 배려와 공손함

(5) 대응성(Responsiveness)
고객에게 서비스를 신속하게 제공하려는 의지

1081 사내 실패비용(Internal Failure Cost)의 의미와 비용항목을 5가지 쓰고, 각각에 대하여 설명하시오.

[풀이]

(1) 사내 실패비용의 의미
고객에게 제품 출하 전에 사내에서 발생된 손실비용

(2) 비용항목 5가지
 1) 재검사비용
  재가공에 의한 검사비용

 2) 재가공비용
  부적합품 발생으로 인한 재가공 비용

 3) 시정조치비용
  부적합품을 처리하고 시정조치하는 비용

 4) 폐품비용
  재가공을 할 수 없어 발생하는 비용

 5) 근로자와 기계의 유휴시간 비용
  부적합품 발생으로 인한 비용

1082 회귀분석 모형에서 오차항이 충족하여야 할 바람직한 조건(성질)에 대하여 세 가지만 설명하시오.

풀이 (1) 정규성(Normality)
오차항은 정규분포를 따른다.

(2) 독립성(Independence)
오차항들은 서로 독립이다.

(3) 등분산성(Equal Variance)
오차항의 분산은 모든 값에 대하여 동일하다.

1083 정부는 제품안전과 관련한 인증마크를 통합하여 국가통합인증마크(KC ; Korea Certificate) 제도를 운영하고 있다. 이렇게 법정의무인증마크를 국가통합인증마크 하나로 통합하여 운영함으로써 기대되는 효과를 (1) 소비자 측면, (2) 기업 측면, (3) 정부 측면에서 각각 설명하시오.

풀이 (1) 소비자 측면
중복된 인증마크 사용으로 인한 혼란을 해결

(2) 기업 측면
One Step 인증시스템 구축으로 중복인증에 따른 기업의 경제적 부담과 인증 소요기간 단축

(3) 정부 측면
규격 제·개정 비용, 물품 및 용역 부문의 낭비 요인을 차단하여 예산 절감

1084 모집단의 어떤 모수 θ에 대한 점추정량 $\hat{\theta}$이 불편추정량(Unbiased Estimator)이 되기 위한 조건과 불편추정량의 의미를 설명하시오.

풀이 (1) 불편추정량이 되기 위한 조건
① 분포의 중심이 추정하고자 하는 모수
② 분포의 흩어진 정도(분산)가 작은 추정량

(2) 불편추정량의 의미
분포의 중심이 모수인 추정량

1085 분임조 활동에 대하여 다음 물음에 답하시오.

1 분임조 활동의 기본 이념 세 가지를 설명하시오.
2 분임토의기법으로 사용하는 브레인 스토밍법(Brain Storming)의 네 가지 원칙을 설명하시오.

[풀이]
1 1) 인간성을 존중하며 활력 있고 명랑한 직장을 만든다.
2) 인간의 능력을 발휘하게 하여 무한한 가능성을 창출한다.
3) 기업의 체질개선 및 발전에 기여한다.

2 1) 질보다 양을 추구한다.(많은 의견 도출)
2) 타인의 의견을 비판하지 않는다.
3) 발언을 자유분방하게 한다.
4) 타인의 의견을 이용하여 새로운 의견을 제시한다.

1086 반응표면실험을 설계할 때, 회전계획(Rotatable Design)의 방법을 사용하고자 한다. 이때 회전계획 혹은 회전성의 개념에 대하여 설명하시오.

[풀이] 반응표면분석에서 관심영역의 중앙에서 동일한 거리에 있는 독립변수의 값에 대하여 추정치의 정밀도를 나타내는 $\hat{y}$의 분산을 같게 하는 것

1087 품질결과에 영향을 주는 산포 및 부적합 원인에 해당되는 기본적인 요소인 5M+1E에 대하여 설명하시오.

[풀이]
(1) Man(사람)
사람의 스타일, 일하는 방식, 개개인의 공정 이해도, 개인역량

(2) Machine(기계)
설비의 성능 차이, 기계의 노화 등 기계와 관련된 요인

(3) Meterial(재료)
사용되는 재료의 성분, 소재, 품질 등

(4) Method(방법)
업무수행방법, 열처리, 표면처리, 공정배치, 작업방법, 표준화 등

(5) Measurement(측정)

측정도구의 정밀성, 계측장비

(6) Environment(환경)

업무환경, 법률 등의 프로세스 환경과 관련된 원인

1088 실험을 설계하여 자료를 수집하고자 할 때, 블록화(Blocking)의 개념에 대하여 설명하시오.

풀이 (1) 실험 전체를 될 수 있는 한 동질적인 여러 블록으로 나눈 후, 각 블록 내에서 요인효과를 조사하는 것을 블록화(Blocking)라고 한다.

(2) 이와 같이 동질적인 집단으로 블록화하면 추정의 정밀도가 커진다.

1089 통계적 가설검정에서 $p-\text{value}$를 계산하여 가설을 검정하고자 할 때, 검정 절차 및 판단방법에 대하여 설명하시오.

풀이 (1) 검정하고자 하는 목적에 따라서 귀무가설(H_0)과 대립가설(H_1)을 설정

(2) 유의수준을 결정

(3) 검정통계량을 구하고 그 통계량의 분포를 구함

(4) 검정통계량 분포에서 가설의 형태에 따라 유의수준에 해당하는 기각역 설정

(5) 판정

① p값이 유의수준(α)보다 작으면 H_0 기각($p < \alpha$)

② p값이 유의수준(α)보다 크면 H_0 채택($p > \alpha$)

1090 통계적 공정관리의 관리도에서 생산공정이 관리상태에 있게 되면 어떤 장점이 있는지 5가지를 설명하시오.

풀이 (1) 관리도 적용 초기에 많이 발생하는 이상원인을 제거하고 공정능력이 확보되어 품질이 향상된다.

(2) 공정품질에 대해 정확한 예측이 가능

(3) 공정이 관리상태에 있으면, 검사량을 크게 감소시킬 수 있다.

(4) 공급자 품질이 관리상태이면 인수(수입)검사량을 감소시킬 수 있으며, 공급자 품질에 대해 정확한 예측이 가능하다.
(5) 최종검사 품질이 관리상태이면, 소비가(고객)에게 품질보증이 된다.
(6) 동일 제품 측정 시 관리도가 관리상태이면, 측정도구 및 측정자를 신뢰할 수 있고, 측정오차를 정확히 예측할 수 있다.
(7) 시험실/연구결과의 관리상태는 제반 실험조건들이 잘 관리되고 있다는 확신을 주게 된다.

1091 고객만족경영(CSM)은 고객이 중심이 고객에 의한 경영으로 고객만족은 고객의 요구사항이 어느 정도 충족되었는지에 대한 고객의 인식이다. 다음 표의 고객 인식정도와 관련된 용어에 대하여 비교 설명하시오. (다음의 표를 그린 후 답안을 작성하시오.)

용어	내용
고객사고(事故)	
고객불만	
고객불평	
고객일치	
고객만족	
고객감동	

[풀이]

용어	내용
고객사고(事故)	• 사용가치가 기대가치에 현저히 모자라는 상태로 사용가치로서의 기능을 상실한 상태 • (사용가치 < 기대가치)
고객불만	• 사용가치가 기대가치에 모자라는 상태로 고객 스스로 느끼는 심리적인 상태 • (사용가치 < 기대가치)
고객불평	• 사용가치가 기대가치에 모자라는 상태로 고객의 행동으로 드러나는 상태 • (사용가치 < 기대가치)
고객일치	• 사용가치와 기대가치가 부합한 상태 • (사용가치 = 기대가치)
고객만족	• 사용가치가 기대가치보다 높은 상태 • (사용가치 > 기대가치)
고객감동	• 사용가치가 기대가치보다 현저히 높은 상태 • (사용가치 > 기대가치)

1092 계수 규준형 1회 샘플링 검사를 설계하고자 한다. 합격품질수준(AQL) p_0는 0.4%, 불합격품질수준(RQL) p_1은 4%로 하여 검사방법을 설계한 결과, 시료의 크기(개수)는 $n=100$, 그리고 합격판정 개수는 $c=1$이었다.

1 AQL과 RQL의 의미를 설명하시오.
2 이 검사방법에 의해 로트를 검사하여 로트를 합격 혹은 불합격 처리하는 방법에 대하여 설명하시오.
3 이 검사방법의 생산자위험 α와 소비자위험 β값을 각각 구하시오.

[풀이] **1** (1) 합격품질수준(AQL) : 가급적 합격시키고 싶다는 불량률의 상한
(2) 불합격품질수준(RQL) : 가급적 불합격시키고 싶다는 불량률의 하한

2 시료크기 $n=100$, 합격판정 개수 $c=1(100, 1)$이므로,
시료크기 $n=100$의 시료를 검사하여 이 중에서 불합격품의 수가 $c=1$개 이하이면, 로트는 합격시키고, $c+1$개 이상이면 로트를 불합격시킨다.

3 $1-\alpha = \sum_{x=0}^{2} {}_nC_x \cdot p_0^x(1-p_0)^{n-x} = \sum_{x=0}^{2} {}_{100}C_x \cdot 0.004^x(1-0.004)^{100-x}$
$= {}_{100}C_0 \cdot 0.004^0(1-0.004)^{100-0} + {}_{100}C_1 \cdot 0.004^1(1-0.004)^{100-1}$
$= 0.94$
$\therefore \alpha = 0.06$

$\beta = \sum_{x=0}^{2} {}_nC_x \cdot p_1^x(1-p_1)^{n-x} = \sum_{x=0}^{2} {}_{100}C_x \cdot 0.04^x(1-0.04)^{100-x}$
$= {}_{100}C_0 \cdot 0.04^0(1-0.04)^{100-0} + {}_{100}C_1 \cdot 0.04^1(1-0.04)^{100-1} = 0.09$

1093 어떤 제조공정에서 한 개의 제품에서 발견되는 결점 수 c는 평균는 16인 푸아송 분포를 따른다고 한다. 64개의 제품을 무작위로 추출하여 제품 하나하나에 대하여 결점수를 조사한 후 발견된 결점 수의 표본평균을 $\bar{c}$라고 할 때, 다음 각 물음에 답하시오. (단, Z가 표준정규분포에 따르는 확률변수이고 Z_α는 Z가 Z_α보다 클 확률이 α가 되는 Z의 값($P(Z \geq Z_\alpha) = \alpha$)을 의미할 때, $Z_{0.1587} = 1.0$, $Z_{0.1} = 1.28$, $Z_{0.05} = 1.645$, $Z_{0.025} = 1.96$, $Z_{0.0228} = 2$, $Z_{0.0013} = 3$이다.)

1 $\bar{c}$의 근사적인 표본분포(Sampling Distribution)를 중심극한정리를 적용하여 파악하고자 할 때, 근사적인 표본분포의 평균과 분산을 구하시오.

2 $\bar{c}$가 17보다 클 확률 $P(\bar{c} > 17)$를 근사적인 표본분포를 이용하여 구하시오.

3 $\bar{c}$가 15.5보다 크고 17.5보다 작을 확률 $P(15.5 < \bar{c} < 17.5)$를 근사적인 표본분포를 이용하여 구하시오.

풀이 **1** 평균 : 16, 분산 : 16

2 $P(\bar{c} > 17) = P\left(Z > \dfrac{17-16}{4/\sqrt{64}}\right)$
$= P(Z > 2)$
$= 0.0228$

3 $P(15.5 < \bar{c} < 17.5) = P\left(\dfrac{15.5-16}{4/\sqrt{64}} < Z < \dfrac{17.5-16}{4/\sqrt{64}}\right)$
$= P(-1 < Z < 3)$
$= 1 - P(Z < 1) + P(Z > 3)$
$= 1 - (0.1587 + 0.0013)$
$= 0.84$

1094 공정 FMEA에 대하여 다음 물음에 답하시오.

❶ FMEA의 정의와 목적을 설명하고, RPN에 대하여 설명하시오.
❷ 공정 FMEA 양식에 포함하여야 할 항목을 모두 넣어 공정 FMEA 양식을 그림으로 작성한 후, 작성항목 중 '잠재적 고장형태'의 사례를 하나 들고, 이에 대하여 FMEA 분석을 실시하시오.

[풀이] **❶** 1) FMEA의 정의와 목적
- 고장모드 영향분석을 의미하는 것으로서 공정 내에서 고객의 요구사항을 만족하는데 고장이 발생할 수 있는 가능성을 명시하고, 이러한 고장 발생의 방지를 위해 현재의 관리방법을 평가하고 또한 고장과 연계된 특정 원인에 대한 위험요소를 추정해냄으로써 공정을 개선하기 위한 조치 내용의 우선 순위를 정하여 유지관리를 하기 위해 관리항목을 도출하고 이들을 지속적으로 구분 관리하는 것이다.
- FMEA를 실시하는 가장 중요한 목적은 당면한 문제점, 특히 고장 혹은 잠재 불량요인에 대한 해석과 문제해결에 있으나, 설계단계 혹은 공정단계에 있어서 변경점이나 기술관리 측면에서 실시되는 경우도 있다.
  ① 제품의 품질과 신뢰성 및 안전성을 개선하기 위하여 발생 가능한 고장모드와 영향의 심각성에 대한 비율을 확인하고 치명적인 특성과 중요한 특성을 확인한다.
  ② 제품의 품질과 신뢰성 및 안전성의 잠재적인 설계 공정의 결함을 순서화한다.
  ③ 문제의 예방에 도움을 주고 제품과 공정을 연관시켜 제거하는 방법을 기술자에게 제공한다.

2) RPN
  ① 위험우선순위(RPN) = 심각도(S) × 발생도(O) × 검출도(D)
  ② 위험우선순위는 설계 및 공정에서 고려해야 할 우선순위를 결정하는 데 사용
  ③ 위험우선순위는 1~1000 사이에 있고, 높은 위험우선순위에 대해서는 시정조치를 통하여 계산상의 위험을 줄이기 위한 노력을 해야 한다.

❷ 다음 페이지 표 참고

잠재적고장 형태 및 영향 분석(설계 FMEA)

- 부품/부번 :
- 모델년도/차종 :
- 핵심팀 :

- 설계책임 :
- 완료 예정일 :

- FMEA No :
- 도면설계변경 Level :
- PAGE :
- 작성자 :
- FMEA 최초 작성일 :

- 일자 :
- 최근 개정일 :

공정기능 요구사항	잠재적 고장 형태	고장의 잠재적 영향	심각도(S)	분류 특별 특성	고장의 잠재적 원인	발생도(O)	현공정 관리 예방	현공정 관리 검출	검출도(D)	위험 우선 순위(RPN)	권고조치 사항	책임 및 목표완료 예정일	조치결과 조치내용 및 완료일	심각도	발생도	검출도	위험 우선 순위
인측 도어 패널에 왁스 수동도포 / 내부도어 하단 표면의 왁스 도어만에 사양서 두께로 도포한다.	지정된 표면에 왁스 도어만이 불충분함	• 내부도어 패널의 무결성 침해 • 내부 하단 판넬 부식 • 도어의 수명 저하로 다음과 같 게 한다. — 시간 경과에 따라 패인트 녹발 생으로 인한 외관 불만족 — 판넬부식으로 인한 도어 하드 웨어 기능 손상	7		작업자가 스프레이 헤드를 충분한 깊이로 삽입하지 못함	8	없음	필름 두께에 대한 예방지 검사 도포범위 육안검사	5	280	충분한 깊이에서의 스프레이 삽입위치 추가	xx-xx-xx	멈춤위치 추가 라인의 스프레이기 점검 xx-xx-xx	7	2	5	70
					스프레이 헤드 막힘 — 점도가 너무 높음 — 온도가 너무 낮음 — 높이가 너무 낮음	5	시작 및 공정전환 후에 스프레이를 시험과 헤드를 예방시하기 위한 예방보전 프로그램	필름 두께에 대한 예방지 검사 도포범위 육안검사	5	175	점도, 온도, 압력에 대한 실험계획법 실시	xx-xx-xx	동일 라인에 다른 여러 도어가 작업되므로 취소 xx-xx-xx				
					충격으로 인한 스프레이 헤드 변형	2	헤드를 보전하기 위한 예방보전 프로그램	필름 두께에 대한 예방지 검사 도포범위 육안검사	5	70	없음		온도 및 압력 관리한계가 설정되고, 관리한계가 설정된 관리도는 공정이 C_{pk}=1.85 로 관리상태임을 보여줌 xx-xx-xx	7	1	5	35
					스프레이 부족	5	없음	중요부위의 도포범위를 육안 체크하기 위한 로트 샘플링	7	245	스프레이 타이머 설치	xx-xx-xx	자동 스프레이 타이머가 설치 되어 작업자가 스프레이를 설치 작취고 타이머 신크런치가 종 료됨. 관리도도 C_{pk}=2.05 로 관리상태임을 보여줌 xx-xx-xx	7	1	7	49

1095 ISO 9001, ISO/TS 16949, TL 9000 등의 국제표준(규격)에서는 품질경영시스템의 효과적 실행, 유지 및 개선을 위하여 내부심사 및 경영검토활동이 매우 중요하다.

1 KS Q ISO 9001 : 2009/ISO 9001 : 2008 국제표준에서 요구하는 내부심사에 대한 사항을 5가지 기술하시오.

2 KS Q ISO 9001 : 2009/ISO 9001 : 2008 국제표준에 기술된 경영검토의 목적을 기술하고 경영 검토 입력사항 중 5가지를 쓰시오.

[풀이] **1** 1) 품질경영시스템 심사
조직은 품질경영시스템 요구사항에 대한 준수성을 검증하기 위하여 조직의 품질경영시스템을 심사

2) 제조공정 심사
조직은 공정의 효과성을 결정하기 위하여 각 제조공정을 심사

3) 제품심사
조직은 제품치수, 기능, 포장, 라벨링과 같은 모든 규정된 요구사항에 대한 적합성을 검증하기 위하여 생산 및 인도의 적절한 단계에서 정해진 주기로 제품을 심사

4) 내부심사계획
내부심사는 모든 품질경영 관련 프로세스, 활동 및 교대 근무조를 포함하여야 하고, 연간계획에 따라 일정계획되어야 한다. 내/외부 부적합 또는 고객 불만사항이 발생하는 경우, 심사빈도를 적절하게 증가시켜야 한다.

5) 내부심사원 자격 부여
조직은 요구사항을 심사하기 위하여 자격이 부여된 내부심사원을 갖추어야 한다.

2 1) 경영검토의 목적
품질경영시스템의 지속적인 적절성, 충족성 및 효과성을 보장하기 위하여 계획된 주기로 조직의 품질경영시스템을 검토하여야 한다.

2) 경영검토 입력사항
① 심사결과(1자, 2자, 3자)
② 고객피드백
③ 프로세스 성과 및 제품 적합성
④ 예방조치 및 시정조치의 상태
⑤ 이전의 경영검토에 따른 후속조치
⑥ 품질경영시스템에 영향을 줄 수 있는 변경
⑦ 개선을 위한 제안

1096 국가 품질상(MBNQA)의 7가지 평가기준에 대하여 모형을 그려서 내용을 설명하고, 가치기준 11가지 가운데 5가지만 설명하시오.

풀이 (1) 국가 품질상(MBNQA)의 7가지 평가기준 모형

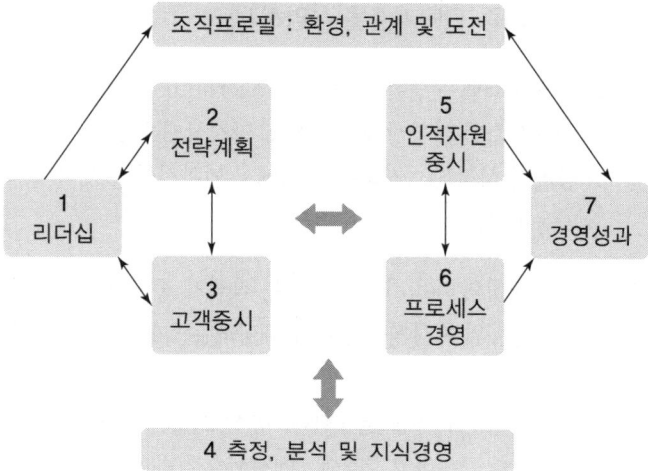

MBNQA 모델은 크게 조직 프로필과 시스템 및 지식경영이라는 세 개의 기본적인 요소로 구성되어 있다. 구체적으로 MBNQA 모델에 있어서 범주 1, 2, 3이 리더십 3요소이고, 전략과 고객을 중시하는 리더십을 보여주고 있다. 범주 5, 6, 7은 성과 3요소이고, 조직의 인적 자원과 프로세스가 조직의 과업을 달성하여 성과를 결정한다. 범주 4는 사실과 지식에 의해 조직을 능률적으로 운영하게 해준다. 그래서 시스템의 기본적인 기반활동을 한다. 그리고 범주 1~6은 전부 범주 7에 영향을 끼친다.

(2) 가치기준 11가지

1) 고객 위주의 품질
2) 리더십
3) 지속적 개선과 학습
4) 인간존중과 종업원의 참여
5) 신속한 대응
6) 설계품질과 원류관리
7) 미래를 생각하는 장기적 관점
8) 사실에 근거한 관리
9) 협력관계 구축
10) 기업책임과 시민의식
11) 결과 중시 경영

1097 측정시스템 분석 중 계량형 게이지 R&R 평가방법에 대한 다음 질문에 답하시오.

1 평가를 하기 위한 준비상항(전제 조건)을 기술하시오.
2 평가를 위한 절차를 순서대로 기술하시오.
3 결과에 대한 최종 판단기준을 설명하시오.

[풀이]

1 1) 측정시스템은 충분한 차별력(Discrimination)을 갖고 있는가?
2) 측정시스템은 항상 통계적으로 안정상태에 있는가?
3) 통계적 성질은 예상되는 범위에서 일관성이 있으며 공정분석이나 통제를 위하여 수락 가능한가?

2 1) 평가대상의 계측기를 사용하는 작업자 중에서 n명(3명 정도)을 랜덤하게 선정한다.
2) 공정변동의 예상되는 범위에 해당되는 p개(10개 정도)부품을 랜덤하게 추출하여 표본으로 얻는다.
3) 반복측정회수(r)를 결정한다. 통상 2~3회로 한다.
4) 측정자를 구분하고 부품에 1에서 p까지 번호를 붙인 후 이 번호가 측정자들에게는 보이지 않게 한다.
5) 교정이 정규 측정 절차의 부분이라면, 계측기를 교정한다.
6) 측정자 A로 하여금 랜덤하게 p개 부품을 측정하게 한다. 다른 관측자에게 이 결과를 용지에 기입하게 한다. 측정자 B, C에게도 다른 사람이 읽은 값을 보지 않은 상태로 p개 부품을 측정하게 한다. 그리고 각각의 결과를 용지에 기입한다.
7) 다시 랜덤한 순서로 측정자 A, B, C가 측정을 반복하고, 이 데이터를 용지에 기입한다.
8) 부품의 크기가 크거나 동시에 이용하기 어려운 부품들을 측정할 경우에는 단계 6), 7)은 다음과 같이 변경될 수 있다.
   ① 측정자 A가 첫 번째 부품을 측정하게 하고 읽은 값을 용지에 기록한다. 측정자 B가 첫 번째 부품을 측정하게 하고 읽은 값을 용지에 기록한다. 측정자 C가 첫 번째 부품을 측정하게 하고 읽은 값을 용지에 기록한다.
   ② 측정자 A가 첫 번째 부품을 다시 측정하게 하고 읽은 값을 기록한다. 측정자 B가 반복해서 읽은 값을 기록한다. 그리고 측정자 C가 반복해서 읽은 값을 기록한다. 만일 반복을 3회 시행한다고 하면 이 사이클을 한 번 더 반복한다. 그리고 결과를 기록한다.
9) 만일 측정자가 다른 작업교대시간에 있다면, 대체방법이 사용될 수 있다. 이 경우 시간이 바쁜 사람은 한꺼번에 모든 측정을 수행하도록 한다. 즉, 측정자 A에게 p개 부품 모두를 측정하게 하고 읽은 값을 기록한다. 그 다음 측정자 A로 하여금 다른 순서로 반복해서 측정하게 하고 결과를 기록한다. 측정자 B, C에게도 같은 방법으로 적용한다.

3   1) 10% 미만 : 합격
    2) 10~30% : 개선을 전제로 조건부 합격(적용의 중요성, 게이지 비용, 수리비용에 따라 합격 가능)
    3) 30% 이상 : 불합격

1098 어떤 공정에서 제품의 길이에 대한 평균관리도($\bar{X}$-관리도)를 작성하고자 한다. 이 공정에서 한 시간마다 $n=4$개의 제품을 50회에 걸쳐 무작위로 추출하고, 매 시간마다 조사한 4개의 제품들은 한 개의 군으로 하여 관리도를 작성하였다. 이때 각 군의 표본평균을 $\bar{X}$, 표본 범위를 R이라 하고, 각각의 군으로부터 계산한 50개의 $\bar{X}$들과 R들의 평균인 $\bar{\bar{X}}$, $\bar{R}$ 값은 $\bar{\bar{X}}=30$, $\bar{R}=1.5$일 때, 다음 각 물음에 답하시오.(단, Z가 표준정규분포에 따르는 확률변수이고 Z_α는 Z가 Z_α보다 클 확률이 α가 되는 Z의 값 ($P(Z \geq Z_\alpha) = \alpha$)을 의미할 때, $Z_{0.1587}=1.0$, $Z_{0.1}=1.28$, $Z_{0.05}=1.645$, $Z_{0.025}=1.96$, $Z_{0.0228}=2$, $Z_{0.0013}=3$이다.)

1 $\bar{x}$-관리도의 중심선과 관리한계선 값을 구하시오.(단, $\bar{x}$-관리도에서 $n=4$일 때, 관리도 계수값 $d_2=2.059$이다.)

2 공정상태가 관리상태에 있는 경우, 관리도의 50개 점 중에서 중심선에서 $\pm 2\sigma$ 떨어진 선 밖으로 나갈 수 있는 점의 평균개수를 구하시오.

3 공정상태가 관리상태에 있는 경우, 연속되는 3개의 점 중에서 2개의 점이 중심선 위쪽 1σ선과 2σ선 사이의 영역에 있을 확률을 구하시오.

풀이 1 중심선 $CL = \bar{\bar{x}} = 30$
관리한계선
$$UCL = \bar{\bar{x}} + A_2 \bar{R} = \bar{\bar{x}} + 3\left(\frac{1}{\sqrt{n}}\right)\left(\frac{R}{d_2}\right) = 30 + 3\left(\frac{1}{\sqrt{4}}\right)\left(\frac{1.5}{2.059}\right) = 31.1$$
$$LCL = \bar{\bar{x}} - A_2 \bar{R} = \bar{\bar{x}} - 3\left(\frac{1}{\sqrt{n}}\right)\left(\frac{R}{d_2}\right) = 30 - 3\left(\frac{1}{\sqrt{4}}\right)\left(\frac{1.5}{2.059}\right) = 28.9$$

2 $\pm 2\sigma$를 벗어나는 확률
$0.0228 \times 2 = 0.0456$
$50 \times 0.0456 = 2$개

3 $_3C_2 \times 0.1359^2 \times (1-0.1359) = 0.048$

1099 품질 데이터가 정규분포를 따를 경우 ±3시그마를 벗어날 확률은 2,700ppm이며 ±6시그마를 벗어날 확률은 0.002ppm, 즉 2ppb가 된다.

1 6시그마에서는 3시그마 수준은 66,810ppm이고, 6시그마 수준은 3.4ppm이 되는 이유를 설명하시오.

2 TQM과 6시그마 혁신활동의 특성과 차이를 5가지 이상 비교하여 설명하시오.

[풀이] **1** 6시그마의 발안자인 마이클 해리 박사는 최대로 ±1.5σ만큼 흔들린다고 했다.
즉, 현실에서는 품질산포의 여러 가지 원인(재료, 방법, 장치, 사람, 환경, 측정 등)에 의하여 평균(μ) 자체가 최대한 ±1.5σ까지 흔들리기 때문이다.

2

구분	TQM	6시그마
방침결정	Bottom up	Top down
소집단 활동	현장 종업원 위주의 품질분임조 활동	BB/GB 위주의 프로젝트팀 활동
소집단 활동 담당자	분임조장(전임이 아님)	BB(전임), GB
교육체계	분임조원 위주의 교육으로 자발적 교육참여 권장	WB/GB/BB/MBB/Champion으로 구분하여 체계적인 의무교육 실시
프로젝트 추진 조직체계	기업조직체계	별도의 독자적 조직체계
기본 사이클	PDCA	DMAIC/DMADOV/DIDOV
주요적용기법	QC 7가지 도구 위주	QC 7가지 도구+통계기법을 포함한 다양한 과학적 관리기법
개혁대상 및 범위	결과 중시 및 부분최적화	프로세스 예방활동을 중시하고 전체 최적화
지식경영과의 관계	약하다.	높다.
주요 착안사항	안정된 공정관리를 중심으로 표준 준수에 역점	고객 요구를 반영하는 DFSS를 시작으로 제조, 사무 간접분야의 품질혁신에 역점
프로세스 평가	프로세스 결과물(불량, 불량품, 불량률 등)로 평가	시그마(σ) 수준으로 정량적으로 평가하여 객관적으로 검증자료로 활용

1100 다음 그림은 전자부품으로 구성되어 결합된 시스템이다.(단, 각 부품의 고장률은 $\lambda_A = 0.3 \times 10^{-3}$/hr, $\lambda_B = 0.4 \times 10^{-3}$/hr, $\lambda_C = 0.8 \times 10^{-3}$/hr, $\lambda_D = 0.1 \times 10^{-3}$/hr이며 각 부품의 고장은 지수분포를 따른다.)

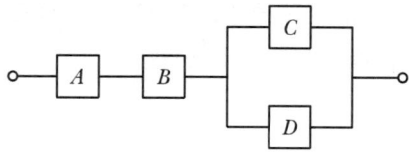

1 100시간 사용하였을 경우 시스템의 전체 신뢰도를 구하시오.
2 시스템의 평균수명(MTBF)을 구하시오.

풀이 **1** 1) 개별 신뢰도의 계산

　※ 직렬모델 : $R_S = R_A \cdot R_B$
　※ 병렬모델 : $R_S = R_A + R_B - R_{AB} = 1 - (1-R_A)(1-R_B)$

$R_A = e^{-\lambda_A t} = e^{[(-0.3 \times 10^{-3}) \times 100]} = 0.9704$
$R_B = e^{-\lambda_B t} = e^{[(-0.4 \times 10^{-3}) \times 100]} = 0.9608$
$R_C = e^{-\lambda_C t} = e^{[(-0.8 \times 10^{-3}) \times 100]} = 0.9231$
$R_D = e^{-\lambda_D t} = e^{[(-0.1 \times 10^{-3}) \times 100]} = 0.9900$

2) 전체 신뢰도의 계산

$R_S = R_A \times R_B \times [1 - (1-R_C)(1-R_D)]$
$\quad = 0.9704 \times 0.9608 \times [1-(1-0.9231)(1-0.9900)] = 0.9316$

2 병렬결합 부분의 고장률 λ_P

$$\frac{1}{\lambda_P} = \frac{1}{\lambda_C} + \frac{1}{\lambda_D} - \frac{1}{\lambda_C + \lambda_D} = \frac{1}{0.0008} + \frac{1}{0.0001} - \frac{1}{0.0008 + 0.0001}$$

$$= 10,138.89, \quad \lambda_P = \frac{1}{10,138.89}$$

시스템 평균수명 MTBF $= \dfrac{1}{\lambda_S} = \dfrac{1}{\sum \lambda_i} = \dfrac{1}{0.0003 + 0.0004 + \dfrac{1}{10,138.89}}$

$\quad = 1,252.14$

1101 설비의 고장률 곡선에서 고장기간은 초기고장기간(DFR), 우발고장기간(CFR), 마모고장기간(IFR)으로 구분할 수 있다.

1 고장률 곡선(욕조곡선)을 그리시오.
2 각 고장기간별 고장의 주요 원인을 3가지씩 쓰시오.
3 각 고장기간별 대책을 한 가지씩 쓰시오.

[풀이] **1**

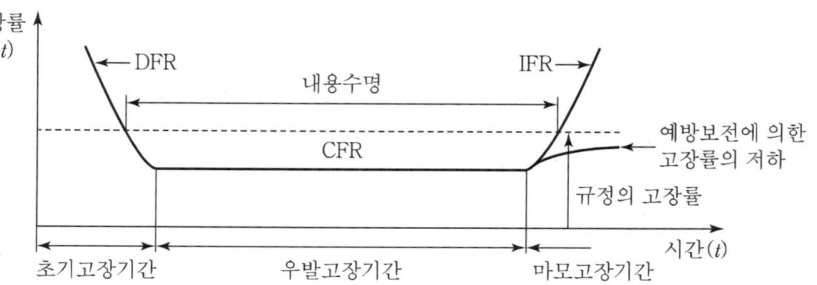

2 1) 초기고장기간
① 표준 이하의 재료 사용, ② 표준 이하의 작업자 솜씨, ③ 불충분한 품질관리,
④ 불충분한 디버깅, ⑤ 부적절한 조치, ⑥ 부적절한 시동,
⑦ 부적절한 포장 및 수송, ⑧ 빈약한 가공 및 취급기술,
⑨ 오염, ⑩ 저장 및 운반 중에 부품 고장, ⑪ 조립상의 과오

2) 우발고장기간
① 안전계수가 낮기 때문에, ② Sterss가 Strength보다 크기 때문에
③ 사용자의 과오 때문에
④ 최선의 검사방법으로도 탐지되지 않은 고장 때문에
⑤ 디버깅 중에도 발견되지 않은 고장 때문에
⑥ 예방보전에 의해서도 예방될 수 없는 고장 때문에
⑦ 천재지변에 의한 고장 때문에

3) 마모고장기간
① 부식 또는 산화, ② 마모 또는 피로, ③ 노화 및 퇴화, ④ 불충분한 정비,
⑤ 부적절한 오버홀, ⑥ 수축 또는 균열

3 1) 초기고장기간
① 보전예방(MP), ② 디버깅 Test, ③ Burn-In Test

2) 우발고장기간
① 극한 상황을 고려한 설계, ② 안전계수를 고려한 설계, ③ 디레이팅 설계,

④ 사후보전(BM), ⑤ 개량보전(CM)

3) 마모고장기간 : 예방보전(PM)

1102 어떤 제품의 공정에서 제품의 강도는 공정 온도(A) 및 공정 압력(B)에 영향을 받는다고 한다. A는 3수준(A_1, A_2, A_3), B는 4수준(B_1, B_2, B_3, B_4)으로 하여 반복이 없는 이원배치법에 의해 실험을 설계하여 제품의 강도를 측정한 결과 다음과 같았다. (단, $F(2,6,0.05) = 5.14$, $F(3,6,0.05) = 4.76$, $F(2,6,0.01) = 10.9$, $F(3,6,0.01) = 9.78$, $t(5,0.025) = 2.571$, $t(6,0.025) = 2.447$, $t(2,0.025) = 4.303$, $t(3,0.025) = 3.182$)

구분	B_1	B_2	B_3	B_4	합계	평균
A_1	77	85	92	83	337	84.25
A_2	74	82	84	76	316	79.0
A_3	67	69	78	66	280	70.0
합계	218	236	254	225	933	
평균	72.67	78.67	84.67	75.0		77.75

1 분산분석표를 작성하고, 유의수준 $\alpha = 0.05$에서 검정결과를 설명하시오.
2 인자 B의 세 번째 수준에서 모평균 $\mu(B_3)$의 값을 95% 신뢰수준으로 구간추정하시오.
3 인자 A의 두 번째 수준과 인자 B의 첫 번째 수준과의 수준조합에서의 모평균 $\mu(A_2B_1)$의 값을 95% 신뢰수준으로 구간추정하시오.

풀이 **1** 1) 변동의 계산

$T_{1.} = 337$, $T_{2.} = 316$, $T_{3.} = 280$,

$T_{.1} = 218$, $T_{.2} = 236$, $T_{.3} = 254$, $T_{.4} = 225$, $T = 933$

$CT = \dfrac{T^2}{N} = \dfrac{933^2}{12} = 72,540.75$

$S_T = \sum\sum X_{ij}^2 - CT = (77^2 + \cdots + 66^2) - 72,540.75 = 688.25$

$S_A = \sum \dfrac{T_{i.}^2}{m} - CT = \left(\dfrac{337^2 + 316^2 + 280^2}{4}\right) - 72,540.75 = 415.5$

$S_B = \sum \dfrac{T_{.j}^2}{l} - CT = \left(\dfrac{218^2 + 236^2 + 254^2 + 225^2}{4}\right) - 72,540.75 = 246.25$

$S_e = S_T - (S_A + S_B) = 688.25 - (415.5 + 246.25) = 26.5$

2) 분산분석표 작성

요인	SS	DF	MS	F_0	$F_{0.95}$	$F_{0.99}$
A	415.5	2	207.75	47.0**	5.14	10.9
B	246.25	3	82.08	18.57**	4.76	9.78
e	26.5	6	4.42			
T	688.25	11				

위의 결과에서 두 인자 A, B 모두 고도로 유의하다.

즉, 인자 A(온도), 인자 B(압력) 수준 간의 차가 있다.

❷ $\mu(B_3) = \overline{X}_{\cdot j} \pm t_{1-\alpha/2}(\nu)\sqrt{\dfrac{V_e}{l}} = \overline{X}_{\cdot 3} \pm t_{0.975}(6)\sqrt{\dfrac{4.42}{3}}$

$\qquad = 84.67 \pm (2.447)\sqrt{\dfrac{4.42}{3}} = 84.67 \pm 2.97 (81.7,\ 87.64)$

❸ $\mu(A_2 B_1)$

$\quad = (\overline{X_2} + \overline{X_1} - \overline{\overline{X}}) \pm t_{1-\alpha/2}(\nu)\sqrt{\dfrac{V_e}{n_e}}, \quad n_e = \dfrac{\text{총실험횟수}}{(\text{무시할 수 없는 자유도합} + 1)}$

$\quad = \dfrac{12}{6} = 2$

$\quad = (79.0 + 72.67 - 77.75) \pm t_{0.975}(6)\sqrt{\dfrac{4.42}{2}} = 73.92 \pm (2.447)\sqrt{\dfrac{4.42}{2}}$

$\quad = 73.92 \pm 3.64 (70.28,\ 77.56)$

1103 전자부품 생산 회사의 내부심사 사례를 읽고 아래의 물음에 답하시오.

> 전자제품의 부품을 생산하여 대기업에 납품하는 회사에서 내부심사를 실시하였다. 내부심사원 홍길동은 생산된 제품을 최종 감사하는 출하검사장에서 심사를 진행하면서, 제품검사 항목 중 길이 측정에 사용하는 마이크로미터(관리번호 HI-021)가 교정검사를 필했는지 확인한 결과, 교정 유효기간이 이미 2개월 경과했음을 관찰했다. 홍길동 심사원은 출하검사장 검사담당에게 왜 유효기간이 경과한 측정기를 사용하느냐고 물었더니, 원래 사용하던 교정이 완료된 다른 마이크로미터를 외주업체의 제품 품질평가를 위하여 품질보증담당자가 출장 시에 휴대하였기 때문에, 엊그제부터 임시로 사용하는 것이라고 대답하였다. 홍길동 심사원은 이 측정기로 검사한 제품이 이미 고객사에 어제 5,000개 납품되었고, 오늘 출하할 3,000개의 제품이 출하장에서 상차대기 중임을 확인하였다. 회사의 측정기관리규정(HIP-Q-131, Rev.4) 4.5항에 제품검사에 사용하는 모든 측정기는 계획된 교정 주기에 따라 교정을 실시하여 사용하도록 규정되어 있음을 확인한 홍길동 심사원은 심사팀장과 협의하여 이 사항은 고객에게 부적합품을 납품할 가능성이 있다고 판단하여 중부적합으로 지적하기로 결정하였다.

1 내부심사원 홍길동의 입장에서 다음 물음에 답하시오.
① 상기의 부적합 사항에 해당되는 KS Q ISO 9001 : 2009/ISO 9001 : 2008 국제표준 요구사항의 부적합 조항과 제목을 쓰시오.
② 발견된 부적합 사항을 부적합보고서 작성의 4C 원칙인 정확성(Correct), 명료성(Clear), 완전성(Complete), 간결성(Concise)을 고려하여 기술하시오.

2 출하검사 담당자의 입장에서, 상기의 부적합 사항에 대한 시정 및 시정조치를 위한 다음의 물음에 답하시오.
① 필요시, 봉쇄조치를 포함하여 '시정'에 해당하는 내용을 기술하시오.
② '근본원인분석' 내용을 5why법을 적용하여 구체적으로 기술하시오.
③ '시정조치'에 대한 내용을 기술하시오.

풀이 **1** ① 7.6 모니터링 장비 및 측정장비의 관리

② 1) 요건
유효한 결과를 보장할 필요가 있는 경우 측정장비는 규정된 주기 또는 사용 전에 국제표준 또는 국가표준에 소급 가능한 측정표준으로 교정하거나 검증 또는 두 가지 모두가 시행되어야 한다. 또한 조직은 장비가 요구사항에 적합하지 않은 것으로 판명된 경우 이전의 측정결과에 대하여 유효성을 평가하고 기록하여야 하며 조직은 그 장비 및 영향을 받은 모든 제품에 대하여 적절한 조치를 취하여야 한다.

2) 조직의 규정
회사의 측정기 관리규정(HIP-Q-131, Rev.4) 4.5항에 제품검사에 사용하는 모

든 측정기는 계획된 교정 주기에 따라 교정을 실시하여 사용하도록 규정되어 있음

3) 확인사항

출하검사장에서 심사를 진행하면서, 제품검사 항목 중 길이 측정에 사용하는 마이크로미터(관리번호 HI-021)가 교정검사를 필했는지 확인한 결과, 교정 유효기간이 이미 2개월 경과했음을 관찰, 이 측정기로 검사한 제품이 이미 고객사에 어제 5000개 납품되었고, 오늘 출하할 3000개의 제품이 출하장에서 상차 대기 중임을 확인하였음

2 ① 1) 교정된 계측기를 사용하도록 조치
2) 출하대기품에 대하여 교정 필한 계측기로 확인 검사 실시
3) 교정된 계측기로 출하된 대상 LOT 유효성 검증 실시

② 1) 교정기간이 지난 계측기 사용
2) 품질보증담당자가 사용 중인 계측기를 가져감
3) 출하검사자가 대체 계측기를 사용 시 교정 유효기간 경과 계측기 사용
4) 교정 유효기간 경과 계측기 문제점을 출하 검사자가 인지 못함
5) 교정 유효기간 경과 계측기 사용 시 출하된 부품 및 검사된 부품 확인 미실시

③ 1) 품질보증담당자가 출하검사장 계측기를 대여하여 생산 및 검사에 차질이 없도록 교육 실시
2) 출하검사원에게 계측기에 대한 교정 유효기간 및 교정된 계측기 사용에 대해 교육실시
3) 교정 유효기간 계측기 사용 시 출하대기품 및 출하품에 대해 조치하도록 교육실시
4) 대체 계측기는 교정된 계측기로 대여되도록 예비 계측기 교정실시 확보
5) 유효기간 지난 계측기는 식별표시하여 사용되지 않도록 별도 구분 관리 실시

1104 품질기능전개(QFD)를 위한 품질의 집(HOQ) 작성과 관련한 다음 물음에 답하시오.

1 4개의 매트릭스를 설명하시오.
2 HOQ 점수 산정방법 중 독립배점법에 대하여 설명하시오.

[풀이] **1** (1) 제품기획단계
    고객의 요구를 기술적 특성으로 나타내는 단계

(2) 부품설계단계
    기술적 특성을 갖추기 위해 어떤 부품이 필요하며, 중요한가를 나타내는 단계

(3) 공정계획단계
    중요부품을 갖추기 위해 공정설계를 어떻게 해야 하는지 나타내는 단계

(4) 생산계획단계
    중요 공정설계를 하기 위해 생산계획을 어떻게 세워야 하는지 나타내는 단계

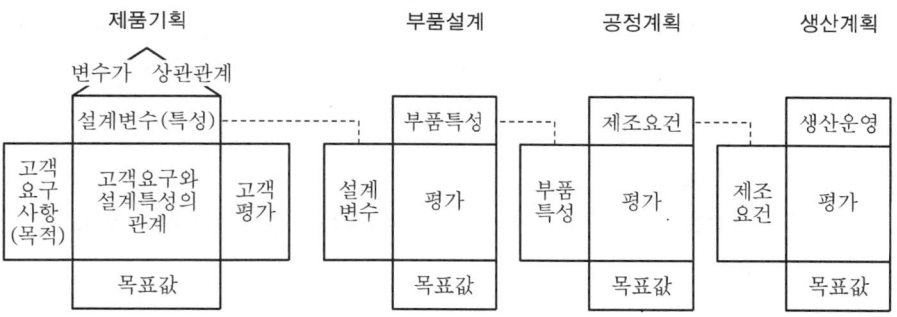

2 고객요구사항의 중요도와 CA(Customer Attributes : 고객요구사항) – EC(Engineering Characteristics : 제품설계특성) 연관관계를 수량화한 값의 곱을 각각 구해서 그 값의 열을 기준으로 합산하여 우선순위를 정하는 방법

1105 데이터 분석을 통한 중요도 결정의 의사결정방법으로,

1 신QC 7가지 도구 중 매트릭스 데이터 해석법의 정의와 사용방법에 대하여 기술하시오.
2 계층구조 분석법(AHP)에 대하여 설명하고, 실제 기업에서 활용가능한 부문의 사례를 기술하시오.

풀이 **1** 1) 정의
매트릭스 도법에 나타낸 여러 요인 간에 존재하는 관계의 정도를 수량화하는 방법

2) 사용방법
데이터 간의 상관관계를 기초하여 데이터가 지닌 정보를 한꺼번에 많이 표현하여 전체를 쉽게 파악

2 1) 계층구조 분석법에 대한 설명
의사결정의 목표 또는 평가기준이 다수이며 복합적인 경우, 이를 계층화해 주요 요인을 이루는 세부 요인들로 분해하고, 이러한 요인들을 상대비교를 통해 중요도를 산출하는 기법으로, 직관적으로 다수의 속성들을 계층적으로 분류하여 각 속성의 중요도를 파악함으로써 최적 대안을 선정하는 기법

2) 실제 기업에서 활용 가능한 부문 사례
현재 시행 중인 사업이 아닌, 새로운 사업부문에서 시행 타당성의 여부를 판별하는 데 사용

1106 실험계획법(DOE ; Design of Experiments)에서 결측치의 처리방법을 설명하시오.

풀이 (1) 일원배치법
   결측치를 무시하고 그대로 분석

(2) 반복 없는 이원배치법
   Yates의 방법으로 결측치를 추정

(3) 반복 있는 이원배치법
   결측치가 들어있는 조합에서의 나머지 데이터들의 평균치로 결측치를 추정

(4) 기타의 실험계획법
   각 경우에 맞게 데이터를 추정

1107 4대의 기계에서 프레스 가공을 하여 100개의 제품을 만들어 시험한 결과표가 아래와 같다.

기계	A_1	A_2	A_3	A_4
적합품	93	90	95	85
부적합품	7	10	5	15
계	100	100	100	100

1 기계 간 변동을 구하시오.
2 총 변동을 구하시오.

풀이 **1** $S_A = \sum \dfrac{T_{i\cdot}^2}{r} - CT = \left(\dfrac{7^2 + 10^2 + 5^2 + 15^2}{100}\right) - \dfrac{37^2}{4 \times 100} = 0.5675$

2 $S_T = \sum\sum x_{ij}^2 - CT = \sum\sum x_{ij} - CT = T - CT$

$= 37 - \dfrac{37^2}{4 \times 100} = 37 - 3.4225 = 33.5775$

1108 사전제품품질계획(APQP)에서 제품 및 공정설계 시 특별특성을 관리하는 것이 매우 중요하다. 제품특별특성과 공정특별특성에 대하여 각각 설명하시오.

풀이 (1) 제품특별특성(Key Product Characteristic)
손실함수를 통하여 spec 이내에서도 제품산포가 고객만족에 상당한 영향을 미치고 있음을 알 수 있는 특별특성으로 목표값에 보다 근접하게 관리할 때 고객만족으로 최적화할 수 있다.

(2) 공정특별특성(Key Process Characteristic)
제품특별특성 다음으로 진행되는 단계를 일컬으며 공정의 흐름을 관리하여 고객만족을 최적화할 수 있도록 한다.

1109 종전 품질경영시스템인 KS Q ISO 9001 : 2009/ISO 9001 : 2008에서 새롭게 KS Q ISO 9001 : 2015/ISO 9001 : 2015로 개정되었다. 주요 차이점에 대하여 설명하시오.

풀이 (1) HLS(High Level Structure ; 상위 레벨 구조)
(2) 서비스 산업에 대한 적용을 용이하게 고려
(3) 품질경영시스템 설계 시 조직의 상황 고려
(4) 프로세스 접근방법(Process Approach) 적용 강화
(5) RBT(Risk Based Thinking ; 리스크 기반 사고)
(6) 문서화된 정보(Documented Information)가 문서와 기록을 대체
(7) 품질경영 원칙 변경(8대 원칙 → 7대 원칙)
(8) 불분명한 용어들의 명확화

1110 통계분석 시 사용하는 분산분석에서 풀링(pooling)을 실시하는 이유를 쓰고, 풀링(pooling) 대상에 대하여 설명하시오.

풀이 (1) 풀링을 실시하는 이유
분산분석표에서 F검정 결과 유의하지 않은 교호작용을 오차항에 포함시켜서 새로운 오차항을 만들기 위함

(2) 풀링 대상
① 실험의 목적을 고려 : 교호작용의 중요성을 고려하여 오차항의 풀링 여부 결정

② 기술적인 면, 통계적인 면을 고려 : ve와 $\sigma 2A \times B$의 계수 r을 고려하여 결정한다.
- $ve > 20$인 경우
  교호작용이 $\alpha = 0.05$에서 유의하지 않으면 풀링하여도 ve가 상당히 크므로 실질적으로 큰 변화가 없다.
- $ve \leq 20$인 경우
  $F_0 = \dfrac{V_A \times V_B}{V_e} \leq 1$이면 풀링시키고, $1 < F_0 < F_{(0.90)}$일 때는 r이 크면($r \geq 3$) 풀링하고, $r = 2$이고 $F_{(0.95)} > F_0 > F_{(0.90)}$이면 기술적인 면을 고려

③ 제2종 과오를 고려 : 제2종 과오를 범하는 것이 큰 잘못일 때는 $F_0 \leq 1$인 경우에만 풀링

1111
어떤 전기회로의 부품이 고장까지의 시간분포는 척도모수(Scale Parameter)가 400시간이고, 형상모수(Shape Parameter)가 0.2이며, 위치모수(Position Parameter)가 0인 와이블(Weibull) 분포를 따르고 있다.

1 600시간 운영 후의 부품의 신뢰도를 구하시오.
2 고장까지의 평균시간(MTTF)을 구하시오.

[풀이]

1 $R(t) = e^{\left\{-\left(\frac{\text{시간}(t) - \text{위치모수}(r)}{\text{척도모수}(\eta)}\right)^{\text{형상모수}(m)}\right\}} = e^{\left\{-\left(\frac{600-0}{400}\right)^{0.2}\right\}} = 0.338$

2 $E(t) = \mu = \text{척도모수}(\eta) \cdot \Gamma\left(1 + \dfrac{1}{\text{형상모수}(m)}\right)$
$= 400 \cdot \Gamma\left(1 + \dfrac{1}{0.2}\right) = 400 \cdot \Gamma(6) = $ 감마함수표가 없음

1112
계측기 관리에서의 교정(Calibration)과 소급성(Traceability)에 대하여 각각 설명하시오.

[풀이]

(1) 교정
규정된 조건하에서 측정기 또는 측정시스템이 지시하는 값과 표준기에 의하여 실현된 값 사이의 관계를 정하는 일련의 작업

(2) 소급성
국제적으로 정한 단위(SI) 측정값에 맞추어 국가에서 정한 측정표준과 산업체에서 수행하는 측정값이 일치되도록 하여 국제적으로 인정받을 수 있도록 하는 것

1113 다구찌 실험 계획법에서 파라미터 설계의 정의에 대하여 설명하시오.

[풀이]
- 파라미터(Parameter)는 제품성능의 특성값에 영향을 미치는 제어 가능한 인자(Controllable Factor)를 의미하며 설계변수(Design Variable)라고도 부른다.
- 파라미터 설계는 제품의 품질변동이 잡음에 둔감하면서 목표품질을 가질 수 있도록 설계변수들의 최적조건을 구한다.
- 이때 목표품질을 만족시키는 범위 내에서 가능하면 비용이 적게 드는 조건이나 부품 등을 사용한다.
- 최적조건을 찾을 때 실험계획이 이용되며, 특히 설계변수와 잡음을 포함시켜 최적설계하는 직교배열표가 사용된다.

1114 계수형 측정시스템분석을 위해 시료를 10개(적합품 5개, 부적합품 5개)를 선정하였다. 평가자로는 검사원 중에서 임의로 3명을 선발하였고 각 검사원은 Go/No-Go Gage로 랜덤한 순서로 시료를 3회 반복 측정하였으며 그 결과는 다음과 같다. (단, G : 적합품, NG : 부적합품)

평가자		A 검사원			B 검사원			C 검사원		
시료번호	기준값	1회	2회	3회	1회	2회	3회	1회	2회	3회
1	NG	NG	NG	NG	NG	NG	NG	NG	NG	NG
2	G	G	G	G	G	G	G	G	G	G
3	NG	NG	NG	NG	NG	NG	NG	NG	NG	NG
4	G	G	G	G	G	G	G	G	G	G
5	G	G	G	G	G	G	G	G	G	G
6	NG	NG	NG	G	NG	NG	NG	NG	NG	NG
7	G	NG	G	G	NG	G	NG	NG	NG	NG
8	NG	NG	NG	NG	NG	NG	NG	NG	NG	NG
9	NG	G	G	NG	NG	NG	NG	NG	NG	G
10	G	G	G	G	G	G	G	G	G	G

1 평가자 전체 유효성(Efficiency)을 구하시오.
2 평가자 전체 반복성(Repeatability)과 재현성(Reproducibility)을 구하시오.
3 R&R %를 구하고, 이에 대한 조치사항을 설명하시오.

[풀이] **1** 평가자 전체 유효성 = $\dfrac{\text{각각의 시료를 정확하게 판정한 수}}{\text{전체시료 수}} \times 100$

$= \dfrac{80}{(3 \times 3 \times 10)} \times 100 = 88.89\%$

2 1) 평가자 전체 반복성

평가자 전체 반복성 = $\dfrac{\text{각 시료를 반복측정 시 적합품이든}}{\text{검사원별 전체시료 수}} \times 100$

$= \dfrac{25}{(3 \times 10)} \times 100 = 83.33\%$

※ 각 시료를 반복 측정 시 적합품이든 부적합이든 같은 판정을 한 횟수 (1-A, 1-B, 1-C, 2-A, 2-B, 2-C, 3-A, 3-B, 3-C, 4-A, 4-B, 4-C, 5-A, 5-B, 5-C, 6-B, 6-C, 7-C, 8-A, 8-B, 8-C, 9-B, 10-A, 10-B, 10-C) = 30회

2) 평가자 전체 재현성

평가자 전체 재현성 = $\dfrac{\text{각 시료를 반복측정 시 검사원 간 측정결과값 일치 횟수}}{\text{전체 시료수}} \times 100$

$= \dfrac{7}{10} \times 100 = 70.00\%$

※ 각 시료를 반복 측정 시 검사원 간 측정결과값 일치 횟수(시료번호 : 1, 2, 3, 4, 5, 8, 10) = 7회

3 1) R&R %

R&R % = $\dfrac{\text{참값과의 불일치 개수}}{\text{전체시료 수}} \times 100 = \dfrac{3}{10} \times 100 = 30.00\%$

2) 조치사항 : 계수형 GAGE R&R 판정기준

판정지표	유효성 E (Effectiveness)	오류합격확률 FA (Probability of False Acceptance)	오류불합격확률 FR (Probability of False Rejects)
	적합 및 부적합을 변별하는 측정능력	부적합을 합격시킬 가능성	적합을 불합격시킬 가능성
	각각의 샘플을 정확하게 판정한 수 / 전체 샘플 수	부적합을 적합으로 판정한 수 / 전체 부적합 수	적합을 부적합으로 판정한 수 / 전체 적합 수
적합	90% 이상	2% 이상	5% 이상
조건부 채택	80~90%	2~5%	5~10%
부적합	80% 미만	5% 미만	10% 미만

위의 결과에서 평가자 전체 정확도는 89.89%로 조건부 채택

1115 다음은 기계부품을 생산하는 공정에서 나온 데이터이다. 이 데이터를 이용하여 $L-S$ 관리도를 작성하려고 한다.

시료군 번호	측정치				
	X_1	X_2	X_3	X_4	X_5
1	47	32	44	35	20
2	37	31	19	44	25
3	11	19	11	16	44
4	38	42	29	59	29
5	25	36	45	12	28
6	35	40	38	33	11
7	26	33	12	30	15
8	35	44	32	11	38
9	26	35	27	20	37
10	32	23	37	45	26
11	40	44	31	28	18
12	31	25	22	32	24
13	14	47	19	22	37
14	32	38	37	12	30
15	24	19	40	50	25
16	31	23	32	18	7
17	41	40	37	0	38
18	35	12	29	20	48
19	47	24	31	35	20
20	12	38	31	27	40

※ 관리도 관리한계 계수표(군의 크기 : 5일 때)

A	A_2	A_3	A_4	A_9	B_3	B_4	B_6	c_4	D_1	D_2	D_3	D_4	m_3
1.342	0.577	1.427	0.691	1.363	—	2.089	1.964	0.940	—	4.918	—	2.114	1.198

1 $L-S$ 관리도와 R 관리도에 대하여 각각 관리한계(UCL, LCL)를 구하시오. (단, 소수점 2자리까지 나타내시오.)

$L-S$ 관리도 자료표

시료군 번호	최대치(L)	최소치(S)	범위(R)	비고
1	47	20	27	
2	44	19	25	
3	44	11	33	
4	59	29	30	
5	45	12	33	
6	40	11	29	

7	33	12	21	
8	44	11	33	
9	37	20	17	
10	45	23	22	
11	44	18	26	
12	32	22	10	
13	47	14	33	
14	38	12	26	
15	50	19	31	
16	32	7	25	
17	41	0	41	
18	48	12	36	
19	47	20	27	
20	40	12	28	
합계	857	304	553	

2 $L-S$ 관리도와 R 관리도를 각각 작성하고, 관리상태를 판정하시오.

[풀이] **1** 1) $L-S$ 관리도 자료표상의 최대치(L) 및 최소치(S)와 범위 R을 계산하면 다음과 같다.

$$\overline{L} = \frac{\sum L}{k} = \frac{857}{20} = 42.85, \quad \overline{S} = \frac{\sum S}{k} = \frac{304}{20} = 15.20,$$

$$\overline{R} = \frac{\sum R}{k} = \frac{553}{20} = 27.65$$

2) 관리한계선의 계산

① $L-S$ 관리도

$$CL = \overline{M} = \frac{\overline{L} + \overline{S}}{2} = \frac{42.85 + 15.20}{2} = 29.03$$

$$UCL = \overline{M} + A_9 \overline{R} = 29.03 + (1.363 \times 27.65) = 66.72$$

$$LCL = \overline{M} - A_9 \overline{R} = 29.03 - (1.363 \times 27.65) = - (\text{고려하지 않음})$$

② R 관리도

$$CL = \overline{R} = 27.65$$

$$UCL = D_4 \overline{R} = 2.114 \times 27.65 = 58.45, \quad LCL = - (\text{고려하지 않음})$$

❷

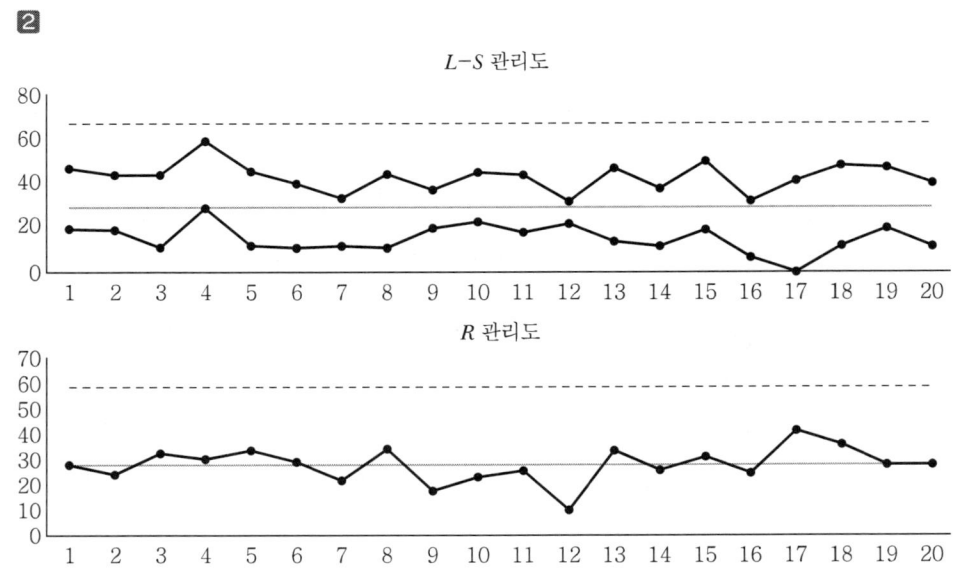

$L-S$ 관리도 및 R 관리도에서 관리도를 벗어나는 점이 없고, 점의 배열에 이상이 없으므로 관리상태라고 할 수 있다.

1116
어떤 화학공장에서 제품의 수율에 영향을 미칠 것으로 생각되는 인자로서 원료의 종류(A)와 반응온도(B)의 2인자를 택해 A를 3수준, B를 4수준으로 하고 반복 없는 이원배치실험을 하여 다음의 수율과 관련된 데이터를 얻었다.(단, 데이터는 $X'_{ij} = (x_{ij} - 75)$로 수치변환한 것이다.)

원료 \ 반응온도	B_1	B_2	B_3	B_4
A_1	1	11	7	-2
A_2	2	5	6	0
A_3	-3	9	3	-3

❶ 다음의 분산분석표를 완성하시오.

요인	SS	DF	MS
A			7.75
B			
e			
계	240.0		

❷ $F_{0.99}(2, 6) = 10.9$, $F_{0.99}(3, 6) = 9.78$, $F_{0.99}(2, 7) = 9.55$, $F_{0.99}(3, 7) = 8.45$이다. 유의수준 1%로 검정하고 그 결과를 설명하시오.

❸ 인자 B의 기여율 $\rho_B(\%)$를 계산하시오.

풀이 ❶ 1) 변동의 계산

$T_{1.} = 17$, $T_{2.} = 13$, $T_{3.} = 6$, $T_{.1} = 0$, $T_{.2} = 25$, $T_{.3} = 16$, $T_{.4} = -5$, $T = 36$

$CT = \dfrac{T^2}{N} = \dfrac{36^2}{12} = 108$

$S_T = \sum\sum x_{ij}^2 - CT = \{1^2 + \cdots + (-3)^2\} - 108 = 240$

$S_A = \sum \dfrac{T_{i.}^2}{m} - CT = \dfrac{17^2 + 13^2 + 6^2}{4} - 108 = 15.5$

$S_B = \sum \dfrac{T_{.j}^2}{l} - CT = \dfrac{0^2 + 25^2 + 16^2 + (-5)^2}{3} - 108 = 194$

$S_e = S_T - (S_A + S_B) = 240 - (15.5 + 194) = 30.5$

2) 분산분석표 작성

요인	SS	DF	MS
A	15.5	2	7.75
B	194	3	64.67
e	30.5	6	5.08
T	240.0	11	

❷

요인	SS	DF	MS	F_0	$F_{0.99}(2, 6)$	$F_{0.99}(3, 6)$
A	15.5	2	7.75	1.53	10.9	9.78
B	194	3	64.67	12.73*		
e	30.5	6	5.08			
T	240.0	11				

위의 결과에서 인자 A(원료의 종류)는 유의하지 않고, 인자 B(반응온도)는 유의하다.

❸ 순변동 $S_B' = S_B - \nu_B \cdot V_e = 194 - (3 \times 5.08) = 178.76$

기여율 $\rho_B = \dfrac{S_B'}{S_T} \times 100 = \dfrac{178.76}{240} \times 100 = 74.48\%$

1117 어떤 기계제조회사 가공부품 공정의 품질특성치에 대하여 데이터를 수집하였다. 크기 $n=4$인 시료를 택하여 $\overline{X}-R$ 관리도를 작성하고, 데이터 시트를 만들어 본 결과 $\overline{\overline{X}}=26.0$(mm), $\overline{R}=1.02$(mm)이었다. 다음 물음에 답하시오.

1 군내변동 σ_w^2을 구하시오. (단, $n=4$일 때 $d_2=2.059$, $n=5$일 때 $d_2=2.326$)
2 $\sigma_{\overline{x}}^2=0.225$일 때, 군간변동 σ_b^2를 구하시오.
3 관리계수 C_f를 구하고 평가하시오.
4 규격이 25.0~28.0(mm)일 때 최소공정능력지수(C_{pk})를 구하시오.
5 공정능력지수(C_p)를 구하고 판정하시오.

[풀이]

1 $\sigma_w^2 = \dfrac{\overline{R}}{d_2} = \dfrac{1.02}{2.059} = 0.245$

2 $\sigma_{\overline{x}}^2 = \sigma_b^2 + \dfrac{\sigma_w^2}{n}$, $\sigma_b^2 = \sigma_{\overline{x}}^2 - \dfrac{\sigma_w^2}{n} = 0.225 - \dfrac{0.245}{4} = 0.164$

3 $\sigma_w^2 = 0.245$, $\sigma_w = 0.495$, $\sigma_{\overline{x}}^2 = 0.225$, $\sigma_{\overline{x}} = 0.474$

$C_f = \dfrac{\sigma_{\overline{x}}}{\sigma_w} = \dfrac{0.474}{0.495} = 0.958$ (대체로 관리상태)

※ 평가기준
  $C_f \geq 1.2$: 급간 변동이 크다.
  $0.8 \leq C_f < 1.2$ (대체로 관리상태)
  $C_f < 0.8$: 군 구분이 나쁘다.

4 $S_U = 28.0$, $S_L = 25.0$, $\sigma_w = 0.495$

$C_p = \dfrac{S_U - S_L}{6\sigma_w} = \dfrac{28.0 - 25.0}{6 \times 0.495} = 1.01$

$k = \dfrac{|M - \overline{x}|}{\dfrac{T}{2}} = \dfrac{|26.5 - 26.0|}{\dfrac{3}{2}} = 0.33$

$C_{pk} = (1-k)C_p = (1-0.33) \times 1.01 = 0.68$

5 $C_p = \dfrac{S_U - S_L}{6\sigma_w} = \dfrac{28.0 - 25.0}{6 \times 0.495} = 1.01$ (2등급 : 공정능력 보통)

※ 공정능력 판정기준

$C_{pk} \geq 1.67$: 0등급 매우 우수

$1.33 \leq C_{pk} < 1.67$: 1등급 우수

$1.00 \leq C_{pk} < 1.33$: 2등급 보통

$0.67 \leq C_{pk} < 1.00$: 3등급 부족

$C_{pk} < 0.67$: 4등급 매우 부족

1118 최근 개정된 품질경영시스템 KS Q ISO 9001 : 2015/ISO 9001 : 2015의 5.1.1 일반사항에서 최고경영자/최고경영진은 품질경영시스템에 대한 리더십과 의지표명/실행의지를 실증하여야 하는 사항 10가지를 설명하시오.

풀이 (1) 품질경영시스템의 효과성에 대한 책무(Accountability)를 짐
(2) 품질방침과 품질목표가 품질경영시스템을 위하여 수립되고, 조직상황과 전략적 방향에 조화됨을 보장
(3) 품질경영시스템 요구사항이 조직의 비즈니스 프로세스와 통합됨을 보장
(4) 프로세스 접근법 및 리스크 기반 사고의 활용 촉진
(5) 품질경영시스템에 필요한 자원의 가용성 보장
(6) 효과적인 품질경영의 중요성, 그리고 품질경영시스템 요구사항과의 적합성에 대한 중요성을 의사소통
(7) 품질경영시스템이 의도한 결과를 달성함을 보장
(8) 품질경영시스템의 효과성에 기여하기 위한 인원을 적극 참여시키고, 지휘하고 지원함
(9) 개선을 촉진
(10) 기타 관련 경영자/관리자의 책임분야에 리더십이 적용될 때, 그들의 리더십을 실증하도록 경영자 역할에 대한 지원

1119 PL(Product Liability)법과 Recall 제도의 차이를 설명하고, PL법 중 제조자의 면책사항에 대하여 설명하시오.

풀이 (1) PL법과 Recall제도의 차이점

구분	PL법	Recall 제도
목적 및 기능	사후적 손해배상 책임을 통해 간접적인 안전 확보(보상책임자 규명)	사전적 회수를 통해 예방적, 직접적인 안전확보
성격	민사적 책임원칙	행정적 규제
관련법규	제조물 책임법	소비자보호법, 자동차관리법, 식품위생법 등
요건	제조물 결함, 손해발생, 결함과 손해와의 인과관계	제조물의 결함으로 위해가 발생, 위해가 발생할 우려
대상	개별 결함, 피해발생	안전성 결함제품
수단	개별소비자에게 배상	모든 소비자로부터 공개 수거(수리, 교환, 환불)

(2) 제조업자 면책사항 4가지
   1) 제조업자가 당해 제조물을 공급하지 아니한 사실
   2) 제조업자가 당해 제조물을 공급할 때의 과학·기술 수준으로는 결함의 존재를 발견할 수 없었다는 사실
   3) 제조물의 결함이 제조업자가 당해 제조물을 공급할 당시의 법령이 정하는 기준을 준수함으로써 발생한 사실
   4) 원재료 또는 부품의 경우에는 당해 원재료 또는 부품을 사용한 제조물 제조업자의 설계 또는 제작에 관한 지시로 인하여 결함이 발생하였다는 사실

1120 어떤 부품의 두께에 대한 소비자의 허용한계는 1.5±0.02(mm)이다. 이 한계를 벗어나 조립된 제품을 소비자가 구입했을 때, 이를 수리하는 데 들어가는 비용은 5,000원이다. 현재 생산되고 있는 부품 중 10개를 랜덤하게 추출하여 그들의 두께를 측정한 결과는 1.53 1.49 1.50 1.49 1.48 1.52 1.54 1.53 1.51 1.52(mm)이었다.

1 제품의 단위당 평균손실을 구하시오.

2 회사에서는 부품의 두께 변동을 줄이고자 생산공정을 개선하려고 한다. 새로운 공정에 소요되는 추가비용은 단위당 500원이고, 연간 생산량은 100,000개이다. 새로운 공정으로부터 10개의 부품을 랜덤하게 추출하여 두께를 측정한 결과는 1.51 1.50 1.49 1.52 1.52 1.50 1.48 1.51 1.50 1.49(mm)이라고 가정할 때 새로운 공정으로 개선할 경우 연간 절약비용은 얼마인지 구하시오.

❸ 또한, 회사에서 제품을 출하하기 전에 단위당 3,000원으로 개선 전, 부품의 두께를 재작업을 할 때 회사에서 허용한계를 어느 정도까지 하여야 하는지 구하시오.

[풀이] ❶ 망목특성 손실함수 $L(y) = k(y-m)^2$, $k = \dfrac{A}{\Delta_0^2}$

$k = \dfrac{5,000}{0.02^2} = 12,500,000$, A부품 직경 측정결과의 평균=1.511

$L(y) = 12,500,000(1.511 - 1.5)^2 = 1,513$(원/개)

❷ $k = \dfrac{5,000}{0.02^2} = 12,500,000$ 새로운 공정의 A부품 직경 측정결과의 평균=1.502

$L(y) = 12,500,000(1.502 - 1.5)^2 = 50$(원/개)

생산공정 개선 전 연 생산비용 : 100,000개×1,513(원/개)=151,300,000원
생산공정 개선 후 연 생산비용 : 100,000개×(500+50)(원/개)=55,000,000원
연간절약비용 : 151,300,000−55,000,000=96,300,000원

❸ $k = \dfrac{A}{\Delta_0^2}$, $12,500,000 = \dfrac{3,000}{\Delta_0^2}$, $\Delta_0^2 = 0.00024$, $\Delta_0 = 0.015$

1121 $n=4$의 $\overline{X}-R$ 관리도에서 $\overline{\overline{X}}=18.50$, $\overline{R}=3.09$로 관리상태이다. 지금 공정평균이 15.49로 변했다고 하면 처음의 3σ 관리한계에서 벗어나는 비율$(1-\beta)$은 얼마나 되는지 계산하시오. (단, $n=4$일 때 $d_2=2.059$이다.)

〈참조〉정규분포표

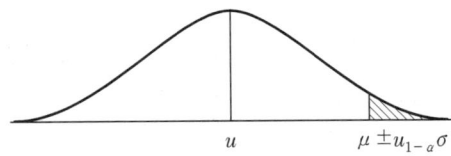

정규분포의 x가 $\mu \pm u_{1-\alpha}\sigma$ 이상의 값이 될 확률표

u	.00	.01	.02	.03	.04	.05
0.0	.5000	.4960	.4920	.4880	.4840	.4801
0.1	.4602	.4562	.4522	.4483	.4443	.4404
0.2	.4207	.4168	.4129	.4090	.4052	.4013
0.3	.3821	.3783	.3745	.3707	.3669	.3632
0.4	.3446	.3409	.3372	.3336	.3300	.3264
0.5	.3085	.3050	.3015	.2981	.2946	.2912
0.6	.2743	.2709	.2676	.2643	.2611	.2578
0.7	.2420	.2389	.2358	.2327	.2297	.2266
0.8	.2119	.2090	.2061	.2033	.2005	.1977
0.9	.1841	.1814	.1788	.1762	.1736	.1711
1.0	.1587	.1562	.1539	.1515	.1492	.1469
1.1	.1357	.1335	.1314	.1292	.1271	.1251
1.2	.1151	.1131	.1112	.1093	.1075	.1056
1.3	.0968	.0951	.0934	.0918	.0901	.0885
1.4	.0808	.0793	.0778	.0764	.0749	.0735
1.5	.0668	.0655	.0643	.0630	.0618	.0606

[풀이] $UCL = \overline{\overline{X}} + 3\dfrac{\overline{R}}{\sqrt{n}\,d_2} = 18.50 + 3\dfrac{3.09}{\sqrt{4}\,(2.059)} = 20.75$

$LCL = \overline{\overline{X}} - 3\dfrac{\overline{R}}{\sqrt{n}\,d_2} = 18.50 - 3\dfrac{3.09}{\sqrt{4}\,(2.059)} = 16.25$

$3\dfrac{\sigma}{\sqrt{n}} = \dfrac{UCL - LCL}{2}$ 이므로, $3\dfrac{\sigma}{\sqrt{4}} = \dfrac{20.75 - 16.25}{2}$, $\sigma = 1.5$

변화 후의 공정평균을 $\mu_1 = 15.49$라 하면,

$P_r = P_r(\overline{X} \geq UCL) + P_r(\overline{X} \leq LCL)$

$= P_r\left(\dfrac{\overline{X} - \mu_1}{\dfrac{\sigma}{\sqrt{n}}} \geq \dfrac{UCL - \mu_1}{\dfrac{\sigma}{\sqrt{n}}}\right) + P_r\left(\dfrac{\overline{X} - \mu_1}{\dfrac{\sigma}{\sqrt{n}}} \leq \dfrac{LCL - \mu_1}{\dfrac{\sigma}{\sqrt{n}}}\right)$

$= P_r\left(u \geq \dfrac{20.75 - 15.49}{\dfrac{1.5}{\sqrt{4}}}\right) + P_r\left(u \leq \dfrac{16.25 - 15.49}{\dfrac{1.5}{\sqrt{4}}}\right)$

$= P_r(u \geq 7.01) + P_r(u \leq 1.01) = 0 + (1 - 0.1562) = 0.8438\,(84.38\%)$

1122 다음의 자료는 3대의 기계화 4명의 작업자 사이에서 생산되는 시간당 생산량에 관한 무작위 실험의 결과이다. 이 자료에 대한 분산분석표를 작성하고 기계들 간에 또한 작업자들 간에 평균생산량의 차이가 존재하는지 유의수준(α) 0.05에서 검정하고자 한다.

작업자＼기계	A_1	A_2	A_3	합계	평균
B_1	33	41	31	105	35
B_2	28	35	30	93	31
B_3	26	32	35	93	31
B_4	21	38	28	87	29
합계	108	146	124	378	
평균	27	36.5	31		31.5

1 귀무가설을 설정하시오.
2 기계와 작업자에 대한 임계범위를 결정하시오. (단, $F_{0.05}(2, 6) = 5.14$, $F_{0.05}(3, 6) = 4.76$, $F_{0.10}(2, 6) = 3.46$, $F_{0.10}(3, 6) = 3.29$이다.)
3 검정통계량과 자유도를 계산하시오.
4 분산분석표를 작성하시오.
5 통계적 검정과 해석을 하고 결론을 나타내시오.

풀이 **1** $H_0 =$ 기계들 간 또는 작업자들 간에 평균생산량의 차이가 존재하는 않는다.
$H_1 =$ 기계들 간 또는 작업자들 간에 평균생산량의 차이가 존재한다.

2 $F_0 > F_{1-\alpha/2}(\nu_A, \nu_B)$, $F_0 < F_{\alpha/2}(\nu_A, \nu_B)$이면 H_0 기각

3 1) 검정통계량

- 기계에 대한 검정통계량 : $F_0 = \dfrac{91}{14.67} = 6.20$

- 작업자에 대한 검정통계량 : $F_0 = \dfrac{19}{14.67} = 1.30$

2) 자유도
$\nu_A = l - 1 = 3 - 1 = 2$
$\nu_B = m - 1 = 4 - 1 = 3$
$\nu_T = lm - 1 = 12 - 1 = 11$
$\nu_e = \nu_T - (\nu_A + \nu_B) = 11 - (2 + 3) = 6$

4 1) 변동의 계산

$$CT = \frac{T^2}{lm} = \frac{378^2}{3 \times 4} = 11,907$$

$$S_T = \sum\sum x_{ij} - CT = (33^2 + \cdots + 28^2) - 11,907 = 327$$

$$S_A = \sum \frac{T_{i.}^2}{m} - CT = \frac{108^2 + 146^2 + 124^2}{4} - 11,907 = 182$$

$$S_B = \sum \frac{T_{.j}^2}{l} - CT = \frac{105^2 + 93^2 + 93^2 + 87^2}{3} - 11,907 = 57$$

$$S_e = S_T - (S_A + S_B) = 327 - (182 + 57) = 88$$

2) 분산분석표 작성

요인	SS	DF	MS	F_0	$F_{0.05}(2, 6)$	$F_{0.05}(3, 6)$
A	182	2	91	6.20**	5.14	3.76
B	57	3	19	1.30		
e	88	6	14.67			
T	327	11				

5 1) 인자 A(기계)

$F_0 = 6.20 > F_{0.05}(2, 6) = 5.14$ 이므로 H_0 기각

위의 결과에서 인자 A(기계)는 유의하므로, 기계들 간 평균생산량의 차이가 있다.

2) 인자 B(작업자)

$F_0 = 1.30 < F_{0.05}(3, 6) = 3.76$ 이므로 H_0 채택

위의 결과에서 인자 B(작업자)는 유의하지 않으므로, 작업자들 간 평균생산량의 차이가 없다.

1123 어느 B_2 화학공정에서 재료의 배합 A를 1차 단위(A_1, A_2), 처리 후의 방법 B를 2차 단위(B_1, B_2, B_3)로 블록반복 2회(R_1, R_2)의 분할법에 의하여 실험을 한 후 다음과 같은 품질특성치를 얻었다. 다음 물음에 답하시오.

R_1

	A_1	A_2
B_1	4.4	5.0
B_2	3.0	3.7
B_3	4.2	3.6

R_2

	A_1	A_2
B_1	4.2	4.7
B_2	3.1	3.7
B_3	4.8	4.2

1 분산분석표를 작성하시오.
2 만약 1차단위의 오차 e_1이나, 반복 R이 유의하지 않으면 e_2에 풀링(pooling)시킨 후 다시 분산분석표를 작성하시오.
3 A_iB_j의 어떤 수준의 조합에서 품질특성치가 최대가 되는지를 구하고, 이 조합조건에서 모평균의 95% 신뢰구간을 구하시오.(단, $F_{0.05}(1,1)=161$, $F_{0.05}(1,2)=18.5$, $F_{0.05}(1,4)=7.71$, $F_{0.05}(1,6)=5.99$, $F_{0.05}(2,1)=200$, $F_{0.05}(2,2)=19.0$, $F_{0.05}(2,4)=6.94$, $F_{0.05}(2,6)=5.14$, $F_{0.05}(6,2)=19.3$, $F_{0.01}(1,1)=4052$, $F_{0.01}(1,2)=88.5$, $F_{0.01}(1,4)=21.2$, $F_{0.01}(1,6)=13.7$, $F_{0.01}(2,1)=5000$, $F_{0.01}(2,2)=99.0$, $F_{0.01}(2,4)=18.0$, $F_{0.01}(2,6)=10.9$, $F_{0.01}(6,2)=99.3$, $t(4;0.05)=2.776$, $t(5;0.05)=2.571$, $t(6;0.05)=2.447$, $t(7;0.05)=2.365$이다.)

풀이 1 반복있는 단일분할법(1차단위가 일원배치)
  1) 변동의 계산
  $T_{1..}=23.7$, $T_{2..}=24.9$, $T_{.1.}=18.3$, $T_{.2.}=13.5$, $T_{.3.}=16.8$, $T_{..1}=23.9$
  $T_{..2}=24.7$, $T_{1.1}=11.6$, $T_{1.2}=12.1$, $T_{2.1}=12.3$, $T_{2.2}=12.6$
  $T_{11.}=8.6$, $T_{12.}=6.1$, $T_{13.}=9$, $T_{21.}=9.7$, $T_{22.}=7.4$, $T_{23.}=7.8$

  $CT = \dfrac{T^2}{N} = \dfrac{48.6^2}{2\times3\times2} = 196.83$

  $S_T = \sum\sum\sum x_{ijk}^2 - CT = (4.4^2+\cdots+4.2^2) - 196.83 = 4.53$

  $S_A = \sum \dfrac{T_{i..}^2}{mr} - CT = \dfrac{(23.7^2+24.9^2)}{3\times2} - 196.83 = 0.12$

  $S_B = \sum \dfrac{T_{.j.}^2}{lr} - CT = \dfrac{(18.3^2+13.5^2+16.8^2)}{2\times2} - 196.83 = 3.015$

  $S_R = \sum \dfrac{T_{..k}^2}{lm} - CT = \dfrac{(23.9^2+24.7^2)}{2\times3} - 196.83 = 0.053$

  $S_{AR} = \sum\sum \dfrac{T_{i.k}^2}{m} - CT = \dfrac{(11.6^2+12.1^2+12.3^2+12.6^2)}{3} - 196.83$
  $= 0.177$

  $S_{e_1} = S_{AR} - S_A - S_R = 0.177 - 0.12 - 0.053 = 0.004$

  $S_{AB} = \sum\sum \dfrac{T_{ij.}^2}{r} - CT = \dfrac{(8.6^2+6.1^2+9^2+9.7^2+7.4^2+7.8^2)}{2} - 196.83$
  $= 4.1$

  $S_{A\times B} = S_{AB} - S_A - S_B = 4.1 - 0.12 - 3.015 = 0.965$

  $S_{e_2} = S_T - (S_A + S_R + S_{E_1} + S_B + S_{A\times B})$
  $= 4.53 - (0.12 + 0.053 + 0.004 + 3.015 + 0.965) = 0.373$

2) 분산분석표 작성

요인		SS	DF	MS	F_0	$F_{0.05}$	$F_{0.01}$
1차 단위	A	0.12	1	0.12	$\frac{0.12}{0.004}=30$	161	4052
	R	0.053	1	0.053	$\frac{0.053}{0.004}=13.25$	161	4052
	e_1	0.004	1	0.004	$\frac{0.004}{0.09325}=0.0043$	7.71	21.2
2차 단위	B	3.015	2	1.5075	$\frac{1.5075}{0.09325}=16.166^*$	6.94	18.0
	A×B	0.965	2	0.4825	$\frac{0.4825}{0.09325}=5.174$	6.94	18.0
	e_2	0.373	4	0.09325			
T		4.53	11				

위의 결과에서 인자 B만 유의하고, 1차단위 오차 e_1과 반복 R을 비롯하여 나머지 인자는 유의하지 않다.

② 풀링(pooling)시킨 후의 분산분석표 재작성

1차단위오차 e_1과 반복 R이 유의하지 않으므로 e_2에 풀링시킨다.

요인	SS	DF	MS	F_0	$F_{0.05}$	$F_{0.01}$
A	0.12	1	0.12	1.67	5.99	13.7
B	3.015	2	1.5075	21.03**	5.14	10.9
A×B	0.965	2	0.4825	6.73**	5.14	10.9
e	0.43	6	0.0717			
T	4.53	11				

위의 결과에서 인자 B가 매우 유의하고, 교호작용 A×B가 유의하며, 인자 A는 유의하지 않다.

③ 최적수준조합 $A_i B_j$의 95% 신뢰구간

인자 B와 교호작용 A×B가 유의하므로
$\mu(A_i B_j) = \mu + a_i + \widehat{b_J} + (ab)_{ij} = \overline{x}_{ij.}$

따라서, 품질특성치가 최대로 하는 수준조합 $A_i B_j$는 $\overline{x}_{ij.}$의 값을 최대로 하는 $A_2 B_1$이다.
우선 ν_e^*을 계산하면 다음과 같다.

$$\nu_e^* = \frac{\{V_R + (l-1)V_{e_1} + l(m-1)V_{e_2}\}^2}{\frac{(V_R)^2}{\nu_R} + \frac{\{(l-1)V_{e_1}\}^2}{\nu_{e_1}} + \frac{\{l(m-1)V_{e_2}\}^2}{\nu_{e_2}}}$$

$$= \frac{\{0.053+(2-1)0.004+2(3-1)0.09325\}^2}{\frac{(0.053)^2}{1}+\frac{\{(2-1)0.004\}^2}{1}+\frac{\{2(3-1)0.09325\}^2}{4}} = 4.917 \fallingdotseq 5$$

$$\hat{\mu}(A_2B_1) = \overline{x}_{ij.} \pm t_{1-\alpha/2}(\nu_e^*)\sqrt{\frac{V_R+(l-1)V_{e_1}+l(m-1)V_{e_2}}{lmr}}$$

$$= \overline{x}_{21.} \pm t(5;0.05)\sqrt{\frac{0.053+(2-1)0.004+2(3-1)0.09325}{2\times 3\times 2}}$$

$$= 4.85 \pm (2.571)(0.189) = 4.85 \pm 0.486(4.634,\ 5.336)$$

1124 자동차 부품을 생산하는 (주)A정밀의 프레스 공정에서 종전에 프레스(press)된 부품의 직경평균치는 7.95mm, 표준편차(σ)는 0.03mm로 얻어졌으며, 또한 이 값은 규격을 충분히 만족시키고 있다. 최근에 금형을 교체하여 생산한 제품 중 10개의 시료를 랜덤하게 뽑아서 가공된 부품의 직경을 측정한 결과 다음의 데이터를 얻었다. 금형을 교체한 이후로 부품의 직경이 달라졌다고 할 수 있는지를 유의수준 5%로 검정하시오.(단, 종전과 현재의 산포에는 차이가 없으며, 정규분포를 따른다고 가정하고, $u_{0.01} = 2.326$, $u_{0.025} = 1.960$, $u_{0.05} = 1.645$, $u_{0.1} = 1.282$이다.)

> 데이터 : 7.92 7.94 7.90 7.93 7.92 7.92 7.93 7.91 7.94 7.95 (mm)

풀이 한 개의 모평균에 관한 검정
(1) 가설의 설정
$H_0 : \mu = 7.95$, $H_1 : \mu \ne 7.95$
(2) 유의수준 설정
$\alpha = 0.05$, σ기지, $n = 10$, $\overline{x} = 7.926$
(3) 검정통계량 계산
$$|u_0| = \frac{|\overline{x}-\mu|}{\frac{\sigma}{\sqrt{n}}} = \frac{|7.926-7.95|}{\frac{0.03}{\sqrt{10}}} = 2.530$$
(4) 기각역 설정

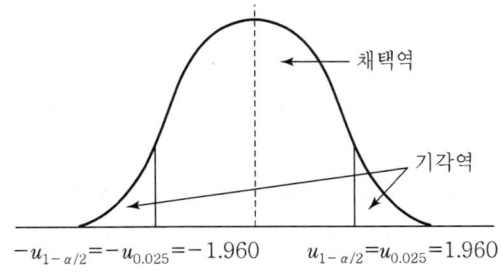

$-u_{1-\alpha/2} = -u_{0.025} = -1.960$ $u_{1-\alpha/2} = u_{0.025} = 1.960$

(5) 판정

$|u_0| = 2.530 > u_{0.025} = 1.960$이므로 H_0 기각

즉, 금형을 교체한 이후로 부품의 직경이 달라졌다고 할 수 있다.

1125 계수값 샘플링검사와 계량값 샘플링검사의 특징을 비교하여 설명하시오.

풀이

구분＼내용	계수치 샘플링검사	계량치 샘플링검사
품질의 표시방법	부적합품 또는 부적합수로 표시	특성치로 표시
검사방법	• 숙련을 요하지 않는다. • 소요시간이 짧다. • 설비가 간단하다. • 기록이 간단하다.	• 숙련을 요한다. • 소요시간이 길다. • 설비가 복잡하다. • 기록이 복잡하다.
적용 시 이론상 제약	샘플링검사를 적용하는 조건이 쉽게 만족	시료채취에 랜덤성이 요구되며 그 적용범위가 정규분포를 하는 경우 혹은 특수한 경우로 제한
판별능력과 검사개수	검사개수가 같은 경우 계량치보다 판별능력이 낮으므로 검사개수가 상대적으로 크다.	검사개수가 같은 경우 계수치보다 판별능력이 커지므로 검사개수가 상대적으로 작다.
검사기록 이용	다른 목적에 이용되는 정도가 낮다.	다른 목적에 이용되는 정도가 높다.
적용 시 유리한 경우	검사비용이 적은 것, 즉 검사의 시간, 설비, 인원을 많이 요하지 않는 것, 비파괴검사에 유리	검사비용이 많은 것, 즉 시간, 설비, 인원을 많이 요하는 것, 파괴검사에 유리

1126 계수형 샘플링검사 절차에서 로트별 합격품질한계(AQL) 지표형 샘플링검사 방식 (KS Q ISO 2859-1 : 2014)에 대하여 다음 물음에 답하시오.

1 검사의 특징을 10가지만 설명하시오.

2 검사의 엄격도 전환규칙에 대하여 설명하시오.

풀이 **1** (1) 검사의 엄격도 전환(스코어법)에 의해 품질향상에 자극을 준다.

(2) 구입자가 공급자를 선택할 수 있다.

(3) 연속 로트인 경우 사용하며 장기적으로 품질을 보증한다.

(4) 불합격 로트의 처리방법이 전수검사에 따른 폐기, 선별, 수리, 재평가로 소관 권한자가 결정하도록 되어있다.

(5) 로트크기와 시료크기와의 관계가 분명히 정해져 있다.

(6) 로트크기에 따라 생산자 위험(α)이 일정하지 않다.

(7) 샘플링 형식이 1회, 2회 및 다회로 정해져 있다.
(8) 검사수준으로 통상검사수준 3수준, 특별검사수준 4수준으로 구분되어 있다.
(9) 검사수준이 지정되면 로트크기(N)로부터 시료크기(n)를 나타내는 시료문자가 분명하게 정해져 있다.
(10) AQL과 시료크기는 등비수열이 채택되어 있다.

②

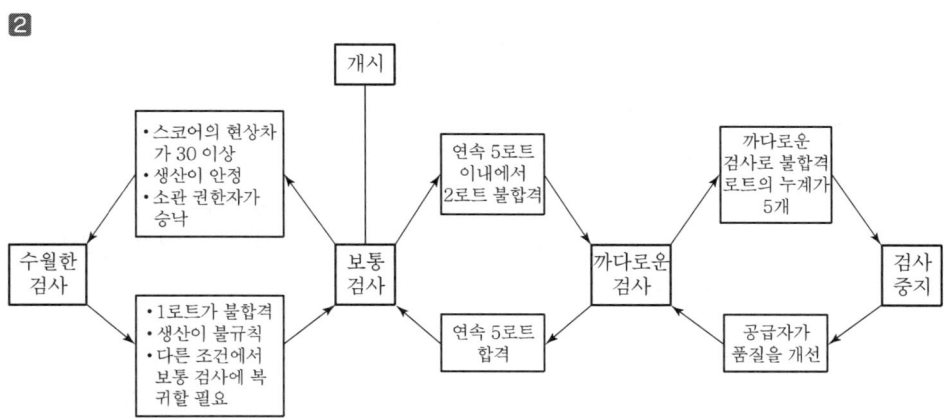

1127 Ferdows 교수가 주장한 품질의 모래성 이론(Sand Cone Theory)을 설명하시오.

풀이 모래성 이론(Sand Cone Theory)은 고객중심의 환경에서 품질은 기업경영의 가장 기초가 되고 있고, 모래성의 가장 밑 부분의 토대를 이루는 것이 품질이고, 그 위에 납기, 유연성, 원가로 성과가 누적되어 기업의 경쟁력이 발생된다는 이론이며, 품질이 제대로 만들어지지 않으면 납기, 유연성, 원가 등 기업의 모든 경쟁요인이 실현될 수 없다.

1128 대용특성(Alternative Characteristic)을 설명하시오.

풀이 대용특성은 주 품질특성치와 상관관계가 높으면서 검사비용이 적게 소요되며, 쉽게 측정 가능한 품질특성을 선택하는 것이 바람직한데, 이때 측정대상이 되는 특성을 말한다.

1129 품질보증의 3가지 활동체계에 대하여 설명하시오.

풀이 품질보증의 3가지 활동체계는 다음과 같다.

(1) 품질보증업무 시스템
  1) 사전대책
    ① 시장조사　　　　　　　　② 기술연구
    ③ 고객에 대한 PR 및 기술지도　④ 품질설계
    ⑤ 공정능력 파악　　　　　　⑥ 공정관리
  2) 사후대책
    ① 제품검사　　　　　　　　② 클레임 처리
    ③ 애프터 서비스, 기술 서비스　④ 보증기간 방법(신뢰성)
    ⑤ 품질감사

(2) 품질평가 시스템
  품질보증의 원점으로 품질을 측정해서 그 목적에 대한 가치를 결정하는 것이다.
  ① 제품개발단계에서의 품질평가
    제품기획(시장성, 가능성)의 평가, 개발품에 대한 시험결과평가, 설계단계(시작품 평가), 설계심사(양산시작품 평가)
  ② 제조단계에서의 품질평가
    수입검사, 공정검사, 출하검사
  ③ 시장단계에서의 품질평가
    제품의 품질평가(상품비교, 클레임 조사)
  ④ 시스템 감사

(3) 품질정보 시스템
  ① 응급대책과 항구대책의 결과로 얻어진 품질정보로 품질루트가 제시된 것
  ② 품질보증 체계도에 맞추어 품질정보활용의 책임구분이 표시된 것(품질특성, 코스트, 양, 납기 등에 관한 정보)

1130 제조물 책임(PL)에서 말하는 엄격책임(Strict Liability)에 대해서 설명하시오.

풀이 제조자가 자사 제품이 더 이상 점검되어지지 않고 사용될 것을 알면서 제품시장에 유통시킬 때, 그 제품이 인체에 상해를 줄 수 있는 결함이 있는 것으로 입증되면 제조자는 과실 유무에 상관없이 불법 행위법상의 엄격책임을 지며 이 경우 제조자의 과실입증은 불필요하다. 결함 상품의 구매, 결함상품으로 인한 손해의 발생 등이 해당된다.

1131 가속수명시험(ALT ; Accelerated Life Test)에 대해 설명하시오.

풀이 가속수명시험은 기계적 부하나 온도, 습도, 전압 등 사용조건(stress)을 강화하여 고장시간을 단축시키는 수명시험으로 정상 사용조건을 n, 이때 고장시간을 t_n, 강화된 고장시간을 t_s라 할 때, 스트레스와 고장시간은 다음 그림과 같이 선형관계로 나타낼 수 있다.

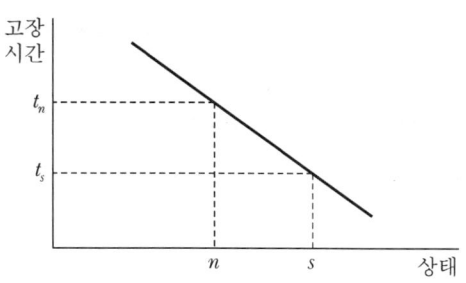

가속계수(AF ; Acceleration Factor)는 각 사용조건에서의 고장시간의 관계를 나타낸 상수 AF=tn/ts이다.

1132 고객만족 설문조사를 하기 위해 아래의 표본 크기를 결정하시오. (단, 신뢰수준 95% 에서 모비율 $p=0.5$로 알려져 있고, 정규분포에 근사하다고 가정할 때 $Z_{0.025}=1.96$ 이다.)

1 오차범위가 ±3.1%p일 때
2 오차범위가 ±4.38%p일 때

풀이 **1** $0.031 = 1.96\sqrt{\dfrac{0.5(1-0.5)}{n}}$, $n=999$명

2 $0.0438 = 1.96\sqrt{\dfrac{0.5(1-0.5)}{n}}$, $n=501$명

1133
어떤 정규분포를 따르는 모집단에서 $n=9$의 시료를 랜덤으로 뽑아 분산을 계산하였더니 $V_1 = 2.8$이었다. 같은 모집단에서 $n=9$의 시료를 뽑아 V_2를 계산한다면 V_2를 계산한 결과 V_2값이 얼마 이상일 때 확률이 1%가 되는지 계산하시오. (단, $F_{0.99}(8, 8) = 6.03$, $F_{0.99}(9, 9) = 5.35$, $F_{0.99}(8, 9) = 5.47$)

풀이 $F_0 = \dfrac{V_2}{V_1}$ 값이 $F_{0.99}(8, 8) = 6.03$ 이상이 되어야 확률이 1%

즉, $\dfrac{V_2}{2.8} \geq 6.03$, $V_2 \geq 2.8 \times 6.03 = 16.884$

그러므로 $V_2 = 16.884$ 이상일 때 확률이 1%가 됨

1134 크로스비(P. B. Crosby)의 품질백신을 설명하시오.

풀이 품질백신 3가지
(1) 결의(Determination)
    조직의 전체적인 분위기를 바꾸기 위해서는 이렇게 행하는 것 외에 다른 방도가 없다는 것을 인식하고, 조직 구성원들에게 이를 이해시킴
(2) 교육(Education)
    종업원들이 품질에 관한 이념과 언어, 방법을 공유하고, 품질개선 과정에서 각자의 역할을 이해할 수 있도록 교육
(3) 실행(Implementation)
    품질개선 프로그램을 일상업무를 통해 실행에 옮김

1135 KS Q ISO 9001 : 2015에서 제시한 '리스크 기반 사고'에 대하여 설명하시오.

풀이 리스크 기반 사고(Risk-Based Thinking)는 효과적인 품질경영시스템을 달성하기 위하여 필수적이며, 잠재적인 부적합을 제거하기 위한 예방조치의 수행, 발생하는 모든 부적합의 분석, 부적합의 영향에 적절한 재발방지조치를 말하며, 요구사항에 적합하도록 리스크와 기회를 다루기 위한 조치를 계획하고 실행하며, 리스크와 기회 모두를 다루는 것은 품질경영시스템의 효과성 증진, 개선된 결과 달성 및 부정적 영향 예방을 위한 기반을 확립하는 것이다.

1136 현장 관리자로서 측정오차를 최소화하기 위하여 측정시스템 분석(MSA) 중 Gage R&R 분석을 실시하고자 한다. PDCA 업무 프로세스 관점에서 설명하시오.

풀이 (1) 계획(Plan)
  ① 평가대상의 계측기를 사용하는 작업자 중에서 n명(3명 정도)을 랜덤하게 선정한다.
  ② 공정변동의 예상되는 범위에 해당되는 p개(10개 정도)부품을 랜덤하게 추출하여 표본으로 얻는다.
  ③ 반복측정횟수(r)를 결정한다. 통상 2~3회로 한다.
  ④ 측정자를 구분하고 부품에 1에서 p까지 번호를 붙이고, 이 번호가 측정자들에게는 보이지 않게 한다.
  ⑤ 교정이 정규 측정 절차의 부분이라면, 계측기를 교정한다.

(2) 실행(Do)
  ① 측정자 A로 하여금 랜덤하게 p개 부품을 측정하게 한다. 다른 관측자에게 이 결과를 용지에 기입하게 한다. 측정자 B, C에게도 다른 사람의 읽은 값을 보지 않은 상태로 p개 부품을 측정하게 한다. 그리고 각각의 결과를 용지에 기입한다.
  ② 다시 랜덤한 순서로 측정자 A, B, C가 측정을 반복하고, 이 데이터를 용지에 기입한다.

(3) 검토(Check)
  ① 부품의 크기가 크거나 동시에 이용하기 어려운 부품들을 측정할 경우에는 실행단계 ①, ②은 다음과 같이 변경될 수 있다.
    • 측정자 A가 첫 번째 부품을 측정하게 하고 읽은 값을 용지에 기록한다. 측정자 B가 첫 번째 부품을 측정하게 하고 읽은 값을 용지에 기록한다. 측정자 C가 첫 번째 부품을 측정하게 하고 읽은 값을 용지에 기록한다.
    • 측정자 A가 첫 번째 부품을 다시 측정하게 하고 읽은 값을 기록한다. 측정자 B가 반복해서 읽은 값을 기록한다. 그리고 측정자 C가 반복해서 읽은 값을 기록한다. 만일 반복을 3회 시행한다고 하면 이 사이클을 한 번 더 반복한다. 그리고 결과를 기록한다.
  ② 만일 측정자가 다른 작업교대 시간에 있다면, 대체 방법이 사용될 수 있다. 이 경우 시간이 바쁜 사람은 한꺼번에 모든 측정을 다 수행하도록 한다. 즉, 측정자 A에게 p개 부품 모두를 측정하게 하고 읽은 값을 기록한다. 그 다음 측정자 A로 하여금 다른 순서로 반복해서 측정하게 하고 결과를 기록한다. 측정자 B, C에게도 같은 방법으로 적용한다.

(4) 조치(Action)
  Gage R&R 값이
  • 10% 미만 : 합격
  • 10~30% : 개선을 전제로 조건부 합격(적용의 중요성, 게이지 비용, 수리비용에 따라 합격 가능)
  • 30% 이상 : 불합격

1137 제품관리와 공정관리의 차이점을 설명하시오.

풀이 (1) 제품관리
  ① 사후관리
  ② 검출(Detection) : 이미 만들어진 제품을 검사하여 부적합품을 가려내는 것
    → 낭비를 허용
  ③ 고객 또는 후 공정으로 제품을 출하 또는 인계시키기 위한 제품처리가 주요활동
  ④ 규격한계의 판정기준 : Go-No Go Gage와 같은 기능
  ⑤ 제품관리에 있어서 품질의 정의
    • 기능의 정상동작
    • 고객요구 규격에 대한 만족
    • 설계규격에 대한 만족
  ⑥ 제품관리체계의 문제점
    • 어떤 형태의 검사방법도 부적합품이나 실수를 완전히 발견하거나 제거할 수 없음
    • 검사비용 및 부적합품으로 인한 손실비용이 발생한다.(평가비용 및 실패비용)

(2) 공정관리
  ① 원류관리
  ② 예방(Prevention) : 처음부터 부적합품을 만들어 내지 않는 것 → 낭비를 피함
  ③ 공정을 구성하는 $4M+1E$를 관리하고 제품의 정보를 전 공정으로 제공하여 공정을 개선하는 것이 주요활동
  ④ 관리한계의 판정기준 : 중심치(평균), 산포(표준편차)
  ⑤ 공정관리에 있어서 품질의 정의
    • 공정평균이 목표치와 일치하고, 최소의 산포를 가지며
    • 공정산포가 변화 없이 일정한 모양을 나타냄
  ⑥ 공정관리체계의 이점
    • 예방은 낭비를 방지한다.(예방비용)
    • 지속적인 공정개선으로 공정능력(C_p/C_{pk}) 향상

(3) 제품관리와 공정관리의 차이점

구분	제품관리	공정관리
관심대상	제품(결과)	공정(원인)
목표	규격 만족	공정평균이 목표치에 일치, 산포 감소
전형적인 도구	샘플링 검사	관리도
향상대상	출하품질	품질과 생산성
사고방식	검사 위주의 품질관리	예방 위주의 품질관리
주요활동	제품의 처리활동	공정의 개선활동
주요 품질비용	평가비용, 실패비용	예방비용, 평가비용
낭비 발생	허용	방지

1138 허용차 분석과 설계에 관련된 다음 물음에 답하시오.

1 허용차 분석방법 두 가지를 설명하시오.
  1) WC(Worst Case)법
  2) RSS(Root-Sum-Squares)법

2 RSS법에 의해 아래의 물음에 답하시오.
  다음 그림과 같이 부품 B와 부품 C가 조립되어 조립품이 만들어진다. 조립품과 부품 B의 공차가 그림과 같이 결정되었다면 부품 C의 공차 X는 얼마인가?

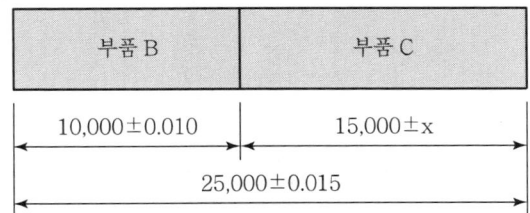

[풀이] **1** 1) 기여부품들의 극한 공차를 이용한 공차설계 방법으로 초기 설계단계에서 추정값을 분석할 때 주로 사용하며, 이 방법은 모든 부품의 한계치수를 고려하기 때문에 허용차를 최대한 작게 가져감으로써 비용이 증가하는 요인이 될 수 있다.
  2) WC법에 비해 합리적인 공차설계 방법으로 이 방법은 예비적 설계 행위를 통해 얻은 기여부품들의 독립적이며 표준편차를 이용한 통계적 공차분석방법이며, 모든 부품은 정규분포를 따른다는 전제를 갖는다.

2 조립품의 공차 $= \pm \sqrt{\text{부품}B^2 + \text{부품}C^2} = \pm \sqrt{0.010^2 + X^2} = \pm 0.015$
양변을 제곱하면, $0.010^2 + X^2 = 0.015^2$, $X^2 = 0.015^2 - 0.010^2$
$X = 0.011$

1139 데밍(Dr. W. Edwards Deming)이 말한 품질을 향상시키기 위해서 극복해야 될 7가지 장애물에 대해 설명하시오.

[풀이] (1) 일괄된 목적의식 결여
(2) 단계적 이익만을 중시
(3) 성과평가, 근무평가 또는 연간업적 평가
(4) 관리자의 잦은 교체
(5) 가시적 수치에만 의존하는 기업경영
(6) 과도한 의료비 지출
(7) 과도한 제품책임 비용

1140 서비스에 관련된 다음 물음에 답하시오.

1 서비스 대상과 서비스 행위에 따른 서비스의 분류(lovelock, 1986) 매트릭스의 빈칸을 쓰고 설명하시오.

	서비스 대상 사람	물건
서비스 행위 유형	①	③
무형	②	④

2 쉬메너(R. Schmenner)의 고객접촉도와 노동 집약도에 따른 서비스 유형별 믹스매트릭스의 빈칸을 쓰고 설명하시오.

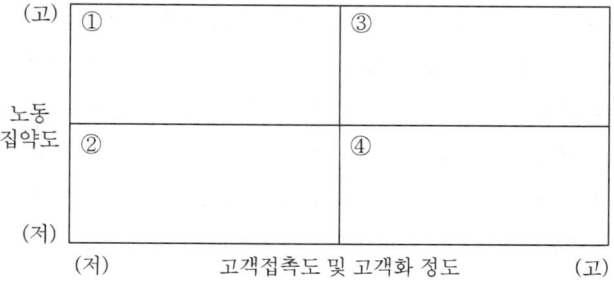

3 서비스 접점 삼각대를 설명하시오.
4 서비스 청사진(Service Blueprint)을 설명하시오.

풀이 **1** ① 사려 깊은 종업원 선발, 훌륭한 대인관계 기술을 지닌 종업원, 편리한 접근, 유쾌한 환경, 훌륭한 지원 기술, 신뢰를 유발하는 종업원
② 편리한 접근, 신속한 반응, 거래 확인, 원격 모니터링
③ 직관적인 사용자 인터페이스, 고객확인, 거래 보안성, 편리한 접근, 필요하면, 사람과 접촉
④ 하드웨어 및 소프트웨어 호환성, 추적 능력, 자동 확인, 거래 기록, 거래 보안성, 안정성

2 ① 서비스 공장형(Service Factory)
항공업, 화물업, 호텔업, 휴양 및 여가업, 통신업, 프랜차이즈/패스트푸드점 등
② 대량 서비스형(Mass Service)
매업, 도매업, 육영업(학교), 금융업(소매금융), 공공서비스 등
③ 서비스 점포형(Service Shop)
병원업, 자동차 수리업, 기타 수리업, 전자상거래 등
④ 전문 서비스형(Professional Service)
전문의, 법률가, 회계사, 설계사, 금융업 등

3

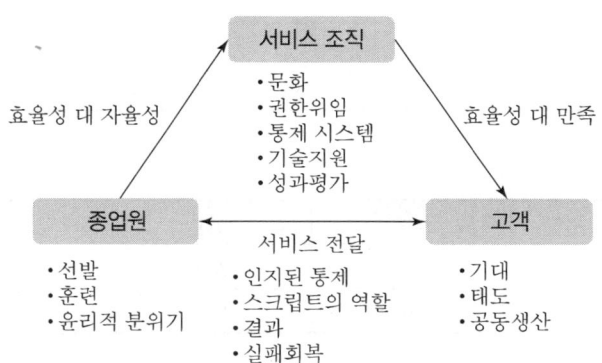

각 접점에서 서비스 조직과 종업원, 고객은 이해 상충적 관계에 있다. 이는 상호 추구하는 바가 다르므로 이에 대한 관리가 절실히 요구되며, 특히 고객과의 접점을 담당하는 종업원에 대하여 서비스 조직은 고객에 대한 최상의 서비스 제공이 이루어질 수 있도록 종업원 만족을 이루어내어 고객에 대한 서비스의 질을 향상시킬 수 있도록 하여야 한다. 조사에 따르면, 고객과 만족스러운 관계를 유지하며 업무 태도가 명확한 종업원의 이직률은 상당히 낮으며, 이는 직원 개인의 발전에서 기인한다는 것으로 나타나고 있다. 이러한 종업원에 대한 관리와 서비스를 통하여 종업원 만족을 이끌어내면 Service Profit Chain에 따라 생산성 산출물의 품질을 향상시키고 서비스 가치의 상승으로 이어지게 되며, 표적 시장의 고객에 대한 만족을 이끌어낼 수 있게 된다. 이때 서비스 가치는 고객 가치 방정식을 통해 그 극대화 방안을 모색해볼 수 있다.

❹ 제조과정 디자인의 경우와 마찬가지로, 서비스 과정 디자인의 표준 도구를 순서도에 따라 그리는 것. 기본적인 청사진은 서비스 디자인의 특징을 기술하지만, 서비스 과정이 디자인대로 실행될 수 있도록 도와주는 그 어떤 직접적인 지침도 제공하지 못함. 따라서 이 문제에 대한 접근은 포카요케(Poka-Yoke : 서비스 결함이 되는 것에서 필연적인 실수를 막는 과정들)의 적용

1141
A, B, C는 각각 변량인자로 A는 일간인자, B는 일별로 두 대의 트럭을 랜덤하게 선정한 것이고, C는 트럭 내에서 랜덤하게 두 번 삽을 취한 것이며, 각 삽에서 두 번에 걸쳐 소금의 염도를 측정한 것이다. 데이터는 다단계 분할 실험한 $T_{ijk.}$ 표와 $T_{ij..}$ 표일 때 다음 물음에 답하시오.

〈표〉 $T_{ijk.}$

		A_1	A_2	A_3	A_4
B_1	C_1	−17	91	−6	−12
	C_2	28	146	32	9
B_2	C_1	−71	30	−64	−83
	C_2	−38	80	−17	−53

〈표〉 $T_{ij..}$

	A_1	A_2	A_3	A_4
B_1	11	237	26	−3
B_2	−109	110	−81	−136

❶ A의 각 수준에서의 B수준 간 제곱합 $S_{B(A)}$ 값을 구하시오.
❷ A, B 조합조건 중의 C의 수준 간의 제곱합 $S_{C(AB)}$ 값을 구하시오.

풀이 ❶ 지분실험법(다단계분할실험법)

$$CT = \frac{T^2}{lmnr} = \frac{55^2}{4 \times 2 \times 2 \times 2} = 94.53$$

$$S_A = \sum \frac{T_{i...}^2}{mnr} - CT = \frac{[(-98)^2 + 347^2 + (-55)^2 + (-139)^2]}{2 \times 2 \times 2} - 94.53$$
$$= 18,950.345$$

$$S_{AB} = \sum\sum \frac{T_{ij..}^2}{nr} - CT = \frac{[11^2 + \cdots + (-136)^2]}{2 \times 2} - 94.53 = 26,408.72$$

$$S_{B(A)} = S_{AB} - S_A = 26,408.72 - 18,950.345 = 7,458.375$$

❷ $S_{ABC} = \sum\sum\sum \dfrac{T_{ijk.}^2}{r} - CT = \dfrac{[(-17)^2 + \cdots + (-53)^2]}{2} - 94.53 = 29,816.97$

$S_{C(AB)} = S_{ABC} - S_{AB} = 29,816.97 - 26,408.72 = 3,408.25$

1142 신뢰성 시험을 위한 정수중단시험 시 샘플링검사에서 MTBF의 상한치 $\theta_0 = 900$시간, MTBF의 하한치 $\theta_1 = 300$시간을 $\alpha = 0.05$, $\beta = 0.1$로 보증하고자 하는 샘플링검사 방식을 구하시오.

〈표〉 계량 1회 샘플링 검사표(단, $\alpha = 0.05$, $\beta = 0.1$인 경우이다.)

$\dfrac{\theta_1}{\theta_0}$	γ	$\dfrac{c}{\theta_0}$
2/3	55	0.789
1/2	19	0.655
1/3	8*	0.498
1/5	4*	0.342
1/10	3*	0.272

풀이 정수중단의 시험인 경우이고,

$\dfrac{\theta_1}{\theta_0} = \dfrac{300}{900} = \dfrac{1}{3}$ 이므로, 행이 만나는 칸의 γ과 $\dfrac{c}{\theta_0}$를 표에서 읽으면 $\gamma = 8$, $\dfrac{c}{\theta_0} = 0.498$ 이 된다.

따라서 합격판정시간 $c = 0.498 \times 900 = 448.2$시간이 된다.

그러므로 n개($8 \leq n$)를 샘플링하여 $\gamma = 8$개가 고장날 때까지 시험하고, 여기에서 얻어진 데이터에 의거하여 MTBF의 추정치 $\hat{\theta}$를 구하고, 이 값이 합격판정치 $c = 448.2$시간보다 크거나 같으면 합격으로 하고, 적으면 불합격이 된다.

1143 벤치마킹에 관련된 다음 물음에 답하시오.

❶ 벤치마킹의 의의
❷ 벤치마킹의 발전 4단계
❸ 벤치마킹의 대상
❹ 벤치마킹 4단계 절차
❺ 벤치마킹의 원리
❻ 벤치마킹의 행동강령

[풀이] **1** ① 선진기업의 분야별 가장 좋은 방법이나 프로세스를 찾는 일련의 과정이다. 이는 선진기업의 귀중한 정보를 지속적으로 수집하여 참신한 아이디어를 도출하기 위해 행하는 실제적인 탐색법으로 일상적인 표준화 활동을 요구하고 있다.
② 따라서 벤치마킹은 많은 시간과 노력이 소요되는 반면에 실제로 기업의 업무 프로세스를 최상으로 혁신하는 데 필요한 정보를 제공하는 수단이다.
③ 또한, 경쟁업체들, 특히 세계 초일류 기업들이 최고 방법이 파악되어야 함을 전제로 하는데, 이렇게 함으로써 세계 초일류 기업들이 사용하는 새로운 기술을 도입하는 데 도움이 될 수 있기 때문이다.

2 ① 1세대 벤치마킹(제품 벤치마킹)
- 1세대 벤치마킹은 경쟁사의 유사한 제품과 자사 제품과의 특성 및 성과를 비교하는 것을 의미
- 제품을 분해하여 각 부품의 기술적, 공학적 특성을 분석하고 재구성해 보는 역공학(Reverse Engineering)과는 다소 상이하나 일반적으로 역공학도 제품 벤치마킹의 일환으로 보는 경향이 있음

② 2세대 벤치마킹(경쟁적 벤치마킹)
- 1970년대 중반부터 시작했고, 제품비교에서 한걸음 나아가 경쟁사의 프로세스와 비교
- 자사제품의 제조원가가 경쟁사 제품의 판매원가와 비슷한 데서 자극을 받아 경쟁사의 프로세스를 이해하려는 노력에서 이 형태의 벤치마킹을 수행

③ 3세대 벤치마킹(프로세스 벤치마킹)
- 1980년대 초반부터 시작했고, 범위를 경쟁사에 국한하지 않고 이종 산업의 기업으로부터 최우량 프로세스를 배울 수 있다는 개념
- 경쟁사에게는 제공하기 꺼리는 정보들이 이종 산업의 기업들에게는 비교적 용이하게 전파될 수 있다는 점에서 착안한 벤치마킹 기법으로 같은 혹은 비슷한 프로세스를 수행하는 이종 산업의 초우량 기업을 대상으로 함

④ 4세대 벤치마킹(전략적 벤치마킹)
- 경쟁사뿐만 아니라 전략적으로 제휴하고 있는 회사들의 전략을 이해하고 대응하여 대안들을 평가하고, 전략을 수행하고, 성과를 개선하기 위한 시스템적인 프로세스
- 전략적 벤치마킹은 단순한 프로세스의 변화 및 개선만을 추구하는 것이 아니라, 기업의 비즈니스 전체를 변화시킬 수 있는 보다 기본적인 기업의 방향, 전략에 관한 벤치마킹 활동을 의미

3 ① 선두그룹
② 경쟁업체
③ 다른 산업 내의 우수기업

④ 조직 내부의 부서&사업부

4 ① 계획(Planning)
- 벤치마킹 대상 파악
- 비교회사나 프로세스 선정
- 데이터 수집방법 결정 및 데이터 수집

② 분석(Analysis)
- 현 수준의 차이 파악
- 단계별 달성 목표수립

③ 통합(Intergration)
- 벤치마킹 결과의 공감대 형성
- 목표 수립

④ 조치(Action)
- 조치계획 수립
- 실행 및 관리
- 벤치마킹 리뷰

5 ① 상호성
벤치마킹은 모든 참가자들이 파트너와 정보를 교환해야 성공 가능

② 유사성
벤치마킹할 유사한 대상이 있어야 성공 가능

③ 측정성
성과 측정단위가 계량화되어야 함

④ 타당성
측정결과는 타당한 실적자료나 연구자료에 의한 근거가 중요(즉, 신뢰성이 확보된 자료가 중요)

6 ① 합법성의 원리(Principle of Legality)
② 상호교환의 원리(Principle of Exchange)
③ 비밀보호의 원리(Principle of Confidentiality)
④ 사용의 원리(Principle of Use)
⑤ 상대방 접촉의 원리(Principle of First-Party Contract)
⑥ 제3자 접촉의 원리(Principle of Third-Party Contract)
⑦ 준비의 원리(Principle of Preparation)
⑧ 완료의 원리(Principle of Completion)

1144 MB상의 11가지 핵심가치를 설명하시오.

풀이 (1) 고객 위주의 품질
(2) 리더십
(3) 지속적 개선과 학습
(4) 인간존중과 종업원의 참여
(5) 신속한 대응
(6) 설계품질과 원류관리
(7) 미래를 생각하는 장기적 관점
(8) 사실에 근거한 관리
(9) 협력관계 구축
(10) 기업책임과 시민의식
(11) 결과 중시 경영

1145 기업 표준화의 목적과 기업표준화 성공의 전제조건을 설명하시오.

풀이 (1) 기업 표준화 목적
① 품질의 안정과 향상
② 비용절감
③ 업무능률 향상과 통일화
④ 정보전달의 명확화
⑤ 명확한 관리기준의 설정
⑥ 기술의 축적과 향상
⑦ 통계적 기법의 활용
⑧ 안전, 건강 및 생명의 보호
⑨ 호환성의 확보
⑩ 소비자와 사회의 공익보호

(2) 기업 표준화 성공의 전제조건
① 경영층의 확고한 의지 및 지속적 관심
② 실행 가능한 표준
③ 이해관계자의 합의 결정
④ 중요도, 기여도 순서로 표준화
⑤ 법규 등 다른 표준과 모순 배제
⑥ 장기적 방침 및 체계적 추진

⑦ 구체적 및 객관적 규정
⑧ 작업표준의 구체화(수단, 행동 등)
⑨ 직감적이며 쉽게
⑩ 필요 시 개정
⑪ 반드시 준수

1146
가나기업은 8시간 근무하고 오전, 오후 각 15분 휴식하며 준비교체시간 20분, 고장시간 20분, 조정시간 10분이고, 생산량은 500개, 기초(이론)사이클타임 35초/개, 실제 사이클타임 45초/개이며 부적합품의 수는 20개이다. (단, 모든 값은 1일 단위이다.)

1 설비종합효율의 의의를 설명하시오
2 설비보전 6대 로스를 설명하시오.
3 설비종합효율을 계산하시오. (소수점 4자리)

풀이 **1** 설비종합효율이란 설비의 가동상태를 양적·질적인 면에서 파악하여 설비의 유용성 정도를 파악하는 척도로서, 설비종합효율=시간가동률×성능가동률×양품률로 정의된다.

2 ① 고장로스
　　돌발적, 만성적으로 발생되고 있는 고장정지에 수반하는 시간적인 로스
② 작업준비로스
　　준비작업 기종 교체에 수반하는 시간적인 로스, 생산을 정지하고 나서 다음 품종으로 대체, 최초의 양품이 되기까지의 정지시간
③ 일시정지로스
　　일시적인 트러블에 의한 설비의 정지 또는 공전로스, 본래는 정지로스의 구분에 해당하지만 시간적 정량화가 곤란한 경우가 많기 때문에 이 구분의 로스로 간주
④ 속도저하로스
　　이론 사이클타임과 실제 사이클타임의 차
⑤ 불량수정로스
　　공정중에 불량이 되는 물량적 로스
⑥ 초기수율로스
　　초기생산 시의 물량적 로스(시작업시나 작업준비 기종 대체에 발생되는 로스)

3 ① 시간가동률 = $\dfrac{(부하시간 - 정지시간)}{부하시간}$ = $\dfrac{가동시간}{부하시간}$

　　= $\dfrac{(480 - 20 - 20 - 10)}{480}$ = 0.89583 (89.583%)

※ 부하시간=조업시간-(생산계획상 휴지시간+보전 휴지시간+일상관리상 휴지시간)

② 성능가동률 = $\dfrac{(생산량 \times 기준(이론)cycle시간)}{가동시간}$

   $= \dfrac{(500 \times 0.583)}{430} = 0.67791\ (67.791\%)$

③ 양품률 = $\dfrac{(가공수량 - 불량수량)}{가공수량}$

   $= \dfrac{(500 - 20)}{500} = 0.96000\ (96.000\%)$

   ※ 불량수량 = 시가동 불량수량 + 공정불량수량 + 재가공수량

④ 설비종합효율 = 시간가동률 × 성능가동률 × 양품률
   $= 0.89583 \times 0.67791 \times 0.96000 = 0.5830\ (58.30\%)$

1147

조립공정에서 외관불량을 품종별로 정리한 결과 다음의 표와 같은 데이터를 얻었다. 품종에 따라서 외관불량의 발생 상황에 차이가 있다고 할 수 있는가를 유의수준 (α)5%로 검정하시오. (단, $\chi_{0.95}(6) = 12.59$, $\chi_{0.975}(6) = 14.45$이다.)

품종 외관불량	1	2	3	계
a	120	105	110	335
b	45	47	40	132
c	27	40	25	92
d	25	30	25	80
계	217	222	200	639

[풀이] 분할표에 의한 동일성 검정

품종 $Ai(i=1 : 품종1,\ i=2 : 품종2,\ i=3 : 품종3)$

외관불량 $Bj(j=1 : a,\ j=2 : b,\ j=3 : c,\ j=4 : d)$로 될 확률은 $P(AiBj) = Pij$라 하고, Ai에 속하는 확률을 $P(Ai) = Pi_0$, Bj에 속하는 확률을 $P(Bj) = P_0 j$라 하면,

(1) 가설의 설정

   $H_0 : Pij = Pi_0 \cdot P_0 j \qquad H_1 : Pij \ne Pi_0 \cdot P_0 j$

(2) 유의수준 설정

   $\alpha = 0.05,\ r = 3,\ c = 4$, 자유도$(v) = (r-1)(c-1) = 6$

(3) 검정통계량 계산

구분		$1(A_1)$	$2(A_2)$	$3(A_3)$	합계
$a(B_1)$	측정돗수(ni_1)	120	105	110	335 (T_{01})
	기대돗수(Ei_1)	$\frac{217 \times 335}{639} = 113.76$	$\frac{222 \times 335}{639} = 116.38$	$\frac{200 \times 335}{639} = 104.85$	
	$(ni_1 - Ei_1)^2 / Ei_1$	$\frac{(120-113.76)^2}{113.76} = 0.342$	$\frac{(105-116.38)^2}{116.38} = 1.113$	$\frac{(110-104.85)^2}{104.85} = 0.253$	1.708
$b(B_2)$	측정돗수(ni_2)	45	47	40	132 (T_{02})
	기대돗수(Ei_2)	$\frac{217 \times 132}{639} = 44.83$	$\frac{222 \times 132}{639} = 45.86$	$\frac{200 \times 132}{639} = 41.31$	
	$(ni_1 - Ei_2)^2 / Ei_2$	$\frac{(45-44.83)^2}{44.83} = 0.0006$	$\frac{(47-45.86)^2}{45.86} = 0.028$	$\frac{(40-41.31)^2}{41.31} = 0.042$	0.0706
$c(B_3)$	측정돗수(ni_3)	27	40	25	92 (T_{05})
	기대돗수(Ei_3)	$\frac{217 \times 92}{639} = 31.24$	$\frac{222 \times 92}{639} = 31.96$	$\frac{200 \times 92}{639} = 28.79$	
	$(ni_1 - Ei_3)^2 / Ei_3$	$\frac{(27-31.24)^2}{31.24} = 0.575$	$\frac{(40-31.96)^2}{31.96} = 2.023$	$\frac{(25-28.79)^2}{28.79} = 0.499$	3.097
$d(B_4)$	측정돗수(ni_4)	25	30	25	80 (T_{04})
	기대돗수(Ei_4)	$\frac{217 \times 80}{639} = 27.17$	$\frac{222 \times 80}{639} = 27.79$	$\frac{200 \times 80}{639} = 25.04$	
	$(ni_1 - Ei_4)^2 / Ei_4$	$\frac{(25-27.17)^2}{27.17} = 0.173$	$\frac{(30-27.79)^2}{27.79} = 0.176$	$\frac{(25-25.04)^2}{25.04} = 0.00006$	0.34906
합계		217(T_{10})	200(T_{20})	200(T_{30})	639(T)

$$\chi_0^2 = (1.708 + 0.0706 + 3.097 + 0.34906) = 5.22466$$

(4) 기각역 설정

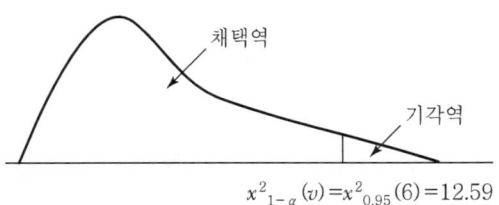

$x^2_{1-\alpha}(v) = x^2_{0.95}(6) = 12.59$

(5) 판정

$\chi_0^2 = 5.22466 < \chi_{0.95}^2(6) = 12.59$ 이므로 H_0 채택

즉, 품종에 따라 외관불량의 발생상황에 차이가 있다고 할 수 없다.

1148 OC곡선에 관련된 다음 물음에 답하시오.

1 OC곡선에 대하여 간단히 설명하시오.

2 OC곡선의 성질을 설명하시오.
 1) 샘플의 크기 n이 커질 때(N, c는 일정)
 2) 합격판정개수 c가 커질 때(N, n은 일정)
 3) 샘플링 방식이 일정하고 로트의 크기 N이 변할 경우
 4) 샘플의 크기 n과 합격판정개수 c를 N에 비례해서 샘플링한 경우

3 $N=500$, $n=40$, $c=1$인 샘플링 검사방식에서 로트의 부적합품률 p가 1%, 2%, 3%, 4%, 5%인 로트가 합격할 확률($L_{(P)}$)을 구하시오. (단, Poisson 분포를 이용하시오.)

[풀이] **1** ① OC곡선

로트의 불량률 $p(\%)$을 가로축에 로트가 합격할 확률 $L(p)$을 세로축에 잡고, 이 양자의 관계를 표시한 곡선(샘플링 검사의 판별능력을 측정하기 위한 척도로서 로트 불량률 $p(\%)$에 대한 로트가 합격할 확률 $L(p)$을 plot한 곡선)

② OC곡선

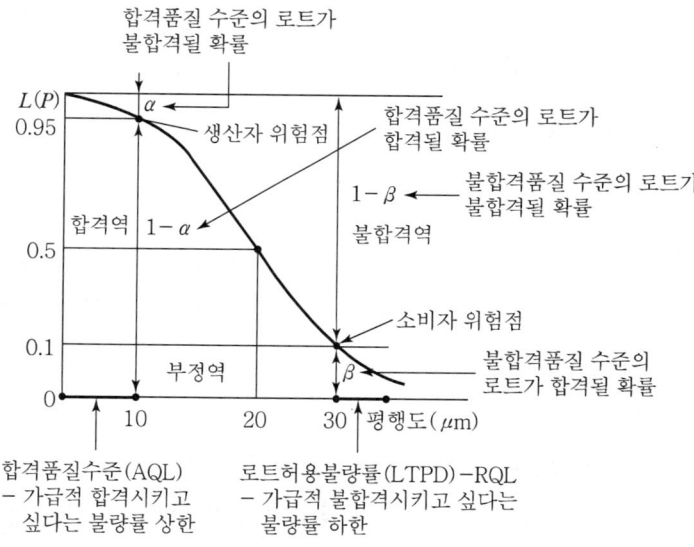

2 1) 샘플의 크기 n이 커질 때 OC곡선의 기울기가 급해진다.
 좋은 로트가 합격하기 어려워지며, 생산자 위험은 증가하고, 소비자 위험은 감소한다.

2) 합격판정개수 c가 커질 때 OC곡선은 오른쪽으로 완만해진다.
 나쁜 로트가 합격하기 쉬워지며, 생산자 위험은 감소하고, 소비자 위험은 증가한다.

3) 로트의 크기 N이 변할 경우 OC곡선의 변화에 별로 영향을 미치지 않는다.

   $N \geq 10n$이면 생산자 위험을 작은 수준으로 유지할 수 있는 샘플링 방식이 가능하며 검사비용을 절감할 수 있다.

   N이 너무 크게 설정하면 불합격에 따른 상대적 위험률이 너무 크므로 바람직하지 않다.

4) 샘플의 크기 n과 합격판정개수 c를 N에 비례해서 샘플링한 경우 동일한 부적합률을 가진 로트도 그 크기에 따라 $L(p)$의 값이 달라진다. 따라서 로트의 크기가 달라지면 동일한 품질보증을 얻을 수 없다.

3 $L(p) = \sum_{x=0}^{c} \frac{e^{-np} \cdot np}{x!}$, $n = 40$, $c = 1$

$p = 1\%$일 때, $np = 40 \times 0.01 = 0.4$

$$L(p) = \sum_{x=0}^{1} \frac{e^{-np} \cdot (np)^x}{x!} = \frac{e^{-0.4} \cdot 0.4^0}{0!} + \frac{e^{-0.4} \cdot 0.4^1}{1!} = 0.938$$

$p = 2\%$일 때, $np = 40 \times 0.02 = 0.8$

$$L(p) = \sum_{x=0}^{1} \frac{e^{-np} \cdot (np)^x}{x!} = \frac{e^{-0.8} \cdot 0.8^0}{0!} + \frac{e^{-0.8} \cdot 0.8^1}{1!} = 0.809$$

$p = 3\%$일 때, $np = 40 \times 0.03 = 1.2$

$$L(p) = \sum_{x=0}^{1} \frac{e^{-np} \cdot (np)^x}{x!} = \frac{e^{-1.2} \cdot 1.2^0}{0!} + \frac{e^{-1.2} \cdot 1.2^1}{1!} = 0.663$$

$p = 4\%$일 때, $np = 40 \times 0.04 = 1.6$

$$L(p) = \sum_{x=0}^{1} \frac{e^{-np} \cdot (np)^x}{x!} = \frac{e^{-1.6} \cdot 1.6^0}{0!} + \frac{e^{-1.6} \cdot 1.6^1}{1!} = 0.525$$

$p = 5\%$일 때, $np = 40 \times 0.05 = 2.0$

$$L(p) = \sum_{x=0}^{1} \frac{e^{-np} \cdot (np)^x}{x!} = \frac{e^{-2.0} \cdot 2.0^0}{0!} + \frac{e^{-2.0} \cdot 2.0^1}{1!} = 0.406$$

1149 품질특성인 인장강도(y)에 대하여 측정시스템 분석(MSA) 실시 후 측정데이터를 100개 수집한 결과 관리상태에서 평균은 $68.5\text{kgf}/\text{cm}^2$, 단기(Short Term) 변동의 모표준편차(σ_{ST})는 0.56, 전체변동의 모표준편차(σ_{LT})는 1.12이다. 규격은 $65.3\text{kgf}/\text{cm}^2$ 이상일 때 관리력과 기술력을 4상한으로 나누어 현재 인장강도의 품질수준 위치를 해석하시오. (단, 소수점 2자리까지 구하시오.)

1 기술력(Z_{ST})을 공정능력지수(C_P)를 활용하여 구하시오.

2 전체관리력(Z_{LT})을 공정성능지수(P_P)를 활용하여 구하시오.

❸ 관리력(Z_{shift})을 구하시오.
❹ 4상한으로 나누어 현재 인장강도의 품질수준 위치를 해석하시오.

[풀이] ❶ $C_p = \dfrac{\overline{X} - S_L}{3\sigma_{ST}} = \dfrac{68.5 - 65.3}{3 \times 0.56} = 1.90$

$Z_{ST} = 3 \times C_p = 3 \times 1.90 = 5.70$

❷ $P_p = \dfrac{\overline{X} - S_L}{3\sigma_{LT}} = \dfrac{68.5 - 65.3}{3 \times 1.12} = 0.95$

$Z_{LT} = 3 \times P_p = 3 \times 0.95 = 2.85$

❸ $Z_{Shift} = Z_{ST} - Z_{LT}$

$Z_{Shift} = 5.70 - 2.85 = 2.85$

❹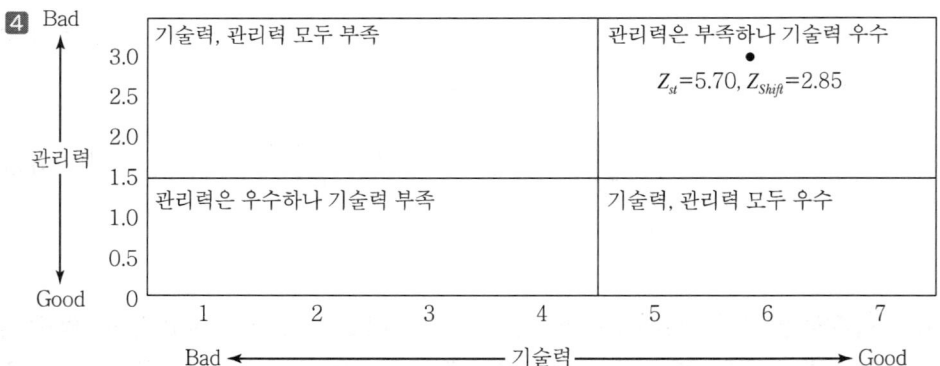

1150 6시그마의 혁신전략 8단계와 각 단계별 목적을 설명하시오.

풀이 (1) 인식(Recognize)
주요한 비즈니스 이슈들과 현행 프로세스 간의 문제를 확인한다.
(2) 정의(Define)
성과에 영향을 미치는 중요한 프로세스와 기대수준을 정의한다.
(3) 측정(Measure)
과학적, 통계적 방법을 이용하여 대상 프로세스의 현상을 측정한다.
(4) 분석(Analyze)
벤치마킹 및 측정결과를 바탕으로 현상과 기대치의 차이를 분석한다.
(5) 개선(Improve)
바람직한 프로세스가 구축될 수 있도록 시스템 구성 요소들을 개선한다.
(6) 관리(Control)
개선된 프로세스가 의도된 성과를 얻도록 투입요소와 변동성을 관리한다.
(7) 표준화(Standardize)
구축된 Best Practice를 반복 및 확산할 수 있도록 표준화한다.
(8) 통합(Intergrate)
표준화된 결과를 다른 기능 및 제도 절차와 조화할 수 있도록 통합한다.

1151 가치공학(VE)에 관련된 다음 물음에 답하시오.

1 정의
2 가치분석의 목적
3 가치란
4 가치향상의 방법
5 가치의 종류를 나열하고 설명하시오.

풀이 **1** 제품, 서비스 및 원자재 등의 가치를 기능적인 측면에서 분석 검토하여 불필요한 기능을 제거함으로써 비용을 절감시키는 시스템으로 1947년 GE의 구매 과장인 Miles에 의해 시작되었으며, 최저의 코스트로 필요한 기능을 달성하기 위하여 제품 및 서비스의 기능분석에 기울이는 조직적이 노력이 가치공학이다.

2 ① 적은 비용으로 같은 기능을 얻는 대안의 개발
② 같은 비용으로 기능을 개선하거나 증가시키기 위함
③ 불필요한 기능이나 비용을 제거하기 위함
④ 관리비용이나 수익을 최적화

③ 신뢰할 만한 방법으로 필요기능을 제공하는 데 드는 최저비용
사용가치 수행능력에 기여하는 제품이나 서비스에 필요한 기능적 특성의 화폐가치의 척도

④ VE의 개념은 기능(Function)을 향상 또는 유지하면서 비용(Cost)을 최소화하여 가치(Value)를 극대화시키는 것

$$V(가치) = \frac{F(기능)}{C(비용)} = \frac{얻어진\ 효용의\ 크기}{지불한\ 비용의\ 크기}$$

가치향상 방법은 비용절감형, 기능향상형, 가치혁신형, 기능강조형으로 분류한다.

구분	비용절감형	기능향상형	가치혁신형	기능강조형
기능(F)	유지 →	증가 ↗	증가 ↗	증가 ↗
비용(C)	감소 ↘	유지 →	감소 ↘	증가 ↗

⑤ ① 희소가치(Scarcity Value)
  보석이나 골동품과 같이 그 물건이 귀하다는 점에서 생긴 가치개념
② 교환가치(Exchange Value)
  그 물품을 다른 것과 교환할 수 있도록 하는 특성이나 품질에 따른 가치개념
③ 원가가치(Cost Value)
  • 그 물품의 생산을 위해서 투입한 원가에 대한 가치개념
  • 일반적으로 금액으로 표현된다.
④ 사용가치(Use Value)
  • 그 물품이 지니고 있는 효용, 작용, 특성, 서비스 등에 따른 가치개념
  • 흔히 품질이나 기능으로 표시된다.
  • 이것은 그 제품 내지 서비스를 사용하는 고객이 주관적으로 느끼는 만족성, 즉 효용으로 평가하기 때문에 주관적 가치라고도 한다.

1152 PDPC(Process Decision Program Chart)법에 대하여 설명하시오.

풀이 문제의 시초부터 해결까지 이르는 과정에서 발생할 수 있는 모든 가능한 사상과 중대사태를 나타낸 후 모의실험을 통하여 미래를 예측함으로써 바람직하지 않은 상황을 피할 대책을 얻게 되는 방법
  • 용도 : 최선의 공정을 개발하기 위해 여러 유형의 공정을 평가

1153 크로스비(P.B. Crosby)가 주창한 품질경영 절대원칙(Absolutes of QM) 4가지를 설명하시오.

풀이

(1) 요구에의 적합성

크로스비는 품질을 '우아함이 아니라 요구에의 적합성(Conformance to Requirements)'이라고 정의한다. 이 정의는 제품의 제조방식이나 서비스의 제공방법을 근거로 하지 않는다는 점에서 전통적인 품질의 정의와 차이가 있다. 이 정의는 고객이 갖고 있는 기대 전부를 충분히 이해하고자 노력하는 데 초점을 맞추고, 조직을 이러한 기대에 부응하도록 이끌어 준다는 점에서 전략적 의미를 갖는다. 품질에 대한 이러한 외부적 관점은 내부적 관점으로부터 도출된 것보다 훨씬 더 도전적이고 실제적인 목표를 요구하기 때문에 활력을 갖는다.

(2) 예방

고객의 요구에 부응하고자 하는 공급자의 품질시스템은 최초에 올바르게 하는 것(Do it Right the First Time), 즉 검사가 아닌 예방이다. 이 개념은 제품을 만들거나 서비스를 제공하는 작업자가 결함이 있는 작업을 넘기지 않는 것을 확실히 함으로써 테일러로부터 생겨난 문제를 고치고자 한다. 모두가 자신의 작업에 대한 책임감을 갖고 있다면 품질조직에서 검사자란 거의 필요없게 될 것이다. 작업자 이외에는 어느 누구도 실수를 감지할 수 없는 것이다.

(3) 무결점

성과의 표준은 무결점(완전무결, ZD)이다. 크로스비는 무결점이 목표가 되어야 한다고 주장하였다. 어떠한 실패도 허용되어서는 안 되는 예로서 무사고를 추구하는 항공사나 단 한 건의 의료사고도 내지 않으려는 의사를 들 수 있으며, 우리는 이 경우 완전무결을 선택하고자 할 것이다. 크로스비는 자신에게 주어진 작업의 성과가 조금이라도 떨어지는 것을 전제로 해서는 안 된다고 주장한다.

(4) 부적합 비용

품질의 척도는 품질비용이다. 결함으로 인한 비용은 수정될 수 있다면, 고객과의 관계뿐만 아니라 일선현장의 성과에도 즉시 효과를 나타낸다. 실수를 제거하고 낭비 비용을 만회할 수 있을 만큼 훈련과 다른 지원활동에 투자를 해야 한다. 크로스비를 비롯한 몇몇 사람들은 품질비용이 기업 총수입의 20~40% 정도가 된다고 지적한다.

1154 측정시스템(MSA) 중 안전성(Stability)의 분석방법에 대하여 설명하시오.

풀이 시간이 지난 후에도 어떻게 정확하게 수행되는지를 측정, 계측이 시간과 공간에 따라 변화되는 환경 속에서 동일제품을 측정할 때 발생되는 변동으로 동일한 측정시스템으로 동일한 시료 혹은 부품의 특성을 정기적으로 측정했을 때 얻어지는 측정값의 평균치의 변화를 말한다. 이는 시간의 경과에 따른 측정시스템의 변화를 관찰하고자 하는 것으로 관리도 또는 경향도로서 평가될 수 있다.

1155 품질기능전개(QFD)를 실시할 때 고객 정보의 수집 경로는 크게 2가지로 구분되는데, 2가지 범주에 대하여 설명하시오.

풀이 (1) 시장정보
   1) 클레임 : 클레임의 원인을 잘 분석하여 신제품 개발에 반영한다.
   2) 판매부문 : 개발담당자가 고객의 소리를 직접 듣고, 타사 제품과의 비교를 하는데 있어서 많은 정보를 얻는다.
   3) 동일물품조사 : 시장에는 국내외의 타사 동일물품이 전시되어, 한눈에 비교할 수 있다.

(2) 기술정보
   1) 해당 제품의 논문, 전문지
   2) 학회, 연구회 등의 학술지
   3) 신문, 잡지 등의 대중 간행물
   4) 각종 전시회

1156 예방보전의 주요 구성 범주인 Time Based Maintenance와 Condition Based Main-tenance에 대하여 각각 설명하시오.

풀이 (1) 시간기준보전(TBM)방식
   돌발고장, 프로세스 트러블을 예방하기 위하여 정기적으로 설비를 검사, 정비 청소하고 부품을 교환하는 보전방식

(2) 상태기준보전(CBM)방식
   고장이 일어나기 쉬운 부분에 진동분석장치, 광학측정기, 압력측정기, 온도측정기, 저항측정기 등 감도가 높은 계측장비를 연결하여 기계설비의 트러블을 예측함으로써 사전에 고장위험을 검출하는 보전활동으로 설비상태를 기준으로 한 보전방식

1157 K 화학공정에서 재료의 배합(A)과 배합시간(B)을 1차 단위로 하고, 작업방법(C)을 2차 단위로 하는 분할법 실험을 2회 블록반복으로 하여 실시하였다. 다음 질문에 답하시오.

1 분산분석을 위한 구조모형을 쓰시오.
2 1차 단위와 2차 단위 오차에 교락된 교호작용 효과를 각각 쓰시오.

[풀이] **1** 1차단위가 2원배치인 단일분할법

$$x_{ijk} = \mu + a_i + b_j + e_{(1)ij} + c_k + (ac)_{ik} + (bc)_{jk} + e_{(2)ijk}$$

2 (1) 1차단위 : A×B
  (2) 2차단위 : A×C, B×C

1158 한국산업표준의 분류방식 중 국면에 따른 분류방식 3가지에 대하여 설명하시오.

[풀이] (1) 제품표준 : 제품의 향상·치수·품질 등을 규정한 것
(2) 방법표준 : 시험·분석·검사 및 측정방법, 작업표준 등을 규정한 것
(3) 전달표준 : 용어·기술·단위·수열 등을 규정한 것

1159 다음 샘플링검사 용어에 대하여 설명하시오.

1 교정검사
2 한계품질(Limiting Quality)

[풀이] **1** 규정된 조건하에서 어떠한 검사, 측정 및 시험장비나 게이지로부터 취한 값들을 알고 있는 표준에 비교하는 일련의 작업

2 로트가 고립상태라고 간주되는 경우, 샘플링검사의 목적상 낮은 합격확률로 제한되는 품질수준

1160 다변량차트(Multi-vari Chart)에 대하여 설명하시오.

[풀이] 다변량차트는 요인과 반응 사이의 관계를 그래픽으로 표현한 것인데, 특히 데이터 분석의 예비 단계에서 분산분석데이터를 그래픽 형태로 표시하여 데이터와 가능한 관계, 변동의 근본 원인을 확인하는 데 사용한다. 특히 교호작용을 이해하는 데 유용하다. 데이터 분석에 들어가기 전에 다변량차트를 통해 특이한 경향성이나 교호작용을 발견할 수 있다.

1161
생산현장에서 공정을 관리할 때, 공정능력(Process Capability) 및 공정성능(Process Performance) 수준을 파악하는 것이 매우 중요하다. 따라서 이 수준들을 파악하기 위하여 공정능력조사(Process Capability Study)와 공정성능조사(Process Performance Study)를 실시하는데, 다음 물음에 대하여 각각의 차이점을 설명하시오.

1 활용상의 목적
2 데이터의 집계방법
3 조사(Study)에 적용되는 통계수법

풀이

1

구분	공정능력조사	공정성능조사
활용상의 목적	공정이 관리상태에 있을 때(즉 우연원인에 의하여 품질산포가 생길 때) 공정에서 생산되는 제품의 품질변동이 규격에 어느 정도 부합되는가를 조사한다.	장기간에 걸쳐서 가피원인이 될 수 있는 요인들(작업자 교체, 공구 교체, 설비수리, 원료/로트 변경 등)이 어느 정도 생산되는 제품의 품질변동에 영향을 주는가를 조사한다.

2

구분	공정능력조사	공정성능조사
데이터의 집계방법	• 데이터 집계기간은 짧으면 2~3시간에서 길면 일주일 정도의 기간 내에 이루어진다. • 데이터 집계는 부분군의 수는 10~30개 정도로 하고, 한 부분군 내의 시료 수는 3~6개 정도가 적절하다. • 총 50개 이상의 데이터가 있어야 하며, 총 데이터 수는 k조의 부분군 n개의 시료가 있으면 kn이 된다.	데이터 집계기간은 짧으면 5일 정도에서 길면 6개월까지 이루어진다. 데이터 집계에는 두 가지 방법이 있다. 1. 공정능력을 조사한 kn개의 데이터 집합을 장기간에 걸쳐 여러 개 또는 수십 개로 합쳐서 분석 2. 장기간에 걸쳐 랜덤하게 부분군의 수를 20~40개 정도로 추출하고, 한 부분군 내의 시료 수를 3~6개 정도로 하여 총 100개 이상의 데이터를 수집

3

구분	공정능력조사	공정성능조사
조사에 적용되는 통계수법	k조의 부분군을 사용하여 $\overline{X}-R$관리도를 그린다. 여기서 표준편차의 추정치 $\dfrac{\overline{R}}{d_2}$을 구한 후에 공정능력지수($C_p$, C_{pk})를 산출하여 평가한다.	공정능력조사의 결과를 여러 개 정리하여 시계열의 측면에서 분석한다. $\overline{X}-R$관리도를 그려서 성능을 조사하고, 표준편차의 추정치를 전체 데이터의 편차제곱합 $\sqrt{\dfrac{\sum(x_i-\overline{x})^2}{n-1}}$을 이용하여 공정성능지수($P_p$, P_{pk})를 산출하여 평가한다.

1162 어떤 기계부품의 치수에 대한 규격은 200±5mm로 규정되어 있다. 생산은 안정되어 있고 로트 내의 치수 분포는 정규분포를 따른다는 것이 확인되어 있다. 그리고 로트내의 모표준편차(σ)는 1.2mm로 알려져 있다. 공급자와 생산자는 상호합의하에 연결식 양쪽 규정(KS Q ISO 8423)을 채택하고 p_A=0.5% p_R=2%로 하여 계량치 축차샘플링 방식을 사용하도록 정해졌다.(단, ψ=0.165 이고 n_t=49이다.)

1 LPSD 값을 구하고 축차샘플링 적용 여부를 검토하시오.

2 누계 샘플 사이즈(n_{CUM})<n_t 조건에서의 상·하한 합격, 불합격 판정선을 설계하시오.
(단, h_A=4.312, h_R=5.536, g=2.315, n_t=49이다.)

3 누계 샘플 사이즈의 중지값(n_t)에서의 상·하한 합격판정선을 구하시오.

4 다음 빈칸을 채우고 판정하시오.

n_{CUM}	측정치 x	여유치 y	하측불합격 $R^{(L)}$	하측합격 $A^{(L)}$	누계여유치 Y	상측합격 $A^{(U)}$	상측불합격 $R^{(U)}$
1	200.5						
2	198.5						
3	199.0						
4	197.2						
5	199.3						

[판정] :

풀이

1 $LPSD$(한계 프로세스 표준편차)= $\psi(S_U - S_L) = 0.165(205 - 195) = 1.65$

검사를 진행하려는 프로세스의 표준편차가 LPSD를 넘는 경우에는 축차 샘플링 방식을 적용할 수 없다. 모표준편차(σ)=1.2가 LPSD=1.65를 넘지 않으므로 축차 샘플링 방식을 적용할 수 있다.

2 상한 합격 판정선

$$A^{(U)} = (U - L - g\sigma)n_{CUM} - h_A \sigma$$
$$= \{205 - 195 - (2.315 \times 1.2)\}n_{CUM} - 4.312 \times 1.2$$
$$= 7.222 n_{CUM} - 5.174$$

하한 합격 판정선

$$A^{(L)} = g\sigma n_{CUM} + h_A \sigma = (2.315 \times 1.2)n_{CUM} + 4.312 \times 1.2$$
$$= 2.778 n_{CUM} + 5.174$$

상한 불합격 판정선

$$R^{(U)} = (U - L - g\sigma)n_{CUM} + h_R\sigma$$
$$= \{205 - 195 - (2.315 \times 1.2)\}n_{CUM} + 5.536 \times 1.2$$
$$= 7.222n_{CUM} + 6.643$$

하한 불합격 판정선

$$R^{(L)} = g\sigma n_{CUM} - h_R\sigma = (2.315 \times 1.2)n_{CUM} - 5.536 \times 1.2$$
$$= 2.778n_{CUM} - 6.643$$

3 상한 합격 판정선

$$A_t^{(U)} = (U - L - g\sigma)n_t = \{205 - 195 - (2.315 \times 1.2)\}n_t = 7.222n_t$$

하한 합격 판정선

$$A_t^{(L)} = g\sigma n_t = 2.315 \times 1.2 n_t = 2.778n_t$$

4 $y(여유치) = x_i - S_L$

$Y(누계여유치)$는 여유치의 누적값

하측불합격, 하측합격, 상측합격, 상측불합격은 (2)에서 구한 판정선에 n_{CUM}을 대입해서 구함

n_{CUM}	측정치 x	여유치 y	하측불합격 $R^{(L)}$	하측합격 $A^{(L)}$	누계여유치 Y	상측합격 $A^{(U)}$	상측불합격 $R^{(U)}$
1	200.5	5.5	−3.87	7.95	5.5	2.05	13.87
2	198.5	3.5	−1.09	10.73	9.0	9.27	21.09
3	199.0	4.0	1.69	13.51	13.0	16.49	28.31
4	197.2	2.2	4.47	16.29	15.2	23.71	35.53
5	199.3	4.3	7.25	19.06	19.5	30.93	42.75

[판정] : $R^{(L)} < Y < A^{(L)}$: 검사속행

n_{CUM}	하측불합격 $R^{(L)}$	하측합격 $A^{(L)}$	누계여유치 Y	판정
1	−3.87	7.95	5.5	검사속행
2	−1.09	10.73	9.0	검사속행
3	1.69	13.51	13.0	검사속행
4	4.47	16.29	15.2	검사속행
5	7.25	19.06	19.5	검사속행

※ 판정
1. $n_{CUM} < n_t$ 인 경우
   ① $A^{(L)} \leq Y \leq A^{(U)}$: 로트합격
   ② $Y \geq R^{(U)}$ 또는 $Y \leq R^{(L)}$: 로트불합격
   ③ $A^{(U)} \leq Y \leq R^{(U)}$ 또는 $R^{(L)} \leq Y \leq A^{(L)}$: 검사속행
2. $n_{CUM} = n_t$ 인 경우
   ① $A_t^{(L)} \leq Y \leq A_t^{(U)}$: 로트합격
   ② $Y \geq A_t^{(U)}$ 또는 $Y \leq A_t^{(L)}$: 로트불합격

1163 K 전자장비는 신뢰성 향상을 위해 설계를 변경한 후 제작한 동일한 장비 10대에 대하여 고장대수 $r=5$인 정수중단시험을 실시하였다. 이 데이터를 와이블 확률지에 타점 한 결과, 형상파라미터 $m=1$로 나타났다. 다음 물음에 답하시오. (단, 과거의 $MTBF_0 = 25.0$시간이다.)

> Data : 5, 11, 18, 24, 31 (단위 : 시간)

1 형상파라미터(m)가 1인 경우 어떠한 분포를 따르게 되는지 와이블 고장률함수를 활용하여 설명하시오.
2 이 장치의 $MTBF$를 추정하시오.
3 이 장치의 시간 $t=10$에서의 불신뢰도를 구하시오.
4 평균수명이 증가했다고 할 수 있는지 검정하시오. (단, 위험률 $\alpha = 0.05$, $\chi^2_{0.95}(5) = 11.07$, $\chi^2_{0.95}(10) = 18.31$이다.)
5 평균수명이 증가했다면, 유의수준 5%에서 $MTBF$의 하측 신뢰한계를 구하시오.

[풀이] **1** 형상파라미터(m)가 1인 경우 와이블 고장률함수[$\lambda(t)$]는 일정형(CFR ; Constant Failure Rate)이고 언제 어떤 시점에서 고장이 일어나는가는 완전히 랜덤이다. 이때 고장밀도함수[$f(t)$]는 지수분포에 대응하고, $m=1$, $r=0$이면 신뢰도 함수[$R(t)$]는 지수분포가 된다.

2 $MTBF = \dfrac{\sum t_i + (n-r)tr}{r} = \dfrac{89 + (10-5)31}{5} = 48.8$시간

3 $F(t) = 1 - R(t) = 1 - e^{-\lambda t}$
$= 1 - R(t) = 1 - e^{-\lambda t} = 1 - e^{-0.020 \times 10} = 0.181(18.1\%)$

고장률$(\lambda) = \dfrac{1}{MTBF} = \dfrac{1}{48.8} = 0.020/\text{시간}$

4 ① 가설의 설정

$H_0 : MTBF_0 = 25 \quad H_1 : MTBF_0 \geq 25$

② 유의수준 설정

$\alpha = 0.05, \quad T = \sum t_i + (n-r)tr = \{89 + (10-5) \times 31\} = 244$

③ 검정통계량 계산

$\chi_0^2 = \dfrac{2T}{MTBF_0} = \dfrac{2 \times 244}{25} = 19.52$

④ 기각역 설정

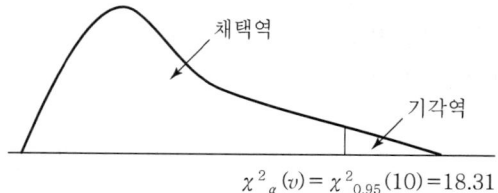

$\chi^2_\alpha(v) = \chi^2_{0.95}(10) = 18.31$

⑤ 판정

$\chi_0^2 = 19.52 > \chi_{0.95}^2(10) = 18.31$이므로 H_0 기각

즉, 평균수명이 증가되었다고 할 수 있다.

5 정수중단 시험의 경우

$\theta_L = \dfrac{2T}{\chi_{1-\alpha}^2(2r)} = \dfrac{2 \times 244}{\chi_{0.95}^2(10)} = \dfrac{488}{18.31} = 26.65$

1164 다음은 기계 가공부품을 생산하는 공정에서 나온 데이터이다. 이 데이터를 이용하여 차이($x_d - R_s$) 관리도를 작성하려고 한다. 다음 물음에 답하시오.

k	제품명	측정치(x_i)	목표값(T)
1	A01	120	120
2	A01	122	120
3	A01	119	120
4	A02	132	130
5	A02	131	130
6	A02	129	120
7	A03	143	140
8	A03	140	140
9	A01	119	120
10	A01	121	120
11	A02	132	130
12	A02	129	130
13	A03	141	140
14	A01	121	120
15	A01	118	120
16	A01	123	120
17	A02	133	130
18	A03	138	140
19	A03	140	140
20	A01	122	120

※ 관리도 관리한계 계수표

군의 크기	A	A_2	A_3	A_4	A_9	B_3	B_4	B_6	c_4	D_1	D_2	D_3	D_4
2	2.121	1.880	2.659	1.880	2.695	—	3.267	2.606	0.798	—	3.686	—	3.267
3	1.732	1.023	1.954	1.187	1.826	—	2.568	2.276	0.886	—	4.358	—	2.575

1 $x_d - R_s$ 관리도의 특징과 $x - R_m$ 관리도와의 차이점을 쓰시오.

2 $x_d - R_s$ 관리도의 관리한계를 구하시오.

3 $x_d - R_s$ 관리도를 작성하고, 관리상태를 판정하시오.

[풀이] **1** ① $x_d - R_s$ 관리도의 특징

다품종 소량 생산하는 공정에서 여러 개의 제품으로 부분군을 형성하기 어려운 경우에 효과적으로 공정품질을 관리할 수 있으며, 개별 관리도로 탐지하지 못하는 공정의 이상상태를 검출할 수 있다. 2개 이상의 제품 품질특성을 한 장의 관리도에 작성하기 때문에 관리도를 작성하는 데 경제적이다.

② $x - R_m$ 관리도와의 차이점

$x_d - R_s$ 관리도의 x_d=측정치(x_i)-목표값의 차이이고,

$x - R_m$ 관리도의 x=측정치(x_i)-측정치(x_{i-1})의 차이

k	제품명	측정치(x_i)	목표값(T)	x_d	R_s
1	A01	120	120	0	
2	A01	122	120	2	2
3	A01	119	120	−1	3
4	A02	132	130	2	3
5	A02	131	130	1	1
6	A02	129	120	9	8
7	A03	143	140	3	6
8	A03	140	140	0	3
9	A01	119	120	−1	1
10	A01	121	120	1	2
11	A02	132	130	2	1
12	A02	129	130	−1	3
13	A03	141	140	1	2
14	A01	121	120	1	0
15	A01	118	120	−2	3
16	A01	123	120	3	5
17	A02	133	130	3	0
18	A03	138	140	−2	5
19	A03	140	140	0	2
20	A01	122	120	2	2
				$\sum x_d = 23$	$\sum R_s = 52$
				$\overline{x_d}= 1.15$	$\overline{R_s}= 2.74$

$\overline{R_s}$ 관리도의 관리한계선

$CL = \overline{R_s} = 2.74$

$UCL = D_4 \overline{R_s} = 3.267 \times 2.74 = 8.95$

$LCL = -$ (고려하지 않음)

x_d 관리도의 관리한계선

$CL = \overline{x}_d = 1.15$

$UCL = \overline{x}_d + 2.66 \overline{R_s} = 1.15 + 2.66 \times 2.74 = 8.44$

$LCL = \overline{x}_d - 2.66 \overline{R_s} = -$ (고려하지 않음)

❸

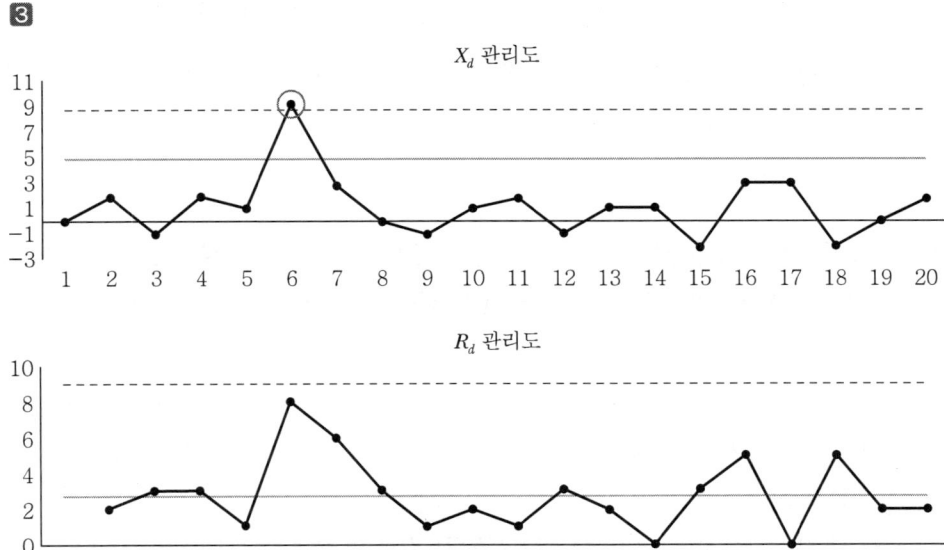

x_d 관리도는 6번 시료에서 x_d의 점이 관리상한선을 벗어나므로 공정이 안정상태에 있지 않다고 판단되며, R관리도는 관리도를 벗어나는 점이 없고, 점의 배열에 이상이 없으므로 관리상태라고 할 수 있다.

1165 Y사에서 설비가동에 대한 내역을 조사한 결과 다음과 같다. 다음 물음에 답하시오.

〈조사결과〉
1일 부하시간 480분, 고장 20분, 준비교체 20분, 순간정지횟수 1,500회/월, 이론 사이클 타임 0.06분/개, 실제 사이클 타임 0.073분/개, 생산량 5,100개/일 부적합품률 2%

(1) 실질(정미)가동률을 구하시오.
(2) 속도가동률을 구하시오.
(3) 성능가동률을 구하시오.
(4) TPM에서 추구하는 성능가동률의 목표를 제시하고, 현 상황에서 이를 달성하기 위한 방안에 대하여 설명하시오.

[풀이] ❶ 실질(정미)가동률 = $\dfrac{\text{생산량} \times \text{실제 사이클 타임}}{\text{부하시간} - \text{정지시간}} = \dfrac{5{,}100 \times 0.073}{480 - 20 - 20} = 0.846$

❷ 속도가동률 = $\dfrac{\text{기준 사이클 타임}}{\text{실제 사이클 타임}} = \dfrac{0.06}{0.073} = 0.822$

❸ 성능가동률＝실질(정미)가동률×속도가동률 ＝ $0.846 \times 0.822 = 0.695 (69.5\%)$

❹ 성능가동률의 목표는 95%이며, 현 상황에서 이를 달성하기 위해서는 일시정지로스와 속도저하로스를 줄인다.

1166 제품의 신뢰성을 향상시키기 위해서는 고유신뢰도와 사용신뢰도를 고려한 작동신뢰도를 최대화하는 측면에서 접근하는 것이 중요하다. 다음 물음에 답하시오.

❶ 전형적인 고장 패턴의 형태는 욕조곡선(Bath tub curve)을 따른다. 3가지 단계인 초기고장기, 우발고장기, 마모고장기에 해당하는 각각의 고장밀도함수 $f(t)$를 쓰시오.

❷ 초기고장기의 고장률 감소를 위한 설계 및 제조 단계의 고유신뢰도 향상방안에 대하여 각각 설명하시오.

❸ 사용단계의 사용신뢰도를 향상시키기 위한 방안에 대하여 설명하시오.

[풀이] ❶ 초기고장기(DFR) : $m < 1$인 경우 와이블분포에 대응

$$f(t) = \frac{m}{\eta}\left(\frac{t-r}{\eta}\right)^{m-1} e^{-\left(\frac{t-r}{\eta}\right)^m}$$

우발고장기(CFR) : $m = 1$인 경우 지수분포에 대응

$$f(t) = \lambda e^{-\lambda t}$$

마모고장기(IFR) : $m > 1$인 경우 정규분포에 대응

$$f(t) = \frac{1}{\sqrt{2\pi} \cdot \sigma_t} e^{-\frac{(t-\mu_t)^2}{2\sigma_t^2}}$$

❷ 설계단계에서의 신뢰성 향상방안
  ① 병렬 및 대기 리던던시 설계
  ② 부하의 경감을 위한 디레이팅 설계
  ③ 제품의 단순화, 부분품 및 표준화
  ④ 고신뢰도 부품 사용
  ⑤ 신뢰성 시험의 자동화

제조단계에서의 신뢰성 향상방안
  ① 제조공정의 자동화
  ② 제조기술의 향상
  ③ 제조품질의 통계적 관리
  ④ 부품과 제품의 번인 테스트
  ⑤ 공정에서의 스크리닝

3 사용 신뢰성 향상방안
  ① 예방보전과 사후보전체계 확립
  ② 신속한 A/S 제공
  ③ 사용자 매뉴얼을 작성 및 배포
  ④ 조작방법에 대한 사용자 교육 실시
  ⑤ 포장, 보관, 운송, 판매 단계의 철저한 관리체계 확립

1167 모집단이 N_i개씩 제품이 들어있는 M상자로 나누어져 있을 때, 랜덤하게 m개 상자를 취하고 각 상자로부터 n_i개의 제품을 랜덤하게 취하는 샘플링 방법을 실시하고 있다. 이때 유한모집단인 로트에 대한 로트 간 변동을 σ_b^2, 로트 내 σ_w^2이며, 측정오차는 무시할 때 평균치의 표준오차 $V(\overline{x}) = \dfrac{M-m}{M-1} \times \dfrac{\sigma_b^2}{m} + \dfrac{\overline{N}-\overline{n}}{\overline{N}-1} \times \dfrac{\sigma_w^2}{m\overline{n}}$ 을 따른다. 다음 주어진 조건에 대해 샘플링방법의 명칭을 제시하고, 랜덤 샘플링과의 비교를 통한 특징을 설명하시오.

1 $M > m > 0, \overline{N} > \overline{n} > 0$
2 $M = m > 0, \overline{N} > \overline{n} > 0$
3 $M > m > 0, \overline{N} = \overline{n} > 0$

[풀이] 1 주어진 조건은 2단계 샘플링이며, 랜덤 샘플링과의 비교는 다음과 같다.

$$\alpha = \frac{V_{T(\overline{\overline{x}})}}{V_{R(\overline{x})}} = \frac{\left(\dfrac{\sigma_b^2}{m} + \dfrac{\sigma_w^2}{m\overline{n}}\right)}{\dfrac{\sigma^2}{n}} = \frac{\overline{n}\sigma_b^2 + \sigma_w^2}{\sigma^2}$$

여기서 $V_{R(\overline{x})}$은 랜덤 샘플링에 있어서의 모평균의 추정정밀도이고, $V_{T(\overline{\overline{x}})}$는 2단계 샘플링의 정밀도이며, $\sigma^2 = \sigma_b^2 + \sigma_w^2$이므로, $\overline{n} = 1$일 때 $\alpha = 1$이 되어 양자의 정밀도는 동일하게 되나, $\overline{n} \geq 2$일 때 $\alpha > 1$이 되어 2단계 샘플링의 추정정밀도가 나빠진다.
그러나 2단계 샘플링은 샘플링의 조작이 용이하고 코스트가 저렴한 장점이 있다.

2 주어진 조건은 층별 샘플링이며, 랜덤 샘플링과의 비교는 다음과 같다.
여기서 $V_{R(\overline{x})}$은 랜덤 샘플링에 있어서의 모평균의 추정정밀도이고, $V_{S(\overline{\overline{x}})}$는 층별 샘플링의 정밀도이며,

$$\alpha = \frac{V_{S(\bar{\bar{x}})}}{V_{R(\bar{x})}} = \frac{\dfrac{\sigma_w^2}{m\bar{n}}}{\dfrac{\sigma^2}{n}} = \frac{\sigma_w^2}{\sigma^2}$$

$\sigma^2 = \sigma_b^2 + \sigma_w^2$이므로, 층별 방법이 좋지 않아 $\sigma_b^2 = 0$인 경우에만 $\alpha = 1$이고, $\sigma_b^2 > 0$이면 $\alpha < 1$로 되어 층별 샘플링의 추정정밀도가 랜덤 샘플링보다 좋고, 샘플링 조작이 용이하다.

❸ 주어진 조건은 취락 샘플링이며, 랜덤 샘플링과의 비교는 다음과 같다.

여기서 $V_{R(\bar{x})}$은 랜덤 샘플링에 있어서의 모평균의 추정정밀도이고, $V_{C(\bar{\bar{x}})}$는 취락 샘플링의 정밀도이며,

$$\alpha = \frac{V_{C(\bar{\bar{x}})}}{V_{R(\bar{x})}} = \frac{\dfrac{\sigma_b^2}{m}}{\dfrac{\sigma^2}{n}} = \frac{\overline{N}\sigma_b^2}{\sigma^2}$$

$\sigma^2 = \sigma_b^2 + \sigma_w^2$이고,

$\sigma_b^2 > \dfrac{\sigma^2}{\overline{N}}$이면 $\alpha > 1$, $\sigma_b^2 = \dfrac{\sigma^2}{\overline{N}}$이면 $\alpha = 1$, $\sigma_b^2 < \dfrac{\sigma^2}{\overline{N}}$이면 $\alpha < 1$로 취락을 만들어서 σ_b^2이 작아질 수 있도록 하면 취락 샘플링이 유리하고, 취락을 잘못 만들어서 σ_b^2이 커지면 오히려 랜덤 샘플링보다 못하다.

그러나 샘플링의 수고나 코스트를 고려한다면 취락 샘플링이 유리한 경우가 많다.

1168 두 변수 X와 Y에 대하여 다음과 같은 자료가 얻어졌다.

〈자료〉
$\sum x^2 = 537.21$, $\sum x = 67.1$, $\sum y^2 = 501.69$, $\sum y = 64.3$
$\sum xy = 503.79$, $n = 12$
(단, $t_{0.975}(9) = 2.262$, $t_{0.975}(10) = 2.228$, $t_{0.975}(11) = 2.201$, $u_{0.975} = 1.96$이다.)

❶ 회귀직선 $\hat{y} = \hat{\beta}_0 + \hat{\beta}_1 x$을 구하시오.
❷ 상관관계가 존재하는지 유의수준 5%로 검정하시오.
❸ 모상관계수의 신뢰구간을 구하시오.
❹ 방향계수 β_1에 대한 95% 신뢰구간을 추정하시오.
❺ $x = 7$에서의 $E(\hat{y})$의 신뢰구간을 구하시오.

풀이 **1** $S_{(xx)} = \sum x^2 + \dfrac{(\sum x)^2}{n} = 537.21 + \dfrac{67.1^2}{12} = 912.41$

$S_{(yy)} = \sum y^2 + \dfrac{(\sum y)^2}{n} = 501.69 + \dfrac{64.3^2}{12} = 846.23$

$S_{(xy)} = \sum xy + \dfrac{\sum x \sum y}{n} = 503.79 + \dfrac{67.1 \times 64.3}{12} = 863.33$

$\bar{x} = \dfrac{67.1}{12} = 5.59 \qquad \bar{y} = \dfrac{64.3}{12} = 5.36$

$\hat{\beta_1} = \dfrac{S_{(xy)}}{S_{(xx)}} = \dfrac{912.41}{863.33} = 1.06$

$\hat{y} - \bar{y} = \hat{\beta_1}(x - \bar{x}) \quad \hat{y} - 5.36 = 1.06(x - 5.59)$

$\hat{y} = -0.57 + 1.06x$

2 ① 가설의 설정

$H_0 : \rho = 0 \quad H_1 : \rho \neq 0$

② 유의수준 설정

$\alpha = 0.05, \quad n = 12, \quad r = \dfrac{S_{(xy)}}{\sqrt{S_{(xx)}S_{(yy)}}} = \dfrac{863.33}{\sqrt{912.41 \times 846.23}} = 0.98$

③ 검정통계량 계산

$|t_0| = \dfrac{|r|}{\sqrt{\dfrac{1-r^2}{n-2}}} = \dfrac{0.98}{\sqrt{\dfrac{1-0.98^2}{12-2}}} = 15.573$

④ 기각역 설정

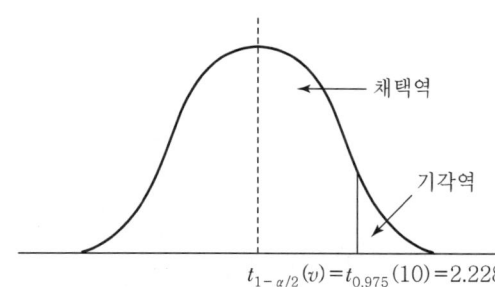

$t_{1-\alpha/2}(v) = t_{0.975}(10) = 2.228$

⑤ 판정

$|t_0| = 15.573 > t_{0.975}(10) = 2.228$ 이므로, H_0 기각, 즉 상관관계가 존재한다.

3 ① $Z' = \dfrac{1}{2}ln\left(\dfrac{1+r}{1-r}\right) = \dfrac{1}{2}ln\left(\dfrac{1+0.98}{1-0.98}\right) = 2.298$

② $E(Z')$의 95% 신뢰구간

$$Z' \pm u_{1-\alpha/2}\dfrac{1}{\sqrt{n-3}} = 2.298 \pm u_{0.975}\dfrac{1}{\sqrt{12-3}} = 2.298 \pm 1.960\dfrac{1}{\sqrt{9}}$$
$$= 2.298 \pm 0.653 = (1.645, 2.951)$$

③ $r_L = \dfrac{e^{2z'}-1}{e^{2z'}+1} = \dfrac{e^{2\times 1.645}-1}{e^{2\times 1.645}+1} = \dfrac{25.843}{27.843} = 0.928$

$r_U = \dfrac{e^{2z'}-1}{e^{2z'}+1} = \dfrac{e^{2\times 2.951}-1}{e^{2\times 2.951}+1} = \dfrac{364.768}{366.768} = 0.995$

④ ρ의 95% 신뢰구간 추정

$\rho_U \fallingdotseq r_U = 0.995$, $\rho_L \fallingdotseq r_L = 0.928$

4 $S_R = \dfrac{(S_{(xy)})^2}{S_{(xx)}} = \dfrac{863.33^2}{912.41} = 816.89$

$S_{(y/x)} = S_{(yy)} - S_R = 846.23 - 816.89 = 29.34$

$V_{(y/x)} = \dfrac{S_{(y/x)}}{n-2} = \dfrac{29.34}{12-2} = 2.934$

$\widehat{\beta_1} \pm t_{1-\alpha/2}(n-2)\sqrt{\dfrac{V_{(y/x)}}{S_{(xx)}}} = 1.06 \pm t_{0.975}(10)\sqrt{\dfrac{2.934}{912.41}}$

$$= 1.06 \pm 2.228\sqrt{\dfrac{2.934}{912.41}}$$
$$= 1.06 \pm 0.13 (0.93, 1.19)$$

5 ① 점추정치

$\hat{y} = -0.57 + 1.06x = -0.57 + 1.06 \times 7 = 6.85$

② 95% 신뢰구간

$$\pm t_{1-\alpha/2}(n-2)\sqrt{V_{(y/x)}\left\{\dfrac{1}{n} + \dfrac{(x-\overline{x})^2}{S_{(xx)}}\right\}}$$

$$= \pm t_{0.975}(10)\sqrt{2.934\left\{\dfrac{1}{12} + \dfrac{(7-5.59)^2}{912.41}\right\}}$$

$$= \pm 2.228\sqrt{2.934\left\{\dfrac{1}{12} + \dfrac{(7-5.59)^2}{912.41}\right\}} = 1.12$$

③ $E(\hat{y})$의 95% 신뢰구간

$E(\hat{y}) = 6.85 \pm 1.12 (5.73, 7.97)$

1169 다구찌(Taguchi) 박사의 강건설계(Robust Design)의 추진단계를 PDCA별로 구분하여 설명하시오.

[풀이]

P	현황 파악	1. 대상 테마 CTQ 선정
		2. 선정동기 및 정의
		3. 측정 계측기의 신뢰성 평가
	원인 도출	4. 설계 파라미터 도출
		5. 주요 인자 구분 및 흐름도
		6. 실험인자 및 수준수 결정
D	원인 분석	7. 실험의 배치 및 설계
		8. 실험의 실시 준비 및 중간발표
		9. 실험데이터의 수집 및 정리
C	처방	10. 최적조건의 재현성 실험
		11. 허용차 설계
A		12. 효과 파악 및 표준화
		13. 사후관리 및 향후계획

1170 평균치 $520g$ 이하인 로트는 될 수 있는 한 합격시키고 싶으나 평균치 $540g$ 이상인 로트는 될 수 있는 한 불합격시키고 싶다. 이 로트의 품질특성치는 정규분포에 따르고 모분산(σ^2)은 $102(g)$이다. 다음 물음에 답하시오.

1 $\alpha=0.05$, $\beta=0.10$을 만족시키는 계량규준형 1회 샘플링 검사방식을 설계하시오. (단, $K_{0.05}=1.645$, $K_{0.10}=1.282$이다.)

2 이 검사방식에 대한 OC곡선을 작성하시오. (단, $K_{0.95}=-1.645$, $K_{0.10}=1.282$, $K_{0.034}=1.82$이다.)

3 검사 결과 다음과 같은 데이터가 측정되었다. 로트의 처리방법을 결정하시오.

Data : 527　　529　　531

[풀이] 1 σ가 기지인 계량규준형 1회 샘플링 검사에서 로트의 평균치를 보증하고자 할 때 특성치가 낮을수록 좋은 경우이다.

따라서 검사방식은 $(n, \overline{X}_U)$로 결정된다.

여기서 $m_0=520$, $m_1=540$, $\sigma=10$이고, $K_\alpha=K_{0.05}=1.645$, $K_\beta=K_{0.10}=1.282$이므로

$$n = \left(\frac{K_\alpha + K_\beta}{m_1 - m_0}\right)^2 \sigma^2 = \left(\frac{1.645 + 1.282}{540 - 520}\right)^2 10^2 = 3$$

$$\overline{X}_U = \frac{m_0 K_\beta + m_1 K_\alpha}{K_\alpha + K_\beta} = \frac{(520 \times 1.282) + (540 \times 1.645)}{1.645 + 1.282} = 531.2$$

따라서 검사방식은 ($n = 3$, $\overline{X}_U = 531.2$)이고, 로트로부터 랜덤하게 $n=3$의 시료를 샘플링하여 그 평균치 $\overline{x}$을 구할 때, 다음과 같이 판정한다.

$\overline{x} \leq 531.2$이면, 로트합격

$\overline{x} > 531.2$이면, 로트불합격

❷ $m_0 = 520$, $m_1 = 540$을 포함하여 m의 값을 510, 520, 530, 540, 550으로 지정하여, 표준정규분포를 이용해서 다음의 표를 작성한다.

❸ 검사방식은 ($n = 3$, $\overline{X}_U = 531.2$)이고, 로트로부터 랜덤하게 $n = 3$의 시료를 샘플링하여 평균치 $\overline{x} = \dfrac{527 + 529 + 531}{3} = 529$을 구하고 다음과 같이 판정한다.

$\overline{x} \leq 531.2$이면, 로트합격

$\overline{x} > 531.2$이면, 로트불합격

따라서 로트합격으로 판정한다.

1171 21C 기업의 품질환경은 소비자의 권리가 매우 강화되고 있는 추세이며, 우리나라도 제조물책임법을 정하여 실시하고 있다. 다음 물음에 답하시오.

❶ 케네디가 주장하여 제조물책임법 수립의 근거가 된 소비자 권익보호를 위한 특별교서 소비자의 4가지 권리에 대하여 설명하시오.

❷ 과실책임에 대해 3가지 결함으로 구분하여 설명하시오.

❸ 제조물 책임에 대한 대책을 PLP와 PLD로 구분하여 설명하시오.

[풀이] ❶ 안전해야 할 권리, 알아야 할 권리, 선택할 수 있는 권리, 의견이 반영되는 권리

❷ 과실책임이란 주의 의무위반(예견되는 위험, 오용 시 위험, 우연발생 상황에 대한 경고 의무)과 같이 소비자에 대한 보호의무를 불이행한 경우, 피해자에게 손해배상을 해야 할 의무를 뜻한다.

(1) 제조상의 결함(Manufacturing Defects)

제조업자의 제조물에 대한 제조, 가공상의 주의의무 이행 여부에도 불구하고 제조물이 원래 의도한 설계와 다르게 제조, 가공됨으로써 안전하지 못하게 된 경우

(2) 설계상의 결함(Design Defects)

제조업자가 합리적인 대체 설계를 채용했더라면 피해 및 위험을 줄이거나 피할 수 있었음에도 대체 설계를 채용하지 아니하여 당해 제조물이 안전하지 못하게 된 경우

(3) 표시상의 결함(Defective Defects)

제조업자가 합리적인 설명, 지시, 경고 기타의 표시를 했더라면 당해 제조물에 의하여 발생될 수 있는 피해나 위험을 줄이거나 피할 수 있었음에도 이를 하지 않은 경우

3 (1) PLP(Product Liability Prevention : 제품책임 예방)

제품의 사고가 발생하기 전 사전에 사고를 방지하는 대책

① 소프트웨어 측면
- 고도의 품질보증체계
- 사용방법 보급
- 사용환경 대응
- 제품안전기술
- 기술지도 및 관리점검 강화
- 신뢰성시험으로 안전확보

② 하드웨어 측면

재료, 부품 등의 안전확보

(2) PLD(Product Liability Defense : 제품책임 방어)

제품의 결함으로 인해 손해가 발생한 후의 방어대책

① 사전대책
- 책임의 한정 : 계약서, 보증서, 취급설명서 등
- 손실의 분산 : PL보험가입 등
- 응급체계 구축 : 담당자 설정, 교육, 정보전달체계 구축 등

② 사후대책
- 초동대책 : 사실의 파악, 피해자 및 매스컴 대응 등
- 손실확대 방지 : 리콜, 수리 등

1172 다음은 K기업이 탈색률을 향상시키기 위해 $L_{16}(2^{15})$ 직교배열표를 활용하여 실험한 결과에 대한 분산분석(ANOVA Table) 결과이다. 다음 물음에 답하시오. (단, 탈색률은 망대특성이다.)

〈실험조건〉
A : 제1탑 PH(4수준) : $A_0 = 7.5$, $A_1 = 8.0$, $A_2 = 8.5$, $A_3 = 9.0$
B : 제1탑 온도(2수준) : $B_0 = 50℃$, $B_1 = 60℃$
C : 수조온도(2수준) : $C_0 = 50℃$, $C_1 = 60℃$
D : 포충시간(2수준) : $D_0 = 30\text{min}$, $D_1 = 40\text{min}$

〈실험의 배치〉
1) 인자 A는 2수준계에 4수준을 배치하여야 하므로 $L_{16}(2^{15})$ 표의 1, 2, 3열에 배치하였다. 배치방법은 1, 2열의 직교배열표 내부 숫자를 기준으로 00 = A_0, 01 = A_1, 10 = A_2, 11 = A_3로 하여 배치하였다.
2) 인자 B는 15열, 인자 C는 5열, 인자 D는 9열에 배치하였다.

〈배치 및 실험결과〉
① 직교배열표 및 실험결과

열번호	1	2	3	4	5	6	7	8	9	10	11	12	13	14	15	데이터 y
1	0	0	0	0	0	0	0	0	0	0	0	0	0	0	0	80.0
2	0	0	0	0	0	0	0	1	1	1	1	1	1	1	1	81.1
3	0	0	0	1	1	1	1	0	0	0	0	1	1	1	1	81.6
4	0	0	0	1	1	1	1	1	1	1	1	0	0	0	0	79.8
5	0	1	1	0	0	1	1	0	0	1	1	0	0	1	1	77.0
6	0	1	1	0	0	1	1	1	1	0	0	1	1	0	0	78.6
7	0	1	1	1	1	0	0	0	0	1	1	1	1	0	0	77.2
8	0	1	1	1	1	0	0	1	1	0	0	0	0	1	1	78.8
9	1	0	1	0	1	0	1	0	1	0	1	0	1	0	1	76.0
10	1	0	1	0	1	0	1	1	0	1	0	1	0	1	0	70.0
11	1	0	1	1	0	1	0	0	1	0	1	1	0	1	0	71.0
12	1	0	1	1	0	1	0	1	0	1	0	0	1	0	1	74.8
13	1	1	0	0	1	1	0	0	1	1	0	0	1	1	0	70.8
14	1	1	0	0	1	1	0	1	0	0	1	1	0	0	1	70.6
15	1	1	0	1	0	0	1	0	1	1	0	1	0	0	1	72.0
16	1	1	0	1	0	0	1	1	0	0	1	0	1	1	0	68.0
기본표시	a	b	ab	c	ac	bc	abc	d	ad	bd	abd	cd	acd	bcd	abcd	1207.3
배치	A	A	A		C			D							B	
T_0	634.1	614.3	603.9	604.1	602.5	603.1	604.3	605.6	599.2	604.6	606.6	605.2	599.2	609.0	595.4	
T_1	573.2	593.0	603.4	603.2	604.8	604.2	603.0	601.7	608.1	602.7	600.7	602.1	608.1	598.3	611.9	

② A, B의 이원표

	$A_0(00)$	$A_1(01)$	$A_2(10)$	$A_3(11)$	합계
B_0	159.8	155.8	141.0	138.8	595.4
B_1	162.7	155.8	150.8	142.6	611.9
합계	322.5	311.6	291.8	281.4	1207.3

③ D의 일원표

D_0	D_1
599.2	608.1

④ ANOVA Table(단, 소수 3째 자리 아래는 반올림하여 작성하였다. 다음 질문에 대한 계산에는 주어진 값들을 활용하시오.)

요인	제곱합(SS)	자유도(df)	평균제곱(MS)	검정통계량(F_0)	기각역($F_{0.95}$)
A	260.17	3	86.72	123.54	5.41
B	17.02	1	17.02	24.25	6.61
C	0.33	1	0.33	0.47	6.61
D	4.95	1	4.95	7.05	6.61
A×B	12.71	3	4.24	6.04	5.41
B×D	0.08	1	0.08	0.11	6.61
e	3.51	5	0.70		
T(y)	298.77	15			

❶ 5번째 시료가 실시된 실험조건을 설명하시오.

❷ 교호작용 $A \times B$ 및 $B \times D$의 값이 나타나는 직교배열표의 열 번호를 쓰시오.

❸ 위 분석결과 의미가 없다고 판단되는 인자 C와 교호작용 $B \times D$를 Pooling하여 분석하고자 한다. Pooling 후 ANOVA Table을 작성하시오.

요인	제곱합(SS)	자유도(df)	평균제곱(MS)	검정통계량(F_0)	기각역($F_{0.95}$)
					4.35
					5.59
					5.59
					4.35
T(y)					

❹ 최적조건을 구하시오.

❺ 유의수준 5%로 최적해의 신뢰구간을 구하시오.(단, $t_{0.975}(\nu_e) = 2.365$이다.)

풀이 **1** A : 제1탑 PH 8.0   B : 제1탑 온도 60℃
C : 수조온도 50℃   D : 포충시간 : 30min

2 2인지 교호작용은 각각의 성분(기본표시)의 곱의 열에 나타나고, 2수준계이므로 $a^2 = b^2 = c^2 = d^2 = 1$이다.

인자 A는 1, 2, 3열(기본표시 a, b, ab)에 배치되어 있고, 인자 B는 15열(기본표시 $abcd$)에 배치되어 있다.

교호작용 $A \times B$는 다음과 같다.

$(a)(abcd) = a^2bcd = bcd$(14열), $(b)(abcd) = ab^2cd = acd$(13열),
$(ab)(abcd) = a^2b^2cd = cd$(12열)

인자 B는 15열(기본표시 $abcd$)에 배치되어 있고, 인자 D는 9열(기본표시 ad)에 배치되어 있다.

교호작용 $B \times D$는 다음과 같다.

$(abcd)(ad) = a^2bcd^2 = bc$(6열)

3

요인	제곱합(SS)	자유도(df)	평균제곱(MS)	검정통계량(F_0)	기각역($F_{0.95}$)
A	260.17	3	86.72	154.86	4.35
B	17.02	1	17.02	30.39	5.59
D	4.95	1	4.95	8.84	5.59
A×B	12.71	3	4.24	7.57	4.35
e	3.92	7	0.56		
T(y)	298.77	15			

4 탈색률을 향상시키는 최적수준조합

A, B, D 인자의 최적조건

교호작용 $A \times B$가 유의하므로 A, B의 이원표를 이용하여 찾는다.

A, B의 이원표로부터 A_0B_1에서 탈색률 향상이 크고, D의 일원표로부터 D_1이 탈색률 향상이 크다.

따라서 최적수준조합은 $A_0B_1D_1$이 된다.

5 1) 점 추정치

$$\mu(A_0B_1D_1) = \mu + a_0 + \widehat{b_1 + (ab)_{01}} + d_1$$
$$= \mu + a_0 + \widehat{b_1 + (ab)_{01}} + \widehat{\mu + d_1} - \bar{\bar{x}}$$
$$= \frac{162.7}{2} + \frac{608.1}{8} - \left(\frac{1207.3}{16}\right) = 81.9$$

2) 95% 신뢰구간

$$\mu(A_1B_1C_1D_0F_1H_1) = 81.9 \pm t_{1-\alpha/2}(\nu)\sqrt{\frac{Ve}{n_e}},$$

$$n_e = \frac{\text{총실험횟수}}{(\text{무시할 수 없는 자유도합} + 1)} = \frac{16}{9} = 1.78$$

$$= 81.9 \pm t_{0.975}(7)\sqrt{\frac{0.56}{1.78}} = 81.9 \pm (2.365)\sqrt{\frac{0.56}{1.78}}$$

$$= 81.9 \pm 1.33(80.57, \ 83.23)$$

1173
M회사가 생산하는 자동차 부품의 길이(cm)와 무게(kg)를 측정한 아래 데이터를 참고하여 물음에 답하시오. (단, $n = 10$)

X : 길이(cm)	70	70	70	72	72	72	74	74	80	80
Y : 무게(kg)	110	135	110	135	130	140	145	150	165	170

1 X와 Y 사이의 상관계수를 구하시오.
2 분산분석(ANOVA)을 통해 회귀분석을 하시오. (단, $\alpha = 0.05$, $F_{0.95}(1, 8) = 5.32$)
3 길이에 대한 무게의 단순 회귀식을 구하시오.

[풀이] Unequal Repeat ANOVA

r \ A	70	72	74	80
1	110	135	145	165
2	135	130	150	170
3	110	140		
T_i	355	395	295	335

i	1	2	$\cdots$	10	T
X	70	70	$\cdots$	80	734
Y	110	135	$\cdots$	170	1,380
XY	7,700	9,450	$\cdots$	13,600	10,192

$n = 10$, $T = 1,380$

- $S_{XX} = \sum X_i^2 - (\sum X_i)^2/n$

$$= 70^2 + 70^2 + \cdots + 80^2 - \frac{(734)^2}{10} = 128.4$$

- $S_{YY} = \sum Y_i^2 - (\sum Y_i)^2/n$

$$= 110^2 + 135^2 + \cdots + 170^2 - \frac{(1,380)^2}{10} = 3,660$$

- $S_{XY} = \sum X_i Y_i - (\sum X_i)(\sum Y_i)/n$

$$= 7,700 + 9,450 + \cdots + 13,600 - \frac{(734)(1,380)}{10} = 628$$

1 시료상관계수 $r = \dfrac{S_{XY}}{\sqrt{S_{XX} \cdot S_{YY}}} = \dfrac{628}{\sqrt{128.4 \times 3,660}} = 0.9161$

2 ANOVA

$F_{0.95}(1, 8) = 5.32$

요인	S	DF	MS	F_0	$F_{1-\alpha}$
R	3,071.5	1	3,071.5	40.21 (41.76)	5.32
r	130.144	$\nu_A - 1 = 2$	65.07	0.85	
A	3,201.67	$e - 1 = 3$	1,067.2	13.97	
e	458.33 (588.47)	$\nu_T - \nu_A = 6$ (8)	76.39 (73.56)		pooling
T	3,660	$N - 1 = 9$			

$CT = T^2/N = 1,380^2/10 = 190,440$

$\therefore S_R = S_{XY}^2/S_{XX} = 628^2/128.4 = 3,071.526$

$S_A = \sum \dfrac{T_i^2}{r_i} - CT = \dfrac{335^2}{3} + \dfrac{395^2}{3} + \dfrac{295^2}{2} + \dfrac{335^2}{2} - 190,440 = 3,201.67$

$S_e = S_T - S_A = S_{YY} - S_A = 3,660 - 3,201.67 = 458.33$

$S_r = S_A - S_R = 3,201.67 - 3,071.526 = 130.144$

회귀식에 대한 F_0 통계량은 $F_0 = \dfrac{V_R}{\nu_e^*} = \dfrac{3,071.5}{73.56} = 41.76$으로 $F_{0.95}(1, 8) = 5.32$

보다 크므로 β(방향계수), 즉 회귀식은 $\alpha = 0.05$로 유의하다. 따라서 자동차 부품 길이와 무게는 1차 선형식으로 유의하며 2차 이상의 고차 회귀는 유의하지 않다.

2차 이상 회귀변동은 오차항에 풀링시켜서 다시 분산분석할 필요가 있다.

- 오차항의 변환식과 오차분산

$SS_e^* = S_e + S_r = 458.47 + 130.144 = 588.47$

$\nu_e^* = \nu_e + \nu_r = 6 + 2 = 8$

$V_e^* = \dfrac{SS_e^*}{\nu_e^*} = \dfrac{588.4}{8} = 73.56$

3 $\overline{X} = \sum X_i/n = 734/10 = 73.4$

$\overline{Y} = \sum Y_i/n = 1,380/10 = 138$

$\widehat{\beta_1} = \dfrac{S_{XY}}{S_{XX}} = \dfrac{628}{128.4} = 4.891$

$\widehat{\beta_0} = \overline{Y} - \widehat{\beta_1}\overline{X} = 138 - 4.891 \times 73.4 ≒ -221$

$\therefore \hat{y} = \widehat{\beta_0} + \widehat{\beta_1} X = -221 + 4.891X$

1174 다음의 자료는 작업자 3명, 생산라인 4개 사이에서 생산되는 시간당 생산량에 관한 무작위 실험의 결과이다. 이 자료에 대한 분산분석표를 작성하고 작업자 간 또는 생산라인 간 평균생산량 차가 존재하는지 유의수준(α) 0.05에서 검정하고자 한다. 다음 물음에 답하시오. (단, $\chi^2_{0.025}(6) = 1.237$, $\chi^2_{0.05}(6) = 1.635$, $\chi^2_{0.95}(6) = 12.59$, $\chi^2_{0.975}(6) = 14.45$, $F_{0.95}(2, 6) = 5.14$, $F_{0.975}(2, 6) = 7.26$, $F_{0.95}(3, 6) = 4.76$, $F_{0.975}(3, 6) = 6.60$이고, 소수점 둘째 자리까지 구하시오.)

생산라인 \ 작업자	A_1	A_2	A_3
B_1	29	38	35
B_2	24	30	22
B_3	27	35	37
B_4	33	34	38

❶ 귀무가설, 대립가설을 설정하시오.

❷ 분산분석표를 완성하시오.

요인	SS	DF	MS	F_0	$F_{0.95}$
A					
B					
e					
T					

❸ 통계적 검정 결과를 해석하시오.

[풀이] ❶ $H_0 : P_{ij} = P_{ij}''$ $H_1 : P_{ij} \neq P_{ij}''$

❷ ① 변동 계산

m \ l	A_1	A_2	A_3	T_{ij}
B_1	29	38	35	102
B_2	24	30	22	76
B_3	27	35	37	99
B_4	33	34	38	105
T_j	113	137	132	382

$$CT = \frac{T^2}{lm} = \frac{38^2}{12} = 12,160.33 \text{(변동분해)}$$

- $S_T = \sum\sum X_{ij}^2 - CT = 29^2 + 24^2 + \cdots + 38^2 - 12,160.33 = 321.67$
- $S_A = \dfrac{\sum T_{i\cdot}^2}{m} - CT = \dfrac{113^2 + 137^2 + 132^2}{4} - 12,160.33 = 80.17$
- $S_B = \dfrac{\sum T_{\cdot j}^2}{l} - CT = \dfrac{102^2 + 76^2 + 99^2 + 105^2}{3} - 12,160.33 = 175$
- $S_e = S_T - S_A - S_B = 66.5$

② 자유도 계산
- $\nu_A = l - 1 = 3 - 1 = 2$
- $\nu_B = m - 1 = 4 - 1 = 3$
- $\nu_e = (l-1)(m-1) = 6$
- $\nu_T = lm - 1 = 11$

③ 분산분석표 완성

요인	S	DF	MS	F_0	$F_{1-\alpha}$
A	80.17	2	40.09	3.62	5.14
B	175.0	3	58.33*	5.26	4.76
e	66.5	6	11.08		
T	321.67	11			

❸ 작업자별 $F_0 = 3.62 < F_{0.95}(2, 6) = 5.14$이므로 H_0를 기각할 수 없으며, 생산라인별 $F_0 = 5.26 > F_{0.95}(3, 6) = 4.76$이므로 H_0를 기각한다. 따라서 작업자 간 시간당 생산량은 차이가 없고, 공정 간 평균생산량은 $\alpha = 0.05$로 차이가 있다.

최적조건 $\mu(A_4)$이므로 $\overline{X}_{\cdot 4} = 105/4 = 26.25$

1175 다음은 생산공정에서 강도를 측정한 자료이다. $X-R_m$ 관리도에 대하여 다음 물음에 답하시오.

1 X 관리도의 U_{CL}, L_{CL}을 구하시오.
2 R_m 관리도의 U_{CL}, L_{CL}을 구하시오. (단, $n=2$일 때, $E_2=2.66$, $D_4=3.27$이다.)
3 관리상태를 설명하시오.

부분 군 번호	밀도(X)	범위(R_m)
1	1.65	—
2	1.25	0.40
3	2.00	0.75
4	1.82	0.18
5	1.45	0.37
6	1.22	0.23
7	1.68	0.46
8	1.27	0.41
9	1.52	0.25
10	1.49	0.03

[풀이] **1** X 관리도의 U_{CL}, L_{CL}

$\overline{R_m} = \sum R_m/(k-1) = 3.08/(10-1) = 0.3422$

$\overline{X} = \sum X/k = 15.35/10 = 1.535$

$\begin{matrix} U_{CL} \\ L_{CL} \end{matrix} > \overline{X} \pm 2.66\overline{R_m} = 1.535 \pm 2.66 \times 0.3422$

∴ $U_{CL} = 2.445$, $L_{CL} = 0.6247$

2 R_m 관리도의 U_{CL}, L_{CL}

n_2일 때 $D_4 = 3.27$, $D_3 = (-)$로 고려하지 않음

∴ $U_{CL} = D_4 \cdot \overline{R_m} = 3.27 \times 0.3422 = 1.119$

$L_{CL} = (-)$이므로 고려하지 않음

3 관리상태

① X 관리도 : X점들이 U_{CL}, L_{CL}을 벗어나지 않으므로 관리상태에 있다.
② R_m 관리도 : R_m이 L_{CL}을 벗어난 점이 없으므로 관리상태에 있다.

1176 M자동차 부품회사의 특정부품 소음레벨을 관리하기 위해서 $\overline{X}-R$ 관리도를 작성하였다. $n=4$, $k=20$인 데이터에 대한 $\overline{X}$ 및 R의 계산 결과가 다음과 같을 때, $\overline{X}-R$ 관리도의 C_L, U_{CL}, L_{CL}을 각각 구하시오.(단, $n=4$일 때, $A_2=0.729$, $D_4=2.282$, $D_3=-$)

군번호	1	2	3	4	5	6	7	8	9	10
$\overline{X}$	10.44	10.46	9.98	11.14	10.12	11.14	10.23	11.23	10.45	11.12
R	1.8	1.4	0.7	2.7	2.6	2.4	1.1	0.8	1.2	0.6
군번호	11	12	13	14	15	16	17	18	19	20
$\overline{X}$	9.52	10.55	9.95	10.45	10.98	11.12	10.01	10.13	11.98	11.22
R	1.8	1.4	2.2	2.4	1.5	0.7	1.4	1.5	1.7	2.3

[풀이] ① $\overline{X}$ 관리도 : $n=4$일 때, $A_2=0.729$

$\overline{\overline{X}} = \sum \overline{X}/k = 212.22/20 = 10.6$

$\overline{R} = \sum R/k = 32.2/20 = 1.61$

$\begin{matrix} U_{CL} \\ L_{CL} \end{matrix} > \overline{\overline{X}} \pm A_2 \overline{R} = 10.6 \pm 0.729 \times 1.61$

∴ $U_{CL} = 11.77$, $L_{CL} = 9.426$, $C_L = \overline{\overline{X}} = 10.6$

② R 관리도 : $n=4$일 때, $D_4=2.282$이고 $D_3=-$

∴ $U_{CL} = D_4 \overline{R} = 2.282 \times 1.61 = 3.67$

$L_{CL} = D_3 \overline{R} = (-)$이므로 고려하지 않음

③ 관리상태

$\overline{X}$: $k=19$, $U_{CL} = 11.77 < \overline{X}_{19} = 11.98$(벗어남)

R : 벗어남 없음

1177 M회사는 자동차 부품 성능 보증을 위해서 완제품을 대상으로 전수 성능 검사를 실시하고 있다. 품질 규격은 1.85~1.95이다. 이 부품의 성능에 대한 산포 관리를 위해 지난 10일간 데이터 취득한 결과 평균은 1.92이며, 표준편차는 0.01이다. 다음 물음에 답하시오.

1 공정이 안정한 상태에 있다면, 공정능력지수(C_p) 값과 시그마 수준을 구하시오.
2 최소공정능력지수(C_{pk}) 값과 시그마 수준을 구하시오.

풀이
1 $C_p = \dfrac{T}{6 \cdot \sigma} = \dfrac{S_U - S_L}{6 \times 0.01} = \dfrac{0.1}{0.06} = 1.67$

$Z_{st} = 3 \times C_p = 5$(즉, 5시그마 수준)

2 $C_{pk} = (1-k)C_p = (1-0.4) \times 5 = 3$

여기서, $k = \dfrac{|\mu - M|}{(T/2)} = \dfrac{|1.92 - 1.9|}{0.05} = 0.4$

1178 A제품의 직경은 평균과 분산이 각각 3.10mm와 0.0004mm²인 정규분포를 따르고, 제품의 규격이 3.10±0.0392mm일 경우에 이 공정에서 생산되는 제품에서 부적합품이 나올 확률을 구하시오. (단, u는 표준정규분포 $N(0, 1^2)$를 따르는 확률변수이고, $P_r(u < 1.28) = 0.1003$, $P_r(u < 1.65) = 0.0495$, $P_r(u < 1.96) = 0.0250$)

풀이 $X \sim N(3.1, 0.0004)$, 규격 : 3.10±0.0392mm

$\mu = 3.1$, $\sigma^2 = 0.0004 \rightarrow \sigma = \sqrt{\sigma^2} = 0.02$

$S_U = 3.1392$, $M = 3.1$, $S_L = 3.0608$

$\begin{aligned}
P(X) &= P(X > S_U) + P(X < S_L) \\
&= P\left(Z > \dfrac{S_U - \mu}{\sigma}\right) + P\left(Z < \dfrac{\mu - S_L}{\sigma}\right) \\
&= P\left(Z > \dfrac{3.139 - 3.1}{0.02} = 1.95\right) + P\left(Z < \dfrac{3.1 - 3.0608}{0.02}\right) \\
&= P(Z > 1.96) + P(Z < 1.96) \\
&= 0.05 + 0.05 \\
&= 0.1(10\%)
\end{aligned}$

1179 A통신업체에서는 사용되는 서로 다른 이동통신서비스(A_1, A_2, A_3)가 서로 다른 거주 지역(B_1, B_2, B_3, B_4)별로 이용자 수에 차이가 있는지를 알아보기 위하여 180명의 휴대폰 사용고객을 대상으로 조사하여 다음의 데이터를 얻었다.

	B_1	B_2	B_3	B_4	계
A_1	$15-3k$	$15-k$	$15+k$	$15+3k$	60
A_2	15	15	15	15	60
A_3	$15+3k$	$15+k$	$15-k$	$15-3k$	60
계	45	45	45	45	180

이동통신서비스가 거주 지역별로 차이가 있는지를 유의수준 0.05에서 검정하려고 한다. 다음 물음에 답하시오.

1 이 검정을 위한 검정통계량을 구하시오.

2 서로 차이가 없다는 귀무가설을 기각하는 k값 중 정수의 최솟값을 구하시오.

(단, $\chi^2_{0.95}(6) = 12.592$, $\chi^2_{0.975}(6) = 14.449$, $\chi^2_{0.95}(8) = 15.507$, $\chi^2_{0.975}(8) = 17.535$, $\chi^2_{0.95}(9) = 16.919$, $\chi^2_{0.975}(9) = 19.023$, $\chi^2_{0.95}(12) = 21.026$, $\chi^2_{0.975}(12) = 23.337$)

풀이 **1** 검정통계량

$$\chi^2_0 = \sum \varepsilon (O_{ij} - E_j)^2 / E_j$$
$$= [(-3k)^2 + (-k)^2 + (k)^2 + (3k)^2 + (3k)^2 + (k)^2 + (-k)^2 + (-3k)^2]/15$$
$$= (9k^2 + k^2 + k^2 + 9k^2 + 9k^2 + k^2 + k^2 + 9k^2)/15$$
$$= 40k^2/15 = 2.67k^2$$

$\chi^2_{1-\alpha}((r-1)(c-1)) = \chi^2_{0.95}(6) = 12.592$

2 서로 차이가 없다는 귀무가설을 기각하는 k값 중 정수의 최솟값

$\chi^2_0 < \chi^2_{1-\alpha}(\nu) = 12.592$

$2.67k^2 \leq 12.592$

$k^2 \leq \dfrac{12.592}{2.67}$

$k \leq \sqrt{\dfrac{12.592}{2.67}} = 2.173$

따라서 k값 중 정수의 최솟값은 $k = 2$이다.

1180 A공정에서 핵심품질특성(CTQ)인 부품치수를 충분히 측정하여 관리하고 있다. 관리상태하에서 평균은 14mm, 군내변동 $\sigma_w = 1.3$, 군간변동 $\sigma_b = 2.7$이고, 규격은 15 ± 5mm이다. 다음 물음에 답하시오.

1 공정능력을 평가하기 위한 공정능력지수(C_p, C_{pk})를 구하고, C_p와 C_{pk}의 차이에 따른 공정상태를 해석하시오.

2 아래의 Z_0값을 이용하여 공정의 현재 상태를 파악하고 목표를 설정하기 위해 4블록 다이어그램(4 Block Diagram)을 활용하고자 한다. Z_{st}, Z_{lt}값을 구하여 4블록 다이어그램을 작성하고, 현재 상태와 목표 방향을 설정하여 해석하시오.

Z_0	1.206	1.335	1.566	2.002	2.525	3.077	4.0 이상
$P(Z > Z_0)$	0.114	0.091	0.057	0.023	0.006	0.001	0.0 간주

풀이 **1** ① C_p, C_{pk} 계산

$\sigma_w = 1.3$이므로

$$C_p = \frac{T}{6\sigma} = \frac{10}{6 \times 1.3} = 1.282$$

$$k = \frac{|\mu - M|}{T/2} = 0.2$$이므로

$$C_{pk} = (1-k)C_p = 0.8 \times 1.282 = 1.0256$$

② 공정상태 해석

$C_p < 1.33$이므로 공정능력평가는 '보통'이다. 그러나 공정이 중심으로부터 $k = 0.2$ 벗어났으므로 $C_{pk} = 1.0256$, 따라서 공정관리상태는 '보통'이다.

2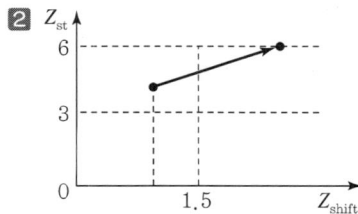

$Z_{st} = C_p \times 3 = 1.282 \times 3 = 3.846$

$Z_{lt} = C_{pk} \times 3 = 3.0768$

$Z_{shift} = Z_{st} - Z_{lt} = 0.769$

1181 두 확률변수 X와 Y에 대하여 각각 12개씩($n=12$)의 데이터를 확보하여 요약한 자료는 다음과 같다.(단, 계산 결과는 소수점 5자리에서 반올림하여 소수점 4자리로 수치맞음하시오.)

〈자료〉

$\sum_{i=1}^{12} x_i = 67.1$, $\sum_{i=1}^{12} x_i^2 = 537.21$, $\sum_{i=1}^{12} y_i = 64.3$, $\sum_{i=1}^{12} y_i^2 = 501.69$, $\sum_{i=1}^{12} x_i y_i = 503.79$

$t_{0.975}(9) = 2.262$, $t_{0.975}(10) = 2.228$, $t_{0.975}(11) = 2.201$, $t_{0.95}(9) = 1.833$

$t_{0.95}(10) = 1.812$, $t_{0.95}(11) = 1.796$, $u_{0.975} = 1.960$, $u_{0.95} = 1.645$

1 회귀직선 $\hat{y} = \hat{\beta_0} + \hat{\beta_1}x$을 구하시오.

2 상관관계가 존재하는지 유의수준 5%로 검정하시오.

3 모상관계수의 95% 신뢰구간을 구하시오.

4 회귀계수 β_1에 대한 95% 신뢰구간을 구하시오.

5 $x=7$에서 $E(\hat{y})$의 95% 신뢰구간을 구하시오.

[풀이]

1 $S_{XX} = \sum X_i^2 - (\sum X_i)^2/n = 537.21 - (67.1)^2/12 = 162.0092$

$S_{YY} = \sum Y_i^2 - (\sum Y_i)^2/n = 501.69 - (64.3)^2/12 = 157.1492$

$S_{XY} = \sum X_i Y_i - (\sum X_i)(\sum Y_i)/n = 503.79 - (67.1)(64.3)/12 = 144.2458$

$\overline{\overline{X}} = \sum X_i/n = 5.5917$

$\overline{\overline{Y}} = \sum Y_i/n = 5.3583$

$\hat{\beta_1} = \dfrac{S_{XY}}{S_{XX}} = \dfrac{144.2458}{162.0092} = 0.8904$

$\hat{\beta_0} = \overline{Y} - \hat{\beta_1}\overline{X} = 5.3583 - 0.8904 \times 5.5917 = 0.3795$

$\hat{y} = \hat{\beta_0} + \hat{\beta_1}X = 0.3795 + 0.8904X$

2 $r = \dfrac{S_{XY}}{\sqrt{S_{XX} \cdot S_{YY}}} = \dfrac{144.2458}{\sqrt{162.0092 \times 157.1492}} = 0.904$

r의 유무의 검정

① 가설 $H_0 : \rho = 0$, $H_1 : \rho \neq 0$

② 유의수준 $\alpha = 0.05$

③ 통계량 $t_0 = \dfrac{r\sqrt{n-2}}{\sqrt{1-r^2}} = \dfrac{0.904\sqrt{12-2}}{\sqrt{1-0.904^2}} = 6.6865$

④ 기각역
$$t_{1-\alpha/2}(\nu) = t_{0.975}(10) = 2.228$$
$$-t_{1-\alpha/2}(\nu) = -t_{0.975}(10) = -2.228$$

⑤ 판정

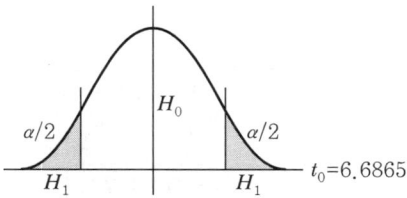

H_0를 기각한다. 따라서 $\alpha = 0.01$로 $\rho \neq 0$이라고 할 수 있다.

3 $Z = \dfrac{1}{2}\ln\dfrac{1+r}{1-r} = \tanh^{-1}r = \tanh^{-1}(0.904) = 1.4936$

$$E(Z) = Z \pm Z_{1-\alpha/2}\sqrt{\dfrac{1}{n-3}}$$
$$= 1.4936 \pm 1.96\sqrt{\dfrac{1}{12-3}}$$
$$= 1.4936 \pm 0.6533$$
$$(0.8406,\ 2.1469)$$

- $E(Z_L) = 0.8406$
- $E(Z_U) = 2.1469$

$\tanh \cdot E(Z_L) \leq \rho \leq \tanh E(Z_U)$

$0.6861 \leq \rho \leq 0.9731$

4 방향계수(β_1)

$$E(\beta) = \hat{\beta} \pm t_{1-\alpha/2}(\nu)\sqrt{V(\beta)}$$
$$= \hat{\beta} \pm t_{1-\alpha/2}(\nu)\sqrt{\dfrac{V_{Y/X}}{S_{XX}}}$$

$S_{Y/X} = S_T - S_R = S_Y - S_R = 157.1492 - 128.43 = 28.7194$

$S_R = \dfrac{(S_{XY})^2}{S_{XX}} = \dfrac{(144.2458)^2}{162.0092} = 128.43$

$V_R = S_R/\nu_R = 128.43$이므로 $\nu_R = 1$

$V_{Y/X} = \dfrac{S_{Y/X}}{\nu_{X/X}} = \dfrac{28.7194}{(n-2)} = 2.8719$

$$\therefore E(\beta_1) = \hat{\beta} \pm t_{1-\alpha/2}(\nu)\sqrt{\frac{V_{X/Y}}{S_{XX}}} = 0.8904 \pm 2.228\sqrt{\frac{2.8719}{162.0092}}$$
$$= 0.8904 \pm 0.2966$$
$$(0.5938,\ 1.187)$$

5 $X = 7$, $\hat{y} = 0.3795 + 0.8904 \times 7 = 6.6123$

$$E(\hat{y}) = (\hat{\beta}_0 + \hat{\beta}_1 X) \pm t_{1-\alpha/2}(n-2)\sqrt{V_{Y/X}\left[\frac{1}{n} + \frac{(X-\overline{\overline{X}})^2}{S_{YX}}\right]}$$
$$= 6.6123 \pm 2.228\sqrt{2.8719 \times \left[\frac{1}{12} + \frac{(7-5.5917)^2}{162.0092}\right]}$$
$$= 6.6123 \pm 1.1673$$
$$(5.445,\ 7.7796)$$

1182
반도체 제조 공정에서 제품의 수율을 높이기 위하여 두 개의 모수요인 A, B에 대하여 각각 3, 4 수준에서 실험을 한 결과 다음과 같은 자료를 얻었다. 다음 물음에 답하시오. (단, $F_{0.95}(2,\ 6) = 5.14$, $F_{0.95}(3,\ 6) = 4.76$, $F_{0.95}(6,\ 2) = 19.33$, $F_{0.95}(6,\ 3) = 8.94$)

1 분산분석을 하여 각 요인의 유의성을 판정하시오.

2 분산분석 결과, 유의한 것으로 판정되는 요인의 기여율을 추정하시오.

요인	B_1	B_2	B_3	B_4
A_1	7.7	8.3	9.3	7.0
A_2	7.1	8.2	9.7	8.5
A_3	7.4	8.4	10.0	8.1

풀이 **1** 분산분석

$$CT = \frac{T^2}{lm} = \frac{(99.7)^2}{12} = 828.341$$

$l = 4$, $m = 3$

① 변동 계산

$$S_T = \sum\sum X_{ij}^2 - CT = 7.7^2 + 7.1^2 + \cdots + 8.1^2 - 828.341 = 10.2492$$
$$S_A = \sum T_{ij}^2/l - CT = (32.3^2 + 33.5^2 + 33.9^2)/4 - 828.341 = 0.3467$$
$$S_B = \sum T_{i\cdot}^2/m - CT = (22.2^2 + 24.9^2 + 29.0^2 + 23.6^2)/3 - 828.341$$
$$= 8.5958$$
$$S_e = S_T - S_A - S_B = 10.2492 - 0.3467 - 8.5958 = 1.3067$$

② 자유도 계산
$$\nu_T = lm - 1 = 12 - 1 = 11$$
$$\nu_A = l - 1 = 3 - 1 = 2$$
$$\nu_B = m - 1 = 4 - 1 = 3$$
$$\nu_e = (l-1)(m-1) = 6$$

③ 분산분석표 작성

요인	S	DF	MS	F_0	$F_{1-\alpha}$
A	0.3467	2	0.1734	0.786	5.14
B	8.5958	3**	2.8653	13.1556	4.76, 9.78
E	1.3067	6	0.2178	–	
T	10.2492	11			

④ 판정

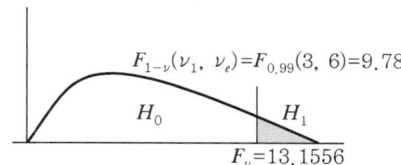

2 기여율 추정
$$\rho = \frac{S_B'}{S_T} = \frac{S_B - \nu_B \cdot V_e}{S_T} = \frac{8.5958 - 3 \times 0.2178}{10.2492} \times 100(\%) = 77.493(\%)$$

1183 두 모집단의 분석을 위해 모집단으로부터 각각 랜덤하게 추출한 표본 수 및 표본의 평균, 표준편차가 아래와 같았다. 다음 물음에 답하시오.(단, $F_{0.90}(8, 9) = 2.47$, $F_{0.90}(9, 8) = 2.56$, $F_{0.95}(8, 9) = 3.23$, $F_{0.95}(9, 8) = 3.39$이고, 신뢰율은 90%이다.)

구분	표본 수	평균	표준편차
모집단 1	9	17.6	1.8
모집단 2	10	16.7	3.8

1 두 모집단의 분산이 차이가 있는지를 $\dfrac{V_1}{V_2}$로 검정하시오.

2 모분산비 $\dfrac{\hat{\sigma}_1^2}{\hat{\sigma}_2^2}$에 대한 신뢰율 90%의 신뢰구간을 구하시오.

[풀이] **1** 분산 차이 검정

① 가설 $H_0 : \sigma_1^2 = \sigma_2^2$, $H_1 : \sigma_1^2 \neq \sigma_2^2$

② 유의수준 $\alpha = 0.1$

③ 통계량 $F_0 = \dfrac{V_1}{V_2} = \dfrac{(1.8)^2}{(3.8)^2} = 0.2244$

$$V_1 = (1.8)^2 = 3.24$$
$$V_2 = (3.8)^2 = 14.44$$

자유도 $\nu_1 = 9 - 1 = 8$
$\nu_2 = 10 - 1 = 9$

④ 기각역

$F_{1-\alpha/2}(\nu_1, \nu_2) = F_{0.95}(8, 9) = 3.23$

$F_{\alpha/2}(\nu_1, \nu_2) = F_{0.005}(8, 9) = \dfrac{1}{F_{1-\alpha/2}(9, 8)} = \dfrac{1}{2.56} = 0.3906$

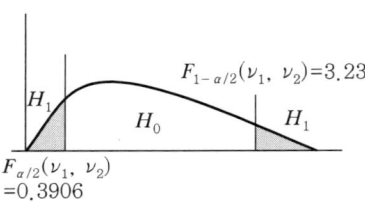

⑤ 판정

$F_0 = 0.2244 < F_{\alpha/2}(\nu_1, \nu_2) = \dfrac{1}{F_{1-\alpha/2}(\nu_2, \nu_1)} = 0.3906$ 이므로 H_0를 기각한다.

따라서 두 집단의 모분산에는 차이가 있다($\alpha = 0.1$).

2 신뢰율 90% 신뢰구간

$$\dfrac{(V_1/V_2)}{F_{1-\alpha/2}(\nu_1, \nu_2)} \leq \dfrac{\hat{\sigma}_1^2}{\sigma_2^2} \leq \dfrac{(V_1/V_2)}{F_{\alpha/2}(\nu_1, \nu_2)}$$

$$\dfrac{0.2244}{2.56} \leq \dfrac{\hat{\sigma}_1^2}{\sigma_2^2} \leq \dfrac{0.2244}{0.3906}$$

$$0.0877 \leq \dfrac{\hat{\sigma}_1^2}{\sigma_2^2} \leq 0.5745$$

1184 한국자동차 제1공장 내 실린더 가공 설비의 Grade별 생산비율은 1 Grade : 2 Grade : 3 Grade : 4 Grade가 4 : 3 : 2 : 1이었다. 그러나 실린더 가공 설비를 제2공장으로 이전 후 생산된 실린더 중 200개를 랜덤하게 채취하여 분석한 결과, 1, 2, 3, 4 Grade의 실린더가 각각 84개, 62개, 42개, 12개로 판명되었다. 제1공장의 실린더 가공설비를 제2공장으로 이전 후 Grade별 생산비율이 제1공장에서 생산했던 비율과 달라졌는지를 유의수준 5%로 검정하시오. (단, $\chi^2_{0.95}(3) = 7.81$, $\chi^2_{0.95}(4) = 9.49$, $\chi^2_{0.975}(3) = 9.35$, $\chi^2_{0.975}(4) = 11.14$)

[풀이] 한국자동차 Grade별 생산율 검정

	1Grade	2Grade	3Grade	4Grade	T
O_i	84	62	42	12	200
P_i	0.4	0.3	0.2	0.1	1
E_i	80	60	40	20	200
$\dfrac{(O_i - E_i)}{E_i}$	0.2	0.067	0.1	0.2	0.567

$E_i = T \cdot P_i$

① 가설 $H_0 : P_i = P_i'$, $H_1 : P_i \neq P_i'$

② 유의수준 $\alpha = 0.05$

③ 통계량 $\chi_0^2 = \dfrac{\sum (O_{ij} - E_{ij})^2}{E_{ij}} = 0.567$

  자유도 $\nu = l - 1 = 4 - 1 = 3$

④ 기각역 $\chi^2_{1-\alpha}(\nu) = \nu^2_{0.95}(3) = 7.81$

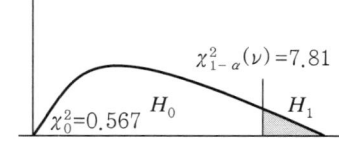

⑤ 판정

  $\chi_0^2 = 0.567 < \chi^2_{0.95}(3) = 7.81$이므로 H_0를 채택한다.

  따라서 $\alpha = 0.05$로 제2공장의 실린더 가공설비 Grade별 생산비율이 달라졌다고 할 수 없다.

1185
동일한 장비에서 생산한 제품 중에서 8개의 두께를 작업자 A, B가 순서대로 측정한 결과가 아래와 같을 때 다음 물음에 답하시오. (단, 유의수준은 5%이다.)

작업자 \ 제품번호	1	2	3	4	5	6	7	8
A	4.15	4.01	4.30	4.42	4.28	4.31	4.44	4.36
B	4.21	4.06	4.03	4.16	4.10	4.33	4.11	4.09

1 작업자 A, B가 측정한 대응 있는 데이터에 차이가 있다고 할 수 있는지를 검정하시오.
(단, $t_{0.95}(8) = 1.860$, $t_{0.975}(8) = 2.306$, $t_{0.95}(7) = 1.895$, $t_{0.975}(7) = 2.365$)

2 두 작업자 A, B 측정치 차이의 신뢰구간을 추정하시오.

[풀이]

대응조 \ n	1	2	3	4	5	6	7	8
A	4.15	4.01	4.30	4.42	4.28	4.31	4.44	4.36
B	4.21	4.06	4.03	4.16	4.10	4.33	4.11	4.09
d	−0.06	−0.05	0.27	0.26	0.18	−0.02	0.33	0.27

$$S_d = \sum d_i^2 - (\sum d_i)^2/n = (-0.06)^2 + (-0.05)^2 + \cdots + 0.27^2 - (1.18)^2/8$$
$$= 0.18715$$

$$V_d = \frac{S_d}{n-1} = \frac{0.18715}{8-1} = 0.0267$$

$$\nu = n - 1 = 8 - 1 = 7$$

① 가설 $H_0 : \delta = 0$, $H_1 : \delta \neq 0 (\therefore \delta = \mu_1 - \mu_2)$

② 유의수준 $\alpha = 0.05$

③ 통계량 $t_0 = \dfrac{\bar{d}}{\sqrt{V_d/(n-1)}} = \dfrac{0.1475}{\sqrt{0.0267/7}} = 2.388$

④ 기각역
$$t_{1-\alpha/2}(\nu) = t_{0.975}(7) = 2.365$$
$$-t_{1-\alpha/2}(\nu) = -t_{0.975}(7) = -2.365$$

⑤ 판정

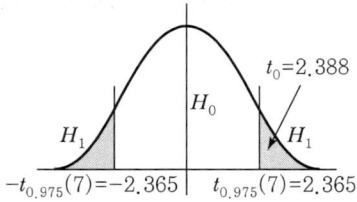

$t_0 = 2.388 > t_{0.975}(7) = 2.365$이므로 H_0를 기각한다.

따라서 두께 작업자 A, B 간의 측정치는 $\alpha = 0.05$로 차이가 있다고 할 수 있다.

1186 다음은 철광석 처리 공장에서 날짜별(A_1, A_2, A_3, A_4)로 입고된 철광석 운반 트럭(B)으로부터 2대(B_1, B_2)를 선택하여 각 트럭에서 임의로 철광석 샘플(C)을 두 자루씩(C_1, C_2) 채취한 다음 각 자루에서 두 번에 걸쳐 철광석의 특성을 측정한 데이터이다. 다음 물음에 답하시오.

구분		A_1	A_2	A_3	A_4	합계		
B_1	C_1	1.42	1.88	1.40	1.29	5.99	12.08	25.72
		1.46	1.83	1.41	1.39	6.09		
	C_2	1.63	2.11	1.61	1.44	6.79	13.64	
		1.65	2.15	1.59	1.46	6.85		
합계(1)		6.16	7.97	6.01	5.58	—	—	—
B_2	C_1	1.12	1.57	1.08	1.04	4.81	9.49	20.46
		1.06	1.56	1.06	1.00	4.68		
	C_2	1.23	1.79	1.30	1.14	5.46	10.97	
		1.20	1.86	1.33	1.12	5.51		
합계(2)		4.61	6.78	4.77	4.30	—	—	—
합계(1+2)		10.77	14.75	10.78	9.88	—	—	46.18

1 데이터의 구조식을 쓰시오.

2 유의수준 5%로 분산분석표를 완성하시오. (단, $F_{0.95}(3, 4) = 6.59$, $F_{0.975}(3, 4) = 9.98$, $F_{0.95}(4, 8) = 3.84$)

요인	SS	DF	MS	F_0	F분포표 값
A	1.77877	( )	( )	( )	( )
$B(A)$	0.87432	( )	( )	( )	( )
$C(AB)$	0.32107	( )	( )	( )	( )
e	0.0149	( )	( )		
T	2.98909	( )			

3 유의한 요인의 분산성분을 추정하시오.

[풀이] **1** 데이터 구조식

$$X_{ijkp} = \mu + a_i + b_j(i) + c_k(ij) + e_p(ijk)$$

$$e_p(ijk) \sim N(0, \sigma_e^2)$$

$l = 4, \ m = 2, \ n = 2, \ r = 2$

$a_i \sim N(0, \sigma_A^2)$

$b_j(i) \sim N(0, \sigma_{B(A)}^2)$

$c_k(ij) \sim N(0, \sigma_{C(AB)}^2)$

$$CT = \frac{T^2}{l_{mnr}} = \frac{46.18^2}{3^2} = 66.6435$$

$$S_T = \sum\sum\sum\sum X_{ijkp}^2 - (T^2/lmnr)$$
$$= 1.42^2 + 1.46^2 + \cdots + 1.12^2 - \frac{(46.18)^2}{32} = 2.989$$

$$S_A = \frac{\sum T_{i\cdots}^2}{mnr} - CT$$
$$= \frac{(10.77)^2 + (14.75)^2 + (10.78)^2 + (9.88)^2}{8} - CT = 1.582$$

$S_{B(A)} = S_{AB} - S_A = 2.6531 - 1.582 = 1.0711$

여기서, $S_{AB} = \dfrac{\sum T_{ij\cdot\cdot}^2}{nr} - CT = \dfrac{(6.16^2 + \cdots + 4.3^2)}{4} - 66.6435$
$= 69.2966 - 66.6435 = 2.6531$

$S_{C(AB)} = S_{ABC} - S_{AB} = 2.9742 - 2.6531 = 0.3211$

여기서, $S_{ABC} = \dfrac{\sum T_{ijk\cdot}^2}{r} - CT = \dfrac{(2.88^2 + 3.28^2 + \cdots + 2.26^2)}{2} - 66.6435$
$= 2.9742$

$S_e = S_T - S_{ABC} = 2.989 - 2.9742 = 0.0148$

2 ① 자유도

$\nu_A = l - 1 = 4 - 1 = 3$

$\nu_B = l(m-1) = 4(2-1) = 4$

$\nu_C = lm(n-1) = 4 \times 2(2-1) = 8$

$\nu_e = lmn(r-1) = 4 \times 2 \times 2(2-1) = 16$

$\nu_T = lmnr - 1 = 32 - 1 = 31$

② 분산분석표

요인	S	DF	MS	F_0	$F_{1-\alpha}$
A	1.582	3	0.5237	1.97	
$B(A)$	1.0711	4	0.2678	6.695	**
$C(AB)$	0.3211	8	0.04	43.24	**
e	0.0148	16	9.25×10^{-4}		
T	2.989	31			

3 ① 기각역

$(A) F_{1-\alpha}(\nu_A, \nu_B) = F_{0.95}(3, 4) = 6.59$

$[B(A)] F_{1-\alpha}(\nu_B, \nu_C) = F_{0.95}(4, 8) = 3.84$

$[C(AB)] F_{1-\alpha}(\nu_e, \nu_B) = F_{0.95}(8, 16) = 2.45$

② 판정

운반트럭과 Sample별로 철광석 특성이 유의하게 차이가 있다고 할 수 있다.

1187
화학공장의 중합공정에서 사용되는 촉매의 양(x)과 수율(y)의 관계 데이터가 다음과 같을 때, 물음에 답하시오. (단위 : 촉매의 양 g, 수율 %)

x(g)	4	5	6	6	7	8	10
y(%)	65	70	72	78	80	89	92

1 상관계수를 구하시오.

2 분산분석표를 작성하고, 회귀분석의 유의성을 검토하시오.
  (단, $F_{0.95}(1, 5) = 6.61$, $F_{0.99}(1, 5) = 16.3$이다.)

3 촉매의 양에 대한 수율의 직선회귀식을 구하시오.

4 목표수율을 95% 달성하기 위한 촉매의 양을 구하시오.

풀이 촉매의 양(x), 수율(y)

x(g)	4	5	6	6	7	8	10	46
y(%)	65	70	72	78	80	89	92	546
xy	260	350	432	468	560	712	920	3,702

$S_{xx} = \sum x_i^2 - (\sum x_i)^2/n = 326 - (46)^2/7 = 23.7143$

$S_{yy} = \sum y_i^2 - (\sum y_i)^2/n = 43,178 - (546)^2/7 = 590$

$S_{xy} = \sum xy - (\sum x)(\sum y)/n = 3,702 - (46)(546)/7 = 114$

1 상관계수 $r = \dfrac{S_{xy}}{\sqrt{S_{xx} \cdot S_{yy}}} = \dfrac{114}{\sqrt{23.7143 \times 590}} = 0.9638$

2 분산분석표

요인	S	DF	MS	F_1	$F_{1-\alpha}$
R	548.024	1	548.024	65.278	16.3
e	41.976	5	8.3952		
T	590				

$S_R = \dfrac{S_{xy}^2}{S_{xx}} = \dfrac{(114)^2}{23.7143} = 548.0238$

$S_T = S_{xy} = 590$

$\alpha = 0.01$로 회귀식은 매우 유의하다.

3 $\overline{x} = 46/7 = 6.5714$

$\overline{y} = 546/7 = 78$

$\hat{\beta}_1 = \dfrac{S_{xy}}{S_{xx}} = \dfrac{114}{23.7143} = 4.8072$

$\hat{\beta}_0 = \overline{y} - \hat{\beta}_1 \overline{x} = 78 - 4.8072 \times 6.5714 = 46.41$

$\therefore \hat{y} = \beta_0 + \hat{\beta}_1 x = 46.41 + 4.8072x$

4 $\overline{y} \geq 95\%$

$95\% \leq 46.41 + 4.8072x$

$\dfrac{95 - 46.41}{4.8072} \leq x$

$10.11\text{g} \leq x$

1188

2개의 열처리 라인에서 측정한 인장강도에 대한 데이터를 기록하였다. 다음 물음에 답하시오. (단, $F_{0.95}(15, 15) = 2.40$, $F_{0.975}(15, 15) = 2.86$, $t_{0.95}(30) = 1.697$, $t_{0.975}(30) = 2.042$)

라인	측정 Data							
A	46.7	50.1	53.8	49.4	56.6	50.1	52.9	52.7
	54.2	49.8	49.7	54.2	50.2	52.4	53.5	51.6
B	45.5	48.4	51.5	47.9	53.8	48.4	50.7	50.6
	51.9	48.1	48.0	51.9	48.5	50.3	51.3	49.7

1 2개 라인의 모분산에 대해서 유의수준 $\alpha = 5\%$로 등분산 검정하시오.(단, 시료 표준편차는 소수점 2자리로 끝맺음하시오.)

2 2개 라인 간 인장강도의 A라인 모평균이 큰지 유의수준 $\alpha = 5\%$로 주어질 때 가설 검정하시오.

3 2개 라인 간 인장강도의 모평균이 어느 정도 차이가 나는지 $(\widehat{\mu_A - \mu_B})$에 대해서 신뢰수준 95%로 구간추정하시오.

[풀이] $n_A = 16$, $n_B = 16$

$$\overline{X}_A = \sum X_{Ai}/n_A = 827.9/16 = 51.7438$$

$$\overline{X}_B = \sum X_{Bi}/n_B = 796.5/16 = 49.78125$$

$$S_A = \sum X_{Ai}^2 - (\sum X_{Ai})^2/n_A = 46.7^2 + 50.1^2 + \cdots + 51.6^2 - \frac{(827.9)^2}{16} = 92.3394$$

$$S_B = \sum X_{Bi}^2 - (\sum X_{Bi})^2/n_B = 45.5^2 + 48.4^2 + \cdots + 49.7^2 - \frac{(796.5)^2}{16} = 65.5048$$

$$V_A = \frac{S_A}{n-1} = \frac{92.3394}{15} = 6.156$$

$$V_B = \frac{S_B}{n-1} = \frac{65.5044}{15} = 4.367$$

1 등분산 검정

① 가설 $H_0 : \sigma_A^2 = \sigma_B^2$, $H_1 : \sigma_A^2 \neq \sigma_B^2$

② 유의수준 $\alpha = 0.05$

③ 검정통계량 $F_0 = V_A / V_B = 6.156/4.367 = 1.4097$

자유도 $\nu_A = n_A - 1 = 15$, $\nu_B = n_B - 1 = 15$

④ 기각역 $F_{1-\alpha/2}(\nu_A, \nu_B) = F_{0.95}(15, 15) = 2.4$

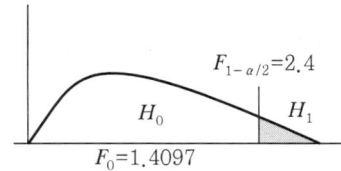

⑤ 판정

$F_0 = 1.4097 < F_{1-\alpha/2}(\nu_A, \nu_B) = 2.4$이므로 H_0를 채택한다.

따라서 $\alpha = 0.05$로 A, B 두 집단은 등분산이 아니라고 할 수 없다.

2 가설 검정

① 가설 $H_0 : \mu_A \leq \mu_B$, $H_1 : \mu_A > \mu_B$

② 유의수준 $\alpha = 0.05$

③ 검정통계량 $t_0 = \dfrac{\overline{X}_A - \overline{X}_B}{\sqrt{V \cdot \left(\dfrac{1}{n_A} + \dfrac{1}{n_B}\right)}} = \dfrac{51.7438 - 49.7813}{\sqrt{5.2615 \times \dfrac{2}{15}}} = 2.3431$

여기서, $V = \dfrac{S_A + S_B}{\nu_A + \nu_B} = \dfrac{92.3394 + 65.5048}{15 + 15} = 5.2615$

④ 기각역 $t_{1-\alpha}(n_A + n_B - 2) = t_{0.95}(30) = 1.697$

⑤ 판정

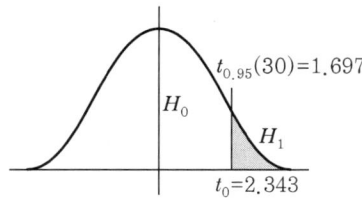

$t_0 = 2.343 > t_{0.95}(30) = 1.697$ 이므로 H_1을 기각한다.

따라서 $\alpha \leq 0.05$로 A라인이 B라인에 비해 B평균에 차이가 있다고 할 수 있다.

❸ 2개 Line 간 모평균차($\widehat{\mu_A - \mu_B}$)

$\alpha = 0.05$이고, 단측검정 결과 유의하므로 ($\mu_A > \mu_B$)이다.

$(\widehat{\mu_A - \mu_B})_L = (\overline{X}_A - \overline{X}_B) - t_{1-\alpha}(n_A + n_B - 2)\sqrt{V\left(\dfrac{1}{n_A} + \dfrac{1}{n_B}\right)}$

$= 1.9625 - 1.697\sqrt{5.2615 \times \dfrac{2}{15}}$

$= 0.5411$

1189 규격한계가 $\pm 6\sigma$로 주어진 공정에서 공정 평균치 μ가 규격중심 M으로부터 $\pm 1.5\sigma$만큼 이동이 있는 경우 예상불량률을 3.4ppm이라고 하는 근거를 설명하고 C_{pk}값을 구하시오.

풀이

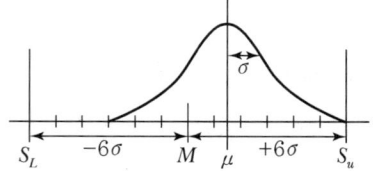

$S_u = M + 6\sigma$

$\mu = M + 1.5\sigma$

$$P(X > S_u) = P\left(Z > \frac{S_u - \mu}{\sigma}\right)$$
$$= P\left(Z > \frac{S_u - (M + 1.5\sigma)}{\sigma}\right)$$
$$= P\left(Z > \frac{M + 6\sigma - M - 1.5\sigma}{\sigma}\right)$$
$$= P(Z > 4.5)$$
$$= 0.0000034 = 3.4\text{ppm}$$
$$k = \frac{|M - \mu|}{(T/2)} = \frac{1.5}{6} = 0.25 \text{이고 } C_p = \frac{T}{6\sigma} = \frac{12\sigma}{6\sigma} = 2 \text{이므로}$$
$$C_{pk} = (1-k)C_p = (1-0.25) \times 2 = 1.5$$

1190 정밀가공 주식회사에서 작업자의 경력, 기계의 종류에 따라 생산량의 차이를 확인하기 위해 실험을 실시하였다. 이를 위해 작업자의 경력을 1년, 4년, 8년의 3가지 수준으로 나누고, 제조공정에 있는 기계들 중 3대를 임의로 선택한 후 작업자를 3대의 기계에 랜덤으로 배치하였다. 총 9회 실험을 실시한 후 각각의 생산량을 다음 표와 같이 기록하였다. 다음 물음에 답하시오. (단, $F(2, 4, 0.05) = 6.94$)

구분	기계1	기계2	기계3	합계	평균
1년	25	20	21	66	22
4년	28	22	19	69	23
8년	22	18	23	63	21
합계	75	60	63	198	
평균	25	20	21		22

❶ 실험에 있어서 데이터의 산포에 영향을 준다고 생각되는 여러 가지 원인 중 실험에 직접 취급되는 원인을 인자(Factor)라고 부른다. 모수인자(Fixed Factor)와 변량인자(Random Factor)에 대하여 설명하시오.

❷ 작업자의 경력, 기계의 종류가 각각 어떤 인자(모수인자, 변량인자)인지 정하고 이러한 실험계획법의 명칭을 쓰고 설명하시오.

❸ 분산분석을 통해 작업자의 경력 및 기계의 종류에 따라 생산량에 차이가 있는지 유의수준 5%에서 분산분석표를 작성하고 결과를 해석하시오.

[풀이] **1** 작업자 : 변량인자

설비 : 모수인자

모수인자	변량인자
• 수준이 기술적 의미를 가지며 실험자에 의해 미리 정해진다. • a_i는 고정된 상수이다. $E(a_i) = a_i, \ V(a_i) = 0$ • a_i들의 합은 0이다. $\sum a_i = 0, \ \bar{a} = 0$ • a_i들 간의 산포의 척도로서 $\sigma_A^2 = \dfrac{\sum a_i^2}{l-1}$	• 수준이 확률적이며 수준 선택이 랜덤으로 이루어진다. • a_i는 랜덤으로 변하는 확률변수 $E(a_i) = 0, \ V(a_i) = \sigma_A^2$ • a_i들의 합은 0이다. $\sum a_i \neq 0, \ \bar{a} \neq 0$ • a_i들 간의 분포의 분산은 $\sigma_A^2 = E\left[\dfrac{1}{l-1}\sum(a_i - \bar{a})^2\right]$

2 모수×변량 혼합모형이고, 반복(r) = 1인 경우 난괴법이다.

3 (1) 검정

① 가설 $H_0 : P_{ij} = P_{ij}''$, $H_1 : P_{ij} \neq P_{ij}''$

② 유의수준 $\alpha = 0.05$

③ 검정통계량 $\chi_1^2 = \dfrac{\sum\sum(O_{ij} - E_{ij})^2}{E_{ij}}$, $E_{ij} = \dfrac{T_i \cdot T_{\cdot j}}{T}$

구분		M_1	M_2	M_3	T
1년	O	25	20	21	61
	E	25	20	21	
	$O-E$	0	0	0	
4년	O	28	22	19	69
	E	26.136	20.909	21.955	
	$O-E$				
8년	O	22	18	23	63
	E	23.864	19.091	20.045	
	$O-E$				
T		75	60	63	198

$$\chi_0^2 = \dfrac{(25-25)^2}{25} + \dfrac{(20-20)^2}{20} + \cdots + \dfrac{(23-20.045)^2}{20.045} = 1.2308$$

④ 기각역 $\chi_{1-\alpha}^2((r-1)(c-1)) = \chi_{0.95}^2(4) = 9.49$

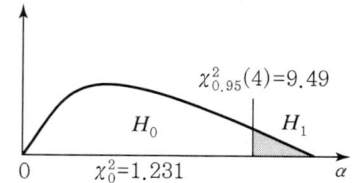

⑤ 판정

$\chi_0^2 = 1.231 < \chi_{0.95}^2(4) = 9.494$이므로 H_0를 채택한다.

따라서 모수인자(설비)별 생산량의 유의한 차이가 없다.

(2) 분산분석 ANOVA(변동분해)

① 변동 계산

$CT = 198^2/9 = 4,356$

$S_T = \sum\sum X_{ij}^2 - \dfrac{(\sum X_{ij})^2}{lm} = 25^2 + 28^2 + \cdots + 23^2 - \dfrac{(198)^2}{9} = 76$

$S_A = \dfrac{\sum T_{i\cdot}^2}{m} - CT = \dfrac{(75^2 + 60^2 + 63^2)}{3} - 4,356 = 42$

$S_B = \dfrac{\sum T_{\cdot j}^2}{l} - CT = \dfrac{(66^2 + 69^2 + 63^2)}{3} - 4,356 = 6$

$S_e = S_T - S_A - S_B = 28$

② 자유도 계산

$\nu_T = lm - 1 = 9 - 1 = 8$

$\nu_A = l - 1 = 3 - 1 = 2$

$\nu_B = m - 1 = 3 - 1 = 2$

$\nu_e = (l-1)(m-1) = (3-1)(3-1) = 4$

③ 분산분석표

요인	S	DF	MS	F_0	$F_{1-\alpha}$
A	42	2	21	3	6.94
B	6	2	3	0.428	
e	28	4	7		
T	76	8			

④ 결과

$F_0 = 3 < F_{0.95}(2, 4) = 6.94$이므로 H_0를 채택한다.

따라서 설비별 생산량은 차이가 있다고 할 수 없다.

만약 설비별 생산량이 유의하다고 판정되면

μ_A구간 추정값 $\hat{\mu}(A_i) = \overline{X}_i \pm t_{1-\alpha/2}(\nu^*)\sqrt{\dfrac{V_B + (l-1)V_e}{lm}}$

등가자유도$(\nu^*) = \dfrac{[V_B + (l-1)V_e]^2}{\dfrac{V_B^2}{\nu_B} + \dfrac{[(l-1)V_e]^2}{\nu_e}}$

1191
자동차 부품 제조공장에서 10개의 제품을 표본으로 임의 추출하여 치수를 측정한 결과가 다음과 같다. 다음 물음에 답하시오(단, 신뢰수준 95%이고, $Z_{0.025} = 1.96$, $t(9, 0.05) = 1.833$, $t(9, 0.025) = 2.262$, $\chi^2(9, 0.975) = 2.7$, $\chi^2(9, 0.025) = 19.02$)

측정값 : 5.48 5.47 5.50 5.51 5.50 5.51 5.50 5.51 5.52 5.51(mm)

1 구간추정 및 신뢰구간에 대하여 설명하시오.
2 모수의 좋은 추정량이 되기 위한 기준을 설명하시오.
3 과거의 자료에서 이 제품치수의 표준편차가 0.02mm임을 알고 있을 때 공정의 모평균을 구간추정하시오.
4 표준편차를 모르고 있을 때 이 공정의 모평균을 구간추정하시오.
5 이 공정의 모분산을 구간추정하시오.

[풀이] **1** 구간추정이란 어떤 정해진 구간 속에 모수가 포함되어 있을 것이라고 추정하는 것이며, 이 구간이 모수를 포함할 확률을 신뢰율, 이 구간을 신뢰구간이라 한다.

2 모수의 좋은 추정량이 되기 위한 기준
① 불편성 : 추정량의 기대치가 추정할 모수의 실제값과 같을 때, 이 추정량은 불편성을 가졌다고 한다.
② 유효성 또는 최소분산성 : 시료에서 계산된 추정량은 모집단의 모수에 근접해야 하는데, 이렇게 되기 위해서는 모수를 기준으로 하여 추정량의 분산이 작아야 한다는 원칙이다.
③ 일치성 : 시료의 크기가 크면 클수록 추정량이 모수에 일치하게 되는 추정량을 말한다.
④ 충분성(충족성) : 추정량이 모수에 대하여 모든 정보를 제공한다고 하면 그 추정량은 충분성이 있다고 한다.

3 $\dfrac{\overline{X} \pm Z_{1-\alpha/2}\sigma}{\sqrt{n}} = 5.51 \pm 1.96 \dfrac{0.02}{\sqrt{10}} = 5.51 \pm 0.0124$
$(5.4976,\ 5.5224)$

4 $S = \sum X_i^2 - \dfrac{(\sum X_i)^2}{n}$

$= 5.48^2 + 5.47^2 + \cdots + 5.51^2 - \dfrac{(55.1)^2}{10} = 0.00209$

$V(X) = \dfrac{S}{n-1} = \dfrac{0.00209}{9} = 0.000232$

$D(X) = \sqrt{V(X)} = 0.0154$

$t_{1-\alpha/2}(\nu) = t_{0.975}(9) = 2.262$

$$\hat{\mu} = \overline{X} \pm t_{1-\alpha/2}(\nu)\sqrt{\frac{V(X)}{n}}$$

$$= 5.51 \pm 2.262 \times \frac{-0.0154}{\sqrt{10}}$$

$$= 5.51 \pm 0.011$$

$$(5.499,\ 5.521)$$

5 $$\frac{S}{\chi^2_{1-\alpha/2}(\nu)} \leq \sigma^2 \leq \frac{S}{\chi^2_{\alpha/2}(\nu)}$$

$$\frac{0.00209}{19.02} \leq \sigma^2 \leq \frac{0.00209}{2.7}$$

$$1.1 \times 10^{-4} \leq \sigma^2 \leq 7.74 \times 10^{-4}$$

1192 부적합품률 4%, $N=100$인 로트에서 $n=4$, $c=0$인 검사방식을 설계할 때 이 로트가 합격될 확률을 초기하 분포를 이용하여 설명하시오.

풀이 Sampling Inspection

부적합품률 4%, $N=100$, $n=4$, $c=0$

$$L_{(p)} = \sum_{X=0}^{c} \frac{{}_{N_p}C_X \cdot {}_{N-N_p}C_{n-X}}{{}_{N}C_n}$$

$N_p = 100 \times 0.04 = 4$

$X = 0$

$$L_{(p)} = \frac{{}_{4}C_0 \cdot {}_{(100-4)}C_{(4-0)}}{{}_{100}C_4} = 0.8472(84.72\%)$$

※ 푸아송 분포로 계산하면,

$$\hat{L}_{(p)} = \frac{e^{-m} \cdot m^X}{X!} = \frac{e^{-0.16} \cdot 0.16^0}{0!} = 0.8521(85.21\%)$$

여기서, $m = np = 4 \times 0.04 = 0.16$

상기와 같이 같은 시료수에 부적합률을 적용했을 때, 푸아송 분포의 확률계산 값이 큰 것은 다음의 차이 때문이다.

- 초기하 분포의 분산 $V(X) = \frac{N-n}{N-1} \cdot np(1-p)$
- 푸아송 분포의 분산 $V(X) = np$

1193 불확도와 소급성에 대하여 설명하시오.

[풀이] (1) 불확도(Uncertainty)

불확실성, 즉 믿을 수 없음을 뜻하며, 측정 불확도는 측정된 물리량으로부터 합리적으로 기인하는 범위의 값으로 정의된다. 측정의 불확실한 정도의 크기를 적절한 기법을 사용하여 추정하고, 불확실한 정도의 크기에 따라 측정 자료의 사용 여부를 결정하거나 영향을 주게 된다.

(2) 소급성(Traceability)

모든 불확도가 명확히 기술되고 끊어지지 않는 비교의 연결고리를 통하여 명확한 기준(국가 또는 국제 표준)에 연관시킬 수 있는 표준값이나 측정결과의 특성을 말한다.

1194 과거 어떤 장치의 평균 수명은 48시간이었다. 설계를 변경한 후 만든 장치 10대를 수명시험에 걸어 고장수 $r = 8$에서 정수중단시험을 하여 다음의 데이터를 얻었다. 이 데이터를 와이블 확률지에 타점하여 보니 형상모수 $m = 1$이고, 수리율이 0.05이었다. 다음 물음에 답하시오.

> 데이터 : 5, 9, 15, 30, 38, 49, 60, 75(시간)

❶ 설계를 변경한 후 만든 장치의 $MTBF$를 추정하시오.
❷ 고장률을 추정하시오.
❸ 이 장치의 $t = 10$시간에서의 신뢰도를 구하시오.
❹ 과거의 장치에 비해 설계를 변경한 후 장치의 평균수명이 향상되었다고 할 수 있는가를 유의수준 5%로 검정하시오. (단, $\chi^2_{0.05}(16) = 7.962$, $\chi^2_{0.95}(16) = 26.30$)
❺ 고유 가동률(Availability)을 소수점 2자리로 구하시오.

[풀이] ❶ $\widehat{MTBF}$ 추정

$$\widehat{MTBF} = \frac{\sum t_i + (n-r)t_r}{r} = \frac{281 + (10-8) \cdot 75}{8} = 53.875(\text{h})$$

여기서, $\sum t_i = 5 + 9 + 15 + 30 + 38 + 49 + 60 + 75 = 281\text{h}$

t_r : 마지막 고장 난 장치의 고장시간 $t_r = 75\text{h}$

❷ 고장률(λ)

$$\hat{\lambda} = \frac{1}{\widehat{MTBF}} = \frac{1}{53.875} = 0.0186/\text{h}$$

3 $t = 10$일 때 신뢰도

$$R_{(t=10h)} = e^{-\lambda t} = e^{-(0.0186 \times 10)} = 0.8303 (83.03\%)$$

4 $\theta_0 = 48$보다 향상되었는가 검추정

① 가설 $H_0 : MTBF \leq 48h$, $H_1 : MTBF > 48h$

② 유의수준 $\alpha : 0.05$

③ 검정통계량

$$\chi_0^2 = \frac{2T}{\theta_0} = \frac{2 \times 431}{48} = 17.958$$

$$T = \sum t_i + (n-r)t_r = 431h$$

④ 기각역

㉠ 양측(정수중단)　　　　　　　㉡ 양측(정시중단)

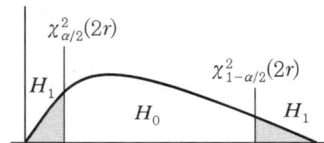 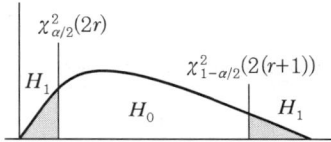

㉢ 단측(정수중단)　　　　　　　㉣ 단측(정시중단)

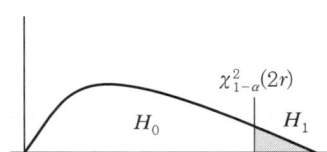 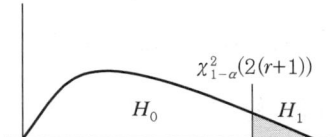

㉤ 단측(정수·정시 동일)

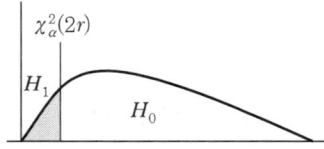

따라서 ㉢의 정수중단 χ^2분포를 이용한다.

$\chi_{0.95}^2(16) = 26.30$

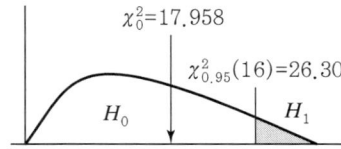

⑤ 판정

$\chi_0^2 = 17.958 < \chi_{0.95}^2(16) = 26.3$이므로 H_0를 채택한다.

따라서 설계변경 후 장치의 수명이 향상되었다고 할 수 없다.

5 고유 가동률

$$A = \frac{\mu}{\mu+\lambda} = \frac{0.05}{0.05+0.0186} = 0.7289(72.89\%)$$

$$= \frac{MTBF}{MTBF+MTTR} = \frac{\frac{1}{\lambda}}{\frac{1}{\lambda}+\frac{1}{\mu}} = \frac{\mu}{\mu+\lambda}$$

이 설비의 가동률(고유 가동률)은 72.89%로, 하루 8시간 작업 중 2.17시간은 수리하기 위해 정지된 상태이다.

1195 다음 데이터에 대하여 물음에 답하시오.

데이터 : 5.2 4.9 4.7 5.5 6.2 6.3 4.8 5.3

1 데이터의 중심화 경향을 나타내는 시료평균, 중앙값, 범위중앙값, 기하평균, 조화평균을 각각 구하시오.

2 산포의 경향을 나타내는 제곱합, 시료분산, 시료표준편차, 변동계수, 상대분산, 범위, 절대평균편차를 각각 구하시오.

3 첨도와 왜도를 구하시오.

[풀이] 1

i	③	②	⑤	⑥	⑦	①	④
Data	5.2	4.9	5.5	6.2	6.3	4.8	5.3

$n = 7$, $\sum X_i = 38.2$

① 평균 $\overline{X} = \sum X_i / n = 5.4571$

② 내림차순 순위 중앙값으로 i가 ④인 5.3이 중앙값이다.
  중앙값 $\widetilde{X} = 5.3$

③ 범위중앙값(Mid Range) $= \dfrac{X_{\max} + X_{\min}}{2} = \dfrac{6.3 + 4.8}{2} = 5.55$

④ 기하평균 $G = \left(\prod_{i=1}^{n} X_i\right)^{\frac{1}{n}} = (139,255.2)^{\frac{1}{7}} = 5.4304$

⑤ 조화평균 $\overline{X_H} = \dfrac{1}{\frac{1}{n}\sum \frac{1}{X_i}} = \dfrac{n}{\sum \frac{1}{X_i}} = \dfrac{7}{\left(\dfrac{1}{5.2} + \dfrac{1}{4.9} + \cdots + \dfrac{1}{5.3}\right)} = 5.4044$

2 ① 제곱합 $S = \sum X_i^2 - \dfrac{(\sum X_i^2)}{n} = 210.56 - \dfrac{38.2^2}{7} = 2.0971$

② 분산 $V = \dfrac{S}{n-1} = \dfrac{2.0971}{6} = 0.3495$

③ 표준편차 $S = \sqrt{V} = \sqrt{0.3495} = 0.5912$

④ 변동계수 $C_V = \dfrac{S}{\overline{X}} = \dfrac{0.5912}{5.4571} = 0.1083$

⑤ 상대분산 = (변동계수)^2 = $(0.1083)^2 = 0.0117$

⑥ 범위(R) = $X_{\max} - X_{\min} = 6.3 - 4.8 = 1.5$

⑦ 절대편차 $MAD = \dfrac{\sum |X_i - \overline{X}|}{n}$

$= \dfrac{|5.2 - 5.4571| + |4.9 - 5.4571| + \cdots + |5.3 - 5.4571|}{7}$

$= \dfrac{3.2571}{7} = 0.4653$

3 ① 첨도 : 분포가 평균치 중심으로 얼마나 집중되었는가, 분포가 뾰족한가를 나타내는 척도
$\beta_2 = 3$이면 표준정규분포로 중첩

$\beta_2 = \dfrac{1}{n \cdot s^4} \sum_{i=1}^{n} (X_i - \overline{X})^4$

$= \dfrac{1}{7 \times (0.5912)^4} \left[(5.2 - 5.4571)^4 + (4.9 - 5.4571)^4 + \cdots + (5.3 - 5.4571)^4 \right]$

$= 1.2828$

$\beta_2 = 1.2828 < 3$이므로 평균치 중심이 완만한 분포

② 왜도 : 분포가 평균치 중심으로 대칭 또는 비대칭되는지를 나타내는 지표

$r_1 = \dfrac{1}{n \cdot s^3} \sum_{i=1}^{n} (X_i - \overline{X})^3$

$= \dfrac{1}{7 \times (0.5912)^3} \left[(5.2 - 5.4571)^3 + (4.9 - 5.4571)^3 + \cdots + (5.3 - 5.4571)^3 \right]$

$= 0.3672$

$r_1 < 0$이면 왼쪽 방향, $r_1 > 0$이면 오른쪽 방향으로 꼬리가 늘어지므로 상기의 데이터는 우측으로 왜곡된다.

1196 양산부품(제품)을 생산하는 제조현장의 7대 낭비에 대해 낭비별로 개선방법을 각각 설명하시오.

[풀이] 제조현장 7대 낭비별 개선방법
① 과잉생산의 낭비 : 당장 필요하지 않은 제품은 만들지 않기
② 대기의 낭비 : Line Balance 균형잡기, $EB \geq 0.85$ 유지
③ 운반의 낭비 : 물건 정체 해소, Layout 재배치
④ 가공의 낭비 : 과잉 설계, 과잉가공방법 지양
⑤ 재고의 낭비 : 정량, 정생산, 납기관리
⑥ 동작의 낭비 : 불필요한 동작 Check, 동작(행동)경제의 원칙에 입각한 작업방법 개선
⑦ 불량의 낭비 : 불량 발생 시 F/P 장치로 Check 선별

1197 가공공정에서 제품 1개당 평균 무게는 종전에 최소 110g 이상이었으며, 표준편차는 5g이었다고 한다. 공정의 일부를 변경시킨 다음에 n개의 시료를 뽑아 무게를 측정하였더니 $\bar{x}=105$g이었다. 이 공정의 산포가 종선과 다름이 없었다는 조건하에서 다음 물음에 답하시오. (단, $U_{0.99} = 2.326$, $U_{0.975} = 1.960$, $U_{0.95} = 1.645$이다.)

1 공정평균이 종선과 다름이 없는데 이를 틀리게 판단하는 오류를 5%, 공정평균이 110g 이하인 것을 옳게 판단할 수 있는 검출력을 95%로 검정하려면 위의 검정에서 추출하여야 하는 시료 수는 몇 개로 해야 하는지 구하시오.

2 이 제품에 대한 무게의 공정평균은 공정변경 후 종전보다 작아졌다고 할 수 있겠는가를 통계적으로 조사하는 과정을 설명하고, 유의수준 5%로 검정하시오.

3 공정평균에 대하여 95%의 신뢰상한구간을 구하시오.

[풀이] **1** 검출력 $1 - \beta = 0.95 \rightarrow \beta = 0.05$
신뢰율 $1 - \alpha = 0.95 \rightarrow \alpha = 0.05$

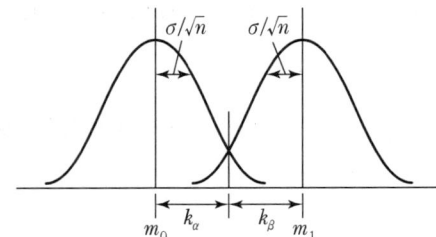

시료 수$(n) = \left(\dfrac{k_\alpha + k_\beta}{m_0 - m_1}\right)^2 \sigma^2 = \left(\dfrac{1.645 + 1.645}{110 - 105}\right)^2 \cdot 5^2 = 10.824 ≒ 11$개

여기서, $k_\alpha = U_{1-\alpha} = 1.645$, $k_\beta = U_{1-\beta} = 1.645$

$m_1 = 110\text{g}$, $m_0 = 105\text{g}$

※ 만약 σ 미지인 경우

$$n = \left(1 + \dfrac{k^2}{2}\right)\left(\dfrac{k_\alpha + k_\beta}{k_{p_0} - k_{p_1}}\right)^2$$

$$\therefore k = \left(\dfrac{k_{p_0} k_\beta + k_{p_1} k_\alpha}{k_\alpha + k_\beta}\right) \leftarrow 합격판정계수$$

2 ① 가설 $H_0 : \mu \geq 110\text{g}$, $H_1 : \mu < 110\text{g}$

② 유의수준 $\alpha = 0.05$

③ 검정통계량 $Z_0 = \dfrac{\mu - \mu_0}{\sigma/\sqrt{n}} = \dfrac{-5}{5/\sqrt{11}} = -3.317$

④ 기각역 $-Z_{0.95} = -1.645$

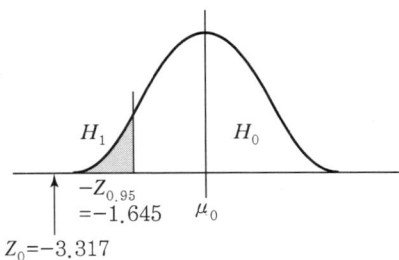

⑤ 판정

$Z_0 = -3.317 < -Z_{0.95} = -1.645$ 이므로 H_0를 기각한다.

따라서 공정개선 후 μ는 110g보다 작아졌다고 할 수 있다.

3 공정평균 95% 신뢰수준(상한)

$$\hat{\mu}_u = \hat{\mu} + Z_{1-\alpha}\dfrac{\sigma}{\sqrt{n}} = 105 + 1.645\dfrac{5}{\sqrt{11}} = 107.48\text{g}$$

1198 어떤 부품에 대한 고장시간 분포는 위치모수 0, 척도모수 800, 형상모수 4인 와이블 분포를 따르고 있다. 사용시간이 400시간일 때 다음 물음에 답하시오.

① 신뢰도를 구하시오.
② 고장률을 구하시오.
③ 확률밀도값을 구하시오.
④ 지수분포가 되기 위한 조건을 나타내고, 이 경우의 고장률을 구하시오.
⑤ 이 부품의 특성수명의 조건을 나타내고, 이 경우의 불신뢰도를 구하시오.

[풀이] ① 신뢰도 $R_{(t=400)} = e^{-\frac{t^m}{t_0}} = e^{-\left(\frac{t}{\eta}\right)^m} = e^{-\left(\frac{400}{800}\right)^4} = 0.9394$

② 고장률 $\lambda_{(t=400)} = \left(\frac{m}{\eta}\right)\left(\frac{t}{\eta}\right)^{m-1} = \left(\frac{4}{800}\right)\left(\frac{400}{800}\right)^{4-1} = 6.25 \times 10^{-4}/\text{h}$

③ 확률밀도함수 $f_{(t=400)} = \lambda \cdot R_{(t)} = 0.9394 \times 6.25 \times 10^{-4}/\text{h}$
$= 5.8712 \times 10^{-4}/\text{h}$

④ 만약 $m = 4$의 상태라면
$\theta = \eta \Gamma\left(1 + \frac{1}{m}\right) = 800 \times 0.9064 = 725.12$

여기서, $\Gamma\left(1 + \frac{1}{m}\right) = \Gamma\left(1 + \frac{1}{4}\right) = \Gamma(1.25) = 0.9064$

$\therefore \lambda = \frac{1}{\theta} = 1.38 \times 10^{-3}/\text{h}$

⑤ 이 분포의 특성수명은 η(척도모수)이며 $R = e^{-1}$로 m과 상관없이 $t = \eta$인 지점으로 불신뢰도($F = 1 - R$)는 0.6321이 된다.

1199 다음 신뢰성 용어의 정의를 설명하시오.

신뢰성 용어	정의
보전도	
고장률	
리던던시	
RAM	
가동률	

신뢰성 용어	정의
보전도	마모나 열화 현상에 대하여 수리 가능한 시스템에서는 사용 가능한 상태로 유지시키고, 고장이나 결합을 회복시키기 위한 제반 조치 및 활동을 보전이라 한다. 주어진 조건에서 규정된 기간에 보전을 완료할 수 있는 성질을 확률로 나타낸다. $M(t) = 1 - e^{-\mu t}$
고장률	평균수리시간의 역수로 단위시간당 발생하는 고장 건수 $\mu = \dfrac{1}{MTTR(\text{or } MDT)} = \dfrac{r}{T} \rightarrow MTTR = \sum t_i / r = T/r$
리던던시	기기나 시스템을 구성하는 소자나 부품 중 한 개 이상 고장 나지 않으면 전체 시스템이 고장 나지 않는 시스템으로 일반적으로 병렬모형 시스템을 말한다. 구성부품이 모두 고장 나야 시스템이 고장 나는 구조이다. $R_s = 1 - F_1 \times F_2 \times \cdots \times F_n$
RAM	신뢰도(Reliability), 가용도(Availability), 정비도(Maintainability)의 약어로, 장비의 고장 빈도, 임무수행 정도, 고장 시 정비하는 데 소요되는 시간을 나타낸다. 개발자에게는 기술수준 척도로, 사용자에게는 장치 운영 시 만족도의 척도로 활용된다.
가동률	가용률이라고도 하며, 시스템이 가동되고 있는 정도를 의미한다. 일정시점에서 시스템이 가동될 확률로 나타낸다. $A = \dfrac{MTBF}{MTBF + MTTR} = \dfrac{\text{실가동시간}}{\text{총작업시간}}$

1200 우발고장기간 CFR(Constant Failure Rate)의 주요 고장원인 5가지와 적절한 조치 5가지를 설명하시오.

풀이 우발고장기간 CFR의 주요 원인과 조치
① 안전계수가 낮음 : 설계 단계에서 m을 경제적 사용안전 측면을 고려한 상태에서 최대치로 설정한다.
② 오사용 문제 : 사용자의 사용 오류를 '0'화시키기 위한 매뉴얼과 교육훈련, 시운전 등을 시행한다.
③ 극한 상황을 고려하지 않음 : 극한치를 확인하여 m을 크게 한다.
④ 검출력 부족 : 검출력을 높이기 위해 n을 크게 하거나 Vision 등 F/P 장치를 도입하여 감시한다.
⑤ 신뢰성 설계 시 각 부품별 R_i 배분 미흡 : 시스템 직병렬 문제를 재확인하고 재산정한다.

1201 시스템이 다음의 신뢰성 블록 그림과 같이 구성되었을 때 다음 물음에 답하시오.

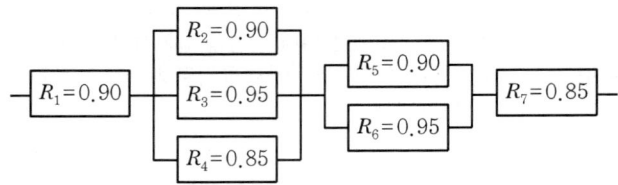

1 각 부품의 고장이 서로 독립일 경우 시스템의 신뢰도를 구하시오.
2 초기고장(DFR)의 주요 원인 7가지를 설명하시오.
3 초기고장 조치 방법 3가지를 설명하시오.

[풀이]

1 $R_1 = 0.9$, $R_7 = 0.85$

$R_a = 1 - (1-R_2)(1-R_3)(1-R_4) = 0.99925$

$R_b = 1 - (1-R_5)(1-R_6) = 0.995$

$\therefore R_s = R_1 \cdot R_a \cdot R_b \cdot R_7 = 0.9 \times 0.99925 \times 0.995 \times 0.85 = 0.7606$

2 DFR 주요 원인

① 표준 이하의 재료 사용
② 불충분한 품질관리
③ 수준 이하의 작업 솜씨
④ 불충분한 Debugging
⑤ 빈약한 제조기술
⑥ 빈약한 가공 및 취급기술
⑦ 조립상의 과오
⑧ 오염
⑨ 부적절한 시공 및 설치
⑩ 부적절한 시동
⑪ 저장 또는 운반 중 결함
⑫ 부적절한 운반 및 포장

3 DFR 조치방법 3가지

① Burn-in Test
② Debugging 실시
③ QC 활동을 통한 대책

1202 2회 샘플링 검사(Double Sampling Inspection)에서 아래 표와 같이 제1차 샘플의 크기는 25, 제2차 샘플의 크기는 25이며, 제1차 샘플별 합격판정개수 $Ac_1 = 0$, 불합격판정개수 $Re_1 = 2$, 제2차 샘플별 합격판정개수 $Ac_2 = 1$, 불합격판정개수 $Re_2 = 2$이다. P_{a_1}, P_{r_1}는 각각 제1차 샘플링 검사에서의 로트 합격확률과 로트 불합격확률이며, P_{a_2}, P_{r_2}는 각각 제2차 샘플링 검사에서의 로트 합격확률과 로트 불합격확률이라 하자. 부적합률 $p = 0.002$일 때, P_{a_1}, P_{r_1}, P_{a_2}, P_{r_2}를 푸아송 분포를 이용하여 각각 구하시오.

	샘플의 크기(n)	누적샘플의 크기	합격판정개수(Ac)	불합격판정개수(Re)
제1차	25	25	0	2
제2차	25	50	1	2

풀이 2회 Sampling 검사

① 로트가 첫 번째 시료에서 합격할 확률

$$P_{a_1} = P(X_1 \leq C_1)$$

$$= \sum_{X=0}^{C_1} \frac{e^{-n_1 p} \cdot (n_1 p)^{X_1}}{X_1!}$$

$$= \sum_{X=0}^{0} \frac{e^{-0.05} \cdot 0.05^0}{0!} = 0.9512 \, (95.12\%)$$

여기서, $p = 0.002$

$n_1 p = 25 \times 0.002 = 0.05$

② 로트가 첫 번째 시료에서 불합격될 확률

$$P_{r_1} = P(X_1 > C_2) = 1 - P(X_1 \leq C_2)$$

$$= 1 - \sum_{X_1=0}^{C_2} \frac{e^{-n_1 p} \cdot (n_1 p)^{X_1}}{X_1!}$$

$$= 1 - \sum_{X_1=0}^{1} \frac{e^{-n_1 p} \cdot (n_1 p)^{X_1}}{X_1!}$$

$$= 1 - (e^{-n_1 p} + e^{-n_1 p} \cdot n_1 p)$$

$$= 1.24 \times 10^{-3} = 0.0012 \, (0.12\%)$$

③ 로트가 두 번째 시료에서 합격할 확률

$$P_{a_2} = P(X_1 + X_2 \leq C_2)$$

$$= \sum_{X_1 = C_1 + 1}^{C_2} \sum_{X_2 = 0}^{C_2 - X_1} \frac{e^{-n_1p} \cdot (n_1p)^{X_1}}{X_1!} \cdot \frac{e^{-n_2p} \cdot (n_2p)^{X_2}}{X_2!}$$

$X_1 = 1, X_2 = 0$인 경우

$$= (e^{-n_1p} \cdot n_1p) \cdot e^{-n_2p} = 1.24 \times 10^{-3} \times 0.9512 = 2.283 \times 10^{-3}$$

④ 로트가 두 번째 시료에서 불합격될 확률

$$P_{r_2} = P(X_1 + X_2 > C_2)$$

$$= 1 - P_{a_1} - P_{r_1} - P_{a_2}$$

$$= 1 - 0.9512 - 1.24 \times 10^{-3} - 2.283 \times 10^{-3}$$

$$= 0.0453 (4.53\%)$$

1203 평균수명(내구성)이 10만km인 제품이 있다. 다음 물음에 답하시오. (단, 제품의 수명은 지수분포를 따른다.)

1 현 보증기간 3만km 동안 고장 없이 잔존할 수 있는 확률을 구하시오.

2 제품 클레임 비용이 보증기간 동안 100만 원 발생했다면 클레임 비용을 50% 절감하기 위한 제품의 평균수명(내구성)을 구하시오.

[풀이] **1** $\theta_0 = 100,000$ km (특성수명)

$\lambda_0 = 1/\theta_1 = 1 \times 10^{-5}$/km

$t = 30,000$ km 일 때

$R_{(t = 30,000)} = e^{-\lambda t} = e^{-(1 \times 10^{-5} \times 30,000)} = 0.7408 (74.08\%)$

2 현재 제품 클레임 비용이 100만 원이다. 50만 원을 줄이기 위해서는 기존의 F를 $F/2$로 줄여야 한다.

$F = 1 - R_{(t)} = 0.2592$

$t = 30,000$ km 일 때 $F' = F/2 = 0.1296$

$R' = 1 - F' = 1 - 0.1296 = 0.8704$

$R' = e^{-\lambda' t}$ 이므로

$$\lambda' = \frac{-\ln R'}{t} = \frac{-\ln 0.8704}{30,000} = 4.626 \times 10^{-6}/\text{km}$$

$$\theta' = \frac{1}{\lambda'} = 216,134.587 \text{km}$$

1204 신뢰성 공학에서 간섭이론과 안전계수에 대하여 설명하시오.

풀이 (1) 간섭이론

Stress와 Strength 간의 중첩현상을 말하며, 중첩되는 부위의 확률이 고장 또는 파괴가 일어난다는 이론이다.

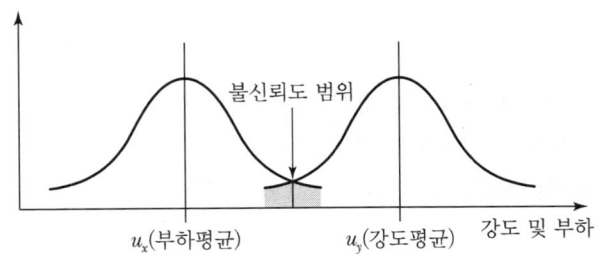

(2) 안전계수

기기나 구조물에 걸리는 부하와 강도의 비로 그 크기가 클수록 안전도가 크다. 단, 안전계수(m)를 크게 하면 비용도 커지므로 적절한 안전계수의 설정이 필요하다.

$$m = \frac{\mu_y - n_y \cdot \sigma_y}{\mu_x + n_x \cdot \sigma_x}$$

여기서, μ_x : 스트레스의 평균

μ_y : 강도의 평균

σ_x : 스트레스의 표준편차

σ_y : 강도의 표준편차

n_x : 스트레스로부터의 거리로, 일반적으로 '2' 사용

n_y : 강도로부터의 거리로, 보통 신뢰구간 범위 '2'로 설정

치명적인 고장인 경우 $m \geq 2.5$로 한다(다구찌 정의).

(3) 불신뢰도 $P[부하 - 강도 > 0] = P\left[Z > \dfrac{\mu_y - \mu_x}{\sqrt{\sigma_y^2 + \sigma_x^2}}\right]$

1205 제품을 출하할 때 검사를 실시하여 부적합품을 제거한 후 출하할 것인가 또는 검사를 실시하지 않고 무검사로 출하할 것인가를 판단하는데 이로 인한 판단으로 발생하는 경제성을 고려한 검사계획 수립방법에 대하여 설명하시오.

풀이 임계 부적합률(P_b)을 구하여 '무검사' 또는 '전수검사'를 결정하는 방식을 이용한다.

$$P_b = \frac{aN}{bN} = \frac{a}{b}$$

여기서, a : 개당 검사비용, b : 무검사 시 개당 손실비용
c : 재가공비용, d : 폐기처리비용
N : 검사단위, 로트의 크기, P : 로트의 부적합률

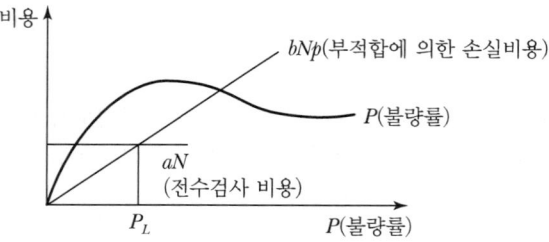

$aN = bNp$인 선분이 $P = P_b$인 지점이 된다. 여기에 부적합품을 발견하여 재가공한다면 $P_b = \dfrac{a}{b-c}$이고, 폐기처리한다면 $P_b = \dfrac{a}{b-d}$이다.

$P > P_b$인 경우는 전수검사하는 것이 유리하고 $P < P_b$인 경우는 무검사가 유리하다. 단, b를 정의할 때 현재 개수 관점에서 볼 것이 아니라 고객의 만족도 측면에서 발생하는 비용까지 고려해야 한다(Q-cost 측면).

1206 적합품 5개와 부적합품 1개가 있는 로트에서 3개를 임의로 비복원 추출할 때, 1개가 부적합품일 확률을 구하는 수식을 쓰고, 확률값을 구하시오.

풀이 $N = 6$이고, $N_p = 1$, $N - N_p = 5$, $n = 3$, $X = 1$

$$P(X = 1) = \frac{{}_{N-N_p}C_{n-X} \cdot {}_{N_p}C_X}{{}_N C_n}$$

$$= \frac{{}_{6-1}C_{3-1} \cdot {}_1 C_1}{{}_6 C_3} = 0.5$$

유한 모집단이므로 초기하 분포를 이용한다.

1207 다음 회로도의 신뢰성 블록도를 작성하고, '모터가 작동 안 됨'을 정상사상으로 한 FTA(Fault Tree Analysis)에서 모터가 작동 안 될 확률을 구하시오. (단, 회로도상의 수치는 각각의 소자(구성품)가 고장 날 확률임)

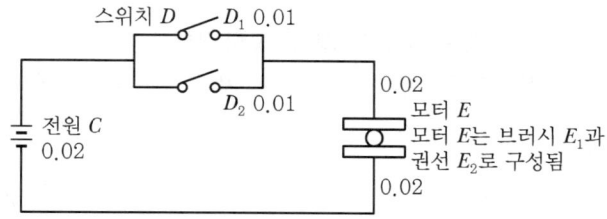

[풀이] 고장률(λ) 산정

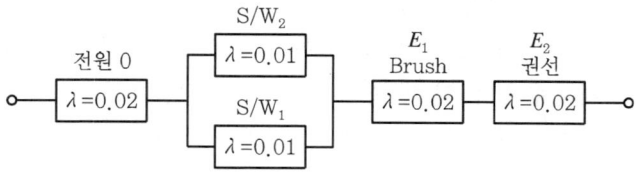

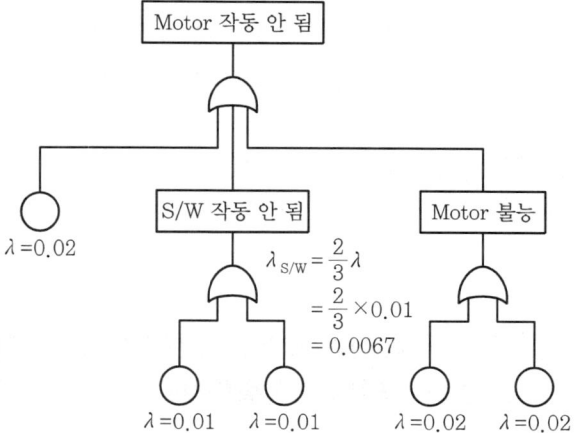

$\lambda_1 = \lambda_2 = \cdots = \lambda_n = \lambda_0$

직렬구조의 $\lambda_s = \lambda_1 + \lambda_2 + \cdots + \lambda_n = n\lambda_0$

병렬구조의 $\lambda_s = \dfrac{2}{3}\lambda_0$

$\lambda_T = 0.02 + 0.0067 + 0.02 + 0.02 = 0.127$

1208 LQ 지표형 샘플링 검사(KS Q ISO 2859-2)의 두 가지 검사 절차(A, B)를 각각 설명하시오.

풀이 (1) 절차 A

공급자와 소비자 양쪽 모두가 로트를 고립 상태로 간주하는 것을 바라는 경우에 사용하는 절차이다. 절차 B를 사용한다는 특별한 지시가 있는 경우 이외에는 이 절차를 사용한다.

(2) 절차 B

공급자는 로트가 연속 시리즈의 하나로 간주하는 것을 바라고 있으나, 소비자는 로트를 고립 상태로 받아들인다고 생각하는 경우에 사용하는 절차이다. 사용하는 샘플링 방식은 KS Q ISO 2859-1에서 이용할 수 있는 샘플링 방식에서 선택한 것이므로, 소비자가 고립 상태의 로트로서 받아들일 것인가 연속 시리즈의 로트로 할 것인가에 관계없이 생산자는 같은 절차를 유지할 수 있다. 이 절차는 샘플링 검사에 관한 조항을 포함한 표준·규정에 맞추는 것에 적합하다. 제조자는 생산 전체에 관계가 있으나, 소비자는 특정한 로트를 받아들일 뿐이다.

※ 이 표준의 주 목적은 KS Q ISO 2859-1을 보충하는 것이다. 또 KS 샘플링 검사 표준 체계의 국제 일치성 개선을 위해서 KS A 3105는 폐지되었으나, 이 표준은 KS A 3105를 대체할 수 있다.
※ 원국제 표준에는 인용표준의 항목이 탈락되었으나, 현실적으로는 KS Q ISO 2859-1은 종종 인용되고 있다. 또 이 표준의 사용에 관한 중요한 정보가 KS A ISO 2859-10에 있다.

1209 100개의 제품을 12시간 동안 시험한 결과 다음 표와 같이 신뢰성 데이터가 수집되었다. $t=10$에서 신뢰도 $R(t)$, 불신뢰도 $F(t)$, 고장확률밀도함수 $f(t)$, 고장률함수 $\lambda(t)$를 구하시오.

동작시간(t)	고장 수	동작 수
0~2	5	95
2~4	10	85
4~6	20	65
6~8	30	35
8~10	25	10
10~12	10	0

풀이 $n = 100$, $t = 12\text{h}$

동작(t)	고장 수(r)	동작 수[$n(t_i)$]	$R(t)$	$F(t)$	$f(t)$	$\lambda(t)$
0~2	5	95	0.95	0.05	0.025	0.0263
2~4	10	85	0.85	0.15	0.05	0.0588
4~6	20	65	0.65	0.35	0.10	0.1538
6~8	30	35	0.35	0.65	0.15	0.4286
8~10	25	10	0.1	0.9	0.125	1.25
10~12	10	—	0			

$$R(t) = \frac{n(t)}{N}$$

$$F(t) = 1 - R(t) = 1 - \frac{n(t)}{N}$$

$$f(t) = \frac{n(t_i) - n(t_i + \Delta t)}{\Delta t} \cdot \frac{1}{N}$$

여기서, $\Delta t = 2$시간이다.

$$\lambda(t) = \frac{n(t_i) - n(t_i + \Delta t)}{\Delta t} \cdot \frac{1}{n(t)} = \frac{f(t)}{R(t)}$$

상기의 $f(t)$가 중심을 두고 정규분포 형태를 띤다. 따라서 $f(t)$가 정규분포인 경우 IFR 구간의 수명 데이터라고 볼 수 있으므로 마모구간에서의 수명 데이터로 볼 수 있다.

$t = 10$인 경우 $R = 0.1$, $F = 0.9$, $f(t) = 0.125$, $\lambda(t) = 1.25$

1210 수명시험 중 중도중단시험(Censored Test)과 가속수명시험(Accelerated Test)에 대하여 설명하시오.

풀이 (1) 중도중단시험은 두 종류로 나눌 수 있는데, 미리 신뢰성 시험 시간을 정해두고 그 사이 고장시간을 가지고 신뢰성을 검·추정하는 정시중단시험과 고장개수(r)를 정하고 시험하는 정수중단시험이 있다.

① 정시중단시험의 경우

㉠ 부품을 교체하며 시험하는 경우

$$MTBF = \frac{T}{r} = \frac{n \cdot t_0}{r}, \ t_0 : 정시$$

㉡ 부품을 교체하지 않고 시험하는 경우

$$MTBF = \frac{T}{r} = \frac{\sum t_i + (n-r)t_0}{r}$$

ⓒ 평균수명 신뢰구간

$$\frac{2T}{\chi^2_{1-\alpha/2}(2(r+1))} \leq \theta \leq \frac{2T}{\chi^2_{\alpha/2}(2r)}$$

② 정수중단시험의 경우
   ㉠ 부품을 교체하며 시험하는 경우

   $$MTBF = \frac{T}{r} = \frac{n \cdot t_r}{r}, \quad t_r : 마지막 고장시간$$

   ㉡ 부품을 교체하지 않고 시험하는 경우

   $$MTBF = \frac{T}{r} = \frac{\sum t_i + (n-v)t_r}{r}$$

   ㉢ 평균수명 신뢰구간

   $$\frac{2T}{\chi^2_{1-\alpha/2}(2r)} \leq \theta \leq \frac{2T}{\chi^2_{\alpha/2}(2r)}$$

(2) 가속수명시험은 정상적인 수명시험을 하는 경우 시간·비용이 상당히 소요되므로 시험 시 가속인자를 인가하여 사용조건을 악화하여 고장시간을 단축시키는 시험을 말한다.
   ① 아레니우스 모델 : 온도인자만 가속인자로 활용
   ② 아이링 모델 : 온도인자 외 전압 등을 추가로 활용
   ③ 10℃ 법칙
   ④ α승의 법칙

1211 신뢰성 설계 기술 중 리던던시(Redundancy) 설계에 대해 설명하고, 평균수명이 $\frac{1}{\lambda}$로 동일한 구성품 2개가 병렬로 결합된 병렬 리던던시(Parallel Redundancy) 설계인 경우와 대기 리던던시(Stand-by Redundancy) 설계인 경우의 각 평균수명 산출식을 설명하시오.

풀이 (1) A, B 부품이 병렬결합인 경우

$$MTBF_s = \frac{1}{\lambda_s} = \frac{1}{\lambda_1} + \frac{1}{\lambda_2} - \frac{1}{\lambda_1 + \lambda_2} = \frac{3}{2\lambda_0}$$

여기서, $\lambda_1 = \lambda_2 = \lambda_0$

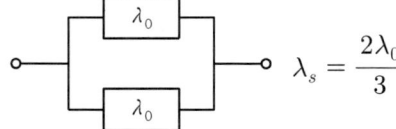

$\lambda_s = \frac{2\lambda_0}{3}$

개별부품의 고장률에 비해 $\frac{1}{3}$배 작아진다.

(2) A, B 부품이 대기결합인 경우

$$MTBF_s = \frac{1}{\lambda_s} = \frac{2}{\lambda_0}$$

$$\lambda_s = \frac{\lambda_0}{2}$$

따라서 대기결합이 병렬결합에 비해 수명이 $\frac{1}{4}$ 배 증가한다.

1212 검사특성곡선(OC 곡선)이란 설정된 검사 기준하에서 제출된 로트의 부적합품률의 변화에 따른 로트의 합격확률을 나타내는 곡선이다. 다음 물음에 답하시오.

1 $N=1,500$, $n=20$, $c=2$인 계수 규준형 1회 샘플링 검사에서 $p=7\%$일 때 로트가 합격할 확률을 푸아송(Poisson) 분포를 사용하여 구하시오. (단, N : 로트 크기, n : 시료 크기, c : 합격판정개수, p : 로트의 부적합품률)

2 시료의 크기 n만 증가할 경우(N, c 고정)에 검사특성곡선의 변화를 설명하시오.

3 합격판정개수 c만 증가할 경우(N, n 고정)에 검사특성곡선의 변화를 설명하시오.

풀이 **1** $N=1,500$, $n=20$, $c=2$, $p=7\%\,(0.07)$

로트 합격률 $C(p) = \sum_{X=0}^{c} \frac{e^{-np} \cdot np^X}{X!}$

여기서, $np = 20 \times 0.07 = 1.4$

$P(X \leq 2) = e^{-1.4} + e^{-1.4} \times 1.4 + \frac{e^{-1.4} \cdot (1.4)^2}{2!} = 0.8335$

2 시료 n만 증가 시 검사특성곡선 변화

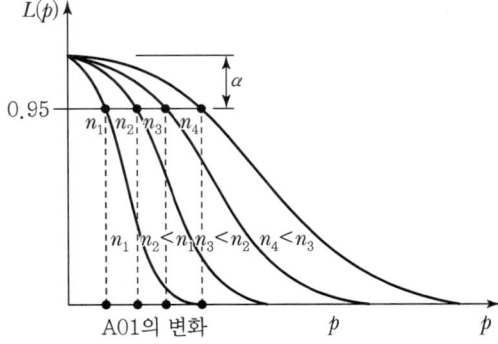

n이 커질수록 OC 곡선은 급격한 곡선을 그리고, n이 작을수록 OC 곡선은 완만한 곡선을 그린다.

❸ 합격판정개수 c만 증가 시 검사특성곡선 변화

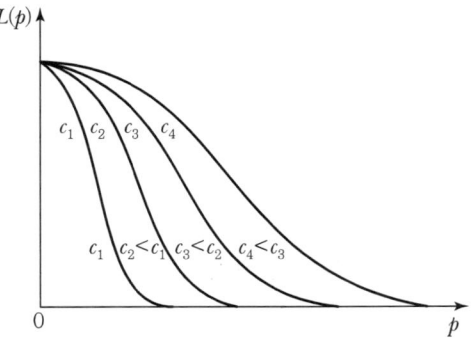

c가 커질수록 OC 곡선은 완만한 곡선을 그리며, c가 작을수록 OC 곡선은 급격해진다.

1213 공정평가에 활용하는 수율로서 초기수율(Y_{FT}), 누적직행수율(Y_{RT}), 공정평균수율(Y_{NA})이 있다. 각 수율의 개념을 설명하고, 다음과 같은 공정에서 Y_{FT}, Y_{RT}, Y_{NA}을 구하시오.

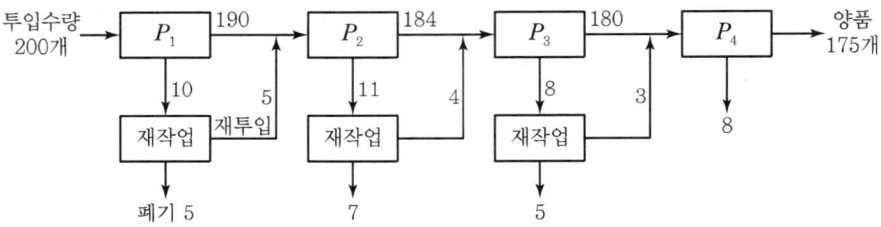

[풀이] (1) 초기수율(Y_{FT})

- $Y_{FT}(P_1) = \dfrac{190}{200} = 0.95$

- $Y_{FT}(P_2) = \dfrac{184}{195} = 0.9436$

- $Y_{FT}(P_3) = \dfrac{180}{188} = 0.9574$

- $Y_{FT}(P_4) = \dfrac{175}{183} = 0.9563$

(2) 누적직행수율(Y_{RT})

$Y_{RT} = \prod Y_{FT}(P_i) = 0.95 \times 0.9436 \times 0.9574 \times 0.9563 = 0.8207$

(3) 공정평균수율(Y_{NA})

공정평균수율은 누적직행수율(Y_{RT})의 기하평균으로 산정한다.

$Y_{NA} = \sqrt[n]{Y_{RT}} = \sqrt[4]{0.8207} = 0.9518$

1214 다음과 같이 9개의 부품으로 구성된 시스템에서 전체 시스템 신뢰도 R_s가 0.868이고 각 부분의 신뢰도가 다음과 같을 때 부품 $4(R_4)$의 신뢰도를 구하시오. (단, 소수점 넷째 자리에서 반올림한다.)

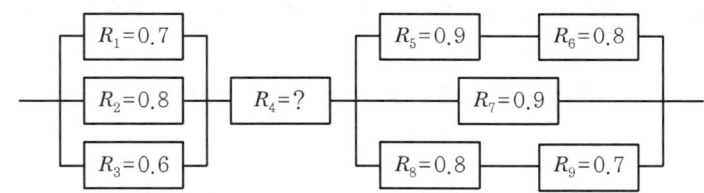

풀이

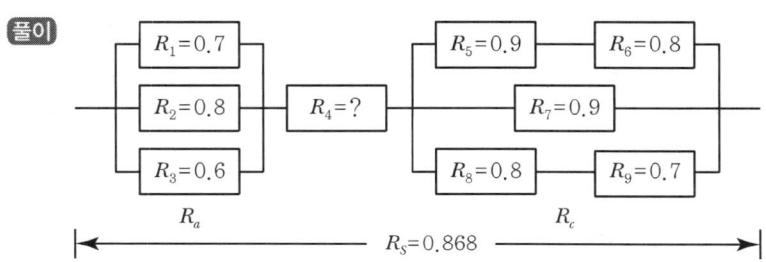

$R_s = R_a \cdot R_4 \cdot R_c = 0.868$

$R_a = 1 - (1-R_1)(1-R_2)(1-R_3) = 1 - (0.3 \times 0.2 \times 0.4) = 0.976$

$R_c = 1 - (1-R_5 \cdot R_6)(1-R_7)(1-R_8 \cdot R_9)$
$= 1 - (1-0.9 \times 0.8)(1-0.9)(1-0.8 \times 0.7) = 0.98768$

$\therefore R_4 = \dfrac{R_s}{R_a \cdot R_c} = \dfrac{0.868}{0.976 \times 0.98768} = 0.9$

1215 신뢰성 관리에서 고유 신뢰성을 증대시키기 위하여 일반적으로 많이 사용하는 방법을 3가지만 설명하시오.

풀이 신뢰성 증대방법
① 리던던시 활용
② 고신뢰성 부품 채용
③ 고부하(Stress)를 경감시키는 Derating
④ Fail Safe, Fool Proof
⑤ 사용 신뢰성 증대 등

1216 신뢰성 시험에 대하여 다음 물음에 답하시오.

1 신뢰성 추정 시 평균수명의 점추정 방법의 종류를 설명하시오.

2 어떤 장비를 2시간 간격(t_i)으로 점검하고, 점검시간에 고장 난 것(r_i)과 고장 날 만하여 새 것으로 교체한 부품 수(k_i)는 다음과 같을 때, 평균수명을 추정하시오.(단, 소수점 첫째 자리까지 구하시오.)

t_i	r_i	k_i	t_i	r_i	k_i
2	0	2	12	2	3
4	0	3	14	1	1
6	1	2	16	1	1
8	1	1	18	2	1
10	2	2	20	1	3

[풀이] 1 평균수명 점추정 방법

$$\chi^2(2r) \sim \frac{2r \cdot \theta}{\theta_0} = \frac{2T}{\theta_0}$$

$$\left.\begin{array}{l} \theta_L = \dfrac{2T}{\chi^2_{1-\alpha/2}(2r)} \\ \theta_U = \dfrac{2T}{\chi^2_{\alpha/2}(2r)} \end{array}\right\} \text{정수중단}$$

$$\left.\begin{array}{l} \theta_L = \dfrac{2T}{\chi^2_{1-\alpha/2}(2(r+1))} \\ \theta_U = \dfrac{2T}{\chi^2_{1-\alpha/2}(2r)} \end{array}\right\} \text{정시중단}$$

2 $\widehat{MTBF} = \hat{\theta} = \dfrac{\sum t_i r_i + \sum t_i k_i}{r}$ $\quad r = 11$

$= [(6+8+20+24+14+16+36+20)$
$\quad + (4+12+12+8+20+36+14+16+18+60)] \div 11$
$= 29.091(\text{h})$

1217 다음 데이터는 설계를 변경한 후 만든 어떤 전자기기 장치 10대를 수명시험을 하여 고장수 $r = 7$에서 중단한 시험의 결과이다. 이 데이터를 웨이블 확률지에 타점하여 보니 형상 파라미터가 $m = 1$이 되었다. 다음 물음에 답하시오.

> 데이터 : 3, 9, 12, 18, 27, 31, 43(시간)

1 MTBF가 무엇인지 설명하고, 이 장치의 MTBF를 추정하시오.
2 고장률이 무엇인지 설명하고, 이 장치의 고장률을 추정하시오.
3 신뢰도가 무엇인지 설명하고, 이 장치의 시간 $t = 10$에서의 신뢰도를 구하시오.
4 기존의 MTBF가 20.5였다면, MTBF가 변화되었는지 검정하시오.
 (단, $\alpha = 0.10$, $\chi^2_{0.95}(14) = 23.68$, $\chi^2_{0.05}(14) = 6.57$)
5 신뢰수준 90%에서의 MTBF의 신뢰구간을 추정하시오.

[풀이] **1** $\widehat{MTBF} = \dfrac{\sum t_i + (n-r)t_r}{r} = \dfrac{143 + (10-7) \times 43}{7} = 38.857$

2 고장률 $\hat{\lambda} = \dfrac{1}{\hat{\theta}} = \dfrac{1}{38.857} = 0.0257/\text{h}$

3 $R_{(t=10)} = e^{-\lambda t} = e^{-(0.0257 \times 10)} = 0.7734$이므로 10시간 가동 후 생존율이 77.34%이다.

4 $\theta = 20.5\text{h}$
 ① 가설 $H_0 : \theta = 20.5\text{h}$, $H_1 : \theta \neq 20.5\text{h}$
 ② 유의수준 $\alpha = 0.05$
 ③ 검정통계량 $\chi^2_0 = \dfrac{2T}{\theta_0} = \dfrac{2 \times 272}{20.5} = 26.537$
  $T = \sum t_i + (n-r)t_r = 272$
 ④ 기각역

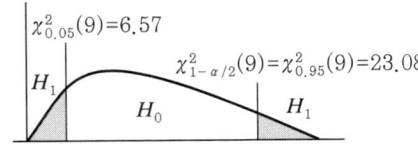

 ⑤ 판정
  $\chi^2_0 = 26.537 > \chi^2_{0.95}(9) = 23.8$이므로 H_0를 기각한다.
  따라서 평균수명이 $\theta = 20.5\,(\alpha = 0.1)$가 아니다.

5 신뢰수준 90% MTBF 구간 추정

$$\frac{2T}{\chi^2_{1-\alpha/2}(\nu)} \leq \theta \leq \frac{2T}{\chi^2_{\alpha/2}(\nu)}$$

$$\frac{2 \times 272}{23.68} \leq \theta \leq \frac{2 \times 272}{6.57}$$

$$22.923 \leq \theta \leq 82.8$$

APPENDIX

01

필기시험 답안지 양식

제   회
국가기술자격검정 기술사 필기시험 답안지(제　교시)

수험번호	성명
감독확인	㊞

한국산업인력공단

※ 10권 이상은 분철(최대 10권 이내)

비번호

※ 비번호란은 수험자가 기재하지 않습니다.

제   회
국가기술자격검정 기술사 필기시험 답안지(제1교시)

| 제1교시 | 종목명 | |

답안지 작성 시 유의사항

1. 답안지는 총 7매(14면)이며 교부받는 즉시 매수, 페이지 순서 등 정상 여부를 반드시 확인하고 1매라도 분리되거나 훼손하여서는 안 됩니다.
2. 시행 회, 자격종목, 수험번호, 성명을 정확하게 기재하여야 합니다.
3. 수험자 인적사항 및 답안 작성(계산식 포함)은 검정색 또는 청색 필기구 중 한 가지 필기구만을 계속 사용하여야 합니다.(그 외 연필류·유색필기구·2가지 이상 색 혼합사용 등으로 작성한 답항은 0점 처리됩니다.)
4. 답안 정정 시에는 두 줄(=)을 긋고 다시 기재 가능하며, 수정테이프(액) 등을 사용했을 경우 채점상의 불이익을 받을 수 있으므로 사용하지 마시기 바랍니다.
5. 연습지에 기재한 내용은 채점하지 않으며, 답안지(연습지 포함)에 답안과 관련 없는 특수한 표시를 하거나 특정인임을 암시하는 경우 답안지 전체가 0점 처리됩니다.
6. 답안 작성 시 홈(구멍)이나 도형 등 그림이 없는 직선자(템플릿 사용금지)만 사용할 수 있습니다.
7. 문제의 순서에 관계없이 답안을 작성하여도 되나 주어진 문제번호와 문제를 기재한 후 답안을 작성하고 전문용어는 원어로 기재하여도 무방합니다.
8. 요구한 문제수보다 많은 문제를 답하는 경우 기재 순으로 요구한 문제수까지 채점하고 나머지 문제는 채점대상에서 제외됩니다.
9. 답안 작성 시 답안지 양면의 페이지 순으로 작성하시기 바랍니다.
10. 기 작성한 문항 전체를 삭제하고자 할 경우 반드시 해당 문항의 답안 전체에 대하여 명확하게 X표시(X표시 한 답안은 채점대상에서 제외)하시기 바랍니다.
11. 시험시간이 종료되면 즉시 답안 작성을 멈춰야 하며, 종료시간 이후 계속 답안을 작성하거나 감독위원의 답안제출 지시에 불응할 때에는 채점대상에서 제외됩니다.
12. 각 문제의 답안 작성이 끝나면 "끝"이라고 쓰고 다음 문제는 두 줄을 띄워 기재하여야 하며 최종 답안 작성이 끝나면 그 다음 줄에 "이하여백"이라고 써야 합니다.

※부정행위처리규정은 뒷면 참조

한국산업인력공단

부정행위 처리규정

국가기술자격법 제10조 제4항 및 제11조에 의거 국가기술자격검정에서 부정행위를 한 응시자에 대하여는 당해 검정을 정지 또는 무효로 하고 3년간 이법에 의한 검정에 응시할 수 있는 자격이 정지됩니다.

1. 시험 중 다른 수험자와 시험과 관련된 대화를 하는 행위
2. 답안지를 교환하는 행위
3. 시험 중에 다른 수험자의 답안지 또는 문제지를 엿보고 자신의 답안지를 작성하는 행위
4. 다른 수험자를 위하여 답안을 알려주거나 엿보게 하는 행위
5. 시험 중 시험문제 내용과 관련된 물건을 휴대하여 사용하거나 이를 주고 받는 행위
6. 시험장 내외의 자로부터 도움을 받고 답안지를 작성하는 행위
7. 사전에 시험문제를 알고 시험을 치른 행위
8. 다른 수험자와 성명 또는 수험번호를 바꾸어 제출하는 행위
9. 대리시험을 치르거나 치르게 하는 행위
10. 수험자가 시험시간 중에 통신기기 및 전자기기[휴대용 전화기, 휴대용 개인정보 단말기(PDA), 휴대용 멀티미디어 재생장치(PMP), 휴대용 컴퓨터, 휴대용 카세트, 디지털 카메라, 음성파일 변환기(MP3), 휴대용 게임기, 전자사전, 카메라 펜, 시각표시 외의 기능이 부착된 시계]를 사용하여 답안지를 작성하거나 다른 수험자를 위하여 답안을 송신하는 행위
11. 그 밖에 부정 또는 불공정한 방법으로 시험을 치르는 행위

[연 습 지]

※ 연습지에 기재한 사항은 채점하지 않으나 분리 훼손하면 안 됩니다.

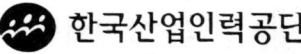 한국산업인력공단

2쪽

번호			

한국산업인력공단

4쪽

번호				

6쪽

번호			

한국산업인력공단

APPENDIX 02

관련 수치표

1. 정규분포표

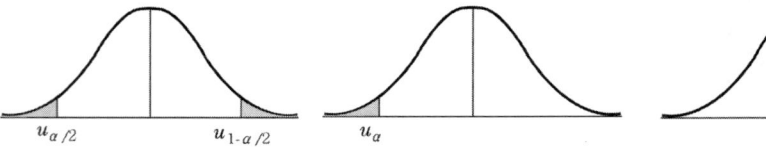

⟨표준화 정규분포의 상측 빗금확률면적 α에 의한 상측 분위점 $u_{1-α}$의 표⟩

α	0	1	2	3	4	5	6	7	8	9
0.00*	∞	3.090	2.878	2.748	2.652	2.576	2.512	2.457	2.409	2.366
0.0*	∞	2.326	2.054	1.881	1.751	1.645	1.555	1.476	1.405	1.341
0.1*	1.282	1.227	1.175	1.126	1.080	1.036	.994	.954	.915	.878
0.2*	.842	.806	.772	.739	.706	.674	.643	.613	.583	.553
0.3*	.524	.496	.468	.440	.412	.385	.358	.358	.305	.279
0.4*	.253	.228	.202	.176	.151	.126	.100	.100	.075	.025

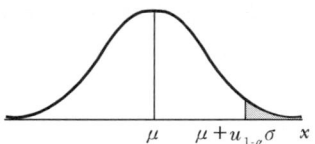

⟨정규분포의 x가 $μ+u_{1-α}σ$ 이상의 값이 될 확률 α의 표(빗금확률면적은 α를 의미함)⟩

u	.00	.01	.02	.03	.04	.05	.06	.07	.08	.09	u
0.0	.5000	.4960	.4920	.4880	.4840	.4801	.4761	.4721	.4681	.4641	0.0
0.1	.4602	.4562	.4522	.4483	.4443	.4404	.4364	.4325	.4286	.4247	0.1
0.2	.4207	.4168	.4129	.4090	.4052	.4013	.3974	.3936	.3897	.3859	0.2
0.3	.3821	.3783	.3745	.3707	.3669	.3632	.3594	.3557	.3520	.3483	0.3
0.4	.3446	.3409	.3372	.3336	.3300	.3264	.3228	.3192	.3156	.3121	0.4
0.5	.3085	.3050	.3015	.2981	.2946	.2912	.2877	.2843	.2810	.2776	0.5
0.6	.2743	.2709	.2676	.2643	.2611	.2578	.2546	.2514	.2483	.2451	0.6
0.7	.2420	.2389	.2358	.2327	.2297	.2266	.2236	.2206	.2177	.2148	0.7
0.8	.2119	.2090	.2061	.2033	.2005	.1977	.1949	.1922	.1894	.1867	0.8
0.9	.1841	.1814	.1788	.1762	.1736	.1711	.1685	.1660	.1635	.1611	0.9
1.0	.1587	.1562	.1539	.1515	.1492	.1469	.1446	.1423	.1401	.1379	1.0

u	.00	.01	.02	.03	.04	.05	.06	.07	.08	.09	u
1.1	.1357	.1335	.1314	.1292	.1271	.1251	.1230	.1210	.1190	.1170	1.1
1.2	.1151	.1131	.1112	.1093	.1075	.1056	.1038	.1020	.1003	.0985	1.2
1.3	.0968	.0951	.0934	.0918	.0901	.0885	.0869	.0853	.0838	.0823	1.3
1.4	.0808	.0793	.0778	.0764	.0749	.0735	.0721	.0708	.0694	.0681	1.4
1.5	.0668	.0655	.0643	.0630	.0618	.0606	.0594	.0582	.0571	.0559	1.5
1.6	.0548	.0537	.0526	.0516	.0505	.0495	.0485	.0475	.0465	.0455	1.6
1.7	.0446	.0436	.0427	.0418	.0409	.0401	.0392	.0384	.0375	.0367	1.7
1.8	.0359	.0351	.0344	.0336	.0329	.0322	.0314	.0307	.0301	.0294	1.8
1.9	.0287	.0281	.0274	.0268	.0262	.0256	.0250	.0244	.0239	.0233	1.9
2.0	.0228	.0222	.0217	.0212	.0207	.0202	.0197	.0192	.0188	.0183	2.0
2.1	.0179	.0174	.0170	.0166	.0162	.0158	.0154	.0150	.0146	.0143	2.1
2.2	.0139	.0136	.0132	.0129	.0125	.0122	.0119	.0116	.0113	.0110	2.2
2.3	.0107	.0104	.0102	.0099	.0096	.0094	.0091	.0089	.0087	.0084	2.3
2.4	.0082	.0080	.0078	.0075	.0073	.0071	.0069	.0068	.0066	.0064	2.4
2.5	.0062	.0060	.0059	.0057	.0055	.0054	.0052	.0051	.0049	.0048	2.5
2.6	$.0^2 4661$	$.0^2 4527$	$.0^2 4396$	$.0^2 4269$	$.0^2 4145$	$.0^2 4025$	$.0^2 3907$	$.0^2 3793$	$.0^2 3681$	$.0^2 3573$	2.6
2.7	$.0^2 3467$	$.0^2 3364$	$.0^2 3264$	$.0^2 3167$	$.0^2 3072$	$.0^2 2980$	$.0^2 2890$	$.0^2 2803$	$.0^2 2718$	$.0^2 2635$	2.7
2.8	$.0^2 2555$	$.0^2 2477$	$.0^2 2401$	$.0^2 2327$	$.0^2 2250$	$.0^2 2180$	$.0^2 2118$	$.0^2 2052$	$.0^2 1988$	$.0^2 1920$	2.8
2.9	$.0^2 1866$	$.0^2 1807$	$.0^2 1750$	$.0^2 1695$	$.0^2 1041$	$.0^2 1589$	$.0^2 1538$	$.0^2 1489$	$.0^2 1441$	$.0^2 1395$	2.9
3.0	$.0^2 1350$	$.0^2 1306$	$.0^2 1264$	$.0^2 1223$	$.0^2 1183$	$.0^2 1144$	$.0^2 1107$	$.0^2 1070$	$.0^2 1035$	$.0^2 1001$	3.0
3.1	$.0^3 9676$	$.0^3 9351$	$.0^3 9043$	$.0^3 8740$	$.0^3 8447$	$.0^3 8104$	$.0^3 7888$	$.0^3 7622$	$.0^3 7364$	$.0^3 7114$	3.1
3.2	$.0^3 6871$	$.0^3 6637$	$.0^3 6410$	$.0^3 6190$	$.0^3 5976$	$.0^3 5770$	$.0^3 5571$	$.0^3 5377$	$.0^3 5190$	$.0^3 5009$	3.2
3.3	$.0^3 4834$	$.0^3 4665$	$.0^3 4501$	$.0^3 4342$	$.0^3 4189$	$.0^3 4041$	$.0^3 3897$	$.0^3 3758$	$.0^3 3624$	$.0^3 3495$	3.3
3.4	$.0^3 3369$	$.0^3 3248$	$.0^3 3131$	$.0^3 3018$	$.0^3 2909$	$.0^3 2803$	$.0^3 2701$	$.0^3 2602$	$.0^3 2507$	$.0^3 2415$	3.4
3.5	$.0^3 2326$	$.0^3 2241$	$.0^3 2158$	$.0^3 2078$	$.0^3 2001$	$.0^3 1926$	$.0^3 1854$	$.0^3 1785$	$.0^3 1718$	$.0^3 1653$	3.5
3.6	$.0^3 1591$	$.0^3 1531$	$.0^3 1473$	$.0^3 1417$	$.0^3 1363$	$.0^3 1311$	$.0^3 1261$	$.0^3 1213$	$.0^3 1166$	$.0^3 1121$	3.6
3.7	$.0^3 1078$	$.0^3 1036$	$.0^4 9961$	$.0^4 9574$	$.0^4 9201$	$.0^4 8842$	$.0^4 8496$	$.0^4 8162$	$.0^4 7841$	$.0^4 7532$	3.7
3.8	$.0^4 7235$	$.0^4 6948$	$.0^4 6673$	$.0^4 6407$	$.0^4 6152$	$.0^4 5906$	$.0^4 5669$	$.0^4 5442$	$.0^4 5223$	$.0^4 5012$	3.8
3.9	$.0^4 4810$	$.0^4 4615$	$.0^4 4427$	$.0^4 4247$	$.0^4 4074$	$.0^4 3908$	$.0^4 3747$	$.0^4 3594$	$.0^4 3446$	$.0^4 3304$	3.9
4.0	$.0^4 3167$	$.0^4 3036$	$.0^4 2910$	$.0^4 2789$	$.0^4 2673$	$.0^4 2561$	$.0^4 2454$	$.0^4 2351$	$.0^4 2252$	$.0^4 2157$	4.0
4.1	$.0^4 2066$	$.0^4 1978$	$.0^4 1894$	$.0^4 1814$	$.0^4 1737$	$.0^4 1662$	$.0^4 1591$	$.0^4 1523$	$.0^4 1458$	$.0^4 1395$	4.1
4.2	$.0^4 1335$	$.0^4 1277$	$.0^4 1222$	$.0^4 1168$	$.0^4 1118$	$.0^4 1069$	$.0^4 1022$	$.0^5 9774$	$.0^5 9345$	$.0^5 8934$	4.2
4.3	$.0^5 8540$	$.0^5 8163$	$.0^5 7801$	$.0^5 7455$	$.0^5 7124$	$.0^5 6807$	$.0^5 6503$	$.0^5 6212$	$.0^5 5934$	$.0^5 5668$	4.3
4.4	$.0^5 5419$	$.0^5 5169$	$.0^5 4935$	$.0^5 4712$	$.0^5 4498$	$.0^5 4294$	$.0^5 4098$	$.0^5 3911$	$.0^5 3732$	$.0^5 3561$	4.4
4.5	$.0^5 3398$	$.0^5 3241$	$.0^5 3092$	$.0^5 2949$	$.0^5 2813$	$.0^5 2682$	$.0^5 2558$	$.0^5 2439$	$.0^5 2325$	$.0^5 2216$	4.5
5.0	$.0^5 2867$	$.0^5 2722$	$.0^5 2584$	$.0^5 2452$	$.0^6 2328$	$.0^6 2209$	$.0^6 2096$	$.0^6 1989$	$.0^6 1887$	$.0^6 1790$	5.0
5.5	$.0^7 1899$	$.0^7 1794$	$.0^7 1695$	$.0^7 1601$	$.0^7 1512$	$.0^7 1428$	$.0^7 1349$	$.0^7 1274$	$.0^7 1203$	$.0^7 1135$	5.5
6.0	$.0^9 9899$	$.0^9 9276$	$.0^9 8721$	$.0^9 8198$	$.0^9 7706$	$.0^9 7242$	$.0^9 6806$	$.0^9 6396$	$.0^9 6009$	$.0^9 5646$	6.0

2. t 분포표

양쪽의 경우(빗금확률면적 $\alpha/2$)
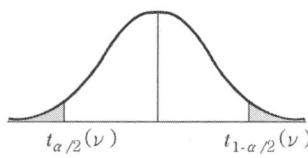

한쪽의 경우(빗금확률면적 α)
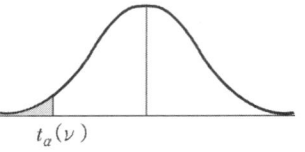

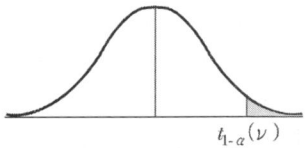

⟨t 분포의 상측 분위점 $t_{1-\alpha}(\nu)$의 표⟩

ν \ $1-\alpha$	0.75	0.80	0.85	0.90	0.95	0.975	0.99	0.995	0.9995
1	1.000	1.376	1.963	3.078	6.314	12.706	31.821	63.657	636.619
2	0.816	1.061	1.386	1.886	2.920	4.303	6.965	9.925	31.598
3	0.765	0.978	1.250	1.638	2.353	3.182	4.541	5.841	12.941
4	0.741	0.941	1.109	1.533	2.132	2.776	3.747	4.604	8.610
5	0.727	0.920	1.156	1.476	2.015	2.571	3.365	4.032	6.859
6	0.718	0.906	1.134	1.440	1.943	2.447	3.143	3.707	5.959
7	0.711	0.896	1.119	1.415	1.895	2.365	2.998	3.499	5.405
8	0.706	0.889	1.108	1.397	1.860	2.306	2.896	3.355	5.041
9	0.703	0.883	1.100	1.383	1.833	2.262	2.821	3.250	4.781
10	0.700	0.879	1.093	1.372	1.812	2.228	2.764	3.169	4.587
11	0.697	0.876	1.088	1.363	1.796	2.201	2.718	3.106	4.437
12	0.695	0.873	1.083	1.356	1.782	2.179	2.681	3.055	4.318
13	0.694	0.870	1.079	1.350	1.771	2.160	2.650	3.012	4.221
14	0.692	0.868	1.076	1.345	1.761	2.145	2.624	2.977	4.140
15	0.691	0.866	1.074	1.341	1.753	2.131	2.602	2.947	4.073
16	0.690	0.865	1.071	1.337	1.746	2.120	2.583	2.921	4.015
17	0.689	0.863	1.069	1.333	1.740	2.110	2.567	2.898	3.965
18	0.688	0.862	1.067	1.330	1.734	2.101	2.552	2.878	3.922
19	0.688	0.861	1.066	1.328	1.729	2.093	2.539	2.861	3.883
20	0.687	0.860	1.064	1.325	1.725	2.086	2.528	2.845	3.850
21	0.686	0.859	1.063	1.323	1.721	2.080	2.518	2.831	3.819
22	0.686	0.858	1.061	1.321	1.717	2.074	2.508	2.819	3.792
23	0.685	0.858	1.060	1.319	1.714	2.069	2.500	2.807	3.767
24	0.685	0.857	1.059	1.318	1.711	2.064	2.492	2.797	3.745
25	0.684	0.856	1.058	1.316	1.708	2.060	2.485	2.787	3.725
26	0.684	0.856	1.058	1.315	1.706	2.056	2.479	2.779	3.707
27	0.684	0.855	1.057	1.314	1.703	2.052	2.473	2.771	3.690
28	0.683	0.855	1.056	1.313	1.701	2.048	2.467	2.763	3.674
29	0.683	0.854	1.055	1.311	1.699	2.045	2.462	2.756	3.659
30	0.683	0.854	1.055	1.310	1.697	2.042	2.457	2.750	3.646
31~40	0.681	0.851	1.050	1.303	1.684	2.021	2.423	2.704	3.551
41~60	0.679	0.848	1.046	1.296	1.671	2.000	2.390	2.660	3.460
61~120	0.677	0.845	1.041	1.289	1.658	1.980	2.358	2.617	3.373
121 이상	0.674	0.842	1.036	1.282	1.645	1.960	2.326	2.576	3.291

3. χ^2 분포표

양쪽의 경우(빗금확률면적 $\alpha/2$)
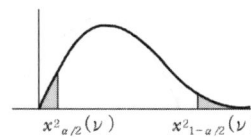

한쪽의 경우(빗금확률면적 α)
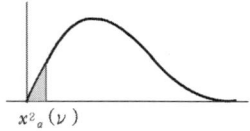
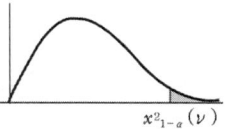

〈카이제곱 분포의 하측, 상측 분위점 $\chi^2_\alpha(\nu)$와 $\chi^2_{1-\alpha}(\nu)$의 표〉

ν	α인 경우					$1-\alpha$인 경우				
	0.005	0.01	0.025	0.05	0.10	0.90	0.95	0.975	0.99	0.995
1	0.0^439	0.0^316	0.0^398	0.0^239	0.0158	2.71	3.84	5.02	6.63	7.88
2	0.0100	0.0201	0.0506	0.103	0.211	4.61	5.99	7.38	9.21	10.60
3	0.0717	0.115	0.216	0.352	0.584	6.25	7.81	9.35	11.34	12.84
4	0.207	0.297	0.484	0.711	1.064	7.78	9.49	11.14	13.28	14.86
5	0.412	0.554	0.831	1.145	1.610	9.24	11.07	12.82	15.09	16.75
6	0.676	0.872	1.237	1.635	2.20	10.64	12.59	14.45	16.81	18.55
7	0.989	1.239	1.690	2.17	2.83	12.02	14.07	16.01	18.48	20.28
8	1.344	1.646	2.18	2.73	3.49	13.36	15.51	17.53	20.09	21.96
9	1.735	2.09	2.70	3.33	4.17	14.68	16.92	19.02	21.67	23.59
10	2.16	2.56	3.25	3.94	4.87	15.99	18.31	20.48	23.21	25.19
11	2.60	3.05	3.82	4.57	5.58	17.28	19.68	21.92	24.73	26.76
12	3.07	3.57	4.40	5.23	6.30	18.55	21.03	23.34	26.22	28.30
13	3.57	4.11	5.01	5.89	7.04	19.81	22.36	24.74	27.69	29.82
14	4.07	4.66	5.63	6.57	7.79	21.06	23.68	26.12	29.14	31.32
15	4.60	5.23	6.26	7.26	8.55	22.31	25.00	27.49	30.58	32.80
16	5.14	5.81	6.91	7.96	9.31	23.54	26.30	28.85	32.00	34.27
17	5.70	6.41	7.56	8.67	10.09	24.77	27.59	30.19	33.41	35.72
18	6.26	7.01	8.23	9.39	10.86	25.99	28.87	31.53	34.81	37.16
19	6.84	7.63	8.91	10.12	11.65	27.20	30.14	32.85	36.19	38.58
20	7.43	8.26	9.59	10.85	12.44	28.41	31.41	34.17	37.57	40.00
21	8.03	8.90	10.28	11.59	13.24	29.62	32.67	35.48	38.93	41.40
22	8.64	9.54	10.98	12.34	14.04	30.81	33.92	36.78	40.29	42.80
23	9.26	10.20	11.69	13.09	14.85	32.01	35.17	38.08	41.64	44.18
24	9.89	10.86	12.40	13.85	15.66	33.20	36.42	39.36	42.98	45.56
25	10.52	11.52	13.12	14.61	16.47	34.38	37.65	40.65	44.31	46.93
26	11.16	12.20	13.84	15.38	17.29	35.56	38.89	41.92	45.64	48.29
27	11.81	12.88	14.57	16.15	18.11	36.74	40.11	43.19	46.96	49.64
28	12.46	13.56	15.31	16.93	18.94	37.92	41.34	44.46	48.28	50.99
29	13.12	14.26	16.05	17.71	19.77	39.09	42.56	45.72	49.59	52.34
30	13.79	14.95	16.79	18.49	20.60	40.26	43.77	46.98	50.89	53.67
31~40	20.71	22.16	24.43	26.51	29.05	51.81	55.76	59.34	63.69	66.77
41~50	27.99	29.17	32.36	34.76	37.69	63.17	67.50	71.42	76.15	79.49
51~60	35.53	37.48	40.48	43.19	46.46	74.40	79.08	83.30	88.38	91.95
61~70	43.28	45.44	48.76	51.74	55.33	85.53	90.53	95.02	100.4	104.2
71~80	51.17	53.54	57.15	60.39	64.28	96.58	101.9	106.6	112.3	113.6
81~90	59.20	61.75	65.65	69.13	73.29	107.60	113.1	118.1	124.1	128.3
91~100	67.33	70.06	74.22	77.93	82.36	118.50	124.3	129.6	153.8	140.2

4. F 분포표

양쪽의 경우(빗금확률면적 $\alpha/2$)
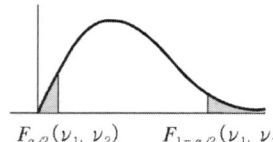

한쪽의 경우(빗금확률면적 α)
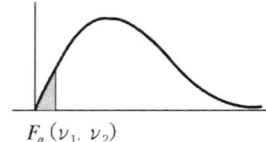

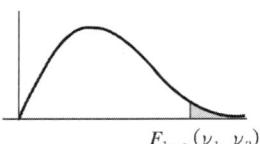

⟨F 분포 상측 분위점 $F_{1-\alpha}(\nu_1, \nu_2)$의 표⟩

ν_2	$1-\alpha$	ν_1									
		1	2	3	4	5	6	7	8	9	10
1	0.90	39.9	49.5	53.6	55.8	57.2	58.2	58.9	59.4	59.9	60.2
	0.95	161	200	216	225	230	234	237	239	241	242
	0.975	648	800	864	900	922	937	948	957	963	969
	0.99	4052	5000	5403	5625	5764	5859	5928	5981	6022	6056
2	0.90	8.53	9.00	9.16	9.24	9.29	9.33	9.35	9.37	9.38	9.39
	0.95	18.5	19.0	19.2	19.2	19.3	19.3	19.4	19.4	19.4	19.4
	0.975	38.5	39.0	39.2	39.3	39.3	39.3	39.4	39.4	39.4	39.4
	0.99	88.5	99.0	99.2	99.2	99.3	99.3	99.4	99.4	99.4	99.4
3	0.90	5.54	5.46	6.39	5.34	5.31	5.28	5.27	5.25	5.24	5.23
	0.95	10.1	9.55	9.28	9.12	9.01	8.94	8.89	8.85	8.81	8.79
	0.975	17.4	16.0	15.4	15.1	14.9	14.7	14.6	14.5	14.5	14.4
	0.99	34.1	30.8	29.5	28.7	28.2	27.9	27.7	27.5	27.3	27.2
4	0.90	4.54	4.32	4.19	4.11	4.05	4.01	3.98	3.95	3.94	3.92
	0.95	7.71	6.94	6.59	6.39	6.26	6.16	6.09	6.04	6.00	5.96
	0.975	12.2	10.7	9.98	9.60	9.36	9.20	9.07	8.98	8.90	8.84
	0.99	21.2	18.0	16.7	16.0	15.5	15.2	15.0	14.8	14.7	14.5
5	0.90	4.06	3.78	3.62	3.52	3.45	3.40	3.37	3.34	3.32	3.30
	0.95	6.61	5.79	5.41	5.19	5.05	4.95	4.88	4.82	4.77	4.74
	0.975	10.0	8.43	7.76	7.39	7.15	6.98	6.85	6.76	6.68	6.62
	0.99	16.3	13.3	12.1	11.4	11.0	10.7	10.5	10.3	10.2	10.1
6	0.90	3.78	3.46	3.29	3.18	3.11	3.05	3.01	2.98	2.96	2.94
	0.95	5.99	5.14	4.76	4.53	4.39	4.28	4.21	4.15	4.10	4.06
	0.975	8.81	7.26	6.60	6.23	5.99	5.82	5.70	5.60	5.52	5.46
	0.99	13.7	10.9	9.78	9.15	8.75	8.47	8.26	8.10	7.98	7.87
7	0.90	3.59	3.26	3.07	2.96	2.88	2.83	2.78	2.75	2.72	2.70
	0.95	5.59	4.74	4.35	4.12	3.97	3.87	3.79	3.73	3.68	3.64
	0.975	8.07	6.54	5.89	5.52	5.29	5.12	4.99	4.90	4.82	4.76
	0.99	12.2	9.55	8.45	7.85	7.46	7.19	6.99	6.84	6.72	6.62
8	0.90	3.46	3.11	2.92	2.81	2.73	2.67	2.62	2.59	2.56	2.54
	0.95	5.32	4.46	4.07	3.84	3.69	3.58	3.50	3.44	3.39	3.35
	0.975	7.57	6.06	5.42	5.05	4.82	4.65	4.53	4.43	4.36	4.30
	0.99	11.3	8.65	7.59	7.01	6.63	6.37	6.18	6.03	5.91	5.81
9	0.90	3.36	3.01	2.81	2.69	2.61	2.55	2.51	2.47	2.44	2.42
	0.95	5.12	4.26	3.86	3.63	3.48	3.37	3.29	3.23	3.18	3.14
	0.975	7.21	5.71	5.08	4.72	4.48	4.32	4.20	4.10	4.03	3.96
	0.99	10.6	8.02	6.99	6.42	6.06	5.80	5.61	5.47	5.35	5.26

ν_1									ν_2
11	12	13~15	16~20	21~25	26~30	31~60	61~120	121 이상	
60.5	60.7	61.2	61.7	62.0	62.3	62.8	63.1	63.3	1
243	244	246	248	249	250	252	253	254	
973	977	985	993	998	1001	1010	1014	1018	
6083	6106	6157	6209	6240	6261	6313	6339	6366	
9.40	9.41	9.42	9.44	9.45	9.46	9.47	9.48	9.49	2
19.4	19.4	19.4	19.4	19.5	19.5	19.5	19.5	19.5	
39.4	39.4	39.4	39.5	39.5	39.5	39.5	39.5	39.5	
99.4	99.4	99.4	99.4	99.5	99.5	99.5	99.5	99.5	
5.22	5.22	5.20	5.18	5.17	5.17	5.15	5.14	5.13	3
8.76	8.74	8.70	8.66	8.63	8.62	8.57	8.55	8.53	
14.4	14.3	14.3	14.2	14.1	14.1	14.0	14.0	13.9	
27.1	27.1	26.9	26.7	26.6	26.5	26.3	26.2	26.1	
3.91	3.90	3.87	3.84	3.83	3.82	3.79	3.78	3.76	4
5.94	5.91	5.85	5.80	5.77	5.75	5.69	5.66	5.63	
8.79	8.75	8.66	8.56	8.50	8.46	8.36	8.31	8.26	
14.4	14.4	14.2	14.0	13.9	13.8	13.7	13.6	13.5	
3.28	3.27	3.24	3.21	3.19	3.17	3.14	3.12	3.11	5
4.70	4.68	4.62	4.56	4.52	4.50	4.43	4.40	4.37	
6.57	6.52	6.43	6.33	6.27	6.23	6.12	6.07	6.02	
9.96	9.89	9.72	9.55	9.45	9.38	9.20	9.11	9.02	
2.92	2.90	2.87	2.84	2.81	2.80	2.76	2.74	2.72	6
4.03	4.00	3.04	3.87	3.83	3.81	3.74	3.70	3.67	
5.41	5.27	5.27	5.17	5.11	5.07	4.96	4.90	4.85	
7.79	7.72	7.56	7.40	7.30	7.23	7.06	6.97	6.88	
2.68	2.67	2.63	2.59	2.57	2.56	2.51	2.49	2.47	7
3.60	3.57	3.51	3.44	3.40	3.38	3.30	3.27	3.23	
4.71	4.67	4.57	4.47	4.40	4.36	4.25	4.20	4.14	
6.54	6.47	6.31	6.16	6.06	5.99	5.82	5.74	5.65	
2.52	2.50	2.46	2.42	2.40	2.38	2.34	2.32	2.29	8
3.31	3.28	3.22	3.15	3.11	3.08	3.01	2.97	2.93	
4.25	4.20	4.10	4.00	3.94	3.89	3.78	3.73	3.67	
5.73	5.67	5.52	5.36	5.26	5.20	5.03	4.95	4.86	
2.40	2.38	2.34	2.30	2.27	2.25	2.21	2.18	2.16	9
3.10	3.07	3.01	2.94	2.89	2.86	2.79	2.75	2.71	
3.91	3.87	3.77	3.67	3.60	3.56	3.45	3.39	3.33	
5.18	5.11	4.96	4.81	4.71	4.65	4.48	4.40	4.31	

ν2	1−α	ν1=1	2	3	4	5	6	7	8	9	10
10	0.90	3.29	2.92	2.73	2.61	2.52	2.46	2.41	2.38	2.35	2.32
	0.95	4.96	4.10	3.71	3.48	3.33	3.22	3.14	3.07	3.02	2.98
	0.975	6.94	5.46	4.83	4.47	4.24	4.07	3.95	3.85	3.78	3.72
	0.99	10.0	7.56	6.55	5.99	5.64	5.39	5.20	5.06	4.94	4.85
11	0.90	3.23	2.86	2.66	2.54	2.45	2.39	2.34	2.30	2.27	2.25
	0.95	4.84	3.98	3.59	3.36	3.20	3.09	3.01	2.95	2.90	2.85
	0.975	6.72	5.26	4.63	4.28	4.04	3.88	3.76	3.66	3.59	3.53
	0.99	9.65	7.21	6.22	5.67	5.32	5.07	4.89	4.74	4.63	4.54
12	0.90	3.18	2.81	2.61	2.48	2.39	2.33	2.28	2.24	2.21	2.19
	0.95	4.75	3.89	3.49	3.26	3.11	3.00	2.91	2.85	2.80	2.75
	0.975	6.55	5.10	4.47	4.12	3.89	3.73	3.61	3.51	3.44	3.37
	0.99	9.33	6.93	5.95	5.41	5.06	4.82	4.64	4.50	4.39	4.30
13	0.90	3.14	2.76	2.56	2.43	2.35	2.28	2.23	2.20	2.16	2.14
	0.95	4.67	3.81	3.41	3.18	3.03	2.92	2.83	2.77	2.71	2.67
	0.975	6.41	4.97	4.35	4.00	3.77	3.60	3.48	3.39	3.31	3.25
	0.99	9.07	6.70	5.74	5.21	4.86	4.62	4.44	4.30	4.19	4.10
14	0.90	3.10	2.73	2.52	2.39	2.31	2.24	2.19	2.15	21.2	2.10
	0.95	4.60	3.74	3.34	3.11	2.96	2.85	2.76	2.70	2.65	2.60
	0.975	6.30	4.86	4.24	3.89	3.66	3.50	3.36	3.29	3.26	3.15
	0.99	8.86	6.51	5.56	5.04	4.69	4.46	4.28	4.14	4.03	3.94
15	0.90	3.07	2.70	2.49	2.36	2.27	2.21	2.16	2.12	2.09	2.06
	0.95	4.54	3.68	3.29	3.06	2.90	2.79	2.71	2.64	2.59	2.54
	0.975	6.20	4.77	4.15	3.80	3.58	3.41	3.29	3.20	3.12	3.06
	0.99	8.68	6.36	5.42	4.89	4.56	4.32	4.14	4.00	3.89	3.80
16~20	0.90	2.97	2.59	2.38	2.25	2.16	2.09	2.04	2.00	1.96	1.94
	0.95	4.35	3.49	3.10	2.87	2.71	2.60	2.51	2.45	2.39	2.35
	0.975	5.87	4.46	3.86	3.51	3.29	3.13	3.01	2.91	2.84	2.77
	0.99	8.10	5.85	4.94	4.43	4.10	3.87	3.70	3.56	3.46	3.37
21~25	0.90	2.92	2.53	2.32	2.18	2.09	2.02	1.97	1.93	1.89	1.87
	0.95	4.24	3.39	2.99	2.76	2.60	2.49	2.40	2.34	2.28	2.24
	0.975	5.69	4.29	3.69	3.35	3.13	2.97	2.85	2.75	2.68	2.61
	0.99	7.77	5.57	4.68	4.18	3.85	3.63	3.46	3.32	3.22	3.13
26~30	0.90	2.88	2.49	2.28	2.14	2.05	1.98	1.93	1.88	1.85	1.82
	0.95	4.17	3.32	2.92	2.69	2.53	2.42	2.33	2.27	2.21	2.16
	0.975	5.57	4.18	3.59	3.25	3.03	2.87	2.75	2.65	2.57	2.51
	0.99	7.56	5.39	4.51	4.02	3.70	3.47	3.30	3.17	3.07	2.98
31~60	0.90	2.79	2.39	2.18	2.04	1.95	1.87	1.82	1.77	1.74	1.71
	0.95	4.00	3.15	2.76	2.53	2.37	2.25	2.17	2.10	2.04	1.99
	0.975	5.29	3.93	3.34	3.01	2.79	2.63	2.51	2.41	2.33	2.27
	0.99	7.08	4.98	4.13	3.65	3.34	3.12	2.95	2.82	2.72	2.63
61~120	0.90	2.75	2.36	2.13	1.99	1.90	1.82	1.77	1.72	1.68	1.65
	0.95	3.92	3.07	2.68	2.45	2.29	2.18	2.09	2.02	1.96	1.91
	0.975	5.15	3.80	3.23	2.89	2.67	2.52	2.39	2.30	2.22	2.16
	0.99	7.08	4.98	4.13	3.65	3.34	3.12	2.95	2.82	2.72	2.47
121 이상	0.90	2.71	2.30	2.08	1.94	1.85	1.77	1.72	1.67	1.63	1.60
	0.95	3.84	3.00	2.60	2.37	2.21	2.10	2.01	1.94	1.88	1.83
	0.975	5.02	3.69	3.12	2.79	2.57	2.41	2.29	2.19	2.11	2.05
	0.99	6.63	4.61	3.78	3.32	3.02	2.80	2.64	2.51	2.41	2.32

ν_1									ν_2
11	12	13~15	16~20	21~25	26~30	31~60	61~120	121 이상	
2.30	2.28	2.24	2.20	2.17	2.16	2.11	2.08	2.06	10
2.94	2.91	2.84	2.77	2.73	2.70	2.62	2.58	2.54	
3.67	3.62	3.52	3.42	3.35	3.31	3.20	3.14	3.08	
4.77	4.71	4.56	4.41	4.31	4.25	4.08	4.00	3.91	
2.23	2.21	2.17	2.12	2.10	2.08	2.03	1.99	1.97	11
2.82	2.79	2.72	2.65	2.60	2.57	2.49	2.43	2.40	
3.48	3.43	3.33	3.23	3.16	3.12	3.00	2.94	2.88	
4.46	4.40	4.25	4.10	4.01	3.94	3.78	3.66	3.60	
2.17	2.15	2.10	2.06	2.03	2.01	1.96	1.93	1.90	12
2.72	2.69	2.62	2.54	2.50	2.47	2.38	2.34	2.30	
3.32	3.28	3.18	3.07	3.01	2.96	2.85	2.79	2.72	
4.22	4.16	4.01	3.86	3.76	3.70	3.54	3.45	3.36	
2.12	2.05	2.10	2.01	1.98	1.96	1.90	1.86	1.85	13
2.63	2.53	2.60	2.46	2.41	2.38	2.30	2.23	2.21	
3.20	3.05	3.15	2.95	2.88	2.84	2.72	2.66	2.60	
4.02	3.82	3.96	3.66	3.57	3.51	3.34	3.22	3.17	
2.07	2.05	2.01	1.96	1.93	1.91	1.86	1.83	1.80	14
2.57	2.53	2.46	2.39	2.34	2.31	2.22	2.18	2.13	
3.09	3.05	2.95	2.84	2.78	2.73	2.61	2.55	2.49	
3.86	3.38	3.66	3.51	3.41	3.35	3.18	3.09	3.00	
2.04	2.02	1.97	1.92	1.89	1.87	1.82	1.79	1.76	15
2.51	2.48	2.40	2.33	2.28	2.25	2.16	2.11	2.07	
3.01	2.96	2.86	2.76	2.69	2.64	2.52	2.46	2.40	
3.73	3.67	3.52	3.37	3.28	3.21	3.05	2.96	2.87	
1.91	1.89	1.84	1.79	1.76	1.74	1.68	1.64	1.61	16~20
2.31	2.28	2.20	2.12	2.07	2.04	1.95	1.90	1.84	
2.72	2.68	2.57	2.46	2.40	2.35	2.22	2.16	2.09	
3.29	3.23	3.09	2.94	2.84	2.78	2.61	2.52	2.42	
1.84	1.82	1.77	1.72	1.68	1.66	1.59	1.56	1.52	21~25
2.20	2.16	2.09	2.01	1.96	1.92	1.82	1.77	1.71	
2.56	2.51	2.41	2.30	2.23	2.18	2.05	1.98	1.91	
3.06	2.99	2.85	2.70	2.60	2.54	2.36	2.27	2.17	
1.79	1.77	1.72	1.67	1.63	1.61	1.54	1.50	1.46	26~30
2.13	2.09	2.01	1.93	1.88	1.84	1.74	1.68	1.62	
2.46	2.41	2.31	2.20	2.12	2.07	1.94	1.87	1.79	
2.91	2.84	2.70	2.55	2.45	2.39	2.21	2.11	2.01	
1.68	1.66	1.60	1.54	1.50	1.48	1.40	1.35	1.29	31~60
1.95	1.92	1.84	1.75	1.69	1.65	1.53	1.47	1.39	
2.22	2.17	2.06	1.94	1.87	1.82	1.67	1.58	1.48	
2.56	2.50	2.35	2.20	2.10	2.03	1.84	1.73	1.60	
1.63	1.60	1.55	1.48	1.44	1.41	1.32	1.26	1.19	61~120
1.87	1.83	1.75	1.66	1.60	1.55	1.43	1.35	1.25	
2.10	2.05	1.94	1.82	1.75	1.69	1.53	1.43	1.31	
2.40	2.34	2.19	2.03	1.93	1.86	1.66	1.53	1.38	
1.57	1.55	1.49	1.42	1.38	1.34	1.24	1.17	1.00	121 이상
1.79	1.79	1.67	1.57	1.52	1.46	1.32	1.22	1.00	
1.99	1.94	1.83	1.71	1.64	1.57	1.39	1.27	1.00	
2.25	2.18	2.04	1.88	1.79	1.70	1.47	1.32	1.00	

5. z변환치

$$z = \frac{1}{2} \ln \frac{1+r}{1-r}$$

z	.00	.01	.02	.03	.04	.05	.06	.07	.08	.09
.0	.0000	.0100	.0200	.0300	.0400	.0500	.0599	.0699	.0798	.0898
.1	.0997	.1096	.1194	.1293	.1391	.1489	.1586	.1684	.1781	.1877
.2	.1974	.2070	.2165	.2260	.2355	.2449	.2543	.2636	.2729	.2821
.3	.2913	.3004	.3095	.3185	.3275	.3364	.3452	.3540	.3627	.3714
.4	.3800	.3885	.3969	.4053	.4136	.4219	.4301	.4382	.4462	.4542
.5	.4621	.4669	.4777	.4854	.4930	.5005	.5080	.5154	.5227	.5299
.6	.5370	.5441	.5511	.5580	.5649	.5717	.5784	.5850	.5915	.5980
.7	.6044	.6107	.6169	.6231	.6291	.6351	.6411	.6469	.6527	.6584
.8	.6640	.6696	.6751	.6805	.6858	.6911	.6963	.7014	.7064	.7114
.9	.7163	.7211	.7259	.7306	.7352	.7398	.7443	.7487	.7531	.7574
1.0	.7616	.7658	.7699	.7739	.7779	.7818	.7857	.7895	.7932	.7969
1.1	.8005	.8041	.8076	.8110	.8144	.8178	.8210	.8243	.8275	.8306
1.2	.8337	.8367	.8397	.8426	.8455	.8483	.8511	.8538	.8565	.8591
1.3	.8617	.8643	.8668	.8692	.8717	.8741	.8764	.8787	.8810	.8832
1.4	.8854	.8875	.8896	.8917	.8937	.8957	.8977	.8996	.9015	.9033
1.5	.9051	.9069	.9087	.9104	.9121	.9138	.9154	.9170	.9186	.9201
1.6	.9217	.9232	.9246	.9261	.9275	.9289	.9302	.9316	.9329	.9341
1.7	.9354	.9366	.9379	.9391	.9402	.9414	.9425	.9436	.9447	.9458
1.8	.94681	.94783	.94884	.94983	.95080	.95175	.95268	.95359	.95449	.95537
1.9	.95624	.95709	.95792	.95873	.95953	.96032	.96109	.96185	.96259	.96331
2.0	.96403	.96473	.96541	.96609	.96675	.96739	.96803	.96865	.96926	.96986
2.1	.97045	.97103	.97159	.97215	.97269	.97323	.97375	.97426	.97477	.97526
2.2	.97574	.97622	.97668	.97714	.97759	.97803	.97846	.97888	.97929	.97970
2.3	.98010	.98049	.98087	.98124	.98161	.98197	.98233	.98267	.98301	.98335
2.4	.98367	.98399	.98431	.98462	.98492	.98522	.93551	.98579	.98607	.98635
2.5	.98661	.98688	.98714	.98739	.98764	.98788	.98812	.98835	.98858	.98881
2.6	.98903	.98924	.98945	.98966	.98987	.99007	.99026	.99045	.99064	.99083
2.7	.99101	.99118	.99136	.99153	.99170	.99186	.99202	.99218	.99233	.99248
2.8	.99263	.99278	.99292	.99306	.99320	.99333	.99346	.99359	.99372	.99384
2.9	.99396	.99408	.99420	.99431	.99443	.99454	.99464	.99475	.99485	.99495

6. 범위를 사용하는 검정보조표

(진한 글자체는 ν를, 일반 글자체는 c를 표시한다.)

n \ k	1	2	3	4	5	6–10	11–15	16–20	21–25	26–30	k>5
2	1.0	1.9	2.8	3.7	4.6	9.0	13.4	17.8	22.2	26.5	0.876k+0.25
	1.41	1.28	1.23	1.21	1.19	1.16	1.15	1.14	1.14	1.14	1.128+0.32/k
3	2.0	3.8	5.7	7.5	9.3	18.4	27.5	36.6	45.6	57.4	1.815k+0.25
	1.91	1.81	1.77	1.75	1.74	1.72	1.71	1.70	1.70	1.70	1.693+023/k
4	2.9	5.7	8.4	11.2	13.9	27.6	41.3	55.0	68.7	82.4	2.738k+0.25
	2.24	2.15	2.12	2.11	2.10	2.08	2.07	2.06	2.06	2.06	2.059+0.19/k
5	3.8	7.5	11.1	14.7	18.4	36.5	54.6	72.7	90.8	108.9	3.623k+0.25
	2.48	2.40	2.38	2.37	2.36	2.34	2.33	2.33	2.33	2.33	2.326+0.16/k
6	4.7	9.2	13.6	18.1	22.6	44.9	67.2	89.6	111.9	134.2	4.466k+0.25
	2.67	2.60	2.58	2.57	2.56	2.55	2.54	2.54	2.54	2.54	2.534+0.14/k
7	5.5	10.8	16.0	21.3	26.6	52.9	79.3	105.6	131.9	158.3	5.267k+0.25
	2.83	2.77	2.75	2.74	2.73	2.72	2.71	2.71	2.71	2.71	2.704+0.13/k
8	6.3	12.3	18.3	24.4	30.4	60.6	90.7	120.9	151.0	181.2	6.031k+0.25
	2.96	2.91	2.89	2.88	2.87	2.86	2.85	2.85	2.85	2.85	2.847+0.12/k
9	7.0	13.8	20.5	27.3	34.0	67.8	101.6	135.3	169.2	203.0	6.759k+0.25
	3.08	3.02	3.01	3.00	2.99	2.98	2.98	2.98	2.97	2.97	2.970+0.11/k
10	7.7	15.1	22.6	30.1	37.5	74.8	112.0	149.3	186.6	223.8	7.453k+0.25
	3.18	3.13	3.11	3.10	3.10	3.09	3.08	3.08	3.08	3.08	3.078+0.10/k

7. 직교다항식 계수표

수준수 계수	$k=2$ b_1	$k=3$ b_1	b_2	b_3	$k=4$ b_1	b_2	b_3	$k=5$ b_1	b_2	b_3	b_4
W_1	-1	-1	1	1	-3	1	-1	-2	2	-1	1
W_2	1	0		-2	-1	-1	3	-1	-1	2	-4
W_3		1		1	1	-1	-3	0	-2	0	6
W_4					3	1	1	1	-1	-2	-4
W_5								2	2	1	1
$\lambda^2 S$	2	2		6	20	4	20	10	14	10	70
λS	1	2		2	10	4	6	10	14	12	24
S	1/2	2		2/3	5	4	9/5	10	14	72/5	283/35
λ	2	1		3	2	1	10/3	1	1	5/6	35/12

수준수 계수	$k=6$ b_1	b_2	b_3	b_4	b_5	$k=7$ b_1	b_2	b_3	b_4	b_5
W_1	-5	5	-5	1	-1	-3	5	-1	3	-1
W_2	-3	-1	7	-3	5	-2	0	1	-7	4
W_3	-1	-4	-4	2	-10	-1	-3	1	1	-5
W_4	1	-4	-4	2	10	0	-4	0	6	0
W_5	3	-1	-7	-3	-5	1	-3	-1	1	5
W_6	5	5	5	1	1	2	0	-1	-7	-4
W_7						3	5	1	3	1
$\lambda^2 S$	70	84	180	28	252	28	84	6	154	84
λS	35	56	108	48	120	28	84	36	264	240
S	35/2	112/3	324/5	576/7	400/7	28	84	216	3168/7	4800/7
λ	2	3/2	5/3	7/12	21/10	1	1	1/6	7/12	7/20

8. 슈하트 관리도용 계수표

〈슈하트 관리도용 계수표(1)〉

군의 크기	관리 한계를 위한 계수											중심선을 위한 계수			
	A	A_2	A_3	B_3	B_4	B_5	B_6	D_1	D_2	D_3	D_4	c_4	$1/c_4$	d_2	$1/d_2$
2	2.121	1.880	2.659	–	3.267	–	2.606	–	3.686	–	3.267	0.7979	1.2533	1.128	0.8865
3	1.732	1.023	1.954	–	2.568	–	2.276	–	4.358	–	2.574	0.8862	1.1284	1.693	0.5907
4	1.500	0.729	1.628	–	2.266	–	2.088	–	4.698	–	2.282	0.9213	1.0854	2.059	0.4857
5	1.342	0.577	1.427	–	2.089	–	1.964	–	4.918	–	2.114	0.9400	1.0638	2.326	0.4299
6	1.225	0.483	1.287	0.030	1.970	0.029	1.874	–	5.078	–	2.004	0.9515	1.0510	2.534	0.3946
7	1.134	0.419	1.182	0.118	1.882	0.113	1.806	0.204	5.204	0.076	1.924	0.9594	1.0423	2.704	0.3698
8	1.061	0.373	1.099	0.185	1.815	0.179	1.751	0.388	5.306	0.136	1.864	0.9650	1.0363	2.847	0.3512
9	1.000	0.337	1.032	0.239	1.761	0.232	1.707	0.547	5.393	0.184	1.816	0.9693	1.0317	2.970	0.3367
10	0.949	0.308	0.975	0.284	1.716	0.276	1.669	0.687	5.469	0.223	1.777	0.9727	1.0281	3.078	0.3249
11	0.905	0.285	0.927	0.321	1.679	0.313	1.637	0.811	5.535	0.256	1.744	0.9754	1.0252	3.173	0.3152
12	0.866	0.266	0.886	0.354	1.646	0.346	1.610	0.922	5.594	0.283	1.717	0.9776	1.0229	3.258	0.3069
13	0.832	0.249	0.850	0.382	1.618	0.374	1.585	1.025	5.647	0.307	1.693	0.9794	1.0210	3.336	0.2998
14	0.802	0.235	0.817	0.406	1.594	0.399	1.563	1.118	5.696	0.328	1.672	0.9810	1.0194	3.407	0.2935
15	0.775	0.223	0.789	0.428	1.572	0.421	1.544	1.203	5.741	0.347	1.653	0.9823	1.0180	3.472	0.2880
16	0.750	0.212	0.763	0.448	1.552	0.440	1.526	1.282	5.782	0.363	1.637	0.9835	1.0168	3.532	0.2831
17	0.728	0.203	0.739	0.466	1.534	0.458	1.511	1.356	5.820	0.378	1.622	0.9845	1.0157	3.588	0.2787
18	0.707	0.194	0.718	0.482	1.518	0.475	1.496	1.424	5.856	0.391	1.608	0.9854	1.0148	3.640	0.2747
19	0.688	0.187	0.698	0.497	1.503	0.490	1.483	1.487	5.891	0.403	1.597	0.9862	1.0140	3.689	0.2711
20	0.671	0.180	0.680	0.510	1.490	0.504	1.470	1.549	5.921	0.415	1.585	0.9869	1.0133	3.735	0.2677
21	0.655	0.173	0.663	0.523	1.477	0.516	1.459	1.605	5.951	0.425	1.575	0.9876	1.0126	3.778	0.2647
22	0.640	0.167	0.647	0.534	1.466	0.528	1.448	1.659	5.979	0.434	1.566	0.9882	1.0119	3.819	0.2618
23	0.626	0.162	0.633	0.545	1.455	0.539	1.438	1.710	6.006	0.443	1.557	0.9887	1.0114	3.858	0.2592
24	0.612	0.157	0.619	0.555	1.445	0.549	1.429	1.759	6.031	0.451	1.548	0.9892	1.0109	3.895	0.2567
25	0.600	0.153	0.606	0.565	1.435	0.559	1.420	1.806	6.056	0.459	1.541	0.9896	1.0105	3.931	0.2544

출전 : ASTM, philadelpia, PA, USA

〈슈하트 관리도용 계수표(2)〉

n	2	3	4	5	6	7	8	9	10	∞
A_4	1.88	1.19	0.80	0.69	0.55	0.51	0.43	0.41	0.36	
A_9	2.695	1.826	1.522	1.363	1.263	1.194	1.143	1.104	1.072	
m_3	1.000	1.160	1.092	1.198	1.135	1.214	1.160	1.223	1.176	1.253
d_3	0.853	0.888	0.880	0.864	0.848	0.833	0.820	0.808	0.797	
c_5	0.6028	0.4633	0.3888	0.3412	0.3075	0.2822	0.2621	0.2458	0.2322	

9. (누적)푸아송분포표

$p_{(c)} = (np'c/c!)e^{-np'}$ (( ) 안은 누적치)

c \ np'	0.1		0.2		0.3		0.4		0.5	
0	0.905	(0.905)	0.819	(0.819)	0.741	(0.741)	0.670	(0.670)	0.607	(0.607)
1	0.091	(0.996)	0.164	(0.983)	0.222	(0.963)	0.268	(0.938)	0.303	(0.910)
2	0.004	(1.000)	0.016	(0.999)	0.033	(0.996)	0.054	(0.992)	0.076	(0.986)
3			0.010	(1.000)	0.004	(1.000)	0.007	(0.999)	0.013	(0.999)
4							0.001	(1.000)	0.001	(1.000)

c \ np'	0.6		0.7		0.8		0.9		1.0	
0	0.549	(0.549)	0.497	(0.497)	0.449	(0.449)	0.406	(0.406)	0.368	(0.368)
1	0.329	(0.878)	0.349	(0.845)	0.359	(0.808)	0.366	(0.772)	0.368	(0.736)
2	0.099	(0.977)	0.122	(0.967)	0.144	(0.952)	0.166	(0.938)	0.184	(0.920)
3	0.020	(0.997)	0.028	(0.995)	0.039	(0.991)	0.049	(0.987)	0.061	(0.981)
4	0.003	(1.000)	0.005	(1.000)	0.008	(0.999)	0.011	(0.998)	0.016	(0.997)
5					0.001	(1.000)	0.002	(1.000)	0.003	(1.000)

c \ np'	1.1		1.2		1.3		1.4		1.5	
0	0.333	(0.333)	0.301	(0.301)	0.273	(0.273)	0.247	(0.247)	0.223	(0.223)
1	0.366	(0.699)	0.361	(0.662)	0.354	(0.627)	0.345	(0.592)	0.335	(0.558)
2	0.201	(0.900)	0.217	(0.879)	0.230	(0.857)	0.242	(0.834)	0.251	(0.809)
3	0.074	(0.974)	0.087	(0.966)	0.100	(0.957)	0.113	(0.947)	0.126	(0.935)
4	0.021	(0.995)	0.026	(0.992)	0.032	(0.989)	0.039	(0.986)	0.047	(0.982)
5	0.004	(0.999)	0.007	(0.999)	0.009	(0.998)	0.011	(0.997)	0.014	(0.996)
6	0.001	(1.000)	0.001	(1.000)	0.002	(1.000)	0.003	(1.000)	0.004	(1.000)

c \ np'	1.6		1.7		1.8		1.9		2.0	
0	0.202	(0.202)	0.183	(0.183)	0.165	(0.165)	0.150	(0.150)	0.135	(0.135)
1	0.323	(0.525)	0.311	(0.494)	0.298	(0.463)	0.284	(0.434)	0.271	(0.406)
2	0.258	(0.783)	0.264	(0.758)	0.268	(0.731)	0.270	(0.704)	0.271	(0.677)
3	0.138	(0.921)	0.149	(0.907)	0.161	(0.892)	0.171	(0.875)	0.180	(0.857)
4	0.055	(0.976)	0.064	(0.971)	0.072	(0.964)	0.081	(0.956)	0.090	(0.947)
5	0.018	(0.994)	0.022	(0.993)	0.026	(0.990)	0.031	(0.987)	0.036	(0.983)
6	0.005	(0.999)	0.006	(0.999)	0.008	(0.998)	0.010	(0.997)	0.012	(0.995)
7	0.001	(1.000)	0.001	(1.000)	0.002	(1.000)	0.003	(1.000)	0.004	(0.999)
8									0.001	(1.000)

c \ np'	2.1		2.2		2.3		2.4		2.5	
0	0.123	(0.123)	0.111	(0.111)	0.100	(0.100)	0.091	(0.091)	0.082	(0.082)
1	0.257	(0.380)	0.244	(0.355)	0.231	(0.331)	0.218	(0.309)	0.205	(0.287)
2	0.270	(0.650)	0.268	(0.623)	0.265	(0.596)	0.261	(0.570)	0.256	(0.543)
3	0.189	(0.839)	0.197	(0.820)	0.203	(0.799)	0.209	(0.779)	0.214	(0.757)
4	0.099	(0.938)	0.108	(0.928)	0.117	(0.916)	0.125	(0.904)	0.134	(0.891)
5	0.042	(0.980)	0.048	(0.976)	0.054	(0.970)	0.060	(0.964)	0.067	(0.958)
6	0.015	(0.995)	0.017	(0.993)	0.021	(0.991)	0.024	(0.988)	0.028	(0.986)
7	0.004	(0.999)	0.005	(0.998)	0.007	(0.998)	0.008	(0.996)	0.010	(0.996)
8	0.001	(1.000)	0.002	(1.000)	0.002	(1.000)	0.003	(0.999)	0.003	(0.999)
9							0.001	(1.000)	0.001	(1.000)

c \ np'	2.6		2.7		2.8		2.9		3.0	
0	0.074	(0.074)	0.067	(0.067)	0.061	(0.061)	0.055	(0.055)	0.050	(0.050)
1	0.193	(0.267)	0.182	(0.249)	0.170	(0.231)	0.160	(0.215)	0.149	(0.199)
2	0.251	(0.518)	0.245	(0.494)	0.238	(0.469)	0.231	(0.446)	0.224	(0.423)
3	0.218	(0.736)	0.221	(0.715)	0.223	(0.692)	0.224	(0.670)	0.224	(0.647)
4	0.141	(0.877)	0.149	(0.864)	0.156	(0.848)	0.162	(0.832)	0.168	(0.815)
5	0.074	(0.951)	0.080	(0.944)	0.087	(0.935)	0.094	(0.926)	0.101	(0.916)
6	0.032	(0.983)	0.036	(0.980)	0.041	(0.976)	0.045	(0.971)	0.050	(0.966)
7	0.012	(0.995)	0.014	(0.994)	0.016	(0.992)	0.019	(0.990)	0.022	(0.988)
8	0.004	(0.999)	0.005	(0.999)	0.006	(0.998)	0.007	(0.997)	0.008	(0.999)
9	0.001	(1.000)	0.001	(1.000)	0.002	(1.000)	0.002	(0.999)	0.003	(0.999)
10							0.001	(1.000)	0.001	(1.000)

c \ np'	3.1		3.2		3.3		3.4		3.5	
0	0.045	(0.045)	0.041	(0.041)	0.037	(0.037)	0.033	(0.033)	0.030	(0.030)
1	0.140	(0.185)	0.130	(0.171)	0.122	(0.159)	0.113	(0.146)	0.106	(0.136)
2	0.216	(0.401)	0.209	(0.380)	0.201	(0.360)	0.193	(0.339)	0.185	(0.321)
3	0.224	(0.625)	0.223	(0.603)	0.222	(0.582)	0.219	(0.558)	0.216	(0.537)
4	0.173	(0.798)	0.178	(0.781)	0.182	(0.764)	0.186	(0.744)	0.189	(0.726)
5	0.107	(0.905)	0.114	(0.895)	0.120	(0.884)	0.126	(0.870)	0.132	(0.858)
6	0.056	(0.061)	0.061	(0.956)	0.066	(0.950)	0.071	(0.941)	0.077	(0.935)
7	0.025	(0.986)	0.028	(0.984)	0.031	(0.981)	0.035	(0.976)	0.038	(0.973)
8	0.010	(0.996)	0.011	(0.995)	0.012	(0.993)	0.015	(0.991)	0.017	(0.990)
9	0.003	(0.999)	0.004	(0.999)	0.005	(0.998)	0.006	(0.997)	0.007	(0.997)
10	0.001	(1.000)	0.001	(1.000)	0.001	(1.000)	0.002	(0.999)	0.002	(0.999)
11							0.001	(1.000)	0.001	(1.000)

np' / c	3.6		3.7		3.8		3.9		4.0	
0	0.027	(0.027)	0.025	(0.025)	0.022	(0.022)	0.020	(0.020)	0.018	(0.018)
1	0.098	(0.125)	0.091	(0.116)	0.085	(0.107)	0.079	(0.099)	0.073	(0.091)
2	0.177	(0.302)	0.169	(0.285)	0.161	(0.268)	0.154	(0.253)	0.147	(0.238)
3	0.213	(0.515)	0.209	(0.494)	0.205	(0.473)	0.200	(0.453)	0.195	(0.433)
4	0.019	(1.706)	0.193	(0.687)	0.194	(0.667)	0.195	(0.648)	0.195	(0.628)
5	0.138	(0.844)	0.143	(0.830)	0.148	(0.815)	0.152	(0.800)	0.157	(0.785)
6	0.083	(0.927)	0.088	(0.918)	0.094	(0.909)	0.099	(0.899)	0.104	(0.889)
7	0.042	(0.969)	0.047	(0.965)	0.051	(0.960)	0.056	(0.954)	0.060	(0.949)
8	0.019	(0.988)	0.022	(0.987)	0.024	(0.984)	0.027	(0.981)	0.030	(0.979)
9	0.008	(0.996)	0.009	(0.996)	0.010	(0.994)	0.012	(0.993)	0.013	(0.992)
10	0.003	(0.999)	0.003	(0.999)	0.004	(0.998)	0.004	(0.997)	0.005	(0.997)
11	0.001	(1.000)	0.001	(1.000)	0.001	(0.999)	0.002	(0.999)	0.002	(0.999)
12					0.001	(1.000)	0.001	(1.000)	0.001	(1.000)

np' / c	4.1		4.2		4.3		4.4		4.5	
0	0.017	(0.017)	0.015	(0.015)	0.014	(0.014)	0.012	(0.012)	0.011	(0.011)
1	0.068	(0.085)	0.063	(0.078)	0.058	(0.072)	0.054	(0.066)	0.050	(0.061)
2	0.139	(0.224)	0.132	(0.210)	0.126	(0.198)	0.119	(0.185)	0.113	(0.174)
3	0.190	(0.414)	0.185	(0.395)	0.180	(0.378)	0.174	(0.359)	0.169	(0.343)
4	0.195	(0.609)	0.195	(0.590)	0.193	(0.571)	0.192	(0.551)	0.190	(0.533)
5	0.160	(0.769)	0.163	(0.753)	0.166	(0.737)	0.169	(0.720)	0.171	(0.704)
6	0.110	(0.879)	0.114	(0.867)	0.119	(0.856)	0.124	(0.844)	0.138	(0.832)
7	0.064	(0.943)	0.069	(0.936)	0.073	(0.929)	0.078	(0.922)	0.082	(0.914)
8	0.033	(0.976)	0.036	(0.972)	0.040	(0.969)	0.043	(0.965)	0.046	(0.960)
9	0.015	(0.991)	0.017	(0.989)	0.019	(0.988)	0.021	(0.986)	0.023	(0.983)
10	0.006	(0.997)	0.007	(0.996)	0.008	(0.996)	0.009	(0.995)	0.011	(0.994)
11	0.002	(0.999)	0.003	(0.999)	0.003	(0.999)	0.004	(0.999)	0.004	(0.998)
12	0.001	(1.000)	0.001	(1.000)	0.001	(1.000)	0.001	(1.000)	0.001	(0.999)
13									0.001	(1.000)

10. 이항분포표

n	X	p								
		0.10	0.20	0.30	0.40	0.50	0.60	0.70	0.80	0.90
2	0	0.8100	0.6400	0.4900	0.3600	0.2500	0.1600	0.0900	0.0400	0.0100
	1	0.1800	0.3200	0.4200	0.4800	0.5000	0.4800	0.4200	0.3200	0.1800
	2	0.0100	0.0400	0.0900	0.1600	0.2500	0.3600	0.4900	0.6400	0.8100
3	0	0.7290	0.5120	0.3430	0.2160	0.1250	0.0640	0.0270	0.0080	0.0010
	1	0.2430	0.3840	0.4410	0.4320	0.3750	0.2880	0.1890	0.0960	0.0270
	2	0.0270	0.0960	0.1890	0.2880	0.3750	0.4320	0.4410	0.3840	0.2430
	3	0.0010	0.0080	0.0270	0.0640	0.1250	0.2160	0.3430	0.5120	0.7290
4	0	0.6561	0.4096	0.2401	0.1296	0.0625	0.0256	0.0081	0.0016	0.0001
	1	0.2916	0.4096	0.4116	0.3456	0.2500	0.1536	0.0756	0.0256	0.0036
	2	0.0486	0.1536	0.2646	0.3456	0.3750	0.3456	0.2646	0.1536	0.0486
	3	0.0036	0.0256	0.0756	0.1536	0.2500	0.3456	0.4116	0.4096	0.2916
	4	0.0001	0.0016	0.0081	0.0256	0.0625	0.1296	0.2401	0.4096	0.6561
5	0	0.5905	0.3277	0.1681	0.0778	0.0313	0.0102	0.0024	0.0003	
	1	0.3281	0.4096	0.3602	0.2592	0.1562	0.0768	0.0284	0.0064	0.0004
	2	0.0729	0.2048	0.3087	0.3456	0.3125	0.2304	0.1323	0.0512	0.0081
	3	0.0081	0.0512	0.1323	0.2304	0.3125	0.3456	0.3087	0.2048	0.0729
	4	0.0004	0.0064	0.0284	0.0768	0.1562	0.2592	0.3602	0.4096	0.3281
	5		0.0003	0.0024	0.0102	0.0313	0.0778	0.1681	0.3277	0.5905
6	0	0.5314	0.2621	0.1176	0.0467	0.0156	0.0041	0.0007	0.0001	
	1	0.3543	0.3932	0.3025	0.1866	0.0938	0.0369	0.0102	0.0015	0.0001
	2	0.0984	0.2458	0.3241	0.3110	0.2344	0.1382	0.0595	0.0154	0.0012
	3	0.0146	0.0819	0.1852	0.2765	0.3125	0.2765	0.1852	0.0819	0.0146
	4	0.0012	0.0514	0.0595	0.1382	0.2344	0.3110	0.3241	0.2458	0.0984
	5	0.0001	0.0015	0.0102	0.0369	0.0938	0.1866	0.3025	0.3932	0.3543
	6		0.0001	0.0007	0.0041	0.0156	0.0467	0.1176	0.2621	0.5314
7	0	0.4783	0.2097	0.0824	0.0280	0.0078	0.0019	0.0002		
	1	0.3720	0.3670	0.2471	0.1306	0.0547	0.0172	0.0036	0.0004	
	2	0.1240	0.2753	0.3177	0.2613	0.1641	0.0774	0.0250	0.0043	0.0002
	3	0.0230	0.1147	0.2269	0.2903	0.2734	0.1935	0.0972	0.0287	0.0026
	4	0.0026	0.0287	0.0972	0.1935	0.2734	0.2903	0.2269	0.1147	0.0230
	5	0.0002	0.0043	0.0250	0.0774	0.0641	0.2613	0.3177	0.2753	0.1240
	6		0.0004	0.0036	0.0172	0.0547	0.1306	0.2471	0.3670	0.3720
	7			0.0002	0.0016	0.0078	0.0280	0.0824	0.2097	0.4783

n	X	p								
		0.10	0.20	0.30	0.40	0.50	0.60	0.70	0.80	0.90
8	0	0.4305	0.1678	0.0576	0.0168	0.0039	0.0007	0.0001		
	1	0.3826	0.3355	0.1976	0.0896	0.0312	0.0079	0.0012	0.0001	
	2	0.1488	0.2936	0.2965	0.2090	0.1094	0.0413	0.0100	0.0011	
	3	0.0331	0.1468	0.2541	0.2787	0.2188	0.1239	0.0467	0.0092	0.0004
	4	0.0046	0.0459	0.1361	0.2322	0.2734	0.2322	0.1361	0.0549	0.0046
	5	0.0004	0.0092	0.0467	0.1239	0.2188	0.2787	0.2541	0.1468	0.0331
	6		0.0011	0.0100	0.0413	0.1094	0.2090	0.2965	0.2936	0.1488
	7		0.0001	0.0012	0.0079	0.0312	0.0896	0.1976	0.3355	0.3826
	8			0.0001	0.0007	0.0039	0.0168	0.0576	0.1678	0.4305
9	0	0.3874	0.1342	0.0404	0.0101	0.0020	0.0003			
	1	0.3874	0.3020	0.1556	0.0605	0.0176	0.0035	0.0004		
	2	0.1722	0.3020	0.2668	0.1612	0.0703	0.0212	0.0039	0.0003	
	3	0.0446	0.1762	0.2668	0.2508	0.1641	0.0743	0.0210	0.0028	0.0001
	4	0.0074	0.0661	0.1715	0.2508	0.2461	0.1672	0.0735	0.0165	0.0008
	5	0.0008	0.0165	0.0735	0.1672	0.2491	0.2508	0.1715	0.0661	0.0074
	6	0.0001	0.0028	0.0210	0.0743	0.1641	0.2508	0.2668	0.1762	0.0446
	7		0.0003	0.0039	0.0212	0.0703	0.1612	0.2668	0.3020	0.1722
	8			0.0004	0.0035	0.0176	0.0605	0.1556	0.3020	0.3874
	9				0.0003	0.0020	0.0101	0.0404	0.1342	0.3874
10	0	0.3487	0.1074	0.0282	0.0060	0.0010	0.0001			
	1	0.3874	0.2684	0.1211	0.0403	0.0098	0.0016	0.0001		
	2	0.1937	0.3020	0.2335	0.1209	0.0439	0.0106	0.0014	0.0001	
	3	0.0574	0.2013	0.2668	0.2150	0.1772	0.0425	0.0090	0.0008	
	4	0.0112	0.0881	0.2001	0.2508	0.2051	0.1115	0.0368	0.0055	0.0001
	5	0.0015	0.0264	0.1029	0.2007	0.2461	0.2007	0.1029	0.0264	0.0015
	6	0.0001	0.0055	0.0368	0.1115	0.2051	0.2508	0.2001	0.0881	0.0112
	7	0.0008	0.0090	0.0425	0.1172	0.2150	0.2668	0.2013	0.0574	0.0001
	8			0.0014	0.0106	0.0439	0.1209	0.2335	0.3020	0.1937
	9			0.0001	0.0016	0.0098	0.0403	0.1211	0.2684	0.3874
	10				0.0001	0.0010	0.0060	0.0282	0.1074	0.3487
11	0	0.3138	0.0859	0.0198	0.0036	0.0005				
	1	0.3835	0.2362	0.0932	0.0266	0.0054	0.0007			
	2	0.2131	0.2953	0.1998	0.0887	0.0269	0.0052	0.0005		
	3	0.0710	0.2215	0.2568	0.1774	0.0806	0.0234	0.0037	0.0002	
	4	0.0158	0.1107	0.2201	0.2365	0.1611	0.0701	0.0173	0.0017	
	5	0.0025	0.0388	0.1321	0.2207	0.2256	0.1471	0.0566	0.0097	0.0003
	6	0.0003	0.0097	0.0566	0.1471	0.2256	0.2207	0.1321	0.0388	0.0025
	7		0.0017	0.0173	0.0701	0.1611	0.2365	0.2201	0.1107	0.0158
	8		0.0002	0.0037	0.0234	0.0806	0.1774	0.2568	0.2215	0.0710
	9			0.0005	0.0052	0.0269	0.0887	0.1998	0.2953	0.2131
	10				0.0007	0.0054	0.0266	0.0932	0.2362	0.3835
	11					0.0005	0.0036	0.0198	0.0859	0.3138

11. KS Q 0001 계수규준형 1회 샘플링검사표

좌측 아래는 c, 위쪽은 n ($\alpha \fallingdotseq 0.05$, $\beta \fallingdotseq 0.10$)

$p_0(\%)$ \ $p_1(\%)$	0.71~0.90	0.91~1.12	1.13~1.40	1.41~1.80	1.81~2.24	2.25~2.80	2.81~3.55	3.56~4.50
0.090~0.112	*	400 1	↓	←	↓	→	60 0	50 0
0.113~0.140	*	↓	300 1	↓	→	↓	→	↑
0.141~0.180	*	500 2	↓	250 1	↓	←	↓	→
0.181~0.224	*	*	400 2	↓	200 1	↓	←	↓
0.225~0.280	*	*	500 3	300 2	↓	150 1	↓	←
0.281~0.355	*	*	*	400 3	250 2	↓	120 1	↓
0.356~0.450	*	*	*	500 4	300 3	200 2	↓	100 1
0.451~0.560	*	*	*	*	400 4	250 3	150 2	↓
0.561~0.710	*	*	*	*	500 6	300 4	200 3	120 2
0.711~0.900	*	*	*	*	*	400 6	250 4	150 3
0.901~1.12		*	*	*	*	*	300 6	200 4
1.13~1.40			*	*	*	*	500 10	250 6
1.41~1.80				*	*	*	*	400 10
1.81~2.24					*	*	*	*
2.25~2.80						*	*	*
2.81~3.55							*	*
3.56~4.50								*
4.51~5.60								
5.61~7.10								
7.11~9.00								
9.01~11.2								

4.51~5.60	5.61~7.10	7.11~9.00	9.01~11.2	11.3~14.0	14.1~18.0	18.1~22.4	22.5~28.0	28.1~35.5	p_1(%) / p_0(%)
←	↓	↓	←	↓	↓	↓	↓	↓	0.090~0.112
40 0	←	↓	↓	←	↓	↓	↓	↓	0.113~0.140
↑	30 0	←	↓	↓	→	↓	↓	↓	0.141~0.180
→	↑	25 0	←	↓	↓	←	↓	↓	0.181~0.224
↓	→	↑	20 0	←	↓	↓	←	↓	0.225~0.280
←	↓	→	↑	15 0	←	↓	↓	←	0.281~0.355
↓	←	↓	→	↑	15 0	←	↓	↓	0.356~0.450
80 1	↓	←	↓	→	↑	10 0	←	↓	0.451~0.560
↓	60 1	↓	←	↓	→	↑	70	→	0.561~0.710
100 2	↓	50 1	↓	←	↓	→	↑	50	0.711~0.900
120 3	80 2	↓	40 1	↓	←	↓	↑	↑	0.901~1.12
150 4	100 3	60 2	↓	30 1	↓	←	↓	↑	1.13~1.40
200 6	120 4	80 3	50 2	↓	25 1	↓	←	↓	1.41~1.80
300 10	150 6	100 4	60 3	40 2	↓	20 1	↓	←	1.81~2.24
*	250 10	120 6	70 4	50 3	30 2	↓	15 1	↓	2.25~2.80
*	*	200 10	100 6	60 4	40 3	25 2	↓	10 1	2.81~3.55
*	*	*	150 10	80 6	50 4	30 3	20 2	↓	3.56~4.50
*	*	*	*	120 10	60 6	40 4	25 3	15 2	4.51~5.60
	*	*	*	*	100 10	50 6	30 4	20 3	5.61~7.10
		*	*	*	*	70 10	40 6	25 4	7.11~9.00
			*	*	*	*	60 10	30 6	9.01~11.2

⟨KS Q 0001 샘플링검사 보조표⟩

p_1/p_0	c	n
17 이상	0	$2.56/p_0 + 155/p_1$
16~7.9	1	$17.8/p_0 + 194/p_1$
7.8~5.6	2	$40.9/p_0 + 266/p_1$
5.5~4.4	3	$68.3/p_0 + 344/p_1$
4.3~3.6	4	$98.5/p_0 + 400/p_1$
3.5~2.8	6	$164/p_0 + 527/p_1$
2.7~2.3	10	$308/p_0 + 700/p_1$
2.2~2.0	15	$502/p_0 + 1,065/p_1$
1.99~1.86	20	$704/p_0 + 1,350/p_1$

12. KS Q 0001 계량규준형 1회 샘플링검사표

⟨m_0, m_1을 근거로 하여 n, G_0를 구하는 표($\alpha \fallingdotseq 0.05$, $\beta \fallingdotseq 0.10$)⟩

$\dfrac{|m_1 - m_0|}{\sigma}$	n	G_0
2.069 이상	2	1.163
1.690~2.068	3	0.950
1.436~1.689	4	0.822
1.309~1.462	5	0.736
1.195~1.308	6	0.672
1.106~1.194	7	0.622
1.035~1.105	8	0.582
0.975~1.034	9	0.548
0.925~0.974	10	0.520
0.882~0.924	11	0.469
0.845~0.881	12	0.475
0.812~0.844	13	0.456
0.772~0.811	14	0.440
0.756~0.711	15	0.425
0.732~0.755	16	0.411
0.710~0.731	17	0.399
0.690~0.709	18	0.383
0.671~0.689	19	0.377
0.654~0.670	20	0.368
0.585~0.653	25	0.329
0.534~0.584	30	0.300
0.495~0.533	35	0.278
0.463~0.494	40	0.260
0.436~0.462	45	0.245
0.414~0.435	50	0.233

⟨p_0, p_1을 기초로 하여 n, k를 구하는 표(σ기지 : 부적합품률 보증)⟩

좌측 아래는 n, 위쪽은 k ($\alpha \fallingdotseq 0.05$, $\beta \fallingdotseq 0.10$)

p_0(%) 대표치	범위	p_1(%) 대표치 0.80 / 0.71~0.90	1.00 / 0.91~1.12	1.25 / 1.13~1.40	1.60 / 1.41~1.80	2.00 / 1.81~2.24	2.50 / 2.25~2.80
0.100	0.090~0.112	2.71 / 18	2.66 / 15	2.61 / 12	2.56 / 10	2.51 / 8	2.54 / 7
0.125	0.113~0.140	2.68 / 23	2.63 / 18	2.58 / 14	2.53 / 11	2.48 / 9	2.43 / 8
0.160	0.141~0.180	2.64 / 29	2.60 / 22	2.55 / 17	2.50 / 13	2.45 / 11	2.39 / 9
0.200	0.181~0.224	2.61 / 39	2.57 / 28	2.52 / 21	2.47 / 16	2.42 / 13	2.36 / 10
0.250	0.225~0.280	*	2.54 / 37	2.49 / 27	2.44 / 20	3.38 / 15	2.33 / 12
0.315	0.281~0.355	*	*	2.46 / 36	2.40 / 25	2.35 / 19	2.30 / 14
0.400	0.356~0.450	*	*	*	2.37 / 33	2.32 / 24	2.26 / 18
0.500	0.451~0.560	*	*	*	2.33 / 46	2.28 / 31	2.23 / 23
0.630	0.561~0.710	*	*	*	*	2.25 / 44	2.19 / 30
0.800	0.711~0.900	*	*	*	*	*	2.16 / 42
1.00	0.901~1.12		*	*	*	*	*
1.25	1.13~1.40			*	*	*	*
1.60	1.41~1.80				*	*	*
2.00	1.81~2.24					*	*
2.50	2.25~2.80						*
3.16	2.81~3.55						
4.00	3.56~4.50						
5.00	4.51~5.60						
6.30	5.61~7.10						
8.00	7.11~9.00						
10.00	9.01~11.20						

3.15	4.00	5.00	6.30	8.00	10.0	대표치	p_1(%) / p_0(%)
2.81 ~ 3.55	3.56 ~ 4.50	4.51 ~ 5.60	5.61 ~ 7.10	7.11 ~ 9.00	9.01 ~ 11.2	범위	대표치
2.40 6	2.34 5	2.28 4	2.21 4	2.14 3	2.08 3	0.090~0.112	0.100
2.37 6	2.31 5	2.25 5	2.19 4	2.11 3	2.05 3	0.113~0.140	0.125
2.35 7	2.28 6	2.22 5	2.15 4	2.09 4	2.01 3	0.141~0.180	0.160
2.30 8	2.25 7	2.19 6	2.12 5	2.05 4	1.98 3	0.181~0.224	0.200
2.28 10	2.21 8	2.15 6	2.09 5	2.02 4	1.95 4	0.225~0.280	0.250
2.24 11	2.18 9	2.12 7	2.06 6	1.99 5	1.92 4	0.281~0.355	0.315
2.21 14	2.15 11	2.08 8	2.02 7	1.95 6	1.89 5	0.356~0.450	0.400
2.17 17	2.11 13	2.05 10	1.99 8	1.92 6	1.85 5	0.451~0.560	0.500
2.14 21	2.08 15	2.02 12	1.95 9	1.89 7	1.81 6	0.561~0.710	0.630
2.10 28	2.04 20	1.98 15	1.91 11	1.84 8	1.78 7	0.711~0.900	0.800
2.06 39	2.00 26	1.94 18	1.88 14	1.81 10	1.74 8	0.901~1.12	1.00
*	1.97 36	1.91 24	1.84 17	1.77 12	1.70 6	1.13~1.40	1.25
*	*	1.86 34	1.80 23	1.73 16	1.66 12	1.41~1.80	1.60
*	*	*	1.76 31	1.69 20	1.62 14	1.81~2.24	2.00
*	*	*	1.72 46	1.65 28	1.58 19	2.25~2.80	2.50
*	*	*	*	2.60 42	1.53 26	2.81~3.55	3.16
	*	*	*	*	1.49 39	3.56~4.50	4.00
		*	*	*	*	4.51~5.60	5.00
			*	*	*	5.61~7.10	6.30
				*	*	7.11~9.00	8.00
					*	9.01~11.20	10.00

13. KS Q 0001 계량규준형 1회 샘플링검사표

⟨p_0, p_1을 기초로 하여 n, k를 구하는 표(σ미지 : 부적합품률 보증)⟩

좌측 아래는 n, 위쪽은 k ($\alpha ≒ 0.05$, $\beta ≒ 0.10$)

p_1(%) p_0(%)	대표치 대표치	0.80 0.71~0.90	1.00 0.91~1.12	1.25 1.13~1.40	1.60 1.41~1.80	2.00 1.81~2.24	2.50 2.25~2.80	3.15 2.81~3.55	4.00 3.56~4.50	5.00 4.51~5.60
0.100	0.090~0.112	2.71 87	2.67 68	2.62 54	2.57 42	2.52 34	2.47 28	2.42 23	2.36 19	2.31 16
0.125	0.113~0.140		2.64 80	2.59 62	2.54 48	2.49 38	2.44 31	2.39 25	2.32 20	2.28 17
0.160	0.141~0.180		2.60 98	2.56 74	2.50 56	2.46 44	2.40 35	2.35 28	2.30 23	2.23 18
0.200	0.181~0.224			2.56 90	2.47 66	2.43 51	2.37 40	2.32 31	2.26 25	2.20 20
0.250	0.225~0.280				2.44 79	2.39 59	2.34 46	2.28 35	2.23 28	2.17 22
0.315	0.281~0.355				2.41 98	2.36 71	2.31 54	2.25 41	2.19 31	2.14 25
0.400	0.356~0.450					2.32 89	2.27 65	2.22 48	2.16 36	2.10 28
0.500	0.451~0.560						2.23 80	2.18 57	2.12 36	2.07 32
0.630	0.561~0.710							2.14 71	2.12 42	2.03 37
0.800	0.711~0.900							2.10 92	2.08 50	1.99 44
1.000	0.901~1.12								2.05 62	1.95 54
1.250	1.13~1.40								2.01 79	1.91 69
1.600	1.41~1.80									1.87 95
2.000	1.81~2.24									
2.500	2.25~2.80									
3.150	2.81~3.55									
4.000	3.56~4.50									
5.000	4.51~5.60									
6.300	5.61~7.10									
8.000	7.11~9.00									
10.000	9.01~11.20									

6.30	8.00	10.0	12.50	16.00	20.00	25.00	31.50	대표치	$p_1(\%)$ / $p_0(\%)$
5.61~7.10	7.11~9.00	9.01~11.20	11.30~14.00	14.10~18.00	18.10~22.40	22.50~28.00	28.10~35.50	범위	대표치
2.24 13	2.19 11	2.11 9	2.07 8	1.95 6	1.87 5	1.87 5	1.77 4	0.090~0.112	0.100
2.21 14	2.16 12	2.10 10	2.02 8	1.97 7	1.90 6	1.82 5	1.72 4	0.113~0.140	0.125
2.18 15	2.10 12	2.04 10	2.00 9	1.91 7	1.85 6	1.77 5	1.67 4	0.141~0.180	0.160
2.14 16	2.08 13	2.02 11	1.95 9	1.86 7	1.80 6	1.72 5	1.63 4	0.181~0.224	0.200
2.12 18	2.04 14	1.99 12	1.93 10	1.86 8	1.75 6	1.67 5	1.53 4	0.225~0.280	0.250
2.07 19	2.00 15	1.94 12	1.88 10	1.80 8	1.75 7	1.62 5	1.53 4	0.281~0.355	0.315
2.04 22	1.98 17	1.92 14	1.85 11	1.78 9	1.69 7	1.64 6	1.47 4	0.356~0.450	0.400
2.00 24	1.94 19	1.88 15	1.81 12	1.72 9	1.64 7	1.58 6	1.51 5	0.451~0.560	0.500
1.97 28	2.09 21	1.83 16	1.77 13	1.69 10	1.62 8	1.52 6	1.45 5	0.561~0.710	0.630
1.92 32	2.86 24	1.79 18	1.72 14	1.66 11	1.56 8	1.51 7	1.39 5	0.711~0.900	0.800
1.89 38	1.83 28	1.76 21	1.69 16	1.62 12	1.53 9	1.45 7	1.33 5	0.901~1.12	1.000
1.85 47	1.78 32	1.72 24	1.65 18	1.57 13	1.50 10	1.39 7	1.33 6	1.13~1.40	1.250
1.80 60	1.74 40	1.67 28	1.60 20	1.35 15	1.45 11	1.35 8	1.26 6	1.41~1.80	1.600
1.76 81	1.69 50	1.63 34	1.56 24	1.48 17	1.40 12	1.32 9	1.19 6	1.81~2.24	2.000
	1.65 67	1.59 43	1.52 29	1.43 19	1.36 14	1.27 10	1.17 7	2.25~2.80	2.500
	1.61 96	1.54 57	1.47 36	1.39 23	1.31 16	1.22 11	1.13 8	2.81~3.55	3.150
		1.49 83	1.42 48	1.34 29	1.25 19	1.17 13	1.08 9	3.56~4.50	4.000
			1.37 69	1.29 38	1.20 23	1.11 15	1.02 10	4.51~5.60	5.000
				1.23 53	1.15 30	1.07 19	0.97 12	5.61~7.10	6.300
				1.18 87	1.10 44	1.00 24	0.89 14	7.11~9.00	8.000
					1.04 68	0.95 34	0.84 18	9.01~11.20	10.000

14. KS Q ISO 8422 계수치 축차샘플링 검사 방식

〈부표 1-A〉 생산자 위험 $\alpha=0.05$ 및 소비자 위험 $\beta=0.10$에 대한 축차 샘플링 방식의 파라미터(부적합품률 검사, 주샘플링표) (계속)

PRQ	파라미터	0.80	1.00	1.25	1.60	2.00	2.50	3.15	4.00	5.00	6.30	8.00	10.00	12.50	16.00	20.00	25.00	31.50
1.25	h_A				8.990	4.713	3.189	2.386	1.890	1.580	1.348	1.168	1.036	0.929	0.830	0.755	0.688	0.627
	h_R				11.543	6.052	4.095	3.063	2.426	2.028	1.731	1.500	1.331	1.193	1.066	0.969	0.884	0.805
	g				0.014 2	0.016 0	0.018 0	0.020 6	0.023 7	0.027 0	0.031 4	0.036 7	0.042 7	0.049 2	0.059 6	0.070 6	0.084 0	0.101 8
1.60	h_A					9.908	4.943	3.247	2.392	1.917	1.586	1.343	1.171	1.036	0.915	0.824	0.745	0.674
	h_R					12.721	6.346	4.169	3.072	2.461	2.036	1.724	1.504	1.330	1.175	1.058	0.957	0.865
	g					0.017 9	0.020 2	0.022 9	0.026 2	0.029 5	0.031 5	0.040 1	0.046 4	0.054 2	0.064 8	0.075 8	0.089 9	0.108 4
2.00	h_A						9.863	4.830	3.154	2.376	1.888	1.553	1.329	1.157	1.008	0.899	0.806	0.723
	h_R						12.663	6.202	4.049	3.051	2.424	1.994	1.706	1.485	1.294	1.154	1.035	0.928
	g						0.022 4	0.025 3	0.028 9	0.032 4	0.037 6	0.043 6	0.050 3	0.058 2	0.069 0	0.081 0	0.095 2	0.115 0
2.50	h_A							9.467	4.637	3.131	2.335	1.843	1.535	1.311	1.123	0.989	0.878	0.780
	h_R							12.155	5.953	4.019	2.998	2.367	1.971	1.683	1.441	1.269	1.127	1.001
	g							0.028 1	0.031 9	0.036 9	0.041 2	0.047 5	0.054 6	0.063 3	0.074 3	0.086 9	0.102 3	0.122 3
3.15	h_A								9.089	4.677	3.100	2.289	1.832	1.521	1.274	1.104	0.967	0.850
	h_R								11.669	6.005	3.980	2.939	2.353	1.953	1.635	1.417	1.242	1.091
	g								0.035 6	0.040 1	0.045 5	0.052 2	0.059 7	0.068 5	0.080 6	0.093 7	0.109 9	0.130 7
4.00	h_A									9.637	4.705	3.060	2.295	1.827	1.481	1.256	1.083	0.938
	h_R									12.372	6.040	3.929	2.947	2.346	1.902	1.613	1.390	1.204
	g									0.44 8	0.050 7	0.057 8	0.065 8	0.075 2	0.087 9	0.101 8	0.118 7	0.140 6
5.00	h_A										9.193	4.484	3.013	2.255	1.750	1.445	1.220	1.039
	h_R										11.803	5.757	3.868	2.895	2.247	1.855	1.566	1.333
	g										0.056 3	0.063 9	0.072 4	0.082 4	0.095 2	0.110 3	0.128 3	0.150 9
6.30	h_A											8.753	4.482	2.987	2.162	1.714	1.406	1.171
	h_R											11.238	5.754	3.835	2.776	2.201	1.805	1.503
	g											0.071 2	0.080 2	0.090 8	0.104 2	0.120 4	0.139 0	0.162 9
8.0	h_A												9.184	4.535	2.871	2.132	1.675	1.352
	h_R												11.792	5.822	3.686	2.737	2.151	1.735
	g												0.089 7	0.101 3	0.116 3	0.132 3	0.152 0	0.177 1
10.0	h_A													8.958	4.177	2.776	2.049	1.585
	h_R													11.501	5.363	3.564	2.631	2.035
	g													0.112 1	0.128 2	0.145 2	0.166 2	0.192 2

(비고) PRQ 및 CRQ는 부적합품률(%)로 표시하고 있다.

〈부표 1-B〉 생산자 위험 $A=0.05$ 및 소비자 위험 $\beta=0.10$에 대한 축차 샘플링 방식의 파라미터(100항목당 부적합품률 검사, 주샘플링표)(계속)

PRQ	파라미터	CRQ(소비자 위험 품질 수준)															
		0.80	1.00	1.25	1.60	2.00	2.50	3.15	4.00	5.00	6.30	8.00	10.00	12.50	16.00	20.00	25.00	31.50
1.25	h_A				9,120	4,790	3,248	2,436	1,936	1,624	1,392	1,213	1,083	0,978	0,883	0,812	0,751	0,698
	h_R				11,709	6,150	4,170	3,127	2,485	2,085	1,787	1,557	1,390	1,255	1,134	1,042	0,965	0,896
	g				0,014	0,016	0,018	0,020	0,023	0,027	0,031	0,036	0,042	0,048	0,057	0,067	0,079	0,093
					2	0	0	0	6	1	2	4	1	9	6	9	3	7
1.60	h_A					10,089	5,044	3,323	2,457	1,976	1,643	1,399	1,228	1,095	0,978	0,891	0,819	0,755
	h_R					12,953	6,476	4,267	3,154	2,537	2,109	1,796	1,577	1,406	1,255	1,144	1,051	0,970
	g					0,017	0,020	0,022	0,026	0,029	0,034	0,039	0,045	0,053	0,062	0,072	0,085	0,100
						9	9	2	2	8	3	8	8	0	9	5	1	3
2.00	h_A						10,089	4,956	3,248	2,457	1,962	1,624	1,399	1,228	1,083	0,978	0,891	0,817
	h_R						12,953	6,363	4,170	3,154	2,519	2,085	1,796	1,577	1,390	1,255	1,144	1,048
	g						0,022	0,025	0,028	0,032	0,037	0,043	0,049	0,057	0,067	0,078	0,091	0,107
							4	3	9	9	7	3	7	3	3	2	1	0
2.50	h_A							9,741	4,790	3,248	2,436	1,936	1,624	1,399	1,213	1,083	0,978	0,689
	h_R							12,506	6,150	4,170	3,127	2,485	2,085	1,796	1,557	1,390	1,255	1,141
	g							0,028	0,031	0,036	0,041	0,047	0,054	0,062	0,072	0,084	0,097	0,114
								1	1	9	1	2	1	1	2	2	7	5
3.15	h_A								9,424	4,873	3,248	2,415	1,949	1,633	1,385	1,218	1,087	0,978
	h_R								12,099	6,256	4,170	3,101	2,502	2,097	1,778	1,564	1,395	1,255
	g								0,035	0,040	0,045	0,052	0,059	0,067	0,079	0,091	0,105	0,123
									6	6	4	8	3	8	5	2	5	1
4.00	h_A									10,089	4,956	3,248	2,457	1,976	1,624	1,399	1,288	1,091
	h_R									12,953	6,363	4,170	3,154	2,537	2,085	1,796	1,577	1,401
	g									0,044	0,050	0,057	0,065	0,074	0,086	0,099	0,114	0,133
										8	6	7	5	6	6	4	6	3
5.00	h_A										9,741	4,790	3,248	2,457	1,936	1,624	1,399	1,223
	h_R										12,506	6,150	4,170	3,154	2,485	2,085	1,796	1,570
	g										0,056	0,063	0,072	0,081	0,094	0,108	0,124	0,144
											2	8	2	9	2	2	3	0
6.30	h_A											9,424	4,873	3,286	2,415	1,949	1,633	1,399
	h_R											12,099	6,256	4,218	3,101	2,502	2,097	1,796
	g											0,071	0,080	0,090	0,104	0,118	0,135	0,156
												2	1	5	1	6	7	6
8.0	h_A												10,089	5,044	3,248	2,457	1,976	1,643
	h_R												12,953	6,476	4,170	3,154	2,537	2,109
	g												0,089	0,100	0,115	0,131	0,149	0,171
													6	8	4	0	2	5
10.0	h_A													10,089	4,790	3,248	2,457	1,962
	h_R													12,953	6,150	4,170	3,154	2,519
	g													0,112	0,127	0,144	0,163	0,187
														0	0	7	7	4

[비고] PRQ 및 CRQ는 100항목당 부적합품률(%)로 표시하고 있다.

15. KS Q ISO 8423 계량치 축차샘플링 검사 방식

〈부표 1-A〉 생산자 위험 $\alpha=0.05$ 및 소비자 위험 $\beta=0.10$에 대한 축차 샘플링 방식의 파라미터(부적합품률 검사, 주샘플링표)

PRQ	파라미터	\multicolumn{12}{c}{CRQ(소비자 위험 품질 수준)}												
		0.80	1.00	1.25	1.60	2.00	2.50	3.15	4.00	5.00	6.30	8.00	10.00	12.50	16.00	20.00	25.00	31.50
0.100	h_A	3,304	2,947	2,652	2,380	2,172	1,992	1,829	1,681	1,558	1,443	1,336	1,245	1,161	1,074	1,001	0,932	0,863
	h_R	4,242	3,784	3,405	3,056	2,789	2,557	2,348	2,158	2,000	1,853	1,715	1,598	1,490	1,379	1,285	1,196	1,108
	g	2,750	2,708	2,666	2,617	2,572	2,525	2,475	2,420	2,368	2,310	2,248	2,186	2,120	2,042	1,966	1,882	1,786
	n_t	29	23	19	16	13	11	10	8	8	7	7	5	5	4	4	4	4
0.125	h_A	3,664	3,230	2,879	2,561	2,322	2,117	1,934	1,769	1,633	1,508	1,391	1,293	1,202	1,110	1,032	0,958	0,886
	h_R	4,704	4,117	3,696	3,288	2,981	2,718	2,483	2,271	2,097	1,936	1,786	1,659	1,543	1,425	1,325	1,231	1,137
	g	2,716	2,675	2,632	2,584	2,539	2,492	2,441	2,387	2,334	2,277	2,214	2,152	2,087	2,009	1,932	1,849	1,753
	n_t	35	28	23	19	16	13	11	10	8	7	7	5	5	4	4	4	4
0.160	h_A	4,177	3,622	3,187	2,802	2,518	2,279	2,068	1,881	1,728	1,588	1,459	1,351	1,252	1,153	1,069	0,990	0,915
	h_R	5,363	4,651	4,091	3,597	3,233	2,926	2,655	2,414	2,218	2,039	1,873	1,735	1,608	1,480	1,372	1,271	1,172
	g	2,678	2,637	2,595	2,546	2,501	2,454	2,404	2,349	2,296	2,239	2,176	2,115	2,049	1,971	1,895	1,811	1,715
	n_t	46	35	28	22	17	14	13	10	10	8	7	7	5	5	5	4	4
0.200	h_A	4,798	4,080	3,536	3,068	2,731	2,452	2,209	1,997	1,825	1,670	1,528	1,410	1,303	1,195	1,105	1,022	0,939
	h_R	6,160	5,238	4,539	3,939	3,506	3,148	2,837	2,564	2,344	2,144	1,962	1,810	1,673	1,534	1,419	1,312	1,206
	g	2,644	2,602	2,560	2,511	2,466	2,419	2,369	2,314	2,262	2,204	2,142	2,080	2,014	1,936	1,860	1,776	1,680
	n_t	59	44	34	25	20	17	14	11	10	8	7	7	5	5	5	4	4
0.250	h_A	5,655	4,683	3,980	3,398	2,989	2,658	2,375	2,131	1,937	1,763	1,606	1,476	1,359	1,242	1,145	1,056	0,968
	h_R	7,260	6,013	5,110	4,362	3,837	3,412	3,049	2,736	2,487	2,263	2,062	1,895	1,745	1,595	1,471	1,355	1,243
	g	2,608	2,567	2,524	2,476	2,430	2,384	2,333	2,279	2,226	2,169	2,106	2,044	1,979	1,901	1,824	1,741	1,644
	n_t	83	58	41	31	25	19	16	13	11	10	8	7	7	5	5	4	4
0.315	h_A	6,974	5,553	4,591	3,833	3,320	2,917	2,580	2,295	2,071	1,873	1,697	1,552	1,424	1,296	1,191	1,094	1,001
	h_R	8,953	7,130	5,895	4921	4,263	3,745	3,313	2,946	2,659	2,405	2,179	1,993	1,828	1,664	1,529	1,405	1,285
	g	2,570	2,529	2,487	2,438	2,393	2,346	2,295	2,241	2,188	2,131	2,068	2,007	1,941	1,863	1,787	1,703	1,607
	n_t	125	80	55	38	29	23	19	14	13	10	8	8	7	5	5	5	4
0.40	h_A	9,259	6,912	5,482	4,435	3,763	3,253	2,839	2,498	2,235	2,006	1,805	1,643	1,499	1,358	1,244	1,138	1,037
	h_R	11,887	8,874	7,038	5,694	4,831	4,176	3,645	3,207	2,870	2,576	2,318	2,109	1,925	1,744	1,596	1,462	1,332
	g	2,530	2,489	2,447	2,398	2,353	2,306	2,256	2,201	2,148	2,091	2,029	1,967	1,901	1,823	1,747	1,663	1,567
	n_t	218	122	77	52	37	28	22	17	14	11	10	8	8	7	5	5	4
0.50	h_A	13,488	9,024	6,732	5,218	4,312	3,656	3,141	2,728	2,418	2,153	1,923	1,739	1,579	1,424	1,298	1,184	1,075
	h_R	17,317	11,586	8,643	6,700	5,536	4,693	4,033	3,503	3,105	2,764	2,469	2,233	2,028	1,828	1,667	1,520	1,380
	g	2,492	2,451	2,409	2,360	2,315	2,268	2,218	2,163	2,110	2,053	1,990	1,929	1,863	1,785	1,709	1,625	1,529
	n_t	463	208	116	71	49	35	26	19	16	13	11	10	8	7	5	5	4
0.63	h_A	26,190	13,358	8,882	6,424	5,103	4,209	3,542	3,025	2,649	2,333	2,066	1,855	1,674	1,500	1,362	1,237	1,118
	h_R	33,625	17,150	11,403	8,247	6,552	5,403	4,547	3,884	3,400	2,996	2,652	2,382	2,150	1,926	1,748	1,588	1,436
	g	2,452	2,411	2,368	2,320	2,274	2,227	2,177	2,123	2,070	2,012	1,950	1,888	1,823	1,745	1,668	1,585	1,488
	n_t	1759	454	202	106	68	46	34	25	19	16	13	10	8	7	5	5	5
0.80	h_A		27,265	13,440	8,511	6,339	5,015	4,095	3,420	2,946	2,562	2,243	1,997	1,789	1,592	1,436	1,298	1,168
	h_R		35,005	17,255	10,927	8,138	6,438	5,258	4,391	3,783	3,289	2,879	2,564	2,297	2,043	1,844	1,666	1,500
	g		2,368	2,325	2,277	2,231	2,184	2,134	2,080	2,027	1,969	1,907	1,845	1,780	1,702	1,625	1,542	1,445
	n_t		1886	460	185	103	65	44	31	23	19	14	11	10	8	7	5	5
1.00	h_A			26,505	12,374	8,259	6,145	4,819	3,911	3,303	2,827	2,444	2,155	1,914	1,690	1,516	1,363	1,220
	h_R			34,028	15,886	10,603	7,889	6,187	5,021	4,241	3,630	3,137	2,766	2,458	2,170	1,947	1,750	1,567
	g			2,284	2,235	2,190	2,143	2,093	2,039	1,986	1,928	1,866	1,804	1,738	1,660	1,584	1,500	1,404
	n_t			1781	389	175	97	61	40	29	22	17	13	11	8	7	7	5

⟨표 2⟩ 한계 프로세스 표준 편차 LPSD를 구하기 위한 계수 ψ의 값

PRQ	0.10	0.125	0.16	0.20	0.25	0.315	0.40	0.50	0.63	0.80	1.00	1.25	1.60	2.00	2.50	3.15	4.00	5.00	6.30	8.00	10.00
ψ	0.143	0.146	0.149	0.152	0.155	0.158	0.161	0.165	0.169	0.174	0.178	0.183	0.189	0.194	0.201	0.208	0.216	0.225	0.235	0.246	0.259

[비고] 축자 샘플링 방식을 위한 한계 프로세스 표준 편차 LPSD는 표준화한 값 ψ를 규격 공차 ($U-L$)에 곱하여 구한다. 즉, LPSD=$\psi(U-L)$. 한계 프로세스 표준 편차 LPSD는 축자 샘플링 방식을 연접식 양쪽 규격에 대하여 사용하는 경우의 최대 허용값을 주는 것이다. 프로세스 표준 편차가 LPSD를 넘은 경우는 축자 샘플링 방식은 사용할 수 없다.

⟨표 3⟩ 최대 프로세스 표준 편차 MPSD를 구하기 위한 계수 f의 값(개별식 양쪽 규격)

PRQ(L) \ PRQ(L)	0.100	0.125	0.160	0.200	0.250	0.315	0.400	0.500	0.630	0.800	1.00	1.25	1.60	2.00	2.50	3.15	4.00	5.00	6.30	8.00	10.00
0.100	0.162	0.164	0.166	0.168	0.170	0.172	0.174	0.176	0.179	0.182	0.185	0.188	0.191	0.194	0.198	0.202	0.207	0.211	0.216	0.222	0.229
0.125	0.164	0.165	0.167	0.169	0.172	0.174	0.176	0.179	0.181	0.184	0.187	0.190	0.194	0.197	0.201	0.205	0.209	0.214	0.220	0.226	0.232
0.160	0.166	0.167	0.170	0.172	0.174	0.176	0.179	0.181	0.184	0.187	0.190	0.193	0.198	0.200	0.204	0.208	0.213	0.218	0.223	0.230	0.236
0.200	0.168	0.169	0.172	0.174	0.176	0.178	0.181	0.183	0.186	0.189	0.192	0.195	0.199	0.203	0.207	0.211	0.216	0.221	0.227	0.233	0.240
0.250	0.170	0.172	0.174	0.176	0.178	0.181	0.183	0.186	0.189	0.192	0.195	0.198	0.202	0.206	0.210	0.214	0.219	0.225	0.231	0.237	0.245
0.315	0.172	0.174	0.176	0.178	0.181	0.183	0.186	0.188	0.191	0.195	0.198	0.201	0.205	0.209	0.213	0.218	0.223	0.228	0.235	0.242	0.249
0.400	0.174	0.176	0.179	0.181	0.183	0.186	0.189	0.191	0.194	0.198	0.201	0.204	0.208	0.213	0.217	0.222	0.227	0.233	0.239	0.246	0.254
0.500	0.176	0.179	0.181	0.183	0.186	0.188	0.191	0.194	0.197	0.201	0.204	0.208	0.212	0.216	0.220	0.225	0.231	0.237	0.244	0.251	0.259
0.630	0.179	0.181	0.184	0.186	0.189	0.191	0.194	0.197	0.200	0.204	0.207	0.211	0.216	0.220	0.224	0.230	0.236	0.242	0.248	0.256	0.265
0.800	0.182	0.184	0.187	0.189	0.192	0.195	0.198	0.201	0.204	0.208	0.211	0.215	0.220	0.224	0.229	0.234	0.240	0.247	0.254	0.262	0.271
1.000	0.185	0.187	0.190	0.192	0.195	0.198	0.201	0.204	0.207	0.211	0.215	0.219	0.224	0.228	0.233	0.239	0.245	0.252	0.259	0.268	0.277
1.250	0.188	0.190	0.193	0.195	0.198	0.201	0.204	0.208	0.211	0.215	0.219	0.223	0.228	0.233	0.238	0.244	0.250	0.257	0.265	0.274	0.284
1.600	0.191	0.194	0.198	0.199	0.202	0.205	0.208	0.212	0.216	0.220	0.224	0.228	0.233	0.238	0.244	0.250	0.257	0.264	0.272	0.282	0.292
2.000	0.194	0.197	0.200	0.203	0.206	0.209	0.213	0.216	0.220	0.224	0.228	0.233	0.238	0.243	0.249	0.256	0.263	0.270	0.279	0.289	0.300
2.500	0.198	0.201	0.204	0.207	0.210	0.213	0.217	0.220	0.224	0.229	0.233	0.238	0.244	0.249	0.255	0.262	0.269	0.277	0.287	0.297	0.309
3.150	0.202	0.205	0.208	0.211	0.214	0.218	0.222	0.225	0.230	0.234	0.239	0.244	0.250	0.256	0.262	0.269	0.277	0.285	0.295	0.306	0.318
4.000	0.207	0.209	0.213	0.216	0.219	0.223	0.227	0.231	0.236	0.240	0.245	0.250	0.257	0.263	0.269	0.277	0.286	0.295	0.305	0.317	0.330
5.000	0.211	0.214	0.218	0.221	0.225	0.228	0.233	0.237	0.242	0.247	0.252	0.257	0.264	0.270	0.277	0.285	0.295	0.304	0.315	0.328	0.342
6.300	0.216	0.220	0.223	0.227	0.231	0.235	0.239	0.244	0.248	0.254	0.259	0.265	0.272	0.279	0.287	0.295	0.305	0.315	0.327	0.341	0.356
8.000	0.222	0.226	0.230	0.233	0.237	0.242	0.246	0.251	0.256	0.262	0.268	0.274	0.282	0.289	0.297	0.306	0.318	0.328	0.341	0.356	0.372
10.000	0.229	0.232	0.236	0.240	0.245	0.249	0.254	0.259	0.265	0.271	0.277	0.284	0.292	0.300	0.309	0.318	0.330	0.342	0.356	0.372	0.390

[비고] 축자 샘플링 방식을 위한 최대 프로세스 표준 편차 MPSD는 표준화한 값 f를 규격 공차 $U-L$에 곱하여 구한다. 즉 MPSD=$f(U-L)$. 최대 프로세스 표준 편차 MPSD는 축자 샘플링 방식을 개별식 양쪽 규격에 대하여 사용하는 경우의 프로세스 표준 편차의 최대 허용값을 준다. 프로세스 표준 편차가 MPSD를 넘는 경우는 전 로트 불합격이다.

[비고] PRQ(L) ALC PRQ(U)는 부적합품률 (%)로 표시되어 있다.

16. AQL 지표형 샘플링검사 방식(KS A ISO 2859-1)

〈부표 1〉 샘플(크기)문자

로트의 크기	특별 검사 수준				일반 검사 수준		
	S-1	S-2	S-3	S-4	I	II	III
2~8	A	A	A	A	A	A	B
9~15	A	A	A	A	A	B	C
16~25	A	A	B	B	B	C	D
26~50	A	B	B	C	C	D	E
51~90	B	B	C	C	C	E	F
91~150	B	B	C	D	D	F	G
151~280	B	C	D	E	E	G	H
281~500	B	C	D	E	F	H	J
501~1,200	C	C	E	F	G	J	K
1,201~3,200	C	D	E	G	H	K	L
3,201~10,000	C	D	F	G	J	L	M
10,001~35,000	C	D	F	H	K	M	N
35,001~150,000	D	E	G	J	L	N	P
150,001~500,000	D	E	G	J	M	P	Q
500,001 and over	D	E	H	K	N	Q	R

〈부표 2-A〉 보통검사시의 1회 샘플링 방식(주 샘플링표)

시료의 문자	시료의 크기	합격품질수준(AQL) 보통검사																									
		0.010	0.015	0.025	0.040	0.065	0.10	0.15	0.25	0.40	0.65	1.0	1.5	2.5	4.0	6.5	10	15	25	40	65	100	150	250	400	650	1,000
		$A_c\ R_e$	$A_c\ R_e$	$A_c\ R_e$	$A_c\ R_e$	$A_c\ R_e$	$A_c\ R_e$	$A_c\ R_e$	$A_c\ R_e$	$A_c\ R_e$	$A_c\ R_e$	$A_c\ R_e$	$A_c\ R_e$	$A_c\ R_e$	$A_c\ R_e$	$A_c\ R_e$	$A_c\ R_e$	$A_c\ R_e$	$A_c\ R_e$	$A_c\ R_e$	$A_c\ R_e$	$A_c\ R_e$	$A_c\ R_e$	$A_c\ R_e$	$A_c\ R_e$	$A_c\ R_e$	$A_c\ R_e$
A	2													↓						1 2	2 3	3 4	5 6	7 8	10 11	14 15	21 22	30 31
B	3												↓					1 2	2 3	3 4	5 6	7 8	10 11	14 15	21 22	30 31	44 45
C	5											↓					1 2	2 3	3 4	5 6	7 8	10 11	14 15	21 22	30 31	44 45	←
D	8										↓					0 1	← →	1 2	2 3	3 4	5 6	7 8	10 11	14 15	21 22	←	
E	13									↓					0 1	← →	1 2	2 3	3 4	5 6	7 8	10 11	14 15	21 22	←		
F	20								↓					0 1	← →	1 2	2 3	3 4	5 6	7 8	10 11	14 15	21 22	←			
G	32							↓					0 1	← →	1 2	2 3	3 4	5 6	7 8	10 11	14 15	21 22	←				
H	50						↓					0 1	← →	1 2	2 3	3 4	5 6	7 8	10 11	14 15	21 22	←					
J	80					↓					0 1	← →	1 2	2 3	3 4	5 6	7 8	10 11	14 15	21 22	←						
K	125				↓					0 1	← →	1 2	2 3	3 4	5 6	7 8	10 11	14 15	21 22	←							
L	200			↓					0 1	← →	1 2	2 3	3 4	5 6	7 8	10 11	14 15	21 22	←								
M	315		↓					0 1	← →	1 2	2 3	3 4	5 6	7 8	10 11	14 15	21 22	←									
N	500	↓					0 1	← →	1 2	2 3	3 4	5 6	7 8	10 11	14 15	21 22	←										
P	800					0 1	← →	1 2	2 3	3 4	5 6	7 8	10 11	14 15	21 22	←											
Q	1,250				0 1	← →	1 2	2 3	3 4	5 6	7 8	10 11	14 15	21 22	←												
R	2,000			0 1	←	1 2	2 3	3 4	5 6	7 8	10 11	14 15	21 22	←													

[비고] ↓ =화살표 아래쪽의 최초의 샘플링 방식을 사용한다. 시료의 크기가 로트의 크기 이상으로 되면 전수검사한다.
↑ =화살표 위쪽의 최초의 샘플링 방식을 사용한다.
A_c =합격 판정개수
R_e =불합격 판정개수

〈부표 2-B〉 까다로운 검사의 1회 샘플링 방식(주 샘플링표)

시료의 문자	시료의 크기	합격품질수준(AQL) 까다로운 검사																								
		0.010	0.015	0.025	0.040	0.065	0.10	0.15	0.25	0.40	0.65	1.0	1.5	2.5	4.0	6.5	10	15	25	40	65	100	150	250	400	650	1,000
		$A_c\ R_e$	$A_c\ R_e$	$A_c\ R_e$	$A_c\ R_e$	$A_c\ R_e$	$A_c\ R_e$	$A_c\ R_e$	$A_c\ R_e$	$A_c\ R_e$	$A_c\ R_e$	$A_c\ R_e$	$A_c\ R_e$	$A_c\ R_e$	$A_c\ R_e$	$A_c\ R_e$	$A_c\ R_e$	$A_c\ R_e$	$A_c\ R_e$	$A_c\ R_e$	$A_c\ R_e$	$A_c\ R_e$	$A_c\ R_e$	$A_c\ R_e$	$A_c\ R_e$	$A_c\ R_e$	$A_c\ R_e$
A	2																										
B	3																			1 2	2 3	3 4	5 6	8 9	12 13	18 19	27 28
C	5																		1 2	2 3	3 4	5 6	8 9	12 13	18 19	27 28	41 42
D	8																	1 2	2 3	3 4	5 6	8 9	12 13	18 19	27 28	41 42	
E	13																1 2	2 3	3 4	5 6	8 9	12 13	18 19	27 28	41 42		
F	20															1 2	2 3	3 4	5 6	8 9	12 13	18 19					
G	32														1 2	2 3	3 4	5 6	8 9	12 13	18 19						
H	50													1 2	2 3	3 4	5 6	8 9	12 13	18 19							
J	80												1 2	2 3	3 4	5 6	8 9	12 13	18 19								
K	125											1 2	2 3	3 4	5 6	8 9	12 13	18 19									
L	200										1 2	2 3	3 4	5 6	8 9	12 13	18 19										
M	315									1 2	2 3	3 4	5 6	8 9	12 13	18 19											
N	500								1 2	2 3	3 4	5 6	8 9	12 13	18 19												
P	800							1 2	2 3	3 4	5 6	8 9	12 13	18 19													
Q	1,250						1 2	2 3	3 4	5 6	8 9	12 13	18 19														
R	2,000	0 1				1 2	2 3	3 4	5 6	8 9	12 13	18 19															
S	3,150		0 1		1 2	2 3																					

[비고] ↓ =화살표 아래쪽의 최초의 샘플링 방식을 사용한다. 시료의 크기가 로트의 크기 이상으로 되면 전수검사한다.
↑ =화살표 위쪽의 최초의 샘플링 방식을 사용한다.
A_c =합격 판정개수
R_e =불합격 판정개수

〈부표 2-C〉 수월한 검사의 1회 샘플링 방식(주 샘플링표)

시료의 문자	시료의 크기	합격품질수준(AQL) 부적합품 퍼센트 및 1000아이템당 부적합수																								
		0.010	0.015	0.025	0.040	0.065	0.10	0.15	0.25	0.40	0.65	1.0	1.5	2.5	4.0	6.5	10	15	25	40	65	100	150	250	400	650	1,000
		$A_c\ R_e$	$A_c\ R_e$	$A_c\ R_e$	$A_c\ R_e$	$A_c\ R_e$	$A_c\ R_e$	$A_c\ R_e$	$A_c\ R_e$	$A_c\ R_e$	$A_c\ R_e$	$A_c\ R_e$	$A_c\ R_e$	$A_c\ R_e$	$A_c\ R_e$	$A_c\ R_e$	$A_c\ R_e$	$A_c\ R_e$	$A_c\ R_e$	$A_c\ R_e$	$A_c\ R_e$	$A_c\ R_e$	$A_c\ R_e$	$A_c\ R_e$	$A_c\ R_e$	$A_c\ R_e$	$A_c\ R_e$
A	2																					0 1			14 15	21 22	30 31
B	2																				0 1	↑		10 11	14 15	21 22	30 31
C	2																			0 1	↑		7 8	10 11	14 15	21 22	
D	3																		0 1	↑		5 6	7 8	10 11	14 15	21 22	
E	5																	0 1	↑		3 4	5 6	7 8	10 11	14 15	21 22	
F	8																0 1	↑		2 3	3 4	5 6	6 7	8 9	10 11	↑	
G	13															0 1	↑		1 2	2 3	3 4	5 6	6 7	8 9	10 11		
H	20														0 1	↑		1 2	2 3	3 4	4 5	6 7	7 8	9 10 11			
J	32													0 1	↑		1 2	2 3	3 4	4 5	6 7	8 9	10 11	↑			
K	50												0 1	↑		1 2	2 3	3 4	5 6	6 7	8 9	10 11	↑				
L	80											0 1	↑		1 2	2 3	3 4	5 6	7 8	8 9	10 11	↑					
M	125										0 1	↑		1 2	2 3	3 4	5 6	7 8	8 9	10 11	↑						
N	200									0 1	↑		1 2	2 3	3 4	5 6	6 7	8 9	10 11	↑							
P	315								0 1	↑		1 2	2 3	3 4	4 5	6 7	8 9	10 11	↑								
Q	500							0 1	↑		1 2	2 3	3 4	4 5	6 7	8 9	10 11	↑									
R	800						0 1	↑		1 2	2 3	3 4	4 5	6 7	8 9	10 11	↑										

[비고] ↓ = 화살표 아래쪽의 최초의 샘플링 방식을 사용한다. 만약 샘플 크기가 로트 크기 이상이면 전수검사한다.
↑ = 화살표 위쪽의 최초의 샘플링 방식을 사용한다.
A_c = 합격 판정개수
R_e = 불합격 판정개수

〈부표 3-A〉 보통검사의 2회 샘플링 방식(주 샘플링표)

시료의 문자	시료 크기	시료의 크기	시료의 크기 누계	합격품질수준(AQL) 보통검사																						
				0.010	0.015	0.025	0.040	0.065	0.10	0.15	0.25	0.40	0.65	1.0	1.5	2.5	4.0	6.5	10	15	25	40	65	100	150	250	400	650	1,000
				$A_c\ R_e$	$A_c\ R_e$	$A_c\ R_e$	$A_c\ R_e$	$A_c\ R_e$	$A_c\ R_e$	$A_c\ R_e$	$A_c\ R_e$	$A_c\ R_e$	$A_c\ R_e$	$A_c\ R_e$	$A_c\ R_e$	$A_c\ R_e$	$A_c\ R_e$	$A_c\ R_e$	$A_c\ R_e$	$A_c\ R_e$	$A_c\ R_e$	$A_c\ R_e$	$A_c\ R_e$	$A_c\ R_e$	$A_c\ R_e$	$A_c\ R_e$	$A_c\ R_e$	$A_c\ R_e$
A																													
B	제1 제2	2 2	2 4																					*	3 1 4 5	5 2 6 7	7 3 8 9	11 5 12 13	16 7 17 22	11 26 27	16 37 38	22 56 57	31
C	제1 제2	3 3	3 6																				*	0 2 1 2	1 3 4 5	2 5 6 7	3 6 8 9	5 9 12 13	7 11 18 19	11 16 26 27	17 22 37 38	25 31 56 57	
D	제1 제2	5 5	5 10																			*	0 2 1 2	0 3 3 4	1 3 4 5	2 5 6 7	3 6 8 9	5 9 12 13	7 11 18 19	11 16 26 27	17 22 37 38	25 31 56 57		
E	제1 제2	8 8	8 16																		*	0 2 1 2	0 3 3 4	1 3 4 5	2 5 6 7	3 6 8 9	5 9 12 13	7 11 18 19	11 16 26 27					
F	제1 제2	13 13	13 26																*	0 2 1 2	0 3 3 4	1 3 4 5	2 5 6 7	3 6 8 9	5 9 12 13	7 11 18 19	11 16 26 27						
G	제1 제2	20 20	20 40															*	0 2 1 2	0 3 3 4	1 3 4 5	2 5 6 7	3 6 8 9	5 9 12 13	7 11 18 19	11 16 26 27							
H	제1 제2	32 32	32 64														*	0 2 1 2	0 3 3 4	1 3 4 5	2 5 6 7	3 6 8 9	5 9 12 13	7 11 18 19	11 16 26 27								
J	제1 제2	50 50	50 100													*	0 2 1 2	0 3 3 4	1 3 4 5	2 5 6 7	3 6 8 9	5 9 12 13	7 11 18 19	11 16 26 27									
K	제1 제2	80 80	80 160												*	0 2 1 2	0 3 3 4	1 3 4 5	2 5 6 7	3 6 8 9	5 9 12 13	7 11 18 19	11 16 26 27										
L	제1 제2	125 125	125 250											*	0 2 1 2	0 3 3 4	1 3 4 5	2 5 6 7	3 6 8 9	5 9 12 13	7 11 18 19	11 16 26 27											
M	제1 제2	200 200	200 400										*	0 2 1 2	0 3 3 4	1 3 4 5	2 5 6 7	3 6 8 9	5 9 12 13	7 11 18 19	11 16 26 27												
N	제1 제2	315 315	315 630									*	0 2 1 2	0 3 3 4	1 3 4 5	2 5 6 7	3 6 8 9	5 9 12 13	7 11 18 19	11 16 26 27													
P	제1 제2	500 500	500 1,000								*	0 2 1 2	0 3 3 4	1 3 4 5	2 5 6 7	3 6 8 9	5 9 12 13	7 11 18 19	11 16 26 27														
Q	제1 제2	800 800	800 1,600							*	0 2 1 2	0 3 3 4	1 3 4 5	2 5 6 7	3 6 8 9	5 9 12 13	7 11 18 19	11 16 26 27															
R	제1 제2	1,250 1,250	1,250 2,500						*	0 2 1 2	0 3 3 4	1 3 4 5	2 5 6 7	3 6 8 9	5 9 12 13	7 11 18 19	11 16 26 27																

＊ 대응하는 1회 샘플링 방식을 사용한다. (또는 만일 가능하면, 그것 대신으로 아래쪽의 2회 샘플링 방식을 사용한다.)

〈부표 4-A〉 보통검사의 다회 샘플링 방식(주 샘플링표)

샘플 문자	샘플링	샘플 크기	누계 샘플 크기	합격품질수준(AQL), 부적합품 퍼센트 및 1000아이템당 부적합수																										
				0.010	0.015	0.025	0.040	0.065	0.10	0.15	0.25	0.40	0.65	1.0	1.5	2.5	4.0	6.5	10	15	25	40	65	100	150	250	400	650	1,000
				$A_c\ R_e$	$A_c\ R_e$	$A_c\ R_e$	$A_c\ R_e$	$A_c\ R_e$	$A_c\ R_e$	$A_c\ R_e$	$A_c\ R_e$	$A_c\ R_e$	$A_c\ R_e$	$A_c\ R_e$	$A_c\ R_e$	$A_c\ R_e$	$A_c\ R_e$	$A_c\ R_e$	$A_c\ R_e$	$A_c\ R_e$	$A_c\ R_e$	$A_c\ R_e$	$A_c\ R_e$	$A_c\ R_e$	$A_c\ R_e$	$A_c\ R_e$	$A_c\ R_e$	$A_c\ R_e$
A																			※			※		※		※		※
B																		※										
C																												
D	제1	2	2															# 2	# 2	# 3	# 4	0 4	0 5	1 7	2 9	4 12	6 18		
	제2	2	4															0 2	0 3	0 3	1 5	1 6	3 8	4 10	7 14	11 19	17 27		
	제3	2	6															0 2	0 3	1 4	2 6	3 8	6 10	8 13	13 19	19 27	29 38		
	제4	2	8															0 2	1 3	2 5	3 7	5 9	8 12	12 17	20 25	28 34	40 48		
	제5	2	10															1 2	2 3	3 4	4 5	6 7	9 10	12 13	18 19	26 27	37 38	56 57		
E	제1	3	3													# 2	# 2	# 3	# 4	0 4	0 5	1 7	2 9	4 12	6 18				
	제2	3	6													0 2	0 3	0 3	1 5	1 6	3 8	4 10	7 14	11 19	17 27				
	제3	3	9													0 2	0 3	1 4	2 6	3 8	6 10	8 13	13 19	19 27	29 38				
	제4	3	12													0 2	1 3	2 5	3 7	5 9	8 12	12 17	20 25	28 34	40 48				
	제5	3	15													1 2	2 3	3 4	4 5	6 7	9 10	12 13	18 19	26 27	37 38	56 57			
F	제1	5	5												# 2	# 2	# 3	# 4	0 4	0 5	1 7	2 9						
	제2	5	10												0 2	0 3	0 3	1 5	1 6	3 8	4 10	7 14						
	제3	5	15												0 2	0 3	1 4	2 6	3 8	6 10	8 13	13 19						
	제4	5	20												0 2	1 3	2 5	3 7	5 9	8 12	12 17	20 25						
	제5	5	25												1 2	2 3	3 4	4 5	6 7	9 10	12 13	18 19	26 27					
G	제1	8	8											# 2	# 2	# 3	# 4	0 4	0 5	1 7	2 9							
	제2	8	16											0 2	0 3	0 3	1 5	1 6	3 8	4 10	7 14							
	제3	8	24											0 2	0 3	1 4	2 6	3 8	6 10	8 13	13 19							
	제4	8	32											0 2	1 3	2 5	3 7	5 9	8 12	12 17	20 25							
	제5	8	40											1 2	2 3	3 4	4 5	6 7	9 10	12 13	18 19	26 27						

[비고] ↓ =화살표 아래의 최초의 샘플링 방식을 사용한다. 만약 샘플 크기가 로트 크기 이상이면 전수검사한다.
↑ =화살표 위의 최초의 샘플링 방식을 사용한다.
A_c =합격 판정개수
R_e =불합격 판정개수
※ =대응하는 1회 샘플링 방식을 사용한다.(만약 사용할 수 있다면 대신에 아래의 2회 샘플링 방식을 사용해도 좋다.)
++ =대응하는 2회 샘플링 방식을 사용한다.(만약 사용할 수 있다면 대신에 아래의 다회 샘플링 방식을 사용해도 좋다.)
# =이 샘플 크기에서는 합격의 판정을 할 수 없다.

〈부표 11-A〉 보통검사의 1회 샘플링 방식(보조적 주 샘플링표)

샘플 문자	샘플 크기	0.010		0.015		0.025		0.040		0.065		0.10		0.15		0.25		0.40		0.65		1.0		1.5		2.5		4.0		6.5		10		15		25		40		65		100		150		250		400		650		1,000	
		A_c	R_e	A_c	R_e	A_c	R_e	A_c	R_e	A_c	R_e	A_c	R_e	A_c	R_e	A_c	R_e	A_c	R_e	A_c	R_e	A_c	R_e	A_c	R_e	A_c	R_e	A_c	R_e	A_c	R_e	A_c	R_e	A_c	R_e	A_c	R_e	A_c	R_e	A_c	R_e	A_c	R_e	A_c	R_e	A_c	R_e	A_c	R_e	A_c	R_e
A	2																													↓		0	1	1/3		1/2		1	2	2	3	3	4	5	6	7	8	10	11	14	15	21	22	30	31
B	3																												↓	0	1	1/3		1/2		1	2	2	3	3	4	5	6	7	8	10	11	14	15	21	22	30	31	44	45
C	5																									↓	0	1	1/3		1/2		1	2	2	3	3	4	5	6	7	8	10	11	14	15	21	22	30	31	44	45	←	
D	8																							↓	0	1	1/3		1/2		1	2	2	3	3	4	5	6	7	8	10	11	14	15	21	22	30	31	44	45	←			
E	13																					↓	0	1	1/3		1/2		1	2	2	3	3	4	5	6	7	8	10	11	14	15	21	22	30	31	44	45	←					
F	20																			↓	0	1	1/3		1/2		1	2	2	3	3	4	5	6	7	8	10	11	14	15	21	22	←											
G	32																	↓	0	1	1/3		1/2		1	2	2	3	3	4	5	6	7	8	10	11	14	15	21	22	←													
H	50															↓	0	1	1/3		1/2		1	2	2	3	3	4	5	6	7	8	10	11	14	15	21	22	←															
J	80													↓	0	1	1/3		1/2		1	2	2	3	3	4	5	6	7	8	10	11	14	15	21	22	←																	
K	125											↓	0	1	1/3		1/2		1	2	2	3	3	4	5	6	7	8	10	11	14	15	21	22	←																			
L	200									↓	0	1	1/3		1/2		1	2	2	3	3	4	5	6	7	8	10	11	14	15	21	22	←																					
M	315							↓	0	1	1/3		1/2		1	2	2	3	3	4	5	6	7	8	10	11	14	15	21	22	←																							
N	500					↓	0	1	1/3		1/2		1	2	2	3	3	4	5	6	7	8	10	11	14	15	21	22	←																									
P	800			↓	0	1	1/3		1/2		1	2	2	3	3	4	5	6	7	8	10	11	14	15	21	22	←																											
Q	1,250	0	1	1/3		1/2		1	2	2	3	3	4	5	6	7	8	10	11	14	15	21	22	←																															
R	2,000	1/3		1/2		1	2	2	3	3	4	5	6	7	8	10	11	14	15	21	22	←																																	

[비고]
↓ =화살표 아래쪽의 최초의 샘플링 방식을 사용한다. 만약 샘플 크기가 로트 크기 이상이면 전수검사한다.
↑ =화살표 위쪽의 최초의 샘플링 방식을 사용한다.
A_c =합격 판정개수
R_e =불합격 판정개수

17. LQ 지표형 샘플링 방식(KS A ISO 2859-2)

〈부표 A〉 한계 품질(LQ)을 지표로 하는 1회 샘플링 방식(절차 A, 주 샘플링표)

로트 크기		한계품질(LQ) (부적합품 퍼센트)								
		0.50	0.80	1.25	2.0	3.15	5.0	8.0	12.5	20.0	31.5
16~25	n	*	*	*	*	*	*	17[(1)]	13	9	6
	Ac							*	0	0	0
26~50	n	*	*	*	*	*	28(1)	22	15	10	6
	Ac						*	0	0	0	0
51~90	n	*	*	*	50	44	34	24	16	10	8
	Ac				0	0	0	0	0	0	0
91~150	n	*	*	90	80	55	38	26	18	13	13
	Ac			0	0	0	0	0	0	0	1
151~280	n	200[(1)]	170[(1)]	130	95	65	42	28	20	20	13
	Ac	0	0	0	0	0	0	0	0	1	1
281~500	n	280	220	155	105	80	50	32	32	20	20
	Ac	0	0	0	0	0	0	1	1	1	3
501~1,200	n	380	255	170	125	125	80	50	32	32	32
	Ac	0	0	0	0	1	1	1	1	3	5
1,201~3,200	n	430	280	200	200	125	125	80	50	50	50
	Ac	0	0	0	1	1	3	3	3	5	10
3,201~10,000	n	450	315	315	200	200	200	125	80	80	80
	Ac	0	0	1	1	3	5	5	5	10	18
10,001~35,000	n	500	500	315	315	315	315	200	125	125	80
	Ac	0	1	1	3	5	10	10	10	18	18
35,001~150,000	n	800	500	500	500	500	500	315	200	125	80
	Ac	1	1	3	5	10	18	18	18	18	18
150,001~500,000	n	800	800	800	800	800	500	315	200	125	80
	Ac	1	3	5	10	18	18	18	18	18	18
500,000 이상	n	1250	1250	1250	1250	800	500	315	200	125	80
	Ac	3	5	10	18	18	18	18	18	18	18

주[(1)] 만약 샘플 크기가 로트 크기 이상이면 전수 검사한다.

[비고] * 전수 검사하는 (한계 품질은 로트 중 부적합품 개수가 1 미만인 것을 의미하거나 또는 적용할 수 있는 샘플링 방식이 없다.)

〈부표〉 한계 품질 5.00%에 대한 1회 샘플링 방식(절차 B, 주 샘플링 표)

검사 수준에 대한 로트 크기					KS A ISO 2859-1의 1회 샘플링 방식 (보통검사)			샘플 문자	합격 확률(%)의 특정값에 대응하는 공정 품질의 값[1] (부적합품 퍼센트)					각 검사 수준에 대한 한계품질(LQ)에서의 소비자 위험(β_{LQ})의 최대값[2]		
S-1 ~ S-3	S-4	I	II	III	AQL	n	Ac		95.0	90.0	50.0	10.0	5.0	S-1 ~ I	II	III
81[3] 이상	81[3] ~ 500,000	81[3] ~ 10,000	81[3] ~ 1,200	81[3] ~ 500	0.65	80	1	J	0.446	0.667	2.09	4.78	5.79	8.6	7.9	6.9
	500,001 이상	10,001 ~ 35,000	1,201 ~ 3,200	501 ~ 1,200	1.00	125	3	K	1.10	1.40	2.93	5.27	6.09	12.4	11.9	11.0
		35,001 ~ 150,000	3,201 ~ 10,000	1,201 ~ 3,200	1.00	200	5	L	1.31	1.58	2.83	4.59	5.18	6.2	6.2	5.7
		150,001 이상	10,001 이상	3,201 이상	1.50	315	10	M	1.97	2.24	3.38	4.85	5.33	8.1	8.1	8.1

주 (1) 공정 품질의 값은 이항분포에 기초한다.
 (2) 초기하 분포에 의한 소비자 위험의 정확한 값은 로트 크기에 따라서 바뀐다. 여기서는 각 검사 수준의 최대값을 부여한다.
 (3) 81 미만의 로트에 대해서는 전수 검사한다.

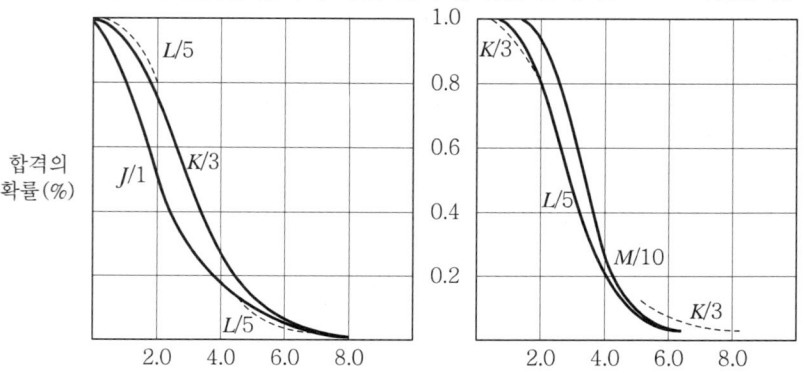

〈OC 곡선〉
(OC 곡선은 1회 샘플링 방식에 대한 것이다. 샘플 문자 및 Ac로 식별한다.)

18. 한계품질 5.00%에 대한 1회 샘플링 방식(절차 B, 주 샘플링 표)

KS Q ISO 2859-3 : 2012

〈표 1〉 스킵로트검사를 위한 최소 누계 샘플 크기

부적합품수 또는 부적합 수	합격품질수준(AQL) 부적합품 퍼센트[1] 또는 100아이템 당 부적합수								
	0.25	0.40	0.65	1.0	1.5	2.5	4.0	6.5	10
	최소 누계 샘플 크기								
0	1040	650	400	260	174	104	65	40	26
1	1700	1070	654	425	284	170	107	65	43
2	2300	1440	883	574	383	230	144	88	57
3	2860	1790	1098	714	476	286	179	110	71
4	3400	2120	1306	849	566	340	212	131	85
5	3920	2450	1508	980	653	392	245	151	98
6	4440	2770	1706	1109	739	444	277	171	111
7	4940	3090	1902	1236	824	494	309	190	124
8	5440	3400	2094	1361	907	544	340	209	136
9	5940	3710	2285	1485	990	594	371	229	149
10	6430	4020	2474	1608	1072	643	402	247	161
11	6920	4320	2660	1729	1153	692	432	266	173
12	7400	4630	2846	1850	1233	740	463	285	185
13	7880	4930	3031	1970	1313	788	493	303	197
14	8360	5220	3214	2089	1393	836	522	321	209
15	8830	5520	3397	2208	1472	883	552	340	221
16	9300	5820	3578	2326	1550	930	582	358	233
17	9770	6110	3758	2443	1629	977	611	376	244
18	10240	6400	3938	2560	1707	1024	640	394	256
19	10700	6690	4117	2676	1784	1070	669	412	268
20	11170	6980	4297	2793	1862	1117	698	430	279
n[2]	470	290	180	117	78	47	29	18	12

〈표 2〉 스킵로트 검사의 개시, 계속, 재개를 위한 합격 판정수

샘플크기	합격품질수준(AQL) 부적합품 퍼센트[1] 또는 100아이템 당 부적합수								
	0.25	0.40	0.65	1.0	1.5	2.5	4.0	6.5	10
	합격 판정수								
2						⇨	⇨	0	⇨
3				⇨	⇨	⇨	0	⇨	0
5			⇨	⇨	⇨	0	⇨	0	1
8		⇨	⇨	⇨	0	⇨	0	1	1
13	⇨	⇨	⇨	0	⇨	0	1	1	2
20	⇨	⇨	0	⇨	0	1	1	2	3
32	⇨	0	⇨	0	1	1	2	3	5
50	0	⇨	0	1	1	2	3	5	7
80	⇨	0	1	1	2	3	5	7	11
125	0	1	1	2	3	5	7	11	17
200	1	1	2	3	5	7	11	17	
315	1	2	3	5	7	11	17		
500	2	3	5	7	11	17			
800	3	5	7	11	17				

19. 계수규준형 2회 샘플링검사표

〈표 1〉 $\dfrac{p_1}{p_0}$ 의 비로부터 2회 샘플링검사를 설계하는 표($n_2 = 2n_1$, $\alpha=0.05$, $\beta=0.10$)

검사방식 번호	$\dfrac{p_1}{p_0}$	합격판정개수		n_1p의 값			$L(p)=0.95$가 되는 점에서의 $\dfrac{ASN}{n_1}$의 근사치
		c_1	c_2	$L(p)=0.95$	$L(p)=0.50$	$L(p)=0.10$	
1	14.50	0	1	0.16	0.84	2.32	1.273
2	8.07	0	2	0.30	1.07	2.42	1.511
3	6.48	1	3	0.60	1.80	3.89	1.238
4	5.39	0	3	0.49	1.35	2.64	1.771
5	5.09	1	4	0.77	1.97	3.92	1.359
6	4.31	0	4	0.68	1.64	2.93	1.985
7	4.19	1	5	0.96	2.18	4.02	1.498
8	3.60	1	6	1.16	2.44	4.17	1.646
9	3.26	2	8	1.68	3.28	5.47	1.476
10	2.96	3	10	2.27	4.13	6.72	1.388
11	2.77	3	11	2.46	4.36	6.82	1.468
12	2.62	4	13	3.07	5.21	8.05	1.394
13	2.46	4	14	3.29	5.40	8.11	1.472
14	2.21	3	15	3.41	5.40	7.55	1.888
15	1.97	4	20	4.75	7.02	9.35	2.029
16	1.74	6	30	7.45	10.31	12.96	2.230

〈표 2〉 $\dfrac{p_1}{p_0}$ 의 비로부터 2회 샘플링검사를 설계하는 표($n_2 = n_1$, $\alpha=0.05$, $\beta=0.10$)

검사방식 번호	$\dfrac{p_1}{p_0}$	합격판정개수		n_1p의 값			$L(p)=0.95$가 되는 점에서의 $\dfrac{ASN}{n_1}$의 근사치
		c_1	c_2	$L(p)=0.95$	$L(p)=0.50$	$L(p)=0.10$	
1	11.90	0	1	0.21	1.00	2.50	1.170
2	7.54	1	2	0.52	1.82	3.92	1.081
3	6.79	0	2	0.43	1.42	2.96	1.340
4	5.39	1	3	0.76	2.11	4.11	1.169
5	4.65	2	4	1.16	2.90	5.39	1.105
6	4.25	1	4	1.04	2.50	4.42	1.274
7	3.88	2	5	1.43	3.20	5.55	1.170
8	3.63	3	6	1.87	3.98	6.78	1.117
9	3.38	2	6	1.72	3.56	5.82	1.248
10	3.21	3	7	2.15	4.27	6.91	1.173
11	3.09	4	8	2.62	5.02	8.10	1.124
12	2.85	4	9	2.90	5.33	8.26	1.167
13	2.60	5	11	3.68	6.40	9.56	1.166
14	2.44	5	12	4.00	6.73	9.77	1.215
15	2.32	5	13	4.35	7.06	10.08	1.271
16	2.22	5	14	4.70	7.52	10.45	1.331
17	2.12	5	16	5.19	8.40	11.41	1.452

20. 정규 누적 확률분포표

$$\phi(z) = \int_{-\infty}^{x} \phi(z)dz$$

z	$\phi(z)$	z	$\phi(z)$	z	$\phi(z)$	z	$\phi(z)$	z	$\phi(z)$
.00	.50000	.75	.77337	1.50	.93319	2.25	.98778	3.00	.99865
.01	.50399	.76	.77637	1.51	.93448	2.26	.93809	3.01	.99869
.02	.50798	.77	.77935	1.52	.93574	2.27	.98840	3.02	.99874
.03	.51197	.78	.78230	1.53	.93699	2.28	.98870	3.03	.99878
.04	.51595	.79	.78524	1.54	.93822	2.29	.98899	3.04	.99882
.05	.51994	.80	.78814	1.55	.93943	2.30	.98928	3.05	.99886
.06	.52392	.81	.79103	1.56	.94062	2.31	.98956	3.06	.99889
.07	.52790	.82	.79389	1.57	.94179	2.32	.98983	3.07	.99893
.08	.53188	.83	.79673	1.58	.94295	2.33	.99010	3.08	.99896
.09	.53586	.84	.79955	1.59	.94408	2.34	.99036	3.09	.99900
.10	.53983	.85	.80234	1.60	.94520	2.35	.99061	3.10	.99903
.11	.54380	.86	.80511	1.61	.94630	2.36	.99086	3.11	.99906
.12	.54776	.87	.80785	1.62	.94738	2.37	.99111	3.12	.99910
.13	.55172	.88	.81057	1.63	.94845	2.38	.99134	3.13	.99913
.14	.55567	.89	.81327	1.64	.94950	2.39	.99158	3.14	.99916
.15	.55962	.90	.81594	1.65	.95053	2.40	.99180	3.15	.99918
.16	.56356	.91	.81858	1.66	.95154	2.41	.99202	3.16	.99921
.17	.56750	.92	.82121	1.67	.95254	2.42	.99224	3.17	.99924
.18	.57142	.93	.82381	1.68	.95352	2.43	.99245	3.18	.99926
.19	.57535	.94	.82639	1.69	.95449	2.44	.99266	3.19	.99929
.20	.57926	.95	.82894	1.70	.95543	2.45	.99286	3.20	.99931
.21	.58317	.96	.83147	1.71	.95637	2.46	.99305	3.21	.99934
.22	.58706	.97	.83398	1.72	.95728	2.47	.99324	3.22	.99936
.23	.59095	.98	.83646	1.73	.95818	2.48	.99343	3.23	.99938
.24	.59483	.99	.83891	1.74	.95907	2.49	.99361	3.24	.99940
.25	.59871	1.00	.84134	1.75	.95994	2.50	.99379	3.25	.99942
.26	.60257	1.01	.84375	1.76	.96080	2.51	.99396	3.26	.99944
.27	.60642	1.02	.84614	1.77	.96164	2.52	.99413	3.27	.99946
.28	.61026	1.03	.84850	1.78	.96246	2.53	.99430	3.28	.99948
.29	.61409	1.04	.85083	1.79	.96327	2.54	.99446	3.29	.99950
.30	.61791	1.05	.85314	1.80	.96047	2.55	.99461	3.30	.99952
.31	.62172	1.06	.85543	1.81	.96485	2.56	.99477	3.31	.99953
.32	.62552	1.07	.85769	1.82	.96562	2.57	.99492	3.32	.99955
.33	.62930	1.08	.85993	1.83	.96638	2.58	.99506	3.33	.99957
.34	.63307	1.09	.86214	1.84	.96712	2.59	.99520	3.34	.99958

z	$\phi(z)$	z	$\phi(z)$	z	$\phi(z)$	z	$\phi(z)$	z	$\phi(z)$
.35	.63683	1.10	.86433	1.85	.96784	2.60	.99534	3.35	.99960
.36	.64058	1.11	.86650	1.86	.96856	2.61	.99557	3.36	.99916
.37	.64431	1.12	.86864	1.87	.96926	2.62	.99560	3.37	.99962
.38	.64803	1.13	.87076	1.88	.96995	2.63	.99573	3.38	.99964
.39	.65173	1.14	.87286	1.89	.97062	2.64	.99585	3.39	.99965
.40	.65542	1.15	.87493	1.90	.97128	2.65	.99598	3.40	.99966
.41	.65910	1.16	.87698	1.91	.97193	2.66	.99609	3.41	.99968
.42	.66276	1.17	.87900	1.92	.97257	2.67	.99621	3.42	.99969
.43	.66640	1.18	.88100	1.93	.97320	2.68	.99632	3.43	.99970
.44	.67003	1.19	.88298	1.94	.97381	2.69	.99643	3.44	.99971
.45	.67364	1.20	.88493	1.95	.97441	2.70	.99653	3.45	.99972
.46	.67724	1.21	.88686	1.96	.97500	2.71	.99664	3.46	.99973
.47	.68082	1.22	.88877	1.97	.97558	2.72	.99674	3.47	.99974
.48	.68439	1.23	.89065	1.98	.97615	2.73	.99683	3.48	.99975
.49	.68793	1.24	.89251	1.99	.97679	2.74	.99693	3.49	.99976
.50	.69146	1.25	.89435	2.00	.97725	2.75	.99702	3.50	.99977
.51	.69497	1.26	.89617	2.01	.97778	2.76	.99711		
.52	.69847	1.27	.89795	2.02	.97831	2.77	.99720		
.53	.70194	1.28	.89973	2.03	.97882	2.78	.99728		
.54	.70540	1.29	.90147	2.04	.97932	2.79	.99736		
.55	.70884	1.30	.90320	2.05	.97982	2.80	.99744		
.56	.71226	1.31	.90490	2.06	.98030	2.81	.99752		
.57	.71566	1.32	.90658	2.07	.98077	2.82	.99760		
.58	.71904	1.33	.90824	2.08	.98124	2.83	.99767		
.59	.72240	1.34	.90988	2.09	.98169	2.84	.99774		
.60	.72575	1.35	.91149	2.10	.98214	2.85	.99781		
.61	.72907	1.36	.91308	2.11	.98257	2.86	.99788		
.62	.73237	1.37	.91466	2.12	.98300	2.87	.99795		
.63	.73565	1.38	.91621	2.13	.98341	2.88	.99801		
.64	.73891	1.39	.91774	2.14	.98382	2.89	.99807		
.65	.74215	1.40	.91924	2.15	.98422	2.90	.99813		
.66	.74537	1.41	.92073	2.16	.98461	2.91	.99819		
.67	.74857	1.42	.92220	2.17	.98500	2.92	.99825		
.68	.75175	1.43	.92364	2.18	.98537	2.93	.99831		
.69	.75490	1.44	.92507	2.19	.98574	2.94	.99836		
.70	.75804	1.45	.92647	2.20	.98610	2.95	.99841		
.71	.76115	1.46	.92785	2.21	.98645	2.96	.99846		
.72	.76424	1.47	.92922	2.22	.98679	2.97	.99851		
.73	.76731	1.48	.93056	2.23	.98713	2.98	.99856		
.74	.77035	1.49	.93189	2.24	.98745	2.99	.99861		

21. 감마 함수표

$$\Gamma(x) = \int_0^\infty t^{a-1} \cdot e^{-t} dt \, (x > 0)$$

x	$\Gamma(x)$	$10 + \log_{10}\Gamma(x)$	x	$\Gamma(x)$	$10 + \log_{10}\Gamma(x)$	x	$\Gamma(x)$	$10 + \log_{10}\Gamma(x)$
1.00	1.00000	10.00000						
1.01	0.99433	9.99753	1.51	0.88659	9.94772	2.01	1.00427	0.00185
1.02	.98874	9.99513	1.52	.88704	9.94794	2.02	1.00862	.00373
1.03	.98335	9.99280	1.53	.88757	9.94820	2.03	1.01306	.00563
1.04	.97844	9.99053	1.54	.88818	9.94850	2.04	1.01758	.00757
1.05	.97350	9.98834	1.55	.88887	9.94844	2.05	1.02218	.00953
1.06	.96874	9.98621	1.56	.88964	9.94921	2.06	1.02687	.01151
1.07	.96415	9.98415	1.57	.89049	9.94963	2.07	1.03164	.01353
1.08	.95973	9.98215	1.68	.89142	9.95008	2.08	1.03650	.01557
1.09	.95546	9.98021	1.59	.89243	9.95057	2.09	1.04145	.01764
1.10	.95135	9.97834	1.60	.89352	9.95110	2.10	1.04649	.01973
1.11	.94740	9.97653	1.61	.89468	9.95167	2.11	1.05161	.02185
1.12	.94359	9.97478	1.62	.89592	9.95227	2.12	1.05682	.02400
1.13	.93993	9.97310	1.63	.89724	9.95291	2.13	1.06212	.02617
1.14	.93642	9.97417	1.64	.89864	9.95358	2.14	1.06751	.02837
1.15	.93304	9.96990	1.65	.90012	9.95430	2.15	1.07300	.03060
1.16	.92980	9.96839	1.66	.90167	9.95505	2.16	1.07857	.03285
1.17	.92670	9.96694	1.67	.90330	9.95583	2.17	1.08424	.03512
1.18	.92373	9.96554	1.68	.90500	9.95665	2.18	1.09000	.03743
1.19	.92089	9.96421	1.69	.90678	9.95750	2.19	1.09585	.03975
1.20	.91817	9.96292	1.70	.90864	9.95839	2.20	1.10180	.04210
1.21	.91558	9.96169	1.71	.91057	9.95931	2.21	1.10785	.04448
1.22	.91311	9.96052	1.72	.91258	9.96027	2.22	1.11399	.04688
1.23	.91075	9.95940	1.73	.91467	9.96126	2.23	1.12023	.04931
1.24	.90852	9.95834	1.74	.91683	9.96229	2.24	1.12657	.05176
1.25	.90640	9.95732	1.75	.91906	9.96335	2.25	1.13300	.05423
1.26	.90440	9.95636	1.76	.92137	9.96444	2.26	1.13954	.05673
1.27	.90250	9.95545	1.77	.92376	9.96556	2.27	1.14618	.05925
1.28	.90072	9.95459	1.78	.92623	9.96672	2.28	1.15292	.06180
1.29	.89904	9.95378	1.79	.92877	9.96791	2.29	1.15976	.06437
1.30	.89747	9.95302	1.80	.93138	9.96913	2.30	1.16671	.06696
1.31	.89600	9.95231	1.81	.93408	9.97038	2.31	1.17377	.06958
1.32	.89464	9.95165	1.82	.93685	9.97167	2.32	1.18093	.07222
1.33	.89338	9.95104	1.83	.93969	9.97298	2.33	1.18819	.07489
1.34	.89222	9.95047	1.84	.94261	9.97433	2.34	1.19557	.07757
1.35	.89115	9.94995	1.85	.94561	9.97571	2.35	1.20305	.08029
1.36	.89018	9.94948	1.86	.94869	9.97712	2.36	1.21065	.08302
1.37	.88931	9.94905	1.87	.95184	9.97856	2.37	1.21836	.08578
1.38	.88854	9.94868	1.88	.95507	9.98004	2.38	1.22618	.08855
1.39	.88785	9.94834	1.89	.95838	9.98154	2.39	1.23412	.09136
1.40	.88726	9.94805	1.90	.96177	9.98307	2.40	1.24217	.09418
1.41	.88676	9.94781	1.91	.96523	9.98463	2.41	1.25034	.09703
1.42	.88636	9.94761	1.92	.96877	9.98622	2.42	1.25863	.09990
1.43	.88604	9.94745	1.93	.97240	9.98784	2.43	1.26703	.10279
1.44	.88581	9.94734	1.94	.97610	9.98949	2.44	1.27555	.10570
1.45	.88566	9.94727	1.95	.97988	9.99117	2.45	1.28421	.10864
1.46	.88560	9.94724	1.96	.98374	9.99288	2.46	1.29298	.11159
1.47	.88563	9.94725	1.97	.98768	9.99462	2.47	1.30188	.11457
1.48	.88575	9.94731	1.98	.99171	9.99638	2.48	1.31091	.11757
1.49	.88595	9.94741	1.99	.99581	9.99818	2.49	1.32006	.12059
1.50	.88623	9.94754	2.00	1.00000	10.00000	2.50	1.32934	.12364

22. 정규확률분포표

$$\phi(z) = \frac{1}{\sqrt{2\pi}} e^{-z^2/2} \text{ for } 0.00 < z < 4.99$$

z	.00	.01	.02	.03	.04	.05	.06	.07	.08	.09
.0	.3989	.3989	.3989	.3988	.3986	.3984	.3982	.3980	.3977	.3973
.1	.3970	.3965	.3961	.3956	.3951	.3945	.3939	.3932	.3925	.3918
.2	.3910	.3902	.3894	.3885	.3876	.3867	.3857	.3847	.3836	.3825
.3	.3914	.3802	.3790	.3778	.3765	.3752	.3739	.3725	.3712	.3697
.4	.3683	.3668	.3653	.3637	.3605	.3605	.3589	.3572	.3555	.3538
.5	.3521	.3503	.3485	.3467	.3448	.3429	.3410	.3391	.3372	.3352
.6	.3332	.3312	.3292	.3271	.3251	.3230	.3209	.3187	.3166	.3144
.7	.3123	.3101	.3079	.3056	.3043	.3011	.2989	.2966	.2943	.2920
.8	.2879	.2874	.2850	.2827	.2803	.2780	.2756	.2732	.2709	.2685
.9	.2661	.2637	.2613	.2589	.2565	.2541	.2516	.2492	.2468	.2444
1.0	.2420	.2396	.2371	.2347	.2323	.2299	.2275	.2251	.2227	.2203
1.1	.2179	.2155	.2131	.2107	.2083	.2059	.2036	.2012	.1989	.1965
1.2	.1942	.1919	.1895	.1872	.1849	.1826	.1804	.1781	.1753	.1736
1.3	.1714	.1691	.1669	.1647	.1626	.1604	.1582	.1561	.1539	.1518
1.4	.1497	.1476	.1456	.1435	.1415	.1394	.1374	.1354	.1334	.1315
1.5	.1295	.1276	.1257	.1238	.1219	.1200	.1182	.1163	.1145	.1127
1.6	.1109	.1092	.1074	.1057	.1040	.1023	.1006	.09893	.09728	.09566
1.7	.09405	.09246	.09089	.08933	.08780	08628	.08478	.08329	.08183	.08038
1.8	.07895	.07754	.07614	.07477	.07341	07206	.07074	.06943	.06814	.06687
1.9	.06562	.06438	.06316	.06195	.06077	05959	.05844	.05730	.05618	.05508
2.0	.05399	.05292	.05186	.05082	.04980	.04879	.04780	.04682	.04586	.04491
2.1	.04398	.04307	.04217	.04128	.04041	.03955	.03871	.03788	.03706	.03626
2.2	.03547	.03470	.03394	.03319	.03246	.03174	.03103	.03034	.02965	.02898
2.3	.02833	.02768	.02705	.02643	.02582	.02522	.02763	.02406	.02349	.02294
2.4	.02239	.02186	.02134	.02083	.02033	.01984	.01936	.01888	.01842	.01797
2.5	.01753	.01709	.01667	.01625	.01585	.01545	.01506	.01468	.01431	.01394
2.6	.01358	.01323	.01289	.01256	.01223	.01191	.01160	.01130	.01100	.01071
2.7	.01402	.01014	.09871	$.0^2 9606$	$.0^2 9347$	$.0^2 9094$	$.0^2 8846$	$.0^2 8605$	$.0^2 8370$	$.0^2 8140$
2.8	$.0^2 7915$	$.0^2 7697$	$.0^2 7483$	$.0^2 7274$	$.0^2 7071$	$.0^2 6873$	$.0^2 6679$	$.0^2 6491$	$.0^2 6307$	$.0^2 6127$
2.9	$.0^2 5953$	$.0^2 5782$	$.0^2 5616$	$.0^2 5454$	$.0^2 5296$	$.0^2 5143$	$.0^2 4993$	$.0^2 4847$	$.0^2 4705$	$.0^2 4567$
3.0	$.0^2 4432$	$.0^2 4301$	$.0^2 4173$	$.0^2 4049$	$.0^2 3928$	$.0^2 3810$	$.0^2 3695$	$.0^2 3584$	$.0^2 3475$	$.0^2 3370$
3.1	$.0^2 3267$	$.0^2 3167$	$.0^2 3070$	$.0^2 2975$	$.0^2 2884$	$.0^2 2794$	$.0^2 2707$	$.0^2 2623$	$.0^2 2541$	$.0^2 2461$
3.2	$.0^2 2384$	$.0^2 2309$	$.0^2 2236$	$.0^2 2165$	$.0^2 2096$	$.0^2 2029$	$.0^2 1964$	$.0^2 1901$	$.0^2 1840$	$.0^2 1780$
3.3	$.0^2 1723$	$.0^2 1667$	$.0^2 1612$	$.0^2 1560$	$.0^2 1508$	$.0^2 1459$	$.0^2 1411$	$.0^2 1364$	$.0^2 1319$	$.0^2 1275$
3.4	$.0^2 1232$	$.0^2 1191$	$.0^2 1151$	$.0^2 1112$	$.0^2 1075$	$.0^2 1083$	$.0^2 1003$	$.0^2 9689$	$.0^2 9358$	$.0^2 9037$
3.5	$.0^3 8727$	$.0^3 8426$	$.0^3 8135$	$.0^3 7853$	$.0^3 7581$	$.0^3 7317$	$.0^3 7061$	$.0^3 6814$	$.0^3 6575$	$.0^3 6343$
3.6	$.0^3 6119$	$.0^3 5902$	$.0^3 5693$	$.0^3 5490$	$.0^3 5294$	$.0^3 5105$	$.0^3 4921$	$.0^3 4744$	$.0^3 4573$	$.0^3 4408$
3.7	$.0^3 4248$	$.0^3 4093$	$.0^3 3944$	$.0^3 3800$	$.0^3 3661$	$.0^3 3526$	$.0^3 3396$	$.0^3 3271$	$.0^3 3149$	$.0^3 3032$
3.8	$.0^3 2919$	$.0^3 2810$	$.0^3 2705$	$.0^3 2604$	$.0^3 2506$	$.0^3 2411$	$.0^3 2320$	$.0^3 2232$	$.0^3 2147$	$.0^3 2065$
3.9	$.0^3 1987$	$.0^3 1910$	$.0^3 1837$	$.0^3 1766$	$.0^3 1698$	$.0^3 1633$	$.0^3 1569$	$.0^3 1508$	$.0^3 1449$	$.0^3 1393$
4.0	$.0^3 1338$	$.0^3 1286$	$.0^3 1235$	$.0^3 1186$	$.0^3 1140$	$.0^3 1094$	$.0^3 1051$	$.0^3 1009$	$.0^4 9687$	$.0^4 9299$
4.1	$.0^4 8926$	$.0^4 8567$	$.0^4 8222$	$.0^4 7890$	$.0^4 7570$	$.0^4 7263$	$.0^4 6967$	$.0^4 6683$	$.0^4 6410$	$.0^4 6147$
4.2	$.0^4 5894$	$.0^4 5652$	$.0^4 5418$	$.0^4 5194$	$.0^4 4979$	$.0^4 4772$	$.0^4 4573$	$.0^4 4832$	$.0^4 4199$	$.0^4 4023$
4.3	$.0^4 3854$	$.0^4 3691$	$.0^4 3535$	$.0^4 3386$	$.0^4 3242$	$.0^4 3104$	$.0^4 2972$	$.0^4 2845$	$.0^4 2723$	$.0^4 2606$
4.4	$.0^4 2494$	$.0^4 2387$	$.0^4 2284$	$.0^4 2185$	$.0^4 2093$	$.0^4 1999$	$.0^4 1912$	$.0^4 1829$	$.0^4 1749$	$.0^4 1672$
4.5	$.0^4 1598$	$.0^4 1528$	$.0^4 1461$	$.0^4 1393$	$.0^4 1334$	$.0^4 1275$	$.0^4 1218$	$.0^4 1164$	$.0^4 1112$	$.0^4 1062$
4.6	$.0^4 1014$	$.0^5 9684$	$.0^5 9248$	$.0^5 8850$	$.0^5 8430$	$.0^5 8047$	$.0^5 7681$	$.0^5 7331$	$.0^5 6996$	$.0^5 6676$
4.7	$.0^5 6370$	$.0^5 6077$	$.0^5 5797$	$.0^5 5530$	$.0^5 5274$	$.0^5 5030$	$.0^5 4796$	$.0^5 4573$	$.0^5 4360$	$.0^5 4156$
4.8	$.0^5 3961$	$.0^5 3775$	$.0^5 3598$	$.0^5 3428$	$.0^5 3267$	$.0^5 3112$	$.0^5 2965$	$.0^5 2824$	$.0^5 2690$	$.0^5 2561$
4.9	$.0^5 2439$	$.0^5 2322$	$.0^5 2211$	$.0^5 2105$	$.0^5 2003$	$.0^5 1907$	$.0^5 1811$	$.0^5 1727$	$.0^5 1643$	$.0^5 1563$

23. MTBF(지수분포) 구간 추정 계수표(정시중단)

고장수 r	60%		80%		90%		95%	
	상	하	상	하	상	하	상	하
1	4.481	0.334	9.491	0.257	19.496	0.211	39.498	0.179
2	2.426	.467	3.761	.376	5.628	.318	8.257	.277
3	1.954	.544	2.722	.449	3.669	.387	4.849	.342
4	1.742	.595	2.293	.500	2.928	.437	3.670	.391
5	1.618	.632	2.055	.539	2.538	.476	3.080	.429
6	1.537	.661	1.904	.570	2.296	.507	2.725	.459
7	1.479	.684	1.797	.595	2.131	.532	2.487	.485
8	1.435	.703	1.718	.616	2.010	.554	2.316	.508
9	1.400	.719	1.657	.634	1.917	.573	2.187	.527
10	1.372	.733	1.607	.649	1.843	.590	2.085	.544
11	1.349	.744	1.567	.663	1.783	.604	2.003	.559
12	1.329	.755	1.533	.675	1.733	.617	1.935	.572
13	1.312	.764	1.504	.686	1.691	.629	1.878	.585
14	1.297	.772	1.478	.696	1.654	.640	1.829	.596
15	1.284	.780	1.456	.704	1.622	.649	1.787	.606
16	1.272	.787	1.437	.713	1.594	.658	1.750	.616
17	1.262	.793	1.419	.720	1.569	.667	1.717	.625
18	1.253	.799	1.404	.727	1.547	.674	1.687	.633
19	1.244	.804	1.390	.734	1.527	.682	1.661	.640
20	1.237	.809	1.377	.740	1.509	.688	1.637	.647
21	1.230	.813	1.365	.745	1.492	.694	1.615	.654
22	1.223	.818	1.354	.750	1.477	.700	1.596	.660
23	1.217	.822	1.344	.755	1.463	.706	1.578	.666
24	1.211	.825	1.335	.760	1.450	.711	1.561	.672
25	1.206	.829	1.327	.764	1.438	.716	1.545	.677
26	1.201	.832	1.319	.768	1.427	.721	1.531	.682
27	1.197	.835	1.311	.772	1.417	.725	1.517	.687
28	1.193	.838	1.304	.776	1.407	.729	1.505	.692
29	1.189	.841	1.298	.780	1.398	.733	1.493	.696
30	1.185	.844	1.291	.783	1.389	.737	1.482	.700
40	1.156	.865	1.245	.810	1.325	.768	1.400	.734
50	1.137	.879	1.214	.829	1.283	.790	1.347	.759
60	1.124	.889	1.193	.843	1.254	.807	1.310	.777
70	1.113	.898	1.176	.854	1.232	.820	1.283	.791
80	1.105	.904	1.163	.863	1.214	.830	1.261	.803
90	1.098	.910	1.153	.870	1.200	.839	1.244	.814
100	1.093	.915	1.144	.877	1.189	.847	1.229	.822

(주) 상하한을 구하기 위해 MTBF에 곱해야 할 계수는 $\left(\dfrac{2r}{x^2(2r, 1-\alpha/2)}, \dfrac{2r}{x^2(2(r+1), \alpha/2)} \right)$로 하여 산출

24. MTBF(지수분포) 구간 추정 계수표(정수중단)

고장수 r	60% 상	60% 하	80% 상	80% 하	90% 상	90% 하	95% 상	95% 하
1	4.481	0.621	9.491	0.434	19.496	0.334	39.498	0.271
2	2.426	.668	3.761	.514	5.630	.422	8.262	.359
3	1.954	.701	2.722	.564	3.669	.477	4.849	.415
4	1.742	.725	2.293	.599	2.928	.516	3.670	.456
5	1.618	.744	2.055	.626	2.538	.546	3.080	.488
6	1.537	.759	1.904	.647	2.296	.571	2.725	.514
7	1.479	.771	1.797	.665	2.131	.591	2.487	.536
8	1.435	.782	1.718	.680	2.010	.608	2.316	.555
9	1.400	.791	1.657	.693	1.917	.623	2.187	.571
10	1.372	.799	1.607	.704	1.843	.637	2.085	.585
11	1.349	.806	1.567	.714	1.783	.649	2.002	.598
12	1.329	.812	1.533	.723	1.733	.659	1.935	.610
13	1.312	.818	1.504	.731	1.691	.669	1.878	.620
14	1.297	.823	1.478	.738	1.654	.677	1.829	.630
15	1.284	.828	1.456	.745	1.622	.685	1.787	.639
16	1.272	.832	1.437	.751	1.594	.693	1.750	.647
17	1.262	.836	1.419	.757	1.569	.700	1.717	.654
18	1.253	.840	1.404	.763	1.547	.706	1.687	.661
19	1.244	.843	1.390	.767	1.527	.712	1.661	.668
20	1.237	.846	1.377	.772	1.509	.717	1.637	.674
21	1.230	.849	1.365	.776	1.492	.723	1.615	.680
22	1.223	.852	1.354	.781	1.477	.728	1.596	.685
23	1.217	.855	1.344	.784	1.463	.732	1.578	.691
24	1.211	.857	1.335	.788	1.450	.737	1.561	.695
25	1.206	.860	1.327	.792	1.438	.741	1.545	.700
26	1.201	.862	1.319	.795	1.427	.745	1.531	.705
27	1.197	.864	1.311	.798	1.417	.748	1.517	.709
28	1.193	.866	1.304	.801	1.407	.752	1.505	.713
29	1.189	.868	1.298	.804	1.398	.755	1.493	.717
30	1.185	.870	1.291	.806	1.389	.759	1.482	.720
40	1.156	.885	1.205	.828	1.325	.785	1.400	.750
50	1.137	.896	1.211	.844	1.283	.804	1.347	.772
60	1.124	.904	1.193	.856	1.254	.819	1.310	.788
70	1.113	.910	1.176	.865	1.232	.830	1.283	.802
80	1.105	.915	1.163	.873	1.214	.840	1.261	.813
90	1.098	.920	1.153	.879	1.200	.848	1.244	.822
100	1.093	.923	1.144	.885	1.189	.855	1.229	.830

(주) 상하한을 구하기 위해 MTBF에 곱해야 할 계수는 $\left(\dfrac{2r}{x^2(2r, 1-\alpha/2)}, \dfrac{2r}{x^2(2r, \alpha/2)}\right)$ 로 하여 산출

편리하고 완벽하게 해설한
품질관리기술사

발행일 | 2016. 5. 10 초판발행
2018. 4. 20 개정 1판1쇄
2024. 8. 20 개정 2판1쇄

저 자 | 한재훈
발행인 | 정용수
발행처 | 예문사

주 소 | 경기도 파주시 직지길 460(출판도시) 도서출판 예문사
T E L | 031) 955-0550
F A X | 031) 955-0660
등록번호 | 11-76호

- 이 책의 어느 부분도 저작권자나 발행인의 승인 없이 무단 복제하여 이용할 수 없습니다.
- 파본 및 낙장은 구입하신 서점에서 교환하여 드립니다.
- 예문사 홈페이지 http : //www.yeamoonsa.com

정가 : 78,000원
ISBN 978-89-274-5495-3 13320